D1725847

H. Harbauer · R. Lempp
G. Nissen · P. Strunk

Lehrbuch der speziellen Kinder- und Jugendpsychiatrie

3., überarbeitete Auflage

Mit 43 Abbildungen

Springer-Verlag
Berlin · Heidelberg · New York 1976

Prof. Dr. Hubert Harbauer
Leiter der Abt. für Kinder- und Jugendpsychiatrie am Zentrum
der Psychiatrie der J.-W.-Goethe-Universität
Deutschordenstr. 50, D-6000 Frankfurt/Main 71

Prof. Dr. Reinhart Lempp
Ärztlicher Direktor der Abteilung für Kinder- und Jugendpsychiatrie
der Universitäts-Nervenklinik
Osianderstr. 14, D-7400 Tübingen

Prof. Dr. Gerhardt Nissen
Ärztlicher Direktor der Städtischen Klinik
für Kinder- und Jugendpsychiatrie
Frohnauer Str. 74–80, D-1000 Berlin 28 (Hermsdorf)

Prof. Dr. Peter Strunk
Ärztlicher Direktor der Abteilung für Kinder- und Jugendpsychiatrie
an der Universitäts-Nervenklinik
Hauptstr. 5, D-7800 Freiburg

ISBN 3-540-07650-6 Springer-Verlag Berlin Heidelberg New York
ISBN 0-387-07650-6 Springer-Verlag New York Heidelberg Berlin

Library of Congress Cataloging in Publication Data. Lehrbuch der speziellen Kinder-
und Jugendpsychiatrie. Includes bibliographies and index. 1. Child psychiatry. 2.
Adolescent psychiatry. I. Harbauer, Hubert. RJ499.L37 1976 618.9'28'9 76-2566

Gesamtherstellung: Universitätsdruckerei H. Stürtz AG, Würzburg.

Vorwort zur 1. Auflage

Die medizinische Wissenschaft ist im Fluß, neue Erkenntnisse, aber auch neue Betrachtungsweisen verändern ihr Gesicht. In dieser Entwicklung stellt die Kinder- und Jugendpsychiatrie ein noch relativ junges Fach dar. Es ist aber doch schon so alt geworden und aus der Reifezeit hinausgewachsen, daß es sich selbständig in einem Lehrbuch präsentieren kann, ohne an die Mutterdisziplinen, an die Pädiatrie, die Psychiatrie oder die Neurologie sich anlehnen und in ihrer Systematik orientieren zu müssen. Das Lehrbuch kann auch, im Gegensatz zu seinen ehrwürdigen Vorgängern, auf die selbstbestimmenden Grundlagen, auf den allgemeinen Teil, der sich mit der normalen Entwicklung, den Untersuchungsmethoden und den speziellen diagnostischen Verfahren befaßt, in welchem er sich von der Erwachsenendisziplin unterscheidet, weitgehend verzichten und sich als Lehrbuch der speziellen Kinder- und Jugendpsychiatrie vorstellen.

Dieser Schritt wurde von den Autoren in dem nun vorliegenden Lehrbuch bewußt vollzogen, wobei die vier Autoren derselben wissenschaftlichen Generation innerhalb der deutschen Kinder- und Jugendpsychiatrie entstammen, so daß diese Lösung von den Mutterfächern sich für alle in der gleichen Weise ergab. Dabei waren sie sich aller der Quellen bewußt, aus welchen ihre Kenntnisse und Erfahrungen sich herleiten, aus der Pädiatrie, der Psychiatrie, der Neurologie und der Tiefenpsychologie. Sie zusammenzufassen zu einer neuen Einheit, war die Aufgabe, der sie sich gegenüber sahen. Entsprechend der natürlichen Entwicklung des Kindes zum Jugendlichen und zum Erwachsenen sollte aber die neu gewonnene Einheit Grundlage und anregender Ausgangspunkt sein für die Erwachsenenfächer, gleichsam als neuerstellte Basis.

Aufgrund einer solchen Zusammenfassung verschiedener Teilerfahrungen in einem Lehrbuch, das die gesamte Kinder- und Jugendpsychiatrie enthalten soll, ergab es sich zwangsläufig, daß hier noch eine gewisse Einheit von psychiatrischen, psychologischen, internistischen und neurologischen Fächern gepflegt werden muß, eine Einheit, die das Kind selbst noch bietet. *Noch* ist dieses Fachgebiet in einer solchen zusammenfassenden Einheit überschaubar; wie lange das möglich sein wird, mag offen bleiben.

Um dieser Einheit willen haben die vier Autoren versucht, nicht nur eine Einheitlichkeit der Form, sondern auch der Betrachtungsweise zu erreichen, indem sie ihre Manuskripte gemeinsam durchsahen und abstimmten. Es sollte kein Viel- oder Vier-Männerbuch werden, sondern jeder sollte sich mit dem ganzen Buch hinreichend identifizieren können. Das ist im Bereich der Medizin schwierig, im Bereich der Psychiatrie und Psychologie fast unmöglich. Individuelle Färbungen werden zu erkennen sein und darum hat auch jeder der Autoren seinen Beitrag jeweils mit seinem Namen versehen.

Die äußerliche Einheitlichkeit der Gliederung wurde zur besseren Orientierung beim Nachschlagen und Nachlesen gewählt.

Es wurde nicht, wie üblich, mit dem Schwachsinn begonnen, sondern es sollten diejenigen Fragen und Probleme in den Vordergrund gestellt werden, die in der allgemeinen und täglichen Praxis im Vordergrund stehen, nämlich die allgemeinen Verhaltensstörungen und Erziehungsschwierigkeiten. Besonderer Wert wurde auch auf die psychischen Begleiterscheinungen organischer Erkrankungen und Schädigungen gelegt, die gemeinhin übersehen werden, bei dem in der Entwicklung stehenden Kinde jedoch von großer Wichtigkeit sind und diagnostische, therapeutische und prognostische Schwierigkeiten bieten. Der großen Bedeutung, die der sozialen Gemeinschaft, verursachend und prägend, gerade beim Kinde zukommt, wurde Rechnung getragen sowohl in den Kapiteln über die psychische Entwicklung als auch in den abschließenden sozialpsychiatrischen Kapiteln.

So wendet sich das Buch an den Arzt, vor allem an den praktischen Arzt, auch an den Facharzt verschiedener Provenienz, an den Studenten der Medizin, aber auch die angrenzenden Fachdisziplinen, die Psychologie und Pädagogik sollen Anteil daran haben. Jeder der mit kranken und gestörten Kindern zu tun hat — und die Grenze zu Krankheit und Störung ist fließend —, hat auch mit der Psychopathologie des Kindes und damit mit der Kinder- und Jugendpsychiatrie Berührung.

Oktober 1970   Hubert Harbauer, Reinhart Lempp, Gerhardt Nissen und Peter Strunk

Vorwort zur 2. Auflage

Nach einem rasch notwendig gewordenen Nachdruck der 1. Auflage des „Lehrbuches der speziellen Kinder- und Jugendpsychiatrie" liegt jetzt die überarbeitete und erweiterte 2. Auflage vor.

Für Zustimmung und Kritik, vor allem für letztere, waren wir dankbar. Es wurde deshalb versucht, einige Anregungen aufzunehmen und in dieser Auflage zu berücksichtigen; andere Wünsche waren nicht zu erfüllen, da sie den Rahmen eines speziellen Lehrbuches gesprengt hätten. Auch einen Handbuchcharakter sollte das Buch niemals erhalten. Ebenso haben wir der Versuchung widerstanden, einen allgemeinen Teil voranzustellen, die Darstellung der klinischen Psychologie im Rahmen der Kinder- und Jugendpsychiatrie — was vielfach angeregt worden war —, wäre eine eigene, neue Aufgabe gewesen.

In den einzelnen Kapiteln wurden inzwischen neue Erkenntnisse und Beobachtungsweisen berücksichtigt bzw. ergänzt, z.B. in den Abschnitten über die Schulreife, über Drogenabhängigkeit und die Pubertät; außerdem sind Kapitel über Dissozialität und Verwahrlosung, Suicidversuche und Suicide, depressive Verstimmungen, Inzest und Brandstiftung neu hinzugekommen. Das Oligophrenie-Kapitel erfuhr durch die Hereinnahme der Diskussion um leichtere Formen eine Überarbeitung; die beiden Kapitel über die organischen Psychosyndrome und Werkzeugstörungen wurden unter dem Gesichtspunkt der Teilleistungsstörungen neu zusammengefaßt. Wesentliche Ergänzungen finden sich im Psychose-Kapitel sowie bei der Besprechung der Sprache und ihrer Störungen. Auch der rechtliche Teil wurde ergänzt und die kommende Gesetzgebung, soweit sie überschaubar war, berücksichtigt.

Inzwischen sind weitere deutschsprachige Lehrbücher der Kinder- und Jugendpsychiatrie erschienen, die wir als Anregung und notwendige Ergänzung bei einer nicht immer einheitlichen Problemsicht zum Nutzen gemeinsamen Anliegens betrachten.

Wir wünschen der 2. Auflage, daß sie Ärzten und Mitarbeitern in der Arbeit am psychisch gestörten und behinderten Kind und Jugendlichen den Zugang zu einem Fachgebiet, das sich noch immer in lebhafter Entwicklung befindet, weiter vertieft.

Juli 1974   Hubert Harbauer, Reinhart Lempp,
                                         Gerhardt Nissen und Peter Strunk

Vorwort zur 3. Auflage

Nach relativ kurzer Zeit wurde eine 3. Auflage des Lehrbuches erforderlich. Wir mußten uns darauf beschränken, an der letzten Fassung lediglich einige inzwischen überholte Häufigkeitsangaben zu korrigieren und die erfolgte Novellierung im Strafrecht zu berücksichtigen. Außerdem wurden kleinere stilistische Änderungen vorgenommen.

Januar 1976   Hubert Harbauer, Reinhart Lempp,
                                         Gerhardt Nissen und Peter Strunk

Normalbraie

> enthält einen neuen Birkstoff, der die gestörte Funktion
der Großhirurinde bessert und damit die Leistungsfähigkeit der Nervenzellen in der Hirnrinde steigert
bzw. wiederherstellt

1 Kps. = 400 mg Piracetam
1/2 Meßl. Saft

Indikation in der Pädiatrie:
chron.-cerebrale Störungen → Störungen in der intellekt.
psychische Retardierung   Leistungsfähigkeit
Anpassungsschwierigkeiten

Therapie:
                                    1/2 Meßl. Saft
3 × tgl. 800 mg (= 3 × tgl. 2 Kps.)

Langzeittherapie: 3 × tgl. 400 mg. (wohl weniger)

Inhaltsverzeichnis

---

* Nach den Abschnitten I.–XXII. folgen jeweils Literaturangaben.

Inhaltsverzeichnis

Inhaltsverzeichnis

Körperliche Entwicklung und Reifungsdiagnostik

Von H. Harbauer

A. Stufen der körperlichen Entwicklung

Intensität und Tempo des körperlichen Entwicklungsablaufes werden bestimmt a) von Determinanten, die im Erbgut (z.B. Rassezugehörigkeit) verankert sind, b) von äußeren Entwicklungsbedingungen (z.B. Frühgeburtlichkeit, durchgemachte Krankheiten, Ernährung) und c) von Faktoren der sozialen Umgebung (z.B. sozialer Status der Eltern, Förderung in Geschwisterreihe, Schulform).

1. Schwangerschaftszeit oder pränatale Entwicklungsperiode

Auf die *Blastemzeit* (bis Ende der 3. Schwangerschaftswoche) folgt bis zum 3. Schwangerschaftsmonat die *Embryonalzeit*. Dieser schließt sich bis zur Geburt die *Fetalperiode* an. Während der Embryonal- und Fetalzeit kommt es zu einer ständigen Massenzunahme des Gehirns, an der in quantitativer Differenzierung die verschiedenen Gewebselemente (Markscheiden, Nervenzellen, Glia, Gefäßbindegewebe) beteiligt sind. Es ist derzeit umstritten, ob, wie lange Zeit angenommen, für die Hirnreifung bzw. die Entwicklung nervöser Funktionen, die Markscheidenausbildung allein und kausal verantwortlich ist. Die Vermehrung der Nervenzellen ist im 8. Schwangerschaftsmonat abgeschlossen. Auch über die differenzierte und wichtige Funktion der Neuroglia bei der Ontogenese bestehen noch keine übereinstimmenden Meinungen.

Die normale Schwangerschaftsdauer beträgt vom 1. Tag der letzten Menstruationsblutung bis zur Geburt durchschnittlich 281 Tage.

2. Neugeborenenzeit

Die Geburt schließt die pränatale Entwicklungsperiode ab, es beginnt die *Neugeborenenzeit*, welche die ersten 2 Lebenswochen, nach anderer Definition die ersten 28 Lebenstage, umfaßt und eine erhebliche Umstellung auf extrauterine Lebensbedingungen bedeutet. Beim Neugeborenen ist das Gehirn das größte Körperorgan. Die Hirnreifung ist noch nicht abgeschlossen; das Verhalten wird zunächst von tiefen Hirnanteilen gesteuert.

Das mittlere Geburtsgewicht liegt derzeit beim Knaben um 3500 g, beim Mädchen um 3350 g; die Sollkörperlänge beträgt beim Knaben 50,9 cm, beim Mädchen 50,2 cm. Diese Werte sind u.a. abhängig von der Geburtenzahl, mit zunehmender Geburtenzahl werden die Kinder größer und schwerer, vom Gewicht der Placenta, sowie von genetischen und sozialen Voraussetzungen. In den ersten Lebenstagen ist die Sterblichkeitsziffer erhöht.

Von einer *Frühgeburtlichkeit*, die unter kinderpsychiatrischen Aspekten ein besonderes Risiko bedeutet, wird gesprochen, wenn, unabhängig von der Tragzeit, das Geburtsgewicht weniger als 2500 g beträgt.

Als „*Risikokinder*" werden alle frühgeborenen und auch übertragenen Kinder, sowie die Neugeborenen nach komplizierter Geburt, operativer Entbindung, Asphyxie oder Neugeborenenikterus bezeichnet. Auch Zwillingsgeburten, sowie Geburten nach einer durch mütterliche Erkrankung belastenden Schwangerschaft gehören hierzu.

3. Säuglingsalter

Das Säuglingsalter reicht vom Ende der Neugeborenenzeit bis zum Ende des 1. Lebensjahres. Diesen Zeitabschnitt hat Portmann als „extrauterines Frühjahr" bezeichnet. Nach der Geburt kommt es zwischen dem 2. und 5. Lebenstag durch Flüssigkeitsabgabe zu einem Gewichtsverlust, der etwa 5–10% des Geburtsgewichts beträgt und nach 2 Wochen wieder ausgeglichen sein sollte.

Bis zum Ende des 5. Lebensmonates soll der Säugling sein Geburtsgewicht verdoppelt, bis zum Ende des 1. Lebensjahres verdreifacht haben. Der erste Zahndurchtritt erfolgt in der Regel zwischen dem 6. und 9. Lebensmonat, es erscheinen die mittleren, unteren Schneidezähne zuerst. Entwicklungsdiagnostisch ist der Ablauf der Dentition von geringerer Bedeutung als die Knochenkernentwicklung. Das sog. Skeletalter stellt ein zuverlässigeres Kriterium als Körperlänge und Körpergewicht dar.

4. Frühe Kindheit

Die sich anschließende frühe Kindheit endet mit der Einschulungszeit die derzeit bei uns um das 6. Lebensjahr liegt. Die erste Phase der frühen Kindheit (2. und 3. Lebensjahr) wird auch „Spielalter", die 2. Phase (4., 5. und 6. Lebensjahr) „Kindergartenalter" genannt. In der ersten Phase, meist in der ersten Hälfte des 2. Lebensjahres, erwirbt das Kind den aufrechten Gang und entwickelt seine Sprache. Das Längenwachstum erfolgt im Verhältnis zur Gewichtszunahme zwischen dem 5. und 7. Lebensjahr rascher, was zum nicht unwidersprochen gebliebenen Syndrom des um diese Zeit liegenden *1. Gestaltwandels* (Zeller) geführt hat (s. Kap. Schulreife S. 68). Bei der Wachstumsbeurteilung dürfen Körpergewicht und Brustumfang nicht mit dem Lebensalter in Beziehung gesetzt werden. Das Gewicht sollte auf die Körperlänge, der Brustumfang auf das Gewicht bezogen werden.

5. Mittlere und späte Kindheit

Die mittlere und späte Kindheit reicht vom Einschulungszeitpunkt bis zum Beginn der Vorpubertät um das 11./12. Lebensjahr. Die psychoanalytische Terminologie bezeichnet diesen Lebensabschnitt als „Latenzzeit", weil er eine Periode darstellt, in der Triebenergie von der sexuellen Verwendung abgeleitet und anderen Zwecken zugeführt werden soll. Die übereinstimmenden Erfahrungen über die Zahl der ratsuchenden und gestörten Kinder zeigen, daß es in diesem risikoarmen, biologisch stabilen und gesunden Altersabschnitt zu einem steilen Anstieg in der Häufigkeit geklagter psychischer Symptome kommt. Wir treffen also in einer biologisch besonders widerstandsfähigen Zeit auf eine erhöhte psychische Anfälligkeit. Diese vermehrte Anfälligkeit läßt sich zum Teil mit der jetzt eintretenden Schulbelastung im weitesten Sinne erklären. Dabei reichen die Ursachen für die manifest werdenden Verhaltensstörungen bei vielen Kindern in die frühe Kindheit zurück. Sie dekompensieren jetzt unter der Belastung der Schule. Durch bereits früher ausgebildete Fehlhaltungen (Kontakt zur Umwelt, Bereitschaft zur Sozialisierung, Findung der Geschlechtsrolle) werden diese eingeschulten Kinder überfordert, weil ihnen aufgrund der vorhergegangenen psychogenen Irritation die „Gruppenreife" fehlt.

6. Reifungsalter

Das Reifungsalter beginnt mit der Vorpubertät, die beim Mädchen etwa $1\frac{1}{2}$ Jahre früher als beim Knaben einsetzt und deren Beginn zwischen dem 9. und 13. Lebensjahr liegt.

Die *Vorpubertät* oder erste puberale Phase ist in ihrer körperlichen Entwicklung gekennzeichnet durch eine gewisse Disharmonisierung der Bewegungen, die Gesichtszüge sind manchmal vergröbert, gelegentlich sogar akromegaloid verändert. Mit der Erstpollution bzw. mit der Menarche ist die eigentliche *Pubertät* bzw. die zweite puberale Phase erreicht. Die Geschlechtsreife setzt jedoch erst etwa 1—2 Jahre nach dem Abklingen sog. anovulatorischer Cyclen beim Mädchen ein. Beim Knaben sind mit etwa 15 Jahren reife Spermatozoen nachweisbar. Nach Ablauf der ersten Monate der Pubertätsphase bildet sich die auch im körperlichen Aspekt deutliche Unruhe zurück, die Persönlichkeit harmonisiert sich wieder.

B. Beurteilung des Reifungsstandes

Für die kinder- und jugendpsychiatrische Diagnose spielen körperliche und seelisch-geistige Entwicklungsmerkmale eine bedeutsame Rolle. Der seelisch-geistige Entwicklungsstand wird heute bei entsprechender Fragestellung durch fachpsychologische Untersuchungen diagnostiziert.

Das Längen- und Gewichtswachstum des Kindes registriert das Somatogramm. Dabei werden die Werte für Alter, Länge und Gewicht durch eine Linie verbunden und so eine Übersicht über die Relation dieser Werte vermittelt (s. Abb. 1 und 2). Das Somatogramm hat sich zur einfachen Beurteilung des körperlichen Entwicklungsstandes und seiner Verlaufskontrolle gut bewährt.

Die größte *Wachstumsgeschwindigkeit* wird im 1. Lebensjahr registriert. Sie fällt dann rasch ab und nimmt erst in der Präpubertätszeit wieder deutlich zu. Die intensivierte Wachstumsgeschwindigkeit

Knaben

Datum	Jahre	cm	±2σ	kg	±2σ	
	19	175	±12	66,5	±14,1	
	18	175	±13	65,0	±14,5	
		174		63,0		
	17	173	±13	61,0	±14,8	
		172		59,0		
		171		57,8		
		170	±15	56,7	±15,7	♂
		169		55,6		
	16	168		54,5		
		167		53,5		
		166		52,5		
		165		51,6		
		164	±18	50,7	±16,9	
		163		49,8		
		162		48,9		
	15	161		48,0		
		160		47,1		
		159		46,2		
		158		45,3		
		157	±18	44,4	±15,0	♂
		156		43,6		
		155		42,8		
	14	154		42,0		
		153		41,2		
		152		40,4		
		151	±15	39,6	±11,8	
		150		38,8		
	13	149		38,0		
		148		37,4		
		147		36,8		
		146	±14	36,2	±9,8	♂
		145		35,6		
	12	144		35,0		
		143		34,3		
		142	±13	33,6	±9,1	
		141		32,9		
	11	140		32,3		
		139		31,7		
		138	±12	31,1	±8,3	
		137		30,5		
	10	136		30,0		
		135		29,4		
		134		28,8		
		133	±11	28,3	±7,4	♂
		132		27,8		
	9	131		27,3		
		130		26,8		
		129		26,3		
		128	±10	25,8	±6,6	
		127		25,4		
	8	126		25,0		
		125		24,5		
		124		24,0		
		123	±9	23,5	±6,1	
		122		23,1		
	7	121		22,7		
		120		22,2		
		119		21,8		
		118	±8	21,4	±5,2	♂
		117		21,0		
	6	116		20,6		
		115		20,2		
		114		19,8		
		113	±8	19,4	±4,0	
		112		19,0		
		111		18,7		
	5	110		18,4		
		109		18,1		
		108		17,8		
		107	±8	17,5	±3,5	♂
		106		17,2		
		105		16,9		
	4	104		16,6		
		103		16,3		
		102		16,0		
		101		15,7		
		100	±8	15,4	±3,0	
		99		15,1		
		98		14,9		
		97		14,7		
	3	96		14,5		
		95		14,3		
		94	±7	14,1	±2,9	♂
		93		13,9		
	2½	92		13,7		
		91		13,5		
		90		13,3		
		89	±7	13,1	±2,7	
		88		12,9		
	2	87		12,7		
		86		12,5		
		85		12,3		
		84	±7	12,1	±2,5	♂
		83		11,9		
		82		11,7		
	1½	81		11,5		
		80		11,3		
		79		11,1		
		78	±6	10,9	±2,3	
		77		10,7		
		76		10,5		
	1	75		10,2		
	11	74		9,9		
	10	73		9,6		
	9	72	±5	9,2	±1,8	
	8	71		8,8		
	7	70		8,3		
	½ 6	68		7,8		♂
	5	66		7,3	±1,6	
	4	64		6,6	±1,6	
	3	61	±4	5,8	±1,3	
	2	58		5,0	±1,3	
	1	54		4,1	±0,9	
	0	51		3,4	±0,9	
Datum	Jahre	cm	±2σ	kg	±2σ	

Knaben

Abb. 1

Mädchen

Datum	Jahre	cm	±2σ	kg	±2σ	
	19	165	±11	57,0	±12,4	
	18	165	±11	56,0	±12,4	
	17	164	±11	54,5	±12,4	
	16	163	±11	52,5	±12,8	
		162		51,5		
		161	±12	50,5	±13,2	♀
	15	160		49,5		
		159		48,4		
		158	±14	47,3	±13,8	
		157		46,2		
	14	156		45,0		
		155		44,0		
		154		43,0		
		153	±15	42,0	±13,7	
		152		41,0		
	13	151		40,0		
		150		39,2		
		149		38,4		
		148		37,6		
		147	±15	36,9	±10,6	♀
		146		36,2		
	12	145		35,5		
		144		34,7		
		143		33,9		
		142	±14	33,1	±10,3	
		141		32,3		
	11	140		31,5		
		139		31,0		
		138		30,5		
		137	±11	30,0	±8,8	♀
		136		29,5		
	10	135		29,0		
		134		28,6		
		133		28,2		
		132	±11	27,8	±7,9	
		131		27,4		
	9	130		27,0		
		129		26,5		
		128		26,0		
		127	±11	25,5	±7,0	♀
		126		25,0		
	8	125		24,5		
		124		24,1		
		123		23,7		
		122	±10	23,3	±6,1	
		121		22,9		
	7	120		22,5		
		119		22,0		
		118		21,5		
		117	±9	21,0	±5,2	♀
		116		20,5		
	6	115		20,0		
		114		19,6		
		113		19,2		
		112	±9	18,8	±4,0	
		111		18,4		
		110		18,0		
	5	109		17,6		
		108		17,3		
		107		17,0		
		106	±8	16,7	±3,5	♀
		105		16,4		
		104		16,1		
	4	103		15,8		
		102		15,5		
		101		15,3		
		100		15,1		
		99	±7	14,9	±2,9	
		98		14,7		
		97		14,5		
		96		14,3		
	3	95		14,1		
		94		13,9		
		93	±7	13,7	±2,9	♀
		92		13,5		
	2½	91		13,3		
		90		13,1		
		89		12,9		
		88	±7	12,7	±2,7	
		87		12,5		
	2	86		12,3		
		85		12,1		
		84		11,9		
		83	±7	11,7	±2,5	♀
		82		11,5		
		81		11,3		
	1½	80		11,1		
		79		10,9		
		78		10,7		
		77	±6	10,5	±2,3	
		76		10,3		
		75		10,1		
	1	74		9,8		
	11	73		9,5		
	10	72		9,2		
	9	71	±5	8,8	±1,8	♀
	8	70		8,4		
	7	68		8,0		
	½ 6	66		7,5		
	5	64		7,0	±1,5	
	4	62		6,4	±1,5	
	3	59	±4	5,6	±1,2	
	2	56		4,8	±1,2	
	1	53		3,9	±0,9	
	0	50		3,3	±0,8	
Datum	Jahre		cm	±2σ	kg	±2σ

Mädchen

Abb. 2

Abb. 1 und 2. (Nach Vogt, Arch. Kinderheilk. **159**, 141 (1959)

3

eilt der Geschlechtsreife etwa 1—3 Jahre voraus. Die präpuberale Wachstumsbeschleunigung bringt eine deutliche Streuung der Werte, damit ein erhebliches Auseinanderklaffen der körperlichen Entwicklung innerhalb einer Altersklasse.

Das *Knochenwachstum*, d. h. die Skeletentwicklung oder das Skeletalter, ergibt sichere Hinweise auf Wachstumsstörungen. Bei der Bestimmung des *Skelet-* oder *Knochenkernalters* werden die Knochenkerne von Handwurzel, Ellenbogen, Fußwurzel und Knie bestimmt (Atlas der normalen und pathologischen Handskeletentwicklung, F. Schmid und H. Moll, Berlin-Göttingen-Heidelberg, 1960).

Die endgültige Erwachsenengröße läßt sich durch die Relation: erreichte Körpergröße und Skeletalter vorhersagen. Das körperliche Wachstum endet mit dem Schluß der Epiphysenfugen. Der Nahtschluß am Schädel soll im 5.—6. Lebensmonat, der Schluß der kleinen Fontanelle in der 6. Lebenswoche erreicht sein. Die große Fontanelle soll nicht vor dem 9. Lebensmonat geschlossen und nicht nach dem 20.—24. Lebensmonat noch fühlbar sein.

Die *äußeren Reifungsmerkmale* eines Pubertierenden erlauben Rückschlüsse auf den seelisch-geistigen Entwicklungsstand. Die Reifungsmerkmale dürfen deshalb in keiner kinder- und jugendpsychiatrischen Befunderhebung fehlen. Bemerkungen wie z.B. „altersentsprechend entwickelt" sind wegen ihrer fehlenden Aussage unangebracht.

Es gibt mehrere Versuche, den Reifungsstand zu standardisieren. So hat Greulich durch eine Zahlenskala von 1—5 unterschiedliche Reifestufen beschrieben, die eine sehr detaillierte Reifungsdiagnose ermöglichen.

Für die Klinik hat Schmidt-Voigt m. E. gut brauchbare Kriterien für die Reifungsbeurteilung angegeben. Er ersetzte die Entwicklungsstufen durch Buchstaben und bezeichnete mit K = den kindlichen Entwicklungsstand, mit P = die pubeszente Stufe und mit R = die reife Form. Eine gegebenenfalls notwendig werdende Aufspaltung kann durch die Kombination KP (eine dem kindlichen Zustand genäherte Form) und PR (ein schon der Reife verwandtes Kind) erfolgen.

Unter den Reifungszeichen für den *Knaben* sind dabei von Bedeutung die Kriterien der Pubesbehaarung und der Entwicklung der äußeren Geschlechtsorgane.

Pubesbehaarung

K-Stufe. Fehlende bzw. Lanugobehaarung.
KP-Stufe. Auftreten eines kranzförmig um die Peniswurzel angeordneten Bestandes glatter Haare.

PR-Stufe. Mäßig entwickelte dichtere Behaarung mit Ausbreitung nach der Seite und zum Nabel hin. Noch fehlende schärfere Begrenzung. Beginnende Kräuselung des Haarfeldes.
R-Stufe. Ausgebreitetes, stark entwickeltes und gekräuseltes Haarfeld mit horizontaler oberer Begrenzung (femininer Typus) oder mit nabelwärts gerichteter, dreieckförmiger oberer Begrenzung (viriler Typus).

Äußere Geschlechtsorgane

a) Penis
K-Stufe. Kleiner Penis von konischer Form. Langes Präputium.
KP-Stufe. Zylindrische Form des Penis mit vermehrtem Längenwachstum.
PR-Stufe. Gesteigertes Dickenwachstum des Gliedes. Straffe Haut. Aufblähung der Glans mit nicht selten zurücktretendem Präputium. Beginnende Pigmentierung.
R-Stufe. Walzenförmiger Penis mit schlaffer Haut. Deutliche Absetzung der Glans. Ausgeprägte Pigmentierung.
b) Testes und Scrotum
K-Stufe. Kuppelform des Scrotums. Kuppelförmiges, straffes, rundes und breites Scrotum. Testes meist noch unter Haselnußgröße.
P-Stufe. Beutelform des Scrotums. Birnenförmiges Scrotum mit Falten an der Wurzel. Unterscheidung eines breiten Fundus von einem schmäleren Hals. Beginnende Pigmentierung. Sichtbarwerden oberflächlicher Hautvenen. Deutliches Abzeichnen der bis walnußgroßen Testikel.
R-Stufe. Starke Fältelung und Pigmentierung der Scrotalhaut. Größenzuwachs der Testikel.

Unter den Reifungszeichen für das *Mädchen* sind neben der Hüftrundung vor allem die Mammaentwicklung, die Pubesbehaarung und die Menarche wichtig.

Mammaentwicklung

K-Stufe. Das gleiche Bild wie bei der männlichen Brustdrüse.
KP-Stufe. Bild der Brustknospe. Vergrößerung und Emporwölbung des Warzenhofes über die Ebene der Brusthaut. Verstreichen der Warze in der gemeinschaftlichen Wölbung mit dem Warzenhof.
PR-Stufe. Bild der Knospenbrust. Halbkugelige Vorwölbung der Brusthaut. Gesondertes Aufsitzen der Knospe als einer stärker gewölbten Kuppe. Noch verstrichene Warze.
R-Stufe. Bild der reifen Brust. Weitere pralle Vorwölbung der Brust. Einbeziehung des großen Warzenhofes in die verstärkte Wölbung, knopfförmige Hervorragung der Brustwarze, stärkere Pigmentierung. Zuweilen einzelne terminale Haare in der Umgebung der Areola.

Pubesbehaarung

K-Stufe. Fehlende bzw. Lanugobehaarung.
KP-Stufe. Spärliche glatte Haare in der Umgebung der großen Labien.
PR-Stufe. Weitere Ausbreitung und Verdichtung des Haarfeldes, nabelwärts entlang den großen Labien und später beginnend auch seitlich. Einsetzende Kräuselung der einzelnen Haare.
R-Stufe. Femininer Typus einer dichten Behaarung mit starker Kräuselung und waagrechter oberer Begrenzung, gelegentlich auch maskuline Begrenzung nach oben.

Menarche

K-Stufe. Menses fehlen.

P-Stufe. Menses unregelmäßig, selten.

R-Stufe. Menses seit Monaten (annähernd) regelmäßig. Feststellung des Zeitpunktes der ersten Menstruation und des zeitlichen Abstandes vom Untersuchungstag.

Im Reifungsalter erhält jeder psychische oder psychopathologische Befund erst in Korrespondenz zur Beschreibung des reifungsbiologischen Entwicklungsstandes seine Bedeutung.

Kinderpsychiatrisch kann für die Beurteilung des körperlichen Reifungsstandes der *Descensus testis* eine Rolle spielen. Bei etwa 5% aller neugeborenen Knaben sind die Hoden noch nicht in das Scrotum descendiert, zu Beginn der Schulzeit weisen noch 2—3% aller Knaben einen Hodenhochstand auf. Es wird ein- oder doppelseitig eine *Retentio testis inguinalis* oder *abdominalis* unterschieden. Als *Kryptorchismus* wird entweder eine Retentio testis abdominalis oder die Entwicklungsstörung des Hodens bis zur Anorchie bezeichnet. Bei der *Hodendystopie* oder *-ektopie* hat der Hoden durch Abirren vom normalen Descensusweg den Weg in das Scrotum nicht gefunden. Gelingt es, einen Hoden bleibend in das Scrotum zu verlagern, aus dem er sich z.B. durch Kälte oder mechanische Reize fakultativ wieder in den Leistenkanal zurückzuziehen vermag, so handelt es sich um einen *Pendelhoden*, der keiner Behandlung bedarf. Der Pendelhoden ist vom behandlungsbedürftigen *Gleithoden* zu unterscheiden, der sich nur unter Spannung und kurzfristig in das Scrotum verlagern läßt.

Therapeutisch sollte vor der Operation, — die bei sicherem mechanischen Hindernis sofort indiziert ist — die Choriongonadotropinkur (eventuell einmalig nach 6 Wochen wiederholt) durchgeführt werden. Dabei werden möglichst vor dem 4. Lebensjahr zweimal wöchentlich 1000—1500 IE Choriongonadotropin über 6 Wochen verabreicht. Tritt danach kein Descensus ein, ist operatives Vorgehen angezeigt. Eine nicht kleine Zahl von Fällen mit Hodenhochstand ist auf eine primäre Organschädigung oder Hypoplasie zurückzuführen, so daß dann durch Hormonbehandlung oder Operation nur ein kosmetisches Ergebnis erreicht wird. Ergebnisse hodenbioptischer Untersuchungen legen nahe, die Choriongonadotropinkur bereits zum Ende des 2. Lebensjahres durchzuführen. Möglicherweise kommt es bei nicht entsprechend behandeltem einseitigen Hochstand auch zu degenerativen Veränderungen beim descendierten Hoden.

Die *klinisch-neurologische Untersuchung des Neugeborenen* weist andere Untersuchungskriterien als die neurologische Untersuchung des Kindes und des Erwachsenen auf. Ihre Methode soll zur notwendigen Früherkennung von Hirnschädigungen führen. Die Untersuchung kann innerhalb der ersten 24 Std erfolgen, auf jeden Fall muß sie nach Ablauf einer Woche geschehen. Die Ergebnisse der Frühestuntersuchung werden manchmal durch die postnatale Adaption des Neugeborenen in ihrer Verwertbarkeit eingeschränkt. Es ist deshalb sinnvoll, falls nur eine neurologische Untersuchung erfolgt, und sich keine Notwendigkeit für eine frühere Diagnostik erkennen läßt, diese erst am 5. oder 6. Lebenstag durchzuführen. Hierfür wurden entsprechende Untersuchungsmethoden entwickelt (u.a. H. F. R. Prechtl u. D. J. Beintema: Die neurologische Untersuchung des reifen Neugeborenen, Thieme, Stuttgart, 1968. B. Bobath: Abnorme Haltungsreflexe bei Gehirnschäden, Thieme, Stuttgart, 1971. Joppich, G. u. F. J. Schulte: Neurologie des Neugeborenen, Springer, Berlin-Heidelberg-New York, 1968). Durch eine Kurzuntersuchung sollte in jedem Fall festgestellt werden, ob der Verdacht auf eine cerebrale Schädigung beim Neugeborenen besteht. Bei Bestätigung dieses Verdachts muß sich stets eine ausführlichere Untersuchung anschließen. Bei der Kurzuntersuchung, die im allgemeinen nicht länger als 10 min dauert, werden Körperhaltung, Spontanbewegungen der Augen und Puppenaugenzeichen, spontane Motilität, Widerstand gegen passive Bewegungen, Aufziehen der Arme, Saugen und Mororeflex beurteilt. Dadurch lassen sich Paresen oder leichte Hemisyndrome sowie Veränderungen der Motilität frühzeitig erkennen. Neben den neurologischen Frühzeichen sind in dieser Lebensphase alle Symptome einer vegetativen Funktionsstörung bedeutsam. Hierher gehören vor allem: häufiger Farbwechsel, gelegentliche Cyanose, Stöhnen, Schreien und Trinkschwäche.

Differentialdiagnostisch müssen andere Erkrankungen mit ähnlichen Allgemeinzeichen ausgeschlossen werden, z.B. angeborene Herzfehler, alle pulmonalen Störungen, Zwerchfellhernien, infektiös-septische Prozesse, Neugeborenenmeningitis oder der Tetanus neonatorum. Ebenso sind abzugrenzen die unter Krämpfen ablaufende Hypocalcämie und die Hypoglykämie, letztere vor allem bei Kindern diabetischer Mütter.

Nach etwa 4—6 Wochen vermag das Kind in Bauchlage den Kopf von der Unterlage zu heben, es fängt an auf ein Geräusch zu lauschen oder einen Gegenstand zu fixieren. In dieser Zeit werden erste Lallaute sowie ein Lächeln bei Ansprache beobachtet.

Nach der 8. Woche beginnt der Säugling zuverlässig zu fixieren und verfolgt Gegenstände durch Kopfwenden. Diese Gegenstände werden jetzt meist wiedererkannt. Im „Lausch- und Schaualter" (Hetzer), das etwa zwischen dem 3. und 5. Lebensmonat liegt, werden Licht- und Schallreize mit Aufmerksamkeit registriert. Der Säugling fängt um diese Zeit an, nach ihm gezeigten Gegenständen zu greifen, seine Reaktionsfähigkeit nimmt erheblich zu. Am Ende des 1. Halbjahres, spätestens im 3. Vierteljahr des 1. Lebensjahres erlernen fast alle Kinder das freie Sitzen. Eine Krabbel- und Kriechperiode gestaltet sich unterschiedlich lang; im 3. Vierteljahr machen viele Kinder erste Stehversuche, soweit sie sich an entsprechendem Gerät hochziehen können. Sie vermögen jetzt kleine Gegenstände zu erfassen und in den Mund zu stecken, was zum Verschlucken oder zu Vergiftungen führen kann. Es entwickeln sich Lallmonologe, einfache Laute werden nachgeahmt. Auf die Wegnahme von bekanntem Spielzeug reagiert das Kind mißmutig.

Zum Ende des 1. Lebensjahres, oft im 1. Vierteljahr des 2. Lebensjahres erlernt das Kind das freie Gehen. Es vermag jetzt von ihm erwünschte Gegenstände heranzuziehen. Die Sprache beginnt mehr und mehr in den Dienst der Verständigung zu treten.

Die Sauberkeitserziehung sollte im 2. Lebensjahr liegen. Nach Ende des 3. Lebensjahres sollte das Kind am Tage und in der Nacht sauber sein.

Das *Schlafverhalten* kann diagnostisch von Bedeutung sein. Neben Schlafhaltung und neurophysiologischen, durch das Elektroencephalogramm gewonnenen Neuerkenntnissen über Aktivitätsmuster, spielt kinderpsychiatrisch die Schlafdauer eine Rolle. Viele Angehörige erwarten, manchmal aus einer gewissen Schutzhaltung heraus, eine überdurchschnittlich lange Schlafdauer ihres Kindes. Nach der 6.–8. Lebenswoche bildet sich ein spontaner Tag-Nacht-Rhythmus aus, so daß nächtliche, der Beruhigung des Säuglings dienende Flüssigkeitsgaben vor dieser Zeit nicht zur Verwöhnung führen müssen. Der gesunde Säugling schläft in den ersten Lebenswochen etwa 18 Std, diese Zeitspanne reduziert sich bald auf 14–16 Std. Zur Einschulungszeit genügt bei großen individuellen Bedürfnissen eine Schlafdauer von 11–13 Std. Das Schulkind benötigt, abhängig vom Alter, noch etwa 9–11 Std Nachtschlaf. Die verkürzte Nachtschlafdauer ist meist bedingt durch abendliches längeres Wachsein. Dabei sollte ein Kind möglichst erst zum erwünschten Einschlaftermin zu Bett gehen und nicht schon längere Zeit vorher dorthin gebracht werden. Der Mittagsschlaf orientiert sich sinnvollerweise am Schlafbedürfnis des Kindes und nicht an der von der Mutter aufgestellten Ordnung. Dieses Bedürfnis besteht meist noch recht ausgeprägt im Kleinkindesalter. Auch beim Schulkind kann in großer Individualität ein nicht zu ausgedehnter Mittagsschlaf oder eine Mittagsruhe der besseren Leistungsfähigkeit dienen.

C. Varianten der Reifungsentwicklung

Wir wissen heute, daß die psychischen Äußerungen der Reifungszeit nicht nur von der Anlage oder dem Funktionieren des hormonellen Systems abhängig sind, sondern auch ein sozial-kulturelles Phänomen darstellen. Die Zugehörigkeit zu einer bestimmten Sozialschicht, die Auswirkungen kulturell-wirtschaftlicher Fakten und andere Voraussetzungen tragen dazu bei, Varianten der Reifungsentwicklung entstehen zu lassen. Jugendpsychiatrisch besonders bedeutsam zeigen sich dabei die Reifungsverfrühung und die Retardierung.

I. Reifungsverfrühung

Eine Reifungsverfrühung findet sich
    1. bei entsprechenden Umweltvoraussetzungen,
    2. bei der individualtypischen und säkularen Entwicklungsbeschleunigung und

    3. bei bestimmten Krankheitsbildern.

Die Weite einer seelischen Reifungsverfrühung bewegt sich von den Grenzbereichen zum Normalen bis in den Krankheitsbereich hinein.

1. Seelische Frühreife
bei bestimmten Umweltvoraussetzungen

Bei Einzelkindern, bei nachkommenden Kindern, bei Kindern aus intellektuellen Familien kann nach meist unangepaßten Erziehungsanforderungen die sog. *Altklugheit* beobachtet werden. Altkluge Kinder setzen, verständlicherweise auf dem Boden ihres entsprechenden Anlagepotentials, ihre Umgebung durch altersinadäquate Urteile und Stellungnahmen in Erstaunen. Nicht selten kombiniert sich Altklugheit mit sog. neuropathischen Stigmen, d.h. mit einer Überempfindlichkeit gegen Sinneseindrücke und entsprechend überschießender Reizbeantwortung. Diese Intellektualisierung einzelner Lebensbereiche wird durch unseren heutigen Lebensstil und durch die Notwendigkeit, das moderne Leben zu bewältigen auch für das Kind gebahnt. Bei der Altklugheit können andere Persönlichkeitsbereiche, vor allem das Gemüthafte, das Verstehen und Mitfühlen, in Gefahr kommen, zu verkümmern (emotionale Retardierung).

Unter bestimmten Voraussetzungen führen *Todesbefürchtungen* und *schwere körperliche Erkrankungen* zu einer psychischen Reifungsverfrühung. Wahrscheinlich spielt hier der verstärkte Umgang mit dem pflegenden Erwachsenen, das Nachdenken vor allem älterer Kinder während längerer Krankheit und die Herausnahme aus dem unbekümmerten Freundeskreis eine Rolle mit. Jedes Kind setzt sich im Ablauf der Reifung mit dem Tod und dem Sterbenmüssen auseinander; hinter mancher unklaren Angst, Verstimmung oder hypochondrischen Erregung mag sich deshalb eine aus verschiedenen Anlässen vordergründig gewordene Todeserfahrung verstecken.

Die Unausweichlichkeit und Endgültigkeit des Todes wird erst präpubertär erfahren und nähert sich dann der Auffassung des Erwachsenen. Die Einstellungen des Kleinkindes sind meist noch ohne affektive Reaktion. Sie orientieren sich an der Meinung, daß „ein Toter sich nicht bewege". Tod und Schlaf werden in früher Lebenszeit nicht immer und endgültig differenziert (Bennholdt-Thomsen, Bosch).

Vorzeitige Talentierungen und „Wunderkinder" (F. Baumgarten) zeichnet ein bestimmtes künstlerisches Sendungsbewußtsein und die oft schon frühzeitig zu erkennende Sonderbegabung aus (z. B. Mozart, Beethoven, Carl-Maria von Weber, Dürer). Manchmal lassen sich auch bei intellektuell minderausgestatteten Kindern einzelne hervorstehende Begabungen erkennen. Vermutlich handelt es sich dabei um ein ausgestanztes Intaktbleiben einzelner Funktionen innerhalb des Entwicklungsrückstandes, der die sonstigen Persönlichkeitsbereiche umfaßt. Vorzeitige Talentierungen und umweltgeförderte, vorauseilende Reifungszustände werden vermehrt in einzelnen, leistungsbetonten, intellektuell ausgerichteten Familien diagnostiziert.

2. Seelische Frühreife durch den Entwicklungswandel (Acceleration)

Symptomatik. Durch den Entwicklungswandel haben sich im körperlichen Bereich vor allem die Körperlängen und die Körpergewichte im Sinne einer Zunahme verändert. Ebenso wird heute ein vergrößerter Brust- und Kopfumfang, sowie eine größere Fußlänge festgestellt. Der erste Zahndurchtritt wird früher beobachtet. Der Menarchetermin beim Mädchen der heutigen Generation liegt um 1—2 Jahre früher als vor einigen Jahrzehnten. Diese Veränderungen im körperlichen Bereich führen u. a. zu einer laufenden Anpassung der Kleider- und Schuhfabrikation, sowie der Schulbankherstellung.

Obwohl die uns zugänglichen körperlichen Zeichen und die seelischen Entwicklungsveränderungen durch einen breiten Bezirk von Phänomenen die wir nicht kennen, getrennt sind, bestätigt der klinische Alltag, daß das Charakterverhalten eines Kindes oder Jugendlichen sehr empfindsam auf veränderte biologische Situationen reagiert. Es darf deshalb vermutet werden, daß unmittelbare Rückwirkungen auf den vitalpsychischen Bereich vorhanden sind. Diese Vermutung ließ sich durch zahlreiche empirische Untersuchungen stützen, in denen die Körpermaße zum testpsychologisch oder durch Schulbefunde ermittelten Intelligenzstand in Relation gesetzt wurden. Ebenso konnten Untersuchungen, die nicht von Längenmaßen, sondern von körperlichen Reifungszeichen ausgingen, positive Beziehungen zur psychischen Entwicklung bzw. den Interessenrichtungen herstellen. Eine seelische Vorausentwicklung scheint vor allem in den Bereichen deutlich zu sein, die den leibnahen und körpernahen Schichten verwandt sind, z. B. bei der Psychosexualität.

Genese, soziale Bedeutung. Es ist bis heute nicht befriedigend geklärt, welche Ursachen für dieses weltweite Phänomen verantwortlich zu machen sind. Wahrscheinlich ist die Entwicklungsbeschleunigung ein biologisches Phänomen, das umweltbedingt und trotzdem umweltstabil ist, d. h. kaum durch äußere Einflüsse verändert werden kann. Im wesentlichen stehen sich zwei Theorien gegenüber. Vor allem von Bennholdt-Thomsen und seiner Schule wurden hierfür u. a. die Massierung der Reize, die anwachsend nicht nur in den großen Städten zu erkennen ist, sowie die größere Empfindlichkeit des vegetativen Nervensystems bei der heutigen Jugendgeneration verantwortlich gemacht. Dieser These einer Reizüberflutung durch unser derzeitiges Leben steht die sog. Ernährungsthese (Lenz) gegenüber. Sie vermutet die veränderte, vermehrt fleisch- und fetthaltigere Nahrungszufuhr, die verbesserte Fürsorge und Krankheitsprophylaxe schon im Säuglingsalter, alle Verbesserungen der menschlichen Hygiene als ausreichende

Erklärung für die erkannte Änderung im Wachstumstempo unserer Jugend. Möglicherweise sind beide Faktorengruppen gemeinsam wirksam. Daneben gibt es andere Hypothesen der Ätiologie, z. B. durch die intensivierte Sonnenbestrahlung bei veränderter Kleidung und Lebensweise oder durch den heute vermehrten Zuckerkonsum.

Diagnose. Als Acceleration wird die seit Mitte des 19. Jahrhunderts in verschiedenen Ländern zu erkennende Entwicklungsbeschleunigung und Reifungsvorverlegung bezeichnet. Zu den accelerierten Kindern und Jugendlichen gehören alle diejenigen, die dieser allgemein accelerierten Entwicklung folgen. Im Sprachgebrauch bezeichnen wir doch nur die Gruppe als frühreifend, die dieser entwicklungsbeschleunigten Jugend vorangeht. Bei der Acceleration handelt es sich um ein weltweit zu beobachtendes Phänomen, das sich nicht ohne weiteres dem Begriffspaar Gesundheit/Krankheit, Vorteil/Nachteil oder Anpassung/Überschreitung der Anpassungsfähigkeit einordnen läßt. Der Begriff Frühreife darf nicht mit dem der Acceleration oder des Entwicklungswandels synonym gebraucht werden. Frühreife ist keine erst in der Gegenwart aufgetretene Erscheinung, sondern sie hat es verständlicherweise schon immer gegeben, da alle biologischen Vorgänge eine bestimmte Streubreite ihres möglichen Ablaufes zeigen.

Therapie, Prognose. Bei accelerierten Kindern und Jugendlichen sollten schädigende Dauerbelastungen oder übertriebene Kraftübungen verhindert werden. Andererseits ist trotz vorhandener vegetativer Symptomatik eine absolute Schonung keineswegs am Platz; es muß vielmehr ein sinn- und maßvolles Herz-Kreislauf-Training unter Einschluß zweckmäßiger Leibesübungen und genügender Entspannungsintervalle durchgeführt werden. Ziel dieses „Gefäßtrainings" und der Leibesübungen sollte es sein, die manchmal notwendig werdende medikamentöse Therapie so schnell wie möglich überflüssig zu machen. In der Familie verdient u. a. die Tatsache Beachtung, daß bei den entwicklungsbeschleunigten Kindern für die Schlafzeit wirkliche Ruhebedingungen hergestellt werden. Heimliche Lektüre, oft über Stunden ausgedehnt, darf nicht zur schlafraubenden Gewohnheit werden. Die Zeit vor dem Zubettgehen ist für diese Kinder vor allem für die innere Schlafbereitschaft und den Erholungswert des Schlafes entscheidend. Hierfür eignen sich nicht aufregende Gespräche, Fernsehberichte, Wildwest-Filme u. ä. Auch heute ist noch immer die geeignetste Schlafvorbereitung eine gute körperliche Ermüdung.

Es sollte versucht werden, vegetative Reizstimulantien, z. B. Nikotin, Alkohol, Coffein, Drogen, als auch die Praxis excessiver Masturbation von den accelerierten Jugendlichen fernzuhalten, bzw. diese pädagogisch zu steuern. Ungelöste und unverarbeitete Spannungszustände und Konfliktsituationen lassen bei diesen Persönlichkeiten oft schwere vegetative Krisen entstehen. Durchbrüche „kindlicher Verhaltensweisen" müssen toleriert werden. Dem accelerierten Jugendlichen darf sein Lebensalter und eine dem veralteten Normbegriff vorauseilende Entwicklung nicht, wie es manchmal geschieht, zur Last gelegt werden, oft dazu noch mit moralischem Akzent. Es muß ihm ganz besonders sorgsam, ohne gouvernantenhafte Behütung Hilfe zukommen.

3. Seelische Frühreife bei cerebralen und endokrinen Erkrankungen

a) Pubertas praecox

Wir unterscheiden bei der Pubertas praecox, die aus unterschiedlichen, z.T. noch umstrittenen Ursachen, zu einer vorzeitigen körperlich-sexuellen Reife führt, vier Grundformen:

1. die idiopathische, konstitutionelle Form,

2. die cerebrale oder hypothalamische Form,

3. die gonadale oder endokrin-aktive Form, und

4. die suprarenale Form oder „Pseudopubertas praecox".

Eine begrenzte psychische Früh- und Vorausentwicklung ist am häufigsten bei den cerebralen Formen anzutreffen. In vielen Fällen ist es schwer abzuschätzen, in welchem Ausmaß ein auf die körperliche Vorausentwicklung reaktiv zu deutendes Verhalten für die Prägung der Persönlichkeit entscheidend ist. Es kann vermutet werden, daß in Einzelfällen der Eindruck psychischer Frühreife bei diesen Kindern deshalb entsteht, weil sie durch ihr Anderssein von Gleichaltrigen abgelehnt werden und überwiegend auf den Umgang mit Erwachsenen angewiesen sind. Es erscheint aber unwahrscheinlich, daß eine nur reaktiv deutbare Interessenvorausentwicklung angenommen werden kann. Wahrscheinlich vollzieht sich diese Einflußnahme in einem sehr komplexen Geschehen, das dem Keimdrüsenhormon eine Art Fermentwirkung zuerkennt.

Bei etwa einem Drittel der Patienten mit Pubertas praecox läßt sich die seelische Vorausentwicklung in einem frühreif wirkenden Gehabe, im gemessenen Auftreten, im ausgesprochen sozialen

Verständnis oder im betont fürsorglichen und anteilnehmenden Verhalten erkennen. Intellektuelle Vorausentwicklung ist dagegen wesentlich seltener zu objektivieren. Bei einem Drittel der Pubertas praecox-Patienten finden wir sogar Symptome einer leichten Oligophrenie, selten sind die Kinder erheblich organisch wesensverändert.

Gelegentlich fällt ein vorzeitiges sexuelles Triebverlangen und überdurchschnittliche erotische Kontaktsuche auf. Vorauseilende sexuelle Aktivität wird überwiegend nur beim Knaben registriert, während bei den erkrankten Mädchen kein betontes sexuelles Interesse beobachtet wurde. Dabei spielt die Vorausentwicklung der Intelligenzfunktionen im Hinblick auf das gesamte Erscheinungsbild der psychischen Frühentwicklung nur eine geringe Rolle.

Bei der sog. „Pseudopubertas praecox" wird keine psychische Frühentwicklung beobachtet. Die Intelligenz entspricht in diesen Fällen dem Lebensalter, die Sexualität bleibt meist sogar schwach und infantil.

b) Senilitas praecox (Gilfordsche Krankheit)

Das auch als Progerie beschriebene, sehr seltene Zustandsbild, führt unmittelbar nach der Geburt oder wenige Monate später zu einem eigentümlichen Aspekt, der als Vergreisung imponiert. Die erkrankten Kinder sehen sich deshalb sehr ähnlich. Möglicherweise handelt es sich um eine Systemerkrankung des mesenchymalen Gewebes im Sinne einer Störung der Entwicklung des mittleren Keimblattes.

Bei diesem eigenartigen Leiden wird meist von einer gering vorauseilenden intellektuellen Entwicklung, in Einzelfällen allerdings auch von einem Rückstand berichtet. Oftmals übernehmen diese Kinder die Rolle des Spaßmachers, die sich wahrscheinlich aus der Situation erklären läßt, in die sie durch ihr Äußeres geraten.

II. Retardierung

Symptomatik. Unter Retardierung wird in unserem Sprachgebrauch ein im allgemeinen aufholbarer, nicht erkennbar hirnorganisch verursachter psychophysischer Entwicklungsrückstand verstanden. Bei den Retardierten handelt es sich um spätreifende Kinder und Jugendliche, deren seelisch-geistige Entwicklung langsamer verläuft, die aber im Erwachsenenalter den in der Durchschnittsbevölkerung üblichen Reifezustand erreichen, bzw. sich ihm sehr nähern.

Die seelisch-geistige Retardierung kann die gesamte Charakter- und Persönlichkeitsstruktur in ausgeglichener und relativ harmonischer Form durchziehen. Es läßt sich dann schon sehr frühzeitig eine allgemeine Entwicklungsverlangsamung erkennen, die sich meist in einer geringgradigen Verzögerung der zu erwartenden frühkindlichen Entwicklungsschritte, wie freies Laufen. Sprachentwicklung und Sauberwerden manifestiert. Die gesamte Ich-Entwicklung verläuft verspätet, allerdings meist in so geringem Ausmaß, daß sie einem wenig erfahrenen Angehörigen kaum auffällt; eine Trotzphase wird dabei selten, manchmal in sehr abgeschwächter Form registriert.

Die emotional retardierten Kleinkinder werden oftmals als erzieherisch problemlos und als besonders leicht erziehbar geschildert, sie geben sich anhänglich, unkompliziert und zuwendungsbedürftig. Um die Einschulungszeit wird dieser Entwicklungsrückstand durch den ausbleibenden ersten Gestaltwandel (Zeller) registriert. Die Kinder werden dann als noch nicht schulreif zurückgestellt oder zunächst aus der 1. Grundschulklasse wieder ausgeschult.

Genese, soziale Bedeutung. Die Ursachen der Retardierung sind außerordentlich vielfältig. Oftmals läßt sich hierüber keine Aussage machen, manchmal dürften nicht erkannte, leichte hirnorganische Vorschädigungen verantwortlich sein. Je mehr das retardierte Kind in den Sozialraum hineinwächst, um so intensiver können Minderwertigkeitsgefühle aufkommen, die es dann zusätzlich und sekundär in eine Außenseiterposition der Gruppe bringen. Dies geschieht heute um so mehr, weil der Pseudostandard einer Klasse oft von den entwicklungsbeschleunigten, accelerierten und dynamischen Kindern bestimmt wird. So ist der Gegenpol des accelerierten Kindes geradezu vorbestimmt zum Sich-verkannt-vorkommen, zum Gefühl, anders als die anderen zu sein. Der Standard einer Schulklasse darf deshalb nicht von den entwicklungsbeschleunigten Kindern allein geprägt werden, eine Situation, zu der aus verständlichen Gründen einige Pädagogen neigen.

Diagnose und Differentialdiagnose. Die Retardierten bilden den Gegenpol zu der durch den Entwicklungswandel herausgestellten accelerierten Gruppe. Der Begriff Retardierung wird gelegentlich in unklarer Form als „geistige Retardierung" mit den leichteren Fällen der Oligophrenie in synonymer Form gebraucht. Diese Gleichstellung sollte definitorisch vermieden werden. Nicht immer ist die seelisch-geistige Retardierung auch mit einem körperlichen Entwicklungsrückstand gekoppelt, in der Überzahl ist dies jedoch der Fall.

Die Pubertät als auch die Berufswahl bedeuten dem retardierten Jugendlichen meist besondere Belastungsproben. Es stellen sich zusätzliche Selbstwertkonflikte ein, so daß Überkompensation, Aggressivität, Verstimmungen und schulisches Leistungsversagen oftmals beobachtet werden. Corboz und Haffter haben darauf hingewiesen, daß sich retardierte Jugendliche, z. B. in der Belastung der Wehrdienstzeit, erstaunlich gut halten können, weil ihnen die Untergebenenrolle wesentlich leichter fällt als ausgereiften Persönlichkeiten. So bedeutet diese Lebensphase oft eine Förderung des Reifeprozesses mit einem Sichannähern an die nicht retardierten Persönlichkeitsstrukturen. Manchmal ist es jetzt erst möglich, eine Differentialdiagnose zur infantil bleibenden Persönlichkeit zu treffen. Vielfältige Verhaltensstörungen, u. a. Diebereien, Schuleschwänzen oder Oppositionseinstellungen stellen Kompensationsmechanismen dar, in denen der retardierte Jugendliche seine von ihm verunsichernd und entmutigend erlebte Situation verändern möchte. Schulische Leistungshemmungen sind dann häufige Folgen in dieser von den Gleichaltrigen manchmal abgelehnten und isolierten Gruppe. Die differentialdiagnostische Trennung von der wesentlich kleineren Gruppe der *infantilen* Kinder, deren Eigenart die konstitutionell bleibende Minderung ihrer Körperlichkeit und die Infantilität ihrer charakterlichen Eigenschaften darstellen, ist im frühen Lebensalter, oft noch bis zur Pubertät, schwierig.

Therapie, Prognose. Therapeutisch bedürfen die harmonisch und disharmonisch retardiert Reifenden des besonderen Verständnisses ihrer Umgebung, ihres Elternhauses, der Schule oder der Lehrstelle. Jede Übungs- und Anspannungsperiode im Unterricht, Sport und Lehrstellenarbeit muß gerade bei diesen Persönlichkeiten von einer genügend langen Erholphase abgelöst werden. Dies gilt für die alltägliche Ruhepause nach der Arbeit beim Lehrling ebenso wie für den Schüler und trifft auch für die Ferien und den Urlaub zu. Die nachhinkende intellektuelle Leistungsfähigkeit dieser Kinder innerhalb der Klasse oder Gruppe bedeutet für die Schule stets ein großes Problem. Obwohl es das Dilemma entwicklungsbedingter Begabungsunterschiede immer gegeben hat, wurden die anlagemäßig bedingten Begabungs- und Tempodifferenzen durch den Entwicklungswandel zu ungunsten der retardierten Kinder weiter verstärkt. Es bedarf deshalb beim retardierten Kind großer pädagogi-

scher Mühe und feinen Fingerspitzengefühls, die ganze individuelle Geprägtheit und Leistungsfähigkeit entsprechend dem sehr variablen Entwicklungsalter in die enge Klammer der Altersnorm bzw. der Klasse zu vereinen. Oft ist es nicht leicht, Leistungsanforderungen und Leistungsvermögen in ein befriedigendes Verhältnis zu bringen.

Pubertas tarda

Symptomatik. Als Pubertas tarda wird ein verspäteter Pubertätsablauf bezeichnet. Dieser mehr reifungsbiologisch orientierte Begriff wird gelegentlich synonym zu dem der Retardierung gebraucht.

Der durchschnittliche Menarchetermin liegt bei uns zwischen 13 und 13$\frac{1}{2}$ Jahren, allerdings mit einer großen Schwankungsbreite dieses „normalen Termins" von 11,2—15,8 Jahre. Beim Knaben ist der Zeitpunkt der Erstpollution schwerer zu erfassen; nach Seckel können reife Spermatozoen im Durchschnitt mit 15 Jahren bei einer Streubreite von 11$\frac{1}{4}$—17 Jahren nachgewiesen werden. Diese weiten Grenzen legen nahe, von einer Pubertas tarda erst beim Ausbleiben der Menarche nach dem 18. Lebensjahr und der Spermatogenese nach dem 20. Lebensjahr zu sprechen (Blunck).

Genese, soziale Bedeutung. Bei der echten Pubertas tarda handelt es sich um eine konstitutionelle Entwicklungsverzögerung, die allerdings erst nach Ausschluß anderer Ursachen diagnostiziert werden darf. Der Jugendliche mit einer Pubertas tarda bedarf wie der retardierte Jugendliche pädagogischen Feingefühls, um ihn nicht in die Isolation und den Rückzug aus seiner Gruppe zu drängen.

Diagnose und Differentialdiagnose. Die Diagnose der Pubertas tarda ist in den meisten Fällen eine Ausschlußdiagnose. Eine allgemeine Entwicklungsverzögerung, vor allem des Wachstums im ersten Lebensjahrzehnt, bedarf der Abklärung, ob ein hypophysärer bzw. primordialer Minderwuchs vorliegt. Für die nach dem ersten Lebensjahrzehnt noch erkennbare Entwicklungsverzögerung kann in vielen Fällen eine konstitutionelle Komponente verantwortlich gemacht werden, weil sich dann meist auch im Erbumkreis retardiert reifende, inzwischen aber gereifte Persönlichkeiten finden. Die Entwicklungsverzögerungen mit ausbleibender Sekundärentwicklung noch nach dem 15. Lebensjahr, bedürfen der Gonadotropinuntersuchung im Urin. Sind keine Gonadotropine nachweisbar (hypogonadotroper Hypogonadismus), dann handelt es sich meist um eine konstitutionelle Entwicklungsverzögerung. Beim zusätzlichen Vorliegen neurologischer Ausfallserscheinungen müssen cerebrale Erkrankungen (Hirngeschwulst, Craniopharyngeom) ausgeschlossen werden. Finden sich bei verzögerter Gesamtentwicklung Gonadotropine im Urin oder sind diese sogar vermehrt (hypergonadotroper Hypogonadismus), dann sollte auf jeden Fall eine Kerngeschlechtsbestimmung durchgeführt werden, um ein Turner- bzw. Klinefelter-Syndrom oder auch eine isolierte Gonadenschädigung, d. h. eine ovarielle Hypoplasie bzw. primäre Hodeninsuffizienz auszuschließen.

Therapie, Prognose. Durch einen therapeutischen Versuch mit Medikamenten aus der Gruppe der Psychotonika lassen sich gelegentlich vorhandene Entwicklungspotentiale aktivieren. Manchmal gelingt es bei zusätzlich gehemmten und passiven Kindern durch stimulierende Medikamente eine gewisse Aktivierung und Mobilisierung von Entwicklungsreserven, allerdings nur symptomatisch, zu erreichen. Es ist ratsam, Angehörige auf die begrenzten Möglichkeiten einer Psychopharmakotherapie bei derart entwicklungsverzögerten und retardierten Kindern hinzuweisen.

III. Reifungsasynchronie (disharmonische Reifung)

Bei der disharmonischen Reifung finden wir im Gegensatz zum Accelerationsgeschehen ein relativ unharmonisches Ausreifen des körperlichen und des seelischen Persönlichkeitsanteils; vereinzelt kommt es sogar zu einem Auseinanderfallen dieser Persönlichkeitsbereiche. Dieser Vorgang wird zu Unrecht häufig als Folge des Accelerationsphänomens definiert. Nicht selten wird die Reifungsasynchronie zur Ursache psychosozialer Fehlhaltung und dissozialer Entwicklung. Eine leichte Entwicklungsdisharmonie und geringe Entwicklungsunebenheit gehört zu jeder Pubertätsentwicklung, sie ist aber üblicherweise vorübergehend und gleicht sich nach 1—2 Jahren restlos aus.

Die echte Reifungsasynchronie dagegen ist ein meist auch noch den Erwachsenen begleitendes und damit ein viel schwerer wiegendes Phänomen. Die Reifungsasynchronie oder disharmonische Reifung prädestiniert den Jugendlichen zur abnormen Erlebnisreaktion oder zum neurotischen Fehlverhalten. Phasenspezifische Schwierigkeiten der Pubertätszeit erhöhen zusätzlich die innerpsychischen Spannungen dieser Gruppe. In den meisten Fällen ist eine Disharmonie zwischen vorauseilendem Körperwachstum und korrespondierendem sexuellen Reifungsstand mit nachhinkender seelischer Reife erkennbar. Dieses Neben- und Nacheinander nicht ausgereifter und noch nicht entsprechend belastungsfähiger Entwicklungselemente kann zu vermehrter Dissozialität und Kriminalität in dieser Bevölkerungsgruppe führen, wie es Untersuchungen an verzögerten und disharmonisch reifenden straffälligen Jugendhäftlingen zeigten. Entwicklungsdisharmonien wiesen bevorzugt ebenfalls sehr junge Mütter, verwahrloste 12—18jährige Mädchen und dissoziale weibliche Minderjährige auf. Der Anteil kriminell werdender Jugendlicher ist in dieser disharmonischen Gruppe höher als in der relativ harmonisch reifenden accelerierten Jugendgruppe.

Literatur

Bennholdt-Thomsen, C.: Die Entwicklungsbeschleunigung der Jugend. Erg. inn. Med. Kinderheilk. **62**, 1153 (1942).

Corboz, R. J.: Spätreife und bleibende Unreife. Berlin-Heidelberg-New York: Springer 1967.

Flehmig, I.: Statisch-motorische Entwicklung des Säuglings und Kleinkindes. In: Hdb. Kinderheilk. Bd. I/1. Heidelberg-Berlin-New York: Springer 1971.

Harbauer, H.: Allgemeine Entwicklungsbiologie und Reifungspathologie, Konstitutions- und Vererbungslehre. Jahrb. Jugendpsychiatr. u. Grenzgeb., Bd. III. Bern-Stuttgart: 1962.

Lenz, W.: Wachstum. In: J. Brock. Biologische Daten für den Kinderarzt, Bd. I. Berlin-Göttingen-Heidelberg: Springer 1954.

Pechstein, J.: Umweltabhängigkeit der frühkindlichen zentralnervösen Entwicklung. Stuttgart: Thieme 1974.

Schwenk, A.: Die körperliche Entwicklung im Jugendalter und ihre endokrinologischen Grundlagen. Basel-Freiburg/Br.-New York: 1965.

Stutte, H.: Pubertas praecox. In: Giese, Handbuch med. Sexualforschung. Stuttgart: 1954.

Psychische Entwicklung und ihre Störungen

Von G. Nissen

Einführung

Bereits der *normale Entwicklungsprozeß* eines gesunden Kindes trägt eine Fülle von Anpassungsschwierigkeiten und Verhaltensstörungen in sich. Die allgemeinen Anpassungsschwierigkeiten erklären sich einerseits aus der etappenweisen Reifung der Sinnesfunktionen und anderen Gesetzmäßigkeiten der biologischen Entwicklung und stehen andererseits wie die neurotischen Verhaltensstörungen im engen Zusammenhang mit der Entfaltung und Differenzierung der Triebe und Antriebe des Kindes im Wechselspiel mit fördernden und hemmenden Impulsen aus ihrer Umgebung. Auch im günstigen Falle kann während des kontinuierlichen Stadienwechsels in der Kindheit und auch am Abschluß der Reifung nur eine latente seelische Harmonie und nur eine vorläufige Ich-Identität erzielt werden. Der entwicklungsabhängige ständige Wechsel im Differenzierungsprozeß erzeugt im Kinde Spannungen und Ambivalenzen, die die Ursache von allgemeinen Anpassungsschwierigkeiten, neurotischen Verhaltensstörungen und von Neurosen bilden.

Es gehört zu den besonderen Aufgaben des Kinderpsychiaters, konstitutionelle Abweichungen oder erbgenetische Minusvarianten mit den ihm zur Verfügung stehenden diagnostischen Hilfsmittel zu erkennen und von psychogenen Fehlentwicklungen abzugrenzen. Eine komplette kinderpsychiatrische Untersuchung mit neurologischer, konstitutions- und reifungsbiologischer und individuell abgestimmten Zusatzuntersuchungen sollte eine unbedingte Voraussetzung für die Einleitung einer heilpädagogischen oder psychotherapeutischen Behandlung im Kindesalter darstellen. Das gilt ohne Einschränkungen sinngemäß auch für die Erkennung und Behandlung scheinbar eindeutig hereditärer oder hirnorganischer Verhaltensauffälligkeiten. Nur durch „*beidäugige*", psycho- und somatogen ausgerichtete Untersuchungsmethoden können gleichzeitig bestehende peristatische, genetische und somatische Befunde in dem meist multikonditionalen Bedingungsgefüge räumlich besser eingeordnet und nach ihrer pathogenetischen Bedeutung geordnet werden. Sie verhindern einseitig orientierte Diagnosen, die nur zu oft Fehldiagnosen sind und verhindern einseitig ausgerichtete Therapieansätze, die nicht selten zu therapeutischen Mißerfolgen führen.

Seitdem Freud sein teilweise heute noch gültiges *psychoanalytisches* Konzept der infantilen Libidoentwicklung aufstellte, hat es zahlreiche Ansätze und Theoriebildungen zu einer allgemeingültigen Entwicklungspsychologie gegeben. Die von verschiedenen Standorten ausgehenden Hypothesen verfolgen Gesichtspunkte der *Stufenlehre* und des *Gestaltwandels* (Hetzer, Kroh, Zeller), der *spiraligen Entwicklung* in Intervallen (Bühler, Busemann, Gesell), der *Differenzierung* und *Strukturierung* (Werner), der *Schichtung* (N. Hartmann, Rothacker) oder des *Signalsystems* (Pawlow). Sie bedeuten mit ihren Ergänzungen aus *entwicklungspsychologischer, biologischer, pädagogischer, phylogenetischer und physiologischer* Sicht eine wesentliche Bereicherung unserer Kenntnisse. Sie eignen sich indes besser für die theoretische Betrachtung und die Erfassung der Phänomene als zur praktischen Ortung der Entstehung und Entwicklung normalpsychologischer und psychopathologischer Erscheinungen und ihrer Behandlung. Für die Diagnose, die Prognose und die Therapie sowohl der allgemeinen Anpassungsschwierigkeiten als auch der speziellen Verhaltensstörungen des Kindes haben sich die *tiefenpsychologischen* Positionen und Behandlungsgrundsätze als unersetzlich erwiesen. Durch den Zuwachs an Erkenntnissen der *neurosenpsychologischen* Forschung, ferner durch *Direktbeobachtungen* von Säuglingen und Kleinkindern (Spitz und Schüler) oder durch *ethnologische* (M. Mead, R. Benedict) und *ethologische* Forschungen (Lorenz, Tinbergen) und schließlich durch *soziologische* Untersuchungen über die Familienstruktur und aktuelle Wandlungen der Gesellschaft (Markuse, Schelsky) kann aber nicht mehr unverrückbar an allen klassischen Positionen der

Psychoanalyse festgehalten werden. Der Kinderpsychiater, der wie der Kinderpsychologe und der -psychotherapeut täglich naszierenden Kinderneurosen konfrontiert ist, besitzt durch die Objektivierung der aktuellen Situation des Kindes Möglichkeiten zur Klärung der Pathogenese, die sich dem Psychotherapeuten bei der Behandlung Erwachsener meist nur einseitig darstellen oder endgültig verschüttet sind. Beim Kind kann die Entstehung neurotischer Verhaltensweisen durch die direkte

Analyse des Milieus, durch Einzelgespräche mit den Eltern und nahen Beziehungspersonen und die damit verbundene Möglichkeit zur Feststellung psychischer Störungen bei ihnen und durch die Beobachtungen des Kindes im Elternhaus, in der Schule, im Heim und in der Klinik viel substantiierter und überzeugender als in späteren Lebensaltern geklärt und eine gezielte Behandlung unter Einbeziehung aller krankmachenden Faktoren durchgeführt werden.

A. Psychische Entwicklung

Ein Teil der allgemeinen Anpassungsschwierigkeiten und der neurotischen Verhaltensstörungen des Kindes steht in direktem Zusammenhang mit mißglückten Lösungsversuchen entwicklungsspezifischer biologischer, kultureller oder sozialer Aufgaben. Der tiefenpsychologisch orientierten Darstellung der normalen psychischen Entwicklung seien thesenhaft drei weit verbreitete *Mißverständnisse der Psychoanalyse* vorangestellt, die sich für ihr Verständnis als ebenso belastend wie unberechtigt erwiesen haben.

1. Das Mißverständnis über die Rolle und die Bedeutung der *kindlichen Sexualität.* Es löst sich auf, wenn man daran erinnert wird, daß die Psychoanalyse alle sinnlichen Begierden, auch das Zärtlichkeitsstreben und die Kontaktsuche dem Bereich der infantilen Sexualität zurechnet, weil sich kausalgenetisch neurotische Störungen auf bestimmte psychosexuelle Organisationsstufen zurückführen ließen. Die Sexualität des Kindes umschließt aus psychoanalytischer Sicht auch die *prägenitalen Phasen,* sie ist nicht mit Sexualität im engeren Sinne zu verwechseln.

2. Das Mißverständnis über die Ausschließlichkeit der Bedeutung von *Umweltfaktoren* für die Entstehung von Neurosen. Schon Freud wies auf die Bedeutung konstitutioneller Faktoren für die Entstehung von Neurosen in seiner Ergänzungsreihe hin, die von anderen Autoren weiter präzisiert wurde. Zahlreiche Untersuchungen sprechen dafür, daß an der Entstehung neurotischer Störungen

neben milieureaktiven regelmäßig auch biologische Faktoren beteiligt sind. Ihre Gewichtsverteilung aber läßt sich nicht generell festlegen, der *konstitutionelle und peristatische Anteil* muß vielmehr in jedem Einzelfall ermittelt werden, er läßt sich manchmal nur abschätzen.

3. Das Mißverständnis über scharf begrenzte *libidinöse Phasen* in der normalen infantilen Entwicklung. Die körperliche wie die psychische Entwicklung stellen ein dynamisches Kontinuum dar, das jedoch phasenspezifische Verdichtungen und Verknotungen aufweist, die besonders an psychopathologischen Entwicklungen beobachtet und studiert werden können. Das gilt auch für die ödipale Situation des Kleinkindes, die im Verlauf der soziologischen Umstrukturierung der Familie an Bedeutung verloren hat. Die Entwicklungsphasen verlaufen beim gesunden Kind kontinuierlich, sie lassen sich jedoch an *psychopathologischen Entwicklungen* stärker akzentuieren und danach in Phasen aufgliedern.

Die folgende Darstellung der kindlichen Entwicklung soll eine Grundlage für das Verständnis der Entstehung allgemeiner und spezieller Verhaltensstörungen abgeben. Sie ist vorrangig auf die Bedürfnisse der kinderpsychiatrischen Praxis abgestellt und dadurch zwangsläufig unvollständig; sie kann das Studium spezieller psychoanalytischer Literatur nicht ersetzen. Neben tiefenpsychologischen Positionen werden einige für das Verständnis wesentliche konstitutionsbiologische, entwicklungs-

Abb. 1. Die normale psychische Entwicklung eines Kindes verläuft in Stadien, deren Beginn, Ablauf und Dauer einerseits biologischen Gesetzmäßigkeiten (genetische und konstitutionelle Varianten sowie 1. und 2. Gestaltwandel) unterliegen, andererseits von peristatischen Einflüssen (Eltern, Gruppen, Gesellschaft) gestaltet und überformt werden

psychologische und soziologische Erkenntnisse mitberücksichtigt. Um einer Verfälschung der psychoanalytischen Lehre durch jargonhafte Verwendung von Fachausdrücken ebenso zu entgehen wie einer für das mehrdimensionale kinderpsychiatrische Kausaldenken unzulässigen Vereinseitigung, wird die kindliche Entwicklung nicht nach der psychoanalytischen Phasenlehre dargestellt, sondern im Hinblick auf altersspezifische biologische und psychische Entwicklungsziele in Stadien eingeteilt.

Stadium der Kontaktaufnahme (1. Lebensjahr)

Das menschliche Neugeborene kommt körperlich und seelisch im Vergleich zu den meisten neugeborenen Tieren *biologisch unreif und psychisch unangepaßt* zur Welt. Es befindet sich gleichsam noch im Embryonalzustand und benötigt als physiologische Frühgeburt (Portmann) nach dem Stand seiner Gehirnentwicklung noch ein volles extrauterines Jahr, um den Reifezustand neugeborener Tiere zu erreichen.

Während dieser Zeit muß die Umwelt für den hilflosen menschlichen *Nesthocker* vollwertigen und zuverlässigen Ersatz für den Verlust der „Urhöhle", der uterinen Wärme, Nahrung und Geborgenheit bieten, wenn nicht psychische und somatische Störungen auftreten sollen. Die Mutter muß ihn ernähren, säubern, wärmen, seinen wachsenden Reizhunger stillen und den ansteigenden Antriebsüberschuß kanalisieren. Die liebende Fürsorge der Mutter, die mit dem Säugling nach der physischen Abnabelung weiterhin eine Dualunion „Mutter-Säugling" bildet, kann Wohlbehagen, Sicherheit und Geborgenheit erhalten und neu entwickeln, aus denen ein zunächst unartikuliertes naives „Urvertrauen" (Erikson) erwächst, das als erste soziale Leistung des Kindes angesehen werden muß.

Aus tiefenpsychologischer Sicht hat sich in dieser vorwiegend durch Lust und Unlust gekennzeichneten oralen Phase eine erste Verschiebung von der autoerotischen Bedürfnisbefriedigung zur heteroerotischen *Kontaktaufnahme* mit der Umwelt, meist mit der Mutter, vollzogen.

Die Mutter, die in der undifferenzierten Phase der ersten Lebensmonate in „sensibler Adaptation" (Winnicott) als Bestandteil einer amorphen Einheit erlebt wird, erhält gegen Ende des ersten Lebenshalbjahres schärfere Konturen. Es beginnt ein *Dialog* zwischen Mutter und Kind, der mit Lächeln und Gegenlächeln einsetzt und sich zu einem Cyclus Aktion—Reaktion—Aktion ausweitet, der bald alle Entwicklungsbereiche des Kindes umfaßt. Dieser Funktionskreis ist jedoch außerordentlich leicht störbar, da er entscheidend von der Gegenwart und der affektiven Einstellung der Mutter zum Kind abhängig ist.

Psychische und psychosomatische Störungen können entstehen, wenn die Dualunion von Kind und Mutter bzw. Ersatzmutter nicht zustande kam oder vorzeitig und für längere Zeit ohne Ersatz unterbrochen wurde, das Kind von seiten der Mutter bewußt oder unbewußt abgelehnt wurde oder die Mutter infolge eigener Schwierigkeiten wie Unsicherheit in der Erziehung mit übertriebener Besorgnis, Ängstlichkeit u. a. für die Pflege und Erziehung nicht oder nur bedingt geeignet war.

Stadium der motorischen Integration (2. und 3. Lebensjahr)

Das wichtigste Ziel der *statomotorischen* Entwicklung, der koordinierte aufrechte Gang wird erst am Ende einer langen Periode motorischer Probierbewegungen und Mißerfolge erlernt. Krabbeln, Kriechen und Rutschen werden abgelöst vom freien Gang mit Hilfe der Mutter, von deren Hand sich das Kind oft auch dann nicht lösen mag, wenn es schon längst gehen gelernt hat. Erst allmählich setzt sich das Vertrauen auf die eigene Leistung gegenüber der Selbstunsicherheit, die „Autonomie gegen Scham und Zweifel" (Erikson) durch.

Das gilt ganz besonders für die *muskuläre Beherrschung* der analen und urethralen Schließmuskulatur. Die Sauberkeitserziehung, der Wunsch der Mutter nach willkürlicher Innervation des analen und des urethralen Muskelsystems stellt die erste Forderung der Mutter an das Kind dar, die konsequent und unausgesetzt an es herangetragen wird und mit Lob, Tadel und Strafe verbunden ist. Das Kind erlebt, daß das Zurückhalten und Loslassen von Urin und Kot jeweils die Einstellung der Umwelt zu ihm zu ändern vermag und sowohl zu verstärkter Liebeszuwendung als auch zu Konflikten mit der Mutter führen kann. Abgesehen von den Schwierigkeiten des Lernprozesses selbst wird die Sauberkeitsbeherrschung dadurch erschwert, daß die führende erogene Zone nicht zuletzt unter dem Einfluß der an das Kind herangetragenen Forderungen nicht mehr im Oral- sondern im Analbereich („anale" Phase) lokalisiert ist. Konkurrierend mit dem Wunsch, der Mutter und sich selbst zuliebe gehorsam und sauber zu sein, tritt damit die Möglichkeit analen Lustgewinns durch Retention oder Ausscheidung von Darminhalt hinzu, der

Ambivalenzkonflikte und sadistische oder masochistische Verhaltensweisen erzeugen kann.

Die zunehmende Beherrschung der Motorik und das neugewonnene *Gefühl der Macht*, Objekte im freien Zugriff in Besitz zu bringen und zu beherrschen, geben ebenso wie die Erfahrung, daß durch das Sphincterspiel die Umgebung zufriedengestellt und beschenkt oder gereizt und gekränkt werden kann, dem Kind das Gefühl einer magischen Hybris, die das natürliche Selbstbewußtsein zum naiven Allmachtsgefühl ausweiten kann. Vorgänge und Erlebnisse, die dieses Gefühl nicht bestätigen oder gar in seiner Existenz gefährden, werden mit Aggressionen, mit Wutausbrüchen oder passiver Resistenz bedacht, die in der sog. Trotzphase ihre Kulmination erreichen. Das Kind benötigt in dieser Phase eine nachsichtige, aber dennoch feste und Sicherheit gebende Lenkung und Erziehung.

Die reifenden Hirnfunktionen und damit auch die wachsende Fähigkeit, Lautsymbole differenzierter zu dechiffrieren und nachzuahmen, die Entwicklung der *Sprachfähigkeit*, aber auch die kritische Einsicht in die eigene Unvollkommenheit helfen dem Kind, Vorstellungen über die magische Omnipotenz zu überwinden und leiten über in das Stadium der denkenden Weltorientierung.

Stadium der kritischen Realitätsprüfung (4. und 5. Lebensjahr)

Die Fähigkeit zur motorischen Expansion, zur Intensivierung des Denkvermögens und zum Erwerb der Sprachfähigkeit ermöglichen dem Kind nun eine erste *kritische Bestandsaufnahme* und Wertung der Umwelt.

Das Gefühl der Allmacht hält der neugewonnenen Fähigkeit zum eindringend-analytischen Denken nicht mehr stand und tritt zugunsten einer kritischen und sachlichen Betrachtung zurück, wenngleich magisch-phantastische Denkvollzüge auch weiterhin im kindlichen Spiel und als Ersatzbefriedigungen für Enttäuschungen und Erlebnisse eigener Unzulänglichkeiten eine Rolle spielen. Der Knabe ist Löwe und Jäger, er braucht als Räuber und Mörder Waffen, mit denen er Vater, Mutter und Geschwister mit Vergnügen Gewalt antut, sie quält und tötet. Diese und andere aggressive und destruktive Akte, das Zerlegen und Zerstören von Spielzeug, Mißhandlungen von Tieren und kleineren Kindern sind zunächst jedoch weniger unter dem Aspekt des Sadismus, sondern als Ausdruck wißbegieriger infantiler Neugierde, der Abenteuer-,

Forschungs- und Entdeckungslust des Kindes zu sehen.

Messen, Wägen und Zählen, das Vergleichen der Körpergrößen und der bewältigten Nahrungsmengen, die Zunahme an Gewicht und an Körperkraft, der rivalisierende körperliche und intellektuelle Kampf mit gleichaltrigen und älteren Kindern stehen ebenso wie die Entdeckung von Organfunktionen des eigenen Körpers hiermit durchaus im Zusammenhang.

Die Knaben und Mädchen stellen fest, daß ihre Genitalien denen des Vaters oder der Mutter gleichen. Größen- und Funktionsvergleiche der Knaben und Mädchen untereinander oder gegenseitig gehören in den natürlichen Rahmen der gesteigerten infantilen Wißbegierde, so wie die Entdeckung des Lustgewinns durch genitale Manipulationen eine Begleiterscheinung der kindlichen Sexualforschung sein kann. Die Knaben messen sich gelegentlich im gezielten Urinieren als Ausdruck einer naiven Funktionslust. Sie entwickeln im Umgang mit den Mädchen ein großsprecherisch-wichtigtuerisches Imponiergehabe, das von diesen manchmal mit verschämter Bewunderung und versteckter Anerkennung honoriert wird, wenngleich vordergründig oft heftige Empörung oder Ablehnung gezeigt werden. Die Lernintelligenz und die Ausdauer der Mädchen sind in diesem Alter oft wesentlich besser als die der Knaben. Erikson hat auf geschlechtsspezifische Eigenschaften der phallisch-eindringenden Verhaltensweisen der Knaben im Gegensatz zu den mehr auf Bekommen und Empfangen eingestellten Verhaltensweisen der Mädchen und zwar entweder in Form des aggressiven Wegnehmens oder der abgemilderten Form des Schmeichelns und des Einschmeichelns hingewiesen.

Bei grober Fehleinschätzung mit genitalen Bedrohungen („phallische" Phase) kann sich bei Knaben in seltenen Fällen ein akuter *Kastrationskomplex* und bei Mädchen das Gefühl der genitalen Unterlegenheit („Penisneid") entwickeln. Im allgemeinen wird sich der Knabe aber davon überzeugen können, daß vom Vater keine Gefahr droht, und die Mädchen werden immer erneut erfahren, daß sie genauso geliebt werden wie die Knaben. Das Mädchen erlebt nicht nur die Penislosigkeit, sondern auch die überlegene Anziehungskraft der Mutter auf den Bruder und den Vater, von denen diese gleichermaßen geliebt wird und mit der sie sich identifizieren kann. Das alles schließt keineswegs die pathogene Bedeutung ödipaler Situationen aus. Ihr Vorhandensein ergibt sich aber vor allem aus den Analysen erwachsener Neurotiker. Die kinderpsychiatrischen Beobachtungen haben bis heute keine überzeugenden Hinweise dafür erbringen können, daß in dieser Periode massive genitale Wunschvorstellungen oder objektgerichtete Phantasien der Knaben auf die Mutter und des Mädchens auf den Vater vorkommen und deswegen von Haß und Feindschaft auf den gleichgeschlechtlichen Elternteil begleitet sind. Die Bewältigung dieses „Ödipuskomplexes" ist durch die soziale Umstrukturierung mit der enormen Aufwertung der Rolle der Frau und des Mädchens erheblich erleichtert worden.

Die Anpassungsschwierigkeiten und Konflikte dieser Periode („kleine Pubertät") ergeben sich einerseits aus der gesteigerten Aggressivität, die regelmäßig von Auseinandersetzungen mit den Eltern begleitet sind und zur krisenhaften Zuspitzung in der „Trotzphase" führen können, zum anderen aus der Entfaltung subjektiver Denkvollzüge und Handlungen, die im Widerspruch zu den introjizierten Elternimagines stehen und das Kind von nun an und unwiderruflich in Auseinandersetzungen mit dem eigenen Gewissen und damit zu den Erlebnissen der Ambivalenz und der Schuld führen.

Stadium der sozialen Einordnung (6.—11. Lebensjahr)

Mit der weiteren Konsolidierung der statomotorischen und sprachlichen Fertigkeiten, dem Erwerb kritischer Denkansätze und der Konstituierung einer stetigen intellektuellen und körperlichen Leistungsbereitschaft unter Einschluß einer ausreichenden Befähigung zur Affektregulierung hat das Kind ein Stadium erreicht, das eine intensivere Expansion in *außerfamiliäre Gruppen* zuläßt und die aktive Einordnung in leistungsmäßig ausgerichtete Institutionen ermöglicht.

Dem *ersten* Gestaltwandel (Zeller), dem Übergang von der rundlichen Klein- zur gestreckten Schulkindform, entsprechen bestimmte psychologische und leistungspsychologisch objektivierbare Veränderungen. Etwa um diese Zeit schwindet die bis dahin im Hirnstrombild vorherrschende träge Dysrhythmie und macht rhythmisch angeordneten frequenteren Graphoelementen Platz, die eine Vorstufe für die spätere Individualisierung der bioelektrischen Abläufe darstellen. Psychologisch tritt einerseits ein stärkeres Maß an Anpassungsbereitschaft und Einordnungsfähigkeit in Erscheinung, andererseits wird die bis dahin noch dominierende magische Weltbetrachtung mit ihren anthropo-

morphisierenden Phantasien und kleinkindlichen Vorstellungen von Zauberei und Allmacht endgültig zugunsten konkreter und abstrakter Realitäten abgebaut. Auf dieser Entwicklungsstufe ist das Kind befähigt, der seinem Alter gemäßen Tätigkeit nachzugehen. Es ist schulreif geworden.

Die *Schulreife* ist ein Begriff, der nicht allein nach dem Grad der Intelligenzentwicklung ausgerichtet ist. Sie setzt neben dem vollzogenen Konstitutionswandel im wesentlichen leistungspsychologische und affektive Bedingungen voraus: Leistungsbereitschaft und ein gewisses Maß an Freude an der Aufgabenbewältigung, altersadäquate Sprachentwicklung, Beherrschung der motorischen Körperfunktionen mit der Fähigkeit, längere Zeit aufmerksam und ruhig auszuharren; ferner Ausdauer und Konzentrationsfähigkeit und ein gewisses Maß an Kontaktbereitschaft und Vertrauen.

Auch bei Erfüllung dieser Voraussetzungen stellt die *Einschulung* in vielfacher Hinsicht einen Prüfstein für das Kind und seine Erziehung und somit für die Eltern dar. Die Einordnung in die Gemeinschaft der Gleichaltrigen und die Anpassung an den Lehrer, der allmähliche Fortfall der spielerischen Beschäftigung und die zunehmende Auseinandersetzung mit den täglichen Pflichten und Aufgaben und ihre Abgrenzung von Spiel und Sonderinteressen geben Anlaß zu ersten Kollisionen zwischen Pflicht und Neigung, die lebenslang bestehen bleiben können. Anders als in der Säuglingszeit, in der das Kind die Umwelt nach seinen Bedürfnissen mit gestaltete und verschieden von der Existenz des Kleinkindes in der Familie, in der die elterliche Liebe trotz Tadel und Strafe unbedingte und gleichbleibende Gewißheit war, tritt das Kind nun in eine nach Beliebtheit, Begabung und Leistung abgestufte Hierarchie ein und sieht sich vor vielseitige Belastungen in den Beziehungen zu Mitschülern, Lehrern und auch zu den Eltern gestellt, die diese ersten Schritte gespannt und kritisch verfolgen.

Findet ein Kind durch Schwächen seiner Intelligenz, durch partielle Intelligenzmängel, infolge seiner primär gestörten psychischen Entwicklung oder durch emotionale Verunsicherung infolge häuslicher Konflikte nicht die von ihm selbst oder den Eltern gewünschte Stellung in der Klasse und zum Lehrer, so steigt die psychische Störanfälligkeit in dem Maße an, wie die Eltern die Unzulänglichkeiten und das Versagen des Kindes zum Anlaß von Liebesentzug und Bestrafung nehmen, es damit auf die in der frühen Kindheit erlittenen Frustrationen und Demütigungen verweisen, das Selbstgefühl weiter schwächen und es endlich mit seinen Schwierigkeiten und Leiden allein lassen. Diese emotionelle Streßsituation stellt die Spannungs- und Belastungsfaktoren, die zum Rezidivieren überwundener Störungen, zu psychischen Reaktionen und zu neurotischen Erscheinungen führen können.

Stadium der Neuorientierung (12.—18. Lebensjahr)

Mit dem *zweiten* Gestaltwandel (Zeller) und der sexuellen Reifung, die mit der beginnenden Ablösung von den Eltern und den Idealen vergangener Jahre, der Integration objektbezogener genitaler Sexualität und einer Einordnung in neue Gruppen und Institutionen, in die Arbeit und Berufswelt einhergehen, endet die eigentliche Kindheit.

In Abhängigkeit von der Konstitution und ihren Anomalien und wesentlich geprägt von der individuellen Lebensgeschichte des Kindes, führt der Weg zur Herstellung einer neuen seelischen Harmonie in gradueller Abstufung über Ablehnungs- und Protestreaktionen in Form passiver Resistenz bis zur radikalen Forderung nach Umwertung aller Werte gegen die Autoritäten und tradierten Werte in Familie und Sozietät schließlich in den meisten Fällen zur *Neuorientierung und Neuanpassung* in allen Bereichen. Es kommt zur Wiederknüpfung gelockerter Familienbande, zur positiven Bewältigung und scham- und schuldfreien Integration der genitalen Sexualität und zur prinzipiellen Übereinstimmung mit den Zielen des Kollektivs und der Gesellschaft und somit zur Findung der eigenen Identität.

Das rasche Körperwachstum, die Zunahme seelischer Spannungen und das mächtige Anwachsen libidinöser Triebansprüche stellen in erster Linie das eben erst gewonnene labile Gleichgewicht der späten Kindheit in Frage. Die physische, psychische und sexuelle Revolution überfordert und verunsichert das Selbstbewußtsein und erzeugt eine seelische *Disharmonie*, die sich in Ausdruck, Haltung und Einstellung erkennen läßt. Das Ich des Jugendlichen ist weniger als zuvor Herr im eigenen Haus gegenüber den übermächtigen Ansprüchen des Es und den zweifelhaft gewordenen Normen und Werten des Über-Ich.

Diese Angst und Unruhe erzeugende Ich-Schwäche wird durch das unterschiedliche *Verhalten der Umwelt* noch verstärkt. Von den Eltern und Lehrern wird der Pubertierende seiner intellektuellen und emotionalen Entwicklung entsprechend zunächst vorwiegend als Kind behandelt: es und er

wird weiter erzogen. Von den anderen Erwachsenen der Umgebung wird er gemäß seiner körperlichen Entwicklung als Erwachsener oder doch als Fast-Erwachsener anerkannt, damit aber überschätzt und besonders in der Lehre und am Arbeitsplatz körperlich und psychisch überfordert, die jungen Mädchen umworben und verwöhnt. Die Jugendlichen bieten alle Stufen und Variationen der seelischen und körperlichen Entwicklung von der infantilen Retardierung bis zur vorgereiften Acceleration und damit keine allgemeingültigen Verhaltensmuster. Wo die infantilen Bindungen des Jugendlichen sich nicht als reiß- und zugfest genug erweisen und diese Beziehungen sich nicht mit neuen Formen und Inhalten füllen und erfüllen lassen, werden neue Ideale und Idole aufgerichtet, mit deren Hilfe die anstürmenden Bewußtseinseindrücke gebunden und in neue, oft gefährdende Bahnen gelenkt werden. Das ist besonders dort der Fall, wo die normalen Phasen und Stadien der Kindheitsentwicklung infolge anhaltender Störungen in der familiären Gruppe nicht etappengerecht durchlaufen und absolviert wurden.

Die mächtige sexuelle Triebspannung und ihre mit Schuld und Scham vermengte Bewältigung, Abfuhr oder Verdrängung führen zu weiteren Zweifeln an der inneren Autonomie, die bei sexuellen Tabuverletzungen und Triebdeviationen zu Verzweiflungs- und Depressionszuständen führen können. Die Einhaltung der *sexuellen Wartezeit* in der Pubertät bereitet dort keine wesentlichen Schwierigkeiten, wo die Identifikation des Jugendlichen mit der Geschlechtsrolle des Vaters oder der Mutter vollzogen werden kann und mit einer seit der Kleinkindzeit kontinuierlich erfolgten sexuellen Aufklärung („soviel wie nötig, nicht mehr als notwendig") das Vertrauensverhältnis zu den Eltern auch für diesen Bereich bestehen bleiben kann und Entbehrungen an Zärtlichkeit und Liebe, an liebender Fürsorge und zärtlicher Liebe nicht ertragen werden müssen. Pubertierende Knaben und Jünglinge, die erotische und sexuelle Regungen konsequenter als junge Mädchen und Frauen trennen, entwickeln in dieser sexuellen Karenzzeit häufig konträre Phantasievorstellungen von „Madonnen-" und „Dirnen-"Typen (Künkel), die als „reine" Mutter-Schwester-Ideale verehrt oder als stereotype Bilder „niederer" physischer Sexualität benutzt werden und die Überbrückung erleichtern.

Die schädlichen Auswirkungen *sexueller Delikte* und Verführungen in der Kindheit werden von den Erwachsenen oft überbewertet. Sie liegen manchmal eher in dem schwerfälligen Kriminal- und

Gerichtsverfahren und den zahlreichen Vernehmungen und imponierenden Verhandlungen, durch die rückwirkend neue Akzente und Überdeterminierungen gesetzt werden, als in dem sexuellen Widerfahrnis selbst. Eine entscheidende Ursache oder eine Bedeutung als Auslöser sexueller Fehlentwicklungen bilden sie nur dort, wo bereits neurotische Präformierungen bestanden und somit eine innere Bereitschaft vorlag.

Fragen der *Berufswahl* und der Berufsausbildung bei Schulabgängern und Probleme der Einengung und der Abhängigkeit von den Eltern bei Oberschülern und Studierenden können die Findung der beruflichen und sozialen Identität erschweren und zu bedrückenden Erlebnissen eigener Unzuläng-

lichkeiten und zu beruflichen Mißerfolgen, aber auch zu Neid und Trotzreaktionen führen, die in einem schmerzlichen Gegensatz zu puberalen Überidentifikationen und einem sonst vorherrschenden Optimismus im Hinblick auf die Manipulierbarkeit der Welt stehen. Diese und andere Probleme der Anpassung und Neuorientierung in der Pubertät können durch die *Inkongruenz der Ideale* zur Realität Zweifel und Zwiespalt erzeugen, die zu Niedergeschlagenheit und zu Depressionszuständen, zu Verzweiflung und zur Ich-Diffusion führen, die sich in gradueller Abstufung in allgemeinen Anpassungsschwierigkeiten und bei entsprechender psychischer und endogener Vorprogrammierung in neurotischen Störungen oder in psychotischen Erkrankungen ausdrücken können.

B. Entwicklungsstörungen

Die aus *gestörten* Kind-Umweltbeziehungen entspringenden „Kinderfehler" und anhaltenden „Erziehungsschwierigkeiten" sind unter bestimmten Bedingungen als Verhaltensstörungen einzustufen. Aus kinderpsychiatrischer Sicht ist dabei nicht zu übersehen, daß der Grad der Störbarkeit und das Ausmaß der psychischen Reaktion aber nicht allein vom Schweregrad und von der Einwirkungsdauer peristatischer Noxen bestimmt wird. Vielmehr besteht eine enge Verwobenheit mit der individuellen Konstitution und mit etwaigen genetisch oder somatisch bedingten psychischen Aberrationen.

I. Daumenlutschen

Symptomatik. Das Daumenlutschen stellt die früheste Manifestationsform stereotyper kindlicher Manipulationen am eigenen Körper dar. Es liegen gesicherte Beobachtungen über während des Geburtsvorganges daumenlutschende Säuglinge vor.

Im Prinzip können alle Finger, manchmal auch die ganze Hand, auch die Zehen und die Zunge zum Lutschen und Saugen benutzt werden. Der Daumen bietet sich wegen seiner optimalen Abduktions- und Oppositionsstellung dazu besonders an. Das Daumenlutschen wird besonders in der Zeit vor dem Einschlafen beobachtet, aber mit Vorliebe auch in unlustgetönten Situationen (Hunger, Langeweile, Angst) und bei Änderung der äußeren Lebensumstände (Trennung von der Mutter, Einschulung).

Genese und soziale Bedeutung. In der frühen Kindheit ist der Mund das wichtigste *Abfuhrorgan*

für lust- und unlustgetönte Spannungen. Unmittelbar nach der Geburt kann durch Reizung jeder beliebigen Körperstelle der Saugreflex ausgelöst werden. Wenn der Hunger bei Säuglingen, aber auch bei Welpen und Affen nicht rasch genug gestillt werden kann, saugen sie an allen erreichbaren Teilen des eigenen Körpers. Spitz unterscheidet bei der Nahrungsaufnahme des menschlichen Säuglings zwei Funktionen: die Nahrungsaufnahme selbst und die Spannungsabfuhr durch den Saugakt.

Damit ist jedoch nur die große Häufigkeit des nahezu physiologischen Daumenlutschens für die Zeitdauer des Bestehens des Saugreflexes ausreichend erklärt, der allerdings während des ganzen Lebens latent vorhanden bleibt und bei Demenzzuständen im späteren Lebensalter wieder seine frühere Dominanz erlangen kann.

Für eine *Persistenz* des Daumenlutschens über das 1. Lebensjahr hinaus sind folgende pathogenetische Gesichtspunkte im Einzelfall zu diskutieren:

1. Ein *autochthones* übergroßes Bedürfnis des Kindes nach Zärtlichkeit, das in unserer Gesellschaft nicht so ausreichend befriedigt wird wie in anderen Kulturkreisen: etwa durch ständiges Herumtragen der kleinen Kinder auf dem Rücken und auf der Hüfte und dem damit verbundenen unausgesetzten Haut-, Wärme- und Körperkontakt mit der Mutter.

2. Ein objektiver seelischer *Mangelzustand* des Kindes durch ständige oder häufige Abwesenheit der Mutter oder ihre bewußt oder unbewußt feindselige Einstellung zum Kind und

3. Persistenz eines frühkindlich erworbenen Reaktionsschemas oraler *Ersatzbefriedigung* bzw. eine Regression auf die orale Organisationsstufe durch milieubedingte Störungen. In der Analyse des Einzelfalles finden wir fast immer ein komplexes Bedingungsgefüge von frühkindlichen Entwicklungsstörungen und erbgenetischen Faktoren.

Eine gewisse *soziale Bedeutung* erlangt das Daumenlutschen erst, wenn es über das 2. und 3. Lebensjahr anhält. Eine psychopathologische Valenz entsteht jedoch meist erst bei Persistieren der Gewohnheit („ethismatische Neurose", Hamburger) bis in das Schulalter und in die Pubertät. Für manche Eltern stellt sich die Notwendigkeit einer Behandlung weniger aus psychologischen als aus orthodontischen Gesichtspunkten.

Therapie und Prognose. Durch pädagogische Maßnahmen wie Strafe und Belohnung, durch Drohungen und Prämien ist kein nachhaltiger Erfolg zu erwarten. Das Kind möchte sich selbst meist nur allzu gern von der Gewohnheit befreien, wenn dem nicht die intensive Bedürfnisspannung und die unterschwellig ablaufende Bedürfnisbefriedigung entgegenstünden. Die besonders aus *kieferorthopädischer* Sicht unternommenen Versuche, das Daumenlutschen durch mechanische Fixierungen (Handschuhe, Muff, modifizierte Zwangsjacken) oder durch Bestreichen der Finger mit übelriechenden Substanzen zu unterbinden, brachten keinen nennenswerten Erfolg und sind inzwischen wieder verlassen worden. Diese Methoden sind kinderpsychiatrischerseits auch nicht zu empfehlen, weil entweder nur eine einfache Verlagerung des Daumen- und Fingerlutschens zum Zungen- und Gaumenlutschen stattfindet oder eine tieferreichende Symptomverschiebung erfolgt, die zu anderen neurotischen Manifestationen führt. Durch die therapeutischen Bemühungen und den schließlich resultierenden Mißerfolg kann sogar ein gegenteiliger Effekt der Symptombefestigung bewirkt werden.

Bei *älteren* Kindern ist das Daumenlutschen oft nur ein besonders auffälliges Symptom und mit weiteren neurotischen Verhaltensauffälligkeiten kombiniert. Hier wie bei allen anderen Formen der stereotypen Manipulationen im Kindesalter steht die Aufdeckung der auslösenden, erhaltenden oder begünstigenden Milieusituation und die sich daraus ergebende Notwendigkeit einer Beratung der Eltern im Vordergrund der Therapie. In schwierigen Fällen ist eine zusätzliche ambulante Behandlung des Kindes in Gruppen- oder Einzeltherapie durch ausgebildete Kindertherapeuten und in Beratungsstellen nicht zu umgehen.

Die *Prognose* im Hinblick auf das Schwinden des Symptoms ist im allgemeinen auch ohne besondere therapeutische Maßnahmen günstig. Eine besondere Disposition dieser oralen Störung für die spätere Entwicklung gastrointestinaler Erkrankungen bei Kindern wurde bisher nicht festgestellt.

II. Nägelbeißen

Symptomatik. Das Beißen, Benagen und Kauen der Fingernägel (Onychophagie) ist die verbreitetste Form kindlicher Körpermanipulationen. Der Häufigkeitsgipfel liegt zwischen dem 8. und 11. Lebensjahr, es wird aber auch bei Jugendlichen und selbst bei Erwachsenen noch angetroffen.

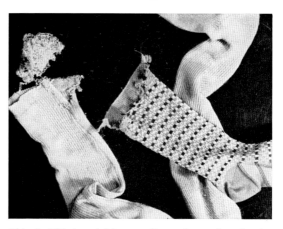

Abb. 2. 2jähriger, leicht retardierter Junge, der abends und nachts Textilien jeder Art anknabbert und halbe Jackenärmel, Strümpfe und Pulloverteile in Form von Fäden und Fusseln aufißt, wodurch anhaltende Obstipationen hervorgerufen wurden. — Die Km befindet sich seit der Geburt im Gefängnis; der Kv ist unbekannt. Das textilophage Kind wechselte in den 2 Jahren seines bisherigen Lebens 6mal die nächsten Beziehungspersonen

Die Nägel der Hand, manchmal auch nur die einiger „Beißfinger" werden abgeknabbert, zerkaut und ausgespuckt oder geschluckt. Manchmal werden die Nägel bis weit in die Nagelsohle abgenagt oder die Haut der Fingerkuppen und anderer Stellen wird abgebissen. Die Nägel werden ständig auf gleichmäßige Benagung kontrolliert und durch Nachknabbern reguliert. Diese Beschäftigung vermag einen beträchtlichen Teil des Tages in Anspruch zu nehmen. Zu einer Zunahme der Aktivität kommt es in Druck- und in Spannungssituationen, bei Strafangst, bei Lösung schwieriger Aufgaben und in Konfliktsituationen überhaupt. Es bestehen dabei enge Zusammenhänge mit der pädagogischen Haltung der Eltern und der Lehrer.

Das Bekauen von Bleistiften und Federhaltern und das Zähneknirschen ist dem Nägelbeißen nahe verwandt, ebenfalls bestimmte Formen des „Pica-Syndroms" (Cooper). Diese Kinder benagen Tapeten und Möbel, zerreißen und kauen mit den Zähnen Papier, Pappe und Kleidungsstücke und verschlucken diese Substanzen. Im Gegensatz zu den Kindern, die Nägel beißen, sind sie jedoch häufig oligophren und lassen schon dadurch eine andere Symptomgenese (primitive Leerlaufhandlungen) vermuten.

Genese und soziale Bedeutung. Das Nägelbeißen tritt im allgemeinen nicht vor dem 4.—5. Lebensjahr auf. Es erreicht seinen ersten Gipfel nach der Einschulung, etwa im 7. Lebensjahr und seine absolute Häufigkeit in der *Präpubertät*, etwa im 11. Lebensjahr.

In der Zeit vom 4.—11. Lebensjahr wird von dem Kind die Anpassung an die Welt der Kinder und die der Erwachsenen im Elternhaus, der Nachbarschaft und in der Schule sowie die Eingliederung in die Leistungshierarchie der Schule mit ihren zahlreichen zusätzlichen Belastungen gefordert, deren Ergebnisse dann durch die sich ankündigenden Umwandlungen der Pubertät wiederum in Frage gestellt werden. Wie zahlreiche andere Verhaltensauffälligkeiten manifestiert sich dieses Symptom ebenfalls in einer Zeit wachsender sozialer, intellektueller und affektiver Anforderungen, die von Spannungen und Konflikten begleitet ist.

Die tiefenpsychologischen Untersuchungen haben einen Typ „*des*" Nägelbeißers nicht festlegen können, wohl aber gewisse konstitutionelle Übereinstimmungen und neurotisierende Bedingungsfaktoren, die entweder allein, meist jedoch in individuellen Legierungen diese Symptomatik hervorrufen. Sie sind mit anderen neurotischen Symptomen häufig verschwistert. Erfahrungsgemäß bieten sich vor allem zwei Entstehungsmodi an:

1. *Konstitutionell* impulsive und hyperaktive Kinder, die während ihrer Entwicklung in einem manchmal relativ unauffälligen, meist aber mehr oder weniger gestörten Milieu motorische Einengungen und emotionale Frustrationen erfahren,

2. Kinder mit *überängstlichen*, mit bewußt oder unbewußt feindseligen oder mit seelisch oder körperlich kranken oder sozial selbst eingeengten *Müttern* oder anderen Beziehungspersonen (Großmütter), die den Aktionskreis und die Selbstentfaltung der primär syntonen Kinder unmäßig beschneiden und behindern, nicht selten mit zusätzlichen oralen Einengungen.

Wie beim Daumenlutschen liegen auch für das Nägelbeißen vergleichende Verhaltensbeobachtungen bei Tieren vor, die bei Triebkonflikten, wie beispielsweise in der Konkurrenzsituation zwischen Drang zur Flucht und zum Angriff ersatzweise stereotype „*Übersprungbewegungen*" zeigen. Bei Vögeln kommt es beispielsweise zum Scheinfressen oder Scheinnisten, bei Affen zu mechanischen Kratzbewegungen oder zu masturbatorischen Handlungen (Meyer-Holzapfel), die anstelle einer verhinderten Affektabfuhr getreten sind. Die phänomenologische Ähnlichkeit solcher Übersprungbewegungen für affektive Frustrationen, etwa beim psychischen Hospitalismus von Kleinkindern (genitale Spielereien, rhythmische Schaukelbewegungen, motorische Stereotypien) wurde bereits erwähnt. Es erscheint durchaus erlaubt, Ambivalenzkonflikte oder abgebremstes Appetenz-Verlangen bei Kindern als eine mögliche Ursache für die Entstehung kindlicher körperlicher Stereotypien anzunehmen. Aus dieser Sicht ist Nägelkauen möglich als *Ersatzbefriedigung* für verbotene oder nicht gewagte Aggressionen, als *Selbstbestrafung* bei starken Schuld- und Angstgefühlen (etwa bei Spiel- und Lernstörungen) oder als Ausdruck gegen sich selbst gerichteter *sadomasochistischer* Tendenzen.

Therapie und Prognose. Die Behandlung des Nägelbeißens stößt auf ähnliche Schwierigkeiten wie bei anderen stereotyp-automatisiert ablaufenden und lustgetönten Manipulationen. Die Kinder selbst sind allein schon wegen der daraus erwachsenden Schwierigkeiten (Verbergen der Finger, lästiges Fragen der Umgebung, Enttäuschung der Eltern) zur Mitarbeit bereit. Sie können sich jedoch von den Gewohnheitshandlungen meist nur sehr schwer lösen. Das, was über mechanische Hilfsmittel beim Daumenlutschen gesagt wurde, gilt sinngemäß. Lediglich bei älteren Schulkindern und bei Jugendlichen, die wegen des negativen kosmetischen Effektes besonders nachhaltig eine Symptomheilung wünschen, kann der Versuch selbst durchgeführter regelmäßiger Bepinselungen mit übelschmeckenden Substanzen (Daum-Ex®) gemacht werden. Auch durch Aussetzen einer Prämie, Geschenk eines Nageletuis und durch gemeinsame Nagelpflege der Familie kann gelegentlich eine Symptomheilung erzielt werden.

Die kausale Behandlung liegt in der Beseitigung der Umstände, die zum Auftreten des Symptoms führten. Nicht selten ist das Nägelbeißen nur eine Begleiterscheinung einer neurotischen Erkrankung, die dann je nach dem Lebensalter des Kindes durch Beratung der Eltern allein oder mit einer zusätzlichen Spiel- oder Psychotherapie behandelt werden muß.

Bei der weit überwiegenden Mehrzahl der Fälle ist die *Prognose* auch ohne Behandlung günstig. Nach der Pubertät wird das Nägelbeißen nur noch selten angetroffen.

III. Haarausreißen

Symptomatik. Das Drehen, Ziehen, Zupfen und Ausreißen der Haare (Trichotillomanie) ist ein relativ seltenes Symptom, das vorwiegend bei

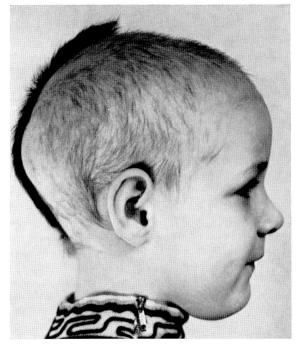

Abb. 3. 9jähriges Mädchen, das sich seit dem 18. Lebensmonat die Haare ausreißt, zu Büscheln zusammendreht und mit den Wurzelenden die Nasenschleimhaut bis zum Niesen reizt, dabei Daumenlutschen. Desolate häusliche Verhältnisse mit Kindesvernachlässigung

Mädchen beobachtet wird und zur lokalisierten, manchmal zu totaler Kahlköpfigkeit führen kann.

Es wird meist als Zeichen einer *schweren* neurotischen Verhaltensstörung angesehen und geht oft mit depressiver Grundstimmung einher. Außerdem ist es häufig mit anderen stereotypen körperlichen Manipulationen wie Daumenlutschen, Nägelbeißen oder genitalen Manipulationen vergesellschaftet. Dabei bilden sich manchmal reihenfolgemäßig festgelegte, fast ritualisierte Handlungsabläufe heraus. So lutschte ein normalintelligenter 7jähriger Knabe regelmäßig auf dem linken Daumen, während er sich mit der rechten Hand einzelne

Haare auszupfte und durch Drehen und Wedeln damit den Naseneingang kitzelte.

Einige dieser, häufig *schwachsinnigen* Kinder stecken die Haare in den Mund und schlucken sie herunter. Die im Magen geformten Haarknäuel können durch die mechanische Behinderung erhebliche Beschwerden bereiten und müssen manchmal operativ entfernt werden. Bei einem 5 Jahre alten mongoloiden Mädchen eigener Beobachtung führte ein über 100 g schwerer, den Magenausguß darstellender Trichobezoar über eine Perforationsperitonitis zum Tode.

Genese und soziale Bedeutung. Das Haarausreißen imponiert noch stärker als das Nägelbeißen, als ein aggressiver Gewaltakt, als eine sadomasochistische „Wendung gegen die eigene Person". Beobachtungen und Befragungen der Kinder haben ergeben, daß das Haarausreißen *lustvoll und schmerzhaft* zugleich erlebt wird. Kommt es zu suchtähnlichen Fixierungen, werden auch die sinnentleerten Handlungsschablonen automatisiert und verfestigt.

Bereits Homburger wies auf spezielle milieureaktive Zusammenhänge hin. Die Kinder fügen sich mit dem Haarausreißen selbst einen körperlichen Schmerz zu, nachdem sie einen seelischen Schmerz erleiden mußten. Die bei diesen Kindern oft anzutreffende depressive Grundstimmung ist ebenso wie das Symptom selbst auf emotionale Störungen der Mutter-Kind-Beziehung in der frühen Kindheit zurückzuführen, die wie bei der psychischen Inanition des Hospitalismus mit Frustrationsintoleranz und verstärkter Regressionsbereitschaft einhergehen.

Dührssen hat auf die auffällige *Koppelung* von verdrängten Wut- und Aggressionsimpulsen einerseits und auf ein sehr intensives Zärtlichkeits- und Anlehnungsbedürfnis andererseits als wesentliche Voraussetzungen der Symptomgenese hingewiesen. Es bestehen offenbar Zusammenhänge mit einem durch affektive Frustrationen mangelhaft entwickelten Körperschema: erst der Schmerzreiz verschafft quasi die Gewißheit der eigenen Existenz.

Die Kinder befinden sich in einer unlösbaren *Ambivalenzsituation*, die bestimmt ist von einem als hoffnungslos erlebten, übersteigerten Verlangen nach Zärtlichkeit und Zuwendung von der Umwelt und von einer ohnmächtigen Wut und einer chronischen Ressentimenthaltung gegenüber der Mutter oder gegenüber scheinbar oder tatsächlich bevorzugten Geschwistern. Die einander entgegenstehenden zärtlichen und aggressiven Impulse werden jedoch nicht zugelassen und verdrängt. Das entmutigte und kontaktschwache Kind praktiziert mit dem Haarausreißen die Handlung, die für ausweglose Situationen sprichwörtlich ist.

Eine typische pathogene Eltern-Konstellation wollen Delgado und Mannino in der Existenz aggressiver Mütter und passiver Väter beobachtet haben. Dabei sollen besonders die Mutter-Kind-Beziehungen abrupten Schwankungen von übergroßer Zärtlichkeit bis zu feindseliger Ablehnung unterliegen, die heftige Ängste bei den Kindern mobilisieren.

Bei schweren *Schwachsinnszuständen*, aber auch bei anderen cerebralen Schädigungen ist das Ausreißen und Schlucken der Haare wie andere Leerlaufmechanismen vorwiegend als primitiv-reflektorische Handlungsstereotypie anzusehen, wenngleich psychodynamische Gesichtspunkte auch hier durchaus berücksichtigt werden müssen.

Therapie und Prognose. Die Behandlung des Haarausreißens ist wegen der zugrunde liegenden schweren emotionalen Fehlentwicklung fast immer schwierig und langwierig. Besonders dort, wo das Symptom bereits seit längerer Zeit besteht und der Handlungsablauf eingerastet, automatisiert und durch falsches pädagogisches Verhalten überdeterminiert wurde.

Die Eltern müssen zur Einsicht gebracht werden, daß eine Heilung durch Belohnung oder Bestrafung wenig Aussicht auf Erfolg hat. Oft handelt es sich im wesentlichen um eine Veränderung der emotionalen Einstellung und der pädagogischen Haltung der Eltern zum Kind. Fast immer ist zusätzlich zur Beratung der Eltern eine psychotherapeutische bzw. heilpädagogische Behandlung des Kindes notwendig, wenn nicht nur eine Symptomheilung erzielt werden soll. Spontan tritt diese meist in oder nach der Pubertät ein, während die zugrundeliegende psychische Fehlentwicklung weiterhin zur Entstehung von Neurosen prädestiniert.

Bei Kindern mit hirnorganischen Störungen ist ein Behandlungsversuch mit Neuroleptika (Dipiperon®, Dogmatil®) angezeigt. Beim neurotischen Haarausreißen ist ein medikamentöser Behandlungsversuch in solchen Fällen erlaubt, in denen aus äußeren Gründen eine psychagogische Behandlung nicht durchgeführt werden kann.

Bei *schwersten Schwachsinnszuständen* ist trotz theoretischer Bedenken (Symptomverschiebung: z.B. Daumenlutschen anstelle des Haarausreißens) mit einer Kontinuitätsdurchtrennung der stereotypen Abläufe durch Kahlscheren des Kopfes häufig ein ausgezeichneter Erfolg ohne Nachfolgesymptomatik zu erzielen.

IV. Spiel- und Lernstörungen

Symptomatik. Spiel- und Lernstörungen äußern sich in Hemmungen und Beeinträchtigungen der altersspezifischen *produktiven und reproduktiven* Fähigkeiten. Kleinkinder können nicht, nicht allein oder nicht altersgemäß spielen. Schulkinder zeigen Störungen der Aufmerksamkeit und der Konzentrationsfähigkeit, sie verhalten sich leistungsindifferent, wirken verträumt und abwesend oder unruhig und aggressiv; sie bieten „Schulschwierigkeiten". Die Spiel- und Lernstörungen stellen häufig eine Vorstufe der zahlreichen Leistungs- und Arbeitsstörungen im Erwachsenenalter dar und lassen sich fast immer in Abhängigkeit von ererbter Reaktionsbereitschaft und aktueller Umweltsituation auf Störungen in der frühkindlichen Entwicklung zurückführen.

Diese Leistungshemmungen sind nicht auf Intelligenzdefekte oder Störungen der geistigen Entwicklung des Kindes zurückzuführen. Vielmehr handelt es sich um Beeinträchtigungen der „*Vorbedingungen der Intelligenz*" (Jaspers), vorwiegend durch emotionale, aber auch durch motorische, soziale und andere Fehlentwicklungen, die direkt oder indirekt zu einer Änderung des Spiel- und Lernverhaltens führen. Ferner gehören dazu so komplexe Funktionen wie die Merkfähigkeit und das Gedächtnis, Ausdauer und Konzentrationsfähigkeit und bestimmte emotionale Bedingungsfaktoren, durch die Spiel und Arbeit in ihrer leistungsorientierten Bindung, der Freude an der Wiederholung, an der Vertiefung und Ausgestaltung des Spieles und des Lernstoffes überhaupt erst möglich und zu einem festen Bestandteil der Persönlichkeit werden.

Spielstörungen bei Kleinkindern als unmittelbares Symptom einer neurotischen Fehlentwicklung werden nach klinischen Beobachtungen in annähernd gleicher Verbreitung wie Lernstörungen bei Schulkindern angetroffen. Sie finden jedoch bei Eltern und Ärzten nur selten die ihnen zukommende Beachtung. Während die Lernstörung sich schließlich eindeutig und unmißverständlich im Schulzeugnis ausdrückt, erfordert die Erkennung einer Spielstörung einige Kenntnisse über das alters- und entwicklungstypische Spielverhalten des Kindes. Die Spielhemmung des Kleinkindes wird für den Erwachsenen meist erst dann zum Problem, wenn zusätzliche erzieherische Schwierigkeiten auftreten. Manchmal wird erst rückblickend aus einer manifesten Lern- oder Arbeitshemmung eine Spielstörung in der Kindheit diagnostiziert, die damit die Kontinuität einer bis in die frühe Kindheit zurückreichenden neurotischen Leistungshemmung herstellt.

Spiel- und Lernstörungen können vorübergehend echte Intelligenzdefekte vortäuschen. Die sog. *Pseudodebilität* wird jedoch vorwiegend bei primär schwachbegabten Kindern beobachtet und kommt nur selten bei normalbegabten Kindern vor. Meistens handelt es sich dann um Folgeerscheinungen langjähriger Hospitalisierungen in den dafür besonders exponierten Lebensaltern. Der besondere Effekt der Pseudodebilität bei schwachbegabten Kindern erklärt sich aus der Addition von konstitutioneller Leistungsschwäche und neurotischer Leistungsstörung. Bei durchschnittlich oder überdurchschnittlich begabten Kindern entfällt diese kumulierende Wirkung. Sie geraten nur selten in die Grenzzone zur Debilität.

Bei den Spiel- und Lernstörungen läßt sich eine Reihe von Symptomen zusammenfassen, die ursächlich auf *frühkindliche Stadien* der psychischen Entwicklung hinweisen und im Einzelfall in individueller Vielfalt und in wechselnder Zusammensetzung mit unterschiedlicher Gewichtsverteilung vorkommen.

Es handelt sich um Beeinträchtigungen und Störungen:

1. Des *emotionalen Bereiches*. Die Kinder weisen Kontaktschwierigkeiten in der Spiel- und Schulgemeinschaft auf. Sie sind meistens kontaktschwach, manchmal aber geradezu kontaktsüchtig. Das Resultat ist in beiden Fällen gleich: sie finden zu Kindern und Erwachsenen kein dem Entwicklungsstadium angemessenes Vertrauensverhältnis und zeigen Mißtrauen und Zurückhaltung und oberflächliche Scheinkontakte anstelle von Vertrauen. Diese Kinder geraten leicht in Außenseiterpositionen, ertragen nur schwer narzißtische Kränkungen und Versagungssituationen: sie sind *frustrationsintolerant*. In Leistungssituationen zeigen sie eine mangelnde Ausdauer und neigen zum vorzeitigen Aufgeben: das Lernziel liegt zu weit entfernt und die Erlangung der Erfolgsprämie ist zu unsicher.

2. Der *motorischen Integration*. Die Beherrschung der Körpermotorik bildet eine der wesentlichen Voraussetzungen der Schulreife. Eine erhebliche motorische Unruhe beeinträchtigt die Lern- und Arbeitsfähigkeit auch der Mitschüler und gibt Veranlassung zu Auseinandersetzungen mit diesen und mit dem Lehrer („Klassenstörer"). Das gilt mit Abwandlungen auch für motorische Stereotypien (Clown- und Faxensyndrom, Ticerschei-

nungen) und auch für die Gruppe der Sprachentwicklungsstörungen und den bei Kindern seltenen psychogenen Schreibkrampf.

3. Des *Selbstvertrauens*. Die Konzentrationsstörung, die als „Störung der Verfügung über das eigene Verhalten" (Busemann) erlebt und ebenso wie die Störung der Merkfähigkeit und des Gedächtnisses als Beeinträchtigung des Selbstvertrauens empfunden wird, stellt das häufigste Symptom der Lernstörung überhaupt dar. Mit einer Hemmung der spielerischen Weltbewältigung und einem Verharren in innerer Unschlüssigkeit und Ambivalenz kann eine schwerwiegende Trennung von Spiel und Arbeit erfolgen, weil das „ernsthafte Spiel" nicht probiert und ein „spielerischer Ernst" bei der Überwindung von Schwierigkeiten nicht gewagt wurde.

4. Der *sozialen Anpassung*. Mit der Eingliederung in den Kindergarten und mit der Einschulung, die eine tägliche Trennung von der Mutter bedeuten, wird dem Kind die Übernahme mehrerer sozialer Rollen abgefordert. Es soll eine vertrauensvolle Einstellung zum Lehrer entwickeln, durch optimale Leistungen einen optimalen Platz in der Klassenhierarchie erringen und Beliebtheit und Anerkennung in der Kindergemeinschaft finden. Zu Schwierigkeiten kommt es, wenn a) die Leistungen hinter den eigenen oder den Erwartungen der Eltern zurückbleiben, b) das Kind sich nicht mit seiner Rolle unter den Mitschülern abfinden kann und c) der Lehrer vom Schüler nicht akzeptiert wird oder umgekehrt, oft gegenseitig. Daraus erwachsende Schwierigkeiten in den Beziehungen der Eltern zum Lehrer, der Eltern zum Kind und des Kindes zum Lehrer und daraus resultierende Einbußen an Zuwendung in der Familie und in der Schule stellen weitere Belastungen dar, die die Lernfähigkeit beeinträchtigen.

5. Der *sexuellen Integration*. Bei Kindern in der Vorpubertät, im „Schwatz- und Zappelalter" (Busemann) und in der Pubertät gehen die Schulleistungen vorübergehend durchschnittlich um 10% zurück (Correll), die Verhaltens- und Kontaktstörungen nehmen erheblich zu. Bei Studenten, bei denen Lern- und Arbeitsstörungen mit 85% der Fälle das häufigste neurotische Symptom überhaupt darstellen (Ziolko), finden sich häufig sexuelle Konfliktsituationen. Im einzelnen werden für die Entstehung und Unterhaltung der Leistungsstörungen angeführt: Grübelzwang mit Energieverarmung des Ich, verdrängte Sexualängste, mißlungene Sublimierung und autistische Abkapselung, sexuelle Miterregung bei geistiger Anspannung,

Sexualisierung intellektueller Leistungen und Probleme der sexuellen Identität.

Die manifeste Leistungsstörung als Symptom einer neurotischen Fehlentwicklung kann ihrerseits in einer Reaktionskette von Enttäuschungen und Entmutigungen, von Liebesentzug und Versagungen zu Überforderungen mit erneuten Mißerfolgen und Enttäuschungen oder zu Kompensationsversuchen und zu Ersatzbefriedigungen führen, die eine *neurotische Charakterentwicklung* weiter komplettieren.

Die Versuche der Eltern und des Kindes, das *Wissensdefizit* durch enorme und jedes erträgliche Maß übersteigende Lerntorturen, durch angestrengtes Pauken und Büffeln auszugleichen, führen meistens nicht zum Ziel, da damit noch vorhandene Leistungsreserven erschöpft und durch die willkürliche psychische Daueranspannung die Lernfähigkeit nicht gesteigert, sondern weiter gehemmt wird. Kinder, die sich passiv dieser erbarmungslosen Prozedur unterwerfen, zeigen damit bereits an, daß sie unter einer neurotischen Störung leiden, denn „Ein gesundes Kind läßt sich nicht überbürden" (Charcot). Das neurotische Kind festigt durch diese Enttäuschungen und Mißerfolge nur seine infantilen Bindungen an die Eltern und wird durch das Wechselspiel von Liebesentzug und erneuter Liebeszuwendungen endgültig an diese fixiert.

In ursächlichem Zusammenhang mit der zugrundeliegenden neurotischen Fehlentwicklung entwickeln sich mit der Leistungsstörung nicht selten *zusätzliche* psychische und psychosomatische Symptome. Abgelegte und überwundene „Kinderfehler" kehren wieder, Einnässen, Einkoten, Weglaufen treten erneut auf. Schulängste und Schulphobien treten in Erscheinung und zwangsneurotische Fehlentwicklungen nehmen hier ihren eigentlichen Beginn.

Genese und soziale Bedeutung. Die Genese in ihrer Beziehung zu den frühkindlichen Stadien und zu phasenspezifischen Fehlentwicklungen wurde bereits in der Aufgliederung nach Symptomgruppen (→ *Symptomatik*) berücksichtigt. Die Symptomatik der Spiel- und Lernstörungen macht dabei jedoch nur einen Teil der umfassend gestörten Persönlichkeitsentwicklung deutlich. Die in den einzelnen Gruppen aufgeführten Symptome sind meistens *mehrfach determiniert* und nur selten allein für die jeweilige Gruppe spezifisch. Das Symptom einer allgemeinen motorischen Unruhe beispielsweise ist genetisch vieldeutig und kann praktisch auf Beeinträchtigungen und Retardierungen in allen Entwicklungsphasen zurückgeführt werden.

Dem aktuellen *Familienmilieu* kommt nicht nur die Bedeutung eines unterhaltenden Faktors zu. Das ist verständlich, wenn bedacht wird, daß das frühkindliche Milieu im allgemeinen von den gleichen Erwachsenen gestaltet wurde, die für die aktuelle Umwelt des Kindes bei der Manifestation der Störung verantwortlich sind. Von aktueller Bedeutung im Hinblick auf das Symptom sind: die Verfügbarkeit der Mutter oder einer mütterlichen Ersatzperson, eine leidlich harmonische Familienatmosphäre und ausreichende räumliche und soziale Verhältnisse.

Zahlreiche Untersuchungen über das Thema *Schulerfolg und Familie* haben ergeben, daß direkte Beziehungen zwischen den Schulleistungen des Kindes und der Verfügbarkeit und Anwesenheit der Mutter bestehen. Häusliche Disharmonien, insbesondere anhaltende Auseinandersetzungen und gegenseitige Nichtbeachtung der Eltern in Gegenwart der Kinder vertiefen und erweitern bereits vorhandene neurotische Störungen im Sinne einer zusätzlichen emotionalen Verunsicherung. — So wurde ein 4jähriger Junge vorgestellt, der nicht allein spielen konnte. Er hielt sich ständig in Rufweite der Mutter auf, die sich durch sein aggressives Verhalten gequält und gekränkt fühlte. Sie will von ihm, dem „Sadisten", schon in der Schwangerschaft „gezielte Tritte gegen die Leber" erhalten haben. Die Anamnese ergab, daß der Junge ungewünscht geboren und die Mutter dadurch in den Haushalt verbannt wurde. Sie konnte nicht mehr als Chefin im gemeinsamen Geschäft tätig sein und mußte dem untreuen und unfähigen Ehemann die Leitung und die Aufsicht über zahlreiche weibliche Angestellte überlassen. Die Mutter übertrug ihre komplexe Ambivalenzsituation gegenüber dem Ehemann auf den Sohn: sie liebte ihn, wagte ihn aber nicht allein zu lassen, litt unter seiner Abwehr- und Protesthaltung und machte ihm Vorwürfe wegen seiner Spielunfähigkeit.

Ausreichende *räumliche Verhältnisse* haben eine gewisse Bedeutung für das häusliche Arbeitsklima. Die Lärmabschirmung spielt besonders in kinderreichen Familien und in Geschäftshaushalten mit ständigem Publikumsverkehr oder dort eine Rolle, wo Fernsehen und Radio essentielle Bestandteile der Erziehung und der häuslichen Atmosphäre sind.

Das Schulmilieu wird vom *Schulsystem*, von der sozialen Differenzierung der Schüler und vom Lehrer bestimmt. Besonders in den ersten Schuljahren und während der Pubertät wird unter dem Einfluß der Übertragungs- und Identifikationsmechanismen mehr aus emotionalen als aus sachlichen Gründen gelernt. Correll wies darauf hin, daß die Einstellung des Lehrers zu den Schülern von diesen übernommen wird. Das Lehrerverhalten sollte eine möglichst ausgeglichene Mischung von dominativen und integrativen Verhaltenstendenzen darstellen. Die Entstehung von Lernstörungen wird gefördert durch vorzeitige Einschulung bei mangelnder emotionaler, motorischer und intellektueller Reife. Ferner durch unzweckmäßiges pädagogisches Vorgehen, durch didaktische Mängel der Unterrichtsgestaltung und Nichtbeachtung des individuellen Arbeitstempos des Kindes und seiner Frustrationstoleranz. Schließlich sind extreme schulische Sonderinteressen des Kindes für bestimmte Fächer zu beachten und zu hohe Klassenfrequenzen ohne ausreichende Möglichkeiten zur individualisierenden Einwirkung zu meiden.

Die *soziale Bedeutung* der neurotischen Leistungsstörungen liegt einmal in dem daraus resultierenden schulischen Mißerfolg, zum anderen in ihren schädlichen Ausstrahlungen in den emotionalen Bereich und die dadurch bedingten Gefahren für die Charakterentwicklung des Kindes. Spiel- und Lernstörungen bei Kindern kommen ungemein häufig vor. Es gibt kaum ein Kind, das infolge vorübergehender Konflikte im Zusammenhang mit häuslichen Belastungen, Problemen der Erziehung oder speziellen Fragen der eigenen Entwicklung nicht zeitweilig unter Lern- und Leistungsstörungen gelitten hätte. In der Bundesrepublik erreichen 25% aller Volksschüler nicht das Ziel der Abgangsklasse. Nur 30% des Sextaner legen das Abitur, nur 50% der Studenten das Abschlußexamen (Hau) ab. Diese Zahlen stehen in keiner diskutierbaren Korrelation zu der Zahl der ermittelten schwachbegabten (10%) und der schwachsinnigen (5%) Kinder.

Diagnose, Differentialdiagnose und Fehldiagnose. Die Diagnose einer neurotischen Spiel- und Lernstörung ergibt sich dort, wo eine normale Intelligenz im Gegensatz zu einem altersinadäquaten Spielverhalten oder zu einem manifesten Schulversagen steht und eine Leistungsschwäche anderer Genese ausgeschlossen wurde.

Nicht jede Spielunfähigkeit und jedes Schulversagen sind das Ergebnis neurotischer Leistungsstörungen. Die Feststellung einer „Pseudodebilität" schließt das Vorkommen einer Schwachbegabung, eines Schwachsinns oder einer beginnenden Demenz nicht aus. Neurotische Störungen können jedoch zugrundeliegende Defekte so stark überlagern, daß nur kombinierte neuropsychiatrische und psychologische Untersuchungen eine differentialdiagnostische Klärung herbeiführen können. Da praktisch

jede *cerebralorganische* und zahlreiche *somatische* Erkrankungen (Endokrinopathien, Encephalopathien, Stoffwechselleiden) mit Störungen der Auffassung und der Merkfähigkeit, mit vorzeitiger Ermüdbarkeit und anderen charakteristischen Symptomen einer allgemeinen psychischen Leistungsschwäche einhergehen können, ist eine gründliche diagnostische Klärung in therapeutischer und prognostischer Hinsicht in allen Zweifelsfällen von großer Bedeutung.

In zahlreichen anderen Fällen liegen jedoch die Ursachen des Schulversagens klar auf der Hand, wenngleich sie sich auch hier in verschiedenen Bereichen überschneiden, ergänzen und addieren können:

1. Die Schwachbegabung bzw. der *Schwachsinn* aus erbbiologischen Gründen oder als Folge einer frühkindlichen Hirnschädigung.

2. *Partielle Intelligenzdefekte* (Teilleistungsschwächen). Besonders die *Legasthenie*, die sich meistens im 2. und 3. Schuljahr manifestiert, häufig erblich vorkommt (Weinschenk) und zu zusätzlichen Verhaltensschwierigkeiten führen kann. Ferner Defekte der *Sinnesorgane* (Schwerhörigkeit, Sehschwäche, Hörstummheit).

3. Frühkindliche *Hirnschäden ohne Intelligenzdefekte*, aber mit einem „frühkindlichen exogenen Psychosyndrom" (Lempp) mit motorischer und psychischer Unruhe und Konzentrationsschwäche und traumatische Hirnleistungsschwächen nach stumpfen Schädel-Hirntraumen.

4. Beginnende oder blande verlaufende kindliche *Psychosen*. Neben der kindlichen Schizophrenie insbesondere auch die seltenen endogenen *Depressionen* des Kindesalters.

5. Beginnende *Demenzprozesse* bei Stoffwechselerkrankungen des ZNS und bei hirnorganischen Prozessen verschiedener Ursache, auch bei nicht erkannten *cerebralen Anfallsleiden*.

Bei einem 8jährigen Jungen mit Schulschwierigkeiten, die zunächst mit Erbrechen, dann mit Schulangst beantwortet wurden, fanden sich im EEG generalisierte 3/spike-wave-Gruppen. Die manifeste Absencenepilepsie war von Ärzten und Psychologen nicht erkannt, das Kind von Eltern und Lehrern bestraft und psychotherapeutisch behandelt worden.

Therapie und Prognose. Die Therapie der Spiel- und Lernstörungen beginnt wie bei jeder neurotischen Manifestation mit einer Beleuchtung der inneren Lebensgeschichte und der äußeren Ereignisse während der frühen Kindheit. Sie hat die gegenwärtige Situation des Kindes in der Familie ebenso einzubeziehen wie die Schulanamnese mit ihren Lehrer- und Schulwechseln, speziellen Schwierigkeiten in bestimmten Fächern und mit bestimmten Lehrern und die Zahl und die Dauer von Erkrankungen und Schulversäumnissen und von Schwierigkeiten in der Klassengemeinschaft.

In Beratungen mit den Eltern sind pädagogische Fehlhaltungen wie übermäßige Leistungsanforderungen, ständige Drohungen und Bestrafungen, aber auch spezielle emotionale Probleme der Familie zu klären und zu korrigieren. Die Eltern sind auf schädliche Folgen intellektueller Überforderungen genauso hinzuweisen wie auf negative Suggestionen mit kategorischen Feststellungen wie „du bist dumm" oder „aus dir wird nichts werden". Auszuschließen sind Ehe- oder Kind-Elternkonflikte, durch die psychische Potenzen des Kindes abgebunden werden, damit die Entwicklung einer leistungsorientierten Vollzugsfreude verhindern und seine intellektuelle Expansion hemmen.

Erhebliche *Wissens- und Kenntnislücken* bei ausreichender Intelligenz erfordern eine vermehrte und verbesserte Zufuhr von Informationen durch Nachhilfeunterricht. Parallel damit muß jedoch eine Aufdeckung leistungsinadäquater Lebensgewohnheiten und ineffektiver Arbeitsmethoden gehen, damit eine Änderung der individuellen Lerntechnik in Angriff genommen werden kann. Diese problemreiche Beratung umfaßt etwa eine verbesserte Lernkontrolle durch die Eltern oder den Lehrer, die Einteilung und Abwechslung von Stoffgebieten beim Lernvorgang und einen ökonomischen Einbau von Lernpausen und von Freizeit zur Vermeidung sinnloser Lerntorturen. Schul- oder Lehrerwechsel werden bei emotionalen Voreingenommenheiten von Eltern oder Lehrern manchmal von beiden Seiten als Entlastung empfunden. Bei erheblichen Wissenslücken kann eine Rückversetzung oder eine Wiederholung der Klasse dem Kind eine große Erleichterung bringen. Bei einer intellektuellen Minderbegabung, bei partiellen Werkzeugstörungen oder erheblichen Verhaltensstörungen ist die Umschulung in eine dafür geeignete Sonderschule geboten.

Eine *Prognose* läßt sich generell nicht stellen. Sie ist abhängig von der Art, der Schwere und der Dauer der vorliegenden Störung, ferner von der Bereitschaft der Eltern und des Kindes zur Mitarbeit und von der Möglichkeit einer psychotherapeutischen Behandlung.

V. Lügen

Symptomatik. Die Definition der Lüge als einer „bewußt falschen Aussage, welche dazu dient, durch die Täuschung anderer bestimmte Ziele zu erreichen" (W. Stern), trifft nicht allein für die „eigentliche" Lüge zu. Sie gilt auch für andere bewußt falsche Aussagen wie für die „scheinbaren" Lügen der Kleinkinder, ferner für Märchen, für ausgedachte Geschichten und für weite Bereiche des kindlichen Spieles.

Während Spiel und Märchen wegen ihrer großen Bedeutung für die kindliche Entwicklung und auch für die Behandlung von Kindern mit Recht ein hohes Ansehen genießen, wird die Lüge von der Gesellschaft aus naheliegenden Gründen pauschal strikt abgelehnt. Sie ist verpönt und mit strengen Strafen bedroht. Der Erwachsene kennt aber auch die praktische Brauchbarkeit der Lüge und setzt sich häufig damit auseinander. Er hat ein ambivalentes Verhältnis zur Lüge. Vollständige Übereinstimmung besteht zwischen der Gesellschaft und dem Einzelwesen jedoch in der Ablehnung der Lüge bei anderen, somit des Lügners und insbesondere des lügenden Kindes.

Bei Kindern kommt es nun aus verschiedenen, noch zu erläuternden Gründen leicht zu Falschaussagen, die zu Fehlinterpretationen der Erwachsenen führen, da nicht immer ein ausreichendes Verständnis dafür besteht, was als Lüge zu bezeichnen ist. Die praktischen Erfahrungen beweisen, daß viele bewußte und falsche Aussagen im Kindesalter nicht als Lügen bezeichnet werden können, da Motivierung, Motivation und Triebfedern andere Ursachen erkennen lassen.

Falsche *Aussagen* bei Kindern lassen sich einteilen in

„*echte*" und

„*scheinbare*" Lügen

der Kinder, die streng voneinander getrennt werden müssen. Der erzieherische Affekt richtet sich ausschließlich gegen die eigentlichen Lügen, in die jedoch irrtümlich häufig scheinbare Lügen mit einbezogen werden, weil beide als „bewußte und falsche Aussagen" der Erhaltung oder dem Erwerb an Lust bzw. der Vermeidung von Unlust durch Erwirkung von egoistischen Vorteilen oder durch Abwehr beeinträchtigender Nachteile dienen.

Von einer *pathologischen Lüge* oder pathologischen Lügenhaftigkeit (Pseudologia phantastica) sprechen wir dann, wenn in einem reflektionsfähigen Alter unmäßig viel und oft, sucht- oder gewohnheitsmäßig und auch dort gelogen wird, wo keine persönlichen Vor- oder Nachteile zu erkennen sind. Hier ist das Lügen Symptom einer neurotischen Fehlentwicklung oder geht in enger Verwobenheit mit anderen dissozialen Symptomen (Fortlaufen, Stehlen, Aggressionen) einher.

Jede Lüge und jede Bereitschaft zum Lügen hat eine individuelle Vorgeschichte, die sich einer systematisierenden Gliederung entzieht. Für unsere Zwecke sollen lediglich einige praktisch wichtige Lügenmuster im Zusammenhang mit Milieuradikalen rubriziert werden.

„Echte" Lügen finden wir:

1. Aus *Strafangst.* Bei Kindern, deren Eltern keinen Unterschied des Strafmaßes für leichte Verfehlungen und für Lügen kennen, kann die einzelne Lüge und Verleugnung einer sowieso mit Strafe bedrohten Handlung die Bedeutung einer Gewinnchance erlangen. Die Eltern erziehen das Kind durch ihr *überstrenges und moralisierendes Verhalten* zum Lügen.

2. Aus *Mißtrauen.* Bei kontaktgestörten und bei ängstlichen, unsicheren und empfindsamen Kindern, die auf Grund von unbewußten und deshalb zuverlässig wirksamen frühkindlichen Erfahrungen als Reaktion ihrer Verfehlungen einen Entzug von Liebe und Zuwendung befürchten. Diese Kinder lügen aus einer Doppelmotivation: aus dem nachwirkenden oder immer erneut bestätigten Mißtrauen und aus ihrer Unfähigkeit, auch nur *leichte Einbußen an Liebe* hinzunehmen.

3. Aus *Angst vor Kränkung* der Eltern. Bei Kindern, die zwar über eine relativ gute emotionale Beziehung zu den Eltern verfügen, die jedoch partielle Mängel aufweist, etwa infolge übermäßiger Ehrgeizhaltung der Eltern oder durch eine strenge und prüde Einstellung zu erotischen oder sexuellen Fakten, die auf die Kinder übertragen wurde. Die Kinder entwickeln Schuldgefühle und haben den Wunsch, Nachlässigkeiten und Verstöße ungeschehen zu machen oder durch Leugnen ihre Schuld zu tilgen. Diese Kinder verschweigen oder lügen aus Liebe zu den Eltern und um sie nicht zu kränken.

4. Als *Ersatzbefriedigung.* Bei Kindern, die keine festen und konstanten emotionalen Beziehungen zu den Eltern haben und die zusätzlich nicht von ihrer Umgebung ausreichend anerkannt werden, können Lügen den Rang einer Ersatzbefriedigung oder Kompensation erhalten. Durch Angeben, Aufschneiden und Renommieren versuchen sie, wie ein Tagträumer durch irreale Phantasien durch die Prahl- und Geltungssucht das zu erlangen, was die Realität ihnen versagt. Diese Kinder lügen, weil ein *Anerkennungs- und Liebesdefizit* vorliegt und sie unglücklich sind.

5. Als *Verwahrlosungserscheinung.* Bei Kindern, die sich von den familiären Beziehungen gelöst und sich in eine delinquente Subkultur ein- und untergeordnet haben, hat die Lüge eine pervertierte soziale Bedeutung erlangt. Durch eine geschickte Lügentechnik läßt sich bei guter Intelligenz rasch eine hervorragende Stellung erringen und ohne große Mühe viel Geld erschwindeln. Diese verwahrlosten Kinder lügen, um eine *rasche Bedürfnisbefriedigung* zu erreichen; sie geraten mit ihrer selbstgewählten sozialen Wertskala nicht in Konflikte.

In einem starken Gegensatz zu dieser nach Symptomschwere und -wertigkeit rasch ansteigenden Beispielsskala der „echten" Lügen stehen die „scheinbaren" Lügen des Kleinkindes und des Kindes. Sie stellen trotz bewußter Falschaussagen und des Sachverhaltes der Täuschung anderer keine eigentlichen Lügen dar. Sie werden aber von der Umgebung häufig als solche verkannt und geahndet. Es ist von großer praktischer Bedeutung, sich daran zu erinnern, daß ein Kind vor dem 5. Lebensjahr nur teilweise Dichtung und Wahrheit voneinander trennen kann. Die Entmischung der irreal-realen Erlebniswelt beginnt erst zu diesem Zeitpunkt.

„Scheinbare" Lügen bzw. kindliche Falschaussagen finden sich:

1. Als *Wunschvorstellung.* Kleinkinder, die noch im magischen Denken und der „Allmacht der Gedanken" verhaftet sind, versuchen mit bewußt falschen Aussagen eine Wandlung der Wirklichkeit zu erzielen. Ein junges Kind, das ein Sauberkeitsbedürfnis anmeldet ohne es zu verspüren, wünscht genau so Kontakt mit der Mutter wie ein älteres, das nach dem Zubettgehen dringend um ein Glas Wasser bittet, ohne wirklich Durst zu haben. Das Kind bedient sich der Falschaussage, um einen dringenden *Wunsch nach Zuwendung* zu verwirklichen.

2. Im *Spiel.* Im Spiel agiert das Kind in einer von den Eltern erlaubten und von ihnen manipulierten Spielwelt. In der spielerischen Lüge wird die Wirklichkeit durch eigene Phantasieproduktionen um- und neugestaltet. Es erzählt eigene Märchen über sich selbst und seine angebliche Bedeutung und über das, was es vorgeblich erlebt hat. Wie im Spiel ist das Kind dieser ausgedachten Wunschwirklichkeit scheinbar ganz verhaftet. Es glaubt daran so fest wie an die Wirklichkeit und Unwirklichkeit der Märchen und an die Echt- und Unechtheit seiner Rollen im Spiel. Die spielende Falschaussage ist *wahr und unwirklich zugleich*, ihre Grenzen sind verschwommen.

3. Als *Irrtum.* Dort, wo der Erwachsene die entgleitende Wirklichkeit unter dem Druck der Zeitkur durch Gedanken- und Erinnerungskorrek-

turen und -kosmetik unbewußt verfälscht, lügt das Kind „wie gedruckt", d.h. es bedient sich dort, wo es reale Ereignisse nicht erfassen kann, *grober Vereinfachungen oder naiver Konfabulationen.*

4. Als *Experiment.* Das Kind hat ständig Gelegenheit, die Erwachsenen und Geschwister beim Lügen zu beobachten. Not-, Entschuldigungs- und Konventionslügen lassen sich nur schwer verheimlichen. Das Kind schweigt wie bei den meisten Feststellungen seiner infantilen Forschungen. Es probiert aber die Möglichkeiten des Lügens aus. Die probierende Falschaussage dient der *infantilen Forschung* und dem Ertasten der Möglichkeiten des Lügens.

5. Als *Nachahmung.* Wo Lügen ein anerkanntes und erlaubtes Kommunikationsmittel ist, wird das Kind diese wie jede andere Verhaltensweise der Erzieher übernehmen. Echte Hemmungsvorstellungen fehlen, weil die polaren Gewissensfunktionen nicht angelegt wurden. Die nachahmende Falschaussage des Kindes ist eine *Folge der negativen Induktionen* aus der Umgebung.

Genese und soziale Bedeutung. Die Festigkeit und Tragfähigkeit menschlicher Beziehungen sind abhängig von der Kontaktfähigkeit und von der Intensität des Kontaktwunsches des Individuums und von dem Grad der Anziehungskraft und Attraktion, den der einzelne und die Gruppe auf ihn ausüben. Einer solchen direkten Beziehung zuliebe werden egoistische oder antisoziale Bedürfnisse und Spannungen unterdrückt, wenn dafür Liebe eingetauscht und erhalten werden kann. So unterläßt der Säugling der Mutter zuliebe sein Schreien, wenn er darauf vertrauen kann, in Kürze Nahrung und liebende Zuwendung zu erhalten. Er hat damit einen *ersten Triebverzicht* geleistet.

Andrängende Triebspannungen werden abgeführt, wenn das Kind sich der Beziehungsperson oder der Gruppe zuliebe keine Zurückhaltung auferlegt, unerlaubte Mittel zur Prestigeerhöhung benötigt und von den eigenen psychischen Instanzen keine Hemmungen entgegengestellt werden. Endeten in früheren Stadien der psychischen Entwicklung die ersten Versuche der Kontaktaufnahme mit einem Mißerfolg, regiert ein primäres Mißtrauen anstelle von Vertrauen und ist durch ständig sich wiederholende Enttäuschungen im Kontaktstreben schließlich eine resignierende Zurückhaltung eingetreten, so verliert schließlich auch die Umwelt an Ausstrahlung und an normativer Kraft. *„Die Lügen der Kinder sind das Werk der Eltern"* (Pestalozzi). Die Welt, insbesondere die nächsten Bezugspersonen werden als Wesen erlebt, denen das abgefordert und abgetrotzt werden muß, was an vermeintlicher oder tatsächlicher Liebe ihnen vorenthalten wurde. Da die Charaktere der Eltern und ihre Reaktionen sich nicht durchgreifend ändern, erleben die Kinder mit großer Monotonie immer wieder die gleichen Enttäuschungen. Ihre negativen Erwartungen werden bestätigt, ihr Mißtrauen vertieft und gefestigt. Der Grad der an die Eltern gerichteten Forderungen übersteigt schließlich *jedes vernünftige Maß*, da ihnen Erfahrungen über angemessene Liebes- und Zuwendungsbefriedigungen fehlen. Dadurch und durch fast regelmäßig anzutreffende partielle Verwöhnungen als Ausdruck von Schuldgefühlen der Eltern oder zur bequemen Bedürfnisabsättigung der Kinder entwickelt sich schließlich eine maßlose Anspruchlichkeit, die dann nur noch mit unerlaubten Mitteln befriedigt werden kann.

Neben diesen pathogenetisch überzeugenden psychogenen Mechanismen spielen *konstitutionelle und cerebralorganische Faktoren* eine oft vernachlässigte, aber nicht minder bedeutsame Rolle für die Entstehung von Erziehungsschwierigkeiten. Nicht bei jedem Kind führt ein Pendeln zwischen erzieherischer Härte und Verwöhnung oder eine längeranhaltende emotionale Frustration zu dissozialen Verhaltensweisen oder neurotischen Fehlentwicklungen! Es ist ferner zu berücksichtigen, daß es milieuunabhängige Erziehungsschwierigkeiten gibt, die endogenen Gesetzmäßigkeiten unterliegen oder von „autonomen Ich-Anteilen" (H. Hartmann) gesteuert werden.

Die *soziale Bedeutung* ergibt sich aus dem Interesse der Gemeinschaft an der Einhaltung zweckmäßiger Sozialnormen, die ein Mindestmaß an Vertrauen der Mitglieder zueinander voraussetzt. Sie reagiert empfindlich auf Vertrauensbrüche, weil sich ihre Existenz grundsätzlich auf Einhaltung dieser Sozialregeln gründet. Im inquisitorischen Eifer können dabei Motive und Triebfedern scheinbar antisozialer Verhaltensweisen von Kindern verkannt und unangemessen hart bestraft werden.

Diagnose, Differentialdiagnose und Fehldiagnose. Die Diagnose ist soziologisch orientiert. Sie ist abhängig von den Verhaltensnormen der Gruppe und der übergeordneten Gesellschaft. Sorgfältig abzugrenzen von der Lüge und von anderen dissozialen Verhaltensweisen (Diebstahl, Aggressionen) sind phasenspezifische physiologische und tiefenpsychologisch ableitbare Fehlverhaltensweisen ohne eigentlichen antisozialen Charakter und Fehlverhaltensweisen aus medizinischer Ursache.

Vom Lügen als Ausdruck einer allgemeinen Erziehungsschwierigkeit oder einer neurotischen Fehlhaltung sind abzugrenzen Störungen der Kritik- und Urteilsfähigkeit infolge *hirnorganischer* Wesens- und Persönlichkeitsänderungen (Encephalitis, Epilepsie, organische Hirnschädigung) mit und ohne Drang-, Unruhe- oder Dämmerzustände und bei schwachbegabten oder *schwachsinnigen* Kindern.

Bei beginnenden *Psychosen*, insbesondere bei leichten *manischen Phasen* oder im Anfang *schizophrener Erkrankungen* können Wahnideen vorübergehend vielleicht einmal mit Lügen verwechselt werden, meistens werden allerdings die affektiven Begleitsymptome vor einer Fehldiagnose schützen.

Therapie und Prognose. Die Therapie des Lügens ist ein Bestandteil der Behandlung der allgemeinen Anpassungsschwierigkeiten und der speziellen Verhaltensstörungen, von denen das Lügen nur ein Symptom ist.

Eine besondere Therapie der kindlichen Unwahrhaftigkeit wird im allgemeinen nur dann erforderlich sein, wenn mit den Eltern Übereinstimmung darin besteht, daß das Symptom abnorm gehäuft auftritt oder Kriterien vorliegen, daß es sich um ein pathologisches Lügen handelt. Danach ist zu klären, ob allein oder überwiegend neurotische Faktoren ursächlich an der Verhaltensstörung beteiligt sind, ob es sich um phasen- und entwicklungsspezifisch verstärkte Schwierigkeiten handelt oder ob andere soziologische oder somatische Faktoren einen wesentlichen Anteil an ihrem Zustandekommen haben.

Wenn es sich um eine fehlerhafte antisoziale Erziehung handelt („Lügen- und Diebsmilieu", Zulliger), liegt das Schwergewicht auf einer Milieuverpflanzung des Kindes. Bei persistierenden Verhaltensauffälligkeiten und dort, wo die ursprünglich „nachahmende" Symptomatik eine eigenständige Bedeutung erlangt hat, ist eine psychotherapeutische Behandlung erforderlich.

Die vorwiegend milieureaktiven Symptome der Erziehungsschwierigkeit erfordern eine gründliche Ausleuchtung der häuslichen Situation mit Klärung der Erziehungsabsicht und der dazu verwendeten Erziehungsmittel sowie eine möglichst gründliche Erhellung der Entwicklungssituation des Kindes in der frühen Kindheit mit Akzentsetzung auf die „orale" und „anale" Phase und hier vorliegende Triebretardierungen und etwaige spätere Verfestigungen derartiger Entwicklungsdefizite durch monotone Wiederholung von Versagungen, Kontaktschwierigkeiten, durch einen Wechsel von Verwöhnung und Versagung.

In vielen Fällen bietet nur eine psychotherapeutische Behandlung in ihren altersentsprechenden Modifikationen Aussicht auf Behandlungserfolge, die von Fall zu Fall mit Milieuänderung, Beratung oder Behandlung der Eltern usw. einhergehen. Erziehungsschwierigkeiten, die im Grenzbereich zur Verwahrlosung stehen, erfordern spezielle psychotherapeutische Behandlungsmethoden.

VI. Stehlen

Symptomatik. Der Diebstahl im Kindesalter galt früher ausschließlich als ein moralisches, nicht als ein psychopathologisches Problem. Noch im 19. Jahrhundert wurde der Diebstahl mit der Kleptomanie „erklärt" — so wie das Weglaufen mit der Poriomanie oder die Brandstiftung mit der Pyromanie. Anstelle von Überlegungen nach einer geeigneten Behandlung stand die der zweckmäßigsten Bestrafung. Die Symptomatik spielte dabei nur eine untergeordnete Rolle.

Das Entwenden von Gegenständen ist wie die kindliche Falschaussage ein Problem, mit dem alle Eltern irgendwann konfrontiert werden. Genau so sicher ist, daß es sich nur bei einem Teil der Entwendungen um einen eigentlichen Diebstahl einer „fremden beweglichen Sache in der Absicht sie sich rechtswidrig anzueignen" (§ 242, StGB) handelt. Voraussetzung dazu ist die Erreichung eines bestimmten Entwicklungsalters und ein bestimmtes Maß an psychischer Differenziertheit mit einer ausreichenden Reifung der Gewissensfunktionen und der Fähigkeit zu rationalisierenden Denkoperationen. Sie wird frühestens nach Überwindung der magisch-diffusen Phase erreicht. Von Diebstahl kann frühestens erst nach dem 7.—8. Lebensjahr gesprochen werden.

Für praktische Zwecke und für eine bessere Verständigung erscheint eine Unterscheidung in *Entwendungen* (Vergreifen und Wegnehmen) und eigentlichem *Stehlen* mit seinen verschiedenen Ursachen zweckmäßig. Dazu einige Beispiele:

1. Im *Greiflingsalter*, in dem das Kind noch nicht Mein und Dein unterscheiden kann, ergreift es alles was ihm gefällt und kann sich dabei leicht „vergreifen". Das erfährt es aber erst, wenn die Gewissensbildung unter dem Einfluß der Erziehung soweit fortgeschritten ist, daß fremdes Eigentum unterschieden werden kann. Das Kleinkind lebt in einer *anarchischen Welt des kollektiven Eigentums*, an dem es sich „vergreift".

2. Im *Spielalter* treten einige Besitzschranken bereits deutlicher hervor. Das Kind weiß, was ihm

gehört, es verfügt aber noch über keine Wertbegriffe. In diesem Alter nimmt es anderen Kindern Gegenstände weg, so wie es seine eigenen liegen läßt und vergißt. Andererseits finden sich im Wegnehmen bereits aggressive Züge oder dienen ihren infantilen Machtgelüsten. Das Wegnehmen durch Kleinkinder erfolgt entweder *ohne gezielte Absicht* oder es hat *aggressive* Hintergründe.

3. Aus *unbewußten Triebfedern* (Symboldiebstähle, Zulliger) wird weggenommen, wo unabgesättigte Triebansprüche nicht direkt befriedigt werden können. Ein Kind, das nicht genug Liebe erhält, wird sein orales Defizit dort befriedigen, wo es entstanden ist. Es wird der frustrierenden Mutter heimlich Näschereien und Süßigkeiten entwenden oder Geld, um sie sich zu besorgen. Das Wegnehmen dient hier als *Liebesersatz*.

4. Aus *Abenteuerlust* kommt es unter bestimmten, im Einzelfall sehr differenzierten Voraussetzungen zu Diebstählen, mit denen etwa manuelle Geschicklichkeit bewiesen und Machtgefühle (Autodiebstahl) erlebt werden. Gleichzeitig werden dadurch überhöhtes Prestige und Ansehen erworben und Beachtung und Liebe gefordert. Auch hier liegen Ansätze zur *Ersatzbefriedigung und Kompensation* vor.

5. Aus *Nachahmung* stehlen Kinder, die im Diebsmilieu aufwachsen, sie „stehlen wie die Rabeneltern". Konträre Gewissensfunktionen haben sich nicht entwickelt. Die introjizierten Eltern-Imagines stimmen mit dem eigenen Verhalten und Handeln überein. Das Trachten der Kinder ist darauf ausgerichtet, nicht gefaßt und bestraft zu werden. Das Stehlen gehört für diese Kinder zu den durch Übung und Anstrengung *zu bewältigenden Lebensaufgaben*.

6. In *delinquenten Gruppen* (Banden, Gangs) herrscht meist keine Anomie. Die soziale Desintegration betrifft nur ihre Einordnung in die Gesellschaft. Die Gruppenmoral nach innen baut sich auf Disziplin und gegenseitiges Vertrauen auf. Unter den delinquenten Jugendlichen gibt es weniger Neurosen als unter nicht-kriminellen (Glueck). Diebstähle bei delinquenten Jugendlichen unterliegen einer *besonderen Moral*.

Genese und soziale Bedeutung. Die Genese einfacher Entwendungen und kindlicher Diebstähle wurde teilweise in den Symptombeispielen skizziert. Sie läßt sich nicht erschöpfend darstellen. Wie bei den anderen speziellen Verhaltensstörungen spielen neben den dominierenden tiefenpsychologischen Gesichtspunkten entwicklungs- und konstitutions-biologische Faktoren eine im Einzelfall unter-

schiedliche, aber unbestrittene Rolle. Wenn es nach unserer wissenschaftlichen Überzeugung „geborene Lügner" (Hoche) oder derartige „Stehler" nicht zu geben scheint, so sollten doch Feststellungen eines so kritischen Kinderpsychotherapeuten wie Zulliger registriert werden. Er beobachtete mehrere Kinder „diebischer Eltern", die gleich nach der Geburt in ein „ehrliches Milieu" adoptiert und später dennoch wie die Eltern kriminell wurden, während andere mit einer ähnlichen Belastung ohne Einschränkung „ehrlich blieben".

Die Genese des „pathologischen" Stehlens als das Symptom einer gestörten psychischen Entwicklung deckt sich weitgehend mit der anderer kindlicher Verhaltensstörungen. Die innere Lebensgeschichte der gewohnheitsmäßig stehlenden Kinder zeigt mit großer Regelmäßigkeit in der frühen Kindheit häufige *Wechsel von Versagungen und extremen Verwöhnungen*. Aus ihnen entspringen einerseits Kontaktschwierigkeiten mit mangelnder sozialer Einordnungsfähigkeit und andererseits maßlose Wünsche nach unaufschiebbarer Befriedigung von „Riesenansprüchen". Es entstehen dabei mehr oder weniger spannungsgeladene Konflikte zwischen den Triebansprüchen und den Gewissensfunktionen des Über-Ich, die infolge der Stärke der Ansprüche und der Schwäche der Hemmungsfunktionen meist zugunsten der kurzfristigen Bedürfnisbefriedigung ausgehen. In den Familien dieser Kinder herrschen bemerkenswert oft unordentliche und gefühlsarme menschliche Beziehungen; die Eltern üben auf die Kinder nur geringe Anziehungskraft aus. Dadurch und infolge des Mißtrauens und der Kontaktschwäche der Kinder und Jugendlichen geht sie zusätzlich ihrer Rolle als Steuerungsfaktor verlustig. Der Jugendliche weicht schließlich vorübergehend oder dauernd in deviante Verhaltensweisen aus und ordnet sich einer delinquenten Subkultur unter, wo er Anerkennung und Prestigeerhöhung findet.

Diagnose, Differentialdiagnose und Fehldiagnose. Die Diagnose ist zunächst altersorientiert. Vor dem 7.—8. Lebensjahr fehlen die intrapsychischen Voraussetzungen einer antisozialen Handlung. Bis zu diesem Alter sollte wertungsneutraler von Entwendungen gesprochen werden.

Erst mit dem Beginn des Stadiums der sozialen Einordnung, mit der zunehmenden Herrschaft des Realitätsprinzips und der Zurückdrängung magischer Denkabläufe ereignen sich reflektierte Entwendungen, die als Diebstähle bezeichnet werden müssen. Bei Kindern aber haben auch diese häufig eine vorgeschobene oder unbewußte Bedeutung, deren Kenntnis für die Therapie und Prognose wichtig ist.

In erster Linie hat eine Abgrenzung gegenüber den durch *cerebralorganische* Schädigungen bedingten Veränderungen der Trieb- und Antriebslage zu erfolgen. Schwäche der Kritik- und Urteilsfähigkeit, erhöhte Verführbarkeit und Suggestibilität finden sich bei schwachbegabten und *schwachsinnigen* und bei frühkindlich hirngeschädigten Kindern *ohne* Intelligenzdefekte sowie bei *postencephalitischen* Residuärstadien und kindlichen *Demenzprozessen*. Solche Kinder können krankheitsbedingte antisoziale Handlungen begehen.

Das gleiche gilt auch für symptomarm beginnende *schizophrene* Erkrankungen und für die seltenen *manischen* und *hypomanischen* Phasen des Kindesalters, in denen durch wahnhafte Handlungen oder auf dem Boden einer gesteigerten Antriebslage Eigentumsdelikte infolge Verkennung der Realität begangen werden können.

Therapie und Prognose. Das bei *Kleinkindern* entwicklungsphysiologische Aneignen fremder Sachen bedarf keiner besonderen Therapie. Mit fortschreitender Gewissensbildung unter dem Einfluß der Eltern und belehrt durch die täglichen Erfahrungen bildet sich allmählich ein sicheres Gefühl für fremdes Eigentum heraus. Im Laufe der Zeit lernt das Kind auch unlustgetönte Bedürfnisspannungen aufzuschieben und zu beherrschen. Mit der Entwicklung der Liebesfähigkeit kann es schließlich auf spontane Triebregungen zugunsten der geliebten Person verzichten.

Für die *Behandlung* der Kinder, die gehäuft entwenden oder gewohnheitsmäßig stehlen, gibt es keine allgemeingültigen oder speziellen Therapiemethoden. Für sie wie für alle Verhaltensschwierigkeiten gilt das „Helfen statt Strafen" (Zulliger), das zunächst in geduldigem und liebevollem Abwarten ohne Verwöhnungstendenzen besteht. Die Erfahrung, daß körperliche Züchtigungen und demütigende Strafen nichts nützen, haben die meisten Eltern bereits gemacht. Sie müssen davon überzeugt werden, daß sie damit schaden! Es gilt, ihr Verständnis für die Ursachen und das Bestehen des Fehlverhaltens zu wecken und sie trotz aller Vorbehalte zur Liebe zu ihren Kindern zu ermutigen. Keine Rache, nicht Vergeltung und Abschreckung, aber Wiedergutmachung des angerichteten Schadens („Wiedergutmachungsstrafe") und die Verhinderung von Wiederholungen und Rückfällen sind geeignete Erziehungsmaßnahmen.

Gleichzeitig sollten die individuellen Beweggründe und die hintergründigen Triebfedern der Eigentumsdelikte soweit wie möglich zurückverfolgt werden, damit etwaige Unterlassungen und Fehler durch die Eltern ausgeglichen werden können. In der Symptomatologie des kindlichen Stehlens wurde versucht, eine Übersicht über die wichtigsten Manifestationsformen des Entwendens und des Diebstahls zu geben. Eine Darstellung der Behandlungstechnik des stehlenden Kindes wäre identisch mit einer Beschreibung der psychotherapeutischen Maßnahmen bei Kindern überhaupt.

Bei *größeren Kindern und Jugendlichen* ist eine reguläre psychotherapeutische Behandlung nicht zu umgehen, wenn eine kausal orientierte Behandlung durchgeführt werden soll. Auch hier bleibt jedoch die Beratung der Eltern ein wesentlicher Bestandteil der Therapie des Kindes. Oft genug sieht der Therapeut sich genötigt, psychogene Störungen der Erzieher und ihre Auswirkungen auf die Kinder zu berücksichtigen und den Rat zum Beginn einer eigenen Behandlung zu geben. In den meisten Fällen ist gleichermaßen vor übertriebenen Hoffnungen auf eine Umerziehung der Erzieher wie vor allzu großer Resignation vor den verfestigten Elterncharakteren zu warnen. Eine heilpädagogische Behandlung in einem Heim unter Mithilfe des Jugendamtes (FEH oder FE) sollte möglichst nicht erst nach dem Scheitern aller ambulanten Maßnahmen eingeleitet werden.

Die *Prognose* ist abhängig vom Lebensalter, dem Ausmaß der zugrundeliegenden Fehlentwicklung, von der Mitarbeit der Erzieher und von den Möglichkeiten einer Änderung des häuslichen Milieus oder der Transplantation in ein anderes Milieu.

VII. Zündeln, Kokeln, Brandstiftung

Symptomatik. Das Spiel mit Feuer übt auf alle Kinder eine elementare und starke Faszination aus, das zum Zündeln oder Kokeln, zur unbeabsichtigten Brandlegung oder zur bewußten Brandstiftung führen kann.

Genese und soziale Bedeutung. Das Betrachten des offenen Feuers, seine Unterhaltung und Empfindungen von angenehmer Wärme bis schmerzhafter Hitze stellt auch für gesunde Kinder und Erwachsene einen starken Reiz dar, der zugleich als lustvoll und zerstörerisch, als aggressiv und gefährlich erlebt und für Kinder durch entsprechende Gebote noch gesteigert wird. Während Kinder mit einer normalen psychischen Entwicklung solche Gebote (Kinderreim: „Messer, Gabel, Schere, Licht...") vorwiegend aus Liebe zu den

Eltern, aber auch aus Furcht vor erzieherischen Maßnahmen einhalten werden, sind Kinder mit psychischen Störungen oder geistigen Behinderungen nicht immer dazu fähig.

Das lustbetonte Spiel mit dem Feuer kann zu einem gewohnheitsmäßigen, drang-, manchmal fast zwanghaften Hantieren mit offenem Feuer führen, das früher zeitweilig als Pyromanie (im Gegensatz zur „Pyrophobie" ängstlicher bzw. geistig behinderter Kinder) bezeichnet wurde. Gewohnheitsmäßig zündelnde oder kokelnde Kinder tragen ständig Streichhölzer oder ein Feuerzeug bei sich, um Feuer machen zu können; in Abwesenheit der Eltern häufiger in Wasch- oder Toilettenbecken, aber auch auf dem Hof, auf Spielplätzen oder im Wald. Dabei kann es zu Zimmerbränden, größeren Schadensfeuern und Waldbränden kommen, die oft zu Unrecht als Brandstiftungen bezeichnet werden.

In der BR Deutschland waren 1953 27% der „überführten vorsätzlichen" Brandstifter Kinder unter 14 Jahren; Jugendliche wurden 1970 in 72 Fällen (insgesamt 1084) wegen fahrlässiger und in 54 Fällen (insgesamt 389) wegen vorsätzlicher Brandstiftung abgeurteilt. Tatsächlich halten Brandstiftungen durch Kinder und Jugendliche sehr oft einer eingehenden Nachprüfung nicht stand. Es handelt sich häufig einfach um ein unvorsichtiges Hantieren mit der Flamme, deren Ausbreitung von Angstlust begleitet ist, dann jedoch wie die Fahrerflucht mit kopflosem Weglaufen endet. So drangen 4 Jungen im Alter von 8–12 Jahren nach Entweichung aus einer Klinik in eine Kindertagesstätte ein, um dort zu übernachten. Weil es kalt war, entfachten sie ein offenes Feuer, das sie nicht kontrollieren konnten und das sich nach ihrer Flucht und den dabei offen gebliebenen Türen zu einem Schadensbrand von 1 Mill. DM ausweitete.

Klein- und jüngere Schulkinder sind über unbeabsichtigte Brände meistens entsetzt und reagieren mit panischem Weglaufen; auch dort, wo sie das Feuer durchaus noch selbst bekämpfen und eindämmen könnten. Bei älteren Kindern und Jugendlichen läßt sich die Grenze zwischen Zündeln, unbeabsichtigter Brandlegung und bewußter Brandstiftung oft nur schwer und manchmal gar nicht abschätzen, weil beim Anlegen des Feuers die kritische Beurteilung des Risikos durch unbewußte Rache- oder Vergeltungswünsche beeinträchtigt sein kann. Eine Brandlegung hat bei Kindern nicht selten die Bedeutung eines SOS-Hilferufes bzw. eines Signals, das ähnlich wie der demonstrative Suicidversuch einen Appell an die Umwelt darstellt, sich

ihnen helfend zuzuwenden. Nicht selten erreichen solche Kinder durch eine Brandlegung, daß sie aus der verhaßten Umgebung herausgenommen werden und in ein Heim kommen. Nach Kaufmann sind fast die Hälfte der Kinder Enuretiker, zwei Drittel aktiv bzw. chronisch-hyperkinetisch mit aggressiven Potentialen. Seligman et al. stellten an einer „burned-child"-Gruppe fest, daß von insgesamt 23 untersuchten Kindern 14 im frühen Lebensalter einen Elternteil verloren hatten.

Die Brandstiftung in der Fremde, ein früher neben der Kindestötung typisches Heimwehverbrechen junger Mädchen, die sich tatsächlich oder in einer eingebildeten Aschenbrödel-Situation befanden, kommt heute praktisch nicht mehr vor, weil sich die Arbeits- und die Reise- und Verkehrsbedingungen entscheidend gebessert haben.

Eindeutige Zusammenhänge zwischen Feuerlegen und Sexualität („Feuertrieb") etwa in dem Sinne, daß gewohnheitsmäßiges Feuerlegen regelmäßig eine sexualsymbolische Handlung darstelle, ließen sich nicht nachweisen, wenn auch sexuelle Miterregungen beim Zündeln häufiger sein mögen, als sich ermitteln läßt.

So bei einem 8jährigen, hyperkinetischen Jungen mit Verdacht auf ein frühkindlich exogenes Psychosyndrom, der sich seit seinem 4. Lebensjahr mit Kokeln und Feuerlegen im Rahmen sadomasochistischer Tendenzen beschäftigt. Er prügelt kleinere Kinder, schlägt sich selbst und tritt mit bloßen Füßen auf scharfe, harte Gegenstände. Er kneift und schlägt sich ins Genitale und auf den Damm, bindet sich Holzstücke ans Glied u.a. und berichtet spontan über eine genitale Miterregung beim Kokeln. In Tuschzeichnungen verwendet er ausschließlich rote und gelbe Farben. Er war von seiner Km als Mädchen gewünscht, wurde als Knabe von ihr abgelehnt.

Bei dissozialen oder verwahrlosten Kindern und Jugendlichen wird das Zündeln und Kokeln gehäuft angetroffen. Brandstiftung als verhandeltes Delikt fand Hartmann dagegen bei nur 2% der von ihm untersuchten verwahrlosten männlichen Jugendlichen. — Eine Brandstiftung aus Protest wurde von einem 14jährigen Mädchen ausgeführt, das kurz darauf wegen cycloider Verstimmungen in die Klinik eingewiesen wurde. Sie fand ihre Mutter mit zwei Männern in einer eindeutigen Intimsituation, lief ins Heim zurück, äußerte: „Jetzt müßte das Haus brennen" und steckte es 2 Std. später in Brand.

Kinder und Jugendliche mit psychopathologischen Syndromen, die mit überstarker Impulsivität, Antriebsüberschüssigkeit und Kritiklosigkeit bzw. mit Wahnvorstellungen einhergehen, haben manchmal eine starke Affinität zum Feuer. In solchen

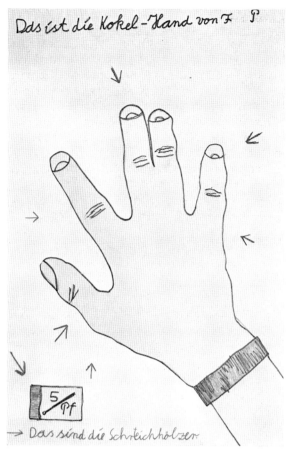

Das ist die Kokel-Hand von F.

→ Das sind die Schwteichhölzer.

Abb. 4. 12jähriger Junge mit einem niedrigen Volksschulintelligenzniveau. Syndaktylie der 3. und 4. Finger beiderseits, operativ keine befriedigende Korrektur. — Extreme Kontaktsuche, Streunen und Weglaufen, genitale Manipulationen, Kokeln. Steckte schließlich im Keller 2 Säcke mit Schmutzwäsche in Brand. — Von den Eltern vernachlässigt, schwere seelische und körperliche Mißhandlungen; fiel mehrfach vom Kleiderschrank, blieb zweimal bewußtlos liegen. Den Eltern wurde das Sorgerecht entzogen. Heimeinweisung. — Im EEG lassen sich unter Fotostimulation regelmäßig kleine Anfälle provozieren; sonst anfallsfrei

Fällen ist eine einfühlende psychologische Motivsuche meistens erfolglos.

In erster Linie handelt es sich dabei um unterdurchschnittlich intelligente oder schwachsinnige Kinder und Jugendliche, weiter um Kinder mit frühkindlichen Hirnschädigungen und einem entsprechenden exogenen Psychosyndrom oder mit postencephalitischen Syndromen, ferner um Kinder und Jugendliche mit cerebralen Anfallsleiden (Dämmerzustände) oder mit beginnenden oder manifesten Psychosen.

Die *soziale Bedeutung* liegt darin, daß gewohnheitsmäßiges Hantieren mit offenem Feuer bei Kindern und Jugendlichen als ein Symptom einer gestörten psychischen Entwicklung bekannt sein und erkannt werden sollte, damit es nicht nur pädagogisch beeinflußt oder sogar geahndet, sondern einer psychologischen Behandlung zugeführt werden kann.

Therapie und Prognose. Die kinderpsychiatrisch-psychologische Behandlung ist nur bedingt symptomzentriert, sondern in erster Linie an der Art und Genese der Persönlichkeitsstörung bzw. der Wesensänderung des feuerlegenden Kindes orientiert. Drang- und zwanghaftes Zündeln, Kokeln oder Brandstiften tritt nur selten isoliert auf, es ist meistens mit anderen psychopathologischen Symptomen verknüpft oder Bestandteil einer dissozialen Entwicklung bzw. einer Verwahrlosung. In Betracht kommen heilpädagogische, psychotherapeutische oder verhaltenstherapeutische Maßnahmen.

Die *Prognose* im Hinblick auf das Symptom ist meistens günstig, es stellt allerdings für die weitere Persönlichkeitsentwicklung nicht selten ein ungünstiges Warnzeichen dar.

VIII. Aggressivität, Autoaggressivität

Symptomatik. Bei *Kleinkindern* sind ungehemmte aggressive Verhaltensweisen noch weitgehend die Regel und die Norm. Gerichtete oder ungerichtete Wutausbrüche und elementare Tobsuchtsanfälle mit Schreien, Schlagen und Hinwerfen ereignen sich täglich. Sie häufen sich im Trotzalter, der „kleinen Pubertät". Bisher erziehungsleichte Kinder werden im Rahmen dieser stadienspezifischen Umstellung erziehungsschwierig; sie verhalten sich oppositionell, störrisch und eigenwillig. Die Kinder beginnen aus nichtigen Anlässen Streit und sorgen für Unruhe, sie zerstören Spielsachen, zerreißen Bilderbücher, zerklopfen Möbel und Türen und beschmieren Tische und Wände. Indirekte Aggressionen finden sich in stummen Bock- und Trotzreaktionen. Abgeforderte kleine Pflichten werden verweigert und bereits akzeptierte Regeln und Gebote übertreten und erneut verworfen. Das Kind in der aggressiven Trotzhaltung erlebt in dem Widerstreit von Liebe und Ablehnung der Eltern seinen ersten Ambivalenzkonflikt.

Bei Schulkindern und Jugendlichen lassen sich aggressive Verhaltensstörungen einteilen in *direkte* und *indirekte* Aggressionen, in *aggressive Gehemmtheiten* (Schultz-Hencke) und in den Körperbereich *verdrängte* Aggressionen.

Direkte Aggressionen finden sich bei Klein- und Schulkindern außer in alltäglichen Balgereien und Schlägereien bereits in sadistisch getönten Mißhandlungen anderer Kinder und in quälerischen und destruktiven Akten gegenüber Tieren und Sachen. Für die zuverlässige Erprobung aggressiver Triebüberschüsse findet sich in jeder Jungengruppe ein Prügelknabe. Das bei Kleinkindern oft zu beobachtende experimentierende Quälen von Tieren ist wie das untersuchende Zerstören von Spielsachen und anderen Gegenständen ein Teil des infantilen

Indirekte Aggressionen werden versteckt oder mehr hintergründig gehandhabt. Sie setzen ein bestimmtes Maß an intellektueller Differenziertheit voraus, weil sie sprachgebunden sind und eine gewisse Qualität der emotionalen Nuancierungsfähigkeit erfordern. Bei Kindern gehören je nach der Altersgruppe dazu aggressives Petzen und Lügen, krittelndes und anhaltendes Lamentieren, ständiges Opponieren und hinterhältiges Quälen, unausgesetztes, boshaftes Benörgeln von Beschlüssen, feindseliges Sichabsondern und Stänkern,

Abb. 5. 9jähriger, aggressiv-gehemmter Stotterer mit episodischen aggressiven und sadistischen Durchbrüchen (kneift nachts den kleinen Bruder; nimmt kleineren Geschwistern Nahrungsmittel weg und zwingt sie, Blumenwasser zu trinken; versteckt eingewickelten Kot hinter dem Ofen), „ein Junge, der niemals lacht und fröhlich ist". Schwere milieureaktive familiäre Belastung. Katamnese (nach 8 Jahren stationärer heilpädagogischer Therapie): Affektiv integriert, Stottern nur noch in Belastungssituationen

Forschungs- und Erkenntnisdranges und für die weitere Entwicklung ohne nachteilige Bedeutung. Bei größeren Kindern gilt Tierquälen als prognostisch ungünstig dort, wo andere Verwahrlosungszüge bereits vorhanden sind oder hinzutreten.

Bei *deliquenten* Jugendlichen sind frei flottierende oder gezielte aggressive Tendenzen fast an allen Delikten beteiligt, bei der Körperverletzung, der Bandennotzucht, bei Verkehrstötungen, beim Totschlag und beim Mord. Motorräder und Autos üben durch provokatorischen Motorenlärm und den Nervenkitzel der Geschwindigkeit eine zusätzliche aggressive Faszination durch die Beherrschung ungebändigter Kräfte aus. In den USA, in denen destruktive Bandendelikte des sinn- und zwecklosen Vernichtens und Verderbens („vandalism") eine größere Bedeutung spielen, widmen sich hyperaggressive Jugendliche u. a. besonderen Autospielen (Middendorf) wie „chicken": Auto mit höchster Geschwindigkeit steuerlos fahren lassen oder „sport": Kupplung, Gas, Bremsen von verschiedenen Jugendlichen bedienen lassen; in beiden Fällen fatalistisches Abwarten, was passiert. Bei vielen dieser Jugendlichen wurde völlige Erziehungsunfähigkeit der Eltern festgestellt.

aggressive Schadenfreude bei Versagen anderer, Spott, Ironie und Zynismus. Aber auch trotziges Schweigen oder feindseliges Verschweigen bestimmter Vorkommnisse gehören dazu. So gibt es Kinder, die ihre Mitschüler absichtlich zu Übertretungen verleiten oder sie bei der Abfassung von Klassenarbeiten behindern oder gegen die Gruppenmoral der Schüler verstoßen, indem sie in aggressiver Absicht Anordnungen der Lehrer überkorrekt befolgen und damit Mitschüler ins Unrecht setzen. Zahlreichen kindlichen Fehlhaltungen wie Fortlaufen, Brandstiftungen, Schulschwänzen, Diebstählen und Lügen liegen larvierte aggressive Impulse zugrunde oder werden durch sie mitbedingt. Indirekte aggressive Tendenzen zeigen sich auch in der Putz- und Gefallsucht mancher Mädchen, die eine deutliche lustbetonte Befriedigung durch das Machtgefühl der erotischen Ausstrahlung und des sexuellen Begehrtwerdens und den darin liegenden Möglichkeiten des Gewährens und Versagens erfahren.

Das *aggressiv gehemmte* Kind verhält sich brav, demütig und bescheiden: es ist überangepaßt. Wie das aggressiv ungehemmte Kind ist es im vollen Besitz seiner autochthonen aggressiven Regungen.

Es kann jedoch über seine „primäre Aggressivität" (Freud) nicht frei verfügen, weil sie durch schädliche Einflüsse der Erziehung verboten, verfemt und unterdrückt wurde. Gleichzeitig entstanden schwere und teilweise irreparable Artefakte an der Entwicklung der naiven Aggressionsfreude und an der Fähigkeit zur naiv-spielerischen und konstruktiv-leistungsbetonten Bewältigung altersspezifischer emotionaler und intellektueller Aufgaben. Diese „intentionalen Lücken" (Schultz-Hencke) bewirken Störungen des Selbstvertrauens und des Selbstverständnisses. Das aggressiv gehemmte Kind verfügt über keine ausreichenden Erfahrungen oder Vorstellungen über den Grad seiner eigenen Leistungsfähigkeit. Es neigt zum vorzeitigen und voreiligen Aufgeben. Es „sichert" in Erwartung latenter Gefahren ständig und ist dadurch unfähig, sich der Freude des Spieles und der Leistung hinzugeben, es kann sich nicht „konzentrieren". Bei anhaltender Affektstauung kommt es nach dem Überlaufprinzip aus unwesentlichen Anlässen zu scheinbar motivlosen aggressiven Durchbrüchen, deren „Jähzorn" im Gegensatz zur sonstigen „Ausgeglichenheit" steht.

Die in die Körpersphäre *verdrängten Aggressionen* waren in handelnder Selbstentfaltung ursprünglich nach außen und gegen die Welt gerichtet. Sie erlitten jedoch das Schicksal der Verdrängung durch das autoritäre Verbot. In einer „Wendung gegen die eigene Person" können die gehemmten Aggressionen durch übersprungähnliche Ersatzhandlungen in stereotype körperliche Manipulationen (Nägelbeißen, Haarausreißen, Autoaggressionen) abgeführt werden. Durch Verdrängungen in tiefere Leibregionen können *Organneurosen* und psychosomatische Erkrankungen wie Enkopresis, Enuresis, Stottern, Ticerscheinungen, aber auch Asthma, Magengeschwüre u.a. bereits im Kindesalter in Erscheinung treten.

Die *Autoaggressivität* (Automutilatio), die direkte Schmerz- und Gewaltanwendung gegen den eigenen Körper, findet sich bei Kindern relativ häufig, wenn dazu auch geringfügige stereotype Selbstbeschädigungen gerechnet werden, wie sie bei Jactationen, beim Nägelbeißen oder Haarausreißen nicht selten sind. Schwerere Formen finden sich vorwiegend bei schwachsinnigen, bei hirngeschädigten und bei psychotischen Kindern, manchmal aber auch milieureaktiv in Konflikt- und Verzweiflungssituationen.

Beispiele: Ein 5jähriger Junge, der in einem Jahr seine Mutter und zwei Pflegemütter durch Tod verloren hatte, biß sich die Hände blutig und riß sich Mundwinkel und Ohrläppchen ein.

Ein 4jähriges Mädchen verlor im 2. Lj. die Mutter. Der Vater wurde depressiv, trank und kümmerte sich nicht um das Kind. Nach erneuter Heirat akzeptierte das Mädchen eine liebevolle Stiefmutter, setzte sich jedoch intensiv mit der Todesproblematik auseinander und begann, sich durch Kratzen tiefe Fleischwunden im Gesicht und an den Oberarmen beizubringen, die ärztliche Behandlung erforderten. Die Stiefmutter sagte, daß „dies Kind nie richtig traurig, aber auch nie recht fröhlich" sei.

Autoaggressionen im Kindesalter treten vorwiegend auf als

1. passagere Verhaltensstörungen (Nägelbeißen, Haarausreißen, Jactationen),

2. demonstrative Handlungen, selten bei Kindern, häufiger bei Jugendlichen in der Strafhaft (Artefakte, Fremdkörperschlucker),

3. Primitivreaktionen in Verzweiflungs- und Erregungszuständen (sich selbst oder mit dem Kopf auf Gegenstände schlagen),

4. zwanghafte Bewegungsstereotype mit Selbstverletzungen im Verlauf endogener Psychosen;

5. Autoaggressionen als Suizidäquivalente.

6. Die meisten Autoaggressionen lassen sich als Übersprunghandlungen ansehen, die sich gewohnheitsmäßig einschleifen bzw. im Laufe der Zeit in der Auseinandersetzung mit Eltern und Erziehern überdeterminiert werden.

7. Bei oligophrenen Kindern handelt es sich meistens um scheinbar sinnlose Leerlaufmechanismen, die jedoch eine selbst intendierte Durchtrennung der zeitlichen Kontinuität ermöglichen. Durch diese primitiven Dranghandlungen wird das eigene Selbst allerdings ebenso wie das eigene Spiegelbild nicht oder doch nur bruchstückhaft erkannt. In anderen Fällen läßt sich eine lustbetonte masochistische Komponente, manchmal mit sexueller Miterregung nicht übersehen.

Genese und soziale Bedeutung. Die Aggression als wesentlicher Bestandteil des lebenserhaltenden Antriebsüberschusses gehört als Mit- und Gegenspieler der Libido zu den primären Selbsterhaltungstrieben, die sich im Laufe der kindlichen Entwicklung unter dem Druck des „Formierungszwanges" (Gehlen) durch Milieu und Erziehung normalerweise nach soziologischen und ökonomischen Gesichtspunkten ausrichten und einordnen. Soziale Anpassung ist aus dieser Sicht weitgehend identisch mit Aggressionsverzicht und Affektkultivierung.

Die *Psychoanalyse* sieht Aggressivität als einen Trieb an, „den wir neben dem Eros gefunden haben, der sich mit ihm die Weltherrschaft teilt" (Freud). Wird Aggressivität in ihrer Expansion gehemmt oder gebremst, wird sie verinnerlicht, gegen das eigene Ich gewandt. In der Verhaltensforschung wird die Aggression als „dynamisches Instinktkonzept" angesehen und von Lorenz sowohl ihre triebhafte Grundlage als auch ihre arterhaltende Funktion mit eigener endogener Erregungsproduktion und einem entsprechenden Appetenzverhalten angegeben.

Aggressive Impulse und Tendenzen lassen sich in *allen Stadien* einer normalen kindlichen Entwicklung nachweisen. „Orale" Beißtendenzen gegen die Mutter während des Stillens, „analer" Widerstand gegen das Sauberkeitsgebot durch trotziges Verweigern oder unzeitige Hergabe des Kotes, „phallischer" Bemächtigungs-, Schau- und Demonstrationstrieb stellen ebenso wie Äußerungen indirekter Aggressivität im späteren Lebensalter Beispiele für die entwicklungsspezifische Ausformung und Ausdifferenzierung des Aggressionspotentiales dar.

Die *Frustrations-Aggressions-Hypothese* (Dollard, Doob, Mowrer, Sears, Miller) faßt die Aggression als Reaktion auf erlittene Frustrationen auf. Aggression ist ein Verhalten, deren Ziel die Verletzung der Person ist, gegen welche sich das Verhalten richtet. Auch nach dieser Theorie kommt es zur Autoaggression dann, wenn das Ausleben aggressiver Verhaltensweisen gebremst wird.

Störungen der Aggressionsentfaltung, die partielle Triebretardierungen einschließen können, sind in allen Entwicklungsstadien möglich und ergeben bereits theoretisch eine Vielzahl von Kombinationen und Legierungen. Bei formelhafter Vereinfachung komplizierter Vorgänge finden sich mit großer Regelmäßigkeit Beziehungen zwischen aggressiven Kindern und *autoritären Verhaltensmustern* in der Umgebung. Die durch sie bewirkten Frustrationen spielen im Pendelschlag mit Verwöhnungen ebenso wie bei anderen Verhaltensschwierigkeiten eine bedeutsame Rolle für fehlgeleitete direkte oder indirekte Aggressionen.

Dabei lassen sich theoretisch zwei prägende und stilbildende genetische Phänomene trennen, die sich praktisch jedoch häufig als untrennbar erweisen. Die „*Identifikation* mit dem Aggressor" (Freud) erzeugt als Abwehrvorgang aggressive Reaktionen des Attackierten, die in der Gegenaktion unterdrückt werden und über die Kette Aktion—Reaktion—Aktion zur aggressiven Dauer-

haltung führen können. Die „*Nachahmung* aggressiven Verhaltens" (Bandura) anerkannter und geliebter Vorbilder wird durch die gesteigerte Suggestibilität des Kindes unterstützt. Auch sie kann zu aggressiven Einstellungen hinführen. Das Kind kann somit durch Haß oder durch Liebe, durch Abwehr oder durch Induktion zu aggressiven Fehlhaltungen gelangen. Dabei ist jedoch die pathogenetische Skala aggressiver Verhaltensstörungen keineswegs erschöpft. Auch unter der Einwirkung einer erzieherischen Toleranz ohne Maß und Ziel und in extremen Verwöhnungssituationen werden aggressive Entwicklungen zu schweren antisozialen aggressiven Syndromen beobachtet.

Aus der Genese aggressiver Verhaltensstörungen lassen sich einige weitere Symptome ableiten und erklären. Unter dem Druck einer *absolutistisch-dominativen* Erziehung können aggressiv gehemmte, abnorm gefügige und unterwürfige Kinder schwere innere Spannungs- und Erregungszustände entwickeln, die nach verbotener Abfuhr drängen. Neben aggressiven Durchbrüchen entwickeln sich neurotische Reaktionsbildungen, indirekte Aggressionen gegen sich selbst oder auf dem Weg des geringsten Widerstandes in Form von direkten oder indirekten Reaktionen nach der „Radfahrermanier" nach außen: gegen kleinere Geschwister, Tiere, Gegenstände. Am Ende steht als abnorme Übersteigerung der neurotischen Entwicklung die „anale Charakterstruktur", die in ihren negativen und positiven Aspekten hier nicht beschrieben werden soll.

Die *soziale Bedeutung* liegt in der extrem egoistischen und antisozialen Bedeutung der aggressiven Handlungen. Die menschliche Gesellschaft fordert Eindämmung der Aggressionen und damit für jedes Individuum einen Anteil aggressiver Gehemmtheit.

Diagnose, Differentialdiagnose und Fehldiagnose. Die Diagnose einer neurotischen Aggressivität ist in Abhängigkeit vom Lebensalter des Kindes, von der Bewältigung oder Nichtbewältigung frühkindlicher Entwicklungsstadien, von epochalen Einflüssen und von der gegenwärtigen individuellen und sozialen Situation zu stellen.

Von den Kindern mit neurotischen aggressiven Verhaltensstörungen sind solche abzugrenzen, die über ein starkes autochthones Aggressivitätspotential verfügen. Ihre Aggressivität kann zusätzlich unter dem Einfluß des von ihnen mit „gestimmten" Milieus im Sinne eines Rückkoppelungseffektes weiter verstärkt werden.

Differentialdiagnostisch kommen vor allem *cerebralorganische* und *endogen-psychotische* Erkrankungen in Betracht. Ferner aber auch alle anderen Störungen, die mit Erniedrigung der Reizschwelle und starker affektiver Labilität einhergehen oder Handlungen, die in existentiellen Notsituationen begangen werden. Einzeln lassen sich anführen: aggressive Handlungen bei erethischer Antriebslage höhergradiger *Schwachsinnszustände* und *Demenzen*, aggressive Gewalttätigkeiten bei *postencephalitischen* Zustandsbildern, *epileptische* Dämmerzustände, *hirnorganische Wesensänderungen* oder zornmütige Ausbrüche als Ausdruck einer *Pubertätskrise* oder einer beginnenden *Schizophrenie*.

Auffallend häufig finden sich bei hyperaggressiven Kindern *ohne* manifeste Anfallsleiden im Hirnstrombild Zeichen einer sog. „erhöhten cerebralen Krampfbereitschaft". In solchen Fällen führt die Behandlung mit sedierend und antikonvulsiv wirkenden Medikamenten (Tegretal®, Valium®) manchmal zu einer überraschenden Verhaltensharmonisierung.

Therapie und Prognose. Am Beginn und häufig genug auch noch am Ende der Therapie steht das schwer lösbare Problem einer Unterbrechung des Aktions-Reaktions-Kreises zwischen Kind und Erzieher, der sich aus unbedeutenden oder bedeutsamen Anlässen immer wieder neu entwickelt und regelmäßig zu gleichartigen Ergebnissen führt. Wie bei fast allen kindertherapeutischen Behandlungen ist der Erfolg entscheidend abhängig von der Bereitwilligkeit der Umwelt des Kindes zur Realisierung gemeinsam gewonnener Einsichten.

Neben und teilweise gemeinsam mit der *psychotherapeutischen* Einzel- oder Gruppentherapie des Kindes stehen Spiele, die Möglichkeiten zum Ausagieren und zu gestaltenden Aktionen enthalten: Fingermalen, Spielen mit Wasser, Sand und Schmutz (Aggressionsraum!), ferner körperliche Anstrengungen und sportliche Übungen.

Damit ist das Arsenal der therapeutischen Hilfsmittel nicht erschöpft. Der therapeutische Ansatz richtet sich wie alle heilpädagogischen und psychagogischen Maßnahmen nach der individuellen Begabung und der Aufnahmefähigkeit des Kindes.

Wenn es gelingt, aggressive Tendenzen zu binden, so ist der nächste Schritt, sie durch *soziale Integration* zu festigen. Bei Kindern heißt das Förderung von Spezialinteressen und Bindung an Gruppen und Gemeinschaften in jeder Form, etwa durch Eintritt in Sportvereine und Jugendgruppen.

Die Behandlung *autoaggressiver Kinder* erfordert den Aufbau eines dem Intelligenzgrad angemessenen intensiven heilpädagogischen bzw. psychotherapeutischen Einzelkontaktes. Bei schweren Selbstverletzungstendenzen lassen sich vorübergehend restriktive Maßnahmen (Manschetten, Anlegen von Verbänden) trotz Einsatz von Medikamenten (Psychopharmaka) nicht immer umgehen. Bei autoaggressiven Erregungszuständen bringen warme Bäder zeitweilig eine spürbare Erleichterung. Verhaltenstherapeutische Maßnahmen sind im Therapieplan zu berücksichtigen.

Die *Prognose* ist abhängig vom Lebensalter bei Beginn der Behandlung, vom Ausmaß der aggressiven Störungen und von der Bereitschaft und der Fähigkeit des Kindes zur Mitarbeit und zur Realisierung gewonnener Einsichten. Sie ist nicht ungünstig, wenn Milieu und Kind sich positiv ändern. Sie ist ungünstig bei delinquenten Jugendlichen aus einem verwahrlosten Milieu und bei besonders solchen, die ihre Delinquenz und ihre aggressive Stellung zur Welt ohne Einschränkungen bejahen.

Literatur

Asperger, H.: Heilpädagogik. Wien-New York: Springer 1964.

Benedict, R.: Urformen der Kultur. Hamburg: Rowohlt **1957**.

Bühler, Ch.: Praktische Kinderpsychologie. Wien-Leipzig: Lorenz 1937.

Busemann, A.: Die Psychologie der Intelligenzdefekte. München-Basel: Reinhardt 1965.

Delgado, R. A. and Mannino, F. U.: Some observations on trichotillomania in children. J. Amer. Acad. Child Psychiat. 8, 229—246 (1969).

Erikson, E. H.: Kindheit und Gesellschaft. Stuttgart: Klett 1961.

Freud, S.: Gesammelte Werke. Frankfurt: 1961.

Göllnitz, G.: Die Bedeutung der frühkindlichen Hirnschädigung für die Kinderpsychiatrie. Leipzig: 1954.

Glueck, S., u. E. Glueck: Jugendliche Rechtsbrecher. Stuttgart: Enke 1963.

Hamburger, F.: Die Neurosen des Kindesalters. Stuttgart: Enke 1939.

Harnack, G. A. von: Nervöse Verhaltensstörungen beim Schulkind. Stuttgart: Thieme 1958.

Hau, T.: Verschiedene Formen neurotischer Arbeitsstörungen im Jugendalter. Prax. Kinderpsychol. **16**, 4, 128—132 (1967).

Jaspers, K.: Allgemeine Psychopathologie. Berlin-Göttingen-Heidelberg: Springer 1953.

Kanner, L.: Child Psychiatry. Springfield: Thomas **1972**.

Kroh, O.: Entwicklungspsychologie des Grundschulkindes. Langensalza: 1944.

Lempp, R.: Frühkindliche Hirnschädigung und Neurose. Bern und Stuttgart: Huber 1964.

Lorenz, K.: Das sogenannte Böse. Wien: Borotha-Schoeler 1963.

Nissen, G.: Schulprotest und Lernverweigerung im Kindesalter. Z. Psychotherap. med. Psychol. **22**, 183—188 (1971).

Nissen, G. und Specht, F. (Hrsg.): Schule und psychische Gesundheit. Neuwied: Luchterhand 1976.

Portmann, A.: Biologie und Geist. Frankfurt/M.: 1968.

Schönfelder, Th.: Die kindliche Lüge. Mtschr. f. Kinderheilk. **115**, 72—77 (**1967**).

Schultz-Hencke, H.: Lehrbuch der analytischen Psychotherapie. Stuttgart: Thieme 1951.

Schelsky, H.: Wandlung der deutschen Familie in der Gegenwart. Stuttgart: Ardey 1953.

Stockert, F. G. von: Einführung in die Psychopathologie des Kindesalters. München-Berlin-Wien: Urban und Schwarzenberg 1967.

Stutte, H.: Psychiatrie der Gegenwart, II, 952—1087, Berlin: Springer 1969.

Weinschenk, C.: Die erbliche Lese-Rechtschreibeschwäche und ihre sozialpsychiatrischen Auswirkungen. Bern und Stuttgart: Huber 1965.

Werner, H.: Einführung in die Entwicklungspsychologie. München: Barth 1953.

Zeller, W.: Konstitution und Entwicklung. Göttingen: Hogrefe 1964.

Ziolko, H. U.: (Hrsg.): Psychische Störungen bei Studenten. Göttingen: Thieme 1969.

Zulliger, H.: Helfen statt Strafen. Stuttgart: Klett 1956.

Eltern, ihre Probleme und ihre Beratung

Von G. Nissen

I. Grundlagen der Beratung

1. Kinderpsychiatrische Elternberatung

Die *kinderpsychiatrische Beratung* der Eltern somatogen behinderter oder psychogen gestörter Kinder unterscheidet sich nach Zielsetzung und Methode einerseits von der kinderärztlichen Elternsprechstunde und durch ihre mehrdimensionale Diagnostik und Therapie andererseits von der psychologischen Erziehungsberatung.

Die *kinderärztliche Elternsprechstunde* beschäftigt sich vorwiegend mit der Beratung und Führung des organisch kranken Kindes im Hinblick auf die Therapie und die körperliche Entwicklung. Daneben ist der Pädiater „Arzt als Erzieher des Kindes" (Czerny) und Berater der Eltern bei Kinderfehlern und einfachen Erziehungsschwierigkeiten. Die *psychologische Erziehungsberatung* hat sich vornehmlich die tiefen- oder lernpsychologische Behandlung verhaltensgestörter oder neurotischer Kinder zum Ziel gesetzt. Sie ist durch diese Spezialisierung imstande, diesem Kreis erziehungsschwieriger Kinder eine besonders wirkungsvolle Behandlung zuteil werden zu lassen.

Die *Beratung der Eltern* ist ein integrierender Bestandteil jeder kinder- und jugendpsychiatrischen Behandlung. Entscheidende Voraussetzungen der Elternberatung bilden die aus mehrdimensionaler Sicht gewonnenen Erkenntnisse über die individuellen Anteile somatogener, psychogener oder konstitutioneller Faktoren an der Entstehung der psychischen Verhaltensanomalie des Kindes. Erst aus der schweregradmäßigen Auffächerung und Akzentuierung verschiedener pathogenetisch wirksamer Schädigungen und Noxen und der sich daraus ergebenden speziellen medizinischen, heilpädagogischen und psychotherapeutischen Konsequenzen und prognostischen Einsichten lassen sich die Grundlagen für eine verantwortliche kinderpsychiatrische Beratung der Eltern gewinnen. Nur unter solchen Auspizien lassen sich Richtlinien für eine mehrdimensional orientierte Elternberatung unter Einbeziehung aller somatischen und psychologischen Untersuchungsbefunde des Kindes aufstellen.

Die kinderpsychiatrische Elternberatung setzt umfassende Kenntnisse der Psychopathologie des Kindesalters, der Entwicklungspsychologie des Kindes und Erfahrungen in der Kindertherapie voraus, die in der kinderpsychiatrischen Arbeitsgruppe durch den Kinder- und Jugendpsychiater, den Psychologen und den Kindertherapeuten vertreten werden. Der Kinderpsychiater ist ferner auf eine enge Zusammenarbeit mit Psychagogen, Heilpädagogen, Logopäden, Sozialarbeitern, Sonderpädagogen sowie mit Kinder- und anderen Fachärzten angewiesen. Er muß außerdem über besondere Erfahrungen auf dem Gebiet der kleinen (Reaktionen, Neurosen, Psychopathien) und der großen (Psychosen, Demenzen u. a.) Erwachsenen-Psychiatrie verfügen, da er nicht selten mit derartigen Störungen oder Erkrankungen bei Eltern konfrontiert wird. Eine Elternberatung nach kinderpsychiatrischen Prinzipien findet bereits überall dort statt, wo in pädiatrischen Polikliniken oder in Erziehungsberatungsstellen unter Hinzuziehung von Psychologen und Psychotherapeuten einerseits oder kinderpsychiatrisch erfahrenen Ärzten oder Kinderpsychiatern andererseits die Möglichkeiten einer rein pädiatrischen oder psychologischen Beratung ausgeweitet wurden.

Die kinderpsychiatrische Elternberatung unterscheidet sich von einer *psychotherapeutischen Behandlung* der Eltern dadurch, daß sie zwar pathogene Reaktionen und Haltungen korrigieren, jedoch keine Veränderungen ihrer Persönlichkeitsstruktur bewirken kann. Kinderpsychiatrische Elternberatung und kurzfristige Elterntherapie lassen sich allerdings nicht immer scharf voneinander abgrenzen. Grundsätzlich ist die Therapie der Eltern wie jede andere Einzel- oder Gruppentherapie eine Domäne des Psychotherapeuten und erfordert ebenso wie die langfristige psychotherapeutische Behandlung des Kindes eine spezielle Ausbildung. In der Beratungssituation fällt dem Kinderpsychiater die wichtige Aufgabe zu, entsprechende Behandlungsindikationen bei Kindern und Eltern zu erkennen und die erforderlichen Schritte einzuleiten.

2. Eltern, Erziehung und Psychoanalyse

Neben einer genauen Kenntnis der Diagnose, der Therapie und der Prognose des Kindes setzt die Beratung der Eltern ein spezielles Wissen um ihre individuellen Reaktionen und Haltungen zur Erziehung des Kindes und zu seinen Störungen und Behinderungen voraus, ferner eine möglichst umfassende Kenntnis ihrer persönlichen Probleme in Familie, Beruf und Gesellschaft. Die Erziehung des Kindes beginnt mit seiner Fähigkeit zur sozialen Kontaktaufnahme und setzt sich in einer Kette von Reaktionen auf elterliche Aktionen fort, die sich wechselseitig konditionieren. Die psychopathologische Untersuchung kann deshalb nie dem Kind allein gelten, sie umfaßt zwangsläufig seine Eltern und ist um so bedeutungsvoller, je jünger und somit abhängiger das Kind von ihnen ist und je mehr der Berater ausschließlich auf ihre Angaben angewiesen ist. In extremen Fällen genügt die Beratung oder die Behandlung der Eltern, um kindliche Reaktionen oder Fehlhaltungen zu bessern oder zu heilen.

Die psychische Entwicklung des Kindes ist alters- und stadienabhängigen Störungsmöglichkeiten ebenso unterworfen wie Gefährdungen, die sich aus typischen elterlichen Reaktionen oder Haltungen ergeben und die bei einer entsprechenden konstitutionellen Bereitschaft des Kindes zu psychischen Störungen führen können. Der Berater muß sich infolgedessen mehr oder weniger eingehend mit den individuellen Erziehungszielen und -praktiken der Eltern vertraut machen und sich einige allgemeine Grundsätze über zeit- und kulturspezifische Erziehungsideale aneignen.

Während des permanenten Aktions-Reaktions-Prozesses zwischen Kind und Eltern haben die Eltern zunächst die dominierende Rolle inne. Das schließt aber ihre eigene Affizierbarkeit durch das Kind und daraus erwachsende fördernde oder schädliche Reaktionen nicht aus. Über viele Zwischenstufen gelangen Kinder und Eltern schließlich zu einer partnerschaftlichen Beziehung mit wechselnden liebenden oder feindseligen Gefühlen: immer aber liegt eine gegenseitige Stimulation vor. Erziehung ist aus dieser Sicht ein immerwährender Prozeß, in dem Kinder und Eltern Erfahrungen miteinander machen und voneinander lernen.

Bereits im *Säuglingsalter* kann es zu Konfrontationen kommen, die durch enttäuschte Erwartungen und Hoffnungen die Grundlagen für elterliche Einstellungen dem Kind gegenüber abgeben können. Nicht nur der Habitus des Neugeborenen, körperliche Mißbildungen, Lähmungen oder Krampfanfälle können die gesunden Erwartungen einer Mutter tief enttäuschen und zu schweren, ihrerseits wiederum pathogenen Reaktionen führen, sondern bereits Enttäuschungen über das angeborene Temperament eines Kindes. So wird ein sehr lebhafter, lauter und unruhiger Säugling mit gestörtem Trink- und Schlafverhalten eine Mutter mit ängstlich-unsicherer Haltung zusätzlich verunsichern und Reaktionen auslösen, die die konstitutionellen Schwächen des Kindes verstärken können; so kann etwa zu häufiges und zu reichliches Füttern zu Erbrechen und Verdauungsstörungen führen. Ein primär stilles Kind mit geregeltem Eß- und Schlafverhalten würde dagegen bei derselben Mutter keine pathogenen Reaktionen auslösen.

Eine ätiologische Klassifizierung von psychogenen Erkrankungen im Säuglingsalter im Hinblick auf spezifische pathogene Haltungen der Mütter hat Spitz aufgestellt; sie sei hier auszugsweise wiedergegeben, auch wenn man ihr nicht in allen Punkten folgen kann. In diesem Katalog steht etwa die Dreimonatskolik des Säuglings mit einer ängstlich-übertrieben besorgten Haltung der Mutter im Zusammenhang, eine Neurodermatitis mit ihrer feindselig-ängstlichen Haltung, die Hypermotilität bzw. eine Jactatio corporis mit einer pendelnden Haltung zwischen Verwöhnung und Feindseligkeit, während aggressiv-hyperthyme Verhaltensweisen bei Säuglingen meist bei Müttern mit einer bewußt kompensierend-feindseligen Haltung auftreten sollen. Diese Beobachtungen sind für den Kinderpsychiater aus zwei Gründen besonders wichtig. Einmal lassen sich bestimmte seelische Fehlentwicklungen bei Kindern und Jugendlichen bis in die Säuglings- und Kleinkindzeit zurückverfolgen, zum anderen aber wird sich die mütterliche Haltung als Ausdruck ihrer Persönlichkeitsstruktur spontan auch im weiteren Verlauf der Entwicklung des Kindes nicht ändern, d.h. ihre pathogene Potenz bleibt erhalten.

Die Reaktionen und Haltungen der Eltern zum Kind sind in erster Linie als Ausdruck der durch Anlage- und Umweltfaktoren geformten Persönlichkeitsstrukturen anzusehen und, soweit sie durch aktuelle Ereignisse, epochale Einflüsse oder das Verhalten der Umwelt modifiziert worden sind, einer mindestens partiellen Korrektur durch Beratung und Aufklärung zugänglich. Dabei ist zu berücksichtigen, daß zwischen den akzeptierten Erziehungstheorien und den täglichen Erziehungspraktiken sehr vieler Eltern eine tiefe Kluft besteht, die sich aus der Diskrepanz zwischen intellektueller Einsicht und emotionalen Reaktionen erklärt.

Enttäuschte Berufserwartungen der Väter, negative Gefühlsbeziehungen zwischen den Ehepartnern oder seelische und körperliche Überlastungen berufstätiger Mütter spielen für die Etablierung eines unterkühlten oder jähen Stimmungsumschwüngen unterworfenen Familienklimas eine wichtige Rolle. Das Kind kann als Ersatz oder, wie Richter es zeigte, als Gatten- oder Geschwistersubstitut bzw. als Substitut für einen Aspekt des eigenen Selbst oder der negativen Identität induzierte Schädigungen erleiden oder es muß als umstrittener Bundesgenosse Rollen und damit Rollenkonflikte stellvertretend für die Eltern übernehmen.

Die bewußten oder unbewußten elterlichen Fehlhaltungen weisen sehr häufig auf schwerwiegende Fehler in der eigenen Erziehung zurück, vor allem auf Mängel der Affektbeherrschung bzw. -kanalisierung. Viele Eltern kennen ihre Fehler und die sich daraus ergebenden Gefahren, sie können ihre Mängel ohne fremde Hilfe aber nicht abstellen. Sie tragen ihre seelische Fehlhaltung gleichsam in die Erziehung hinein, das Kind entwickelt sich für sie zum Präsentiersymptom ihrer unbewältigten eigenen Kindheit. Solche Eltern schlagen beispielsweise ihre Kinder nicht deshalb, um sie adäquat zu bestrafen — sie schlagen einfach, weil sie die Praxis der ökonomischen Affektabfuhr nicht erlernt haben und somit die Grundregeln zwischenmenschlicher Partnerschaft nicht beherrschen oder weil sie das Kind als Partner nicht akzeptieren. Sie benötigen diese schlagartige Abfuhr zu ihrer Entlastung und bedauern dabei gleichzeitig oder hernach das Kind, das wiederum ahnt oder weiß, daß es zu Unrecht gestraft wurde.

Einige in den letzten beiden Jahrzehnten vorgenommene umfangreiche Untersuchungen über Beziehungen zwischen pathogenen Haltungen der Eltern und seelischen Fehlentwicklungen bei Kindern haben zu einigen auch für die Elternberatung wichtigen Ergebnissen geführt. Psychoanalytische Untersuchungen von Schaefer und Bell über das Parental Attitude Research Instrument zeigten etwa, daß enge Beziehungen zwischen den Erziehungshaltungen der Mütter und der Rolle bestehen, die diese Mütter selbst als Kind in der Eltern-Kind-Relation spielten.

Extreme Elternhaltungen drücken sich einerseits in einer dominativ-diktatorischen, einer *autoritären* und andererseits in einer tolerant-permissiven, einer *demokratischen Erziehung* aus. Zwischen diesen kontrastierenden Polen einer strengen und fordernden Erziehung einerseits und einer freiheitlichen und gewährenden Erziehung andererseits

liegt eine Fülle von Legierungsmöglichkeiten, die sich einer grundsätzlichen Darstellung entzieht.

Die *autoritäre* Haltung einer Mutter kann ebenso Ausdruck eigener innerer Unsicherheit wie einer persönlichen Bequemlichkeit sein. Sie kann eine bloße Nachahmung traditioneller Familienpraktiken mit oder ohne begleitende ideologische Verbrämungen (Priester- oder Offiziersethos) darstellen oder das Ergebnis feindseliger, ablehnender oder gar sadistischer Regungen gegenüber dem Kind sein. Eine autoritäre Erziehung kann in geschlossenen konservativen Kulturen von hohem Wert sein, solange es sich um allgemein anerkannte Prinzipien zur Erhaltung der Gesellschaftsstruktur handelt. Sie fordert dann Anpassung solange, bis diese Autorität mißbraucht oder durch den Fortschritt des Wissens überholt wird. In gleicher Weise finden sich auch in der *demokratischen* Haltung der Eltern vielfältige motivische Differenzierungen, die von einer übermäßig freiheitlichen bis zu einer gleichgültig-vernachlässigenden Haltung reichen und damit ebenfalls schädigend wirken. Beide Extremtypen elterlicher Haltungen können irreversible Erziehungsartefakte und Charakterdeformierungen verursachen: übermäßige Demut, Subordination und mangelnde Selbstachtung (= *Autoritäres Syndrom*, Adorno) einerseits, Nachlässigkeit, Verantwortungsscheu und Triebenthemmung (= *Dissoziales Syndrom*) andererseits.

In der Beratungssituation überwiegt nach allgemeinen Erfahrungen und nach der Häufigkeitsverteilung spezieller Untersuchungen die Korrektur erzieherischer Fehlhaltungen in Richtung auf ein demokratischeres Verhalten der Eltern zu den Kindern. Dührssen fand unter 500 Müttern mit neurotischen Kindern nur 10, die angaben: „Ich möchte ein glückliches und zufriedenes Kind." Die prägnantesten der übrigen Antworten waren: „Gehorchen, parieren, Respekt haben, musterhaft spuren." Diese Erhebungen werden durch Fragebogenaktionen in den USA bestätigt, die einen relativ stabilen und hohen „Autoritätsfaktor" in den mütterlichen Haltungen mit unterdrückenden, strafenden und einschränkenden Tendenzen feststellten mit stereotypen Antworten wie „strenge Zucht entwickelt einen sauberen, starken Charakter" oder „kluge Eltern bringen einem Kind frühzeitig bei, wer zu befehlen hat" (Ross). Auch dort, wo nach den Angaben der Eltern eher der Eindruck toleranter Erziehungspraktiken besteht, sind Zweifel gerechtfertigt. Vergleichende Bewertungen zwischen Angaben der Eltern über demokratische Eltern-Kind-Beziehungen in der Beratungssituation und kontrollierende Beobachtungen bei Hausbesuchen und in Heimen ergaben nur wenig Übereinstimmungen zwischen den theoretischen Einstellungen der Erzieher und den Bewertungen der Beobachter.

Die aus der Psychotherapie von Erwachsenen gewonnenen Kenntnisse über die ursächliche Bedeutung massiver Erziehungsfehler für die Neurosenentstehung führten zur Konzeption einer *psychoanalytischen Pädagogik* (Aichhorn, Bernfeld), die aber nach A. Freud über „Mahnungen, Warnungen, Einsichten, bestenfalls Ratschläge" nicht zu einem geschlossenen System von Regeln und Vorschriften gelangte und nicht gelangen wird, da die Hoffnung auf eine auf Erziehung gegründete absolute Neurosenprophylaxe sich als unrealistisch erwiesen hat. Die Neurosen sind offenbar der Preis, den die Menschheit für die Kulturentwicklung zahlen muß: „Das meiste, was eine verständnisvolle Erziehung leisten kann, ist, dem einzelnen Kind zu Konfliktlösungen zu verhelfen, die mit einem Modikum von psychischer Gesundheit verträglich sind" (A. Freud). Mit diesen Erkenntnissen ist aber die anfängliche „Periode des Optimismus" eines psychoanalytischen Erziehungskonzeptes mit Rezepten der Verbannung der Kinder aus dem elterlichen Schlafzimmer, der Vermeidung zu enger und zu häufiger Hautkontakte, der Toleranz für infantile Äußerungen prägenitaler und genitaler Sexualität, der Vermeidung elterlicher Strenge und aller autoritären Vorbilder ebenso überwunden wie die darauffolgende „Periode des Pessimismus". Gegenwärtig befindet sich die psychoanalytisch orientierte Pädagogik in einer Phase realistischer Nutzung aller aus der Neurosenforschung gewonnenen Erkenntnisse und Einsichten für die kinderpsychiatrische Beratung, Vorbeugung und Behandlung. Dabei ist einerseits nicht zu übersehen, daß die Breitenwirkung der auf tiefenpsychologischen Erkenntnissen basierenden pädagogischen Evolution in einigen sozialen Schichten bereits große Erfolge zu verzeichnen hat, während besonders in bildungsunwilligen, vorwiegend emotional gesteuerten Bevölkerungsschichten an tradierten Erziehungsmitteln und -zielen festgehalten wird.

Extreme elterliche Fehlhaltungen, schwere emotionale Frustrierungen oder anhaltende Verwöhnungen, Störungen des emotionalen Familienklimas und andere persistierend-traumatisierende Milieueinflüsse fehlen praktisch nie in der Vorgeschichte von Kindern mit neurotischen Verhaltensstörungen, mit Psycho- oder Organneurosen und bei sekundärneurotischen, primär organisch behinderten Kindern. Diese seelischen Fehlentwicklungen können verhindert oder doch vermindert werden, wenn bestimmte pädagogische oder heilpädagogische Grundsätze und Leitlinien eingehalten werden.

3. Erziehungsideale und Erziehungsrealitäten

Jede Elternberatung umfaßt regelmäßig Probleme der Erziehung. Die Erziehungsziele bzw. -ideale und verwendbare bzw. vermeidbare Erziehungsmittel nehmen dabei einen besonderen Platz ein. Erziehungsideale stellen sich nicht selten als Erziehungsutopien heraus und Erziehungserwartungen stehen häufig diskrepante Erziehungsrealitäten gegenüber. Die Kenntnis der individuellen Erziehungsziele im Vergleich mit Erziehungsrealitäten einschließlich der angewandten Erziehungsmittel erlaubt aber auch Rückschlüsse auf Haltungen der Eltern und bietet dadurch weitere Ansätze für ihre Beratung.

Kultur- und zeittypische Erziehungsideale entwickeln sich in Abhängigkeit von kulturell-geographischen, soziologisch-politischen und von traditionellen oder aktuell-modernen Vorstellungen der Gesellschaft und des Individuums. Die gegenwärtige europäische Kultur fordert von ihren Mitgliedern ein bestimmtes Maß an Triebbeherrschung und an Triebverzicht, da offenbar nur dadurch eine ausreichende kulturerhaltende und zivilisationsfördernde gegenseitige Anpassung erreicht werden kann. Die Gesellschaft fordert Anpassung und soziale Eingliederung um den Preis einer individuellen Beschränkung, die Eltern haben außerdem bestimmte Vorstellungen über die intellektuelle Ausbildung, die emotionale Bildung und die soziale Stellung ihres Kindes, die jedoch starken äußeren Einflüssen unterliegen.

Als *zeittypische* kulturerhaltende und zivilisationsfördernde *Erziehungsideale* lassen sich anführen:

1. Zügelung und Beherrschung, die *Kanalisierung der Affekte* als wohl schwierigstes Erziehungs- und Bildungsideal, durch das jedoch entscheidend die Konstanz und die Tragfähigkeit zwischenmenschlicher Beziehungen gewährleistet wird.

2. Erziehung zur körperlichen und intellektuellen *Leistungswilligkeit* mit der Bereitschaft zur *Übernahme von Verantwortung* für die Gemeinschaft, auch unter Hinnahme persönlicher Nachteile. Erziehung zur produktiven Arbeit und zum Ertragen physischer und psychischer Belastungen bei erhaltener Fähigkeit zur schuld- und *angstfreien Entspannung* und Erholung.

3. Ausbildung der Fähigkeit zur *freiwilligen Versagung* und zum Verzicht auf materielle, physische und psychische Triebbefriedigung dort, wo dies zur Wahrung der Ich-Identität und Selbständigkeit und zur Vermeidung von Abhängigkeit, Gewöhnung und Sucht notwendig ist.

4. Erziehung zur *sozialen Integration*, aber nicht um den Preis kritikloser Ein- und Unterordnung, vielmehr unter *Weckung des kritischen Denkens* gegenüber unechten Autoritäten und solchen Institutionen, die ein klischeehaftes und stereotypes Denken fördern oder die Bedürfnisse wecken, die sie nur selbst befriedigen können.

Die via regia der Erziehung des Kindes bildet die gleichbleibend sorgende und lenkende Fürsorge unter Vermeidung anhaltender oder wechselhafter Verwöhnung und Härte. Die zukunftsbezogene, realitätsgerechte Zuwendung zum Kind unter Akzeptierung seiner Eigenarten muß den bewußten und unbewußten Teil der Elternpersönlichkeit gleichermaßen durchdringen. Innerseelisch konträre Einstellungen zum Kind und pathologische Reaktionen oder Haltungen der Eltern können zu neurotischen Verhaltensauffälligkeiten oder Kinderneurosen führen. Die realitätsbezogene Liebe der Eltern allein ermöglicht dem Kind die freiwillige Übernahme und Nachahmung der Elternvorbilder, die Introjektion der Elternimagines in die psychischen Instanzen des Über- und des Ideal-Ich, die später die normativen Funktionen der Gewissensentscheidungen der Eltern übernehmen. Lustbetonte, aber sozial mißbilligte oder schädliche Handlungen werden unterlassen, wenn Liebe und Zuwendung der Eltern dadurch erhalten bleiben.

Die affektive Einstellung der Eltern zum Kind muß eine Bereitschaft zum Verstehen des kindlichen Seelenlebens einschließen und ein immanentes Gefühl für gegenwärtige oder spätere Anforderungen und für die Gewährung oder Versagung von kindlichen Wünschen und Ansprüchen beinhalten. Es gibt Eltern, denen gesagt werden muß, daß sie ein hohes Maß an Toleranz gegenüber kleinkindlichen Wünschen nach Zärtlichkeit, Hautkontakten und Körperwärme ohne unnötige hygienische Rücksichten zeigen müssen, ferner Großzügigkeit bei der Sauberkeitsgewöhnung und Bereitschaft zur Einfühlung in die Gedankengänge kindlicher Allmachtsphantasien. Sie müssen Freimütigkeit und Ungezwungenheit in der Bewältigung der kindlichen Sexualforschung beweisen und ihnen rückhaltlose Unterstützung bei den Versuchen zur sozialen Einordnung in Kindergarten und Schule und schließlich verständnisvolle Hilfe bei der Bewältigung der

mannigfaltigen Probleme und Konflikte der Identität, der Autorität und der Sexualität in der Pubertät gewähren.

Die realitäts- und zukunftbezogene Liebe zum Kind erfordert aktive wie passive Einstellungen: Geduld, Gelassenheit und die Fähigkeit, isolierte Durchbrüche und Überschreitungen des Kindes übersehen zu können, sind für die Vermeidung zusätzlicher Konflikte im Rahmen der stadiengerechten Entwicklung von großer Bedeutung. Heftige Auseinandersetzungen der Eltern sollten nicht vor Kindern ausgetragen werden, die gelegentliche Erörterung von Meinungsverschiedenheiten trägt dagegen zur Ausbildung einer kritischen Meinungsbildung bei. Ungleich schädlicher sind permanent-hintergründige, dem Kind unverständliche affektive Verstimmungen und Stimmungsschwankungen mit unterkühltem oder jäh wechselndem Familienklima: wochenlanges Schweigen der Ehepartner gegeneinander, heftige nächtliche Auseinandersetzungen, bewußte oder unbewußte Beeinflussungen der Kinder und ihr Abdrängen in Pro- und Kontra-Rollen.

Zur realitätsgerechten Erziehung gehört, selbst um den Preis einer vorübergehenden Abwendung des Kindes, aber auch der *Mut zu negativen Entscheidungen* und zu Versagungen kindlicher Wünsche auch dort, wo sie die aktuelle Bequemlichkeit von Eltern und Kind fördern, aber die kindliche Entwicklung gefährden. Neben einer Vermeidung übermäßiger Triebunterdrückung sind andererseits altersadäquate Triebversagungen notwendig, damit der Primat des Realitäts- über das Lustprinzip sich auszubilden vermag. Werden solche Forderungen nach Triebbeherrschung im prägenitalen und genitalen Bereich nicht erfüllt, droht die Herrschaft des Lustprinzips mit allen sich daraus ergebenden entwicklungsschädigenden Konsequenzen der ungehemmten Triebhaftigkeit bis zur Dissozialität. So wie das Kleinkind bestimmte Gefahrensituationen durch Unterlassung vermeiden lernt, so muß das Kind später Aggressionen unterdrücken lernen, seinen schrankenlosen Expansionsdrang hemmen und seine ständige Bereitschaft, vor Leistungsforderungen in Ersatzbefriedigungen auszuweichen, meistern. Weil Expansion und Eskalation auch im kindlichen Spiel mit mehr oder minder starker Angstentwicklung einhergehen, empfinden fast alle Kinder seine Regulierung und Limitierung von einem bestimmten Punkt an als Übernahme einer fälligen Entscheidung, als Erleichterung und Entängstigung. Dieses Bedürfnis nach Anlehnung und Führung besonders im Kleinkind- und frühen

Schulalter drückt sich auch in der bekannten Kinderfrage an den Lehrer aus, ob „wir heute wieder das tun *müssen*, was wir gerne mögen". Es zeugt von einem stupenden Mißverständnis der psychoanalytischen Lehre, wenn unter Berufung auf sie unter „moderner Erziehung" eine Erziehung mit Vermeidung aller Versagungen und jeder Disziplinierung verstanden wurde. Das Gegenteil ist eher richtig: Freud hat mehrfach darauf hingewiesen, daß Entbehrungen und Versagungen eine unerläßliche Voraussetzung für die kindliche Entwicklung darstellen. Das Ziel einer psychoanalytischen Behandlung liegt bekanntlich weder in der Herstellung von Arbeitswut noch von Liebeszwang, sondern in der Erhaltung oder Wiederherstellung der Arbeits- und der Genußfähigkeit. Die *freiwillige Nachahmung* positiver elterlicher Haltungen durch das Kind stellt ein kardinales Erziehungsmittel dar. Aber nicht jeder geforderte Triebverzicht kann allein durch Nachahmung und ohne schmerzliche Konfrontation mit dem Realitätsprinzip erfolgen oder ohne ein für bestimmte Übertretungen angemessenes Strafmaß erzielt werden. Die Erziehung ohne Strafe ist eine Utopie, sie ist eine „schöne Utopie" (Zulliger). Die Enttäuschung und Trauer der Eltern bei kindlichen Gebotsübertretungen und der zeitlich befristete Liebesentzug stellen für manches Kind ausreichende Markierungen für eine Rückkehr zum elterlichen Vorbild dar. Andere Kinder reagieren infolge ihrer konstitutionellen Eigenarten, ihrer Antriebsüberschüssigkeit oder ihrer Affektlabilität darauf nur befristet oder gar nicht. Sie benötigen eindringlichere Hinweise und Versagungen, die deutlich in den Tagesablauf eingreifen. Die Kinder haben ein zuverlässiges Gefühl dafür, ob es sich um ein adäquates oder inadäquates Strafmaß handelt. Pädagogische Rezeptkataloge über Art, Umfang und Dauer von Bestrafungen kann auch der Kinderpsychiater nicht aufstellen.

Die *körperliche Bestrafung* des Kindes ist nicht nur aus selbstverständlichen humanen Gründen nach dem Motto „Kinder sind auch Menschen" abzulehnen, sondern aus der Einsicht, daß sie weder dem Kind noch dem Erzieher nützen. „Wo das Wort nicht schlägt, schlägt auch der Stock nicht" (Sokrates). Die körperliche Strafe dient vorwiegend der Affektabfuhr des Erziehers, der damit Zeugnis seiner mißglückten Affektkultivierung ablegt und auf die Unerzogenheit des Erziehers zurückweist. Die körperliche Züchtigung ist weit verbreitet, weil immer „zur Hand", einfach zu vollziehen und den Erzieher gedanklicher Mühe und Anstrengung

enthebt, weshalb das Kind diese oder jene Handlung begeht und wie eine Wiederholung zu vermeiden ist. Die körperliche Bestrafung von Kindern ist in unserem Kulturkreis zwar verpönt, sie wird aber dennoch häufig praktiziert, weil sie nicht intelligenz-, sondern affektgebunden ist.

Bei gelegentlichen körperlichen Bestrafungen sind schädliche Dauerfolgen ebenso wie bei allen anderen isolierten seelischen Traumen des Kindesalters nicht zu erwarten. Ein isolierter Affektdurchbruch ist weniger schädlich als bestimmte intellektuelle Strafzumessungen, bei denen nicht körperliche Gewaltakte, aber schmerzliche seelische Eingriffe vollzogen werden: tagelanger Stubenarrest, stundenlanges Stillsitzen, affektive Isolierung des Kindes. Die Gefahr seltener Körperstrafen liegt weniger im Kontaktabbruch und im Vertrauensabriß zu den Eltern: Wie und wann gestraft wird, das prägt sich ein, gehört zu den frühen Erfahrungen eines Kindes und bestimmt seine Vorstellungen von Liebe und Strafe.

Die Gefahr fortgesetzter körperlicher Bestrafungen, die sich nur schwer von Mißhandlungen abgrenzen lassen, liegt in der Erziehung zur Subordination und zum Opportunismus einerseits und zum ohnmächtigen Protest und zur gesteigerten Aggressivität andererseits. Die Prügelstrafe ist nicht selten an der Entwicklung und Weckung sexueller Perversionen (Masochismus, Sadismus) beteiligt. So meldete ein 4jähriges, vom Vater häufig durch Schläge aufs Gesäß bestraftes Mädchen ausgedachte Straftaten in gebückter Körperhaltung und bat nachdrücklich um Prügel, „weil es so nötig ist".

Dort, wo die körperliche Züchtigung ein Vergeltungsmittel nach dem Talionsprinzip: „Auge um Auge, Zahn um Zahn" darstellt, fehlt das auf Liebe und Zuneigung gegründete partnerschaftliche Vertrauensverhältnis zwischen Kind und Eltern. Dort regiert die Angst vor der Strafe, die, wie die Praxis der Kriminalstrafen zeigt, mit ihrem Prinzip der Spezial- oder Generalprävention, mit Vergeltung, Sühne und Abschreckung bis heute keine überzeugenden Erfolge aufzuweisen hat. „Das sicherste Mittel, Verbrechen zu verhüten, ist" nach C. de Beccaria (1780) „die Vollkommenheit der Erziehung".

II. Technik der Beratung

1. Grundregeln der Beratung

Die Elternberatung wird durch die *erste Begegnung* eingeleitet: mit der telefonischen Anmeldung, im

Wartezimmer des Arztes, mit dem ersten diagnostisch-therapeutischen Gespräch über das Kind. Diese Eröffnungszüge in der partnerschaftlichen Beziehung und der daraus resultierende erste Eindruck der Eltern sind von nicht zu unterschätzender Bedeutung für den Beratungserfolg. Wie jemand sich einführt, fragt und die Beratungsatmosphäre gestaltet, das sind außerdem Muster, die sich auf die Eltern-Kind-Beziehung auswirken können. Der Terminus „Technik der Beratung" wird hier in voller Einschätzung eines gefühlsmäßigen Widerstrebens gegenüber versachlichenden Bezeichnungen für zwischenmenschliche Beziehungen verwendet. Er soll anzeigen, daß es neben Erfahrung, Wissen und Begabung einen Bereich erlernbaren Verhaltens im Umgang mit den Eltern gibt, der hier skizziert werden soll. Die Technik der Beratung soll sich mit den formalen Voraussetzungen und wichtigsten Regeln für das Gespräch mit Eltern und Kindern und Grundregeln der Einleitung, Gestaltung und Durchführung von Einzel- und Gruppenberatungen beschäftigen.

Der Kinder- und Jugendpsychiater ist oft die *letzte Instanz* nach vorangegangenen Konsultationen von Haus- und Kinderärzten, Psychologen, Pädagogen und Beratungsstellen. Viele Eltern befinden sich in einem Zustand großer Ratlosigkeit, sie sind voller Sorgen um die Zukunft des Kindes und leiden unter Angst- und Schuldgefühlen. Sie erwarten von der kinderpsychiatrischen Beratung neben dem Resultat einer neuropsychiatrischen Untersuchung des Kindes Aufklärung über die Ursachen der Symptomatik, ihrer Prognose und Therapie. Sie stehen bei der Anmeldung oft unter einem starken emotionalen Druck und erhoffen einen möglichst kurzfristigen Beratungstermin. Der Berater sollte dies berücksichtigen, beim Vorliegen langer Wartelisten nicht allzu schematisch vorgehen und wochenlange Wartefristen ebenso meiden wie unnötige Terminverschiebungen, die die spontane Bereitschaft der Eltern zur Mitarbeit und den Aufbau einer tragfähigen Vertrauensbasis beeinträchtigen. Kurzfristige Beratungstermine bilden eine günstige Voraussetzung für die Bildung einer auf das Kind zentrierten Arbeitsgruppe, in der die Eltern gleichberechtigte Partner sind.

Die Beratung der Eltern und der Versuch, das Kind schädigende elterliche Reaktionen und Haltungen zu korrigieren, kann nicht eine Veränderung ihrer Persönlichkeitsstruktur herbeiführen. Die Elternberatung bedient sich deshalb auch nicht psychoanalytischer Techniken, sie wendet aber tiefenpsychologische Kenntnisse an. Der Registrie-rung und Deutung psychopathologischer Fakten in der Psychoanalyse steht in der Beratungssituation der Wunsch nach rascher Herstellung tragfähiger affektiver Beziehungen zu den Eltern gegenüber. Der Berater muß durch sein Verhalten Gefühle des Verstandenseins und des Vertrauens bei den Eltern auslösen, die ihnen Sicherheit geben und ihre Bereitschaft zur Mitarbeit stärken. Ihre Kooperationswilligkeit drückt sich in ihrem Vertrauen und in der vollständigen Offenheit über alle bewußten Probleme der Eltern-Kind-Beziehung aus.

Die Eltern, die beim Berater Hilfe suchen, sind grundsätzlich zunächst nicht als Patienten, sondern als Partner und Erzieher ihrer Kinder zu akzeptieren, die unter den Störungen und Behinderungen ihrer Kinder leiden. Der Kinderpsychiater muß sich in die moralische Vorstellungswelt der Eltern und in ihre berechtigten oder unberechtigten Ängste und Schuldgefühle einfühlen und ein Mindestmaß an Identifikation mit ihnen leisten. Er sollte bedenken, daß sie nur den Teil intellektueller Einsichten aus der Beratung realisieren können, der „zutiefst", d. h. affektiv erfaßt und bejaht wird. Belehrende Vorträge, unnötige pathogenetische Erörterungen oder absolut-pessimistische Prognosen helfen den Eltern wenig und können, besonders wenn sie nicht ihrem Bewußtseinsgrad angemessen sind, ihre Schuldgefühle verstärken und Abwehrmechanismen mobilisieren.

Zu einem fruchtbaren Beratungsgespräch gehört eine entspannte, freundlich gestimmte zwischenmenschliche Atmosphäre. Eine Voraussetzung dafür ist, daß der Berater durch sein Verhalten zu erkennen gibt, daß ausreichend Zeit und Geduld zum Anhören der Klagen zur Verfügung steht. Die Eltern müssen die Gewißheit spüren, daß der Arzt ihnen unvoreingenommen und ohne Einschränkungen gegenübersitzt. Er wird deshalb Vorsorge treffen, daß Störungen von außen möglichst eingeschränkt werden. Er wird ihnen vorerst die Gesprächsinitiative überlassen und ihr spontanes Mitteilungsbedürfnis zunächst nicht durch Zwischenfragen oder Korrekturen abschwächen. Seine Aufmerksamkeit gilt neben den Gesprächsinhalten ihrem formalen Verhalten untereinander und ihm gegenüber. Dazu gehört auch, wer von beiden Eltern als Hauptsprecher auftritt, wer diese Rolle bei welchen Gelegenheiten an sich zieht oder dem anderen überläßt und wer wem widerspricht. Er wird registrieren, ob offene oder versteckte Feindseligkeiten der Ehepartner oder Einstellungsstereotype zueinander sich erkennen lassen.

Der Kinderpsychiater sollte berücksichtigen, daß seine Kennerschaft über die Ätiologie, Diagnose oder Therapie geistig-seelischer Krankheiten unbestritten ist, Probleme der Erziehung jedoch von verschiedenen wissenschaftlichen Disziplinen behandelt werden und außerdem vordergründigen populären Wertungen unterliegen. Er wird sich schon deshalb zunächst negativer Urteile über bestimmte Modifikationen der Erziehung ebenso enthalten wie einer gezielten Exploration über verdächtige Probleme der Intimsphäre gleich zu Beginn einer Beratung.

Absolute Ehrlichkeit und rückhaltlose Offenheit in der Beurteilung der Prognose und Therapie des psychisch gestörten oder behinderten Kindes ist ein weiterer Grundsatz jeder Elternberatung. Der Berater ist nicht berechtigt, Eltern über unkorrigierbare Behinderungen ihrer Kinder hinwegzutrösten; auch dann nicht, wenn er sich dadurch ein verstärktes Engagement der Eltern oder therapeutischer Mitarbeiter verspricht. Eine fraktionierte Aufklärung ist nur dann vertretbar, wenn die Prognose nicht sicher gestellt werden kann oder wenn die Persönlichkeitsstruktur eines Elternteiles dies erfordert; immer aber sollte mindestens ein Familienmitglied über das volle Ausmaß irreversibler Schäden unterrichtet werden.

Die *Prognose* ist ein wesentlicher Bestandteil jeder kinderpsychiatrischen Beratung. Der Arzt sollte dabei stets bedenken, daß ein nicht prognoseorientierter heilpädagogischer Einsatz und eine intensive, oft überfordernde Zuwendung der Eltern dem geistig behinderten Kind nicht selten intellektuelle Leistungen abtrotzen, die die medizinische Voraussage zu widerlegen scheinen.

2. Rolle des Kindes

Das Kind, Mittelpunkt der Beratung, ist an der Beratung selbst nur mittelbar beteiligt. Eine kinderpsychiatrische Elternberatung ohne Untersuchung des Kindes ist indes nicht denkbar. So wenig Eltern ihr Kind ohne Bereitschaft zur Kooperation dem Kinderpsychiater zur Behebung psychischer Störungen übergeben können, so wenig ist eine Beratung der Eltern ohne körperlich-neurologische und psychiatrisch-psychologische Untersuchung des Kindes möglich.

Das orientierende psychiatrische *Gespräch mit dem Kind* wird aus differenten Gründen, manchmal sogar grundsätzlich vermieden. Vielleicht aus Rücksicht auf die Eltern, um den Eindruck des Ausfragens zu vermeiden. Vielleicht aus Zeitmangel und der fälschlichen Überzeugung, das Kind könne keine

brauchbaren und verläßlichen Informationen liefern. Manchmal vielleicht aus Sorge, nicht den alterstypisch-kindertümlichen Gesprächston zu finden und einem situationsmutistischen Kind gegenüber zu sitzen.

Die Bedeutung der Rolle des Kindes für die Beratung der Eltern ist abhängig von seinem Alter, seiner affektiven Ansprechbarkeit und seiner Intelligenz; aber auch von den Erfahrungen des Beraters im Umgang, im Spiel und im Gespräch mit dem Kind. Gezielte Fragen zur häuslichen Situation, zur Einstellung des Kindes zu seinen Eltern oder zu speziellen Erziehungsproblemen sollten nicht direkt an das Kind gerichtet werden. Für das kleinere Kind sind die Eltern vorwiegend Objekte ihrer Identifikationen. Das größere Kind kämpft bereits um seine eigene Identität und Ambivalenzkonflikte würden dadurch nur vertieft werden. Soweit die Angaben der Eltern für eine polarisierende Beurteilung nicht ausreichen, ergeben projektive Testuntersuchungen darüber meist zuverlässige und unverfänglichere Ergebnisse. Für die Beurteilung des Spielverhaltens von Kleinkindern, zur Klärung der schulischen Leistungssituation und zur Stellung des Kindes in der familiären oder schulischen Gruppe können das Verhalten und die Berichterstattung des Kindes oft wesentliche Ergänzungen zu den Angaben der Eltern bringen. Bei manchen Kindern empfiehlt sich ein Hinweis auf das „Schweigegebot": ihre Antworten seien nur für den Arzt bestimmt, Eltern oder Lehrern, der Polizei oder anderen Autoritäten würden darüber keine Informationen gegeben.

Grundsätzlich ist das Kind wie der Erwachsene allein besser als in der Gemeinschaft ansprechbar. Im allgemeinen wird das Beratungsgespräch zunächst mit Informationen durch die Eltern — meist mit der Mutter, seltener mit dem Vater allein — begonnen. Eine Ausnahme bilden Knaben und Mädchen in der Pubertät und Jugendliche, denen in der Beratungssituation der Vorzug gegeben werden sollte. Von seiten der Eltern stößt dieses Arrangement immer auf Verständnis, wenn es vorher besprochen oder hernach begründet wird. Kleinkinder bis etwa zum zweiten oder dritten Lebensjahr oder psychisch erheblich retardierte ältere Kinder können im allgemeinen beim Gespräch mit den Eltern dabeibleiben. In all den Fällen, in denen das Kind zunächst im Wartezimmer zurückbleibt, ist es vorher zu begrüßen und darauf hinzuweisen, daß es nachher als eigentliche Hauptperson hinzugezogen werde. Da die meisten Kinder mit der Person des Arztes körperliche Eingriffe assoziieren, sind Versicherungen nützlich, daß keine schmerzhaften Untersuchungen bevorstehen oder daß ein Klinikaufenthalt nicht geplant ist — wenn sich dies sicher voraussagen läßt. Der Berater sollte sich immer davon überzeugen, daß ein geeignetes Spielzeug oder altersentsprechende Lektüre bereitliegt. Wenn ein längeres Elterngespräch zu erwarten ist, kann die Zeit mit diagnostisch verwertbarem Zeichnen und Malen (Familie in Tieren) einem Szeno-Test (v. Staabs), oder beim Vorliegen äußerer Voraussetzungen zu Laboruntersuchungen (EEG, Röntgen- und Testuntersuchungen) genutzt werden.

Gelegentlich ist eine *abschließende Besprechung* gemeinsam mit den Eltern und dem Kind zweckmäßig. Wenn eine Medikation erforderlich ist, kann dabei geklärt werden, ob das Kind die verordneten Medikamente in dieser Form (Saft, Tabletten, Kapseln) überhaupt einnehmen kann oder ob andere Dosierungsformen oder Fabrikate besser geeignet sind. Bei größeren Kindern und bei Jugendlichen, deren zentrale Problematik in Auseinandersetzungen mit den Eltern besteht, werden die in Einzelgesprächen getroffenen Verzichte, Konzessionen und Abmachungen mit den noch erforderlichen Änderungen ausgehandelt und festgelegt. Diese Schlußbesprechungen eignen sich auch zur detaillierten Erörterung abweichend voneinander dargestellter und weiterhin strittiger Probleme über Taschengeld, Häufigkeit und Dauer häuslicher Abwesenheiten, modische Hobbys oder zeittypische Kleider- und Körperpflegegewohnheiten. Die hierbei geschlossenen Kompromisse können jedenfalls für einen begrenzten Zeitraum das Familienleben erleichtern.

Die *körperliche Untersuchung* wird in den meisten Fällen schon aus praktischen Gründen in Gegenwart der Eltern vorgenommen. Bei männlichen Jugendlichen ist ihre Anwesenheit nicht erforderlich. Bei heranwachsenden Mädchen ist die Anwesenheit der Mutter zu empfehlen.

Das kinderpsychiatrische Gespräch mit dem Kind weitet sich über die orientierende Kontaktnahme hinaus gelegentlich zu einem therapeutischen Gespräch aus. Jeder Berater verfügt über eine Anzahl von Fällen, in denen eine mehr oder weniger nachhaltige Symptomheilung im Anschluß an ein oder mehrere symptomorientierte Gespräche mit dem Kind eintrat. Bei dem bekannten Mangel an Kinderpsychotherapeuten und Psychagogen können nur in relativ wenigen Fällen entsprechende Behandlungen eingeleitet werden.

3. Gespräch mit den Eltern

Die *eigentliche Beratung* der Eltern nimmt nur einen Teil des Gespräches mit ihnen in Anspruch. Die Erhebung der Vorgeschichte, der Entwicklungsdaten des Kindes und seines Spiel- und Sozialverhaltens bilden den anderen Teil. Dabei ist es zweckmäßig, sich eines Bezugsschemas zu bedienen, das Fragen nach dem Schwangerschafts- und Geburtsverlauf, Geburtsgewicht und -monat, Trinkverhalten und Entwicklung des Säuglings und Daten der statomotorischen und der Sprachentwicklung, der Sauberkeitsgewöhnung und über psychische, soziale und körperliche Entwicklung (Trotzperiode, Kindergarten, Einschulung) enthält, die im Gesprächsverlauf unsystematisch, aber doch vollständig protokolliert werden sollten.

Nur aus didaktischen Gründen läßt sich der Gesprächsverlauf in einen anamnestischen, diagnostischen und therapeutischen Teil unterteilen, die gemeinsam die Grundlagen der eigentlichen Beratung abgeben. Tatsächlich ist bereits die biographische Datenerhebung eng mit der diagnostischen Zuordnung und diese mit therapeutischen Überlegungen verwoben. Selbst während der eigentlichen Beratung müssen individuelle Beratungsansätze und -leitlinien durch neu hinzukommende Daten, durch Ergänzungen und Korrekturen noch abgewandelt oder modifiziert werden.

Die *Gesprächsinhalte* bestimmt der Ratsuchende, die Gesprächsleitung liegt jedoch durch die von den Eltern gewünschte Beratungssituation in den Händen des Arztes. Der Arzt wird die Eltern zu Beginn durch freundlich-neutrale Aufforderungen wie „Was führt Sie her?" oder „Was haben Sie für Sorgen?" zum Bericht auffordern und den Fortgang des Gespräches später durch Gesten des Verständnisses und der Ermunterung unterstützen. Nicht alle Eltern sind jedoch in der Lage, ihre Zweifel, Hoffnungen oder Wünsche präzise zu artikulieren. In solchen Fällen wird der Berater zunächst konkrete Daten und Informationen zu erhalten trachten, aus denen sich ihre Sorgen und Unsicherheiten ableiten lassen.

Nach Möglichkeit sollte die Elternberatung einen *Einzeldialog* mit jedem Elternteil und ein eingehendes Abschlußgespräch mit beiden Eltern umfassen. Die hervorragende Rolle der Mutter für die körperliche und seelische Entwicklung des Kindes kann zwar nicht so leicht überbewertet werden. Darüber sollten aber weder die Bedeutung des Vaters noch die anderer Familienmitglieder vergessen werden, die direkt oder indirekt die Erziehung und die Entwicklung des Kindes beeinflussen. Abgesehen davon, daß wichtige Ratschläge allein durch Vermittlung der Mutter den Vater nicht immer oder doch nicht ausreichend beeindrucken, ist eine maximale Information des Beraters nicht zu erzielen, wenn der Vater oder ein dominierendes Familienmitglied nicht in das Gespräch einbezogen werden. Schon ein einziges Beratungsgespräch kann durch eine zeitweilige Trennung der Ehepartner entscheidend zur Aufklärung von pathogenen Reaktionen oder Haltungen des Ehepartners beitragen. Sie ergibt sich manchmal zwanglos oder läßt sich arrangieren, wenn ein Elternteil das Kind im Wartezimmer beaufsichtigen oder zu Laboruntersuchungen begleiten muß.

Eine möglichst umfassende Schilderung der Eltern-Kind-Beziehungen durch die Eltern und ihre enttäuschten Hoffnungen und Erwartungen erlauben dem Berater Rückschlüsse auf ihre Persönlichkeitstruktur, die sich in den Reaktionen und Haltungen zum Kind ausdrückt. Dabei sollte auch geklärt werden, ob und wieweit die Eltern vielleicht selbst psychische Anomalien aufweisen oder selbst Patienten sind.

Das gilt auch für latente *Schuld- oder Haßgefühle* gegen das Kind oder den Ehepartner, für feindselige Regungen gegenüber der Umwelt oder etwa gegen früher behandelnde Ärzte. Hier sind Toleranz und Gelassenheit ebenso am Platze wie bei der Feststellung schädlicher Erziehungsmittel. Der Berater wird das Vertrauen der Eltern im Interesse des Kindes nicht durch Kritik und Zurückweisung aufs Spiel setzen, aber ihre Angaben und ihr Verhalten registrieren und dann diskutieren, wenn die affektive Einstellung der Eltern zum Arzt sich gefestigt hat. Das gilt auch für Fragen und Probleme, die für die Ätiologie und die Persistenz der kindlichen Symptomatik von Bedeutung sind, deren unmittelbare Erörterung jedoch einen abschreckenden Effekt hätte. Der Berater ist auch deshalb in erster Linie Partner der Eltern, weil er nur gemeinsam mit ihnen dem Kind helfen kann. Er wird sich deshalb auch nur dann gegen sie stellen, wenn er von dem Mißerfolg einer Beratung überzeugt und ein weiteres Verbleiben des Kindes in der Familie schädlich ist. In den weitaus überwiegenden Fällen kann das Kind notfalls auf den Kinderpsychiater verzichten, nicht aber auf sein Elternhaus und seine Eltern.

Je jünger das Kind oder je stärker der Entwicklungsrückstand ist, desto mehr Impulse müssen von den Eltern allein zur Überwindung der Entwicklungsstagnation oder der Konfliktsituation gefordert werden. Mit zunehmender Bewußtheit und zunehmendem Alter wird das Kind selbst zum

Partner des Beraters. Kritische Äußerungen der Kinder über die Eltern oder ihre Erziehung sollten ebensowenig wie nachteilige Bemerkungen des einen Elternteiles über den anderen direkt an diese herangetragen werden. Entsprechende Informationen können jedoch Hinweise zu einer gezielten Vertiefung des Gesprächs mit ihnen sein.

Im Gespräch mit den Eltern kann es zu schuld- oder schambesetzten Stagnationen in der Beratung kommen, die eine erfolgreiche Fortsetzung vorübergehend behindern oder verhindern. Häufig verdichten sich in solchen Situationen Vermutungen des Beraters in einer bestimmten Richtung, die er vielleicht aber nicht direkt ansprechen will. Neutrale Fallschilderungen mit gleichartiger oder ähnlicher Problematik können in solchen Fällen den Eltern die Preisgabe ihrer eigenen Probleme erleichtern, weil diese durch die Fremdschilderung verallgemeinert, damit entschärft und diskussionsfähig werden.

Der Berater ist mit seinen Informationen und Ratschlägen den Eltern bei der Aufstellung eines *Erziehungs- und Behandlungsplanes* behilflich. Er wird auf geeignete Maßnahmen hinweisen und ungeeignete Hilfsmittel verwerfen. Er sollte jedoch niemals die Verantwortung für die zu treffenden Entscheidungen übernehmen. Auch der Kinderpsychiater übersieht nach zahlreichen Gesprächen meistens nur den Teil der Problematik, der ihm von den Eltern mitgeteilt wurde. Oft genug bleibt er über weite Strecken auf Vermutungen und Hypothesen angewiesen, die eine lockere Beratung zwar erlauben, aber keine Basis für Entscheidungen bilden, die Zäsuren setzen und das weitere Schicksal des Kindes bestimmen. Eine Einschränkung oder Übertragung der vorrangigen elterlichen Rechte und Pflichten kommt nur dann in Betracht, wenn permanent bewußt oder unbewußt in grober Weise gegen das Wohl des Kindes verstoßen wird.

Der *Erfolg* einer Elternberatung setzt voraus, daß die Eltern imstande sind, den gemeinsam erarbeiteten Beratungsentwurf zu akzeptieren und ihn in der täglichen Gemeinschaft mit dem Kind zu realisieren. Realisierungsversuche werden von vornherein unterlassen oder vorzeitig abgebrochen, wenn die Eltern den Berater und seinen Entwurf rational oder emotional ablehnen. Beides weist darauf hin, daß die Beratung nicht geglückt oder doch noch nicht abgeschlossen ist. Vorschläge und Informationen werden nicht selten zwar intellektuell akzeptiert, emotional aber nicht bejaht und deshalb nicht zuverlässig integriert. Wie in jeder Konfliktsituation werden nur solche Ratschläge und Lösungen befolgt, die immanent bereitliegen oder zu denen eine subjektive Affinität besteht. Eine gute zwischenmenschliche Beziehung zwischen Eltern und Berater wird die Übernahme gefühlsfremder Entscheidungen erleichtern können. Positive Gefühle für den Berater lassen sich jedoch nur bedingt durch erlernbare Techniken manipulieren, weil sie unbewußten Gesetzmäßigkeiten unterliegen.

4. Beratung in der Klinik

Die stationäre Untersuchung eines Kindes bietet neben neuen diagnostischen Erkenntnissen und daraus ableitbaren therapeutischen Ansätzen weitere Gesichtspunkte zur Erörterung und Vertiefung der Elternberatung. Sie liegen einmal in einer Ergänzung der Anamnese durch Beiziehung von Fremdschilderungen und durch die Direktbeobachtung des Kindes in der Klinik, andererseits in der zeitlichen Ausweitung der Elternberatung mit wechselnden Gesprächspartnern.

Die *klinischen Untersuchungsergebnisse* erweitern die pathogenetischen Kenntnisse und fordern Ergänzungen oder die Verwerfung des Therapieplanes und damit auch Veränderungen des Beratungsentwurfes. So erhält etwa ein bislang auf permanente motorische Einengung zurückgeführtes hyperkinetisches Zustandsbild eines Kindes einen gänzlich anderen ätiologischen Stellenwert, wenn im Hirnstrombild eine cerebrale Allgemeinschädigung oder eine bioelektrich gesteigerte Krampfbereitschaft festgestellt wird und in dem eingeholten Krankenblatt ein rezenter hochfieberhaft verlaufener Keuchhusten mit meningitischen Erscheinungen vermerkt ist.

Die *Beobachtung des Kindes* in der Einzel- und Gruppensituation durch erfahrene heilpädagogische Mitarbeiter und ihr Verhalten bei Besuchen der Eltern, vor und nach Beurlaubungen oder vor der Entlassung, ihre Ansprechbarkeit auf psychagogische oder heilpädagogische Maßnahmen und die Beurteilung der schulischen Leistungssituation durch den Sonderpädagogen eröffnen manchmal völlig neue Perspektiven auch für die Beratung der Eltern.

Der *Psychologe* kann durch Erweiterung seiner Testuntersuchungen die Intelligenz- und Persönlichkeitsstruktur des Kindes umfassender darstellen als in der zeitlich befristeten ambulanten Beratungssituation. Der kinderpsychiatrische Arbeitskreis kann schließlich aufgrund aller dieser Ergebnisse neue therapeutische Ansätze entwickeln, die ebenfalls ihren direkten Niederschlag in den kontinuierlich fortgesetzten Beratungsgesprächen mit den Eltern finden.

Die Eltern selbst stehen dem Berater während ihrer Besuche in der Klinik zu *erweiterten Beratungsgesprächen* zwanglos zur Verfügung. Der Klinikarzt befindet sich in der Vorzugssituation, den jeweils benötigten Gesprächspartner auszusuchen oder einzubestellen. Während der Elternbesuche kann er isolierte oder gemeinsame Beratungen mit den Eltern oder anderen Familienmitgliedern führen, ohne Mißtrauen zu erregen. Die Vorgeschichte des Kindes wird dadurch von verschiedenen Seiten beleuchtet, die Biographie der Eltern selbst durch Fremdangaben ergänzt oder korrigiert und notfalls in gemeinsamen Besprechungen aufeinander abgestimmt. Durch die Selektion der Gesprächspartner werden oft überraschende Einblicke in die Relativität zunächst zuverlässig scheinender Daten über die Vorgeschichte des Kindes und der Eltern und ihre gegenwärtige Lebenssituation gemacht, die eine lehrreiche Skepsis für die Elternberatung überhaupt vermittelt.

5. Beratung in der Gruppe

Die Beratung der Eltern in einer Gruppe kann wirksamer und effektiver als die Einzelberatung sein, weil sie über die theoretische Erörterung von Problemen praktische Vergleichsmöglichkeiten eigener Reaktionen und Haltungen zu denen von Eltern mit spiegelbildlicher Problematik gibt, sie können Erfahrungen austauschen und praktische Anregungen erhalten.

In einer Gruppe von Müttern mongoloider Kinder, die sich im Verlaufe eines halben Jahres zehnmal sahen, wurden etwa folgende Probleme diskutiert: Enttäuschung und Trauer nach der Geburt des Kindes, Vorwürfe gegen Ärzte wegen unzureichender oder zu später Aufklärung und wegen ihres therapeutischen Pessimismus und ihrer Resignation. Über- und Unterforderung der Kinder und ihre Stellung als „Jüngste" in der Geschwisterreihe, Erfahrungsaustausch über Vererbung und die Verhinderung oder die Zulässigkeit weiterer Geburten. Verhalten der Außenwelt zu den Kindern und ihre Unterbringung bei Krankheit oder im Urlaub. Forderung nach Errichtung von Institutionen für ihre Betreuung, Bildung und Beschäftigung. Einige Gruppenmitglieder knüpften persönliche Beziehungen an. Zusätzliche Erleichterungen wurden erzielt, weil individuelle Sorgen kollektiv diskutiert und verstanden wurden. Erfahrungen aus verschiedenen Entwicklungsstufen der Kinder trugen zu einer objektiven Einschätzung ihrer Entwicklungspotenzen bei.

Die Beratung in der Gruppe ist *keineswegs einfacher* oder gar zeitsparender, weil mehrere Eltern zugleich beraten werden können. Oft ist das Gegenteil der Fall. Nicht jedes Kind wird durch die Gruppenberatung der Eltern optimal gefördert, nicht alle Eltern sind nach ihrer Persönlichkeit für eine Gruppenberatung geeignet und nicht jeder Kinderpsychiater kann ohne weiteres als Gruppenleiter tätig werden.

Einige wichtige *Grundsätze* für die Beratung von Eltern in Gruppen sind:

1. *Gleichartige Störungen oder Behinderungen der Kinder.* Die psychisch oder somatisch anomalen Kinder müssen eine möglichst homogene Gruppe bilden, damit, von möglichst gleichartigen Voraussetzungen ausgehend, gemeinsame Konflikte und Probleme bearbeitet werden können und jedes Gruppenmitglied seine Bedürfnisse befriedigen kann.

2. *Sorgfältige Auswahl der Eltern* nach gruppendynamischen Gesichtspunkten. Besonders geeignet sind syntone Eltern, die nur durch die aktuelle Problematik überfordert oder beeinträchtigt sind und die bei guter Kontaktfähigkeit Ermunterung und Gewinn durch den Austausch von Erfahrungen finden. Gruppenschädlich sind Eltern mit egoistisch-zentrifugalen, aggressiv-sadistischen oder mit passiv-masochistischen Persönlichkeitsstrukturen. Nur in der Gruppenberatung besonders erfahrene Kinderpsychiater werden in Einzelfällen bei Eltern mit derartigen Strukturen ohne Nachteil für die Gruppe Ausnahmen machen können.

3. Der *Gruppenleiter* muß über spezielle Erfahrungen der Gruppendynamik verfügen. Er muß die spezifische Situation jedes einzelnen Kindes und der Eltern genau kennen. Der Gruppenleiter muß schließlich seinen eigenen Affekten und Reaktionen besonders kritisch gegenüberstehen, weil er sonst Aggressionen nicht rationell begegnen und Projektionen seiner Allmacht nicht abwehren kann. Der Gruppenleiter muß über andere praktische und theoretische Voraussetzungen verfügen als der Einzelberater.

III. Aufgaben der Beratung

Die nachstehenden Ausführungen beschränken sich auf eine Darstellung *typischer Haltungen und Reaktionen der Eltern* von Kindern mit neurotischen Verhaltensstörungen oder mit geistigen Behinderungen und ihrer Bedeutung für die Entstehung neurotischer Verhaltensstörungen beim Kind. Spezielle Beratungsansätze für die verschiedenen Formen psychischer Störungen der Kinder finden sich in den den jeweiligen Krankheiten oder Syndromen zugehörigen Kapiteln über Therapie und Prognose.

Grundsätzlich stellen die aktuellen Reaktionen oder die permanenten Haltungen der Eltern zum Kind keine ausgestanzten oder isolierten Einstellungen auf die seelische Gestörtheit oder die organische Behinderung des Kindes dar. Sie sind vielmehr individuelle, tief in der Persönlichkeitsstruktur wurzelnde Ausdrucksformen, die durch die Verhaltensstörungen oder die Behinderung des Kindes und damit verbundene Demütigungen und Kränkungen, durch Enttäuschungen und Mitleiden ausgelöst und aktiviert wurden und sich in Ängsten, Schuldgefühlen und Depressionen bis an die Grenzen der seelischen Tragfähigkeit ausdrücken und zu neurotischen Reaktionen oder psychosomatischen Erkrankungen führen können. Erst in zweiter Linie sind aus dieser Sicht seelische Fehlhaltungen der Eltern und die sich daraus ergebenden persönlichen, familiären und sozialen Probleme von der Art und der Schwere der psychischen Anomalie des Kindes abhängig.

1. Eltern neurotischer Kinder

Neurotische Verhaltensstörungen bei Kindern lassen sich sehr weitgehend auf *pathogene Haltungen der Eltern* zurückführen. Die Aufmerksamkeit des Beraters richtet sich deshalb zunächst auf die Frage, ob und wieweit die Eltern in ihrer psychischen Gesundheit beeinträchtigt sind, ob sie über eine Beratung hinaus einer psychotherapeutischen oder psychiatrischen Behandlung bedürfen und ob überhaupt eine zusätzliche Behandlung des Kindes notwendig ist.

Von seiten der Eltern werden dem Berater oft Widerstände entgegengesetzt, die einer bewußten oder unbewußten Kaschierung oder Negierung ihrer eigenen Rolle in der Entstehung der kindlichen seelischen Fehlentwicklung dienen. Diese *Abwehrmechanismen* drücken sich nach A. Freud beispielsweise in Vorgängen der Verdrängung, der Regression und der Reaktionsbildung aus, sie können auch zur Isolierung, zur Wendung gegen die eigene Person oder zur Verkehrung ins Gegenteil führen oder es kann zu Verschiebungen des Triebzieles bzw. zu Projektionen oder zu Introjektionen kommen. Alle Abwehrvorgänge dienen im wesentlichen dem

Zweck, Schuld und Reue, aber auch Schmerz und Trauer zu verleugnen, zu verdrängen oder zu neutralisieren.

Der Umgang des Beraters mit diesen Eltern setzt kritische Einsichten in seine eigene Persönlichkeitsstruktur voraus und ermöglicht dadurch das erforderliche Maß an Einsicht, Nachsicht und Verstehen. Denn solange zwischen den Eltern und dem Berater keine emotionale Übereinstimmung besteht, werden sie ihre Haltung dem Kind gegenüber nicht oder nur vorübergehend ändern. Die Eltern werden die Beratungsgespräche vergessen, versäumen und schließlich einstellen. Sie werden eine psychotherapeutische Behandlung des Kindes ablehnen oder das Kind wohl dem Therapeuten überlassen, aber sich nicht selbst an der Behandlung beteiligen.

Die erste Aufgabe des Beraters liegt darin, die Eltern von der Psychogenese der kindlichen Symptomatik zu überzeugen, gleichzeitig aber dabei entstehende Schuldgefühle und Ängste soweit zu kontrollieren, daß sie den Gang der Behandlung nicht behindern.

Nicht selten lassen sich bei neurotischen Kindern zusätzlich konstitutionelle oder *cerebralorganische Faktoren* aufdecken, die von den Eltern dann gern als alleinige Ursache der Verhaltensstörung angeschuldigt werden; etwa eine seit der Geburt bestehende oder sich steigernde Ängstlichkeit, motorische Unruhe oder allgemeine Aggressivität. In anderen Fällen ergibt es sich, daß ein oder beide Eltern als Kinder ebenfalls an manifesten neurotischen Störungen litten oder diese bei ihnen noch bestehen und sich in schädlichen Reaktionen und Haltungen für die Entwicklung des Kindes ausdrücken. Die Besprechung dieser Zusammenhänge kann einerseits der Entlastung der Eltern dienen, andererseits aber auch ihre therapeutischen Erwartungen in angemessenen Grenzen halten.

Psychische Fehlhaltungen bei Kindern sind manchmal als eine *direkte Induktionswirkung* neurotischer Eltern aufzufassen. Kinder hypochondrischer Eltern etwa entwickeln hypochondrische Verhaltensweisen, weil sie nicht ausreichend darüber orientiert sind, was krank oder gesund ist. Sie wachsen mit der Überzeugung auf, daß sie krank sind, ebenso wie sie darüber informiert wurden, daß sie Knaben oder Mädchen seien.

Die Beratung der Eltern und das Gespräch mit dem Kind können eine Eltern-, Spiel- oder Kindertherapie nicht ersetzen. Gelegentlich kann jedoch eine einzige Beratung zu einer spontanen Symptombesserung des Kindes führen, etwa durch eine gründliche Bestandsaufnahme des familiären Terrains mit Beseitigung von pathogen wirkenden Spannungen und Differenzen zwischen kindlicher Erwartung und realem Verhalten der Eltern. So kotete ein 12jähriger, sehr begabter Oberschüler wöchentlich 2—3mal ein. Die häusliche Situation schien intakt, günstige soziale Verhältnisse und glückliche Ehe der Eltern. Der Vater, ein vielbeschäftigter Komponist, wird von dem Jungen bewundert und geliebt. Er arbeitet im Haus, sein Arbeitszimmer öffnet sich aber nur zu den Mahlzeiten, „Vater hat nie Zeit". Im Zusammenwirken mit dem Arzt des Vaters wurden ihm regelmäßig Spaziergänge verordnet, zu denen er den Jungen mitnehmen sollte. Im Verlauf einiger Wochen bildete sich die Enkopresis des Jungen vollständig zurück.

Der Erfolg der Beratungen von Eltern neurotischer Kinder hängt weitgehend von ihrer Einsicht für die von ihnen verursachten Neurosen ab. Väter, die ihre eigene Ehrgeizproblematik auf ein unzureichend begabtes Kind projizieren oder denen es als Präsentier- oder Erfolgsobjekt ihres sozialen Status dient, stellen für das Kind ein negatives Entwicklungsschicksal dar. Solche Fehlentwicklungen von Kindern scheinbar liebevoller Eltern, die nach „modernen" Erziehungsgrundsätzen zu handeln vorgeben, sind oft das Ergebnis unbewußter feindseliger Elternhaltungen.

So war ein nach 20jähriger Ehe geborenes Einzelkind bereits als Kleinkind absoluter Mittelpunkt der Familie. Es schrie solange, bis ihm jeder Wunsch erfüllt wurde. Spätere Versagungen beantwortete er mit Erbrechen, einmal mit der Bemerkung „jetzt habt Ihr es geschafft". Mit 4 Jahren sagte er zum Vater: „Du sollst tot sein, geh doch bei Rot über die Straße!" Das Kinderzimmer wurde im neuerbauten Haus so plaziert, daß es von allen Räumen direkt erreichbar war, von seinem Bett konnte das Kind das Fernsehprogramm im Wohnzimmer bis zum Einschlafen verfolgen. Dieses Kind pedantischer Eltern befreundete sich mit verwahrlosten Kindern, spielte auf Schrottplätzen und kam ständig zerrissen und verschmutzt nach Hause. Die Analyse der elterlichen Haltungen ergab, daß bei beiden niemals ein Kinderwunsch bestanden hatte und diese Voreingenommenheit durch das „schreckliche Kind" bestätigt worden war. Ihre Schuldgefühle versuchten sie durch materielle Verwöhnung des Kindes und ihr Verharren in masochistischer Dulderhaltung zu neutralisieren.

Die Prognose neurotischer Verhaltensstörungen und kindlicher Neurosen ist bei rechtzeitig eingeleiteter kombinierter Elternberatung bzw. -therapie mit Spieltherapie oder Analyse des Kindes insgesamt günstiger als bei Erwachsenen; die generelle Erfolgsquote liegt nach Untersuchungen von Dührssen vergleichsweise bei 60:40.

2. Eltern behinderter Kinder

Geistig behinderte oder körperlich mißgebildete Kinder haben gemeinsam, daß es sich um irreparable geistige oder körperliche Defekte handelt, die durch geeignete Maßnahmen zwar gebessert, aber nicht vollständig beseitigt oder geheilt werden können. Anders als bei neurotischen Kindern, bei denen die pathogenen Haltungen der Eltern im Vordergrund des Interesses stehen, sind es bei den behinderten Kindern die *Reaktionen der Eltern auf den Defekt* des Kindes und seine familiären und soziologischen Auswirkungen, die die Aufmerksamkeit des Beraters auf sich ziehen.

Das Ziel der Beratung von Eltern geistig behinderter Kinder besteht einmal darin, den Eltern ein umfassendes Bild über die Ursache, die Art und die *Behandlungsaussichten* zu geben, zum anderen vorhandene *Schuldgefühle und Ängste* sowie beziehungsschädliche *Abwehrmechanismen* zu beseitigen und schließlich darin, negative Reaktionen der Umwelt auf das Kind gleichmütiger ertragen zu lernen, das behinderte Kind in seiner Realität zu akzeptieren und danach zu planen und zu handeln.

Die Aufklärung der Eltern über die Ätiologie, die Diagnose und die Prognose stellt den ersten Schritt für die Einleitung der Therapie dar, die mit der Elternberatung beginnt. Das Wissen der Eltern um Art und Grad der geistigen Behinderung ihrer Kinder ist unterschiedlich entwickelt, es ist auch vom Alter der Kinder und dem Bewußtseinsgrad der Eltern abhängig. Bei jüngeren Kindern werden meist nur schwerere Defekte erkannt und richtig eingeschätzt, leichtere werden häufig erst bei oder nach der Einschulung entdeckt.

Die geistige Behinderung eines Kindes stellt für die Eltern regelmäßig eine *narzißtische Kränkung* dar, die mit latenten oder manifesten Schuldgefühlen und quälenden Selbstvorwürfen einhergehen kann, die oft aus harmlosen Übertretungen oder sexuellen Sündenvorstellungen (Reisen, Alkoholgenuß oder GV während der Gravidität) oder aus unzutreffenden genetischen Deduktionen gespeist werden. Eltern mit behinderten Kindern kapseln sich manchmal von ihren Familien, von der Nachbarschaft und der Umwelt ab. Sie genieren sich, ihre Kinder in der Öffentlichkeit zu zeigen und sind gleichermaßen empfindsam gegen Mitleid wie gegen Ablehnung. Andere Eltern tragen ihr Schicksal in einer masochistischen Märtyrerhaltung. Sie weigern sich, ein kommunikationsunfähiges Kind aus dem Haus zu geben, auch wenn bei ihnen selbst schwere psychische oder psychosomatische Störungen auf-

treten oder die Erziehung der gesunden Geschwister dadurch erheblich beeinträchtigt oder gefährdet wird. Diese behinderten Kinder haben dann bereits eine nicht auswechselbare Rolle und Bedeutung im Leben der Mütter übernommen.

Nach der Persönlichkeitsstruktur und dem Bewußtseinsgrad der Eltern lassen sich 3 *charakteristische Elternhaltungen* zum behinderten Kind unterscheiden:

1. Eltern, bei denen ein *Skotom für die geistige Behinderung* ihres Kindes besteht. Sie verleugnen durch Ausbildung von Abwehrmechanismen die Realität um den Preis ihrer eigenen Neurotisierung. — So wurde der idiotisch-erethische Sohn eines Arztes und einer Psychologin mit der Diagnose „kindlicher Autismus" auf die Einschulung in eine Normalschule vorbereitet. Beide Eltern waren davon überzeugt, daß nur ihr pädagogisches Ungeschick die kindliche Entwicklung gehemmt habe.

2. Eltern, die *unzureichende oder widersprechende ärztliche Auskünfte* über die Entwicklungspotenzen des Kindes einholen, die günstigste Prognose auswählen und ihren Optimismus durch Beobachtungen über etwaige Sonderinteressen oder partielle Gedächtnisleistungen des Kindes unterstützen. Sie sind oft unkritische und leichtgläubige Bewunderer randständiger oder unwissenschaftlicher Behandlungsmethoden. — So flog die Mutter eines imbezillen Kindes regelmäßig in eine weit entfernte Stadt und ließ kostspielige Injektionen ausführen. Die Diagnose war ihr von Ärzten und Kliniken mehrfach bescheinigt worden, sie zog sich aber immer wieder auf lang zurückliegende Feststellungen eines Arztes zurück, daß später „der Knoten einmal platzen" werde.

3. Eltern, die das intellektuelle Leistungsdefizit ihres Kindes zutreffend beurteilen und auch die *geistige Behinderung des Kindes akzeptiert* und integriert haben. — Die Zahl dieser Eltern ist größer als vielfach angenommen, sie treten seltener in die Situation von Ratsuchenden, weil sie sich mit ihrem Schicksal abgefunden haben.

Geistig behinderte Kinder weisen daneben häufig noch andere körperliche oder seelische Störungen auf, die durch Verordnung von Brillen, Hörgeräten oder orthopädischen Stützen, durch Sprachheilbehandlung oder medikamentöse Behandlung gebessert werden können. Es ist auch eine Aufgabe der Elternberatung, Möglichkeiten und Wege der Beseitigung dieser zusätzlichen Behinderungen aufzuzeigen und entsprechende fachärztliche Untersuchungen einzuleiten oder zu veranlassen.

IV. Informationen für den Berater

Die medizinische oder kinderpsychiatrisch orientierte Elternberatung wird überwiegend von praktizierenden Allgemein- und von Kinder- und Nervenärzten ausgeführt, die meistens keine zusätzliche kinderpsychiatrische Ausbildung absolviert haben. Neben Ärzten führen Psychologen und nichtärztliche Psychotherapeuten einen großen Teil der Elternberatungen durch. Niedergelassene Fachärzte für Kinder- und Jugendpsychiatrie gibt es in Deutschland zur Zeit nur in geringer Anzahl. Kinderpsychiatrische Polikliniken oder Beratungsstellen existieren bislang nur in Universitäts- und in Großstädten.

Die *Erziehungsberatungsstellen* können nur zu einem Teil eine kinderpsychiatrischen Anforderungen gerecht werdende mehrdimensionale Diagnostik durchführen, deren prinzipielle Notwendigkeit allgemein anerkannt ist. Die Richtlinien der einzelnen Länder für die EB-Stellen weisen darauf ausdrücklich hin, in Bayern etwa: „Entsprechend der biologischen, geistig-seelischen und sozialen Struktur des Menschen muß in der Arbeitsgruppe die ärztliche, pädagogische, psychologische und soziale Disziplin vertreten sein. Die Arbeitsgruppe muß also mindestens aus folgenden Fachkräften bestehen: Arzt (Psychiater), Psychologe oder Psychotherapeut, Fürsorger und Lehrer". Das Problem liegt in dem Mangel an ausgebildeten Ärzten, die an dieser Tätigkeit interessiert sind. 1962 wurden in 324 EB-Stellen der Bundesrepublik 240 Psychologen, aber nur 55 Ärzte, davon 34 als Leiter beschäftigt.

Der praktizierende *Kinder- oder Nervenarzt* wird vorwiegend psychogen gestörte Kinder mit durchschnittlicher Intelligenz zur Durchführung von Einzel- und Gruppentherapien bzw. Einleitung oder Fortsetzung der begleitenden Elternberatung an Erziehungsberatungsstellen überweisen. Schwachbegabte Kinder werden aber nur bedingt, schwachsinnige und körperlich behinderte Kinder im allgemeinen nicht zur Behandlung angenommen, weil dies die Kapazität und die Zuständigkeit der EB-Stellen übersteigt. In Städten mit kinderpsychiatrischen Polikliniken bzw. Beratungsstellen finden sich Ansätze einer wechselseitigen Konsultation zur Ergänzung der Diagnostik und Einleitung einer Therapie.

Voraussetzung für eine *kinderpsychiatrisch orientierte Elternberatung* bilden neben einer entsprechenden Ausbildung gute Kenntnisse über die wichtigsten lokalen Sondereinrichtungen (Hilfs- und Sonderschulen, Tagesstätten, Kindergärten, Beschützende Werkstätten, Rehabilitationseinrichtungen, Elternorganisationen usw.), eine enge Zusammenarbeit mit der EB-Stelle und dem zuständigen Jugendamt und mit der zuständigen kinder- und jugendpsychiatrischen Fachabteilung.

Daneben benötigt jeder Berater eine Reihe von Schriften, Nachschlageverzeichnissen und Handbüchern, die *konkrete* Informationen über spezielle ambulante und stationäre Einrichtungen für die weitere Diagnostik und Therapie des Kindes enthalten, ferner Anschriften von Kinder- und Jugendpsychiatern, Psychotherapeuten, Psychagogen und Psychologen, ferner von Spezialkliniken, Polikliniken und Beratungsstellen, die ambulante oder klinische kassenärztliche oder private Behandlungen übernehmen.

Seine *Präsenzbücherei* sollte ferner einschlägige Bestimmungen und Gesetze enthalten, um Eltern Ratschläge für die Kostendeckung (RVO, BSHG) von Konsultationen und Klinikaufenthalten sowie Fragen des Jugendrechtes überhaupt (BGB, JWG) geben zu können. Von solchen Hinweisen hängt manchmal entscheidend die Bereitschaft der Eltern zur Einweisung in eine Klinik oder ein Heim bzw. für einen weiteren Verbleib des Kindes in der Familie ab. Die Gesundheits- und Jugendämter können durch ihre Mitarbeit speziellere Auskünfte vermitteln; die Rechtsvertretung der Eltern wird notfalls durch entsprechende Elternorganisationen übernommen.

Nachstehend folgt eine Auswahl verschiedener Verzeichnisse, Listen und Nachschlagewerke, die sich in der kinder- und jugendpsychiatrischen Beratungspraxis bewährt haben, aber nicht den Anspruch auf Vollständigkeit erheben:

Verzeichnis der Erziehungsheime und Sondereinrichtungen für Minderjährige in der Bundesrepublik Deutschland und Berlin (I. Fricke, Geschäftsstelle des AFET in 3 Hannover-Kirchrode, Kühnsstr. 14,2)

Das Heimverzeichnis gibt einen Überblick über die in der Bundesrepublik Deutschland und in West-Berlin vorhandenen Erziehungsheime (FEH und FE) und der Sonderheime (heilpädagogische Heime und Heime für Kinder und Jugendliche mit Sinnesschwächen oder Körperbehinderungen) und führt die kinder- und jugendpsychiatrischen Kliniken und Fachabteilungen der einzelnen Länder (einschließlich Altersklassen der Kinder, Mitarbeiter, diagnostischer und therapeutischer Schwerpunkte und Sondereinrichtungen) auf.

Mitgliederverzeichnis der Deutschen Vereinigung für Kinder- und Jugendpsychiatrie e. V. (Schriftführer: 1 Berlin 28, Artuswall 13)

Anschriftenverzeichnis der Kinder- und Jugendpsychiater in der Bundesrepublik Deutschland einschließlich West-Berlin.

Verzeichnis der Erziehungsberatungsstellen in der Bundesrepublik Deutschland einschließlich Berlin (West) I. Fricke (AFET, 3 Hannover-Kirchrode, Kühnsstr. 14,2)

Verzeichnis von 330 Erziehungsberatungsstellen für erziehungsschwierige Kinder und Jugendliche, die dem AFET gemeldet oder bekannt geworden sind. Das Verzeichnis enthält Angaben über die Ausbildung des Leiters und seiner Mitarbeiter, den Umfang der Tätigkeit der EB, über Häufigkeit der Sprechstunden und Sondereinrichtungen.

Mitgliederverzeichnis der Deutschen Gesellschaft für Psychotherapie und Tiefenpsychologie (Geschäftsstelle 6 Frankfurt, Myliusstr. 20)

Die DGPT vereinigt ärztliche Fachpsychotherapeuten und behandelnde Psychologen verschiedener Richtungen. In dem Mitgliederverzeichnis sind alle deutschen psychoanalytischen bzw. psychotherapeutischen Ausbildungsinstitute enthalten, an denen z.T. auch Psychagogen ausgebildet werden. Die Geschäftsstellen der Institute geben Auskunft über tiefenpsychologische Behandlungen von Kindern oder Erwachsenen durch Psychagogen bzw. Psychotherapeuten.

Die Rehabilitationseinrichtungen für Kinder und Jugendliche in der Bundesrepublik Deutschland mit West-Berlin (herausgegeben von S. Kubale, C. Marhold, Berlin)

Das Verzeichnis enthält nach Bundesländern geordnet kinderpsychiatrische, neurologische, orthopädische, HNO- und Kinderkliniken, Nervenkliniken, Landeskrankenhäuser, Krankenhäuser für Zahn- und Kieferkrankheiten, für Augenkrankheiten, Rehabilitationskrankenhäuser, allgemeine Krankenhäuser mit Fachabteilungen und Pflegeheime.

Die sonderpädagogischen Einrichtungen in der Bundesrepublik Deutschland mit West-Berlin (herausgegeben von S. Kubale, C. Marhold, Berlin)

Das Verzeichnis enthält nach Bundesländern geordnet die Blindenschulen und -anstalten, Erziehungsschwierigenschulen und -klassen, Beobachtungsklassen (ohne und mit Heim), Gehörlosenschulen und Taubstummenanstalten, Hilfsschulen und -klassen (Besondere Schulen, Sonderschulen für Lernbehinderte), Körperbehindertenschulen und -klassen, schulische Einrichtungen für lebenspraktisch Bildbare, Schwerhörigenschulen und -klassen, Sehbehindertenschulen und -klassen, Sprachheilschulen und -klassen (ambulante Betreuung, Sprachheilkurse), Volksschulen in Heimen, sonstige Einrichtungen (Sonderschulkindergärten und Schulkindergärten in Sonderschulen), Legasthenikerklassen, Förderklassen, Hausunterricht, Kleinklassen, Werkabschlußklassen.

Heime und Anstalten für geistig Behinderte (Lebenshilfe für das geistig behinderte Kind, 355 Marburg, Barfüßertor 25)

Das Heft enthält Anschriften von Heimen für geistig behinderte Kinder, Jugendliche und Erwachsene mit Hinweisen auf angeschlossene Kindergärten, Schulen und Werkstätten.

Liste der Tageseinrichtungen für geistig Behinderte (Lebenshilfe für geistig Behinderte, 355 Marburg, Barfüßertor 25)

Die Liste führt Tageseinrichtungen für geistig Behinderte (Sonderkindergärten, Tagesbildungsstätten, Anlernwerkstätten, Werkstätten für Behinderte und Einrichtungen für Gruppenarbeit) in der Bundesrepublik Deutschland auf.

Orts- und Kreisvereinigungen der Lebenshilfe (Lebenshilfe für das geistig behinderte Kind, 355 Marburg, Barfüßertor 25)

Anschriftenliste der Geschäftsstellen mit den Namen der örtlichen Leiter. — Die Elternorganisation „Lebenshilfe für das geistig behinderte Kind" vereinigt in 320 Ortsvereinigungen derzeit 39000 Mitglieder (im Jahre 1968).

Handbuch für die Jugendhilfe (K.W. Jans und G. Happe, Kohlhammer-Verlag)

Eine Vorschriftensammlung mit einer Einführung in die Geschichte und das Wesen des Jugendrechts. Es enthält wichtige Gesetzestexte des Jugendwohlfahrtsgesetzes, Jugendgerichtsgesetzes, Jugendschutzgesetzes, Jugendarbeitsschutzgesetzes, des Bundessozialhilfegesetzes, des bürgerlichen Rechts und des Verwaltungsrechts. — Für den kinderpsychiatrischen Berater sind u.a. von Bedeutung die Bestimmungen des BSHG über die Ausbildungs-, Gesundheits-, Kranken- und Eingliederungshilfe für behinderte Kinder, die auch die ambulante und stationäre Behandlung, orthopädische Hilfsmittel, Arbeitsplatzbeschaffung usw. einschließt.

„Elternbriefe" des Arbeitskreises Neue Erziehung

Mit Förderung des Bundesministers für Jugend, Familie und Gesundheit hat der Arbeitskreis Neue Erziehung e.V. (ANE) neue „Elternbriefe" für Eltern von Kindern vom ersten bis zum achten Lebensjahr entwickelt. Diese „Elternbriefe" lösen die „Peter-Pelikan-Briefe" ab, die ursprünglich aus Amerika kamen und seit 1960 vom ANE verschickt wurden.

Die Briefe sollen alle Mütter und Väter von der Geburt ihres ersten Kindes an bis zu seinem achten Lebensjahr erhalten. Die 46 Briefe werden in folgenden Zeitabständen verschickt: im 1. Lebensjahr 12 Briefe, im 2. Lebensjahr 6 Briefe, im 3. Lebensjahr 6 Briefe, im 4. Lebensjahr 4 Briefe, im 5. Lebensjahr 4 Briefe, im 6. Lebensjahr 6 Briefe, im 7. Lebensjahr 4 Briefe, im 8. Lebensjahr 4 Briefe.

Jeder Brief ist so abgefaßt, daß spezielle Erziehungsfragen gerade zu dem Zeitpunkt beschrieben werden, zu dem sie für Eltern und Kinder wichtig sind oder kurz darauf werden. Allgemeine und grundsätzliche Hinweise werden im Laufe der acht Jahre — entsprechend dem Entwicklungsstand der Kinder — wiederholt.

Der ANE stellt die Briefe für viele Landesjugendämter und Jugendämter in der Bundesrepublik sowie für private Organisationen her, die die Verteilung der Briefe in den Landkreisen und Städten selbst vornehmen. In Berlin werden die Briefe vom ANE versandt. Auch Einzelpersonen können die Briefe beziehen beim Arbeitskreis Neue Erziehung e.V., 1 Berlin 15.

Berufe für behinderte Jugendliche (Bundesanstalt für Arbeitsvermittlung und Arbeitslosenversicherung mit der Gewerkschaft Erziehung und Wissenschaft und der Arbeitsgemeinschaft deutscher Lehrerverbände. Universum-Verlag, Wiesbaden)

Lehr-, Anlern- und Einarbeitungsberufe für körperbehinderte, anfallskranke, hirnverletzte, blinde, sehbehinderte, gehörlose, schwerhörige, sprachbehinderte, lernbehinderte und geistig behinderte Jugendliche mit kurzen Berufsbeschreibungen und zahlreichen praktischen Hinweisen.

Gesamtverzeichnis der Einrichtungen auf dem Gebiet der Psychiatrie, Kinder- und Jugendpsychiatrie, Neurologie, Neurochirurgie, Psychotherapie, Psychosomatik, Psychohygiene, Heilpädagogik für psychisch und neurologisch Kranke,

Geriatrie. Von C. Kulenkampff und E. Siebecke-Giese. Eigenverlag des Deutschen Vereins für öffentliche und private Fürsorge, 6 Frankfurt M-55, Am Stockborn 1—3.

In diesem Verzeichnis werden alle Einrichtungen der Bundesrepublik Deutschland und Berlin West erfaßt und übersichtlich geordnet dargeboten. Es wird durch Nachträge ergänzt und auf den neuesten Stand gehalten (2 Plastikordner, 800 Seiten).

Rehabilitationsverzeichnis. Leo Sparty (Bad Godesberg: Rehabilitationsverlag 1975)

Anschriftenverzeichnis der in der Bundesrepublik Deutschland und in Berlin-West für die Rehabilitation Behinderter und für das Gesundheitswesen zuständigen Behörden, Organisationen, Vereine, Versicherungsträger, Ausbildungs- und Fortbildungseinrichtungen, sowie Einrichtungen und Anstalten, die sich mit der Rehabilitation behinderter Kinder, Jugendlicher und Erwachsener befassen. Es enthält u.a. Anschriften von Ärzte-Organisationen, Kassenärztlichen Vereinigungen, wissenschaftlichen Fachgesellschaften sowie Berufsverbände von Heilhilfsberufen, Krankenpflege-Organisationen, Heilpädagogen, Sozialpädagogen, Sonderschullehrer, ferner Krankenhaus-Organisationen und Beratungseinrichtungen, sowie der Verbände der öffentlichen und privaten Fürsorge.

Literatur

Aichhorn, A.: Verwahrloste Jugend. 3. Aufl. Bern: Huber 1951.

Apley, J., Keith, R. M.: Das Kind und seine Symptome. Stuttgart: Hippokrates 1965.

Bittner, G., Rehm, W.: Psychoanalyse und Erziehung. Bern: Huber 1964.

Bracken, H. v. (Hrs.): Erziehung und Unterricht behinderter Kinder. Frankfurt: Akademische Verlagsanstalt 1968.

Bussewitz, F., Nissen, G.: Aufgaben einer Kinder- und jugendpsychiatrischen Beratungsstelle. Öff. Ges. Wsn. **34**, 168—173 (1972).

Freud, A.: Wege und Irrwege in der Kindheitsentwicklung. Bern und Stuttgart: Huber/Klett 1968.

Meng, F.: Zwang und Freiheit in der Erziehung. Bern und Stuttgart: Huber 1953.

Nissen, G.: Der Psychagoge in der kinderpsychiatrischen Klinik. Prax. Kinderpsychol. Kinderpsychiat. **1**, 10—12 (1972).

Nissen, G.: Erziehung der Erzieher psychisch gestörter oder behinderter Kinder. In: (Koch, H., Hrsg.) Klinische Heilpädagogik. Villingen: Neckar 1973.

Richter, H. E.: Eltern, Kind und Neurose. Stuttgart: Klett 1967.

Ross, A. O.: Das Sonderkind. Stuttgart: Hippokrates 1967.

Zulliger, H.: Gespräche über Erziehung. Bern und Stuttgart: Huber 1960.

Bedeutung chronischer Erkrankungen für die psychische Entwicklung des Kindes

Von H. Harbauer

Die Feststellung einer chronischen Krankheit oder Behinderung beim Kind erfordert über die unmittelbar notwendig werdende Therapie hinaus Überlegungen zur bestmöglichen seelischen Führung von Eltern und Kind, damit nicht Enttäuschung oder Schuldgefühle verhindern, daß ein chronisch krankes Kind durch seine Umgebung abgelehnt wird. Gelegentlich werden dabei unbewußte Abneigungen überkompensiert, bzw. es versteckt sich in der Überfürsorge Abneigung. Der chronischen Behinderung wird dann oft mit unrealistischer Hoffnung oder mit ihrer Leugnung begegnet. Dem Arzt gelingt die psychische Führung dieser elterlichen Bedürfnisse und Einstellungen weder durch ihre Verurteilung noch durch moralische Wertungen. Es gehört zu seinen wesentlichen Aufgaben, die Beeinträchtigung der für eine harmonische Entwicklung besonders wichtigen emotionalen Beziehungen soweit als möglich zu verhindern.

Zur indirekten Beeinflussung durch veränderte elterliche Verhaltensweisen und Einstellungen kommt die direkte Beeinflussung durch viele, für das behinderte Kind notwendig werdende Einschränkungen, um die sich gesunde Freunde und Gleichaltrige nicht zu kümmern brauchen.

Der häufig befürchtete negative Prägungseinfluß des körperlich chronisch kranken Kindes auf gesunde Geschwister spielt bei entsprechender elterlicher Haltung eine untergeordnete Rolle. Es entstehen im allgemeinen bei den gesunden Kindern keine Anpassungsstörungen.

Die Situation kann sogar pädagogisch positiv genützt werden und durchaus zumutbar sein, um gesunde Geschwister in den ausgewogenen Gegensatz von Rücksichtnahme und Forderung mit einzubeziehen. Die Erfahrung zeigt, daß gerade leichte Behinderungen besonders zu Fehlentwicklungen disponieren, weil die Umwelt hier um so eher eine volle Kompensation erwartet.

Jede chronische Erkrankung behindert oder verändert auch den seelischen Reifevorgang. Beispielhaft sollen im folgenden einige chronische Krankheiten besprochen werden, bei denen es sich zeigt, daß ihre Rolle für die psychische Entwicklung besonders wesentlich sein kann.

I. Chronische Körperbehinderung

Die Persönlichkeitsstruktur des Kindes wird durch die Erfahrung, daß ein erworbener körperlicher Defekt (z. B. nach einem Unfall oder bei Lähmungen nach Poliomyelitis) bleibend sein wird, fast immer beeinflußt. Differenzierte Untersuchungen der letzten Jahre zeigten, daß die früher sog. „Krüppelseele" nicht ausschließlich das Ergebnis ungünstiger Einflüsse von Seiten der Beziehungspersonen des Kindes ist, sondern daß Erleben des Kindes selbst zu bestimmten Fehlhaltungen führen kann. Ängste und Spannungen können zum Durchbruch von Aggressionen und affektiven Entladungen führen, die den Angehörigen und dem Klinikpersonal manchmal erhebliche Führungs- und Erziehungsprobleme aufgeben.

Es ist notwendig, die entstehenden Bedürfnisse des körperbehinderten Kindes und seiner Eltern so weit als möglich zu befriedigen. Entstehende Schuldgefühle bei den Eltern, vielleicht wegen vermeintlich nicht rechtzeitig hinzugezogener ärztlicher Hilfe oder auch Schamgefühle, von nun an ihr Kind im Rollstuhl oder mit dem orthopädischen Gerät leben zu sehen, führen oftmals zur nicht erwünschten Überbehütung und Verwöhnungshaltung. Die Überbehütung wiederum verhindert die gerade in dieser Situation wichtige Verselbständigung des Kindes. Hinter vermeintlicher Überbehütung versteckt sich nicht selten unbewußte Ablehnung und die uneingestandene Auflehnung dagegen, ein chronisch körperbehindertes Kind zu haben.

Für das Kind selbst bedeutet die Bewegungseinschränkung und die damit verbundene Herabsetzung der Möglichkeiten, motorisch tätig zu werden, eine erhebliche Belastung. Die verhinderte oder eingeschränkte motorische Expansion wirkt sich gerade in einer frühen Lebensphase negativ aus, weil sie sich normalerweise durch vermehrte motorische Betätigung und Entladung auszeichnet. Ebenso ist wahrscheinlich, daß die schmerzliche Selbsterkenntnis der bleibenden Behinderung erst um das 10. Lebensjahr entsprechend reflektiert wird, zu einer Zeit, in der üblicherweise die Freude am Körper als Höhepunkt des Lebensgefühls erlebt wird. Betontes Leistungsstreben oder schulischer Ehrgeiz stellen dabei die Kompensation erheblich geminderten Selbstwertgefühls dar. Viele bewegungseingeschränkte Kinder zeigen ein Übermaß an Angst, weniger vor real möglichen Objekten, als vielmehr vor Irrationalem. Es können sich Abwehrmechanismen entwickeln, die das körperbehinderte Kind erst fähig machen, seine Bewegungseinschränkungen entsprechend zu ertragen. Viele Kinder werden um so gefügiger, je intensiver sie ihre Bewegungseinschränkungen erleben, die Erleichterung dieser Einschränkungen kann sogar zu aggressiven Ausbrüchen führen. Projektive testpsychologische Untersuchungen bei körperbehinderten Kindern zeigten, wie langsam und oft unvollständig der Prozeß des Sichabfindens mit der bleibenden motorischen Beeinträchtigung abläuft, obwohl sich hierfür sowohl im Gespräch mit den Angehörigen, als auch mit den Kindern selbst zunächst keine Hinweise ergeben. Die erwünschte Anpassung wird in bestimmten Altersstufen durch die Haltung Gleichaltriger, die ein motorisch behindertes Kind nicht ohne weiteres akzeptieren, sondern es durch Rücksichtslosigkeit vermehrt in die Isolierung drängen, erschwert.

Körperbehinderte Kinder und Jugendliche können so, soweit sie in Normalschulen verbleiben, Benachteiligungen erfahren und Verhaltensstörungen entwickeln.

Leicht körperbehinderte Kinder werden nicht selten aus ihrer Umgebung eindringlich zum Versuch angehalten, ihren Defekt zu kompensieren, was zu einem größeren Risiko seelischer Fehlentwicklung führt, als dies bei Schwerbehinderten der Fall ist.

Nicht behinderten Menschen fehlt weitgehend sowohl echtes Wissen über die Rolle verschiedener Behinderungsformen, als auch über die besondere psychologische und sozial rechtliche Situation des Behinderten, vor allem des behinderten Kindes. Die Einstellungen hierzu reichen von Ablehnung bis Mitleid bei weitgehendem Ausgespartsein sachlicher und wertneutraler Haltung. All dies resultiert vorwiegend aus Nichtwissen überangepaßter und nützlicher Verhaltensweisen im Umgang mit dem Be-

hinderten. Es ist deshalb dringend notwendig, daß sachliche Aufklärung Wissenslücken und Vorurteile ersetzen.

Kunert und Schmidt folgerten aus Untersuchungen an körperbehinderten Kindern, daß

1. in der Erziehung der körperbehinderten Kinder Versagenserlebnisse möglichst zu vermeiden sind, zumal diese Kinder sich schwerer an Frustrationen zu gewöhnen scheinen als gesunde.

2. Tätliche und nichttätliche Strafen und Strafandrohungen sind deshalb als inadäquate Erziehungsmittel anzusehen.

3. Dem Kind müssen echte Erfolgserlebnisse vermittelt werden; sie dienen der psychischen Stabilisierung.

4. Die Erziehung zu äußerer Anpassung und die betonte Forderung nach Leistung sind überall dort verfehlt, wo die Gefahr gleichzeitig entstehender innerer Fehlhaltungen nicht mit hoher Sicherheit ausgeschlossen werden kann.

Neben den chronischen Krankheiten im engeren Sinne mit ihren Auswirkungen auf die Erziehungshaltung der Umgebung und auf die intellektuell-emotionale Reifung der Kinder spielen Selbstwertkonflikte durch isolierte körperliche Fehlbildungen eine nicht unerhebliche Rolle („Thersiteskomplex", Stutte), (Dysmorphophobie). Es gibt eine große Zahl von Mißbildungen oder körperlichen Symptomen (z.B. Kyphoskoliose, Lippen-Kiefer-Gaumen-Spalte, Zwergwuchs, Acne vulgaris, auffallendes Muttermal, abstehende oder zu große Ohren) die zu beeinträchtigenden Selbstwertkonflikten führen können. Dies trifft besonders für die Individuationsphase zu, in der sowohl das Selbstwertempfinden als auch die Anerkennung durch den andersgeschlechtlichen Partner bewußt erlebt und registriert werden. Der Thersiteskomplex kann nicht nur zur Kontaktstörung, zur Leistungshemmung, zur störenden Überkompensation, also zu neurotischen Fehlreaktionen führen, sondern gelegentlich auch für Suicidversuch oder paranoische Entwicklungen verantwortlich sein. Auf die kriminogene Bedeutung des Selbstwertkonfliktes in dieser empfindsamen Altersphase wird zu recht immer wieder hingewiesen. Aus den genannten Gründen fand in den letzten Jahren die Behebung früher nur als kosmetisch störend angesehener Symptome zunehmende Beachtung.

II. Diabetes mellitus

Die Diagnose des Diabetes mellitus im Kindes- und Jugendalter bedingt für den Patienten und seine

Umgebung trotz moderner Therapiemöglichkeiten eine erhebliche Lebensumstellung. Die ersten Wochen nach Diagnosestellung sind meist mit dem Vertrautwerden und mit dem Erlernen von Injektionstechnik, Diätfragen, Kontrolluntersuchungen des Urins usw. so ausgefüllt, daß dem Kinde die Auseinandersetzung mit der Chronizität und den Angehörigen die Führungsprobleme erst langsam bewußt werden. Erzieherische Fragen spielen beim Diabetes mellitus deshalb eine so große Rolle, weil die ärztliche Führung zum Erreichen einer guten Stoffwechseleinstellung ganz besonders auf die Mitarbeit von Eltern und Kind angewiesen ist und die emotionale Situation auch für die Qualität der Stoffwechsellage eine Rolle spielt.

Die kinderpsychiatrischen Führungsaufgaben differieren beim sehr jungen Kind von der Problematik des erkrankten Jugendlichen. Das junge Kind „wächst in seine Erkrankung hinein", trotzdem ist es durch Überbehütung und kontrollierend einengende Erziehungshaltung gefährdet. Beim erkrankten Jugendlichen treffen wir gelegentlich auf erhebliche Verhaltensstörungen, die beim Suicid oder Suicidversuch (nicht selten durch Insulin-Überdosierung) enden können. Ein für den Diabetes mellitus im Kindes- und Jugendalter typisches psychisches Persönlichkeitsbild ließ sich trotz verbreiteter gegenteiliger Meinung bis heute nicht umschreiben (Jochmus). Angst und Verlust an Sicherheit durch Krankheitserleben spielen neben einer ängstlich resignierenden Grundhaltung eine bedeutsame Rolle. Manche Kinder reagieren dabei mit der Haltung des Ausgestoßen- und Andersseins oder entwickeln asketische Einstellungen. Die Rolle seelischer Frühreife, die durch das souveräne Hinauswachsen über die irritierenden Probleme entstanden sein könnte, — ähnlich wie bei anderen chronischen Krankheiten — wird wahrscheinlich überschätzt.

Welche Bedeutung Hypoglykämien für die Gehirnentwicklung besitzen, muß im Einzelfall diskutiert werden. Es wurden elektroencephalographische Veränderungen gefunden, die in signifikanter Beziehung zur Häufigkeit und zur Schwere durchgemachter hypoglycämischer Schocks standen (Jochmus).

Die seelische Führung diabeteskranker Kinder und Jugendlicher sollte versuchen, eine möglichst spannungs- und angstfreie Atmosphäre zu schaffen. Dort dürfen weder verwöhnende Haltung, die dem Kind alles abnimmt, um es vielleicht damit zu „entschädigen", noch ein zu großer Ehrgeiz vor allem im schulischen Bereich zu Hause sein. Auf dem Wege zur gefährdeten Eigenentfaltung und Selbständigkeit ist es angebracht, viel Wissen und sachliche Information zu vermitteln und gegen den Trend anzugehen, der auf einen Rückzug in die Isolierung hinzielt.

III. Angiokardiopathien

Die angeborenen Angiokardiopathien zeigen neben der individuell verzögerten körperlichen Entwicklung (Gewicht, Längenmaß, Behinderung durch zusätzliche andere körperliche Anomalien und Dysplasien) auch einen Entwicklungsrückstand im emotional-intellektuellen Bereich. Vermehrt vorkommende neurologische Befunde, vor allem Störungen der Koordination, legen den Verdacht nahe, daß besonders in der Gruppe mit klinisch faßbaren Zyanosen neben den gestörten Umweltbeziehungen cerebral-hypoxische Störungen für das psychische Anderssein dieser Kinder verantwortlich gemacht werden müssen. Sekundär entstehende Encephalopathien mit ihrem begleitenden leichten organischen Psychosyndrom spielen hier eine Rolle mit.

Es besteht keine absolute Abhängigkeit der Beeinträchtigung von der Schwere der Fehlbildung, ebenso gibt es kein einheitliches Bild der psychischen Fehlentwicklung (Schlange). Herabgesetztes intellektuelles Leistungsvermögen findet sich in dieser Krankheitsgruppe überdurchschnittlich häufig und regelmäßig bei den supravalvulären Aortenstenosen.

Es liegt nahe, daß Eltern, die das Herz ihres Kindes krank wissen, eine besonders ängstlichbehütende Erziehungshaltung üben, für die wiederum oft Schuldgefühle verantwortlich zu machen sind. Diese zu behütende Einstellung führt zu zahlreichen Verboten und Einschränkungen in der altersentsprechenden Kindergruppe mitzuagieren, was Kontaktschwierigkeiten und Regressionssymptome nach sich ziehen kann.

Untersuchungsreihen zeigten, daß sich aktivaggressives Verhalten bis zur Pubertät in dieser Krankheitsgruppe kaum findet. Ein objektivierbares Krankheitsgefühl wird erst relativ spät (nach Ablauf der ersten Schuljahre) bei den Kindern registriert.

Der Erfolg einer gelungenen Operation mit ihren sich plötzlich neu ergebenden Aktionsmöglichkeiten kann zunächst zu gewissen Anpassungsschwierigkeiten führen. Es ist zu recht umstritten, ob danach ein echter Intelligenzzuwachs beobachtet werden kann.

Bis zur korrekten diagnostischen Sicherung einer Herzkrankheit und der Anordnung notwendiger bzw. möglicher Maßnahmen können erfahrungsgemäß abweichende ärztliche Meinungen eine erhebliche emotionale Beunruhigung sowohl bei Angehörigen, als auch beim Patienten provozieren. Die Rolle des irgendwann einmal festgestellten funktionell, d. h. harmlos bleibenden „Herzgeräusches" darf hierfür als typisches Beispiel angesprochen werden. Dieses Ereignis kann bis zur hypochondrischen Einstellung im Erwachsenenleben hinführen.

IV. Mucoviscidose (cystische Fibrose)

Die Mucoviscidose kann als Beispiel einer schweren generalisierten Erkrankung gelten, durch die Haltung und Erziehungseinstellung der Umgebung erheblich irritiert werden.

Bei der Mucoviscidose wird die Chance, beim Kind eine Lebensverlängerung zu erreichen, nur durch erhebliche physische und psychische Belastung der Umgebung möglich. Trotzdem bleibt bis heute dabei den Angehörigen das Bewußtsein nur symptomatischen Tuns. Die Physiotherapie z. B. (Abhusten, Abklopfübungen, Nebelzelt) nimmt täglich etwa 3—4 Std Arbeitsbelastung für die Familie in Anspruch. Es ist dabei verständlich, daß hierdurch nicht selten Störungen der Beziehungen zwischen den Elternpartnern entstehen. Beim Patienten selbst läßt sich ein echtes Krankheitsbewußtsein um die Zeit der Einschulung, manchmal erst vor dem 8.—10. Lebensjahr beobachten. Es gibt Kinder, die aus Angst vor den immer wieder notwendig werdenden Klinikaufnahmen zur Dissimulation neigen. Da es sich um eine heterozygote Erbkrankheit handelt, wird den Eltern auch aus Präventivgründen von weiteren Kindern abgeraten, was wiederum die Erziehungseinstellung zum kranken Kind beeinflußt. Ihre Häufigkeit beträgt 1 : 1900.

V. Malabsorptionssyndrom

Unter den Magen-Darmerkrankungen mit gestörter Resorption bei normalen Enzymverhältnissen (Mal-absorptionssyndrom) spielt vor allem das Zöliakiesyndrom eine Rolle. Bei dieser manchmal familiären, chronischen Ernährungsstörung der ersten Lebensjahre entwickelt sich bei schwerer Ausprägung und längerer Krankheitsdauer ein typisches psychopathologisches Bild.

Die Kinder zeigen neben ihren Körpersymptomen (übelriechende, voluminöse Stühle, großes Abdomen, Minderwuchs) eine mißmutige, verdrießliche Grundeinstellung, sie sind ängstlich, reizbar, spielunlustig und stimmungslabil. Gelegentlich ist bei langer Krankheitsdauer ein mäßiger Rückstand der intellektuellen Entwicklung zu erkennen.

Es ist bisher umstritten, ob diese Symptomatik neben Krankheitszeichen wie Mattigkeit, Mißempfindungen im Darmbereich unmittelbare Beziehungen zur Enteropathie aufweist. Sicher sind direkte und indirekte Umwelteinflüsse für viele Haltungen dieser „neuropathischen" Wesensveränderung verantwortlich (wiederkehrende Klinikaufnahmen, Therapiebelastung, Einschränkung des Bewegungsbedürfnisses, Schuldgefühle und Angst der Eltern). Trotz Rezidivneigung bessern sich die psychischen Symptome nach Therapiebeginn bzw. nach Ausheilung.

Literatur

Harbauer, H., Kenter, M., Kunert, S.: Über die Anpassung von Kindern mit poliomyelitischen Dauerlähmungen. Jahrb. Jugendpsychiatr. Bd. II. Bern-Stuttgart: Huber 1960.

Jochmus, U.: Die psychische Entwicklung diabetischer Kinder und Jugendlicher. 66. Beiheft. Arch. Kinderheilk. Stuttgart: Enke 1971.

Kunert, S., Schmidt, M.: Die psychische Situation körperbehinderter Kinder. Ratingen: Henn 1971.

Lange-Cosack, H., Mattheis, R.: Über das psychische Verhalten von Kindern und Jugendlichen mit poliomyelitischer Dauerlähmung. Jahrb. Jugendpsychiatr. Bd. I. Bern-Stuttgart: Huber 1956.

Schlange, H.: Die körperliche und geistige Entwicklung bei Kindern mit angeborenen Herz- und Gefäßmißbildungen. 47. Beiheft Archiv Kinderheilk. Stuttgart: Enke 1962.

Stutte, H.: Der Thersiteskomplex, ein phasenspezifischer Konfliktfaktor der Adoleszenz. Crianca port. 21 (1962/63).

Wegener, H.: Die psychologische Problematik des körperbehinderten Kindes. In: Handb. d. Psychologie, Bd. 10. Göttingen: Hogrefe 1959.

Neuropathie, psychopathische Entwicklung, vegetative Syndrome, Migräne

Von H. Harbauer

Die scharfe Trennung biologischer und umweltbedingter Voraussetzungen für das Werden eines psychosomatischen oder somatopsychischen Störungsbildes beim Kind ist oftmals nicht möglich. Dies trifft besonders für einige Verhaltensweisen von Kleinkindern zu. Obwohl zunehmend die Bedeutung von Familienstruktur, Erziehungshaltung, Tradition und sozialen Gegebenheiten für die Persönlichkeitsentwicklung anerkannt wird, wäre es eine unzulässige Vereinfachung, Zustandsbilder verleugnen zu wollen, bei denen konstitutionellen Faktoren ein gewisses Schwergewicht zuerkannt werden muß. Es handelt sich dabei vor allem um die Neuropathie, die psychopathische Entwicklung, die vegetativen Syndrome und die Migräne. Ihre Phänomenologie weist einige Überschneidungen auf.

I. Neuropathie

Symptomatik. Der neuropathische *Säugling* zeigt im allgemeinen Störungen des Schlafes (Aufschrecken, geringes Schlafbedürfnis, sehr oberflächlicher Schlaf), der Nahrungsaufnahme (Brustscheu, Erbrechen, Schwierigkeiten beim Übergang auf feste Nahrung), des Verdauungsvorganges (Neigung zu Durchfällen) und der Motorik (erhöhte Unruhe, vermehrtes Schreien). Intensive Rumination, möglicherweise sogar die Entwicklung der hypertrophischen Pylorustenose gehören in diesen Kreis „psychosomatischer Störungen".

Die genannte Symptomatik persistiert nicht selten im *Kleinkindesalter* und kann sich jetzt durch meist nicht ausbleibendes Fehlverhalten der Umgebung und Einflüsse des Milieus sogar noch intensivieren. Die vergrößerte Bewegungsmöglichkeit des neuropathischen Kleinkindes läßt eine verstärkte motorische Unruhe zu. Das Bedürfnis nach Abwechslung steht ganz im Vordergrund, so daß sich das so irritierte Kleinkind ständig mit neuen Spielideen und Spielanfängen beschäftigt. Ein sich über Monate nicht bessernder Keuchhusten, respiratorische Affektkrämpfe (s. S. 376) oder die meist emotional bedingte Auslösung des acetonämischen Erbrechens lassen sich ebenfalls dem Syndrom neuropathischer Verhaltensweisen dieser Altersstufe zurechnen.

Im *Schulalter* reagieren diese Kinder häufiger mit einer Symptomatik, wie sie von der vegetativen Dystonie des Schulkindes und des Erwachsenen bekannt ist. Nabelkoliken, große Geruchs- und Geräuschempfindlichkeit, Kopfschmerzen, Schwindel, Furcht vor Schaukelbewegungen werden geklagt. Die Rekonvaleszenz unkomplizierter Kinderkrankheiten verläuft bei neuropathischen Kindern meist verlängert und erschwert. Hitze, Kälte oder auch Hunger werden wesentlich schwerer ertragen.

Genese und soziale Bedeutung. Die Anlagekomponente, d. h. die Möglichkeit, so und in dieser spezifischen Form zu reagieren, kann aus der pathogenetischen Sicht nicht ausgeklammert werden. Das bereits am ersten Lebenstag erkennbare Verhalten, die Wiederholung gleicher Phänomene und Symptome unter Geschwistern oder Angehörigen, die bisher niemals miteinander Kontakt hatten, unterstreichen dies. Deshalb zweifeln auch psychodynamisch orientierte Auffassungen nicht an der Existenz persönlichkeitsgebundener Eigenschaften wie der Hypermotilität, der Hypersensibilität und Hypersexualität, die dieser frühen Lebenszeit ihren Stempel aufdrücken können (Dührssen, Schultz-Hencke). Damit ist unbestritten, daß diese persönlichkeitseigene erhöhte Ansprechbarkeit und Reizempfindlichkeit mit zunehmendem Lebensalter, oft schon in den ersten Lebensmonaten, mit ihrer Umwelt in Konflikt kommen muß. Das am ersten Lebenstag wirksam werdende Spannungsfeld der Umweltbeziehungen kann sich nur unter Einbeziehung dieser Anlagekomponenten formieren.

Diagnose und Differentialdiagnose. Die Diagnose einer neuropathischen Symptomatik orientiert sich am jeweiligen psychophysischen Reifungsstand. Die im Fluß befindliche Entwicklung der kindlichen Persönlichkeit läßt eine starre Aufstellung von Kategorien und Typologien nicht zu. So kann eine derartige Variante des Normalverhaltens (Hoff) bereits in den ersten Lebensstunden des Kindes erkannt werden, also zu einem Zeitpunkt, an dem frühkindliche Konflikte und Milieukomponenten — lassen wir die Schwangerschaft als sehr spekulative Spanne der seelischen Entwicklung außer acht — noch nicht wirksam wurden. Die Neuropathie stellt das „konstitutionell verankerte Syndrom nervöser Übererregbarkeit" (Stutte) für das junge Kind dar. Die erhöhte vegetative Ansprechbarkeit bedingt die Überempfindlichkeit gegen erste Sinneseindrücke, eine überschießende Reizbeantwortung, auffallende Erschöpfbarkeit und die mangelnde Fähigkeit, ein funktionelles Gleichgewicht herzustellen und zu steuern.

Bei allen mit der vegetativen Grundhaltung enger gekoppelten Verhaltensweisen, z.B. des Schlafs oder der Nahrungsaufnahme, hängt es im späteren Kindesalter von den anamnestisch zu erfahrenden Daten, dem erkennbaren Konflikt bzw. der Symptomatik ab, ob wir von einer psychosomatischen Störung, von einer kindlichen Neurose, einer abnormen Reaktion oder von mehr neuropathisch akzentuierten Verhaltensweisen sprechen dürfen. Dabei ist es wichtig abzuklären, ob sich die erhöhte Reizempfindlichkeit bis in die ersten Lebenstage zurückverfolgen läßt. Das vorwiegend neuropathisch irritierte Kind versucht nur selten durch den Appell an eine gewisse Selbstdisziplin oder durch eine ihm angebotene Therapieform zu einer Wandlung bzw. Besserung seines Zustandsbildes zu gelangen. Beim Fehlen oder beim Abbruch entsprechender erster Objektbeziehungen (Spitz), d.h. bei allen Erscheinungsformen des Hospitalismus, führen dessen Versagenserlebnisse oft zu einem der Neuropathie sehr ähnlichen Zustandsbild, dessen Differentialdiagnose wichtig und anamnestisch meist klärbar ist.

Forschungsergebnisse der letzten Jahre unterstreichen die Rolle leichter frühkindlicher Hirnschädigungen für die Differentialdiagnose („Pseudopsychopathie", „frühkindliches, exogenes Psychosyndrom"). Konzentrationsstörungen, Reizbarkeit, Fehlen von situationsbedingter Angst, mangelnde Steuerungsmöglichkeiten finden wir sowohl bei neuropathischen, als auch bei frühkindlich leicht geschädigten Kindern. Die gewissenhaft und exakt erhobene Anamnese sowie die Anwendung moderner neurologischer und testpsychologischer Untersuchungsmethoden führen meist zur differentialdiagnostisch befriedigenden Abklärung.

Therapie und Prognose. Bei entsprechend angepaßter und nicht provozierender Erziehungseinstellung verlieren sich viele neuropathische Reaktionsweisen im Ablauf der Kindheit spontan. Die Möglichkeiten einer Behandlung des Kindes durch Einzel- oder Gruppenspieltherapie sind begrenzt. Entscheidender kommt es darauf an, mit den Eltern über längere Zeit hinweg in Kontakt zu bleiben, um durch entsprechende Beratung ihnen bei der Führung ihrer gestörten Kinder zu helfen. Selbstverständlich bedarf eine zum neurotischen Überbau disponierende Konfliktsituation oder ein abstellbares Hindernis im sozialen Bereich der Auflösung und Ausräumung. Auf die geringe Belastbarkeit dieser Kinder, auf die veränderte soziale Kontaktbereitschaft, z.B. während der Trotzphase oder bei der Aufnahme in den Kindergarten, muß Rücksicht genommen werden. Im Schulalter sind alle die Therapieversuche angezeigt, die sich auch bei der vegetativen Dystonie anbieten. Auch vor dieser Altersstufe kann versucht werden, Zuspitzungen durch eine kritisch verordnete Therapie mit Psychopharmaka zumindest teilweise abzufangen. Die erwünschte Persönlichkeitsentwicklung läßt sich jedoch nicht auf pharmakotherapeutischem Wege manipulieren.

Zur Prognose der mehr konstitutionsabhängigen erhöhten Erregbarkeit im Kindesalter gilt noch immer, was Homburger vor fast einem halben Jahrhundert formulierte: „Jeder erfahrene Beobachter hat Fälle aufzuweisen, in denen auf eine sehr trostlose Kindheit eine überraschend gute Entwicklung folgte und in denen das Zutrauen der Eltern oder ihr zähes Widerstreben gegenüber den Mahnungen eines ängstlichen Arztes sich später rechtfertigte. Darum darf man in der Vorhersage keiner apodiktischen Gewißheit huldigen."

II. Psychopathische Entwicklung

Der Versuch, die von Kurt Schneider stammende Definition der Psychopathen, die als abnorme Persönlichkeiten unter ihrer Abnormität leiden oder unter deren Abnormität die Gesellschaft leidet, auf das Kindes- oder Jugendalter zu übertragen, stößt auf erhebliche Schwierigkeiten. Psychopathische Entwicklungen — mit dieser Begriffsumschreibung wurde der statische Aspekt weiter zurückgedrängt — bedürfen zu ihrer Manifestation gewisser Milieukorrespondenzen. Tramer sieht die Anforderungen im Erziehungsvorgang als Vorstufe einer notwendig werdenden Anpassung und Einordnung in die Gemeinschaft und glaubt, daß ein anlagebedingtes Versagen gegenüber diesen Anforderungen beim Kinde uns berechtige, bei ihm von Psychopathie oder psychopathischer Persönlichkeit zu sprechen. Er denkt in diesem Zusammenhang an alle die Phänomene, die als erhebliche Schwererziehbarkeit zusammengefaßt werden können.

Tatsechlich läßt sich aber die Entwicklung vorwiegend anlagegesteuerter seelischer Reaktionsweisen beim Kind nur schwer und angreifbar definieren. Die Träger der Anlage, d.h. die leiblichen Eltern, sind auch die Gestalter der kindlichen Umwelt. Diese Tatsache, die Plastizität kindlicher Entwicklungsmöglichkeiten sowie die noch immer erkennbare negative Wertsetzung des Begriffes Psychopathie führten im klinischen Umgang dazu, die Diagnose Psychopathie im Kindesalter praktisch nicht zu stellen.

Es gab Versuche, im Kindes- und Jugendalter einzelne Typen psychopathischer Persönlichkeiten, z.B. des ängstlichen, des sensitiven und reizbaren Kindes (Villinger) abzugrenzen und zu umschreiben. Dies mag für das Jugendalter im Einzelfall berechtigt sein und auch gelingen. Eine kindesspezifische Psychopathentypologie läßt sich nicht beschreiben. Die meisten kindlichen Verhaltensauffälligkeiten oder Erziehungsschwierigkeiten sind mit einer bestimmten Erziehungshaltung ihrer Umgebung so eng verzahnt, daß es nicht üblich wurde, den vom Erwachsenen her übernommenen Begriff auf die Lebenszeit bis zur Pubertät zu übertragen. Dabei läßt diese Einstellung offen, ob im Entwicklungsablauf eines Kindes vielleicht doch Potenzen mitwirken, die sich nach Abschluß der dynamischen Kindheitsentwicklung durchaus als das manifestieren, was beim Jugendlichen und Erwachsenen heute als psychopathische Entwicklung diagnostiziert wird.

Das nosologische Problem wird weiter erschwert, weil viele kindliche Reaktionsweisen, die beim Erwachsenen vielleicht als asthenische oder selbstunsichere Entwicklung beschrieben werden, im frühen Lebensalter viel „körpernäher" imponieren und dort meist als Neuropathie in Erscheinung treten, bzw. so bezeichnet werden.

III. Vegetative Syndrome

Bei der vegetativen Regulationsstörung im Kindesalter kommt es aus persönlichkeitsgebundenen oder äußeren, krankheitsbedingten Anlässen meist im Schulalter zu einer chronischen Dekompensation im vegetativen Regulationsgefüge. Die vegetative Dystonie kann auch im Kindesalter zu einer mangelnden Anpassungsbereitschaft führen, die sich in veränderten vitalpsychischen Verhaltensweisen äußert. Im folgenden werden die Zustandsbilder besprochen, deren Pathogenese zunächst als

Störung vegetativer Regulationen interpretiert werden kann. Vom Wirksamwerden überwiegend seelischer Vorgänge in veränderten körperlichen Funktionsabläufen ist im Abschnitt Organneurosen die Rede.

Symptomatik. An der engen Verflochtenheit zwischen psychologischen und psychopathologischen Phänomenen, vitalpsychischen Verhaltensweisen wie Antrieb, Stimmung, Wachheitsgrad und dem Geschehen der vegetativen Funktionsregulierung ist auch beim Kind und Jugendlichen kein Zweifel. Die vegetative Labilität kann sich als Folge chronifizierter seelischer Konflikte, emotionaler Belastungen und anhaltender Überforderung entwickeln. Im Einzelfall wird dann zu entscheiden sein, ob dem störenden Symptom am Organ oder Organsystem neurotische Valenz zukommt. Begriffshistorisch ist es interessant, daß mit dem Verschwinden des von Kraepelin geprägten Terminus „Neurasthenie" sich der Begriff „vegetative Dystonie" zunehmend eingebürgert hat.

Motorische Unruhe beim Schulkind, Hin- und Herrutschen beim Sitzen, anhaltendes Schwenken der Beine, häufiges Aufstehen und Umhergehen, allgemeine Zappeligkeit und die den Schulerfolg störende Form der Konzentrationserschwerung können Symptome eines vorwiegend vegetativ gesteuerten Syndroms sein. In diesen Beschwerdekreis gehören ferner verminderte Belastbarkeit bei an sich altersentsprechenden Anforderungen, überdurchschnittliche Ermüdbarkeit ohne organische Ursachen, gelegentliche Klagen über Kopfschmerzen, Schwindelerscheinungen, kalte Füße, leichtes Schwitzen und kardiovasculäre Symptome. Letztere werden meist als Herzklopfen und Beklemmungsgefühle registriert und als Extrasystolie, Sinustachykardie oder respiratorische Arrhythmie diagnostiziert. Zu den sog. Schulohnmachten, häufig bei Mädchen in der Vorpubertät, führen oft Symptome einer orthostatischen Dysregulation im Sinne einer Hypotonie. Diesen Zustandsbildern gehen manchmal Inappetenz, Verstimmtheit oder auch Brechneigung voraus.

Im Magen-Darm-Bereich finden wir vor allem anfallsweise auftretende rezidivierende Bauchschmerzen, meist um den Nabel lokalisiert („Nabelkoliken"), sowie die Neigung zu Durchfällen, seltener zur Obstipation. Auch Schlafstörungen wie das erschwerte Einschlafen, das häufige Erwachen in der Nacht oder die nicht entsprechende Schlaftiefe können als Symptome vegetativer Übererregbarkeit imponieren. Die Erythrophobie stellt bevorzugt beim Mädchen eine lästige und störende vasale Reaktionsform in enger Beziehung zur emotionalen Reaktionslage dar.

Genese und soziale Bedeutung. Bei gewissenhafter Diagnostik lassen sich für das vegetative Syndrom im Kindes- und Jugendalter in vielen Fällen konstitutionelle Vorgegebenheiten erkennen. Nicht selten finden sich ähnliche Beschwerdebilder bei einem Elternteil, bei Geschwistern oder auch bei Angehörigen, die sich bisher nicht persönlich gekannt haben oder nicht in gleicher Gemeinschaft aufwuchsen. Als stärkster pathogener Milieufaktor kann die mütterliche Nervosität und Unausgeglichenheit angesehen werden. Eine sich gegenseitig induzierende Wechselbeziehung zwischen Mutter und Kind, die motorische Einengung, vor allem in den Entwicklungsphasen mit großem Bewegungsbedürfnis, eine zu perfektionistische oder auch zu autoritäre, damit ebenfalls einengende Erziehungshaltung spielen die entscheidende Rolle. Die unruhige Atmosphäre einer Familie, die Überforderung oder der erhöhte Ehrgeiz der Umgebung können verstärkend hinzu kommen. Der aus der Umwelt das Kind treffende belastende Reiz findet dann keine entsprechende Aufnahme, sondern eine überschießende Beantwortung im Sinne vegetativer Übererregbarkeit. Kardiale Beklemmungsgefühle, nervöse Atmungsanomalien, Anfälle von Atemnot resultieren nicht selten aus sexuellen Reifungskonflikten und nicht entsprechend bewältigten meist unaufgeklärten Sexualkonflikten und Krisen. Vor allem Mädchen der Vorpubertät und Pubertät neigen zu derartiger Symptomatik. Chronische Überforderung bei überhöhter Erwartungshaltung der Umgebung, chronifizierte emotionale Belastungen können vor allem beim Schulkind zu Kopf- und Leibschmerzen führen, wobei das letztere Symptom auch schon im Vorschulalter beobachtet wird. Der gesteigerte Anspruch und überhöhte Leistungsehrgeiz der Umgebung bedingen nicht selten rezidivierende Kopfschmerzen, die bereits migräne-ähnlichen Charakter (s. S. 44) tragen können. Unter den möglichen pathogenetischen Mechanismen spielen die aggressive Gehemmtheit, die ängstliche Dauergespanntheit und Selbstunsicherheit, aber nur selten einmalige seelische Traumatisierungen für die Entstehung und Unterhaltung recht unterschiedlicher vegetativer Symptome eine wichtige Rolle.

Entwicklungskrisen im Sinne physiologischer Durchgangsphasen, wie z.B. im Trotzalter oder in der Vorpubertät, können zu einer vorübergehenden Akzentuierung bestehender vegetativer Störungsbilder führen. Schrittmacherrolle spielen ferner vorausgegangene Krankheiten, wobei eine cerebrale Mitbeteiligung keine Voraussetzung ist. Auch Abweichungen der endokrinen Regulation, meist ohne Krankheitswert, z.B. eine passagere Schilddrüsenüberfunktion in der Pubertät, prädestinieren das Manifestwerden vegetativ bedingter Symptomatik.

Diagnose und Differentialdiagnose. Die Diagnose der vegetativen Störung beim Kind ist eine symptomatische, sie kann in den meisten Fällen nur per exclusionem gestellt werden. Nach Ausschluß organischer Ursachen und überwiegend psychogener Auslösevorgänge stützt sich die Diagnose auf das exakte Beschwerdebild bzw. auf den Verlauf. Ihre Ergänzung muß sie immer durch die Entwicklungs- und Reaktionseigentümlichkeiten sowie durch die biographische Anamnese des Kindes finden. Die pädiatrische bzw. interne Durchuntersuchung sollte der Diagnosenstellung vorangehen. Die Gestaltung dieser Durchuntersuchung steht in einiger Abhängigkeit mit dem Beschwerdebild, sie muß zunächst organbezogen sein. Oft wird die Untersuchung des Herz-Kreislauf-Systemes mit Kreislaufregulationsversuch, EKG, vor allem Steh-EKG, notwendig. Kopfschmerzen, Schwindel, Ohnmachtszustände bedingen immer eine exakte neurologische Prüfung, sowie meist auch die Ableitung eines Hirnstrombildes, die Röntgenübersichts-Aufnahme des Schädels und die Kontrolle des Augenhintergrundbefundes. Dies gilt vor allem für die Differentialdiagnose vegetativer Ohnmachten und Bewußtseinsstörungen. Die Hilfe des Augen- oder Hals-, Nasen-, Ohrenfacharztes wird bei einigen Beschwerdebildern notwendig, vor allem, wenn verursachende Brechungsfehler, Nebenhöhlenaffektionen oder chronische Entzündungen des Rachenrings verantwortlich zu machen sind.

Das Beschwerdebild mit abdomineller Symptomatik, meist um den Nabel lokalisiert (Nabelkoliken), wird gelegentlich von Brechreiz, Übelkeit oder spastischer Obstipation begleitet. Es bedarf ebenfalls ausgiebiger differentialdiagnostischer Überlegungen, um die Ileitis terminalis, die „subchronische" Appendicitis, die Pyelitis, das Ulcus oder die Hernie als Verdachtsdiagnosen auszuschließen.

Auf Herzbeschwerden im Symptomenbild der vegetativen Dystonie stoßen wir meist erst im Präpubertäts- und Pubertätsalter, vor allem beim Mädchen und sensitiven, empfindsamen Knaben. Auch hier darf z.B. eine Karditis oder organisch bedingte Rhythmusstörung nicht verkannt werden.

Bei etwa $^1/_3$ bis zur Hälfte der Kinder mit vegetativer Dysregulation bleiben reaktive schulische Leistungsminderungen nicht aus. Konzentrations- und Aufmerksamkeitsschwäche, Stimmungslabilität, überdurchschnittliche Ermüdbarkeit bedingen ein Störungsbild, für dessen Genese differentialdiagnostisch manchmal eine intellektuelle Minderausstattung erst ausgeschlossen werden muß. Die Verantwortlichkeit des seelischen Erlebnisbereiches ist durch die biographische Anamnese, gelegentlich auch durch projektive testpsychologische Untersuchungen, zu erfassen. Erst nach einem diagnostischen Vorgehen, das echte Organstörungen ausschließt, ist es zulässig, ein Symptom als Symbol zu verstehen.

Therapie und Prognose. Kindliche Patienten mit vegetativen Syndromen stehen erfahrungsgemäß schon über einen längeren Zeitraum im Schnittpunkt vielfältiger körperlich-funktioneller und psychisch-sozialer Störfaktoren. Ob das Symptom Krankheitswert besitzt, muß im Einzelfall entschieden werden. Es gelingt nicht immer, das Störungssyndrom über einen einzigen therapeutischen Weg zu kompensieren. Lassen sich diagnostisch primäre Organstörungen ausschließen, dann stellt das Verstehen und therapeutische Eingehen auf den erkennbaren Erlebniszusammenhang den entscheidenden Behandlungsversuch dar. In leichteren Fällen genügt bereits die ärztliche Information an den Patienten und seine Umwelt, meist seine Eltern, und der Versuch, diese in ihrer Einstellung zum Symptom um- oder neu-zuzuorientieren. Es bedarf darüber hinaus meist der Milieubereinigung, bzw. der Entlastung von Überforderungs- und Einengungssituationen. Hierher gehört ganz selbstverständlich auch die entsprechende Führung von Eltern oder Angehörigen. Im Einzelfall kann es notwendig sein, die Familie zu überzeugen, daß sich derzeit keine andere Möglichkeit anbietet, als mit der Symptomatik des Kindes zu leben. In leichteren Fällen ist deshalb die Führung der Angehörigen oft entscheidender als die Behandlung der Kinder. Die psychotherapeutische Behandlung, soweit sie über Spieltherapie, autogenes Training und verbale Führung hinausgeht, erweist sich vor allem bei älteren Kindern und Jugendlichen dann als erforderlich, wenn bereits eine neurotische Fehlhaltung oder Fixierung eines Symptoms vorhanden ist. Die Neurose unterhält dann das vegetative Störungsbild, so daß diese Zustände nicht mehr nur als vegetative Dystonie bezeichnet werden sollten.

Anders als bei den vegetativen Neurosen läßt sich das übliche Syndrom der vegetativen Dystonie bereits nach Fortfall der auslösenden Ursachen relativ gut beeinflussen. Beim Kind kommt erfreulicherweise hinzu, daß das vegetative Nervensystem eine deutlichere Tendenz als beim Erwachsenen besitzt, zur normalen Tonuslage zurückzukehren.

Mit den Angehörigen müssen immer der Tagesrhythmus des Kindes, die Dauer der Schlafzeit, die Abwendung oder zu mindestens Einschränkung nicht notwendiger Umweltreize (Fernsehen), sowie oft auch eine Ernährungsberatung (Hypoglykämie, Regulierung des Frühstücks) besprochen werden. Sinnvoll ist auch die Verordnung eines dosierten körperlichen Trainings (Gymnastik, Schwimmen) mit ebenso dosierten körperlichen Reizen. Physikalische Maßnahmen oder Bürstenmassage lassen sich heute auch im Elternhaus durchführen. Mit kurmäßig durchzuführenden Therapiemethoden kehrt nicht nur eine sich steigernde körperliche Leistungsfähigkeit wieder, sondern es verschwinden auch viele hypochondrische Zweifel und Selbstwertkonflikte. Die meist bereits bestehende verminderte körperliche Leistungsfähigkeit wird jedoch nicht durch die noch immer beliebte Schulturnbefreiung oder durch eine planlose Erholungsverschickung erreicht. Diese Maßnahmen erhöhen den Trainingsverlust und führen vermehrt zur Absonderung aus der Gruppe und zu Selbstwertzweifeln.

Vom Medikament allein ist keine entscheidende Beeinflussung zu erwarten. Kreislaufregulationsmittel, leicht sedierende und tonusausgleichende Kombinationspräparate (z.B. Hopfen- oder Belladonna-Präparate), sowie die Gruppe der Tranquilizer — kritisch dosiert — sind imstande, die Beschwerden der Kinder zu bessern. Die besondere vegetative Reaktivität bleibt jedoch von den Pharmaka weitgehend unbeeinflußt, so daß es meist in einer endokrinen Umstellungsphase wie der Pubertät oder bei komplizierenden psychophysischen Belastungen erneut zu vegetativer Entgleisung und Symptombildungen kommen kann. Darüber hinaus sollte immer bedacht werden, daß gerade in dieser Patientengruppe ein Zuviel an ärztlichem, symptomatischem Handeln unter Umständen schädigend wirkt. Katamnestische Untersuchungen (Wheeler, White u. a.) kamen zu dem Ergebnis, daß bei der vegetativen Dystonie „keine längere Therapie besser oder effektvoller ist, als die einfache Beruhigung und der Lauf der Zeit". Die Angaben über das spätere Schicksal dieser Patienten lassen erkennen, daß die Störung keine signifikanten Unterschiede im Hinblick auf Heirat, Familiengründung und Lebenserfolg nach sich zu ziehen braucht.

IV. Migräne

Symptomatik. Anfallsweise, oft innerhalb von Minuten aus völligem Wohlbefinden heraus auftretende Kopfschmerzattacken, verbunden mit Übelkeit, Erbrechen und Schwindel, kennzeichnen den typischen Migräneanfall auch im Kindesalter. Gelegentlich werden ein Flimmerskotom, von etwa der Hälfte der erkrankten Kinder Halbseitigkeit angegeben. Der einzelne Migräneanfall, der häufig kürzer als beim Erwachsenen andauert, ist manchmal begleitet von Mißgelauntheit, Reizbarkeit und Licht- oder Lärmempfindlichkeit. Die Kinder sind während des Migräneanfalles zu keinen Leistungen mehr imstande, so daß sie meist von der Schule nach Hause gebracht werden und selbst in völligem Gegensatz zu ihrem sonstigen Verhalten den Wunsch nach Ruhe äußern, bzw. sich hinlegen möchten, weil sie sich elend und krank fühlen.

Bei der *Migräne accompagnée* begleiten neurologische Ausfälle, wie kurzdauernde Hemiparesen oder dysphasische Symptome den Migräneanfall. Oft gehen diese dem Anfall unmittelbar voraus oder schließen sich ihm an. Die Rückbildung dieser Symptomatik erfolgt meist komplikationslos innerhalb eines Tages, in vielen Fällen bereits nach Stunden. Eine Occulomotorius- oder Abduzens-Parese kennzeichnen die Sonderform der ophthalmoplegischen Migräne; Hirnstamm und Kleinhirnsymptome, nicht selten mit Bewußtseinseinschränkungen, schlafähnlichen Zuständen und Schwindel, die Basilararterienmigräne.

Die Erkrankungshäufigkeit überwiegt bei Knaben bis etwa zum 10. Lebensjahr, danach wird die Symptomatik häufiger bei Mädchen beobachtet. Von der Basilararterienmigräne sollen vor allem Mädchen im Pubertätsalter betroffen sein. Migränesymptome werden häufiger nach der Einschulungszeit beobachtet, in seltenen Fällen auch schon im Kleinkindesalter; dabei stehen nicht selten Nabelkoliken und Erbrechen im Vordergrund.

Genese und soziale Bedeutung. Eine familiär-hereditäre Disposition ist oftmals, jedoch nicht immer, erkennbar. Schulschwierigkeiten, Fernsehabusus, Umweltkonflikte lassen sich häufig in Zusammenhang mit der Symptomatik explorieren, dabei ist allerdings auch zu klären, ob sie nicht Sekundärphänomene des Symptoms darstellen. Die im Erwachsenenalter gemachte Beobachtung, daß Migränepatienten nicht selten überdurchschnittlich ehrgeizig, zwanghaft und mit hohem Leistungsanspruch ausgestattet sein sollen, läßt sich im Kindesalter nicht entsprechend bestätigen. Es handelt sich nicht selten um sehr sensible, auch andere vegetative Syndrome aufweisende Kinder. Die Häufigkeit des Auftretens in der Durchschnittsbevölkerung nimmt mit fortschreitendem Alter zu. Intensive Migräneattacken können im ausklingenden Schulalter zu Schulversäumnis und damit zu Schulschwierigkeiten führen.

Diagnose und Differentialdiagnose. Attackenweise einsetzende, an Intensität schnell zunehmende, halb- oder doppelseitige Kopfschmerzen, stechend-pulsierend, später meist von dumpfem Charakter in Kombination mit oft schwerem Krankheitsgefühl, Erbrechen oder Schwindel legen vor allem im Schulalter die Verdachtsdiagnose einer Migräneerkrankung nahe. Häufig, jedoch nicht in allen Fällen finden sich ähnliche Klagen im Erbumkreis.

Bei der Migräne accompagnée mit ihren begleitenden, passageren neurologischen Ausfällen muß beim akuten Auftreten stets eine vasculäre Erkrankung, z.B. Blutung bei Angiom differentialdiagnostisch ausgeschlossen werden. Oftmals ist die diagnostische Abtrennung von mehr vasomotorisch bedingten oder auch sog. habituellen Kopfschmerzen schwierig, gelegentlich unmöglich. Auch andere Kopfschmerzursachen im Kindesalter (s. S. 162, 304) wie die Prodromalphase einer Kinderkrankheit, ein Brechungsfehler des Auges, Nebenhöhlenaffektionen bei älteren Kindern oder ein raumfordernder cerebraler Prozeß sind auszuschließen.

Das Elektroencephalogramm kann bei einem Teil der Erkrankten herdförmige Symptome oder auch hypersynchrone Aktivitäten aufweisen. Ihr Vorkommen allein berechtigt nicht einen Zusammenhang mit einer Anfallserkrankung, die vielleicht in larvierter oder maskierter Form vorliegt, zu unterstellen. Der Migräneanfall ist verursacht durch vasale Vorgänge, der hirnorganische Krampfanfall bedingt durch übermäßig synchronisierte Neuronentätigkeit. Gelegentlich kommen allerdings über die angeführten Hirnstromzeichen hinaus zusätzliche, auch bei der Anfallserkrankung gesehene Symptome wie Einnässen, psychotische Episoden, bestimmte motorische Bewegungsmuster vor. In solchen Fällen bedarf es vor allem der Behandlungsform wegen der exakten Differentialdiagnose der bis jetzt noch nicht verbindlich abgeklärten Frage eines Zusammenhangs im Einzelfall.

Therapie. Für die Behandlung ist zunächst der Versuch wichtig, möglicherweise auslösende Faktoren zu erkennen. Regulierung der Lebensführung wie entsprechende Ruhepausen, Konfliktbeseitigung (nicht selten im Schulbereich), gelegentlich Psychotherapie im engeren Sinne, machen symptomatische, gezielte Maßnahmen meist nicht entbehrlich. Auch die Rolle von möglichem Fernsehabusus muß abgeklärt werden. Analgetische Mittel, Sedativa, hirngefäßverändernde Medikamente, bleiben die Mittel der Wahl. Bewährt haben sich Dihydergot-Medikation (im Schulalter $3 \times 10 - 15$ Tropfen täglich/qm² Körperoberfläche oder $2 - 4$ Tabletten täglich) sowie Cafergot (Ergotamintartrat und Coffein, im Schulalter $1 - 2$ Dragees täglich). Bei sog. hypersynchroner Migräne empfiehlt sich ein Versuch mit Hydantoinpräparaten in Kombination mit Coffein (dabei sollte auf die Abenddosis verzichtet werden) oder Tegretal.

Literatur

Asperger, H.: Heilpädagogik. 5. Aufl. Wien-New York: Springer 1968.

Bille, B.: Migraine in School Children. Uppsala: Almquist u. Wisells Boktryckeri AB. 1962.

Dührssen, A.: Psychogene Erkrankungen bei Kindern und Jugendlichen. Göttingen: Verlag für med. Psychologie 1965.

Harbauer, H.: Die Neuropathie des Kindes und ihre Abgrenzung. In: H. Kranz, Psychopathologie heute. Stuttgart: Thieme 1962.

Isler, W.: Kopfschmerzen. In: Matthes, A. u. R. Kruse: Neuropädiatrie. Stuttgart: Thieme 1973.

Jacobi, G., Emrich, R., Ritz, A., Herranz-Fernandez, J.: Kopfschmerzen beim Kind. Fortschritte Med. **90**, 199 (1972).

Krevelen, D. A. van: Über den Begriff der Psychopathie in der Kinderpsychiatrie. Acta Paedopsychiatr. **37**, 67 (1970).

Villinger, W.: Kinderpsychiatrie. In: Lehrbuch der Nerven- und Geisteskrankheiten von W. Weygandt u. H. W. Grühle. Halle: Marhold Verlag 1952.

Schulreife

Von H. Harbauer

Die rechtzeitige Einschulung ist abhängig von der Reife und vom Schulsystem. Zwischen Schulreife und individueller Schulsituation besteht eine enge Korrespondenz; die Schulreife muß also für jedes Schulsystem definiert werden.

Dies bedingt, daß der Einschulungstermin, seitdem es Schulpflichtbestimmungen gibt, umstritten ist und ständig diskutiert wird. Die Schulreifeuntersuchung wird heute grundsätzlich vor dem Schuleintritt durchgeführt. Das einmal geübte „Probevierteljahr" oder ähnliche Versuche bewährten sich nicht, durch die Ablehnung dieser Probezeit wird in Einzelfällen eine Ausschulung des schulunreifen Kindes nach 2 bis 3 Monaten aber nicht vermeidbar.

Die Schulreifeuntersuchung hat die Aufgabe, altersgemäß herangereifte Kinder von den langsam reifenden zu unterscheiden, um die letzteren einzuschulen, sobald sie der Norm der Schulanfänger entsprechen. Durch die Schulreifeuntersuchung sollen ferner lern- und sinnesbehinderte Kinder früh erfaßt werden, um sie den heute weit entwickelten Sonderschulformen rechtzeitig zuzuführen (Schulen für Lernbehinderte, lebenspraktisch Bildbare, Sprachbehinderte, Körperbehinderte, Sehbehinderte Hörbehinderte, Blinde und verhaltensgestörte Kinder). Ob es im Rahmen von Schulversuchen möglich sein wird, Kinder mit unterschiedlicher Behinderung wieder gemeinsam mit Normalschulkindern zu unterrichten, ohne den besonderen pädagogischen Erfordernissen des behinderten Kindes gerecht zu werden, bleibt abzuwarten.

Die schulärztliche Untersuchung umfaßt deshalb neben der Beurteilung des körperlichen Zustandes vor allem eine Stellungnahme zur geistig-seelischen und zur sozialen Reife.

Es ergeben sich Fragestellungen
1. bei der Einschulung in die Grundschule,
2. bei der Ein- oder Umschulung in eine Sonderschule und
3. beim Übergang auf eine weiterführende Schule.

I. Schulreife für die Grundschule

Die Beurteilung der Schulreife, im weiteren Sinne der Schulfähigkeit, sollte etwa ein halbes Jahr vor Erreichen des schulpflichtigen Alters durchgeführt werden. Das schulpflichtige Alter bewegt sich derzeit in den Ländern der Bundesrepublik Deutschland um das vollendete 6. Lebensjahr. Es gibt Überlegungen, das Einschulungsalter vorzuverlegen. Etwa $15-20\%$ der Einzuschulenden sind um diesen Zeitpunkt für unser Schulsystem noch nicht schulreif. Das günstigste Einschulungsalter liegt für unsere derzeitige Schulform im Zeitraum zwischen $6^1/_4$ und $7^1/_4$ Jahren. Die frühzeitige Schulreifeuntersuchung ermöglicht im Einzelfall noch den Besuch einer vorschulischen Einrichtung. Auch andere notwendig werdende Förderungsmaßnahmen vor Beginn der eigentlichen Schulpflicht lassen sich bei rechtzeitiger Schulreifeuntersuchung sinnvoll einsetzen.

Die Schulreifeuntersuchung wird idealerweise durch ein diagnostizierendes Team vorgenommen, dem neben einem mit den Fragestellungen und Forderungen des 1. Schuljahres vertrauten Pädagogen der Schularzt und soweit als möglich auch der Schulpsychologe angehören sollten. Stets muß auch mit den Angehörigen des Kindes gesprochen werden. Allerdings schildern nicht wenige Mütter bestimmte Verhaltensweisen nicht oder beschönigen, weil sie sonst eine Rückstellung ihres Kindes befürchten. Es ist deshalb wesentlich, daß der Untersucher unabhängig von der möglicherweise durchgeführten testpsychologischen Untersuchung das Kind zumindest kurzzeitig beobachtet, was einiger Erfahrung im Umgang mit diesem Altersbereich bedarf. Durch diese Zusammenschau wird die Reife des Schulanfängers differenzierter erfaßt. Trotzdem gelingt es auch einer kollektiven Beurteilung nicht in jedem Fall, letzte Zweifel über die Schulfähigkeit auszuräumen.

Der ärztlich-kinderpsychiatrische Auftrag zentriert sich vorwiegend auf 2 Fragestellungen, die Feststellung des körperlichen Reifungsstandes und die Beurteilung der seelisch-geistigen Entwicklung, vor allem der sog. sozialen Reife des Schulanfängers.

1. Beurteilung des körperlichen Reifungsstandes

Sichtbare reifungsbiologische Kriterien, ähnlich denen der Pubertätszeit, gibt es in dieser Altersstufe nicht. Erhebliche körperliche Mängel oder Krankheitsfolgen, die oftmals erst durch Spezialuntersuchungen abgeklärt werden können, stellen zunächst die Frage, ob die Einschulung in dieser Altersstufe und in die geplante Schulform überhaupt verantwortet werden kann. Dabei gehören Hör- und Sehprüfungen zum Routineprogramm des untersuchenden Arztes. Auch Haltungsfehler, bzw. Besonderheiten des Bewegungsapparates (Anomalien des Fußes) müssen beurteilt und gegebenenfalls ihre Behandlung veranlaßt werden. Nicht alle Kriterien des körperlichen Entwicklungsstandes bzw. seiner Ausfälle können hier besprochen werden.

Unter den körperlichen Entwicklungskriterien der Schulreife haben sich die anthropometrischen Untersuchungsergebnisse von Zeller mit ihrer mehr qualitativen und nicht so sehr dimensional zu erkennenden Wandlung der Gestalt bewährt obwohl sie in letzter Zeit auch Widerspruch erfuhren. Zeller unterschied die Kleinkind- und Schulkindform, die in ihren Grenzbereichen zwischen dem 5. und 7. Lebensjahr die sog. Übergangsform durchläuft. Zeller nannte diesen Entwicklungsvorgang den ersten Gestaltwandel. Während dieses Gestaltwandels kommt es zu einer Veränderung der Kopf-Körper-Proportion, d.h. beim Kleinkind dominiert noch der Kopf gegenüber dem Körper. Es wird so bei ihm fast der Eindruck erweckt, als ob der große Kopf für den wenig entwickelten Körper zu schwer sei. Der Rumpf wirkt beim Kleinkind walzenförmig-zylindrisch, beim Schulkind abgeflacht und sich nach unten verjüngend. Der kleinkindliche Bauch ist prominent und groß, meist ohne Taille, er wirkt mächtiger als der Thorax. Beim Schulkind läßt sich bereits eine Taille erkennen. Die Inguinalfurchen stehen im allgemeinen beim Schulkind steiler, die Muskulatur zeigt ihr Relief deutlicher. Zeller beschrieb die Extremformen beim Kleinkind als „weich-, rund-, fettgeformt" und beim Schulkind als „muskel- und gelenkbetont".

Die vorwiegend dimensionale Beurteilung der Körpermaße, z.B. im Hinblick auf Gewicht und Länge, vermitteln nur grobe Anhaltspunkte für die körperliche Schulreife. Es lassen sich damit lediglich

körperliche Vorausentwicklungen oder Mindermaße nachweisen. Eine kleine und zarte Gestalt kann sich jedoch als leistungsfähiger als ihr Gegenteil erweisen. Um die Einschulungszeit untermaßige Kinder bleiben meist auch im weiteren Schulverlauf untermaßig.

Einfach durchzuführen und weit verbreitet ist das sog. *Philippinermaß*. Dabei wird der rechte Arm des Kindes bei absolut senkrechter Haltung des Kopfes quer über die Mitte des Scheitels gelegt. Die Finger werden gegen die linke Ohrmuschel hingestreckt. Arm und Hand sollen fest am Schädel anliegen. Wird das Ohr durch die Fingerspitze erreicht, dann ist das Philippinermaß als Folge einer eingetretenen Armstreckung positiv. Ein negatives Philippinermaß allein darf jedoch nicht zur Zurückstellung führen.

Andere Überlegungen körperliche Kriterien, z.B. den Stand der Dentition, zur Schulreifebeurteilung heranzuziehen, haben sich nicht bewährt.

2. Beurteilung des seelisch-geistigen Entwicklungsstandes und der sozialen Reife

Der Schulanfänger soll die seinem Lebensalter zukommende Intelligenzstruktur besitzen. Die Beurteilung des Intelligenzstandes ist allerdings nur ein Faktor bei der Feststellung der Schulreife. Die Intelligenzhöhe läßt sich durch testpsychologische Methoden, die in Zweifelsfällen stets durchzuführen sind, ermitteln. Ebenso wichtig wie der Intelligenzstand ist aber die „freie Verfügbarkeit der Intelligenz" (E. Maier). Diese freie Verfügbarkeit — erkennbar am sog. Schulverhalten, orientiert sich weitgehend an den Angaben der Angehörigen, der Verhaltensbeobachtung des Kindes sowie auch an den möglichen Erfahrungen, die das Kind im Kindergarten gemacht hat. Die Verhaltensweisen, die zur Mutter oder vertrauten Begleitperson bzw. innerhalb der zu untersuchenden Kindergruppe demonstriert werden, lassen Rückschlüsse auf das zu erwartende Schulverhalten zu. Haltung, Gang oder Physiognomie vermitteln hierfür ebenfalls wertvolle Hinweise. Die Stellungnahme wird ferner erleichtert durch das Gespräch mit dem Kind oder durch die von ihm erbetene freie Zeichnung, die neben ihrem Hinweis auf den Entwicklungsstand und den verschiedenen Deutungsmöglichkeiten oft auch guter Kontaktfindung zum Untersucher dient.

Schulreife-Untersuchungen wurden als Gruppentests ausgearbeitet und sind durch den Lehrer durchführbar. Es werden dabei vor allem der visuell-motorische Bereich wie eine differenzierte optische Wahrnehmung und die Zeichenfertigkeit, damit ein bestimmter Stand der Formerfassung geprüft. Ebenso erfahren Berücksichtigung Größen-, Mengen- und Ordnungsverhältnisse als Grundlage des Rechnens. Ein Teil der gängigen Schulreifetests versucht auch das Konzentrationsvermögen und die Merkfähigkeit als wichtige Voraussetzungen der für die Einschulung nötigen Lern- und Arbeitsreife zu erfassen. Es handelt sich dabei überwiegend um nicht verbale Prüfungen, damit wird durch diese Methoden das sprachliche Ausdrucksvermögen nicht beurteilt, d. h. es können Sprachentwicklungsrückstände im Testablauf übersehen werden. Es ist deshalb stets erforderlich, sich durch ein Gespräch vom Sprachentwicklungsstand zu überzeugen. Schulreifetests haben als Gruppenprüfung noch nicht jene Aussagesicherheit erreicht, um durch ihre Anwendung auf andere zusätzliche Beurteilungsmöglichkeiten verzichten zu können. Dabei wäre es von großem Vorteil, wenn es bei der Einschulungsuntersuchung gelänge, bereits wesentliche optische oder akustische Teilleistungsschwächen zu erfassen. Bereits in der Grundschule werden den Kindern Aufgaben zugemutet, die sie bei solchen Ausfällen nicht entsprechend erfüllen können, so daß schon nach wenigen Jahren unter Verkennung der Leistungsschwächen Selbstwertkonflikte entstehen, die vermeidbar sind. Bekanntlich entmutigt unter solchen Voraussetzungen das Erleben schulischer Mißerfolge besonders intensiv und vermag zu einer negativistischen Gesamteinstellung zu führen, die sich dann nicht mehr auf den Schulbereich beschränkt.

Zu den gebräuchlichen Schulreifetests gehören u. a.: Der Grundleistungstest für Schulanfänger von Arthur Kern, der Göppinger Schuleignungstest, der Schulreifetest nach Schenk-Danzinger, der Schulreifetest nach Strebel und der Frankfurter Schulreifetest.

Es entspricht schulärztlicher und schulpsychologischer Erfahrung, in Zweifelsfällen eher zur Zurückstellung als zum Versuch einer Einschulung zu raten. Die Überzahl der Eltern drängt bei zweifelhafter Schulreifebeurteilung auch heute noch eher auf eine Einschulung und möchte damit das Risiko eines Versagens in Kauf nehmen. Selten stellen sich die Nachteile zu früher Einschulung bereits in den ersten Grundschulklassen ein, sondern erst später. Dies gilt vor allem für die unter Vorbehalten Eingeschulten, die später eine weiterführende Schule besuchen sollen. Um diese Zeit erst treten dann für viele Kinder z. B. bei der

emotionalen Gestaltung eines Deutsch-Aufsatzes und nicht so sehr bei den abstrakt-logischen Anforderungen des Mathematik-Unterrichtes Schwierigkeiten auf, die mit der zu früh erfolgten Einschulung in Zusammenhang zu sehen sind. Meist hat der Schüler dann bis zu diesem Zeitpunkt viele ungünstige, sein Persönlichkeitsbild verändernde Erfahrungen gesammelt oder zudem eine Klasse wiederholt, so daß der ursprünglich erwünschte Zeitgewinn wieder verloren gegangen ist. Diese Fragen müssen besonders kritisch bei den Kindern beurteilt werden, die auf Antrag der Eltern vorzeitig eingeschult werden sollen. Die Erfahrung zeigt, daß gerade diese Kinder oftmals zwar intellektuell gut entwickelt, emotional und sozial aber noch nicht schulreif sind.

Die Erfassung sog. Spätentwickler oder „Langsamreifer" ist besonders bedeutsam. Diese erreichen nicht selten die für die Grundschule notwendige Schulreife erst im Ablauf des 8. Lebensjahres. Nach statistischen Ergebnissen haben die bei der Einschulung älteren Kinder (ohne die überalterten) bessere Chancen als die jüngeren, in die Grundschule aufgenommen zu werden und sie ohne Sitzenbleiben zu durchlaufen Spätentwickler erfahren in vielen Fällen erst durch den Besuch des Schulkindergartens oder der Vorschule die nötigen Entwicklungsreize, die sie dann in absehbarer Zeit normalschulfähig machen. Kommt es zur Zurückstellung, dann sollte unmittelbar die Frage beantwortet werden, welchen Weg das Kind sinnvollerweise bis zu seiner Einschulung gehen soll. Mit dem Fernhalten von der Schule allein ist die Fragestellung nicht gelöst. Es muß entschieden werden, ob der noch Schulunreife besser seinen früheren Kindergarten mit Vorschulbildung, einen Schulkindergarten oder eine Vorklasse (die Bezeichnungen für diese Vorschulformen divergieren in einzelnen Ländern) besucht. Darüber hinaus laufen seit einigen Jahren Vorschulbesuche, durch die geprüft werden soll, ob die Einführung einer Pflichtstufe zwischen Kindergarten und Schule nützlich ist. Im Schulkindergarten darf der eigentlichen Schularbeit nicht vorgegriffen werden. Das Erziehungsziel muß auf die Verbesserung der Aufnahmefähigkeit für die später zu bewältigende Arbeit hin orientiert sein. In den Schulkindergarten gehören keine debilen Kinder sondern nur solche, bei denen auf eine Nachreifung gehofft werden kann und der spätere Normalschulbesuch in der Diskussion bleibt. Die Vorschulformen vermögen auch Impulse wirksam werden zu lassen, die das Kind im häuslichen Milieu oftmals entbehren muß.

Bei der prognostischen Rolle des Reifungsrückstandes reicht die Bestimmung des IQ nicht allein aus. Die Abgrenzung der Gruppe langsam reifender Schulanfänger von Kindern mit echtem Intelligenzmangel bedeutet eine zentrale kinderpsychiatrische Aufgabe, die sich oft nur auf die Erfahrung des Beurteilers stützen kann und in vielen Fällen eine Nachuntersuchung erfordert.

Auch die zu späte Einschulung vermag sich ungünstig auszuwirken. In wenigen Fällen wird sie von den Eltern mit unterschiedlicher Begründung (Überbehütung, Wunsch nach alleiniger Förderung im Elternhaus) erwartet und gewünscht. Sie vermag ebenso wie die viel häufigere zu frühe Einschulung durch Nichtgebrauch bereitliegender Funktionen zum Nachteil des Kindes zu geraten. Entscheidend ist deshalb der richtige Zeitpunkt, „denn der Schulneuling lernt nicht irgendwann, sondern dann am leichtesten, wenn die entsprechende Reife und innere Bereitschaft dafür gegeben sind" (Strebel). Der Einschulungstermin darf deshalb weder durch das Schulgesetz noch durch die Eltern, noch durch den Klassenumfang oder andere formale Voraussetzungen entscheidend bestimmt werden, sondern allein durch die körperliche und seelisch-geistige Individualität des Schulneulings für die bei ihm vorgesehene Schule.

Die wesentlichen Voraussetzungen für das Gelingen der Einschulung werden damit durch den geistig-seelischen Entwicklungsstand und vor allem das soziale Verhalten repräsentiert. Andere Faktoren sind manchmal nicht zu beeinflussen oder nicht vorhersehbar. Dabei handelt es sich meist um das spezifische Milieu der aufnehmenden Klasse, den Gruppencharakter der zukünftigen Gemeinschaft und vor allem um die Persönlichkeitsstruktur, das Verständnis und das Können des den Schulanfänger erwartenden Pädagogen.

II. Ein- oder Umschulung in die Sonderschule

Die Feststellung der Sonderschulbedürftigkeit ist eine sehr differenzierte Aufgabe und nicht nur ein innerschulischer Verwaltungsakt. Zu ihrer Lösung ist in den meisten Fällen die Mitarbeit des Kinderpsychiaters notwendig.

Die Ein- oder Umschulung in eine Sonderschulform, am häufigsten in die Sonderschule für lernbehinderte Kinder, bedeutet für die Einstellung der Mehrzahl der Eltern einen einschneidenden und diese meist irritierenden Vorgang. Noch immer wird in weiten Bevölkerungskreisen die Aufnahme in eine Sonderschule als „Familienmakel" registriert. Dabei richten sich die Bedenken der Angehörigen gar nicht so sehr gegen die Schulform, sondern gegen die in einzelnen Stadtteilen, meist großer Städte, beobachtete Häufung von Kindern aus sozial schwachen und angeblich dissozialen Bevölkerungsanteilen. Ärztliches Überzeugungsvermögen und das dem fachkundigen Arzt entgegengebrachte Vertrauen müssen in diesen Fällen an elterliche Einsicht appellieren, um zu erklären, daß nur auf dem vorgeschlagenen Weg sich ein Versagen und ein schulischer Leidensweg des Kindes verhüten läßt. Das Bemühen, den Eltern die Sonderschulnotwendigkeit verständlich und einsehbar zu machen, stellt deshalb oft einen schwierigen und viel Zeit beanspruchenden Prozeß dar. Obwohl auch beim sonderschulbedürftigen Kind kein Merkmal allein ausreicht, um die Entscheidung für die Sonderschule zu treffen, wird für die entsprechende Beurteilung des Schulanfängers eine testpsychologische Untersuchung der Intelligenz immer notwendig sein. Die Intelligenzquotienten der Schüler einer Sonderschule für Lernbehinderte liegen nach den bei uns üblichen Verfahren (z.B. Hawik, Bearbeitungen der Binet-Testserie) etwa zwischen dem IQ 80 und dem IQ 60. Die lernbehinderten Kinder machen in der Bundesrepublik Deutschland im Kollektiv der schulpflichtigen Kinder etwa 6% aus (von Bracken und Has).

Auch das lernbehinderte Sonderschulkind sollte schon vor dem Erreichen der Schulpflichtgrenze erkannt werden, damit es in einem Sonderkindergarten und danach eventuell noch in einer Vorklasse der Sonderschule auf den Sonderschulbesuch vorbereitet werden kann. Diese Forderung ist deshalb wichtig, weil wir in dieser Gruppe besonders häufig auf zusätzliche, aufholbare, milieuabhängige, soziokulturell bedingte „Retardierungen" stoßen. Es kommt deshalb der Diagnose einer Sonderschulbedürftigkeit vor Schulbeginn besondere Bedeutung zu. Dem milieugeschädigten, zu Hause wenig geförderten, und dadurch „pseudodebilen" Sonderschulkind muß die Möglichkeit offen gehalten werden, bei entsprechender Verbesserung des Leistungstandes vor Schulabschluß in eine Normalschule umgeschult zu werden. Diesem Vorgang steht allerdings das verständliche Bestreben mancher Sonderschullehrer entgegen, ihren „Spitzenschüler" so lange als möglich in der Klasse zu behalten.

Während noch vor etwa einem Jahrzehnt die „Hilfsschule" (im engeren Sinne heute die Sonderschule für lernbehinderte Kinder) ihren Aufgabenauftrag auf die Betreuung fast aller Ursachen und Formen schulischen Versagens ausdehnen mußte, treffen wir heute, zumindest in den größeren Städten, auf ein Sonderschulwesen, das die entsprechend differenzierte Mitarbeit des Schularztes auch bei der Auslese dieser Kinder erforderlich macht.

Die Zahl der *lebenspraktisch bildungsfähigen Kinder* (geistig behinderte Kinder im engeren Sinne, überwiegend auf der Stufe der Imbezillität) beträgt etwa 0,5% der Bevölkerung. Die Möglichkeit ihrer schulischen Einordnung und Förderung erfuhr in den letzten Jahren durch die vermehrt eingerichteten Institutionen einen großen Zuwachs. Diese Kinder sind nicht oder nur in bescheidenem Umfang imstande, lesen, schreiben und rechnen zu lernen. In den Sonderschulen für lebenspraktisch bildbare Kinder liegt die Streubreite des Intelligenzquotienten etwa zwischen dem IQ 60 und dem IQ 20. Entscheidend für die Beurteilung der lebenspraktischen Bildbarkeit ist jedoch nicht der IQ-Wert. Die dem Schularzt und nicht nur ihm allein, sondern dem beurteilenden Team mit Heilpädagogen und Psychologen gestellte Frage hat Antwort darauf zu geben, „welche Leistungen dem geistig behinderten Kind zumutbar sind, wieweit es sprachlichen Kontakt aufnehmen kann, in welchem Maße seine Motorik beeinträchtigt ist und vor allem, ob es das unbedingt notwendige Mindestmaß sozialer Anpassung aufbringt, um erzieherischen und bildnerischen Einflüssen zugänglich zu sein" (Schomburg).

Die Beurteilung der Sonderschulbedürftigkeit von sprachbehinderten Kindern (etwa 1,5%), körperbehinderten Kindern (etwa 0,5%), sehbehinderten Kindern (etwa 0,1%) und hörbehinderten Kindern (etwa 0,25%) bedarf meist der zusätzlichen Mitarbeit des Facharztes der Disziplin, in der die Behinderung vorliegt.

Der Sprachbehinderung und ihrer Einschätzung für die schulische Förderung kommt deshalb besondere Bedeutung zu, da sie auch in einigen anderen Behindertengruppen (z.B. den lernbehinderten, hörgeschädigten oder körperbehinderten Kindern) richtig und entsprechend beurteilt werden muß. Die Zahl der Mehrfachbehinderten ist in allen heute tätigen Sonderschulformen relativ groß, so daß immer die Frage des Schwerpunktes der Behinderung bei der Einschulung, nicht zuletzt wegen der prognostischen Aspekte, ventiliert werden muß. So sollte z.B. ein erkannter Legastheniker nicht in eine Sonderschule für lernbehinderte Kinder umgeschult werden, sondern spezielles Legasthenietraining erhalten.

Frühgeburtlichkeit oder leichte cerebrale Vorschädigung, die oft nicht erkannt wird, bedingen trotz guter Intelligenz in den meisten Fällen erschwerte Anpassungsmöglichkeiten. Folgende Hinweise legen stets eine Zurückstellung nahe:

1. Intelligenzmangel, in diesem Fall sollte sofort in eine Sonderschule eingeschult werden;

2. mangelnde Verfügbarkeit der Intelligenz durch affektive Störungen;

3. nicht entsprechendes Schulverhalten bzw. mangelnde soziale Anpassung;

4. Sinnes- und Sprachdefekte.

III. Schulreife für die weiterführende Schule

In der kinderpsychiatrischen Sprechstunde finden wir bei der Beratung über den von den Angehörigen erwünschten Besuch einer weiterführenden Schule zwei Kollektive. Bei der einen Gruppe — es sind die in der Volksschule „schwachen" Schüler — deckt sich der Wunsch nach der Übernahme in eine weiterführende Schule nicht mit dem zutreffenderen Rat der bisher besuchten Schule. Diese Kinder besitzen meist schulehrgeizige oder prestigebedachte Eltern. In der anderen Kindergruppe mit guter bis sehr guter Intelligenzstruktur tauchen Zweifel über die Oberschulfähigkeit auf, weil meist recht unterschiedlich verursachte neurotische Leistungshemmungen oder Retardierungen im emotionalen und sozialen Bereich vorliegen.

In jedem Fall bedürfen diese Schüler einer differenzierten kinderpsychiatrisch-psychologischen Untersuchung, die auch den somatischen Befund, manchmal die Ableitung eines Hirnstrombildes einschließen muß. Derartige Spezialuntersuchungen werden vor allem dann notwendig, wenn Vorgeschichte, neurologische „Mikrobefunde" oder Hinweise aus der testpsychologischen Untersuchung (Diskrepanz zwischen Verbal- und Handlungsteil des Hamburg-Wechsler-Intelligenztestes zuungunsten des Handlungsteils, Hinweise auf Störungen der Gestalt-Erfassung) den Verdacht auf ein meist blandes, frühkindliches exogenes Psychosyndrom (Lempp) aufkommen lassen. Derartige Vorschädigungen beeinträchtigen die Leistungserwartungen der bisher besuchten Volksschule nicht wesentlich, den erhöhten Anforderungen einer weiterführenden Schule ist das Leistungsvermögen dieser Kinder jedoch oft nicht mehr gewachsen. Für diese Fragestellung wird nicht nur eine genaue testpsychologische Beurteilung des Intelligenzstandes, sondern auch der gesamten Persönlichkeitsstruktur notwendig, da sich ein in der weiterführenden Schule meßbarer Intelligenzquotient und tatsächlicher Schulerfolg oftmals nicht entsprechend decken. Im Wissen um die Relativität der IQ-Aussage spricht die Erfahrung dafür, daß für einen befriedigenden Erfolg in der weiterführenden Schule der IQ mindestens bei 115 bis 120 liegen sollte. Nur etwa 10 bis 20% aller Oberschüler scheitern in diesen Schulformen an isolierten Intelligenzmangelzuständen.

Eine Legasthenie (s. S. 293), die bis zur Umschulung in eine weiterführende Schule nicht befriedigend behoben werden konnte, bedeutet erfahrungsgemäß für den dort zu erwartenden Lernvorgang ein erhebliches Erschwernis. Rechtschreibeschwierigkeiten sind dann vor allem in den modernen Fremdsprachen zu erwarten. Zudem scheint die Bereitschaft auf legasthenische Ausfälle in einer weiterführenden Schule Rücksicht zu nehmen geringer.

Mehr als in anderen Schulformen korreliert der Schulerfolg mit dem Ausmaß der Umweltförderung, mit der Anstrengungsbereitschaft, mit der Störbarkeit des Konzentrationsvermögens, mit der Fähigkeit zum selbständigen Denken und mit der sprachlichen Ausdrucksflüssigkeit.

Literatur

Bracken, H. von: Erziehung und Unterricht behinderter Kinder. Frankfurt: Akademische Verlagsgesellschaft 1968.

Hillebrand, M. J.: Zum Problem der Schulreife. München-Basel: Reinhard-Verlag 1955.

Kern, A.: Sitzenbleiberelend und Schulreife. Freiburg: Herder 1954.

Maier, E.: Schulreife-Probleme in der Praxis. Berlin-Hannover-Darmstadt: Schroedel-Verlag 1957.

Strebel, G.: Schulreifetest. Solothurn: Antonius-Verlag 1964.

Vieweger, G.: Zur altersgemäßen Einschulung. Weinheim: Beltz 1966.

Psychischer Hospitalismus

Von G. Nissen

Einleitung

2,5% aller Neugeborenen, die im Laufe eines Jahres in der Bundesrepublik Deutschland geboren werden, das sind etwa 20000 Säuglinge, werden (nach Pechstein) jährlich für kürzere oder längere Zeit in Heime eingewiesen: mehr als 80% werden nach Stichprobenuntersuchungen innerhalb der ersten 3 Lebensmonate aufgenommen, etwa 50% bleiben dort mehr als 6 Monate.

Diese zeitweilig oder dauernd in Säuglings- und Kleinkinderheimen untergebrachten und eine unbekannte, wahrscheinlich erheblich größere Anzahl von Kindern in Familien mit präsenten, aber nicht aktionsfähigen, emotional frigiden oder „instinktschwachen" (Asperger) Müttern sind unter bestimmten Voraussetzungen von einer mindestens teilweise irreversiblen psychischen Retardierung bzw. Entwicklungsdeviation bedroht. Diese peristatisch bedingte seelische Fehlentwicklung wird aus historischen Gründen meistens als psychischer Hospitalismus bezeichnet; andere Autoren sprechen von einem „*Verlassenheits*-" oder „*emotionalen*" Frustrationssyndrom, einer „*Frühverwahrlosung*", einem „*Deprivations*-" oder von einem „*Verkümmerungssyndrom*". Diesen unterschiedlichen Bezeichnungen, die nur teilweise differentialtypologisch brauchbar sind, ist gemeinsam, daß sich in ihnen ausnahmslos die Dominanz der Milieu- und Umweltfaktoren für die Entstehung des Hospitalismus ausdrückt.

Über den psychischen Hospitalismus und seine Auswirkungen liegen zeitlich weit zurückreichende Beschreibungen und seit Jahrzehnten bereits präzise wissenschaftliche Untersuchungen vor. So schrieb bereits Montaigne (1580): „Ich finde, daß unsere großen Laster schon in der zartesten Kindheit ihren Knoten in unsere Seele legen und daß unsere vornehmlichste Erziehung in den Händen der Säugammen liegt." J. J. Rousseau kam zu ähnlichen Ergebnissen: er brachte seine eigenen 5 Kinder jedoch gleich nach ihrer Geburt in ein Findelhaus.

Seit der Jahrhundertwende besteht eine ähnliche Diskrepanz zwischen der Theorie und der Praxis der Säuglingspflege und -„erziehung" im Hinblick auf die wissenschaftlichen Untersuchungen von Kinderärzten (v. Pfaundler, Rietschel, Ibrahim), später auch von Psychologen und Psychoanalytikern über die Bedeutung der „Naturgeschichte der Mutter-Kind-Beziehungen im 1. Lebensjahr" (Spitz) und der Realisierung der gewonnenen Erkenntnisse. Sachliche Darlegungen und leidenschaftliche Appelle an die Öffentlichkeit haben zwar eine deutliche Verbesserung der personellen und materiellen Situation vieler Heime gebracht; sie haben aber die Existenz des psychischen Hospitalismus bis heute nicht beseitigen können. Hier besteht noch ein unüberbrückter Hiatus zwischen den Ergebnissen der wissenschaftlichen Forschung und den administrativen Maßnahmen der Vor- und Fürsorge für die betroffenen Säuglinge und Kleinkinder. Das schlägt sich deutlich in der Rechtsprechung des Bundesfinanzhofes nieder, der noch 1966 in einem Urteil (V 24/62 U) feststellte: „Säuglingsheime sind in der Hauptsache keine Erziehungsstätten. Der Hauptzweck der Aufnahme eines Kindes unter 1 Jahr ist die Sorge um dessen körperliches Wohlergehen durch Ernähren und Behüten."

Symptomatik. Mit dem psychischen Hospitalismus im Kindesalter wird eine *universelle oder partielle Entwicklungsstörung* bezeichnet, die vor allem die affektiven und die intellektuellen, aber auch die statomotorischen Funktionen des Kindes betrifft. Sie wird durch anhaltende oder zahlreiche kurzdauernde emotionale Frustrierungen im frühen Kindesalter erzeugt. Die Intensität und die Art der Symptomatik sind vom Alter des Kindes bei der Trennung von der Mutter, von der Dauer und der Schwere der frustrierenden Ereignisse, ferner von einer entsprechenden Disposition des Kindes und von dem Zeitraum abhängig, der seit der Frustrationsperiode vergangen ist.

Der psychische Hospitalismus bei Kindern als Reaktion auf *emotionale Mangelsituationen* mit ihren psychophysischen Auswirkungen wurde in den Grundzügen bereits um die Jahrhundertwende von Pfaundler und Czerny („kachektischer Pflegeschaden") erkannt und beschrieben. Mit diesen kinderärztlichen Beobachtungen fanden alte Berichte und intuitive heilpädagogische Überzeugungen (Pestalozzi) um die lebenswichtige Bedeutung enger Gefühlsbeziehungen zum Säugling und Kleinkind ihre erste wissenschaftliche Bestätigung. So etwa die Chronik des Salimbena von Parma (1221—1288) nach Abschluß des berühmt-berüchtigten Kinderexperimentes des Hohenstaufen-Kaisers Friedrich II. (nach Peiper eine Legende), der verwaiste Neugeborene durch Ammen und Wärterinnen bei bester pflegerischer Betreuung, aber dem strengsten Verbot aufziehen ließ, mit den Kindern zu sprechen oder sie zu liebkosen, um ihre „Ursprache" zu erforschen. Alle starben. Er schrieb: „Sie konnten ja nicht leben ohne den Beifall, die Gebärden, die freundlichen Mienen und Liebkosungen ihrer Wärterinnen und Ammen."

Der Kinderarzt v. Pfaundler beschreibt (1899) die Ursachen und die Symptomatik schwerster, heute nur noch selten anzutreffender Hospitalismusschädigungen (s. aber Spitz) ebenso knapp wie treffend, daß die Wiedergabe schon deshalb von Interesse ist. Zum anderen aber zeigt sie, wieviel Zeit seit diesen Erkenntnissen vergangen ist, ohne daß ein endgültiger Umschwung der öffentlichen Meinung (s. Kap. „Genese und soziale Bedeutung", S. 76) und damit eine Beseitigung der Ursachen des kindlichen Hospitalismus erreicht werden konnte. v. Pfaundler stellte fest: „Der durch die widernatürliche Säuglingspflege verursachte Schaden muß sich aber nicht darauf beschränken, daß das Kind zeitweise schreit; er kann nicht allein das seelische Gleichgewicht des Kindes, sondern auch dessen Gesundheit stören, ja das Leben bedrohen. Wo die Mutter oder eine nächste Anverwandte oder sonst eine für das Kind empfindende Person sich der Pflege ganz hingibt, wird ja schwerer Schaden solcher Art zumeist nicht eintreten. Wohl aber sieht man ihn bei Kostkindern und insbesondere in Anstalten für gesunde und kranke Säuglinge, die unzureichendes Pflegepersonal haben. Hier verfallen die Kinder oft einem als ‚Hospitalismus' bezeichneten Übel. Die Reaktion der Unruhe auf das Sich-Selbst-Überlassensein hört da nach Tagen bis Wochen allmählich auf, und dann setzt ein langsam fortschreitender Verfall ein, dessen Zeichen fast die ganze Pathologie des 1. Lebensjahres einschließen können. Insbesondere sind es aber die sog. Verdauungsstörungen, die den Verfall begleiten. Man glaubte vormals, es wäre die Anhäufung der Säug-

linge, die als solche diesen Schaden verursacht; auch die Bakterien wurden natürlich verantwortlich gemacht. Wo aber gleich viele Säuglinge zusammengedrängt ohne jeden besonderen Aufwand an sog. medizinischer Asepsis, also unter sonst ungünstigen äußeren Verhältnissen von ihren Müttern und damit individualisierend gepflegt werden — wie in gewissen Findelanstalten Österreichs und Frankreichs —, da spielt der Hospitalismus keine annähernd ebensolche Rolle."

Eine präzise Darstellung der *psychopathologischen Symptomatik* und ihrer Genese verdanken wir psychoanalytischen Untersuchungen und kausal orientierten Direktbeobachtungen von Säuglingen und Kleinkindern durch Bowlby, Spitz, Wolf, Meierhofer u. a., die eine Unterteilung des Frustrationssyndroms nach Lebensalter und nach Art und Schweregrad der reversiblen und irreversiblen Symptomatik ermöglichen.

In der wissenschaftlichen Literatur werden als Hospitalismus zwei verschiedene Aspekte des Syndroms gekennzeichnet. Einmal dient er als *übergeordneter Begriff*, Hospitalismus als ein typisches psychophysisches Syndrom mit einer milieureaktiven Entwicklungsgeschichte, das sich differentialtypologisch in partielle oder universelle, reversible oder irreversible psychische oder somatische Stadierungen unterteilen läßt. Im *engeren Sinne* wird die Bezeichnung Hospitalismus aber auch zur Kategorisierung der schwersten Erscheinungsformen ver-

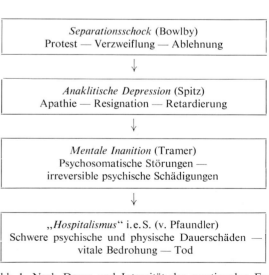

Abb. 1. Nach Dauer und Intensität der emotionalen Frustrierungen lassen sich verschiedene Schweregrade reversibler und irreversibler psychischer und physischer Schädigungen abgrenzen, die der psychopathologisch-kinderpsychiatrischen Diagnostik erst im Laufe der letzten Jahrzehnte (v. Pfaundler, Tramer, Spitz, Bowlby) zugänglich wurden

wendet, die in dieser Ausprägung in unserem Kulturbereich nur noch selten vorkommt.

Der übergeordnete Begriff des psychischen Hospitalismus erlaubt aus dieser Sicht die Aufstellung eines *differentialtypologischen Kontinuums* mit gradueller Abstufung der Symptomausprägung, das vom akuten Separationsschock und der anaklitischen Depression über die mentale Inanition bis zum Hospitalismus i.e.S. führt.

Bei älteren *Säuglingen und bei Kleinkindern* kann man nach langdauernden oder häufigen kürzeren Trennungen von der Mutter ohne „Mutterersatz" eine allgemeine körperliche und seelische Entwicklungsstörung feststellen.

Eine *motorische* Entwicklungsverlangsamung zeigt sich oft bereits im 1. Lebensjahr. Die Kinder erlernen das Sitzen, Stehen und Laufen erst mit erheblicher Verzögerung. Gezielte Greifbewegungen werden ebenso wie koordinierte Hantierungen schwerfällig und ungeschickt ausgeführt. Die Kinder verweilen lange beim Eß- und Kauvorgang, sie werden deshalb meistens flüssig und breiförmig ernährt. Andererseits werden Versuche, sie auf feste Nahrung umzustellen, eben wegen der Hospitalsituation und des damit verbundenen Personalmangels nicht unternommen oder vorzeitig abgebrochen. Ein großer Teil erlernt erst spät die Beherrschung der Schließmuskelfunktionen.

Viele Kinder beginnen erst im 2. oder 3. Lebensjahr zu *sprechen*, manche noch später. Lallmonologe und kleinkindhafter Agrammatismus persistieren. Manche Kinder können nur die Namen der Kinder ihrer Gruppe und einige isolierte Imperative artikulieren. Auch später bleibt der Wortschatz oft noch lange Zeit dürftig, die Sprechweise ist oft stammelnd und schwerverständlich. Das Wortverständnis ist oft nur mangelhaft ausgebildet.

Mit zunehmendem Lebensalter wird die Hemmung der *intellektuellen* Entwicklung, die „exogene intellektuelle Verkümmerung" (Busemann) deutlicher. Sie kann als *Pseudodebilität* in Erscheinung treten, nach Ansicht einiger Autoren sogar zu bleibender Schwachbegabung und zum Schwachsinn (C. Benda) führen. Der Entwicklungsrückstand läßt sich durch testpsychologische Untersuchungen nachweisen. Er drückt sich in einem erniedrigten Entwicklungsquotienten (EQ) aus. Köttgen und Weidemann fanden bei vergleichenden Untersuchungen von Heim- und Familienkindern im Alter von 0—6 Jahren bei den Heimkindern einen durchschnittlichen Entwicklungsrückstand von 20 % gegenüber der Vergleichsgruppe ähnlicher sozialer

Herkunft, den sie als „Verkümmerungssyndrom" bezeichneten.

Zu den Entwicklungsstörungen treten fast regelmäßig *neurotische* Erscheinungen hinzu. In erster Linie Enuresis, Enkopresis, Jactatio, ferner eine allgemeine motorische Unruhe und gehäufte genitale Manipulationen. Manche dieser Störungen lassen sich nur schwer von der direkten Hospitalismus-Symptomatik trennen. Bei Klein-

Abb. 2. 8jähriger, psychisch erheblich retardierter, kontaktschwacher, temporär mutistischer und ängstlich-gehemmter Junge mit aggressiven Durchbrüchen, der sich seit dem 2. Lebensjahr in verschiedenen Heimen befand. Seinen Eltern (Kv arbeitsscheu, Km sexuell triebhaft) war wegen grober Vernachlässigung das Sorgerecht entzogen worden. — Katamnese (nach 7 Jahren): Affektiv bindungsfähig, aber noch starke Isolierungstendenzen; ausreichende Schulleistungen

kindern findet man häufig eine extreme Kontaktsüchtigkeit: sie versuchen, ihre Pflegepersonen ganz für sich zu okkupieren und bestürmen und bedrängen auch andere Pflegekräfte und selbst fremde Besucher. Besonders eindrucksvoll sind die bei jüngeren Kleinkindern häufig anzutreffenden automatenhaften und komplizierten Schüttel-, Schleuder- und Drehbewegungen des Kopfes und des Rumpfes, die oft mit vertrackten Bewegungen der Gesichtsmuskulatur und mit Greif- und mit Streckbewegungen der Hände und Füße einhergehen. Sie erinnern an Bewegungsstereotypien, an das „Weben" der Wildtiere in Gefangenschaft (Hedeger), die von Zoologen auf eine äußere oder innere Behinderung des normalen Affektablaufes zurückgeführt werden.

Anhaltende Frustrationen im 1. Lebensjahr können zu teilweise *irreversiblen* Schädigungen führen, die bereits im 2. Lebensjahr sichtbar werden und in vier Symptomgruppen auftreten. Einmal handelt es sich um relativ fröhliche, aber oberflächliche und zu keinen tiefen Bindungen fähige Kinder, die auf der Stufe des aktiven Kontaktsuchens stehengeblieben sind. Es finden sich ferner resignierende, passive Kinder, bei denen noch die Fähigkeit zu aggressiven Protestreaktionen erhalten ist und die sich von ängstlich-abweisenden Kindern abgrenzen lassen, die nach längerer affektiver Zuwendung manchmal noch mit einem verstärkten Liebesbedürfnis reagieren können. Die letzte Gruppe stellen schließlich Kinder dar, die bereits ein chronisch-passives Zustandsbild zeigen und darin verharren. Sie sind scheinbar affektiv völlig unbeteiligt, reagieren aber noch erstaunlich auf neue traumatische Situationen, wie beispielsweise bei einem Abteilungswechsel, auf den sie mit einem „verstärkten Erstarrungszustand" reagieren.

Eine schwerere Form des Frustrationssyndroms bildet die durch extrem anhaltende oder durch zahlreiche kurzfristige Separationen erzeugte emotionale Unterernährung, die *Inanitas mentis* (Tramer). Das Verhalten dieser Kleinkinder ist durch eine mißmutig-dysphorische Grundstimmung gekennzeichnet. Sie sind passiv, desinteressiert und antriebsarm. Im Vordergrund steht eine Kontaktstörung oder Kontaktverweigerung. Die emotionale Fehlpolung zeigt sich im Kleinkindalter entweder in offener Ablehnung oder Feindlichkeit, in schweren Fällen jedoch in Ratlosigkeit, Ängstlichkeit, Resignation und in einer „*anaklitischen Depression*" (Spitz). Diese Kinder verhalten sich schließlich stumpf und apathisch, es treten Gewichtsverluste und Infektionen auf, die schließlich zum Tode führen können.

Im *Schulalter* zeigen Kinder mit emotionalen Frustrationen in den ersten Stadien ihrer frühkindlichen Entwicklung neben Störungen der emotionalen Kommunikation deutlich *niedrigere Intelligenzquotienten* als ihre Mitschüler. Dührssen konnte an vergleichenden Untersuchungen von Heim-, Pflege- und Familienkindern nach Ausschluß der konstitutionell schwachbegabten, debilen und hirngeschädigten Kinder bei Heimkindern erhebliche potentielle Leistungsschwankungen nachweisen. Bei der Beurteilung des Leistungsprofils boten die Pflegekinder eine Schwäche der Detailerfassung und der Merkfähigkeit, diese Kinder hatten fast ausnahmslos die ersten Lebensmonate in einem Heim verbracht.

Bei der Beurteilung des *Arbeitsverhaltens* wurden folgende überwiegend affektiv bedingte Auffälligkeiten im Leistungsvollzug gehäuft festgestellt: Langsamkeit und Schwerfälligkeit, Apathie und Indifferenz, Abwehr gegen Leistungsforderungen, Mutlosigkeit und Schüchternheit, überstarke Abhängigkeit von Bestätigung, Gespanntheit und besondere Angst einen Fehler zu machen und Abgelenktheit. Bei den Heimkindern überwogen die langsamen, schwerfälligen und apathischen Reaktionsformen. Bei den Pflegekindern fanden sich gehäuft gespannte Ängstlichkeit und betonte Abhängigkeit von Ermutigung. Beide Kindergruppen unterschieden sich von den Familienkindern ferner durch ihre erhöhte Störanfälligkeit und Ablenkbarkeit. Fast die Hälfte der Heimkinder, ein Viertel der Pflegekinder aber nur knapp 5% der Familienkinder boten trotz ausreichender Intelligenz ernsthafte Schwierigkeiten in der Schule.

Zahlreiche Kinder, die in den frühen Entwicklungsstadien emotionalen Frustrationen unterlagen, entwickeln in der späteren Kindheit eine zusätzliche *neurotische* Symptomatik. In erster Linie finden sich Störungen der Kontaktfähigkeit und pathologische Kontaktformen (wahllose Kontakte, oberflächliche Scheinkontakte) und aggressive und distanzlose Verhaltensweisen. Bei depressiven Verstimmungszuständen und bei Verwahrlosungssyndromen im Kindes- und Jugendalter lassen sich ebenfalls häufig frustrationsbedingte „intentionale Lücken" (Schultz-Hencke) in der frühen Kindheit nachweisen.

Genese und soziale Bedeutung. Die *Psychoanalyse* konnte durch eine Vielzahl übereinstimmender Befunde die entscheidende Bedeutung der frühkindlichen affektiven Erlebniswelt für eine harmonische Kindheitsentwicklung belegen und durch Direktbeobachtungen an Säuglingen (A. Freud, M. Klein, R. Spitz) unser Wissen über die Pathogenese erweitern. Sie wurde unterstützt durch Ergebnisse der modernen Anthropologie, die Wesentliches zum Verständnis der biologischen Hilflosigkeit des Neugeborenen durch ihre aus der vergleichenden Tierforschung gewonnenen Einsichten beitrug.

Das *primär-narzißtische* Neugeborene befindet sich noch in einer „undifferenzierten Phase" (H. Hartmann) und ist unfähig, affektive Beziehungen zur Umwelt anzuknüpfen. In dieser objektlosen Phase schirmt eine hohe Reizschwelle es von den aus der Außenwelt einfallenden Reizen ab. Zunächst vermögen nur sehr kräftige und grobe Incidenzen diese physiologische Absperrung zu durchbrechen. Sie erzeugen Unlust. Nur einige *Instinktmechanis-*

men, wie das Finden der Mutterbrust bei Hungergefühl (orales Suchverhalten), der Klammerreflex und der Augenschluß sind angeboren, sonst ist der Säugling vollständig von den Handlungen und Reaktionen der Mutter abhängig. Erst im Verlaufe der ersten Lebensmonate verändert sich dieser Zustand der Nichtdifferenziertheit, in dem Affekt und Sinneseindruck sozusagen noch eins sind. Einfallende Sinnesreize erhalten zunehmend den Charakter von Signalen und Auslösern, die gespeichert werden und gestalthafte Erinnerungsbilder als Vorstufen eines kindlichen Weltbildes entstehen lassen. Die Mutter hat in diesem Stadium die Rolle einer Beschützerin vor Störungen und Gefahren aus der Umgebung und als Helferin in der Bewältigung von leiblichen Unlustgefühlen (Füttern–Säubern–Wärmen). Wird die mütterliche Brust in der „*Dyade*" (Simmel) von Mutter und Kind zunächst als Bestandteil einer amorphen Einheit erlebt, so stellt der Überleitungsprozeß von der körperlichen Mutter-Kind-Einheit zur konstanten optischen Wahrnehmung des mütterlichen Antlitzes (Kaïla) den Beginn einer Objektbeziehung dar. Dieser „Dialog" (Spitz) zwischen Mutter und Kind, der sich in einem Cyclus Aktion–Reaktion–Aktion abspielt, ist für die Entfaltung der affektiven und kognitiven Potenzen und damit für die gesamte psychische Entwicklung des Kindes von entscheidender Bedeutung.

Dieser Dialog ist zugleich jedoch außerordentlich leicht störbar, da er von der *Präsenz der Beziehungsperson* abhängig ist. Die gleichbleibende Anwesenheit der Mutter und damit Konstanz und Gewohnheit aller Verrichtungen und Hantierungen sind nach diesen Untersuchungen entscheidende Voraussetzungen für eine harmonische Entwicklung mit der Ausbildung des „Urvertrauens" (Erikson). Wenn das Kind bei der Mutter trinkt, sieht es ihr vertrautes Gesicht, es erfährt Zärtlichkeit und vernimmt begütigende Beschwichtigungen: es erlebt Sicherheit und Geborgenheit. Damit ist es im Hinblick auf die hier zu behandelnden Störungen zunächst von untergeordneter Bedeutung, ob es sich um eine „gute" oder „schlechte" Mutter handelt. Allein ihre Anwesenheit und die einigermaßen zuverlässige Wiederholung der notwendigen Versorgungen und die beständige affektive Zufuhr sind für die kindliche Entwicklung von Bedeutung. Die Fähigkeit des Menschen, soziale Beziehungen herzustellen und zu erhalten, wird in der frühen Mutter-Kind-Beziehung erworben.

Wird der Säugling im Laufe des 1. Lebensjahres für längere Zeit von der Mutter getrennt, so kann sich eine Reihe von reversiblen und irreversiblen Störungen ergeben. Analog der heute vorherrschenden tiefenpsychologischen Auffassung, daß nicht das ein- oder mehrmalige traumatisierende Ereignis die schweren neurotisierenden Veränderungen setzt, sondern die *chronische* Einwirkung ungünstiger Umweltereignisse, bestehen eindeutige Relationen zwischen der Dauer der Frustration und der Schwere der Folgeerscheinungen. Schon Wolf und Spitz konnten nachweisen, daß die psychischen Störungen um so stärker ausgeprägt waren, je länger die Separation von der Mutter andauerte. Sie unterschieden deshalb zwei Kategorien: den *partiellen* und den *totalen Entzug* affektiver Zufuhr und die daraus entstehenden Mangelerkrankungen.

Es ist zweckmäßig, zur begrifflichen Klärung folgende 4 Formen nach der Dauer der frustrierenden Einwirkungen und dem Schweregrad nebeneinander zu stellen:

1. Die psychischen Erscheinungen des Kleinkindes im Zusammenhang mit jeder Trennung von der Mutter, der „*Separationsschock*" (Bowlby);

2. die „*anaclitic depression*" (Spitz), die sich in ihrem Ablauf teilweise mit den 3 Phasen Bowlby's (Protest–Verzweiflung–Ablehnung) deckt;

3. die „*mentale Inanition*" (Tramer), bei der es bereits zu psychischen Dauerschäden kommt (Bowlby, Spitz) und

4. der „*Hospitalismus*" im ursprünglichen und im engeren Sinne mit schweren somatischen und psychischen Dauerschädigungen und mit vitaler Bedrohung.

Bowlby faßte 1952 die bisher vorliegenden Ergebnisse zusammen. Er konnte bei der Trennung von Mutter und Kleinkind und dem dadurch verursachten „*Separationsschock*" drei zeitlich aufeinanderfolgende Phasen unterscheiden:

1. Die *Protestphase*, die Stunden bis maximal einige Tage andauert. Sie ist gekennzeichnet von persönlichkeitseigenen Verhaltensformen der verbalen Aggression bis zu explosiblen Ausbrüchen mit Schreien, Toben und Gewaltanwendung, mit denen das Kind die Rückkehr der Mutter erzwingen will. Darauf folgt:

2. Die *Phase der Verzweiflung*, in der das psychisch erschöpfte Kind eine passiv-ablehnende Haltung einnimmt und in bereits überwundene, frühinfantile Verhaltensweisen regrediert. Schließlich folgt:

3. Die *Phase der Ablehnung*. Das Kind nimmt Scheinkontakte auf, bleibt aber innerlich reserviert und egozentrisch, es zeigt manchmal autistische Verhaltensweisen (→ *psychogener Autismus*). Wäh-

G. Nissen:

rend die ersten beiden Phasen in Abhängigkeit vom Alter und vom Grad der Mutterbindung unvermeidbare Heimwehreaktionen darstellen, hängen die Ausgestaltung und der pathogene Gehalt der 3. Phase weitgehend von dem Verhalten der Umwelt und besonders davon ab, wie weit es gelingt, einen Ersatz für die Mutter zu finden.

Als „*anaclitic depression*" beschrieb Spitz ein Syndrom, das sich ausschließlich bei Säuglingen in der zweiten Hälfte des 1. Lebensjahres entwickelt und nur bei solchen Kindern beobachtet wurde, die

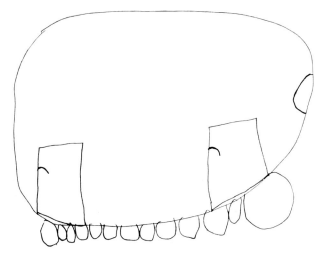

zwischen dem 6.—8. Monat von der Mutter getrennt wurden und bei denen vorher eine ungetrübte, gute Mutter–Kind-Beziehung bestand. Diese Säuglinge, die sich bis zum Zeitpunkt der Trennung somatisch und affektiv völlig normal entwickelt hatten, begannen unaufhörlich zu schreien und zu weinen und nahmen keinen Anteil mehr an den Vorgängen in der Außenwelt. Sie zeigten einen traurig-resignierten Gesichtsausdruck. Der Blick war leer und ausdrucksarm. Die Kinder lagen schließlich stumpf und apathisch auf dem Bauch und waren durch Reize nicht zu bewegen den Kopf zu heben oder zu drehen. Die vorher lebhafte Motorik verlangsamte sich. Es stellten sich psychosomatische Störungen ein. Einige litten an Schlaflosigkeit, bei anderen traten Gewichtsverluste auf, alle zeigten eine erhöhte Infektanfälligkeit.

Dieses Zustandsbild dauerte etwa 3—5 Monate nach der Trennung an, danach veränderte sich das Krankheitsbild und machte einer stilleren Symptomatik Platz, die leicht übersehen werden kann. Die Weinerlichkeit hörte auf, die Kinder zeigten jetzt einen unverändert starren, „gefrorenen" Gesichtsausdruck. Sie verhielten sich gegenüber allen Kontaktversuchen abweisend und der vorher stagnie-

rende Entwicklungsquotient sank rapide ab. Wurde ein Kind im Laufe der ersten 3—5 Monate nach der Trennung wieder mit der Mutter vereinigt („*partieller* Entzug der effektiven Zufuhr"), trat rasche und offenbar vollständige Genesung ein. Dauerte die Trennung von der Mutter länger an und wurde dem Säugling keine ständige Pflegeperson als Ersatzmutter gegeben, trat eine weitere Verschlechterung des psychischen und somatischen Zustandsbildes ein, die schließlich in den prognostisch wesentlich ungünstigeren „Hospitalismus" im enge-

Abb. 3. „Auto"-Zeichnung eines 8jährigen durchschnittlich intelligenten Jungen, der seit der Geburt inmitten einer Großstadt praktisch ohne Kontakt mit der Umwelt aufwuchs. Er verließ die Wohnung nur selten und ausschließlich in Begleitung der Mutter, die seine Einschulung 2 Jahre verhinderte

ren Sinne überleitete. Von den von Spitz im Findelhaus beobachteten 91 Kindern starben im Verlauf der ersten beiden Lebensjahre 34 Kinder (37%) als Folge des „totalen Entzugs affektiver Zufuhr".

Durch spätere Untersuchungen(Dührssen, v.Harnack, Meierhofer) konnte nachgewiesen werden, daß bei minimaler affektiver Zufuhr, wie sie in der Heimsituation weitgehend anzutreffen ist, chronische Frustrationssyndrome auftreten. Der *psychophysische Hospitalismus* bei Kleinkindern, wie er von den Pädiatern um die Jahrhundertwende und von Spitz bei seinen Findelhauskindern beschrieben wurde, findet sich in den zivilisierten Ländern heute nur noch selten. Durch die modernen pädiatrischen Behandlungsmethoden können die schweren Verdauungsstörungen und Infektionen und die früher häufig aufgetretene vitale Bedrohung fast immer beherrscht werden. Dafür haben jedoch die chronischen psychischen Schädigungen zugenommen.

Neben dem Auftreten von Symptomen des Hospitalismus als Reaktion auf die Trennung von der Mutter, zu der eine gute affektive Beziehung bestand (*deprivation*), darf nicht übersehen werden, daß es auch mehr oder weniger schwere affektive Frustrationen beim Nichtvorhandensein einer affektiven Bindung an die präsente Mutter (*privation*) gibt. Der Mangel an mütterlicher Liebe und die Kulturarmut mancher Familien (Busemann) sind exogene Faktoren, die einen solchen Prozeß auslösen und unterhalten können. Spitz wies im Rahmen seiner Untersuchungen über „Psychotoxische Störungen" im Kleinkindalter auf pathologische Einstellungen schlechter Mütter zu ihren Säuglingen hin und nannte neben dem partiellen (anaklitische Depression) und dem totalen Entzug (Marasmus) der affektiven Zufuhr im einzelnen einige pathogene Mutter–Kind-Beziehungen. Die Mutter kann die Ursache verschiedener psychischer und psychosomatischer Störungen bilden bei primärer unverhüllter Ablehnung, bei ängstlich-übertriebener Besorgnis, bei Feindseligkeit in Form von Ängstlichkeit, bei kurzschlägigem Pendeln zwischen Verwöhnung und Feindseligkeit, bei cyclischen Stimmungsumschwüngen und bei bewußt kompensierter Feindseligkeit.

So verhinderte die alleinstehende hypochondrisch-depressive Mutter seit der Geburt ihres 8jährigen Sohnes jede Kontaktaufnahme des Kindes mit der Umwelt. Sie verließ mit ihm nur bei besonderen Anlässen die Wohnung, verweigerte 2 Jahre die Einschulung und umging die gesetzlichen Impfungen. Das hypochondrisch induzierte, an Pseudo-Asthmaanfällen leidende Kind lebte 8 Jahre mit der bettlägerigen Mutter und einer dementen Großmutter in zwei Zimmern, bis der Mutter das Sorgerecht durch Gerichtsbeschluß entzogen wurde.

Eltern sind als biologische Erzeuger nicht nur die Vermittler von Erbanlagen, sondern durch ihre Haltung und Einstellung zum Kind die entscheidenden Gestalter seiner Umwelt, damit seiner frühkindlichen Entwicklung und seines späteren Schicksals. Das gilt ungeschmälert auch für die *eigene* Entwicklung der Eltern; auch sie ist unlösbar mit der Persönlichkeit ihrer Eltern verbunden und von der Beschaffenheit ihrer Erb- und Umweltfaktoren abhängig. Die Entscheidung einer Mutter, sich von ihrem Kind zu trennen, kann somit nicht isoliert und allein aus ihrer jeweiligen sozialen Situation abgeleitet werden, so bedeutsam diese auch sein mag. Ein großer Teil der Mütter wuchs selbst in inkompletten Familien auf bzw. waren sozial nicht integriert.

Die *soziale Bedeutung* des heutigen Hospitalismus-Problems liegt einmal darin, daß die Kinder infolge der modernen medizinischen Behandlungsmethoden zwar nicht mehr sterben, aber als chronisch affektgestörte Menschen einen Teil der Gesellschaft bilden. Es scheint sicher zu sein, daß fortdauernde psychische Mangelsituationen begünstigend für die Entwicklung schwerer *Neurosen* mit Symptomen einer Kontaktasthenie und psychischen

Labilität zu aggressiv-protestierenden Dauereinstellungen und schizoid-autistischen Absonderungen oder einer Liebes- und Hingabeunfähigkeit sind. Trotz zahlreicher Publikationen von ärztlicher, psychologischer und pädagogischer Seite, in denen dem Stande der Wissenschaft entsprechend nachdrücklich, teilweise leidenschaftlich (Mausshardt, Mehringer) eine personelle und materielle Verbesserung der Heimsituation gefordert wurde, ist in zahlreichen Institutionen noch kein Wandel eingetreten.

Diagnose, Differentialdiagnose und Fehldiagnose. Die Diagnose stützt sich beim Vorliegen einer entsprechenden Symptomatik auf die genaue Kenntnis und die Zeitdauer frustrierender Ereignisse in den exponierten vulnerablen Phasen des Kindes.

Die Vorgeschichte ist durch das Studium aller erreichbaren Unterlagen (Geburts- und Klinikberichte, Heim- und Fürsorgeakten) zu vertiefen und gegebenenfalls durch Auskünfte über die pflegerische und räumliche Ausstattung frequentierter Anstalten zu vervollständigen.

Affektive Defizite und Defekte mit Störungen der Kontaktfähigkeit finden sich auch bei Kindern mit *cerebralorganischen* Schädigungen, bei *Schwachsinnszuständen* verschiedener Genese, beim *kindlichen Autismus* und bei Schädigungen der *Sinnesorgane* (Schwerhörigkeit und Taubheit).

Differentialdiagnostisch ist zu berücksichtigen, daß sich gerade unter den *Dauerheimkindern* ein relativ hoher Anteil von Kindern mit cerebralorganischen Schädigungen befindet, die vielleicht besonders leicht eine zusätzliche Hospitalismus-Schädigung davontragen. Außerdem ist zu beachten, daß sich nicht selten frustrationsbedingte *pseudodebile* Verhaltensweisen auf primäre Schwachbegabungen aufpfropfen und daß bei solchen Kindern das tatsächliche Ausmaß des irreparablen psychischen Defektes erst nach Abbau der hospitalismusbedingten Überlagerung festgestellt werden kann.

Wie schwierig gelegentlich die Differential- und wie verhängnisvoll eine *Fehldiagnose* und damit eine Fehlprognose sein kann, ließ sich an einem jetzt 12 Jahre alten Jungen aufzeigen. Er wurde gleich nach der Geburt von der Mutter getrennt und durchlief bis zu seinem 4. Lebensjahr mehrere Heime. Er hatte keinen Kontakt zu den Pflegepersonen, zeigte keine Anteilnahme und sonderte sich völlig aus der (17 Kinder umfassenden!) Gruppe ab. Er bekam nie Besuch. Er riß sich die Haare aus und aß nur aufgeweichtes Brot. „Für das Kind scheinen erwachsene Menschen nicht zu existieren, er lacht nie." In einer kinderpsychiatrischen Klinik wurde nach 8monatiger Beobachtung ein „Schwachsinn schwersten Grades" festgestellt. Das Jugendamt strich das Kind wegen „negativer Anlage" aus den Adoptionslisten. — 8 Jahre später wurde der Junge im Alter von 12 Jahren ambulant vorgestellt. Er war im 5. Lebensjahr von der Mutter nach Hause geholt und gut versorgt worden. Er besuchte jetzt die 5. Klasse einer Normalschule. Die psychologische Untersuchung ergab einen IQ von 102 und damit eine durchschnittliche Intelligenz. Auffallend war lediglich eine erhöhte Fehlerzahl beim Bilderfassen.

Therapie und Prognose. Die wirksamste Therapie des Hospitalismus liegt in der Beseitigung der Bedingungen, die ihn hervorrufen. Es ist zu fordern: *Verringerung* des Bettenschlüssels in Säuglings-, Kleinkinder- und Kinderheimen auf zwei bis drei Kleinkinder für eine Pflegekraft; *Verbesserung* der Ausbildung und Fortbildung, durch Aufnahme des Themas in die Lehrpläne der Schwestern und der sozialpädagogischen Berufe und durch bessere Bezahlung (Sonderzulagen!).

Verminderung der Zahl der Verlegungen von Heim zu Heim und Verhinderung von Verlegungen innerhalb des gleichen Heimes wegen der damit verbundenen Separationsreaktionen; *Vermittlung* aller vermittlungsfähigen Kinder zur Adoption und in Pflegestellen; Schaffung von Pflegenestern und Gestaltung familienähnlicher Heimgruppen. Ferner: Individualisierung der Besuchsmöglichkeiten in Kliniken und Heimen, kindertümliche Ausgestaltung der Räume, Trennung der Schlaf- und Aufenthaltsräume, Einstellung von heilpädagogisch ausgebildeten Kräften für Spiel und Beschäftigung; fortlaufende Schulung des Personals. — Bei Einweisung von Kindern für begrenzte Zeiträume in Kliniken und Heime ist zu fordern: Säuglingen und Kleinkindern ein Stück *vertrauter Umgebung* zu belassen: Schnuller, Stofftiere, Lieblingsspielzeuge; den Eltern zu erlauben, das Zimmer der Kinder zu betreten (aber: erhöhte Infektionsgefahr!); Spaziergänge und Ausfahrten in die benachbarte Umgebung. Eine durchgreifende Lockerung der Besuchszeiten fand bei Eltern (v. Harnack) weniger Resonanz als bei vielen Ärzten. Eine „Miteinweisung" der Mütter in die Klinik verbietet sich derzeit aus Platzgründen. Der geforderte Einsatz fahrbarer ambulanter Kliniken (Bowlby) läßt sich vorerst nicht verwirklichen.

Die Bekämpfung des *häuslichen* Hospitalismus kann nur durch verbesserte *Aufklärung* der Mütter und Pflegemütter über die Rolle der mütterlichen Gefühlsbeziehungen zum Säugling und Kleinkind durch Verteilung von Aufklärungsschriften („Peter Pelikan-Briefe") und durch individuelle Beratungen erfolgen. Kinder berufstätiger Mütter und solche, die nur bei einem Elternteil aufwachsen, sind ebenso wie Kinder neurotischer oder psychotischer und von Müttern mit „fehlenden mütterlichen Eigen-schaften" gefährdet. Das gilt auch für Kinder, die von ihren Müttern aufgrund äußerer Ähnlichkeiten mit einem geschiedenen oder ungeliebten Partner oder als Folge einer Vergewaltigung oder wegen einer körperlichen Mißbildung nicht geliebt und verstoßen werden.

Abb. 4. Schwer hospitalisierte Kinder in einer total verkommenen und verdreckten Wohnung, deren Fußböden mit Kot und Glasscherben bedeckt waren. Die Kinder wiesen am Körper dicke Dreckkrusten auf, die Haare waren verfilzt und verklebt, an den Füßen fanden sich dreckverkrustete Wunden. Die 3 Kleinkinder zeigten eine psychische und physische Retardierung verschiedenen Grades

Manifeste Hospitalismusschäden erfordern eine intensive und individualisierende Einzelbehandlung durch eine heilpädagogisch besonders erfahrene und verantwortungsvolle Schwester oder einen Erzieher über längere Zeiträume. Erstaunliche Erfolge sind manchmal bereits durch eine mehrmonatige Einzelbetreuung in einer kleinen Kindergruppe zu erzielen. Das depressiv-antriebsarme Verhalten bessert sich und die Kinder holen größere Entwicklungsrückstände in relativ kurzer Zeit auf. Entscheidend für die weitere Entwicklung ist, daß diese Kinder danach in eine Dauerpflegestelle vermittelt werden oder bis zur Schulentlassung in dem gleichen Heim verbleiben können.

Die sehr pessimistische *Prognose* von Spitz und seinen Schülern, daß bereits 3—5 Monate nach der Separation von der Mutter schwere und irreversible Schäden auftreten, läßt sich für europäische Verhältnisse in diesem Ausmaß nach übereinstimmenden Untersuchungsergebnissen nicht bestätigen. In gut geleiteten und gut ausgestatteten Heimen und Kliniken sind keine Dauerschäden festgestellt worden (v. Harnack, Klackenberg, Wissler), obgleich die Krankenhausaufenthalte länger als in den Statistiken der USA dauerten. Klackenberg konnte in schwedischen Heimen keinen Fall von anaklitischer Depression feststellen. Er fand allerdings eine sehr gute Heimatmosphäre vor, die Durchschnittszahl der Kinder betrug im Höchstfall 3 pro Schwester. Von namhafter psychiatrischer Seite (Bleuler) wurde dann auch vor einer Überbewertung von „überspitzten Untersuchungsergebnissen" gewarnt.

Die Erziehung in *Krippen und Heimen*, aber auch regelmäßige längerdauernde Abwesenheiten der engsten Beziehungspersonen, etwa bei halb- oder ganztägiger Berufstätigkeit der Mütter, schädigen die Entwicklung des Kindes besonders dann oft nicht nachhaltig, wenn eine innige Gemütsbeziehung zwischen Mutter und Kind bestehen bleibt, die täglich intensiv erneuert werden kann. Dafür sprechen nicht allein die täglichen Erfahrungen mit entwicklungsunauffälligen Kindern berufstätiger Mütter, sondern auch die Ergebnisse von Untersuchungen von Kindern im Kibbuz und offenbar auch in den sozialistischen Ländern. Jedenfalls nimmt dort die staatliche Betreuung von Kleinkindern von Jahr zu Jahr als Folge einer immer stärker werdenden Berufstätigkeit der Mütter zu. Während im Jahre 1960 in der DDR nur 12,5% aller Kinder bis zum 3. Lebensjahr in Krippen und Heimen betreut wurden, wurden 1970 bereits 26% in Gemeinschaftseinrichtungen versorgt.

Eine pauschale Verurteilung jeglicher Heimerziehung nach dem Motto „better a bad family than a good institution" (Bowlby) ist schon im Hinblick auf die Folgen der „privation" nicht gerechtfertigt. Die meisten Autoren stimmen darin überein, daß eine schwere Frustration dann zu *irreversiblen* intellektuellen und affektiven Schädigungen zu führen scheint, wenn sie im *1. Lebensjahr* beginnt und etwa 3 Jahre anhält. Trennungen von der Mutter im 2. Lebenshalbjahr setzen offenbar schwerere Schädigungen als ihre Abwesenheit während der ersten 6 Monate. Beginnt die Deprivation im *2. Lebensjahr*, so pflegen sich auch hier Persönlichkeitsveränderungen auszubilden, sie scheinen jedoch eine größere Tendenz zur *Reversibilität* zu haben. Ein nicht kleiner Teil der emotional stark frustrierten Kinder entwickelt sich jedoch zu neurosegefährdeten, labilen und dissozialen Menschen, wie die Vorgeschichten kriminell Entgleister und Untersuchungen in Haftanstalten immer wieder zu beweisen scheinen. Abschließende und umfangreiche katamnestische Erhebungen über die Persönlichkeitsentwicklung einer statistisch verwertbaren Anzahl von Jugendlichen und Erwachsenen, die in ihrer frühen Kindheit

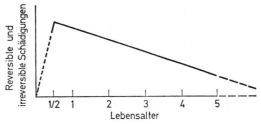

Abb. 5. Im Anschluß an eine relativ stumme Phase während der ersten Lebensmonate stellt die Zeit vom etwa 6. Lebensmonat bis zum 4. Lebensjahr eine "vulnerable" Entwicklungsphase dar. Während dieser Zeit können sich in Abhängigkeit von der individuellen Konstitution, der Schwere der hospitalisierenden Faktoren und der Dauer der Hospitalisation graduell unterschiedliche reversible und irreversible psychische und physische Störungen ausbilden

derartigen Frustrationen ausgesetzt waren, stehen noch aus.

Im Anschluß an eine relativ stumme Phase während der ersten Lebensmonate stellt die Zeit vom etwa 6. Lebensmonat bis 4. Lebensjahr eine „vulnerable" Entwicklungsphase dar. Während dieser Zeit können sich in Abhängigkeit von der individuellen Konstitution, der Schwere der hospitalisierenden Faktoren und der Dauer der Exponierung des Kindes in der Hospitalismussituation graduell unterschiedliche reversible und irreversible psychische und physische Störungen ausbilden (schematische Darstellung).

Literatur

Busemann, A.: Psychologie der Intelligenzdefekte. München-Basel: Reinhardt 1965.

Dührssen, A.: Heimkinder und Pflegekinder in ihrer Entwicklung. 2. Aufl. Göttingen: Vandenhoeck u. Rupprecht 1958.

Freud, A. u. D. Burlingham: Kriegskinder. London: Imago Dubl 1944.

Mehringer, A.: Geschützte Kleinkindzeit. Unsere Jugend. **5**, 195—208 (1966).

Meierhofer, M., u. W. Keller: Frustration im frühen Kindesalter. Bern-Stuttgart: Huber 1966.

Nissen, G.: Über Auswirkungen von Milieuschäden auf schwachsinnige Kinder. Z. Kinderpsychiat. 22, 123—132 (1955).

Nissen, G.: Hospitalismus. Z. Kinder-Jugendpsychiat., 1, 5—17 (1973).

Nissen, G., u. P. Strunk (Hrsg.): Seelische Fehlentwicklung im Kindesalter und Gesellschaftsstruktur. Neuwied: Luchterhand 1974.

Pechstein, J.: Umweltabhängigkeit der frühkindlichen zentralnervösen Entwicklung. Stuttgart: Thieme 1974.

Spitz, R.: Hospitalism. Psychoanal. Stud. Child 1, 53—74 (1946).

Spitz, R.: Vom Säugling zum Kleinkind. Stuttgart: Klett 1967.

Wolf, K. M.: Observation of individual tendencies in the first year of life. In: M. J. E. Spenn: Problems of Infancy and Childhood. New York: Josian Macy Jr. Foundation 1953.

Dissozialität und Verwahrlosung

Von G. Nissen

Einführung

Bei der Dissozialität und der Verwahrlosung handelt es sich nicht um primär psychiatrische, sondern um *soziologische* Begriffe. Dissoziale oder verwahrloste Kinder und Jugendliche werden nicht dem Arzt vorgestellt, weil sie sich krank oder behandlungsbedürftig fühlen, sondern weil sie mit ihren Eltern oder Erziehern und der Gesellschaft in Konflikt geraten sind.

Eine Krankheit liegt auch nicht im medizinisch-biologischen oder herkömmlichen psychiatrischen Sinne vor, wohl aber nach dem internationalen Diagnosenschlüssel (ICD) der Weltgesundheitsorganisation; sie subsummiert die häufigsten Manifestationsformen der Verwahrlosung unter den „Persönlichkeitsstörungen" (Pos. 301, 1 – 9).

Die terminologische Differenzierung von Dissozialität und Verwahrlosung war früher nicht üblich. Um die Jahrhundertwende beherrschte ausschließlich der Verwahrlosungsbegriff die deutsche psychiatrische und juristische Fachliteratur. Erst in den letzten Jahrzehnten hat dieser Terminus die Einengung erfahren, die es ermöglicht, isolierte und auch gehäufte dissoziale Handlungen (s. Lügen, Stehlen, Zündeln usw.) als Symptome anderer psychischer oder psychopathologischer Syndrome einzustufen.

Bei der *Dissozialität* (bzw. „Verwahrlosungserscheinungen") handelt es sich um einen rein deskriptiven Begriff. Er bezeichnet das abweichende Sozialverhalten und Handeln eines Menschen in der Gesellschaft, ohne etwas über die Motive und die Persönlichkeit des Handelnden auszusagen. Der Begriff der *Verwahrlosung* (bzw. „Verwahrlosungsstruktur") zielt dagegen auf eine in ihrem Kern gestörte Persönlichkeitsstruktur ab, aus der sich das dissoziale Verhalten ableiten und erklären läßt.

Im angelsächsischen Schrifttum steht anstelle von Dissozialität und Verwahrlosung der Begriff der *Delinquenz*, der allerdings nicht synonym mit Kriminalität gebraucht wird. Er umfaßt alle Verhaltensweisen, mit denen die gesellschaftliche Ordnung gestört wird, unabhängig davon, ob sie einen Verstoß gegen die Strafgesetzgebung darstellen oder nicht.

Dissozialität und Verwahrlosung sind nicht allein und nicht in erster Linie Probleme der Betroffenen und ihrer Familien, sondern der Gesellschaft und des Staates. Dort, wo Familien und Heime ihren Erziehungsauftrag nicht erfüllen oder nicht erfüllen können, muß die Gemeinschaft im Interesse der Kinder, aber auch in ihrem eigenen Interesse eingreifen, um dissoziale Fehlentwicklungen zu verhindern. Weniger durch dirigistische Eingriffe zur Erhaltung von „Recht und Ordnung" als aus medizinalpolitisch-psychohygienischer Sicht, um antisoziale „Soziosen" zu vermeiden. Diese Erkenntnisse sind nicht neu. Notwendig ist jedoch die Konsequenz, mit der diese Erkenntnisse immer erneut als Forderungen an die Gesellschaft herangetragen werden müssen.

Homburger stellte dazu bereits 1926 fest: „Befangen in einer formalistischen und unpsychologischen Grundhaltung der Gesetzgebung, Rechtsprechung und Verwaltung und in weitem Umfange auch der Erziehung, übersah man bis zum Beginn dieses Jahrhunderts die Bedeutung der kindlichen und jugendlichen Verwahrlosung als eines Massenproblems, als einer Angelegenheit des öffentlichen Interesses und erst recht als einer Aufgabe individueller Erfassung des Einzelfalles in sozialer und psychologischer Hinsicht. Die gekennzeichnete Abwegigkeit der grundsätzlichen Einstellung macht es den Vertretern von Rechtsprechung und Verwaltung geradezu unmöglich, an das Wesen der Verwahrlosung, an ihre Wurzeln, heranzukommen. Die Besonderheit des kindlichen Seelenlebens einerseits, die erschöpfende Aufschließung des Einzelfalles andererseits, also Stoff wie Methode, lagen außerhalb der eingefahrenen Geleise." Diese Situation hat sich durch die Einführung eines modernen Jugendstrafrechtes und der darin vorgesehenen therapeutischen Maßnahmen, des Bundessozialhilfegesetzes (BSHG) mit den finanziellen Unterstützungsmöglichkeiten inzwischen wesentlich verbessert und wird sich durch bevorstehende Reformen weiter verbessern.

Eltern, Lehrer und Altersgenossen haben meistens kein Verständnis und kein Mitleid mit Kindern, durch deren Symptomatik sie selbst beunruhigt oder geschädigt werden. Es gibt in der menschlichen Sprache auch nur wenige Wörter, die dissoziale Verhaltensweisen und Handlungen bagatellisieren oder dissimulieren. Man kann wohl von „Unwahrhaftigkeit", von „Wegnehmen" oder „Kleptomanie" sprechen, direkte moralische Assoziationen stellen sich aber rasch ein und jeder weiß genau, was gemeint ist. Dissozialität stellt einen regulierenden Wirkungsfaktor für die Gesellschaft insofern dar, als sie die Notwendigkeit der Aufrechterhaltung sozialer Normen unterstreicht. Die Existenz dissozialer Symptome und Syndrome trägt damit indirekt zur Sozialisation von Kindern und Erwachsenen in der Gesellschaft bei.

Psychische Störungen und psychische Erkrankungen haben ebenso wie ihre Institutionen im Laufe der Wissenschaftsgeschichte häufig ihre Bezeichnungen gewechselt. Aus „Irren- und Idiotenanstalten" wurden Kliniken für psychisch Kranke. Die noch vor 100 Jahren in der Psychiatrie geübte Katalogisierung psychotisch Kranker nach ihren Erscheinungsbildern, wie „Schreier, Tober, Reißer" gehört der Vergangenheit an. Nicht die verändernde Symptombeschreibung, sondern die mosaikhafte Zuordnung mehrerer Symptome zu einem bestimmten Syndrom brachte entscheidende Fortschritte für die Diagnose und Therapie psychischer Erkrankungen.

Auch in der Kinder- und Jugendpsychiatrie nimmt das nosologische neben dem diagnostischen Syndrom längst den ihm zukommenden Stellenwert ein. Die überwiegende Verwendung deskriptiver Zuordnungen wie „Stehlen" bzw. „Weglaufen" oder „Einkoter" bzw. „Einnässer" darf nicht darüber hinwegtäuschen, daß bereits seit Jahrzehnten intensive ätiologische und pathogenetische Untersuchungen wesentliche nosologische Erkenntnisse brachten. Anders als in der Erwachsenenpsychiatrie, wo gleichartige Phänomene syndromspezifische Bezeichnungen tragen („zerfahren" für die Schizophrenie oder „klebrig" für die Epilepsie) finden sich in der Kinder- und Jugendpsychiatrie fast ausschließlich nosologisch neutrale Beschreibungen, denen allerdings sehr häufig ein abwertendes Odium anhaftet.

Die bei der Dissozialität und Verwahrlosung häufig anzutreffende *therapeutische Resignation* erklärt sich einerseits aus der empirischen Einsicht, daß es ganz offensichtlich primär therapierefraktäre Manifestationsformen gibt bzw. Verwahrlosungsstrukturen, die mit den bekannten psychologischen Techniken nicht zu verändern sind. Andererseits gelangen prinzipiell behandlungsfähige dissoziale Fehlentwicklungen meistens zu spät zur Diagnostik und Therapie bzw. eine spezielle Therapie kann nicht eingeleitet werden, weil geeignete Therapeuten nicht in ausreichender Zahl zur Verfügung stehen.

Auch die Begriffe Verwahrlosung und Dissozialität sind mit einem *negativen moralischen* Vorzeichen versehen. Sie sind ebenso wie Schwachsinn, Psychopathie oder Hysterie mit Diffamierung und Abwertung verbunden. Versuche, Dissozialität und Verwahrlosung als Symptome einer „kranken Gesellschaft" darzustellen, sind, wie jeder andere wissenschaftliche Deduktionsversuch, berechtigt, wenn sie neue Möglichkeiten für die Prävention und Therapie eröffnen können. Im Hinblick auf das dissoziale Kind oder den dissozialen Jugendlichen führen sie aus ärztlicher Sicht nicht weiter, weil sie keine Wege zur individuellen Therapie aufzeigen. Auch eine Umbenennung bzw. Umschreibung des „dissozialen" bzw. des „Verwahrlosungssyndroms" kann die Problematik und die Inhalte dieser Störung nicht beseitigen, allenfalls ihre Bedeutung dissimulieren oder relativieren. Eine Parallele zum Begriffspaar Psychopathie und Neurose ist nur bedingt berechtigt, weil sich damit immerhin mindestens theoretisch neue therapeutische Gesichtspunkte ergeben. Vorläufig können wir auf Bezeichnungen wie Dissozialität oder Verwahrlosung nicht verzichten, weil sie eine einfache typologische Zuordnung ermöglichen und damit praktisch brauchbar sind.

Symptomatik. *Dissozialität* liegt vor, wenn einzelne oder gehäufte Verstöße gegen die von der Mehrheit anerkannten Gesetze oder die herrschende Moral erfolgen. Der Begriff der Dissozialität ist am Verhalten und an der Handlung im Hinblick auf die Gesellschaft orientiert; er ist primär *soziologisch* orientiert.

Verwahrlosung liegt vor, wenn das permanente sozialwidrige Verhalten oder Handeln einer gestörten oder abnormen Persönlichkeit entspringt. Der Begriff der Verwahrlosung ist nur bedingt auf die Auswirkung der Symptomatik auf die Gesellschaft orientiert; er ist primär *psychopathologisch* ausgerichtet.

Dissozialität ist aus dieser Sicht ein Oberbegriff, Verwahrlosung ein Unterbegriff. Die Symptomatik von Dissozialität und Verwahrlosung ist unspezifisch; sie erlaubt keine differentialtypologische Zuordnung. Gelegentliche psychosoziale Deviationen werden überwiegend der Dissozialität zugerechnet, es sind aber auch symptomarme Verwahrlosungen bekannt (Abb. 1).

Verwahrlosung wurde von Gruhle als ein „Zustand von Aufsichtslosigkeit und Erziehungsbedürftigkeit, der dadurch bedingt ist, daß das Kind nicht das Mindestmaß an Erziehung findet, das seiner Veranlagung entspricht", definiert und von Homburger dahingehend ergänzt, daß „das ver-

G. Nissen:

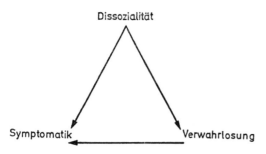

Abb. 1. Dissozialität ist ein am Verhalten und an den Handlungen orientiertes diagnostisches Syndrom; es ist nicht persönlichkeitsgebunden. Verwahrlosung, als Sonderform der Dissozialität, entspringt einer primär oder sekundär gestörten Persönlichkeitsstruktur; es handelt sich um ein nosologisches Syndrom.

wahrloste Kind eine Gefahr für andere Kinder und die Allgemeinheit" bedeute. Damit war eine Verbindung mit dem damaligen Psychopathiebegriff hergestellt. Tramer schließlich stellte Verwahrlosung weitgehend mit einer „Charakterose" gleich, deren negative Veränderungen hauptsächlich durch ein ungünstiges soziales Milieu hervorgerufen worden seien. Von anderen Untersuchern wurde sie auch als Sozialneurose, Sozialthymose oder als Milieuneurose bezeichnet.

Permanente Verstöße gegen die soziale Norm weisen sehr häufig auf eine zugrunde liegende Verwahrlosung hin. In besonderen Fällen finden sich aber auch gehäufte unsoziale Handlungen bei einer nicht-verwahrlosten Persönlichkeitsstruktur. Dennoch kommt der Art der Symptomatik und ihrer Wandlung im Laufe der Entwicklung bei Kindern und Jugendlichen eine wichtige diagnostische und prognostische Bedeutung zu.

Nach Glueck und Glueck sind *typische Symptome* (im Vergleich zu einer Gruppe sorgfältig ausgewählter nicht-delinquenter Jugendlicher) bei verwahrlosten Minderjährigen: 1. Labilität (Depressivität, mangelhafte Entmutigungs- und Versuchungstoleranz, mangelhafte Kontakt- und Arbeitsbindung), 2. Impulsivität (Bummeln, Weglaufen, Schulschwänzen, Abenteuer- und Sensationslust), 3. Aggressivität (jähzorniges und oppositionelles Verhalten, Aggressivität gegen Objekte und Personen), 4. Kriminalität (Eigentums-, Früh- und Wiederholungskriminalität).

Bei vergleichenden Untersuchungen im deutschen Sprachraum stellte K. Hartmann drei ähnlich strukturierte *Verwahrlosungssyndrome* heraus, die besonders durch ihr unterschiedliches passives bzw. aktives Sozialverhalten charakterisiert sind.

1. Instabilitätssyndrom (Depressivität, vorzeitige Entmutigung, Kontaktschwäche, Rastlosigkeit, Weglaufen) mit geringer Sozialgefährlichkeit,

2. Asozialitätssyndrom (mangelhafte Arbeitsbindung, Schwänzen von der Arbeit und von der Schule, Bummeln, Alkoholmißbrauch, schlechter Umgang) mit mittlerer sozialer Gefährlichkeit, überwiegend passive Verwahrlosung,

3. Kriminalitätssyndrom (Bedrohung und Mißhandlung von Personen, Beschädigung und Zerstörung von Objekten, verhandelte Verkehrs- und andere Delikte, Delinquenz vor dem 14. Lebensjahr, nicht verhandelte Rechtsverletzungen) mit erheblicher Sozialgefährlichkeit, überwiegend aggressive Verwahrlosung.

In der Reihenfolge ihrer Häufigkeit wurden unter 1 000 verwahrlosten männlichen Jugendlichen folgende 10 *Einzelsymptome* ermittelt: Schulschwänzen, mangelhafte Arbeitsbindung, Bummeln, Weglaufen, mangelhafte Kontaktbindung, mangelhafte Versuchungstoleranz, depressive Verstimmung, Schwänzen der Arbeit, mangelhafte Entmutigungstoleranz und schlechter Umgang. Unter den Kriminaldelikten der männlichen Jugendlichen dominierten Eigentums- und Verkehrsdelikte, Sachbeschädigungen, Sexualdelikte und Körperverletzungen.

An einer Stichprobe von 100 delinquenten männlichen Jugendlichen fanden sich durch katamnestische Untersuchungen folgende 10 (nach Frequenzen geordnete) *prognostisch* ungünstige Merkmale: mangelhafte Arbeitsbindung, Weglaufen, häufiger Arbeitsplatzwechsel, Bummeln, mangelhafte Versuchungstoleranz, depressive Verstimmung, Schulschwänzen, Schwänzen der Arbeit, Alkoholmißbrauch und mangelhafte Kontaktbindung.

Diese bei männlichen Jugendlichen festgestellten Symptomhäufigkeiten sind natürlich nicht repräsentativ für alle dissozialen oder verwahrlosten Kinder und Jugendlichen. Alters-, Geschlechts- und Intelligenzverteilung sind an der Symptomgestaltung wesentlich beteiligt.

Bei *Säuglingen und Kleinkindern* kommt es bei der sog. Frühverwahrlosung (s. Psychischer Hospitalismus, S. 73) unter ungünstigen Pflege- und Erziehungsbedingungen zu partiellen oder universellen psychophysischen Retardierungen. Die statomotorischen Funktionen (Sitzen, Stehen, Gehen) verlaufen ebenso wie die emotionale und sprachliche Entwicklung verzögert. Gleichzeitig bilden sich lustbetonte Kompensationsmechanismen heraus wie genitale Spielereien, motorische Stereotypien und manuelle Hantierungen, wie monotone Schaukelbewegungen, Kotschmieren, Pica, Haarausreißen. Im psychosozialen Bereich lassen sich aktiv-kontaktsüchtige und passiv-kontaktschwache Kinder mit den gemeinsamen Merkmalen der Bindungsschwäche und Frustrationsintoleranz erkennen.

Im *Schulalter* wurden als Frühsymptome der Verwahrlosung (Opitz) ermittelt: Angst, Einnässen, Trotz, Daumenlutschen, Nägelknabbern, Stottern und Eßstörungen; später treten hinzu: Lügen, Diebstähle, Faulheit, Schulschwänzen, Weglaufen und Konzentrationsschwäche. Bezüglich der emotionalen Grundstimmung ließen sich zwei Gruppen unterscheiden. Die eine Gruppe zeigte eine gesteigerte Expansivität, heitere Stimmungslage, Geltungsbedürftigkeit und Extravertiertheit. Bei der anderen Gruppe überwog eine depressiv-dysphorische Grundstimmung mit Gehemmtheiten auf dem Gebiete des Zärtlichkeits- und Besitzstrebens.

Bei einer statistischen Aufgliederung des ersten Auftretens von Verwahrlosungssymptomen zeigen sich bei *Jungen und Mädchen* im Hinblick auf das Lebensalter verschiedene Häufigkeitsgipfel. Bei den Jungen läßt sich ein erster Anstieg um das 6. Lebensjahr (1. Gestaltwandel, Einschulung) erkennen, dann um das 9. Lebensjahr (Schwatz- und Zappelalter), um das 11. Lebensjahr (erste puberale Phase) und um das 14. Lebensjahr (Pubertät). Bei den Mädchen tritt der 1. Gestaltwandel weniger in Erscheinung. Der erste Gipfel liegt um das 11. Lebensjahr (erste puberale Phase), dann um das 13. Lebensjahr („negative" Pubertätsphase) und um das 15. Lebensjahr (allgemeine Pubertätsproblematik).

Die ersten dissozialen Auffälligkeiten bei *männlichen* Verwahrlosten ließen sich überwiegend in der 2. Hälfte der Schulzeit und im Jugendalter und nur bei 20% bereits in der Grundschulzeit feststellen. Bei den *weiblichen* Verwahrlosten kam es überwiegend im Jugendalter zur ersten Symptommanifestation, nur bei 30% bereits in der späteren Schulzeit; Angaben aus der früheren Kinderzeit fehlen. Bei Jungen wird etwa doppelt so häufig als bei Mädchen während der Kinderzeit eine Fürsorgeerziehung angeordnet. Während der frühen Adoleszenz überwiegen die Mädchen, in der Spätadoleszenz dagegen eindeutig die männlichen Minderjährigen.

Bei einer geschlechtstypischen Aufgliederung der dissozialen Symptome männlicher und weiblicher Jugendlicher findet sich regelmäßig bei den *Jungen* ein Überwiegen der Eigentumsdelikte, oft in Kombination mit Weglaufen und Schulschwänzen, während bei den *Mädchen* unerwünschte sexuelle Beziehungen (vorwiegend h.w.G.), ebenfalls oft im Zusammenhang mit Herumtreiben und mit Diebstählen, den ersten Rangplatz einnehmen.

Der zeittypische *Wandel* dissozialer Symptome steht in engem Zusammenhang mit zeitimmanenten Erziehungsstilen einerseits und mit soziologischen Umwandlungsprozessen andererseits. Unter den in den letzten Jahrzehnten sich phasenhaft einander ablösenden pubertären bzw. spätpubertären oppositionell-protestierenden Gruppen von Jugendlichen (der „skeptischen" und der „zornigen" jungen Generation, den Rockern, Gammlern, Hippies, Progressiven und „Progressiven") finden sich auch dissoziale bzw. verwahrloste Jugendliche, die unter modischen bzw. ideologischen Verbrämungen ihren latenten oder manifesten dissozialen Tendenzen nachgehen. Durch kollektiv übernommene Schutzbehauptungen können etwa Bücher- oder Warenhausdiebstähle oder Gewaltanwendungen gegen Objekte und Menschen als Kampf gegen das jeweilige Gesellschaftsgefüge für „legitim" erklärt werden, ohne die darin enthaltene antisozial-elitäre Einstellung der Gruppe wahrzunehmen.

Genese und soziale Bedeutung. Aus der empirischen Sicht des Kinder- und Jugendpsychiaters ist das *polyätiologische* Konzept (das psychiatrische, psychoanalytische, psychologische, medizinische und soziologische Theorien und Erfahrungen berücksichtigt), allen monokausalen Erklärungsversuchen überlegen. Aber selbst der universalistische Geltungsanspruch einiger medizinischer, besonders aber psychologischer und soziologischer Schulen fördert letztlich die multidimensionale Diagnostik der Verwahrlosung, weil zeitweilig überbewertete ursächliche Faktoren schließlich regelmäßig einen ihrer realen Bedeutung entsprechenden pathogenetischen Stellenwert erhalten. Der praktizierende Sozialarbeiter, Psychologe oder Kinderpsychiater aber wird durch eine einseitige theoretische Ausrichtung rasch die Grenzen seiner therapeutischen Möglichkeiten erreichen. So wird der psychologischen Behandlung eines Kindes mit einem hirnorganischen Psychosyndrom nur ein begrenzter Erfolg beschieden sein; das gilt mutatis mutandis auch für einseitige medizinische, heilpädagogische, milieu- bzw. psychotherapeutische Behandlungsmaßnahmen. Diese facettierte, keineswegs aber akzentfreie Betrachtungsweise spielt auch für die

Auswahl geeigneter heilpädagogischer oder therapeutischer Heime und ebenso für die forensische Begutachtung jugendlicher Straftäter eine wichtige Rolle.

Das Problem dissozialer Kinder und Jugendlicher ist nicht nur gegenwärtig, sondern zu allen Zeiten ein *Brennpunkt* philosophischer und pädagogischer Auseinandersetzungen gewesen, die sich am Anlage-Umwelt-Problem entzündeten oder von extremen Erziehungsstandpunkten (etwa Sokrates contra Rousseau) ausgingen. Für die dissozialen Manifestationen bei Kindern und Jugendlichen, für die sich Pädagogen und Heilpädagogen, Psychologen und Psychiater, Psychoanalytiker und Soziologen gleichermaßen zuständig fühlen, gilt, daß pädagogisch oder heilpädagogisch ausgerichtete Untersuchungen vorwiegend pädagogische bzw. heilpädagogische Ergebnisse bringen, ebenso wie rein psychologisch (psychiatrisch, psychoanalytisch, soziologisch) orientierte Forschungen überwiegend psychologisches (psychiatrisches, psychoanalytisches, soziologisches) Material zutage fördern.

Das im Einzelfall unterschiedlich gegliederte pathogenetische Mosaik aus regelmäßig oder unregelmäßig gestalteten, scharf oder schwach konturierten, blassen oder farbigen Mosaiksteinen fordert eine gründliche Analyse der Form und Gestalt des individuellen Syndroms. Für Diagnose, Prognose und Therapie ist die Erkennung der dominierenden Faktoren dabei sicher von großer Bedeutung. So läßt sich Dissozialität zweifellos nicht ausschließlich als Anlageradikal, etwa der Auswirkungen eines *„Kriminalitätsgens"* darstellen. Es gibt aber eine Reihe unbezweifelbarer persönlichkeitseigener Kriterien, die in einer dispositionsaffinen Umgebung die Verwahrlosung fördern, während dispositionsfreie Menschen durch sie unbeeinflußt hindurchgehen. Oder: zweifellos fördert nicht jede cerebralorganische Schädigung, nicht jede Begabungsschwäche, in einem ungünstigen Milieu den Prozeß einer Verwahrlosung, weil z.B. daran sehr wesentlich auch emotionale Faktoren mitbeteiligt sind. Sie können in anderen Fällen jedoch durchaus den Stellenwert einer conditio sine qua non einnehmen. Etwa dann, wenn ein hirnorganisch geschädigtes oder ein mißgebildetes Kind diffamiert wird und in eine Außenseiterposition gerät oder ein debiler Jugendlicher, der infolge seiner Kritikschwäche und gesteigerten Verführbarkeit in „schlechter Gesellschaft" zum handelnden Objekt der Gruppe wird.

Die apodiktisch erscheinende Feststellung von Homburger, daß „ein gut begabtes Kind ohne

Charaktermängel in einwandfreier Umgebung verwahrlost, ist ausgeschlossen", gilt mit einigen Einschränkungen unverändert. So ist die diagnostische Sicherheit in der Erkennung spezieller Störungen und Mängel der Begabungs- und Charakterstruktur eines Kindes wohl gewachsen, sie ist aber nicht absolut zuverlässig. Auch die Frage, ob ein Kind in einer wirklich „einwandfreien" Umgebung aufwächst, läßt sich weder theoretisch noch praktisch eindeutig definieren und klären. An der Dominanz des schlechten Milieus für die Entstehung dissozialer Entwicklung haben übrigens auch Psychiater der „alten Schule" kaum je gezweifelt. So Bonhoeffer: „Schlechte Erziehung, mangelhafter Schulbesuch, andauernde Entbehrungen geistiger Anregungen, Einengung des Interesses auf Broterwerb und die Erhaltung des vegetativen Ich, schlechte Ernährung, unregelmäßiges Leben sind ohne Zweifel Umstände, hochgradige Defekte des Urteils und des Wissens und eine im ganzen ausschließlich egoistische, moralisch tiefstehende Denkrichtung zu erzeugen."

Das Fehlen bzw. der Verlust ethisch-moralischer *Hemmungsvorstellungen* der verstehenden Psychiatrie scheint mit ihrer „Zeigefinger-Mentalität" typisch für derartige Tendenzen der Jahrhundertwende zu sein. Andererseits ist aber nicht zu übersehen, daß sich hier bereits Elemente finden, die sich in anderer Sprachgestalt in den Denkvorstellungen der Gegenwart wiederfinden; in soziologischen, lernpsychologischen und psychoanalytischen Denkmodellen.

Gregor und Voigtländer sprachen von Typen der Verwahrlosung infolge 1. moralischer Schwäche, 2. moralischer Minderwertigkeit, 3. von asozialen und 4. von antisozialen (bewußten) Einstellungen, ferner von exogenen, triebhaften, haltlos-sexuellen und kriminellen Verlaufstypen. Bezeichnungen wie „moralischer Schwachsinn" oder „dauerhafte ethische Abweichung" hatten aber primär keine abqualifizierende Bedeutung. Dahinter stand vielmehr ein (auf lange Sicht mißglückter) Versuch, den in der Folge durch K. Schneider erneut eingeengten Krankheitsbegriff in der Psychiatrie auszuweiten, d.h. die Verwahrlosung als ein psychopathologisches Syndrom in den Bereich psychiatrischer Erkrankungen einzubeziehen.

Die *erbgenetische* Entstehung psychischer Krankheiten und die Konstitutionsforschung bestimmten früher in fast allen Ländern, besonders aber in Deutschland, die nosologischen Vorstellungen über Psychosen, Psychopathien und die abnormen Persönlichkeiten. Bestimmte Formen der Verwahrlosung waren mit Psychopathie zeitweilig fast identisch, aber im Sinne von K. Schneider nicht ohne weiteres mit „erblicher Anlage" gleichzusetzen, weil ausdrücklich exogene, intrauterine und frühkindliche Faktoren in den Konstitutionsbegriff einbezogen wurden. Dissoziale Verhaltensweisen finden sich bei „selbstunsicheren" oder „stimmungslabilen" ebenso wie bei „gemütslosen" oder „willenlosen" Psychopathen. Der *Psychopathiebegriff* ist in der Psychopathologie der Gegenwart inzwischen so weit aufgelockert worden, daß er sich nicht mehr wesentlich von tiefenpsychologischen Definitionen unterscheidet, etwa von der „Kernneurose" (I. H. Schultz). Die psychoanalytische Theorie über die Bedeutung „*autonomer Ich-Kerne*" (H. Hartmann) nähert sich weitgehend humangenetischen Forschungsergebnissen und Denkmodellen. Hartmann stellte fest, daß Wahrnehmung Motorik und Intelligenz zu den maßgeblichen psychischen Instanzen gehören, die „von Anfang an" an der Konstituierung der Persönlichkeitsstruktur beteiligt sind. Gottschalk stellte bei Zwillingsuntersuchungen die Dominanz von Erbinformationen für vorwiegend stammhirngesteuerte Persönlichkeitszüge, wie vitale Antriebsspannung, affektive Erregbarkeit und Wucht der affektiven Wallungen fest.

Ob und inwieweit es eine „*primäre Dissozialität*" gibt, läßt sich weder einfach verneinen noch bejahen. Bei vorsichtiger Verwertung der vorliegenden humangenetischen Untersuchungsergebnisse kommt man jedoch nicht umhin, vererbbare psychische Eigenschaften in das pathogenetische Denkmodell der Verwahrlosung mit einzubeziehen. Der Psychoanalytiker Schepank gelangte bei der Durchsicht der Zwillingsliteratur der letzten 40 Jahre zu dem Ergebnis, daß die Beteiligung erblicher Faktoren für die Kriminalitätsmanifestation „statistisch sehr hoch signifikant" sei, bei EZ 66,2%, bei ZZ 37,4%. Daraus läßt sich natürlich nicht ableiten, daß jede Form von Delinquenz in gleich starker Weise erbdeterminiert ist. Der Genetiker Vogel kam aufgrund seiner Untersuchungen zu der pointierten und manchen provozierenden Feststellung „Gelegenheit macht Diebe, aber keine Schwer- und Rückfallverbrecher; sie werden geboren." Und der Psychiater Strömgren vertritt weiterhin (1970) nachdrücklich den Standpunkt, daß für *leichtere* Kriminalitätsformen den *Milieufaktoren* die entscheidende Rolle zukomme, während *genetische* Faktoren eine weit größere Bedeutung für die *Schwerkriminellen* haben.

Auch in Ländern, in denen früher Delinquenz ausschließlich als „*sozialer Defekt*" eingestuft wurde, wie z. B. den USA, werden zunehmend auch erbgenetische Kausalitätsfaktoren diskutiert. So stellte Cattell in seinen Untersuchungen über psychische Eigenschaften bei Delinquenten (besonders Gangstern) einen „comentionfactor" fest, dessen psychologischer Gehalt sich am besten als eine „primäre Affinität zum Kollektiv", mit dem er denkt und handelt (v. Bracken), definieren und erklären läßt. Dieser genetische Determinationsfaktor soll für die Manifestation der Delinquenz viermal wichtiger als der Umweltfaktor sein. Eysenck stellte eine auffallende Übereinstimmung mit eigenen Untersuchungsergebnissen fest. Kritiker dieser faktorenanalytisch gewonnenen „primären Persönlichkeitsfaktoren" Cattells stellen jedoch in Zweifel, daß diese einen günstigen und verläßlichen Ausgangspunkt für genetisch-psychologische Untersuchungen darstellen.

Mit der Beschreibung der 47 *XYY-Konstitution* (Sandberg et al.) konnte die Humangenetik inzwischen das Beispiel einer chromosomal bedingten somatischen und psychischen Aberration in der Kombination von gesteigertem Längenwachstum und Kriminalität erbringen. Diese Genopathie hat eine Incidenz von 1,8:1000 (und vermutlich noch mehr) männlichen Neugeborenen. Abschließende Feststellungen über die Häufigkeit der Koincidenz körperlicher und psychischer Abweichungen liegen noch nicht vor.

Mit der Rolle der *Konstitution* und des *Geschlechts* seien zwei Faktoren angeführt, die eine auffallende asymmetrische Affinität zur Dissozialität aufweisen. So fanden Sheldon und Glueck bei 70 bzw. 60% ihrer delinquenten, aber nur bei 43 bzw. 31% ihrer nicht-delinquenten Jugendlichen einen athletischen Habitus. Diese Ergebnisse wurden von einigen anderen Autoren (Karkut) bestätigt. Bezüglich der Geschlechtsverteilung ist bekannt, daß Jungen etwa neunmal häufiger straffällig werden als Mädchen. Die für psychische Störungen im Kindes- und Jugendalter allgemein bekannte, wissenschaftlich nicht befriedigend erklärbare Relation von 2:1 zugunsten der Jungen tritt hier noch weit deutlicher in Erscheinung. Als partieller Deutungsversuch bietet sich die Erfahrung an, daß die Verwahrlosungsformen der Jungen eine überwiegend aggressive und lärmende Expansivität aufweisen, während die Mädchen überwiegend zu passiven und stillen Verwahrlosungssyndromen tendieren.

Der *psychiatrische Aspekt* bei der Entwicklung eines Dissozialitäts- oder Verwahrlosungssyndroms tritt deutlich in Erscheinung, wenn angeborene Minusvarianten oder erworbene Defekte vorliegen, z. B. unterdurchschnittliche Intelligenz oder Schwachsinn verschiedener Grade, hirnorganische Psychosyndrome, postencephalitische oder traumatische Zustandsbilder mit Wesensänderungen oder beginnende oder fortgeschrittene schizophrene oder affektive Psychosen.

Das geistig- oder lernbehinderte Kind, aber auch solche mit leichten Sinnesdefekten und Werkzeugstörungen und den daraus resultierenden sekundären Verhaltensstörungen erweisen sich oft als besonders gefährdet. Sie sind infolge ihrer schwachen Intelligenz, ihrer reduzierten Kritikfähigkeit und mangelhaft ausgebildeter Hemmungsvorstellungen oft einfach nicht imstande, Recht oder Unrecht und soziales oder dissoziales Verhalten voneinander abzugrenzen bzw. den Nutzen und die Folgen eines Verhaltens abzuschätzen, das ihnen rasche Befriedigung ihrer Wünsche verspricht.

Bei internierten verwahrlosten *männlichen* Jugendlichen konnte Hartmann einen durchschnittlichen IQ von 85 nachweisen, der damit deutlich unter dem mittleren IQ der Gesamtbevölkerung liegt. Die meisten der anderen Untersucher kamen zu ähnlichen Ergebnissen; es lassen sich aber auch abweichende Feststellungen zitieren. So fand das Ehepaar Glueck bei Vergleichsgruppen von jugendlichen Delinquenten und gesetzestreuen Jugendlichen keine wesentlichen Differenzen der Intelligenz. Die delinquenten Jugendlichen waren aber zu einem bedeutend höheren Prozentsatz unrealistische Denker, arm an „gesundem Menschenverstand" und unfähig zu einer methodischen Bewältigung geistiger Probleme. Specht ermittelte bei den von ihm untersuchten verwahrlosten männlichen Jugendlichen nur bei etwas mehr als 20 % und bei 30 % der Mädchen eine niedrige Intelligenz bzw. Debilität. Bei unausgelesenen *Fürsorgezöglingen* stellte Stutte in 11 % Intelligenzdefekte fest; bei einem unter dem Gesichtspunkt der praktischen Unerziehbarkeit ausgelesenen Kollektiv lag der Prozentsatz der Schwachsinnigen dagegen bei 43 %. Aus den vorstehend angeführten Zahlen (bei älteren Untersuchungen lagen die Prozentsätze debiler und imbeziller Verwahrloster noch wesentlich höher) ergibt sich, daß die erfaßten verwahrlosten Jugendlichen insgesamt offenbar über eine *durchschnittlich schlechtere Intelligenz* als die Gesamtbevölkerung verfügen. Das schließt nicht aus, daß zahlreiche dissoziale Kinder und Jugendliche durchschnittlich und einzelne überdurchschnittlich intelligent sind.

Auf die Bedeutung der Teilleistungsstörung *Legasthenie* für die Entwicklung von Dissozialität und Delinquenz hat besonders Weinschenk immer erneut und nachdrücklich hingewiesen. Er konnte bei Strafgefangenen eine Legastheniehäufigkeit von 33 % feststellen, während sie bei Kindern des 2. Schuljahres auf etwa 4 % geschätzt wird. Er ist der Ansicht, daß legasthenische Kinder und Jugendliche infolge ihrer Außenseiterposition Straftaten zur Kompensation ihrer Minderwertigkeitsgefühle ausüben.

Frühere Annahmen, daß *depressive Kinder* und Jugendliche nicht oder nur in geringem Maße kriminell werden, sind durch neuere Untersuchungen widerlegt worden. Für die Gruppe der delinquenten Jugendlichen konnten Glueck und Glueck in den USA in 14 % und Stoll in England bei über 50 % dissozialer Jungen, in Deutschland schließlich Hartmann bei 48 % verwahrloster männlicher Jugendlicher depressive Verstimmungen nachweisen. Sie traten bei seinen Probanden sehr oft gemeinsam mit Rastlosigkeit, mangelhafter Entmutigungstoleranz und mangelhafter Kontaktbindung auf. Nissen stellte bei langjährigen Nachuntersuchungen primär depressiver Kinder in 8 % Verwahrlosungssyndrome bei chronisch-depressiver Grundstimmung fest.

In einem Kollektiv sog. „praktisch unerziehbarer Fürsorgezöglinge" ermittelte Stutte an determinierenden Faktoren: 94 % ungünstiges Milieu, 30 % neurotische Fehlentwicklungen, 24 % Störungen der körperlich-seelischen Reifung, 18 % Wesensauffälligkeiten bei organischen Hirnveränderungen und endokrinen Störungen, 4 % manifeste bzw. rezente oder beginnende Geisteskrankheiten, 43 % Schwachsinn (IQ unter 75), 82 % psychopathische Wesenszüge. Die bei dieser therapierefraktären Kerngruppe dissozialer und verwahrloster Jugendlicher festgestellten Bedingungsfaktoren weisen darauf hin, wie stark neben den Umweltnoxen Schwachsinnszustände, Reifungsstörungen, Hirnschädigungen und Geistesstörungen an der Genese beteiligt waren. Sie lassen allerdings, etwa im Sinne einer „kontinuierlichen Verdünnung", keine generellen Rückschlüsse auf ihre Bedeutung für die Entstehung dissozialer Syndrome zu.

Die *Psychoanalyse* hat mit ihrer metapsychologischen Theorie und Neurosenlehre auch zum genetischen und strukturellen Verständnis der neurotischen Dissozialität und Verwahrlosung beigetragen. Die Etymologie der Verwahrlosung, die sich (nach Duden) von ahd. waralōs „achtlos" über das mhd. transitive Verb verwarlōsen „unachtsam behandeln" zurückführen läßt, weist auf die aktive Rolle der Eltern als „Verwahrloser" hin. Eine Vorstellung, die aus tiefen- und entwicklungspsychologischer Sicht für die chronische emotionale Frustrationssituation des milieugeschädigten Kleinkindes (s. Psychischer Hospitalismus S. 73) ebenso zutrifft, wie für die chronisch-verwahrlosende Erziehung infolge vernachlässigender, verwöhnender oder inkonsequenter pädagogischer Haltungen der Eltern.

Dem „*broken home*" wird als einem anscheinend relativ gut bestimmbaren Bedingungsfaktor in fast allen Untersuchungen über die Genese der Dissozialität und der Verwahrlosung eine besondere Bedeutung zugemessen. Tatsächlich aber wird dieser Faktor sehr unterschiedlich definiert, etwa als biologisch oder soziologisch unvollständige oder als äußerlich vollständige, aber innerlich dissoziierte Familie. Daraus ergibt sich bereits, daß dieses Merkmal bei den verschiedenen Untersuchungen nur einen bedingten Vergleichswert hat. So fand Hartmann bei 87% seines Untersuchungsgutes ein „broken home", das er bei jeder Dissoziation der Eltern- und der Eltern-Kind-Gemeinschaft registrierte. Specht stellte fest, daß nur 3% der Probanden nicht aus „gestörten Familien" stammten. In dem Untersuchungsgut von Hartmann war der Vater bei 26% tot oder verschollen, bei Specht kamen 28% der männlichen und 20% der weiblichen Probanden aus vaterlosen Halbfamilien. Stutte ermittelte, daß 20% seiner Probanden zum Zeitpunkt der Erfassung Vollwaisen waren. Selbst wenn man berücksichtigt, daß auch in psychisch unauffälligen Vergleichsgruppen die Anzahl der Voll- und Halbwaisen relativ hoch ist (nach Monro hatten bis zum 16. Lebensjahr 20% einen Elternteil verloren, und Brown weist darauf hin, daß der Prozentsatz für die Durchschnittsbevölkerung Englands bei 16% liegt), sind diese Zahlen bedeutsam. Allerdings ist Elternverlust allein kein wichtiger prädisponierender Faktor für eine dissoziale Entwicklung. Entscheidend ist allein das „innere Milieu" der familiären Gruppe, unabhängig von seiner Zusammensetzung.

Eine *neurotische* Dissozialität kommt in reiner Form nur selten vor, weil Abwehrmechanismen bei der Neurose nur selten antisozial gerichtet (de Ruyter) sind. Neurotische Dissozialität kann als ein Defekt der „Selbststeuerung" angesehen werden, wie sich an dem Es-Ich-Überich-Modell der psychischen Instanzen aufzeigen läßt. Das Ich, eine „Substruktur der Persönlichkeit", ist die maßgebliche psychische Instanz, die Triebforderungen des Es mit den Erfordernissen und Möglichkeiten der Realität koordiniert. Wo das Vertrauen zur Umwelt und sich selbst in der frühen Kindheit nicht verwirklicht werden konnte, dort resultiert regelmäßig eine absolute oder relative Ich-Schwäche. Anstelle der Ich-Steuerung als Resultat einer Abstimmung intra- und extrapsychischer Interessen tritt das Manövrieren Ich-fremder Instanzen. Als Folge einer Diktatur des Lustprinzips etablieren sich dissoziale (a-, anti- und unsoziale) Syndrome, weil die kontrollierenden und koordinierenden Funktionen im Ich, die Reizschutz und -speicherung, Selbstbehauptung und Anpassung, Selbstkritik und Aktivität gewährleisten, dem Ansturm der chthonischen Mächte des Es nicht gewachsen sind. Das Überich, das enge Beziehungen zum Ich-Ideal unterhält und die moralischen und ethischen Forderungen der Eltern vertritt, ist teilweise mit dem Gewissen identisch. Der Aufbau des Überich ist im wesentlichen mit der Kleinkindzeit abgeschlossen und ermöglicht eine entwicklungs- und altersadäquate Einordnung auch in außerfamiliäre Gemeinschaften. Entspricht das Familien-Überich nicht dem der Gesellschaft, kommt es zu individuellen Überich-Defekten („Superego-Lücken" oder „-Lacunen"). Aus der Diskrepanz zwischen neurotischer Fehlentwicklung und soziologischem Normanspruch entstehen Konflikte, durch die das desintegrierte Kind in eine „drop-out-Position" gedrängt wird.

Beispiel: 16jähriger, verwahrloster Jugendlicher, Vater einschlägig wegen Diebstahl vorbestraft, Mutter Prostituierte, Elternehe geschieden. Stiefmutter stammt aus einer „kriminellen Familie". Vater und Stiefmutter wurden zu $1^1/_2$ Jahren Gefängnis wegen Mißhandlung dieses Kindes bestraft, das schon im Alter von 3 Jahren „Buddelkastenverbot" wegen aggressiv-sadistischer Handlungen („Frühverwahrlosung") erhielt. Bis zum 13. Lebensjahr 6 Heimwechsel, die Frequenz der Wechsel von Gruppen und Bezugspersonen ließ sich nicht feststellen. Kam mit 14 Jahren erneut zur verheirateten Mutter, die ihn mißhandelte und vernachlässigte, so daß er nach 4 Monaten mit 20 kg Gewichtsverlust zum Vater zurückkehrte. Der Junge besuchte trotz gut durchschnittlicher Intelligenz (IQ 108) eine Sonderschule, schwänzte dort, bummelte und kam wegen verschiedener Delikte mehrfach vor den Jugendrichter; nach Schulentlassung verweigerte er die Arbeitsaufnahme.

Die Weichen für eine neurotische Dissozialität oder Verwahrlosung werden gestellt, wenn bereits im frühen Kindesalter dem Lust- vor dem Realitätsprinzip eine permanente *Vorrangstellung* eingeräumt wird. Kinder und Jugendliche, die Triebaufschub und Triebverzicht in der Kleinkind- und Kinderzeit nicht erlernt haben, entwickeln nicht selten eine triebbetont-egozentrische Selbststeuerung, die frühzeitig zu Konflikten mit der Gesellschaft führt. Bei anderen verwahrlosten Jugendlichen findet sich ein sadistisches Überich und ein masochistisches Ich in Kombination mit einem aufgeblähten Ich-Ideal von „herostratischer Art" (Klüwer).

Fast alle Autoren weisen auf den hohen pathogenen Effekt der „Pendelerziehung" hin, die sich meistens in abruptem Wechsel zwischen autoritärdiktatorischen und nachgiebig-verwöhnenden Erziehungsstilen äußert und häufig mit einer emotional verarmten und materiell verwöhnenden Erziehungsform kombiniert ist. In der Vorgeschichte delinquenter Jugendlicher finden sich mit großer Regelmäßigkeis Angaben über inkonsequente Erziehungspraktiken, über eine chronische Vernachlässigung und permanente Aufsichtslosigkeit in der frühen Kindheit, über ständige Wechsel der Beziehungspersonen infolge Berufstätigkeit beider Elternteile, häufige Heimaufenthalte und Verschickungen, chronische Erkrankungen oder Scheidungen der Eltern und ungünstige materielle Verhältnisse.

Neurotische dissoziale oder verwahrloste Kinder und Jugendliche aus biologisch und soziologisch *intakten* Familien, deren Norm- und Wertvorstellungen mit denen der Gesellschaft übereinstimmen, kommen nur selten vor. In diesen Fällen ist in erster Linie differentialdiagnostisch nach erbgenetischen bzw. somatischen Dispositionen und außerfamiliären verwahrlosungsfördernden Faktoren zu fahnden. In einigen Fällen lassen sich jedoch als Ursache der Verwahrlosungsentwicklung unbewußte ambivalente pädagogische Fehleinstellungen der Eltern nachweisen. Eine verhängnisvolle Rolle können Eltern mit latenten bzw. unbewußten dissozialen Impulsen spielen, deren Virulentwerden durch relativ intakte Ich- bzw. Überich-Instanzen verhindert wird. Diese elterlichen Strukturanteile können eine dissoziale Entwicklung ihrer Kinder induzieren und unterhalten. Die Kinder agieren dann mit ihrem Verhalten unbewußte Wünsche und Ziele der Eltern aus, die diese als personifiziertes Überich zwar mißbilligen und bestrafen, andererseits jedoch anerkennen und vielleicht sogar bewundern. Eine derartige intrapsychische *Doppelpolung* läßt sich gelegentlich direkt bei der Elternberatung nachweisen, z.B. bei einem inadäquaten Verhalten von Gesprächsinhalt und emotionaler Beteiligung. So erklärte die Mutter eines 12jährigen aggressiv-verwahrlosten Jungen wörtlich nach jedem geschilderten „Streich" lachend, daß er „sich nicht die Butter vom Brot" nehmen lasse. Sie gab auf Befragen an, daß sie auch in der pädagogischen Situation oft nicht wisse, ob sie lachen oder schimpfen solle. Sie finde die rechte, strafende Einstellung nicht. Er sei eben „ein richtiger Junge", das ganze Gegenteil ihres Mannes, der passiv und bequem sei. Sie wisse schon, daß sie schimpfen müsse, „damit er später keine Schwierigkeiten hat", andererseits billige und bewundere sie oft seinen „Mut zum Abenteuer", auch wenn sie deshalb Scherereien mit Nachbarn, Lehrern und der Polizei habe.

Für die häufigste Verwahrlosungsform der *Mädchen*, die unerwünschten sexuellen Beziehungen, kommen weniger die von Kinsey bestätigten hohen individuellen sexuellen Triebdifferenzen als Ursache in Betracht als Identifikationsprozesse mit den Wertnormen der Umgebung. So entwickelte ein 12jähriges Mädchen innerhalb einiger Monate mit etwa 20 jungen Männern sexuelle Beziehungen. Klinikeinweisung erfolgte, nachdem sie an einem Nachmittag mit 9 Männern GV hatte. Sie war in einem hypersexuellen Milieu aufgewachsen, in dem intime eheliche Beziehungen der Eltern alltäglichen Gesprächsstoff in Gegenwart der Kinder bildeten. Vom 5.—8. Lebensjahr führte das Mädchen wöchentlich zwei- bis dreimal genitale Spielereien mit einem älteren Jungen durch, außerdem mutuelle Onanie mit einer älteren Schwester. Mit 9 Jahren wurde sie von der Mutter über alle sexuellen Details aufgeklärt mit dem Zusatz „das wird Dir viel Spaß machen, fang aber nicht zu früh damit an." Im Alter von 12 Jahren wurde sie von einem Kneipenwirt defloriert, danach „triebhaft", h.w.G. Die Mutter gab zu erkennen, daß sie die Tochter „einesteils" wegen ihrer sexuellen Abenteuer beneide, und auch der 14 Jahre jüngere Stiefvater äußerte eine „gewisse Anerkennung über die körperliche Leistung" des Mädchens.

Soziologische Untersuchungen haben die aus der Kriminalstatistik bekannte Tatsache relativiert, daß Delinquenz bei Kindern und Jugendlichen vorwiegend in der *Unterschicht* lokalisiert ist: sie ist in allen sozialen Schichten, von deliktspezifischen Abweichungen abgesehen, verbreitet. Die stärkere kriminelle Belastung der Unterschicht ergibt sich aus der größeren Häufigkeit wie aus der Schwere (Aggressivität und Gewalttätigkeit) der Delikte.

Anders als die multifaktorielle medizinischpsychiatrische Forschung, deren Bemühungen einer möglichst subtilen Entflechtung des individuell unterschiedlichen Ursachenbündels gelten, um dominante und subdominante pathogene Faktoren ausfindig und therapeutisch nutzbar zu machen, gehen einige soziologische Arbeitshypothesen davon aus, daß die Dissozialität der Kinder auf *erworbene* psychische Deformierungen der Eltern (die diese wiederum durch ihre eigenen Eltern u.s.f. erworben haben) und auf die dadurch bedingte kriminogene Familienstruktur zurückzuführen ist.

So werden bei Unter- und bei Mittelschichtskindern die Formen der emotionalen Bindung zu den Eltern, die Wissensvermittlung durch die Eltern und die Einstellung der Eltern und der Kinder zum Eigentum untersucht und verglichen. Die vorwiegend negativen Ergebnisse bei den Kindern der Unterklasse führen zu einem Vergeltungsverhalten, das sich in Aggressivität gegen die Normen der Mittelklasse ausdrückt (Cohen).

Für Kinder und Jugendliche der *Unterklasse* ist es weitaus schwieriger, sich an die universalen Normen der Mittelklasse anzupassen, die manchmal zu abweichenden Lösungen in Form krimineller Handlungen führen. In der Wettbewerbsgesellschaft besteht ein starkes Gefälle von unterschiedlichen Aufstiegschancen. Mißerfolge werden von den Betroffenen als Kränkungen erlebt, die ihnen von der anomischen Gesellschaft zugefügt worden seien. Innerhalb der kulturellen Substrukturen leben die Jugendlichen jedoch überwiegend nach den Regeln der konventionellen Norm.

Ausmaß und Ausprägung der Dissozialität ist aber auch von epochalen und *politischen Faktoren* abhängig. In soziologisch geschlossenen und strenger reglementierten Staaten wird ein „dropping out" rascher und unnachsichtiger als Verstoß gegen die Sozietät empfunden als in einer liberalen Gesellschaft, die eine wertneutralere und tolerantere Einstellung zur Selbstverwirklichung des Individuums hat. Dissozialität kann in Zeiten allgemeiner Not (Epidemien, Katastrophen, Krieg) ein weitgehend allgemein anerkanntes Verhalten darstellen, während gerade in Zeiten der Prosperität und des allgemeinen Wohlstandes die Gesellschaft sehr empfindlich auf dissoziales Verhalten reagiert.

Nicht ganz selten kann Dissozialität als prämonitorisches Zeichen bzw. ein erster blander und deshalb häufig nicht erkannter *schizophrener Schub* rückblickend erst aus der Längsschnittanalyse diagnostiziert werden.

Beispiel: Ein 16jähriger Junge wird nach einer relativ unauffälligen Kindheitsentwicklung wegen gehäufter „persönlichkeitsfremder" Delikte zu einer Jugendstrafe verurteilt. Wegen anhaltender aggressiver Widersetzlichkeiten kam er mehrfach in Einzelhaft, dort zerriß er seine Wolldecken in zentimetergroße Rechtecke, verweigerte die Nahrungsaufnahme und defäkierte in die Zelle. Bei der jugendpsychia-trischen Untersuchung wurden paranoide Denkinhalte und akustische Halluzinationen eruiert, die teilweise bereits vor Beginn der Straftaten einsetzten, aber von dem Jugendlichen dissimuliert worden waren.

Die *soziale Bedeutung* der Dissozialität und der Verwahrlosung liegt in der Störfunktion sozial desintegrierter Gruppen, vor allem aber in der Kriminalität. Der polizeilichen Kriminalstatistik für das Jahr 1968 ist zu entnehmen, daß in der Bundesrepublik Jugendliche und Kinder mit 18,6 % als Täter bei den verschiedenen Delikten beteiligt waren. Mit über 10 % partizipierten diese Altersgruppen an folgenden Straftaten: Vorsätzliche Brandstiftung (45 %, davon allein 33 % durch Kinder), einfacher Diebstahl 34 % (13 % davon durch Kinder), schwerer Diebstahl 32 %, Raub/Erpressung/Auto-Straßenraub 22 %, Sittlichkeitsdelikte 14 % und gefährliche bzw. schwere Körperverletzungen 11 %. Insgesamt 0,3 – 0,4 % der Minderjährigen in der BRD befanden sich unter Erziehungsbeistandsschaft, in Freiwilliger Erziehungshilfe (FEH) oder in Fürsorgeerziehung (FE).

Diagnose, Differentialdiagnose und Fehldiagnosen. Dissozialität beschreibt ein deviantes Verhalten in der Gesellschaft; sie hat den Rang einer deskriptiven Diagnose. Verwahrlosung ist ein Sonderfall der Dissozialität; sie hat den Rang einer nosologischen Diagnose.

Differentialdiagnostisch sollten die verschiedenen (medizinischen, psychologischen, psychoanalytischen, konstitutionsbiologischen, soziologischen) Fachdisziplinen die Erkenntnisse der jeweiligen Nachbarwissenschaften in ihre prognostischen und therapeutischen Überlegungen einbeziehen, um Fehldiagnosen und damit eine fehlerhafte Therapie und Prognose zu vermeiden.

Therapie und Prognose. Die *Bekämpfung* der Dissozialität erfolgt nach den gleichen Grundsätzen wie in der somatischen Medizin: generelle *Verhütung* durch Beseitigung der Ursachen und individuelle Behandlung manifester Syndrome mit spezifischen Verfahren. Der epidemiologische Aspekt wird für den Dissozialitäts- und Verwahrlosungsbereich verkörpert durch eine wirksame Sozialprävention; die individuelle Behandlung durch vorwiegend pädagogische bzw. heilpädagogische und psychologische (milieu-, gruppen-, psycho- und lerntherapeutische) Behandlungsverfahren.

Die *Sozialprävention* beruht aus kinderpsychiatrischer Sicht auf dem psychohygienisch-epidemiologischen Konzept der Beseitigung aller Noxen, die eine dissoziale Entwicklung verursachen, begünstigen und unterhalten. Ein universales Präventionsprogramm müßte alle pathogenetischen Faktoren und die sich daraus ergebenden Prognosen berücksichtigen, d. h. im wesentlichen psychologische, biologische und soziologische Kenntnisse. Die Sozialprävention ist jedoch nicht nur ein medizinal- und sozialpolitisches, sondern gleichzeitig ein eminent politisches Projekt, das kostenintensiv und personalaufwendig, über Generationen durchgeführt werden müßte. Dieses (vorläufig utopische) gesundheitspolitische Konzept müßte allen Kindern gleiche materielle, emotionale und intellektuelle Entwicklungsbedingungen bieten, soweit dies möglich ist. Über Erfolg oder Mißerfolg eines solchen Massenexperimentes lassen sich keine bindenden Prognosen machen. Sicher ist nur, daß damit nicht alle Hoffnungen einseitiger Ideologien erfüllt werden würden. Es wäre unrealistisch zu glauben, daß Dissozialität und Delinquenz sich wie bakterielle Seuchen beseitigen ließen. Keime und Ansätze zu dissozialem Verhalten finden sich in jedem Menschen, weil niemand über ideale autonome Ich-Anteile verfügt, eine Erziehung ohne Fehler nicht möglich ist und keine Gesellschaftsform ideale Voraussetzungen zur Sozialisation bietet.

Praktische psychohygienische und prophylaktische Maßnahmen bestehen in einer Verbesserung der *sozialen Situation* der Eltern: wirtschaftlich gesichertes „Babyjahr" für berufstätige Mütter, pädagogische Aufklärung und Schulung der Eltern, Elternberatung und psychiatrische Betreuung psychisch kranker Eltern. Für das Kind: verbesserte Pflege und Erziehungsbedingungen in Säuglings- und Kleinkinderheimen, Einrichtung kleiner Gruppen und kleiner Klassen in der Vorschule und in der Schule, vermehrtes Angebot an Ganztagsschulen und Lehrlingsheimen. Für Kinder und Jugendliche: psychologische und psychiatrische Betreuung in allen Altersklassen analog der schulärztlichen bzw. schulzahnärztlichen Untersuchung und Behandlung. Schließlich: Hebung des Interesses aller Bevölkerungsteile an der Erziehung *elternloser Kinder*, der Kinder mit erziehungsunfähigen Eltern, der Erziehung behinderter Kinder. Diese Aufgaben sollten nicht nur als Pflichtpensum des Staates, sondern als Probleme der Gesellschaft und damit des einzelnen anerkannt werden. Ferner: volle *Integration* und Chancengleichheit für verhaltensgestörte bzw. leichter behinderte Kinder in der Gemeinschaft. *Abbau* von Diffamierungstendenzen gegenüber entwicklungsgestörten bzw. neurotischen Kindern. *Beseitigung* einer abwertend-definitiven Nomenklatur für

psychosoziale Artefakte, wie man sie gelegentlich noch in Heimakten findet, z. B. „Verkommenheit, Verlogenheit, Gemütskälte, Selbstgefälligkeit" usw. Aber auch: Beschränkung der Kritik an verbesserungsfähigen Institutionen, solange bessere Lösungen nicht angeboten oder realisiert werden können. Die Diffamierung der Heime verunsichert nicht nur die Erzieher, sondern auch die Heimzöglinge.

In der *Therapie* manifester dissozialer Syndrome stehen ambulante und stationäre heilpädagogische und psychologische Behandlungsverfahren im Vordergrund, daneben begleitende Milieusanierung mit Beratung bzw. Einleitung einer psychologischen Behandlung der Eltern, Sondierung der schulischen Situation bzw. der Berufsausbildung, Förderung von Freizeitinteressen und Hobbys. Falls notwendig, Einleitung des Sorgerechtsentzuges der Eltern, Einrichtung einer Erziehungsbeistandschaft, einer Freiwilligen Erziehungshilfe oder einer Fürsorgeerziehung. Diese u.a. Aufgaben werden zweckmäßig mit dem zuständigen Sozialarbeiter bzw. dem Jugendamt gemeinsam besprochen und eingeleitet.

Die *Indikation* zu einer heilpädagogischen oder psychotherapeutischen Behandlung, insbesondere die Anwendung spezieller Behandlungstechniken, richtet sich einmal nach dem jeweiligen Lebens- und Entwicklungsalter des Kindes und Jugendlichen, zum anderen aber auch nach der Form und Struktur des vorliegenden Dissozialitäts- oder Verwahrlosungssyndroms. Eine gründliche neurologische und psychiatrische, reifungsbiologische und psychologische Untersuchung unter Einbeziehung aller erreichbaren Daten und Fakten (Geburtsanamnese, Kindergarten- und Schulberichte, Eigen- und Fremdanamnese) ist eine unbedingte Voraussetzung für die Wahl der Behandlungsform. Da die Beratung bzw. die Behandlung der Eltern nicht nur für die Therapie des Kindes, sondern auch für ihr eigenes Wohlbefinden von entscheidender Bedeutung ist, gilt dies auch für ihre biographische Anamnese, ihre soziale, familiäre und berufliche Situation und für ihre Haltung zum Kind.

Im Hinblick auf die Therapie und die *Prognose* eines dissozialen Syndroms hat es sich als zweckmäßig erwiesen, bestimmte pathogenetische Gesetzmäßigkeiten zu berücksichtigen, um die Grenzen und Möglichkeiten einer heilpädagogischen oder psychotherapeutischen Behandlung zu erkennen. Dabei kann man eine grobe Einteilung nach folgendem *Schema* vornehmen:

Dissozialität oder Verwahrlosung bei bzw. infolge

1. einer Mangel- oder Fehlerziehung
2. einer Pubertätskrise
3. einer neurotischen Verwahrlosung
4. konstitutioneller Schwäche oder erbgenetischer Faktoren
5. cerebraler Erkrankungen oder geistiger Behinderung
6. einer schizophrenen oder affektiven Psychose.

Die eigentliche Domäne einer *psychotherapeutischen* Behandlung, kombiniert mit einer begleitenden Beratung der Eltern, liegt bei den Dissozialitäts- und Verwahrlosungsformen 1—3 (Mangel- oder Fehlerziehung, Pubertätskrise, neurotische Verwahrlosung), während sie bei den Formen 4—6 (konstitutionelle Schwäche oder erbgenetische Faktoren, cerebrale Erkrankungen oder geistige Behinderung, schizophrene oder affektive Psychose) eine oft wichtige, meistens aber nur eine unterstützende Bedeutung hat. Bei den Formen 4 und 5 (konstitutionelle Schwäche oder erbgenetische Faktoren, cerebrale Erkrankungen oder geistige Behinderung) kommen vorwiegend *heilpädagogische* bzw. lernpsychologische Behandlungsmethoden in Betracht, während die Dissozialität bei einer beginnenden bzw. floriden Psychose vorwiegend einer *neuropharmakologischen* Intervention bedarf.

Für die Psychotherapie der entwicklungs- und konfliktbedingten Dissozialitätssyndrome (1—3) sind im Hinblick auf das Lebensalter spezielle psychoanalytische Techniken erarbeitet worden (Aichhorn, Hart de Ruyter, Künzel), die hier im einzelnen nicht erörtert werden können. Aufgabe jeder psychoanalytischen Therapie ist es jedoch, bei diesen Ich-gestörten Kindern Gefühle des Vertrauens zu erwecken, die eine Nacherziehung und Nachreifung des Ich, des Überich und des Ich-Ideals ermöglichen.

Die praktischen Möglichkeiten psychologischer Behandlungsmethoden dissozialer Jugendlicher finden ihre natürliche Beschränkung in der Fähigkeit und Bereitschaft zur Mitarbeit. Die normalen Pubertätsschwierigkeiten (Autorität, Identität, Sexualität) treten in der therapeutischen Situation oft verstärkt in Erscheinung; zahlreiche Behandlungen werden durch Wegbleiben beendet.

Von praktischer Bedeutung für die Behandlung straffälliger Jugendlicher ist der § 10 II des *Jugendgerichtsgesetzes* (JGG), der die Möglichkeit vorsieht, einem Delinquenten aufzuerlegen, „sich einer heilerzieherischen Behandlung durch einen Sach-verständigen zu unterziehen". Dieser Begriff ist nicht beschränkt auf Heilpädagogik i.e.S., er umfaßt auch Gesprächstherapie, Verhaltenstherapie und analytische Psychotherapie. Als Kostenträger kommen in Betracht: die gesetzliche Krankenversicherung und das zuständige Jugendamt (nach § 81 bzw. § 6 JWG bzw. Bundessozialhilfegesetz nach §§ 37, 39, 72).

Die *Prognose* richtet sich nach der Art und der Dominanz der pathogenetischen Faktoren; für die neurotische Verwahrlosung stellt der Grad der Ich-Schwäche einen wichtigen prognostischen Faktor dar.

Literatur

Bracken, H. von: Humangenetische Psychologie. In: Becker, P. E. (Hrsg.) Humangenetik, Bd. I/2. Stuttgart: Thieme 1969.

Brown, F.: Depression and Childhood Bereavement. J. ment. SCI. 107, 754—777 (1961).

Cattell, R. B.: Personality and Motivation. Structure and Measurement. New York: Yonkers-on-Hudson 1957.

Cohen, A. K.: Kriminelle Jugend. Reinbek: Rowohlt 1961.

Eysenck, H. J.: Levels of Personality, constitutional Factors and socal Influences. An experimental Approach. Int. J. soc. Psychiat. 6, 12 (1960).

Glueck, S., Glueck, E.: Jugendliche Rechtsbrecher. Stuttgart: Enke 1963.

Gruhle, H. W.: Die Ursachen der jugendlichen Verwahrlosung und Kriminalität. Berlin: Springer 1912.

Hartmann, H.: Ich-Psychologie und Anpassungsprobleme. Psyche 14, 81—162 (1960/61).

Hartmann, K.: Theoretische und empirische Beiträge zur Verwahrlosungsforschung. Berlin-Heidelberg-New York: Springer 1970.

Homburger, A.: Psychopathologie des Kindesalters. Berlin: Springer 1926.

Johnson, A.: Sanctions for Superego lacunae of adolescents. In: Eissler, Zit. bei T. Moser.

Karkut, G.: Lassen sich ursächliche Beziehungen zu der Frage zwischen körperlichem Zustand, der allgemeinen Intelligenz und zu kriminellen Erscheinungsformen an Jugendlichen finden? Diss. Freie Universität Berlin 1965.

Kinsey, A. C.: Das sexuelle Verhalten der Frau. Frankfurt: S. Fischer 1953.

Klüver, K.: Stationäre Psychotherapie bei jugendlichen Dissozialen. Z. Psychotherap. u. med. Psychol. 18, 81 (1968).

Moser, T.: Jugendkriminalität und Gesellschaftsstruktur. Frankfurt/M.: Suhrkamp 1970.

Munro, A.: Some aetiological Factors in Depression Illness. M.D. Thesis, Univers. of Glasgow 1964.

Nissen, G.: Depressive Syndrome im Kindes- und Jugendalter. Berlin-Heidelberg-New York: Springer 1971.

Nissen, G.: Zur Klassifikation und Genese von Dissozialität und Verwahrlosung. Nervenarzt 45, 30—35 (1974).

Nissen, G., u. H. Schmitz (Hrsg.): Strafmündigkeit. Neuwied: Luchterhand 1973.

Petrilowitsch, N.: Abnorme Persönlichkeiten. Basel-New York: Karger 1966.

Ruyter, Th. H., de: Zur Psychotherapie der Dissozialität im Jugendalter. In: Stutte, H. (Hrsg.) Jahrbuch für Jugendpsychiat. und Grenzgeb. VI. Bern: Huber 1967.

Schepank, H.: Untersuchungen über den Einfluß von Erb- und Umweltfaktoren bei Neurosen. Habil.-Schrift, Heidelberg 1971.

Schneider, K.: Klinische Psychopathologie. Stuttgart: Thieme 1959.

Schultz, J. H.: Grundfragen der Neurosenlehre. Stuttgart: Thieme 1955.

Sheldon, W.: Varieties of delinquent youth. New York: Harpers and Brothers Publ. 1949.

Specht, F.: Sozialpsychiatrische Gegenwartsprobleme der Jugendverwahrlosung. Stuttgart: Enke 1967.

Stott, D.: Delinquency and human nature. Dunfermline: Carnegie United Kingdom Trust 1950.

Strömgren, E.: Psychiatrische Genetik. In: Psychiatrie der Gegenwart, Bd. I/1. Berlin-Heidelberg-New York: Springer 1967.

Stutte, H.: Grenzen der Sozialpädagogik. Neue Schriftenreihe des AFET 12 (1958).

Stutte, H.: Psychopathologische Bedingungen der Jugendkriminalität. Recht der Jugend 12, 33—38 (1964).

Tramer, M.: Lehrbuch der allgemeinen Kinderpsychiatrie. Basel-Stuttgart: Schwabe 1964.

Vogel, F.: Zit. bei Schepank, H.

Weinschenk, C.: Die erbliche Lese- und Rechtschreibeschwäche in ihrer Bedeutung für die Sozialpädagogik. Wiss. Informationsschr. AFET, 1. Hannover (1967).

Psychogene Störungen mit vorwiegend psychischer Symptomatik

Von G. Nissen

Einleitung

Die unterschiedlichen Begriffsdefinitionen der *Neurose* sind so eng mit bestimmten wissenschaftlichen Lehrmeinungen und pathogenetischen Deduktionen verflochten, daß es zweckmäßig erscheint, zunächst auf Gemeinsamkeiten des Neurosebegriffes hinzuweisen.

Seit Cullen 1776 der Neuritis die nichtentzündliche Nervenkrankheit als *Neurose* gegenüberstellte, hat dieser Terminus eine immer weitergehende Einengung erfahren. Die Psychiater und Psychoanalytiker der meisten Schulen sind sich heute weitgehend darin einig, daß es sich bei der Neurose um eine vorwiegend *erworbene abnorme seelische Entwicklung* handelt, die nicht organisch bedingt, aber mehr oder weniger stark konstitutionell mitbedingt ist oder sein kann. Die Neurose stellt eine vorwiegend psychogene Erkrankung dar und als neurotisch kann jede überwiegend psychogene Störung bezeichnet werden. Diese Begriffsdefinition der Neurose als ein psychopathologisches Syndrom mit einer im Einzelfall unterschiedlichen oder ungeklärten psychischen Genese entspricht weitgehend den Überzeugungen und Ansichten auch der Ärzte, die den Gültigkeitsanspruch psychoanalytischer Konzepte über die Bedeutung der frühen Kindheit für die Entstehung und Entwicklung von Neurosen nicht anerkennen.

Aus *psychoanalytischer* Sicht sind hinsichtlich dieser noch weitgehend gebräuchlichen Verwendung des Neurosebegriffes wesentliche Einschränkungen zu machen. Von einer Neurose sollte auch bei Kindern und Jugendlichen nur dann gesprochen werden, wenn daran *unbewußte* Mechanismen und Vorgänge des innerseelischen *Widerstandes*, der *Verdrängung* und der *Gehemmtheit* beteiligt sind. Gerade bei Kindern sind entwicklungs- und stadienabhängige nicht-neurotische Anpassungsschwierigkeiten, psychische „Situationsreaktionen" (Homburger) oder vordergründig motivierte bzw. durch die Eltern induzierte Verhaltensauffälligkeiten sehr häufig. Andererseits muß gerade vom kinderpsychiatrischen Standpunkt aus nachdrück-

lich darauf hingewiesen werden, daß es ebensowenig rein psychogene wie ausschließlich erbgenetisch präformierte Neurosen gibt, sondern nur „Mischfälle", in denen jeweils peristatische oder erbgenetisch-konstitutionelle Momente unterschiedlich stark vertreten und damit verschieden akzentuiert sind.

Es besteht ein altes Mißverständnis zwischen vorwiegend organisch und vorwiegend seelisch orientierten Ärzten, das sich auch im Hinblick auf die abnormen seelischen Entwicklungen bei Kindern zeigt. Diese Ärzte werfen jenen vor, daß sie erbgenetisch-konstitutionelle Gesichtspunkte (Neuropathie, Neurasthenie, Psychopathie, vegetatives Syndrom) nicht ausreichend berücksichtigen, und die anderen weisen darauf hin, daß die Möglichkeiten einer psychologischen Feldforschung zur Aufhellung der Motivierung und Motivation nicht ausreichend angewandt werden.

Freud stellte bekanntlich im Hinblick auf seine *„Ergänzungsreihe"* fest: „Es ist nicht leicht, die Wirksamkeit der konstitutionellen und der akzidentellen Faktoren in ihrem Verhältnis zueinander abzuschätzen. In der Theorie neigt man immer zur Überschätzung der ersteren, die therapeutische Praxis kehrt die Bedeutung der letzteren hervor. Man soll auf keinen Fall vergessen, daß zwischen beiden ein Verhältnis von Kooperation und nicht von Ausschließung besteht." Es ist auch eine Aufgabe der kinderpsychiatrischen Diagnostik, im Hinblick auf die Entwicklungsprognose und eine mögliche Therapie Aufschlüsse über die Valenz dieser und anderer Faktoren zu erlangen.

Die *Relevanz von Erbfaktoren* für die Entstehung von Neurosen konnte u.a. Schepank durch vergleichende Untersuchungen an ein- und zweieiigen Zwillingen nachweisen, von denen ein oder beide Partner eine neurotische Symptomatik aufwiesen. Bei den EZ ergab sich eine statistisch signifikante Konkordanzrate gegenüber den ZZ bei depressiven, aggressiven und oralen Verhaltensstörungen.

Dem relativ stabilen Faktor der *Konstitution* (Lenz) kommt im allgemeinen in erster Linie die

Bedeutung einer neurosebegünstigenden Disposition zu, für die spezielle Neurosewahl ist sie eher von untergeordneter Bedeutung. Die ausschlaggebende Rolle des pathogenen Kindheitsmilieus liegt in der Auslösung, der Ausformung und in der Gestaltung der Neurosenstruktur. Der Zeitfaktor, eine ubiquitäre Größe in der Entwicklungspsychologie des Kindes, ist ebenso für die Form wie für die Thematik der Neurose eine bestimmende Größe. Die ursprünglich an erwachsenen Neurotikern gewonnene These, daß seelische Fehlentwicklungen regelmäßig auf pathogene peristatische Störungen in bestimmten Kindheitsphasen zurückweisen, wurde durch Direktbeobachtungen an Säuglingen und Kleinkindern inzwischen bestätigt. Zur Neurose führt im allgemeinen nicht das einmalige seelische Trauma, sondern die chronische psychotoxische Umweltkonstellation, der das Kind übrigens nicht nur in den vulnerablen Phasen der Säuglings- und Kleinkinderzeit ausgesetzt ist, sondern auch weiterhin ausgesetzt bleibt, weil die Haltungen und Persönlichkeitsstrukturen seiner Erzieher sich im allgemeinen nicht ändern.

Unter Neurosen werden nicht nur die sog. „reinen" Neurosen wie angst- oder zwangsneurotische, hysterische oder depressive Fehlentwicklungen verstanden, sondern auch die sog. *Mischstrukturen*, bei denen der vorherrschende Strukturanteil die Diagnose bestimmt.

Neurotische Störungen und sich formierende Neurosen sind bei Kindern und Jugendlichen nicht selten. Sie stellen in den Erziehungsberatungsstellen eine sehr große, in der kinderpsychiatrischen Ambulanz eine große und in der Praxis des Pädiaters sicher eine sehr beachtliche Gruppe dar. Die Erkennung einer Neurose ist einfach, wenn es sich um eindeutige Fälle mit typischer Anamnese und massiver Symptomatik handelt; das ist im allgemeinen erst bei älteren Schulkindern oder bei Jugendlichen der Fall. Es ist deshalb zweckmäßiger, bei Kindern von *psychogenen Störungen* (mit vorwiegend *psychischer* oder *körperlicher* Symptomatik) zu sprechen.

Die *Diagnose* einer psychogenen Störung ist bei einem Kind oft einfacher als bei Erwachsenen, weil nicht nur das Kind, sondern häufig das gesamte familiäre und soziale Feld (Eltern, Großeltern, Geschwister; Kindergarten, Schule) direkt in die Untersuchungen einbezogen werden kann; sie kann jedoch gelegentlich außerordentlich schwierig sein, weil es unverwechselbare, „typische" Symptome einer psychogenen Störung oder Neurose

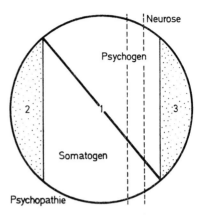

Abb. 1 veranschaulicht sowohl absolut *psychogene* (3) und absolut *somatogene* (2) als auch *multikausale* (1) Neurose- bzw. Psychopathiekonzepte, wie sie von Schwidder für die reine „psychogene Neurose" und von K. Schneider für die „konstitutionelle Psychopathie" vertreten wurden. Aus kinderpsychiatrischer Sicht stellen sich Neurosen (in Übereinstimmung mit der „Ergänzungsreihe" von Freud) als *Mischungen* zwischen psychogenen und konstitutionellen Kausalfaktoren dar, bei denen ersteren die größere Bedeutung zukommt. In der Abb. finden sich die „reinen" Psychopathien und Neurosen in den (punktierten) Kreisabschnitten 2 und 3; die Neurosen in ihren unterschiedlichen „Mischformen" sind als (durchbrochen gezeichnete) Vertikalen im Mittelbereich (1) dargestellt

genausowenig gibt wie bei anderen psychischen Erkrankungen.

Für die Diagnose einer Neurose ist zu berücksichtigen, daß neurotische Symptome nicht gleichbedeutend mit dem Vorliegen einer Neurose sind und sichere pathologische Kriterien für die Diagnose einer Neurose nicht bekannt sind, daß ein typischer neurotischer Leidensdruck bei Kindern oft nicht vorhanden ist oder sich doch nicht immer feststellen läßt und schließlich, daß voll entfaltete, spezifische Neurosestrukturen bei Kindern selten sind.

Über die Häufigkeit der verschiedenen Strukturen bei erwachsenen Neurotikern unterrichtet eine Untersuchung von Baumeyer, der unter 500 Neurotikern 66,2% mit einer Mischstruktur, 13,0% mit zwangsneurotischer Struktur, je 9,4% mit hysterischer bzw. depressiver Struktur und 2,0% mit schizoider Struktur fand.

Neurotische *Reaktionen*, neurotische Persönlichkeits*strukturen* und *Neurosen* lassen sich pathogenetisch auf gleichartige endo- und exogene Faktoren zurückführen und weisen fließende Übergänge zueinander auf. Ihre Unterscheidung ist aus praktischen Gründen zweckmäßig, weil sie sowohl Aussagen über die Persönlichkeitsentwicklung beinhalten als auch über die Prognose und Möglichkeiten einer Behandlung.

Unter einer seelischen *Reaktion* verstehen wir zeitlich befristete und im allgemeinen ableitbare und verständliche Symptombildungen (Trauer, Angst, Wut, Erschöpfung), die sich

a) ausschließlich auf umweltbedingte Konfliktsituationen („*Milieureaktion*", Homburger) beziehen, wie sie alle Menschen erleben und die sich spontan zurückbilden. Die *normale* Reaktion ist als sinnvoll motivierte gefühlsmäßige Antwort auf ein Erlebnis zu werten und hinterläßt keine bleibenden Störfaktoren;

b) von normalen seelischen Reaktionen durch ihre Stärke, Dauer und Inadäquanz („*Situationsreaktion*", Homburger) unterscheiden und als *neurotische* Reaktion auf eine leichtere oder bisher latente neurotische Fehlentwicklung hinweisen. Der Übergang von der normalen zur „*abnormen Erlebnisreaktion*" (K. Schneider) ist kontinuierlich und ihre Einordnung von verschiedenen Kriterien abhängig.

Die *neurotische Persönlichkeitsstruktur* ist durch das Vorkommen neurotischer (angst- oder zwangsneurotischer, depressiver oder hysterischer) Persönlichkeitsradikale gekennzeichnet, die das Resultat einer mißglückten Auseinandersetzung der Triebe und Antriebe mit der Realität darstellen und sich entweder in den dominierenden Persönlichkeits- und Wesenszügen ausdrücken oder in Reaktionsbildungen und Sublimationen. Eine neurotische Persönlichkeitsstruktur, deren Manifestation sich oft in neurotischen Reaktionen oder in einer neurotischen Fehlhaltung im Kindes- und Jugendalter vorankündigt, geht im Prinzip *ohne* neurotische Symptome oder ein subjektives Leidensgefühl einher und kann unter günstigen Bedingungen symptomlos bleiben. Sie stellt aber eine Conditio sine qua non für die Entwicklung einer Neurose mit psychischer oder körperlicher Symptomatik dar. Als *Charakterneurosen* werden hochgradig fixierte, meistens konstitutionell verankerte neurotische Strukturen bezeichnet.

I. Angstneurose

Symptomatik. Von *pathologischer* Angst im Kindesalter ist dann zu sprechen, wenn der Grad und die Dauer der Angstreaktion in einem groben Mißverhältnis zur auslösenden oder angeschuldigten Ursache stehen und eine Tendenz zur Ausbreitung und Verselbständigung der Angstbereitschaft vorliegt.

Häufig wird die gegenstandslose, ungerichtete *Angst* von der objektbezogenen, gerichteten *Furcht* unterschieden und die pathologische Angst- und Furchtsymptomatik in Angstneurosen und Phobien unterteilt. Weil die Furcht aber aus der Angststimmung des Individuums entspringt (Kierkegaard) und weil auch in der frei flottierenden Angst selten Furcht fehlt, läßt sich diese hermeneutisch fruchtbare Differenzierung schon bei Erwachsenen nicht immer und bei Kindern nur selten praktisch durchführen. Das Kind hat infolge seiner Geschichtslosigkeit meist noch nicht die Fähigkeit, zwischen inneren und äußeren, realen und phantasierten Gefahren zu unterscheiden. Das weitere Schicksal der kindlichen Angst ist entscheidend von dem Verhalten und der Einstellung der Umgebung abhängig.

Das *kleine* Kind reagiert in Angstsituationen normalerweise mit Angstabfuhr durch Schreien, Weglaufen, Festklammern und Festhalten an der Mutter. Angststauungen und Verdrängungen finden dadurch nicht statt. Die Macht der Angst wird in diesem Alter in günstigen Fällen durch die Allmacht der Mutter gebrochen und neutralisiert.

Ein *Pavor nocturnus* liegt vor, wenn allnächtlich zu bestimmten Zeiten und mit Zeichen schwerer ängstlicher Erregung, Aufweinen, Aufschreien, Rufen und Sprechen oder Wutausbrüche, Bewegungsunruhe, Einnässen oder gar Umherlaufen, Desorientiertheit und Bewußtseinseinschränkungen (Somnambulismus) auftreten. Gelegentliche Angstäußerungen in der Nacht sind als Reaktionen auf aktuelle Konflikte, erregende Ereignisse des Vortages oder auf physische Faktoren (Fieberzustände, Diätfehler) anzusehen und gehören in den Bereich normaler kindlicher Angstäußerungen. Für das kleine Kind ist die Nacht die Zeit der Ungewißheit und das Reservoir der Ängste und Befürchtungen (Umwelt- und Verlustangst).

Bei einem 7jährigen Mädchen ohne Geschwister bestanden seit einigen Wochen stundenlange nächtliche Angst- und Erregungszustände mit Schreien und Weinen, bis es erschöpft einschlief. Kurz vorher war der Haushund getötet worden, mit dem das Kind aufgewachsen war. Nach dem Kauf eines Jungtieres ebbten die Angstparoxysmen rasch ab.

Bei sensiblen und übermäßig nachhaltig beeindruckbaren Kindern mit nicht ausreichender Erlebnisverarbeitung kommt es zu einer Affektkumulierung und Weiterverarbeitung in Schreck- und Angstträumen, die oft eine schablonenhafte Ähnlichkeit untereinander haben. Das Kind erlebt sich in äußerst gefährlichen Situationen des Ausgeliefertseins und der Todesgefahr. Oder es handelt sich um Träume mit aggressiven Inhalten, teilweise mit ausgeprägten Mordimpulsen. Die Traumfiguren rekrutieren sich aus der magischen (Riesen, Hexen, Teufel) oder realen Welt (Polizisten, Lehrer, Tiere). Der Pavor nocturnus tritt bevorzugt gegen Ende des Vorschul- und zu Beginn des Schulalters auf. Es sind mehr Knaben als Mädchen davon betroffen. Beziehungen zur Epilepsie und zu frühkindlichen Hirnschädigungen (pathologische EEG-Befunde) wurden nicht selten vermutet. Nach neueren Untersuchungen finden sich jedoch keine über die allgemeinen Beziehungen von kindlichen Neurosen zu frühkindlichen Hirnschädigungen hinausgehende Relationen. Neurosenpsychologisch werden besonders wenig belastungsfähige, oft berufstätige Mütter und inkomplette, gestörte Familien unter den verursachenden Faktoren genannt.

Mädchen wird in unserer Gesellschaft meist eine stärkere Ängstlichkeit als Jungen zugebilligt.

Ein 4jähriger asthenischer Knabe mit normaler Intelligenz bot allnächtlich Angstattacken mit Aufschreien und schrillen Rufen nach der Mutter, die ihm nicht zu Hilfe eilen durfte. Der Vater, ein hochdekorierter Offizier einer Besatzungsmacht, hatte es ihr streng verboten. Sein soldatisches Erziehungsideal verlangte Strenge und Härte, er verfuhr nach Rezepten einer „Zack-Zack-Pädagogik". Seinem Regiment mußte sich nicht nur das Kind, sondern auch die Mutter unterordnen. — Bei einem 4;6jährigen Jungen entwickelte sich das nächtliche Aufschreien in einer Zeit, als die Mutter in Abwesenheit ihres Ehemannes allabendliche Besuche eines Hausfreundes empfing. Er zwang sie dadurch, sich um ihn zu kümmern. Die Angstparoxysmen blieben aus, nachdem eine Aussöhnung der Eltern stattfand und der Vater des Kindes in die Wohnung zurückkehrte.

In anderen Fällen kann der Pavor nocturnus so ausgebaut werden, daß sein Charakter als rudimentärer Angstanfall im Kindesalter deutlicher wird. Er ist manchmal deutlich zweckgerichtet und weist gelegentlich hysterische Anteile auf.

Ein 8jähriges, von der Mutter schon vor der Geburt abgelehntes Mädchen, dessen trunksüchtiger Vater gleich nach ihrer Geburt starb, reagierte auf die Geburt einer Stiefschwester mit allnächtlichen Angstattacken. Sie schrie laut auf, lief weinend in der Wohnung umher und stellte sich bittend und bettelnd an das Bett der Mutter, die es dort „stundenlang" wimmern und weinen ließ und nicht zu sich nahm. Tagsüber tyrannisierte das Kind mit seinen starken Aggressionen die beiden jüngeren Stiefgeschwister und die Mutter, die dies als Vorwand benutzte, die Heimeinweisung zu beantragen. Bald nach der Einschulung entwickelte sich zusätzlich eine Schulphobie, durch die nicht nur die Trennung von der Mutter verhindert, sondern vor allem eine Beziehungsstörung der Mutter zu den jüngeren Geschwistern erreicht werden sollte.

Erst bei *größeren* Kindern finden wir reine *Angstneurosen* und ausgeprägte *Phobien*. Bei genauer Analyse zeigt sich allerdings, daß ihrer

Manifestation meistens angstneurotische Vorstufen und phobische Reaktionen in früheren Lebensaltern vorausgingen. Rudimentäre Angstanfälle und somatische Angstäquivalente haben bei Kindern eine vom Lebensalter und dem Stadium der Ich-Entwicklung abhängige Symptomatik und Topographie (s. Abb. 2).

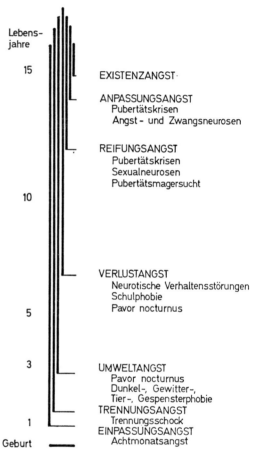

Abb. 2. Die Angstinhalte. Alters- und stadienspezifische Entwicklung im Kindes- und Jugendalter

Bei Schulkindern steht die *Schulphobie* wegen ihrer sozial auffälligen und oft unerklärlich scheinenden Symptomatik an erster Stelle, obgleich sie in reiner Form relativ selten vorkommt. Sie läßt sich manchmal nur schwer von der Schulangst und dem Schulschwänzen abgrenzen. Phobien sind tiefenpsychologisch charakterisiert durch eine Verdrängung regressiver Triebansprüche und ihre *Verschiebung auf Objekte* und bestimmte Situationen der Außenwelt, die für den Phobiker die Angstinhalte der verdrängten Objekte übernehmen. Es resultieren daraus inadäquate Objekt- und Situationsängste, die nicht ohne weiteres ableitbar sind. Freud beschrieb dies in dem klassischen Beispiel der Tierphobie des „kleinen Hans", der durch die Projektion gegen seinen Vater gerichteter Aggressionen auf ein Pferd dem Vater angstfrei begegnen konnte. Daneben gibt es im Kindesalter jedoch phobieähnliche Reaktionen, die infolge ängstigender Erfahrungen durch ein Schlüsselerlebnis nach dem Muster: „großer bellender Hund" auf alle anderen Hunde übertragen werden.

Das schulphobische Kind versucht, die Eltern mit *Klagen* über schlechtes Allgemeinbefinden, über Müdigkeit und Abgeschlagenheit, Kopf- und Leibschmerzen, mit Weinen und notfalls mit simulierten Beschwerden und demonstrativen hypochondrischen Sensationen wie Erbrechen, Übelkeit und Appetitstörungen von der Unmöglichkeit eines Schulbesuches zu überzeugen. Diese Kinder setzen an die Stelle der unsagbaren verdrängten Angst, von der Mutter verlassen zu werden und damit die Sicherheit zu verlieren, eine auf die Schule projizierte Furcht. Sie wollen mit dieser Manipulation erreichen, in Ruf- und Reichweite der Mutter bleiben zu können. Eine Verfestigung der phobischen Haltung der Kinder wird nicht selten ungewollt dadurch erreicht, daß ehrgeizige und überfordernde Eltern ihren schulverweigernden Kindern erstmalig in einer starren Versagenshaltung begegnen, die für das ängstlich-phobische Kind völlig unverständlich ist. Die zusätzliche Furcht, die Gunst der Eltern nun vollends zu verlieren, kann sich zu Katastrophenreaktionen steigern.

So entwickelte ein 6jähriger fettsüchtiger Knabe eine schwere Schulphobie. Er war bis zum 9. Monat an der Brust gestillt worden und schlief noch bei Schulbeginn im Schlafzimmer der Eltern. Er spielte nur mit der Mutter und verließ ohne sie nicht die Wohnung. Mit der Einschulung forderte er die Anwesenheit der Mutter im Klassenraum, die zunächst vom Lehrer erlaubt wurde. Spätere Trennungsversuche scheiterten am starken Widerstand des Knaben. Bei der Konsultation saß das Kind auf dem Schoß der Mutter und hielt gleichzeitig die Hand des Vaters fest. Er weigerte sich laut schreiend, eins der Elternteile los zu lassen. Das Kind, ein Nachkömmling alter Eltern, war in allen frühkindlichen Stadien extrem verwöhnt worden und lehnte sich dagegen auf, diesen Platz an der Seite der Mutter zu räumen und in die rauhe Realität der Gemeinschaft mit Gleichaltrigen einzutreten.

In einem anderen Fall traten bei einem 8jährigen Mädchen mit einer monatelangen Schulphobie nach psychagogischer Behandlung nur noch kurz vor dem Verlassen der Wohnung rudimentäre psychogene Anfälle auf, die die Notwendigkeit demonstrierten, noch über längere Zeit von der Mutter auf dem Schulweg begleitet zu werden.

Von der *Schulphobie* sind die *Schulangst* und das *Schulschwänzen* zu trennen. Diese Syndrome haben nur gemeinsam, daß das Kind sich nicht in der Schule befindet. Sonst handelt es sich um differente Phänomene. An der Entstehung aller drei Formen des Schulvermeidens sind häusliche Faktoren regelmäßig entscheidend beteiligt. Das Kind mit einer Schul*phobie* ist in der Regel durchschnittlich intelligent und hat keine Lern- und Verhaltensschwierigkeiten in der Schule. Es hält sich in der Schulzeit mit Wissen, wenn auch meist gegen den Willen der Eltern, zu Hause auf.

Das Kind mit einer Schul*angst* meidet aus subjektiv verständlichen Gründen die Schulsituation,

Tabelle 1. *Formen der Schulverweigerung*

	Schul*phobie*	Schul*angst*	Schul*schwänzen*
Symptomgenese	Verdrängung der Angst vor Verlassenwerden von der Mutter (Verlustangst) und *Verschiebung* auf das Objekt Schule	ersatzloses *Ausweichen* vor Schulsituation aus Angst vor Kränkungen (Schulversagen) und Demütigungen („Prügelknabe")	Vermeiden der unlustgetönten schulischen Leistungssituation durch *Überwechseln* in lustbetonte Verhaltensweisen
Pathogene Faktoren	pathologische Mutter-Kind-Beziehungen oder begründete kindliche *Ängste* vor dem Verlassenwerden	psychische oder physische *Insuffizienz* (Lernschwäche bzw. -störung, Körperschwäche bzw. -mißbildungen)	*mangelnde Gewissensbildung* (Über-Ich-Schwäche) oder Ich-Schwäche (durch frühkindliche Frustrierungen)
Effekt	infantile *Gemeinschaft* mit der Mutter bleibt zunächst erhalten — Gefahr der Trennung bleibt bestehen	durch Ausweichhandlung zunächst affektive *Erleichterung* — aber Angst vor Kontaktabbruch der Eltern	ambivalente Bejahung der Schulverweigerung und der Risiken der *Ersatzhandlungen* (Tagträumen, Dissozialität) — Furcht vor Strafe

Das Phänomen der Schulverweigerung kann durch eine Schulphobie, durch Schulangst oder durch Schulschwänzen verursacht sein, die sich durch ihre Pathogenese und im Effekt („Krankheitsgewinn") in wesentlichen Punkten voneinander unterscheiden. Die reine Schulphobie ist selten; Schulangst und Schulschwänzen kommen häufiger vor. Schulphobie und Schulschwänzen tragen häufiger pathogenetische Faktoren der Schulangst in sich.

etwa wegen einer intellektuellen Schwachbegabung oder partiellen Begabungsschwäche, einer Sprachstörung oder einer Lese-Schreibschwäche oder wegen körperlicher Gebrechen (Mißbildungen, Anfallsleiden, Lähmungen). Es fürchtet sich vor den Mitschülern oder den Lehrern.

Ein 12jähriges, schwachbegabtes Mädchen, das dreimal eine Klasse wiederholt hatte, entwickelte unter dem Leistungsdruck der Schule und des Elternhauses eine starke Schulangst mit phobischen Zügen. Sie fürchtete nicht nur Spott und Demütigungen durch die Mitschüler, sondern auch, von den Adoptiveltern verlassen und wieder ins Heim zurückgeschickt zu werden. Bei dem Kind entwickelte sich im Alter von 9 Jahren ein rezidivierendes Ulcus duodeni, das eine stationäre Diätkur erforderlich machte; außerdem mußte das Kind wegen heftiger Kopfschmerzen mehrfach in Kliniken eingewiesen werden. Das letzte Jahr vor der Schulentlassung verbrachte es überwiegend mit hypochondrischen bzw. simulierten Beschwerden im Bett. Bei der katamnestischen Nachuntersuchung, 13 Jahre nach der Klinikentlassung, berichtete der Adoptivvater, daß die depressiv-hypochondrische Verstimmung des Kindes mit der Schulentlassung „wie weggeblasen" gewesen sei.

Das die Schule *schwänzende* Kind bejaht dagegen die Abwesenheit vom Unterricht, gesteht sich aber die Angst nicht ein. Es treibt sich in Warenhäusern, auf Bahnhöfen oder irgendwo sonst herum, weist meist zusätzliche Symptome auf und ist entweder verwahrlosungsgefährdet oder bereits manifest verwahrlost.

Die *reine Angstneurose* wird im allgemeinen erst bei *größeren* Kindern beobachtet. Sie leiden unter einer diffusen oder ängstlich-gespannten inneren Unruhe und leben in ständiger „Furcht vor der Angst". Sie sind oft übermäßig gefügig und demütig. Sie fürchten das Alleinsein und das Getrenntwerden. Diese Kinder fühlen sich oft ungeliebt, verstoßen, verloren und ausgeliefert. Fast immer treten Kulminationen pathologischer Ängste in den sog. Angstanfällen auf, die nicht selten hysterisch anmuten und bei isolierter Angstsymptomatik häufig mit einer hysterischen Strukturentwicklung (Angsthysterie) einhergehen. Außerdem werden in dieser Altersstufe somatische Angstäquivalente und phobische Reaktionen bei Kindern mit einer allgemeinen Ängstlichkeit beobachtet. Sie entwickeln etwa eine heftige Angst, allein auf die Straße zu gehen, allein Plätze zu überqueren oder sich allein in einem Zimmer aufzuhalten oder allein zu schlafen. Sie fühlen sich bedroht, leiden unter Angst- und Schreckträumen, aus denen sie unter heftigem Herzklopfen und Schweißausbrüchen auffahren. Es stellen sich oft Einschlafstörungen ein. Im Zimmer oder auf dem Flur darf das Licht nicht gelöscht werden, damit ihnen jeder-

zeit eine Orientierung möglich ist. Die Eltern dürfen sich nur auf Rufweite entfernen. Aus der Behandlung jugendlicher und erwachsener Patienten mit einer Angstneurose finden wir meistens Hinweise auf massive Angstzustände, auf Phobien oder stereotypisierte somatische Angstäquivalente in der Kindheit.

So erlebte ein 10jähriger Junge mit schweren Ticerscheinungen im Alter von 6 Jahren, wie ein gleichaltriges Kind von einem Pferd totgetrampelt wurde. Im Anschluß an das Unglück entwickelte sich eine Angstsymptomatik, die immer weitere Kreise zog. Der Junge fürchtete sich schließlich vor Menschen, Tieren und Gegenständen, er befürchtete Überfälle, Mord und Einbruch. Er glaubte sich von einem Mann auf der Straße verfolgt, der seine Mutter scherzhaft gefragt hatte, ob sie ihm nicht ihren Sohn verkaufen wolle. Schließlich konnte er nicht mehr einschlafen, weil die Figuren des Puppentheaters, besonders der Teufel, die Hexe oder das Krokodil in der Spielzeugkiste erwachen könnten: „Wer sagt mir, daß sie nicht lebendig sind, wenn ich nicht hinsehe." Bei einem Urlaub in Österreich trat ein entscheidendes Erlebnis hinzu. Auf einem Bauernhof fühlte er sich von einem Hahn angegriffen und flüchtete in ein schlecht riechendes Klosett. Hier mußte er einige Zeit aushalten, bis man ihn befreite. Um unangenehme Geruchseindrücke zu vermeiden, atmete er durch den Mund ein und durch die Nase aus. Von diesem Moment an entwickelte sich ein Schnüffeltic mit geräuschvoller Exspiration durch die Nase und mit cranio-caudaler Ausbreitungstendenz zu einem Husten-, Facialis-, Kopf- und Schultertic.

In der *Pubertät* und in der *Adoleszenz* kommt es unter dem Einfluß der hormonellen Umstellung und der mächtig anschwellenden sexuellen Triebansprüche zu einer Wiederbelebung frühkindlicher genitaler Positionen, die oft mit *schwerer Angstsymptomatik* einhergehen. Auch hierbei lassen sich hysterische Konversionen und somatogene Angstäquivalente nicht immer scharf voneinander trennen.

Ein 16jähriges, auffallend hübsches Mädchen mit Angstanfällen wuchs als Einzelkind in einer Nesthäkchensituation auf. Ihr „Mädchen-Vater" erfüllte ihr jeden erfüllbaren Wunsch und verwöhnte sie materiell und durch volle Verwendung seiner freien Zeit mit ihr. Die Mutter war eifersüchtig. Eifersucht erlebte sie auch von seiten der Kolleginnen an ihrem Arbeitsplatz. Der Vater begleitete sie auf den Hin- und Rückwegen zum Kino, Theater und Tanz, an denen auch junge Verehrer teilnehmen durften. Im Betrieb fühlte sie sich durch Blicke und Anträge der Männer geängstigt, aber auch geschmeichelt. An einem sonnigen Mittag wurde sie bei einem Spaziergang im Park von drei gleichaltrigen Burschen sexuell bedroht. Auf Hilferufe entfernten sich die Attentäter, ohne daß es zu Handgreiflichkeiten gekommen war. Seit dieser Zeit bestand eine sich im Laufe der Jahre komplettierende Angstneurose. Das ängstlich-gespannte Mädchen fühlte sich durch Männer, durch Einbrüche und Überfälle bedroht. Sie durchsuchte morgens nach dem Aufstehen und abends beim Nachhausekommen die elterliche Wohnung, Schränke und Betten. Sie ließ ihr Bett vom Fenster wegrücken, alle Zimmer mußten nachts beleuchtet sein. Sie konnte dennoch abends nicht einschlafen und flüchtete ins Bett der Mutter, erlitt selbst dort aber schwere Angstträume mit Aufschrecken und Aufschreien. Schließlich verlobte sie sich mit einem gleichaltrigen Lehrling mit der Begründung: „Jetzt kann ich sagen, lassen sie mich zufrieden, ich bin verlobt". Die akute Angstsymptomatik besserte sich nach Kurztherapie. Die weiter bestehende allgemeine Ängstlichkeit ging nach Aufhebung dieser Notverlobung und Zuwendung zu einem neuen Partner weiter zurück.

Genese und soziale Bedeutung. Die Angst gehört zu den *frühesten* Lebenserfahrungen jedes Kindes, auch wenn das Vorhandensein einer „Geburtsangst" (Rank), von Freud nie akzeptiert, heute allgemein als widerlegt gilt. Eine amorphe Angstbereitschaft gehört zur emotionalen Grundausstattung jedes Säuglings, wahrscheinlich auch des Tieres, wie Lorenz an „Angstneurosen" bei Kolkraben zeigen konnte.

Peiper äußerte die Ansicht, daß der Säugling bei Äußerung seiner Unlust durch Schreien gewissermaßen die Stufe der Angst überspringe. Spitz konnte durch systematische Beobachtungen an Säuglingen die „Achtmonatsangst" als früheste Manifestation der Angst nachweisen, die sich nach seiner Ontogenese der Angst aus Unlust- und Furchtreaktionen früherer Lebensmonate entwickelt und in einer deutlich wahrnehmbaren Unterscheidungsfähigkeit zwischen „Freund" und „fremd" zeigt.

Eine erhöhte *konstitutionelle* Ängstlichkeit bzw. Angstbereitschaft und eine besondere Affinität zur Übernahme von Furcht und Angststimmungen aus der Umgebung (Angstinduktion) ist als eine wesentliche Voraussetzung für die Entwicklung einer pathologischen Angstsymptomatik anzusehen. Besonders die Ängstlichkeit und *Lebensunsicherheit der Mütter* kann ungünstig auf die Kinder einwirken und Ängste erzeugen. Das gleiche gilt für inkonsequente und schwankende pädagogische Haltungen oder für ablehnende und feindselige Einstellungen dem Kinde gegenüber. Spitz konnte als Produkte ungeeigneter Mutter-Kind-Beziehungen, wie unverhüllte Ablehnung, ängstlich-übertriebene Besorgnis, Feindseligkeit in Form von Ängstlichkeit, Wechsel von Verwöhnung und Feindseligkeit und bewußt kompensierte Feindseligkeit bestimmte psychotoxische Störungen feststellen, die sich in psychischen und psychosomatischen Störungen (Koma des Neugeborenen, Dreimonatskolik, Hypermotilität u. a. bis zur anaklitischen Depression) ausdrücken. Für Homburger ist das *primär* ängstliche Kind disponiert für die Entwicklung von Dunkel- und Gewitterangst, von Leistungsstörungen mit Schulverweigerung, für Sprechangst und Stottern, Sexualängste, Angstlust und Lustangst, für Verlegenheit, Befangenheit und Erwartungsangst. Er wies auf den großen Anteil körperlich asthenischer, zarter und schwächlicher Kinder mit erhöhter nervöser Spannungs- und latenter Angstbereitschaft hin. Dührssen sieht schließlich in der Kombination von Konstitution und von negativen Gefühlskoppelungen in der frühen Kindheit durch ängstigende und beunruhigende Erregungen und Mißstimmungen in der Umgebung eine wesentliche Voraussetzung für die Entwicklung pathologischer Ängste. In einem wie hohen Maße das Verhalten der Umwelt für die Entstehung von Angst bei Kindern ausschlaggebend ist, zeigten die Untersuchungen von A. Freud und D. Burlingham bei Luftangriffen auf London. Kinder im Alter bis zum 3. Lebensjahr zeigten nur dann Angst, wenn auch die Mütter Angst hatten; sie verhielten sich sonst interessiert, neugierig und unbekümmert.

Das normale Kind wächst und reift unter dem Signalschutz der *Realangst*, die teilweise mit der „sozialisierenden Angst" (Davis) identisch ist, aber auch zur Auslösung und Mobilisierung pathologischer Angstsymptome beitragen kann. Heftige und gehäufte Angstreaktionen vermögen wohl befürchtete Trennungen von der Mutter zu verhindern oder aufzuheben; andererseits droht jedoch die *Verwöhnung*, durch die neue Ängste vor ihrem Verlust mobilisiert werden können. Die Angst kann vor Gefahren der Umwelt schützen, es droht aber die Stereotypie des reflektorischen Ausweichens und des prinzipiellen Vermeidens und die damit verbundene Schuldangst der Passivität. Eine Erziehung *ohne* Angst vermag die Entstehung der postinfantilen Ängste nicht zu verhindern, wie soziologisch-anthropologische Untersuchungen (Goldfrank, Campbell, Underwood und Honigman) ergaben. Aus der Kasuistik entsteht eher der Eindruck, daß eine zu spät eingeleitete Realitätsprüfung Angst *erzeugt*, die besonders in der Pubertät zu Angstneurosen, Phobien und psychosomatischen Störungen führen kann.

Die Angst gehört wie die Trauer oder die Freude zu den Gefühlsqualitäten, die phänomenologisch Ähnlichkeiten mit einer Depression, einer Manie oder einer pathologischen Angst aufweisen, die aber eine eigenständige Entwicklungsgeschichte haben, da Angst wiederum Angst und Furcht vor der Angst erzeugt. Ein gesundes Kind empfindet aktuell begründete oder doch einfühlbare Ängste im Zustand akuter Bedrohung oder chronischer Verunsicherung. Die Ansichten der Existenzphilosophie von der Angst als einer „europäischen

Krankheit" (Nietzsche) treffen bei Kindern in dieser Form nicht zu, weil ihnen der „Blick auf das Nichts" (Sartre) infolge der Unreife des kindlichen Ich verstellt ist. Rudimentäre Ansätze einer Existenzangst finden sich vielleicht bei Kindern im Schulalter als Verlustangst vor dem möglichen Tod der Eltern und der erstmalig absehbaren Endlichkeit der eigenen Kindheit und später in der Reifungsangst.

Diagnose, Differentialdiagnose und Fehldiagnosen. Eine *pathologische* Angstsymptomatik bei Kindern liegt vor, wenn chronische oder sich ständig wiederholende Angstreaktionen, die in keinem adäquaten Verhältnis zur auslösenden Ursache stehen, zu psychischen oder psychosomatischen Störungen führen und die geistig-seelische Leistungsfähigkeit und die körperliche Gesundheit erheblich stören.

Im *frühen Kindesalter* handelt es sich meistens um *nächtliche Angstanfälle* (Pavor nocturnus) mit Schreien und motorischer Unruhe und begleitet von vegetativen Störungen. Ferner kommen umschriebene *Phobien* (Tier- und Personenphobien) vor, neben denen sich fast immer eine gesteigerte Angstbereitschaft nachweisen läßt. Kinder mit einer *Schulphobie* sind meistens gut begabt, häufig verwöhnte Einzelkinder und charakterologisch sensitiv, demütig und timide (Warren). Nicht objektiv begründete *Schulangst* oder lustbetontes *Schulschwänzen*, sondern Trennungsangst von der Mutter ist die Ursache, die verdrängt und auf die Schule projiziert wurde.

Im *späten Kindesalter* und in der Adoleszenz nehmen die reinen *Angstneurosen* langsam an Häufigkeit zu; im Vorschul- und im Schulalter werden sie nur selten angetroffen. Sie weisen neben einer diffusen Ängstlichkeit charakteristische psychische und psychosomatische Symptome mit einschießenden Angstanfällen und körperlicher Symptomatik auf.

Die pathologische Angst als „Motor" (Bruhn), als „basale Grundstörung" (Horney), als „Primärsymptom der Neurose" (Pfister) oder als „tragender emotionaler Bindungsfaktor bei abnormen Erlebnisreaktionen und neurotischen Entwicklungen des Kindesalters schlechthin" (Stutte) ist ein so *ubiquitäres Phänomen*, daß die neurosenpsychologische Einordnung in Grenzfällen schwierig sein kann. Somatische Angstäquivalente und hysterische Konversionen unterscheiden sich theoretisch darin, daß die Angst in der Konversionshysterie durch die Bildung von Konversionssymptomen gebunden ist, während sie in der Angstneurose und in der Phobie das Hauptsymptom darstellt. Praktisch bietet ihre

Differenzierung jedoch oft erhebliche Schwierigkeiten und muß manchmal Längsschnittanalysen vorbehalten bleiben.

Bei der Diagnostik kindlicher Angstzustände sind *Induktions*wirkungen von Personen aus der Umgebung zu berücksichtigen. Neben neurasthenischen, selbstunsicheren und ängstlich-nervösen Müttern spielen besonders die *psychotischen* Mütter (Biermann, Meinertz) mit ihren paranoiden Wahnvorstellungen eine verhängnisvolle Rolle für die Mobilisierung der kindlichen Ängste und eine Verunsicherung der Existenz.

Die *Psychosen im Kindesalter* zeigen neben der zentralen Beziehungsstörung auf affektivem Gebiet nicht selten eine ängstlich-mißtrauische Grundstimmung. Stutte erwähnte das Auftreten von Phobien als prämonitorische Zeichen beginnender Psychosen. Bei autistischen Kindern findet sich mit der „Veränderungsangst" (Kanner) eine spezifische Angstreaktion, die auf Erhaltung der räumlichen Umwelt abzielt.

Bei *schwachsinnigen* Kindern lassen sich nicht selten diffuse Angstzustände beobachten, die als „primär bedingt" oder als Folge intellektueller Differenzierungsunfähigkeit aufgefaßt werden müssen. Im Rahmen langsam fortschreitender Wesensänderungen bei Kindern mit einer *Dementia infantilis Heller* beobachteten Harbauer und Stutte unmotivierte Angst- und Erregungszustände.

Therapie und Prognose. Soweit es sich um eine *neurotische* Angstsymptomatik handelt, erfolgt die Behandlung nach kinderpsychotherapeutischen, sonst nach heilpädagogischen Grundsätzen. Sie bezieht bei Kindern des Vorschul- und des Schulalters immer die Beratung der Eltern mit ein. Bei kleinen Kindern steht die Beratung oder die Behandlung der Eltern ganz im Vordergrund, da nur durch eine Milieuänderung oder eine Neuorientierung der Erziehung wirklich durchgreifende und anhaltende Besserungen erzielt werden können. Die Kinderanalyse ist speziell ausgebildeten Kindertherapeuten oder Psychagogen vorbehalten.

Bei den *einfachen* Angstzuständen des Kleinkindalters (Pavor nocturnus, phobische Reaktionen) sollte die oft gleichfalls vorhandene Ängstlichkeit der Eltern und ihre Tendenz zu übertriebenen Schuldgefühlen auf ein Maß eingedämmt werden, das eine therapeutisch fruchtbare Mitarbeit ermöglicht. Schwere Angstzustände eines Elternteiles können eine Indikation zu seiner psychotherapeutischen Behandlung anstelle des Kindes abgeben.

Wenn eine grobe Fehlerziehung durch *Kindesmißhandlung* oder schädliche Erziehungspraktiken, wie brutale Drohungen oder eine intellektualisierende bzw. ironisch-sadistische „Erziehung durch Nadelstiche" vorliegt, sind notfalls fürsorgerische Maßnahmen in Verbindung mit dem Jugendamt mit dem Ziel der Entfernung des Kindes aus dem häuslichen Milieu und Einweisung in eine kinderpsychiatrische Abteilung, ein Heim oder in eine geeignete Pflegestelle erforderlich.

Die *Schulphobie* erfordert eine zielgerichtete Zusammenarbeit aller Familienmitglieder mit dem Lehrer und dem Arzt. Um dem Kind einen wertungsfreien Neubeginn zu ermöglichen, müssen Eltern und Lehrer schematisch über den Ursprung der Störung aufgeklärt werden. Die Eltern müssen dem Kind die Überzeugung vermitteln, daß der Grad ihrer Liebeszuwendung unabhängig vom zukünftigen Schulerfolg ist, um eine Überdeterminierung ihrer verdrängten Wünsche durch negative Schulerfahrungen zu verhindern. Erst nachdem ein verläßliches Arrangement zwischen allen Beteiligten getroffen worden ist, sollte der Schulbesuch wieder aufgenommen werden. Die Mutter darf das Kind für eine bestimmte Zeit noch ganz oder teilweise zur Schule begleiten. Wenn die Eltern aus affektiven oder intellektuellen Gründen zu einer konsequenten Mitarbeit nicht fähig oder bereit sind, läßt sich eine vorübergehende Unterbringung in einer Klinik oder in einem Heim nicht umgehen. Die *Schulangst* körperlich oder psychisch insuffizienter Kinder erfordert heilpädagogische Maßnahmen. Beim *schulschwänzenden Kind* sind meistens noch weitere Symptome der Verwahrlosung anzutreffen, die in schweren Fällen FEH oder FE notwendig machen.

Eine unterstützende *medikamentöse Therapie* mit Antidepressiva, insbesondere mit Imipramin oder Ludiomil ® in kleinen Dosen (10–50 mg pro die) hat sich bei Behandlungsbeginn der Schulphobie und der Schulangst bewährt und sich auch im double-blind-test mit Placebo als überlegen erwiesen. Die *Angstneurose* und die *Phobien* in der Pubertät und in der Adoleszenz erfordern eine psychotherapeutische Behandlung.

II. Depressive Neurose

Symptomatik. Depressive *Reaktionen*, kurz- oder längerdauernde traurige Verstimmungszustände kommen bei Kindern und Jugendlichen häufig vor. Ihre Inhalte sind im wesentlichen auf das auslösende schmerzliche Ereignis zentriert, aus dem sie sich entwickeln. Dabei bestehen von der traurig getönten Unlust und der normalen Trauer bis zu den schweren depressiven Reaktionen fließende Über-

gänge. Kinder im Kleinkind- und im frühen Schulalter reagieren schon oft auf geringfügige Anlässe mit extremen Affektausbrüchen. So berichtet Homburger über 40–50 tägliche lust- oder unlustgetönte Gefühlsentladungen bei 3–4jährigen normalen Kindern. Von ihnen verdienen die oft nur oberflächlichen oder zweckbetonten traurigen Verstimmungen allerdings nicht den Namen einer depressiven Reaktion, etwa wenn es sich um kindereigentümliche und oft sehr vordergründige Verhaltens- und Ausdrucksschwankungen handelt, die nicht die vitale Grundstimmung betreffen.

Bei *Säuglingen* kann sich bereits nach kurzdauernden Trennungen von einer geliebten Beziehungsperson eine akute depressive Reaktion mit vorwiegend psychosomatischen Symptomen ausbilden. Diese werden manchmal eingeleitet mit Phasen des Protestes, der Verzweiflung und der Ablehnung: Schreien, Toben – Passivität, Ablehnung – Resignation, Egozentrizität (Bowlby).

Bei längerdauernden emotionalen Mangelsituationen stellt sich mit großer Regelmäßigkeit eine statomotorische und intellektuelle Entwicklungsverlangsamung ein, oft kombiniert mit Erscheinungen wie Enuresis, Enkopresis, motorischen Stereotypien und genitalen Manipulationen.

Reaktive psychosomatische depressive Äquivalente können bei Säuglingen besonders häufig beobachtet werden. Spitz beschrieb sie als „psychotoxische Störungen", die er in direktem Zusammenhang mit schädlichen mütterlichen Einstellungen zum Kind sieht. So führt er die „Dreimonatskolik" als Ausdruck einer mütterlichen Abneigung an. Das „Säuglingsekzem", das in der 2. Hälfte des 1. Lebensjahres auftritt und mit Weinerlichkeit einhergeht, soll auf eine ungewöhnlich starke, unbewußt verdrängte Feindseligkeit der Mutter zurückgehen. Stereotype Schaukelbewegungen finden sich bei Heimkindern oder bei Familienkindern, deren Mütter zwischen Verwöhnung und offener Feindseligkeit zu ihren Kindern schwanken.

Als *anaklitische Depression* (→ Hospitalismus s. S. 73) wurde ein progredient-depressives Zustandsbild (Spitz) beschrieben, das besonders im 2. Lebensjahr nach ersatzloser Trennung von einer Beziehungsperson entstehen kann, zu der vorher eine ungetrübte Partnerschaft bestand. Diese bis dahin normal entwickelten Säuglinge weisen eine körperliche und seelische Entwicklungsstagnation auf. Störungen der Nahrungsaufnahme führen zu Gewichtsverlusten und erhöhter Infektanfälligkeit. Die passiv-desinteressierten Kinder durchlaufen eine agitierte Periode mit Wein- und Schreikrämpfen, Störungen des Schlaf-Wach-Rhythmus, die nach längerer emotionaler Frustration in eine stillere Symptomatik mit Resignation und rapidem Abfall des Entwicklungsquotienten überleiten und bei anhaltender emotionaler Frustration zum körperlichen Verfall bis zur vitalen Bedrohung und zum Tod führen kann.

Langanhaltende depressive Verstimmungszustände als Ausdruck einer *depressiven Neurose* werden dagegen bei Kindern relativ selten diagnostiziert. Sicher seltener, als es ihrem Vorkommen entspricht. Bei Jugendlichen werden sie dagegen bereits häufig beobachtet; sie kommen bei Jungen häufiger als bei Mädchen vor.

Über die *Häufigkeit* depressiver Syndrome im Kindes- und Jugendalter liegen divergierende Untersuchungsresultate vor. A. Weber fand in der Schweiz bei etwa 3% der von ihm untersuchten Kinder „depressive Zustände". Kuhn ermittelte bei fast 13% „depressive Störungen", Destunis stellte bei 4000 abnormen Kindern nur 11mal die Diagnose einer „Depressionsneurose". Unter fast 6000 Kindern der Klinik für Kinder- und Jugendpsychiatrie in Berlin ließen sich nur in 1,8% depressive Verstimmungszustände verschiedener Ätiologie nachweisen; dieses Ergebnis deckt sich weitgehend mit den für die Kinder und Jugendlichen der Heidelberger Universitäts-Nervenklinik (von Baeyer) ermittelten Zahlen.

Dieses unterschiedliche Zahlenmaterial weist bereits eindringlich auf die Schwierigkeit und die Problematik einer einheitlichen diagnostischen Zuordnung depressiver Verstimmungszustände im Kindes- und Jugendalter hin. Sie geben teilweise gleichzeitig eine Erklärung dafür, weshalb latente Suicidtendenzen bei Kindern und Jugendlichen häufig übersehen werden.

Die *Erkennung* depressiver Syndrome bei Kindern ist deshalb so schwierig, weil sich ihre Symptomatik nach Geschlecht, Alter und Intelligenz wesentlich von der depressiver Erwachsener unterscheidet. Der Psychiater kann sich auf eine, wenn auch fiktive, so doch relative Homogenität von Depressionszuständen bei Erwachsenen im mittleren Lebensalter stützen. Der Kinderpsychiater verfügt nicht über ein typisches depressives Manifestationssyndrom, er ist auf den entwicklungsspezifischen „Zeitfaktor" angewiesen. Bei Kindern finden sich keine erwachsenentypischen psychischen Symptome wie Schuldgefühle, Selbstvorwürfe, Versündigungs- oder Verarmungsideen. Den jüngeren Kindern ist der intrapsychische Konflikt zwischen dem Gewissen und dem Ich durch die relative Unreife ihrer psychischen Instanzen versperrt. Aber auch ältere Kinder verfügen oft noch nicht über die Voraussetzungen für die Intellektualisierung von Konflikten und Emotionen. Für sie sind die noch nicht internalisierten Gewissensinstanzen des Über-Ich noch konkret und leibhaftig in den Eltern und Autoritätspersonen vorhanden, mit denen sie sich auseinandersetzen können.

Das depressive Kind ist nicht einfach depressiv-gehemmt oder -agitiert: es fühlt sich hoffnungslos ungeliebt, ungeborgen, schlecht und minderwertig und den Mitschülern, Eltern und Lehrern ausgeliefert. Die depressive Störung drückt sich vorzugsweise in Erziehungs- und Schulschwierigkeiten aus, weil dies die Berührungs- und Begegnungsstelle zwischen Erwachsenen und Kindern ist, in der feinere Störungen am ehesten registriert werden.

Bei Kindern standen in unserem Krankengut (Nissen) die *Symptome* Kontaktschwäche, Angst, Gehemmtheit und Isolierungstendenzen an den ersten Stellen der Skala psychische Symptome. Unter den psychosomatischen Symptomen rangierten Aggressivität, Enuresis, Schlafstörungen, Mutismus, Weinen und Weglaufen auf den ersten Rangplätzen. Im Vordergrund stand bei allen Kindern eine ängstlich-traurige, gehemmte oder agitierte depressive Grundstimmung; davon waren vor der Einweisung die gehemmt-depressiven Kinder oft als faul und antriebsschwach oder als bösartig und aggressiv bezeichnet worden, wenn ein agitiert-depressives Syndrom vorlag. Die depressiven Mädchen wiesen ein „*Aschenputtel*-Syndrom" auf, sie verhielten sich überwiegend passiv, still und gehemmt, neigten zu Stimmungsschwankungen und zum Grübeln; sie galten als besonders „artig". Die depressiven Jungen waren keine „Musterknaben", sie verhielten sich wie der *bitterböse Friederich*: aggressive und kontaktschwache Außenseiter, gehemmt und unsicher. Ob es sich bei dieser geschlechtsbezogenen Symptomverteilung um soziokulturell bedingte oder genetisch vorprogrammierte Stereotype von Männlichkeit oder Weiblichkeit handelt, läßt sich vorerst nicht klären.

Bei einer Symptomverteilung in Beziehung zum *Lebensalter* ergaben sich (s. Tabelle 2) charakteristische Unterschiede.

Bei *Kleinkindern* mit einer depressiven Verstimmung finden sich neben gehemmten und agitierten Merkmalen dominierend psychosomatische Symptome. So konnten wir (Nissen) mehrfach ein Syndrom beobachten, das mit Schlafstörungen, Weinen, Schreien und Anorexie auftrat. In diesen

Tabelle 2. *Depressive Symptome bei Kindern und Jugendlichen*

	Psychische Symptome	Psychosomatische Symptome
Kleinkinder und Vorschulkinder	Spielhemmung Agitiertheit	Wein- und Schreikrämpfe Enkopresis (ab 3. Lebensjahr) Schlafstörungen Jactationen Appetitstörungen
jüngere Schulkinder	Gereiztheit Unsicherheit Spielhemmung Kontaktsucht Lernhemmung	Enuresis (ab 5. Lebensjahr) Pavor nocturnus Genitale Manipulationen Wein- und Schreikrämpfe
ältere Schulkinder und Jugendliche	Grübeln Suicidimpulse Minderwertigkeitsgefühle Bedrücktheit	Kopfschmerzen

Depressive Syndrome bei Kleinkindern drücken sich neben der depressiv-dysphonischen Grundstimmung vorwiegend in psychosomatischen Beschwerden, bei jüngeren Schulkindern in psychosomatischen und psychischen Symptomen mit stärkerer emotionaler Betonung aus, während sich beim älteren Schulkind und bei Jugendlichen bereits typische depressive Symptome des Erwachsenenalters finden.

Fällen ließen sich emotionale Vernachlässigungen bzw. latente Weglaufimpulse der Mütter nachweisen.

Bei einem 3jährigen Kind, das den vom Vater verursachten Tod der Mutter miterlebte und das danach in 10 Monaten 5 Pflegestellen absolvierte, entwickelte sich ein schweres depressives Syndrom mit Weinanfällen, Anorexie, Schlaflosigkeit, völliger Spielunfähigkeit, genitalen Ersatzhandlungen, Urintrinken und Kot- und Papieressen.

Bei einem 3jährigen, „maßlos traurig und elend" aussehenden Kind einer schizophrenen Mutter, das aus einem völlig verwahrlosten häuslichen Milieu kam, lag neben Wein- und Schreikrämpfen, Spielhemmung u.a. eine schwere Obstipation mit kolikartigen Bauchschmerzen und starker Hämorrhoidenbildung vor.

Ähnliche Beispiele ließen sich beibringen für die depressive Genese von Nabelkoliken, nächtlichen Angstanfällen, Enkopresis, von motorischen Stereotypien, Ticerscheinungen und Kopfschmerzen. Von M. Sperling wird die Ansicht vertreten, daß hypochondrische Äquivalente die dem Kind eigentlich gemäße depressive Darstellung sei. Das Kind könne keine schmerzlichen Wahrnehmungen oder Impulse ertragen, ohne sich davon sofort durch Abfuhr in die Körpersphäre zu befreien.

Bei *Schulkindern* ist bereits eine Ausweitung depressiver Symptome zu verzeichnen, deren Dechiffrierung manchmal außerordentlich schwierig sein kann. Bereits Homburger wies in seiner beispielhaften Beschreibung depressiver Verstimmungen bei Kindern auf die Bedeutung pädagogisch oft mißgedeuteter Verhaltensweisen wie Faulheit, Passivität, Bequemlichkeit, Leistungsschwäche, Gleichgültigkeit hin. Bei depressiven Kindern finden sich neben der traurigen Grundstimmung oft eine ängstlich-gereizte Unsicherheit neben Spiel- und Lernhemmungen mit Störungen der Konzentration, der Aufmerksamkeit und der Ausdauer; bei manchen kommt es als Ausdruck der Ängstlichkeit und Ungeborenheit zu einer wahllosen Kontaktsucht. Auch in dieser Altersstufe finden sich passiv-gehemmte (auffallend „stille Kinder"), andererseits agitiert-aggressive Kinder (dissoziale Symptome, Bummeln und Weglaufen). Während die stillen, weichen und gefühlsreichen Kinder meistens eine gute Kontaktfähigkeit zeigen, sondern sich depressiv gehemmte Kinder gern ab, „igeln sich ein" oder spielen mit kleineren Gefährten oder entwickeln eine besondere Vorliebe für Tiere („Mein Goldhamster ist das liebste Wesen auf der Welt") oder Bücher (Märchen). Viele werden infolge ihrer Gehemmtheit und Kontaktschwäche in Außenseiterpositionen abgedrängt, andere flüchten sich geradezu in die Isolierung. Manche stehlen, um durch Schenkungen die Zuneigung anderer Kinder zu erringen.

Unter den psychosomatischen Symptomen ist die *Enuresis nocturna* (s. S. 163) besonders häufig vertreten; dabei sollten jedoch erbgenetische Gesichtspunkte (bis 40% homologe Belastung der Eltern) nicht vernachlässigt werden. Eine Enuresis sine depressione berechtigt noch nicht zur Annahme einer „enuretic depression" (Frommer), auch nicht eine erfolgreiche Imipramin-Behandlung. Exzessive genitale Manipulationen, Störungen des Schlaf-Wach-Rhythmus und nächtliche Pavor-Zustände sollten auch an die Möglichkeit depressiver Äquivalente denken lassen, besonders dann, wenn sie mit dem Eintritt in eine Entlastungssituation (Ferien) sistieren.

Auf andere Symptome kann hier nur aufzählend hingewiesen werden: Abnorme Naschsucht, Fett- oder Magersucht, Blutigreiben der Handflächen, Wiederauftreten von Kinderfehlern (Daumenlutschen, Nägelknabbern, Haarausreißen), Spielen mit Feuer (Zündeln, s. S. 31).

Ein 12jähriger, depressiver Junge mit sadomasochistischen Tendenzen ließ sich quälen und schlagen und entwickelte Selbstmordspiele: Er drückte sich ein Brotmesser an die Kehle, drohte aus dem Fenster zu springen und warf sich auf die Fahrbahn und wich erst im letzten Moment vor herannahenden Autos aus.

Bei älteren Schulkindern und *Jugendlichen* lassen sich depressive Neurosen bereits wesentlich eindeutiger nachweisen, weil sie sich bereits der Symptomatik des Erwachsenenalters bedienen, sie sind jedoch manchmal nur schwer von depressiv getönten Reifungskrisen abzugrenzen. Depressive ältere Schulkinder und Jugendliche neigen zum Grübeln, zur Suicidalität und zu Suicidversuchen, Minderwertigkeitsgefühlen und Bedrücktheit (siehe S. 182). Von zahlreichen Autoren ist auf den Syndromwandel von depressiven Verstimmungen und psychosomatischen Beschwerden hingewiesen worden, etwa auf solche von Depression und Asthma bronchiale, Kopfschmerzen, Fettsucht, Magersucht, Mutismus, Ticerscheinungen, Colitis ulcerosa und den bei Jugendlichen gar nicht seltenen Zwölffingerdarm- und Magengeschwüren (siehe S. 158).

Frühere Annahmen, daß depressive Kinder und Jugendliche nicht oder nur in geringem Maße *kriminell* werden, sind durch neuere Untersuchungen widerlegt worden. Für die Gruppe der delinquenten bzw. dissozialen Kinder und Jugendlichen konnten Glueck und Glueck in den USA in 14% und Hartmann in Deutschland bei 48% depressive Verstimmungen nachweisen.

Tabelle 3. *Psychosomatische Symptome bei depressiven Erwachsenen (Kielholz) und depressiven Kindern (Nissen)*

	Erwachsene	Kinder
Schlafstörungen	66%	23%
Kopfschmerzen	40%	14%
Magen-Darmbeschwerden	36%	40%
Herzbeschwerden	32%	2%

Die psychosomatischen Symptome bei depressiven Kindern unterscheiden sich wesentlich von denen depressiver Erwachsener. Während bei Erwachsenen als Hauptsymptome Schlafstörungen, Kopfschmerzen, Magen-Darm- und Herzbeschwerden angeführt werden, finden sich bei depressiven Kindern und Jugendlichen vorwiegend Aggressivität, Enuresis, Schlafstörungen, Mutismus u.a. als Leitsymptome.

Bei einer Gegenüberstellung der *Lokalisation psychosomatischer Symptome* depressiver Erwachsener (Kielholz) und depressiver Kinder aller Altersklassen (Nissen) ergibt sich, daß vergleichbare Zahlenwerte nur bei Beschwerden des Verdauungstraktes vorliegen. Schlafstörungen und Kopfschmerzen wurden dagegen nur bei ca. $^1/_3$ der

Kinder angegeben. Atembeschwerden, Mißempfindungen in den Extremitäten, Hyperhidrosis u.a. (Kielholz) wurden bei Kindern nicht registriert; andererseits finden sich bei Erwachsenen keine Angaben über Symptome wie Enuresis, Mutismus, Nägelknabbern, Weglaufen, Naschsucht bzw. Enkopresis, genitale Manipulationen, Daumenlutschen oder Kotschmieren. In diesem Zusammenhang soll besonders eindringlich auf die Mahnung von K. Schneider verwiesen werden, mit der „*depressio sine depressione*" vorsichtig umzugehen, weil nicht das einzelne (psychische oder psychosomatische) Symptom eine pathogenetische Bedeutung hat, sondern erst das typische Symptomenmosaik für das Vorliegen einer depressiven Neurose oder einer Depression spricht.

Genese und soziale Bedeutung. An der *Entstehung* depressiver Neurosen und Verstimmungszustände sind endogene und exogene Kausalfaktoren in unterschiedlichem Maße beteiligt. Besonders bei den Eltern, die gleichzeitig Träger der Erbanlagen und Gestalter der Umwelt ihrer Kinder sind, finden sich häufig psychische oder psychosomatische Belastungen.

Die Wurzeln depressiver Entwicklungen lassen sich sehr oft, nach Meinung vieler Autoren regelmäßig bis in die *frühe Kindheit* zurückverfolgen. In diesem Zeitraum ist die physiologische psychische und physische Entwicklung des Säuglings von einer ausreichenden emotionalen und materiellen „oralen" Sättigung abhängig. In der interpersonalen Aktion der „Mutter-Kind-Dyade", die durch Zärtlichkeit, Wärme und Nahrung den Verlust der uterinen Urhöhle ersetzen muß, erlebt der Säugling und das Kleinkind Sicherheit und Geborgenheit und gelangt über Haut- und Blickkontakte in das Stadium einer zuverlässigen sozialen Kontaktaufnahme und emotionalen Übereinstimmung mit seiner Umwelt.

Wenn die emotionale und physische Entwicklung des Säuglings in diesem Stadium durch Entbehrungen und Mängel in der personalen Zuwendung und Pflege häufiger oder über längere Zeiträume beeinträchtigt wird, können sich schwere und teilweise irreversible seelische Störungen (→ Psychischer Hospitalismus s. S. 73), in erster Linie depressive, aber auch schizoide (Schultz-Hencke) Neurosen und Persönlichkeitsstrukturen entwickeln.

Depressive Fehlentwicklungen finden sich besonders häufig bei solchen Kindern und Jugendlichen, die in früher Kindheit keine konstante liebevolle Zuwendung und Erziehung erfuhren: Voll-, Vater- und Mutterwaisen, Kinder in häufig wechselnden Pflegestellen und Heimen, Kinder kranker oder beruflich überforderter Mütter und Väter, Kinder aus getrennten oder geschiedenen Ehen, ferner pädagogisch oder intellektuell überforderte oder körperlich mißgebildete Kinder.

Ungünstige äußere (uneheliche Geburt, Tod der Mutter oder des Vaters, Trennung oder Scheidung der Eltern) oder innere (fehlerhafte pädagogische Einstellungen) *Familienverhältnisse* („broken home") ließen sich häufig nachweisen. Mit dem Verlust von Vater oder Mutter in der Kindheit haben sich besonders anglo-amerikanische Untersuchungen (Brown, Munro) befaßt und festgestellt, daß eine signifikante Erhöhung depressiver Störungen und Erkrankungen eintritt. Brown stellte bei 41% der von ihm untersuchten depressiven Patienten fest, daß sie im Alter bis zum 15. Lebensjahr Waisen wurden; der vergleichbare Prozentsatz der Durchschnittsbevölkerung lag bei 16%. Der Verlust des Vaters wirkte sich besonders in den späteren Kindheitsjahren traumatisierend aus, während die Trennung von der Mutter für alle Altersstufen einen entscheidenden Einschnitt bedeutete. In unserem Krankengut waren 22% unehelich geboren, 24% hatten den Vater und 8% die Mutter verloren, bei 23% war die Elternehe geschieden. Kinder mit einer repressiven Erziehung wiesen wesentlich mehr depressive Merkmale als solche mit demokratischen Erziehungsformen auf. Von den Müttern oder Vätern wiesen 17 ein depressives Syndrom auf, 11 hatten Suicidversuche begangen, bei 7 lag eine Schizophrenie vor.

Eine *Depression der Mutter* in den ersten beiden Lebensjahren erzeugt nach A. Freud eine latente Bereitschaft zu einer depressiven Erkrankung des Kindes, die oft erst im späteren Leben manifest wird. Unter solchen Umständen erlebe das Kind die Einheit und Zusammengehörigkeit mit der Mutter nicht aufgrund ihrer Teilnahme an seinen Entwicklungsfortschritten, sondern aufgrund seiner Bereitschaft, ihre Gefühlshaltung zu teilen. Eine ähnliche Bedeutung dürften in Zeiten materieller Not und Bedrückung die „Elendsdepressionen" der Kinder, wie sie Käthe Kollwitz gezeichnet hat, haben oder die depressiven Verstimmungen bei Kindern aus zerrütteten oder geschiedenen Ehen, in denen sie unfreiwillig zu Vertrauten der einen oder anderen oder beider Parteien werden.

Von besonderer kinderpsychiatrischer Bedeutung sind die reaktiven und neurotischen Depressionen bei *schwachbegabten und schwachsinnigen Kindern* aus Familien mit starkem Leistungsehrgeiz oder bei solchen Kindern mit einer relativ gut ausgebildeten Fähigkeit zur Selbstkritik. Besonders in intellektuell durchschnittlich oder überdurchschnittlich ausgestatteten Familien gerät ein minderbegabtes Kind leicht aus seiner Omega-Position in die neurotisierende Rolle eines Prügelknaben. Durch übersteigerte Anforderungen und durch Lerntorturen werden solchen Kindern unter Aufbietung aller ihrer psychischen Energien oft Leistungen abgetrotzt, die dann aber weithin als unzureichend angesehen und nicht entsprechend honoriert werden. Unterdurchschnittlich begabte Kinder zeigen vorwiegend eine passive psychische und eine regressive psychosomatische Symptomatik. Durch Überforderungen und Kränkungen des Selbstwertgefühles entwickelt sich nicht selten eine sekundäre Lernhemmung, die das Ausmaß der tatsächlichen Schwachbegabung weit übersteigt, damit bisherige Erfolge gefährdet und die künftige Entwicklung zusätzlich behindert.

Ein 10jähriger, depressiver, debiler Sonderschüler aus einem überfordernden Elternhaus geriet mitten im Unterricht mehrfach in einen stuporähnlichen Zustand. Er brach mitten im Vorlesen ab, starrte vor sich hin und verweigerte stundenlang die Mitarbeit.

Ein anderer, 9jähriger, depressiver und debiler Junge äußerte, daß er traurig sei, weil er seine Eltern durch seine mangelhaften Schulleistungen traurig mache. Der ehrgeizige Vater schlug ihm zur „Gedächtnisstütze" mit dem Fingerknöchel öfter beim Lernen an den Kopf. Der Junge regredierte mit Daumenlutschen, Wut- und Trotzanfällen und sprach davon, sich das Leben zu nehmen.

Andere schwachbegabte Kinder versuchen, die Eltern mit Gefälligkeiten, Erzählungen und Zärtlichkeiten vom Schulgang oder von den Schularbeiten abzulenken und reagieren mit Aggressionen und Wutausbrüchen, wenn dies nicht gelingt.

Für die begünstigende Rolle *autoritär-repressiver*, aber auch *vernachlässigend-verwahrlosender Erziehungsstile* der Eltern auf eine depressive Fehlentwicklung finden sich häufig Beispiele.

Ein 10jähriges, traurig-verstörtes, in sich gekehrtteilnahmsloses Kind, das sich nur flüsternd unterhielt, äußerte, daß die Mutter sie nicht liebhaben könne, „weil ich zu langsam bin". Die gefühlsarme, kühle Mutter gab an: „Ich bin logisch, kalt und ruhig. Kinder müssen unbedingt parieren. Trotz wird durch Klapse und Prügel durchbrochen." Sie hatte ihr Kind u.a. mehrfach gezwungen, Erbrochenes aufzuessen.

Ein 13jähriges, vorwiegend depressives Mädchen war seit dem 6. Lebensjahr vom blinden Vater sexuell mißbraucht worden. Es versuchte seine Mädchenrolle zu ignorieren, verschwieg der Mutter die Menarche und weigerte sich, einen Büstenhalter zu tragen; „mit einem blinden Hund könnte ich Mitleid haben, nicht mit meinem Vater."

Das Auftreten depressiver Reaktionen wird weiterhin begünstigt durch *partielle Leistungs- und Intelligenzdefekte*, wie z.B. durch eine Legasthenie

(s. S. 293). Durchschnittlich oder überdurchschnittlich begabte Kinder mit einer derartigen oder einer anderen Teilleistungsschwäche befinden sich in einer zu depressiven Verstimmungen disponierenden Konfliktsituation, weil ihre objektive Leistungsfähigkeit durch die Teilleistungsschwäche behindert und in der schulischen Leistungssituation oft nicht erkannt wird.

Schließlich spielt bei *körperlich mißgebildeten*, nicht erheblich schwachsinnigen Kindern, die zur Überich-Bildung und Ausbildung eines normalen „Körperschemas" (Schilder) fähig sind, der „*Thersites-Komplex*" (Stutte) eine wichtige Rolle.

Thersites war nach Homer der häßlichste der Griechen von Troja, feig und frech, von Odysseus wegen seiner Schmähworte gegen die Fürsten gezüchtigt; nach der Sage später von Achill erschlagen, weil er dessen Liebe zu Panthesilea verhöhnte.

A. Richardson u.a. ermittelten durch Befragungen eine Präferenzrangordnung, nach der Kinder mit mißgebildeten Gesichtern oder gesichtsnahen Entstellungen weit eher als körperbehinderte Kinder eine negative Einschätzung erfahren.

Eine 13jährige erheblich minderwüchsige Oberschülerin mit einer leichten hydrocephalen Schädelmißbildung weigerte sich, die Wohnung zu verlassen und trotz guter Leistungen die Schule zu besuchen: „Ich kann es nicht ertragen, wenn man sich umdreht und mir nachblickt".

Die Bedeutung einer *konstitutionellen Disposition* für die Entwicklung einer depressiven Neurose sollte weder über- noch unterschätzt werden; sie läßt sich oft überhaupt nicht zuverlässig ermitteln, da die Eltern gleichzeitig Übermittler der Erbanlagen und meistens auch die Gestalter der Umwelt des Kindes sind. Konstitutionelle Unterschiede im Ertragen von Schmerz und Unlust zeigen sich bereits bei Säuglingen und Kleinkindern. Bei einem Kind bedarf es nur geringfügiger Anlässe, um depressive Reaktionen zu erzielen („es nimmt alles schwer"), ein anderes steht emotionale Frustrationen relativ günstiger durch, „es kommt leicht darüber hinweg".

Temperament und emotionale Grundbefindlichkeit sind nach Untersuchungen von Newman, Freeman und Holzinger, Kallmann u. a. weitgehend *genetisch verankert* und damit unkorrigierbar. Gottschalk gelangte auf Grund seiner Zwillingsuntersuchungen zu der Auffassung, daß die affektive Erregbarkeit und die vitale Antriebsspannung als stammhirnbedingte Persönlichkeitszüge besonders umweltunabhängig seien. — Darüber hinaus unterliegt jedoch der Vitaltonus jedes Menschen endo- und exogenen Schwankungen, die sich überkreuzen, abschwächen oder überlagern können. Stetigkeit und Wechsel, Konstanz und Labilität und die Größe ihrer Ausschläge sind nach Homburger entscheidende Kriterien der Persönlichkeit.

Die *soziale Bedeutung* der depressiven Neurose liegt einerseits in den negativen Aspekten der emotionalen Verstimmung und den sich daraus ergebenden störenden Auswirkungen auf die Umgebung, andererseits aber auch in den positiven sozialen Erscheinungen für die Familie und die Gemeinschaft durch die depressiven Sicherungstendenzen und die erhöhte Sorge und Fürsorge um die Existenz. Depressive Kinder weisen nicht selten eine psychische Vorreifung auf, die sich günstig auf ihre Leistungshaltung auswirken kann. Depressive Jugendliche kultivieren manchmal bereits die Attitüde eines depressiven Hochmuts: sie fühlen sich an innerer Reife und Erfahrung überlegen und empfinden sich tiefer und wertvoller als ihre scheinbar oberflächlicheren und gleichgültigeren Altersgenossen.

Diagnose, Differentialdiagnose und Fehldiagnosen
Die *Diagnose* einer depressiven Neurose ergibt sich nur aus der Längsschnittanalyse der Entstehung und Entwicklung des depressiven Verstimmungszustandes. Eine spezifische depressiv-neurotische Querschnittsymptomatik ist nicht bekannt.

Differentialdiagnostisch sind zu berücksichtigen:
1. die sehr seltenen *endogen-depressiven Erkrankungen* des Kindes- und Jugendalters, die ebenfalls in ihren phasentypischen Ausdrucksformen in manchen Bezügen von denen des Erwachsenenalters abweichen können und häufig von vegetativen Funktionsstörungen begleitet sind.

2. Depressive Vorstadien einer *beginnenden Schizophrenie* bei Kindern und Jugendlichen.

3. Depressive, meistens depressiv-dysphorische oder depressiv-hypochondrische Verstimmungszustände bei *hirnorganischen Schädigungen*. Unter den sog. konstitutionell-depressiven Kindern (Pieper) finden sich zweifellos Kinder mit einem depressiven „frühkindlichen exogenen Psychosyndrom" (Lempp). Psychopathologisch stehen wir dabei vor der oft unüberwindlichen Schwierigkeit, eine depressive Wesensänderung bei einem Kind zu diagnostizieren, bei dem zum Zeitpunkt der Hirnschädigung allenfalls der Entwurf einer Persönlichkeitsstruktur vorhanden war.

4. Depressive Verstimmungszustände als Begleiterscheinung bei *cerebralen Anfallsleiden* (Petit mal-Status, chronische depressiv-dysphorische Verstimmungszustände). Ferner depressive Verhaltens-

störungen ohne manifeste Krampfanfälle (Dämmerattacken bzw. depressive epileptische Äquivalente) bei erhöhter Krampfbereitschaft im EEG, die oft überraschend gut auf eine antiepileptische Therapie ansprechen.

5. Die depressiv-dysphorischen Verstimmungen im Beginn bestimmter *Heredodegenerationen*, z. B. der Chorea Huntington (Stutte).

6. Reaktive depressive Verstimmungszustände nach schweren *Infektionskrankheiten* (Chorea minor, Meningitis, Encephalitis u. a.).

Therapie und Prognose. *Depressive Reaktionen* erfordern im allgemeinen keine besondere Therapie.

Die kausale Behandlung einer *depressiven Neurose* bei normal- oder leicht schwachbegabten Kindern liegt in familienorientierten psychotherapeutischen oder psychagogischen Maßnahmen, in altersangemessener Spiel-, Gruppen- oder Einzeltherapie. Depressive Kinder sind auch in der Behandlungssituation anlehnungsbedürftig und dankbar für jede Zuwendung. Die aktive Fürsorge des Therapeuten sollte in erster Linie auf eine Verbesserung des häuslichen Milieus ausgerichtet sein. Das depressive Kind wird alles vermeiden, was zu einer vorzeitigen Beendigung der Behandlung führen könnte. Diese Kinder benötigen in erster Linie Unterstützung und Ermutigung bei der Durchsetzung eigener Wünsche ohne Angst und Schuldgefühle. Bei Jugendlichen müssen die für die Behandlung depressiver Erwachsener modifizierten Behandlungstechniken mit berücksichtigt bzw. die für diese Altersgruppe entwickelten speziellen Behandlungsverfahren angewandt werden, die sowohl die depressive Hemmung als auch die pubertätsspezifischen Konfliktsituationen berücksichtigen müssen.

Bei intellektuell stärker *schwachbegabten oder schwachsinnigen* Kindern und Jugendlichen muß durch eine intensive *heilpädagogische Behandlung* des Kindes und der Eltern eine familiäre Neuorientierung im Hinblick auf die schulische Leistungssituation und die emotionalen Bedürfnisse des bislang intellektuell überforderten und emotional frustrierten Kindes erfolgen. Psychologische Testuntersuchungen bilden eine wesentliche Grundlage für die Beurteilung des intellektuellen Leistungskernes und der emotionalen Belastungsfähigkeit. Einholung eines Schulberichtes bei dem Klassenlehrer und Beratung durch einen Pädagogen können dem in Schulfragen weniger erfahrenen Arzt seine Aufgabe oft wesentlich erleichtern, soweit es sich um Fragen der Ein- und Umschulung, Rückversetzung und Eingliederung in Vorschul-, Beobachtungs- und Sammelklassen oder Spezial-

klassen für Legastheniker, sinnes- oder verhaltensgestörter Kinder handelt.

Eine *symptomatische* medikamentöse Behandlung kommt bei Kleinkindern, Schulkindern und Jugendlichen nur in Betracht, wenn eine psychotherapeutische oder psychagogische Behandlung sich aus unterschiedlichen Gründen nicht durchführen läßt. Manchmal lassen sich bei Kleinkindern mit depressiven Verstimmungen durch eine antidepressive thymoleptische Behandlung mit Maprotilin (Ludiomil) oft überraschende therapeutische Erfolge erzielen. Bei solchen Kindern können sich Schrei- und Wutanfälle ebenso wie Störungen des Schlaf-Wachrhythmus, Appetitverlust und Gewichtsabnahme unter dieser Medikation rasch zurückbilden.

Ob bei den Enuretikern, bei denen eine thymoleptische Therapie rasche Erfolge bringt, ursächlich eine maskierte kindliche Depression zugrunde liegt, läßt sich durch eine antidepressive Medikation u. a. deshalb nicht klären, weil durch die medikamentös bewirkte Herabsetzung der Schlaftiefe der innere Weckreiz bei Harndrang leichter wahrgenommen werden kann und die Blasenkapazität erhöht wird.

Die *Prognose* neurotischer Depressionen im Kindesalter ist entscheidend abhängig von einer möglichst frühzeitigen Behandlung unter Einbeziehung der Eltern oder der nächsten Beziehungspersonen. Langanhaltende emotionale Frustrationen oder andere pathogene Einwirkungen können besonders bei einer entsprechenden konstitutionellen Disposition zur Ausbildung einer depressiven Persönlichkeitsstruktur führen.

III. Zwangsneurose

Symptomatik. *Pathologische* Zwangserscheinungen im Kindesalter sind dadurch charakterisiert, daß sie zwingend und unabweisbar ins Bewußtsein treten und den normalen Denk- und Handlungsablauf durch Zwangsvorstellungen oder Zwangshandlungen erheblich hemmen und beeinträchtigen, obgleich sie als abnorm und fremdartig erkannt und abgelehnt werden. Sie können bereits bei Kindern zu neurotischen Fehlhaltungen *(Zwangsneurose)* führen und die Grundlage für schwere Deformierungen der Persönlichkeit *(zwangsneurotischer Charakter)* bilden.

Die bewußten seelischen Vorgänge werden im allgemeinen als sinnvoll, ableitbar und ich-gerecht erlebt, jedenfalls nicht als aufdiktiert, erzwungen oder persönlichkeitsfremd. Einfache, unsystematisierte und *randständige* drang- und zwangähnliche

Denk- und Handlungsabläufe von begrenzter Zeitdauer sind dagegen bei gesunden Kindern aller Altersstufen nicht selten anzutreffen. Die gewohnheitsmäßige Verwendung modischer oder tabuierter Wörter oder stereotyper Redewendungen, das endlose und gleichförmige Wiederholen von Melodie- und Schlagerfetzen, das dranghafte Zählen und Berühren oder das immer erneute Repetieren von Unarten oder strafbedrohten Übertretungen gehören genauso wie die pedantische Befolgung selbstauferlegter Ge- und Verbote und die flüchtige zwanghafte Selbstkontrolle zu den abortiven Zwangsimpulsen auch des gesunden Kindes und des Erwachsenen.

Bei *Kleinkindern* im Alter von 2—3 Jahren, zur Zeit der motorischen Integration (anale Phase, Freud), finden sich bereits angedeutete ritualisierte Eß- und Waschgewohnheiten, Ansätze zur Entwicklung von An- und Auskleidezeremoniellen und zum Beharren auf bestimmten Gewohnheiten, etwa vor dem Schlafengehen. Diese verfestigten Gewohnheiten bedürfen offenbar nur ständiger Bestätigung der Eltern, um sich endgültig zu fixieren. Kinder dieser Altersstufe haben ein starkes Bedürfnis zu minuziösen Wiederholungen festgelegter Muster, sie korrigieren die Erwachsenen und zeigen ihnen, wie es richtig ist. Das Kleinkind kontrolliert und kritisiert den Erzähler sorgfältig darauf, ob Märchen oder erdachte Geschichten mit allen Details der ersten Fassung gleichen und reagiert mit Unlust, wenn es Abänderungen oder Variationen feststellt. Es wacht peinlich darüber, daß beim abendlichen Auskleiden und Waschen alles der Reihe nach und das Zu-Bett-Gehen, der Abschiedskuß, das Gebet usw. in gewohnter Weise vor sich gehen. Es versucht sich darin mit der Drohung zu behaupten, daß es sonst nicht schlafen könne. Die Konvertierbarkeit von Zwang in Angst und umgekehrt ist ein bekanntes neurosenpsychologisches Phänomen und erklärt sich nicht allein aus dem ubiquitären Vorkommen von Angst bei allen Neurosen.

Die beruhigende und *entängstigende* Wirkung von Wiederholungen und Gewohnheiten, die als Funktion der „Entlastung" (Gehlen) eine zusätzliche ökonomische Bedeutung hat, kann bereits mit starker Angst einhergehen, wenn ihre Entladung oder Abfuhr strafbedroht ist oder als konventionell unzulässig gilt.

Ein 5jähriger, lebhafter und intellektuell gut begabter Knabe mit einer übergewissenhaften, überordentlichen Mutter wohnte in sehr engen räumlichen Verhältnissen im Hause der chronisch kranken, immer ruhebedürftigen Großmutter. Dieser Junge erregte im Kindergarten den Unwillen der Kindergärtnerinnen dadurch, daß er sie oder

eine gelegentliche Stille durch laute „Ruhe"-Rufe unterbrach oder laute Pfeiftöne von sich gab. Es wurde ihm streng verboten. Nachdem er einmal deswegen nach Hause geschickt worden war, meldete er sich in einer solchen Drangsituation mit der höflichen Bitte, „nur einmal wieder flöten" zu dürfen: „dann ist es wieder gut".

Derartige *Protest*reaktionen gegen häusliche Überforderungen und unmäßige motorische Einengungen, aber auch als Folge von Verwöhnungen, als Übungsstereotype und Repititionszwänge gehören bis zu einem gewissen Grade noch zur normalen Entwicklung und berechtigen nicht ohne weiteres zur Annahme einer Präformierung einer Zwangsneurose. Allerdings lassen sich manchmal bereits hier Koppelungen von Drang, Angst und Unlust erkennen, die durch Abfuhr beseitigt oder gebannt werden können.

Echte *Zwangsneurosen* im Kindesalter werden vor dem 10. Lebensjahr und bei stärker retardierten oder bei schwachsinnigen Kindern kaum beobachtet, da zu ihrer Entstehung und Einrichtung ein gewisses Maß an psychischer Differenzierung erforderlich ist. Dies ist erst gegeben, wenn die kritischen Funktionen so weit entwickelt sind, daß sie eine bewußte Erkennung und Unterscheidung innerseelischer Aktionen und Reaktionen zulassen.

Die pathologischen Zwangsphänomene werden unterteilt in *Zwangsvorstellungen* (obsessive Vorstellungen) und in *Zwangshandlungen* (obsessive Handlungen bzw. Kompulsionen). Theoretisch kann man davon ausgehen, daß im Rahmen einer Zwangsneurose im allgemeinen der manifesten Zwangshandlung eine darauf gerichtete Zwangsvorstellung vorausgeht oder vorausging. Bei schwachsinnigen oder cerebral-organisch geschädigten Kindern treten dagegen auch komplizierte motorische Entladungen ohne psychische Beteiligung auf.

Die *Inhalte* der Zwangsvorstellungen und die daraus entspringenden Zwangshandlungen sind außerordentlich mannigfaltig und lassen sich nicht erschöpfend aufführen. Die Zwangsphänomene werden als krankhaft und quälend empfunden, intellektuell abgelehnt und oft dissimuliert. *Ordnungs-, Kontroll-, Zähl- und Waschzwänge* stehen gemeinsam mit den manchmal zu echten Phobien überleitenden Zwangsbefürchtungen zahlenmäßig im Vordergrund zwangsneurotischer Erlebensweisen im Kindesalter. Der Ablauf und die Ausführung fast aller Zwangsvorstellungen und -handlungen ist von Angst und von Ekel (v. Gebsattel) begleitet, wobei anstelle der „ängstlichen Erwartung" des Phobikers fast immer die Zwangsbefürchtung getreten ist. Homburger wies darauf hin, daß der einfachste psychische Zwang sich in der Formel ausdrücke: „Ich muß" mit dem Zusatz: „Ich weiß nicht warum". Hier bestehen fließende Übergänge zu den phobischen Reaktionen und zu zwanghaft strukturierten Formen. Bei der Phobie bleibt die Angst durch Vermeidung auslösender Situationen unabgebunden, im Tic erfolgt der Spannungsausgleich durch die motorische Entladung bzw. „Inbildabfuhr" (Scheidt). Nach Janet sind Phobien und Tics bei Kindern vor dem 8. Lebensjahr häufiger, nach diesem Alter nehmen die eigentlichen Zwänge an Häufigkeit zu, und die Zwangsstrukturen werden deutlicher.

Das Kind mit einem *Ordnungszwang* entwickelt eine pedantische Korrektheit, eine übertriebene Genauigkeit und eine peinliche Sauberkeit bei der Ausführung der täglichen Pflichten und Aufgaben. Sie werden zusätzlich durch besondere *Kontrollzwänge* innerhalb eines umschriebenen Bereiches („Verschiebung auf ein Kleinstes", Freud) zusätzlich überwacht. Der Tagesablauf wird bereits am Vorabend genau festgelegt und muß genau eingehalten werden. Die Kleidung wird sorgfältig mehrfach überprüft; die Fingernägel, die Haare u. a. werden mehrfach kontrolliert und korrigiert. Der Inhalt der Schul- und Federtaschen wird zwanghaft auf Vollständigkeit überprüft. In der Schule teilen die Kinder die Größe ihrer Bank- und Tischfläche genau ab. Die Schreibutensilien haben auf der Bank einen festen Platz, und sie reagieren mit Angst und Unruhe, wenn ihre Banknachbarn vorübergehend etwas mehr Platz beanspruchen oder Unordnung in ihre Tischordnung bringen. Bei Jugendlichen werden Sicherungsmaßnahmen bereits häufiger beobachtet: Zur Absendung bereits verschlossene Briefumschläge werden geöffnet und auf die Richtigkeit der Anschrift kontrolliert; beim Verlassen der Wohnung werden mehrfach Kontrollen von Fenstern und Türen und von Gas- und Wasserhähnen erforderlich.

Der *Waschzwang* unterbricht mit unwiderstehlicher Penetranz den Tagesablauf vieler zwangskranker Jugendlicher und Erwachsener, er wird bei Kindern seltener beobachtet. Bestimmte Körperteile, besonders die Hände müssen ohne Rücksicht auf die äußeren Umstände in einer bestimmten Reihenfolge und unter Einhaltung eines individuell ausgestalteten Rituals manchmal mehrfach gesäubert werden.

Beim *Zählzwang* werden einfache oder komplizierte Rechenoperationen ausgeführt, oder es werden Gegenstände wie Stuhlbeine, Zimmerblumen, Heizungsrippen zusammengezählt, wobei oft gerade oder ungerade Endsummen oder deren Teilbarkeit durch bestimmte Zahlen eine besondere Bedeutung haben.

Ein 15jähriger Junge mit einer schweren Lernstörung zählte im Gehen die Trittplatten des Bürgersteiges und machte seine schulischen Hoffnungen und Entscheidungen davon abhängig, ob er an der Straßenecke mit einer durch 3 teilbaren Zahl ankam oder nicht.

Ein 16jähriger zwanghafter Exhibitionist addierte bei Spaziergängen regelmäßig die Quersummen der Autonummern; bei ihm bestand außerdem ein starker Kontrollzwang.

Unter den Zwangsvorstellungen nehmen die *Zwangsbefürchtungen* einen besonderen Platz ein. Sie schlossen früher die Phobien mit ein und lassen sich auch heute nicht immer sicher von ihnen abtrennen. Schon hinter dem Kontroll-, dem Wasch- und dem Zählzwang steht die Befürchtung, es könne ein konkretes oder unbestimmtes Unglück oder Unheil eintreten, wenn eine Handlung unterlassen oder nicht in richtiger Reihenfolge korrekt ausgeführt werde. Der phobische Vermeidenscharakter dieser Phänomene macht es verständlich, wenn die Begriffe teilweise ungenau angewandt werden, weil es sich manchmal nur um einen anderen Aspekt des gleichen Vorgangs zu handeln scheint. Eindeutige Falschbenennungen sollten aber auch dann vermieden werden, wenn sie sich bereits eingebürgert haben: bei der *Erythrophobie* handelt es sich nicht um eine phobische Reaktion, sondern um die Zwangsbefürchtung zu erröten. Das gilt auch für die *Aichmophobie* (Zwangsangst vor spitzen Gegenständen), die *Phobophobie* (die Furcht vor der Angst) u. a. und schließlich für die fälschlich als „*Schulphobie*" bezeichnete Schulangst oder das Schulschwänzen.

Genese und soziale Bedeutung. Die tiefenpsychologischen Erfahrungen aus der Behandlung kindlicher und erwachsener Zwangsneurotiker weisen mit großer Regelmäßigkeit auf Schwierigkeiten in der Bewältigung der *motorischen Integration* in der frühen Kindheit hin. Die Entfaltung der aggressiven Expansion oder der infantilen Sexualität wurde gehemmt, aber nicht vollständig verdrängt. Durch das verbleibende und nach Abfuhr drängende psychische Potential werden oft alternierend auftretende Angst- und Zwangserscheinungen erzeugt und unterhalten, die teilweise in den Dienst der Abwehr verdrängter Triebregungen gestellt werden.

In der *normalen* Entwicklung werden an das 2—3 Jahre alte Kind erstmalig aktiv Forderungen gerichtet: Es soll begrenzte Aufgaben erfüllen und bestimmte Erwartungen befriedigen. Erfuhr der Säugling in der vorangegangenen Periode vorwiegend passive Befriedigungen und orale Verwöhnungen, so treten jetzt bewußte oder unbewußte Erwartungsvorstellungen der Mutter auf aktive Selbstentfaltung im Sinne einer Unterstützung eigener Wunschvorstellungen nach Sauberkeit, Ordnung, Fortentwicklung der Statomotorik, des Sprachverständnisses und der Sprache und zu Ansätzen einer realitätsgerechten Anpassung in den Vordergrund, die zu einem naiven Selbstbewußtsein und zur Funktionsfreude führen. Die Befriedigung oder die Enttäuschung der mütterlichen Wünsche ist mit Lob und Tadel, Zärtlichkeit oder Bestrafung für das Kind verbunden, die wiederum an der Ausbildung des kindlichen Über-Ich und des Gewissens maßgeblich beteiligt sind. *Überstrenge*, liebearme oder vornehmlich einengend-straffe und Demut und Unterwerfung fordernde Erziehungsmethoden führen zu einer das Kind drangsalierenden, ängstigenden und die Eigenproduktivität lähmenden Gewissensbildung. Wenn dieser bedingungslose Gehorsam das Erziehungsideal der Eltern oder Bestandteil ihrer eigenen Charakterstruktur war und äußere Fügsamkeit und Unterordnung erzielt wurden, so wird man in dieser Hinsicht von einer gelungenen psychischen Induktion sprechen können.

Bei einem 11; 10jährigen Jungen entwickelte sich neben einem Kopf-Schulter-Tic eine äußerst störende zwanghafte Wortstereotypie mit analen und grob-sexuellen Inhalten, die er laut herausschreit und dadurch den weiteren Schulbesuch gefährdet. Die Eltern sind aktive Funktionäre einer religiösen Sekte, in der ihre drei Kinder bereits „Vorlesungen" und „Vorträge" halten. Die 5köpfige Familie lebt in 1½-Gartenhaus-Zimmern, der Junge schläft im Ehebett zwischen den Eltern. Die Kinder müssen in ihrer Freizeit bezahlte Arbeiten ausführen. Die ehrgeizige, hyperthyreotische und ulcuskranke Mutter und der strenge, jähzornige Vater versuchen mit Wutausbrüchen und Prügelstrafen ebenso wie mit übermäßigen Zärtlichkeitszuwendungen und episodischen Verwöhnungen den Kindern ihr hypermoralisch-puritanisches Weltbild aufzuoktroyieren. Durch die Therapie konnte lediglich die Umwandlung eines besonders vulgären Ausdrucks in eine neutrale Vokabel erreicht werden. Die bei dem aggressiv gehemmten Jungen vorliegende Zwangssymptomatik muß als dranghaft-stereotyper Dauerprotest gegen die Haltung der Eltern aufgefaßt werden.

Für die Kinder ergeben sich meist mehr oder weniger schwere *Ambivalenzkonflikte* zwischen den unbewußten Trieben und Antrieben und den aufoktroyierten Bestandteilen des Gewissens und des Über-Ich, das imperativ biologische Bedürfnisse untersagt und aggressive Regungen unterbindet, die wiederum jedoch von den Ich-Instanzen nur teilweise verdrängt werden können. Um den neurotischen Konflikt zwischen aggressiven Impulsen gegen Mutter oder Vater einerseits und ihrer Verneinung und Abweisung durch das Ich anderer-

seits ertragen zu können, müssen neutralisierende Entspannungsversuche unternommen werden. Sie müssen sowohl vom Kind als von seiner Umgebung gebilligt werden, da eine Opposition und Rebellion gegen die allmächtigen Eltern überhaupt nicht in Betracht kommt. Die spannungsgeladene Inkongruenz zwischen den eigenen Wünschen und Phantasien und den Forderungen und Geboten der Eltern wird schließlich durch ein Beharren oder ein Regredieren auf frühkindliche Triebziele und durch Ausbildung besonderer Abwehrmechanismen gelöst, wie sie in den Zwangsvorstellungen und Zwangshandlungen vor uns stehen. In jeder Zwangsneurose finden sich Anteile der normalpsychologischen *magischen* Phase der Kindheitsentwicklung: Die „Allmacht der Gedanken" ebenso wie die ihr innewohnende „sadomasochistische Ambivalenz" mit Grübel- und Zweifelsucht, unbestimmten Befürchtungen und angedeuteten Zwangshandlungen, die sich unter dem Diktat eines „moralischen Masochismus" schließlich zu echten Zwangshandlungen, Zwangszeremoniellen und Zwangsritualen ausweiten können.

In welchem Ausmaß und in welcher Verteilung *Erbfaktoren* im Sinne einer sensitiv-anankastischen Disposition oder einer erhöhten Manifestationsbereitschaft für die Entstehung einer Zwangsneurose eine Rolle spielen, kann nur am Einzelfall entschieden werden. Der Kinderpsychiater, regelmäßig auch den Eltern konfrontiert, wird immer erneut die Frage prüfen müssen, ob und welcher Anteil der Neurose erbbedingt präformiert oder umweltbedingt bzw. induziert ist oder ob es sich gar um eine alles einschließende tradierte Familienneurose handelt.

So bei einem 6jährigen Mädchen, dessen Mutter vor seiner Geburt an einer Wochenbettpsychose erkrankte. Der Vater der Mutter hatte Suicid begangen, ihre Mutter litt an einer Angsthysterie. Die Ehe der Eltern des Kindes war unglücklich. Der Vater lebte in strenger Askese, besuchte mehrfach täglich die Kirche und beschäftigte sich mit theologischen Schriften. Intime Beziehungen lehnte er ab, da diese nur zur Zeugung erlaubt seien. Die Mutter unterhielt außereheliche Beziehungen, eine Scheidung wurde vom Ehemann abgelehnt. Das Kind fiel im Kindergarten durch zwanghaft-stereotype Wortobszönitäten auf und wurde schließlich nach Hause geschickt. Dort beschäftigte es sich stundenlang mit der Nachahmung und Abwicklung religiöser Zeremoniele. Es hatte sich einen Altar eingerichtet, an dem es als Priester verkleidet mit Büchern und Spieldingen als Bibel und Kirchengeräte hantierte und sich laut betend und psalmodierend durch die Wohnung bewegte. Beim Scenotest berichtete es über häufige Züchtigungen mit dem „gelben Onkel" (= Rohrstock), häufige Kirchenbesuche mit dem Vater und über ihre Einsamkeit im „Arbeitszimmer" (= Kinderzimmer). Nach Lügen werde sie streng bestraft,

„und ich lüge leider sehr oft". Symptomatologisch bestanden neben den Zwangshandlungen ein deutliches Stottern, ein Facialistic und starkes Nägelknabbern.

Nur ein Teil der zwangsneurotischen Kinder kommt zur ärztlichen *Konsultation*. Ihre Überangepaßtheit und bedingungslose Unterordnung entsprechen ebenso wie die gelungene Dressur zu pedantischer Sauberkeit, peinlicher Ordnung und absolutem Gehorsam oft genug den elterlichen Erziehungsidealen. Erst wenn die Leistungsfähigkeit in der Schule erheblich absinkt oder die Berufsausbildung gefährdet ist oder aber durch die Zwangssymptomatik ein unerträglicher Leidensdruck hervorgerufen wird, werden diese Kinder vorgestellt. Kinder mit einer Zwangsneurose sind im allgemeinen sozial äußerlich gut adaptiert, häufig überangepaßt-unterwürfig und demütige, selten widersprechende, willige und bequeme Schüler, soweit ihr Tagesablauf nicht allzu sehr von Zwangsbefürchtungen und Zwangshandlungen eingeengt und durchbrochen wird. Sie übernehmen willig die ihnen übertragenen Pflichten und erfüllen Gebote genau so zuverlässig wie sie Verbote beachten. Ein *Prototyp* des gut eingepaßten kindlichen Zwangsneurotikers ohne lärmende Symptomatik ist der stille, saubere und bescheidene, meist aber mißtrauisch-argwöhnische Musterschüler mit durchschnittlichen Leistungen, der seine Schulpflichten gewissenhaft erfüllt. Die Eltern mit einem derartigen Erziehungsideal werden weniger durch Kinder erfreut, die sich infolge ihrer zwanghaft-abnormen Persönlichkeitsstruktur ängstlich, unsicher und passiv im Unterricht verhalten und durch anankastische Lernstörungen schulisch versagen.

Ein 13jähriger Junge wird wegen Schul- und Kontaktschwierigkeiten vorgestellt. Er trägt im Hochsommer einen blauen Anzug mit langen Hosen und hat als einziger Schüler der Klasse kurzgeschorene Haare. Seine Hefte und Bücher werden als Muster an Sauberkeit und Ordnung der Klasse vorgewiesen, danach von Mitschülern häufig beschmiert und beschädigt, er selbst geschlagen, geneckt und verspottet. Er geht abends um 19 Uhr freiwillig ins Bett, um morgens um 6 Uhr aufstehen und seine Schularbeiten wiederholen zu können. Er will Arzt, „Gehirnforscher", werden und lernt bereits Anatomie des ZNS; im Fernsehen interessiert er sich nur für das 3. Programm. Er leidet unter starken Selbstwert- und Ambivalenzkonflikten und fürchtet, die Gymnasial-Probezeit nicht zu bestehen. — Der Junge wird von seiner zwanghaft ehrgeizig-pedantischen Mutter (mit Wasch-, Ordnungs- und Kontrollzwängen) chronisch überfordert; sie selbst fürchtet Vorwürfe und explosible Ausbrüche des wesentlich älteren Kv, eines Beamten des einfachen Dienstes, dem berufliche Erfolge versagt blieben.

Bollea wies experimentell psychologisch im Rorschach auf sehr innige Wechselwirkungen zwischen Produktivitätsminderung bei zwangsneurotischen Kindern und ihren autoritär-überfordernden Eltern hin.

Diagnose, Differentialdiagnose und Fehldiagnosen. Systematisierte *Zwangsneurosen* werden im Kindesalter im allgemeinen nicht vor dem 10. Lebensjahr beobachtet. Zwangsneurotische Kinder sind meist normal oder überdurchschnittlich begabt und nicht geistes- oder gemütskrank.

Isolierte *Zwangshandlungen* in Form passagerer Zähl- oder Wiederholungs- und leichter Kontrollzwänge finden sich bei Kindern häufiger. Sie sind als entwicklungs- oder krisenbedingte Durchgangsstadien anzusehen und ohne besondere Bedeutung.

Postencephalitische Zustandsbilder, frühkindliche *Hirnschädigungen* und andere *hirntraumatische* Wesensänderungen können mit hirnorganisch gesteuerten motorischen Stereotypien, sprachlichen Iterationen, Ticerscheinungen und komplexen Zwangsbewegungen, mit automatenhaftem Benennen und Befühlen von Gegenständen oder zwanghaftem Ansprechen und Befragen von Personen einhergehen.

Rhythmische motorische Stereotypien finden sich beim *psychischen Hospitalismus* als „Übersprunghandlungen" und bei stärkergradig *schwachsinnigen* Kindern.

Die *Maladie Gilles de la Tourette* zeigt außer Ticerscheinungen, Echolalie und Echopraxie eine zwanghafte Koprolalie.

Bei der *psychomotorischen Epilepsie* mit ihren vielgestaltigen klinischen Erscheinungen und subjektiven Mißempfindungen treten neben oralen Mechanismen und Sprachstereotypien gelegentlich zwingende und nicht unterdrückbare szenenhafte Visionen auf.

Unter den prämorbiden Symptomen der *kindlichen Schizophrenie* finden sich nicht selten Zwangssyndrome, die sich meist erst retrograd als prämonitorische Zeichen der Psychose deuten lassen. Die manifeste kindliche Schizophrenie zeigt neben den zentralen Kontakt- und Beziehungsstörungen gelegentlich auch Symptome des Zwangsdenkens und -handelns, die als „automatisierte Einförmigkeitshandlungen" (Wieck): Belecken und Beriechen, Schmatzen und Schlagen, Faxenschneiden und Grimassieren zu den einförmig-inhaltsarmen katatoniformen Symptomen gezählt werden können.

Bei den ebenfalls seltenen *endogen-phasischen Depressionen* des Kindesalters finden sich manchmal neben der im Vordergrund stehenden depressiven Gehemmtheit Grübelzwänge, religiöse Skrupel und anankastische Schuldkomplexe.

Für die Vermeidung von *Fehldiagnosen* ist zu berücksichtigen, daß die Entwicklung einer Zwangsneurose ein gewisses Maß an intellektueller und affektiver Differenzierung und damit ein bestimmtes Lebensalter zur Voraussetzung hat. Zwangsneurotische Kinder sind nicht bewußtseinsgestört, meist normal oder überdurchschnittlich begabt und nicht geistes- oder gemütskrank. Bei Kleinkindern oder bei älteren schwachsinnigen Kindern bildet sich allenfalls eine unsystematisierte Zwangssymptomatik aus. Zwanghafte motorische Stereotypien haben häufig eine hirnorganische Ursache.

Therapie und Prognose. Bei *Kleinkindern* und Kindern im *frühen* Schulalter mit pathologischen Zwangserscheinungen stehen die Beratung und die Aufklärung der Eltern ganz im Vordergrund der Behandlung. Sie sind für das häusliche Milieu und die pädagogische Atmosphäre zuständig, unter deren Einwirkung und Einfluß das Kind die Zwangssymptomatik entwickelte. Die Biographie und die Persönlichkeitsstruktur der *Eltern* tragen oft entscheidend für das Verständnis der zwangsneurotischen Entwicklung des Kindes bei. Manchmal wäre ihre Behandlung vordringlicher und zweckmäßiger als die des Kindes; sie läßt sich meistens aber aus verschiedenen Gründen nicht durchführen. Die Beratung der Eltern umfaßt u. a. notwendige Korrekturen und Revisionen bisheriger Erziehungsziele und -praktiken, den Abbau überfordernder und mit der Begabung des Kindes nicht übereinstimmender Ehrgeizhaltungen, eine Aufklärung über die Entstehung der kindlichen Zwangserscheinungen unter Vermeidung einer Entwicklung allzu starker Schuldgefühle und eine Minderung übertriebener Ängste der Eltern wegen der bedrohlich erscheinenden Zwangsvorstellungen und -ängste des Kindes unter Hinweis auf die mögliche Therapie. Nur in besonders schwierigen Fällen und dort, wo die Eltern konsequent aus der Behandlung des Kindes ausgeschlossen werden müssen, ist eine stationäre Einweisung in eine kinderpsychiatrische Abteilung erforderlich. Die *Prognose* von Zwangserscheinungen in diesem Lebensalter ist günstig, wenn die Umgestaltung des Milieus gelingt und keine erhebliche konstitutionelle Manifestationsbereitschaft des Kindes vorliegt.

Schwere Zwangsneurosen bei *älteren* Kindern und bei *Jugendlichen* erfordern immer eine große Psychotherapie. Die gleichzeitige Beratung der Eltern tritt mit zunehmendem Alter des Kindes zugunsten der eigentlichen Therapie zurück. Die Eltern müssen darauf vorbereitet werden, daß eine gelungene Auflockerung der Zwangsstruktur regelmäßig mit einer Freisetzung von Angst verbunden ist. Dührssen wies darauf hin, daß eine Zwangsneurose sich in dem Maße zur angstneurotischen Seite verlagern und in eine Angstneurose übergehen kann, wie in der Erziehung anstelle despotisch-diktatorischer nunmehr tolerant-gewährende Erziehungspraktiken treten. Der Therapeut wird keine gebieterischen Forderungen auf Einstellung und Unterlassung von Zwangsimpulsen und Zwangshandlungen stellen, die das Kind nicht leisten kann und die nur zusätzliche Kontaktschwierigkeiten erzeugen würden. Er wird abwarten, wie weitgehend es gelingt, Zwänge und Zwangsbereitschaften ökonomisch in die Leistungsanforderungen des Tages, der Schule und der Berufsausbildung zu übertragen und einzugliedern. Dabei wird ein sorgfältig abgewogenes und dem Stand der Behandlung angemessenes steuerndes und regelndes Eingreifen gleichermaßen von den Kindern und Eltern dankbar angenommen werden. Die Aufdeckung der Genese bringt dem Therapeuten zwar wertvolle Einsichten, sie vermag allein jedoch meistens keine entscheidenden Impulse für die Besserung zu geben. Zwanghafte Wortstereotypien obszönen Inhaltes lassen sich durch intensives Durcharbeiten und gemeinsames Training manchmal verbal so ummodeln, daß sie sozial tragbar sind. Die Durchführung der Therapie ist nicht selten durch zwanghafte Identifikationen mit elterlichen Erziehungsidealen erheblich behindert und kann zur vorzeitigen Beendigung der Behandlung führen.

Die *Prognose* der Zwangsneurose ist abhängig von der Dauer und von der Schwere prägenitaler und genitaler Frustrationen und von einer etwaigen konstitutionell-anankastischen Disposition, wie sie bei Zwillingsuntersuchungen (Kallmann) ermittelt werden konnte. Die Prognose der kindlichen Zwangsneurose ist wohl günstiger als die der Erwachsenen, aber in schweren Fällen kann auch eine konsequent durchgeführte Psychotherapie nicht immer eine umfassende Heilung erzielen. Sie muß sich dann mit Teilerfolgen zufrieden geben, die in einer spürbaren Minderung des Leidensdruckes und in einer Milderung quälender Symptome bestehen. Besonders *ungünstig* ist die Prognose dort, wo sich bei dem Kind bereits eine anankastische Charakterstruktur entwickelt hat.

IV. Hysterische Neurose

Symptomatik. Eine allgemeine *Begriffsdefinition* der hysterischen Symptomatik ist schon wegen der

Vielfalt und Buntheit der psychischen und psychosomatischen Symptome und der Mannigfaltigkeit hysterischer Charakterstrukturen problematisch. Bei Kindern und Jugendlichen ergeben sich zusätzliche Schwierigkeiten der Abgrenzung aus der primär infantil-regressiven Thematik und Tendenz jeder hysterischen Symptomatik und aus den engen Beziehungen der Symptomwahl und des Symptomausdrucks mit dem jeweiligen Stadium der psychophysischen Entwicklung.

Hysterische Störungen können sich in hysterischen *Reaktionen* oder in *hysterischen Körperstörungen* (= Konversionen) manifestieren. Bei schweren und anhaltenden Störungen der Entwicklung kommt es beim Vorliegen entsprechender konstitutioneller Voraussetzungen zur Ausbildung eines hysterischen Charakters.

Prinzipiell ist jedes Kind in enger gradueller Abhängigkeit von seiner psychischen Entwicklung und Konstitution mehr oder weniger „hysteriefähig". Bei Kleinkindern sind hysterische Symptome relativ selten, sie werden vermehrt im Schulalter beobachtet und erfahren eine deutliche Zunahme in der Pubertät. Mädchen sind häufiger als Jungen betroffen.

Das hysterische Symptom ist auf Wirkung und auf Einwirkung auf die Umwelt abgestellt und dient in erster Linie einer ich-zentrierten Wunscherfüllung und Befriedigung des Geltungsstrebens unter weitgehender Vermeidung eigener Anstrengungen und Leistungen. Die hysterische Symptomgenese und -bildung erfolgt vorwiegend aus unbewußter oder doch bewußtseinsferner Motivation. Bei bewußter Vortäuschung von Krankheitssymptomen sprechen wir dagegen von *Simulation*, bei bewußtseinsnaher Verstärkung einer objektivierbaren Symptomatik von *Aggravation*.

Die hysterische Symptomatik kann sich ebenso in einem expansiv-aufdringlichen Gehabe, dem „hysterischen Theater", ausdrücken wie in einer „Flucht in die Krankheit", in eine hysterische Konversion; häufig werden beide Ausdrucksformen abwechselnd oder gleichzeitig eingesetzt.

Hysterische Reaktionen oder Körperstörungen können sich überall dort manifestieren, wo anstelle eines ursprünglichen, echten Erlebens und Verhaltens künstliche und unechte Reaktionen und Haltungen auftreten, die nicht bewußt simuliert, sondern vorwiegend unbewußt produziert und gesteuert werden, dadurch den Schein des Echten erhalten und Kinder wie Erwachsene befähigen,

„im Augenblick ganz dabei zu sein, ganz im eigenen Theater zu leben" (Jaspers).

Bei *Kleinkindern* wird kaum einmal vor dem 4. oder 5. Lebensjahr eine eindeutige hysterische Symptomatik beobachtet. Die natürliche „Kindergebärde" des Kleinkindes mit „ungeplanter Aktivität und ungesteuerter Affektivität" (Schultz-Hencke), expansive Aggressivität (Trotzalter bzw. kleine Pubertät) und Neigung zur Nachahmung und zum Rollenspiel gehören in diesem Lebensabschnitt noch zu den physiologischen Ausdrucksmitteln und erlauben nur bei schweren quantitativen Veränderungen Hinweise auf eine beginnende hysterische Fehlentwicklung.

So bei einem 5jährigen Jungen, der nach 20jähriger Ehe geboren und „wie ein Jesuskind begrüßt" und excessiv verwöhnt wurde. Er tyrannisierte die Eltern, ging nur gemeinsam mit ihnen ins Bett, forderte dort vor dem Einschlafen 1—2 Std, „erst das linke Bein, nun das rechte, dann der linke Arm" usw. gestreichelt zu werden und drohte mit Schreianfällen, wenn die Mutter dabei oder tagsüber sich vorübergehend von ihm abwenden mußte: „Ich springe aus dem Fenster" oder: „Ich reiße dein Auge aus, Du sollst tot sein". Er brachte die Wohnung immer erneut gezielt in Unordnung, kniff, biß und schlug die Eltern und kam schließlich wegen eines nervösen Erschöpfungszustandes der Mutter in die Klinik, wo er sich nach einigen Tagen fast unauffällig verhielt.

Ein 5jähriges Mädchen wurde wegen „plötzlicher Blindheit" in die Klinik eingewiesen. Es hatte mit ansehen müssen, wie der betrunkene Vater rücksichtslos die Mutter prügelte. Das Kind schrie: „Ich kann nichts mehr sehen", lief mit vorgehaltenen Armen durch die Wohnung, fiel dabei mehrfach hin und Treppenstufen hinunter und wurde in eine Augenklinik eingewiesen, wo eine psychogene Amaurose festgestellt wurde und eine kinderpsychiatrische Konsultation erfolgte.

Bei *Schulkindern* wird eine mit zunehmendem Lebensalter steigende Anzahl hysterischer Verhaltens- und Körperstörungen beobachtet. Hysterische Ausweichreaktionen vor schulischen Anforderungen und hysterische Körperstörungen wie „Schulerbrechen", Kopfschmerzen o. a. an Tagen mit Klassenarbeiten oder gefürchteten Schulfächern sind nicht selten; sie leiten manchmal direkt auf neurotisch fixierte Lern- und Leistungshemmungen über. Diese Kinder erleben dann neben einer Befreiung von drückenden Schulpflichten als Ausdruck der Sorge und Angst der Eltern nicht selten noch zusätzliche Verwöhnungen, die als „Krankheitsgewinn" eine meistens ungünstige Rolle für die Fixierung der Symptomatik spielen. So etwa bei dem „Keuchhustentic" (v. Pfaundler), eine die Erhaltung der vermehrten emotionalen Zuwendung der Eltern fordernde Attitüde des Krampfhustens nach dem Fortfall seiner Ursache.

Bereits im beginnenden Schulalter lassen sich Ansätze von Entwicklungen hysterischer *Persönlichkeitsstrukturen* erkennen, deren Symptomenpalette von „lebhaft–kokett–geltungssüchtig" bis „still–zurückhaltend–egozentrisch" reicht, die hysterischen im Gegensatz zu nicht hysterischen Kindern wie auf Abruf zur Verfügung stehen, häufig jedoch noch zahlreiche zusätzliche Symptome. Die Schwierigkeit liegt auch hier in einer gültigen Beschreibung der mannigfaltigen hysterischen Strukturen: das hübsche, reizende und kokette kleine Mädchen, das überall im Mittelpunkt der Familie, der Klasse oder der Spielgruppe steht; das drollige, altkluge und sehr selbstbewußte Kind, das immer eine „besondere" Haltung einnimmt und für sich einzunehmen weiß; das scheue, flüsternde oder mutistische Kind, das sich dadurch die Aufmerksamkeit der Umgebung sichert oder auch das übergefügige, leicht lenkbare, überaus stille und brave Kind mit einer erhöhten Einfühlungs- und Nachahmungsfähigkeit und starker Suggestibilität für Krankheiten — sie alle können Vorstufen einer hysterischen Charakterentwicklung darstellen. Eine sichere neurosenpsychologische Zuordnung läßt sich querschnittsmäßig oft nicht treffen.

Dazu einige nach dem Schweregrad der Symptomatik geordnete Beispiele:

Ein 6jähriges, sehr lebhaftes und kontaktbereites Mädchen, das im Mittelpunkt der Familie und von Kindergruppen stand, klagte über heftige Schmerzen im Nabelbereich. Seine Befragung ergab, daß es am Tage vor dem Schmerzbeginn miterlebte, wie eine Freundin wegen Leibschmerzen ins Krankenhaus gebracht wurde: Seitdem sie dann selbst wegen eines „Schmerzanfalles" in der Ambulanz einer Kinderklinik untersucht worden war, traten keine neuen Schmerzanfälle auf.

Ein 8jähriges Mädchen mit gehäufter hysterischer Symptomatik berichtete u. a., daß ihr Rektor sie und einige Tage später auch die Lehrerin „vor der Klasse zusammengeschlagen" habe, der Schulrat habe ähnliche Drohungen ausgesprochen. Die uneinsichtigen Eltern stellten einen Antrag auf ein Disziplinarverfahren gegen die Lehrer, das die völlige Haltlosigkeit der Angaben erbrachte.

Die lebhaft-gefallsüchtige 6jährige Tochter einer hektisch-exaltierten, hysterischen Mutter, die von ihrem Großvater aus einem „heißblütigen Balkangeschlecht" abstammt und in deren Haus „Jubel, Trubel, Heiterkeit" herrschen, wurde vorgestellt wegen eines 20—30maligem täglichen „tropfenartigen Einnässens" und „Anfangsstadiums eines Asthmas". Das gestische und mimische Ausdrucksgehabe des Kindes entsprach völlig dem der Mutter. Das Kind wurde unausgesetzt mit „interessanten Sachen" von der Mutter belästigt, die seine psychische Kapazität überforderten. Es hatte keine Zeit zum Spielen, weil es ständig an Partys, Autofahrten, Ausflügen und an täglichen Einkaufsbummeln teilnehmen mußte.

Bei *Jugendlichen* gleicht sich die Häufigkeit und Art der hysterischen Symptomatik bereits weitgehend der der Erwachsenen an. Die physiologische Exaltiertheit und altersspezifische Pubertätstendenz des „Sich-Interessant-Machens" beeinträchtigt häufig die Zuverlässigkeit ihrer Erkennung. Bei Mädchen lassen sich übermäßige erotisch gefärbte Schwärmereien für Freundinnen und Lehrerinnen, gelegentlich gepaart mit starkem Widerwillen gegenüber Jungen und Männern, als Zeichen einer homoerotischen Durchgangsphase feststellen. Die Kicher- und Lachparoxysmen pubertierender Mädchen sind ebenso als phasenspezifische Reifungserscheinungen anzusehen wie Kraftprotzerei und „Männlichkeitsfimmel" männlicher Jugendlicher, die sich in pubertären Gebärden, veränderten Haartrachten oder in Motorradjagden ausdrücken. Dabei ist nicht zu übersehen, daß gerade in der Pubertät hysterische Entwicklungen unbemerkt dort anknüpfen, wo sie in der Latenzzeit vorübergehend aufgegeben wurden.

Bei der *Pseudologia phantastica* (Delbrück) steht am Beginn oft eine bewußte Lüge, wenn die Realität nicht mehr ertragen werden kann und keine anderen Veränderungsmöglichkeiten bestehen. Lüge und Unwahrhaftigkeit steigern sich bis zur völlig unbewußten und selbst geglaubten Scheinwahrheit und -wirklichkeit: unbewußte Phantasien erhalten den Status einer subjektiv empfundenen „objektiven Wirklichkeit". So können Töchter ihre Väter oder Schülerinnen ihre Lehrer sexueller Attentate bezichtigen und Jugendliche sich in fortgesetzten Tagträumereien einen „Familienroman" erdichten, in dem sie selbst die Rolle verkannter Stars oder unentdeckter Mitglieder berühmter Familien spielen. So gab ein 16jähriger, körperlich accelerierter Lehrling sich als Graf, Medizinstudent und Flugzeugführer aus. Er fälschte seine Ausweise, richtete sich ein Bankkonto ein und ließ Todesanzeigen drucken, in denen er seinen Vater als Staatsanwalt ausgab. Von der psychisch abnormen Mutter wurden die Hochstapeleien des Sohnes gebilligt und gedeckt. — Die Ursprünge der psychischen Fehlhaltung des „geborenen" Hochstaplers und des Heiratsschwindlers lassen sich ebenso wie die anderer hysterischer Persönlichkeiten regelmäßig bis in die Pubertät und bei sorgfältiger Analyse fast immer bis in die Kleinkindzeit zurückverfolgen.

Eine *familiäre Symptomtradition* läßt sich bei hysterischen wie bei vielen anderen Neurosen relativ häufig nachweisen und oft bis zu den Großmüttern hysterischer Kinder zurückverfolgen. Dabei ist es immer wieder erstaunlich, wie exakt die Mütter die hysterische Symptomatik ihrer Kinder und ihrer Mütter beschreiben und sie zutreffend einordnen können, aber scheinbar keine Sensibilität für ihre eigene schwere Gestörtheit besitzen.

So die 28jährige Mutter eines 9jährigen Jungen mit hysterischer Symptomatik, die bei verschiedenen Dienststellen sich widersprechende Angaben über den früheren Ehemann und die Scheidungsgründe berichtete, die sie teilweise wieder vergessen hatte. Sie gab an, daß ihr Mann ein „sadistischer Homosexueller" gewesen sei, mit dem sie in mehrjähriger Ehe nur einige Male GV gehabt habe. Eine erneute Heirat sei an dem Widerstand der künftigen Schwiegermutter gescheitert, die mit ihrem erwachsenen Sohn im gleichen Bett geschlafen habe. Die eigene Mutter der Km wird als schwer hysterisch bezeichnet: sie habe ebenso wie ihre Mutter (Großmutter der Km) ihren Mann durch Leichtsinn, Launen und Rücksichtslosigkeit zugrunde gerichtet. Dabei sei ihr Vater „der beste Mensch der Welt", er lebe in der gleichen Stadt, sie habe ihn aber in den letzten 2 Jahren aus Zeitmangel nicht gesehen. Die Km erkundigt sich schließlich, ob es in ihrer Situation nicht doch besser sei, erneut zu heiraten: sie habe zwei Bewerber, könne sich aber nicht entscheiden, wem sie den Vorzug geben solle.

Die *hysterischen Körperstörungen* (Konversionen) manifestieren sich als mono- bzw. polysymptomatische Störungen manchmal bereits in der Schulzeit, häufig jedoch erstmalig in der Pubertät, manchmal in Form einer „Pubertätskrise". Charcot stellte im Jahre 1888 zum ersten Male einen 14jährigen Knaben mit großen hysterischen Anfällen vor. Grobe körperliche Ausdruckserkrankungen sind in den letzten Jahrzehnten dagegen zugunsten der sog. vorwiegend vegetativen „Intimformen" seltener geworden.

Hysterische Körperstörungen können alle willkürlich und unwillkürlich innervierten muskulären Funktionseinheiten und Körperorgane betreffen, beispielsweise

1. Schmerzen in verschiedenen Körperbereichen, insbesondere Bauch- und anfallsweise auftretende Kopfschmerzen, oft im zeitlichen Zusammenhang mit aktuellen Ereignissen, manchmal in gleichen (Topalgien) oder in wechselnden Körperbereichen, auch „Stiche" im Kopf, Herz- und Leibbereich.

2. Schrei- und Wutanfälle, Clown- und Faxensyndrom, Ticerscheinungen.

3. Anfälle (s. Kap. „Pubertätskrisen, S. 191) kommen vorwiegend bei jungen Mädchen vor; gelegentlich werden sie als „Hystero-Epilepsie" zusätzlich bei echten cerebralen Krampfleiden beobachtet.

4. Lähmungen finden sich sowohl bei Knaben wie bei Mädchen.

5. Steh- und Gehstörungen (Abasie–Astasie) infolge psychogener Fehlinnervation der Beinmuskulatur mit Bewegungsschwäche oder -unfähigkeit beider Beine; bei Kindern extrem selten, gelegentlich bei Jugendlichen zu beobachten.

6. Atmungsorgane. Schweratmigkeit, „Asthma", Glottiskrampf, Heiserkeit, Aphonie.

7. Verdauungsorgane. Schluck- und Schlingbeschwerden. Erbrechen, Obstipation, Koliken. Magen- und Speiseröhrenkrampf: Ein 16jähriges Mädchen mit Furcht vor Gewichtszunahme konnte ohne manuelle Reizung der Rachenhinterwand jede Mahlzeit durch Willkürinnervation des Magens in „mundvollen Portionen" wieder von sich geben.

8. Sensibilitätsstörungen. (Hyp-, An- und Hyperalgesien) sind ebenfalls bei Kindern und Jugendlichen selten bzw. das Ergebnis elterlicher Projektionen. — So wurde bei einem 8jährigen Jungen einige Monate nach einem stumpfen Schädelhirntrauma über eine totale Analgesie des gesamten Körpers berichtet, die nach kurzer Trennungszeit von dem eine Rente fordernden Vater völlig zurückging.

9. Hysterische Dämmerzustände sind durch mehr oder weniger starke Einengungen des Bewußtseins charakterisiert, in denen die Patienten schwerbesinnlich und schwer fixierbar sind. Das Erinnerungsvermögen ist manchmal lückenhaft, manchmal voll erhalten. Die Patienten fühlen sich in andere Umgebungen versetzt, haben ekstatische Erlebnisse, oft erotisch-sexuellen Inhalts. Manchmal werden episodische Umdämmerungen mit szenenhaften Visionen und psychotisch anmutenden Denkinhalten beobachtet, die sich nur schwer vom episodischen Pubertätsoneirod (Stutte) anderer Genese abgrenzen lassen.

Bei dem bei Jugendlichen nur noch selten beobachtetem *Ganser-Syndrom* liegt ebenfalls eine Bewußtseinseinengung vor, meistens kombiniert mit einer „Pseudodemenz" und gekennzeichnet von regressiven Zügen und einem puerilistisch-infantilen Gehabe. Diese manchmal systematisiert anmutende „Pseudodummheit" dient oft dem Zweck, einer harten Beurteilung oder drohenden Bestrafung zu entgehen. Sie ist gelegentlich mit hysterischen Körperstörungen (Anfälle, Lähmungen, Schmerzzustände) kombiniert und wird z.B. bei Jugendlichen in Extremsituationen (Haft) beobachtet.

In unserem Kulturkreis ist die Frequenz dieser früher auch im Kindes- und Jugendalter offenbar häufiger anzutreffenden Ausnahmezustände zugunsten der „Intimformen" ebenso zurückgegangen wie die der hysterischen Primitivreaktionen und wird infolge der seit Jahrzehnten voranschreitenden psychologischen Aufklärung und der dadurch verbesserten Fähigkeit sie zu erkennen, auch bei schwachbegabten oder leichter schwachsinnigen Jugendlichen nur noch selten angetroffen.

Genese und soziale Bedeutung. In der *normalen* Entwicklung tritt das Kind im 4.—5. Lebensjahr in ein Stadium, in dem die magisch-animistische Welt und die kindlichen Allmachtsphantasien, in denen es sich selbst als den natürlichen Mittelpunkt seiner Umwelt erlebt, durch eine kritische Bestandsaufnahme und eine Neuordnung der Kategorien ersetzt wird. Bei *psychisch retardierten* oder *schwachsinnigen* Kindern kann die „magische Phase" über Jahre verlängert ablaufen, weil unreife oder defekte Ich-Funktionen eine kritisch-analytische Trennung von Phantasie und Wirklichkeit noch nicht erlauben.

Begünstigend für die Entwicklung einer hysterischen Symptomatik sind:

1. Beziehungspersonen in der nächsten Umgebung des Kindes, die selbst eine hysterische Charakterstruktur aufweisen und

2. Kinder, die angeborene hysterische Temperaments- und Charaktereigenschaften („biologisch vorgebildete Mechanismen", Kretschmer) besitzen und die

3. eine erhöhte Suggestibilität und Einprägbarkeit („übernachhaltige Kinder", Leonhard) aufweisen.

Der körperlichen Wohlgestalt des „hübschen Kindes" wird eine weitere, besonders bei Mädchen sehr bedeutende Rolle (Dührssen) zugewiesen. Hübsche Kinder stehen nicht nur in der eigenen Familie, sondern auch in der Schulklasse und in anderen Kindergruppen im Mittelpunkt. Das „süße", drollige und zärtliche kleine Mädchen wächst unmerklich in eine Starrolle hinein, die es zu „Staralüren" prädisponiert. Es wird besonders häufig vom Vater verwöhnt und lernt, durch Koketterie und Eitelkeit und durch selbstbewußt-altkluges Verhalten seine Einwirkung auf die Umwelt zu verstärken. Dadurch bleibt es aber gleichzeitig an die Welt der Erwachsenen gebunden und kann sich nicht frei entwickeln: sein Blick bleibt auf die Umwelt gerichtet. Diese Kinder leben in wechselnden, auf die Umwelt gerichteten Rollen und können sich nicht selbst verwirklichen.

Mit der gehemmten Selbstentwicklung geht regelmäßig ein starkes Geltungsstreben einher, das sich in der Kindheit anfangs noch ausreichend absättigen läßt, später jedoch durch Versagen in den Leistungsanforderungen der Umwelt schwere Niederlagen erfährt, die nach einem Ausgleich drängen. Das hysterische Kind hat jedoch nicht gelernt, Enttäuschungen und Niederlagen durch vermehrte Leistung und verstärkte Anstrengungen zu überwinden. Die ihm gemäße Form ist es, sie zu umgehen oder vorzutäuschen. Gelingt dies durch den Einsatz ihres Charmes und ihrer Zärtlichkeiten nicht mehr, bleibt ihnen nur die Flucht in die hysterische Symptomatik.

Bei einer überstrengen, kühlen Erziehung wird das Kind dazu verführt, in hysterische Symptombildungen auszuweichen, um auf diese Weise Nachgeben der Eltern und Liebeszuwendungen zu erhalten. Bei einer extrem verwöhnenden Erziehung wird das Kind eine pathologische Bequemlichkeitshaltung einnehmen und versuchen, seine Ziele auf inadäquaten Wegen zu erreichen. Nach der psychoanalytischen Lehre bildet die Drei-Personen-Beziehung des „Ödipuskomplexes" (Freud) und seine „umgekehrte" oder „negative" Bewältigung den Ausgangsort hysterischer Fehlentwicklungen.

Besonders begünstigend für die Entwicklung einer hysterischen Verhaltensstörung scheint die *Familienkonstellation* einer hysterischen Mutter mit einem strengen Vater zu sein. Sie bietet dem Kind einerseits Schablonen zur Nachahmung der Mutter, zur schauspielerischen Darstellung und zur Durchsetzung eigener Wünsche und Phantasien auf dem Umweg des Rollenwechsels, andererseits fördert sie Tendenzen der Unterwerfung, Fügsamkeit und Demutshaltung. In dieser Gleichzeitigkeit von hysterischer Unordnung und diktatorischer Strenge entstehen einerseits Wünsche nach Identifizierung und nach gleichberechtigter Männlichkeit („Penisneid"), andererseits konkurrierende Wunschvorstellungen über einen allmächtigen Vater als Wunschbild für die spätere Partnerwahl. Bei abnormer Überhöhung dieses Vaterbildes kann es später zu Enttäuschungen über die Partnerwahl und oft zu emotionaler und sexueller Frigidität kommen.

Aus *konstitutioneller* Sicht ist zu erwähnen, daß verschiedene Autoren einen hohen Prozentsatz asynchroner Entwicklungen und Teilretardierungen unter hysterischen Kranken fanden. Sie wiesen besonders auf die große Anzahl physischer und psychischer Infantilismen (Genitalmißbildungen, körperliche Schwäche, „allgemeine Kindlichkeit, überstarke seelische Bindung an die Mutter", E. Kretschmer) und auf Reifungsasynchronien und gestörte Pubertätsentwicklungen mit Verspätung der Pubertät hin. Charcot und Janet waren noch von der Erblichkeit der Hysterie überzeugt; viele Autoren haben darauf hingewiesen, daß hysterische Verhaltensweisen bevorzugt bei konstitutionell vegetativ Labilen und Psychasthenikern (Winkler) gefunden werden.

Die *soziale Bedeutung* der hysterischen Verhaltensstörung im Kindesalter liegt in der hysterischen Gewöhnung, in der Stereotypisierung hysterischer Ausweichreaktionen und in der Entwicklung einer hysterischen Charakterneurose. Kinder mit hysterischen Störungen gehen altersadäquaten Anforderungen und Anstrengungen aus dem Wege, weil sie Leistungsziele auf dem Umweg des Rollenwechsels bequemer und günstiger zu erreichen vermeinen. Zur Durchsetzung ihrer Ziele benötigen sie jedoch die Unterstützung der Eltern; sie verharren in einer verstärkten infantilen Abhängigkeit und werden dadurch zusätzlich in ihrer Entwicklung gehemmt. Der negative Stellenwert der hysterischen Persönlichkeit als Partner und Gemeinschaftswesen erklärt sich hinreichend aus der selbstsüchtig-gemeinschaftswidrigen Symptomatik, seiner Unzuverlässigkeit, Bequemlichkeitshaltung und aus seiner manchmal vorwiegend opportunistischen Einstellung.

Diagnose, Differentialdiagnose und Fehldiagnose. Hysterische *Reaktionen* mit Verhaltens- oder Körperstörungen werden bei Kindern und Jugendlichen gelegentlich isoliert, meistens aber vor dem Hintergrund einer hysterischen Fehlentwicklung beobachtet.

Kinder im *Vorschul-* und im *frühen Schulalter* bieten gelegentlich hysterieähnliche Symptome, deren Genese sich aber aus einer noch unvollkommenen Differenzierungsfähigkeit zwischen Phantasie und Realität ableiten läßt. Die auch *älteren Kindern* eigentümliche Begabung zur Nachahmung kann gelegentlich zu psychischen Induktionen führen, ohne daß eine Hysterie im engeren Sinne vorzuliegen braucht. So kann ein Kind mit einer Chorea minor oder einem Tic ähnliche Bewegungsmuster bei anderen Kindern auslösen; bei Kindern neurotischer oder psychotischer Eltern werden gelegentlich gleichartige induzierte Symptome beobachtet.

Die *Diagnose* einer hysterischen Störung stützt sich

1. auf neurosenpsychologische Kriterien (Anamnese und soziales Feld, Symptomatik und Persönlichkeitsstruktur) und

2. bei Konversionen auf den Ausschluß organischer Erkrankungen. Sogenannte „hysterische Stigmen" (fehlende Rachen- oder Cornealreflexe, gesteigerte Eigenreflexe) kommen akzessorisch vor, haben jedoch keinen relevanten diagnostischen Stellenwert.

Die Diagnose einer *hysterischen Persönlichkeitsstruktur* ist bei Kindern kaum möglich und sollte auch bei Jugendlichen nur mit großer Zurückhaltung gestellt werden.

Differentialdiagnostisch sind neben Pubertäts- und Reifungskrisen regelmäßig die Initialformen endogener Psychosen zu berücksichtigen.

Die *Differentialdiagnose* hysterischer *Körperstörungen* muß sich auf einige Beispiele beschränken: *Anfälle* lassen sich relativ leicht von epileptischen Anfallskrankheiten unterscheiden, wenn nicht epileptische Anfälle bewußt oder unbewußt nachgeahmt werden, was in der Kliniksituation leicht einmal geschehen kann. EEG-Routineuntersuchungen sind schon zum Ausschluß symptomähnlicher Temporallappenepilepsien zu empfehlen. — *Lähmungen* betreffen nicht anatomische, sondern vorstellungsmäßig zusammenhängende und meist scharf begrenzte Gliedabschnitte, meist muskuläre Funktionseinheiten mit Resultaten einer Astasie-Abasie, Aphonie, Stottern. — *An- und Hyperästhesien* entsprechen ebenfalls nicht anatomischen, sondern den Vorstellungen des Patienten, d.h. ein Fuß, die Hände oder eine Körperhälfte mit genauer Begrenzung in der Körpermitte werden als über- oder unterempfindlich angegeben.

Durch exakte neurologische und körperliche Untersuchungen wurde in einigen Krankheitsbereichen ein „Abbau der Organneurosen" (Jaspers) auch im Bereich des hysterischen Formenkreises erzielt. So wurde etwa die Sonderstellung der Pyknolepsien des Kleinkindes gegenüber den Absencen noch vor 50 Jahren von allen psychiatrischen Kapazitäten, etwa Bonhoeffer, Schröder und Pohlisch, als nichtepileptisch-hysterisches Phänomen und ihre Herauslösung aus der damals therapeutisch ungünstigen Epilepsie von Moro sogar als „befreiend" angesehen. Erst Lennox konnte schließlich die hirnelektrische Identität der Absencen und der Pyknolepsie eindeutig beweisen.

Therapie und Prognose. Die für alle Neurosen gültige Feststellung, daß ihre *Prophylaxe* wirksamer ist als ihre Therapie je sein kann, läßt sich an dem Beispiel der hysterischen Neurose besonders deutlich aufzeigen. Die Häufigkeit und Ausgestaltung der hysterischen Symptome ist Zeit- und Modeströmungen unterworfen, die sich sowohl in den sog. psychischen Epidemien (Tanzwut des Mittelalters, Kinderkreuzzüge, Hexenverbrennungen, Kriegszitterer des Ersten Weltkrieges), aber auch in den wissenschaftlichen Hysterieuntersuchungen des 19. Jahrhunderts dokumentieren. Mit dem zunehmenden Interesse Charcot's an der Herausarbeitung typischer Merkmale einer hysterischen Krankheit nahm die Anzahl der Kranken zu, die diese Symptome aufwiesen und dann auf seine Suggestionstherapie prompt und überraschend günstig ansprachen.

Im *Gespräch* mit dem Kind und mit den Eltern sollte der medizinische Ausdruck Hysterie nicht verwendet werden, da er zu einem abwertenden Schimpfwort herabgesunken ist. Er kann dennoch nicht entbehrt werden, es sei denn, es werden umschreibende Bezeichnungen wie *Konversionsneurose* oder demonstratives bzw. „zentrifugales" (J. H. Schultz) Syndrom gewählt. Eine massive monosymptomatische Körperstörung oder eine hysterische Persönlichkeitsentwicklung sind alarmierende Zeichen dafür, daß die Kind-Eltern-Relation gestört und Hilfe erforderlich ist. Leichtere hysterische Reaktionen bei Klein- und Schulkindern erfordern nicht immer kinderpsychiatrische Intervention oder kinderpsychotherapeutische Behandlung. Sie bilden sich oft spontan zurück, erfordern aber weitere Beobachtung im Hinblick auf einen Symptomwechsel oder eine neurotische Fehlentwicklung. Um eine Symptomfixierung zu vermeiden, sind abwertende, drohende oder strafende Haltungen gegenüber dem Kind ebenso zu unterlassen wie eine übermäßige Hinwendung oder unangebrachte Anteilnahme. Wenn pädagogischen Maßnahmen ein Erfolg beschieden sein soll, ist daran zu denken, daß ein „Appell an den guten Willen mehr hilft als an das schlechte Gewissen" (Bleuler).

Suggestive Maßnahmen und übende Verfahren wie autogenes Training, Hypnose oder Gaben von Placebo können rasche und anhaltende Symptomheilungen bewirken, aber nicht das Auftreten von Rezidiven, einen Symptomwandel oder das Fortschreiten einer hysterischen Fehlentwicklung verhindern. Die elektrische Reizstromtherapie sollte bei Kindern nicht angewendet werden, da sie zu wenig Dauererfolge aufzuweisen hat und nur zusätzliche Abwehrreaktionen bei Kindern hervorruft.

Bei schweren hysterischen Störungen, die überwiegend auf dem Boden einer hysterischen Charakterstruktur entstehen, ist eine *kinderpsychotherapeutische Behandlung* erforderlich. Sie muß notwendig die pathogenen Personen der Umgebung, meistens die Eltern mit einschließen und erfordert nicht selten eine Einzeltherapie der Mutter oder des Vaters, im Idealfalle eine „Familientherapie". Der Behandlungsablauf wird oft durch das infantilspielerische, nicht-ernst-nehmen-wollende Verhalten der Patienten gestört, die in der Übertragungssituation versuchen, die pathogene Kind-Elternbeziehung erneut zu konstellieren.

Die *Prognose* ist bei Kindern und Jugendlichen relativ günstig, wenn gleichzeitig mit der psychotherapeutischen Behandlung eine ausreichende Neuordnung des sozialen Feldes unter Mitarbeit der Eltern erzielt werden kann.

Literatur

Aichhorn, A.: Verwahrloste Jugend. Bern: Huber 1951.

Biermann, G.: Handbuch der Kinderpsychotherapie. München/Basel: Reinhardt 1969.

Bleuler, E.: Lehrbuch der Psychiatrie. umgearb. von M. Bleuler, Berlin-Heidelberg-New York: Springer 1966.

Bräutigam, W.: Reaktionen, Neurosen, Psychopathien. Stuttgart: Thieme 1968.

Brown, F.: Depression and childhood bereavement. J. ment. Sci. **107**, 754—777 (1961).

Clyne, M. B.: Schulkrank? Schulverweigerer als Folge psychischer Störungen. Stuttgart: Klett 1969.

Destunis, G.: Die Schwererziehbarkeit und die Neurosen des Kindesalter. Stuttgart: Enke 1961.

Dührssen, A.: Psychogene Erkrankungen bei Kindern und Jugendlichen. Göttingen: 6. Aufl., Vandenhoeck & Rupprecht 1967.

Freud, A.: Wege und Irrwege in der Kinderentwicklung. Bern-Stuttgart Huber/Klett 1968.

Freud, S.: Drei Abhandlungen zur Sexualtheorie. Ges. Werke, Bd. X. London: Imago Publ. Co. 1968.

Göllnitz, G.: Über das Phänomen der Angst in der Kinderpsychiatrie. Psychiat., Neurol. med. Psychol. 4, 121—128 (1962).

Gottschaldt, K.: Zur Methodologie der Persönlichkeitsforschung in der Erbpsychologie. Leipzig: J. A. Barth 1942.

Hamburger, F.: Die Neurosen des Kindesalters. Stuttgart: Enke 1938.

Homburger, A.: Psychopathologie des Kindesalters. Berlin: Springer 1926.

Jaspers, K.: Allgemeine Psychopathologie. Berlin-Göttingen-Heidelberg: Springer 1953.

Kretschmer, E.: Hysterie, Reflex und Instinkt. 4. Aufl. Leipzig: Thieme 1946.

Kuhn, R.: Über kindliche Depressionen und ihre Behandlung. Schweiz. med. Wschr. **93**, 86—90 (1963).

Loch, W. (Hrsg.): Die Krankheitslehre der Psychoanalyse, Stuttgart: Hirzel 1971.

Leonhard, K.: Kinderneurosen und Kinderpersönlichkeiten. Berlin VEB Volk und Gesundtheit 1967.

Loosli-Usteri, M.: Die Angst des Kindes. Bern: Huber 1948.

Millar, T. P.: The child who refuses to attend school. Amer. J. Psychiat. **5**, 398—404 (1961).

Munro, A.: Childhood parent-loss in a psychiatrically normal population. Brit. J. prev. Med. soc. **19**, 69—79 (1965).

Nissen, G.: Die larvierte Depression bei Kindern und Jugendlichen. In: (Kielholz, P., Hrsg.). Die larvierte Depression. Bern-Stuttgart-Wien: Huber 1973.

Nissen, G. und Strunk, P. (Hrsg.): Seelische Fehlentwicklung im Kindesalter und Gesellschaftsstruktur. Neuwied: Luchterhand 1974.

Pieper, R.: Die sogenannten konstitutionellen Depressionen bei Kindern. Z. Kinderforsch. **48**, 116 (1940).

Richardson, S. A., Goodman, N., Hastorf, A. H., Dornbusch, S. M.: Kulturelle Übereinstimmung in der Reaktion auf Körperbehinderungen. In: Der Kranke in der modernen Gesellschaft. Köln: Kiepenheuer u. Witsch 1967.

Schepank, H.: Erb- und Umweltfaktoren bei Neurosen. Berlin, Heidelberg, New York: Springer 1974.

Schneider, K.: Klinische Psychopathologie. 5. Aufl. Stuttgart: Thieme 1959.

Strunk, P.: Seelische Fehlentwicklungen im Jugendalter. Habil. Schrift, Freiburg/Br. 1965.

Stutte, H.: Endogen-phasische Psychosen des Kindesalters. Acta paedopsychiat. **30**, 34—42 (1963).

Villinger, W.: Abnorme seelische Reaktionen im Kindesalter. Mschr. Kinderheilk. **99**, 93 (1951).

Weber, D.: Zur Differentialdiagnose und Polygenese der Schulphobie. Prax. Kinderpsychol. **5**, 167—171 (1967).

Psychogene Störungen mit vorwiegend körperlicher Symptomatik

Von P. Strunk

I. Vorbemerkung

Dieser Abschnitt umfaßt sehr heterogene Krankheitsbilder, sowie ein problematisches Kapitel medizinischer Forschung und Theorienbildung. Im Zentrum dieser Probleme steht die Frage nach der Beziehung zwischen Leib und Seele. Diese ist historisch unterschiedlich beantwortet worden. Sie schlägt sich auch heute in verschiedenen Modellen nieder (Alexander, Schur, Lersch). Es soll auf derartige grundsätzliche Probleme im folgenden keine Antwort gegeben werden. Diese setzt umfassende philosophische Kenntnisse voraus und käme der Entwicklung einer medizinischen Anthropologie gleich, die zu entwickeln nicht Aufgabe eines Lehrbuches sein kann. Es soll der Versuch gemacht werden, ohne die Darstellung eines übergeordneten Prinzipes Gesichtspunkte aufzuzeigen, die für die Diagnostik und Behandlung von psychogenen Störungen mit körperlicher Symptomatik wichtig sind.

1. Derzeitiger Wissensstand

Dieser Begriff enthält einen Anspruch, dem nicht voll entsprochen werden kann. Die *Wissenschaften* vom Menschen befinden sich heute auf sehr verschiedenen Gebieten in einer derartig stürmischen Entwicklung, daß die neueren Ergebnisse nicht oder nur sehr begrenzt in ein Lehrbuch, das in erster Linie praktischen Zwecken dienen soll, aufgenommen werden können.

Die gegenwärtigen Probleme innerhalb der Psychiatrie sind am ehesten dadurch zu kennzeichnen, daß dem Arzt, der ja immer unter der Notwendigkeit steht, sofort zu handeln, neue Erkenntnisse aus den verschiedensten methodologischen Ansätzen zufließen, die er in sein bisheriges Konzept integrieren müßte.

Die Biochemie ist hier an erster Stelle zu nennen. U. a. werden in dieser Forschungsrichtung z. Z. Veränderungen des Stoffwechsels untersucht, die bei endogenen Psychosen vorliegen, und ein erstes organisches Substrat für die bisher rein psychologisch beschreibbare Funktion „Gedächtnis" ist jüngst beschrieben worden.

Es ist ferner darauf hinzuweisen, daß durch die Verhaltensforschung Störungssyndrome und analoge Verhaltensweisen auch bei Tieren beobachtet worden sind, die bisher als spezifisch menschlich betrachtet wurden. Die Untersuchungen über die Mutter-Kind-Beziehungen an Affen sind nur ein Beispiel dafür, daß die Interaktion von Individuen stärker biologisch fundiert ist als es bisher den Anschein hatte. Es zeigte sich jedoch auch, daß diese sozialen Funktionen im Tierreich eine viel wichtigere Funktion für die Erhaltung des Individuums und der Art haben als man erwartete.

Im Rahmen der Lerntheorie können darüber hinaus Gesetzmäßigkeiten der menschlichen Entwicklung und des seelischen Krankseins beschrieben werden, bei denen die Frage nach den Motiven weniger wichtig ist, ja ganz in den Hintergrund gestellt werden kann. Bei diesen Gesetzmäßigkeiten, die auch als Verhaltenstherapie anwendbar sind, steht der Gesichtspunkt der Eigengesetzlichkeit von Lernprozessen als Grundlage des Verhaltens ganz im Vordergrund und ermöglicht eine Beschreibung des Verhaltens unter Zugrundelegung eines Reflexschemas auf einer Ebene komplexer psychischer Phänomene, z. B. bei Angst, auf der man dies bisher nicht für wahrscheinlich gehalten hat.

Sehr eng damit verbunden sind die Erkenntnisse der Informationstheorie. In dieser findet sich ein mathematisch-naturwissenschaftlicher Zugang zu einer Vielfalt von biologischen, d. h. körperlichen und seelischen Phänomenen, dessen Auswirkungen noch gar nicht überblickt werden können. Die Information, losgelöst von den sie ermöglichenden technischen, materiellen und energetischen Vorgängen, wird untersucht. Die sich daraus ergebenden Gesetze lassen sich als drittes Ordnungsprinzip der Naturphänomene betrachten und neben den energetischen und materiellen Aspekt stellen. Hier ergeben sich zweifellos neue Ansätze zur Überwindung der Dichotomie von Leib und Seele, aber auch zur Überbrückung der alternativen Betrachtung von subjektivem Erleben und objektivierbarem Verhalten.

Die psychoanalytische Lehre, selbst in einer ständigen Erweiterung ihres Erfahrungswissens begriffen und auf die klassische Psychiatrie modifizierend wirkend, setzt sich mit diesen Entwicklungen auseinander und wird das Spezifische ihres Aspektes der zwischenmenschlichen und intrapsychischen Prozesse definieren müssen.

Schließlich sind die Ergebnisse der transkulturellen Psychiatrie, der soziologischen Theorienbildungen und der empirischen Soziologie zu nennen, die ihrerseits die psychiatrische Krankheitslehre beeinflussen und zu relativieren in der Lage sind.

Von diesen gegenwärtigen Problemen klingt in den folgenden Besprechungen einzelner Krankheitsbilder nur wenig an. Vielmehr werden die für den Einzelfall wichtigen diagnostischen Gesichtspunkte ganz in den Vordergrund treten müssen. Zunächst sind aber zwei Aspekte, die allen derartigen Krankheitsphänomenen gemeinsam sind, darzustellen.

2. Gemeinsame Aspekte

Eine Gemeinsamkeit liegt in einem sehr oberflächlichen Phänomen: Die Symptome sind körperliche Symptome, dies allerdings — und damit muß sofort eine Differenzierung einsetzen — in sehr verschiedenartiger Form.

Bei einigen Krankheitsbildern finden sich für die Krankheit spezifische Formen der Funktionsstörung mit histopathologischen und pathophysiologischen Befunden, somit alle Anzeichen einer körperlichen Erkrankung. Beispiele hierfür sind das Asthma und die Colitis ulcerosa.

Bei anderen Krankheitsbildern kommt es nach einem Initialstadium zu körperlichen Veränderungen, die dem Krankheitsablauf eine Eigengesetzlichkeit geben. Dies ist z.B. bei der Fettsucht nachgewiesen und kann für die Pubertätsmagersucht angenommen werden.

Die in diesen beiden Abschnitten genannten Krankheiten werden mit dem Begriff „psychosomatisch" zusammengefaßt.

Andere Krankheitsbilder sind in erster Linie als Störungen der Habituation, d.h. der Ausbildung des gewohnheitsmäßigen Verhaltens, aufzufassen. Bei einigen derartiger Fälle sind aber somatische Befunde zu erheben, die für die Genese des Krankheitsbildes mitverantwortlich gemacht werden müssen, deren Bedeutung aber nicht verallgemeinernd festgelegt werden kann; denn derartige Befunde können auch bei in dieser Hinsicht Gesunden erhoben werden. Es finden sich z.B. bei manchen

Bettnässern Besonderheiten, wie eine Spina bifida, ein Kryptorchismus oder Dysplasien an den ableitenden Harnwegen, die mit dem Symptom nur in einen sehr lockeren genetischen Zusammenhang gebracht werden können, aber mit aller Vorsicht als Hinweis auf eine „Organminderwertigkeit" zu werten sind. Diese ist als ein Faktor unter anderen in der Genese der Störung zu betrachten.

Bei einer weiteren Gruppe sind keine somatischen Befunde zu erheben und die Störung muß ausschließlich als eine Funktionsstörung ohne greifbares pathophysiologisches Substrat aufgefaßt werden. Dies gilt z.B. für Einschlafstörungen, manche Formen des Einnässens und ist besonders deutlich an den psychogenen Lähmungen zu erkennen, bei denen das neuromuskuläre Organsystem völlig intakt ist.

Aus dieser Aufreihung läßt sich erkennen, daß organpathologische Veränderungen in sehr unterschiedlichem Ausmaß und in verschiedenartiger Form an den einzelnen Erkrankungen beteiligt sind und daß darüber hinaus nicht ohne weiteres aus der Art der Symptomatik abzulesen ist, ob und inwieweit organpathologische Veränderungen eine Bedeutung für das Krankheitsgeschehen haben.

Das zweite gemeinsame Merkmal dieser Erkrankungen liegt darin, daß bei ihrer Entstehung psychische Vorgänge häufiger und stärker als bei anderen körperlichen Erkrankungen eine Rolle spielen oder allein als Ursache angesehen werden müssen. Die Krankheiten sind psychogen oder haben zumindest eine psychogene Komponente, die zu ihrer Entstehung wesentlich beiträgt.

Der Begriff „psychogen" grenzt diese Krankheiten 1. von den endogenen Psychosen, den Geisteskrankheiten im engeren Sinne (s. S. 393) ab, 2. von den körperlich begründbaren Psychosen und Psychosyndromen, d.h. von den psychischen Störungen, die im Gefolge von Verletzungen oder Erkrankungen des Gehirns entstehen oder die Allgemeinerkrankungen des Organismus begleiten (s. S. 273).

„Psychogen" bedeutet, daß bei diesen Krankheitsbildern das seelische *Erleben* des Menschen eine krankheitsverursachende oder mitbedingende Wirkung hat. Dies ist eine ganz entscheidende Feststellung, denn sie besagt, daß die genetischen Bedingungen nur zu einem Teil durch die objektive Beobachtung des Patienten erkannt werden können. Wesentlicher Bestandteil der Diagnostik ist die Untersuchung des subjektiven Erlebens des Patienten, das in eine Beziehung zu den Erfahrungen eines Untersuchers oder einer Gruppe von Untersuchern gesetzt werden muß. Deren eigene Erfahrungen und die Kenntnisse, die aus dem Erleben anderer stammen, sind keine Störfaktoren (Bräutigam), sondern lassen sich als Instrumente in der Diagnostik und Therapie verwenden.

Die Gefahr eines Subjektivismus sollte nicht überwertet werden. Die grundlegenden Lebenserfahrungen der Mitglieder einer soziologischen Gruppe weichen nicht wesentlich voneinander ab. Sie unterliegen sehr ähnlichen oder sogar den gleichen Gesetzmäßigkeiten, so daß eine Kommunikationsebene als Voraussetzung für ein gemeinsames Verständnis besteht oder therapeutisch hergestellt werden kann. Auf dieser Ebene sind die gleichen Gesetze bei Arzt und Patienten wirksam, sie lassen sich innerhalb dieses Bezugsrahmens überprüfen und vermögen somit auch den Ansprüchen auf eine umschriebene Objektivität zu genügen.

Die Objektivierbarkeit derartiger Erlebnisqualitäten wurde ursprünglich jedoch für größer gehalten als dies tatsächlich der Fall ist. Man meinte, daß bestimmte Erlebnisse regelmäßig traumatisch wirken, d.h. eine seelische „Verletzung" setzen, die analog zu körperlichen Verletzungen eine seelische Wunde hervorrufen und reparative Mechanismen in Gang bringen. Es zeigt sich aber, daß ein bestimmtes objektives Ereignis für die einzelnen Menschen mit sehr unterschiedlichen Erlebnissen verbunden ist. So kann etwa die Geburt eines jüngsten Kindes für den ältesten Sohn der Familie eine Entlastung bedeuten, da die Aufmerksamkeit, mit der die Mutter seine Schulleistungen und seine Freizeitgestaltung kontrolliert und sich darin einmischt, zwangsläufig nachläßt und dem Jungen mehr Gelegenheit zur Verwirklichung von Verselbständigungstendenzen gibt. Das nächst jüngere Kind könnte dagegen den Nachkommen eher als Konkurrenten für seine Zuwendungsbedürfnisse empfinden und, etwa in der kritischen Phase der Reinlichkeitserziehung stehend, mit einem verlängerten Bettnässen darauf reagieren, dem dann der Wert eines Symptoms zuzumessen wäre.

An diesem Beispiel wird erkennbar, daß die individuelle *Bedeutung* eines Ereignisses das Entscheidende ist.

Diese Bedeutung läßt sich aber nur unvollständig aus den äußeren Gegebenheiten ablesen, so wichtig diese natürlich auch sind, wie etwa das Fehlen des Vaters eines unehelich geborenen Jungen. Es ist aber dann eine weitere Präzisierung notwendig, in der gefragt wird, wie das Kind seine Vaterlosigkeit erlebt. Gibt es etwa andere Menschen, die die Vaterrolle für das Kind übernehmen; wie-

weit geschieht dies durch die Mutter, den Lehrer, den Freundeskreis; in welchen Lebensbereichen ist dies für das Kind wichtig und wieweit sind damit Möglichkeiten für den Jungen verbunden, einen Ausgleich für Bedürfnisse, die sonst im Rahmen einer Vater-Sohn-Beziehung entfaltet und befriedigt werden, zu finden?

Aufgabe der Diagnostik ist es, Kenntnisse über die spezifische Erlebnisweise des Patienten möglichst weit voranzutreiben, da sich hierdurch die Möglichkeiten erweitern, die Erlebnisse des Kranken einer therapeutischen Kommunikation im Gespräch, bei Kindern auch im Spiel, zugänglich zu machen.

Mit Hilfe der anlagebedingten, der lebensgeschichtlichen, der altersspezifischen und der aktuell situativen Elemente des Erlebnisfeldes lassen sich die psychische Valenz eines Ereignisses für den Patienten oder seine Verhaltensweise diagnostisch einordnen und therapeutische Richtlinien entwerfen.

Die im wesentlichen gleichen Fragen, die bei jedem der darzustellenden Krankheitsbilder gestellt werden müssen, geben den diagnostischen Rahmen, der zunächst als Orientierung und keineswegs vollständig dargestellt werden soll.

3. Diagnostische Fragen

a) Familiäres Vorfeld

Gibt es Anzeichen unter den Angehörigen dafür, daß eine körperliche Disposition zur Entwicklung gleicher Symptome vorliegt, z.B. neuropathische Züge, Allergiebelastung; hat einer der Angehörigen eines an Tic erkrankten Kindes auch einen Tic?

Sprechen die Symptome bei den Angehörigen dafür, daß eine Symptomtradition vorliegen könnte? Hat das an Kopfweh leidende Kind z.B. erlebt, daß die Mutter häufig über Kopfschmerzen klagt?

Welche Bedeutung haben charakterliche Besonderheiten der nächsten Angehörigen für das Kind? Ist z.B. die Neigung zu depressiven Verstimmungen beim Kind genetisch determiniert oder im Sinne einer Symptomtradition vom Kind übernommen? Wieweit ist das Kind durch charakterliche Eigenarten der Angehörigen in der eigenen Entfaltung beeinträchtigt?

Welche Geschichte hat die Ehe der Eltern, welche Konsequenzen ergeben sich daraus für die Lage des Kindes in der Familie, z.B. in einer erzwungenen Ehe durch die unerwünschte Schwangerschaft, durch eine spätere wirtschaftliche Notlage, durch Ehescheidung?

Welche Spannungen, die für die Symptomatik bedeutsam sein könnten, finden sich zwischen den Eltern? Nicht selten hört man z.B., daß die einzigen Eheprobleme aus Unstimmigkeiten im Umgang mit dem schwierigen Kind erwachsen. Dann ist die Frage berechtigt, wieweit sich uneingestandene Konflikte zwischen den Ehepartnern darin manifestieren.

Welche Erwartungen der Eltern richten sich auf das Kind? Wieweit ist das Kind in der Lage, Hoffnungen der Eltern zu erfüllen, wieweit ist es überfordert? Wie sehr steht das Kind unter dem Druck von Befürchtungen, die die Eltern auf Grund eigener Enttäuschungen und eigenen Versagens haben; wird das Kind vom Vater oder von der Mutter mit diesen selbst oder mit dem Ehepartner identifiziert?

Wie ist die erzieherische Haltung, in der sich diese Hoffnungen und Befürchtungen niederschlagen, ist sie dem Alter des Kindes angemessen?

Welche Probleme entstehen für das Kind auf Grund seiner Stellung in der Geschwisterreihe oder z.B. durch die besondere Begabung von Geschwistern?

b) Individuelles Vorfeld

Geben die somatische Vorgeschichte und die organischen Befunde Hinweise auf eine Krankheitsdisposition?

Liegen Hinweise auf eine frühkindliche Hirnschädigung vor, die die Reaktionsweise des Kindes im Sinne eines frühkindlichen exogenen Psychosyndroms beeinflussen könnte?

Welche charakteristischen Reaktionsweisen lassen sich aus dem Verhalten des Kindes in den einzelnen Entwicklungsabschnitten, z.B. im Trotzalter, ablesen?

Was kann über die affektive Beziehung des Kindes zu seinen Eltern, zu den Geschwistern, zu anderen Menschen des erweiterten Sozialraumes ausgesagt werden und welche Folgerungen ergeben sich daraus für die Symptomatik?

c) Aktuelles Erlebnisfeld der Symptomatik

Steht die Symptomatik in einem zeitlichen Zusammenhang mit Veränderungen in den familiären Beziehungen?

Läßt sich ein Zusammenhang mit der Erweiterung des Sozialraumes durch Besuch des Kindergartens oder der Schule erkennen?

Ergeben sich Hinweise auf einen Zusammenhang mit den altersspezifischen Entwicklungsaufgaben, z.B. der Pubertät?

Steht die Entwicklung der Symptomatik im Zusammenhang mit einer körperlichen Erkrankung oder Belastung?

In welcher Situation trat die Symptomatik erstmals auf, an welche äußeren Bedingungen ist die Symptomatik gebunden, unter welchen äußeren Bedingungen sistiert die Symptomatik?

Läßt sich demnach die Symptomatik überhaupt auf einen aktuellen Konflikt in der Umwelt-Kind-Beziehung zurückführen oder handelt es sich bei der Symptomatik um den Ausdruck eines Konfliktes zwischen widersprüchlichen inneren Tendenzen, die bereits weitgehend umweltunabhängig geworden sind, etwa um einen Konflikt zwischen den bereits als Gewissen internalisierten Normen und triebhaften Regungen oder zwischen widersprüchlichen Bedürfnissen, z.B. Leistungsehrgeiz und gleichzeitig starken Passivitätswünschen?

Wieweit sind schließlich die seelischen Konflikte eine Folge der Symptomatik, d.h. als sekundäre Phänomene, die sich aus der Reaktion der Umwelt auf die Symptome ergeben, zu betrachten?

Literatur

Alexander, F.: Psychosomatische Medizin. Berlin: De Gruyter 1951.
Biermann, G. (Hrsg): Hdb. Kinderpsychotherapie, München-Basel: Reinhardt 1969.
Bräutigam, W.: Reaktionen, Neurosen, Psychopathien. 2. Aufl. Stuttgart: Thieme 1969.
Cameron, N.: Personality Development and Psychopathology. Boston: Houghton Mifflin Comp. 1963.
Dührssen, A.: Psychogene Erkrankungen bei Kindern und Jugendlichen. 3. Aufl. Göttingen: Verlag f. Med. Psychologie 1960.
Eysenk, H. I., Rachmann, S.: Neurosen-Ursachen und Heilmethoden. Berlin: VEB Deutscher Verlag d. Wiss. 1970.
Kleinsorge, H., Klumbies, G.: Psychotherapie in Klinik und Praxis. München-Berlin: Urban & Schwarzenberg 1959.
Lersch, Ph.: Aufbau der Person. 9. Aufl. München: J. A. Barth 1964.
Mitscherlich, A.: Zur psychoanalytischen Auffassung psychomatischer Krankheitsentstehung. Psyche 7, 561—578 (1953/54).
Schur, M.: Comments on the metapsychology of somatisation Psanal. Study child 10, 1955.

Zeitschriften

Zeitschrift für Psycho-somatische Medizin, Hrsg.: F. Boehm, A. Dührssen und W. Schwidder, Göttingen: Verlag f. med. Psychol. (ab 1954).
Journal of Psychosomatic Research. Hrsg.: D. Leigh u.a. London-New York: Pergamon Press (seit 1956).
Psychosomatic Medicine, Hrsg.: M. Reiser u.a., Haderstow: Harper u. Row (seit 1938).

II. Störungen des Schlafes

Symptomatik. Das durchschnittliche *Schlafbedürf-nis* von Kindern vermindert sich im Laufe der Entwicklung. In den ersten Lebenswochen wird 16 bis 18 Std geschlafen, im 2. Lebenshalbjahr 14 bis 18 Std. Bereits zu dieser Zeit vollzieht sich eine Zentrierung des Schlafbedürfnisses auf die Nachtstunden und die Mittagszeit. Im 2. Lebensjahr rechnet man mit einem durchschnittlichen Schlafbedürfnis von etwa $13^1/_2$ Std, im 5. und 6. Lebensjahr von $11^1/_2$ Std. Vom 7. Lebensjahr ab schlafen die Kinder meist mittags nicht mehr. Die Gewöhnung spielt allerdings dabei eine wichtige Rolle. In diesem Alter besteht ein Bedarf von etwa $10^1/_2$—11 Std, im 10. Lebensjahr von 9—10 Std und vom 14. bis 16. Lebensjahr an von $8^1/_2$—9 Std Schlaf. Die Verminderung des Schlafbedürfnisses macht sich vor allem in den Abendstunden bemerkbar. Dies ist pädagogisch zu berücksichtigen.

Im Einzelfall kann das Schlafbedürfnis stark vom Durchschnitt abweichen, ohne daß dies als pathologisches Zeichen gewertet werden muß.

Sehr unterschiedlich ist die individuelle sog. *Schlaftiefe*, womit die Weckbarkeit durch Reize gekennzeichnet wird. Manche Kinder sind bei den geringsten Anlässen hellwach, andere lassen sich ausgesprochen schwer wecken. Neben der individuellen Weckbarkeit gibt es Unterschiede der Weckbarkeit im Zusammenhang mit den im Elektroencephalogramm registrierbaren Schlafstadien, die im Laufe einer Nacht in mehreren Zyklen durchlaufen werden. In diesen kann man „Tiefschlafstadien" von denen „oberflächlichen Schlafes" abgrenzen. Mit diesen Bezeichnungen wird in erster Linie das Ausmaß der EEG-Abweichungen vom Wachstadium gekennzeichnet. Damit verbunden findet sich aber auch eine unterschiedliche Weckbarkeit. Diese nimmt mit dem Ausmaß der EEG-Abweichungen im allgemeinen zu. Lediglich in den REM-Phasen kommt es zu einer Dissoziation zwischen dem EEG-Kurvenbild und der Weckbarkeit. Letztere ist im Vergleich zu anderen Stadien gering, während sich das EEG dem des Wachzustandes annähert, gleichzeitig aber rasche Augenbewegungen (rapid eye-movements = REM) auftreten und ein unregelmäßiger Atem, erhöhte Muskelaktivität und andere physiologische Besonderheiten registriert werden können. In diesen REM-Phasen ist eine besondere Traumaktivität zu verzeichnen.

Störungen der Schlafgewohnheiten oder pathologische Phänomene im Zusammenhang mit dem Schlaf treten in vielfältigen Formen auf. Sie lassen sich manchmal nicht leicht in der Exploration voneinander abgrenzen, auch gibt es fließende Übergänge zwischen den einzelnen Phänomenen. Diese treten manchmal gemeinsam, wenn auch in einer charakteristischen Prägung beim einzelnen Patienten, auf.

Schlafstörungen im Zusammenhang mit Erkrankungen, mit emotionalen Belastungen und unter Erwartungsspannung sind den meisten Menschen aus eigener Erfahrung geläufig. Sie zeigen, wie sehr die Regulation des Schlafes von der gesamten psychophysischen Verfassung abhängig ist.

Verschiebungen des Schlaf-Wachrhythmus nach cerebralen Schädigungen, insbesondere nach Encephalitiden können beobachtet werden. Immer ist dabei aber auch auf die erzieherische Haltung der Eltern zu achten.

Eine exakte Abgrenzung der *Einschlafstörungen* gegenüber einer noch als physiologisch zu kennzeichnenden längeren Übergangsperiode zwischen Wachheit und Schlaf ist nicht möglich. Oft ist für die Diagnose einer Einschlafstörung ausschlaggebend, wie gut bzw. wie wenig Mutter und Kind es gelernt haben, diese Zeitspanne ohne gegenseitige Belastung zu überbrücken. Vielerlei Arrangements sind üblich: die Türe einen Spalt offen, das Licht gedämpft brennen zu lassen, ein Gutenachtsage-Ritual mit wiederholtem Rufen und Antworten, ein bestimmtes Spielzeug, ein Stück Stoff oder gar, wie bei einem 20jährigen Blinden beobachtet, ein Tonband werden mit ins Bett genommen. Habituelle Manipulationen, Daumenlutschen, Haarezwirbeln, bis hin zu den Jaktationen (s. S. 129) gehören dazu. Es kann zu ausgeprägten Ritualen kommen, die einen deutlich zwanghaften Charakter erkennen lassen (s. S. 109).

Gelegentliches Wachwerden bei Nacht, am Ende eines Schlafzyklus, kann sich zu ausgeprägten *Durchschlafstörungen* steigern. Sie finden sich auch ohne Angstsymptome. Manche Kinder beginnen zu singen oder zu spielen, in extremen Fällen bleiben die Kinder sogar 1—2 Std wach, legen sich dann wieder nieder, ohne ihre Eltern direkt zu behelligen. Oft ist eine Ursache dafür nicht erkennbar, ein Zusammenhang mit einer Encephalopathie muß diskutiert werden. Angstsymptome verschiedener Intensität können aber in anderen Fällen ganz im Vordergrund stehen. Die Mutter wird ängstlich vom Kind gerufen oder aufgesucht oder die Kinder weinen. Sie sind bei Bewußtsein, erkennen die Eltern und reagieren adäquat. Wenn sie beruhigt worden sind, können sie auch Auskunft über die

Angstinhalte geben. Dabei läßt sich nicht immer unterscheiden, ob die Kinder Angstträume hatten oder das Wachwerden in der Dunkelheit angstauslösend wirkte.

Von einer derartigen Angstsymptomatik bei vollem Bewußtsein, die häufig auch schon als Pavor nocturnus bezeichnet wird, gibt es fließende Übergänge zu einer Angstsymptomatik mit Bewußtseinstrübung.

Bei diesem *Pavor nocturnus* im engeren Sinne steht zwar auch die Angstsymptomatik im Vordergrund: Aufschreien, gequältes Weinen, Stöhnen, Jammern mit bruchstückhafter Äußerung von Angsterlebnissen, die nicht verständlich sind. Die Inhalte sind oft über lange Zeiträume gleich. Manche Kinder suchen die Eltern auf, klammern sich an, rennen gespannt hin und her, ringen expressiv die Hände. Dabei ist aber das Bewußtsein getrübt und die Kinder reagieren inadäquat auf Anrede. Ein Gähnen kann den Zustand beenden. Die Kinder blicken dann z.T. erstaunt umher, beruhigen sich auch sofort und können oft nicht mehr über die Inhalte Auskunft geben. Meist tritt ein Pavor relativ bald nach dem Einschlafen, etwa $1/2$—2 Std danach, auf und wiederholt sich in der gleichen Nacht nicht.

Die Übergänge zum *Noktambulismus* bzw. *Somnambulismus* sind fließend. Dieser kann auch in späteren Nachtstunden auftreten. Die angstvoll affektive Tönung tritt ganz zurück. Es kommt zu völlig koordinierten Handlungsabläufen, die geschickt und situationsgerecht erfolgen, aus der Wohnung führen können, aber auch gefährdende Situationen heraufbeschwören, z.B. einen Fenstersturz. Diese Phänomene lassen sich als geordneten Dämmerzustand kennzeichnen.

Vorübergehende milde Störungen des Schlafes finden sich sehr häufig bei Kindern. Es liegen unterschiedliche Zahlenangaben bis zu rd. 30% vor. Relativ selten stehen Schlafstörungen so sehr im Vordergrund, daß deswegen die ärztliche Beratung aufgesucht wird. Jungen sind häufiger als Mädchen betroffen, doch sollen Einschlafschwierigkeiten bei Mädchen überwiegen. Oft finden sich andere Verhaltensstörungen, vor allem Schul- und Leistungsprobleme, Ängstlichkeit und Einordnungsschwierigkeiten, die ihrerseits eher zum Arzt führen.

Genese und soziale Bedeutung. Zwei Gesichtspunkte, die auch für das normale Einschlafverhalten wichtig sind, haben für die Genese von Ein- und Durchschlafstörungen eine zentrale Bedeutung. Diese lassen sich umreißen als 1. die Möglichkeit zur Ruhe zu kommen, in die vielerlei äußere und innere Bedingungen einfließen, und 2. das Sichselbst-überlassen-sein, die Trennung von der vertrauten Umwelt. Die genetischen Überlegungen zentrieren sich deshalb einmal um die Frage der Einflüsse, die es verhindern, daß das Kind zur Ruhe kommt, und um die Bedeutung der Trennungsangst.

Als organische Bedingung ist eine Neuropathie (s. S. 60) oder eine Encephalopathie (s. S. 309) in Betracht zu ziehen. Gerade auf Grund der Beobachtungen über Störungen des Schlaf-Wach-Rhythmus bei Encephalopathien und der erhöhten Reizoffenheit und Erregbarkeit frühkindlich hirngeschädigter Kinder liegen derartige Überlegungen nahe. Jedoch finden sich Hinweise auf eine frühkindliche Hirnschädigung keineswegs häufiger bei Schlafstörungen als bei anderen Verhaltensstörungen des Kindesalters. Förster nennt Werte um 12—15%, bei Wiedererwachen allerdings 21%. Wegen der unterschiedlichen Bewertung der Hinweise auf eine Perinatalschädigung bei den einzelnen Untersuchern sind diese Zahlen nur als ein grober Anhalt dafür zu verstehen, daß eine derartige Komponente mit wirksam sein kann.

Unter den äußeren Bedingungen sind eine abendliche Unruhe im Haus bei beengten Wohnverhältnissen, Aufregungen vor dem Schlafengehen (Fernsehen) zu nennen, bis hin zu schweren Dauerbelastungen durch abendlichen Streit der Eltern, z.B. bei einem Potatorium des Vaters, die zu einem Dauerstrom unterschwelliger Erregung (Dührssen) führen.

Die früheste Schlafstörung (Einschlaf- und Durchschlafstörung) eigener Beobachtung betraf ein einjähriges Kind mit einer unsicheren und ängstlichen Mutter, die über Wochen hinweg von Nachbarn massiv unter Druck gesetzt wurde, weil das Kind im Säuglingsalter nachts schrie. Die junge Mutter war nicht in der Lage, das Kind von der sie stark beeinträchtigenden Belastung abzuschirmen. Sie entwickelte eine gespannte Erwartungshaltung, stürzte sofort zum Kind, wenn es sich nachts rührte, beunruhigte es ihrerseits mit den forcierten Bemühungen um Ruhe, die dazu führten, daß das Kind stundenlang hin und her getragen wurde. So entstand ein Circulus vitiosus erheblicher Eigengesetzlichkeit.

Eine phasenspezifische erhöhte Angstbereitschaft des Kindes muß gelegentlich unterstellt werden. Dies gilt insbesondere für das Trotzalter, das ja einen Entwicklungsabschnitt darstellt, in dem eine erste Ablösung des Kindes von dem breitbasigen naiven und vertrauensvollen Kontakt zu seiner Umwelt, insbesondere zur Mutter, stattfindet und in der das Alleingelassenwerden besonders leicht als gefährdend und angsterregend empfunden werden kann.

Oft aber liegt die Quelle der abendlichen oder nächtlichen Trennungsangst des Kindes in eigenen Problemen der Mütter, z.B. wenn sie gegen Weglauftendenzen in einer unglücklichen Ehe anzukämpfen haben. Gelegentlich spielen schwere existenzielle Bedrohungen eine bedeutende Rolle, etwa im Rahmen von depressiven Zustandsbildern der Mütter mit Neigung zu erweitertem Suicid.

Aber auch aus harmloseren Konstellationen kann die nächtliche Trennung von der Mutter angstverstärkend wirken und eine vermehrte Zuwendung intendieren, wie etwa bei einer ausgeprägten Geschwisterrivalität. Gerade bei Kindern mit Pavor besteht oft eine konflikthafte Spannung zwischen Selbstbehauptung, Durchsetzungstendenzen oder aggressiver Tönung der Geschwisterbeziehung einerseits und einer Erziehung, die diese nicht genügend zur Entfaltung kommen läßt.

Pavor nocturnus und Noktambulismus als episodische, „paroxysmale" Phänomene wurden häufig mit dem epileptischen Formenkreis in Zusammenhang gebracht. Es handelt sich jedoch nicht um Äquivalente einer Epilepsie.

Der Pavor ist an flache Schlafstadien im Elektroencephalogramm gebunden (Phase I: Ausbreitung und Verlangsamung des α-Rhythmus), die beim Einschlafen oder während der nächtlichen Schlafzyklen auftreten. Das EEG-Muster fährt dabei eine Desynchronisation und entspricht somit eher einem Wachzustand.

Noktambule Zustände treten dagegen im Tiefschlafstadium des Schlafcyclus auf (Phase III—IV mit Vorherrschen von δ-Wellen im EEG). Die Wellen werden in einem solchen Zustand noch langsamer und hochamplitudig.

Diagnose und Differentialdiagnose. Bei der speziellen Diagnostik sind die unter der Symptomatik und Genese genannten Gesichtspunkte zu berücksichtigen. Sie erfordern eine sehr sorgfältige Exploration der gesamten Lebensbedingungen, insbesondere auch der psychischen Lage der Mutter.

Differentialdiagnostisch haben die Abgrenzung von postparoxysmalen Dämmerzuständen bei einer Einschlafepilepsie, der Ausschluß einer Temporallappenepilepsie eine gewisse Bedeutung. Bei 8% von Kindern mit Pavor finden sich Krampfleiden. Die wiederholte Ableitung eines Elektroencephalogramms ist bei diagnostisch unsicheren Fällen unbedingt indiziert, ebenso die Ableitung eines Schlaf-EEG.

Therapie und Prognose. Viele Einschlaf- und Durchschlafstörungen lassen sich durch eine Beratung der Eltern beheben. Diese richtet sich nach den genetischen Bedingungen. Die Zeit des Schlafengehens sollte den altersspezifischen und individuellen Bedürfnissen des Kindes entsprechen. Infolge eines zu ausgedehnten Mittagsschlafes oder durch den Mangel an Bewegung und Spiel sind manche Kinder abends noch nicht müde genug, um einschlafen zu können. Es ist wichtig, ein Gewohnheitspotential auszubilden, indem die Kinder ziemlich regelmäßig zur gleichen Zeit zu Bett gebracht werden. Die Ritualisierung dieses Vorganges mit der Förderung der abendlichen Zuwendung seitens der Mutter ist anzustreben. Die Eltern müssen über eine evtl. vorhandene Trennungsangst aufgeklärt werden und eine detaillierte Anleitung erhalten, wie diese Angst durch Hilfsmittel: befristetes Vorlesen, eine Tür offen, ein Licht brennen lassen, mit dem Kind noch einige Worte aus dem Nebenraum wechseln u.ä., überwunden werden kann.

Bei nächtlicher Angst, die dazu führt, daß das Kind nicht alleine schlafen will, erscheint es zweckmäßig, dem Wunsch des Kindes, im Bett der Mutter oder des Vaters zu schlafen, zunächst zu entsprechen. Damit wird dem Kind Gelegenheit gegeben, diesen Ablösungsvorgang von sich aus zu vollziehen.

Das autogene Training kann bei Einschlafstörungen im Schulalter bereits eingesetzt werden. Manchmal ist auch eine paradoxe Intention wirksam.

Eine medikamentöse Behandlung kann dies unterstützen. Bei jüngeren Kindern helfen oft Baldriantropfen oder Hovaletten. Bei hartnäckigeren Störungen können neuroleptisch wirksame Pharmaka der Mittelstellung, Mellerettensaft oder Truxalettensaft versucht werden. Diese sind auch bei einer encephalopathischen Teilkomponente gut wirksam.

Vor der Anwendung aller dieser symptomatischen Maßnahmen steht jedoch die eingehende Prüfung der emotionalen Beziehungen, die eine Psychotherapie des Kindes, aber auch der Mutter, erforderlich machen kann.

Die Prognose ist gut. Einschlaf- und Durchschlafstörungen der frühen Kindheit dürfen von den Eltern nicht überwertet werden.

Literatur

Dührssen, A.: Psychogene Erkrankungen bei Kindern und Jugendlichen. 3. Aufl. Göttingen: Verlag f. Med. Psychologie 1960.

Förster, E.: Schlafstörungen bei Kindern und Jugendlichen. In: Schlaf — Schlafverhalten — Schlafstörungen (Hrsg.: H. Bürger-Prinz u. P. A. Fischer). Stuttgart: Enke 1967.

Gastaut, H., Dongier, M., Broughton, R., Tassinari, C. A.: EEG and clinic. Study of dirunal and nocturnal anxiety attacks. EEG, clin. Neurophysiol. **17**, 475 (1964).

Haffter, E.: Schlafstörungen. Päd. Fortbildungskurse **9**, 68—78 (1963).

Hau, Th. F.: Psychosomatische und psychotherapeutische Gesichtspunkte bei Schlafstörungen. Z. Psycho-som. Med. **13**, 190—195 (1967).

Jacobson, A., Kales, A., Lehmann, D., Zweizig, I. R.: Somnambulismus: All-night electroencephalographic studies. Science **148**, 975—977 (1965).

Nowak-Vogl, M.: Psychotherapie kindlicher Schlafstörungen. In: Hdb. Kinderpsychotherapie (Hrsg.: G. Biermann) Bd. II. München-Basel: Reinhardt 1969.

III. Jactationen

Symptomatik. Stereotype, recht streng rhythmisierte Bewegungen, die Kinder, wenn sie sich selbst überlassen sind, vor allem beim Einschlafen, ausüben, werden als Jactationen [jactare (lat.) = werfen] bezeichnet. Der Begriff wurde 1905 von Swoboda geprägt. Bei der Jactatio capitis wird der Kopf in Rückenlage seitwärts hin- und hergependelt (Kopfwiegen) oder auch so heftig geworfen, daß der Oberkörper beteiligt ist. Das Haar am Hinterkopf kann gelichtet sein. Seltener wird die Stirn gegen die Polster oder Wände des Bettes geschlagen (Kopfschlagen). Bei der Jactatio corporis erfolgen Schleuderbewegungen des ganzen Rumpfes alternierend zur Seite. Manche Kinder wiegen im Sitzen den Oberkörper vor und zurück, so daß das Gesicht die Bettdecke berührt.

Meist wird eine individuelle Frequenz vom Kind eingehalten, je nach Affektlage können aber der Rhythmus und der Ablauf heftiger werden.

Eine Bewußtseinsstörung liegt nicht vor, jedoch können sich die Kinder während der Jactationen von der Umwelt isolieren, wie das bei anderen Formen von habituellen Manipulationen (s. S. 18) auch der Fall ist. Gelegentlich ist eine tranceartige Steigerung zu beobachten. Man kann diesen Zustand dann als hypnoid bezeichnen. Wesentlich sind aber die Abkapselung von der Umwelt, die Selbstbezogenheit des Ablaufes, die jedoch durch geringfügige Umweltreize unterbrochen werden können. Der Eindruck einer blanden Erregungsabfuhr steht meist im Vordergrund. Gelegentlich wirkt der Vollzug ausgesprochen lustvoll, auch werden manche Kinder ärgerlich, wenn sie gestört werden. Es gibt auch sog. Trotzjactationen, bei denen nach Enttäuschungserlebnissen ein Rückzug in die Bewegungsstereotypie unverkennbar ist.

Die Symptomatik tritt im Kleinkindesalter, auch schon im 1. Lebensjahr, auf. Ihre Häufigkeit läßt nach, sie liegt zu Beginn des Schulalters noch um 1,5—4%. Nur selten finden sich Jactationen nach der Pubertät. Jungen sind doppelt so häufig wie Mädchen betroffen, unter Heimkindern ist die Symptomatik wesentlich verbreiteter als in intakten Familien. Die Eltern suchen häufig erst dann die Sprechstunde auf, wenn sie selbst oder die Nachbarschaft durch Begleitgeräusche gestört werden. Die Bewegungen können so heftig sein, daß das Bett oder die Wände beschädigt werden oder sich das Bett von der Stelle bewegt.

Genese und soziale Bedeutung. Es handelt sich um eine psychogene Erkrankung. Eine einheitliche Genese besteht nicht, vielmehr sind verschiedene, in der Persönlichkeitsstruktur des Kindes liegende, und äußere Bedingungen anzunehmen, unter denen sich die Symptomatik entwickeln kann. Diese ergänzen sich komplementär. So kann die Symptomatik als eine einfache Erregungsabfuhr verstanden werden bei konstitutionell oder encephalopathisch bedingten erhöhten motorischen Entfaltungsbedürfnissen in einer ungestörten, toleranten Umwelt. Derartige Kinder zeigen suberethische Züge in Form von Umtriebigkeit, Distanzlosigkeit, Konzentrationsmangel und in z. T. ausgeprägten Neigungen zu rhythmischen Bewegungsabläufen, z. B. im Gruppenspiel. In gleicher Weise kann die Symptomatik vorwiegend auf eine erhebliche Beeinträchtigung der Entfaltung normaler Bewegungsbedürfnisse entstehen durch eine unvernünftige strenge Erziehung, die die phasenspezifischen Bedürfnisse ignoriert. Diese umfassen nicht nur die Realisierung eines individuellen Antriebspotentials, das Üben motorischer Fertigkeiten an der Umwelt, die allmähliche Vergrößerung des erreichbaren Umweltfeldes, sondern auch das Kennenlernen der Gegenstände der Umwelt, das ja zunächst weitgehend das Sammeln von Erfahrungen motorischer Funktionen ist: Anfassen, Heben, Werfen, Aus- und Einräumen. Der Mangel an altersentsprechenden Umweltanreizen, ungenügende Beschäftigungsmöglichkeiten, das Sich-selbst-überlassen-sein, das Zufrüh-zu-Bett-gebracht-werden sind für die Genese der Symptomatik, z. B. im Rahmen eines seelischen Hospitalismus, auch in der eigenen Familie wichtig. Hier ergeben sich Analogien zu Bewegungsstereotypien gefangener Tiere.

Ebenso berechtigt die Symptomatik aber in anderen Fällen dazu, als Selbstberuhigung oder Selbstbefriedigung gedeutet zu werden. Dies kann bei ängstlichen Kindern im Vordergrund stehen, an die beruhigende Wirkung des Wiegens wird erinnert. Familiäre Spannungen, Überforderung der Mutter durch Beruf und Haushalt, beengte Wohnverhältnisse, die zu Störungen der Einschlafphase führen, sind bei Jactationen sehr häufig anzutreffen. Bei Kindern, die in einer lieblosen Atmosphäre aufwachsen, kann der lustvolle Charakter der Bewegungsstereotypie ganz vorherrschen, wobei auf enge Beziehungen zur kindlichen Onanie, aber auch zu lustbetontem Schaukeln, Wippen, Hüpfen, hinzuweisen ist.

Die Häufigkeit, mit der das Symptom bei Heimkindern angetroffen wird, weist ganz eindeutig darauf hin, daß es sich um Ersatzbefriedigungen für einen Mangel an liebevoller Zuwendung handelt. Hierin liegt die soziale Bedeutung des Symptoms. In der Familie können heftige Jactationen durch die damit verbundenen Geräusche zu einer erheblichen Beeinträchtigung der Nachtruhe führen. Die Ängste der Eltern beziehen sich meist auf eine Hirnschädigung.

Diagnose und Differentialdiagnose. Die spezielle Diagnostik hat die bereits genannten Gesichtspunkte zu berücksichtigen. Gegenüber anderen Einschlaf- und Durchschlafstörungen finden sich bei Jactationen angeblich besonders häufig Anzeichen für eine frühkindliche Hirnschädigung. Förster fand Hinweise darauf sogar in 36% seiner Fälle.

Differentialdiagnostisch sind bei Kindern in den ersten beiden Lebensjahren erhebliche Cerebralschäden mit Bewegungsstereotypien, ein angeborener Nystagmus mit Kopfschütteln, ferner ein Spasmus nutans, ein sehr seltenes Syndrom, zu berücksichtigen, bei dem kontinuierliche oder intermittierende, meist arhythmische horizontale, vertikale oder rotatorische Bewegungen des Kopfes, meist verbunden mit einem Nystagmus, auftreten. Eine Masturbation bei Mädchen wird gelegentlich als Jactationen verkannt.

Therapie und Prognose. Diese richtet sich nach der Genese, wobei vor allem die erzieherische und emotionale Lage des Kindes und gegebenenfalls das Vorliegen einer frühkindlichen Hirnschädigung bei der Beratung zu berücksichtigen sind. Förderung der Zuwendung vor allem vor dem Schlafengehen, Verbesserung der motorischen Entfaltungsmöglichkeiten in geordnetem Spiel, bei rhythmischer Gymnastik stehen im Vordergrund. Eine medikamentöse Behandlung ist meist nicht erforderlich.

In schweren Fällen kann der Versuch gemacht werden, durch eine symptomatische Behandlung die Eigengesetzlichkeit des Handlungsablaufes zu unterbrechen. Das Aufstellen eines auf den Rhythmus der Jactation eingestellten Metronoms führt zum sofortigen Sistieren der Symptomatik, diese tritt jedoch wieder auf, sobald das Metronom angehalten wird. Es kann der Versuch gemacht werden, durch eine allmähliche Verlangsamung der Frequenz des Metronoms die Symptomatik zu beseitigen. Auch kann das Kind in eine Hängematte gelegt werden. Eine milde Sedierung bringt häufig nicht den gewünschten Erfolg. Über die Anwendung des autogenen Trainings bei älteren Kindern unter dieser Indikation liegen bisher keine ausreichenden Erfahrungen vor. Die Situation des Kindes in der Familie muß stets überprüft werden und erfordert gegebenenfalls entsprechende Maßnahmen.

Die Prognose ist insgesamt gut, die Symptomatik verschwindet meist im Jugendalter.

Literatur

Dührssen, A.: Psychogene Erkrankungen bei Kindern und Jugendlichen. 3. Aufl. Göttingen: Verlag f. Med. Psychologie 1960.

Förster, E.: Schlafstörungen bei Kindern und Jugendlichen. In: Schlaf — Schlafverhalten — Schlafstörungen (Hrsg.) H. Bürger-Prinz u. P. A. Fischer). Stuttgart: Enke 1967.

Rambach, H.: Zur Ätiologie des kindlichen Kopf- und Körperwerfens. Jena: Fischer 1967.

IV. Tics

Symptomatik. Als Tics werden rasche, koordinierte und unwillkürliche Bewegungen bezeichnet, die sich häufig in unregelmäßigen Abständen in einzelnen, funktionell zueinander gehörenden Muskelgruppen wiederholen. Dadurch wirken sie wie phylogenetisch sinnvolle Abläufe oder wie sich verselbständigende Ausdrucksbewegungen. Sie treten vorwiegend im Kopf- und Schulterbereich auf, nehmen bei Erregung zu und lassen im Schlaf nach. Willkürlich können sie schlecht reproduziert werden, eine Unterdrückung ist manchen Kindern gar nicht, den meisten nur für kurze Zeitspannen, möglich.

Leichte Formen treten isoliert als Augenzwinkern oder als ruckartiges Kopfwenden zur Seite, das wie eine gebremste Abwendungsreaktion wirkt, auf. Ähnlich ist der Ausdruckscharakter des Stirnrunzelns oder des Hebens der Augenbrauen. Die Lokalisation kann wechseln. Eine Generalisierungstendenz zeigt sich durch Übergreifen auf benachbarte Muskelgruppen. Schon zu schwereren Formen überleitend finden sich Schnüffeln, Schnauzbewegungen, Räuspern, das Ausstoßen von Lauten, Grimassieren mit der gesamten Gesichtsmuskulatur, Schulterrücken, Wisch- oder Abwehrbewegungen mit den Armen. Als Rarität konnte auch ein einseitiger Zwerchfelltic beobachtet werden.

Ein schwerer generalisierter Tic ist häufig von Zwangsmechanismen begleitet. So motivierte z. B. ein 14jähriger Oberschüler Ruder- und Wischbewegungen der Arme damit, Luftkissen, deren Berührung er als bedrängend, unangenehm, beschmutzend empfand, von sich wegschieben zu müssen. Auch seitliche Kopfwendungen wurden mit Ausweichbewegungen begründet. Erhebliche Zwänge mit einem deutlichen Schwellenphänomen machten ihn minutenlang unfähig, intendierte Bewegungen auszuführen.

Die Übergänge zum voll ausgebildeten Krankheitsbild des Tic des Gilles de la Tourette, das im Anschluß gesondert dargestellt wird, sind fließend.

Tics treten am häufigsten im Alter von 7 bis 12 Jahren auf, bei Jungen zwei- bis dreimal so oft wie bei Mädchen. Unter 10jährigen Kindern fand v. Harnack bei 4,5% der Jungen und 2,6% der Mädchen die Symptomatik. Die Erkrankungen im Vorschulalter sind wesentlich seltener, hier finden sich meist milde, vorübergehende Blinzeltics. Im Jugendalter ist eine deutliche Rückbildungstendenz zu erkennen.

Ein einheitliches psychopathologisches Bild der Patienten läßt sich nicht aufzeigen, jedoch ist nachdrücklich auf die Beziehung zu Zwangsstrukturen (s. S. 109) hinzuweisen. Relativ häufig finden sich andere neurotische Symptome bereits vor Auftreten des Tic.

Genese und soziale Bedeutung. Es handelt sich meist um eine psychogene Erkrankung, jedoch finden sich auch selten organische Tics. Diese entwickeln sich in der Folge einer Encephalitis epidemica. Sie können jahrelang bestehen bleiben und sich spontan zurückbilden. Eine Läsion im Bereich des strio-pallidären Systems wird angenommen, man bezeichnet dementsprechend diese Tics als „striäre Tics". Auch bei Erkrankungen, die ohne jegliche Hinweise auf eine hirnorganische Läsion entstehen, wird eine konstitutionelle Disposition in Form einer „Striatumschwäche" vermutet. Einzelbeobachtungen über die Häufung verschiedener Ticformen und anderer extrapyramidaler Phänomene in der Aszendenz könnten dafür sprechen. Gesicherte Befunde liegen jedoch nicht vor.

Die Symptomatik kann sich aus ursprünglich sinnvollen Bewegungen entwickeln, z. B. ein Blinzeltic nach einer Conjunctivitis oder ein Kopfwendetic aus der Angewohnheit, über die Stirn hängendes Haar zurückzuwerfen. Man nennt diese Form „reflektorische Tics". Auch ist die Nachahmung gleichartiger Bewegungsabläufe von anderen als Anlaß zur Entwicklung eines Tics beobachtet worden, eine familiäre Häufung kann auch durch eine derartige Symptomtradition bedingt sein. Mit der Annahme eines derartigen Einschleifens eines Bewegungsablaufes ohne emotionalen Hintergrund sollte man aber vorsichtig sein, wenngleich milde Tics gelegentlich auch bei Kindern auftreten, die psychisch nicht wesentlich beeinträchtigt wirken und die erzieherisch gut geführt werden.

Leichte Tics treten in *Situationen erhöhter Anspannung* auf, z. B. zu Beginn der Schulzeit. Sehr aufnahmebereite, wache, sensible und intelligente Kinder können auch bei einer vernünftigen erzieherischen Haltung der Eltern und Lehrer die Symptomatik vorübergehend entwickeln. Als Grundlage tritt hier eine konstitutionelle Disposition mehr in den Vordergrund, auch muß ein exogenes Psychosyndrom nach frühkindlicher Hirnschädigung mit in Betracht gezogen werden.

Manchmal spielt eine erhöhte Leistungsbereitschaft im Rahmen einer Geschwisterrivalität eine Rolle, z. B. bei jüngeren Kindern, die den älteren Geschwistern nachzueifern versuchen, wenn diese immer wieder ihre Überlegenheit zur Geltung bringen. Eine Überforderung des Kindes durch Ehrgeiz der Eltern, die Einengung einer motorisch-aggressiven Entfaltung sowie Willkürhaltungen und moralisierende Liebe sind zu finden.

Bei hartnäckigen schweren Tics mit wechselnder Symptomatik zeigen sich meist auch andere Symptome einer seelischen Fehlentwicklung mit Erziehungsschwierigkeiten, Enuresis, Enkopresis und anderen Symptomen. Erhebliche Milieuschäden, Stiefkindprobleme, lieblose Einstellungen, Psychopathie bei den Eltern sind dann nachzuweisen.

Die seelische Fehlentwicklung der Kinder muß meist dem zwangsneurotischen Formenkreis (s. S. 109) zugerechnet werden. Die Kinder erscheinen unfähig, Wut, Ärger, Neid, Aggressionen in anderer Weise motorisch zu entladen. Der Symbolgehalt der Ticbewegungen weist nicht selten darauf hin.

Die soziale Bedeutung wechselt mit der Ausprägung. Die Patienten werden leicht zum Gespött für andere. Manchmal reagieren die Eltern trotz wiederholter Beratung mit erzieherischer Härte auf die Symptomatik, die lange Zeit als Ungezogenheit verkannt werden kann. Sehr deutlich wird allerdings in derartigen Fällen auch, daß die erzieherische Haltung im Elternhaus für die Genese der Symptomatik verantwortlich gemacht werden muß, gegen die sich die Tickrankheit als „stummer Protest" des Kindes richtet. Schwere Ticformen mit Lautbildungen können den weiteren Schulbesuch des Kindes verhindern.

Diagnose und Differentialdiagnose. Bei der speziellen Diagnostik psychogener Tics sind die Entstehungsgeschichte, die Begleitumstände und der psychische Befund ausschlaggebend. Zwangsstrukturen beim Patienten und bei den Eltern sind zu beachten. Der Ausdrucksgehalt des Tics und die situativen Gegebenheiten bei Auftreten der Symptomatik führen nicht selten zu der zugrundeliegenden seelischen Problematik.

Ein organischer Hintergrund ist durch Anamnese und den neurologischen Befund mit Elektroencephalogramm auszuschließen. Gegebenenfalls muß eine Liquoruntersuchung durchgeführt werden. Bei den psychogenen Tics ist der neurologische Befund regelrecht. Zuckungen im Schlaf sprechen eher für eine psychische Genese. Organische Tics sind in ihrer Symptomatik stereotyper. Eine Chorea minor kann Tics hinterlassen.

Differentialdiagnostisch kommen andere Formen einer Hyperkinese in Betracht. Eine allgemeine choreiforme motorische Unruhe mit Zuckungen im Schulterbereich findet sich in der neurologischen Untersuchungssituation (Armhalteversuch, Romberg) relativ häufig bei hypermotorischen Kindern. Die Bewegungen wiederholen sich dabei aber nicht wie beim Tic stereotyp in den gleichen Muskelgruppen, sie sind diffuser, diskreter, auch fehlt der Ausdruckscharakter.

Das gleiche gilt für die ausgeprägtere Bewegungsunruhe bei der Chorea minor (s. S. 346) oder Chorea Huntington. Die Bewegungen sind ausfahrend, nicht umschrieben, die Koordinationsstörung wird bei der neurologischen Untersuchung offensichtlich, es findet sich eine Hypotonie der Muskulatur.

Die Differentialdiagnose gegenüber dem Torticollis spasticus kann schwierig sein, dabei handelt es sich jedoch um eine im Kindesalter seltene Erkrankung, und der Bewegungsablauf hat eine stärker tonische Komponente.

Myoklonien können gelegentlich von Kindern zu sinnvollen Bewegungen ausgestaltet werden, die Abgrenzung gegenüber den Tics ergibt sich aus der Grundkrankheit.

Therapie und Prognose. Leichte Tics lassen sich durch die Korrektur der erzieherischen Haltung der Eltern, unterstützt durch eine vorübergehende Medikation von Tranquilizern oder leichten neuroleptisch wirksamen Psychopharmaka, Entlastung des Kindes, Förderung der motorischen Entfaltung recht gut beeinflussen.

Monosymptomatische Tics, die diagnostisch als eine automatisierte Gewohnheit betrachtet werden dürfen, lassen sich durch eine Konditionierungstherapie beheben. Mit den Patienten wird die willkürliche Unterdrückung über allmählich zu verlängernde Zeitspannen systematisch geübt, der Erfolg jeweils sofort belohnt. Auch eine Behandlung mit paradoxer Intention ist erfolgversprechend.

Psychogene Tics mit wechselnder Lokalisation oder Generalisierung stellen dagegen ein beachtliches therapeutisches Problem dar. Eine der Altersstufe angemessene Psychotherapie sollte in jedem Fall versucht werden, sie richtet sich auf die zugrunde liegende Zwangsstruktur. Meist ist die Verbesserung der Lebensbedingungen durch Verbringung in ein spannungsfreieres Milieu indiziert. Eine Unterstützung durch Neuroleptica, insbesondere durch Haloperidol, Glianimon, immer in Verbindung mit Akineton, ist zumindest in den ersten Behandlungswochen von großem Nutzen.

Die neuroleptische Therapie steht bei den organischen Tics ganz im Vordergrund.

Die Prognose ist insgesamt recht gut, jedoch ist der Übergang in eine Zwangskrankheit möglich.

Tic de Gilles de la Tourette

Symptomatik. Diese seltene aber sehr schwere Erkrankung wird nach dem Erstbeschreiber benannt. Sie beginnt im Alter von 6—10 Jahren mit motorischen Symptomen in Form heftiger Tics im Gesichts-, Hals- und im Schulterbereich, auch mit Ausstoßen von Grunz- und anderen Lauten. Danach treten Echolalie und Echokinese auf. Das Kind wiederholt zwanghaft gehörte Wörter, ahmt Bewegungen eines anderen nach. Manchmal erst Jahre später kommt es zu Koprolalie, bei geringen Anlässen ergießt sich eine Flut von analen oder grob sexuellen Schimpfwörtern. Der Kontakt zu Gleichaltrigen ist stark beeinträchtigt, es besteht eine hohe Aggressionsbereitschaft. Manchmal zeigen sich psychotische Symptome, uneinfühlbare Ängste, Angstanfälle, halluzinatorische Episoden. Die Intelligenz bleibt erhalten.

Genese und soziale Bedeutung. Die Genese ist unbekannt. Ein organischer Prozeß wird diskutiert, jedoch fehlen jegliche Befunde. Abnorme Persönlichkeiten in der Familie und schwerste Milieubelastungen sind die Regel. Für öffentliche Schulen sind die Kinder nicht tragbar. Eine Hospitalisierung mit den entsprechenden sozialen Folgen für das Kind ist meist notwendig.

Diagnose und Differentialdiagnose. Die Diagnose läßt sich nur aus dem Verlauf stellen. Differentialdiagnostisch ist vor allem an eine kindliche Schizophrenie zu denken. Vielleicht gehört die Krankheit überhaupt in diesen Formenkreis.

Therapie und Prognose. Therapeutisch kommen Psychopharmaka mit neuroleptischer Wirkung, Haloperidol, Glianimon, Rauwolfia-Alkaloide in der Kombination mit Akineton in Betracht, sie haben eine deutlich entlastende Wirkung. Heuscher berichtet über eine gelungene Psychotherapie, bei der die Symptomatik als Zwangserkrankung behandelt wurde. Allgemein wird die Prognose als zweifelhaft betrachtet.

Literatur

Dührssen, A.: Psychogene Erkrankungen bei Kindern und Jugendlichen. 3. Aufl. Göttingen: Verlag f. Med. Psychologie 1960.

Heigl, F.: Ein Fall von generalisiertem Tic. Prax. Kinderpsychol. 4, 202—205 (1955).

Heuscher, J.: Beiträge zur Ätiologie der „Maladie Gilles de la Tourette" und zum Regressions-Problem. Schweiz. Arch. Neurol. Psychiat. 66, 123—158 (1950).

Lawall, P. Ch., Pietzcker, A.: Das Gilles de la Tourettesche Syndrom. Fortschr. Neurol. Psychiat. 41, 282—299 (1973)

Nissen, G.: Psychogener Tic und Altersdisposition bei Kindern. Z. Kinderpsychiat. 23, 97—107 (1956).

Yates, A. J.: Tics. In: Symptoms of Psychopathology (Hrsg.: Ch. G. Costello). New York, London, Sydney, Toronto: J. Wiley a. sons 1970.

Zausmer, D. M.: The treatment of tics. in childhood Arch. Dis. childhood 29, 537—542 (1954).

V. Psychogene Lähmungen

Symptomatik. Die Vielgestalt, mit der sich funktionelle Lähmungen manifestieren, kann nicht annähernd vollständig beschrieben werden. Ein gemeinsames Merkmal besteht darin, daß sinnvolle Bewegungsabläufe beeinträchtigt sind: „das Stehen" (Astasie) oder „das Gehen" (Abasie) oder „das Sprechen" (Aphonie). Das Ausmaß der Lähmungen entspricht nicht den durch die Topographie der zentralnervösen und peripheren Innervation vorgegebenen Mustern.

Es ist ferner wichtig, daß der Muskeltonus deutlich wechseln kann. Wenn der Patient liegt, sind z.B. die „gelähmten" Beine entspannt, können passiv frei bewegt werden, bei aktiven Versuchen kommt es zu deutlicher Innervation der antagonistischen Muskelgruppen, die eine Bewegung verhindert. Oder: wenn die Patienten aus dem Bett gehoben werden, machen sie sich steif, sobald die Beine den Boden berühren, sinken sie in sich zusammen. Die Sensibilitätsstörungen umfassen dem nervösen Versorgungsmuster nicht entsprechende Zonen, können vom Patienten entweder besonders

präzise angegeben werden oder wirken sehr diffus. Der expressive Charakter der Störung ist meist offenkundig. Er wird unterstrichen von Zittern und von einer Leidensmiene oder einer „schönen Indifferenz" der Gesichtszüge, die Mädchen zeigen können. Eine betonte Duldsamkeit des Patienten, seine Bereitschaft, Aufforderungen zu befolgen, wodurch das Nicht-mehr-können besonders deutlich hervortritt, sind zu beachten. Seltener finden sich durchgängig negativistische Züge. Versteckte aggressive Impulse sind manchmal unverkennbar: die Patienten klammern sich so heftig an, daß Kratzeffekte entstehen oder die Lähmung tritt so plötzlich auf, daß eine Tasse am Boden zerspringt.

Überwiegend erkranken Mädchen in der frühen Pubertät. Die Symptomatik kann sich sehr rasch, manchmal schlagartig, entwickeln. Die geistige Leistungsfähigkeit entspricht häufig nicht dem Alter oder den schulischen Anforderungen. Anzeichen für eine erhöhte vegetative Reagibilität und andere Symptome wie anfallsartige Zustände, Kopfweh, Erbrechen werden, wie auch unreife, dem Alter nicht angemessene Verhaltenszüge, relativ häufig anamnestisch angegeben.

Genese und soziale Bedeutung. Es handelt sich um konversionsneurotische Symptome. Die entsprechende Neurosestruktur wird ausführlich auf S. 114 behandelt. Eine komplementäre Beziehung besteht zwischen der Schwere des traumatisierenden Ereignisses und einer hysterischen Reaktionsbereitschaft. Bei Kindern ist eine bewußte Simulation extrem selten. Meist liegen den Lähmungen Anforderungen zugrunde, denen die Kinder nicht gewachsen sind. Dies bezieht sich sowohl auf Überforderungen im Leistungsbereich als auch auf Versuchungssituationen in sexueller Hinsicht. Schwere Belastungen (z.B. Inzestversuche) können bei psychopathologisch wenig auffälligen Mädchen zu der Symptomatik führen. Andererseits tritt das voll ausgeprägte Bild einer hysterischen Persönlichkeitsstruktur mit unechten Wesenszügen, Geltungsbedürfnis, vordergründiger Überanpassung, überhöhten Ansprüchen an sich und die Umwelt, Egozentrizität und infantilen Merkmalen bei Pubertierenden in reinerer Form als in späteren Lebensabschnitten auf.

Diagnose und Differentialdiagnose. Die situative Bindung und Persönlichkeitsstruktur des Kindes sowie der regelrechte neurologische Befund und die geschilderten Eigenarten der Lähmungen erlauben recht leicht eine Diagnose.

Differentialdiagnostisch müssen beginnende Erkrankungen des Zentralnervensystems ausgeschlossen werden. Elektroencephalogramm und Lumbalpunktion sind gegebenenfalls erforderlich. Bei beginnenden spinalen Prozessen wirken die Gangbeschwerden manchmal psychogen. Bei schmerzhafter Beeinträchtigung des Gehens dürfen Hüftgelenkserkrankungen nicht übersehen werden.

Eine Verwechselung mit paroxysmalen, durch eine Hypo- oder Hyperkaliämie bedingten Lähmungen, die mit einer allgemeinen Adynamie und Hypotonie einhergehen und zu entsprechenden Veränderungen des EKG und der elektrischen Erregbarkeit der Muskulatur führen, ist kaum zu erwarten.

Weniger verläßlich, aber als differentialdiagnostisches Kriterium, wenn auch mit Vorsicht verwertbar, ist die Tatsache, daß die Patienten und oft auch die Angehörigen sehr stark mit der Symptomatik identifiziert sind und schlecht eine sachliche Stellung einnehmen können.

Therapie und Prognose. Die Therapie erfolgt zunächst rein symptomatisch. Dem niedergelassenen Arzt steht meist nicht genügend Zeit zur Verfügung, um eine Besserung zu erzielen. Meist ist eine stationäre Einweisung indiziert, die rasch erfolgen sollte, um eine Fixierung des Patienten auf die Symptomatik zu verhindern. Dementsprechend sollte auch bei der klinischen Behandlung eine sofortige aktive Therapie einsetzen, um die Entwicklung eines neurotischen Arrangements auf der Station zu verhüten.

Der Hinweis, daß dem Patienten nichts fehle, ist sinnlos. Dem Kind muß vielmehr mit Hilfe von suggestiven Maßnahmen (Übungen, Einreibungen, leichtes Elektrisieren, Placebo-Präparate) die Möglichkeit geboten werden, ohne Preisgabe seiner Position auf die Symptomatik verzichten zu können. Dazu gehört die Vermittlung des Gefühls, akzeptiert zu werden und Sicherheit zu finden, während gleichzeitig die Bedeutung der Symptomatik durch Beschwichtigung und Ermunterung gemildert wird.

Der sekundäre Krankheitsgewinn wird durch vorübergehende Isolierung von Gleichaltrigen, wenig Spielzeug, wenn nötig, reduziert. Die Eltern müssen manchmal von Besuchen ferngehalten werden. Fortschritte in der Besserung werden nachdrücklich gelobt oder, je nach Alter, sogar durch Teilnahme an Gruppenveranstaltungen, längeres Aufbleibendürfen usw. belohnt. Erst nach einer weitgehenden Beseitigung des Symptoms werden die zugrunde liegenden Konflikte therapeutisch in altersentsprechender Form behandelt.

Die Prognose ist günstig, je nach Ausprägung hysterischer Wesenszüge muß jedoch mit anderen funktionellen Störungen gerechnet werden, wenn eine langfristige Psychotherapie nicht durchgeführt werden kann.

Psychogene Anfälle

Das Krankheitsbild wird im Rahmen der Pubertätskrisen (s. S. 191) besprochen.

Literatur

Paal, G.: Funktionelle Gangstörungen. Psychiat. et Neurol. (Basel) **145**, 193—210 (1963).
Schimmelpfennig, G.: Der Aufbau grob psychogener motorischer Störungen. Z. Psychother. med. Psychol. 7, 52—67 (1957).

VI. Schreibkrampf

Symptomatik. Es handelt sich um ein bei Kindern sehr seltenes Symptom: Dieses tritt zunächst an bestimmte Situationen, z.B. Schulstunden, Hausaufgaben, gebunden nur gelegentlich und milde auf. Die Symptomatik imponiert als rasche Ermüdung der Hand beim Schreiben und sie ist von Schmerzen in den Fingern, im Daumenballen oder im Handgelenk begleitet. Derartige Beschwerden sind in den ersten Schuljahren, in denen die motorische Koordination des Schreibens noch nicht geübt ist, keineswegs selten. Allmählich kommt es aber zu einer Verstärkung, die bewirkt, daß das Kind schon nach wenigen Wörtern angibt, nicht weiter schreiben zu können, das Schriftbild zittrig wird, sich verkleinert und an das eines Parkinson-Kranken erinnern kann.

Genese und soziale Bedeutung. Die Störung ist dem Formenkreis der hysterischen Erkrankungen zuzurechnen (s. S. 114). Überforderungssituationen können dem Symptom zugrunde liegen. Eine Schulangst aus den verschiedensten Ursachen, z.B. Leistungsinsuffizienz, Legasthenie, Sinnesdefekte, ungeduldiger Lehrer, findet sich meist verbunden mit einer entsprechenden Haltung der Eltern: Pedanterie, Ehrgeiz, dressathafte Erziehung. Die Kinder wirken entsprechend wohlerzogen, brav, sie flüchten sich in diese Form des unbewußten passiven Widerstandes gegenüber den Ordnungsbestrebungen der Eltern. Bei Pubertierenden kann ein Schreibkrampf mit einer Schuldproblematik, z.B. bei Onanie, zusammenhängen. Durch das Symptom werden die schulischen Leistungen beeinträchtigt, es provoziert jedoch derartig nachhaltig therapeutische Maßnahmen, daß die soziale Bedeutung gering ist.

Diagnose und Differentialdiagnose. Die Diagnose ergibt sich aus der Symptomatik bei regelrechtem neurologischen Befund. Differentialdiagnostisch bestehen in der Regel keine Probleme. Bei Kindern in der 1. Volksschulklasse darf jedoch eine leichte Mono- oder Hemiparese im Rahmen einer Infantilen Cerebralparese nicht übersehen werden.

Therapie und Prognose. Die kausale Therapie richtet sich nach den Entstehungsbedingungen. Eine Korrektur der elterlichen Haltung und eine Entlastung des Kindes stehen im Vordergrund. Ergänzend kann das Symptom mit Hilfe von Entspannungsübungen (autogenes Training) angegangen werden. Auch eine Konditionierungstherapie wird wiederholt empfohlen.

Bei einem Fall eigener Beobachtung führte das Faradisieren des Armes an der Schmerzgrenze unmittelbar nach Auftreten des Schreibkrampfes zur sofortigen und endgültigen Behebung. Der vorher sehr stille und scheue Junge wurde lebhaft, entwickelte einen stärkeren Antrieb und wurde zeitweise ausgesprochen frech. Nach der Rückkehr ins Elternhaus kam es unter der kaum korrigierbaren Ehrgeizhaltung der Eltern zu einem Symptomwandel in Form von Übelkeit und Erbrechen vor Klassenarbeiten. Jedoch bildete sich diese Symptomatik auch zurück und der Junge nahm eine im ganzen positive Entwicklung.

Literatur

Dauner, I., Remschmidt, H.: Symptomwahl und Symptomwandel bei einem Fall von psychogenem Schreibkrampf. Prax. Kinderpsychol. **19**, 246—252(1970).

VII. Kopfschmerzen

Symptomatik. Die Häufigkeit des Symptoms bei Schülern und die Breite der differentialdiagnostischen Überlegungen rechtfertigen eine gesonderte Besprechung, obwohl die Symptomatik häufig an anderen Stellen dieses Buches genannt wird.

Wenn auch die Angabe, daß jedes 2. Schulkind an Kopfweh leiden soll, übertrieben erscheint, so sind nach Untersuchungen an deutschen Schulkindern 17 bis 22% mit rezidivierenden Kopfschmerzen belastet. Das Hauptmanifestationsalter liegt bei 9 bis 11 Jahren, Jungen und Mädchen sind gleich häufig betroffen.

Aus diesen Zahlen läßt sich nicht entnehmen, wie häufig Kinder mit Migräne gefunden wurden, die nach schwedischen Untersuchungen bei 4,6% der 10- bis 12jährigen Schulkinder auftritt. Ein Migränekopfschmerz (s. S. 65) wird dann diagnostiziert, wenn nach einem beschwerdefreien Intervall innerhalb weniger Stunden aus vollem Wohlbefinden eine Kopfschmerzattacke auftritt, deren Symptomatik sich rasch steigert und nach mehreren Stunden wieder abklingt. Diese soll mindestens von zweien der folgenden Kriterien begleitet sein: Übelkeit oder Erbrechen, Einseitigkeit des Kopfschmerzes, Flimmerskotom im Initialstadium und familiärem Vorkommen.

Bei den meisten Kindern liegen aber „gewöhnliche" Kopfschmerzen vor, für die die Bezeichnungen funktionelle, essentielle, idiopathische oder vasomotorische Kopfschmerzen (Cephalea vasomotoria) benutzt werden. Im englischen Sprachraum wird auch der Ausdruck Spannungskopfschmerz benutzt. Meist handelt es sich um dumpfe Schmerzen, die etwa von der Hälfte der Kinder nicht näher lokalisiert werden können, von den anderen wird bevorzugt der Stirnbereich, die Schläfen, das Gebiet „hinter den Augen" genannt. Eine tageszeitliche Bindung ist nicht die Regel, doch kann diese, wenn sie erkennbar wird, auch auf die situative Bindung des Kopfwehs aufmerksam machen. Nicht selten wird angegeben, daß die Kinder schon morgens mit den Kopfschmerzen aufwachen und diese über mehrere Stunden oder den ganzen Tag über bestehen bleiben. Das Ausmaß der Beeinträchtigung ist sehr unterschiedlich. Während einige in ihrer Leistungs- und Spielfähigkeit kaum behindert sind, aber ständige Kopfschmerzen glaubhaft versichern, ziehen sich andere Kinder häufig von Umweltkontakten zurück, manche fühlen sich sogar nicht in der Lage, das Bett zu verlassen.

Genese. Sehr häufig wird in den Familien über Kopfschmerzen gesprochen, so daß eine Symptomtradition oder eine familiäre Disposition in Betracht zu ziehen sind. Zahlen über eine homologe Belastung, die bei der Migräne in 78% der Fälle gefunden wird, liegen für die hier im Vordergrund stehenden gewöhnlichen Kopfschmerzen nicht vor. Anzeichen einer erhöhten vegetativen Ansprechbarkeit im Sinne einer vegetativen Dystonie, Neuropathie sind nicht so häufig zu finden, wie sie die Bezeichnung „vasomotorischer" Kopfschmerz vermuten läßt. Die gemeinsamen Gesichtspunkte, die die in diesem Rahmen auftretenden Kopfschmerzen mit anderen Äußerungen der vegetativen Dysregulation haben, sind auf S. 162 beschrieben.

Eine lokale Störung der Blutgefäßinnervation, insbesondere im Bereich der A. carotis externa wird heute allgemein vermutet und unvernünftiger, bzw. unregelmäßiger Lebensweise mit Schlafmangel, Ernährungsfehlern, Fernsehkonsum, ungenügender Bewegung im Freien, die Bedeutung auslösender Faktoren zugesprochen. Die Lebensweise des Kindes bedarf zweifellos einer Berücksichtigung, vor allem Reizüberflutung z.B. durch Fernsehen oder lange Schulwege im öffentlichen Verkehr. Psychogene Störungen verbergen sich aber häufiger dahinter, als dies mit einer diagnostischen Genügsamkeit erkennbar ist, die nicht die seelische Lage des Kindes in seiner Familie und in der Schule beachtet.

Häufig verbinden sich Kopfschmerzen mit Schulangst und Schulphobie, also Konflikten, die sich aus Leistungsanforderungen im Unterricht, aus Problemen der Einordnung unter Gleichaltrigen und mit der vorübergehenden Trennung von der beschützenden Mutter verbinden.

Die relative Überforderung in der Schule spielt eine bedeutende Rolle. Dabei sind sowohl die für den Schultyp zu geringe geistige Leistungsfähigkeit wichtig, als auch leistungsbezogene erzieherische Haltung, ob diese nun aus ängstlicher Besorgtheit, oder etwa aus sozialem Ehrgeiz erwachsen mag. Nicht selten scheinen die Kinder den starken Kontrast zwischen einem „modernen", eher gewährenden Erziehungsstil der Eltern und einem abrupten Wechsel zu rigiden Einstellungen, wenn sich die ersten schlechten Noten in der Schule zeigen, nicht verkraften zu können. Der Schulkopfschmerz findet sich aber besonders häufig, wenn die Kinder die Leistungsanforderung ihrer Eltern übernommen haben, sich mit dem Leistungsanspruch identifizieren und sich selbst unter einen entsprechenden Druck stellen, der ihnen wenig Möglichkeiten zu nicht zweckbezogenem Tun und spielerischer Entfaltung läßt. Sehr deutlich wird bei derartiger Konstellation die massive Abwehr aggressiver Impulse.

Nicht immer steht eine Leistungsproblematik im Vordergrund psychogener Kopfschmerzen, vielmehr können andere, vor allem latente, unausgelebte Konflikte in der Familie diese verursachen, wobei charakteristisch erscheint, daß diese Konflikte mit Hilfe eines differenzierten Umeinander-Bemühtseins gemeinsam abgewehrt werden. Diese Familien wirken in den ersten Explorationen ausgeglichen, verständnisvoll, ja kinder- und in gewissem Ausmaß auch triebfreundlich. Erst in längeren Gesprächen mit einzelnen Angehörigen zeigt sich, wie entbehrungsreich für den Einzelnen die Familienharmonie ist.

Wie weit es statthaft ist, diese sprichwörtlichen Spannungen, unter denen der Kopfschmerzkranke steht, umzusetzen in eine Dysregulation der Blutgefäßinnervation als organischem Bindeglied zum Schmerz, muß offen bleiben. Allerdings gibt es keinen Zweifel daran, daß enge Zusammenhänge zwischen der Vasomotorik und seelischen Verfassung bestehen, wofür das Erröten die augenfälligste Erscheinung darstellt.

Diagnose und Differentialdiagnose. Psychogenes Kopfweh stellt ein eminent subjektives Symptom dar, das man dem Patienten glauben muß. Wenn alle differentialdiagnostischen Untersuchungen keine organischen Ursachen aufdecken konnten und das Kind auch in vegetativer Hinsicht nicht deutlich alterierbar erscheint, besteht leicht die Neigung, eine Simulation anzunehmen und entsprechend abwertend auf das Kind zu reagieren. Selbst wenn eine Simulation, d. h. eine bewußte Vortäuschung, vorliegen sollte, ist davon auszugehen, daß das Kind sich in einer Lage befindet, in der es meint, nicht anders seine Probleme bewältigen zu können. Ferner ist, um gängigen Mißverständnissen zu begegnen, darauf hinzuweisen, daß Simulation und psychogene Beschwerden nicht identisch sind, sondern daß der an einer psychogenen Störung Leidende genauso Beschwerden hat, wie ein organisch Erkrankter.

Die spezielle Diagnose berücksichtigt die zuvor genannten Gesichtspunkte, besonderer Wert wird auf das Alter zu Beginn der Beschwerden, die zeitliche und situative Bindung der Beschwerden, ihre Häufigkeit, die Umstände, die zum Ausbleiben der Beschwerden führen, gelegt. Auch wenn sich einige Gesichtspunkte dafür ergeben, daß eine psychogene Erkrankung vorliegt, das Kind z. B. dem ersten Eindruck nach sehr sensibel und die Mutter überbesorgt wirken, oder gar eine familiäre Belastung mit Kopfschmerzen sehr bald angegeben wird, ist bei der Diagnose von dem Grundsatz auszugehen, daß so lange nicht allgemeine körperliche oder neurologische Erkrankungen ausgeschlossen worden sind, erstmals auftretende Kopfschmerzen als Initial-, bzw. Begleitsymptom einer unter Umständen lebensbedrohlichen Krankheit gewertet werden müssen. Entsprechende Bedeutung hat die Differentialdiagnose.

Akute Begleitkopfschmerzen können bei den meisten Kinderkrankheiten auftreten, man achtet auf Exantheme der Haut, z. B. auch auf Kopliksche Flecken im Mund, denkt an Otitis, Mastoititis, Sinusitiden und Oberlappenpneumonie.

Kopfschmerzen und Erbrechen sind frühe Anzeichen eines Hirndrucks, insbesondere bei Hirntumor ist in den meisten Fällen der Kopfschmerz das erste Symptom. Dieses und Erbrechen treten anfangs nur milde in den Morgenstunden auf, so daß ihre Bedeutung leicht unterschätzt werden kann. Außer Tumoren ist an Abszeß, subdurales Hämatom, Hydrocephalus, Aneurysma, Subarachnoidalblutung und entzündliche Erkrankungen zu denken.

Chronische Kopfschmerzen erfordern eine interne, hals-nasen-ohren- und augenärztliche Untersuchung des Kindes zum Ausschluß chronischer Infekte in den Nebenhöhlen (typischer Orbitaschmerz), Überprüfung des Visus und das Vorliegen eines latenten Schielens, ferner ist an Hypertonie,

Anämie, andere Blut- oder Nierenerkrankungen zu denken und schließlich darf nicht übersehen werden, daß Kopfschmerzen auf ein Schädel-Hirn-Trauma zurückzuführen sind.

Therapie und Prognose. Die Therapieform richtet sich nach der Genese. In einzelnen Fällen genügt eine Beratung hinsichtlich der Lebensführung, in anderen eine Veränderung der elterlichen Haltung durch eine Reihe von Beratungsgesprächen. Die Psychotherapie des Kindes selbst, ob nun in Form einer verbalen oder Spieltherapie, hat mit deutlichen Anfangsschwierigkeiten in Folge der hartnäckigen Abwehr der meist wohlerzogenen, folgsamen, aber wenig aktiven Patienten zu rechnen, die dazu neigen, die Therapie zunächst in eine neue Verpflichtung umzumünzen, in der Aufgaben absolviert werden müssen. Das gleiche gilt für die Verordnung von Gymnastik, Schwimmstunden, Sport, musischen oder Bastelgruppen, solange sich das Kind diesen pflichtbewußt unterzieht und nicht als Möglichkeit zur Selbstverwirklichung aufgreifen kann.

Kopfschmerzmittel, insbesondere Phenacetin-Präparate werden nicht verordnet, doch kann eine zusätzliche medikamentöse Therapie mit Dihydergot Tropfen oft mit gutem Erfolg angewendet werden.

Hinsichtlich der Heterogenität der genetischen Bedingungen sind pauschalierende Äußerungen zur Prognose nicht möglich.

Literatur

Bille, B.: Migraine in School children. Uppsala: Almquist und Wiksell 1962.

Groh, Ch., Zenker, Ch.: Chronische vaskuläre Kopfschmerzen im Kindesalter. Neue Oesterr. Z. Kinderheilk. **3**, 211—220 (1958).

Jacobi, G.: Differentialdiagnose von Kopfschmerzen beim Kind. Dtsch. Ärzteblatt **70**, 1037—1043 (1973).

Machay, R. J.: Headache in child-hood. J. Roy. Inst. Public Health **17**, 352—361 (1954).

Matthes, A., Kruse, R. (Hrsg.): Neuropaediatrie. Stuttgart: Thieme 1973.

VIII. Mutismus

Symptomatik. Ein Verstummen nach weitgehendem Abschluß der Sprachentwicklung und bei erhaltenem Sprachvermögen bezeichnet man als Mutismus (lat. mutus = still, stumm).

Im Beginn des Trotzalters reagieren nicht wenige Kinder auf die Aufforderung, Fremde zu begrüßen, mutistisch. Ein Fortbestehen dieser Neigung in jeweils ungewohnten Situationen hat man als Heinzeschen Mutismus bezeichnet. Dieser Name hat sich, wie andere Unterteilungsversuche, nicht durchsetzen können.

Dagegen ist die Unterscheidung zwischen einem totalen und einem elektiven Mutismus gebräuchlich. Der seltenere *totale Mutismus* tritt meist schlagartig im Rahmen einer abnormen Erlebnisreaktion auf, er wird aber auch bei akuten psychotischen Zustandsbildern gefunden. Der häufigere *elektive Mutismus* (Tramer) kann als eine pathologische Scheu zu Sprechen verstanden werden, auf die das Kind über Wochen und Monate fixiert bleibt und die sich in belastenden Situationen, z.B. bei der Aufnahme in den Kindergarten oder in die Schule, einstellt. Der Mutismus kann auf diese Situationen begrenzt bleiben, sich aber auch so weitgehend ausbreiten, daß nur mit einem kleinen vertrauten Personenkreis, wie den Eltern und Geschwistern, gesprochen wird.

Ein behandlungsbedürftiges Ausmaß nimmt die Symptomatik relativ selten an. Zahlen über die Häufigkeit liegen nicht vor. Die veröffentlichten Kasuistiken umfassen wenige Fälle. Das Symptom wird bevorzugt im Vorschulalter und zur Zeit der Einschulung angetroffen. Bei Knaben kommt es etwas häufiger als bei Mädchen vor. Es wird sowohl bei geistig behinderten als auch bei durchschnittlich begabten Kindern beobachtet, unter diesen finden sich häufig eine erhöhte Empfindsamkeit und Ängstlichkeit, eine Neigung zu depressiven Verstimmungen, aber auch hartnäckige eigensinnige Charakterzüge, die sich in einem beachtlichen Beharrungsvermögen, trotzigem Rückzug, gewitzter Durchsetzungsfähigkeit, auch ausgeprägt negativistischem Verhalten äußern können.

Genese und soziale Bedeutung. Wie bereits erwähnt, kann sich ein *totaler Mutismus* im Rahmen einer endogenen Psychose entwickeln. Zweifellos handelt es sich dabei um ein im Kindesalter seltenes Ereignis. Als abnorme Reaktion kann sich ein totaler Mutismus rasch im Zusammenhang mit einem psychischen Trauma einstellen und dabei eine depressive oder hysterische Komponente erkennen lassen.

Wallis schildert ein etwas primitives, aber nicht gröber auffälliges 15jähriges Mädchen, das länger auf einem Tanzvergnügen geblieben war als es durfte und starke Gewissensbisse empfunden hatte, weil es sich von einem jungen Mann küssen ließ. Als es seinem ärgerlichen Vater beim Nachhausekommen gegenübertrat, „verschlug es" dem Mädchen die Sprache und es konnte nur noch Lall-Laute hervorbringen, die Aufregung und Sorge in der Familie auslösten. Das Symptom konnte sofort durch Suggestivmaßnahmen durchbrochen werden.

Hier ist der eindeutig reaktive Charakter der Störung leicht zu erkennen.

Beim *elektiven Mutismus* sind die genetischen Bedingungen vielfältiger und gelegentlich nicht leicht zu durchschauen.

Eine konstitutionelle Komponente ist wichtig. Man findet eigenbrötlerische, wenig mitteilsame Angehörige. Das familiäre Milieu hat gelegentlich eine wichtige Bedeutung, es bestehen starke intrafamiliäre Bindungen und wenig außerfamiliäre Kontakte. Charakteristisch für derartige Fälle sind protrahierte mutistische Reaktionen von Kindern, die auf völlig abgelegenen Bauernhöfen groß werden und die erstmals bei der Einschulung überhaupt in engeren Kontakt mit Fremden kommen.

Gelegentlich wirken ungünstige äußere Lebensbedingungen, familiäre auffällige Charakterzüge und der Lebensstil der Familie zusammen und führen zu extremen Zustandsbildern:

> Ein 15jähriges Mädchen, das auf einem einsamen Bauernhof groß wurde, hatte 10 Jahre lang nur mit den engsten Familienangehörigen das Notwendigste, mit Fremden nie gesprochen. Sowohl die Eltern als auch der Lehrer der Dorfschule, in der die Patientin gute bis sehr gute schriftliche Leistungen gezeigt hatte, hatten sich damit abgefunden. Das Mädchen war sehr energisch, jungenhaft aktiv, herb und trieb z.B. laut rufend das Vieh von den Weiden. Als situatives Moment bei Einsetzen der Symptomatik war von den wortkargen, wenig introspektionsfähigen Angehörigen lediglich zu erfahren, daß der Schäfer mit der Herde am Hof vorbeigezogen sei und daß sich damals das 5jährige Mädchen offenbar unter dem Einfluß landschaftsgebundener magischer Vorstellungen angstvoll ins Haus zurückgezogen hatte. In das Familienbild paßt, daß die Patientin konsequent nach Ablauf der den Eltern unter Einfluß des Dorfgeistlichen abgerungenen Behandlungszeit abgeholt wurde, obwohl ein weiterer Verbleib in der Klinik erfolgversprechend erschien. Die Patientin hatte gerade begonnen mit einem gleichaltrigen Mädchen flüsternd einige Worte zu wechseln. Allen Therapieversuchen hatte sie widerstanden und selbst unter der Einwirkung eines Kurznarkotikums fest die Zähne aufeinander gepreßt. Sie kam anschließend zu einer Tante, die als Nonne einen Kindergarten leitete, arbeitete dort gut, unter Beibehaltung der Symptomatik, mit.

Neben den ungünstigen geographischen Bedingungen sind hier primärcharakterliche Eigenheiten anzunehmen, auf die wiederholt beim elektiven Mutismus in der Literatur hingewiesen wird. Die Kinder werden als gemüthaft, empfindsam, ängstlich und scheu geschildert, zeigen aber auch z.T. eine erhebliche sthenische Verhaltenskomponente, übersteigerte Trotzreaktionen, Eigenwilligkeit und ein ausgeprägtes Beharrungsvermögen.

In anderen Fällen sind Schädigungen durch ungünstige Umweltverhältnisse in einem Entwicklungsabschnitt, in dem der affektiv bedeutungsvolle Laut und nicht das beschreibende Wort die Verbindung zwischen dem Säugling und der Umwelt herstellen (A. Dührssen), wichtig, wobei die Beeinträchtigung einer tragenden vertrauensvollen emotionalen Beziehung zur Umwelt in dieser Entwicklungsphase einen brüchigen Hintergrund für die Entwicklung der Fähigkeit darstellt, die verbale Beziehung als befriedigend und verläßlich zu erleben.

Sehr interesssant ist die Schilderung, die differenzierte ältere Patienten über psychische Vorgänge während ihres Schweigens geben können. Es besteht eine Bereitschaft, spontan zu sprechen oder auf die gestellten Fragen zu antworten, sie wissen keine Antwort, oder eine adäquate Antwort liegt ihnen auf der Zunge, es kommt aber dann zu einem Gedankenabriß und sie denken daran, was sich in dem Schrank des Arztzimmers befinden mag oder an andere Nichtigkeiten, wodurch der Versuch der verbalen Kontaktaufnahme unterbrochen wird. Zweifellos handelt es sich dabei um Verdrängungsmechanismen unter dem Einfluß einer wahrscheinlich als aggressiv und gefährdend erlebten Zuwendung.

Auf eine deutlich ausgeprägte depressive Form der Erlebnisverarbeitung in derartigen Fällen muß nachdrücklich hingewiesen werden.

Die soziale Bedeutung mutistischer Reaktionen liegt darin, daß die Angehörigen das Schweigen des Kindes als Ungezogenheit werten, pädagogisch hart reagieren und damit zur Symptomfixierung beitragen können. Die Schwierigkeiten in der Schule sind bei lang anhaltendem elektiven Mutismus erheblich aber nicht unüberwindbar, dagegen ist eine berufliche Eingliederung sehr schwierig, vor allem, wenn Prüfungen damit verbunden sind. Die Kinder geraten zwangsläufig durch die Symptomatik in eine Außenseiterposition.

Diagnose und Differentialdiagnose. Wesentliche Aufgabe der *speziellen Diagnostik* ist die Aufklärung des biographischen und emotionalen Hintergrundes unter den bei psychogenen Erkrankungen üblichen Gesichtspunkten. Eine Intelligenzdiagnostik mit sprachfreien Tests ist unerläßlich, gegebenenfalls müssen wiederholte Versuche nach Gewöhnung des Kindes an die Untersuchungssituation unternommen werden.

Differentialdiagnostisch läßt sich ein elektiver Mutismus durch die deutlich affektive Tönung des Verhaltens vom Autismus abgrenzen. Eine endogene Psychose muß ausgeschlossen werden.

Von der *Hörstummheit* unterscheidet sich der Mutismus durch den Nachweis, daß das Kind sprechen konnte und in bestimmten Situationen sprechen kann. Die diesbezüglichen anamnestischen Angaben sind vor allem bei jüngeren Kindern mit großer Sorgfalt zu erheben, gegebenenfalls durch entferntere Verwandte, eine Kindergärtnerin, zu ergänzen, von denen ein höheres Maß an Objektivität erwartet werden kann. Die Abgrenzung kann Schwierigkeiten bereiten, zumal Hörstumme ähnliche Verhaltenszüge wie mutistische Kinder aufweisen können.

Den Verlust der Sprachfähigkeit auf Grund einer *hirnorganischen Erkrankung* oder nach einem Hirntrauma bezeichnet man als Aphasie. Die Differentialdiagnose gegenüber dem Mutismus bereitet infolge der anderen neurologischen und psychopathologischen Symptome meist keine Schwierigkeiten. Bei einer länger zurückliegenden Encephalitis, die ärztlich unzureichend beobachtet wurde und deren Symptomatik von den Angehörigen wenig zuverlässig geschildert wird, hilft gelegentlich nur eine längere stationäre Beobachtung des Kindes differentialdiagnostisch weiter.

In der *Rückbildungsphase von Aphasien* nach schweren Schädelhirntraumen bei Jugendlichen wurde wiederholt ein Durchgangsstadium beobachtet, in dem sich die sensorische Aphasie zurückgebildet hat, die motorische Aphasie weiter besteht, aber von einem Verhalten der Patienten begleitet ist, das sehr an das mutistischer Patienten erinnert.

Therapie und Prognose. Mutistische Reaktionen auch älterer Kinder, die eine situative Bindung gut erkennen lassen, sind relativ leicht durch psychotherapeutische Maßnahmen zu beeinflussen. Der längere Zeit bestehende elektive Mutismus wirft dagegen gelegentlich erhebliche therapeutische Probleme auf. Bei mutistischen Kindern in der 1. Volksschulklasse ist auch eine Beratung des Lehrers notwendig. Falls die Möglichkeit besteht, sollte das Kind zunächst eine Vorschulklasse besuchen.

Maßnahmen, die eine vorsichtige Lösung des Kindes vom Elternhaus und den Aufbau eines vertrauensvollen Kontaktes zu Fremden ermöglichen, sind anzustreben, z.B. die Aufnahme in eine heilpädagogische Spielgruppe. Meist ist eine klinische Behandlung nicht zu umgehen. Auch hier steht eine ermutigende Behandlung, eine vorsichtige Dosierung der Zuwendung seitens der Erwachsenen im Vordergrund. Im klinischen Behandlungsplan muß aber hinreichend berücksichtigt werden, wieweit das Entgegenkommen seitens der Umwelt vom Kind zur Festigung der sehr eigenwillig beibehaltenen Position genutzt wird. Mit dem Personal muß sehr genau abgesprochen werden, daß das Eingehen auf die nicht verbale Kommunikation zur Fixierung der Symptomatik beiträgt und vermieden werden muß.

Wie stets ist die Beratung, gegebenenfalls die Behandlung der Eltern, insbesondere der Mutter, ein wesentlicher Bestandteil der Therapie.

Literatur

Bally, G.: Ein Fall von traumatischem Mutismus. Z. Kinderpsychiat. 3, 23—33 (1936/37).
Jaeger, W., Metzker, H.: Mutismus bei eineiigen Zwillingen. Acta paedopsychiat. 35, 59—70 (1968).
Lórand, B.: Katamnese elektiv mutistischer Kinder. Acta paedopsychiat. 27, 273—289 (1960).
Spieler, I.: Schweigende und sprachscheue Kinder. Olten: Walter 1944.
Wallis, H.: Zur Systematik des Autismus im Kindesalter. Z. Kinderpsychiat. 24, 129—133 (1957).
Weber, A.: Zum elektiven Mutismus der Kinder. Z. Kinderpsychiat. 17, 1—15 (1950).

IX. Stottern

Symptomatik. Als Stottern (Balbuties, lat. balbutire = stammeln, stottern) bezeichnet man Störungen des Sprachflusses bei intakten peripheren Sprechwerkzeugen. Es kommt zu vielfältigen Formen der Blockierung des normalerweise gleitenden, melodischen Ablaufes des Sprechens. Pausen entstehen, in denen manche Kinder den Eindruck erwecken, als müßten sie nachdenken. Auch werden die Pausen durch Verlegenheitsbewegungen, z.B. durch Blicken zur Seite, überbrückt. Häufig wird eine spürbare Anstrengung sichtbar, als müßte die Blockierung gewaltsam überwunden werden: die Muskulatur im Bereich des Mundes, des Gesichts und Halses wird angespannt, es kann zu ticartigem Grimassieren kommen, gelegentlich werden die Arme und Rumpfmuskulatur eingesetzt, schlagende Bewegungen mit dem Kopf oder den Händen ausgeführt. Ein derartiges stummes Pressen, das auf einen krampfartigen Verschluß der Stimmlippen schließen läßt, wird als *tonisches Stottern* bezeichnet. Manchmal kommt es in den Pausen zur Einschiebung von Summ-, Zisch- oder anderen Lauten, oder es wird versucht, die tonische Spannung durch die Interjektion von Kraftausdrücken zu lösen.

Als *klonisches Stottern* kennzeichnet man die Wiederholung von Einzellauten, Silben oder Wörtern, vor allem zu Beginn einer sprachlichen Äußerung. Im Einzelfall tritt dies bei bestimmten Konsonanten besonders leicht auf. Erwachsene können leichter als Kinder voraussehen, an welchen Stellen der beabsichtigten sprachlichen Äußerung mit Schwierigkeiten zu rechnen ist.

Die Atemtätigkeit wird häufig stark beeinträchtigt. Dies ist jedoch ein sekundäres Phänomen. Es kann zu frustranen Atemexkursionen kommen, dem sog. Atemvorschieben, zu verschiedenen Formen des Seufzens oder Schluchzens. Ratschläge, ruhig durchzuatmen usw., nutzen dabei nicht.

Als weitere sekundäre Phänomene sind die Sprechscheu zu betrachten und die Monotonie der Sprache, mit der offensichtlich versucht wird, einem Einklinken der Symptomatik vorzubeugen.

Die Intensität der Symptomatik beim Einzelnen kann erheblich ohne erkennbaren äußeren Anlaß schwanken. Manche Kinder stottern nur in Belastungssituationen oder in exponierter Lage, manche vorwiegend in der Schule, andere, wenn sie etwas emotional Bewegendes mitteilen wollen. Das Stottern kann sich bei bestimmten Themen erheblich verstärken. Dies ist diagnostisch für die Untersuchung des Erlebnishintergrundes wichtig. Viele Kinder stottern nie im Zusammensein mit Gleichaltrigen oder im Umgang mit kleineren Kindern oder Tieren, können auch gut vorlesen und ungestört singen.

Die Symptomatik entwickelt sich in den weitaus meisten Fällen vor dem 8. Lebensjahr, bevorzugt im 3.—5. Lebensjahr, doch wird das Einsetzen der Symptomatik auch bei Erwachsenen nach schweren psychischen oder physischen Traumen beobachtet. Jungen sind mehrfach häufiger als Mädchen betroffen, die Verhältniszahlen schwanken zwischen 2:1 und 10:1. Vorübergehendes Stottern wird bei 4% der Kinder beobachtet, bei 1% wird es als ein lange bestehendes Symptom gefunden.

Eine einheitliche Persönlichkeitsstruktur läßt sich nicht aufzeigen. Mit Hilfe größerer Statistiken wurde nachgewiesen, daß nicht, wie häufig angenommen wurde, vorwiegend überdurchschnittlich intelligente Kinder betroffen sind. Man nimmt an, daß etwa 20% der Stotterer frei von psychischen Störungen sind, die übrigen zeigen Anzeichen einer psychogenen Erkrankung unterschiedlicher Ausprägung, wobei Selbstwertprobleme, ein Verzagen gegenüber den eigenen Fähigkeiten gefunden werden, die häufig mit einer erhöhten Anspruchshaltung gegenüber sich selbst verbunden sind. Auch aggressive Züge, die sich versteckt äußern, sind nicht selten.

Genese und soziale Bedeutung. Die gleiche Symptomatik findet sich in der Familie von Stotterern in etwa 40—60% der Fälle. Söhne von weiblichen Stotterern sind am ehesten gefährdet, Töchter stotternder Väter am geringsten. Auf die Bedeutung emotionaler Beziehungen weist bereits diese Tatsache hin. Wieweit eine erbliche Komponente eine Rolle spielt oder eine Symptomtradition im Sinne einer Übernahme von Vorbildern bedeutsam ist, muß im Einzelfall geklärt werden. Die Häufigkeit

allgemeiner „nervöser Störungen" in den Familien wird auf rund 80% geschätzt.

Eine Verzögerung der Sprachentwicklung bei Stotterern gegenüber gesunden Kontrollgruppen ist statistisch gesichert. Dies ist z.T. wahrscheinlich darauf zurückzuführen, daß bei einem ziemlich hohen Anteil der Kinder Anzeichen für eine frühkindliche Hirnschädigung nachzuweisen sind. Die Prozentzahlen wechseln je nach der Bewertung der angewandten Kriterien. Sie liegen bei rund 40%. In 61% sind sogar aufgrund der allerdings wenig verläßlichen anamnestischen Angaben Hirnschäden zu vermuten. Sicher pathologische Elektroencephalogramme finden sich bei einem Drittel.

Auffälligkeiten im Elektronystagmogramm als mögliche Symptome einer Stammhirnschädigung sind in 48% der Fälle zu erkennen. Extrapyramidale Bewegungsstörungen, allgemeine Störungen der motorischen Geschicklichkeit werden häufig angegeben und sind diagnostisch zu beachten. Auch ist eine *faciobuccolinguale Dyspraxie* gelegentlich zu finden. Hierbei können Bewegungen im Bereich der Mund-, Kau- und Gesichtsmuskulatur auf Aufforderung nicht willkürlich ausgeführt werden, gelingen aber im Affekt.

Diese Beobachtungen weisen darauf hin, daß bei zumindest einem Teil der Stotterer mit einer Dysregulation des höchst komplexen neuromuskulären Apparates gerechnet werden muß, über dessen Natur jedoch nichts Verläßliches ausgesagt werden kann.

In den meisten Fällen handelt es sich bei der Symptomatik um ein *fixiertes Entwicklungsstottern*. Im Rahmen der normalen Sprachentwicklung macht das Kind einen Abschnitt durch, in dem die sprachlichen Fertigkeiten nicht voll dem Sprechantrieb und dem Mitteilungsdrang des Kindes zu entsprechen scheinen. Etwa im Alter von 3—5 Jahren beobachtet man häufig Laut-, Wort- und Silbenwiederholungen, auch ein Hesitieren des Kindes, wenn es zu Worte kommt. Diese Phänomene werden als Entwicklungsstottern bezeichnet, gelegentlich benutzt man auch den Ausdruck „*physiologische Wortfindungsstörung*". Dieser sollte in diesem Zusammenhang vermieden werden. Mit ihm wird eine Parallele zum Stottern aufgezeigt, das sich im Rückbildungsstadium einer Aphasie vorübergehend einstellen kann.

Der Übergang vom physiologischen Entwicklungsstottern zum Stottern als pathologischem Phänomen ist fließend. Erste Anzeichen, die eine therapeutische Intervention notwendig erscheinen lassen, sind der erhöhte Sprechtonus und eine reaktive Sprechhemmung.

Bei der *Fixierung des Entwicklungsstotterns* spielt die Haltung der Umwelt eine bedeutende Rolle. Gerade bei Kindern mit verzögerter Sprachentwicklung richtet sich die Aufmerksamkeit der Eltern besonders auf die sprachlichen Äußerungen. Ängstlichkeit, Besorgtheit, Mangel an Gelassenheit sind wichtige Haltungsfehler der Eltern. Die Ermahnungen, ordentlich zu sprechen, Sprechübungen, Kritik, ungeduldige Äußerungen führen dazu, daß der Sprechvorgang auch für das Kind den Charakter eines selbstverständlichen Mediums verliert und selbst zum Objekt der Aufmerksamkeit wird. Die Tatsache, daß bei Ausschaltung einer Kontrolle des eigenen Sprechens durch das Gehör das Stottern ausbleibt, ist in dieser Hinsicht bemerkenswert, wenngleich nicht leicht zu entscheiden ist, ob dabei die Unterbrechung eines neuronalen Regelkreises das Ausschlaggebende ist oder das psychologische Phänomen der Unterbrechung der inneren Zuwendung des Patienten zum Sprechvorgang.

Der einmal unter dem Einfluß der Umweltbedingungen in Gang gekommene pathologische Vorgang entwickelt eine Eigengesetzlichkeit, die bei späterer Untersuchung des Kindes gelegentlich die Entstehungsbedingungen nicht mehr erkennen läßt. In der Verselbständigung des pathologischen Sprechablaufes spielt die Erwartungshaltung des Kindes eine ganz bedeutende Rolle. Sie verstärkt im Sinne eines Circulus vitiosus das Symptom. Andere psychische Symptome wie die Kontaktscheu und aggressive Verhaltenszüge, die nicht selten auch bei Kindern mit verzögerter Sprachentwicklung zu beobachten sind, lassen sich dann als sekundäre Phänomene bewerten.

In anderen Fällen ist das Stottern Ausdruck einer tiefergehenden emotionalen Belastung des Kindes, die aus unterschiedlichen familiären Konstellationen entstehen kann. Unter diesen ist die mangelnde Bereitschaft der Umwelt, insbesondere der Mutter oder der älteren Geschwister, zu nennen, das Kind zu Wort kommen zu lassen, seine altersspezifischen Mitteilungsbedürfnisse zu akzeptieren, die ja ein wesentlicher Bestandteil der Selbstverwirklichung sind. In dem diagnostisch sehr aufschlußreichen gemeinsamen Gespräch mit der Mutter und dem stotternden Kind wird die erdrückende Vitalität der Mutter deutlich, die in ihrem Rededrang auch dann sofort eingreift, wenn das Kind angesprochen wird. Die Mütter bemerken selbst diese Haltung nicht oder entschuldigen sie mit den Sprachschwierigkeiten des Kindes. An diesem Verhalten der Mütter werden aber Bevormundungstendenzen und die mangelnde Möglich-keit, das Kind auch in anderen Lebensbereichen als im Sprachlichen gewähren zu lassen, deutlich. In diesem Zusammenhang ist zu erwähnen, daß die Frage, ob eine strenge Umerziehung von Linkshändern auf das Schreiben mit der rechten Hand im 1. Schuljahr zu Stottern führt, wiederholt diskutiert und kontrovers beantwortet worden ist. Sehr wahrscheinlich handelt es sich dabei um ein Problem, das aus dem gesamten Erziehungsstil resultiert. Dieser wird natürlich nicht allein von der Mutter bestimmt. Häufig lassen sich bei Stotterern auch beruflich sehr erfolgreiche und autoritäre Väter finden, von deren Dominanzansprüchen das familiäre Klima bestimmt wird.

Unter den Bedingungen, die zur Symptomgenese führen, ist ferner das Ausmaß der Aufrichtigkeit, das innerhalb einer Familie herrscht, zu berücksichtigen. In Familien von Stotterern kann man die mehr oder weniger bewußte Tendenz zur Verfälschung von Realitäten als ein wichtiges Charakteristikum entdecken, mit der Spannungen und Konflikte überdeckt, hinwegdiskutiert oder verschwiegen werden. So entstehen beim Kind Zweifel darüber, ob und wann etwas ausgesprochen oder auch an triebhaften Bedürfnissen gelebt werden darf oder nicht. Der Eindruck unausgelebter und angestauter aggressiver Bedürfnisse, den ein Teil der Patienten vermittelt, kann darin begründet liegen.

Fernau-Horn hat versucht, den einzelnen Formen des Stotterns einen jeweils typischen emotionalen Hintergrund zuzuordnen. Sie verbindet mit dem Symptom des Atemvorschiebens das Erlebnis eines Schrecktraumas, mit der Lautdehnung Angst- und Spannungszustände und mit dem stummen Schluchzen ein unterdrücktes Weinen. Das inspiratorische Stottern wird als Zurückhaltenwollen von Äußerungen und das explosive Stottern als Folge verdrängter Aggressionen gedeutet. Auch wenn diese Zusammenhänge nicht durchgängig bestehen, so bieten sich damit mögliche Zusammenhänge an, die genetisch durchaus im Einzelfall von Bedeutung sein können, und die diagnostisch beachtet werden sollten.

Die soziale Bedeutung des Symptoms ist erheblich, wie sich zwanglos aus der Störung der sprachlichen Kommunikation ergibt. Die oft ausgeprägte Kontaktscheu, in der die Kinder alles Fremde vermeiden, nur mit jüngeren Kindern oder gar nur mit Tieren spielen und durch die sie wiederum an das Elternhaus fixiert werden, ist eine wichtige Folge. Die Schulprobleme können schwerwiegend sein und haben dazu geführt, in Großstädten Spezialklassen einzurichten. Die zusätzliche Gefährdung des stotternden Schulkindes resultiert aber nicht nur aus der Angst vor dem Aufgerufenwerden, aus der mangelnden Rücksichtnahme einzelner Lehrer, aus dem Spott der Gleichaltrigen und der dadurch bedingten zusätzlichen Beeinträchtigung des Selbstwertgefühles, sondern auch daraus, daß die von der Umwelt angebotenen Hilfen zum Ausbau einer Außenseiterposition verhelfen und regressive Tendenzen unterstützen.

Diagnose und Differentialdiagnose. In der speziellen Diagnostik sind die unter der Symptomatik und Genese dargestellten Gesichtspunkte zu berücksichtigen, die die Erhebung einer biographischen Anamnese von den Angehörigen, ein diagnostisches Gespräch mit dem Kind, eine neurologische Untersuchung unter besonderer Berücksichtigung der motorischen Fertigkeiten und die Ableitung eines Elektroencephalogramms angezeigt erscheinen lassen. Das Ausmaß der Sprachstörung ist kein Kriterium für die Schwere der psychischen Beeinträchtigung des Kindes.

Differentialdiagnostisch ist das Poltern wichtig. Es gibt Übergangsformen, die man als Polterstottern bezeichnet. Als Kriterien für die Unterscheidung zwischen Poltern und Stottern lassen sich folgende Beobachtungen verwenden: Polterer bemerken ihre gestörte Sprechweise weniger als Stotterer. Diese bessert sich im Gegensatz zum Stottern, sobald die Kinder aufgefordert werden, ruhiger und langsamer zu sprechen. Auch bei der Aufforderung, Sätze zu wiederholen, bessert sich das Poltern. Durch Ablenkung verschlechtert sich das Poltern, es bessert sich dagegen, wenn bestimmte kurze Antworten vom Kind gefordert werden. Vor vertrauten Menschen wird wiederum im Gegensatz zum Stottern stärker gepoltert als vor Fremden.

Therapie und Prognose. Bei einem Entwicklungsstottern mit den ersten Anzeichen für eine mögliche Fixierung steht die Beratung der Angehörigen im Vordergrund. Neben dem Abbau der Besorgtheit der Eltern sind praktische Hinweise erforderlich, die darauf abzielen, die Symptomatik weitgehend zu ignorieren und Spannungssituationen zu vermeiden, in denen beide Gesprächspartner darauf warten, daß die tonische Pause überwunden werden kann. Es ist wichtig, dem Gespräch mit dem Kind einen beiläufigen Charakter zu geben z.B. dadurch, daß die Gesprächspartner beschäftigt sind. Dem Kind muß hinreichend Möglichkeit gegeben werden, zu Wort zu kommen.

Eine Revision des Erziehungsstiles, gegebenenfalls eine Behandlung der Eltern, kann notwendig werden, in einzelnen Fällen (vgl. A. Dührssen) ist eine ambulante Spieltherapie unter Einbeziehung der Mutter indiziert.

Bei lange bestehendem Stottern hat eine ambulante Spiel- oder verbale Psychotherapie mit dem einzelnen Kind relativ geringe Erfolgsaussichten. Sowohl bei der ambulanten als auch bei der vorzuziehenden stationären Behandlung ist die Arbeit in Gruppen und der Einsatz übender Verfahren vorteilhaft. Sie können mit der individuellen Therapie verbunden werden.

Unter anderem kann das autogene Training bei älteren Kindern mit bildhaften Vorstellungen: Der Weg ist frei, die Schranke öffnet sich u.ä., eingesetzt werden. Zahlreiche Gruppenaktivitäten werden empfohlen: Das rhythmisierte Sprechen im Chor, rhythmisches Musizieren mit den Orffschen Instrumenten, das Sprechen und Lesen nach vorgegebenen Rhythmen u.U. mit dem Metronom, der Einbau rhythmischer Körperbewegungen in den Sprechvorgang, schließlich das stimmhafte Kauen Froeschels als übende Verfahren mit unterschiedlichem theoretischen Hintergrund sind zu erwähnen. Das Spiel mit dem Kasperletheater, das gemeinsame Schmieren oder aus dem Fenster herausschimpfen, die paradoxe Intention von Frankl, bei der die Kinder aufgefordert werden, absichtlich zu stottern, gehören zum Programm der stationären Behandlung.

Über die Erfolge der einzelnen therapeutischen Verfahren liegen kaum vergleichbare Ergebnisse vor. Man rechnet im allgemeinen mit $1/3$ Heilungen und $1/3$ Besserungen. Die Rückfallquote nach Rückkehr in das häusliche Milieu unterstreicht die Notwendigkeit einer intensiven Nachbetreuung auch der Eltern.

Literatur

Andrews, G., Harris, M.: The Syndrome of Stuttering. London: Heinemann 1964.

Dührssen, A.: Psychogene Erkrankungen bei Kindern und Jugendlichen. 3. Aufl. Verlag f. med. Psychol. Göttingen: 1960.

Fernau-Horn, H.: Über die Beziehung zwischen Symptom und Ursache beim Stottern. Arch. Ohr.-, Nas.- u. Kehlk.-Heik. **169**, 521—523 (1956).

— Die Sprachneurosen. Stuttgart: Hippokrates 1969.

Fröschels, E.: Lehrbuch der Sprachheilkunde. Wien: Deuticke 1931.

Jones, H. G.: Stuttering. In: Symptoms of Psychopathology. (Hrsg. Ch. G. Costello) New York: J. Wiley a. Sons 1970.

Luchsinger, L., Arnold, G. E.: Lehrbuch der Stimm- und Sprachheilkunde. 2. Aufl. Wien: Springer 1959.

Luchsinger, R.: Poltern. Berlin: C. Marhold 1963.

Orthmann, W.: Sprechkundliche Behandlung funktioneller Stimmstörungen. Marhold: Halle 1956.

Schilling, A.: Sprech- und Sprachstörungen. In: Hdb. d. HNO-Heilkunde. (Hrsg.: I. Berendes, R. Link u. F. Zöllner) Bd. 2‘2, S. 1190—1259. Stuttgart: Thieme 1963.

Sheehan, I. G.: An integration of psychotherapy and speech therapy through a conflict theory of stuttering. I. Sp. Hear. Dis. **19**, 474—482 (1954).

X. Respiratorische Affektkrämpfe

Symptomatik. Bei dieser im Kleinkindesalter nicht seltenen Symptomatik setzt während des erregten Schreiens die Atmung in der Exspirationsphase aus. Die Kinder werden rasch cyanotisch, „schreien sich weg". Nach einer Pause von etwa 15 sec, in der der Kopf nach hinten gestreckt und mit den Armen hilflos umher geschlagen wird, löst sich der Zustand mit einer tiefen Einatmung. Die Kinder weinen weiter oder erscheinen erschlafft, ängstlich betroffen oder etwas verworren. Wenn die Blockierung der Atmung länger bestehen bleibt, wirkt das Zustandsbild ziemlich bedrohlich, und es kann zu generalisierten tonisch-klonischen Zuckungen, selten sogar zu Einnässen, Einkoten und Zungenbiß kommen. Neben diesem voll ausgeprägten Erscheinungsbild eines Grand-mal-Anfalles finden sich eine Reihe anderer motorischer Phänomene: irreguläre Zuckungen, tonische Streckstarre oder auch völlige Erschlaffung mit Gesichtsblässe.

Jungen sind häufiger als Mädchen betroffen. Das Manifestationsalter liegt zwischen 6 Monaten und 3 Jahren mit einem Maximum zu Beginn des 2. Lebensjahres. Die Affektkrämpfe treten meist beim einzelnen Kind an ähnliche Situationen gebunden auf. Sie werden durch starke seelische Erregung, in die sich das Kind hineinsteigert, ausgelöst. Anlässe sind Angst, Schreck, Wut, Trotz, seltener auch Schmerzen. Durch Milieuwechsel können die Anfälle sehr rasch beseitigt werden, erscheinen aber bei Rückkehr in die gewohnte Umgebung wieder.

Die Kinder sind meist altersentsprechend entwickelt, seltener bieten sie Anzeichen einer Retardierung. Relativ häufig werden Merkmale einer neuropathischen Konstitution (s. S. 39) gefunden. Darüber hinaus erscheinen die Kinder recht aktiv, energisch und verstärkt durchsetzungsbedürftig. Nachuntersuchungen haben gezeigt, daß bei Jungen später eine erhöhte psychische Labilität und die Neigung zu Jähzornsanfällen bestehen, bei Mädchen eine erhöhte Angstbereitschaft.

Genese und soziale Bedeutung. Wahrscheinlich kommt es zu einem Glottiskrampf, der zur Apnoe führt. Die mangelnde Sauerstoffzufuhr bedingt eine cerebrale Anoxämie, die ihrerseits die weitere Symptomatik bewirkt. Eine Beziehung zur Epilepsie besteht nicht, wenngleich unter Kindern mit respiratorischen Affektkrämpfen etwas häufiger eine Epilepsie gefunden wird als in der Durchschnittspopulation. Das EEG im Intervall ist regelrecht; während des Anfalls wurden keine Krampfpotentiale, sondern hohe langsame Wellen registriert.

Bei etwa 25% besteht eine homologe Belastung in der Familie, nicht dagegen mit Epilepsie. Neben den bereits erwähnten konstitutionellen Hinweisen auf eine erhöhte Empfindsamkeit oder gesteigerte Durchsetzungsbedürfnisse, die altersspezifisch verstärkt hervortreten, ist besonders auf die Milieubedingungen zu achten. Nicht selten lassen sich grobe erzieherische Fehler, vor allem lieblose und rigide Haltungen der Bezugspersonen finden. Diese sind nicht in der Lage, einfühlsam auf die kindlichen Entfaltungs- und Verselbständigungsbedürfnisse einzugehen. Ungeduld, abruptes Unterbrechen der kindlichen Beschäftigung, plötzliches Konfrontieren des Kindes mit angsterregenden Situationen, übersteigerte Anforderungen an die Folgsamkeit sind charakteristische Auslöser eines ersten Affektkrampfes. Sehr rasch kommt es zu Wiederholungen, wenn der recht dramatisch wirkende Mechanismus einmal abgelaufen ist. Die Reaktion der Umwelt darauf hat dabei eine für die Verstärkung nicht geringe Bedeutung. Die Angehörigen reagieren oft kopflos, ängstlich, und manches Kind merkt nur zu gut, daß die Erwachsenen damit sehr leicht beherrscht werden können. Eine derartige hysterische Reaktion des Kindes darf aber nicht darüber hinwegtäuschen, daß das Kind gezwungen ist, auf eine solche dramatische Weise seine Bedürfnisse kundzutun. Der Umwelt, die dies erzwingt, kommt meist pathogenetisch die entscheidende Bedeutung zu.

Diagnose und Differentialdiagnose. Die spezielle Diagnose muß die genannten genetischen Bedingungen berücksichtigen. Eine neurologische Untersuchung mit Elektroencephalogramm, gegebenfalls wiederholte Ableitungen, sind notwendig.

Differentialdiagnostisch stehen kindliche Epilepsieformen im Vordergrund. Die situative Bindung sowie der Ablauf: Affekt—Erregung—Schreien—Atemstillstand, dann erst Bewußtseinsstörung und Krampf, sind wichtige Kriterien für die Unterscheidung. Gelegentlich lassen sie sich aber schlecht anamnestisch gewinnen. Eine Spasmophilie läßt sich durch die neurologischen Symptome, positiven Chvostek, die erhöhte elektrische Erregbarkeit der Muskulatur und den erniedrigten Serum-Calciumspiegel ausschließen. Hustenattacken bei Pertussis können gelegentlich zu Apnoe führen, jedoch sind davon meist Kinder in den ersten Lebenswochen betroffen.

Therapie und Prognose. Die Beratung der Eltern steht im Vordergrund. Vor allem müssen die Mütter durch Thematisierung der Harmlosigkeit des Zustandsbildes beruhigt werden. Wichtig ist es, die erzieherische Haltung der Eltern so zu beeinflussen, daß es erst gar nicht zu derartig affektiv aufgeladenen Situationen kommt. Bei erregtem Schreien hilft gelegentlich noch Ablenkung. Die bekannten Gegenreize durch einen Klaps oder Bespritzen mit kaltem Wasser etc. vermögen den Ablauf jedoch nicht mehr zu bremsen.

Manchmal ist eine leichte medikamentöse Sedierung des Kindes mit Baldrian oder Hovaletten zusätzlich angezeigt.

Bei groben Fehlhaltungen der Eltern sind soziale Maßnahmen notwendig, gegebenenfalls ist es auch richtiger, das Kind kurzfristig stationär einzuweisen. Meist verschwindet die Symptomatik dadurch schlagartig, vor allem lassen sich aus den Erfahrungen des Pflegepersonals Richtlinien für die erzieherische Beratung der Eltern ableiten.

Die Prognose ist absolut günstig. Die Anfälle sistieren spätestens im 4. Lebensjahr. Trotzdem ist natürlich eine Überprüfung der Lebenssituation des Kindes mit entsprechenden therapeutischen Maßnahmen indiziert.

Literatur

Bamberger, Ph., Matthes, A.: Anfälle im Kindesalter. Basel-New York: Karger 1959.

Stutte, H., Stutte, M. L.: Zur Psychologie und Pädagogik der kindl. Trotzphase. Kderärztl. Prax. **18**, 17—26 (1950).

XI. Asthma bronchiale

Symptomatik. Die wesentlichen Symptome des Asthmaanfalls sind die mehr oder weniger akut einsetzende Atemnot (Ruhedyspnoe) mit verlängertem, erschwerten Expirium, pfeifende Geräusche, Rhonchi bei Auskultation und ein fädiges durchsichtiges Sputum, das als perlartig zu kennzeichnen ist. Die starke Beeinträchtigung des Patienten ist sehr eindrucksvoll: Gesichtsblässe, gequälter, angestrengter Gesichtsausdruck, Schleimhautcyanose. Die stark erschwerte Atmung führt zum Einsatz der Auxiliarmuskulatur, oft unter Abstützung der Arme, mit halb aufrechter Haltung. Der Thorax ist überbläht. Pfeifende Geräusche, unterlegt von Rasselgeräuschen, sind meist schon aus der Distanz hörbar. Die Patienten leiden unter einem Beengungsgefühl, haben Angst, oft kommt es zu Schmerzen im Bereich des Brustkorbes.

Im Intervall ist meist keine Beeinträchtigung der Atemfunktion, manchmal aber auch eine abgeschwächte Symptomatik, wie sie beim Anfall auftritt, zu beobachten. Diese asthmoide Atmung kann schon bei leichten Anstrengungen, auch bei Lachen oder Weinen, verstärkt in Erscheinung treten und zum voll ausgebildeten Anfall führen. Die Anfälle treten oft in tageszeitlicher Bindung nur morgens oder nur abends auf.

Als Status asthmaticus bezeichnet man einen besonders schweren, lang anhaltenden Zustand typisch asthmatischer Dyspnoe, er erfordert sofortige intensive therapeutische Maßnahmen.

Bei einem recht hohen Anteil der Patienten, man schätzt 25%, treten die ersten Symptome bereits vor dem 5. Lebensjahr auf. Jungen erkranken häufiger als Mädchen, die Verhältniszahlen werden mit 2:1 bzw. 3:2 angegeben. Im Erwachsenenalter soll das Verhältnis der Geschlechter zueinander 1:1 betragen.

Dem Asthma geht relativ häufig eine Rhinitis vasomotorica mit starkem Juckreiz und heftigen Niesanfällen voraus. Diese begleitet auch nicht selten das Asthmaleiden. In den Formenkreis dieser beiden auch unabhängig voneinander auftretenden Krankheitsbilder gehört auch die spastische Bronchitis, die durch heftige Hustenattacken mit Kopfweh, Schwindel gekennzeichnet ist, u. U. sogar zu Brechreiz führt und die ebenfalls dem Asthmaleiden vorausgehen kann.

Beim Asthmatiker ist mit einer erhöhten Infektanfälligkeit des Respirationstraktes zu rechnen. Derartige Sekundärinfekte treten etwa in 70% der kindlichen Asthmakranken auf. Dadurch bedingt kann es zu einer Verschlimmerung des Asthmas kommen.

Eine einheitliche Persönlichkeitsstruktur des asthmatischen Kindes läßt sich nicht aufzeigen, es finden sich häufig Patienten, die reagibel und intelligent wirken. Gruppenuntersuchungen haben aber gezeigt, daß der Intelligenzquotient asthmatischer Kinder nicht wesentlich von dem Gleichaltriger abweicht. Eine Kontaktstörung gegenüber anderen Kindern beruht nicht selten auf Einschränkungen, die dem Patienten durch die Krankheit auferlegt werden, doch ist hierbei auch an eine besonders enge Mutter-Kind-Beziehung zu denken, die bei einem Teil der Kranken auch für die Genese in Betracht gezogen werden muß und unter diesen Abschnitt dargestellt wird. Hierdurch geraten die Kinder leicht in eine Isolierung oder gar in eine Prinzenrolle. Als weitere Persönlichkeitszüge, die angetroffen werden, sind zu nennen: eine erhöhte emotionale Ansprechbarkeit, ja Reizbarkeit, mangelndes Selbstvertrauen, Überängstlichkeit, forderndes, wenig kameradschaftliches, egozentrisches Verhalten und versteckte

Aggressivität bei vordergründiger Folgsamkeit und ordentlichem, angepaßtem Verhalten, auch Ehrgeizhaltungen bei mäßigen Schulleistungen.

Genese und soziale Bedeutung. Das pathophysiologische Substrat des Anfalls besteht in einem Spasmus der glatten Muskulatur der kleinen Bronchien und Bronchiolen und in einem Schleimhautödem der Bronchien mit einer Überproduktion von zähem Schleim. Hierdurch entsteht eine Stenose, die zu den charakteristischen Symptomen führt.

Die Ursachen, die dem Leiden zugrunde liegen, lassen sich in 3 Gruppen einteilen, die im Einzelfall unterschiedliche Bedeutung haben, meist aber zusammenwirken.

1. Infekte. Bei Kindern tritt das Asthma häufig zum erstenmal nach fieberhaften Infekten der oberen Luftwege, nach Pneumonien, Keuchhusten oder Masern, auf. Dies gilt besonders für das erste, aber auch noch für die folgenden 3 Lebensjahre. In welcher Weise derartige Infekte das Asthma auslösen oder verursachen können, ist nicht bekannt. Als Möglichkeiten werden das Mitwirken parallergischer Vorgänge oder die Bildung von endogenen Allergenen unter dem Einfluß der Infektion diskutiert.

2. Allergie. Vor allem Inhalationsallergene, wie Hausstaub, Bettzeug, Roßhaar, Wolle, Schimmelpilz, Pollen, seltener Nahrungsmittelallergene sind als wichtigste und häufigste Ursache (etwa 70 bis 75% der Fälle) zu nennen. In der Familie finden sich bereits gehäuft Hinweise auf Erkrankungen des allergischen Formenkreises: Ekzem, Rhinitis, Quincksches Ödem, Migräne, Neurodermitis. Die Beziehung zwischen Allergenen und der somatischen Reaktion des Patienten folgt aber keineswegs einem einfachen Kausalitätsprinzip, sie ist im Gegenteil sehr kompliziert. Darauf weist die Tatsache hin, daß derartige Allergene ubiquitär sind und bei 50% der Bevölkerung durch Hauttests eine Sensibilisierung gegen das eine oder andere Allergen nachweisbar ist, nur 10% der Bevölkerung aber an Allergosen leiden. Die Anzahl der Schulkinder mit Asthma bronchiale wird auf 0,7—1,5% geschätzt.

Es ist ferner zu berücksichtigen, daß ein asthmatischer Anfall in einer experimentellen Situation ausbleiben kann, wenn das beim Patienten wirksame Allergen vorhanden ist, sich dieser aber in einer Situation befindet, in der er es nicht erwartet. Asthma-Anfälle können andererseits ausgelöst werden, auch wenn das für den Patienten spezifische Allergen eliminiert worden ist, der Patient aber aufgrund der Gesamtsituation seine Anwesenheit vermuten muß. Derartige Experimente zeigen, daß eine Erwartungshaltung beim Patienten eine bedeutende Rolle spielt. Bei ungefähr $1/4$ der asthmatischen Kinder läßt sich eine Allergie nicht nachweisen.

3. Psychische Faktoren. Diese können in nur 1—2% allein für die Entstehung des Asthma bronchiale verantwortlich gemacht werden. Jedoch sind sie in rund 60% der asthmatischen Kinder ursächlich am Zustandekommen des Krankheitsbildes beteiligt. In der Altersgruppe der Fünf- bis Neunjährigen werden psychogene Mechanismen sogar in 30% der Fälle als der wichtigste krankheitsbedingende Faktor betrachtet.

Aus dieser etwas schematisierten Aufzählung möglicher pathogenetischer Faktoren ist zu folgern, daß es nicht sinnvoll ist, von der Hypothese der Homogenität einer derartigen psychosomatischen Krankheit auszugehen, sondern zu versuchen, Untergruppen mit verschiedener Valenz der pathogenetisch erkennbaren Faktoren zu bilden. Ein derartiger Versuch wurde von Block, Jennings u.a. unternommen. Diese wählten als Kriterium für die Trennung von Untergruppen eine Skala des allergischen Potentials (APS = allergic potential scale), die folgende Daten umfaßt: 1. die familiäre Belastung mit Allergien, 2. die Prozentzahl der Eosinophilen im Blut, 3. das Ergebnis des Intracutan-Tests, 4. die Anzahl anderer allergischer Manifestationen beim Kind und 5. die Leichtigkeit, mit der ein spezifisches Allergen beim Patienten gefunden werden kann. Kinder mit einem hohen APS wurden von denen mit einem niedrigen APS getrennt. In der Schwere des Krankheitsbildes bestand kein Unterschied zwischen beiden Gruppen. Jedoch zeigten sich sehr bedeutsame Unterschiede hinsichtlich des Ausmaßes psychopathologischer Phänomene bei den Patienten und in deren Familien.

Die Kinder mit einem hohen APS waren psychisch weniger auffällig. Sie zeigten mehr Selbstvertrauen, waren vernünftiger, jungenhaft-unternehmungslustig bzw. mädchenhafter, sie hatten eine offenere, unkompliziertere Beziehung zu ihren Eltern und zu anderen. Die Eltern erzogen diese Kinder zu Selbständigkeit, ließen ihnen Raum für die eigene Entfaltung, boten ihnen mehr Schutz ohne Bevormundung. Das Asthma wirkte bei dieser Gruppe eher wie eine körperliche Krankheit.

In der Gruppe der Kinder mit niedrigem APS wurden die psychopathologischen Abweichungen bei den Patienten und deren Eltern in signifikant höherem Maße beobachtet, mit denen bisher zu sehr verallgemeinernd der Asthmatiker schlechthin gekennzeichnet wurde. Hierbei ließen sich die bereits geschilderten psychopathologischen Auffälligkeiten finden. Es zeigten sich auch die Besonderheiten in der Persönlichkeitsstruktur der Mutter und in der Mutter-Kind-Beziehung, die immer wieder im Zentrum der Diskussion um die psychogene Verstärkung oder Verursachung des Asthmas stehen.

Die Mütter sind ängstlich, unsicher, finden häufig wenig Befriedigung in ihren sozialen Kontakten oder in der Ehe. Sie haben oft eine abwertende Haltung gegenüber dem Ehemann und versuchen zu dominieren. Aus dieser Grundhaltung heraus neigen sie zu einer besonders engen Bindung an das Kind, sie haben ständig das Bedürfnis „helfend", aber auch dominierend einzugreifen aus Angst um das Kind, aus eigener Unsicherheit, aber ebenso aus Dominanzansprüchen. Sie scheinen mehr Schutz zu bieten, bevormunden dabei aber den Patienten, halten ihn in einer unselbständigen Rolle aus dem Empfinden, alles selbst regeln zu müssen.

Bei dem Patienten ist dementsprechend eine starke Abhängigkeit, ja Hörigkeit von der Mutter nicht selten untermischt von passivem Widerstand. Die bildhafte Deutung eines Anfalls als „Schrei nach der Mutter" in Situationen, in denen eine selbständige Entscheidung vom Kind verlangt wird, oder die Deutung des Anfalls als somatisierten Protest gegen die erdrückende Mutterliebe kennzeichnen die Situation nicht selten treffend.

Die soziale Bedeutung für das erkrankte Kind läßt sich aus den Einschränkungen ablesen, die sich durch die Häufigkeit der Anfälle ergibt. Der Schulerfolg kann durch häufiges Fehlen in Frage gestellt sein. Darüber hinaus wird das Kind daran gehindert, an Freizeitaktivitäten anderer teilzunehmen. Auch hier spielt die Haltung der Mutter eine bedeutende Rolle. So wird vordergründig alles dem Problem der Gesundheit untergeordnet, die Einengung des Bewegungsraumes, das Fernhalten von Aufregungen oder Anstrengungen, vom Sport, vom Spiel auf der Straße. Gleichzeitig wird das Kind auch in starkem Maße den Forderungen nach Sauberkeit, z.B. forciert durch den Nachweis eines Hausstauballergens, und der Forderung nach Mäßigung und ordentlichem Verhalten unterworfen. Nicht nur der Schlaf, sondern auch das Verhalten bei Tage werden ständig kontrolliert. Gerade hierbei verstärkt sich oft der Eindruck, daß diese Überprotektion der Befriedigung eigener Ansprüche der Mutter dient und das Kind nicht um seiner selbst willen bemuttert wird. Gerade in der Pubertät

können die starke Bindung an die Mutter und die Bevormundung durch die Mutter zu forcierten Ablösungsversuchen führen, die zu erheblichen Selbstwertkrisen führen und mit dissozialen Handlungen einhergehen können.

Diagnose und Differentialdiagnose. Die Diagnose ergibt sich aus der klinischen Symptomatik. Eine möglichst weitgehende Abklärung der ätiologischen Faktoren in Zusammenarbeit mit dem Kinderarzt ist anzustreben. Blutbild, Intracutantests auf Allergene, nur von einem Erfahrenen durchgeführt, gegebenenfalls eine hals-nasen-ohrenärztliche Untersuchung, eine Lungenübersichtsaufnahme und, neben der somatischen Anamnese, die Exploration des Zeitpunktes der inneren und äußeren Gegebenheiten bei Auftreten der Anfälle und der familiären Lage ergeben Hinweise für die einzuschlagende Therapie.

Differentialdiagnostisch ergeben sich in der Regel keine Schwierigkeiten. Im Kleinkindalter kann eine expiratorische Dyspnoe bei bronchiolitischen oder pneumonischen Prozessen auftreten, Keuchatmung kann durch die Lungenmanifestation bei cystischer Pankreasfibrose oder bei Mediastinaltumoren, retrosternaler Struma, Aneurysmen der Brustaorta oder bei angeborenen Thoraxdeformitäten auftreten. Ein Asthma cardiale ist im Kindesalter kaum zu beobachten.

Therapie und Prognose. Die somatische Therapie richtet sich nach dem Ergebnis der speziellen Diagnostik. Wenn es gelingt, ein Allergen nachzuweisen, lassen sich daraus Verhaltensmaßregeln ableiten. Auch ist die Frage einer Desensibilisierung mit einem auf diesem Gebiet Erfahrenen zu diskutieren. Gegebenenfalls ist die Infektbekämpfung wichtig.

Die symptomatische Behandlung besteht in der Anwendung von Bronchospasmolytika. Die Corticosteroide haben ihre Indikation beim Status asthmaticus und bei chronifizierten, schlecht zu behandelnden Fällen. Die medikamentöse Ruhigstellung im Anfall hat zu beachten, daß keine Medikamente mit einem atemdepressorischen Effekt angewendet werden. Opiate sind kontraindiziert. Die Anwendung von Chloralhydrat kann empfohlen werden.

Die speziell kinderpsychiatrischen Aufgaben liegen in erster Linie in dem Versuch einer Elterntherapie, die sich in der Regel um die Mutter zu bemühen hat und diese in die Lage versetzen muß, die starken symbiotischen Tendenzen aufzugeben.

Die klinische kinderpsychiatrische Therapie ohne eine derartige begleitende Elterntherapie ist nur dann sinnvoll, wenn beabsichtigt ist, das Kind für längere Zeit außerhalb der eigenen Familie unterzubringen. Sie hat dann das Ziel, das Kind soweit zu verselbständigen, daß es in der Lage ist, die Trennung von der Mutter zu bewältigen und eigene aggressive Impulse frei zu äußern. In der Psychotherapie des Asthmas muß damit gerechnet werden, daß es während der Besserung der somatischen Beschwerden zu erheblichen Verhaltensstörungen kommt, die sowohl von den Eltern als auch von dem klinischen Personal mit Gelassenheit getragen werden müssen.

Auch wenn eine psychogene Komponente unter den genetischen Bedingungen nur eine untergeordnete Rolle spielt, ist es sehr wertvoll, die Eltern an psychotherapeutischen Gruppengesprächen teilnehmen zu lassen und mit dem Kind, je nach Alter, in Form einer Spiel- oder Gesprächstherapie die Erwartungshaltung zu mildern. Sehr gut eignet sich dazu auch das autogene Training im Schulalter. Ziel einer derartigen Behandlung ist es, den Eltern und dem Kind einen spannungsfreieren Umgang mit der Symptomatik zu ermöglichen. In derartige Gespräche sollte auch die Handhabung der Medikation, die vorher mit dem Kinderarzt abgesprochen werden muß, einbezogen werden.

Etwa 45—50% der Patienten halten die Symptomatik bei. Frühes Einsetzen des Asthmas trübt die Prognose nicht. Die Besserungsrate ist bei den Patienten, die außerdem unter Ekzemen und einer Rhinitis vasomotorica leiden, etwas ungünstiger. Jungen haben eine etwas bessere Prognose als Mädchen.

Literatur

Barr, L. W., Logan, G. B.: Prognosis of children having asthma. Pediatrics **34**, 856—860 (1964).

Biermann, G.: Psychosomatik des Asthma bronchiale im Kindesalter. Prax. Kinderpsychol. **18**, 33—49 (1969).

Bräutigam, W.: Über die psychosomatische Spezifität des Asthma bronchiale. Psyche **8**, 481—523 (1954/55).

Block, I., Jennings, P. H., Harvey, E., Simpson, E.: Interaction between allergic potential and psychopathology in childhood asthma. Psychosom. Med. **26**, 307—320 (1964).

Purcell, K.: Critical appraisal of psychosomatic studies of asthma. New York J. Med. **65**, 2103—2109 (1965).

Schneer, H. J. (Hrsg): The asthmatic child. New York: Harper & Row 1963.

Sperling, M.: Psychotherapeutische Aspekte des kindlichen Bronchialasthmas. In: Hdb. Kinderpsychotherapie (Hrsg. G. Biermann). München-Basel: Reinhardt 1969.

XII. Appetitstörungen

Symptomatik. Störungen des Appetits führen sehr oft zur Konsultation des Arztes. Sie finden sich bei etwa 20% der Schulanfänger, bei 10jährigen Schulkindern noch zu 14% (von Harnack). Im allgemeinen zeichnet sich die psychogene Ursache oder zumindest Komponente schon in der Symptomatik ab, zu der abnorme Eßgewohnheiten ebenso wie die Reaktion der Mutter gehören. Die Kinder befinden sich nur selten in einem schlechten Ernährungszustand, im Vordergrund stehen lebhafte Klagen der Mutter über die Widerstände des Kindes. Diese zeigen sich im Spiel mit der Nahrung, Zögern bei der Nahrungsaufnahme, langsamen Kaubewegungen und Wälzen der Bissen im Munde. Einzelne Speisen werden bevorzugt, dann wieder verweigert. Zwischen den Mahlzeiten werden gerne Getränke (Milch!), Obst und Süßigkeiten aufgenommen.

Genese und soziale Bedeutung. Bei Kindern gleichen Alters sind die Nahrungsbedürfnisse sehr verschieden. Auch ist die Beziehung zwischen Nahrungsmenge und Körperfülle sehr unterschiedlich. Nach Ende des 1. Lebensjahres mit Verringerung der Zuwachsrate des Gewichtes läßt auch der Appetit merklich nach, so daß von einer „physiologischen Anorexie des 2. Lebensjahres" gesprochen werden kann. Zu Beginn der Pubertät tritt eine oft erstaunliche Steigerung des Appetits auf, der im übrigen mit der motorischen Aktivität, der emotionalen Gestimmtheit und der Art der Mahlzeiten (Geselligkeit, optische Wirkung der Speisen) deutlich schwanken kann.

Ein Appetitmangel pathologischen Ausmaßes kann ohne erkennbare allgemeine oder hirnorganische Ursache von Geburt an bestehen. Störungen des Appetits finden sich bei encephalopathischen Kindern mit verstärktem Bewegungsdrang und Magerkeit.

Ängstliche oder überforderte Kinder leiden nicht selten unter Appetitmangel während der Schulzeit. Gelegentlich sind Eßstörungen verbunden mit chronisch reaktiven depressiven Zustandsbildern, z. B. bei ungeliebten Pflegekindern.

Die meisten Kinder mit Appetitstörungen sind aber körperlich gesund, zumindest durchschnittlich intelligent, lebhaft aber eigenwillig. Dem entspricht, daß psychogene Appetitstörungen bevorzugt nach der Umstellung auf selbständiges Essen z. Z. der Trotzphase entstehen und zu einem Brennpunkt der Abwehr des Kindes gegenüber einer „drängenden Betulichkeit" (Dührssen) der Mutter werden können. Damit sind sehr treffend Haltungen gekennzeichnet, die vordergründig immer als besondere Aufmerksamkeit am Wohl des Kindes, häufig des Einzelkindes, imponieren und auch subjektiv so verstanden werden, die aber oft ein hohes Maß an Reglementierung, ja Härte enthalten. Über diese orientiert gelegentlich rasch die Toleranz der Mutter gegenüber der Bevorzugung bestimmter Speisen. Die Mütter sind aus verschiedenen Gründen nicht in der Lage, die Kinder gewähren zu lassen. Selbstunsicherheit, Überängstlichkeit, anankastische Züge oder entsprechende berufliche Vorbildung führen zur strengen Befolgung von theoretischen Pflegeanweisungen. Die aufopferungsvolle Hingabe an das Kind kann eine tiefgreifende Ambivalenz gegenüber der Mutterrolle verdecken (unerwünschte Geburt, Überlastung, Eheprobleme, Behinderung der eigenen Berufswünsche) und eine deutliche aggressive Komponente enthalten, die sich in der Gewaltsamkeit verrät, mit der das Essen erzwungen wird. Die Forderung nach Eßgehorsam stellt häufig nur einen Sektor einer stark bevormundenden Erziehung dar, die die Verselbständigungstendenzen und Expansionsbedürfnisse der Trotzphase nicht zu tolerieren vermag.

Diagnose und Differentialdiagnose. Die spezielle Diagnostik psychogener Appetitstörungen hat die zuvor genannten Gesichtspunkte zu berücksichtigen. Besondere Bedeutung ist der Persönlichkeitsstruktur der Mutter zuzumessen.

Differentialdiagnostisch ist zu beachten, daß akute Appetitstörungen im Zusammenhang mit körperlichen Erkrankungen auftreten können, die abgeklärt werden müssen. Chronische Appetitstörungen erfordern neben der allgemeinen somatischen und neurologischen Untersuchung auch eine Überprüfung des Nahrungsangebotes hinsichtlich der Zusammensetzung, Variabilität und Regelmäßigkeit, sowie der Eßgewohnheiten der Familie, des Verhaltens des Kindes beim Essen und der Haltung der Bezugspersonen. Gegebenenfalls müssen rezidivierende oder chronische Infekte, auch der Harnwege, Diabetes, seltener eine Hyperthyreose, kongenitale Herzfehler, hypochrome Anämie oder Fettresorptionsstörungen ausgeschlossen werden.

Therapie und Prognose. In leichten Fällen reichen Beratungsgespräche mit der Mutter über den Nahrungsbedarf und eine Beruhigung über den Gesundheitszustand etwa hochaufgeschossener, magerer Kinder, sowie Anregungen zur Gestaltung der Mahlzeit aus. Die Mütter müssen dazu ermutigt werden, das Kind in diesem Bereich gewähren zu lassen.

Bei schweren psychogenen Störungen steht jedoch die psychotherapeutische Behandlung der Mutter-Kind-Beziehung im Vordergrund. Hierbei muß sich zeigen, wieweit die Mutter in der Lage ist, ihre Haltung durch Beratungsgespräche zu korrigieren oder ob intensivere psychotherapeutische Aussprachen über ihre eigene Problematik erforderlich sind. In manchen Fällen ist eine klinische Aufnahme des Kindes erforderlich, um die affektive Verstrickung zwischen Mutter und Kind zu lösen.

Die Verordnung von allgemein stärkenden oder appetitanregenden Medikamenten, die oft von den Eltern gefordert wird, sollte möglichst vermieden werden.

Bei schlecht essenden encephalopathischen Kindern ist eine leicht sedierende Therapie neben der Gabe von Traubenzucker etwa 1 Std vor der Mahlzeit oder der Verordnung eines Stomachicums indiziert.

Die Prognose kindlicher Appetitstörungen ist gut. Nur selten kommt es bei sehr ungünstigen Milieubedingungen oder primär auffälligen Charakterstrukturen zu einem Fortbestehen der Symptomatik über die Pubertät hinaus.

Pica

Viele gesunde Kleinkinder zeigen vorübergehend die Neigung, nicht genießbare Dinge zu belecken und anzuknabbern, die für sie einen individuellen Aufforderungscharakter haben, wenn sie gerade dem Säuglingsalter entwachsen sind und die elterliche Wohnung erkunden. Manchmal werden diese Dinge auch gegessen: Möbelpolitur, abgeknabberte Farbe, Seife, Schuhwachs, Wolle und vieles andere. Mit einer vernünftigen erzieherischen Haltung lassen sie sich dies rasch abgewöhnen.

Das Persistieren der Symptomatik ins 2. oder 3. Lebensjahr oder ihr späteres Auftreten sind regelmäßig als Hinweise auf eine erhebliche Störung zu werten. Schwachsinn stärkeren Grades, eine Encephalopathie, aber auch schwerwiegende Milieuschäden mit Vernachlässigung, Hospitalismus bei geistig Nichtbehinderten können zugrunde liegen, sind durch andere Symptome zu erkennen und entsprechend zu behandeln. Eine Psychose muß ausgeschlossen werden. Manchmal hat das Symptom einen ausgeprägt provokatorischen Charakter, z.B. in der Auseinandersetzung von Kindern mit hochgradig abnormen und erziehungsunfähigen Müttern.

Die gleichen Überlegungen gelten für die Koprophagie, das Essen von Kot.

Literatur

Bruch, H.: The psychological aspects of reducing. Psychosom. Med. **14**, 337—346 (1952).

Cooper, M.: Pica. Springfield: Thomas 1957.

Dührssen, A.: Psychogene Erkrankungen bei Kindern und Jugendlichen. 3. Aufl. Göttingen: Verlag f. Med. Psychologie 1960.

Harnack, G. A. v.: Nervöse Verhaltensstörungen beim Schulkind. Stuttgart: Thieme 1958.

Schwidder, W.: Psychosomatik und Psychotherapie bei Störungen und Erkrankungen des Verdauungstraktes. Acta psychosomatica, Nr. 7. Basel: Geigy 1965.

XIII. Anorexia nervosa

Symptomatik. Die Symptomatik des Krankheitsbildes wurde 1873 ausführlich von dem Londoner Internisten Gull beschrieben, gleichzeitig unter dem Namen Anorexia hystérique von Laseque. Die deutsche Bezeichnung Pubertätsmagersucht hebt den suchtartigen Charakter der Störung und die enge Bindung an die puberale Entwicklung hervor, wodurch schon in der Bezeichnung die notwendige Abgrenzung gegenüber anderen Formen der Nahrungsverweigerung, ebenfalls psychisch bedingten Appetitstörungen, deutlich wird.

Es erkranken Mädchen mehrfach häufiger als Jungen, das Verhältnis liegt bei 30:1. Ein Maximum der Erkrankungen findet sich bei etwa 13 Jahren, jedoch gibt es auch schon 8jährige Kinder, die an einer Anorexia nervosa erkranken und auch im 3. Lebensjahrzehnt tritt die Krankheit auf. Sie zeigt dabei aber Abweichungen gegenüber einer Kerngruppe, für die der pubertäre oder präpubertäre Beginn charakteristisch ist. Ein zeitlicher Zusammenhang mit der somatischen Pubertätsentwicklung ist auch dann anzunehmen, wenn Mädchen noch nicht menstruieren. Vorwiegend handelt es sich um gut geistig leistungsfähige Patienten, bei denen keine Appetitstörungen in der früheren Kindheit vorgelegen haben.

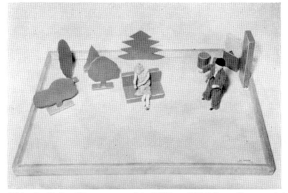

Abb. 1. Pubertätsmagersucht, 15jähr. Mädchen, Scenospiel, Thema: Etwas zum Fürchten: „Ein Mann kommt". Vereinsamung und Abwendung werden deutlich

Das zentrale Symptom ist die Abmagerung durch eine weitgehende Verweigerung der Nahrungsaufnahme. Bei manchen Patienten stehen bewußte Bemühungen, das Körpergewicht zu reduzieren, am Anfang der Symptomatik. Appetitzügler, Abführmittel, von den Müttern manchmal sogar gleichzeitig angewendet, werden eingenommen, um ein pausbäckiges Aussehen, ein „Dickwerden der Oberschenkel" zu beheben. Obwohl die ursprünglich bewußt intendierte Schlankheit längst überschritten ist, hungern die Patienten weiter, wobei sie angeben, daß sie nicht in der Lage seien zu essen, obwohl sie, wie häufig beteuert wird, angeblich durchaus einsehen, daß sie mehr essen müßten und ihren „guten Willen" betonen. Diese Äußerungen wirken häufig sehr zwielichtig, so daß es im Einzelfall schwierig ist, abzugrenzen, wie bewußtseinsnah die Abstinenz ist. Nur selten bekennen sich die Patienten offen, auch mit einem aggressiven Unterton, zu ihrer Nahrungsverweigerung. Andere können keine Motivation für eine zunehmende „Appetitlosigkeit "angeben, die mehr oder weniger rasch zu einer fast völligen Nahrungsverweigerung führt. Besondere Gelüste z.B. auf Gurken oder Zitronen oder andere, wenig kalorienhaltige, aber geschmacklich kräftige Nahrungsmittel treten auf, manchmal bekommt das Essen ein deutlich zwanghaft rituelles Gepräge, z.B. durch Wälzen von mühsam über die Zahnschwelle gebrachten Bissen im Mund. Gerade die gemeinsamen Mahlzeiten werden vermieden. Kleinste Nahrungsmengen werden als völlig ausreichend deklariert, wobei das Ausmaß der Fehleinschätzung beeindruckt. Ein Hungergefühl wird regelmäßig verneint, doch kann es zur heimlichen, strikt verleugneten Aufnahme kleinster Nahrungsmengen kommen. Nur selten erliegen die Patienten aber Heißhungeranfällen, bei denen größere Mengen oft schlecht verträglicher oder gar unappetitlicher Speisereste buchstäblich ohne zu kauen verschlungen werden. Danach kann es zu Erbrechen kommen, wie überhaupt manche Patienten ein beachtliches Geschick zu erbrechen entwickeln, wenn die Toleranzschwelle durch Drängen seitens der Angehörigen überschritten wird. Eine Obstipation ist meistens vorhanden und führt zu Einnahmen von Laxantien, z.B. bis zu 30 Dulcolax-Dragees täglich, die dann ihrerseits zu schweren blutigen Diarrhoen führen können. Ein derartiges Nebensymptom kann ganz in den Vordergrund der Probleme treten, mit denen sich die Patienten beschäftigen.

Es kommt rasch zu einer erheblichen Gewichtsabnahme. Die trockene Haut spannt sich über den

Knochenvorsprüngen, infolge der schlechten Hautdurchblutung erscheinen die Extremitäten bläulich und kalt. Die Patienten nehmen offensichtlich ihr stark entstelltes Aussehen nicht wahr. Trotz des schlechten Allgemeinzustandes sind sie meist rastlos in Bewegung, wandern, basteln verbissen mit blutenden Schwielen, arbeiten still dienend, manchmal masochistisch aufopferungsbereit, aber auch hoheitsvoll herablassend. Sie kochen hingebungsvoll für die anderen, finden immer einen Vorwand noch nicht zu Bett zu gehen, haben morgens bereits den Kaffeetisch einladend gedeckt, wenn andere noch nicht aufgestanden sind. Erst in hochgradig kachektischem Zustand, der zu einer vitalen Gefährdung führen kann, kommt es zu eher passiven Haltungen, in denen die Patientinnen prinzessinnenhaft mit lebhaft sprechendem Augenausdruck, insgesamt aber depressiv getönt, in ihren Kissen liegen können.

Relativ früh, in der Regel zumindest früher, um als Sekundärsymptom des Mangelzustands interpretiert werden zu können, entwickelt sich eine Amenorrhoe.

Die Patienten können lange in der Schule voll leistungsfähig bleiben. Zwischen den Eltern und dem Kind treten oft erhebliche Spannungen auf, die zu heftigen Auseinandersetzungen um die Mahlzeiten und um die Nahrungszusammensetzung führen, da die Eltern beunruhigt sind, manchmal aber auch die sthenische, ja oft aggressive Tönung im Verhalten der Patientin spüren oder sogar die Störung als einen protrahierten Suicidversuch empfinden können und über die häufig durchschaubaren, bewußten Lügen entsetzt sind. Dies um so mehr, als die Patienten in ihrer Kindheit in der Regel wenig Schwierigkeiten bereitet haben, auch recht vital und durchsetzungsfähig wirkten.

Stoffwechseluntersuchungen ergeben keine Besonderheiten, die nicht als Folge der Nahrungskarenz aufgefaßt werden können. Es finden sich Untertemperatur und Bradykardie. Die Grundumsatzerniedrigung erklärt sich durch die Abnahme auch stoffwechselaktiven Gewebes. Der einzig wesentliche endokrinologische Befund kann in der Herabsetzung der Gonadenfunktion bestehen, die auf eine verminderte Gonadotropinausscheidung zurückzuführen ist und die ihrerseits als Folge der psychischen Vorgänge aufgefaßt werden muß.

Häufigkeitsangaben über das Auftreten derartig schwerer, manchmal lebensbedrohlicher Zustandsbilder liegen nicht vor, eine Zunahme in den letzten Jahrzehnten wird erwähnt. Leichtere Formen einer vorübergehenden Anorexie im Zusammenhang mit der Entwicklung der sekundären Geschlechtsmerkmale sind häufiger anzutreffen als es der ärztlichen Erfahrung entspricht.

Genese und soziale Bedeutung. Während früher auf Grund der Phänomenologie des Krankheitsbildes Beziehungen zur endogenen Depression angenommen wurden (Zutt), besteht heute die recht einheitliche Auffassung, daß es sich um eine psychogene Erkrankung handelt, bei der das zentrale Problem in den Schwierigkeiten zu suchen ist, die eigene Geschlechtsrolle zu übernehmen. Dies besagt zunächst nichts über die Hintergründe, die eine sehr verschiedenartige Konstellation zeigen und sehr unterschiedlich interpretiert werden können. Eine einheitliche prämorbide Persönlichkeitsstruktur scheint nicht vorzuliegen. Da in der überwiegenden Anzahl Mädchen erkranken, soll darauf eingegangen werden. Eine Ablehnung der Feminisierung des eigenen Körpers kann sich hinter der zunächst bewußt intendierten Korrektur einer mehr oder weniger stark eingebildeten Dicklichkeit verbergen. Epochaltypische Erscheinungen (Mannequin-Ideal) können den Anlaß zu leichteren Formen der Magersucht bilden, doch läßt sich die Ablehnung weiblicher Proportionen meist als eine tiefergreifende Störung der Rollenerwartung verstehen. Die Frauenrolle wird als wenig befriedigend empfunden, z.B. bei Mädchen, die aus unglücklichen Ehen stammen, unter denen die Mütter leiden. Andere Mädchen scheinen sich nicht befähigt zu fühlen, in eine eher mit männlichen Attributen erlebte Frauenrolle hineinzuwachsen, die die Mutter einnimmt.

So ist besonders auf eine eher dominierende Stellung der Mutter innerhalb der Familie von Anorexie-Patientinnen zu achten: Die Mutter ist dem Vater geistig oder in der sozialen Herkunft überlegen, sorgt zu einem wesentlichen Teil für das Einkommen der Familie, da der Vater zuwenig verdient, die Einkünfte für sich selbst verbraucht oder von der Familie getrennt lebt. Die Mädchen wachsen in einem fast jungenhaften lebhaften Kontakt zu Gleichaltrigen, offensichtlich mit den männlichen Qualitäten der Mutter identifiziert, heran. Mit der Feminisierung des Körpers läßt sich dieses Selbstkonzept nicht mehr aufrechterhalten: z.B. eine dominierende Haltung in einer Mädchenfreundschaft wird fragwürdig, als die Freundin Jungenbekanntschaften intensiviert. Eine Krise im Selbstverständnis, von Erikson treffend als „Identitätskrise" bezeichnet, erscheint in derartigen Fällen das Ausschlaggebende. Der aktuelle Rollenkonflikt muß sich nicht immer an der Mutter-Kind-

Beziehung entwickeln, wenn auch mit Hilfe der analytischen Therapie frühe Störungen gerade in dieser Hinsicht aufgedeckt werden können, die als wegbereitende Vorschäden wirken. Eine erhebliche Rivalität zu einer älteren, sexuell recht freizügigen und ansehnlichen Schwester oder das hoffnungslose Unterlegenheitsgefühl gegenüber einem hochbegabten, von den Eltern maximal geförderten Bruder können zu einem Verzagen gegenüber den eigenen Möglichkeiten, in eine befriedigende Geschlechtsrolle hineinzuwachsen, führen. Dabei wird der bewußte Wunsch, ein Junge sein oder ein Mann werden zu können, gar nicht so häufig geäußert. Die Patientinnen huldigen einem ätherischen Ideal (z. B. Nofretete), wünschen sich, Ballettänzerin sein zu können, versuchen in einem narzißtisch geschlechtslosen Zustand zu verharren oder sich mit Hilfe einer entsprechenden Wahl der Kleider unscheinbar zu machen. Häufig wird kindlich mit Puppen gespielt. Bewußte suicidale Tendenzen sind selten, können sich aber in larvierten Selbstmordversuchen zeigen.

Anzeichen einer Triebabwehr — hier ist auf die Ausführungen A. Freuds über die Pubertätsaskese als Abwehrmechanismus hinzuweisen — können im Vordergrund stehen. Offensichtlich erhält die Nahrungsaufnahme die Qualität einer sexuellen Versuchung, das Essen in Anwesenheit anderer kann z.B. wie eine Entblößung schambesetzt erscheinen, Speise im Mund Ekelempfindungen auslösen, ein Heißhungeranfall wird schuldhaft verarbeitet.

Hier drängt sich die Annahme auf, daß die Auseinandersetzung um die Nahrungsaufnahme — hier teilweise bewußt oder zumindest bewußtseinsnah — stellvertretend für die Auseinandersetzung mit sexuellen Triebbedürfnissen steht, die an die Bedeutung der „Gemeinsamkeit von Tisch und Bett" als Ehesymbol erinnert.

Über die Anorexia nervosa bei Jungen liegen nur kasuistische Berichte vor. J. E. Meier findet bei diesen Patienten keine sexuelle Problematik und nennt die enge Beziehung zwischen Mutter und Sohn, den Wunsch des Patienten, den mütterlichen Fütterungsmodus beizubehalten, für pathogenetisch wichtig. Er spricht von einer Verwöhnungsneurose mit der Tendenz des Nicht-erwachsen-werden-wollens. Dies ist nicht regelmäßig so. Eine starke Ambivalenz gegenüber sexuellen Triebbedürfnissen, die in dieser Form ausgetragen wird, läßt sich auch bei den Jungen finden. Z.B. bestanden bei einem Patienten deutliche homosexuelle Tendenzen nach einer Ferienbekanntschaft (mutueller Onanie?) mit einem Gleichaltrigen, über dessen kräftigen Körperbau stark abwehrende Äußerungen gemacht wurden

und in deren Gefolge die Symptomatik auftrat. Diese umfaßte auch exzessives kaltes Duschen und Bürsten des Körpers bis zu blutenden Schürfungen. Die bisherigen Publikationen zeigen überdurchschnittlich begabte Patienten. Auf die kasuistischen Darstellungen von Feldmann (im Meyer und Feldmann) und Nissen muß verwiesen werden.

Infolge der Krankheit und der oft über mehrere Monate erforderlichen klinischen Behandlung wird der Ausbildungsgang der Patienten unterbrochen. Daraus ergeben sich zusätzliche Probleme, die vor allem bei der Klinikentlassung aktuell werden. Die Auseinandersetzungen mit den Eltern sind oft tiefgreifend und erschweren manchmal die Rückkehr in das Elternhaus.

Diagnose und Differentialdiagnose. An der Symptomatik, die meist charakteristisch von den Angehörigen geschildert wird, läßt sich die Diagnose leicht stellen. Eine internistische Untersuchung mit entsprechenden Laborbefunden muß eine sich praktisch immer an anderen Symptomen manifestierende Erkrankung (Infekte, Neoplasmen) ausschließen. Erkrankungen im Bereich des Hypothalamus zeigen neurologische, endokrinologische und vegetative Symptome. Die Simmondsche Kachexie, ein nicht mehr als Krankheitsbezeichnung tauglicher Begriff für die Symptomatik einer Destruktion des Hypophysenvorderlappens, wurde früher mit der Anorexia nervosa in Verbindung gebracht. Die Hypophysenvorderlappen-Insuffizienz zeigt aber häufig ein gutes Gewicht der Patienten, bei ihr bestehen eine Adynamie sowie eine starke Insulinempfindlichkeit, die bei der Pubertätsmagersucht fehlen. Grundumsatzerniedrigung und Amenorrhoe finden sich bei beiden Krankheiten.

Die psychiatrische Differentialdiagnose muß eine endogene Psychose ausschließen. Dies kann, wie überhaupt in der Pubertät, sehr schwierig sein und erfordert längere Beobachtung, zumal bei starker Kachexie halluzinatorische Wunscherfüllungen beobachtet werden oder vorübergehende asketische Haltungen, sportliche Exzesse, Isolierung, aggressive Verhaltenszüge in der Pubertät auch als Prodromi einer Schizophrenie auftreten können. Bei stark depressiver Verstimmung der Patienten, die allerdings selten ist, kann die Frage nach dem Vorliegen einer endogenen Depression manchmal lange nicht beantwortet werden, zumal die Patienten wenig zugänglich sind. Zwangsmechanismen können so sehr im Vordergrund stehen, daß gelegentlich diskutiert werden muß, ob die altersspezifischen Inhalte nicht eine beginnende Zwangskrankheit färben. Querschnittsdiagnosen sind hier, wie allgemein in der Psychiatrie und im besonderen in der Pubertät, mit Vorsicht zu stellen.

Gegenüber einer chronischen Appetitstörung läßt sich die Pubertätsmagersucht meist durch das Vorliegen von Eßstörungen bereits im 1. Lebensjahrzehnt abgrenzen, bei dieser sind eine Kachexie und eine Amenorrhoe seltener zu finden, dagegen finden sich Schwankungen im Krankheitsverlauf und hypochondrische Beschwerden der meist psychasthenischen Patienten.

Therapie und Prognose. Eine ambulante Therapie ist im allgemeinen abzulehnen. Die Patienten sind nicht genügend kooperativ, neigen zur Dissimulation und finden sehr geschickt Möglichkeiten, ihren Widerstand gegen das therapeutische Vorgehen zu realisieren. Darüber hinaus sind die Eltern meist affektiv in hohem Maße beteiligt, neigen dazu, auch andere Ärzte während einer ambulanten Behandlung zu konsultieren.

In der Klinik erfordert die Therapie ein umfassendes Arrangement, in das auch das pflegerische Personal einzubeziehen ist. Das Vorgehen ist unterschiedlich. Frahm konfrontiert die Patienten hart mit der Notwendigkeit, sie nicht verhungern lassen zu können und führt eine durchschnittlich 7 bis 8 Wochen dauernde künstliche Ernährung mit der Nasensonde bei Aufstehverbot und unter hohen Phenothiazin-Gaben (durchschnittlich 650 mg/Tag) durch. Die Patienten werden von ihren Angehörigen isoliert. Auf die Probleme der Patienten wird nicht eingegangen. Die Behandlungserfolge sind gut. Zweifellos wird die Eigengesetzlichkeit der Krankheit, die in den Verläufen regelmäßig erkennbar ist und diesen eine suchtartige Prägung verleiht, damit unterbrochen. Es erscheint jedoch wenig befriedigend, Patienten, bei denen eine Problematik der Selbstkontrolle oder der Identität vorliegt, in einer derartigen Form zu einer extrem passiven Haltung zu zwingen. Hierbei bleiben Möglichkeiten zur Vermittlung von Einsichten, zur Förderung eines Selbstverständnisses, des Lernens sich anzuvertrauen und zwischenmenschliche Beziehungen als tragend empfinden zu können u.ä., ungenutzt, zu der sich die altersspezifische Reifungsproblematik der Patienten förmlich anbietet. Allerdings setzen die Patienten infolge ihrer verbalen Passivität einer Gesprächstherapie erhebliche Widerstände entgegen. Diese kann aber oft, wie bei jüngeren Patienten, mit Erfolg Hilfsmittel anwenden, etwa das Spiel mit dem Scenotest-Kasten, das freie Malen oder Gestalten. Sie sollte sich aktiver als üblich auf Tagesereignisse erstrecken und interpretierend

zu einer Konfrontation führen. Auch für den Patienten erkennbar müssen somatischer und psychischer Anteil der Therapie in einer Hand liegen. Eine Reglementierung der Nahrungsaufnahme ist streng durchzuführen, wobei statt der anfangs oft notwendigen Sondierung eine Fütterung in kleinen Intervallen mit einem hochkalorigen, durch Bitterstoffe oder Vitamin-B entstellten Brei (z. B. Sonana als Grundlage) ersetzt werden kann, die die Patienten gerne als Medizin nehmen. Die wöchentlichen Gewichtskontrollen sowie die oft sehr geschickten Fähigkeiten der Patienten, Gewichtszunahmen vorzutäuschen oder Nahrungsmittel verschwinden zu lassen, müssen immer wieder thematisiert werden.

Zu Beginn der Behandlung sind die Eltern auf die voraussichtlich mehrmonatige Dauer des Klinikaufenthaltes hinzuweisen und auf die eventuelle Notwendigkeit eines Besuchsverbotes. Gleichzeitig darf nicht versäumt werden, die Eltern darauf vorzubereiten, daß die Patienten oft flehentlich in Briefen um ihre Herausnahme aus der Klinik bitten. Angst- und Schuldgefühle erfordern Elterngespräche in kurzen Abständen. Die Frage, ob der Patient schließlich nach Hause entlassen werden kann, muß auch unter Berücksichtigung der elterlichen Haltungen entschieden werden. Gegebenenfalls ist eine Internatsunterbringung oder die Aufnahme in eine differenzierte Pflegefamilie vorzuziehen.

Auf Grund von Auslesefaktoren läßt sich nach den Literaturangaben die Prognose nicht sicher beurteilen. Hinsichtlich der Symptomatik kann sie aber als recht günstig bezeichnet werden. Jedoch kommt es bei einem kleineren Teil der Patienten zu andauernden Fehlhaltungen unterschiedlicher Prägung. Abnorme Gewohnheiten, anankastische Züge, ästhetische Dauerhaltungen, Kontaktschwierigkeiten, seltener hysterische Mechanismen werden geschildert. Eine psychoanalytische Behandlung im frühen Erwachsenenalter ist zu erwägen. Eine spätere Erkrankung an Schizophrenie ist selten, wird aber genannt. Neurotische Endzustände mit erheblichen psychopathologischen Auffälligkeiten lassen sich manchmal schwer von einer Schizophrenie abgrenzen.

Literatur

Frahm, H.: Beschreibung und Ergebnisse einer somatisch orientierten Behandlung von Kranken mit Anorexia nervosa. Med. Welt **1966**, 2004—2011 u. 2068—2074.

Freud, A.: Das Ich und die Abwehrmechanismen. München: Kindler 1964.

Meyer, J. E., Feldmann, H. (Hrsg.): Anorexia nervosa. Stuttgart: Thieme 1965.

Nissen, G.: Ambulante Psychotherapie eines Jungen mit einer schweren Magersucht. Z. Psychother. med. Psychol. **15**, 200–215 (1965).

Thomä, H.: Anorexia nervosa. Bern-Stuttgart: Huber-Klett 1961.

Weber, D.: Beitrag zur Symptomatologie, Behandlung und zum Verlauf der Pubertätsmagersucht. Jahrb. Jugendpsychiat. Grenzgeb. **4**, 109–138 (1965).

XIV. Fettsucht

Symptomatik. Eine erheblich stärkere Ausprägung des Fettgewebes als es der physiologischen Variationsbreite des jeweiligen Alters entspricht, wird als Fettsucht oder Adipositas bezeichnet. Der Übergang zu einer noch im Normbereich liegenden Fettleibigkeit, Obesitas, ist fließend. Manchmal wird die Grenze in einer Behinderung der körperlichen Leistungsfähigkeit und in Anpassungsschwierigkeiten gesehen. Auch hiermit ist keine befriedigende Präzisierung zu gewinnen. Es erscheint richtig, das Ausmaß des Übergewichtes eines Kindes in Prozenten im Vergleich zum Normgewicht bei entsprechender Größe und unter Berücksichtigung des Alters anzugeben. Damit werden unscharfe Kategorisierungen vermieden und bewertungsfreie Vergleichsziffern gewonnen. Entsprechende Angaben sind aus Somatogrammen zu entnehmen. Maisch, Schönberg und Wallis sprechen von einfacher Adipositas, womit eine Abgrenzung gegenüber anderen stoffwechselbedingten Fettsuchtformen (vgl. Differentialdiagnose) schon in der Bezeichnung deutlich wird. Tolstrup verwendet den Ausdruck „Hyperorexie" in Analogie zu dem Begriff „Anorexie". Er sieht Gemeinsamkeiten in der Psychodynamik beider pathologischer Bilder. Auch dieser Ausdruck erscheint recht gut verwendbar.

Es ist sinnvoll, ein dynamisches Stadium mit relativ rascher Gewichtszunahme von einem stationären Zustand zu trennen, indem das bestehende Übergewicht mit relativ geringen Schwankungen beibehalten wird. Der Beginn einer Fettsucht liegt häufig schon im Kleinkindesalter, manchmal sogar schon früher. Die sog. Pubertätsfettsucht läßt sich meistens bereits in das Schulalter zurückverfolgen. Jungen und Mädchen sind ungefähr gleich häufig betroffen.

Die körperliche Symptomatik ist eindeutig. Die starke Ausprägung des Fettgewebes zeigt sich am ganzen Körper. Das Gesicht wirkt häufig flach, der Hals kurz, die Mammae treten hervor, Faltenbildungen an Bauch, Hüften, Oberschenkeln sind erkennbar. Bei Jungen wirkt der Penis häufig klein, weil seine Wurzel in das Fettgewebe eingebettet ist. Insgesamt erscheint der Körperbau wenig konturiert, gleicht bei jüngeren Kindern häufig dem Kindchen-Schema. Die Jungen in der Pubertät wirken feminin stigmatisiert, die Mädchen erscheinen dagegen durch die starke Ausprägung der Fettpolster an Brust und Hüften vorgereift.

Die Kinder sind oft körperlich träge und ungeschickt, jedoch gibt es durchaus adipöse Kinder, die sich leicht und anmutig bewegen können. Die geistige Leistungsfähigkeit entspricht der Variationsbreite der Altersstufe, jedoch ist der Schulerfolg häufig beeinträchtigt. Dies ist ein erster Hinweis auf psychopathologische Phänomene, die häufig bei Fettsüchtigen zu finden sind. Ein einheitliches psychopathologisches Bild ist jedoch nicht aufzuzeigen. Es gibt durchaus fettsüchtige Kinder, die sozial voll integriert sind. Recht häufig bestehen aber neben dem Schul- bzw. Leistungsversagen erhebliche Kontaktschwierigkeiten gegenüber Gleichaltrigen. Diese sind nicht nur Folge des oft auf andere provozierend wirkenden unglücklichen Erscheinungsbildes, sie müssen vielmehr in den meisten Fällen als weiteres Symptom einer seelischen Fehlentwicklung betrachtet werden, die auch Ursache der Fettsucht ist.

Passive Haltungen überwiegen. Die Kinder sind inaktiv, bequem, häufig auch aggressiv-gehemmt, trauen sich wenig zu. Dies schließt gelegentliche heftige aggressive Ausbrüche, z.B. nach Hänseleien, nicht aus. Es fehlt an altersspezifischen Interessen, Spiel mit Jüngeren wird bevorzugt, insgesamt erscheinen die Patienten infantil. Es besteht häufig eine erhöhte Abhängigkeit von erwachsenen Bezugspersonen, insbesondere von der Mutter. Bei Trennung von dieser beobachtet man starke Heimwehreaktionen, überhaupt lassen sich Mutter und Kind schlecht zu einer Trennung bewegen. Dabei bestehen nicht selten starke Wünsche, unabhängig sein zu können, die nicht realisierbar sind. Das Gefühl von Schwäche, Ohnmacht, Unselbständigkeit herrscht vor, bei näherem therapeutischen Kontakt zeigt sich, daß beachtliche Größenphantasien bestehen können. Der Realitätsbezug ist kindlich diffus. Einige Patienten haben ein Skotom für das Ausmaß der eigenen Entstellung (ähnlich wie magersüchtige Patienten). Es fehlt ihnen anscheinend auch das Empfinden dafür, daß sie ihren eigenen Körper als Instrument für die Auseinandersetzung mit der Umwelt benutzen können.

In projektiven Tests finden sich häufig Anzeichen für emotionale Unreife, kindliche Impulsivität, rezeptive und abhängige Haltungen sowie

Angst und depressive Gehemmtheit. Auch im offenen Verhalten ist eine dysphorische Verstimmbarkeit häufig zu registrieren.

Genese und soziale Bedeutung. Die Fettsucht beruht auf einer Diskrepanz zwischen einem Überangebot an Nahrung und dem tatsächlichen Bedarf des Organismus. Die Ursachen dafür können sehr verschiedenartig sein. Für eine hormonale Störung, die lange Zeit diskutiert wurde, besteht kein Anhalt. Normalerweise werden die dem Organismus zugeführten Kohlenhydrate zu Glucose umgewandelt, die bei der Muskelarbeit als wesentliche Energiequelle verbraucht wird. Übersteigt das Kohlenhydratangebot den Bedarf, wird die Glucose z.T. enzymatisch in Glycerin und Fettsäuren und damit in Depotfett überführt. Bei einem dauernden Überangebot von Nahrung, insbesondere von Kohlenhydraten scheint ein zweiter Mechanismus der Fettsynthese im Stoffwechsel vermehrt benutzt zu werden, der sog. Hexose-Monophosphat-Shunt, der seinerseits zu einem vermehrten Hungergefühl über eine Beeinflussung des Appetitzentrums führt. Dieses liegt im Bereich hypothalamischer Zentren. Wahrscheinlich trägt die Stoffwechselaktivität des Shunts zu einer Fixierung auch einer rein alimentär bedingten Fettsucht bei.

Aus Tierversuchen ist bekannt, daß bei Zerstörung von ventromedianen Kerngebieten im Hypothalamus eine Hyperphagie, bei Läsion im lateralen Bereich eine Aphagie erzeugt werden kann. Es ist möglich, daß bei einzelnen fettsüchtigen Kindern nach Perinatalschäden des Gehirns oder z.B. postencephalitisch Störungen in diesem Bereich bestehen. Gelegentlich bei Fettsucht zu beobachtende Pleocytosen im Liquor lassen sich vielleicht damit in Zusammenhang bringen. Im allgemeinen bei Fettsüchtigen eine Störung in diesem Bereich anzunehmen, ist aber nicht statthaft.

Bei rund 80% fettsüchtiger Kinder sind auch die Eltern übergewichtig. Eine derartige familiäre Häufung ist weniger auf genetische Einflüsse zurückzuführen, vielmehr als ein familiärer Verhaltensstil, als eine psychologisch nicht weiter ableitbare Gewohnheitshaltung zu betrachten. Sehr häufig finden sich jedoch abnorme Haltungen insbesondere der Mütter gegenüber dem Patienten. Hilde Bruch hat als erste auf eine charakteristische familiäre Konstellation hingewiesen: Eine dominierende Mutter, die aus einer stark ambivalenten Haltung gegenüber dem Kind nicht nur libidinöse, sondern auch aggressive Gefühle durch das Überbeschützen und Überfüttern austrägt und in erheblichem Maße das Kind in der Entfaltung altersspezifischer Ver-

selbständigungserfordernisse einengt. Dazu gehört ein „schwacher", in der emotionalen Dynamik der Familie wenig bedeutsamer Vater. Zwar finden sich in Kollektiven fettsüchtiger Kinder immer wieder Fälle, bei denen eine derartige Konstellation besteht, jedoch trifft dies bei weitem nicht für alle Patienten zu. Maisch u. a. weisen aber darauf hin, daß in den meisten Fällen eine unangemessene Grundhaltung der Mutter gegenüber der Aufzucht ihrer Kinder besteht, die sich u. a. auch in einer besonderen Aufmerksamkeit gegenüber der Ernährung des Kindes äußert. Die Fettsucht erscheint somit wiederum als nur *ein* Symptom einer gestörten erzieherischen Haltung. Diese kann keineswegs immer als überprotektiv dominierend, sondern auch als offen ablehnend, gleichgültig vernachlässigend, ängstlich besorgt, infantil hilflos oder als unsicher charakterisiert werden. Wesentlich ist, daß aus diesen verschiedenen Grundhaltungen heraus sich ein sterotypes Reaktionsmuster in der Haltung zum Kind entwickelt, in dem die Nahrungsaufnahme die führende Rolle in der Mutter-Kind-Beziehung bekommt bzw. die Nahrungszuwendung die führende psychosoziale Modalität in der Beziehung der Mutter zum Kind wird (Maisch).

Aus psychoanalytischer Sicht stellt die orale Form der Triebbefriedigung die früheste Entwicklungsstufe dar. Auf diese erscheinen die Patienten fixiert, die passiv rezeptive Haltung vieler fettsüchtiger Kinder ist als ein Anzeichen dafür zu werten. Zweifellos ist der Hunger ein Zustand, der in frühesten Entwicklungsphasen mit Unlustempfindungen verbunden ist, er äußert sich in motorischer Unruhe. Umgekehrt ist es aber auch möglich, durch Fütterung Unruhezustände, Unlustempfindungen des Säuglings aus anderen Gründen als dem Hungergefühl zu mildern oder zu beseitigen. Das Nuckeln, die Anwendung eines Saugers zur Ruhigstellung des Kindes, eine weit verbreitete Praxis, spricht dafür, daß mit Hilfe oraler Befriedigung allgemein eine Beruhigung, eine Spannungsabfuhr, erreicht werden kann. Bei fettsüchtigen Kindern scheint dieser Mechanismus die bevorzugte Form einer Verminderung von Unlustspannungen zu werden. Auf Grund einseitiger Wiederholung dieses Befriedigungsmodus durch die Eltern bildet sich ein Gewohnheitspotential aus, das nun, generalisierend, auch bei ganz anderen Unlustzuständen angewendet wird. Damit werden reifere Formen einer Auseinandersetzung mit eigenen Bedürfnissen und der Umwelt in unzureichendem Maße benutzt und nicht erlernt, woraus die Abhängigkeitshaltung gegenüber erwachsenen Bezugspersonen, das mangelhaft ausgeprägte Realitätskonzept, aber auch die Expansions- und Aggressionshemmung der Kinder, bei denen seit früher Kindheit eine Fettsucht besteht, abgeleitet werden kann.

Daneben sind immer wieder Fälle zu beobachten, bei denen die Fettsucht relativ rasch nach Belastungssituationen, nach dem Beginn des Schulbesuches, nach der Geburt von Geschwistern, vor allem auch nach einem Verlust von nahen Angehörigen auftritt und sich damit als ein klassisches Beispiel für eine Regression zeigt, wenn eine Lebenssituation nicht in adäquater Weise verarbeitet werden kann. Der volkstümliche Ausdruck „Kummerspeck" zeigt die Beziehungen zwischen depressiver Verstimmung und erhöhter Neigung zu essen an.

Diagnose und Differentialdiagnose. Die Diagnose läßt sich nicht allein aus dem der Größe entsprechend zu hohem Gewicht stellen. Dies kann auch bei sportlich gut trainierten Kindern auf einer Zunahme des Muskelgewebes beruhen. Die Inspektion, die Beurteilung der Dicke des Unterhautfettgewebes durch Abheben der Hautfalten sind wesentlich. Die Psychodiagnostik, Beachtung des Körpergewichtes der nächsten Familienangehörigen und die sorgfältige Exploration der Familie, ihrer emotionalen Bezüge, insbesondere die Berücksichtigung der Persönlichkeitsstruktur der Mutter, gehören zur Fettsuchtdiagnostik.

Differentialdiagnostisch muß die Anamnese eine Encephalopathie durch Perinatalschäden, postencephalitische Veränderungen im Bereich der hypothalamischen Zentren berücksichtigen. Ein Elektroencephalogramm, gegebenenfalls Kontrastdarstellung und Liquordiagnostik sind bei entsprechenden anamnestischen Hinweisen angezeigt.

Die Fettsucht bei Laurence-Moon-Bardet-Biedel-Syndrom (s. S. 256) geht bei voll ausgeprägtem Bild mit Oligophrenie, Hypogenitalismus, Polydaktylie, Hemeralopie, mit Retinitis pigmentosa einher. Es handelt sich um ein rezessiv erbliches Syndrom, bei dem aber auch einzelne Symptome fehlen können.

Bei einem Tumor, der den Hypothalamus in Mitleidenschaft zog, beschrieb Fröhlich eine Kombination von Fettsucht mit Wachstumshemmung und Hypogonadismus. Dieses oft mit dem Namen des Erstbeschreibers gekennzeichnete Syndrom der Dystrophia adiposo-genitalis tritt auch bei anderen Prozessen (Hydrocephalus, basale Meningitis) auf. Zu häufig wird es bei der Mastfettsucht in der frühen Pubertät diagnostiziert, wobei die relative Kleinheit des Genitales und eine spät aber noch im Rahmen der physiologischen Variationsbreite auftretende Pubertät dazu Anlaß geben können. Der Körperbau der Jungen wirkt darüber hinaus durch den Fettansatz an Brüsten und Hüften feminin. Oft sind die Jungen groß, man spricht dann von Adiposogigantismus.

Das Cushing-Syndrom, dem verschiedene Störungen der Nebennierenrinde zugrunde liegen, oder das Pseudo-Cushing-Syndrom, durch lang anhaltende Behandlung mit Cortisonabkömmlingen, zeigen neben einer ausgeprägten Stammfettsucht ein pausbäckiges, rotwangiges Gesicht, eine dünne fragile Haut, mit düster roten Striae (Striae finden sich aber auch bei Fettsucht), Minderwuchs, Osteoporose und u. U. virile Behaarung, Glykosurie und Hypertonie. Es muß bei Verdacht durch Bestimmung des Nüchternblutzuckers, Zuckerbelastung und durch Untersuchung der Glucocorticoide ausgeschlossen werden.

Therapie und Prognose. Die Therapie muß sich nach dem psychischen Hintergrund der Störung richten. Manchmal verhelfen Diätanweisungen und Aussprachen mit der Mutter zu einer Korrektur von deren Fehlhaltung. Besteht ein Zusammenhang mit einem seelischen Trauma, ist eine Aufarbeitung dieser Problematik mit dem Kind notwendig, wobei das Symptom zunächst völlig unberücksichtigt bleiben kann. Ambulante Möglichkeiten für eine bessere soziale Integration des Kindes sind nach den örtlichen Gegebenheiten (Spiel-, Bastel- oder andere Jugendgruppen) oder durch Aufnahme des Kindes in einen heilpädagogischen Hort zu nutzen.

Bei familiärer Gewohnheitspolyphagie erweisen sich Abmagerungskuren initial als recht effektiv, in der Regel kommt es aber rasch wieder zu einer Gewichtszunahme.

Eine klinische Therapie stößt häufig auf erhebliche Widerstände bei Mutter und Kind. Wird diese unter Hinweis auf die gesundheitliche Gefährdung des Kindes vom Arzt durchgesetzt, muß mit heimlichem Agieren der Mutter gerechnet werden. Offensichtlich weckt die Trennung vom fettsüchtigen Kind bei vielen Müttern Ängste, das Kind könne verhungern oder werde nicht liebevoll genug behandelt, auch — und therapeutisch besonders zu berücksichtigen — Schuldgefühle. Bei Besuchen werden die Patienten oft heimlich gefüttert. Eine dem Kind aufgezwungene Diät ist häufig unwirksam. Für den Patienten finden sich auf einer klinischen Abteilung immer Möglichkeiten, die Vorschriften zu umgehen. Die Anwendung von Appetitzüglern erscheint nicht sinnvoll. Nach jüngsten Erfahrungen ist mit gefährlichen Nebenerscheinungen zu rechnen.

Wird das Kind unter pädagogischem Druck dazu gewonnen, selbst eine Abmagerungsdiät, u. U. unter Androhung nachteiliger Folgen für seine Gesundheit, zu bejahen, muß damit gerechnet werden, daß die Vorstellung von Schlankheit und Beweglichkeit in hohem Maße mit Größen- und Machtphantasien besetzt sein kann, gleichsam als erwarte das Kind die Lösung aller seiner Probleme gerade auch im sozialen Kontakt von der Abmagerung. Die Enttäuschung tritt sehr bald ein, zumal der Nahrungsentzug als eine starke zusätzliche Frustration wirkt. Moros-depressive Verstimmungen als Entzugserscheinungen sind häufig zu beobachten, veranlassen die Angehörigen das Kind aus der Behandlung zu nehmen und den Patienten bei jeder Gelegenheit, den gewohnten Weg einer Spannungsabfuhr erneut zu betreten. Insgesamt sind deshalb die therapeutischen Aussichten bei einem derartigen Vorgehen gering. Maisch, Wallis u. a. (1966) haben ein Therapieprogramm entwickelt, das diesen Problemen Rechnung trägt, es nimmt allerdings mehrere Monate in Anspruch. Es umfaßt 1. initial eine krankengymnastische Behandlung, die Anregung des Kindes zu modellieren und zu zeichnen, zur Intensivierung des Erlebens des eigenen Körpers, seiner Proportionen und Fähigkeiten, ohne stärkere, das Kind belastende Übungen. Ziele sind eine motorische Aktivierung, Förderung der Selbstwahrnehmung und Vermittlung einer größeren Selbstsicherheit. 2. Eine Psychotherapie nach Fortschritten im 1. Behandlungsabschnitt zur Förderung einer adäquaten Affektabfuhr und zur Entwicklung von Initiative. Im 3. Behandlungsabschnitt tritt die Psychotherapie in den Vordergrund. Ein zunächst weitgehendes Gewährenlassen überschießender emotionaler Reaktionen wird langsam aufgefangen und auf ein tolerables Maß reduziert, in zunehmendem Maße erfolgt Belastung mit Versagungen. Erst dann, in der 4. Phase der Therapie, wird mit einer Diät begonnen, wenn der Patient nach Ansicht des Therapeuten in der Lage erscheint, die Essensrestriktion ohne Verstimmungen zu ertragen und andere Formen einer Bedürfnisbefriedigung in ausreichendem Maße gelernt worden sind.

Bisher liegen noch keine katamnestischen Ergebnisse über diesen plausiblen Therapieaufbau vor. Die Chance zu einer Normalisierung des Gewichtes steigt nach anderen Erfahrungen mit dem Intelligenzgrad des Patienten. Quoad vitam ist die kindliche Fettsucht nicht bedrohlich, jedoch zeigen schwere Fettsuchtsfälle des Erwachsenenalters bereits ein Übergewicht in der Kindheit. Die Fettsucht des Erwachsenenalters vermindert deutlich die Lebenserwartung. Deshalb erscheint die konsequente Behandlung einer kindlichen Fettsucht als ein nicht zu unterschätzendes sozialmedizinisches Problem, zumal durch die zivilisatorischen Einflüsse weite Kreise der Bevölkerung ein erhebliches Übergewicht entwickeln.

Literatur

Bruch, H., Juel-Nielsen, N., Quaade, F., Østergaard, L., Iversen, T., Tolstrup, K.: Adipositas. Acta psychiat. scand. **33**, 151—173 (1958).

Bruch, H.: Über die psychologischen Aspekte der Fettleibigkeit. Med. Klinik **55**, 295—300 (1960).

Maisch, H., Schönberg, D., Wallis, H.: Psychosomatische Aspekte der einfachen Adipositas im Kindesalter. Psyche **19**, 339—364 (1965/66).

Maisch, H., Wallis, H., Schröder, M., Funk, K.: Therapie der einfachen Fettsucht im Kindesalter. Z. psychosom. Med. **12**, 61—68 (1966).

Tolstrup, K.: Psychosomatische Aspekte der Fettsucht im Kindesalter. Psyche **16**, 592—599 (1962/63).

XV. Kardiospasmus

Symptomatik. Das Leitsymptom dieser im Kindesalter seltenen Krankheit ist das Erbrechen unverdauter, nicht angesäuerter Nahrung während der Mahlzeit, unmittelbar danach oder vor dem Schlafengehen. Uncharakteristische Beschwerden hinter dem Sternum, gelegentlich Hustenreiz, Atemnot, auch Angst sind damit verbunden. Die Beschwerden treten anfangs intermittierend, dann regelmäßiger ein, unabhängig davon, ob feste oder flüssige Nahrung aufgenommen wird. Es kommt zur Gewichtsabnahme. Die Kinder sind sensibel, wirken insgesamt aber wenig psychisch auffällig. Es besteht Neigung zur Dissimulation.

Genese und soziale Bedeutung. Der Symptomatik liegt eine Störung des Öffnungsreflexes des Magenmundes, der Kardia, zugrunde. Der im Oesophagus verweilende Speisebrei führt sekundär zur Dilatation der Speiseröhre, es kann zu Entzündungserscheinungen kommen.

Ein Zusammenhang mit umschriebenen schweren seelischen Belastungen läßt sich meist nachweisen, z.B. durch den Tod des Vaters mit einer nachhaltigen Reaktion der Mutter. Die Symptomatik kann zu Störungen des Gedeihens führen, behindert die Patienten im sozialen Kontakt wenig, beeinträchtigt dagegen wie andere neurotische Symptome den Reifungsprozeß.

Diagnose und Differentialdiagnose. Die Diagnose wird durch die Röntgenkontrastdarstellung gesichert. Bei intermittierendem Auftreten kann der Befund jedoch völlig unauffällig sein, so daß eine

Wiederholung indiziert ist. Differentialdiagnostisch muß dabei ein organischer Prozeß (Malignom bei älteren Kindern) im Bereich der Kardia ausgeschlossen werden. Der kongenitale Mega-Oesophagus ist zu erwähnen, bei dem die gleiche Symptomatik ebenfalls erst im Laufe der ersten Lebensjahre auftritt. Dabei wird eine analoge Störung wie beim aganglionären Megakolon diskutiert. Beim habituellen Erbrechen ist der Speisebrei mit Magensaft durchtränkt und entsprechend verändert. Dies ist auch der Fall bei Insuffizienz der Kardia.

Psychotherapie ist indiziert. Gute Erfolge werden mit Entspannungsbehandlung, autogenem Training mit anschaulichen Suggestionen oder Hypnose erzielt. Es besteht jedoch eine Rezidivneigung auch nach Jahren der Symptomfreiheit unter anderen belastenden Situationen. Eine erfolgversprechende medikamentöse Behandlung ist nicht bekannt. Ein Versuch mit der zusätzlichen Anwendung von Tranquilizern (Valium) ist zu empfehlen. Spasmolytica sind nicht indiziert. In therapieresistenten Fällen muß eine chirurgische Intervention erwogen werden.

Literatur

Kleinsorge, H., Klumbies, G.: Psychotherapie in Klinik und Praxis. München-Berlin: Urban & Schwarzenberg 1959.
Nossig, R.: Zur Klinik des Kardiospasmus. Dtsch. Gesund.-Wes. **18**, 877—881 (1963).

XVI. Obstipation

Symptomatik. In der Regel kommt es ein- bis zweimal täglich bei Kindern zum Absetzen des Stuhles. Regelmäßige Intervalle von 48 Std sind bei einzelnen Kindern durchaus als Normvariante zu betrachten.

Vorübergehende Obstipationen treten häufig bei Nahrungsumstellung, Änderung der Lebensgewohnheiten, Erkrankungen, Milieuwechsel (Urlaub, Heim- oder Klinikaufnahme) auf, sie führen zu einer Eindickung des Stuhles und diese wiederum zu einer Erschwerung seines Absetzens.

Bei der hier zu behandelnden chronischen Obstipation stehen die Entleerungsschwierigkeiten meist im Vordergrund. Die Kinder haben Angst vor dem Dehnungsschmerz bei der Defäkation, vor allem wenn Analfissuren bestehen, halten erst recht den Stuhlgang zurück, der ein Völlegefühl verursacht. Gelegentlich wird Kopfweh angegeben, und die Kinder sind mißgestimmt.

Es kann sich ein „idiopathisches" Megakolon entwickeln, indem sich große Stuhlmengen ansammeln, wie nicht selten bei Imbezillen, sekundär kommt es zum Abgang von faulig riechendem, schleimhaltigen grünlichen, von Stuhl durchsetztem Material (Obstipatio paradoxa) mit einem Verschmutzen der Wäsche. Die Obstipation kann aber auch mit einem sog. spastischen Kolon einhergehen, wobei kleine, feste Kotballen (Skyballa) oder stiftförmiger Stuhl entleert werden.

Genese und soziale Bedeutung. In der Aszendenz finden sich häufig die gleichen Beschwerden, besonders bei den Müttern. In einigen Fällen ist eine konstitutionelle Darmträgheit anzunehmen; dafür könnte sprechen, daß eine Stuhlverhaltung anamnestisch bei den Patienten auch schon in den ersten Lebensmonaten angegeben wird. Wichtig erscheint aber eine dadurch bedingte Erwartungshaltung der Mutter, deren Aufmerksamkeit, in Einzelfällen in extremem Ausmaß, auf eine regelmäßige Darmtätigkeit des Kindes gelenkt wird. Die Kinder werden häufig auf die Toilette geschickt, nach dem Erfolg befragt, der Stuhlgang kontrolliert, so daß das Kind in der gleichen Richtung wie die Mutter sensibilisiert wird. Leichte physiologische Unregelmäßigkeiten führen zu einer Beunruhigung der Mütter, es wird leicht zu Laxantien, Clysmen gegriffen, die ihrerseits die spontane Darmmotilität ungünstig beeinflussen. In derartigen Familien herrscht eine Atmosphäre hypochondrischer Ängstlichkeit, die sich in der ständigen Beachtung der Nahrungsaufnahme und -ausscheidung niederschlägt. Gleichzeitig wird aber darin auch ein zwangsneurotischer Zug zur Pedanterie erkennbar, der die Kinder in ihrer Spontaneität hemmt und gelegentlich in oppositionelle Haltungen drängt. Die Obstipation kann so zum Focus einer erheblichen Störung der Mutter-Kind-Beziehung werden und als Symptom stark negativistischer Tendenzen, eine Art des Sich-verweigerns, darstellen. Zwangsneurotische Strukturen (s. S. 109) mit ausgeprägten Ängsten, insbesondere auch Verlustängsten, besondere Akzentuierung der Besitzthematik, übersteigerte Machtansprüche werden dementsprechend häufig vorgefunden.

A. Dührssen akzentuiert bei der spastischen Obstipation besonders die Bedeutung einer Besitzproblematik, die aus der Anamnese des Patienten zu erheben ist: die Retention des Stuhles entspricht retentiven Tendenzen, der Angst, sich selbst oder etwas herzugeben, aufzugeben. Dies kann auch einmal die Preisgabe verheimlichter, das Kind beunruhigender, sexueller Erlebnisse bedeuten.

Bei der Obstipation von Mädchen in der späten Pubertät lassen sich Schwierigkeiten in der Übernahme der Geschlechtsrolle aufzeigen, wie sie in ähnlicher Form bei der Pubertätsmagersucht zu beobachten sind (Kleinsorge). Im Gegensatz zu dem üblichen rectalen Befund bei Obstipationen sollen sich bei diesen Patientinnen keine Faeces im Enddarm finden.

Während in diesen Fällen die Obstipation als ein Begleitphänomen umfassender seelischer Fehlhaltungen sein kann, haben in anderen Fällen Angewohnheiten, die eine Obstipation begünstigen können, bei seelisch sonst unauffälligen Kindern ausschlaggebende Bedeutung. Die mangelnde Beachtung des physiologischen Stuhldranges kann zur Gewohnheit werden: z. B. bei Kindern, denen keine Zeit bleibt, nach dem Frühstück den häufig auftretenden gastrokolischen Reflex auszunutzen, weil sie rasch in die Schule müssen. Andere Kinder benutzen ungern die in den Pausen unruhige, manchmal verschmutzte Toilette in der Schule, wieder andere lassen sich keine Zeit, die Toilette aufzusuchen, weil sie ein Spiel noch beenden wollen.

Auch banale Anlässe sind zu erwähnen: die Angst vor einer dunklen oder kalten Toilette außerhalb der Wohnung oder der gefürchtete Hund eines Nachbarn im Treppenhaus dürfen bei der Exploration nicht übersehen werden, wenn es etwa in einer Familie üblich ist, ein Kleinkind ohne Begleitung nur zur Stuhlentleerung auf die Toilette zu schicken.

Bei neuropathischen Kindern wird ein Wechsel zwischen Obstipation und Diarrhoen gefunden. Im Zusammenhang mit anderen Krankheiten, z.B. Depression, Magersucht werden Obstipationen häufig beobachtet.

Diagnose und Differentialdiagnose. Der körperliche Allgemeinbefund ist in der Regel unauffällig. Bei einem Megacolon lassen sich Kotmassen im linken Unterbauch tasten. Die digitale Untersuchung zeigt in der Regel ein gefülltes Rectum. Differentialdiagnostisch ist bei Kleinkindern ein aganglionäres Megacolon (Hirschsprung) zu beachten, dieses führt zu einer Störung des Gedeihens, das Rectum ist bei diesem Patienten leer.

Die Enkopresis, bei der auch ein volles Rectum gefunden werden kann, ist differentialdiagnostisch zu erwähnen, für diese ist aber eine Obstipation nicht charakteristisch.

Therapie und Prognose. Die Therapie richtet sich nach den genetischen Bedingungen. Bei jüngeren Kindern erfolgt die Behandlung ausschließlich über die Mutter mit dem Ziel einer Haltungsänderung. Gelegentlich ist auch eine Psychotherapie des Kindes erforderlich.

Eine symptomatische Behandlung erfolgt ergänzend. Bei einer eher atonischen Obstipation und beim Megacolon ist zunächst für eine Entleerung des Darmes mit Clysmen zu sorgen. Vorübergehend

werden anschließend Laxantien gegeben und zur Verbesserung der Darmperistaltik kann Dihydergot verordnet werden. Bei ängstlich-gespannten Kindern mit spastischer Obstipation sind Allgemeinmaßnahmen indiziert, Gymnastik mit Entspannungsübungen, Grundstufe des autogenen Trainings, auch die vorübergehende Medikation von Tranquilizern. Angesichts der sehr unterschiedlichen Genese kann über die Prognose nichts Verallgemeinerndes ausgesagt werden.

Literatur

Dührssen, A.: Psychogene Erkrankungen bei Kindern und Jugendlichen. 3. Aufl. Göttingen: Verlag f. Med. Psychologie 1960.

Fendel, H., Flach, A., Krukenberg, K.: Chronische Obstipation bei Kindern mit und ohne Megakolon-Krankheit. Katamnestische Untersuchungen. Fortschr. Med. **85**, 782—784 (1967).

Kleinsorge, H., Klumbies, G.: Psychotherapie in Klinik und Praxis. München-Berlin: Urban & Schwarzenberg 1959.

Richter, H. W.: Beobachtungen an 14 Kindern mit chronischer Obstipation. Psyche **12**, 291—308 (1958/59).

Schwidder, W.: Psychosomatik und Psychotherapie bei Störungen und Erkrankungen des Verdauungstraktes. Acta psychosomatica, Nr. 7. Basel: Geigy 1965.

XVII. Ulcus duodeni et ventriculi

Symptomatik. Zwölffingerdarm- und Magengeschwüre werden in der letzten Zeit häufiger bei Kindern diagnostiziert. In Schweden wird das Erkrankungsrisiko auf 1—3 bei 100000 Kindern geschätzt. In 3 New Yorker Krankenhäusern erfolgten 1953—1955 0,8%, 1959—1962 1,3% der Aufnahmen wegen eines Ulcus bei Patienten unter 12 Jahren. Duodenalgeschwüre sind mehrfach häufiger als Magengeschwüre. Mit zunehmendem Alter verschiebt sich das Geschlechterverhältnis zu Ungunsten der Jungen.

Diffuse rezidivierende Leibschmerzen (Nabelkoliken), aber auch dumpfe, drückende, ziehende Oberbauchbeschwerden, die nicht recht lokalisiert werden können, sind das wichtigste Symptom bei Kindern unter 10 Jahren, während ältere Kinder die für Erwachsene charakteristische Symptomatik zeigen. Nüchternschmerz, ferner Aufstoßen, Sodbrennen, Übelkeit, Brechreiz, Erbrechen, häufig ohne Zusammenhang mit der Nahrungsaufnahme, selten Unverträglichkeit gegen bestimmte Speisen und allgemeine Abgeschlagenheit sind weitere Symptome.

Genese und soziale Bedeutung. Ulcera kommen bei Kindern schon in den ersten Lebensmonaten vor, sogar kongenitale Fälle wurden mitgeteilt. Dabei handelt es sich aber um sekundäre Phänomene bei Kreislaufstörungen nach cerebralen Blutungen, Asphyxie oder Sepsis. Nach schweren Hirntraumen und Verbrennungen im späteren Alter ist dies ebenfalls bekannt (sog. Stressulcus).

Beim Ulcus als einer eigenständigen Erkrankung, die sich frühestens nach dem 3. Lebensjahr entwickelt, wird eine homologe familiäre Belastung in 46—56% und mit anderen gastrointestinalen Erkrankungen in weiteren 22% genannt. Prämorbid zeichnen sich die Kinder durch geringes Körpergewicht bei meist altersentsprechender Größe aus.

Auf frühkindliche Hirnschäden wurden bisher keine größeren Kollektive systematisch untersucht, jedoch wiesen von 30 juvenilen Patienten mit Ulcus duodeni 24 im Elektroencephalogramm 14 und 6/sec positive Spikes auf, somit Merkmale, die mit episodischen Dysfunktionen des autonomen Nervensystems und Verhaltensstörungen in einen, wenn auch nicht unbestrittenen Zusammenhang gebracht werden (Glenn u.a.).

Über eine erhöhte vasomotorische Labilität bei Ulcuskranken wird wiederholt berichtet. Sie wird neben der Hypersekretion des Magens als Zwischenglied der Ulcusentstehung in Belastungssituationen betrachtet.

Ein dispositioneller Faktor zeichnet sich in diesen Angaben ab. Darüber hinausgehende Abgrenzungen der Persönlichkeitsstruktur sind nicht unwidersprochen geblieben. Schwidder hebt eine übermäßige scheinbare Anspruchslosigkeit und Bescheidenheit hervor, hinter der sich die Angst, zu kurz zu kommen, Neid und übersteigerte orale Erwartungen verbergen können. Bei den Patienten treten Leere- und Minderwertigkeitsgefühle auf mit einer Ambivalenz gegenüber den Wünschen gepflegt zu werden, kleinkindlich abhängig sein zu können und diesen entgegengesetzte Strebungen nach Unabhängigkeit und Überlegenheit. Ständige Unzufriedenheit, motorische Unruhe, eine überkompensatorische große Tüchtigkeit, die Überschätzung von Leistung und Einsatz ergänzen das Bild.

Der familiäre Hintergrund, der zu dieser Persönlichkeitsentwicklung beiträgt, ist dadurch gekennzeichnet, daß frühen Wünschen nach einer passiven Form der Bedürfnisbefriedigung, womit alle Formen einer Zuwendung ohne aktive Gegenleistung beschrieben werden können, nicht genügend entsprochen wird. Das frühe Einsetzen der Reinlichkeitserziehung ist nur ein Symptom einer vorwiegend dressathaften Erziehung, in der egoistische Strebungen und aggressive Entäußerungen streng tabuiert werden. Wie häufig bei derartigen psychosomatischen Erkrankungen sind die sozialen Verhältnisse in diesen Familien relativ intakt, und die Störungen sind erst bei einer genaueren Analyse der emotionalen Beziehungen unter den Familienangehörigen zu erkennen. Hierbei wird eine intensive aber erheblich konfliktbesetzte Mutter-Kind-Beziehung wiederholt genannt, seltener scheint eine eher autoritäre Haltung des Vaters für die Symptomgenese bedeutsam zu sein.

Diagnose und Differentialdiagnose. Der Palpationsbefund ist wechselhaft, ein Druckschmerz kann völlig fehlen. Entscheidend ist die Röntgenkontrastdarstellung. Die spezielle kinderpsychiatrische Diagnostik hat die unter der Genese genannten Gesichtspunkte zu berücksichtigen. Die pädiatrische Differentialdiagnose ist je nach Altersstufe sehr vielseitig.

Therapie und Prognose. Neben die symptomatische pädiatrische Therapie, die wie beim Erwachsenen durchgeführt wird und klinisch erfolgen muß, sollte mehr als bisher die individuelle Beratung der Eltern und die Psychotherapie des Kindes treten. Gerade zu Beginn der Behandlung des Kindes ist es dringend erforderlich, daß fortlaufend ein therapeutischer Kontakt auch zu den Eltern aufrechterhalten wird, damit einerseits Interventionen der Eltern vermieden werden, die zum Abbruch der Therapie führen können und andererseits eine Haltungsänderung gegenüber dem Kind erfolgt, die eine Rückkehr in das häusliche Milieu ermöglicht. Gegebenenfalls ist ein Milieuwechsel auch nach der klinischen Behandlung angezeigt. In der Psychotherapie mit dem Kind muß vorsichtig vorgegangen werden und, wie bei psychosomatischen Erkrankungen überhaupt, unter Vermeidung heftiger Affekte an einer vertrauensvollen Haltung des Kindes gearbeitet werden, die zu einer Ich-Stärkung führt. Übende Verfahren wie das autogene Training, auch gemeinsame Beschäftigungen mit dem Therapeuten können eingesetzt werden. Erst dann kann eine analytische Therapie einsetzen.

Zurückhaltung ist gegenüber operativen Eingriffen vor dem Versuch einer Psychotherapie geboten. Die Indikation zur chirurgischen Intervention besteht bei Perforation, schweren Hämorrhagien, Stenose. Die Teilresektion des Magens hinterläßt angeblich keine Beeinträchtigung der körperlichen Entwicklung. Schwidder beobachtete aber postoperativ bei Erwachsenen Verminderung der Initiative, Niedergeschlagenheit, Appetitmangel und Dysphorie. Etwa 50% der konservativ und operativ behandelten Kinder behalten ihre Symptomatik auch im Erwachsenenalter bei, über Ergebnisse einer psychotherapeutischen Behandlung liegen keine ausreichenden Zahlen vor.

Literatur

Asperger, H.: Ulcus spasticum im Schulkindalter. Öst. Z. Kinderheilk. 4, 95—104 (1959).

Glenn, C. G., Knuth, R., Virgil, M.: Electroencephalographic findings in children with juvenile duodenal ulcer. Dis. nervous Syst. 27, 662—664 (1966).

Lassrich, M. A., Schäfer, K. H.: Die Ulcuskrankheit beim Kinde. Internist 6, 40—46 (1965).

Schwidder, W.: Psychosomatik und Psychotherapie der Ulcuskrankheit im Kindesalter. In: Hdb. Kinderpsychotherapie (Hrsg. G. Biermann) Bd. II. München-Basel: Reinhardt 1969.

XVIII. Colitis ulcerosa

Symptomatik. Die Krankheit kann in jedem Lebensalter, auch bei Säuglingen, auftreten. Eine Häufung zwischen dem 10. und 14. Lebensjahr wird angegeben. Die Zunahme der Erkrankungsfrequenz in Ländern mit steigendem Lebensstandard erscheint gesichert. Ein schleichender Beginn kann sich nur in einer Beeinträchtigung des Allgemeinbefindens, u. U. sogar nur durch einen Entwicklungsstillstand bemerkbar machen, da es manchen Patienten über längere Zeit gelingt, die zunächst ohne Blutbeimengungen in allmählich sich verkürzenden Intervallen auftretenden Durchfälle zu verheimlichen. Unter Steigerung der Heftigkeit und Häufigkeit der Durchfälle, die stark riechen und dann auch reichliche Blutbeimengungen enthalten, kommt es zur vollen Ausprägung des Krankheitsbildes mit erheblicher Inappetenz, Gewichtsverlust, Anämie, hohen, nicht typischen Temperaturen, meist stark erhöhter Blutsenkung. Leibschmerzen — Tenesmen — sind wechselnd stark, oft erstaunlich gering ausgeprägt. Die Rectoskopie zeigt eine ulcerativ veränderte, leicht blutende, hyperämische Schleimhaut.

Das Krankheitsbild kann auch hoch akut mit voll ausgeprägter Symptomatik auftreten und fulminant verlaufen. Es überwiegen intermittierende Verläufe mit wiederholten Exacerbationen. Chronische Verläufe mit geringer Symptomatik sind seltener. Oft wird von den Patienten ein besseres Befinden angegeben, als dies nach den objektiven Untersuchungen gerechtfertigt ist. Die gesamte Entwicklung des Kindes ist bei protrahiertem Verlauf beeinträchtigt. Rezidive können sich an Infekte oder seelische Belastungen anschließen.

Im akuten Stadium kann Perforationsgefahr bestehen. Später sind die häufig klinisch inapperent bleibende, fettige Infiltration der Leber, seltener eine Cirrhose zu beachten, ferner die oft schwierig zu diagnostizierende Entwicklung eines Colon-Carcinoms (bis zu 30% der Fälle).

Genese und soziale Bedeutung. Es handelt sich um eine Allgemeinkrankheit mit vorwiegender Manifestation im Colon. Eine einheitliche Ursache scheint nicht vorzuliegen, ein Erreger ist nicht bekannt. Wiederholt wurden Nahrungsmittelallergene=Fremdallergene nachgewiesen, insbesondere gegen Kuhmilchcasein. Dabei handelt es sich aber um einen unspezifischen Befund, der auch sekundär durch die Veränderungen der Darmschleimhaut bedingt sein kann. Wahrscheinlich liegen der Krankheit Autoimmunreaktionen, die nachgewiesen werden konnten, zugrunde. Ob diese allein ursächlich wirksam wird, ist allerdings fraglich. Zusätzliche Schädigungen des Colons, u.a. auch Veränderungen der Motilität und der Durchblutung durch psychische Einflüsse, werden diskutiert. Das Zusammentreffen mehrerer Faktoren ist jedenfalls anzunehmen. Darunter werden von den meisten Autoren psychodynamische Vorgänge zumindest als Teilursachen genannt, allerdings von anderen auch bestritten.

Eine einheitliche Persönlichkeitsstruktur der Kranken liegt wahrscheinlich nicht vor. Doch finden sich häufig auffallend sensible Kinder unter den Patienten, mit hoher emotionaler Ansprechbarkeit, durchschnittlicher bis guter Intelligenz, die auch prämorbid als leicht zu beunruhigen geschildert werden und die dazu neigen, ihre Empfindsamkeit und eher depressive Gestimmtheit mit einer manchmal forciert wirkenden, extravertierten Fröhlichkeit oder mit aktiven Zielsetzungen und rationalen Haltungen zu überspielen. Andere Patienten zeichnen sich durch eher passive, ihrem Alter keineswegs entsprechende, kindlich offene und zutrauliche Verhaltenszüge aus. Kontaktschwierigkeiten gegenüber Gleichaltrigen sind häufig. Besonders wichtig erscheint für die psychische Ausgangslage eine starke Bindung an, ja Abhängigkeit von einer Beziehungsperson (meist der Mutter) bei geringem emotionalem Bezug zu anderen Familienangehörigen.

Während z. B. Feldman u.a. keine stärkeren emotionalen Probleme bei C.u.-Kranken fanden als bei einer Kontrollgruppe, wird zu Recht von Schäfer und Wallis auf außerordentlich schwere chronische Belastungen des Kindes durch z. T. hoch abnorme emotionale Beziehungen unter den Angehörigen hingewiesen. Die Familienverhältnisse können bei oberflächlicher Prüfung sozial völlig intakt erscheinen.

Beispiele

Die Mutter eines Patienten begeht nach einem Ehebruch, den sie mit Potenzstörungen des Mannes motiviert, einen Suicidversuch. Der Grund bleibt unaufgedeckt. Nach einem Verkehrsunfall, den sie verschuldet, verliert sie die Beherrschung, schreit minutenlang in Anwesenheit des einzigen, stark an sie gebundenen Kindes, das wenige Tage darauf erkrankt.

Eine Sexualproblematik zwischen den Eltern mit erheblichen Schuldgefühlen des Vaters scheint dazu beizutragen, daß dieser in eine Panikreaktion gerät, als die Mutter erstmals nachts einen Grand-mal-Anfall bekommt. Die Patientin, Einzelkind, stark an die Mutter gebunden, wagt nicht ihr Zimmer zu verlassen, glaubt die Mutter sei gestorben, sie erkrankt wenige Tage danach.

Die Mutter einer weiteren Patientin, Krankenschwester, heiratet unter der Selbstmorddrohung eines Kriegsblinden, beidseits Unterarmamputierten. Dessen Veränderung des Schlaf-Wachrhythmus erzwingt eine ständige Anpassung des Familienlebens. Seine anspruchsvolle Haltung führt zu schweren gewaltsamen Attacken gegen die Mutter, wobei einmal die Knochenstümpfe durch die Narben brechen. Mit Beginn der Pubertät erkrankt die Tochter.

Ein zeitlicher Zusammenhang mit traumatisierenden Ereignissen ist, wie in den erstgenannten Fällen, nicht selten nachzuweisen. Wichtig als Trauma erscheinen insbesondere der drohende oder tatsächliche Verlust der Bezugsperson, an die die Patienten besonders gebunden sind.

Wie weit derartige Erfahrungen repräsentativ für das Krankheitsbild sind, muß allerdings angesichts der heterogenen Auffassungen, die geäußert werden, offen bleiben.

Es ist kaum notwendig darauf hinzuweisen, daß die zu Rezidiven neigende Krankheit eine erhebliche Beeinträchtigung für die Patienten bedeutet, da sie den Ausbildungsgang und die üblichen sozialen Kontakte nachhaltig unterbricht und auch nach einer Besserung, zumindest vorübergehend, Rücksichten auf die Belastungsfähigkeit erfordert.

Diagnose und Differentialdiagnose. Bei akutem Beginn ergibt sich die Diagnose aus der geschilderten klinischen Symptomatik. Wegen der Perforationsgefahr ist Vorsicht bei der Röntgenkontrastdarstellung des Colons angezeigt, mit der sich ulceröse Nischenbildungen und eine mangelnde bis aufgehobene Haustrierung darstellen lassen. Bei schleichendem Beginn kann die Diagnose schwierig sein, zumal die Patienten eine starke Dissimulierungstendenz haben und das häufigste Frühsymptom, die Diarrhoen, verschweigen. Diese treten im Gegensatz zu funktionellen Störungen des Colons, z.B. beim sog. irritablen Colon, oft auch nachts auf. Auch die Rectoskopie kann zunächst keine eindeutigen Befunde geben. Allgemein ist das sog. irritable Colon aber durch die nur leicht hyperämische Schleimhaut, das Fehlen von Blutungen und durch einen normalen Röntgenbefund oder das Bild eines spastischen Colons gekennzeichnet.

Bei der Crohnschen Krankheit, der Ileitis terminalis, die ebenfalls mit einer Anorexie einhergeht, finden sich selten Blutbeimengungen im Stuhl, ein normaler rectoskopischer Befund und die Röntgenaufnahmen zeigen eine verstärkte Haustrierung des Dünn- und Dickdarmes. Aufgrund einzelner Erfahrungen finden sich übrigens bei dieser Krankheit auch ähnlich schwere Störungen im familiären Milieu wie bei Colitis.

Stehen Tenesmen im Vordergrund der Beschwerden, ist die Differentialdiagnostik der sog. Nabelkoliken zu berücksichtigen.

Therapie und Prognose. Die Therapie sollte immer in Zusammenarbeit mit dem Kinderarzt erfolgen. Im akuten Stadium ist eine Klinikaufnahme indiziert. Medikamentös finden heute Corticosteroide und das Salicylazosulfapyridin (Azulfidine) neben Einläufen mit Corticoiden, Tannin, Kamillen oder versuchsweise Lebertran Anwendung. Flüssigkeits-, Eiweiß- und Elektrolytverluste sind durch entsprechende Infusionen bzw. Transfusionen auszugleichen. Nach Abklingen der akuten Symptomatik ist eine Langzeitbehandlung mit Azulfidine unter regelmäßigen Kontrollen des Allgemeinzustandes angezeigt, insbesondere ist ein Absinken des Hämoglobins zu beachten. Neuerdings werden gute Erfolge bei der Anwendung von Cytostatica berichtet.

Auch im akuten Stadium sollte man den Patienten möglichst wenig sich selbst überlassen. Bei Ablenkung durch Beschäftigung sind weniger Darmbewegungen zu beobachten. Wenn es der Allgemeinzustand des Patienten eben erlaubt, so sollte man ihn aufstehen und sich an Gruppenbeschäftigungen beteiligen lassen. Mit einer erheblichen Beunruhigung der Eltern durch die Schwere der Erkrankung, aber auch durch Schuldgefühle ist zu rechnen. Diese erfordert manchmal ein striktes Besuchsverbot. Elterngespräche sind unumgänglich, auch wenn die Erstexploration keine Hinweise für eventuelle psychogene Faktoren ergeben. Bei starker Abhängigkeit von der Mutter und, wenn diese in der Lage ist, eine ausgeglichene Haltung beizubehalten, kann es sinnvoll sein, die Patienten zu den Hauptmahlzeiten durch die Mutter mit von dieser zubereiteten Speisen zu ernähren. Auf häufig zu beobachtende absonderliche Eßgelüste kann weitgehend Rücksicht genommen werden. Die Toleranz des Pflegepersonals gegenüber derartigen Arrangements ist zu beachten. Emotionale Ausgeglichenheit des Personals ist besonders wichtig.

Mit den Patienten selbst werden zunächst keine aufdeckenden Gespräche geführt, eine eher abwartende, gewährende Haltung, das Hinarbeiten auf eine positive Übertragung sind wichtiger, evtl. autogenes Training.

Auch nach Abklingen der akuten Symptomatik ist eine eher stützende Psychotherapie unter Vermeidung heftiger Affekte indiziert. Elterngespräche über die pädagogische Führung des Kindes sind sehr wichtig, zumal die Eltern auch leicht zu beunruhigen sind und überschießend reagieren. Die Möglichkeit zur Entfernung aus dem Elternhaus unter guter Bindung an eine andere Bezugsperson muß erwogen werden; bisher sind in dieser Richtung zuwenig gezielte Versuche bei Kindern unternommen worden, auch liegen nicht genügende Erfahrungen über die Anwendung von Tranquilizern oder von Psychopharmaka in tranquisierender Dosierung vor, die versucht werden sollte.

Der Verlauf der Krankheit soll bei Kindern ungünstiger als bei Erwachsenen sein. Eine Neigung zu Diarrhoen bleibt häufig bestehen. Das erneute Auftreten von Blut im Stuhl bedeutet nicht immer eine Indikation zu einer Klinikaufnahme. Exacerbationen sind häufig. Angesichts des ungünstigen Verlaufes wird eine frühchirurgische Intervention: Anlage eines Anus praeter und Entfernung des Colons, wiederholt dringend empfohlen. Das Operationsrisiko liegt unter 5%. Es kommt postoperativ zur vollen Remission, auch wird eine gute Anpassung unter kinderpsychiatrischer Führung der Familie betont. Die Häufigkeit, mit der eine chirurgische Therapie angewendet wird, wechselt bei einzelnen Kliniken zwischen 15 und 40%. Eine absolute Indikation für die Operation ist bei Perforation, Obstruktion des Darmes und unstillbarer Blutung gegeben. Darüber hinaus wird als Indikation die Unbeeinflußbarkeit eines schweren akuten Stadiums durch konservative Maßnahmen genannt, und zwar schon nach 3—10 Tagen erfolgloser Therapie bei sehr schweren Verläufen. Angesichts der Endgültigkeit des Eingriffes fällt eine derartige Entscheidung sehr schwer und muß mit der notwendigen Zurückhaltung getroffen werden. Eine einheitliche Indikation über den Zeitpunkt einer Operation kann nicht gegeben werden, die Ansichten sind noch kontrovers. Zu berücksichtigen ist, daß die Prognose bei Auftreten von schweren akuten Attacken mit Beteiligung des gesamten Colons, sogar des unteren Ileums, schwerer Anämie, Wachstumsverzögerung und Leberkomplikationen ernst ist, daß es andererseits aber auch gelingt, Patienten, die über Wochen Bluttransfusionen brauchten und

bei denen ein völlig dehaustriertes Colon diagnostiziert wurde, durch konservative Maßnahmen zur vollen Leistungsfähigkeit zurückzuführen. Bei einem Kollektiv von vorwiegend erwachsenen Patienten wurde eine 20jährige Überlebenschance von rund 60% ermittelt.

Literatur

Broberger, O., Lagercrantz, R.: Ulcerative Colitis in childhood and adolescence. In: Advances in Pediatrics. Vol. 14 (Hrsg.: S. Z. Levine). Yearbock Med. Publ. (1966).

Claman, L., Trieschman, A.: Adjustment to surgery of children with ulcerative colitis. J. Dis. Child 107, 131 bis 137 (1964).

Feldman, F.: Psychiatric study of a consecutive series of 34 patients with ulcerative colitis. Brit. Med. J. 3, 14—17 (1967).

Freyberger, H.: Psychosomatische Therapie bei Colitis ulcerosa. Med. Klin. 64, 969—972 (1969).

Kühn, H. A.: Ätiologie und Pathogenese der Colitis ulcerosa. Med. Klin. 64, 961—964 (1969).

Schäfer, K. H., Wallis, H.: Colitis ulcerosa im Kindesalter. Gastroenterologica (Basel) 107, 112—120, 1967.

XIX. Rezidivierende vegetative Dysregulationen und Schmerzzustände

Unter dem Namen „periodisches Syndrom" haben Apley und McKeith eine Gruppe von Symptomen zusammengefaßt, bei denen eine enge Beziehung zwischen vegetativer Reaktionsbereitschaft und seelischer Belastung bestehen. Der Name, mit dem versucht wird, die gemeinsamen Charakteristica hervorzuheben, ist in zweierlei Hinsicht unrichtig: die Symptome kehren nicht periodisch, d.h. in regelmäßigen Intervallen wieder, sondern rezidivieren in unregelmäßigen Abständen über Jahre hinweg. Es handelt sich ferner nicht um ein Syndrom, d.h. um eine mit hoher Regelmäßigkeit gemeinsam auftretende Gruppe von Symptomen. Dennoch rechtfertigt sich eine zusammenfassende Darstellung unter dem psychiatrischen Gesichtspunkt aufgrund der recht häufig anzutreffenden Kombination der Symptome, der Beobachtung des Symptomwandels beim einzelnen Patienten und aufgrund der Probleme, die sich hinsichtlich der Genese stellen. Die hier akzentuierten Gemeinsamkeiten sollen die Darstellung der Neuropathie und vegetativen Dystonie (s. S. 60) ergänzen.

Die Symptomatik umfaßt rezidivierende Schmerzzustände, Kopfweh (Migräne), Bauchschmerzen (Nabelkoliken) mit und ohne Übelkeit, seltener Gliederschmerzen, ferner rezidivierendes Erbrechen (habituelles, ketonämisches bzw. acetonämisches Erbrechen). Es handelt sich um Symptome, die praktisch bei jedem Kind aus irgendeinem Anlaß einmal auftreten können, vor allem bei Infekten, bei erhöhten Belastungen in der Schulzeit, Diätfehlern, Klimawechsel, Reisen und bei seelischer Erregung. Auch ohne erkennbaren Anlaß bringen viele Kinder Klagen über Kopfweh, Bauchweh oder Gliederschmerzen (volkstümlich: Wachstumsbeschwerden) vor, die besorgte Eltern zum Arzt führen, meist aber mit Beschwichtigung und kurzer Bettruhe übergangen werden. Die Wandlung zu einem Krankheitsbild, das zu einer Beeinträchtigung, ja, wie beim acetonämischen Erbrechen, zu einer Lebensbedrohung des Kindes führen kann, ist fließend. Die Bedingungen, die dazu führen, sind vielfältig und oft nur in Ansätzen erkennbar, so daß derartige Zustandsbilder gern als ein besonders undankbares und mißliches Kapitel der Diagnostik und Therapie bezeichnet werden. Die Beschwerden treten in einer für den einzelnen Patienten mehr oder weniger charakteristischen Form isoliert oder kombiniert unter einem Leitsymptom auf. In der Familie des Patienten finden sich oft Anzeichen für eine erhöhte „nervöse Erregbarkeit", vor allem lassen sich aber ähnliche Symptome, wie sie bei dem Patienten bestehen, nachweisen. Die Kinder bieten häufig Anzeichen einer körperlichen und seelischen Asthenie, die mit einer erhöhten Reaktionsbereitschaft im Sinne einer Neuropathie verbunden sein kann. In jedem Fall muß die kritische Frage gestellt werden, ob man sich mit der Annahme einer Konstitutionsvariante zufrieden geben darf. Ausreichende Untersuchungen über die Häufigkeit von perinatalen Hirnschäden und über das Vorliegen eines frühkindlich exogenen Psychosyndroms bei derartigen rezidivierenden Symptomen liegen nicht vor.

Komplementär zu der Reaktionsbereitschaft können exogene Faktoren in dem einen Fall lediglich die Bedeutung eines Auslösers, in anderen die Bedeutung einer wesentlichen Ursache erlangen. Neben den somatischen Belastungen etwa durch Anstrengung, Ernährungsfehler, ist die überbesorgte Haltung der Eltern, z. B. beim „verwöhnten Einzelkind" zu nennen, die zur Bahnung der Symptomatik beiträgt und dem Kind u.U. ein probates Mittel zur Durchsetzung eigener Bedürfnisse liefert. Sehr wichtig sind emotionale Spannungen, z.B. durch Überforderung in der Schule (Legasthenie). Typisch dafür sind Kopfschmerzen, Bauchwehattacken, Übelkeit mit einer zeitlichen Bindung an das Frühstück oder an bestimmte Schulstunden bzw. die Hausaufgaben. Hier ist der Symptomatik die Bedeutung eines Schutz- oder Abwehrmechanismus zuzumessen.

Bei der Diagnostik steht der Ausschluß einer organischen Erkrankung absolut an erster Stelle. Für jedes einzelne Symptom gibt es eine spezielle pädiatrische Differentialdiagnose, deren Berücksichtigung unerläßlich ist.

In neurologischer Hinsicht ist der Ausschluß von Hirntumoren, Angiomen (bei Kopfweh, Erbrechen), entzündlicher Prozesse (Kopfweh, Erbrechen) und einer Temporallappenepilepsie (Bauchwehattacken, Kopfweh) notwendig. Wiederholungsuntersuchungen sind bei negativen ersten Ergebnissen angezeigt. Dabei muß gelegentlich in Kauf genommen werden, daß diese Untersuchungen zur Fixierung auf die Symptomatik beitragen, sie sollten deshalb in einer Hand liegen und mit einer entsprechenden Führung von Eltern und Kind verbunden werden.

Die spezielle Diagnose ist aber nicht nur durch den Ausschluß anderer Erkrankungen zu stellen. Sie umfaßt die skizzierten Fragen mit dem Ziel, die individuellen Bedingungen, die zum Auftreten der Störung führen, möglichst weiegehend zu erfassen.

Die symptomatische Behandlung richtet sich nach dem Leitsymptom. Medikamentös ist die Anwendung von Neuroleptica in tranquilisierender Dosierung (z.B. Melleretten- oder Truxalettensaft) zu empfehlen, dagegen führen Tranquilizer bei Vorliegen von Hirnschäden gelegentlich zu einer Steigerung der Symptomatik. Die Beratung der Eltern, Psychotherapie beim Kind, zusätzliche Maßnahmen wie Gymnastik, Spielgruppen, richten sich nach den individuellen Erfordernissen.

Literatur

Apley, I., Mac Keith, R.: Das Kind und seine Symptome. Stuttgart: Hippokrates 1965.

Kiss, P. G., Liebermann, L.: Somatic (organic) diseases followed by personality disorders in childhood. Acta paediat. Acad. Sci. hung. **5**, 133—159 (1964).

XX. Enuresis

Symptomatik. In einem individuell recht verschiedenen Alter wird von den Kindern die Blasenkontrolle beherrscht. Deshalb spricht man erst nach der Vollendung des 4. Lebensjahres von dem Vorliegen einer Enuresis, wenn es mit ziemlicher Regelmäßigkeit zum Einnässen kommt. Dies ist bei rund 10% der Kinder der Fall (12% Jungen, 7% Mädchen). Zu Beginn des Schulalters nässen noch etwa 4,5% der Kinder ein, nach Beendigung der Pubertät wird die Störung selten. Unter amerikanischen Rekruten fanden sich immerhin noch 1,2% Enuretiker. Aus diesen Zahlen ist zu entnehmen, daß es sich bei der Enuresis um eine Störung handelt, deretwegen der Arzt sehr häufig aufgesucht wird. Der Symptomatik können recht verschiedenartige pathogene Mechanismen zugrunde liegen, so daß nicht von einem einheitlichen Krankheitsbild gesprochen werden kann. Erste Hinweise auf eine mögliche Genese der Störung ergeben sich aus der tageszeitlichen Bindung und aus dem Alter, in dem die Symptomatik zu beobachten ist.

Die Mehrzahl der Patienten, etwa 70—80%, nässen nur nachts ein *(Enuresis nocturna)*. Häufig tritt das Bettnässen beim einzelnen Patienten ungefähr zur gleichen Nachtstunde auf. Dies weist darauf hin, daß es sich um einen eingeschliffenen Mechanismus handelt. In der Regel wird nur einmal nächtlich eingenäßt, nur selten mehrmals pro Nacht.

Die *Enuresis diurna*, das Einnässen bei Tage, auch als Hosen- oder Kleidernässen bezeichnet, ist seltener, sie findet sich in 20—25% der Fälle. Im Gegensatz zu den in der Regel mehr oder weniger vollständigen Harnentleerungen beim nächtlichen Einnässen kommt es beim Einnässen tagsüber nur zur Entleerung kleinerer Harnmengen, so daß die Unterwäsche durchfeuchtet ist, jedoch tritt die Symptomatik in einzelnen Fällen recht massiv auf, wobei zumindest bei Schulkindern auf eine demonstrative, häufig auch aggressive Komponente in der Symptomatik besonders zu achten ist. Eine tageszeitliche Bindung findet sich beim Einnässen tagsüber sehr selten, doch ergeben sich manchmal Hinweise auf eine situative Bindung der Symptomatik, die für die Erkennung der zugrundeliegenden psychischen Mechanismen wichtig sein können.

Bei einigen Patienten besteht eine Enuresis diurna et nocturna. Auch Kinder mit reiner Enuresis nocturna leiden angeblich tagsüber an häufigerem Harndrang. Das Einnässen ist manchmal mit Einkoten, Enkopresis, verbunden — unter stationär behandelten Patienten sogar bei mehr als 10% der Fälle. Die Eltern verschweigen dies gelegentlich, da sie der leichten Verschmutzung der Wäsche mit Stuhl keine Bedeutung beimessen oder ihnen derartige Angaben peinlich sind. Eine entsprechende Frage ist bei der Anamneseerhebung von einnässenden Kindern immer indiziert.

Für die Abgrenzung der möglichen Genese des Einnässens ist die Unterscheidung zwischen *primärer (Enuresis persistens)* — das Kind war nie trocken — und der *sekundären Enuresis (E. acquisita)* wichtig. Von einer sekundären Enuresis spricht man nur dann, wenn das Kind nach gelungener Reinlichkeitserziehung über einen längeren Zeitraum, etwa 1 Jahr lang, trocken gewesen war, bevor das Symptom auftrat.

Die Häufigkeit, mit der eingenäßt wird, gibt nur einen groben Hinweis auf die Schwere der Störung, die der Symptomatik zugrunde liegt. Man kann die Enuresis aber als schwer bezeichnen, wenn sie mehr als 3mal wöchentlich auftritt. Die Häufigkeit des Einnässens wechselt auch beim einzelnen Kind, so daß freie Intervalle, die sich über Monate erstrecken können, angegeben werden und für die nicht immer ein Anlaß, z.B. in Form eines Milieuwechsels, aufgedeckt werden kann.

Gelegentliches Einnässen bei Kleinkindern, ein „Sich-vergessen beim Spiel" hat keine pathologische Bedeutung, ebensowenig wie das sporadische Einnässen von älteren Kindern, das z.B. bei Klimawechsel oder nach erregenden Ereignissen auftreten kann.

Genese und soziale Bedeutung. Es gelingt nicht, für das Einnässen eine einheitliche Genese aufzuzeigen. In der Regel lassen sich mehrere Bedingungen feststellen, unter denen sich die Symptomatik entwickelt hat. Dies gilt besonders für die *primäre Enuresis*, bei der zu beachten sind:

1. Eine homologe hereditäre Belastung. In der Aszendenz von einnässenden Kindern finden sich häufig (20%) Angehörige, die unter der gleichen Symptomatik gelitten haben. Es ist ungeklärt, welche Bedeutung diesem Befund zukommt, ob darin etwa eine organische Disposition (vgl. Differentialdiagnose) vererbt wird oder ob ein tradierter Erziehungsstil eine Rolle spielt.

2. Fehler bei der Reinlichkeitserziehung. Von einigen, vor allem behavioristisch eingestellten Autoren wird das primäre Einnässen grundsätzlich als Folge einer Fehlkonditionierung zur Zeit der Reinlichkeitserziehung betrachtet. Dies ist in der Ausschließlichkeit, mit der dies festgestellt wird, nicht richtig. Zweifellos lassen sich aber bei einer ganzen Anzahl von Kindern mit E. nocturna persistens keine schwerwiegenden anderen Bedingungen für die Entstehung der Symptomatik aufzeigen als Fehler bei der Reinlichkeitserziehung, und zwar

a) zu früher oder bei retardierten Kindern relativ zu früher Beginn des Reinlichkeitstrainings. Diese können leicht dadurch, daß die physiologischen Voraussetzungen für die Harnkontrolle bei ihnen noch nicht vorliegen, auf ihr Unvermögen fixiert werden;

b) inkonsequente Reinlichkeitserziehung, z.B. bei jungen unerfahrenen Müttern oder bei Müttern, die leicht zur Resignation neigen, wenig Geduld aufbringen und deren Verhalten überhaupt einen sporadischen Charakter aufweist.

3. Abnorme Haltungen der Mütter. Der Übergang von Fehlern in der Reinlichkeitserziehung bei gutwilligen, auf das Kind eingestellten Müttern zu abnormen Haltungen gegenüber dem Kind ist naturgemäß fließend. Zu denken ist an eine starre, fordernde Haltung der Mutter bei einem forcierten Blasentraining aufgrund neurotischer Mechanismen der Mutter, Ungeduldshaltungen, Lieblosigkeit oder kompensatorische einengende Bemutterung bei unerwünschten Kindern, überlasteten Müttern oder Konflikten zwischen den Eltern. Hierbei findet sich eine breite Skala möglicher Störungen der Mutter-Kind-Beziehungen, ohne daß es möglich wäre, einen für das Einnässen charakteristischen, neurotischen Mechanismus aufzuzeigen. Unter den abnormen Haltungen sind auch latente Verwahrlosungstendenzen oder eine manifeste Verwahrlosung zu nennen.

Beispiele

Eine ehrgeizige Abteilungsleiterin eines Kaufhauses, zartgliederig, wenig belastungsfähig, droht in ihrer 3. Schwangerschaft nach 2 geplanten Geburten zu dekompensieren. Der forcierte Versuch, vor der Geburt des 3. Kindes den Zweitgeborenen trocken zu bekommen, um ihn in einen Kindergarten geben zu können, scheitert und führt zu einer erheblichen Störung der Mutter-Kind-Beziehung, die weit über die Geburt des 3. Kindes hinausreicht und den 2. Jungen zum „schwierigen" Kind in der Familie macht mit nachhaltigem, aggressiv getöntem Einnässen des Kindes, gelegentlichem Einkoten und Eßstörungen.

Bei einem von der Großmutter erzogenen Mädchen, das wegen nächtlichen Bettnässens vorgestellt wird, stellt sich heraus, daß das 6jährige Kind noch mindestens einmal am Tag die Nahrung mit der Flasche gereicht bekommt, „weil es das Kind so gerne mag". Es ergibt sich, daß die Großmutter das Mädchen in einer kleinkindhaften Rolle hält, um die sie beglückende Erfahrung, noch einmal Mutter sein zu können, zu protrahieren.

Als disponierende Faktoren zeigen sich beim Kind:

4. Anzeichen für eine Neuropathie (s. S. 60) mit einer mangelnden Fähigkeit, die vegetativen Funktionen stabil zu halten. Auf andere neuropathische Symptome ist zu achten.

5. Wie bei anderen Verhaltensstörungen finden sich bei einnässenden Kindern Anzeichen für das Vorliegen einer frühkindlichen Hirnschädigung in Form des frühkindlich exogenen Psychosyndroms (Lempp).

6. Bei Flickerprovokation unter der Ableitung eines Elektroencephalogramms zeigen Kinder mit primärer Enuresis spitze Potentiale oder sogar myoklonische Zuckungen signifikant häufiger als Kinder mit einer sekundären Enuresis oder eine gesunde Kontrollgruppe (Schaper). Diese Befunde wurden bisher noch nicht bestätigt. Sie scheinen eine Auffassung zu stützen, derzufolge das Einnässen als Äquivalent einer Epilepsie betrachtet wird. Dies wird heute von den meisten Autoren als nicht richtig bezeichnet. Unabhängig davon müssen die Veränderungen im Elektroencephalogramm eines Teiles der einnässenden Kinder als ein möglicher genetischer Faktor mitberücksichtigt werden.

7. Organpathologische Befunde. Abflußhindernisse an den unteren Harnwegen, Fehlentwicklungen des Blasensphincters und der Uretra, neurogene Blasenentleerungsstörungen und am häufigsten irreative Prozesse, Harnwegsinfektionen, werden bei einnässenden Kindern in sehr unterschiedlicher Zahl diagnostiziert. Dies hängt im wesentlichen von der Art des Krankengutes ab. Die Ziffern liegen zwischen 3% und 50%! Hierauf ist im Rahmen der Differentialdiagnose gegenüber der Inkontinenz einzugehen.

Die Blasenkapazität ist bei einnässenden Kindern geringer als bei gesunden Kontrollgruppen. Sie stellt jedoch eine funktionelle Größe dar. Harndrang kann bei einem sehr unterschiedlichen Füllungsgrad der Blase verspürt werden. Die Anpassung der Blasenmuskulatur an den jeweiligen Füllungszustand und der Entleerungsmechanismus sind eine Funktion des vegetativen Nervensystems. Das Überwiegen sympathischer Impulse, die über die hypogastrischen Nerven laufen, führt zu einer Erschlaffung des Detrusor vesicae und einer Kontraktion des Sphincter internus. Das Überwiegen parasympathischer Impulse, die über die Beckennerven zur Blasenwand gelangen, führt zu einer vermehrten Anspannung des Detrusors vesicae, zu einer Erschlaffung des Sphincter internus. Zusammen mit der durch die willkürliche Innervation bedingten Erschlaffung des Sphincter externus kommt es zur Blasenentleerung.

Der Befund einer Verminderung der Blasenkapazität bei einnässenden Kindern macht es wahrscheinlich, daß ein erhöhter Tonus des Musculus detrusor zusammen mit dem Überwiegen parasympathischer Impulse vorliegt. Wieweit dies mit der vegetativen Gesamtlage des Organismus in Zusammenhang steht, ist schwer abzugrenzen. Weniger wahrscheinlich ist es, daß die verminderte Blasenkapazität auf eine angeborene Verminderung der Größe der Harnblase zurückzuführen ist. Die Frage, ob ursächlich für das Einnässen eine primäre Verminderung der Blasenkapazität in Betracht kommt, erscheint bisher ungeklärt, darf aber als unwahrscheinlich gelten. Wesentlich ist es, zu beachten, daß eine verminderte Blasenkapazität häufig einen Hinweis auf andere organpathologische Veränderungen gibt.

8. Tiefschlafhypothese. Mütter von Kindern mit einer Enuresis nocturna machen häufig Angaben über erhebliche Schwierigkeiten, die Kinder zu wecken. Die Überprüfung unter kontrollierten Bedingungen bestätigt dies. Es liegt nahe, anzunehmen, daß diese Kinder genau so schlecht auf den inneren Weckreiz des auftretenden Harndranges ansprechen wie auf äußere Weckreize in einer experimentellen Situation. Woher diese gerne als „abnormer Tiefschlaf" gekennzeichnete erhöhte Schwelle für Weckreize rührt, ist nicht bekannt.

symptome eines seelischen Hospitalismus oder eine Verwahrlosung. Nicht selten bestehen erhebliche Ansprüche auf die Zuwendung anderer Menschen, eine Bindungssuche bei gleichzeitiger Angst, eine derartige Bindung einzugehen. Andere psychopathologische Auffälligkeiten stehen oft im Vordergrund, nicht selten besteht die Neigung zu stehlen.

Diese sehr unterschiedlichen genetischen Gesichtspunkte, die bei der *primären* Enuresis zu berücksichtigen sind, schließen es keineswegs aus, daß auch diese Form des Einnässens sehr oft Symptom

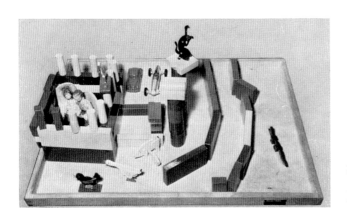

Abb. 2. Enuresis, 10jähr. Junge, Scenospiel, freies Thema: „Burg". Wunsch nach Geborgenheit und Abschirmungstendenzen gegenüber der Umwelt sind erkennbar

Schlafableitungen des Elektroencephalogramms während der ganzen Nacht haben gezeigt, daß regelmäßig am Ende einer Tiefschlafphase eingenäßt wird. Erst danach tritt eine Phase mit schnellen Augenbewegungen auf (REM-Phase), in der geträumt wird. Nach vorläufigen Untersuchungen ist aber die Weckbarkeit nichtbettnässender Kinder im gleichen sog. Tiefschlafstadium besser. Vielleicht hängt dies mit dem Phänomen des sog. Ammenschlafes zusammen, womit die Beobachtung gekennzeichnet wird, daß man durch schwache Geräusche — wie eine Amme durch das Weinen eines Säuglings — geweckt werden kann, wenn nur eine innere Bereitschaft dazu vorhanden ist. Damit wird, wahrscheinlich zu Recht, unterstellt, daß bettnässenden Kindern die Motivation zum Wachwerden fehlt und sehr starke Bedürfnisse, etwa im Sinne eines unverbindlichen Sich-gehenlassens, wirksam sind, die zu der schlechten Weckbarkeit führen.

9. Die Mehrzahl der Enuretiker im Jugendalter ist in ihrer seelischen Entwicklung erheblich gestört. Sie stammen in der Regel aus besonders ungünstigen häuslichen Verhältnissen, haben wiederholte Milieuwechsel in den ersten 10 Lebensjahren durchleben müssen. Häufig zeigen sie Rest-

einer psychogenen Erkrankung ist, wie es bei der sekundären Enuresis praktisch immer der Fall ist. Regressions- und aggressionsneurotische Tendenzen zeigen sich bei den Patienten in unterschiedlichem Ausmaß, letztere stärker bei Mädchen mit Enuresis diurna. Typische familiäre Konstellationen oder typische Konflikte, die zum Einnässen überhaupt führen, lassen sich jedoch nicht aufzeigen. A. Dührssen hat darauf aufmerksam gemacht, daß sich Enuretiker oft in einem Dauerzustand gespannter und leicht beunruhigter Leistungsbereitschaft befinden, dem der Wunsch nach einem unverpflichtenden Entspanntsein gegenüber steht. Diese Koppelung zwischen Leistungsanforderung und Ausscheidungsfunktion wird durch die Reinlichkeitserziehung bewirkt. Darüber hinaus kann sich eine mißglückte Auseinandersetzung mit der eigenen Geschlechtsrolle leicht mit der Harnfunktion verbinden.

Bei älteren Kindern mit einer primären Enuresis, bei denen z.B. Konflikte in der Geschlechtsrolle aufgedeckt werden, sollte man sich aber kritisch die Frage stellen, ob die jetzt aufgedeckten Konflikte identisch mit denen sind, die zu der Enuresis geführt haben könnten. Außerdem muß an eine sekundäre Neurotisierung durch die das Kind und die Eltern in gleicher Weise häufig sehr belastende

Symptomatik gedacht werden, zumal die Eltern überwiegend mit rein erzieherischen Maßnahmen, z.T. massiven Strafen, das Symptom zu beeinflussen versuchen. Eine erhebliche Beeinträchtigung des Selbstwertgefühles als Folge des Einnässens ist bei sensiblen Kindern sehr häufig anzutreffen. Für Bettnässer stellen Freizeiten von Jugendgruppen oder Ferienreisen oft kaum überwindbare Probleme dar, für Kinder mit einer Enuresis diurna, die in der Regel als schwerer krank zu gelten haben und die viel mehr mit ihrem Symptom identifiziert sind, ist die zusätzliche Erschwerung des sozialen Kontaktes durch die Symptomatik nicht unbedeutend.

Diagnose und Differentialdiagnose. Bei der *sekundären Enuresis* steht die Exploration der affektiven Lage des Kindes und der familiären Situation zum Zeitpunkt des Auftretens ganz im Vordergrund der Diagnostik. Ist die sekundäre Enuresis im Zusammenhang mit einer Körpererkrankung aufgetreten, sind entsprechende differentialdiagnostische Untersuchungen angezeigt.

Die Diagnostik einer *primären Enuresis* ist in der Regel wesentlich komplexer, sie umfaßt die biographische Anamnese unter besonderer Berücksichtigung der Phase der Reinlichkeitserziehung und der verschiedenen Gesichtspunkte, die als mögliche Genese in Betracht kommen und die im vorausgehenden Abschnitt erwähnt wurden. Körperliche Untersuchung, neurologischer Status, Ableitung eines Elektroencephalogramms und ein Urinbefund sind indiziert.

Bei seltenem nächtlichen Einnässen sollte auch an unbemerkt auftretende *Anfälle* bei einer Schlafepilepsie gedacht werden.

Besondere Aufmerksamkeit gilt der Abgrenzung gegenüber *organisch bedingten Miktionsstörungen* (Inkontinenz). Diese werden manchmal als organische Formen der Enuresis bezeichnet, jedoch erscheint es sinnvoll, den Begriff Enuresis nur bei Kindern anzuwenden, die keine organpathologischen Befunde aufweisen. Zweifellos gibt es auch hier schwer einzuordnende Grenzfälle.

Der Verdacht auf eine organische Störung im Bereich der ableitenden Harnwege besteht bei der anamnestischen Angabe von rezidivierenden Harnwegsinfekten oder auch vorübergehenden Phasen vermehrten Harndranges (Pollakisurie), Pressen bei der Miktion, Blasensensationen oder gar Schmerzen, Harnträufeln (insbesondere differentialdiagnostisch wichtig bei der leichten Enuresis diurna). Derartige Angaben stellen eine Indikation zur Cystographie und möglichst auch zur Miktionsuretrographie dar, auch wenn anamnestisch beschwerde-

freie Intervalle angegeben werden und wenn Störungen in der Umweltbeziehung des Kindes eine psychische Genese des Einnässens wahrscheinlich machen.

Mit Hilfe dieser Untersuchungsmethoden lassen sich ein vesicoureteraler Reflux, Ureterocelen, Blasendivertikel, gelegentlich Blasensteine, sowie infravesicale Abflußhindernisse durch posteriore Harnröhrenklappen, Blasenhalsstenosen, Hypertrophie des Colliculus seminalis, Meatusstenosen u. a. nachweisen (Zapp). Auch eine hochgradige Phimose kommt als Abflußhindernis in Frage.

Da weitgehend unbekannt, soll die *"wide bladder neck anomaly"* hier kurz erwähnt werden. Nach Auffassung von Zapp stellt die Anomalie eine wichtige Teilursache für das Einnässen bei Mädchen dar. Bei regelrechter Konfiguration der Harnblase klafft der innere Sphincter, die Harnröhre ist in ihrem hinteren Teil stark erweitert und verjüngt sich nach distal konisch, um kurz vor der Harnröhrenmündung ihre regelrechte Weite zu erlangen. Eine Schleimhautentzündung im Bereich des Trigonums und Blasenhalses mit reflektorischer Erweiterung des inneren Blasensphincters und der hinteren Harnröhre liegen vor, die sich auf eine gezielte Behandlung der Infektion hin mitsamt dem symptomatischen Einnässen zurückbilden.

In die Differentialdiagnose der Enuresis ist die sog. *neurogene Blase* einzubeziehen, wenn beim Patienten neurologische Ausfallserscheinungen vorliegen. Eine neurogene Blase kann bedingt sein durch Läsionen unterhalb des spinalen Blasenzentrums. Hierzu zählen in erster Linie Folgen von Myelodysplasien mit entsprechenden neurologischen Ausfallserscheinungen an den unteren Extremitäten mit einer meist hypotonen Blase, Sphincterschwäche, Harnträufeln und einer Schwäche des Sphincter ani. Die Spina bifida occulta hat nur dann eine Bedeutung als pathologisches Zeichen, wenn neurologische Ausfälle bestehen.

Therapie und Prognose. Vor die Erörterung der therapeutischen Möglichkeiten sollen einige Gesichtspunkte zur sog. *Reinlichkeitserziehung* gestellt werden, die im Beratungsgespräch mit der Mutter prophylaktische Bedeutung bekommen können.

Die Fähigkeit zur Kontrolle der Mastdarm- und Blasenfunktion ist vom Reifegrad eines Kindes abhängig. Meist kann im Alter von 12—18 Monaten mit der Reinlichkeitserziehung begonnen werden. Die individuelle Schwankungsbreite ist aber groß. Allgemein, auch bei retardierten Kindern, erscheint es richtig, den Müttern zu raten, einige Monate, nachdem das Kind freies Laufen gelernt hat, mit dem Reinlichkeitstraining zu beginnen.

In dieser Zeit sind die Systeme der Willkürinnervation soweit gereift, daß eine Hemmung bzw. Steuerung der autonomen Funktion der im Lumbal- und oberen Sacralmark gelegenen Mastdarm- und Blasenzentren möglich ist. Darüber hinaus verfügt das Kind über eine ausreichende Aufmerksamkeitsspanne, um die Koppelung zwischen der Stuhl- und Harnentleerung bzw. dem entsprechenden Drang und der zu erlernenden Gewohnheit vollziehen zu können. Ferner nimmt die Blasenkapazität zu.

Bei Neugeborenen beträgt diese etwa $1/4$—$1/3$ der Tagesharnmenge, beim Erwachsenen faßt die Blase etwa die gesamte Tagesmenge. Allerdings bestehen auch hier erhebliche individuelle Unterschiede. Bei Retentionsversuchen an Erwachsenen liegen die Harnmengen zwischen 240 und 1440 cm³. Der Säugling entleert ungefähr 20mal täglich Harn, das 1jährige Kind 10—15mal, der Erwachsene durchschnittlich 5mal. Stuhlentleerungen finden sich bei Säuglingen 2—3mal täglich, bei Schulkindern zwischen 2mal täglich bis 1mal zweitägig.

Frühes Reinlichkeitstraining bedeutet unnötiger Aufwand, erhöht die Gefahr des Mißlingens, da das Kind häufig noch nicht reif genug ist, und Mutter und Kind auf ein Versagen fixiert werden können. Kinder, bei denen mit dem Topfen im Alter von 8—10 Monaten begonnen wurde, werden schließlich im gleichen Alter sauber wie solche, bei denen man am Ende des 2. Lebensjahres damit begann.

Zunächst soll auf das Absetzen des Stuhles geachtet werden, gelingt dies regelmäßig auf dem Topf, kann mit dem Blasentraining begonnen werden. Manche Kinder haben regelmäßig nach bestimmten Mahlzeiten Stuhlgang, man kann dann der Mutter raten, das Kind auch schon am Ende des 1. Lebensjahres auf den Topf zu setzen. Das Kind soll sich dabei nicht langweilen, allein bleiben oder gar spielen. Auch darf sich das Kind nicht gegen den Topf oder die Toilette wehren, topfscheu werden, vor allem soll die Mutter nicht meinen, daß dies ein Erziehungserfolg sei, und es dürfen sich daran nicht falsche Erwartungen hinsichtlich des Blasentrainings knüpfen.

In der Regel sind die Kinder tagsüber früher trocken als nachts. Das Kind kann dann vor dem Schlafengehen der Eltern noch einmal aufgenommen werden. Bleiben die Windeln nachts gelegentlich trocken, läßt man diese weg, versieht die Matratzen mit einer ausreichend breiten Gummiunterlage und deckt das Kind im warmen Zimmer nur mit einer leichten Decke zu. Das Einnässen wird dann eher als unangenehm empfunden und das Kind bleibt nicht in dem warmen feuchten Windelpaket liegen. Moralisierende Kommentare sind völlig fehl am Platze, jedoch ist eine verbale Unterstützung des Empfindungskomplexes: trocken = angenehm bzw. naß = lästig, unangenehm, durchaus gerechtfertigt.

Gelingt die Reinlichkeitserziehung nach 6 bis 8 Wochen noch nicht, ist es ratsam, das Kind völlig gewähren zu lassen und einen erneuten Versuch nach etwa 3 Monaten zu unternehmen.

Die Reinlichkeitserziehung kann als Bahnung eines bedingten Reflexes bezeichnet werden, wenn man dabei nicht übersieht, daß es sich um einen sehr störanfälligen, vom emotionalen Klima stark abhängigen Vorgang handelt. Mutter und Kind sind als eine funktionelle Einheit zu betrachten. Deshalb ist es notwendig, neben dem Reifegrad des Kindes, neben seiner Reagibilität, Empfindsamkeit, Ansprechbarkeit besondere Aufmerksamkeit im Beratungsgespräch auf die Persönlichkeitsstruktur der Mutter zu lenken. Ziel der Beratung ist es, eine geduldige ausgeglichene Einstellung der Mutter mit einer nicht zu forcierten positiven Erwartungshaltung zu erzielen. Ferner ist eine regelmäßige Wiederholung der gleichen Situation zu annähernd denselben Zeiten anzustreben.

Das Verhalten der Mutter bei der Reinlichkeitserziehung kann als symptomatisch für die Mutter-Kind-Beziehung überhaupt betrachtet werden, die weitreichende Folgen für die Persönlichkeitsentwicklung des Kindes hat.

Die größten Schwierigkeiten sind bei einer fordernden, drohenden oder gar strafenden Haltung zu erwarten, die ihrerseits sehr verschiedene Ursachen haben kann. An Arbeitsüberlastung durch rasch aufeinanderfolgende Geburten, unerwünschte Geburt des Kindes, Störungen der elterlichen Beziehungen zueinander, Berufsaufgabe der Mutter infolge der Geburt und an abnorme Persönlichkeitszüge ist zu denken. Derartige Kinder werden leicht mürrisch, verdrossen, aggressiv.

Mütter, für die Sauberkeit, komplikationsfreie Routine und Erfolgserlebnisse wichtig sind, neigen besonders zu einem verfrühten Training, aber auch selbstunsichere, ängstliche Mütter, etwa bei erstgeborenen Kindern oder unter dem Druck der Meinung anderer (Schwiegermutter, Nachbarin) stehende Frauen, wobei auf den Einfluß tradierter familiärer Haltungen hinzuweisen ist.

Gelegentlich ist es notwendig, auf subtilere neurotische Abwehrmechanismen, Ängste oder

Schuldgefühle therapeutisch einzuwirken, die infolge von Erektionen beim oder durch Miktionen unmittelbar nach dem erfolglosen Topfen aktiviert werden, schließlich auch durch die natürliche Neugier des Kindes gegenüber diesen Vorgängen, die gelegentlich zu Kotspielereien führen. Die Mutter muß es lernen zu verstehen, daß die Beschäftigung mit dem eigenen Körper, mit den Ausscheidungsfunktionen und deren Produkten nur ein Sektor des allgemeinen Interesses des Kindes am eigenen Körper, an der dinglichen Umwelt und an anderen Menschen ist. Sie sollte gleichzeitig aber auch ein Gespür dafür entwickeln, daß während des Reinlichkeitstrainings zum erstenmal im Leben des Kindes Vorgänge ganz evident werden, die zu einer sozialen Einordnung führen: Es wird eine Anforderung an das Kind gestellt, deren Erfüllung für das Kind freudig getönt mit dem Gefühl einer gewissen Genugtuung, dies zu können und der Mutter damit eine Freude zu machen, verbunden sein sollte — und nicht mit der Erfüllung oder „Hergabe" einer streng abverlangten Leistung.

Die *Therapie des Einnässens* richtet sich nach den Entstehungsbedingungen der Symptomatik. Die therapeutischen Maßnahmen hängen aber weitgehend auch davon ab, welche Möglichkeiten sich im Einzelfall realisieren lassen.

Grundsätzlich erfordert die *sekundäre Enuresis* psychotherapeutische Maßnahmen, in die die Eltern einzubeziehen sind und die je nach Alter des Kindes in Form einer Spiel- oder Gesprächstherapie unter tiefenpsychologischen Gesichtspunkten durchgeführt werden kann.

Das gleiche gilt für eine primäre Enuresis, wenn entsprechende abnorme Haltungen der Mütter dieser zugrunde liegen und die Mütter einer Gesprächstherapie zugänglich sind, in der ihre eigene Problematik ausreichend thematisiert werden kann. In solchen Fällen ist es durchaus möglich, daß keinerlei therapeutische Maßnahmen am Kinde selbst zu ergreifen sind.

Für den nicht spezialisierten Arzt bestehen derartige Möglichkeiten nicht. In diesem Falle sollte aber ein Beratungsgespräch mit den Angehörigen geführt werden, das darauf abzielt, daß diese die Symptomatik nicht länger als eine Ungezogenheit oder gar als einen Charakterfehler des Kindes betrachten, sondern als eine krankhafte Erscheinung, die einer willentlichen Beeinflussung des Kindes weitgehend entzogen ist. Eine derartige affektive Umstimmung der Angehörigen kann durch die vorübergehende Gabe eines Psychopharmakons beim Kind unterstützt werden.

Die Pharmakotherapie stellt eine symptomatische Behandlung dar. Verschiedenste Psychopharmaka haben recht gute Teilerfolge erbracht, die z.T. über einen reinen Placebo-Effekt hinausgehen. Offenbar spricht ein allerdings kleiner Teil der Patienten auf psychotrope Pharmaka an. Die überraschend hohe *Ansprechbarkeit* von Enuretikern auf Placebo-Präparate läßt sich wohl darauf zurückführen, daß mit der Gabe eines Medikamentes eine Art Anerkennung der Enuresis als Erkrankung erfolgt. Mit der Gabe eines Medikamentes geschieht überhaupt etwas außerhalb des Kreises oft verkrampfter Bemühungen seitens des Kindes und der von Resignation, Überbelastung und gar Aggressivität gekennzeichneten Haltung der Angehörigen. Das Thymoleptikum Tofranil (20 mg Tofranil mite abends reichen manchmal schon aus) hat sich recht gut bewährt. Ein derartiger symptomatischer Behandlungsversuch erscheint nur dann gerechtfertigt, wenn er sich über 3 Monate erstreckt und bei Nichterfolg (hohe Rückfallsquote) Anlaß dazu gibt, den Patienten in eine Erziehungsberatungsstelle oder in eine kinderpsychiatrische Behandlung zu überweisen, bei der entschieden werden muß, ob trainierende Verfahren ausreichend sind, psychotherapeutische Verfahren oder gar eine Entfernung des Kindes aus dem Elternhaus und eine Unterbringung in einem heilpädagogischen Kinderheim indiziert sind.

Als trainierendes Verfahren ist in Deutschland die „spontane Pollakisurie" von Ohnsorge bekannt geworden, bei der Mutter und Kind gemeinsam vor dem Schlafengehen engagiert werden. Etwas modifiziert kann sie bei gutwilligen, nicht überlasteten Müttern, bei denen keine therapiebedürftigen neurotischen Mechanismen vorliegen, und bei kooperativen Schulkindern, die unter einem gewissen Leidensdruck stehen, mit recht gutem Erfolg angewandt werden: Innerhalb 1 Std vor dem Schlafengehen wird das Kind 3mal aufgefordert, die Blase in ein Nachtgeschirr zu entleeren, die entleerte Harnmenge wird von der Mutter z.B. in einer Säuglingsflasche gemessen, die Menge wird unter Angabe des Datums notiert. Dem Kind wird damit suggestiv vor Augen geführt, daß „die Blase lernen muß" sich vollständig vor dem Zubettgehen zu entleeren. Mutter und Kind sind an einer gemeinsamen Aufgabe beteiligt, womit indirekt die mütterliche Zuwendung zum Patienten gefördert wird. Das Kind wird von der Mutter zur späteren Abendstunde noch einmal geweckt und auf die Toilette geschickt, womit erreicht werden soll, daß das Kind tatsächlich wach wird. Es wird ein Kalender vom

Kind über die Häufigkeit des Einnässens während des Trainings geführt: Bei Einnässen wird unter dem entsprechenden Datum ein „Regen" eingezeichnet, bei Erfolg eine „Sonne". Das Ergebnis — die Kalenderblätter und die Aufzeichnungen der Mutter — wird nach 6—8 Wochen mit dem Arzt gemeinsam besprochen.

Ausdrücklich sind Eltern von einnässenden Kindern darauf hinzuweisen, daß ein abendlicher Flüssigkeitsentzug keinerlei Einfluß auf die Symptomatik hat, im Gegenteil ist darin eine zusätzliche Frustrierung des Kindes zu erblicken.

Konditionierungstherapie mit der Bettnässermatte

Diese in den Vereinigten Staaten weitverbreitete Behandlungsform findet in Deutschland in zunehmendem Maße Beachtung. Sie geht auf den deutschen Kinderarzt von Pfaundler zurück, der den therapeutischen Effekt zufällig entdeckte, als er den Zeitpunkt des nächtlichen Einnässens von Kindern bestimmen wollte. Die Weckgeräte, die sich in Deutschland auf dem Markt befinden, sind relativ teuer, sie stehen bisher nur Kliniken zur Verfügung, können aber z.T. auch schon an Privatpersonen entliehen werden. Sie bestehen aus einer Stoffmatte, die von zwei Lagen eines Drahtgeflechtes durchzogen ist. Beim Feuchtwerden der Matte durch das Einnässen — das Kind soll ohne Schlafanzughose schlafen — schließt sich ein Kontakt, der zur Auslösung des Weckgeräusches führt. Das Gerät wird nur jede zweite Nacht eingeschaltet, seine Wirksamkeit besteht darin, daß ein bedingter Reflex: Einnässen — Wachwerden, gesetzt wird. Die Erfolgsziffern liegen bei 90%! Zahlen, die eher zu Skepsis Anlaß geben, jedoch in größerem Maße überprüft werden müssen. Bei einer unkomplizierten Enuresis nocturna persistens ist die Anwendung derartiger Geräte aber zweifellos indiziert.

Von Stegat wurde ein Gerät mit Summer und Kontaktläppchen, die in die Hosen geknöpft werden, entwickelt. Nach 20 Monaten waren 74% der so, wiederholt, behandelten Kinder symptomfrei. Einzelheiten über das Verfahren müssen bei Stegat nachgelesen werden.

Vor der Anwendung aller derartiger Behandlungsverfahren sollte mit genügender Sicherheit ausgeschlossen worden sein, daß das Einnässen des Kindes ein nachdrücklicher Appell an die Umwelt ist, der auf eine unbefriedigende Lebenssituation oder einen unbewältigten Konflikt hinweist. Man muß sich vergegenwärtigen, daß bei einer erfolgreichen symptomatischen Behandlung, die dies

übersehen hat, ein Anlaß zu der notwendigen grundsätzlichen Verbesserung der seelischen Lage des Kindes eliminiert worden ist.

Auf die relativ günstige Prognose weisen die zu Eingang dieses Kapitels gegebenen Zahlenangaben bereits hin. Diese rechtfertigen es aber keinesfalls, eine sorgfältige Diagnostik und Therapie zu unterlassen.

Literatur

Broughton, R. I., Gastaut, H.: Polygraphic sleep studies of enuresis nocturna. EEG., Clin. Neurophysiol. **16**, 625 bis 626 (1964).

Diesing, U.: Enuresis — Krankheitsbild, Ursachen, Diagnostik, Therapie. Urologe **2**, 294—305 (1963).

Hallgren, B.: Enuresis. Kopenhagen: E. Munksgaard 1957.

Kemper, W.: Enuresis. Heidelberg: Schneider 1949.

Mowrer, D. H., Mowrer, W. M.: Enuresis, a method for its study and treatment. Am. J. Orthopsychiat. **8**, 436 to 459 (1938).

Ohnsorge, K.: Hausarzt und Enuresis nocturna der Kleinkinder. Münch. med. Wschr. **97**, 1594—1595 (1955).

Richter, D., Wagner, K.-D., Külz, J.: Erfolgsaussichten einer differenzierten Therapie der Enuresis nocturna. Mschr. Kinderheilk. **116**, 49—53 (1968).

Schaper, G.: Hirnelektrische Untersuchungen bei 100 Enuretikern. Z. Kinderheilk. **77**, 141—162 (1955).

Stegat, H.: Enuresis, Behandlung des Bettnässens. Berlin-Heidelberg-New York: Springer 1973.

Strunk, P.: Jugendliche Enuretiker. Praxis Kinderpsychol. **13**, 87—90 (1964).

Werczberger, A.: Zur Katamnese der Enuresis nocturna. Praxis Kinderpsychol. **8**, 1—6 u. 42—52 (1959).

Zapp, E.: Die Bedeutung der Zystographie und Miktionsurographie für die Frühdiagnose urologischer Erkrankungen im Kindesalter. Fortschr. Med. **84**, 873—878 (1966).

XXI. Harnretention

Im Trotzalter ist gelegentlich bei Knaben eine *Miktionshemmung* zu bemerken: Bei vorhandenem Harndrang ist das Kind nicht fähig, Harn zu lassen. Es handelt sich um sensible Kinder, denen eine willkürliche Entspannung des Sphincters nicht gelingt. Ein Zusammenhang mit der phasenspezifischen Autonomieproblematik kann vermutet werden. Differentialdiagnostisch muß bei wiederholtem Auftreten an einen Blasenstein gedacht werden. Therapeutisch steht die Beruhigung der Angehörigen im Vordergrund, die eine bagatellisierende Haltung gegenüber der Symptomatik einnehmen sollten. Eventuell ist eine leichte vorübergehende Sedierung des Kindes indiziert.

Eine auch im späteren Alter auftretende Form der *Miktionshemmung* ist situativ gebunden. Die Patienten sind nicht in der Lage, in Anwesenheit anderer Harn zu lassen. Die Störung tritt bei empfindsamen Jungen z.B. in öffentlichen Toiletten auf, kann Ausdruck einer mangelnden Durchsetzungsfähigkeit oder auch einer sexuellen Beunruhigung sein. Eine Fixierung auf diese Symptomatik erfordert ein exploratorisches und eventuell therapeutisches Eingehen auf psychogene Mechanismen.

Seltene Miktionen — das Kind sucht nur 1- bis 2mal täglich die Toilette auf — wecken den Verdacht auf ein Abflußhindernis. Es wird kein Harndrang, auch bei Ansammlung großer Urinmengen in der Blase, bemerkt. Der abdominale Tastbefund gibt einen ersten Hinweis auf eine große Blase, eine Megacystis. Die urologische Diagnostik muß die Ursache abklären. Es gibt eine Megacystis aber auch als primäre Störung ohne andere Krankheitszeichen. Über die Ätiologie ist nichts bekannt. Vielleicht besteht eine ähnliche Ursache wie beim aganglionären Megacolon. Eine psychische Genese dieser Störung wird nicht diskutiert.

Literatur

Gurewitsch, W.: Hysterische Harnverhaltung und Stuhlinkontinenz. Dtsch. Z. Nervenheilk. **124,** 241—257 (1932).

XXII. Enkopresis

Symptomatik. Analog zu dem Begriff Enuresis ist der Ausdruck Enkopresis für das psychogen bedingte Einkoten oder Einschmutzen geprägt worden. Erst wenn sich das Kind in einem Alter befindet, in dem normalerweise eine Kontrolle dieser Funktion möglich ist, etwa nach dem 3. Lebensjahr, und wenn keine organpathologischen Befunde zu erheben sind, wird eine Enkopresis diagnostiziert.

Das Einkoten ist etwa 10mal seltener als die Enuresis. Bei 7—8jährigen Kindern in Schweden fanden sich bei 1,5% eine Enkopresis (Bellman). Gegenüber der Enuresis bestehen einige wichtige

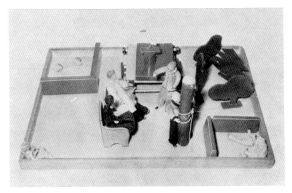

Abb. 3. Enkopresis, 9jähr. Junge, Scenospiel, freies Thema: „König richtet Kinder hin". Destruktiv erlebte Abhängigkeit von den Erwachsenen

Unterschiede. Das Symptom tritt viel häufiger als die Enuresis sekundär, d. h. ein oder mehrere Jahre nach gelungener Reinlichkeitserziehung, auf. Die Angaben in der Literatur schwanken jedoch erheblich. Auf eine persistierende Enkopresis entfallen 1—4,5 Fälle mit erworbener Enkopresis. Der Gipfel des Erkrankungsalters liegt zwischen 7 und 9 Jahren. Nach dem Alter von 16 Jahren soll die Symptomatik nicht mehr auftreten.

Jungen sind wesentlich häufiger als Mädchen betroffen, die Verhältniszahlen liegen zwischen 3:1 und sogar 10:1. Eine Verbindung mit Enuresis diurna wird nicht selten beobachtet.

Die Symptomatik selbst ist sehr variabel. Bevorzugt wird am Tage eingeschmutzt, isoliertes nächtliches Einkoten wird selten beobachtet, nur wenige Kinder koten auch nachts ein. Manche Kinder beschmutzen ihre Wäsche nur leicht, so daß die Angehörigen lange Zeit meinen, daß der After ungenügend nach der Defäkation gereinigt wird. Häufig werden aber größere Portionen geformten Stuhles in die Wäsche entleert. Das Kind meldet sich oft nicht und fällt erst durch seinen penetranten Geruch auf, den es selbst zu skotomisieren scheint. Dieser Geruch kann dem Kind auch anhaften, wenn es frische Kleidung trägt und führt, wie die Symptomatik überhaupt, zu einer erheblichen Erschwerung des sozialen Kontaktes. Die Kinder sind aber keineswegs allgemein ungepflegt, legen im Gegenteil in der Regel großen Wert auf Sauberkeit.

Die beschmutzte Wäsche wird oft schamhaft versteckt und von den Müttern entdeckt. Bei schwerer gestörten Kindern kommt es zu einer Ausweitung der Symptomatik durch Beschmieren der Wäsche, des Bettgestells an nicht leicht einsehbaren Stellen oder gar der Rückwände von Kleiderschränken. Selten ist das Absetzen des Kotes auf dem Boden. Das Kotschmieren ist eindeutig lustbetont. Dies gilt auch häufig für das Wahrnehmen der warmen Kotmassen in der Wäsche oder für das lange Zurückhalten des Kotes im Rectum. Die Mehrzahl der Enkopretiker gibt vor, den normalerweise auftretenden Stuhldrang nicht wahrzunehmen. Eine Obstipation wird selten angegeben.

Bei einem nur kleinen Teil der Patienten steht die Enkopresis in Zusammenhang mit einem geistigen Entwicklungsrückstand, die Mehrzahl der Patienten ist durchschnittlich bis überdurchschnittlich begabt. Die Leistungsfähigkeit in der Schule ist nicht beeinträchtigt, oft zeichnen sich die Kinder als gute Schüler aus.

Eine Klassifizierung der Enkopretiker nach Verhaltensmerkmalen etwa in Indolente, Angstkinder und Bosheitskinder (Asperger) wird der klinischen Vielfalt der Verhaltensmerkmale nicht gerecht. Es lassen sich jedoch einige Verhaltenseigentümlichkeiten aufzeigen, die häufig zu beobachten sind, wobei auch zu fragen ist, wieweit diese reaktiv bedingt sein können.

Die Mehrzahl der Enkopretiker zeichnet sich durch ein passives weiches, oft verträumtes, wenig vitales, eher aspontanes Verhalten aus. Sie wirken leicht dysphorisch, unfroh, manchmal depressiv, rasch verstimmbar, ausgeprägt frustrationsintolerant, beschäftigen sich oft intensiv mit familiären Problemen, ohne diese spontan thematisieren zu können, so daß sie trotz ihrer Anpassungsbemühungen schwer zugänglich erscheinen, sich auch vom Kontakt mit anderen Kindern zurückziehen. Bei anderen Enkopretikern stehen eine starke Unsicherheit, erhebliche Abhängigkeit von der Mutter, ja Hilflosigkeit im Vordergrund, die sie gegenüber der Altersgruppe als unreif und hilflos erscheinen lassen. Auffällig sind immer wieder erhöhte Schwierigkeiten im Umgang mit der eigenen Aggressivität, die z. T. exzessiv kontrolliert wird, gelegentlich aber zu blinden Wutausbrüchen bei nichtigen Anlässen führen kann oder sich in einer permanenten reizbaren Empfindsamkeit äußert. Ein großer Teil der aggressiv gehemmten Patienten scheint die Umwelt als fordernd und übermächtig zu empfinden und darauf, aus einem Unterlegenheitsgefühl, mit Passivität oder einem gelegentlich demonstrativen überangepaßten Verhalten zu reagieren.

Anamnestisch fehlen oft elterliche Beobachtungen einer Trotzphase oder diese Anzeichen bestehen weit über das 4. Lebensjahr hinaus.

Andere Symptome können die Enkopresis begleiten, wie bereits erwähnt, eine Enuresis, am häufigsten eine primäre Enuresis diurna. Anamnestisch werden oft Schwierigkeiten bei der Nahrungsaufnahme angegeben, Stehlen ist nicht selten, auch ist auf ein besonderes Interesse an Feuer hinzuweisen.

Genese und soziale Bedeutung. Das Einkoten ist als Symptomatik einer psychogenen Erkrankung aufzufassen, der verschiedene pathogene Bedingungen zugrunde liegen können. Insgesamt läßt sich die Enkopresis aber als ein geschlosseneres klinisches Krankheitsbild auffassen als etwa die Enuresis. Die Patienten sind im allgemeinen psychisch schwerer geschädigt.

Relativ selten läßt sich eine primäre Enkopresis auf eine mangelnde Reinlichkeitserziehung, z.B. im Rahmen einer Milieuverwahrlosung, zurückführen.

Anzeichen für körperliche Unreife, häufigeres Auftreten von Darmerkrankungen oder von Hirnschädigungen zeigen sich im Vergleich zu Kontrollgruppen nicht.

Große Bedeutung für die Genese auch der sekundären Enkopresis wird übereinstimmend der emotionalen Beziehung zwischen Mutter und Kind zur Zeit der Reinlichkeitserziehung beigemessen. Besonders wichtig erscheinen zu früher Beginn und zu strenge Durchführung des Reinlichkeitstrainings. Die mütterlichen Haltungen, die dazu führen, können sehr verschiedenartig sein. Häufig sind die Mütter sehr ängstlich, selbstunsicher, neigen zu einer besonderen Protektion des Kindes, reagieren in ihrer Unsicherheit aber heftig mit Bestrafung und Verärgerung auf Widersätzlichkeiten. Es fehlt ihnen an mütterlicher Schwingungsfähigkeit, Gelassenheit und einer gewissen Großzügigkeit gegenüber den kindlichen Bedürfnissen auch und gerade hinsichtlich eines Umganges mit Schmutz. Extreme Sauberkeitsbedürfnisse, die die Familienatmosphäre bestimmen können, legen es nahe, darin eine Abwehr eigener analerotischer Bedürfnisse zu vermuten. Fehlende mütterliche Einfühlbarkeit kann aber auch mit erheblichen Dominanzansprüchen verbunden sein, die sich am Verhältnis der Mutter zum Vater, z.B. in der Betonung einer unstandesgemäßen Heirat u. ä. erkennen lassen. In anderen Familien überwiegt eine Atmosphäre enger Rechtschaffenheit, ein Denken in stark moralisierenden Kategorien, das dazu neigt, den Patienten als schlechthin bösartig abzustempeln. Mehr oder weniger bewußte Identifizierungen mit dem geschiedenen Kindesvater oder einem trunksüchtigen Großvater können dabei eine wesentliche Bedeutung bekommen, zumal abnorme Persönlichkeiten unter den nächsten Angehörigen von Enkopretikern recht häufig zu finden sind. Die schwerwiegenden Konflikte, die innerhalb einer Familie eines Enkopretikers in der Regel anzutreffen sind, lassen das Kind häufig als den Symptomträger einer Familienneurose im Sinne Richters erscheinen. Die Geburt eines Geschwisters, die Einschulung oder andere Ereignisse, die mit dem Einsetzen der Enkopresis zeitlich zusammentreffen, sind daher häufig lediglich der Anlaß für das Manifestwerden einer tiefergreifenden Problematik.

Unter anderem ist darauf zu achten, wie die Angehörigen des Kindes mit Geld und Besitzverhältnissen umzugehen pflegen, da sich hinter dem Einkoten eines Kindes die Unfähigkeit verbergen kann, Besitz zu verteidigen und zu behalten (A. Dührssen), läßt sich doch die Reinlichkeitserziehung als die Hergabe eines Besitzes auf Anforderung verstehen, die je nach der emotionalen Tönung der Mutter-Kind-Beziehung von dem Kind als ein die Mutter beglückendes Geschenk oder als dem Kind abgenötigte Preisgabe von Eigentum empfunden werden kann. Von Schwidder wird in diesem Sinne die Enkopresis als eine aggressive Karrikatur andressierter Gebefreudigkeit gekennzeichnet. Bei den sozialen Schwierigkeiten einkotender Kinder spielt natürlich die Geruchsaura gelegentlich eine wichtige Rolle. Im Vordergrund stehen jedoch meist die mit dem Symptom verbundenen Verhaltensstörungen.

Diagnose und Differentialdiagnose. Die Diagnose einer Enkopresis läßt sich aus den anamnestischen Angaben stellen. Zur Aufdeckung des pathogenen Hintergrundes bedarf es meist ausführlicher Explorationen, die getrennt bei den Eltern durchgeführt werden sollten, um diesen eine unbefangenere Stellungnahme zur familiären Situation zu ermöglichen. Neben der allgemeinen körperlichen und neurologischen Untersuchung des Kindes ist die digitale Untersuchung des Analringes zur Prüfung des Analreflexes indiziert. Differentialdiagnostisch ergeben sich aber keine großen Schwierigkeiten. Das Megacolon congenitum manifestiert sich meist schon beim Neugeborenen. Das Vorliegen eines idiopathischen Megacolons ist bei Kleinkindern in Betracht zu ziehen, wenn anamnestisch eine hartnäckige Obstipation angegeben wird und es zu ständigen leichten Entleerungen von Stuhl kommt. Eine Incontinentia alvi ist mit anderen neurologischen Symptomen und Hemmungsbildungen verbunden.

Therapie und Prognose. Statistisch auswertbare Untersuchungen über die Behandlung der Enkopresis liegen, soweit bekannt, nicht vor. Die therapeutischen Maßnahmen müssen sich weitgehend an der familiären Situation orientieren. Die Eltern wünschen angesichts der erheblichen Schwierigkeiten, die das Symptom innerhalb der Familie, aber auch etwa in der Schule bereitet, zwar eine Heilung des Kindes, setzen aber ihrer Einbeziehung in die Therapie, die in der Regel notwendig ist, häufig erhebliche Widerstände entgegen. In den meisten Fällen wird man sich zur Durchführung

einer stationären psychotherapeutischen Behandlung des Kindes entschließen. Diese erfolgt mehrgeleisig:

Training der Stuhlkontrolle durch möglichst eine Beziehungsperson: Das Kind wird regelmäßig 4mal täglich für 5 min auf die Toilette geschickt und bei Erfolg belohnt. Bei der gleichen Bezugsperson soll sich das Kind, wenn es eingekotet hat, melden. Diese reagiert darauf mit einer wohlwollenden Gelassenheit und hilft dem Kind diskret, die Spuren zu beseitigen. Das regelmäßige Aufsuchen der Toilette wird nach und nach mehr dem Kind selbst überlassen und weniger kontrolliert. Die heilpädagogische Arbeit in der Gruppe zielt auf die Lockerung des überangepaßten Verhaltens oder auf Förderung der Eigeninitiative des Kindes, insbesondere auf die Kanalisierung aggressiver Impulse in sozial tolerierte Bahnen: großflächige Malereien (Enkopretiker bevorzugen sehr häufig braune Farbtöne), aggressiver getönte Wurfspiele, zunächst ohne eine Wettkampfsituation, bei wachsender Durchsetzungsfähigkeit kann auch diese herbeigeführt werden etc. Je nach Alter des Kindes erfolgt parallel dazu eine Spiel- oder verbale Psychotherapie.

Die Therapie erstreckt sich nicht selten über Monate. Es muß erwogen werden, ob das Kind in das häusliche Milieu zurückkehren kann.

Bezüglich der Prognose kann lediglich darauf verwiesen werden, daß das Symptom im Erwachsenenalter praktisch nicht beobachtet wird.

Literatur

Albrecht, H., Hoffmann, H.: Enkopresis im Kindesalter. Nervenarzt **21**, 271—281 (1950).

Anthony, E. I.: An experimental approach to psychopathology of childhoodencopresis. Brit. J. med. Psychol. **30**, 146—175 (1954).

Bellman, M.: Studies on Encopresis. Stockholm: Maurilsons Boktrycheri 1966.

Biermann, G.: Psyche **5**, 618—627 (1951).

— Die Bedeutung des Malens für die Diagnostik und Therapie der Enkopresis. Prax. **9**, 33—47 (1960).

Eller, H.: Über die Enkopresis im Kindesalter. Mschr. Kinderheilk. **108**, 415—421 (1960).

Neale, D. H.: Behavior therapy and encepresis in children. Behav. res. Ther. **1**, 139—149 (1963).

Pubertätskrisen und Störungen der psychosexuellen Entwicklung

Von G. Nissen

Einführung

Kein Lebensabschnitt bietet so viele und auffallende entwicklungspsychologische und psychopathologische Besonderheiten wie die Zeit der Pubertät und der Adoleszenz, die als die Reifungsperiode des Menschen bezeichnet werden kann.

Die Zeit der Reifung umfaßt das Stadium der biologischen Neuformierung und der psychosozialen und psychosexuellen Neuorientierung und geht mit einer Umwertung bisher gültiger Werte und dem Verlust der prästabilen infantilen Harmonie einher. Sie ist gekennzeichnet durch das Ansteigen sexueller Triebansprüche und durch die Forderung der Erwachsenen nach Einordnung und Anpassung an die überlieferten Normen. Da in unserem Kulturkreis allgemeingültige Initiationsriten fehlen, wird den Jugendlichen bei weitgehend ungeklärten und sich widersprechenden Autoritätszuständigkeiten meist nur ein partieller und unsicherer Erwachsenenstatus verliehen.

Reifungsbiologisch, psychosozial und psychosexuell vollzieht sich in dieser Zeit eine diskontinuierlich-permanente Evolution, die mit der Pubertät beginnt und wichtige Etappen erreicht, die aber weit über sie hinausreicht und unter bestimmten Bedingungen zum Stillstand, zu Reifungskrisen und zu seelischen Fehlentwicklungen führen kann. Der Beginn, der Ablauf und die Dauer der biologischen und psychischen Umstellung unterliegt in erster Linie individuellen Gesetzmäßigkeiten. Sie vollzieht sich in Abhängigkeit von hereditären und konstitutionellen Faktoren, von der individuellen Kindheitsgeschichte und der aktuellen Umweltsituation und läßt grundsätzlich nur begrenzte Analogien und keine strukturerhellenden Vergleiche mit Jugendlichen gleichen Alters und Geschlechtes zu.

Der Mensch in der Reifezeit ist ein einsames Wesen, nicht nur wegen der „Ungleichzeitigkeit des Gleichzeitigen" (Pinder) in der Welt der Generationen, sondern durch das Bewußtwerden seiner Vereinzelung durch Geburt und Konstitution, durch das Schicksal der Individualhistorie und des sozialen Milieus.

Der Jugendliche in der Pubertät steht vor einer Fülle von Aufgaben, die gleichzeitige Bewältigung erheischen, die er aber nur mühsam oder nur teilweise bewältigen kann. So stellt er die infantile Abhängigkeit von den Eltern und den Autoritäten in Frage. Er vollzieht die Emanzipation von der Familie und sucht ein neues, nicht auf Ein- und Unterordnung, sondern auf Gleichberechtigung und Mitsprache abgestelltes Engagement mit ihr. Ablösung und Wiederbindung können dabei durch Faktoren gestört werden, die sowohl in den Persönlichkeiten der Eltern als auch der Kinder liegen. Die Veränderungen seines Körpers zwingen den Jugendlichen zu einer Auseinandersetzung mit seinem neuen Körperschema und erfordern ebenso wie die Übernahme neuer sozialer Rollen Anstrengungen und Arbeiten zur Synthese und personalen Integration mit dem Ziel einer weitgehenden Ich-Identität. Die treibende Kraft dieser körperlichen und seelischen Transformationen entstammt der psychosexuellen Revolution unter der Einwirkung der Prägungsstoffe der Keimdrüsen, die nach einem noch ungeklärten Prinzip der „inneren Uhr" in Abhängigkeit von individueller und rassischer Konstitution, von Klima und sozialen Einflüssen ihre Funktion aufnehmen.

Neben der entscheidenden Bedeutung der inneren Kindheitsgeschichte und der ererbten psychophysischen Konstitution für den Ablauf der normalen und der abnormen Reifungsperiode gibt es einige übergeordnete Gemeinsamkeiten, die nicht allein eine erkenntnistheoretische Bedeutung für die zeittypische Situation des Jugendlichen haben, sondern direkt zum Verständnis der Pathomorphose bestimmter Reifungskrisen und Sexualneurosen beitragen können. Es handelt sich in erster Linie um kulturelle und epochale Einflüsse, die nicht nur an der inhaltlichen Gestaltung der Reifungsproblematik beteiligt sind, sondern eine direkte pathogenetische oder aber eine psychohygienische Bedeutung haben. Ch. Bühler hat für die amerikanischen Teenager dargestellt, daß diese im Vergleich zu den europäischen eine relativ geschlossene Gesellschaftsgruppe darstellen, die dem Einzelnen eine Sicherheit gewährt, die der europäische Jugendliche nicht hat oder doch erst jetzt findet. Diese „Teilkultur der Jugendlichen", die ihrerseits induktive Wirkungen auf das gesamte Gesellschaftsgefüge der USA im Sinne einer „Jugendkultur" ausübt, bringt es mit sich, daß die Probleme der Auseinandersetzung des Jugendlichen mit der Erwachsenenwelt sich inhaltlich und zeitlich verlagert haben. Erikson betont, daß die Pubertätskrise in Amerika nie eine ähnliche Bedeutung wie in Deutschland gehabt hat. Der Heranwachsende bietet dort und mit der Übernahme des american way of life jetzt auch zunehmend im westeuropäischen Kulturkreis weniger Probleme, weil nur wenige Menschen es sich leisten, die Gesten der Jugendlichkeit aufzugeben und der Jugendliche dadurch zum kulturellen Schiedsrichter geworden ist. Im Gegensatz zur deutschen Vorkriegsgesellschaft braucht eine „innere Emanzipation der Söhne" nicht stattzufinden.

Die Jugendkultur der Jugendlichen selbst aber hat sich infolge der enormen Ausweitung des Bildungs- und Ausbildungsganges zeitlich so ausgeweitet, daß sie vom Beginn der Pubertät bis in die Mitte des 3. Lebensjahrzehntes hineinreicht. Dieser Lebensabschnitt, der heute von den Soziologen weitgehend der Jugendzeit zugerechnet wird, kann hier nur bedingt berücksichtigt werden. Es ist aber anzunehmen, daß es sich bei dem allgemein konstatierten Rückgang puberaler Krisen teilweise nur um eine Verlagerung in andere Problembereiche und Lebensabschnitte handelt. Das verlängerte Jugendlichsein schafft unter dem Einfluß übergeordneter epochaler Determinanten neue Konfliktmöglichkeiten mit Autoritäten und mit autoritären Institutionen, die früher bereits im individuellen „Vaterprotest" der Pubertät kulminierten. Die jugendlichen Rebellen mit und „ohne Grund" (Lapassade) treten vor allem in den industrialisiertesten Ländern der Welt auf, die unter dem Einfluß eben dieser „Jugendkultur" stehen.

Neurosen in der Reifezeit werden ebenso wie psychische Störungen und Erkrankungen anderer Genese vergleichsweise seltener diagnostiziert als in anderen Altersklassen. Von 2000 unausgelesenen Kindern und Jugendlichen mit Verhaltensstörungen waren 83% noch keine 12, 17% über 12–18 Jahre, davon nur 10% 14–18 Jahre alt. Diese häufig getroffene Feststellung von der Seltenheit etablierter Neurosen in der Reifezeit steht im Widerspruch zu den Angaben von erwachsenen Neurotikern über schwere und anhaltende seelische Konfliktsituationen und Reifungskrisen in der Pubertät, die

manchmal retrograd die Diagnose einer bereits damals manifesten Neurose erlauben.

Die Erkennung von Reifungsstörungen und -krisen kann durch zeittypische Überformungen wesentlich erschwert sein. Solche Jugendlichen assimilieren sich manchmal total an die Gesellschaft oder solidarisieren sich mit abgeschlossenen Gruppen in der Hoffnung, durch gemeinsames Agieren ihre eigene Störung zu verlieren. Tatsächlich gelingt es ihnen manchmal, ihre individuellen Konflikte im Dienste des Kollektivs auszuagieren und als Krankheitsgewinn zusätzlich zeitweilige Anerkennung zu erfahren. Eine dauerhafte Heilung gewinnen sie dadurch nicht.

Der gegenwärtige *Stilwandel* der Reifungskrisen und Neurosen zeigt eine unverkennbare Tendenz von den aktiven zu den passiven Syndromen. So wurde bereits vor einigen Jahren auf die zahlenmäßige Zunahme schizoider und depressiver Fehlentwicklungen im Zusammenhang mit den damaligen Halbstarkenproblemen und -krawallen hingewiesen. Während die letzten Jahrzehnte von der Verschiebung des aktiven puberalen Protestes gegen den autoritären Vater auf autoritäre Instanzen und Institutionen gekennzeichnet waren, zeigen die letzten Jahre eine zunehmende Tendenz zum *Ausweichen in Gruppen* (Kommunen), die ein Geborgenheitsgefühl vermitteln, Ablehnung traditionell-aktiver Formen der Lebensbewältigung durch individuellen Lern- und Arbeitsstreik mit einer Idealisierung des Gammler- und Hippietums und Verleugnung der Realität durch Drogenmißbrauch.

Die Symptomatik dieser passiven Fehlentwicklungen läßt sich dadurch charakterisieren, daß das Lust- gegenüber dem Realitätsprinzip die Oberhand gewonnen hat. Bei diesen neurotischen Jugendlichen sind „primitive Abwehrmaßregeln des schwachen Ich" (Freud) dem Ansturm des Lustprinzips unterlegen. An die Stelle der fehlenden Selbstwertbestätigung durch eine erfolgreiche Auseinandersetzung mit sich selbst und den alterstypischen Lern- und Ausbildungsinhalten sind Ersatzhandlungen ohne dauerhafte Erfolgserlebnisse getreten, die auf *rasche Bedürfnisbefriedigung* abzielen.

Schon Spranger hat auf die inhaltliche Ausgestaltung der normalen Pubertät in Abhängigkeit von Generation und Epoche mit der „Pubertätspsyche" hingewiesen. Es überrascht daher nicht, daß auch der Ausdrucksgehalt und die Ausdrucksformen gestörter Pubertätsabläufe einem ständigen Wandel in Abhängigkeit vom Zeitgeist unterliegen, wie dies Kranz für die Inhalte der Psychosen überzeugend nachwies. So werden die früher begrifflich festgelegte „Pubertätsneurasthenie" und die „Pubertätshypochondrie", die einen engen Zusammenhang mit Onanie- und Sexualskrupeln aufwiesen, mit der sukzessiven „Freigabe der Sexualität" heute nur noch selten beobachtet. Die von Homburger eingehend beschriebenen „pathologischen Heimwehreaktionen" junger Mädchen in der Fremde mit reaktiver Nahrungsverweigerung und Schlafstörungen und die von Jaspers analysierten persönlichkeitsfremden Heimwehverbrechen wie Brandstiftung und Kindesmord als einziger Ausweg, die Isolierung in der Fremde zu durchbrechen, sind offenbar durch den Fortschritt der Verkehrstechnik und durch die Massenmedien gänzlich zurückgedrängt worden.

Auch heute noch stellt die normale Pubertät ein *krisenhaftes* Gesamtgeschehen dar, wenn die Krise im Hinblick auf die Bewältigung phasentypischer Ambivalenzkonflikte gesehen wird. Die Pubertät ist das Prädilektionsalter für die Erstmanifestation endogener Psychosen und durch ein vermehrtes Auftreten seelischer Fehlentwicklungen gekennzeichnet. Sowohl die Psychosen als auch die Neurosen und die Pubertätskrisen selbst und letztlich auch die normale „krisenhafte" Pubertät werden phasentypisch puberal überformt und lassen sich nicht immer scharf voneinander abgrenzen. Es ist deshalb zweckmäßig, der Besprechung der Pubertätskrisen eine Darstellung der allgemeinen Symptomatik der normalen Pubertät vorauszuschicken, um das Exemplarische der puberalen körperlichen, statomotorischen und psychischen Umwandlungen aufzuzeigen.

Die *normale Pubertät*, deren physiologischer Beginn mit dem Einsetzen der Menarche bzw. der Spermarche festgesetzt ist und dem zeitlich bei Knaben der Stimmwechsel entspricht, beginnt in den mitteleuropäischen Ländern bei Mädchen etwa mit $10^{1}/_{2}$, bei Knaben mit 12 Jahren. Sie wurde von Zeller in eine *erste* puberale Phase (Mädchen von $10^{1}/_{2}$—$13^{1}/_{2}$, Knaben von 12—15) und eine *zweite* puberale Phase (Mädchen von $13^{1}/_{2}$—$16^{1}/_{2}$, Knaben von 15—18) unterteilt. Die nachfolgende Zeit der endgültigen Reifung (Mädchen von $16^{1}/_{2}$—20, Jungen von 17—21) wird als *Adoleszenz* bezeichnet. Der eigentlichen Pubertät geht eine *vorpuberale* Phase voraus.

Die *körperliche Entwicklung* in der Pubertät ist durch eine Vergrößerung der Geschlechtsorgane und das Auftreten der sekundären Geschlechtsmerkmale (Scham-, Achsel- und Bartbehaarung, Wachstum der Brüste und Beckenveränderungen) gekennzeichnet, die im allgemeinen mit 16 bis

18 Jahren abgeschlossen ist. Die harmonische Motorik und Physiognomik des Kindes erfährt in der Pubertät eine abrupte Unterbrechung und tiefgreifende Umgestaltung, die mit einem Verlust der kindlichen Grazie und der kindlichen Anmut umschrieben werden kann. Die fließende und flüssige Bewegungsgestalt wird durch jähe, unkoordinierte und vergröberte Bewegungsformen ersetzt. Fehlinnervationen führen zu einem überschießenden und ausfahrenden Bewegungsspiel, das zu Entgleisungen und Ungeschicklichkeiten führt und einen karikaturhaften Stil annehmen kann. Die Gebärden wirken gekünstelt und maniert, über- oder untertrieben, oft eckig und unfertig. Die Körperhaltung ist schlaksig, latschig, ungeschickt, manchmal schlaff mit hängenden Schultern, dann wieder aufrecht und gespreizt. Die Mimik vergröbert sich beim Knaben, beim Mädchen zeigt sich eher eine Verfeinerung, ohne die kindlichen Züge ganz zu verlieren. Besondere Aufmerksamkeit wird der Haartracht gewidmet, die als Ausdruckssymbol der neugewonnenen Geschlechtsrolle dient, aber auch zum Ausdruck einer Protesthaltung benutzt werden kann.

Die normale *psychische Entwicklung* in der Pubertät, die „Flegeljahre" der Knaben und „Backfischjahre" der Mädchen ist gekennzeichnet von Unruhe und Unlust, Reizbarkeit und Ratlosigkeit, die für die Umgebung durch aggressiv-feindselige oder passiv-resignierende Dauereinstellungen und jähe Umschwünge von hypomanischen zu subdepressiven Verstimmungszuständen oft nur schwer zu ertragen sind. Nach A. Freud gehören Unberechenbarkeit, Unverläßlichkeit und innere Disharmonie zum Bild des sich normal entwickelnden Jugendlichen genauso wie das Weiterbestehen von innerem Gleichgewicht und Harmonie während der Pubertät Kennzeichen einer abnormen Entwicklung sein soll. Das Pendeln zwischen gegensätzlichen Einstellungen führt über Selbstbejahung und Selbstverneinung im günstigen Fall zur Errichtung einer vorläufigen Ich-Identität und trägt damit zur Charakterbildung als positivem Ausdruck des Entwicklungsprozesses bei. Aus dieser Sicht sind die bewältigten schweren Konflikte zwischen dem Ich und dem Es als Heilungsvorgänge anzusehen und als Versuche, den verlorenen Frieden und die Harmonie der Kindheit von neuem wiederherzustellen.

Als *Pubertätskrisen* lassen sich „karikaturhaft übersteigerte" (Homburger), nach Symptomintensität und Symptomdauer abnorme Pubertätsentwicklungen mit sozialer Desintegration bezeichnen, die Aspekte des Scheiterns in sich tragen und deren Symptomatik eine besondere Behandlung erfordert. Kretschmer definierte: „Pubertätskrisen sind keine Krankheiten, auch keine Neurosen, ebensowenig sind sie stabile Konstitutionsfaktoren, vielmehr sind sie umschriebene Phasenabläufe, die eng an die Pubertät gebunden sind und die ganzen normal-biologischen Schwierigkeiten dieser psychophysischen Umschlagstelle in vergrößertem Ausmaß beleuchten."

Während der Reifungsperiode sind vordringlich 3 Aufgaben zu lösen, die bei Störungen ihrer Dynamik zu zeitlich begrenzten Pubertätskrisen

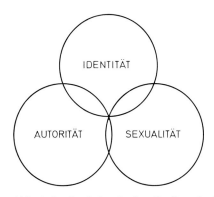

Abb. 1. In der Pubertät, dem Stadium der Neuorientierung, können Probleme der Autorität, der Identität und der Sexualität zu Integrationskonflikten führen, die sich bei abnormer Pubertätsentwicklung zu lang anhaltenden Pubertätskrisen ausweiten können

oder bleibenden Charakteranomalien führen können. Diese Aufgaben sind:

1. Lösung von den bisherigen Autoritäten und realitätsgerechte Wiederbindung an die Eltern *(Autoritätskrisen)*,

2. Selbstfindung und Beherrschung der Rollen in der Sozietät *(Identitätskrisen)*,

3. Integration genitaler Sexualität *(Sexualkrisen und Sexualneurosen)*.

Aus den Schwierigkeiten und Störungen bei der Bewältigung dieser 3 Aufgaben zur Herstellung eines innerseelischen Gleichgewichtes erklären sich zu einem großen Teil die bereits eine normale Pubertät und in verstärktem Maße die Pubertätskrise kennzeichnenden Symptome der Ambivalenz und Labilität, Aggressionen und Liebesbedürfnis, Begeisterung und Niedergeschlagenheit, Freiheitsdrang und Einsamkeit und Spannungszustände zwischen Hoffnung und Verzweiflung.

I. Autoritätskrisen

Der aktive oder der passive *Protest*, der aggressive Haß, die passive Resistenz oder das resignierende Ausweichen des Jugendlichen gegenüber Vater und Familie, gegen Lehrer, Schulen und Behörden oder überhaupt gegen alle autoritären Instanzen und Institutionen ist die allgemeine und damit die *klassische Form* puberal-überspitzter Kritik und Opposition gegenüber jeder Art von Autorität, gegen tatsächliche oder vermeintliche Bevormundung und Vorenthaltung von Gleichberechtigung und Selbständigkeit. Sie ist ein Bestandteil der normalen Pubertät und leitet erst mit zunehmender Stärke und Dauer der Symptomatik über zu den abnormen Pubertätsentwicklungen und Pubertätskrisen.

Der epochale evolutionäre *Wandel in der Familie* der Gegenwart bedingt wegen seiner engen Verflechtung mit den sich wandelnden Einstellungen und Haltungen gegenüber ihren Kindern und dieser zu den Eltern auch eine Wandlung von Form und Inhalt der Reifungskrisen.

Das Erscheinungsbild und die Thematik einer Krise sind in hohem Grade von der Art des pathogenen familiären Milieus des Pubertierenden abhängig. Anders als bei den Psychosen sehen wir hier ausschlaggebende kausale Beziehungen zwischen Form und Inhalt einer Krise zur Art und zur Zeit der Einwirkung familiärer Noxen.

Mit der Veränderung der Gesellschaftsordnung ändern sich auch die Ideale und die *Praktiken der Erziehung*, die zu einem Ausdruckswandel der Reifungskrisen und Neurosen führen. Hier ist nur an den Autoritätszuwachs der Frau und Mutterrolle zu erinnern und an den Autoritätsschwund der Vaterfigur. Die früher häufigen negativen Ödipussituationen finden sich heute deshalb relativ selten, weil die Rolle des familiären Patriarchen anachronistisch geworden ist. Das Vateridol verblaßt, wenn der Rollenträger ständig abwesend ist, und in den fast matriarchalischen Mittelstandsfamilien der USA ist eine Abwertung der Vaterfigur zu verzeichnen, die als „Verächtlichmachung des Vaters" (Erikson) beschrieben wurde.

Hinzu tritt, daß die in sich selbst ruhende, nach eigenen *moralischen und religiösen Grundsätzen* sich ausrichtende Familie praktisch nicht mehr existiert. Mit den Massenmedien werden in Wort, Ton und Bild neue Ideale und oft konträre Idole direkt und wirkungsvoll in die Kinder- und Wohnzimmer hineingetragen. Auch Eltern mit konservativen Erziehungszielen sehen sich außerstande, von ihren

Kindern die Anerkennung stabiler Kardinaltugenden zu fordern, weil die Wahl zwischen mehreren Maximen möglich geworden ist.

1. Vaterprotest

Symptomatik. Eine extrem starke und einseitige, jedes verständliche Maß übersteigende Dauerprotesthaltung gegenüber dem Vater oder autoritären Instanzen ist als puberale Autoritätskrise zu bezeichnen, wenn sie über Jahre anhält, mit schweren soziologischen Ausstrahlungen einhergeht, sich therapieresistent verhält oder abnorme Verhaltensweisen aufweist, die das psychische Zustandsbild völlig beherrschen.

Der *aktive* Autoritätsprotest zeigt sich in immer erneuten haßerfüllten Affektausbrüchen mit Gewaltandrohungen und Tätlichkeiten, in ausschließlich beleidigenden und kränkenden Herabsetzungen aller Beziehungspersonen und Autoritäten bei oft übersteigertem eigenen Ehrgefühl und gehobenem Selbstbewußtsein (Hypomanie der Flegeljahre) oder mit abrupten Umschwüngen zu dysphorisch-depressiven Verstimmungen und ambivalent-zweiflerischen Gefühlseinstellungen.

Der *passive* Autoritätsprotest drückt sich aus in Absonderung und Resignation gegenüber allen Fragen und Problemen der Familie, der Schule und des Berufes und in einer resignierend-apathischen Gleichgültigkeit gegenüber den Anforderungen des täglichen Lebens, die Veranlassung zum Tadel, zur Kritik und zu Verweisen gibt, die wiederum mit einer „aufreizenden Gelassenheit" hingenommen werden. Diese Jugendlichen verhalten sich störrisch und abweisend, negativistisch und mutistisch. Nicht selten gehen sie fanatisch übersteigerten Sonderinteressen nach, zeigen im neuen Engagement eine zunächst überraschende Begeisterungsfähigkeit, um danach wieder „in den alten Trott" zu verfallen. Symptomatologisch liegen sowohl Beziehungen zur „Pubertätsaskese" (Freud) als auch zur „autistischen Reifungskrise" (Tornow) vor.

Die puberale Autoritätskrise geht meist mit *Leistungs- und Arbeitshemmungen* (Schul- und Berufsschwierigkeiten) in Form von Konzentrations- und Aufmerksamkeitsstörungen, vorzeitiger Ermüdbarkeit und Zerstreutheit einher. Außerdem finden sich nicht selten neurotische Manifestationen wie Zwangserscheinungen, Angstanfälle und Phobien. Vegetative Fehlsteuerungen mit Störungen des Tag-Nacht-Rhythmus, gesteigerte vegetative Labilität und psychasthenische Versagenszustände lassen sich relativ konstant beobachten.

Genese und soziale Bedeutung. Normale Pubertätsschwierigkeiten, abnorme Pubertätsentwicklungen und Pubertätskrisen stellen ein psychopathologisches Störungskontinuum dar, dessen Entstehung und Ausstattung nur durch das Wechselspiel von psychosozialen, psychosexuellen und reifungsbiologischen Faktoren einer umfassenden Deutung nähergebracht werden kann. Eine verabsolutierende Betrachtungsweise allein aus konstitutioneller, neurosenpsychologischer oder soziologischer Sicht kann wohl einen Teilaspekt der Krise erfassen, sie aber nicht ohne Kenntnis des gesamten Kausalgefüges regulieren. Insoweit ist der regelwidrige Ablauf der Pubertätsentwicklung mit ihrem dramatischen Beginn, der lärmenden Symptomatik und ihren soziologischen Ausstrahlungen ein geeignetes Lehrmodell für das fast regelmäßig *multikonditionale* Bedingungsgefüge psychopathologischer Verhaltensauffälligkeiten bei Kindern und Jugendlichen überhaupt.

Wieweit allein psychische und soziale Bedingungen für die Entstehung von Pubertätskrisen eine Rolle spielen, ergibt sich daraus, daß der Übergang von der Kindheit zur Jugend in einigen Kulturen nahezu ohne Schwierigkeiten bewältigt wird. Dort, wo Inanitionsriten dem Jüngling mit einem Schlage den Erwachsenenstatus verleihen, entfällt die in unserer Gesellschaft notwendigerweise ein Jahrzehnt dauernde Auseinandersetzung mit Autoritäten aller Art, um bestimmte Privilegien der Erwachsenen zu erwerben. M. Mead hat besonders eindrucksvoll in vergleichenden ethnologischen Untersuchungen berichtet, daß bei jungen Samoanern, die in völlig gleichberechtigter Gemeinschaft mit Erwachsenen aufwachsen, „Pubertätsdramen" nicht beobachtet werden. In unserem Kulturkreis läßt sich beobachten, daß durch die zunehmende Prohibition der Väter in der Erziehung die Heftigkeit und Häufigkeit pathologischer Vaterproteste sich verringert hat.

Die *psychosoziale* Genese der normalen Kulturpubertät mit ihren verunsichernden Aufgaben (nach Erikson) im Bereich der *Autonomie* („gegen Autorität"), der *Ich-Identität* („gegen Rollendiffusion") und der *sexuellen Integration* („gegen Sexualneurosen") erklärt jedoch noch nicht allein die Tatsache des Auftretens von Reifungskrisen. Nur in einem Teil der Fälle gelingt es ohne besondere Schwierigkeiten, disponierende Frustrationsvorgänge in der Kindheit, etwa durch despotisch-einengende Väter nachzuweisen, die nach dem psychoanalytischen Konzept der 2phasigen ödipalen Entwicklung zu einem mächtigen Wiederaufleben des alten Vaterhasses führen und besonders dort, wo dem Kindertrotz ungebrochener Elterntrotz entgegensteht, in eine Autoritätskrise münden. Das ist jedoch nicht die Regel. Gerade von psychoanalytischer Seite (Schwidder) ist mehrfach auf die leere Kindheitsanamnese der in einer Pubertätskrise verstrickten Jugendlichen hingewiesen worden. Auch verantwortungsbewußte und pädagogisch verständnisvolle Eltern können manchmal von Pubertätsschwierigkeiten und -krisen ihrer Kinder überrascht werden.

Reifungs- und konstitutionsbiologische Untersuchungen durch Kretschmer und seine Schüler (Langen, Lempp, Schick) haben auf die Bedeutung bestimmter Reifungsanomalien und psychophysischer Korrelationen im Ablauf des puberalen Reifungsvorganges detailliert hingewiesen. Kretschmer machte auf die Bedeutung der Reifungsvarianten und hier besonders auf die asynchronen Entwicklungsabläufe mit ihren Teilinfantilismen und Teiljuvenilismen aufmerksam, die Diskrepanzen und Ambivalenzen innerhalb der Persönlichkeit erzeugen und die soziale Einordnung erschweren. Durch Veränderungen im Ablauf des *puberalen Instinktwandels* können langanhaltende Pubertätskrisen entstehen und den Beginn abnormer Charakterentwicklungen anzeigen. Aus dieser Sicht gewinnt die pathologische Pubertätsentwicklung eine der psychophysischen Entwicklung in der frühen Kindheit gleichwertige neurosenpsychologische Bedeutung.

Die *soziale Bedeutung* der Autoritäts- und der übrigen Pubertätskrisen liegt darin, daß sie gerade in den Jahren der entscheidenden Schul- und Berufsausbildung sich manifestieren und ablaufen und damit die Planung und den Entwurf der zukünftigen Existenz gefährden. Zum anderen liegt ihre Bedeutung in den Auswirkungen auf die Familie und die Sozietät, die direkt durch affektive Gewalttätigkeiten und Tötungen oder andere delinquente Verhaltensweisen oder indirekt durch Verstimmungszustände, Suicidversuche und Suicide betroffen wird.

Diagnose, Differentialdiagnose und Fehldiagnosen. Übersteigerte, aktiv-auflehnende oder passiv-ablehnende Protesthaltungen gegen den Vater und andere Autoritäten in Familie und Gesellschaft, die sich über Jahre hinziehen, mit einer „intra-psychischen Ataxie", mit Stimmungsschwankungen, neurotischen Manifestationen und vegetativen Fehlregulationen einhergehen und sich therapeutisch schwer beeinflussen lassen, sprechen für das Vorliegen einer Autoritätskrise.

Die überwertig erlebten psychosozialen und psychosexuellen Pubertätsinhalte, der Protest gegen Autoritäten und autoritäre Instanzen zeigen sich nicht nur in den sich zur Pubertätskrise ausweitenden neurotischen oder reifungsasynchronen Manifestationen, sie überformen auch bereits vorher bestehende Erziehungsschwierigkeiten und Verwahrlosungen und beginnende oder manifeste Neurosen und Psychosen der Jugendzeit.

Die *Differentialdiagnose* psychopathologischer Auffälligkeiten in der Pubertät gehört zu den *besonders schwierigen* Aufgaben, die nicht selten erst nach längerer Beobachtungszeit oder nur katamnestisch gelingt, auch wenn dies medizinisch nicht befriedigend ist.

Schon der *normale Autoritätsprotest* in der Pubertät und die Autoritätskrisen lassen sich nicht scharf gegeneinander abgrenzen. Bei Berücksichtigung der Symptomintensität, der Symptomdauer und einseitiger Häufung bestimmter Symptome und ihrer Gruppierung in speziellen Symptomlegierungen gelingt jedoch im allgemeinen eine für die jugendpsychiatrische Verständigung ausreichende Abgrenzung der Pubertätskrisen von der normalen Pubertät.

Die Schwierigkeit der Abgrenzung von Erstmanifestationen *schizophrener* und *cyclothymer* Erkrankungen und von *Psychoneurosen* wird dadurch erhöht, daß alle diese Störungen nach Inhalt und Formgebung den Dialekt der Pubertät sprechen.

Fehldiagnosen lassen sich bei kürzerer Beobachtungszeit nicht immer vermeiden. Vorschnelle Einordnungen in den therapielähmenden Formenkreis der endogenen Psychosen sollten vermieden werden. Daß der Prozentsatz schizophrener und cyclothymer Psychosen unter den Pubertätskrisen relativ hoch ist, ist aus katamnestischen Untersuchungen bekannt. Langen und Jaeger konnten bei Jugendlichen mit einer „Pubertätskrise" durchschnittlich 8 Jahre nach der Entlassung in einem Drittel der Fälle retrograd eine initiale Schizophrenie vorwiegend hebephrenen Verlaufstyps feststellen. Aufgrund eigener Längsschnittanalysen gelangte Zeh zu der Überzeugung, daß der Anteil cyclothymer Erstphasen nicht seiner tatsächlichen Relation entsprechend erfaßt werde und schlug vor, die differentialtypologische Zuordnung dem weiteren Verlauf zu überlassen.

Therapie und Prognose. Die Behandlung aller Formen abnormer Pubertätsentwicklungen und puberaler Krisen läßt sich in schweregradmäßiger Reihenfolge in drei Stufen einteilen.

Die praktische *Beratung* des Jugendlichen und seiner Beziehungspersonen in den phasentypischen, affektiv verankerten Konfliktsituationen steht schon aus ökonomischen Gründen weitaus im Vordergrund. Sehr häufig geht es darum, einen oder mehrere untergründig schwärende Herde aufzudecken, die Mit- oder Teilursachen der Krise bilden. Diese Probleme müssen in getrennten Unterredungen oft gezielt angesprochen werden, da sie als Folge autoritärer Entscheidungen längst nicht mehr besprochen, vergessen und verdrängt wurden. Es handelt sich um a) Probleme der altersangepaßt-selbständigen *Lebensführung* (Taschengeldproblematik, häusliche Arbeiten, Verwendung der Freizeit, Schlafzeitregelung), b) Probleme der *Selbstwertsphäre* (Kontaktschwierigkeiten, Schul- und Berufsproblematik einschließlich Lern- und Arbeitsstörungen, Briefgeheimnis, Respektierung der eigenständigen Persönlichkeit des Kindes durch die Eltern) und c) Probleme der *erotisch-sexuellen* Neuorientierung (Abschluß der sexuellen Aufklärung und realitätsgerechte Einbeziehung sexueller Problematik in den Bereich des Zulässigen, Ferien- und Urlaubsproblematik, Festlegung von Richtlinien für etwaiges abendliches Ausbleiben und Besuch von Veranstaltungen). Eine ausführliche *Intelligenzuntersuchung* des Jugendlichen ist empfehlenswert, ihr Ergebnis führt gelegentlich zu überraschenden Ergebnissen und direkten Konsequenzen.

Der seelisch gesunde, besonders aber der psychisch gestörte Jugendliche in der Reifezeit ist im Umgang mit Erwachsenen ein *distanzierter Mensch*, der sich nur schwer anvertraut. Er fühlt sich in seiner Isoliertheit oder in gleichgestimmten Gruppen wohler als in dominativ geprägten Situationen, wie sie auch manche ärztliche Sprechstunde bedeutet. Hinzu kommt, daß ihm die Identifizierung mit den Erwachsenen wegen seiner alterseigentümlich-unsicheren, zu starken emotionalen Pendelschlägen neigenden, oft nur scheinbar antiautoritären Haltung nicht gelingt. Diesen Jugendlichen, die eine „seltsam erwachsene Haltung" einnehmen, ohne erwachsen zu sein, fehlt es an Vertrauen oder an Mut zum Dialog, weil sie mit aktivem oder passivem Protest der Welt der Erwachsenen gegenüberstehen, die sich aus ihrer ersten kompromißlosen Sicht als revisionsbedürftig und manipulierbar erwiesen hat.

Die Beratungen sollten sowohl mit dem Jugendlichen allein und getrennt mit Vater und Mutter als auch mit beiden Eltern gemeinsam und schließlich zusammen mit dem Patienten durchgeführt werden. Schon aus diesen wechselnden Partnerkonstellationen ergeben sich manchmal neue Aspekte.

Die psychagogisch-psychotherapeutische Beratung erfolgt in festgelegten zeitlichen Abständen in Form einer final orientierten *Kurztherapie* unter Einbeziehung unbewußter psychischer Inhalte. Die Behandlungsergebnisse werden durch Beratungen der Eltern abgesichert und vervollständigt. Die Schwierigkeit eines psychotherapeutischen Dialoges liegt neben dem oft fehlenden Leidensdruck in einer häufig anzutreffenden ambivalenten Verschlossenheit und konfliktzugehörigen Autoritäts- und Kontaktproblematik. Die Furcht vor einer Wiederbelebung überwundener infantiler Bindungen führt zur Entwicklung massiver Abwehrmechanismen, die nicht selten rasch zum Wegbleiben und zum vorzeitigen Behandlungsabbruch führen. Wo dies nicht der Fall ist, können extrem passive Verhaltensmuster mit mutistischen Perioden eine geordnete Betreuung unmöglich machen. Die therapeutische Haltung sollte zwischen Billigung, Gewährung und Bestätigung einerseits und einer bestimmten und festen therapeutischen Grundeinstellung andererseits polarisieren.

Die *psychoanalytische* Behandlung ist den schweren und langdauernden Pubertätskrisen mit neurotischer Kernsymptomatik vorbehalten. Sie wird nur selten eingesetzt, kann aber unter Berücksichtigung bestimmter technischer Modifikationen, wie sie etwa auch in der Kinderanalyse oder in der Analyse von Verwahrlosten eingesetzt werden, entgegen kritischen Einstellungen durchaus günstige Ergebnisse zeitigen.

Eine symptomorientierte *psychopharmakologische* Behandlung dient der Unterstützung milieuorientierter Beratungen, der psychagogischen Betreuung und der psychoanalytischen Behandlung. Die Auswahl und Dosierung der Medikamente unterscheidet sich nicht von der anderer Indikationen.

Die *Prognose* von Pubertätskrisen richtet sich nach ihrem Schweregrad und ihrer Dauer, der Behandlungsmöglichkeit neurotischer Manifestationen und der Dynamik reifungsbiologischer Entwicklungsabläufe. Sie ist relativ günstig, wenn die initialen Psychosen nicht berücksichtigt werden. Bleibende Störungen zeigen sich in einer lückenlosen Skala von leichten bis schweren Antriebsminderungen, persistierenden, persönlichkeitsintegrierten Dauerprotesthaltungen, in schweren Neurosen und in psychosomatischen Leiden. Ein Teil der Pubertätskrisen läßt sich bekanntlich erst katamnestisch als Erstmanifestation einer endogenen Psychose einordnen.

2. Weglaufen

Symptomatik. Das geplante oder dranghaft ausgeführte Weglaufen aus der häuslichen Situation erreicht zahlenmäßig während der Pubertät seinen Höhepunkt. Tramer weist darauf hin, daß das Weglaufen sich in 75% der Fälle im Pubertäts- und Adoleszentenalter manifestiert. Es nimmt besonders bei Mädchen dieser Altersgruppe stark zu (Harbauer) und ist dann meistens mit sexueller Verwahrlosung kombiniert.

Genese und soziale Bedeutung. Das Weglaufen als Ausdruck einer Pubertätskrise wurde früher nur selten beobachtet. Umfassende und langfristige katamnestische Untersuchungen jugendlicher Wegläufer vermittelten J. E. Meyer noch vor einem Jahrzehnt die Überzeugung, daß es in der Regel kein krisenhaftes Geschehen darstelle. Heute besteht jedoch der Eindruck, daß dies für bestimmte Formen des Fortlaufens durchaus zutrifft und sogar im Zunehmen begriffen ist. Die Frequenzzunahme hängt mit einem allgemein beobachteten Trend der Wandlung von Ausdruckserscheinungen der Kulturpubertät zusammen, der sich auch im Symptomwandel der Pubertätskrise vollzieht. Im Zusammenhang mit dem zahlenmäßigen Rückgang der aktiv-aggressiven Autoritätskrisen äußerte Lempp die Vermutung, daß dieser Platz nun von mehr passiven Verhaltensformen eingenommen wird, zu denen auch das Weglaufen gerechnet werden kann. Außerdem ist eine Zunahme der Häufigkeit bei einschlägigen Symptomträgern während der Pubertät bekannt und in erster Linie auf die starke emotionale Irradiation der Pubertät und auf „pubertätsspezifische Triebfedern" (Stutte) wie Fernweh, Abenteuerlust und Kurzschlußhandlungen zurückzuführen.

Das Weglaufen, Streunen und Gammeln als spezifische Ausdrucks- und Reaktionsform einer puberalen Autoritätskrise ist als ein *Ausweichen* vor der häuslichen Konfrontation mit dem Vater, mit häuslichen Überforderungen und ein „aus-dem-Feld-Gehen" (Lewin) von Leistungsanforderungen in der Schule und im Beruf anzusehen. Diesem Weglaufen, das unter starkem Spannungsdruck mit dem Ziel der Spannungslösung und -minderung erfolgt, wohnt meist der Wunsch inne, gesucht und nach Hause zurückgeholt zu werden. Die ambivalente Wunschvorstellung, die Eltern zu bestrafen und mit Verwöhnung belohnt zu werden, dabei jedoch zu übersehen, daß in erster Linie eigene Schuld und Selbstbestrafung resultieren, stellt eine typische puberale Antinomie dar. Weglaufen erfolgt auch hier in einem tieferen, unbewußten Sinn „*aus Heimweh*" (Löwnau). Der in einer Autoritätskrise befindliche Jugendliche strebt im Weglaufen immer nach Hause, aber er wird nach seiner Heimkehr durch dieses Zuhause regelmäßig wieder enttäuscht. Im Gegensatz dazu steht das Fortlaufen aus pubertätsspezifischen Triebfedern, in dem der Wunsch nach Expansion, Erlebnisdrang und Welteroberung ganz im Vordergrund steht und das auffälligste Symptom der fehlende Mut zur Rückkehr ist. Weglaufen in der Pubertät ist außerdem nicht selten mit anderen, teilweise ebenfalls pubertätsspezifischen dissozialen Aktivitäten wie Stehlen „aus Ordnungsprotest" (Göppert), Strichjungentum oder Gruppendelikten kombiniert und manchmal nur schwer von Verwahrlosungstendenzen oder manifesten Verwahrlosungsformen abzugrenzen.

Die *soziale Bedeutung* liegt in der wachsenden Anzahl der Kinder und Jugendlichen, die von zu Hause weglaufen, ihre Schul- und Berufsausbildung vernachlässigen, sich in Gruppen zusammenschließen und ihren Lebensunterhalt durch dissoziale Praktiken bestreiten. In Großstädten, in denen die wachsende Anzahl der Wegläufer (ca. 500 bis 1000 „Trebegänger" in Berlin West) ein besonderes Problem darstellt, sind bereits staatlich subventionierte selbstgeleitete Wohnheime eingerichtet worden.

Diagnose, Differentialdiagnose und Fehldiagnosen. Einmaliges oder mehrfaches Weglaufen in der Pubertät kann als Ausdruck einer Autoritätskrise auftreten. Es handelt sich jedoch um ein genetisch vieldeutiges Syndrom und erfordert gründliche differentialdiagnostische Abgrenzungen.

Krisenbedingt-puberales Weglaufen ist abzugrenzen von

a) dranghaft-erethischem Fortlaufen bei *cerebralorganisch* (postencephalitisch) gestörten oder *schwachsinnigen* Jugendlichen und

b) Fuguezuständen (epileptische Äquivalente) aus dem Formenkreis der cerebralen *Anfallskrankheiten*. Die Kinder dieser beiden Gruppen laufen motiv- und planlos aus einem pathologischen Reiz- und Antriebsüberschuß weg. Sie haben kein Heimweh und keine Angst und machen sich keine Sorgen um sich und um ihr Zuhause.

So konnte Veith pathologisch-anatomisch bei 42 von insgesamt 46 erwachsenen Vaganten, Stadt- und Landstreichern teilweise massive makroskopische, in den übrigen Fällen überzeugende mikroskopische cerebrale Schädigungen nachweisen. Ein Kausalzusammenhang zwischen Hirnschädigung und Weglauf-Symptomatik ließ sich generell nicht nachweisen, sie ist jedoch für eine große Zahl dieser erwachsenen Symptomträger anzunehmen.

c) Das Fortlaufen (auch Schulschwänzen) als Zeichen der *Verwahrlosung* setzt meist bereits vor der Pubertät ein und ist fast immer von dissozialen Symptomen begleitet. Ferner finden wir

d) das Weglaufen als „Wegbleiben" aus *Angst vor Strafe* (Zeugnis, Klassenarbeit) bei ängstlichen oder zwanghaften Kindern und schließlich kann

e) das Fortlaufen auch das erste Wetterleuchten einer beginnenden *Psychose* bedeuten.

Therapie und Prognose. Für die Behandlung des krisenhaft-puberalen Weglaufens gelten die Ausführungen des Therapie-Abschnittes des Vaterprotestes.

Die *Prognose* der gesamten Gruppe der Wegläufer ist recht ungünstig. Bei den von Harbauer nachuntersuchten Fällen hatte ein Viertel der Probanden eine eindeutig ungünstige bzw. dissoziale Entwicklung genommen. Meyer stellte bei jugendlichen Wegläufern häufig erst mit der Eheschließung eine Stabilisierung fest.

II. Identitätskrisen

Die Verwirklichung der inneren Autonomie des Individuums und seine soziale Neuorientierung in der Gruppe stellen gemeinsam mit der integralen Bewältigung der Sexualität die zentralen Aufgaben der psychischen Pubertät dar.

In der Reifezeit treten zunehmend mehr Forderungen und Aufgaben an den Jugendlichen heran, die weitreichende und die künftige Lebensgestaltung immer mehr einengende und festlegende Entscheidungen erfordern. Diese Entscheidungen zur *Berufswahl* und zur Ausbildung, zur sozialen *Eingliederung* und zu bestimmten Forderungen der Umwelt, zur realitätsgerechten Wiederbindung an die *Familie* und die Einstellung zum anderen *Geschlecht* erfordern ein bestimmtes Maß an Bewußtheit und Übereinstimmung der Persönlichkeit mit sich selbst.

Der Prozeß der Individuation unterliegt wie andere biologische und kulturelle Entwicklungsabläufe bestimmten Gesetzmäßigkeiten. Das Prinzip des „stirb-und-werde" drückt sich in der Pubertät im Verlassen der infantilen Positionen und in der individuellen und sozialen Neuorientierung, in der Selektion und in der Synthese mosaikhafter infantiler Identifikationen zu einer integrierten Persönlichkeit aus. Das Prinzip der *Selbst-Adoption*, die kritische Erkennung und Hinnahme des persönlichen Charakters und der individuellen Eigenart

mit allen Vorzügen und Mängeln der physischen und psychischen Existenz stellt eine weitere unter zahlreichen anderen Konsequenzen im Verlaufe des Prozesses der Selbsterkennung dar. Aus diesen Spannungen zwischen der Realität und den Idealen der Persönlichkeit, aus den Gefahren bei der Auswahl und der Synthese künftiger Leitbilder und Idole, aus der Inkongruenz von Begabungswunsch und -wirklichkeit und den daraus folgenden Schlüssen ergeben sich oft schmerzhafte und demütigende Einsichten, die zu *schweren Krisen* und Hemmungen der Persönlichkeitsentfaltung führen.

1. Depressive Verstimmungen

Symptomatik. Stimmungsschwankungen und Depressionszustände kommen in allen Lebensabschnitten vor, sie treten in der Pubertät jedoch erstmalig *gehäuft* auf. Hypomanische und subdepressive Stimmungsausschläge von „himmelhoch jauchzend, zu Tode betrübt" können Bestandteile der normalen Pubertät sein.

Depressive und dysphorische Verstimmungszustände zeigen sich in der Pubertät unter dem Bild der Antriebsschwäche, Passivität und Resignation und können mit hypochondrischen Inhalten und Onaniekomplexen, mit Haß und Schuldgefühlen, Rache- und Selbstbestrafungswünschen und tiefer Hoffnungslosigkeit einhergehen. Die Kinder und Jugendlichen verhalten sich mürrisch und abweisend, affektiv matt und resonanzschwach, so daß manchmal an ein hebephrenes Syndrom gedacht wird. Andere wirken dagegen relativ unauffällig und fast synton. Die Jugendlichen klagen über Denkhemmungen, Konzentrationsschwäche, vorzeitige Ermüdbarkeit und innere Unruhe. Sie schließen sich von der Umwelt ab, sind unzufrieden mit sich selbst und mit ihrer Umgebung. Sie grübeln tatenlos und geben sich in selbstquälerischen Analysen ihren Ängsten und Befürchtungen vor anstehenden Entscheidungen, vor Zeugnissen und Abschlußprüfungen, vor der Berufswahl, dem Erwachsensein überhaupt und den damit verbundenen Problemen der Verantwortlichkeit hin.

Ein Feldwechsel der Symptome, ein „*Shift*" von gehemmten zu aggressiven depressiven Verstimmungszuständen oder von psychischen zu psychosomatischen Erscheinungsbildern wird auch bei depressiven Jugendlichen nicht selten beobachtet.

Manchmal liegt eine reizbare Aggressivität mit einer Tendenz zu zornmütigen Ausbrüchen aus nichtigen Anlässen vor, häufig mit einer Tendenz zu destruktiven, dissozialen und kriminellen Handlungen.

Für die Entwicklung eines dissozialen Syndroms (→ Dissozialität und Verwahrlosung, S. 82) wird von einigen Autoren der depressiven Verstimmung eine maßgebliche ursächliche Funktion zugeschrieben.

Drogenabhängige Jugendliche (→ Abhängigkeit von Drogen und Genußmitteln, S. 209) weisen oft ein chronisch-depressives Syndrom auf; ihre depressive Persönlichkeitsstruktur wird allerdings oft genug erst durch den Drogenmißbrauch erkannt. Bei manchen depressiven Jugendlichen ist Drogenmißbrauch als untauglicher Selbstbehandlungsversuch anzusehen, bei anderen als ein protrahierter Suicid (→ Suicidversuche und Suicidalität, S. 185).

Genese und soziale Bedeutung. Weshalb manifestieren sich gerade in der Übergangszeit zwischen Kindheit und Adoleszenz erstmalig und gehäuft depressive Syndrome? In dieser Zeit befindet sich der Jugendliche noch überwiegend in einer relativ geborgenen Periode seines Lebens. Er ist sich der Liebe und Zuneigung seiner Eltern gewiß und leidet keine materielle Not. Dennoch beginnt gerade in dieser ersten Generationsphase sich ein Riß zu bilden, der das emotionale Kontinuum meistens vorübergehend, manchmal aber bleibend von der prästabilen Harmonie der Kinderzeit durchtrennt und ihn damit oft gleichzeitig von seinen Eltern, Lehrern und Freunden separiert.

Die erste Hälfte der Pubertät läßt sich in Analogie zur sexuellen Latenzzeit als psychosoziale *Karenzperiode* betrachten. Der Jugendliche muß sich mit der Berufswahl und dem sozialen Status den ihm gemäßen Platz in der von ihm gewählten Gemeinschaft suchen, auf dem er später Anerkennung und Befriedigung finden will. Die Findung der Ich-Identität durch eine Auswahl und Synthese von Kindheitsidentifikationen ist eine wesentliche Aufgabe der Pubertät und beginnt dort, wo die Brauchbarkeit der bisherigen Vor- und Leitbilder endet. Wenn das Ich aus verschiedenen Gründen nicht imstande ist, die Bildung dieser Identität zu vollziehen, entsteht ein Zustand quälender Unsicherheit und Hilflosigkeit, der als Ich-Diffusion (Erikson) bezeichnet werden kann und sich auch in einer mißglückten sozialen Integration ausdrückt.

In der Zeit der Pubertät wird eine kritische Sichtung bisher ungeprüfter Werte und Personen der Umgebung vorgenommen. Den objektiven und subjektiven Resultaten entsprechend kann es in diesem Stadium der psychosozialen Neuorientierung dann zu persönlichkeitsabhängigen, evolutionär oder revolutionär getönten Konfliktsituationen kommen. Anstelle des früher aktuellen Vater-Sohn-konfliktes ist in unserem lang hingestreckten „*Lern- und Ausbildungszeitalter*" ein chronischer Konflikt der Jugendlichen mit sich selbst und ihrem Ich-Ideal getreten.

Neben der Lösung und Wiederknüpfung der infantilen Bindungen an die Eltern und der sexuellen Triebbeherrschung und Triebintegration werden von dem in der Reifung befindlichen Jugendlichen in zunehmendem Maße immer weitreichendere Entscheidungen gefordert, die zu einer immer entgültigeren Einengung und Fixierung des Lebensplanes führen. Neurotische Störungen im Bereich der Selbstverwirklichung können zu Lern- und Entscheidungshemmungen, zu Angstvorstellungen vor wettkampfähnlichen Situationen in rivalisierenden Gemeinschaften in der Schule und am Arbeitsplatz und schließlich zur Wiederbelebung infantiler Ziele (Abhängigkeit, Passivität) oder zur Entwicklung von Ersatzbefriedigungen (exzessives Lesen und Fernsehen, endloses Diskutieren und protestierendes Agieren) führen.

Bei einer 15jährigen Oberschülerin bestand seit einem Jahr neben einer depressiven Verstimmung mit begleitender Lernhemmung eine selektive Aphonie, wenn sie vor der Klasse lesen oder referieren mußte. Die Symptomanalyse ergab, daß sie von ihrem langjährigen Freund mit der Begründung verlassen worden war, sie habe zu breite Hüften und zu dicke Beine. Sie litt unter der Diskrepanz zwischen Körperideal und -realität und fürchtete die Kritik der Mitschüler, zu denen auch der ehemalige Freund gehörte.

Solche Jugendliche können sich nicht auf die geforderten Aufgaben und Arbeiten konzentrieren und versagen bis zum Scheitern. Aus solchen Situationen können schwere reaktive, depressive und hypochondrische Krisen mit unerträglichen Selbstvorwürfen resultieren, die bis zu Suicidversuchen und Suiciden führen.

Schwere und chronische depressive Verstimmungen als Ausdruck einer Pubertätskrise blühen und vergehen jedoch nicht, ohne gesät zu sein. Sie werden vielleicht durch endokrinologische Umstellungsvorgänge direkt oder indirekt exazerbiert, die Voraussetzungen reichen jedoch meistens bis in die frühkindliche Entwicklung zurück.

Dennoch sind depressive Verstimmungen in der Pubertät nicht *regelmäßig* der Ausdruck einer gestörten Pubertätsentwicklung oder einer Pubertätskrise. Sie haben hier wie in allen Lebensabschnitten unterschiedliche ätiologische Grundlagen. Weil der pubertierende Jugendliche sich der formalen und inhaltlichen Ausdrucksmittel der gegenwärtigen Lebensphase, der Pubertät, bedient, besteht gelegentlich die Gefahr, diese als unmittelbaren und isolierten Ausdruck einer gestörten Pubertätsentwicklung anzusehen.

Auch in der Pubertät lassen sich depressive Syndrome ätiologisch *klassifizieren* in

1. *psychogene* Depressionen (depressive Reaktionen, depressive Erschöpfungs- und Versagenszustände, neurotische Depressionen),

2. *somatogene* Depressionen (cerebralorganische und symptomatische Depressionen),

3. *endogene* Depressionen (mono- und bipolare affektive und schizophrene Psychosen).

Eine strukturierte depressive *Neurose* läßt sich vor Beginn der Vorpubertät wesentlich schwieriger als im Erwachsenenalter diagnostizieren, weil Kinder nur selten in der Lage sind, substantiierte und kritische Beurteilungen über ihre eigene emotionale Befindlichkeit abzugeben. Bei jüngeren Schulkindern, Säuglingen und Kleinkindern weisen Depressionen entwicklungsspezifische Manifestationsformen (→ Depressive Neurose, S. 103) auf. Erst bei älteren Kindern und Jugendlichen bildet sich eine depressive Symptomatik heraus, die mit der Erwachsener vergleichbare Merkmale aufweist.

Somatisch begründbare (symptomatische) Depressionen als Ausdruck einer hirnorganischen Schädigung finden sich in allen Lebensaltern, teilweise mit phasenhaften Verläufen. Es muß damit gerechnet werden, daß sich bei etwa $10-15\%$ (Nissen) der depressiven Jugendlichen hirnorganische Schädigungen nachweisen lassen. Daraus ergibt sich, daß auch bei depressiven Jugendlichen in jedem Fall eine gründliche neurologische und körperliche Untersuchung erforderlich ist. Mit der *Menarche* setzen bei jungen Mädchen nicht selten prämenstruelle Angst- und Spannungszustände ein, die vor allem einen agitiert-depressiven Aspekt zeigen können und mit vermehrter Reizbarkeit, motorischer Unruhe und gesteigerter sexueller Libido, aber auch mit Antriebsschwäche, Hemmungen und Resignation einhergehen können.

Die *monopolare* endogene Depression (Melancholie) bzw. die *bipolare* manisch-depressive Erkrankung (→ Der Formenkreis der endogenen Depressionen, S. 293) manifestieren sich mit ersten depressiven oder manischen Phasen ebenso wie die Schizophrenie bereits in der Pubertät. Das Vorkommen endogener depressiver oder zirkulärer Psychosen vor dem 14. Lebensjahr ist unzweifelhaft, sie sind insgesamt jedoch selten.

Diagnose, Differentialdiagnose und Fehldiagnosen. Kürzere oder längere traurige Verstimmungszustände, unableitbare depressive Episoden oder hypochondrisch-depressive Zustandsbilder erwecken sehr viel leichter als überschäumender Übermut, freudige Erregung und auch noch unmotivierte Heiterkeit die Besorgnis der Eltern und Ärzte. Ob es sich tatsächlich um eine depressive puberale Episode, eine länger dauernde depressive Pubertätskrise oder eine psychogene (reaktive, neurotische), eine somatische (hirnorganische) oder endogene Psychose handelt, läßt sich oft erst nach Längsschnittanalysen entscheiden.

Therapie und Prognose. Für eine erfolgversprechende heilpädagogische und psychotherapeutische Behandlung ist eine möglichst exakte pathogenetische Klärung der *Diagnose* erforderlich. Depressive Verstimmungen lassen sich relativ gut psychopharmakologisch (→ Der Formenkreis der endogenen Depressionen, S. 293) behandeln.

Für die *psychagogische* und psychotherapeutische Behandlung ist die Klärung der Frage nach dem Grad und der Intensität einer Suicidgefahr von entscheidender Bedeutung.

Am Beginn der Therapie ist die Frage zu klären, ob eine ambulante Behandlung möglich oder eine stationäre Therapie erforderlich ist. Die Psychotherapie ist darauf ausgerichtet, die vorliegende Ich-Schwäche, das durch eine mangelhafte Selbstverwirklichung gestörte Selbstwerterleben und das fehlende Vertrauen zur eigenen Leistung durch eine therapeutische Ich-Stützung und Ich-Stärkung zu überwinden. So mannigfaltig wie die Störungen des Aufbaues einer tragfähigen Ich-Identität in Erscheinung treten, so vielseitig und gezielt zugleich muß die Therapie einsetzen.

Für die Beratungssituation und Einzelfallhilfe gibt es meistens ausreichend *konkrete* Ansatzpunkte. Grundsätzliche oder aktuelle Schwierigkeiten in Schule und Beruf müssen erkannt und reguliert werden. Etwaige Begabungsmängel müssen aufgedeckt, Wissenslücken aufgefüllt werden. Emotionale Leistungshemmungen bei normaler Intelligenz erfordern neben Ratschlägen zur Verbesserung der individuellen Arbeitstechnik spezielle Maßnahmen. Zur Beseitigung von entwicklungshemmenden Einflüssen muß in jedem Fall die Familie in den Bereich neurosenpsychologischer und reifungsbiologischer Überlegungen einbezogen werden. Das gilt auch für die in der Reifungsperiode zu beobachtenden hereditären psychophysischen Retardierungen. Dabei ist nicht nur von diagnostischem, sondern auch von großem therapeutischen Wert, wenn einer schweren Identitätskrise eines infantilen Jugendlichen dadurch die Grundlage entzogen werden kann, daß sie als sippeneigentümliche

Form einer *Spätentwicklung* erkannt wird. Diese Jugendlichen erreichen ebenso wie andere Familienmitglieder den Höhepunkt ihrer körperlichen, psychosexuellen und intellektuellen Reifung regelmäßig erst zu einem wesentlich späteren Zeitpunkt („Spätreife") als ihre Altersgenossen, die sie später nicht selten überflügeln.

Die *Prognose* depressiver und anderer Krisen der Identität ist neben persönlichkeitseigenen Dispositionen im wesentlichen von tragfähigen zwischenmenschlichen Beziehungen und von dem Grad eines sich seit der frühesten Kindheit manifestierenden Vertrauens zu den Erwachsenen und ihrer Welt abhängig.

Extrem starke *Stimmungswechsel* in der Kindheit und Pubertät haben eine extrem *ungünstige* Prognose im Hinblick auf die spätere Manifestation von Neurosen und Psychosen (Nissen), aber auch einfache depressive Verstimmungen stellen nicht selten Früh- bzw. Vorformen einer schizophrenen Erkrankung (Eggers, Nissen, Stutte) dar.

2. Suicidversuche und Suicide

Symptomatik. In der BRD sterben gegenwärtig täglich 50 Menschen durch Unfälle; nicht viel weniger, nämlich 36, begehen Selbstmord.

Im Jahre 1950 nahmen sich 848 Jugendliche im Alter von 15 bis 25 Jahren und 32 Kinder (bis 15. Lebensjahr) das Leben. Im Jahre 1970 waren es 1050 Jugendliche und 87 Kinder. Es ergibt sich somit eine *Verdoppelung* der *Kinderselbstmorde* in den letzten beiden Jahrzehnten, die übrigens ausschließlich die Gruppe der 10 bis 15jährigen betrifft. Bei Jugendlichen ist die Zunahme weit weniger dramatisch. Selbstmorde stehen in diesem Lebensalter jedoch an 2. Stelle der Todesursachen überhaupt, Kinder erst an 10. Stelle. Die Geschlechtsrelation beträgt bei Kindern unverändert etwa 1:4 zugunsten der Jungen, bei den Jugendlichen 1:3 zugunsten der männlichen Jugendlichen.

Bei den *Selbstmordversuchen* kann man davon ausgehen, daß sie etwa das 8−10fache der Suicide betragen und häufiger von Mädchen als von Knaben ausgeführt werden. In Frankreich gaben unter 1700 von Stork befragten Jugendlichen im Alter von 14 bis 24 Jahren 6% der Jungen und 10% der Mädchen an, bereits einen Selbstmordversuch unternommen zu haben. Weitere 27% der Jungen und 33% der Mädchen berichteten über ernsthafte Suicidgedanken bzw. -absichten. Selbst wenn diese nicht objektivierbaren Angaben als überhöht angesehen werden, stellt sich die Selbstmordprophylaxe

im Kindes- und Jugendalter als ein eminent wichtiges Gebiet dar.

Viele schwere Suicidversuche und vollendete Suicide von Jugendlichen und Kindern könnten verhindert werden, wenn das *präsuicidale Syndrom* (Ringel), die Persönlichkeitsstruktur und die soziologischen Voraussetzungen der „Krankheit zum Tode" (Kierkegaard) besser bekannt wären.

Die demonstrativen und ernsthaften Selbstmordhandlungen lassen sich gegenüber dem vollendeten Selbstmord als *parasuicidale* Handlungen abgrenzen. Die Entscheidung darüber, ob es sich um einen ernsthaften oder einen demonstrativen Suicidversuch gehandelt hat, kann im Einzelfall jedoch außerordentlich schwierig sein. Die gelegentlich noch anzutreffende Ansicht, jeder Selbstmordversuch sei als ein mißlungener Selbstmord zu betrachten, ist nicht zutreffend. Ebenso unzutreffend ist es, jeden scheinbar leichteren Suicidversuch als Simulation oder „rein demonstrativ" abzuqualifizieren. Wie hoch der Prozentsatz ernsthafter Selbstmordversuche ist, läßt sich allerdings nur schwer abschätzen.

Für viele ernsthafte Suicidversuche und für gelungene Suicide gilt die Feststellung von Stengel: „Die meisten Menschen, die Selbstmordhandlungen begehen, wollen nicht entweder sterben oder leben. Sie wollen beides gleichzeitig, gewöhnlich das eine mehr, oder vielmehr als das andere. Es ist unpsychologisch, von Menschen in Krisenzuständen zu erwarten, daß sie genau wissen, was sie wollen und entsprechend handeln". Zusätzliche erschwerende Faktoren bilden bei Kindern und Jugendlichen alters- und entwicklungsabhängige subjektive *Fehleinschätzungen* des Suicidrisikos. So können aus Unkenntnis der tödlichen Dosis bei durchaus ernsthaften Suicidversuchen zu geringe und bei ursprünglich demonstrativen Suicidversuchen zu große Giftmengen eingenommen werden. Der Grad der durch die Selbstmordhandlung zugefügten Selbstschädigung ist deshalb bei Kindern und Jugendlichen im Gegensatz zu Erwachsenen als Unterscheidungskriterium nur bedingt brauchbar. Viel eher ist dies durch eine Einschätzung der sozialen Situation des Kindes oder des Jugendlichen vor und zur Zeit der Selbstmordhandlung möglich.

Ein großer Teil der Selbstmordhandlungen enthält sowohl demonstrative als auch ernsthafte Anteile. Diese Selbsttötungsversuche gleichen dem „russischen Roulette", bei dem in der Trommel des Revolvers nur ein Schuß scharfer Munition steckt. Solche Suicidspiele mit „*Gottesurteilscharakter*" finden sich bei Jugendlichen nicht selten. Es entspricht deshalb sicher oft der Wahrheit, wenn Jugendliche später berichten, sie wüßten nicht, ob sie sich wirklich das Leben nehmen wollten oder nicht. Die abrupte Leichtigkeit, mit der viele Kinder die Hand an sich selbst legen bzw. zu legen scheinen, ist immer wieder überraschend. Duché

Abb. 2. Abschiedsbrief eines 12jährigen Jungen, der aus Furcht vor Entdeckung eines Diebstahles in demonstrativer Absicht 8 Spalttabletten einnahm. Der Junge befindet sich seit der Geburt in Kinderkrippen, Kindertagesstätten und in Kinderheimen. Keine tieferreichenden emotionalen Beziehungen zwischen Eltern und Kind

spricht bei Selbstmorden von Kindern von einer „Selbstmordwette", einer Art unvermittelter Flucht vor einem Hindernis ohne Rücksicht auf die Folgen. Weil Kinder und retardierte bzw. schwachbegabte Jugendliche von den Konsequenzen ihrer Handlung oft keine zutreffenden Vorstellungen haben, brauchen sie sich nicht so sehr zu überwinden und es geht bei ihnen vor der Suicidhandlung oft nicht eine so tiefe Gemütsbewegung voraus, wie bei einem Erwachsenen (Förster).

Manchmal läßt sich nicht entscheiden, ob es sich um einen Suicid oder um einen *Unglücksfall* gehandelt hat. Sicher werden gelegentlich Suicide als Unglücksfälle registriert. Die WHO legte einen Bericht aus 19 Industrienationen vor, aus dem

hervorgeht, daß tödliche Vergiftungen etwa 1% der Gesamtmortalität umfassen. Zufallsvergiftungen spielen danach eine untergeordnete Rolle; dagegen gehen 75% der tödlichen Vergiftungen auf das Konto „Selbstmord". Nachstehend einige *Beispiele* für parasuicidale (demonstrative und ernsthafte), suicidale und suicidverdächtige, als Unfall deklarierte Handlungen:

Ein 10jähriger Junge, von den Eltern jahrelang gequält und körperlich mißhandelt, der sich ebenfalls aggressiv gegenüber seiner Umgebung verhält (er hatte zwei Hunde so brutal mißhandelt, daß einer getötet werden mußte) unternahm aus jeweils „nichtigen" Anlässen heraus drei wahrscheinlich demonstrative Selbstmordversuche.

Ein 14jähriger Junge, der nach dem plötzlichen Tod der sehr geliebten Mutter keinen Kontakt zu dem sonderlingshaften Vater fand, sich vereinsamt fühlte und verzweifelte, unternahm einen bereits lange in Gedanken durchdachten Suizidversuch, der zur Ausführung gelangte, als sein Klassennachbar umgesetzt wurde. Er nahm Schlaftabletten ein, brachte sich Schnittwunden am Hals bei und versuchte, sich die Pulsadern zu öffnen und sich das Messer ins Herz zu stoßen.

Ein 15jähriges Mädchen unternahm nach dem Tod des Vaters ihren 3. Suizidversuch. Er war Handwerker, ihre Mutter Akademikerin; die Familie lebte in einem frömmelnd-sektiererischen Milieu. Sie galt in der Schule als „Revoluzzerin", trug transparente Blusen, rauchte Haschisch und nahm LSD-Trips. Sie berichtete über „anfallsweise Episoden von Weltschmerz", sie könne dann im Leben keinen Sinn entdecken und möchte am liebsten sterben. Verdacht auf beginnende endogene Depression.

Ein 16jähriger Junge unternahm im Alter von 14 Jahren den 1. Suizidversuch mit Tabletten. 6 Monate später wurde er mit einer Leuchtgasvergiftung bewußtlos aufgefunden. Mit 16 Jahren unternahm er 3 weitere Suizidversuche mit Medikamenteneinnahme, Strangulation und durch einen Schuß mit dem Tesching durch die Lunge. Der Vater war Hafenarbeiter, trunksüchtig und dissozial, er traktierte die Familie mit Schlägen, „nur wenn er im Gefängnis war, war es ruhig zu Hause." Der Junge gab als einziges Motiv der Suizidhandlungen an, daß ihm nichts am Leben liege. Im Alter von 18 Jahren gelang ein erneuter Suizidversuch, nachdem er von einer Schiffsreise nach Hause zurückgekehrt war.

Nach der Rückkehr von einem Spaziergang fanden die Eltern ihren 13jährigen Sohn im Wohnungsflur erhängt auf. Er hatte, wie schon früher, zwei Stühle aufeinander gestellt, um die Seile einer Schaukel zu befestigen. Dabei war er vermutlich abgestürzt und hatte sich stranguliert. Gerade an diesem Nachmittag aber hatte es eine Auseinandersetzung mit den Eltern wegen einer chronischen Geschwisterrivalität gegenüber der jüngeren Schwester gegeben, die dann gemeinsam mit den Eltern fortgegangen war.

Die bei den Selbstmordhandlungen angewandten *Suicidmittel* weisen bei Kindern und Jugendlichen wie bei Erwachsenen geschlechtsbezogene Unterschiede auf. *Jungen* und männliche Jugendliche zeigen in der Wahl und Anwendung der Suicidmittel eine stärkere Aggressivität gegen sich selbst als *Mädchen* oder weibliche Jugendliche. Von den

60 Kindern und Jugendlichen zwischen dem 10. bis 15. Lebensjahr, die 1968 in der Bundesrepublik Selbstmord begingen, kamen 43 Jungen, aber nur 3 Mädchen durch Erhängen (Erdrosseln, Ersticken) zu Tode. Von den 8 Jugendlichen, die durch Vergiftung starben, waren dagegen 6 Mädchen. Nach den Erfahrungen der letzten Jahre scheinen sich die Geschlechtsunterschiede in der Wahl der Suicidmittel auszugleichen; Psychopharmaka werden bei Jungen wie bei Mädchen zum Mittel der Wahl.

Bei Kindern und Jugendlichen stellt jeder, auch der spielerische und oberflächlich angelegte demonstrative Suicidversuch ein sehr ernstes und ernst zu nehmendes *Notsignal* dar. Der Jugendliche nimmt sich selbst zum Objekt einer Bestrafung oder Schädigung, um zu prüfen, wie weit dadurch die Umgebung betroffen wird. Es ist hier nicht immer die vielzitierte „Wendung der Aggressivität gegen sich selbst", sondern die *Probe* aufs Exempel, ob durch diese Handlung eine Verhaltensänderung der Umgebung erzielt werden kann. Aus dieser Sicht kommt dem demonstrativen Suicidversuch im Kindes- und Jugendalter eine ähnliche, wenn im Einzelfall vielleicht auch schwerwiegendere Bedeutung zu wie etwa dem Weglaufen, der Delinquenz, dem Alkohol und Drogenmißbrauch oder anderen lärmenden Verhaltensstörungen, die eine Intervention der nächsten Beziehungspersonen geradezu herauszufordern scheinen.

Die richtige *Abschätzung* der Suicidalität gehört zu den verantwortungsvollsten und schwierigsten Aufgaben des Arztes. Für eine gesteigerte Selbstmordgefährdung bei Kindern und Jugendlichen sprechen:

1. Gezielte oder ungezielte *Suiciddrohungen*, deshalb ist jedes „Gerede von Selbstmord" ernst zu nehmen,

2. *gehäuftes* Vorkommen von Suiciden oder Suicidversuchen in der Familie oder eigene frühere Suicidversuche. Es ist wichtig,

3. im Gespräch mit dem Jugendlichen Hinweise darüber zu erlangen, ob *konkrete* Vorstellungen über die Durchführung eines Suicides, die Wahl und die Beschaffung der Suicidmittel usw. vorliegen.

4. Eine negativistisch-mutistische Periode kann als „Ruhe vor dem Sturm" auf eine suicidale *Vorbereitungszeit* hinweisen.

5. Vorher latente Suicidimpulse können sich zu konkreten suicidalen *Plänen* verdichten, wenn existentielle Konflikte (Schul- und Berufsschwierigkeiten, Liebeskummer, Delinquenz) oder depressive psychische bzw. psychosomatische Symptome (an-

haltende Schlafstörungen, Appetitmangel) hinzutreten.

Bei dem Versuch einer Quantifizierung präsuicidaler Verhaltensänderungen fand Otto, daß ca. 40% der von ihm untersuchten Kinder und Jugendlichen depressive und 30% angst- und konversionsneurotische Symptome zeigten; 16% verhielten sich aggressiv und gereizt, 12% zeigten dissoziale Verhaltensweisen.

Genese und soziale Bedeutung. Die Kindheit und die Jugend erscheinen manchem Erwachsenen in der Rückschau als ein *Paradies*, „da leicht und froh die Tage dahinfließen und eitel Sonnenschein am blauen Himmel lacht" (Scholz). Aber auch in einer relativ harmonischen Kindheit und Jugend gibt es Stimmungsschwankungen und depressive Reaktionen, Trennungen, Krankheit und Tod, die schmerzhafte Zäsuren setzen und die psychische Entwicklung des Kindes bestimmen.

Konkrete Vorstellungen vom Wesen und von der Endgültigkeit des *Todes* bilden sich bei Kindern frühestens im Alter von 7 bis 8 Jahren. Sie sind aber, wie die meisten psychischen Vorstellungsinhalte bei Kindern, auch dann noch oft von einer überraschenden Unschärfe. Ein Kind kann an der Beerdigung eines nahen Angehörigen teilgenommen haben und später sich darüber wundern, daß es von ihm kein Geburtstagsgeschenk erhalten hat. So können Kinder einen Selbstmordversuch oder einen gelungenen Suicid begehen, um mit der verstorbenen Mutter oder dem geliebten Vater wieder vereinigt zu werden. Erst im 12. bis 14. Lebensjahr ist eine zuverlässigere Einsicht darüber zu erwarten, daß der Tod ein unwiderrufliches Ende des Lebens bedeutet. In dieser Zeit lebt der Jugendliche in unserem Kulturkreis bereits mindestens in zwei verschiedenen „Welten" von Regeln und Werten: in der seiner Familie und in der seines Schul-, Freundes- und Arbeitskreises. Wenn es in der Reifungszeit zu scheinbar unüberwindlichen Konflikten kommt, weil er mit sich selbst, mit seiner Familie oder mit der Gesellschaft in Konflikt gerät, bietet die gedankliche Beschäftigung mit dem Selbstmord Lösungsmöglichkeiten an, die von isolierten Suicidimpulsen und vagen Suicidvorstellungen über die spielerische Suicidvorbereitung bis zur Beschaffung der Suicidmittel und zum vollendeten Suicid reichen.

Subdepressive und hypomanische Stimmungsausschläge sind Bestandteile der normalen Pubertät, die von tiefer Niedergeschlagenheit bis zur Hochgestimmtheit reichen können. In solchen depressiven Verstimmungszuständen erlebt der Jugendliche qualitativ das Endlose der bestehenden traurigen

Verstimmtheit viel intensiver, weil er noch über keine ausreichenden und ihn über das Stimmungstief hinwegtragenden Erfahrungen über die Begrenztheit und Endlichkeit trauriger und depressiver Vorstellungen verfügt. Er kann deshalb in solchen Verzweiflungssituationen zu abrupten, unreflektierten Entscheidungen und zu radikalen Lösungen greifen, deren Anlaß und Motivation nichtig bzw. rätselhaft erscheinen. Durch eine Analyse der aktuellen Situation, der Persönlichkeit und besonders der „inneren" Lebensgeschichte läßt sich die psychologische Entwicklung bis zur Kulmination jedoch fast immer transparent und verständlich machen.

Das Vorliegen einer erbgenetischen *Disposition* für die Begehung von Suicidhandlungen schien aus der Häufung in „Suicidfamilien" naheliegend zu sein. Aus der Zwillingsforschung ergaben sich jedoch *keine* überzeugenden Befunde für eine vererbte Selbstmordneigung (Kallmann). Diese familiären Selbstmordserien lassen sich zwanglos als begrenzte psychische Epidemien ansehen, die sich aus einer suicidalen Familienatmosphäre und einer Tendenz zur selektiven Nachahmung suicidaler Handlungen erklären lassen. Es sei hier nur an epochale Selbstmordepidemien erinnert, etwa der „*Werther-Zeit*", oder an die Faszination, die von modischen Suicidmitteln (E 605, Todessprünge von bestimmten Bauwerken) ausgeht. Dennoch ist es schwierig, erbbiologische pathogenetische Determinanten kategorisch auszuschließen. Auch Stengel diskutiert eine „angeborene Anfälligkeit" für Selbstmord, weist aber selbst auf die Schwierigkeiten einer Abgrenzung von primären und sekundären Persönlichkeitsanteilen hin. Die manisch-depressive Psychose, die einerseits einen hohen Erblichkeitsindex besitzt und andererseits ein großes Suicidrisiko hat, ist ein relativ einfaches Beispiel für einen scheinbar „erblichen" Selbstmord. Es ist aber auch unbestritten, daß es Menschen mit einer *primären Vitalschwäche* bzw. mit einer unterschiedlichen „seelischen Tragfähigkeit" gibt. Nicht nur in Krisen- und Kriegszeiten begegnet man Jugendlichen, denen offenbar „weniger am Leben" liegt als anderen. Abenteurer- und Landsknechtsnaturen, die sich nach dem „Alles- oder-Nichts"-Prinzip in Gefahren (riskante Motorrad- und Autorennen, Fremdenlegionäre, protrahierter Drogenmißbrauch) begeben, die sich oft von der Situation einer suicidalen Handlung kaum unterscheiden.

Die *Selbstmordhäufigkeit* steigt bei Erwachsenen mit dem Vorliegen psychischer Erkrankungen an. Im Durchschnitt läßt sich bei jedem 3. Selbst-

mörder eine schwere Persönlichkeitsanomalie, eine Neurose oder Psychose ermitteln, bei Schwachsinnigen kommt Selbstmord nur selten vor. Nachträglich erhobene Fremdanamnesen ergaben (nach Stengel) eine Häufung „labiler Menschen", die sich jedoch nicht in psychiatrischer Behandlung befunden hatten. Selbstmordhandlungen bei Kindern und Jugendlichen liegen dagegen nur sehr selten Psychosen, hirnorganische oder körperliche Erkrankungen zugrunde, meistens handelt es sich um chronische neurotische Fehlentwicklungen. Mit großer Monotonie lassen sich „Broken-home-Situationen", *ungünstige* „äußere" oder „innere" Familienverhältnisse nachweisen. Baader fand bei 80% selbstmordgefährdeter Kinder „gestörte häusliche Verhältnisse." Toolan stellte ebenso wie Tuckmann bei Kindern und Jugendlichen mit Selbstmordhandlungen fest, daß die meisten aus *chaotischen* häuslichen Verhältnissen stammten. Dührssen berichtete über 11 junge Mädchen, die aus äußerlich intakten jedoch innerlich *schwer* gestörten Familien stammten und von denen allein 6 Mütter außereheliche sexuelle Beziehungen unterhielten. Waage stellte fest, daß die von ihm untersuchten Kinder und Jugendlichen z. Zt. des Suicidversuches nur in $^1/_3$ bei den eigenen Eltern lebten; in der Hälfte der Fälle ließen sich in der Familie Suicidhandlungen Erwachsener nachweisen. Zumpe fand bei fast allen ihren Patienten, daß sie in der Kindheit einen deutlichen Mangel an liebevoller Zuwendung und Geborgenheit erlebt hatten; sie stammten aus unvollständigen Familien oder ihre Mütter bzw. Eltern waren beruflich oder pädagogisch überfordert. Ohara et al. konnten in Japan in 47% zerstörte Familien, in denen der Vater, die Mutter oder beide Eltern fehlten, nachweisen; die Kinder und Jugendlichen entstammten überwiegend der unteren Sozialschicht und wurden streng erzogen.

Stengel verweist dazu aber mit Recht darauf, daß nur eine *Minorität* von Kindern aus ungünstigen häuslichen Verhältnissen in persönlichen Krisen mit Suicidhandlungen reagiert. D.h. nicht, daß diese Faktoren unwichtig sind: sie wirken suicidogen, wenn sie mit anderen überwiegend noch nicht erforschten Faktoren der Persönlichkeit und der Umwelt zusammentreffen.

Besonders in den letzten Jahren wurde von verschiedenen Autoren (Kuhn, Nissen, Otto, Toolan) darauf hingewiesen, daß *depressive* Syndrome im Kindesalter nicht die Berücksichtigung gefunden haben, die sie verdienen und daß Suicidimpulse in diesem Lebensalter deshalb häufig übersehen werden. Tadic fand bei $^1/_3$ aller Jugendlichen, die

Suicidversuche begangen hatten, depressive Verstimmungszustände. In einer Gruppe von Kindern und Jugendlichen mit mittelschweren und schweren depressiven Syndromen (Nissen) hatten bereits 12% Suicidversuche unternommen, weitere 12% berichteten über nachhaltige Suicidimpulse. Bei einer Nachuntersuchung nach ca. 9 Jahren ergab sich, daß von diesen Jugendlichen dreimal häufiger als es nach der rechnerisch ermittelten Incidenzrate zu erwarten wäre, Selbstmord begangen wurde.

Der *Schülerselbstmord* spielte früher zur Kennzeichnung einer chronischen Überbürdungs- und Überforderungssituation von seiten der Lehrer und des herrschenden Schulsystems eine besondere Rolle; er wird auch heute noch gelegentlich zur Kennzeichnung, ja als „Erklärung" für rätselhafte, weil scheinbar motivlose Suicide verwendet. Schon Homburger (1926) führte dazu aus, daß den angeblich steigenden Anforderungen der Schule und der Verständnislosigkeit der Lehrer zu Unrecht die alleinige Schuld an einem oft behaupteten Ansteigen der Suicidrate beigemessen werde: „Heute leben wir in einer Zeit, in der von einer Überbürdung, die in den 90er Jahren zum Schlagwort geworden war, wahrlich nicht mehr gesprochen werden kann. Hat sie jemals in dem behaupteten Maße bestanden? Ich möchte es verneinen... Aber welcher geistig gesunde und frische Schüler der Oberklassen ließe sich denn dauernd überbürden?"

Damals wie heute läßt sich in aller Regel feststellen, daß Suicidhandlungen von Schülern nur dann vorgenommen werden, wenn schwerwiegende *Mängel* in der Eltern-Kind-Beziehung bzw. in der Persönlichkeitsstruktur des Kindes vorliegen. Es finden sich z.B. Kinder, die aus Furcht vor Strafe oder vor Kränkungen und Enttäuschungen ihrer Eltern oder aus Enttäuschung über sich selbst nicht mehr im Einklang mit sich stehen und diese deprimierenden Realitäten nicht mehr ertragen können. Die als Schülerselbstmorde apostrophierten Suicide sind aus dieser Sicht weniger im Hinblick auf die Schule, sondern auf den gegenwärtigen Status als Schüler zu sehen. Lehrer und Schulsysteme können natürlich ebenso wie übermächtige „Broken home"-Faktoren ein suicidogene Wirkung entfalten. Voraussetzung für die Begehung einer Suicidhandlung ist aber die durch Anlage und Umwelt geprägte präsuicidale *Persönlichkeitsstruktur*.

So beging ein 12jähriger Junge, einziges Kind einer sehr strebsamen Arbeiterfamilie, der das Probehalbjahr im Gymnasium nicht bestanden hatte, Suicid durch Erhängen, weil er seine Eltern (beide Sonderschüler) zu sehr enttäuscht hatte. Die Eltern begingen einige Tage später Selbstmord mit Schlafmitteln.

Über die unmittelbaren *Auslöser*, Motive und „letzten Anstöße" zu Selbstmordhandlungen gibt es umfangreiche Untersuchungen (Ringel, Stengel, Durkheim). Bei Selbstmordhandlungen im Kindes- und Jugendalter lassen sich eine Reihe von Motiven und Motivationen feststellen, die häufig wiederkehren:

1. Nach dem Tode einer geliebten Beziehungsperson besteht der starke Wunsch nach *Wiedervereinigung* mit dem verlorenen Liebesobjekt. Die Selbstmordhandlung kann in Unkenntnis, aber auch bei vollständiger Einsicht in die Endgültigkeit des eigenen Todes durchgeführt werden, worauf Beobachtungen über die Häufigkeit von Selbstmordhandlungen an Todes- und Geburtstagen verstorbener geliebter Beziehungspersonen (Bunch und Barraclough) Hinweise geben.

2. Selbstmordhandlungen als letzter Ausweg, als „*Notsignal*" mit Appellfunktion an die Umgebung in der Hoffnung, die Aufmerksamkeit auf die verzweifelte eigene Situation zu lenken, liebevolle Zuwendung zu gewinnen, d.h. mit der Selbstmordhandlung eine Korrektur der Realität zu erzielen.

3. Selbstmordhandlungen als nach außen gerichtete *aggressive Akte* an sich selbst, um eine gehaßte Beziehungsperson in ihrer Existenz zu treffen: „Das hast Du davon, wenn ich mich töte."

4. Selbstmordhandlungen als „*gegen sich selbst* gerichtete Aggressivität", um sich von einer geliebten Beziehungsperson durch die Vernichtung der eigenen Existenz endgültig zu trennen, weil man vom Liebesobjekt abgelehnt, vernachlässigt oder verlassen wurde.

5. Selbstmordhandlungen, um den *drohenden Verlust* eines geliebten Objektes zu verhindern, z.B. Ehescheidung der Eltern, Trennung von den Eltern bei Heimeinweisung: „Wenn Du mich verläßt, ermordest Du mich."

Der letzte, „*nichtige*" Anlaß steht nur im Hinblick auf die Selbstmordhandlung in einer grotesken Disproportion; im Verhältnis zur inneren Entwicklung auf die Selbstmordhandlung hin bietet er nur das letzte, wenn auch vielleicht unscheinbare Glied in einer langen Kette tatsächlicher oder vermeintlicher Entbehrungen und Kränkungen: Beschimpfungen, Versagungen und körperlichen Mißhandlungen. So wird über Verbote berichtet, den Freund zu treffen, sich zu schminken oder an einer Party teilzunehmen; die Jungen dürfen ihre Haare nicht lang tragen, sich kein Tonbandgerät oder Motorrad kaufen. Bei Befragungen ergibt sich fast regelmäßig, daß diese akuten Verbote oder *Versagungen* als Anlaß zur Begehung einer Selbstmordhandlung prinzipiell auswechselbar sind, jedoch häufig einen typischen Teilaspekt der Krisensituation der Kinder und Jugendlichen enthalten.

Die absolute Häufigkeit der Selbstmordhandlungen steht in Beziehung zu unterschiedlichen soziologischen, kulturellen, epochalen und familiären, bei Kindern und Jugendlichen aber auch zu alters- und entwicklungsspezifischen Faktoren. Bei den *Suiciden* finden wir eine Affinität zu *männlichen* Jugendlichen und Knaben. *Suicidversuche* werden wesentlich häufiger von *weiblichen* Jugendlichen und Mädchen begangen. Es ist ungeklärt, ob dieser Differenz vorwiegend biologische oder soziologische Ursachen zugrunde liegen. Begünstigende Faktoren stellen im Kindes- und Jugendalter für alle Selbstmordhandlungen dar: ungünstige häusliche Verhältnisse, zunehmendes Lebensalter, neurotische Fehlentwicklungen und körperliche Erkrankungen.

Die *soziale Bedeutung* der Suicidhandlungen liegt neben der alarmierenden Zunahme der Suicide und der Suicidversuche besonders darin, daß die präsuicidale Symptomatik bei Kindern und Jugendlichen noch weniger bekannt ist als bei Erwachsenen. Verhaltensstörungen, Depressionszustände und selbst konkrete Suiciddrohungen werden bei Kindern und Jugendlichen oft nicht in ihrer Wertigkeit erkannt bzw. nicht ernst genommen.

Diagnose, Differentialdiagnose und Fehldiagnosen. *Parasuicidale* Handlungen lassen sich manchmal eindeutig in *demonstrative* oder *ernsthafte* Suicidversuche unterscheiden; das gelingt jedoch nicht immer. Selbst *vollendete* Suicide lassen sich häufig nicht sicher von mißglückten Suicidversuchen abgrenzen, weil bei Kindern und Jugendlichen alters- und entwicklungsbedingte Fehleinschätzungen des Suicidrisikos häufig sind. Außerdem ist anzunehmen, daß öfter als vermutet unfallbedingte Selbstbeschädigungen bzw. tödliche *Unfälle* als Selbstmordhandlungen einzustufen sind.

Therapie und Prognose. Die Aufgaben der Therapie liegen in der Bekämpfung der *Ursachen* durch *Verhütung* und Vorbeugung einer neurotischen Fehlentwicklung und rechtzeitigen Erkennung des präsuicidalen Syndroms, d.h. in einer sorgfältigen psychiatrischen Diagnostik, in praktischer Sozialarbeit, Elternberatung und Einzelfallhilfe bis zur antidepressiven und psychotherapeutischen Behandlung.

Selbstmord kann als Symptom einer *sozialen Krankheit* angesehen werden, an deren Entstehung die Gesellschaft mitbeteiligt und damit mitverant-

wortlich ist. Stengel hat darauf hingewiesen, daß die Höhe der Selbstmordrate einen verläßlichen Indikator für die Qualität einer psychohygienischen (antisuicidalen) Atmosphäre darstellt. Die Selbstmordziffern in der BRD, der DDR, Österreich und der Schweiz gehören zu den höchsten der Welt.

Neben den Eltern, Lehrern und Sozialarbeitern sind Ärzte in besonders hohem Maße für die *Suicidprophylaxe* verantwortlich. Suicidgefährdete Jugendliche suchen vor der Suicidhandlung häufig wegen tatsächlicher oder vorgeschobener Beschwerden ärztlichen Rat und Beistand. Oft aber wird die präsuicidale Symptomatik nicht erkannt, selbst dann nicht, wenn Suicidabsichten geäußert werden. Ringel weist auf die Leitsymptomatik der ,,*Einengung*'' im situativen (z.B. schwere Krankheit) und dynamischen (z.B. depressive Verstimmung) Bereich hin, die zu einer Verarmung der zwischenmenschlichen Beziehungen, zu einer Deformierung der persönlichen Wertwelt und schließlich zum Aggressionsstau und zur Aggressionsumkehr gegen sich selbst führen kann. Möglichkeiten der Abschätzung des *Suicidrisikos* sind für Erwachsene in Tabellen und Listen (Kielholz, Pöldinger) vorhanden. Modifizierte Aufstellungen für Jugendliche und Kinder fehlen. Sie werden sich wegen der dynamischen Entwicklungsdiskontinuität bei Kindern und Jugendlichen auch nur schwer standardisieren lassen.

In der *akuten Krise* steht die Herstellung eines guten und vertrauensvollen Kontaktes zwischen Arzt und Patient an erster Stelle der Behandlung. Es muß versucht werden, den Jugendlichen aus seiner ausweglos erscheinenden Vereinsamung und Verzweiflung herauszulösen, brachliegende zwischenmenschliche Aktivitäten zu geliebten Beziehungspersonen zu reaktivieren und aus seiner Hoffnungslosigkeit und Erstarrung herauszuführen. Eine unaufdringliche Hilfe und Partnerschaft wird von suicidgefährdeten und depressiven Jugendlichen als Stütz- und Heilfaktor ersten Ranges empfunden. Die Durchführung einer regelrechten psychoanalytischen Therapie kommt erst nach Überwindung der akuten Krise in Betracht. Drohende Suicidgefahr ist eine absolute Indikation zur stationären psychiatrischen Behandlung.

Depressive Phasen und Verstimmungen lassen sich auch bei Jugendlichen und Kindern relativ rasch und zuverlässig mit antidepressiven Medikamenten beseitigen; man sollte aber berücksichtigen, daß bis zum Wirkungseintritt der Medikation 8 bis 14 Tage verstreichen können. Alle depressiven Verstimmungszustände im Kindes- und Jugendalter erfordern außer der persönlichen Anamnese eine sorgfältige Analyse des familiären Milieus, des Freundes- und Bekanntenkreises, der Schul- und der Berufsatmosphäre, um depressionsfördernde Faktoren zu erkennen und nach Möglichkeit zu beseitigen.

Die in einigen Großstädten vorhandenen telefonischen Beratungsdienste (*Telefonseelsorge*) bzw. Kontaktstellen in psychiatrischen Kliniken haben sich um die Bekämpfung des Selbstmordes große Verdienste erworben.

Die *Prognose* ist bei Erwachsenen von einer Rückfallquote von 10−20% bestimmt, davon 6% vollendete Suicide (Ringel). Bei Kindern und Jugendlichen stellte Otto in Schweden bei Nachuntersuchungen nach 10 bis 15 Jahren in insgesamt 4,3% (10% Jungen und 2,9% Mädchen) vollendete Suicide fest.

3. Psychogene Anfälle

Symptomatik. Besonders bei jungen Mädchen werden in der Pubertät atypische, anfallsartig auftretende Ausnahmezustände mit subjektiven Bewußtseinsstörungen und kurzdauerndem Tonusverlust beobachtet, die gelegentlich sogar mit Zuckungen der Muskulatur einhergehen. Typische epileptische Begleitsymptome wie Anfallsverletzungen und Zungenbiß, Einnässen oder Einkoten werden nicht beobachtet, manchmal aber postparoxysmale Müdigkeit angegeben.

Die Dauer der Episoden ist meistens nur kurz. Direkte Zusammenhänge zwischen dem Auftreten der Anfälle und affektiven Streßsituationen lassen sich fast immer nur für die ersten Anfälle nachweisen.

Genese und soziale Bedeutung. Krisen in der Gewinnung der Ich-Identität entstehen dort, wo unvollständige oder nur unzureichende Kindheitsidentifikationen zur Synthese vorliegen. Die Existenz der Identifikationen ist wiederum von der Fähigkeit zur Integration von kindlichen Introjektionen und Projektionen abhängig, die nur in liebender Vater-Mutter-Kind-Beziehung möglich ist. War dieser Mechanismus in Kindheit und Jugend total oder partiell unterbrochen, kann es zu schroffen *Diskrepanzen* zwischen dem puberalen Ideal der Ich-Identität und den realen Möglichkeiten zur Identitätsbildung kommen. Als Symptome eines solchen Modells einer pathologischen Identitätskrise können psychogene Anfälle auftreten, im Prinzip jedoch auch alle anderen Formen der Pubertätskrise.

Die von uns beobachteten Mädchen waren überwiegend Vaterwaisen mit rechtschaffenen aber strengen Müttern, die Vater und Mutter zugleich zu ersetzen versuchten. Lempp wies auf das häufige Vorliegen von Ambivalenzkonflikten zu den Eltern hin. Aus rückblickenden Analysen der Lebensgeschichte gewinnt der erste psychogene Anfall oft den Charakter eines *Notsignals*, durch das die Umgebung beeindruckt werden sollte. Diese anfangs regelmäßig vorhandene zeitliche Koppelung von Signal und affektivem Notstand geht meistens im Laufe der Zeit zugunsten einer nicht überschaubaren Automatisierung der Ausklinkbarkeit der Anfallsepisoden verloren.

Bei einem 13jährigen, körperlich stark accelerierten Mädchen, das als Halbwaise seit dem 3. Lebensjahr allein mit dem asozialen, trunksüchtigen und sie extrem verwöhnenden Vater in enger Gemeinschaft ein unstetes Wanderleben führte, traten während der Beisetzung des im Alkoholrausch im Bett verbrannten Vaters heftige Kopf- und Schulterzuckungen auf, die sich später über den ganzen Körper ausbreiteten und manchmal von kurzem Einknicken in den Knien oder von Hinfallen begleitet waren. Das Kind wurde zunächst antikonvulsiv behandelt, weil nach dem EEG der Verdacht auf eine Temporallappenepilepsie bestand, die sich bei späteren EEG-Untersuchungen und nach dem klinischen Anfallsmuster jedoch nicht bestätigen ließ. Die Analyse der inneren Lebensgeschichte zeigte, daß bei dem Kind eine vom Vater erzeugte und weit in die Kindheit zurückreichende Angst vor der Eingliederung in die bürgerliche Welt der Ordnung, der Pünktlichkeit und der Arbeit bestand. Vor der Beerdigung hatte das Mädchen erfahren, daß es zu der Schwester des Vaters, einer tüchtigen Krankenschwester, in Pflege komme, die vom Vater heftig abgelehnt worden war.

Symptomwechsel im Ablauf einer Krise, wie sie Specht für das alternierende Auftreten von Suicidversuchen, Fortlaufen und dissozialem Verhalten beschrieb, ließen sich bei einer 15jährigen Oberschülerin mit gehäuften psychogenen Anfällen aus äußerlich geordneten häuslichen Verhältnissen nachweisen, deren Anfälle regelmäßig in Zeiten erhöhter häuslicher Spannungen sistierten.

Gelegentlich lassen sich eindeutige psychogene Anfälle als Reaktionen auf lust- oder unlustgetönte Erlebnisse auch bei Jugendlichen mit gesicherten cerebralen Anfallskrankheiten nachweisen; sie werden in der skandinavischen Psychiatrie als *Hystero-Epilepsie* bezeichnet.

Diagnose, Differentialdiagnose und Fehldiagnosen. Episodische oder gehäufte psychische Ausnahmezustände während der Pubertät mit Tonusverlust oder unkoordinierten Muskelzuckungen, schwer deutbaren Bewußtseinsstörungen, Hingleiten oder kollapsähnlichen Erscheinungen lassen sich besonders häufig bei jungen Mädchen als psychosomatisches Ausdrucksgeschehen einer Pubertätskrise beobachten.

Die *differentialdiagnostische* Abgrenzung erfordert schon wegen der Vieldeutigkeit jedes Anfallsgeschehens und der erhöhten Gefahr einer Fehldiagnose in jedem Fall eine gründliche neurologische und hirnelektrische Untersuchung.

Bei vereinfachter Darstellung sind im wesentlichen zu berücksichtigen:

1. Der Formenkreis der *cerebralen Anfallserkrankungen* verschiedenster Ursache. Unter ihnen spielt die außerordentlich facettenreiche Temporallappenepilepsie, die einem psychogenen Anfallsleiden sehr ähneln kann, eine besondere Rolle. Die Abgrenzung wird oft dadurch zusätzlich erschwert, daß wie bei vielen verhaltensgestörten Kindern und Jugendlichen ohne manifeste Anfälle sich ebenfalls bei Jugendlichen mit psychogenen Anfällen bioelektrische Zeichen einer erhöhten Krampfbereitschaft bzw. einer temporalen Epilepsie feststellen lassen. Es ist denkbar, daß es sich bei einem Teil dieser Fälle um einen ähnlich gerichteten Manifestationsmechanismus handelt, wie er sich bei psychovegetativen Kleinkindern mit sicher nicht epileptischen „respiratorischen Affektkrämpfen" anbietet, bei denen EEG-Untersuchungen der Familienmitglieder gehäuft Krampfpotentiale ergaben.

2. Die *synkopalen* (Schulte) oder vegetativen Anfälle. Diese Anfälle treten unter bestimmten Bedingungen, etwa bei Blutdruckabfall, nach Schlafentzug oder nach körperlichen Überanstrengungen auf und gehen mit Schwindelerscheinungen, Übelkeit, Schweißausbruch und Ohnmacht einher. In engem Zusammenhang hiermit stehen die hypoglykämischen Anfälle.

3. Die *tetanischen* Anfälle. Meist im Anschluß an eine Hyperventilation werden bei erhaltenem Bewußtsein schmerzhafte tonische Streckkrämpfe ohne Kloni beobachtet, häufig mit Pfötchenstellung und mit Carpopedalspasmen. Diagnostisch bedeutsam sind das Chvosteksche Zeichen, die gesteigerte elektrische Erregbarkeit und manchmal, keineswegs immer, ein erniedrigter Blutcalciumspiegel.

Die Häufigkeit von *Fehldiagnosen* ergibt sich aus der Vielzahl möglicher Anfallsformen unterschiedlicher Ätiologie.

Therapie und Prognose. Der Behandlungsbeginn setzt einen zuverlässigen Ausschluß von Anfällen anderer Genese voraus. Wegen des krankheitsbetonten Signalcharakters der psychogenen Anfälle, denen eine bedrohlichere Bedeutung als etwa dem Weglaufen beigemessen wird, kommen diese Jugendlichen im allgemeinen früh in ärztliche Behandlung. Die Störung wird allerdings und besonders dann, wenn die EEG-Untersuchung unsichere oder dis-

krete Hinweise ergibt, leicht wie ein cerebrales Anfallsleiden medikamentös behandelt und damit *iatrogen* fixiert. Die Beendigung einer solchen, meist erfolglosen Medikation und ihr Ersatz durch eine kausal orientierte psychotherapeutische Behandlung ist jedoch wegen der bereits eingetretenen Fixation nicht immer einfach. Die Eltern und auch die Jugendlichen wollen aus durchsichtigen psychologischen und aktuellen Gründen nicht eine langwierige Psychotherapie, sondern lieber wirksamere Medikamente.

Die psychagogische und psychotherapeutische Behandlung selbst unterscheidet sich nicht von den in den vorangehenden Kapiteln aufgeführten Richtlinien. Ausschließlich durch Beratungen wird ein Erfolg seltener zu erreichen sein, häufiger sind längerdauernde analytische Therapien erforderlich. Bei gehäuften Anfällen kann eine vorübergehende Behandlung mit geeigneten Psychopharmaka wie Adumbran, Librium oder Valium von Nutzen sein.

Die *Prognose* in bezug auf das Symptom ist nicht ungünstig. Die psychogenen Anfälle gehen meist mit der Veränderung der äußeren Lebensumstände am Ende der Adolescenz zurück. Von größerer Bedeutung sind die von der gestörten Identitätsbildung ausgehenden seelischen Fehlhaltungen und Symptomverschiebungen.

4. Entfremdungserlebnisse

Symptomatik. In der *Derealisation* erscheint die Umwelt plötzlich verändert und unheimlich, „wie in einem anderen Licht". In der *Depersonalisation* treten Entfremdungserlebnisse, Erlebnisse der „Verwandlung des Subjekts in ein Objekt" (Kranz) auf. Beide kommen häufig gemeinsam vor. Die Verfremdung gegenüber sich selbst wird wie im Traum registriert: man sieht sich, erkennt sich physiognomisch zwar nicht, weiß aber doch, daß man es ist. Dies „Einschlafdenken" (C. Schneider) tritt in tagtraumähnlichen Abläufen auf, es wird mit Besorgnis und Beunruhigung, manchmal aber auch mit gespannter Intensität geradezu erwartet.

So berichtete ein 16jähriger, körperlich und sexuell retardierter Junge über eine „erschauernde Bereicherung", die ihm durch derartige Erlebnisse widerfahre. „Wenn ich abends im Bett liege, kann ich mir nicht vorstellen, daß alles wirklich ist. Daß da draußen alles weitergeht. Die machen mir alle etwas vor, denke ich dann. Selbst wenn meine Eltern im Zimmer nebenan sprechen, denke ich, vielleicht sind es nur ihre Stimmen. Ich habe es schon mehrfach kontrolliert. Sie sitzen dort, es ist alles wahr. Aber ich denke, irgendwie ist es unwahr und unwirklich." — Ein 14jähriges Mädchen stand 2mal innerhalb eines Jahres für 2—3 Wochen unter der Einwirkung von Depersonalisationserlebnissen. Nach Abschluß der zweiten Periode berichtete sie: „Am

Dienstag war ich über die Hürde rüber. Ich merkte es sofort: jetzt habe ich es überwunden. Es war entsetzlich, ich war so abgekapselt, so allein. Die ganze Energie war weg. Ich war wie weggeflogen, nur noch Knochen, ein schwabbeliger Klumpen." Sie habe Angst vor dem Erwachsenwerden, vor der Einsamkeit und davor, einmal „den Boden unter den Füßen zu verlieren".

Neben dem Gefühl eines schwerwiegenden, angeblich selbstverschuldeten Beziehungsabbruches mit der Umwelt und „nicht mehr selbst" zu sein, wird manchmal auch die *leibliche Identität*, das „Körperschema" als verändert, als irgendwie nicht zugehörig erlebt.

Ein 15jähriger Junge mit einer lebensbedrohlichen Magersucht klagte: „Ich weiß nicht, was in mir denkt, das gehört nicht zu mir. Mein Kopf ist mit dem Körper zerfallen. Ich muß mit dem Kopf für ihn denken und weiß doch, mein Magen denkt anders als mein Kopf." Wenn er hungrig sei, fühle er sich leicht und „vergeistigt". Nach der Nahrungsaufnahme trete sein Magen sichtbar aus dem Leib heraus. Er finde den Anblick ekelerregend und müsse erbrechen, wenn er sich im Spiegel sehe.

Genese und soziale Bedeutung. Die in der Reifungsperiode zu leistende Integration und Synthese psychosozialer, psychosexueller und psychosomatischer Identifikation mit dem Ziel ihrer Überführung in eine Ich-Identität, die mehr ist als die Summe ihrer Teile, ist mit einer gesteigerten Selbstbesinnung und *kritischen Introspektion* verbunden. Psycholabile und sensible Jugendliche besitzen ein deutliches Bewußtsein für diese Grenzsituation zwischen Traum und Wirklichkeit, Vergangenheit und Zukunft. Erikson wies auf die Gefahren hin, die sich aus der probierenden Introspektion und dem experimentierenden Spiel mit „Rollen" durch die Nähe zu den gefährlichen Inhalten des Unbewußten ergeben. J. E. Meyer stellte in seinen Untersuchungen die Depersonalisation in Reifungskrisen der Pubertät gemeinsam mit der Pubertätsmagersucht als Ausdruck weltflüchtiger Tendenzen dar. Die Auseinandersetzung mit der Welt spiele sich bei den depersonalisierten Jugendlichen mehr im Geistigen ab, bei den magersüchtigen jungen Mädchen stünden die Triebkonflikte und die „eigenwillige Vereinsamung" im Vordergrund. Die Jugendlichen litten unter dem Widerspruch ihrer Anspruchshaltung und ihren tatsächlichen Leistungen und schwankten zwischen der Ablehnung jeder Autorität und dem Verlangen nach Geborgenheit.

Ähnliche ausweglose Situationen bei der Verwirklichung der Identität finden sich auch in der Genese von Reifungskrisen mit anderer Symptomatik, insbesondere bei depressiven Erkrankungen oder dem psychogenen Anfall. Die Manifestationswahrscheinlichkeit von Depersonalisationsphäno-menen nimmt mit dem Vorliegen einer schizoiden bzw. hysterischen Persönlichkeitsstruktur zu.

Diagnose, Differentialdiagnose und Fehldiagnosen. Störungen des Wirklichkeitserlebens der Umwelt (Derealisation) oder der eigenen Person (Depersonalisation) treten oft gemeinsam auf und haben einen beunruhigenden Verfremdungs- und Entfremdungscharakter mit Gefühlen der Isolierung von der Außenwelt und der Unwirklichkeit der eigenen Existenz.

Flüchtige Entfremdungserlebnisse bei Ermüdungs- und Erschöpfungszuständen werden bei Kindern und Erwachsenen häufiger beobachtet, sie kommen auch im Verlauf einer *normalen* Pubertät gelegentlich vor.

Länger anhaltende oder rezidivierende kurzfristige Depersonalisationsphänomene in der Reifungsperiode erfordern vor allem eine Abgrenzung von der *Schizophrenie*, die sich oft erst nach dem Auftreten affektiver Veränderungen oder durch das Hinzutreten von Symptomen ersten Ranges (K. Schneider) durchführen läßt. Manchmal läßt sich erst retrospektiv eine Depersonalisationsattacke als prämonitorisches Zeichen einer Schizophrenie einordnen.

Das Symptom wird ferner bei organischen *Hirnschäden* (Meyer), bei *Zwangsneurosen* (K. Schneider) und *depressiven* Erkrankungen (Schilder) beobachtet.

Therapie und Prognose. Hinsichtlich der beratenden, fürsorgerischen und psychagogischen Betreuung und Behandlung der Entfremdungserlebnisse gilt weitgehend das, was für die Therapie der krisenhaften Verstimmungszustände und die suicidalen Handlungen ausgeführt wurde. Hier wie dort steht die Stützung und Stärkung des labilen und schwachen Ich dieser extrem selbstunsicheren, meist männlichen Jugendlichen im Vordergrund der Behandlung. In der Vorgeschichte lassen sich häufig Angstsymptome (Pavor nocturnus, Phobien) oder zwanghafte Erscheinungen aufzeigen. Meyer hat auf die auffallende Tatsache hingewiesen, daß nach dem Abklingen von Depersonalisationen im Rahmen einer Pubertätskrise die früher bestehende Selbstunsicherheit und Autoritätsabhängigkeit nicht mehr in dem Maße wie vordem wiederkehrte. Das könnte dafür sprechen, daß die Depersonalisationserlebnisse eine Schutzfunktion im Ablauf einer abnormen Pubertätsentwicklung zu erfüllen haben.

Durch eine analytische Psychotherapie werden im allgemeinen nur vorübergehende Besserungen erzielt, am ehesten dort, wo gleichzeitig die krisenauslösende Situation so korrigiert oder beseitigt werden konnte, daß das verbesserte Entwicklungsmilieu vom Jugendlichen ohne wesentliche narzißtische Kränkung hingenommen werden konnte.

Die *Prognose* ist unbestimmt. Umfassende katamnestische Untersuchungen liegen bei der relativ kleinen Zahl der bei Reifungskrisen bisher beschriebenen Depersonalisationsphänomene noch nicht vor. Nach den bisherigen Beobachtungen hat es den Anschein, daß ein Teil rezidivfrei abklingt, ein weiterer Teil in Jahre und Jahrzehnte anhaltende „Depersonalisations-Neurosen" übergeht und bei einem anderen die Entfremdungserlebnisse das Vorspiel einer schizophrenen Erkrankung darstellen.

III. Störungen der psychosexuellen Entwicklung und beginnende Sexualneurosen

Als Hauptprobleme der Pubertätsperiode nannte Freud

1. die Unterordnung der erogenen Zonen unter das Primat der Genitalzone,

2. die Einstellung auf neue, für beide Geschlechter verschiedene Triebziele und

3. die Wahl von Sexualobjekten außerhalb der Familie. In einer normal verlaufenden Reifungsperiode werden die sexuellen Triebforderungen gegen den Widerstand des Über-Ich schließlich anerkannt und integriert. Störungen der Ich-Integration haben im wesentlichen 2 Ursachen. Entweder gelingt es dem unnachgiebigen Über-Ich und Ich die Forderungen der sexuellen Triebansprüche des Es zu unterdrücken und in abnorme Bahnen zu lenken (Pubertätsaskese) oder aber die Abkömmlinge des Es zerstören die Ich-Organisation und bewirken dadurch Störungen des psychischen Gleichgewichtes und der sozialen Anpassung (Sexualneurosen).

Es wird hier die Ansicht vertreten, daß in der Pubertät auftretende sexuelle Störungen ihren Ursprung regelmäßig in der Kindheit, in den meisten Fällen sogar in der frühen Kindheit haben. Darauf wird auch bei der Darstellung der einzelnen Syndrome Rücksicht genommen. Sodann ist darauf hinzuweisen, daß aus der Manifestation einer sexuellen Störung in der Pubertät zunächst nicht geschlossen werden kann, ob es sich um eine vorübergehende sexuelle Abweichung im Rahmen einer puberalen Sexualkrise handelt oder ob der Beginn einer dauernden Abweichung des Geschlechtslebens im Sinne einer Sexualneurose oder Perversion vorliegt. Unter dem Aspekt der sexuellen Reifungsvorgänge in der Pubertät erschien es deshalb zweck

mäßig, alle Möglichkeiten (Kindheit — Krise — Neurose) in einer gemeinsamen Darstellung zu berücksichtigen.

1. Pubertätsaskese

Symptomatik. Vollständige Ablehnung und Unterdrückung aller sexuellen und aggressiven Triebregungen, die auch natürliche Bedürfnisse nach Nahrung, Schlaf und Wärme umfassen kann. Diese realitätsverneinenden und lebensflüchtigen Tendenzen sind oft von Triebdurchbrüchen und -exzessen durchsetzt, die mit der Askese unvereinbar sind.

Abb. 3. 15jähriger Junge mit Askese-Idealen eines „einfachen, harten Lebens" in Eiswüsten, Steppen, Urwäldern bzw. eines „verlorenen Paradieses", in dem Menschen und Tiere ohne Angst und Aggressionen friedlich nebeneinander leben. Heftiger Protest gegenüber der Zivilisation, Technik und Kultur, Bequemlichkeit, Genuß und Wohlstand und Ablehnung erotischer und sexueller Triebansprüche

In abgemilderter Form ist die Pubertätsaskese ein Teil der normalen Pubertät. Dort, wo sie einen krisenhaften Verlauf nimmt, bildet sie meistens die Grundlage oder doch eine wesentliche Mitursache von Pubertätskrisen mit ausdrucksstarker Symptomatik, beispielsweise die Pubertätsmagersucht oder Depersonalisationsphänomene. Das „*asexuelle Knabenideal*" (Freud) geht häufig mit einer überdeterminierenden Intellektualisierung einher, durch die manifeste Triebkonflikte einer gedanklichen Lösung zugeführt werden sollen.

Genese und soziale Bedeutung. Wie bei allen Pubertätskrisen spielen Störungen der *Selbstverwirklichung*, etwa eine schmerzhaft empfundene Inkongruenz zwischen dem Ich-Ideal und Ansprüchen der Realität eine entscheidende Rolle für ihre Entstehung. Aus dieser Sicht würde die Pubertätsaskese ein Verharren in der Ich-Dissoziation bedeuten, d.h. der Jugendliche sieht sich außerstande, die sexuellen Triebansprüche anzuerkennen und zu integrieren. Aus Angst vor der als Gefahr erlebten Sexualität werden auch andere lustvolle und lebenswichtige Ansprüche wie Essen und Trinken, Zärtlichkeiten und Lustgewinn jeder Art abgelehnt. Unterstützt wird diese *Ablehnung der Sexualsphäre* durch die als ekelerregend empfundene Ausbildung der körperlichen Reifungsmerkmale (Behaarung, Brüste, Genitalumwandlung) und die hormonal gesteuerten Funktionsabläufe (Menses, Masturbationsdrang). Zwischenmenschliche Bindungen werden als Gefahr erlebt und gemieden, es kommt zur Dauerisolierung und Vereinsamung und zur Ausbildung von Ersatzbefriedigungen und Symptomen.

Diagnose, Differentialdiagnose und Fehldiagnosen. Asketische Einstellungen in der Pubertät, die über die Ablehnung sexueller Triebansprüche hinaus jede Trieb- und Bedürfnisbefriedigung ablehnen, sind Ausdruck einer puberalen Sexualkrise und finden sich häufig als Mitursache anderer Pubertätskrisen.

Sexuelle Antriebsstörungen in der Pubertät werden außerdem bei endokrinen Psychosyndromen aus verschiedenen Ursachen und passageren pubertären Fettsuchtformen beim *Pubertäts-Akromegaloid*, beim *Turner-* und *Klinefelter-Syndrom*, beim endokrin bedingten *Kryptorchismus*, bei einer *hypophysären Insuffizienz* und schließlich bei der konstitutionell oder organisch bedingten *Pubertas tarda* beobachtet.

Therapie und Prognose. Es handelt sich um eine vorwiegend *psychogen* bedingte Störung, die in engem Zusammenhang mit prägenden häuslichen Verhältnissen entstanden ist. Grundsätzlich ist nur durch eine tiefenpsychologisch orientierte Beratung oder Behandlung eine Besserung zu erzielen. Sie hat nur dann Aussicht auf Erfolg, wenn die Mitarbeit der nächsten Beziehungspersonen gewährleistet ist und keine fanatischen weltanschaulichen Bindungen bestehen, die Triebverzicht und Weltentsagung als Glaubensbekenntnis fordern.

Die *Prognose* der isolierten Pubertätsaskese ist günstig. Ungünstige Verläufe finden sich in der Kombination mit chronischen Somatisierungen, besonders bei der *Pubertätsmagersucht*.

2. Exzessive Onanie

Symptomatik. Die Onanie ist eine durch psychische Stimulation und durch genitale Manipulation erzeugte Selbsterregung (Ipsation), durch die eine starke sexuelle Spannung mit nachfolgender intensiver Spannungslösung erzielt wird.

Bei Knaben wird sie fast ausschließlich durch taktile Reizungen (manustuprum) des äußeren Genitales, bei Mädchen auch durch allgemeine oder lokale (Schenkeldruck) Muskelspannung, in seltenen Fällen auch durch vaginale Insertionen herbeigeführt.

Die *genitalen Spielereien* mit und ohne Orgasmus im Kleinkind- und Schulalter gehören nicht zur Onanie im engeren Sinne, sie sollen hier aber doch kurz besprochen werden.

Die genitalen Manipulationen der kleinen Knaben und Mädchen (Spielonanie) sind meist nicht auf ein Sexualobjekt gerichtet, sondern das Ergebnis zufälliger, überwiegend nicht konsequent ausgeführter genitaler Berührungen und gehen meistens ohne Orgasmus einher. Prinzipiell ist die Orgasmusfähigkeit nicht von der Fertilität oder der Ejakulationspotenz abhängig, wie aus Selbstbeschreibungen von Kindern und Beobachtungen durch Erwachsene bekannt ist.

Bei der *Onanie* lassen sich folgende Formen unterscheiden:

1. *Onanie* mit (überwiegend bei Knaben) oder ohne (oft bei Mädchen) heterosexuellen Phantasien in der Pubertät und 2. *mutuelle Onanie* in der Vorpubertät und in der Pubertät.

In keiner Lebensperiode spielt die Verbreitung der Onanie eine ähnlich große Rolle wie in der *Pubertät*. Nach Kinsey masturbieren bis zum 15. Lebensjahr 82%, nach Sigusch und Schmidt 92% der Knaben, zwei Drittel erzielen dadurch die erste Ejakulation. Bei den Mädchen ist der Prozentsatz der Onanie in der Pubertät wesentlich geringer: 12% bis zum 12. Lebensjahr, 30% in der Adoleszenz, nach Sigusch und Schmidt bis zum 13. Lebensjahr 28%, bis zum 16. Lebensjahr 50%. Er liegt bei diesen jedoch in der frühen Kindheit höher als bei den Knaben und steigt im späteren Lebensalter weiter an. Tramer ist der Ansicht, daß auch in der Pubertät der Häufigkeitsunterschied zwischen Knaben und Mädchen nicht erheblich und die Differenz auf unterschiedliche Angaben zurückzuführen ist.

Fast alle Jungen und Mädchen haben von der Masturbation gehört, bevor sie selbst aktiv werden. Es gibt Jugendliche, die niemals und auch als Erwachsene nicht masturbieren; sie sind insgesamt selten.

Neben der enormen Frequenzzunahme und der inzwischen eingetretenen Ejakulationsfähigkeit ist die Onanie in der Pubertät vor allem durch die intensive und gezielte psychische Hinwendung zum gegengeschlechtlichen Partner gekennzeichnet. Sie weist einige geschlechtsspezifische Unterschiede auf. Für die Jungen spielt das Mädchen oder die Frau als reales Triebziel, als Objekt sexueller Phantasien oder in erotischen Abbildungen (Pornographie) die Rolle eines psychischen Auslösers und bleibt auch für die Masturbation des Mannes bestimmend. Bei den Mädchen und bei den erwachsenen Frauen spielen diese psychischen Stimulantien und sexuellen Vorstellungen anscheinend auch im Zusammenhang mit der Masturbation eine insgesamt geringere Rolle.

Es scheint jedoch, daß die bisherigen und auch von Kinsey bestätigten Aussagen über geschlechtsspezifische Unterschiede etwa in der Reaktion auf Bilder oder Filme mit sexueller Thematik revisionsbedürftig sind. Nach Sigusch und Schmidt konnten zum mindesten bei den „relativ emanzipierten" Studentinnen keine geschlechtsspezifischen Unterschiede nachgewiesen werden.

Die Onanie stellt jedoch für viele Mädchen und erwachsene Frauen unter allen sexuellen Betätigungen diejenige dar, die am sichersten zum Orgasmus führt.

Die *mutuelle Onanie*, die digitale Reizung durch einen gleichgeschlechtlichen Partner, ist als ein normales sexuelles Durchgangsstadium der Vorpubertät und Pubertät vieler Jungen und Mädchen anzusehen. Sie allein vermag kein Indiz für eine homosexuelle Neigung abzugeben, sie kann allenfalls latente homosexuelle Bereitschaften aktivieren. Die sexuellen Phantasien sind normalerweise heterosexuell, bei latenter Homosexualität sind sie homosexuell. Sie können homo- und heterosexuell sein, wenn der Jugendliche über bisexuelle Reaktionsschemata verfügt. Es kommen auch masochistische, sadistische oder sodomitische Phantasievorstellungen vor, die ebenfalls Wegbereiter entsprechender perverser Fehlhaltungen sein können.

Die Onanie ist heute seltener als noch vor einigen Jahrzehnten von Schuld- und Versündigungssymptomen, von Skrupeln oder *hypochondrischen Ängsten* begleitet. Einige Eltern und Erzieher, aber auch religiöse, private und staatliche Institutionen (Jugendbünde, Internate, Strafanstalten) haben eine

moralisierende Schuld-Sühneeinstellung noch nicht total abgelegt. Auch dort nicht, wo die Leitung solcher Anstalten theoretisch bereits längst die Grundsätze der Tolerierung vertritt, sich aber aus verschiedenen Gründen noch nicht durchsetzen konnte. Daß eine entsprechende hypochondrische Begleitsymptomatik auch heute noch vorkommt und gelegentlich zu Suicidversuchen führen kann, sollte bekannt sein.

Ein 23jähriger Student eigener Beobachtung mit massiven hypochondrischen Zwangsbefürchtungen, der seit dem 12. Lebensjahr exzessiv und auch mutuell masturbiert hatte, erwartete das Auftreten eines zum Tode führenden Rückenmarkleidens, einer „galoppierenden Schwindsucht" oder einer „Gehirnparalyse" mit Geisteskrankheit als Folge seiner Sexualpraktiken. — Ein 14jähriger Junge aus einer tiefreligiösen Familie berichtete weinend, daß er trotz strenger Vorsätze und gesteigertem Kirchenbesuch immer wieder dem „Trieb zur Sünde" unterliege. Er klagte über Rückenschmerzen, Schlaflosigkeit und Konzentrationsschwäche als Folgen der Onanie. — Ein 16jähriger Knabe stand in einer schweren Konfliktsituation, weil sein von ihm anerkannter Stiefvater strenge Zurückhaltung in der Onanie mit der Begründung verlangte, jeder Mann verfüge nur über eine begrenzte Anzahl von Ejakulationen und er werde sonst später keine Kinder bekommen können.

Genese und soziale Bedeutung. Aufmerksame Mütter beobachten nicht selten Erektionen bereits bei ihren Säuglingen. Bei Kleinkindern kommen sie täglich vor (Halverson).

Bei einem 14 Monate alten, bislang in Heimen und Kliniken untergebrachten Mädchen beobachtete die Pflegemutter mehrfach täglich rhythmische Kontraktionen der Oberschenkelmuskulatur mit schnaufender Atmung und Schweißausbruch bis zur Lysis, „wie nach einem Liebesverkehr". Während des Aufenthaltes bei den Pflegeeltern ging die Häufigkeit im Laufe eines Jahres zurück; nach einem Umzug vorübergehende Frequenzzunahme.

Gelegentliche genitale Spielereien im Kleinkind- und frühen Schulkindalter sind eine normale Begleiterscheinung der kindlichen Entwicklung. Gehäuften genitalen Manipulationen liegt in diesem Lebensalter regelmäßig eine gestörte seelische Entwicklung zugrunde. In *Hospitalismussituationen*, aber auch unter affektiv ungünstigen häuslichen Bedingungen und in anhaltenden Konfliktsituationen lassen sich derartige exzessive masturbatorische Handlungen beobachten.

Ein 4jähriges Mädchen, das nach der Ehescheidung bei der Mutter verblieb, den Vater jedoch gleichermaßen liebte und von beiden Eltern zur Änderung der juristisch festgelegten Verkehrsregelung benötigt wurde, wurde wegen einer exzessiven Onanie vorgestellt. Die Mutter machte Photos vom Kind in Orgasmusstellung und versuchte, den Vater als Verführer zu beschuldigen und aus der Erziehung auszuschalten. — Ein 4jähriger debiler, exzessiv masturbierender Junge wurde eingewiesen, weil er bei der 2jährigen Schwester mehrfach eine behandlungsbedürftige Vulvitis durch digitale Reizungen hervorrief. Stationär fiel zusätzlich sein enthemmtes und suchtartiges Bohren in der Nase und in den Ohren, sowie an Möbeln und Wänden auf.

Diese genitalen Spielereien werden häufig in Gegenwart der Eltern und Erzieher, manchmal offenbar in provokatorischer Absicht ausgeführt. Die Kinder wollen damit Aufmerksamkeit und Zuwendung erreichen.

Viele Knaben und Mädchen in der Zeit der *Vorpubertät* masturbieren mit Lustgewinn, ohne zu wissen, daß diese Betätigung eine partnerbezogene sexuelle Bedeutung hat. Sie ist bei verwahrlosten Kindern als Symptom der seelischen Vereinsamung und als Zeichen mangelnder Liebe und Geborgenheit besonders häufig anzutreffen. In der Pubertät und der Adoleszenz liegt das Risiko der exzessiven Onanie in der *narzißtischen Fixierung*, die zur Selbstisolierung und zu sozialen Schwierigkeiten führt. Im onanistischen Vorgang ist die „Gefahr des süchtigen Erlebens" (Gebsattel) enthalten, da nur hier individuellen Besonderheiten und Bedürfnissen entsprechend optimale Reize gegeben und empfangen werden können. Die meisten *Perversionen* sind auf masturbatorische Akte angewiesen, weil sie sich nur selten ausreichend in Realkontakten verwirklichen lassen. In einigen Fällen ist der Handlungsablauf so stark an bestimmte Bedingungen (Angst, Feuer, Fetische) gebunden, daß diese eine unersetzbare Vorbedingung der Orgasmusfähigkeit darstellen.

Die Onanie in der Pubertät ist innerhalb bestimmter Grenzen ein *physiologischer* Vorgang. Sie ermöglicht dem Jugendlichen, in der heterosexuellen Karenz die Antinomie zwischen „reiner" erotischer und „schmutziger" sexueller Liebe besser zu ertragen und andererseits die Gefahren einer generellen Triebächtung in der „Pubertätsaskese" zu meiden.

Diagnose, Differentialdiagnose und Fehldiagnosen. Die Grenzen zwischen einer physiologischen und exzessiven Onanie lassen sich aus verschiedenen Gründen nur schwer festlegen. Die statistischen Häufigkeitsangaben weisen so große Normvarianten auf, daß Durchschnittszahlen mehr für therapeutische Gespräche als zur Diagnostik geeignet sind.

Für die *genitalen Manipulationen* des Kleinkindalters sollte die Bezeichnung Onanie nicht gebraucht werden, da keine auf einen Partner gerichtete sexuelle Handlung vollzogen wird und für viele Erwachsene damit ausschließlich negative Bewertungen verbunden sind.

Von der Onanie abzugrenzen sind genitale Manipulationen *schwachsinniger* oder psychisch gestörter Kinder, die nicht mit sexueller Spannung und Lösung einhergehen, die vielmehr infolge allgemeiner motorischer Unruhe wahllos leere Hantierungen am eigenen Körper ausführen. Bei vielen dieser Kinder bleibt es bei zufälligen Betastungen oder masturbatorischen Ansätzen, da die einfachen Voraussetzungen zu koordinierten manuellen Reizungen fehlen. Genitale Manipulationen werden auch im Verlauf psychomotorischer Anfallsleiden beobachtet und gehen dann meist mit Bewußtseinstrübung einher.

Lokale *genitale Irritationen* durch Kleidungsstücke, Hautreizungen, Oxyuren usw. als auslösende und unterhaltende Faktoren gehören keineswegs nur in das Inventarium älterer Lehrbücher. Manchmal werden bei Kleinkindern Erektionen und schmerzhafte genitale Reizungen durch zu enge oder unzweckmäßige Kleidungsstücke verursacht, die zu genitalen Manipulationen überleiten, aber auch als Onanie fehlgedeutet werden können.

Bei einem 6jährigen debilen Knaben, der „ungeniert und ungehemmt" sich mit seinem Genitale beschäftigte und deswegen zur stationären Behandlung eingewiesen wurde, lagen anamnestisch alle Voraussetzungen (psychischer Hospitalismus durch zahlreiche Heimwechsel) für eine reaktive Spielonanie vor. Die Lokaluntersuchung ergab eine schmerzhafte hochgradige Phimose mit überlriechender Sekretstauung und entzündlichen Erscheinungen. Der Junge wurde operiert, einige Wochen heilpädagogisch betreut und symptomfrei entlassen.

Therapie und Prognose. Die Therapie extremer *genitaler Manipulationen* im Kindesalter ist auf die Beseitigung der neurotischen Grundstörung und auf eine Verbesserung der Milieusituation ausgerichtet. Damit einher geht die Behandlung der Begleitsymptomatik, bei Kleinkindern besonders häufig Spiel- und Kontakthemmungen.

Bei der Beratung der Eltern von Kleinkindern ist es außerordentlich wichtig, den Unterschied zwischen Onanie und genitalen Spielereien deutlich herauszustellen. Viele Eltern sind in der Vorstellung befangen, die Entwicklung dieser Kinder zu „Sittenstrolchen" sei nur durch drakonische Strafen zu unterbinden.

Die *exzessive* Onanie in der Pubertät erfordert eine psychotherapeutische Behandlung dann, wenn Störungen der heterosexuellen Kontaktfähigkeit mit einer Tendenz zur Selbstisolierung und zum Verbleiben in gleichgeschlechtlichen Gemeinschaften vorliegen. Sie müssen in engem Zusammenhang mit der Autoritäts- und Identitätsproblematik der Pubertät und den konstitutionellen Eigenarten gesehen werden. Überstrenge und ängstigende Verbote und Forderungen der Eltern, die gemeinsam mit einengenden Sexualdrohungen in der Kindheit und mit einer unvollkommenen sexuellen Aufklärung eine ständige Quelle von Schuld- und Angstreaktionen bilden, sind durch entsprechende Beratungen abzuschwächen und zu beseitigen. Derartige Verknüpfungen zwischen Angst, Aggression und Schuld finden sich nicht selten auch in der Vorgeschichte perverser Fehlhaltungen.

Erwähnenswert ist schließlich, daß nach Erfahrungen und Feststellungen einiger Autoren in bestimmten Fällen der Onanie selbst eine therapeutische Wirksamkeit zukommt. Kinsey weist darauf hin, daß die Orgasmusfähigkeit der erwachsenen Frau eng mit ihrer Masturbationsbereitschaft zusammenhängt. Dies läßt einerseits auf deren Übungsfunktion schließen, kann aber auch auf genetisch oder konstitutionell verankerte Triebradikale zurückgeführt werden.

3. Homosexualität bei Jungen

Symptomatik. Schwärmerische Knabenfreundschaften und homoerotische Wunschvorstellungen, homosexuelle Onaniephantasien oder mutuelle Masturbationen, die zu konkreten homosexuellen Handlungen überleiten, sind in der Reifezeit männlicher Jugendlicher relativ häufige Ereignisse. Sie gestatten zunächst noch keine Aussagen darüber, ob es sich um sporadische homosexuelle Reaktionen oder *Episoden* oder um den Beginn einer homosexuellen *Entwicklung* handelt.

Für die amerikanische Jugend hat Kinsey errechnet, daß mindestens 25% der Knaben bis zum 15. Lebensjahr und 37% der Jugendlichen bis zum 20. Lebensjahr homosexuelle Erfahrungen aufzuweisen haben. Der Prozentsatz der Jugendlichen, die früh in die Pubertät eintreten und derjenigen, die über eine bessere Schulausbildung verfügen, ist dabei weitaus höher als die Zahl der übrigen. Nur ein geringer Teil der Männer mit homosexuellen Erfahrungen bleibt jedoch dauernd und ausschließlich dem gleichgeschlechtlichen Triebziel verhaftet, es sind nur 4%.

Grundsätzlich kann man *homosexuelle Episoden* und *homosexuelle Entwicklungen* bei ausreichender Kenntnis der Lebensgeschichte, der auslösenden Situation und dem Grad der Distanziertheit während des Ereignisses mit ausreichender Sicherheit voneinander trennen.

Bei Jugendlichen in der Pubertät und in der Adoleszenz mit ihrer noch schwankenden und instabilen sexuellen Identität, ihrer Oppositions- und Ambivalenzhaltung gegenüber Autoritäten und dem puberalen Kodex der Geheimhaltung und Verschwiegenheit können diagnostische und prognostische Aussagen jedoch manchmal außerordentlich

schwierig sein. Die extremen Widerstände und Abwehrhaltungen in der psychotherapeutischen Behandlung manifest homosexueller Jugendlicher sind bekannt.

Homosexuelle *Episoden* und Phasen in der Reifezeit ergeben sich im wesentlichen aus der Duldung homosexueller Aktivitäten als Ersatz für heterosexuelle Kontakte und als zeitlich befristete homosexuelle Provisorien.

1. *Duldung* von homosexuellen Aktivitäten und Attentaten finden sich in gleichgeschlechtlichen Gruppen (Jugendbewegungen, Heimen, Internaten) trotz gegengeschlechtlicher Gefühlseinstellung nicht selten, überwiegend in Form der *passiven* Homosexualität.

Beispiel: Ein kräftiger 15jähriger Junge wird vorübergehend in eine Gruppe von 12—14jährigen Jungen verlegt, die untereinander mutuell masturbieren. Er erreicht durch Drohungen und Gewaltanwendung, daß sich einige Kinder der Gruppe zu massiven homosexuellen Handlungen verleiten lassen.

2. Homosexuelle *Ersatzbefriedigungen*, hier als Ausdruck puberaler Sexualnot bei heterosexueller Einstellung, lassen sich auch in anderen Lebensphasen (Isolierung gleichgeschlechtlicher Gemeinschaften in der Kasernierungssituation), aber auch bei Angst- und Minderwertigkeitsgefühlen vor dem anderen Geschlecht nachweisen.

Beispiel: Vier 14—15jährige Knaben, die in einem Kellerraum heterosexuell-pornographische Bilder und Literatur versteckt halten, führen unter Alkoholeinfluß und bei Beatmusik erweiterte gegenseitige masturbatorische Handlungen aus, die zu einem homosexuellen Verkehr überleiten.

3. Homosexuelle *Durchgangsphasen* mit einer zeitlich befristeten homosexuellen Partnerwahl bei zeitweiliger Verschüttung beziehungsweise Verdrängung heterosexueller Empfindungen finden sich besonders in der Reifezeit mit ihrer als physiologisch angesehenen gesteigerten homosexuellen Bereitschaft ebenfalls nicht selten.

Beispiel: Ein nach Vorgeschichte und Charakterstruktur homosexuell gefährdeter 16jähriger Junge wird von einem 18jährigen gemischt hetero-homosexuellen Freund homosexuell eingewiesen und erlebt den ersten außermasturbatorischen Orgasmus. Er lebt seitdem in einer homosexuellen Phantasiewelt, ist dem Freund verfallen und leidet unter dessen gleichzeitigen heterosexuellen Abenteuern und seiner eigenen heterosexuellen Impotenz. 2 Jahre später findet er mit psychotherapeutischer Hilfe den Anschluß an das frühere heterosexuelle Triebziel wieder, nachdem er sich von dem Freund innerlich gelöst hat.

Gegenüber den homosexuellen Episoden treten die *homosexuellen Entwicklungen* zahlenmäßig entschieden zurück. Sie lassen sich einteilen in

1. verschiedengradig *gemischte* hetero-homosexuelle Verhaltensweisen (Kinseysche Stufenleiter) oder

2. *ausschließlich* homosexuelle Fehlhaltungen der fixierten und teilweise therapieresistenten homosexuellen Kerngruppe.

Die *homosexuelle Prostitution* der Strichjungen ist nur teilweise das Ergebnis homosexueller Entwicklungen (20—30% nach Giese), überwiegend handelt es sich um verwahrloste Jugendliche, die zusätzlich häufig eine intellektuelle Schwachbegabung aufweisen. Ihre homosexuellen Aktivitäten finden mit dem Auslaufen der Adoleszenz meistens ihr natürliches Ende.

Die homosexuelle Betätigung stellt *kein isoliertes Symptom* sonst unauffälliger, harmonischer Persönlichkeiten dar. Sie ist vielmehr nur ein, wenn auch ein zentraler Bestandteil einer pathologischen Persönlichkeitsentwicklung, die in die Kindheit zurückverweist. Bezeichnend für die destruktive Einstellung der Homosexuellen zum Partner ist oft das Fehlen von Erotik und Zärtlichkeit und von affektiver Bindung an den Partner, so daß die sexuelle Bindungslosigkeit des Homosexuellen die Regel ist. Bei jugendlichen Homosexuellen ist die Leistungsfähigkeit in Schule und Beruf ebenfalls oft reduziert, da die narzißtische Selbstzuwendung, die ständige Beschäftigung mit homosexuellen Sonderinteressen, aber auch zusätzliche neurotische Störungen einer erfolgreichen Lebensbewältigung im Wege stehen.

Ein 14jähriger Junge stellte während eines Aufenthaltes in einem Landschulheim mit Bestürzung fest, daß die dort kursierenden pornographischen Schriften ihn im Gegensatz zu den Mitschülern sexuell nicht erregten, wohl aber der Anblick von unbekleideten Mitschülern beim Baden oder Duschen. Er beging nach der Rückkehr zu Hause einen Suicidversuch, der ihn in psychotherapeutische Behandlung führte.

Die *homosexuelle Stilbildung* (Giese) geschieht mit der Etablierung und Fixierung homosexueller Syndrome und kann in mehr oder minder starker Ausbildung bereits in der Adoleszenz beobachtet werden. Ästhetische und ästhetizierende Verhaltensweisen, feminines Gehabe, artefiziell-gesuchte Kleidergewohnheiten, sublime geistige und künstlerische Interessen finden sich ebenso wie karikiert-esoterische Ansprüchlichkeiten, stutzerhaft-blasiertes Auftreten oder Verwahrlosungssymptome, die untereinander gelegentlich eigenartige Legierungen eingehen.

Ein 20jähriger junger Mann, der mit 16 Jahren erstmalig bei Betrachten der Nates von Knaben starke sexuelle Erregungen verspürte, legte sich eine Sammlung von Bildern unbekleideter Knaben und Jünglinge an, die bereits 5000 Fotos, Ausschnitte aus Zeitungen, Illustrierten, Büchern und Bibliotheksbüchern umfaßte, unter denen plastische Darstellungen des Jünglings Antinoos, des Lieblings Kaiser Hadrians, eine besondere Rolle spielten. Er sammelte außerdem Witze der analen Sphäre, die er ins Lateinische übersetzte. Er spielte viel und wie sein Lehrer sagte, schlecht Violine und fertigte eine große Anzahl von Skizzen und Aquarellen an, die ebenfalls gesammelt und sorgfältig registriert wurden. Er ernährte sich mehrere Jahre hindurch fast ausschließlich von trockenen Haferflocken, Sahne, Brot und Joghurt. Bevor es zu manifesten homosexuellen Handlungen kam, masturbierte er unbekleidet vor einem Spiegel, dabei spielten masochistische Praktiken mit einem Strick eine bedeutsame Rolle. Eine längere psychotherapeutische Behandlung führte zwar zur Aufnahme heterosexueller Kontakte, sie konnte jedoch nicht eine dauernde Abwendung von der homosexuellen Objektwahl erreichen.

Genese und soziale Bedeutung. Über die Ursache der fixierten Homosexualität besteht keine Übereinstimmung. Sie wird voraussichtlich auch nur zu erreichen sein, wenn *monokausale* genetische (Kallmann) oder somatische (Krafft-Ebing), konstitutionelle (Intersexualitätslehre, Goldschmidt) oder tiefenpsychologische Betrachtungsweisen zugunsten einer *mehrdimensionalen* Ursachenlehre aufgegeben werden. Es scheint sicher zu sein, daß es homosexuelle Syndrome gibt, die eine stark *erbliche* Verankerung (Beobachtungen an konkordanten Zwillingen) haben, während andere vorwiegend oder fast ausschließlich *peristatisch* verursacht und fixiert sind. Nach unserer Erfahrung fehlen entscheidende psychodynamisch-konditionierende Faktoren und Prägungen aus der Umwelt des Kindes in keinem Falle gänzlich.

Der geniale Wurf der Sexualtheorie von Freud, in der die Inversion und der Rückgriff auf die infantile Sexualität, insbesondere die *ödipale Situation* als etwas prinzipiell allen Menschen Gemeinsames und die Perversion als Negativ einer Neurose und als Hypertrophie eines Partialtriebes erklärt wird, läßt sich heute, nicht zuletzt unter dem Eindruck der soziologischen Wandlung der Gesellschaft und Familie seit der Jahrhundertwende in dieser Form nicht mehr aufrechterhalten. Die kinderpsychiatrischen Untersuchungen und Direktbeobachtungen von Kindern über längere Zeiträume weisen immer mehr auf die hervorragende Bedeutung liebevoller oder feindlicher Mutter-Kind-Beziehungen als auf den pathogenetischen Wert der infantilen Sexualität für die Entstehung von Neurosen und Perversionen hin, darüber hinaus wird der sexuelle Charakter dieser kindlichen Betätigungen überhaupt bezweifelt.

Erotische Empfindungen des Kindes werden bis zur Pubertät überwiegend durch empfangene Zärtlichkeiten oder durch spontane Wünsche nach dem Austausch von Liebkosungen und Körperkontakt ausgelöst. Sie sind prinzipiell aber unabhängig vom Geschlecht des Erwachsenen, sondern einfach ein Zeichen liebender Zuwendung, wie die täglichen Erfahrungen der Eltern im Umgang mit ihren Kindern zeigen. Die Bevorzugung der Mutter ist durch die soziologische Stellung in der Familie bedingt und durch Änderung der äußeren Voraussetzungen austauschbar.

Erst in der Vorpubertät und in der Pubertät erhält der gegengeschlechtliche Partner eine zunehmend genital-sexuelle Bedeutung. Hier allerdings sind, wie die Analysen Homosexueller immer wieder mit großer Eindringlichkeit zeigen, die Erfahrungen des Kindes im Umgang mit Erwachsenen des eigenen und des anderen Geschlechtes, in erster Linie mit der eigenen Mutter und mit dem Vater, von wirklich entscheidender Bedeutung. Dabei sind jedoch, wie überhaupt bei der Deutung neurosenauslösender Konstellationen Schematisierungen für die Pathogenese der Homosexualität etwa nach dem Muster: gestörte Identifikationen des Knaben mit dem Vater und übermäßige Mutterbindung zu vermeiden, da sie nur teilweise und im Einzelfall richtig sein können. Nicht selten finden sich jedoch Ablehnung oder Ekel vor Mädchen, karikaturhafte Verwerfungen des *Bildes von der Frau* als Verdichtungen von Erlebnissen mit der Mutter in der Kinderzeit und Aufstellung eines entsprechenden Verhaltens-Stereotyps der Frau gegenüber.

Ein 19jähriger Jüngling mit homosexuellen Erlebnissen, der ein starkes Ekelgefühl gegenüber weiblichen Körperformen und -gerüchen hatte, berichtete, daß seine (wie sich im Laufe der Analyse herausstellte) perverse Mutter ihm als Kleinkind bei morgendlichen Balgereien im Bett häufig die Brust mit der Aufforderung dargeboten hatte, hineinzubeißen. — Ein 21jähriger junger Mann mit gehäuften homosexuellen Episoden lebte mit dem Klischee, daß alle Frauen minderwertig seien, sie wollten nur Geschlechtsverkehr, um geheiratet und ihr ganzes Leben lang ausgehalten zu werden. Sie seien unaufrichtig, klatschsüchtig, meistens unsauber und nur auf Vergnügungen eingestellt. Die Mutter wies alle geschilderten Qualitäten der Person und der Lebensführung auf. Der von ihm idealisierte Vater war kurz nach seiner Geburt verstorben.

Die *soziale Bedeutung* der Homosexualität liegt einmal in der durch die schwere psychische Störung behinderten Kommunikationsfähigkeit, ihrer Ablehnung und Deklassierung durch bestimmte soziale Schichten und durch die in vielen Ländern bestehende strafrechtliche Verfolgung. Die homosexuelle Betätigung ist somit ein soziales Risiko, das von Jugendlichen oft nur schwer, mit Schuldgefühlen und depressiven Reaktionen getragen wird und zum Suicid führen kann.

Diagnose, Differentialdiagnose und Fehldiagnosen. In der Reifezeit sollte die *Diagnose* Homosexualität nur mit großer Zurückhaltung gestellt werden, weil die weitaus überwiegende Zahl homosexueller Handlungen als sporadische Vorkommnisse (Duldung, Ersatz oder Provisorium) gewertet werden muß. Die rechtzeitige Diagnose einer homosexuellen Entwicklung ist wegen der dann gebotenen Einleitung einer psychotherapeutischen Behandlung von besonderer Bedeutung.

Differentialdiagnostische Überlegungen beschränken sich auf eine möglichst zuverlässige typologische Einordnung homosexueller Handlungen (Episode-Entwicklung), die für die Prognose und Therapie von Bedeutung sind.

Therapie und Prognose. *Homosexuelle Episoden*, die sich in der Knabengemeinschaft als Duldung entsprechender Aktivitäten oder als Beteiligung im Sinne erweiterter mutueller Onanie ereignen, benötigen im allgemeinen keine besondere Behandlung. Nur dort, wo infolge einer gestörten Erlebnisverarbeitung Schuldgefühle oder Zweifel an der eigenen Geschlechtsrolle auftreten, werden Aussprachen und Beratungen erforderlich, in die gelegentlich auch die Eltern eingeschlossen werden müssen. Die Beratung besteht in einer Komplettierung der psychosexuellen Aufklärung mit besonderen Hinweisen auf die Häufigkeit wechselseitiger Masturbationen und das pubertätsspezifisch-phasenhafte homosexuelle Durchgangsstadium bei Knaben.

Verfestigte oder bereits *fixierte homosexuelle Syndrome* sind teilweise einer psychotherapeutischen Behandlung zugänglich, teilweise erweisen sie sich jedoch als irreversibel. Bei älteren Jugendlichen findet sich neben einem Gefühl der sozialen Isolierung, Angst vor dem Anderssein und dem Risiko manchmal bereits ein „biologisches Schuldgefühl" (J. H. Schultz) mit dem Wunsch nach einem angepaßten Leben und einer kompletten Familie. Diesem Leidensgefühl kommt eine wichtige therapeutische und prognostische Bedeutung wegen der Bereitschaft zur Mitarbeit und zur Realisierung gewonnener Einsichten zu. Eine relativ ungünstige therapeutische Prognose haben die Jugendlichen, die lediglich auf Wunsch der Eltern oder infolge einer gerichtlichen Auflage zur Behandlung kommen und die in einer starken Abwehrhaltung stehen. Auch sie stellen jedoch keine absolute Gegenindikation zur Behandlung dar, wenn man sich vergegenwärtigt, daß sich die Prognose mit der Dauer der Gewohnheitshaltung zunehmend verschlechtert.

Die Psychotherapie beschäftigt sich in erster Linie mit der Gesamtpersönlichkeit des Homosexuellen, mit der Genese und der Motivation seines Fehlverhaltens. Das Ziel, die Auflösung der pathologischen Symptomatik, gelingt nur auf dem Wege einer Umstellung der gesamten Persönlichkeit, von deren gradueller Störung wiederum die *Behandlungsprognose* entscheidend abhängig ist. Im eigentlichen Zentrum der Therapie steht die Aufgabe, das Bild der angsteinflößenden, machtgierigen und ekelerregenden Frau aufzulösen in „Bilder von Frauen und Mädchen", die nicht abstoßend, furchterregend oder bedrohlich erlebt werden, sondern körperlich, seelisch und geistig eine harmonische Ergänzung darstellen. In vielen Fällen wird man sich aber damit begnügen müssen, dem Jugendlichen zu helfen, aus dem „Fehlstehen-gegen-die-Ordnung" (Giese) sich zu entwickeln und dem Jugendlichen vermeidbare Abweichungen von der äußeren Ordnung und ihre Ahndungen und damit zusätzliche Leiden und zusätzliches Elend zu ersparen.

4. Inzest

Symptomatik. Sexuelle Beziehungen zwischen Verwandten, aber auch zwischen Verschwägerten, meist von Vätern mit ihren Töchtern, Geschwistern bzw. Stiefgeschwistern untereinander, seltener von Müttern bzw. von Vätern mit ihren Söhnen.

In der BRD wurden im Jahre 1970 insgesamt 98 Personen wegen sog. Blutschande abgeurteilt, davon 9 Jugendliche. Durch die Kriminalstatistik wird aber nur ein kleiner Teil der Inzestfälle erfaßt. Die Dunkelziffer liegt wesentlich höher, als gewöhnlich angenommen wird. Sie stellen innerhalb der Sexualkriminalität einen Anteil von 10−11%.

Genese und soziale Bedeutung. Das Inzestverbot ist nur teilweise biologisch begründbar, in erster Linie ist es (incestus = unkeusch) auf religiöse, kulturelle und soziologische Prinzipien zurückzuführen. Durch groß angelegte ethnologische Untersuchungen konnte die These von der Allgemeingültigkeit der Inzestschranke (Levy-Strauss) belegt werden. Wo in primitiven und archaischen Verwandtschaftsordnungen die Verwandtenehe erlaubt ist, ist sie immer streng geregelt. In allen Kulturstaaten ist ein Inzestverbot gesetzlich festgelegt.

Aus *humangenetischer Sicht* (Saller) ließ sich eine schädigende Wirkung der Inzucht nicht erkennen. Daß rezessive Erbanlagen in besonders hohem Maße homozygotisiert und damit manifest gemacht werden, gilt für negative ebenso wie für positive Erbanlagen.

Wie wenig sexuelle und wie sehr soziale Aspekte bei *primitiven Gesellschaften* die ausschlaggebende Rolle spielen, zeigte M. Mead anschaulich in ihren Untersuchungen bei dem Südseestamm der Arapesh. Sie hatte große Mühe, ihnen den Tatbestand des Inzest zu erläutern, und als sie die konkrete Frage stellte, was sie denn machen würden, wenn ihre Söhne ihre Schwestern heiraten wollten, erhielt sie die Antwort: „Was, Du willst Deine Schwester heiraten, was ist denn los mit Dir? Willst Du denn gar keinen Schwager haben? Begreifst Du nicht, daß Du, wenn Du eines anderen Mannes Schwester heiratest und ein anderer Deine Schwester, Du dann zwei Schwäger hast, während Du, wenn Du Deine Schwester heiratest, gar keinen hast? Mit wem willst Du denn jagen, mit wem Deinen Garten bebauen und wen willst Du besuchen gehen?"

Vom psychosozialen Aspekt wird die sexuelle Beziehung von Familienangehörigen (Endogamie) zur Erhaltung der Gruppensolidarität und um einer „Aufzehrung von Interessen durch die Familie zu wehren, die sie für die Herstellung höherer sozialer Einheiten braucht" (Freud) tabuiert, die besser durch Einheirat außerfamiliärer Sexualpartner (Exogamie) gewährleistet wird.

Die Psychoanalyse stellt die inzestuöse Problematik des Ödipuskomplexes und ihre mögliche pathogene Valenz in den Mittelpunkt der Neurosenlehre. Der Junge (das Mädchen) liebt die Mutter (den Vater) und bringt dem gleichgeschlechtlichen Elternteil ablehnende bzw. ambivalente Gefühle entgegen. Inzestuöse Wunschvorstellungen können während des ganzen Lebens bestehen bleiben und die Partnerwahl maßgeblich beeinflussen.

Die manifesten inzestuösen Beziehungen der Väter zu den Töchtern zeichnen sich jedoch nicht durch eine besondere emotionale Zuwendung aus, sondern durch einen auffallenden Bindungsmangel. Nicht das geliebte, sondern häufig das ungeliebte Kind ist nach Phillip das Opfer der aggressivsexuellen Attacken; fast die Hälfte der Täter unterhielt nach dieser Untersuchung sexuelle Beziehungen zu mehreren Kindern. Begünstigend für die Durchbrechung der Inzestschranke wirken sich ungünstige sozioökonomische und psychosoziale Konstellationen aus, die sich in dieser oder jener Form bei den aufgedeckten Delikten fast immer nachweisen lassen; sie gelangen in sozial gehobenen Schichten möglicherweise seltener zur Anzeige. Ungeordnete familiäre Verhältnisse, Zerrüttung der Elternehe, chronische Erkrankungen oder Schwangerschaften der Mütter einerseits und andererseits besonders Alkoholismus, Kriminalität und vorgeschrittenes Lebensalter (Gerchow) der Väter bilden entscheidende Voraussetzungen, aber auch Schwachsinn und psychische Erkrankungen (16%, Phillip). So wurde ein 11jähriges Mädchen von dem schwer hirngeschädigten Vater unter Drohungen zunächst zur Duldung unsittlicher Handlungen und mit Gewaltanwendung später zum sexuellen Verkehr gezwungen. Er konnte strafrechtlich wegen Zurechnungsunfähigkeit nicht zur Verantwortung gezogen werden.

Inzestuöse Beziehungen zwischen *Geschwistern* kommen ebenfalls vorwiegend aus dissozialen Familien zur Anzeige. Sie werden außerdem bei Kindern und Jugendlichen beobachtet, bei denen eine sexuelle und sittliche Enthemmung durch hirnorganische Schädigungen, postencephalitische Syndrome und u.a. endogene Psychosen verursacht wird. So fanden die Eltern eines 14jährigen Mädchens mit hoher Intelligenz, das wegen einer endogen-manischen Phase stationär aufgenommen wurde, Fotos, die es in eindeutiger Pose mit dem Bruder zeigten.

Die *soziale Bedeutung* des Inzestes besteht darin, daß die psychische und sexuelle Entwicklung des Kindes schwer und nachhaltig beeinflußt werden kann, beispielsweise wenn es zu einer Koppelung von Einschüchterung, Gewaltanwendung, Sexualität und Angst vor dem Bekanntwerden kommt oder die Mutter als Mittäterin beteiligt ist. Ein 15jähriges Mädchen, das seit Jahren mit stillschweigender Duldung der kinderreichen Mutter mit dem alkoholsüchtigen, bereits depravierten Vater sexuelle Beziehungen unterhielt, wurde nach seiner Verhaftung wegen eines ernsthaften Suicidversuches stationär aufgenommen. Die Mutter machte ihr fortgesetzt Vorwürfe und verleumdete sie in der Nachbarschaft und in der Schule mit der Behauptung, daß sie ihren Vater als 12jährige verführt und an der Bestrafung, der Ehescheidung und an dem Elend der Familie schuldig sei.

Aus der gestörten Beziehung zum Vater entwickelt sich nicht selten ein deformiertes Bild des männlichen Partners schlechthin, das mindestens zeitweilig zur Ablehnung der Sexualität führen kann. Steht der Inzest am Beginn der sexuellen Verwahrlosung eines Mädchens, ist er meistens nicht ihre Ursache, sondern Symptom einer bereits gestörten Familiensituation. Von Töchtern manchmal mit Unterstützung der Mütter vorgenommene inzestuöse Falschanschuldigungen des Vaters verfolgen meistens den Zweck, ihn aus der Familie zu beseitigen. Die Glaubwürdigkeit und der manchmal

später erfolgende Widerruf von Angaben dieser Mädchen ist gelegentlich schwer zu beurteilen.

Therapie und Prognose. Die Auflösung der inzestuösen Beziehung erfordert eine sofortige und zuverlässige räumliche Trennung, um die entwicklungsschädliche, oft über Jahre dauernde psychische Dauerbelastung des Kindes zu beseitigen. Bei der Lösung dieser Aufgabe kann der Arzt nur dann in schwere Konflikte mit seinem ärztlichen Schweigerecht geraten, wenn durch eine Anzeige eine relativ intakte Ehe zerstört oder einer kinderreichen Familie der sonst fürsorgliche Ernährer entzogen würde. Prinzipiell gebührt hier wie bei der Kindesmißhandlung der Schutz des mißbrauchten bzw. mißhandelten Kindes der Vorrang.

Die *Prognose* der psychosexuellen Entwicklung eines inzestuös geschädigten Kindes ist in erster Linie davon abhängig, ob bereits eine Verwerfung des gegengeschlechtlichen Partnerbildes eingetreten ist.

5. Vorzeitige und häufig wechselnde sexuelle Beziehungen bei Mädchen

Symptomatik. Vorzeitige und gehäufte sexuelle Beziehungen meist körperlich akzelerierter, oft kontaktschwacher und manchmal psychisch retardierter Mädchen in der Vorpubertät und in der Pubertät vorwiegend mit Erwachsenen, manchmal mit häufig wechselnden Partnern, sehr oft ohne ausreichende affektive Resonanz- und Orgasmusfähigkeit.

Genese und soziale Bedeutung. Die sexuelle Verwahrlosung der Mädchen ist im Gegensatz zur polysymptomatischen Verwahrlosung der Jungen die weitaus vorherrschende Verwahrlosungsform, die allerdings alle Wünsche und Erwartungen nach Kontakt, Selbstbestätigung, Abwechslung, Bequemlichkeit und materieller Unabhängigkeit befriedigen kann und schließlich auch sexuellen Lustgewinn einträgt.

Sie ist anfangs meistens nicht das Ergebnis abnormer sexueller Triebstärke. Die Bereitschaft zur vorzeitigen Ausübung des Geschlechtsverkehrs kommt eher einer Duldung und stillschweigenden Hinnahme um den Preis des Anerkanntwerdens und Erwachsenseins gleich, gelingt es diesen Mädchen doch auf diese Weise mit einem Schlage in die Welt der Erwachsenen überzusteigen. Dieses Verhalten setzt jedoch ein schwaches oder gewährendes Über-Ich voraus und verweist damit auf die Historie der Kindheit, auf Erziehung, auf Vater und Mutter. Manchmal kann es sich um echte Protesthandlungen des Ich gegen übermäßige Strenge und puritanische Triebverdammung („Sexualität als Sünde") handeln.

In solchen Fällen treten meist immer Schuldgefühle und depressive Reaktionen hinzu.

Neben der körperlichen Akzeleration und dem damit verbundenen sexuellen Triebzuwachs sind soziologisch epochale Faktoren von wesentlicher Bedeutung. Die enorme *Sexualisierung* auch der Jugend durch Massenmedien, Mode und gelockerte Zusammenkünfte bei allgemeinem „Abbau der Erotik" (Bürger-Prinz), die Bagatellisierung vorzeitiger und häufig wechselnder Intimbeziehungen durch Erhebung sexueller Durchschnitts- zu Wert- und Idealnormen sind daran beteiligt. In wie hohem Maße Über-Ich-Funktionen, wie „Erlauben" oder „Verbieten" an der Frequenzhäufigkeit genitaler Kontakte beteiligt sind, konnte Kinsey an einfachen Aufgliederungen nach religiös Indifferenten und Gebundenen verschiedener Konfessionen nachweisen.

Ein hypersexualisiertes Kindheitsmilieu kann zweifellos die psychosexuelle Vorentwicklung stimulieren und einen prägenden Einfluß auf die sexuellen Normvorstellungen ausüben. Inwieweit die Triebstärke selbst dadurch beeinflußt werden kann, ist ungewiß; vieles spricht dafür, daß hierfür in erster Linie erbbiologische Faktoren zuständig sind.

Der *Inzest* (s. S. 201), meistens die sexuelle Beziehung des Vaters zur Tochter, ist in den Fällen, in denen sie am Beginn einer sexuellen Verwahrlosung der Mädchen steht, nicht die Ursache, sondern das Symptom einer gestörten Familiensituation und der Entwicklung des Kindes. Inzestuöse Verhaltensweisen mit positiver Vaterbindung in einem sonst unauffälligen Milieu führen nicht häufiger als andere Intimbeziehungen zur sexuellen Verwahrlosung.

Die *soziale Bedeutung* liegt in der psychischen Gefährdung der Mädchen infolge mangelnder psychosexueller Ausreifung und des Fehlens echter und tiefer Gefühlsbeziehungen durch rasche Partnerwechsel oder gleichzeitig nebeneinander bestehende Männerbekanntschaften. Die sexuelle Beziehung wird von diesen Mädchen anfangs allein wegen der damit verbundenen Verwöhnung und des Gefühls des Erwachsenseins, benötigt zu werden und eine begehrte Rolle zu spielen, erlaubt.

Diagnose, Differentialdiagnose und Fehldiagnosen. Häufig wechselnde sexuelle Beziehungen von körperlich oft akzelerierten Mädchen in der Vorpubertät und Reifezeit, oft ohne erotische Empfindungen und ohne tieferreichende affektive Partnerbindungen sprechen für eine beginnende bzw. progressive sexuelle Verwahrlosung.

Bei *schwachsinnigen* Mädchen spielt das häusliche Milieu als Ursache der sexuellen Fehlentwicklung meistens ebenfalls eine hervorragende Rolle. Es ist aber nicht immer entscheidend. Besonders in Verbindung mit *endogenen* oder mit *cerebralorganisch* bedingten Trieb- und Temperamentsanomalien kann die sexuelle Verwahrlosung unbeeinflußt durch peristatische Faktoren direkt in die Prostitution münden.

Schwachbegabte, aber auch normintelligente Mädchen mit einem *postencephalitischen* Zustandsbild, das mit dranghafter Unruhe, mit pathologischer Kontaktsuche und mit gesteigerter sexueller Triebhaftigkeit einhergeht, unterliegen bei mangelhafter Lenkung und Beaufsichtigung in gleicher Weise den Gefährdungen des h.w.G. und der sexuellen Verwahrlosung.

Therapie und Prognose. Die Therapie hat dort einzusetzen, wo die sexuelle Verwahrlosung begann: an der gestörten zwischenmenschlichen Beziehung und der Unfähigkeit zur liebenden Partnerschaft, die tiefenpsychologisch auf eine mangelhafte Ausbildung der Ich- und Über-Ich-Funktionen zurückzuführen ist.

Weibliche Therapeuten sind zur Neutralisierung der Beratungs- und Behandlungssituation meist besser geeignet. Eine Herausnahme aus dem häuslichen Milieu ist dort unumgänglich, wo eine Milieusanierung sich als undurchführbar erweist. In Betracht kommt in prognostisch günstigen Frühfällen die Unterbringung in *Pflegestellen*, sonst ist *Heimeinweisung* in Zusammenwirken mit dem zuständigen Jugendamt nicht zu umgehen.

Die *Prognose* frühzeitiger Promiskuität ist nicht ungünstig, wenn rechtzeitig eine derartige Milieuveränderung und eine befriedigende Bindung an akzeptierte erwachsene Vorbilder erreicht wird. Prognostisch ungünstig sind frühzeitige und regelmäßige Koppelungen von Geschenken und Geldzuwendungen mit dem Sexualverkehr, da durch derartige Doppelmotivationen die sexuelle Triebhaftigkeit verstärkt wird und direkt zur verdeckten oder zur offenen Prostitution überleiten kann. In einigen Fällen gelingt eine endgültige *Triebkonsolidierung* auch in prognostisch ungünstigen Fällen nach geglückter Partnerwahl in der Ehe.

6. Exhibitionismus

Symptomatik. Dranghafte Zurschaustellung des männlichen Genitales vor unbekannten Frauen und Mädchen mit dem stark lustbetonten Wunsch, gesehen zu werden und affektive Reaktionen bei ihnen auszulösen, die als Bestätigung ihrer genitalen Männlichkeit erlebt werden.

Es handelt sich nur selten, eigentlich nur bei schwachsinnigen Jugendlichen um plumpe Annäherungsversuche. Wenn Frauen überraschenderweise eine positive Resonanz zeigen, läuft der Exhibitionist in der Regel weg. Bei den meisten Jugendlichen liegen schwere Kontakt- und Potenzstörungen vor. Die mit Strafe bedrohte Demonstration des Genitales in der Öffentlichkeit und das Triumphgefühl, dadurch Angst, Ekel und Empörung bei Frauen hervorrufen zu können, führt zur psychischen und orgastischen Entspannung und trägt Merkmale der Süchtigkeit in sich.

Genese und soziale Bedeutung. Der *Schau- und Zeigetrieb des Kleinkindes* drückt sich nicht nur in gelegentlichen genitalen Demonstrationen aus, sondern genauso im Vor- und Herzeigen anderer Heimlichkeiten, im Messen und Vergleichen erworbener Fähigkeiten und besitzt keine eigentliche sexuelle Valenz. Daß die Neugierde des kleinen Jungen sich auch auf die Anatomie und Funktion des Genitales erstreckt, ergibt sich nicht allein aus der Verpönung und Tabuierung dieses Körperteiles, sondern auch aus der Neugierde und der Funktionslust und der damit verbundenen Möglichkeit zur Provokation, die Ärger und Beschämung bei den Beziehungspersonen auslösen kann. So berichtete eine junge Mutter, daß ihr 4jähriger intelligenter und lebhafter Junge auf überfordernde und starre Erziehungspraktiken seiner Großmutter damit reagierte, daß er in ihre Schuhe urinierte. Bei Spaziergängen verrichtete er einige Male demonstrativ in aller Öffentlichkeit seine Notdurft mitten auf dem Bürgersteig, von einer Brücke und vom Hafenufer.

Bei *größeren Jungen* handelt es sich beim Zeigen des Genitales meistens ebenfalls nicht um eine gerichtete sexuelle Exhibition, sondern um Prestigehandlungen, etwa bei *Gruppenmasturbationen*, die dann allerdings leicht zu gegenseitigen Manipulationen und homosexuellen Reaktionen überleiten können.

Erst in der *Pubertät* kann man von *echten Exhibitionshandlungen* sprechen, die als sexuelle Kurzschlußhandlungen und Annäherungsversuche an gegengeschlechtliche, vorwiegend unbekannte Partner gerichtet sind und in diesem Lebensalter oft nur ein Durchgangsstadium, eine Übergangsform von der Masturbation zum heterosexuellen Verkehr darstellen können. Meistens handelt es sich um furchtsame, ängstliche Jünglinge, die eine strenge, oft sexualitätsfeindliche Erziehung durchlaufen haben und die unter Potenzstörungen leiden. Bei schwerer schwachsinnigen Jugendlichen finden sich manchmal infantil-prägenitale Verhaltensrelikte

in die fälschlicherweise sexuelle Ausdrucksgehalte hineininterpretiert werden.

Ein 14jähriger imbeziller Jugendlicher mit einer auf Dressate bedachten Erziehung aus einem geordneten Elternhaus belästigte weibliche, aber auch männliche Passanten dadurch, daß er vom Fahrrad sein Hemd plötzlich aus der Hose zog und seinen Bauchnabel zeigte, ohne jemals das Genitale zu entblößen.

Sexualethnologisch ist interessant, daß der Exhibitionismus in Kulturstufen, in denen die Nacktheit nicht tabuiert ist, einerseits kaum vorkommt (Herrmann), andererseits jedoch dort als besonders verächtlich und widerlich gilt.

Differentialdiagnose und Fehldiagnosen. *Exogenorganische Psychosyndrome* mit Tendenz zu Durchbruchshandlungen (Kretschmer) und seltene *epileptische Dämmerzustände* mit einem in sich geschlossenen Handlungsgefüge müssen ausgeschlossen werden.

Exhibitionismus kann das erste alarmierende Symptom einer beginnenden *Psychose* darstellen, wie wir sie bei einem 17jährigen Hafenarbeiter sahen, der sich am Eingang einer Bordellstraße mit entblößtem Geschlechtsteil aufhielt und einige Wochen später eindeutige Symptome einer Schizophrenie entwickelte.

Therapie und Prognose. *Körperliche* Behandlungsmethoden, die bei erwachsenen Triebtätern (sedierende Medikamente, weibliche Sexualhormone, operative oder hormonale Kastration) gelegentlich angewandt werden, kommen bei jugendlichen Exhibitionisten schon wegen der durchweg günstigeren Prognose kaum in Betracht.

Beratungen, Einzelbetreuungen und Verbesserung des Milieus durch Einwirkung auf die Eltern, aber auch *psychotherapeutische* Behandlungen stehen ganz im Vordergrund der therapeutischen Maßnahmen. Giese empfiehlt seinen Patienten manchmal einen Anschluß an Freikörperkulturbewegungen und gibt ihnen gelegentlich den praktischen Rat, in einer akuten Drangsituation den projektierten Partner vorbeugend anzusprechen, ihn etwa nach der Uhrzeit zu fragen. Züblin berichtet, daß er vom einfachen Zunähen der Hosen bei Jugendlichen symptomatisch ausgezeichnete Erfolge gesehen habe.

Die *Prognose* ist abhängig vom Leidensdruck und von der Bereitschaft zur Mitarbeit in der Behandlung. Sie ist daher relativ schlecht bei den Jugendlichen, die eine psychotherapeutische Behandlung entgegen ihrem Willen, etwa als Auflagebeschluß eines Gerichtes absolvieren müssen.

7. Fetischismus

Symptomatik. Die überwertige Bedeutung einzelner Gegenstände einer geliebten Beziehungsperson anstelle dieses Menschen selbst wird als Fetischismus bezeichnet, wenn der Fetisch eine wesentliche oder unerläßliche Rolle eines „pars pro toto" für die sexuelle Triebbefriedigung spielt.

Als Fetische kommen vor allem Kleider- oder Wäschestücke, Schuhe und Taschentücher, aber auch bestimmte Körperteile, Gerüche und Fotos und anderes in Betracht, die direkt beim onanistischen Akt verwandt werden oder später die Rolle eines unerläßlichen Requisits in einer sexuellen Partnerbeziehung einnehmen. Fetischismus ist häufig mit anderen sexuellen Perversionen kombiniert.

Fetischismus als Bestandteil einer abnormen Sexualentwicklung wird erst mit Eintritt der Geschlechtsreife in der Vorpubertät und in der Pubertät beobachtet. Der Beginn fetischistischer Fehlentwicklungen läßt sich aber häufig bis in die frühe Kindheit zurückverfolgen.

Genese und soziale Bedeutung. Bei Kleinkindern haben Puppen und Schlaftiere ebenso wie bestimmte Einschlafzeremonielle eine *fetischähnliche* Bedeutung in ihrer ersatzweisen Repräsentanz für die Mutter oder in einer zeitlich nachwirkenden Bannung kindlicher Ängste durch sie selbst in der Liebkosung oder durch ein Gebet.

Die *fetischistische* Fehlentwicklung des Kindes kann dort einspringen, wo die Mutter für das Kind nicht ausreichend in ihrer körperlichen und seelischen Anwesenheit „greifbar" ist, d. h. wo sie selbst über keine hinreichende Liebesfähigkeit zum Kind verfügt oder das Kind übermäßige und unabgesättigte Zärtlichkeitsbedürfnisse in sich trägt. Die Mütter der Fetischisten sind „nörgelnd, prüde, besserwissend und unfähig, Warmherzigkeit und Zuneigung zu zeigen" (Opitz). Diese Kinder verdinglichen den gewünschten Partner in Gegenstände aus deren Umwelt, die sie ständig zur-Hand-nehmen können und die schließlich die Beziehung zu ihrer Herkunft verlieren, die „verdrängt" wird. Oft handelt es sich dabei um komplizierte psychische Fehlentwicklungen.

Ein 10jähriger Junge mit einer Pubertas praecox wurde dabei beobachtet, als er Damenunterwäsche von der Trockenleine stahl. Die Mutter berichtete, daß der Junge seit seinem 5. Lebensjahr trotz strenger Bestrafung immer wieder Schlüpfer seiner Schwester wegnahm und versteckte. Er selbst gab an, daß er durch den Geruch und durch den Stoff selbst erregt werde und damit onaniere. Die geschiedene Mutter war seit der Kindheit des Jungen berufstätig. Sie lehnte Männer ab, bevorzugte die Tochter und bedauerte, anstelle des Jungen nicht ein Mädchen bekommen zu haben.

Während es sich hier und wohl in den meisten Fällen von Fetischismus um Ersatz- und Symbolsetzungen im Zusammenhang mit einer neurotischen Fehlentwicklung handelt, wird immer wieder auch über frühkindliche „*Prägungen*" durch zufällig mit Sexualempfindungen gebundene Ereignisse („Gewohnheitshaltung", J. H. Schultz) berichtet, wie sie bei sadomasochistischen Koppelungen von Straf- und Sexualreizen oder beim Anblick bestimmter Kleidungsstücke oder mit bestimmten Geruchseindrücken einhergehen. Ein Mädchen, das seit dem Alter von 9 Jahren die Vornahme unzüchtiger Handlungen durch den Großvater gegen Bezahlung duldete, erlebte noch als verheiratete Frau volle Orgasmusfähigkeit nur im Zusammenhang mit Geschenken oder Geschenkversprechungen.

Diagnose, Differentialdiagnose und Fehldiagnosen. Echter Fetischismus ist ein Ausdruck abnormer sexueller Triebbefriedigung und wird frühestens während der Vorpubertät und in der Pubertät manifest. Fetischistische Handlungen und beginnende fetischistische Fehlentwicklungen werden bereits in der Kindheit beobachtet.

Vorübergehende fetischistische Verhaltensweisen sind auch bei psychisch normalen Kindern bekannt. So hat Zulliger *symbolische Diebstähle* bei Kindern beschrieben, die nur dem Zweck dienten, sich während einer unterbrochenen Liebesbeziehung ersatzweise in den Besitz eines Gegenstandes einer geliebten Person zu bringen, um damit die Trennung von ihr besser zu überbrücken.

Fetischismusähnliche Stereotype lassen sich bei *autistischen* Kindern nachweisen und sind auch in der sie kennzeichnenden „Veränderungsangst" (Kanner) mitenthalten.

Fetischistische Verhaltensweisen bei *schwachsinnigen* Kindern sollten besser als primitive oder sammlerische Sonderinteressen bezeichnet werden, da es sich bei ihnen nicht um einen „pars pro toto"-Ersatz, sondern um überwertige Tendenzen handelt. So ein 4jähriger imbeziller Schuh-Sammler, der ständig mit dem Ausziehen, Forttragen und Wegpacken eigener und der Schuhe seiner Eltern und Geschwister beschäftigt und in der Klinik unablässig bemüht war, anderen Kindern und Erwachsenen die Schuhe auszuziehen und wegzunehmen.

Therapie und soziale Bedeutung. Der Fetischismus in der Pubertät erfordert bei Vorliegen der entsprechenden Voraussetzungen eine *psychotherapeutische* Behandlung. Ansätze zu fetischistischen Fehlentwicklungen in der Kindheit bedürfen einer sorgfältigen Beobachtung; die Kinder sollten in längeren Abständen zu Nachuntersuchungen einbestellt werden.

Zu *kriminellen* Handlungen kann es kommen, wenn zur Befriedigung der abnormen Sexualität Fetische (Wäsche, Kleidung, Schuhe) gestohlen werden. Eine Ausweitung der fetischistischen Fehlhaltung zum Transvestitismus kommt vor.

8. Transvestitismus

Symptomatik. Die prinzipielle Ablehnung des eigenen Körpers und die äußere und innere Angleichung an das andere Geschlecht in Kleidung, Haltung und Sozialstatus und letztlich der Wunsch nach Umwandlung des anatomischen Geschlechtes sind wesentliche Merkmale einer fixierten transvestitischen Fehlentwicklung.

Im Kindesalter finden sich, der Seltenheit der Störung entsprechend, manchmal bereits Ansätze einer derartigen transvestitischen Ausfaltung in einer vorwiegenden Beschäftigung mit Spielzeug, Wäsche, Kleidung oder Haartracht des anderen Geschlechts und einer einseitigen Bevorzugung von konträren sozialen Verhaltensweisen.

Genese und soziale Bedeutung. Der Beginn des gegengeschlechtlichen Seelenlebens wird von erwachsenen Transvestiten häufig in die *Kindheit* verlegt. Dabei wird von ihnen besonders auf die Bedeutung der Kleidung und der Bevorzugung gegengeschlechtlicher Spielpartner hingewiesen. Solche Fälle sind auch aus direkten Beobachtungen bekannt, aber relativ selten beschrieben (s. Fallbeispiel). Zur offenen Manifestation transvestitischer Einstellungen kommt es meistens erst während der *Pubertät*. In einer Zeit also, in der einerseits ein verstärktes Bekenntnis zur Geschlechtsrolle erwartet, andererseits aber den Wünschen der Umwelt erstmalig nachhaltiger Widerstand entgegengesetzt wird.

Chromosomenanomalien fanden sich bei 2 bis 8% der Stichproben von Transvestiten (Bräutigam), meistens aus der Klinefelter-Gruppe mit XXY-Sätzen; sie können aber nur mittelbar durch das begleitende endokrine Psychosyndrom zur Erklärung der Sexualdeviation herangezogen werden.

Auch *konstitutionelle* Faktoren spielen häufiger eine disponierende Rolle. Der letzte Anstoß zum Überstieg in die gegengeschlechtliche Rolle bleibt dennoch oft ein Rätsel.

Ein 10jähriger Junge kam als Frühgeburt mit 1600 g Gewicht und als Zweitgeborener zweieiiger Zwillinge zur Welt. Schon als Kleinkind zeigte er, ganz anders als sein Bruder, „feminine Züge": Er spielte mit Puppen, half beim Kochen und Backen und äußerte immer wieder, daß er am liebsten ein Mädchen wäre. Mit 5 Jahren zog er Röcke und Kittel der Mutter an, lehnte Jungen und Jungenspiele ab. Er fütterte, wusch und pflegte dafür aber mit Vorliebe kleine Kinder. Im Laufe der Jahre weitete der Junge seine Hantierungen mit Mädchen- und Frauenkleidern so aus, daß er mehrere Stunden damit nachmittags allein im Keller verbrachte. Er forderte, daß die Mutter ihm die Fingernägel so lang und spitz feile wie bei sich selbst und ihm erlaube, seine Haare länger zu tragen. Die Mutter berichtete, daß der Zwillingsbruder besser aussehe, mehr Anklang in der Umgebung finde und schon als Kleinkind wegen seiner „süßen Locken" bewundert wurde, während sein Bruder weniger Zuwendung empfing. Auch heute komme er „gut an", sei rasch und flink, habe viele Freunde und sei ein guter Sportler. Sein Zwillingsbruder sei dagegen kontaktschwach, umständlich und langsam und könne sich nur schwer anschließen. Er würde wahrscheinlich völlig in eine Außenseiterposition zurückgefallen sein, wenn sein Bruder ihn nicht überall mitnehme, ihn bei seinen Freunden einführe und auf seine Anwesenheit dort bestehe. Konstitutionsbiologisch bestand ein einseitiger Cryptorchismus und eine Hypoplasie des anderen Hodens.

Ein 7jähriger Junge belustigte seine Mutter zunächst, erschreckte sie dann aber mit stereotypen Fragen danach, wann er „nun endlich ein Mädchen" werde. Er lehnte Jungenspiele total ab und schloß sich in der Schule ganz den Mädchen an. Er half der Mutter beim Kochen und Hausputz und übernahm im Spiel ausschließlich weibliche Rollen. Er zog die Kleidung der Mutter an, setzte ihre Perücke auf und versuchte ihren Gang nachzuahmen. — Die Mutter hatte sich vor einigen Jahren von ihrem sadistisch-gewalttätigen Mann scheiden lassen, der sie und die Kinder häufig schlug und die Familie nach erfolgter Trennung weiter ängstigte und drangsalierte. Beide Jungen haßten ihn und wollten „nie so werden wie er"; nur der jüngere, vom Vater eher bevorzugte Junge, aber nahm die deviante Entwicklung. Die Mutter war durch die Ehe zu einer, wie sie selbst sagte, „Männerhasserin" geworden.

Diagnose, Differentialdiagnose und Fehldiagnosen. Anhaltende und sich ausweitende gegengeschlechtliche Einstellungen in der Pubertät, die mit einseitiger äußerer (Kleidung und Auftreten) und innerer (Unzufriedenheit mit der eigenen Geschlechtsrolle und Wunsch nach deren Korrektur) konträrer Anpassung einhergehen, sprechen für eine transvestitische Fehlentwicklung.

Vorübergehende gegengeschlechtliche Neigungen in der Auswahl der Kleidung und Spielzeuge und heterosexuelle Identifikationen mit bewunderten Personen der häuslichen Umgebung sind häufig und ebenso wie die bei Kindern beliebten Umkleide- und Verkleidungsszenen *entwicklungsphysiologisch* und geben zunächst keinen Anlaß zur Besorgnis. Auch dort, wo gegengeschlechtliches Verhalten und Betonung eines gegengeschlechtlichen Habitus auf bewußte oder unbewußte Wünsche der Eltern zurückgeht, die lieber einen Knaben anstelle eines

Mädchens oder umgekehrt hätten, braucht dies keineswegs zu einer transvestitischen Fehlentwicklung führen. Viel eher sind andere schwere und bleibende seelische Störungen in solchen Fällen zu befürchten.

Transvestitische Attitüden und geschlechtskonträre Kleidergewohnheiten werden nicht ganz selten zu Beginn oder im Verlauf einer endogenen *Psychose* beobachtet.

Die Abgrenzung *genital-dysplastischer* Transvestiten (Pseudohermaphroditismus) erfolgt durch die körperliche Untersuchung.

Therapie und Prognose. *Psychotherapeutische* Behandlungsmethoden mit Veränderung oder Beeinflussung der Umgebung stehen auch hier im Vordergrund. Die *Erfolgsaussichten* werden unterschiedlich beurteilt.

In sich geschlossene und Anspruch auf Allgemeingültigkeit erhebende Hypothesen sind bislang in ihrer praktischen Anwendbarkeit zur Erklärung der Genese des Einzelfalles gescheitert; das gilt auch für generalisierende tiefenpsychologische Erklärungsversuche. An Bedeutung zugenommen haben dagegen die am *Einzelfall* orientierten psychodynamischen Deutungsansätze und Behandlungen, die gegenüber früheren Anschauungen ganz in den Vordergrund getreten sind.

Bewährt hat sich die Entwicklung eines engen Vertrauensverhältnisses zu einem männlichen Therapeuten unter gleichzeitiger stärkerer Bindung an den Vater bei Lockerung der Mutter-Sohn-Beziehung und Stärkung der Rolle des Vaters in der Familie; Green konnte während eines mehrjährigen konsequenten Therapieverlaufes das männliche Bewußtsein bei 5 Jungen wecken und weiter entwickeln.

Somatische Behandlungsmethoden in Form einer chirurgischen Geschlechtsumwandlung oder hormonalen Kastration kommen bei Kindern und Jugendlichen mit normal entwickelten Genitalien nicht in Betracht.

Literatur

Annell, A. L. (Hrsg.): Depressive States in Childhood and Adolescence. Stockholm: Almqvist & Wiksell 1972.

Bauer, H.: Geschlechtserziehung und Gesellschaft. Neuwied: Luchterhand 1973.

Bunch, J., Barraclough, B.: The influence of parental death anniversaries upon suicide dates. Brit. J. Psychiat. **118**, 621—626 (1971).

Duché, D. J.: Les tentatives des suicide chez l'enfant et l'adolescent. Acta Paedopsychiat. **35**, 345—373 (1968).

Dührssen, A.: Zum Problem des Selbstmordes bei jungen Mädchen (Beiheft). Göttingen: Vandenhoeck & Ruprecht 1967.

Durkheim, E.: Le Suicide (1897). Deutsche Ausgabe: Der Suicid. Neuwied: Luchterhand 1969.

Erikson, E. H.: Das Problem der Identität. Psyche 114—176 (1956/57).

Freud, A.: Probleme der Pubertät. Psyche 1—24 (1960/61).

Freud, S.: Trauer und Melancholie. Gesammelte Werke Bd. XIV. London: Imago 1968.

Förster, E.: Kinderselbstmord. Jb. Kinderpsychiat. und Grenzgeb. **1**, 69—77 (1956).

Giese, H.: Psychopathologie der Sexualität. Stuttgart: Enke 1962.

Gerchow, I.: Die Inzestsituation. Beitr. Sexualforsch. **33**, 38—50. Stuttgart: Enke 1965.

Homburger, A.: Psychopathologie des Kindesalters. Berlin: Springer 1926.

Kallmann, F. J.: Hereditary in Health and Mental Disorder. New York: Norton 1953.

Kielholz, P.: Ätiologische Faktoren der Depressionen. In: Annell, A. L. (s. oben).

Kretschmer, E.: Psychotherapeutische Studien. Stuttgart: Thieme 1949.

Kuhn, R.: Über kindliche Depressionen und ihre Behandlung. Schweiz. Med. Wschr. 2, 86 (1963).

Kujath, G.: Jugendpsychiatrische Diagnostik und Begutachtung. Leipzig: Barth 1964.

Langen, D., Jaeger, A.: Die Pubertätskrisen und ihre Weiterentwicklungen. Z. ges. Neurol. Psychiat. 19—36 (1964).

Löwnau, H. W.: Fortlaufen bei Kindern und Jugendlichen als psychopathologisches Syndrom. Arch. Kinderheilk. **3**, 215—230 (1960).

Mead, M.: Sex and Temperament in three Primitive Societies. New York 1936. Zit. Schelsky, H.: Soziologie der Sexualität. Hamburg: Rohwohlt 1953.

Meyer, J. E.: Die Entfremdungserlebnisse. Stuttgart: Thieme 1959.

Nissen, G.: Depressive Syndrome im Kindes- und Jugendalter. Berlin-Heidelberg-New York: Springer 1971.

Nissen, G.: Depressionen und Suizidalität in der Pubertät. Z. f. Allgemeinmed. 10, 435—439 (1973).

Ohara, K., Shimizu, M., Aizawa, S., Kojima, H.: Suicide in children. Psychiat. Neurol. jap. **65**, 468—481 u. Abstr. 32 (1963).

Otto, U.: Suicidal Attempts in Childhood and Adolescence — Today and after ten Years. In: Annell, A. L. (Hrsg.) s. oben.

Phillip, E.: Zur Problematik inzestuöser Beziehungen. Ber. Med. **18**, 630—634 (1965).

Pöldinger, W.: Die Abschätzung der Suizidalität. Berlin-Stuttgart: Huber 1968.

Ringel, E.: Untersuchungen über kindliche Selbstmordversuche. Prax. Kinderpsychol. u. Kinderpsychiat. 4, 161 (1955).

Ringel, E.: Der gegenwärtige Stand der Selbstmordprophylaxe. Dtsch. Ärztebl. 22, 1411—1418 (1972).

Saller, K.: Zur Bedeutung des Inzests. Münch. Med. Wschr. **43**, 2105—2107 (1965).

Scholz, L.: Anomale Kinder. Berlin: Karger 1911.

Specht, F.: Reifungsschwierigkeiten und Reifungskrisen. Dtsch. med. Wschr. **37**, 1674—1680 (1967).

Statistisches Jahrbuch für die Bundesrepublik Deutschland. Stuttgart/Mainz: Kohlhammer 1952 und 1970.

Stengel, E.: Selbstmord und Selbstmordversuch. Frankfurt/Main: Fischer 1969.

Stork, J.: Suizidverhalten und depressiver Zustand bei Adoleszenten. In: Annell, A. L. (Hrsg.), s. oben.

Tadic, N.: La tentative de suicide comme un symptome de la dépression chez les enfants et les adolescents. In: Annell, A. L. (Hrsg.), s. oben.

Toolan, J. M.: Suicide and suicidal attempts in children and adolescents. Am. J. Psychiat. **118**, 719—724 (1962).

Tuckman, J., Connon, H. E.: Attempted Suicide in Adolescents. Am. J. Psychiat. **119**, 228—232 (1962).

Waage, G.: Selbstmordversuche bei Kindern und Jugendlichen. Prax. Kinderpsychol. u. Kinderpsychiat. **15**, 1 (1966).

Walter, K., Bräutigam, W.: Transvestitismus bei Klinefelter. Schweiz. Med. Wschr. **88**, 357 (1958).

Zumpe, L.: Selbstmordversuche von Kindern und Jugendlichen. Persönlichkeitsmerkmale und Entwicklungsverläufe anhand von 34 Katamnesen. Z. Psychotherap. med. Psychol. **9**, 224 (1959).

Abhängigkeit von Drogen und Genußmitteln

Von P. Strunk

I. Vorbemerkung

Der hier verwendete Begriff „Abhängigkeit" wurde von der Expertenkommission für Rauschgifte der Weltgesundheitsorganisation eingeführt und findet zunehmend Verbreitung.

Drogenabhängigkeit wird definiert als ein Zustand psychischer oder psychischer und körperlicher Abhängigkeit von einer Substanz mit zentralnervöser Wirkung. Die Art der Abhängigkeit variiert mit der Wirkungsweise der Droge. So fehlen bei einigen Drogen körperliche Entziehungserscheinungen. Die für die Diagnose einer Rauschgiftsucht verallgemeinernd bisher benutzten Kriterien: das übermäßige Verlangen nach dem Suchtmittel, die Tendenz zur Erhöhung der Dosis, die psychische und körperliche Abhängigkeit vom Suchtmittel und die Entziehungserscheinungen nach Absetzen des Mittels, treffen nicht immer zu, wenn sie auch für einzelne Suchtformen charakteristisch sind. Man spricht deshalb nicht mehr allgemein von Rauschgiftsucht, sondern benutzt den Oberbegriff Drogenabhängigkeit und untergliedert diese in verschiedene Typen, z. B. in eine Abhängigkeit vom Morphintyp, vom Cannabistyp oder Amphetamintyp, die jeweils andere Kennzeichen haben.

Gemeinsam ist allen Formen das wichtigste Kriterium: die psychische Abhängigkeit. Diese wird definiert als ein unbezwingbares, gieriges, seelisches Verlangen, mit der Einnahme der Droge fortzufahren, verbunden mit dem Bedürfnis, sich die Droge um jeden Preis zu beschaffen.

Mit dem Begriff Abhängigkeit (drug dependence) wird auch die sehr schwierige Unterscheidung zwischen Gewöhnungs- und Suchtmittel vermieden. Es hat sich gezeigt, daß auch die sog. Gewöhnungsmittel, z. B. Sedativa, potentielle Suchtmittel sind. Eine exakte Abgrenzung ist deshalb nicht möglich. Das gleiche gilt für die Beurteilung der Gebundenheit des Einzelnen an eine Droge. Diese kann von einer einfachen Gewöhnung über einen Mißbrauch, bei dem bereits gesundheitsschädigende Folgen zu erwarten oder eingetreten sind, bis zum voll ausgeprägten Bild der Sucht reichen, wie sie oben definiert wurde. Die Grenze zwischen Gewöhnung und Sucht ist fließend, besonders dann, wenn die sozialen Auswirkungen für den Einzelnen, aber auch für die Gesellschaft berücksichtigt werden.

Der Abhängigkeit von Drogen entsprechen die Probleme, die sich aus der Beziehung zu den Genußmitteln Alkohol und Nicotin ergeben. Hierbei ist die Verwendung des Begriffes Abhängigkeit ungewöhnlich. Es erscheint aber zweckmäßig, ihn in Analogie zu den von der WHO entwickelten Definitionen der Abhängigkeit zu verwenden. Eine entsprechende Definition der Abhängigkeit von Alkohol und Nicotin könnte die heute gebräuchlichen Bezeichnungen Alkoholmißbrauch, chronischer Alkoholismus und Nicotinmißbrauch ablösen.

II. Drogenabhängigkeit

Symptomatik. In den letzten Jahren hat sich der Drogenmißbrauch unter Jugendlichen epidemieartig ausgebreitet. Dabei handelt es sich um ein bisher praktisch unbekanntes Phänomen, das ungelöste sozialmedizinische Probleme aufwirft. Ausgangspunkt der Drogenwelle wird in Nordamerika gesehen, als Anfang der sechziger Jahre Gruppen von Jugendlichen begannen, mit LSD zu experimentieren und damit gesellschaftskritische Tendenzen verbanden, die sich besonders gegen die entseelte, leistungsbezogene und konsumorientierte amerikanische Lebensart richteten. Über die skandinavischen Länder breitete sich die Drogenepidemie in Europa aus, wo in den Jahren 1969/71 bis zu 34% aller Jugendlichen zwischen 14 und 21 Jahren Drogenerfahrungen angaben. Stellvertretend für eine Reihe von Untersuchungen in der BRD werden Zahlen aus dem Lande Baden-Württemberg, ermittelt von der Gesundheitsabteilung des Innenministeriums durch eine Repräsentativumfrage wiedergegeben, um das Ausmaß der Problematik zu kennzeichnen. Allerdings wechselt die „Drogenszene" gelegentlich rasch, einzelne Drogen können regional in den Vordergrund treten. Die Verhältnisse in anderen Ländern lassen sich nicht mit genügender Verläßlichkeit auf die BRD übertragen.

So besteht in Schweden ein Trend, Weckamine gegenüber den Opiaten zu bevorzugen. Der Heroinmißbrauch stellt in den USA ein extremes sozialmedizinisches Problem dar (es sterben zur Zeit in New York mehr Jugendliche daran, als durch Verkehrsunfälle), während er in der BRD zur Zeit noch (?) nicht so bedeutend ist. Die Menge des beschlagnahmten Heroin, 1962: 2 mg, 1969 und 1970: 500 g, 1971: 2,9 kg geben jedoch zur Vorsicht Anlaß.

Von den 34% aller 1871 Befragten, die Drogenerfahrungen angaben, waren 60% Jungen und 40% Mädchen. Die Altersstufen waren wie folgt betroffen:

14 bis 15 Jahre 16%,
15 bis 18 Jahre 34%,
18 bis 20 Jahre 36%,
20 bis 21 Jahre 49%.

Von allen Befragten gaben 10,8%, das sind 32% der Konsumenten an, auch zum Zeitpunkt der Befragung noch eine oder mehrere Drogen öfter einzunehmen. In absoluten Zahlen bedeutet dies, daß in einem Bundesland 92000 Jugendliche „user", d.h. Gebraucher und nicht nur Probierer sind, von denen 93% Haschisch und 38% LSD oder Mescalin regelmäßiger nehmen. In der Untersuchung waren etwa 11000 Jugendliche, d.h. (1,3%) „fixer", d.h. sie spritzten sich die Drogen intravenös und sind damit zum sog. harten Gebrauch von Drogen übergegangen. Die Häufigkeit der wichtigsten benutzten Drogen geht aus der folgenden Tabelle hervor:

Haschisch — Marihuana 31,62%
Schmerz-, Beruhigungs-, Schlaftabletten,
Psychotonica 15,64%
LSD/Mescalin 10,54%
Opium/Morphin/Heroin 3,74%
Pervitin/Preludin 1,70%
Lösungsmittel, Klebstoffe (Schnüffeln) 1,36%
Kokain 1,02%

Ein wichtiges Charakteristikum der Drogenabhängigkeit Jugendlicher zeigt sich bereits an dieser Zusammenstellung: Die Drogen werden sowohl im Probierstadium bis zu ausgeprägten Formen der Abhängigkeit (Polytoxikomanie) gewechselt. Man spricht von einer Drogen*karriere*, die meist mit Haschisch oder Alkohol, seltener mit Schnüffeln organischer Lösungsmittel beginnt, über die Weckamine in Tablettenform, LSD/Mescalin zum Spritzen von Weckaminen und Opiaten führt. Die Karriere ist also gekennzeichnet durch den Übergang von der oralen Einnahme weicher Drogen zum Spritzen harter Drogen.

Von den verwendeten Drogen werden nur die wichtigsten beschrieben:

Haschisch (Marihuana, Cannabis, Kif, tea, Pot, Hash, Schiet und viele andere Namen) wird in Afrika aus der harzigen Substanz gewonnen, die die Blüten der Hanfpflanze (Cannabis sativa) absondern. Marihuana ist die in Amerika übliche Aufbereitung aus Blüten und Blättern der gleichen Pflanze, die eine schwächere Wirksamkeit zeigt. Marihuana wird meist in Form von Zigaretten geraucht, Aufbereitungen von Haschisch als Gebäck oder Tee sind ebenfalls möglich. Hauptwirkstoff ist das Tetrahydrocannabinol (THC). In den verschiedenen Aufbereitungen ist es in stark variierender Dosierung enthalten, aber auch unter experimentellen Bedingungen mit der gleichen Dosis des THC werden unterschiedliche psychopharmakologische Effekte erzielt, wobei die subjektiven Auswirkungen offensichtlich von der Erwartungshaltung, den Vorerfahrungen und der momentanen Gestimmtheit abhängen. Nach Inhalation setzt die Wirkung innerhalb weniger Minuten ein, erreicht ihr Maximum nach 30 bis 60 min und kann bis zu 5 Std anhalten. Sie hinterläßt keine Dysphorie. THC kann bis zu 2 Wochen nach der letzten Einnahme im Organismus nachgewiesen werden. Haschisch wird bevorzugt in Gruppen geraucht. Schon bei niedrigen Dosen können Mißtrauen und Entfremdungsgefühle auftreten, in hohen Dosen Angstgefühle, psychotische Phänomene, die zu Panikreaktionen führen. Im allgemeinen kommt es zu einer heiteren Stimmungslage, einem wohligen Gefühl der Gleichgültigkeit und Leichtigkeit, sowie zu einer Intensivierung von Sinneseindrücken (Farben, Beatmusik), stärker gefühlsbetontes Denken, Assoziationsreichtum und erhöhte Phantasiebereitschaft können zu künstlerischen und religiösen Erlebnissen führen. Das Selbstwertgefühl wird dadurch erhöht, subjektiv entsteht der Eindruck, neuartige Erkenntnisse zu gewinnen und sich besser auf den anderen Menschen einstellen zu können. Dabei handelt es sich um ein wichtiges Motiv, das häufig von Jugendlichen angegeben wird, die sich nicht akzeptiert fühlen. Visionäre Erlebnisse, Halluzinationen werden ebenfalls geschildert. Die Wirkung wird von Jugendlichen gern als Bewußtseinserweiterung gekennzeichnet. Die zeitliche Orientierung und die kognitiven Funktionen sind herabgesetzt, zielorientiertes Handeln erschwert, so daß entgegen dem subjektiven Befinden der Eindruck einer Apathie vorherrschend ist. Meist verharren die Jugendlichen im Stillen vor sich hinträumend, andere zeigen einen erhöhten Bewegungsdrang.

Bei seltenem Gebrauch werden als *Motive* Freude an den gesteigerten Sinneseindrücken und die angebliche Verbesserung der sozialen Kontakte angegeben, bei regelmäßigem Verbrauch Euphorie, Entspannung und das Gefühl der Erleichterung angesichts Überforderung und Streß, sowie der Wunsch nach Harmonie und Verständnis.

Die *Tendenz zur Erhöhung* der Dosis bei wiederholtem Genuß ist gering. Körperliche Entzugserscheinungen fehlen. Die WHO charakterisiert die Wirkung als eine „mäßige bis deutliche Abhängigkeit von der angestrebten psychischen Wirkung bei weitgehendem Fehlen von körperlicher Abhängigkeit und typischen Abstinenzsymptomen, sowie geringer Tendenz zur Dosissteigerung". Eine erhebliche psychische Abhängigkeit wird jedoch beobachtet. Wie immer bei derartigen Suchtphänomenen ist die individuelle Disposition zur Entwicklung von süchtigem Verhalten gegenüber der pharmakodynamischen Wirkung der Substanz abzugrenzen, die bei Haschisch relativ gering ist. Über die psychopathologischen Folgen des chronischen Mißbrauches ist relativ wenig bekannt. Die Fixierung auf die positiv erlebte Euphorie scheint erheblich zu sein. Sie verbindet sich mit einer Einschränkung der kognitiven Funktionen, verminderter Aktivität mit geringerer Fähigkeit zu zielgerichtetem Vorgehen bei Problemen, zu geringerer Sozialanpassung und Störungen im Arbeitsverhalten, während die individuelle Freiheit, der Hang zur Vereinzelung, Überbetonung des Wunsches nach Harmonie und Verständnis erwähnt werden.

Als Schrittmacher beim Übergang zu anderen Drogen hat Haschisch eine große Bedeutung. Diese führte zu der Bezeichnung „Einstiegsdroge" in die Drogenkarriere. Dabei wäre im Einzelfall zu differenzieren, wie weit das „Umsteigen" auf andere Drogen mit der Gewöhnung an derartige euphorische Zustände und mit der Verlockung, diese zu intensivieren zusammenhängt, oder wie weit die zunehmende soziale Desintegration wirksam wird, die mit dem Eintritt in die Drogensezene verbunden ist, oder ob Verführung durch die Zugehörigkeit zu einer Gruppe, oder durch Händler, die kostenlos Proben abgeben, ausschlaggebende Bedeutung haben.

Wichtige psychopathologische Folgeerscheinungen der akuten Intoxikation sind die bereits genannten Angst- und Panikreaktionen, ferner paranoid-halluzinatorische Syndrome und relativ kurzdauernde Verwirrtheitszustände mit Stuporen und deliranten Zustandsbildern. Seltener kommt es zu protrahierten Psychosen schizophrener Prägung.

Nach drogenfreiem Intervall kann es unvermittelt zur Wiederholung der Erlebnisse kommen, die während der Intoxikation auftraten (flash-back, Echo-Effekt). Der psychische Ausnahmezustand wird mit der gleichen Lebhaftigkeit erlebt wie unter der Intoxikation. Diese Erfahrung, die auch nach LSD-Einnahme auftreten kann, ängstigt und verunsichert die Jugendlichen erheblich, führt darüber hinaus zu Störungen des Denkens und der Urteilsfähigkeit, die die Jugendlichen auch z.B. im Straßenverkehr gefährden können. Auslöser sind häufig Beat- oder Popmusik, psychedelische Bilder oder Plakate, oder etwa allein die Tatsache, daß ein Jugendlicher einem Gleichaltrigen seine Erlebnisse, die er unter der Einwirkung der Droge hatte, berichtete. Die Ursache dieses Phänomens ist nicht bekannt. Ein gewisses Verständnis läßt sich aber aus der Erfahrung ableiten, daß emotional stark bewegende Erlebnisse sehr plastisch in der Erinnerung bleiben und relativ leicht und eindrücklich wieder geweckt werden können. Zwar bleiben dabei meist die Ich-Funktionen und damit der Realitätsbezug intakt, doch kann es durch die Lebhaftigkeit der Erinnerungsbilder zu milden Derealisations- oder Depersonalisationserscheinungen kommen. Analogien bestehen sicher auch zur Auslösung von Anfällen bei bestimmten Epilepsie-Formen, z.B. durch Musik.

LSD. Das Lysergsäurediäthylamid (LSD-25) ist nach Haschisch das meistgebrauchte Halluzinogen. Es handelt sich um ein halbsynthetisches Mutterkornpräparat, das 1938 von Hofmann, in der Firma Sandoz entwickelt wurde. Dieser intoxikierte sich zufällig 1943 mit der Substanz und bekam lebhafte halluzinatorische Erlebnisse. Wissenschaftlich wurde das Präparat in den folgenden Jahren zur Herstellung von experimentellen Psychosen, auch psychotherapeutisch eingesetzt. Dazu genügen etwa 30 μg. Es handelt sich um eine geruchs- und geschmacklose Substanz, so daß im illegalen Handel Verunreinigungen leicht möglich sind und unterschiedliche starke Dosen unkontrolliert eingenommen werden können. Obwohl die therapeutische Breite groß ist, sind Todesfälle durch Überdosierung bekannt. Im allgemeinen werden 100 bis 400 μg auf Zucker oder Filzplättchen für einen „Trip" genommen. Der Wirkungsbeginn liegt etwa 45 min nach der oralen Einnahme, wenige Minuten nach der intravenösen Injektion. Die Wirkungsdauer beträgt zwischen 5 und 72 Std je nach Dosis und Disposition, wobei die psychotischen Phänomene innerhalb dieses Zeitraumes in ihrer Intensität stark variieren können, so daß ein erstes Abklingen keine Gewähr dafür bietet, daß sie endgültig vorüber sind!

An körperlichen Symptomen werden Erbrechen, Nausea, Hypersalivation, Steigerung der Herzfrequenz, Senkung des Blutdruckes, Hyperventilation, Temperaturanstieg, Hyperglykämie und Ataxie beobachtet. Die Bewußtseinsstörung überschreitet das Gefühl der Benommenheit und Traumhaftigkeit meist nicht, so daß in der Vergiftungsphase das Gefühl des „als ob" gegenüber den halluzinatorischen Erlebnissen meist erhalten bleibt (Pseudohalluzinationen). Sinneswahrnehmungen werden intensiver erlebt, die Brillanz der Farben nimmt zu. Farbige Nebel, Flackern, Glühen und Sprühen von Farbkomplexen tauchen auf, wahrgenommene Gegenstände verlieren ihre festen Konturen, diese geraten in Bewegung. Das Gefühl einer erhöhten Erlebnisbereitschaft mit einer besonderen Klarheit, Neuartigkeit und Einzigartigkeit vermittelt den Eindruck schöpferischer Fähigkeiten. Das Denken wird als beschleunigt empfunden, ist aber inkohärent. Die Stimmung ist euphorisch, kann aber rasch in Angst und Depression umschlagen. Wichtig sind Entfremdungsgefühle und wahnhafte Einstellung zur Umwelt. Die subjektiv empfundene Erhöhung des Leistungs- und Reaktionsvermögens, ja der Unverwundbarkeit und Omnipotenz, kann zu groben Fehleinschätzungen der eigenen Gefährdung führen. Motorrad- und Autojagden in enorm gesteigerten Geschwindigkeits- und Machtrausch werden geschildert. Ein Jugendlicher sprang aus dem Fenster in dem Gefühl fliegen zu können. Gelegentlich sind aggressive Handlungen aus einer wahnhaften Verkennung der Umwelt zu beobachten. Die Tönung der subjektiven Erlebnisse hängt, wie beim Haschisch, weitgehend von der Grundstimmung und Erwartungshaltung ab. Mythische Erlebnisse haben zu kultischen Gruppen in den USA, dem von Leary begründeten „Psychedelismus" geführt, der den Anspruch erhebt, die durch die Gesellschaftsstruktur bedingte Verkümmerung des Bewußtseins durch Weckung (pseudo-) religiöser Erlebnisse mit Hilfe der Droge zu überwinden.

Unter den psychopathologischen Folgeerscheinungen der akuten Intoxikation sind Angst- und Panikreaktionen, als Horrortrip oder bad-trip bezeichnet, sowie paranoid-halluzinatorische Psychosen zu nennen. Gelegentlich werden akut psychotische Jugendliche in die Klinik eingeliefert, die ihre Psychose darauf zurückführen, daß Kameraden ihnen eine Droge — wozu sich LSD wegen seiner Geruch- und Geschmacklosigkeit besonders eignet —

heimlich in ein Getränk gegeben hätten. Die Angaben lassen sich meist nicht überprüfen und stellen einen weiteren Faktor für die Erschwerung der ätiologischen Aufklärung akut psychotischer Phänomene in diesem Alter dar.

LSD bewirkt keine körperliche Abhängigkeit, auch treten keine Entzugssymptome auf. Negative Erfahrungen in Form von Horror-Trips halten aber die meisten erfahrenen Gebraucher nicht von der weiteren Einnahme der Droge ab. Länger anhaltende psychopathologische Phänomene, auch nach wenigen Einnahmen, sind paranoid-halluzinatorische Psychosen schizophrener oder exogener Prägung, lang anhaltende depressive Verstimmungen und hirnorganische Psychosyndrome mit massiven Gedächtnisstörungen, Antriebsarmut und erheblicher Herabsetzung der Steuerungsfähigkeit. Darüber hinaus kommt es nach drogenfreiem Intervall bis zu einem halben Jahr nicht selten zu einem Echoeffekt (flash-back s. S. 211).

Weitere Halluzinogene. Mescalin aus dem Kaktus Peyotel ist als Halluzinogen seit der Eroberung Mexikos bekannt und wurde zur Herstellung experimenteller Psychosen wissenschaftlich genutzt. Wie bei den Indianern wird es in der neuen Welt zu Vermittlung sakraler Erlebnisse im Rahmen der Drogenszene verwendet. Seine Wirkungsweise entspricht dem des LSD.

STP, auch DOM oder speed genannt, ist eine im Underground entwickelte synthetische Rauschdroge (2, 5, Dimethoxy-4-methylamphetamin), die wesentlich stärker und länger als das LSD wirkt und zu schweren Verwirrtheitszuständen führt. Sie ist insoweit besonders wichtig, als Neuroleptika, unter therapeutischer Indikation gegeben, die Wirkung potenzieren, so daß Todesfälle eintraten.

Psychostimulation (pep-pils, purpel hearts), unter den von Jugendlichen eingenommenen Psychostimulantien bilden die Weckamine die wichtigste Gruppe. Zu ihnen rechnet man verschiedene Phenylalkylamine (Amphetamin = Benzedrin, Elastonon, Metamphetamin = Pervitin, ferner Phenitylin = Captagon, Methylphenidat = Ritalin). Verwandt sind ferner Phenmetrazin = Preludin und das Mischpräparat Katovit und andere.

Die Medikamente wirken sympathikomimetisch. Es kommt zu Blutdruckanstieg, verstärkter Diurese, zur Steigerung der Atemfrequenz, Erweiterung der Bronchien, Verminderung des Appetits. Psychisch wirken sie stimulierend, steigern den Antrieb, setzen die Ermüdbarkeit herab und vermitteln eine mehr oder weniger erhöhte Stimmungslage mit regerer Phantasietätigkeit und stärkerem Zustrom von Einfällen. Libido und Potenz sollen bei Männern ab-, die sexuelle Erregbarkeit von Frauen zunehmen. Die intravenöse Applikation soll in besonderem Maße sexuell stimulieren. Ekstatische Zustandsbilder werden beschrieben mit dem Gefühl körperlos zu sein oder zu schweben. Das Ausmaß der psychopathologischen Folgeerscheinungen ist natürlich dosisabhängig.

Häufig werden diese Medikamente nur in Tablettenform eingenommen, um das Lebensgefühl zu erhöhen oder das rein subjektive Gefühl einer besseren Leistungsfähigkeit und Wachheit auszukosten. Es wird aber auch durch gleichzeitigen Alkoholgenuß ausprobiert, welche Art von Ausnahmezuständen herbeigeführt werden kann und wie „high" man dadurch wird. Vor allem in Skandinavien, aber auch in der BRD treffen sich die Jugendlichen in Gruppen, lösen die Tabletten in abgekochtem Wasser auf, filtrieren die Lösung durch Wolle und injizieren diese in Dosen von 200 bis 600 mg i.v. (Schießen oder Fixen genannt), bis zu 4–5mal täglich. Nach Ablauf einiger Tage werden Barbiturate injiziert, um Schlaf herbeizuführen. Diese Gruppen vernachlässigen sich stark, Kriminalität und Promiskuität, auch Geschlechtskrankheiten spielen eine bedeutende Rolle. Von 450 Patienten einer Poliklinik für drogenabhängige Jugendliche in Stockholm nahmen 300 Psychostimulantia zu sich.

Die Medikamente sind typische Suchtmittel insoweit, als Dosissteigerung bei rasch eintretender Gewöhnung notwendig ist, um die gewünschten Effekte zu erzielen. Es fehlen schwere Entzugssymptome. Bei chronischem Mißbrauch kann es zu rastloser leerer Geschäftigkeit, zu paranoiden Reaktionen mit mißtrauisch-ängstlicher Verstimmung, Beziehungs- und Verfolgungsideen, zuweilen auch hebephren gefärbten Psychosen mit Mikrohalluzinationen und zu Verfolgungs- und Größenideen kommen. Auch werden dysphorisch-depressive Zwangssyndrome beobachtet.

Opium-Alkaloide. Die wichtigsten aus dem Schlafmohn gewonnenen Substanzen, die auf der Drogenszene Bedeutung erlangt haben, sind Opium (O-Tinktur), Morphin, Heroin und Kodein, in zunehmendem Ausmaß auch Polamidon. Die erzielte Euphorie wird von keiner anderen Droge erreicht, eine schwere körperliche und psychische Abhängigkeit entsteht rasch. Die Entzugserscheinungen sind extrem belastend, so daß die Nötigung zur Fortsetzung der Einnahme besonders zwingend ist. Diese Suchtform ist in der Psychiatrie des Erwachsenenalters so bekannt, daß sie hier nicht näher dargestellt werden soll. Der illegale Handel blüht. Von jugendlichen Abhängigen werden in der letzten Zeit sehr häufig Apothekeneinbrüche durchgeführt, um in den Besitz dieser Drogen zu kommen.

Methadon = Polamidon ist ein synthetisches Opiumalkaloid. Durch das Methadon-Programm in den USA ist es besonders bekannt geworden und gewinnt auf der Drogenszene in der BRD auch zunehmend an Bedeutung, zumal es nicht selten unter einer falschen Indikation auch von Ärzten verordnet wird. Angesichts der Masse der Heroinsüchtigen in den USA und der verheerenden Auswirkungen des Heroins durch die rasch einsetzende Deprivation der Persönlichkeit, sowie durch die massive Beschaffungskriminalität sieht man derzeit keine andere Möglichkeit als die Heroinabhängigkeit durch eine Substitutionsbehandlung mit Polamidon, das regelmäßig an die registrierten Heroinabhängigen abgegeben wird, zu bekämpfen. Damit wird lediglich erreicht, daß eine sozial besonders gefährliche Form der Abhängigkeit durch eine andere ersetzt wird, die weniger destruktiv erscheint, mit einer milderen Euphorie einhergeht und die Hoffnung auf soziale Rehabilitation offen läßt. Der Erfolg des Methadon-Programmes ist umstritten. In der BRD sollte eine Substitutionsbehandlung in dieser Form nicht durchgeführt werden. Eine Indikation für die Anwendung von Polamidon besteht allenfalls bei der Durchführung von stationären Entziehungen bei Heroinsüchtigen zur Milderung der Entziehungserscheinungen.

Andere Drogen. Viele andere Mittel werden von Jugendlichen in oft wahlloser Abfolge eingenommen, um psychische Ausnahmezustände herbeizuführen. Dabei wissen die Jugendlichen gelegentlich gar nicht, was sie auf dem illegalen Markt kaufen. Tranquilizer werden aufgelöst und injiziert. Das Schmerzmittel Rosimon-neu ist unter den Jugendlichen bekannt und begehrt. Das Psychotonikum AN 1, zunächst nicht rezeptpflichtig, wurde in großen Mengen konsumiert. Hustensäfte, Ephetonin, Optipect, Peracon, Romilar werden wegen der darin in geringen Mengen enthaltenen psychisch stimulierenden Substanzen aufbereitet. Asthmazigaretten werden gekaut. Sie enthalten eine Atropin-ähnliche Substanz, die optisch und akustische Trugwahrnehmungen in einem traumartigen Schwebezustand herbeiführt. Die innere Oberfläche von Bananenschalen wird abgeschabt und geröstet, die eingedickte Substanz enthält Serotonin. Viele andere Praktiken geben die Jugendlichen untereinander weiter. Die Einnahme von Beruhigungs-

und Schlafmitteln (sog. down-pills) gehören zu den Drogen, die geschätzt werden.

Eine besondere Form stellt das *Schnüffeln* (Trilen) von Trichloräthylen, Chloroform oder von Benzol und Toluol enthaltenen Substanzen, u. a. Uhu und Pattex, sowie Fleckenwasser dar. Die entstehenden Gase werden oft unter einem Plastikbeutel gesammelt und tief inhaliert, wodurch erhebliche Rauschzustände bis zum Bewußtseinsverlust auftreten. Todesfälle sind bekannt, bei wiederholtem Gebrauch kommt es rasch zu Leberschädigungen.

Die bereits erwähnte Untersuchung in Baden-Württemberg hat gezeigt, daß praktisch alle sozialen Gruppen von Jugendlichen mit Drogenabhängigen durchsetzt sind, während zu Beginn der Drogenwelle mehr Jugendliche des gehobenen Mittelstandes davon betroffen waren. Drogenerfahrungen hatten:

Grund- / Hauptschüler 23%
Realschüler 28%
Berufsschüler 33%
Gymnasiasten 36%
Studenten 46%
Schüler insgesamt 32%
Lehrlinge insgesamt 36%
Jugendliche ohne abgeschlossene Berufsausbildung 36%
Jugendliche mit abgeschlossener Berufsausbildung 42%
Heiminsassen 56%

Ein Stadt-Land-Gefälle ist erkennbar. Drogenerfahrungen hatten in Orten

unter   2000 Einwohnern 24%
unter   20000 Einwohnern 35%
unter 100000 Einwohnern 39%
über   100000 Einwohnern 36%

Eine einheitliche Persönlichkeitsstruktur ist nicht erkennbar. Wie die Statistik bereits zeigt, muß zwischen Probierern, Konsumenten der verschiedenen Drogengruppen und den eigentlich polyvalent Süchtigen (Polytoxikomanen) unterschieden werden, die sich naturgemäß in dem Ausmaß der sozialen Desintegration unterscheiden. So ist es nicht verwunderlich, wenn Untersuchungen an Gruppen von Haschisch-Konsumenten aufzeigen, daß sich diese gegenüber Kontrollgruppen nur durch ihre Experimentierfreudigkeit, starke Beschäftigung mit der Gefühlswelt (auch anderer), Neigung zu Impulsivität und Rebellion oder gar Toleranz und Anpassungsfähigkeit unterscheiden. Diese Ergebnisse sind durch die untersuchten Zielgruppen bedingt, wobei in der Tat zum Beginn der Epidemie viele sozial Integrierte, sozialkritisch denkende, intelligente Schüler und Studenten meinten, diese neuen Erfahrungen positiv im Sinne einer Entkrampfung, Erweiterung der Erlebnisfähigkeit verwerten zu können.

Zu den charakteristischen Auswirkungen des Drogenmißbrauchs aller Gruppen gehören aber Abnahme der sozialen Verantwortlichkeit, zunehmende Isolierung und Beschäftigung mit sich selbst. So werden massive Symptome einer Verwahrlosung (s. S. 82) mit entsprechender Persönlichkeitsstruktur um so deutlicher, je mehr der Jugendliche der Drogeneinnahme verfällt. Depressive Züge, häufig auch vor Beginn der Drogenkarriere bereits erkennbar, nehmen zu und ein passives In-den-Tag-hineinleben herrscht vor, wobei durch Drogenhandel der Lebensunterhalt und die erheblichen Kosten für die Drogen bestritten werden. So sind die meisten Abhängigen auch dealer, kleine Händler, die ihren Alltag ganz an den Treffpunkten, die jedem in den einzelnen Städten bekannt sind, verbringen. Sie leben in der „Szene", die durch das Ausmaß an Freizügigkeit, den Austausch gegenseitiger Informationen und die Gelegenheit, immer auch in anderen Städten bei entsprechenden Gruppen Unterschlupf zu finden, einen echten „underground" darstellt. Über diesen erstreckt sich das Netz des professionellen illegalen Handels, dessen Macht nur selten in Form von Meldungen über die Beschlagnahme enormer Drogenmengen bekannt wird.

Genese und soziale Bedeutung. Den vielfältigen Überlegungen, die der Entstehung des Drogenproblems gelten und gelten müssen, stehen, trotz einer wahren Flut von Publikationen, relativ wenige empirische Untersuchungen gegenüber. Zweifellos hängt dies damit zusammen, daß „gesellschaftliche Fakten", deren Aktualität den Untersucher selbst mit einbezieht, nicht genügend objektiv erfaßt werden können, sondern zu einem Teil die subjektive Ausgangslage des Untersuchenden wiedergeben. Dies ändert unseres Erachtens nichts an dem Gewicht der geäußerten Argumente, warnt aber vor jeder Einseitigkeit. Bei der Behandlung des Drogenproblems gerät man unversehens an „letzte Menschheitsfragen", die die Haltung des einzelnen zu seinem Leben in der Diskussion ziemlich rasch erkennbar werden läßt.

Elemente des Rausches, des dionysischen, der religiösen Ekstase sind mit der Menschheitsgeschichte verbunden. Der Alkohol, für dessen Gefährlichkeit als Droge die auf 300000 geschätzten

Alkoholkranken in der BRD sprechen, stellt eine Droge dar, die in unser Gesellschaftsleben voll integriert ist. Menschen, die Alkohol aus prinzipiellen Erwägungen vermeiden, werden dementsprechend eher als Außenseiter mit einer gewissen Geringschätzung betrachtet. Ähnliche historisch gewachsene Beziehungen bestehen in anderen Kulturkreisen zu anderen Drogen. Das jetzige Drogenproblem unter Jugendlichen ist aber eine für unsere Gesellschaft neue Erfahrung, bei der, wie erwähnt, nicht eine einzelne Droge im Vordergrund steht, sondern die Tendenz junger Menschen, die Bewußtseinslage mit irgendeiner Droge zu verändern.

Der Boden für einen derartigen Mißbrauch war nach dem Kriege offensichtlich nicht bereitet, als amerikanische Truppen Marihuana in großen Mengen in die BRD brachten. Wichtige Veröffentlichungen über Haschisch aus den dreißiger Jahren, auch in deutscher Sprache, lagen vor. Beringers Versuche mit Mescalin waren lange vorher bekannt, auch die große Verbreitung der Werke Gottfried Benns hatte seine Ansicht bekannt gemacht, daß die Möglichkeiten des menschlichen Gehirns mit Hilfe von Drogen weiter ausgeschöpft werden könnten. Huxleys Bericht über „die Pforten der Wahrnehmung" erschien 1954 in Deutschland, LSD wurde zu therapeutischen Zwecken benutzt.

Nicht die Kenntnis dieser Drogen hat offensichtlich die Entwicklung ausgelöst, sondern ihre Verbindung mit der zunehmenden Unzufriedenheit und der mehr oder weniger deutlichen Artikulation einer Gegenposition gegenüber einer leistungs- und konsumorientierten Gesellschaft, damit der Frage nach den Zielsetzungen im menschlichen Leben, die von jeder Generation Jugendlicher radikaler gestellt und bedrängender erlebt wird, als von den meisten Erwachsenen. So stehen am Anfang der Drogenepidemie wesentlich deutlicher, als sich für den Psychiater am einzelnen Patienten erkennen läßt, intellektuelle Bemühungen um die inzwischen aus jedermanns Mund zu vernehmende Formel um die Verbesserung der Lebensqualität mit den grundsätzlichen Antagonismen Individium — Masse, schöpferisches Dasein — Konsum, Autonomie — Außenlenkung, Gemeinschaft — Gleichschaltung, Ungebundenheit — Besitz, Lebenswagnis — Lebenssicherung usw.

Es fehlt nicht an Bekenntnissen der älteren Generation, die im Drogenproblem den Aufschrei einer um vieles enttäuschten und betrogenen Jugend sehen und die darauf abheben, daß „die materiellen Werte der Wohlstandsgesellschaft keine Herzen füllen". In dem Drogenkonsum der Jugendlichen wird eine Parallele zu dem sich ausbreitenden Alkohol- und Tablettenmißbrauch Erwachsener erblickt, die den vermehrt auftretenden Spannungen durch eine weitgehende Entfremdung der Arbeitswelt, Anonymisierung des alltäglichen Lebens, Mangel an persönlicher Entfaltung auch durch Freizeitgestaltung als Fertigware, damit einer zunehmenden Einengung der persönlichen Entfaltungsmöglichkeiten im individuellen Nahraum zu beschwichtigen suchen. Die pathogene Bedeutung der gegenwärtigen Gesellschaftsstruktur wird von anderen Stimmen darin gesehen, daß in Folge der günstigen materiellen Lage immer weniger Kräfte für die Sicherung grundlegender Lebensbedürfnisse aufgewendet werden müssen, so daß die weitgehende Lebenssicherung es auch Außenseitergruppen erlaubt, eine Existenz am Rande der Gesellschaft zu führen. Es wird weiter darauf abgehoben, daß durch den Abbau traditionsgebundener Haltungen eine zunehmende Relativierung von Wertvorstellungen erfolgt, die durch die Informationen der Massenmedien in den engsten Familienkreis eindringt und dadurch sowohl den Generationenkonflikt verschärft, wenn sich die Elterngeneration zu den traditionellen Haltungen bekennt, als auch die ältere Generation so zu verunsichern vermag, daß sie dem Generationenkonflikt auszuweichen trachtet. Hierin deutet sich die grundsätzliche Problematik der Erziehung in einer informierten, pluralistischen Gesellschaft ab, für deren Konfliktlösungsverhalten die älteren Generationen bisher selbst wenig überzeugende Konzepte entwickeln konnten und zwischen Verteufelung des „Gegners" und extremer Permissivität in ängstlicher Abwehr schwanken. Diese epochaltypischen Aspekte werden dadurch ergänzt, daß die Zunahme des internationalen Verkehrs dem illegalen Drogenhandel die rigorose kommerzielle Nutzung jugendtümlicher Bedürfnisse erlaubt, die in legaler Form in der Bekleidungs-, Schallplatten-, Motorradindustrie mit dem gleichen Zynismus (Werbeslogan einer Motorradfirma: „Die Freiheit hat 2 Räder") betrieben wird.

Die phasenspezifischen Aspekte, die das Jugendalter als einen besonders gefährdenden Lebensabschnitt für den Drogenmißbrauch erscheinen lassen, sind ausführlich im Zusammenhang mit den Reifungskrisen (s. S. 174) besprochen worden. Die jugendtümliche Statusunsicherheit durch die Ablösung vom Elternhaus, die Notwendigkeit der Integration in den erweiterten Sozialraum, die Identitätsprobleme dieses Lebensabschnittes führen zu einer Tendenz sich an Gleichaltrige anzulehnen.

In dem teilweise ritualisierten gemeinsamen Genuß von Drogen kommt es zu einem verstärkten Erlebnis der Zugehörigkeit. Die oft kritiklose Aneignung und Verführbarkeit durch Idole, auch exstatische Elemente in der Beatmusik haben einen bahnenden Effekt. Als führendes Motiv für die erste Einnahme von Drogen wird Neugier angegeben, die durch die Weitergabe der Drogen unter Gleichaltrigen leicht befriedigt werden kann. Weitere Motive sind Vereinsamung, Langeweile, der Wunsch nach Selbsterfahrung. Nicht selten verbergen sich schwere Selbstwert- und Kontaktprobleme mit dem tiefliegenden Bedürfnis nach Geborgenheit und Halt dahinter, die es erleichtern, eine Identität in der Negation des Überlieferten und im Außenseiterdasein des „undergrounds" zu suchen und — als therapeutisch erschwerendes Moment — ja auch in einem Maße zu finden, wie dies bisher bei in ihrer Sozialisation beeinträchtigten Jugendlichen in der BRD zumindest nicht der Fall war.

Relativ häufig finden sich Anzeichen für eine depressive Struktur im neurosenpsychologischen Sinne. Die Angehörigen berichten, daß die Jugendlichen in der Kindheit wenig aktiv bei der Knüpfung zwischenmenschlicher Beziehungen waren, nur wenige Patienten haben einen festen Freund oder können eine Lieblingsbeschäftigung angeben. Passive Formen der Bedürfnisbefriedigung werden bevorzugt, frustrierte Größenphantasien lassen sich in den zu hoch gesteckten Bildungszielen erkennen, mehr als ein Drittel der Patienten eigener Beobachtung haben Suicidversuche unternommen. In der Leichtfertigkeit, mit der oft hohe Dosen intravenös injiziert werden, lassen sich suicidale Elemente erkennen. Unbefriedigte und nicht realisierbare symbiotische Tendenzen, ein weiteres wichtiges Kriterium einer depressiven Struktur, zeigen sich in der Häufigkeit mit der manche Patienten ihre sexuellen Partner wechseln, diesen kurzfristig und gelegentlich mit einer überraschenden Ausschließlichkeit anhängen, um sie dann ebenso plötzlich enttäuscht von sich zu stoßen.

Die Identifizierung mit den oft parolenhaft wiederholten Thesen, daß die gegenwärtige Gesellschaft keine Chancen einer kreativen Selbstverwirklichung bietet, läßt sich nicht selten auf eine relativen Überforderung zurückführen. Die geistige Leistungsfähigkeit entspricht nicht dem vom Elternhaus angestrebten Ausbildungsziel. Die Jugendlichen übernehmen die Ansprüche ihrer Eltern hinsichtlich ihres Bildungsniveaus, sie haben hohe Erwartungen an sich selbst, auch recht unrealistische Vorstellungen über ihre berufliche Zukunft.

Ihre eigene Insuffizienz wird mit Hilfe einer lebhaften Beschäftigung mit sozialen und politischen Problemen unter dem Drogenmißbrauch abgedeckt. Unter Umgehung des Erwerbs eines fachgerechten Wissens finden die Drogenabhängigen in der Diskussion mit linksorientierten Schülern und Studenten ein Niveau vor, das ihren sicher von den Eltern übernommenen Ansprüchen an das Sozialprestige gerecht wird. Gleichzeitig bietet sich ihnen in einer derartigen, völlig unverarbeiteten und klischeehaft übernommenen Identität die Möglichkeit, die immer vorhandenen latenten Aggressionen gegen den erzieherischen Druck des Elternhauses als politische Opposition zu deklarieren. Wie nicht anders zu erwarten, bestätigen statistische Erhebungen über die Lebensbedingungen der Drogenabhängigen in der Kindheit, daß die häuslichen Verhältnisse um so häufiger und massiver gestört sind, je stärker das Ausmaß der Abhängigkeit ist. Die familiären Belastungen mit erheblichen Persönlichkeitsproblemen der Eltern, Suiciden, Alkoholismus, Körperkrankheiten, die unvollständigen Familien und schweren Ehekonflikte stellen das für den Kinderpsychiater gewohnte Bild der Lebensbedingungen von sozial depravierten Jugendlichen her. Von den drogenkonsumierenden Jugendlichen der bereits wiederholt zitierten Befragung nannten ihr Verhältnis zum Vater

ausgezeichnet	18%
recht gut	28%
mittelmäßig	35%
nicht besonders gut	58%

und ihr Verhältnis zur Mutter

ausgezeichnet	22%
recht gut	32%
mittelmäßig	39%
nicht besonders gut	58%

Von den mit ihren Eltern zusammenlebenden Jugendlichen nahmen 28%, von den in einem Mietzimmer allein wohnenden 51% Drogen zu sich. Bei Dauerkonsumenten wurden in Deutschland zu 82% „broken home"-Situationen gefunden und zwar bedingt durch:

uneheliche Geburt	16,5%
Scheidung der Eltern	33,0%
Stiefvater oder Stiefmutter	46,0%
Tod eines Elternteils	20,0%
Tod beider Eltern	2,0%

Die sozialen Auswirkungen des Drogenproblems für die Allgemeinheit lassen sich erst annähernd bestimmen. Es ist damit zu rechnen, daß die sozialpsychiatrischen Aufgaben die Dimensionen annehmen, die die Versorgung schizophren Erkrankter derzeit stellt. Für den betroffenen Jugendlichen sind sie ähnlich schwerwiegend. Die Beschaffung von Drogen nimmt allmählich eine zentrale Stellung ein. Die kriminelle Gefährdung wächst durch die Notwendigkeit, finanzielle Mittel für die Drogen aufzubringen. Elternhaus, Schule und Lehrstelle werden verlassen, die Jugendlichen machen sich keine Gedanken um ihre Zukunft. Das Leben in einem angeblich erfüllten Hier und Jetzt in dem durchweg vorhandenen Bewußtsein der Gefährlichkeit der Drogen und eines wahrscheinlich frühen Todes wird bejaht. Die Frustrationtoleranz wird jedoch immer geringer, der einmal gebahnte Fluchtweg immer häufiger beschritten, auch wenn dem Jugendlichen deutlich wird, daß er sich immer weiter von der Erfüllung seiner Wünsche entfernt.

Die Versäumnisse in der Ausbildung lassen sich in späteren Jahren nur schwer aufholen. Darüber hinaus bleiben altersspezifische Konflikte unter der schützenden Decke der Droge unerledigt. Dadurch scheint ein Reifungsdefizit zu entstehen, das selbst bei Jugendlichen, die schließlich willens sind, sich ohne Hilfe der Drogen mit der Realität auseinanderzusetzen, relativ leicht zu depressiven Versagenszuständen führt. Die pharmakodynamische Wirkung der Drogen wird durch die altersspezifischen Probleme und die sehr bald einsetzende soziale Desintegration so potenziert, daß der Weg in die soziale Ordnung mit jedem Schritt in die Drogenszene schwieriger wird.

Diagnose und Differentialdiagnose. Das Ausmaß der Abhängigkeit ist im Rahmen einer ambulanten Untersuchung schwer zu bestimmen. Viele Jugendliche verhalten sich im drogenfreien Intervall unauffällig und Entzugserscheinungen fehlen häufig. Erst nach mehrtägigem Entzug der Mittel können sich aber doch Zustände einer erhöhten Reizbarkeit, dysphorische Verstimmungen, sowie Schlafstörungen und andere vegetative Symptome einstellen, in denen sich die Patienten gequält fühlen und auch selbst das Ausmaß ihrer Gebundenheit an Drogen erkennen.

Für die Angehörigen sind die psychischen Auffälligkeiten in Form von Stimmungsschwankungen, Reizbarkeit, wechselhaftem Verhalten mit Dysphorie, Antriebsschwäche, alternierend mit ausgeprägten Aktivitäten in Nebensächlichkeiten, Schul- und Leistungsversagen, vermehrtes Schlafbedürfnis, Rückzug in verträumtem Verhalten u.a.m. häufig der Anlaß, eine Drogeneinnahme zu vermuten und

den Jugendlichen in der Sprechstunde vorzustellen. Da diese Symptome aber unspezifisch sind und im Rahmen einer juvenilen Reifungsproblematik häufig auftreten, läßt sich die Frage, ob die Verhaltensauffälligkeiten mit einem Drogenmißbrauch in Beziehung stehen, ohne die Mitarbeit des Jugendlichen selbst nicht beantworten, zumal die körperlichen Symptome einer Abhängigkeit erst in fortgeschrittenen Stadien alarmierend werden können. Dann werden schlechter Ernährungszustand, Rötung der Skleren, Kreislauflabilität, Einstichstellen, Gefäßverödungen, Tremor, Nystagmus, skandierende Sprache, chronische entzündliche Veränderungen der oberen Luftwege, genitale Erkrankungen, Parasitenbefall und pathologische Leberfunktionsproben beobachtet, die den Patienten eindeutig als leidend erkennen lassen.

In frühen Stadien ist die Diagnose aber weitgehend abhängig von den Angaben, die der Jugendliche macht. Das Ausmaß der Abhängigkeit wird leicht verkannt, da die Angaben oft lückenhaft sind und der Jugendliche die Drogeneinnahme, bzw. ihr Ausmaß, leugnet. Für den jungen Arzt stellen die häufigen Lügen Süchtiger über das Ausmaß ihres Konsums leicht eine Enttäuschung dar, da er sich in seiner Hilfsbereitschaft nicht ernst genommen fühlt, so daß er sich selbst immer wieder daran erinnern muß, daß dieses Verhalten als Symptom und nicht moralisch gewertet werden sollte. Nicht selten geben die diffusen und widersprüchlichen Angaben über den Konsum Anlaß zu kriminalistischen Tendenzen beim Arzt, der gerne ein objektives Bild vom Patienten haben möchte. Es erscheint jedoch wichtiger, das Vertrauen des Patienten zu gewinnen und dabei Ungewißheiten über das Ausmaß seiner Gefährdung zunächst einmal in Kauf zu nehmen, um den Patienten wieder in die Sprechstunde zu bekommen. Besonders wenn die Angehörigen eine erste Untersuchung des Jugendlichen veranlaßt haben, erscheint der Arzt leicht als deren Beauftragter und muß mit entsprechenden Vorbehalten des Jugendlichen rechnen, die zunächst bearbeitet werden müssen.

Aus eigenem Antrieb führen der Wunsch, von der Droge loszukommen, körperliche Begleiterscheinungen, oder auch das Bedürfnis ein orientierendes Gespräch über das Ausmaß der eigenen Abhängigkeit zu führen, die Jugendlichen zum Arzt. Bei einer derartigen Ausgangslage ist eher mit zutreffenden Angaben über das Ausmaß des Konsums zu rechnen. Selten wird Drogenkonsum von Jugendlichen angegeben, obwohl diese keine Berührung damit hatten. Derartige pseudologistische

Tendenzen bei einer erheblichen Selbstwertproblematik dürfen nicht außer acht gelassen werden.

Bei jedem akut psychotischen Zustandsbild (s. S. 393) muß auch an eine Intoxikation mit Drogen gedacht werden. Deshalb sind beim ersten Kontakt mit dem Patienten, bzw. mit dessen Begleitpersonen, die Umstände sorgfältig zu erfragen, unter denen der psychische Ausnahmezustand aufgetreten ist. Dazu gehören auch die Fragen nach dem Namen, der Anschrift, dem Alter und den Angehörigen des Patienten. Welche Drogen könnten eingenommen worden sein, in welcher Form und seit wann? Wenn möglich wird die Sicherstellung von Drogenresten und Konsumutensilien, eventuell von Erbrochenem, Urin oder Stuhl veranlaßt.

Zur Identifizierung von Präparaten gibt es Screening-Tests der Firma Merck, Darmstadt, mit denen Haschisch, LSD, Mescalin nachgewiesen werden können, auch Schnelltests für Opiate. In biologischem Material ist LSD nicht nachzuweisen, dagegen gibt es anscheinend noch unsichere Verfahren zum Nachweis von Haschisch im Urin. Auch Mescalin, Weckamine, Morphin und Derivate sind im Urin nachweisbar.

Das Befinden des intoxikierten Patienten erlaubt in der Regel keine Rückschlüsse auf die Art der Droge, die die Intoxikation hervorgerufen hat, da die Symptome unspezifisch sind. Als grobe Orientierung kann der Hinweis dienen, daß Cannabis, Haluzinogene, Psychostimulantien, Kokain, Atropin zu Erregungszuständen mit produktiv psychotischen Phänomenen und Tachykardie, Hyperthermie, Mydriasis führen, während Opiate graduelle Bewußtseinstrübungen bis zur Bewußtlosigkeit mit Hythothermie, Cyanose und Bradykardie mit Atemdepression hervorrufen.

Therapie und Prognose. Die akuten Psychosyndrome im Zusammenhang mit Drogenmißbrauch fordern eine besondere vorsichtige therapeutische Intervention, da häufig nicht bekannt ist, welche Drogen die Intoxikation verursacht haben. Manchmal entstehen überhaupt Zweifel, ob Drogen den Zustandsbildern zu Grunde liegen, da die Jugendlichen in der Psychose vermuten, daß Gleichaltrige ihnen heimlich Drogen in ein Getränk gegeben haben. Die Angaben beteiligter Jugendlicher sind mit Zurückhaltung zu verwerten, da der Drogenmißbrauch geleugnet werden kann, den Jugendlichen selbst nicht bekannt ist, welche Droge sie eingenommen haben, bzw. die Möglichkeit besteht, daß ihnen andere als die deklarierten Substanzen verkauft wurden. Wenn die Substanzen erreichbar sind, sollten sie schnellstmöglich analysiert werden, auch wenn das Zustandsbild des Jugendlichen zunächst nicht bedrohlich wirkt.

Die allgemeinen Maßnahmen werden wie bei jeder akuten Intoxikation getroffen: Überwachung von Herz und Kreislauf, gegebenenfalls Gabe von Novadral, Freihalten der Atemwege, Überwachung der Atemfunktion, Transport in eine Intensivstation unter ärztlicher Überwachung.

Bei Angst- und Erregungszuständen ist Valium in Dosen von 10 bis 20 mg i.m. oder sehr langsam i.v. das Mittel der Wahl. Vor der Anwendung von Barbituraten, Reserpin, Tricyclischen Psychopharmaka, Antidepressiva und zentral angreifenden Kreislaufmitteln wird wegen der potenzierenden Wirkung mit der Gefahr einer Atemdepression, bzw. wegen der Provokation von Anfällen gewarnt.

Beruhigender Zuspruch bei Angst- und Erregungszuständen (horror-trips) wirkt häufig sehr gut. Dies ist den Jugendlichen als „talk down" bekannt.

Zur Beschleunigung der Entgiftung kann unter stationären Bedingungen Lasix gleichzeitig mit einer Infusion, die neben Lävulose Reducdyn, Thioctacid und Vitamine enthält, gegeben werden.

Vor allen psycho- und sozialtherapeutischen Maßnahmen steht hier in besonders bedrängender Weise die Forderung nach Prävention. Die Aufklärung der Jugendlichen über die Gefährlichkeit der Drogen ist zwar notwendig, aber nicht ausreichend. Die Vorträge vor Schulklassen, in breitem Stil praktiziert, erweitern zwar die Kenntnisse über Drogen, erreichen aber die gefährdeten Jugendlichen nicht, da die der Drogenkarriere zu Grunde liegende seelische Problematik nicht genügend angesprochen wird, bzw. in der Anonymität einer Vortragssituation schlecht angesprochen werden kann. Tatsächlich sind den meisten Drogenabhängigen, wie den Alkoholikern und Rauchern auch, die Gefahren der Drogen bekannt. Die Jugendlichen selbst begegnen meist den Belehrungen von „Etablierten" mit der üblichen Skepsis, es fehlt eine Vertrauensbasis, die derartige Veranstaltungen fruchtbar werden lassen könnten.

Die Prävention von Drogenabhängigkeit unterscheidet sich nicht von den allgemeinen präventiven Maßnahmen, die von Kinder- und Jugendpsychiatern hinsichtlich der Früherkennung und Frühbehandlung seelischer Fehlentwicklungen gefordert werden. Die epidemische Ausbreitung des Drogenmißbrauchs unterstreicht vielmehr die Notwendigkeit derartiger Maßnahmen, die in einer Intensivierung der Familienfürsorge in der Vorschul- und frühen Schulzeit mit entsprechender Elternaufklärung, Beratungsmöglichkeiten für Eltern, Verbesserung des schulpsychologischen Dienstes bestehen müßten, aber auch grundsätzliche Erwägungen umfassen sollten, wie Erziehung zu besseren zwischenmenschlichen Beziehungen in der gegenwärtigen Gesellschaftsstruktur realisiert werden kann. Diese Forderungen entsprechen im Kern durchaus den ursprünglichen sozialen Zielsetzungen junger Drogenkonsumenten. Eine nicht unbedeutende Barriere für eine fachliche sozialpädagogische oder psychotherapeutische Intervention stellt die aus der Statusunsicherheit des Jugendlichen entspringenden Scheu vor erwachsenen Therapeuten dar, so daß bei dem gegenwärtigen Stand der Aufklärung unter Schülern und Lehrlingen nicht damit gerechnet werden kann, daß diese Altersgruppe mit der gleichen Selbstverständlichkeit wie Studenten psychotherapeutische Beratungsstellen aufsucht. Um so notwendiger erscheint eine kontinuierliche Propagierung derartiger Beratungsmöglichkeiten mit Hilfe eines schulpsychologischen Dienstes.

Die Intensivierung der polizeilichen Maßnahmen gegen die Händler hat erste Erfolge erbracht. Weitere internationale Bemühungen sind notwendig. Drogenabhängige, die selbst zur Beschaffung von Drogen handeln, mit der gleichen strafrechtlichen Härte zu verfolgen, wie die ja nicht abhängigen Händler, wird der Tatsache nicht gerecht, daß die betreffenden Jugendlichen als krank zu bezeichnen sind und therapeutische Intervention indiziert ist. Eine Unterbringung von jugendlichen Drogenabhängigen in Strafanstalten ist abzulehnen, wenngleich sie sich zur Zeit nicht vermeiden läßt, sobald Vergehen dies erforderlich machen. Die Unterbringung in psychiatrischen Kliniken bzw. Landeskrankenhäusern hat sich — wie nicht anders zu erwarten — angesichts der mangelnden sozial- und psychotherapeutischen Möglichkeiten in diesen Institutionen als weitgehend insuffizient erwiesen. Dies ist aber nicht allein der Grund für das Scheitern derartiger Behandlungsversuche. Selbst Spezialabteilungen mit hervorragender personeller und materieller Ausstattung, die Drogenabhängige auf freiwilliger Basis aufgenommen haben, zeigten nur erschreckend geringe Erfolge. Dies ist auf die schon erhebliche Apathie und Unzuverlässigkeit der Drogengeschädigten zurückzuführen, die sich gegen jede Form eines verpflichtenden Rahmens abkapseln, ausgeprägt frustrationsintolerant sind und keinen Leidensdruck empfinden, sobald akute

körperliche Beschwerden oder situative Belastungen beseitigt werden.

Angesichts dieser Probleme, die ja durchaus den Erfahrungen der Psychiatrie des Erwachsenenalters mit Süchtigen entsprechen, und angesichts des epidemischen Charakters des derzeitigen Drogenmißbrauches ist die Frage berechtigt, ob es sich ärztlich ethisch vertreten läßt, das Prinzip der Freiwilligkeit in der Behandlung, wie es in der derzeitigen Form praktiziert wird, aufrecht zu erhalten, denn die überwiegende Mehrzahl der Drogenabhängigen bleibt ihrem Schicksal überlassen.

Diese Frage zu verneinen, würde aber bedeuten, daß es notwendig ist, den Drogenabhängigen von seiner Umwelt, die ihn erneut verführt und die er selbst induziert rigoros zu trennen. Die gesetzlichen Vorschriften mit denen derartige Maßnahmen eingeleitet werden könnten, sind durchaus vorhanden. Sie kann auf Antrag der Eltern bzw. des sonst Sorgeberechtigten im Rahmen der freiwilligen Erziehungshilfe (§ 62 JWG), sonst über den Vormundschaftsrichter als Fürsorgeerziehung (§ 64 JWG) bei noch nicht Mündigen erfolgen. In den § 72 und 73 des Bundessozialhilfegesetzes ist die Unterbringung derartig Gefährdeter, die älter als 18 Jahre sind, geregelt. Nach Straftaten, die im Zusammenhang mit einer Sucht begangen werden, ist die Unterbringung zur Besserung möglich, wenn eine erhebliche Verminderung der strafrechtlichen Verantwortlichkeit vorliegt (§ 21 StGB). Die Klinikaufnahme von Minderjährigen ist mit Zustimmung der Eltern oder des sonst Sorgeberechtigten ohne weiteres möglich. Fehlt diese, so erfolgt die richterliche Einweisung nach den Unterbringungsgesetzen in den einzelnen Bundesländern. Hierbei ist die Gefährdung des Jugendlichen, bzw. des jungen Erwachsenen für sich selbst oder für andere Voraussetzung. Der Perfektion der gesetzlichen Regelungen steht ein Mangel an Institutionen gegenüber, in denen eine Langzeitbehandlung unter Berücksichtigung der speziellen therapeutischen Bedürfnisse Jugendlicher durchgeführt werden kann. Das berechtigte Unbehagen über die Verhältnisse in vielen Fürsorgeerziehungsheimen hat dazu geführt, daß geschlossene Institutionen aufgelöst worden sind und öffentlich verpönt werden. So lebt in der BRD zur Zeit eine nicht unbedeutende Anzahl von Jugendlichen, die nicht in offenen Heimen zu halten sind und so lange ohne die ihnen zustehende Erziehungsmaßnahmen bleiben, bis sie straffällig und dann vom Jugendrichter eingesperrt werden, wenn kein anderer Ausweg bleibt. Die analoge Situation besteht bei den Drogenabhängigen. Die Öffentlichkeit sieht zu, wie sich die jungen Menschen sukzessiv zerstören, solange sie nicht straffällig werden. Sie beruft sich dabei auf ein Konzept der Freiheit des Einzelnen und der Freiwilligkeit in der Behandlung, die sie allerdings auch davon entbindet, so gute therapeutische Institutionen zu schaffen, daß die Ausübung von Zwang zu rechtfertigen wäre.

So beruhen die derzeitigen Initiativen in therapeutischer Hinsicht auf Freiwilligkeit, wobei zwei Prinzipien unterschieden werden müssen: Hilfe zur Selbsthilfe und institutionalisierte Hilfe. In der letzteren werden mehr konventionelle Formen der Rehabilitation angewendet: Entgiftung durch einen etwa 6wöchigen Klinikaufenthalt, anschließend Unterbringung in einem sozialtherapeutischen Heim für Drogenabhängige, schließlich sozialpädagogische Überwachung nach der Entlassung. In der Klinik hat es sich dabei als nachteilig erwiesen, mehr als zwei drogenabhängige Jugendliche auf einer Station aufzunehmen, da sich die starke Tendenz zur Gruppenbildung auch angesichts der abwehrenden Haltung anderer Patienten als therapeutisches Hindernis stark bemerkbar macht, zumal sich die Jugendlichen sehr schwer in die übliche Klinikordnung einzufügen vermögen und in ihrer Außenseiterposition durch andere Drogenabhängige bestärkt werden. So fehlt es nicht an Rückschlägen bereits in dieser Phase des 3stufigen Rehabilitationsmodells. In den sozialtherapeutischen Heimen wird der Versuch gemacht, über Einzel- und Gruppenpsychotherapie zu einer Analyse der Konflikte und der gegenwärtigen Lage zu kommen, die Kommunikationsfähigkeit und das Selbstwertgefühl des Abhängigen zu stärken und durch Ermittlung der Begabungsschwerpunkte, Förderung sportlicher, spielerischer und sozialer Aktivitäten eine berufliche Integration vorzubereiten, die in der abschließenden Phase vom Heim aus eingeleitet wird. Große Hilfsorganisationen, wie „Daytop" und „Synanon" in den USA sind in der BRD nicht gegründet worden. Diese stellen einleitend starke Anforderungen an die Frustrationstoleranz der Hilfsbedürftigen in mehreren ersten Gesprächen mit ehemaligen Drogenabhängigen, die in der Institution angestellt sind. Die absolute Unterwerfung unter das Programm bei gleichzeitiger starker persönlicher Zuwendung, Ermunterung und Stützung des gestörten Selbstwertgefühles zeigen die ausgeprägte Hilfs-Ich-Funktion derartiger Institutionen in den ersten Monaten an, die dem Drogenabhängigen eine immer stärkere Akzeptation seines Lebensschicksales und eine immer kräftigere Identifizierung mit dem Status eines Menschen ermöglicht,

der sich helfen ließ und der die Kraft gehabt hat, mit seinem Schicksal fertig zu werden (ähnlich wie bei den Anonymen Alkoholikern).

Die „Hilfen zur Selbsthilfe" in der BRD gehen von der Erkenntnis aus, daß die drogenabhängigen Jugendlichen weitgehend eine institutionalisierte Hilfe ablehnen, die als Werkzeug der gegenwärtigen Gesellschaftsstruktur betrachtet wird. Diese Arten der Unterstützung sind ständig der Kritik ausgesetzt, daß damit Gruppen, z. B. Release, unterstützt werden, die unserer Gesellschaftsstruktur entgegenarbeiten und einen Freiraum schaffen, in dem allzu leicht ein Drogenangebot erneut auftritt. Dies ist insbesondere insoweit wichtig, als derartige Einrichtungen das Interesse von bisher nicht drogenabhängigen Jugendlichen in hohem Maße erwecken. Wesentlich an diesen Institutionen erscheint aber, daß sie einen Zufluchtsort für die drogenabhängigen Jugendlichen bilden und Kontakt zu Fachleuten geknüpft werden kann, der eine therapeutische Intervention erlaubt. Es erscheint deshalb richtig, Lebens- und Wohngemeinschaften, die etwa unter dem Namen „Realease" Gruppen in einigen Großstädten existieren, zu unterstützen und entsprechende Kommunikationszentren mit Aufenthalts- und gegebenenfalls Übernachtungsmöglichkeiten zu errichten, die mit Wohngemeinschaften in Verbindung stehen, in denen zum Teil junge Sozialpädagogen tätig sind. Darüber hinaus sind Institutionen im Sinne einer „free-clinic" insoweit ein echtes Hilfsangebot, als hier die Drogenabhängigen eine ärztliche und auch soziale Betreuung bekommen können, die ihre Ablehnung konventioneller Hilfsformen berücksichtigt. Der finanzielle und räumliche Aufwand für ein derartiges Ambulantorium mit einigen Übernachtungsmöglichkeiten ist gering, es könnten an ihnen junge sozial engagierte Assistenten, die eine psychiatrische Ausbildung anstreben, auf einer Assistentenstelle einer benachbarten Nervenklinik verbleiben, die in der Lage sind, mit Geduld und Toleranz auf die speziellen Probleme dieses Patientenkreises einzugehen, der etwa, nach ausländischen Erfahrungen, einen zehnfach größeren therapeutischen Aufwand erfordert als Alkoholiker. Die erhebliche Belastung, die der Umgang mit Drogenabhängigen für den Arzt und Sozialpädagogen darstellt, darf dabei nicht übersehen werden, denn deren Kontaktschwäche, Mißtrauen gegenüber allem Fremden, erhebliche Egozentrizität und Unzuverlässigkeit wecken beim Therapeuten Aggressionen, die einer Supervision gerade bei jungen und hilfsbereiten Ärzten bedürfen. Andererseits sind die Persönlichkeitsprobleme so offenkundig und werden häufig von den intelligenten Drogenabhängigen so eindringlich erlebt und wiedergegeben, ist die Suche nach neuen Lebensformen auch in ihrer Profanisierung durch die Drogenabhängigkeit so ernst zu nehmen, daß eine derartige Arbeit auch mit großem persönlichen Gewinn verbunden ist, zumal unkonventionelle Formen des Umganges mit Patienten, der weitgehend die Barrieren der Vorbildung und der sozialen Herkunft zu überwinden versucht, die Notwendigkeit einer engen Zusammenarbeit mit den Außenseiter-Gruppen und dem Sozialarbeiter Erfahrungen sammeln läßt, die für eine allgemeine Verbesserung der psychiatrischen Versorgung der Bevölkerung wertvoll sind.

Über die Prognose, insbesondere über prognostische Kriterien kann derzeit noch nichts verläßliches ausgesagt werden. Man nimmt an, daß etwa 60000 jugendliche Frühinvalide bereits jetzt vorhanden sind.

III. Alkoholismus

Symptomatik. Der Alkoholkonsum hat in den Kulturländern nach dem 2. Weltkrieg ständig zugenommen. Die durchschnittlich von einer vierköpfigen Personengruppe in der BRD verbrauchte Menge an Bier und Wein entsprach im Jahre 1952 16,16 Liter reinem Alkohol, im Jahre 1962 30,60 Liter reinem Alkohol. An dem steigenden Verbrauch sind Jugendliche absolut und relativ erheblich beteiligt. Man rechnet in der BRD mit 3–400000 Alkoholikern, unter diesen mit 8—9% Jugendlichen. Unter der Stadtbevölkerung in der Schweiz soll auf 4 erwachsene Trinker 1 Jugendlicher kommen.

Bei Kindern ist die Abhängigkeit von Alkohol sehr selten. Diese mögen in der Regel alkoholische Getränke nicht, essen aber oft sehr gerne alkoholhaltige Süßigkeiten. Das Vergnügen, das Erwachsene in Geselligkeiten mit Alkoholgenuß zeigen, weckt zweifellos die Neugier und ein Verlangen bei den Kindern, dem Rechnung getragen werden muß. Unter heftig abwehrenden Reaktionen der Erwachsenen wächst das Interesse und führt manchmal zu der Angewohnheit, in unbeaufsichtigten Momenten Reste zu naschen. In einer abgewogenen erzieherischen Haltung sollten die für das Kind unangenehmen Geschmacksqualitäten betont und den Kindern alkoholfreie Getränke mit entsprechenden Anreizen (bunte Gläser, Strohhalm) angeboten werden, wenn die Kinder überhaupt mit dem Alkoholkonsum Erwachsener konfrontiert werden.

In manchen Weinbaugebieten bekommen Kinder relativ früh zu den Mahlzeiten Most oder verdünnten Hauswein, der auch verharmlosend als „Haustrunk" bezeichnet wird, aber alkoholhaltig ist. In vielen Gegenden bestand früher die Gepflogenheit, Säuglinge mit schnapsgetränkten und zuckerhaltigen Saugern ruhig zu stellen.

Tramer erwähnt einen 4jährigen Jungen, der ein suchtartiges Verlangen nach Most zeigte, nachdem der Vater ihn daran gewöhnt hatte. Bei einem 9jährigen Mädchen eigener Beobachtung bestand die Neigung, aus der Schnapsflasche zu naschen. Es entwickelte auch eine deutliche Vorliebe für Bier, das Kind saß nach dem Genuß mit trüben Augen auf dem Bett herum. Das Geld, mit dem das Mädchen sich Alkohol und Süßigkeiten kaufte, stahl es. Es handelte sich um ein empfindsames, kontaktscheues, unterdurchschnittlich geistig leistungsfähiges Kind, das einnäßte, eine protrahierte Trotzhaltung bot, aggressiv gegen Gleichaltrige war, aber bei Zuwendung ein kleinkindhaftes Bedürfnis nach Zärtlichkeiten entwickelte. Die Eltern wirkten wenig belastbar, labil und außerordentlich reizbar. Sie hatten gar kein Verständnis für das Kind. Dieses war häufig von ihnen mißhandelt worden. Der Zusammenhang zwischen dem Alkoholbedürfnis und der emotionalen Mangelsituation des Kindes ist hier offensichtlich.

Ähnliche Beziehungen lassen sich auch bei verwahrlosten Jugendlichen in der Pubertät aufzeigen, die in Ausnahmesituationen zu Alkohol greifen. Derartige Situationen ergaben sich z.B. nach Diebstählen unter der Angst, ertappt zu werden, beim Herumstreunen, sobald der Jugendliche nicht mehr weiß, wohin und an wen er sich wenden soll oder nach einem affektvollen Hinauswurf durch den Lehrherrn. Unter dem Gefühl der Ausweglosigkeit und Verzweiflung werden meist unverhältnismäßig große Mengen Alkohol aufgenommen, die rasch zur akuten Alkoholvergiftung führen (s. S. 330). Analogien zu Suicidversuchen lassen sich erkennen.

Unter den Jugendlichen nimmt das gewohnheitsmäßige Trinken von Alkohol nach dem Alter von 17 Jahren rasch zu. Dabei handelt es sich um einen Freizeitalkoholismus. Vorwiegend an den Wochenenden, seltener täglich nach Feierabend, werden Gaststätten aufgesucht, die unter den Jugendlichen als Treffpunkt bekannt sind. In Deutschland wird Bier bevorzugt, in der Schweiz ebenfalls in Städten das Bier, während auf dem Lande Wein am häufigsten gewählt wird. Erst dann folgen Getränke mit höherem Alkoholgehalt. Der Alkoholgenuß ist nicht anders als bei Erwachsenen als Teil der Geselligkeit zu werten und hat meist nicht die Bedeutung eines pathologischen Phänomens, solange er andere Formen der Geselligkeit, Tanz, Spiel und Gespräch als Randerscheinung begleitet. Oft aber ersetzt der Alkoholkonsum weitgehend andere Aktivitäten und dient als Mittel, die Langeweile und Hilflosigkeit gegenüber dem Freizeitangebot zu überbrücken.

Derartige Jugendliche sind nicht als eigentliche Alkoholiker zu bezeichnen, doch ist der Übergang zur Abhängigkeit in engerem Sinne fließend, bei der in zunehmendem Maße der Alkoholkonsum dem Ausgleich von Konflikten und Kontaktschwierigkeiten dient:

Etwa bei Karl-Heinz, einem 17jährigen, dessen Vater Hilfsarbeiter ist und dessen Mutter aus einer Handwerkerfamilie stammt. Unter dem Druck des sozialen Aufstiegs ihrer Brüder versuchte die Mutter den Status der Familie zu heben. Ein Haus wurde gebaut, die Schwester des Patienten wurde Auslandskorrespondentin, der Jugendliche selbst wollte Ingenieur werden. In der Volksschule hatte er erhebliche Schwierigkeiten, blieb sitzen, galt als faul und widersetzlich, wurde geschlagen und dann wieder hoffnungsvoll von der Mutter verwöhnt. Mehrere Versuche in einer Lehre als Automechaniker scheiterten schließlich. Der Jugendliche hat einen Intelligenzquotienten von 84, niemand erkannte die Überforderung. Er wich häuslichen Auseinandersetzungen aus, ging ins Wirtshaus, betrank sich immer wieder, wechselte ständig den Arbeitsplatz, geriet in Geldnot, stahl, streunte schließlich herum, riß aus Heimen aus und mußte in eine Jugendstrafanstalt gebracht werden.

Eine derartige Verbindung einer sich allmählich anbahnenden Abhängigkeit von Alkohol mit anderen Symptomen eines dissozialen Verhaltens findet sich sehr häufig. Nur selten ist in diesem Alter aber die Abhängigkeit so ausgeprägt, daß ein chronischer Alkoholismus im Sinne der Definition der Weltgesundheitsorganisation diagnostiziert werden muß. Nach dieser sind Alkoholiker exzessive Trinker, deren Abhängigkeit vom Alkohol einen solchen Grad erreicht hat, daß sie deutliche geistige Störungen, Gesundheitsschäden und eine Beeinträchtigung der mitmenschlichen Beziehungen sowie der sozialen und wirtschaftlichen Funktionen aufweisen.

Zu den Symptomen des *chronischen Alkoholismus* gehören Verminderung der geistigen Leistungsfähigkeit, Nachlassen des Gedächtnisses, der Merkfähigkeit, der Interessen, Stimmungslabilität, Reizbarkeit und Verwahrlosungssymptome. In körperlicher Hinsicht finden sich Gastritis, morgendliches Erbrechen, Fettleber, Kreislaufstörungen, Reflexausfälle und Sensibilitätsstörungen.

Die Erscheinungen des *einfachen Rausches* sind zu bekannt, als daß sie ausführlich dargestellt werden müßten. Es kommt zu Koordinationsstörungen, Stand- und Gehunsicherheit, Artikulationsschwierigkeiten, Antriebssteigerung, Enthemmung, Euphorie oder reizbar depressiver Verstimmung, die Reaktionsfähigkeit ist herabgesetzt, die

eigenen Fähigkeiten werden leicht überschätzt, der Denkablauf ist dagegen verlangsamt.

Gelegentlich sind auch im Jugendalter *Sonderformen* der akuten Alkoholeinwirkung wichtig, und zwar

der *pathologische Rausch*. Dabei handelt es sich um einen Dämmerzustand, der bei entsprechend disponierten Menschen schon durch den Genuß geringer Alkoholmengen auftreten kann. Es kommt zu psychotischen Symptomen, wie illusionären Verkennungen, Halluzinationen, Desorientiertheit und schwersten motorischen Unruhezuständen, für deren Dauer eine Amnesie besteht. Disponierend sind Hirnfunktionsstörungen nach Traumen oder entzündlichen Erkrankungen.

Bei der *Alkoholhalluzinose* handelt es sich um eine körperlich begründbare Psychose mit akustischen und optischen Halluzinationen und Verfolgungswahn. Die Patienten sind dabei bewußtseinsklar, voll orientiert, zeigen keine motorische Unruhe. Am häufigsten finden sich akustische Halluzinationen in Form von Stimmen, die die Patienten beschimpfen oder abfällig über sie reden. Die Meinungen darüber, ob es sich bei diesem Zustandsbild um eine durch den Alkohol ausgelöste Schizophrenie handelt oder ob die toxische Wirkung des Alkohols im Vordergrund steht, sind kontrovers.

Als *Alkoholepilepsie* bezeichnet man die unter Alkoholeinfluß auftretende Disposition zu epileptischen Anfällen. Man nimmt an, daß in den meisten Fällen eine latente Epilepsie vorliegt, die durch den Alkohol aktiviert wird. Charakteristisch dafür ist, daß die Anfälle bei Alkoholabstinenz wieder verschwinden.

Bei der *Dipsomanie* kommt es im Rahmen von Verstimmungszuständen zu einem dranghaften Trinken. Bei der Mehrzahl der Fälle handelt es sich um psychopathische Persönlichkeiten, bei denen Verstimmungen ohne äußere Ursache in wechselnden zeitlichen Abständen auftreten.

Das *Alkoholdelir* (Delirium tremens) ist eine nach langjährigem Alkoholmißbrauch und vor allem bei plötzlichem Alkoholentzug auftretende körperlich begründbare Psychose, die bei Jugendlichen praktisch nicht beobachtet wird.

Genese und soziale Bedeutung. Im Zusammenhang mit der Symptomatik wurden bereits einige ätiologische Gesichtspunkte erwähnt. Für die starke Ausbreitung des Alkoholgenusses und damit für die wachsende Zahl von Alkoholikern sind Besonderheiten der derzeitigen Gesellschaftsstruktur von Bedeutung. Die Entwicklung zur *Mittelstandsgesellschaft* erlaubt vielen Jugendlichen, Geld für nicht lebensnotwendige Dinge auszugeben und über ihre Freizeit zu verfügen. Der Einfluß der *Reklame*, in der der Alkoholismus als Statussymbol angepriesen wird („Puschkin für harte Männer"), ist unübersehbar. Wichtig erscheint auch die deutliche *Passivisierung des Alltagslebens*. Es gibt für viele Jugendliche kaum Möglichkeiten, im Arbeitsleben eigene Initiative zu entfalten, auch in der Freizeit herrschen passive Formen der Unterhaltung, Kino, Fernsehen, Radio, Schallplatten vor. Gleichzeitig werden die Kinder und Jugendlichen weder im Elternhaus noch in der Schule erzieherisch hinreichend auf den Umgang mit dem überstarken Konsumangebot vorbereitet.

Die Trinkgewohnheiten von Jugendlichen haben häufig ihr Vorbild im Elternhaus. Der Alkoholkonsum findet mehr als früher im Familienkreis statt. Neue Formen haben sich herausgebildet, z. B. der sog. *Fernsehalkoholismus.*

Für den Jugendlichen kann der Alkoholgenuß ein Statussymbol sein und altersspezifische Gesellungstendenzen fördern. Die Abhängigkeit vom Alkohol entwickelt sich stets unter individuell ungünstigen Bedingungen, für die bereits Beispiele (s. S. 222) genannt wurden. Hier ist auch auf eine Isolierung von Jugendlichen infolge äußerer Entstellung, die i.S. eines Thersiteskomplexes (Stutte) verarbeitet wird, hinzuweisen. Die Kontaktschwierigkeiten dieser Patienten zentrieren sich um eine körperliche Auffälligkeit, z.B. um eine zu große Nase, Gesichtsasymmetrien, Naevi u.a.m.

Der Alkoholmißbrauch ist sehr oft mit anderen Anzeichen einer Dissozialität verbunden und dann als ein Symptom einer milieubedingten oder aus erzieherischen Fehlern erwachsenen Fehlentwicklung zu werten. Wie bei anderen Formen des süchtigen Verhaltens ist das Bedürfnis nach mühelosem Genießenwollen, eine Sehnsucht nach Geborgenheit zu erkennen, die den Patienten häufig als infantil, erhöht abhängig von äußeren Einflüssen (heteronom als Gegensatz zu autonom) erscheinen und den Alkoholismus als Folge deutlicher regressiver Tendenzen verstehen läßt. Wie bei den drogenabhängigen Jugendlichen sind auch unter den Alkoholikern depressive Grundhaltungen nicht selten.

Ursachen und Folgen des Alkoholmißbrauches sind nicht immer leicht abzugrenzen. Die Unfähigkeit, andere Formen einer Bedürfnisbefriedigung zu finden, bindet den Jugendlichen mehr an den Alkohol, beeinträchtigt seine Leistungsfähigkeit und sein Selbstwertgefühl, bahnt ähnliche Ausweichreaktionen bei Schwierigkeiten. Es kommt zu Arbeitsbummelei, Geldmangel führt zu Diebstählen

und anderen Delikten. Der Anteil der unter Alkoholeinfluß begangenen Delikte ist von 5,2 % in wenigen Jahren auf 23 % aller Delikte Jugendlicher gestiegen. Die enthemmende Wirkung spielt dabei eine bedeutende Rolle. Sie fällt besonders bei Gewaltverbrechen mit schweren Affektdurchbrüchen, auch bei Schlägereien und Leichtsinntaten aller Formen auf, worunter vor allem die Verkehrsdelikte zu nennen sind. Häufig werden auch Selbstmordtendenzen unter dem Einfluß des Alkohols realisiert.

Diagnose und Differentialdiagnose. Die Diagnose einer Alkoholabhängigkeit ergibt sich aus der Vorgeschichte. Wichtig ist es, die einzelnen Faktoren zu klären, die im Einzelfall zu der Fehlentwicklung geführt haben und das Ausmaß der Gefährdung hinreichend verläßlich zu erkennen. Auf endogendepressive Schwankungen muß geachtet werden. Differentialdiagnostisch ergeben sich keine Probleme.

Therapie und Prognose. Die Therapie richtet sich nach den Ergebnissen der speziellen Diagnostik. Meist stehen bereits dissoziale Handlungen im Vordergrund, wenn fachkundige Hilfe hinzugezogen wird. Die zu treffenden Maßnahmen haben diese in erster Linie zu berücksichtigen. Durch die Alkoholhörigkeit engen sich die Möglichkeiten einer offenen Hilfe, etwa durch Erziehungsbeistandschaft, Aufnahme in ein Lehrlingsheim oder durch Strafaussetzung zur Bewährung, empfindlich ein, da die betroffenen Jugendlichen zu labil erscheinen, um bei den zwangsläufig auf sie zukommenden Belastungen durch neuen Arbeitsplatz etc. nicht wieder zum Alkohol greifen. Bei derartigen Versuchen ist eine enge Zusammenarbeit zwischen Erziehungsberechtigtem oder Lehrherrn, Fürsorger und Arzt sehr wichtig.

Speziell für Jugendliche geeignete geschlossene und halboffene Unterbringungsmöglichkeiten, in denen intensive psycho- und sozialtherapeutische Arbeit geleistet werden kann, fehlen weitgehend.

Die Hoffnungen, die sich an eine Dauermedikation von Antabus (Disulferam) knüpfen, werden oft enttäuscht, da die regelmäßige Einnahme bei den meisten Patienten, die eine derartige Behandlung nötig hätten, wegen der ungünstigen Milieubedingungen nicht zu realisieren ist. Unter der Wirkung des Medikamentes erfolgt der Abbau des Alkohols bis auf die Stufe des Acetaldehyds. Dieses wirkt toxisch und ruft Schwindel, Atemnot, Brechreiz und Herzklopfen hervor. Ähnlich wie bei der Anwendung von Apomorphin, das zu Erbrechen führt, wird damit ein aversiver Reiz gesetzt, der als bedingter Reflex wirkt.

Der Prävention kommt eine wichtige Bedeutung zu. Das Gesetz zum Schutze der Jugend in der Öffentlichkeit und das Gaststättengesetz verbieten die Abgabe von Alkohol an Kinder bis zu 14 Jahren. Abgabe und Gestatten des Genusses von Branntwein bis zu 18 Jahren sind ebenfalls generell verboten. Andere alkoholischen Getränke dürfen Jugendlichen von 16—18 Jahren ausgeschenkt werden, jedoch den 14—16jährigen nur in Anwesenheit von Erziehungsberechtigten. Mit Verboten wird den präventiven Notwendigkeiten nicht genügt. Der wirksamen Reklame müßte eine ebenso schlagkräftige Aufklärung gegenüberstehen, vor allem aber müßten die Jugendlichen besser auf den Umgang mit derartigen Konsumgütern vorbereitet, Freizeitinitiativen und Interessen geweckt werden. Dies gilt in besonderem Maße für sozial schwache Bevölkerungsteile.

Über die Prognose bei jugendlichen Alkoholikern sind keine Zahlenangaben bekannt. Die Aussichten auf einen Erfolg psychotherapeutischer Maßnahmen sind um so größer, je früher der Jugendliche zur Behandlung kommt und die zugrunde liegenden Konflikte angesprochen werden können.

IV. Nicotinmißbrauch

Repräsentative Erhebungen haben gezeigt. daß ein hoher Prozentsatz der Jugendlichen raucht. Die Vergleiche einzelner Untersuchungen, auch aus anderen Ländern, sind dadurch erschwert, daß der Begriff „Raucher" unterschiedlich definiert wird. Das Ausmaß des Tabakkonsums ist entscheidend. Es lassen sich jedoch einige Tendenzen erkennen, die wichtig sind.

In das Alter von 6—14 Jahren fallen z. T. extrem hohe Angaben über das Zigarettenrauchen. Dabei handelt es sich aber in der Regel um einen Neugier- oder Renommierkonsum, der mengenmäßig nicht ins Gewicht fällt. Die Häufigkeit regelmäßig rauchender Jugendlicher steigt dann aber rasch an.

Nach von Harnack u. Mitarb. rauchen von 14—15jährigen Schülern in der Stadt 41% der Jungen, 33% der Mädchen, auf dem Lande 45% der Jungen und 12% der Mädchen.

Mehr als 14 Zigaretten pro Woche rauchen in der Stadt unter den 14—15jährigen Schülern 13% der Jungen, 2,5% der Mädchen, auf dem Lande 10% der Jungen und 0% der Mädchen. Unter den 17—18jährigen Schülern hat sich das Bild bereits deutlich gewandelt: in der Stadt rauchen 40% der Jungen, 19% der Mädchen, auf dem Lande 51% der Jungen, 8% der Mädchen mehr als 14 Zigaretten pro Woche.

Unter den Gewerbeschülern in der Nordschweiz (Biener) rauchten im Alter von 16—19 Jahren 48% der jüngeren, 61% der älteren männlichen Jugendlichen und 38% der jüngeren und 49% der älteren weiblichen Jugendlichen. Mehr als 20 Zigaretten pro Tag rauchten bereits 24% der älteren Jugendlichen in der Stadt. Die Filterzigarette wird weitaus bevorzugt, nur wenige rauchen allein Pfeife. Auf dem Lande setzt früher als in der Stadt das Rauchen von Stumpen ein. Im Hinblick auf die gesundheitliche Gefährdung ist es wichtig zu erwähnen, daß aus finanziellen Gründen die Zigaretten möglichst weit aufgeraucht werden. Kinder aus einfachen sozialen Verhältnissen beginnen früher zu rauchen als solche aus der sozialen Mittel- oder Oberschicht. Erst mit 17 Jahren gleichen sich die Werte an. Bei den Mädchen sind die Unterschiede in der sozialen Herkunft nicht so groß.

Eigentliche *Motive* für das Rauchen können von vielen Jugendlichen nicht angegeben werden. Gewohnheit, Freude am Genuß werden recht oft genannt, auch Nervosität, Ärger und eine beruhigende Wirkung. Nicht selten ist die Abhängigkeit vom Zigarettenkonsum begleitet von der durchaus ablehnenden Haltung gegenüber dieser Gewohnheit. Auch werden rauchende Gleichaltrige oder Idole nicht bewußt höher geschätzt als Nichtraucher. Viele rauchende Jugendliche sind gut orientiert über die gesundheitlichen Gefahren.

Die Tatsache, daß die Werbung für Tabak an 1. Stelle der Reklamekosten in der Bundesrepublik steht, spricht jedoch für sich. Oft beginnt der Konsum mit geschenkten Zigaretten, also durch Einflüsse von Gleichaltrigen. Die Rauchgewohnheiten der Eltern habe große Bedeutung. Der Anteil von rauchenden Jugendlichen steigt von 46% bei nichtrauchenden Eltern auf 63%, wenn beide Eltern rauchen.

Ein Nicotinabusus süchtigen Charakters entwickelt sich erst jenseits des Jugendalters, jedoch sind der frühe Beginn, die Stärke der Gewohnheit zu inhalieren und das Alter wesentliche Faktoren für die Rückfallswahrscheinlichkeit bei Entwöhnungsversuchen. 55% der älteren Jugendlichen und Heranwachsenden haben derartige Versuche bereits gemacht.

Den Charakter eines solitären Symptoms hat das Rauchen selten. Bei einzelnen Pubertierenden ist die Tendenz viel zu rauchen mit anderen, im Vordergrund stehenden Symptomen: Schulversagen, Stehlen, Naschen verbunden und wie diese auf altersspezifische Konflikte zurückzuführen. Die aufmerksamkeits- und geltungsherrschende Eigenart des Symptoms kann auf Selbstwertprobleme, z. B. bei altersentsprechend zu kleinen und allgemein retardierten Jungen, hinweisen. Die Toleranz der Eltern gegenüber dem frühen Rauchen ist manchmal auf Schuldgefühle wegen mangelnder emotionaler Zuwendung zurückzuführen.

Die *soziale Bedeutung* des Rauchens ist hinreichend bekannt. Es bestehen keine Zweifel am Ausmaß der gesundheitlichen Gefährdung. Für die Jugendlichen ergeben sich zusätzliche Gefahrenmomente daraus, daß ein erheblicher Teil des Taschengeldes für Rauchwaren ausgegeben wird und damit der Anreiz zu Diebstählen, insbesondere zu Automatendiebstählen, Einbrüchen in Kiosken, wächst.

Während sich hinsichtlich der Diagnose und Differentialdiagnose keine Probleme ergeben, ist die Therapie sehr schwierig. Ergebnisse über Versuche mit Entwöhnungsmittel liegen für Jugendliche nicht vor. Auch bei dieser Gewöhnungsform stehen präventive Maßnahmen im Vordergrund. Die Möglichkeiten einer einprägsamen Propagierung der Gefahren, der Versuch, der Statussymbolik des Erwachsenseins entgegenzuwirken und die Intensivierung des Interesses an Sport und anderen Aktivitäten werden nicht genügend genutzt. 12% der 18—20jährigen sind als Gewohnheitsraucher zu betrachten.

Literatur

Biener, K.: Genußmittel und Suchtgefahren. Basel, Freiburg, New York: Karger 1969.

Bschor, F.: Jugend und Drogenkonsum. Soziale Arbeit **19**, 2—16 (1970).

Ehrhardt, H. E. (Hrsg.): Perspektiven der heutigen Psychiatrie. Frankfurt/M.: Gerhards & Co. 1972.

Geldmacher-v. Mallinckrodt, M.: Nachweis und Bestimmung von Sucht- und Rauschmitteln im klinischen Laboratorium. Erscheint in: Dtsch. Apothekerzeitung voraus. 1974.

Harnack, G. A. v., Linn, Ch., Reinecke, E.: Über die Verbreitung des Rauchens bei Kindern und Jugendlichen. Dtsch. med. Wschr. **92**, 329—334 (1967).

Kielholz, P., Ladewig, D.: Über Drogenabhängigkeit bei Jugendlichen. Dtsch. med. Wschr. **95**, 101—105 (1970).

Kleiner, D.: Aktuelle Rauschgiftprobleme bei Jugendlichen. Unsere Jugend **21**, Heft 5 (1969).

Leutner, V.: Drogenbrevier des Arztes. Stuttgart-New York: F. K. Schattauer 1973.

Remschmidt, H., Dauner, I.: Klinische und soziale Aspekte der Drogenabhängigkeit bei Jugendlichen. Med. Klinik, **65**, 1993, 2041, 2078 (1970).

Remschmidt, H.: Haschisch und LSD. Med. Klinik **67**, 781—786 (1972).

Schmidbauer, W., Scheidt, I. v.: Handbuch der Rauschdrogen. München: Nymphenburger Verlagshandlung 1971.

Schmitt, L., Stöckel, F., Kaiser, L.: Drogengebrauch unter Jugendlichen in Baden-Württemberg. Dtsch. Ärzteblatt 1972, 354—358.

Schrappe, O.: Gewöhnung und Süchte. Nervenarzt **39**, 337—350 (1968).

Stutte, H.: Jugendpsychiatrische Aspekte zur Suchtgefährdung. Suchtgefahren **13**, 8—20 (1967).

Oligophrenien und Demenzzustände

Von H. Harbauer

I. Allgemeine Vorbemerkungen

1. Definition

Die Oligophrenie (Schwachsinn) wird „von der Psychiatrie wenig und schlecht behandelt" (Kurt Schneider).

Zur Oligophrenie werden hier „psychische Schwächezustände" gerechnet, die dadurch charakterisiert sind, daß sie 1. vererbt oder frühzeitig, d. h. in der Schwangerschaft, während der Geburt oder in früher Kindheit, erworben wurden und 2. hauptsächlich die Intelligenz betreffen (E. Bleuler).

Die Versuche, den Begriff der Intelligenz zu umschreiben, bzw. die an ihn zu stellenden Anforderungen klar zu definieren, sind vor allem im psychologischen Schrifttum zahlreich. Piaget sieht in der Intelligenz „die höchste Form der geistigen Anpassung". Er hat die Integration von aufeinanderfolgenden Strukturen innerhalb der Intelligenzentwicklung dargestellt, von denen jede die nächste aufbaut. W. Stern umschreibt Intelligenz als Fähigkeit, sich unter zweckmäßiger Verfügung über Denkmittel auf neue Forderungen einzustellen", und Kurt Schneider sieht in der Intelligenz „das Ganze der Denkvollzüge mit ihrer Anwendung auf die praktischen und theoretischen Aufgaben des Lebens".

Intellektuelles Vermögen wird heute dynamischer aufgefaßt und nicht mehr nur als Ausdruck einer statisch bleibenden Anlage betrachtet. Bei jedem Intelligenzmangel, vor allem den leichteren Formen, ist es deshalb notwendig, den Anteil des „Apparatemangels" von den mehr dynamischen Ursachen zu trennen.

Die *Oligophrenie* stellt als negative Veränderung der Intelligenzentwicklung die häufigste psychische Störung beim Kind und Jugendlichen dar. Sie ist ein Zustand, der in den meisten Fällen durch multifaktorielle Voraussetzungen zustande kommt. Dies wird in der Formulierung von Heber angesprochen, mit dem „Mangel an sozialer Anpassung, der auf das Individuum aufmerksam und soziale und juristische Bemühungen notwendig macht, sowie durch die unterdurchschnittliche intellektuelle Funktion,

welche die geistige Retardierung von anderen Formen der Störung menschlicher Leistungsfähigkeit unterscheidet". Nach Benda ist „ein Mensch vom Rechtsstandpunkt aus oligophren, wenn er nicht imstande ist, sich selbst und seine Angelegenheiten zu besorgen und wenn er dies auch nicht lernen kann, sondern zu seinem eigenen und dem Wohle der Gesellschaft Überwachung, Kontrolle und Fürsorge braucht".

Die Weltgesundheitsorganisation definierte Oligophrenie in Übereinstimmung mit der amerikanischen Gesellschaft für „Mental Deficiency": "Mental retardation refers to subaverage general intellectual functioning which originates during the developmental period and is associated with impairment in adaptive behavior."

Als *Begabung* zeigt sich in gewisser Korrelation zur Intelligenz eine über das normale Maß hinausragende, spezielle Fähigkeit, die als fakultatives Charakteristikum die Einzelpersönlichkeit färbt. Auch ein oligophrenes Kind kann deshalb Begabungen besitzen z. B. im rechnerischen Bereich, im Zeichnen oder in der Musikalität. In herausragender Form wird sie bei Oligophrenen selten beobachtet. Tramer unterschied deshalb bei Oligophrenien eine relative und absolute Begabung; eine relative Begabung liegt dann vor, wenn sie sich über dem sonst erniedrigten geistigen Niveau und unter dem der Durchschnittserwartung bewegt. Von einer absoluten Begabung kann erwartet werden, daß sie über das Maß des Durchschnitts hinausragt.

In klassischer Definition wird mit dem Begriff *Demenz* eine im späteren Leben erworbene Geistesschwäche bezeichnet. Bei den Schwachsinnszuständen des frühen Kindesalters stößt diese Diagnose auf Schwierigkeiten. Die Begriffsverwendung ist deshalb unsicher geworden, weil Verlaufsbeobachtungen neben dem Postulat eines erworbenen Defizits die Forderung nach dem bleibenden Defekt in Frage gestellt haben. Die Metamorphose des Demenzbegriffes von der Verwendung für einen gesetzmäßigen, irreparablen Abbau zu einem solchen Begriff, der die Irreparabilität nicht mehr unabdingbar postuliert, hat dazu geführt, daß vor Abschluß des Jugendalters, von Extremfällen abgesehen, die Beurteilung einer Demenz im allgemeinen nicht als endgültig vorgenommen werden sollte. Auch im Erwachsenenalter wird deshalb heute von reversibler und irreversibler Demenz gesprochen (Weitbrecht).

Die moderne Schwachsinnsforschung ist bestrebt, unser Unwissen über das Syndrom Oligophrenie durch neue Erkenntnisse bei der Ursachenfindung einzuengen, zumindest aber zu differenzieren, da „befundlose" Oligophrenien heute noch häufig diagnostiziert werden müssen.

Neben dem Begriff „Demenz" hat auch der Terminus „endogen" in der Schwachsinnsterminologie viel von seiner Rolle eingebüßt und ist differenzierenden Beschreibungen gewichen. Biochemische und neuropathologische Erkenntnisse führten zu neuen Zugängen. So hat Grüter am Beispiel der angeborenen Stoffwechselstörungen mit Schwachsinn auf den durch die Therapie möglichen dynamischen Ablauf hingewiesen. Der Terminus „angeboren" weist nur auf eine zeitliche Dimension hin, d.h. er will sagen, dieses Symptom sei bei der Geburt vorhanden gewesen. Der Enzymdefekt z. B. ist „angeboren", aber auch „vererbt". Die hieraus früher oder später entstehende Oligophrenie ist erworben, sie ist weder „kongenital", d.h. bei der Zeugung im Erbgut verankert, noch „konnatal" definiert, sondern stellt, wenn die intellektuelle Entwicklung erst sekundär geschädigt wurde, im üblichen Sprachgebrauch eine Demenz dar, ein Begriff, auf dessen Problematik bereits hingewiesen wurde.

Wahrscheinlich ist das Entstehen bestimmter Demenzbilder von einem phasenbedingten Reaktionsmuster mit abhängig. Bei unterschiedlicher Verlaufsdynamik ähneln sich die meisten Endzustände später wieder weitgehend. In diesem Zusammenhang ist zu unterscheiden, daß weder Ausmaß, noch Art der hirnorganischen Alteration mit Form und Ausmaß der Oligophrenie korrespondieren müssen.

Das Syndrom Oligophrenie zeigt sich also sehr komplex, es weist als Kern eine intellektuelle Unzulänglichkeit auf. Diese intellektuelle Unzulänglichkeit kann neben differierenden Ursachen sehr verschiedene Grade aufweisen.

Die *klinische Definition* der Oligophrenie orientiert sich, auch nach den Richtlinien der Weltgesundheitsorganisation an den Abstufungen des Intelligenzquotienten (s. S. 230): Diese Definition spricht von Debilität (mild mental retardation,

feeble-minded, moron) bei einem IQ von 69–50, von Imbezillität (moderate mental retardation, severe mental retardation, imbecile) bei IQ-Werten von 49–20 und bezeichnet Kinder mit einem IQ von 19–0 als idiotisch (profound mental retardation, idiocy). Als Dummheit bzw. Grenzbereich zur Debilität (borderline mental retardation, backwardness) wird ein IQ-Bereich definiert, der etwa zwischen 70 und 85 liegt. Dieser Versuch einer Standardisierung hat sich in seinen Begrenzungen, vor allem wegen relativer Verschiebung der IQ-Werte nach unten nicht allgemein durchgesetzt. Trotzdem werden durch diese Angaben bestimmte Erfahrungswerte definiert, deren Begrenzungen aber bei vergleichenden Untersuchungen jeweils definiert werden sollten.

Die Diskussion um die ausschließlich vom IQ abhängigen Gruppierungen ist nur von relativer Bedeutung, da alle testpsychologischen Untersuchungsergebnisse der Intelligenz nur in bestimmten Grenzen verwertbar sind. Diese Einschränkung trifft vor allem für die schweren Oligophrenieformen zu.

Die verschiedensten Untersuchungsmethoden erfassen bestimmte Aspekte, die sich nicht immer und befriedigend mit der klinischen Einschätzung des Schweregrades decken. Das intellektuelle Profil ist meist nicht einheitlich vermindert, bzw. auf einem gleichbleibenden Niveau relativ durchgängig herabgesetzt. In vielen differierenden Leistungsbereichen ist das „mehr" oder „weniger" für die gesamte Leistungsfähigkeit mit ihren vielen zusätzlichen milieu- und situationsabhängigen Voraussetzungen sehr entscheidend.

Schulorganisatorische Aspekte führten dazu, die leichte intellektuelle Unterentwicklung, d.h. die Debilität, als *Lernbehinderung* zu bezeichnen und den Begriff *Geistesschwäche* den mittleren und schweren geistigen Entwicklungsstörungen vorzubehalten. Debile Kinder lassen sich in Klassen für lernbehinderte Schüler fördern, imbezille Kinder benötigen zusätzliche Voraussetzungen, um zu einem lebenspraktisch verwertbaren Entwicklungsstand kommen zu können. Für die Abstufungen von Imbezillität und Idiotie bedeutet die Sprachleistung ein wesentliches Kriterium. Während imbezille Kinder sich fast immer sprachlich verständigen können, lernen idiotische Kinder oft nur einzelne Worte auszusprechen, bzw. sie besitzen einen ungewöhnlich dürftigen Sprachschatz.

Versuche, andere Nomenklaturen einzuführen, weichen entweder durch Begriffe wie „leichte, mittlere und schwere intellektuelle Unterentwicklung" nur in der Terminologie von der üblichen Beschreibung ab und orientieren sich, wie unter sonderpädagogischem Einfluß auch bei uns, an der pädagogischen Angehbarkeit.

2. Häufigkeit

Die Häufigkeitsangaben der Oligophrenie in der Durchschnittsbevölkerung sind uneinheitlich, weil sie vom Alter, vom Geschlecht, von der sozialen Situation, von der Familiengröße und vom Wohnbereich abhängig sind. Darüberhinaus spielen die Risiken unvollständiger statistischer Erfassung und die unterschiedliche Abgrenzung durch den IQ-Wert eine Rolle mit.

Die Angaben in unserem Kulturkreis liegen im Durchschnitt bei einer Häufigkeit der Debilität von 3—4%; $^1/_2$% der Bevölkerung wird als imbezill, $^1/_4$% als idiotisch definiert. Somit können etwa 5% unserer Bevölkerung als oligophren diagnostiziert werden. Bei Hinzunahme des Grenzbereichs („borderline-Fälle") würden etwa 15% der Bevölkerung als intelligenzgemindert beschrieben werden müssen. Lewis gibt ein prozentuales Häufigkeitsverhältnis der drei üblichen Abstufungen von 75—20—5% an; ähnliche Angaben werden auch durch von Verschuer gemacht. Häufigkeitsunterschiede im Hinblick auf das Geschlecht und die soziale Schichtung hängen von verschiedenen Faktoren ab. So wird beim sehr jungen Kind die Oligophrenie oft noch nicht entsprechend diagnostiziert und der erwachsene Oligophrene hat sich entweder überraschend gut angepaßt oder ist bereits verstorben. Die Häufigkeitsangaben bei den leichten Oligophrenieformen in der Sonderschule für Lernbehinderte beweisen, daß sich dort manchmal doppelt so viel Knaben wie Mädchen befinden. Hierfür dürften keine echten Häufigkeitsunterschiede verantwortlich sein, sondern eher eine unterschiedliche Leistungserwartung innerhalb der Geschlechter und die Einstellung von Knaben auf leistungsbezogene Anforderungen aggressiver zu reagieren. Exakten Häufigkeitsangaben steht ferner die Tatsache entgegen, daß einige heute abgrenzbare Einzelformen noch nicht lange Zeit genug erkannt sind. Auch die unterschiedliche institutionelle Unterbringung Oligophrener spielt hier eine Rolle mit. Manchmal wird auch die Oligophrenie im Schatten körperlicher Fehlbildungen und Leiden nicht bzw. nicht entsprechend diagnostiziert. Darüberhinaus bestehen sicher auch lokale und im geringem Ausmaß von Zeitläufen abhängige Schwankungen der Häufigkeit.

3. Genese

In den letzten 2—3 Jahrzehnten hat sich unser Wissen über die zum Schwachsinn führenden Ursachen erheblich vermehrt. Intensiven Wissenszuwachs verdanken wir vor allem biochemischen und genetischen Forschungsergebnissen sowie der besseren Aufhellung soziokultureller Faktoren. Die Alltagserfahrung der Klinik lehrt uns aber ebenso, daß trotz angewachsenen Wissens noch immer Schwachsinnsformen untersucht werden, die dazu zwingen, die Diagnose „Oligophrenie unklarer Genese" zu stellen. Die Diagnose dieser noch unaufgeklärten Gruppe kann nur per exklusionem erfolgen. Dies trifft u.a. beim Fehlen faßbarer metabolischer oder chromosomaler Befunde oder bei fehlendem Hinweis auf exogene Ursachen, z.B. Infektion, Trauma oder ähnliche Vorgänge in der Schwangerschaft, beim Geburtsverlauf oder in der ersten Lebenszeit zu. Neurologische Symptome, u.a. Krampfanfälle, sollten stets den Verdacht auf eine symptomatische oder auch genetisch verankerte Ursache aufkommen lassen und große Zurückhaltung auferlegen, die Störung als „idiopathisch" zu diagnostizieren.

Vor allem im letzten Jahrzehnt wurde die Rolle von *sozialen, kulturellen und psychologischen Faktoren* für das Ausmaß eines Intelligenzrückstandes besser erkannt. Günstige oder ungünstige Voraussetzungen dieser Art beeinflussen ohne Zweifel das Zustandsbild und die Verhaltensweisen jedes oligophrenen Menschen. Es darf ferner angenommen werden, daß vor allem für einen Teil der leichteren Formen intellektueller Abweichung ausschließlich das Fehlen sozio-kultureller Förderungsvoraussetzungen als wesentlich oder entscheidend angesehen werden kann. Es gibt Untersuchungen, die es wahrscheinlich machen, daß Kinder, die intellektuell in den ersten Lebensjahren aus unterschiedlichen Gründen eine Langsam- oder Minderentwicklung aufwiesen, diese durch ein anregendes Milieu und eine gute emotionale Elternbeziehung wieder ausgeglichen haben. Mit größerem Zweifel dürfte Forschungsergebnissen begegnet werden, die nachweisen möchten, daß eine ursprünglich normale Intelligenzentwicklung nach sekundärer Vernachlässigung oder ohne entsprechende emotionale Beziehungen irreversibel rückläufig verläuft. Allerdings führt die Verarmung an intelligenzstimulierenden Anreizen aus dem Milieu und der Wahrnehmungswelt in einer spezifischen, jungen Entwicklungsphase des Kindes zu einem Mangelzustand. Das Defizit an personaler Zuwendung bedingt intentionale Lücken und intellektuell getöntes

Desinteresse. Diese ungünstigen Folgen werden umso intensiver sein, je früher sie im Leben eines Kindes bestanden und je länger sie andauerten. Damit kann die nicht entsprechende Stimulation aus dem Milieu als ein Defizit an nicht erlernter Lernfähigkeit verantwortlich gemacht werden. Allerdings ist bei dieser Möglichkeit ein intaktes und nicht vorgeschädigtes ZNS zu postulieren, da sonst die vermutete biopsychische Wechselwirkung nicht oder nicht entsprechend funktionieren kann. Unter den in einem hochindustrialisierten Kulturland bestehenden Umweltbedingungen und für das gesamte gegenwärtige genetische Potential gilt, daß der Hauptanteil der interindividuellen Varianz der Intelligenz allerdings genetisch determiniert ist. (Schepank). Damit lassen sich recht unwahrscheinlich soziologische Voraussetzungen ausschließlich für Formen intellektueller Unzulänglichkeit verantwortlich machen, deren IQ Werte sich um 50 bewegen, wie es u. a. von Benda vermutet wurde.

Auch die Häufung des Symptoms Oligophrenie in einem Familienkollektiv muß keinen genetischen Ursprung haben, es können hierfür bisher nicht bekannte äußere Noxen verantwortlich sein. Verbesserte Methodiken werden zukünftig das Sammelbecken ätiologisch unklarer Formen weiter aufsplittern.

Es besteht damit kein Zweifel, daß geistig-intellektuelle Reifung, besonders in den ersten Lebensjahren, an äußere Voraussetzungen gebunden ist, ohne die dem intellektuellen Reifungsprozeß keine entsprechenden Impulse vermittelt werden. Das Fehlen emotionaler und physischer Zuwendung der Mutter bei hospitalisierten Kleinkindern führt bekanntlich nicht nur zu einer affektiv-emotionalen Verkümmerung, sondern auch zu einem intellektuellen Rückstand, der früher meist *Pseudodebilität* genannt wurde. Allerdings ist bis heute noch keine Einigkeit darüber erzielt, ob diese frühkindlichen Verkümmerungs- und Mangelzustände zu einem echten und bleibenden Defekt an Fähigkeiten in jedem Falle führen oder ein mehr neurotisch verursachtes, therapeutisch angehbares Leistungsversagen bedingen.

Auch die Rolle der *Ernährung* (Fehlernährung, vor allem Proteinmangel) fand in den letzten Jahren wieder vermehrt Beachtung. Bei Tierversuchen und bei Erfahrungen mit Kindern, die extrem langen Hungerzuständen ausgesetzt waren, wurden entsprechende Untersuchungen gemacht.

Es darf angenommen werden, daß es Oligophrenieformen gibt, die eines bis heute faßbaren morphologischen Substrats entbehren. Dies wird bekanntlich auch für den Gegenpol der Minderbegabung, die Genialität, postuliert. Trotzdem lassen sich Strukturstörungen, Gewebeschädigungen oder biochemische Veränderungen bei vielen der hier beschriebenen Oligophrenieformen erkennen.

Oligophrenie in ihrer leichtesten Form kann der negative Anteil einer Intelligenzvariation im Sinne der Gauss'schen Kurve sein; allerdings müßte dann auch die gleiche Zahl hochintelligenter Kinder erwartet werden. Faktorenanalytische Untersuchungen sprechen dafür, daß Oligophrenie sich aber nicht quantitativ als die ungünstigste Seite des Normalen, sondern als etwas grundsätzlich Anderes darstellt.

Da der ätiologische Aspekt bis heute die sinnvollste Einteilung gestattet, orientiert sich diese Darstellung an den erkennbaren Ursachen; sie kann damit keine Vollständigkeit beanspruchen.

Wir unterscheiden chromosomal bedingte Oligophrenien, metabolisch-genetisch bedingte Oligophrenien, erbliche sowie ätiologisch unklare Oligophrenien und die „exogen" verursachten Oligophrenien. Die Ätiologie der letzteren Form kann in bekannten Einflüssen in der Schwangerschaft, während der Geburt und in der unmittelbaren Nachgeburtszeit gesucht werden. Psychogene oder Milieuvoraussetzungen, die zu einer Leistungsminderung oder -hemmung führen, werden in den dortigen Kapiteln (s. S. 22) abgehandelt.

Unser Wissen über genetische Voraussetzungen der Oligophrenie stützt sich vor allem auf die Familien- und Zwillingsforschung, auf die Erfassung geographisch umgrenzter Gebiete und auf mathematisch statistische Analysen, wie sie besonders in den USA geübt werden. Durch letztere wurde versucht, die wirksamen Elemente an einem uneinheitlichen Untersuchungsgut zu erfassen.

Zwillingsuntersuchungen weisen bei der Oligophrenie auf eine hohe Konkordanz bei eineiigen Zwillingen, allerdings mit großen Unterschieden im Schweregrad der Ausprägung hin. Oligophrenie wird unter Zwillingsgeburten häufiger als unter Einzelgeborenen beobachtet, weil die Geburt nach einer Zwillingsschwangerschaft zweifelsfrei einen Risikofaktor darstellt. Das vermehrte Vorkommen bei Zwillingen sowie die hohe Konkordanz der zweieiigen Zwillinge sprechen für peristatische Einflüsse, wahrscheinlich auch für solche Risikofaktoren, die einfach durch die Zwillingsschwangerschaft gegeben waren. Die Tatsache, daß die Konkordanz der eineiigen Zwillinge aber doch wesentlich höher ist als die der zweieiigen Zwillinge deutet auf Anlagefaktoren (Zerbin-Rüdin).

Verschiedene Faktoren, auch solche sozialer Natur, dürften dafür verantwortlich sein, daß weibliche Oligophrene eine größere absolute Zahl und einen höheren Prozentanteil oligophrener Kinder zur Welt bringen. Die verheirateten leichtgradig Oligophrenen haben eine höhere Fortpflanzungsrate, dies trifft nicht für die schwereren Formen und die unverheiratet gebliebenen Oligophrenen zu. Bleuler ist der Ansicht, daß unter den Kindern schwachsinniger Eltern etwa 10—20% wieder schwachsinnig seien, eine Zahl, die sich auf 90% erhöhen soll, wenn beide Elternpartner an einem „endogenen" Schwachsinn leiden würden. Die Ergebnisse derartiger Befunde streuen bei den verschiedenen Autoren erheblich und beleuchten vor allem die Definitionsproblematik, so lange noch nicht alle genetischen Grundlagen wissenschaftlich erfaßt sind.

Damit ist vorwiegend unter ätiologischen Gesichtspunkten die Komplexität der menschlichen Intelligenzentwicklung, vor allem ihre Abweichungen, angesprochen, die nicht nur den biologischen, sondern auch einen sozial-gesellschaftlichen Hintergrund aufweist. Der letztere spielt sicher für die geringgradig ausgeprägten Formen, die sich im Bereich der „physiologischen Dummheit" oder der leichteren Debilität bewegen, eine bisher nicht immer entsprechend gewürdigte Rolle. Die Feststellung, daß Geistesschwäche in unserer Gesellschaft bevorzugt im Schulalter diagnostiziert wird, — Benda bezeichnet sie deshalb in gewisser Weise als Kulturprodukt — läßt sich aber nicht nur unter sozialen Wertungsaspekten betrachten. Es hängt dies mit der bereits erwähnten Tatsache zusammen, daß Oligophrenie im Kleinkindesalter manchmal noch nicht entsprechend erfaßt wird und beim Erwachsenen infolge frühen Todes oder durch Verdecken des Defekts bei sozialer Anpassung Zahlenangaben verfälscht werden.

4. Psychodiagnostik

Alfred Binet erhielt 1904 den Auftrag, einen Unterrichtsplan für entwicklungsgehemmte Schulkinder auszuarbeiten. Seitdem ist die Intelligenzforschung bemüht, mit reproduzierbaren Experimenten eine Intelligenzmessung zu erreichen. Die Diagnose „intellektuelle Minderbegabung" sollte deshalb heute ohne Anwendung psychometrischer Methoden nicht mehr gestellt werden. Allerdings sind diese für die Diagnose Oligophrenie nicht ausreichend, obwohl die Testmethodik eine relativ hohe Objektivität und Aussagetüchtigkeit erreicht hat. Für die Oligophrenie, vor allem ihre schwereren Formen ist es wichtig zu wissen, daß die Meßgenauigkeit der Methoden im Bereich der Mittelwerte liegt und zu den Extremwerten hin abnimmt.

Bei der Psychodiagnostik der verminderten Intelligenz, die das Explorationsgespräch und die Verhaltensbeobachtung nicht ersetzen können, wurden Staffelsysteme entwickelt (u. a. Binet-Simon, Norden, Kramer, Biäsch, Lückert), in denen aus Intelligenzalter (IA) und Lebensalter (LA) ein IQ errechnet wird. Versuche, ein psychisches Profil zu erfassen, führten als Kombination von Staffel- und Profilprinzip zum „Entwicklungstest" (Bühler-Hetzer). Wechsler verzichtete auf die Verwendung des Intelligenzalters (IA) und gab dem IQ eine neuere und breitere Basis, indem er den „Abweichungsintelligenzquotienten" einführte. Dieser wird definiert durch das Verhältnis von individueller Intelligenzleistung zum Mittelwert der betreffenden Altersgruppe. Diese Untersuchungsmethode wurde für die deutsche Bevölkerung geeicht und ist als Hamburg-Wechsler-Intelligenztest für Kinder (Hawik), (5—15 Jahre), und Hamburg-Wechsler-Intelligenztest für Erwachsene (Hawie, vom 10. Lebensjahr ab) bei uns in Gebrauch. Durch diese Methoden werden mehr als nur begrenzte Fähigkeiten erfaßt. Sie haben als standardisierte Intelligenzuntersuchungen weite Verbreitung gefunden, obwohl einzelne Items heute nicht mehr entsprechend gebräuchlich sind und deshalb überarbeitet werden sollten. Innerhalb dieser Testgruppe hat sich uns der Intelligenztest nach Kramer bewährt.

Fast alle vorliegenden Intelligenzuntersuchungen sehen die Persönlichkeit Oligophrener kontrastierend in vergleichenden Untersuchungen als Abweichungen von Entwicklungsverläufen behinderter Kinder an. Dabei kann angenommen werden, daß die Struktur der Leistung Oligophrener unterschiedlich zu der nicht behinderter Kinder zu betrachten ist. Durch die sog. Profildiagnostik wurde eine Reihe voneinander unabhängiger Persönlichkeitsmerkmale eingeführt. Die Testbatterie für geistig behinderte Kinder (TBGB) stützt sich auf eine Profildiagnostik. Zur Diagnose der geistigen Behinderung werden gegenwärtig im Sinne eines profilorientierten Ansatzes einige testpsychologische Methoden benutzt, was zwangsläufig zum Wegfall eines globalen Maßes wie des Intelligenzquotienten führen muß. Von den in der Testbatterie für geistig

Behinderte enthaltenen Tests haben sich in Längsschnittuntersuchungen besonders der Test Columbia-Skala als Intelligenztest, der Bilderwortschatztest und der psychomotorische Test bewährt. Alle drei Methoden lassen differentialdiagnostische Aussagen zu, die zu unterschiedlichen Bildungsprognosen führen. Für die Erfassung von Variablen des Erziehungsmilieus sind vor allen Dingen Elternfragebogen zu Einstellungen, Erziehungsstilen und Motivationsbedingungen notwendig. Ebenso sind Beobachtungsskalen für Erzieher notwendig, die Sozialverhalten und emotional-affektives Verhalten erfassen. Die „Vineland Social Maturity Scale" (VSMS) erlaubt eine Abschätzung des sozialen Entwicklungsstandes bei Oligophrenie.

Neben den psychometrischen Methoden spielen beim Oligophrenen deshalb die Beurteilung der sozialen Anpassungsfähigkeit sowie der schulischen Leistungsfähigkeit eine bedeutsame Rolle. Dabei steht die Möglichkeit der sozialen Einordnung ganz im Vordergrund. Derartige Fähigkeiten können aber kaum nur durch die Errechnung eines Intelligenzquotienten oder durch Angaben von Lebensaltererwartungen entsprechend exakt gekennzeichnet werden.

Es muß deshalb im Untersuchungsvorgang beim oligophrenen Kind die testpsychologische Untersuchung stets durch Exploration und Verhaltensbeobachtung ergänzt werden. Ein imbezilles Kind z. B. wird sich in den meisten Fällen in der Untersuchungssituation völlig anders verhalten als im gewohnten häuslichen Milieu. Oft scheidet die Sprache als Verständigungsmittel beim Untersuchungsvorgang aus. Manchmal bleibt deshalb nur die Möglichkeit, geeignete Situationen herzustellen, in denen das Verhalten beobachtet werden kann. Gelegentlich können sogar nur instinktgesteuerte Reaktionen erwartet werden. Umgang mit Spielgeräten und Gegenständen der Umgebung, tägliche Verrichtung wie Essen, An- und Auskleiden, geben dann neben der Beurteilung der motorischen Geschicklichkeit oder einer Stellungnahme zum sozialen Bereich, z. B. über die Art der Kontaktaufnahme, einigen Aufschluß über den geistigen Entwicklungsstand.

Die Beobachtung steht deshalb zur Beurteilung des geistig schwerer behinderten Kindes im Vordergrund. Es ist ratsam, diese in Anwesenheit, oft unter Mitwirkung, von dem Kinde vertrauten Personen durchzuführen. Der Beurteilung muß immer ein Gespräch mit den Angehörigen vorausgehen, in dem das oligophrene Kind möglichst nicht anwesend sein sollte. Dieses Gespräch versucht erste Symptome und bisherigen Verlauf ausführlich zu erörtern. Der zeitlich meist aufwendige Kontakt informiert über die elterlichen Erziehungshaltungen und ebenso über die elterliche Einstellung zur Tatsache, ein oligophrenes Kind zu haben.

Von Bach wurden für das geistig schwerer behinderte Kind einzelne Bereiche differenziert, deren Leistungen für die Beurteilung von Bedeutung sind. Im sozialen Bereich kommt es z. B. auf die Umgänglichkeit und Kontaktfähigkeit an. Der lebenspraktische Bereich sollte sich über die Selbständigkeit des Kindes, über das Aus- und Ankleiden, Essen und Trinken, die Körperpflege oder die Verkehrssicherheit orientieren. Im arbeitsmäßigen Bereich wird die Anstelligkeit bei kleinen Besorgungen, bei Küchenarbeit, bei Wäschepflege, bei Garten- und Tierpflege und anderes festgestellt. In der motorischen Entwicklung spielt die Körperbeherrschung und im Sinnesbereich die Wahrnehmungstüchtigkeit eine Rolle. Ferner sind die Sprachtüchtigkeit sowie die Darstellungstüchtigkeit im musischen Bereich von Bedeutung. Der gemüthafte Bereich wird durch Mitfreude, Mitleid, Dankbarkeit, Respektierung von Geboten und Verboten, Verträglichkeit, Hilfsbereitschaft, Tierliebe und Verhältnis zu Aufgaben, festgestellt.

5. Oligophrenie und Schulleistung

Alle statistischen Angaben sprechen dafür, daß es mit Beginn der Schulzeit wegen der jetzt einsetzenden Schulbelastung (oft aus Gründen, die in die frühe Kindheit zurückreichen) und der sich dadurch ändernden Eltern-Kind-Beziehung zu vermehrter Ratsuche in Kliniken und Beratungsstellen kommt.

Versagt ein Kind in der Schule oder treten Schulschwierigkeiten auf, dann wird zunächst einmal an Störungen im Bereich der Intelligenzfunktionen gedacht. Eine andere Gruppe kommt zur Beratung wegen Verhaltensstörungen und sog. Sekundärsymptomatik, die sich nach Diagnosestellung dann als das Kollektiv „dummer" Kinder mit intellektuellen Leistungen um den IQ-Bereich 70 bis 90 feststellen läßt. Dieser Variationsbereich menschlicher Intelligenz macht wegen der bei ihm vermehrt beobachteten Verhaltensstörungen meist ein Viertel aller Ratsuchenden in Kliniken und Beratungsstellen aus.

Kinder, die wegen sog. Schulschwierigkeiten aus der Normalschule vorgestellt werden, leiden nur in einem Prozentanteil, der nicht höher als 20%

anzusetzen ist, an einem Defizit ihrer Intelligenz in Relation zu der von ihnen besuchten Schulform. Die Überzahl dieser Kinder wurde schulschwierig, weil *neurotische Spiel- und Lernstörungen* (s. S. 22) ein *frühkindliches exogenes Psychosyndrom* (s. S. 310) oder *Werkzeugstörungen* (s. S. 282) hierfür verantwortlich sind. Ebenso finden sich vor allem in den jüngeren Schulklassen schulschwierige Kinder mit einer auf genetische oder Umweltfaktoren zurückführbaren *verzögerten Reifung* („Spätentwickler") (s. S. 9). Veränderte Milieuvoraussetzungen oder genetisch bedingtes verspätetes Nachholen eines Reifungsvorganges führen dann zur Normalisierung. Derart verursachte Verzögerungen lassen sich auch unter optimalen Milieuvoraussetzungen und bei seit Generationen ansteigendem sozialen Niveau nachweisen. In diesem Zusammenhang werden Beziehungen zwischen Myelinisierung bzw. Hirnreifung und psychischer Spätreife diskutiert (Lesny). Diese Kinder sind nach der hier gebrauchten Definition „retardiert" (s. S. 9) weil bei ihnen ein meist aufholbarer, nicht erkennbar hirnorganisch oder genetisch verursachter psychophysischer Entwicklungsrückstand vorliegt. Die Übersetzung und der Gebrauch des Begriffs „mental retardation" aus der englischen Sprache führte bedauerlicherweise zu der bei uns verschwimmenden und psychopathologisch unpräzisen Übersetzung „geistige Retardierung". Sie wird oft synonym, vor allem vom Nichtarzt mit dem Begriff Oligophrenie verwendet.

Beim *frühkindlichen exogenen Psychosyndrom* (s. S. 310) ist die Intelligenzentwicklung meist nur gering beeinträchtigt; allerdings führen Störungen der Gestalterfassung sowie der insgesamt des equilibrierten Persönlichkeit (verändertes Distanzgefühl, Erschwerungen der Konzentration, mangelnde Bindungsfähigkeit) mit der organischen Lernschwäche auch zu einer sekundären Lernstörung, damit zu einer Fehlentwicklung, bei der die Intelligenzschwäche ein zusätzliches, aber nicht vordergründiges Symptom darstellt. Bei diesen Kindern sind die Vorbedingungen der Intelligenz beeinträchtigt, wodurch sie zu „dummen" Kindern gestempelt werden können. Zwischen 35 und 45% der in kinderpsychiatrischen Einrichtungen wegen Schulversagens vorgestellten Patienten wiesen eine leichte, bis dahin nicht erkannte, frühkindliche hirnorganische Läsion auf. (Lempp, Müller-Küppers). Katamnestische Untersuchungen (Rösler) machen es wahrscheinlich, daß die Zahl der Kinder mit frühkindlichem exogenen Psychosyndrom und durchschnittlicher Intelligenz mit zunehmendem Lebensalter zu Gunsten solcher mit abgesunkenem IQ-Wert zurückgeht.

Werkzeugstörungen, Teilleistungsschwächen, Sinnesbehinderungen, reaktive Versagenszustände z. B. bei verzögerter Rekonvaleszenz, können zu bleibenden oder passageren Beeinträchtigungen des Intelligenzprofils führen und bedürfen deshalb ganz individueller, differentialdiagnostischer Abklärung.

Ein ebenfalls nicht geringer Anteil von Schulschwierigkeiten bei Kindern läßt sich auf Ursachen zurückführen, die garnicht beim Kinde zu suchen sind, sondern meist durch *elterliche Überforderungshaltung* oder *pädagogische oder schulreformerische Mangelzustände* provoziert werden. Oft werden Eltern erkannt, die ihre eigenen, nicht erreichten Lebens- und Berufsziele ständig vor Augen haben und diese nun auf ihre Kinder übertragen. Das gute Schulzeugnis ist heute ganz in den Mittelpunkt elterlicher Erwartung gerückt und bedeutet für viele Kinder eine gewisse Garantie, in die Anerkennung und positive Einstellung ihres Elternhauses zu geraten. Durch bestimmte, meist überfordernde Elternhaltungen kann so ein vermeintlich intellektuell bedingtes Leistungsversagen provoziert werden. Familiäre Schwierigkeiten, ein Lehrerwechsel, die Herausnahme aus vertrauter Umgebung, eine auf die Lehrerpersönlichkeit übertragene konflikthafte Beziehung zu Vater und Mutter, vermögen die Stabilität und Kraftreserve eines Kindes in der Schule vorübergehend so zu vermindern, daß nicht selten an das Vorliegen einer intellektuellen Minderausstattung gedacht wird. Bei gestörten Vorbedingungen der Intelligenz, in der u.a. Konfliktsituationen zu Lernstörungen oder zu Schulversagen führen, wird nicht immer erwähnt, daß eine derartige Lernbehinderung auch einmal nicht Folge, sondern Ursache von gleichzeitig auftretenden psychischen Störungen sein kann. So fand Klasen unter 500 Legasthenikern nur etwa 8% Kinder, die keine psychischen Begleitsymptome aufwiesen, immerhin wurde aber bei mehr als 63% dieser Gruppe allein durch eine heilpädagogische Lesetherapie eine Heilung erzielt.

Die Diagnostik von Schulschwierigkeiten ist somit nicht gleichbedeutend mit der Diagnostik von intellektueller Minderausstattung. Wir stoßen in allen Intelligenzbereichen auf sog. Schulschwierigkeiten. Dabei benötigt die Intelligenzreifung bestimmte Entwicklungsvoraussetzungen des Milieus. Die Definition der für die angestrebte Schulform adäquaten Intelligenz wird erschwert, weil geistige Fähigkeiten durch mehrere Faktoren bedingt sind, die alle für das Lernen in der Schule notwendig werden. (s. Kap. Schulreife, S. 67). Dies führte dazu, daß heute im Hinblick auf die Schule mehr von Leistungsschwächen als von Intelligenzschwächen gesprochen wird.

Intellektuell überforderte, „schulschwierig" gewordene Kinder, die in eine *Störung der Verfügung über das eigene Verhalten* geraten sind, können durch vermehrte motorische Unruhe oder durch auffällige Konzentrationsstörungen reagieren. Wir finden in dieser Gruppe auch die Clowns und Faxenschneider, die schulmüden, schlafgestörten oder in den Tag hinein träumenden Kinder bzw. solche, die unter dem Schuldruck in eine excessive, sexuelle Betätigung ausweichen. Auch ein Teil der Kinder mit morgendlichen hypotonen Kreislaufregulationsstörungen gehören hierher, für sie ist das verordnete Kreislaufmittel verständlicherweise nicht die richtige Therapie.

Bisher wurde oftmals angenommen, daß die leichteren Fälle einer Oligophrenie, im oberen Grenzbereich zur Debilität, besonders häufig genetisch bedingt oder ätiologisch unklar seien. Dies trifft so pauschaliert nicht zu, weil Faktoren der „sozialen Vererbung" wahrscheinlich eine größere Rolle spielen als bisher häufig vermutet wurde. Eine psychosoziale Problemsicht hat die früher mehr statische Betrachtungsweise aus ihrer Vordergründigkeit verdrängt, d. h. es wurden auch bei vielen Oligophrenieformen die Rolle psychosozialer Aspekte „entdeckt". Es ist immerhin denkbar und nicht auszuschließen, daß gemachte Erfahrungen Reize und andere stimulierende Förderungen, nicht nur Verhaltensmuster sondern auch biologische Strukturen ändern bzw. fördern. So wurde die Meinung von der „Polarstruktur" psychischer Phänomene" (Benedetti) geäußert nach der ganz ähnliche psychische Symptome sowohl aus somatischer als auch aus psychogenetischer Erfahrung entstehen können.

Umwelt- oder Siebungsvorgänge dürfen u. E. auch dafür verantwortlich sein, daß Oligophrenie auf dem Lande und in unteren sozialen Schichten häufiger diagnostiziert wird.

Es wurde versucht, die später dargestellten Oligophreniesyndrome ätiologisch zu gliedern, damit umfassen sie vom Schweregrad des Oligophrenieausmaßes her „leichte" und „schwere" Formen. Wir treffen auf leichte und schwere Intelligenzdefekte in individueller Abstimmung bei vielen ätiologisch aber gleichartigen Oligophrenieformen. Beispielhaft hierfür kann die tuberöse Sklerose, eine im allgemeinen schwere Erkrankungsform genannt

werden. Es gibt bei ihr Erkrankte, die alle typischen Symptome, trotzdem aber in seltenen Einzelfällen nur eine ganz gering verminderte Intelligenz aufweisen.

Schulleistung und Oligophrenieausmaß zentriert sich meist auf den Besuch von Sonderschulen und Sonderbildungseinrichtungen. Dies gilt vor allem für die schweren Oligophrenieformen, wie sie sich vor allem, aber nicht ausschließlich, in der Gruppe der chromosomal, metabolisch oder genetisch verursachten Krankheitsbilder finden.

6. Familien- oder Heimbetreuung

Familie und Gesellschaft sind verpflichtet, dem Oligophrenen eine Existenz zu schaffen, die dem Leben des Gesunden so nahe wie möglich kommt. Damit wird nicht geleugnet, daß er besondere Bedürfnisse aufweist und differenzierter Hilfe bedarf. Struktur und Qualität der Einrichtungen die unsere Gesellschaft für Oligophrene errichtet, deuten an, welche Rolle sie dem Behinderten überhaupt zuweist. Zu den möglichen Hilfen gehört im Kindesalter die Entscheidung, ob der Oligophrene besser in seiner Familie oder in einem Heim gefördert werden kann. Zweifelsfrei lassen sich manche Interessen und Möglichkeiten Oligophrener besser zu Hause, andere intensiver in der Institution pflegen. Bei der Entscheidung dieser Fragen wird meist auch der Arzt konsultiert.

Zunächst spielt die Situation der Familie, in der das oligophrene Kind aufwächst, eine wichtige Rolle. Grundsätzlich sollte auch ein oligophrenes Kleinkind, gerade weil es entwicklungsbehindert ist, solange wie möglich in der Lebensgemeinschaft der Familie verbleiben. Die Herausnahme des oligophrenen Kindes aus seiner Familie löst fast immer eine Verschiebung der bisherigen Beziehungen zwischen den Familienangehörigen aus. Diese, oft zu Beginn der Schulzeit, etwa zwischen dem 6. und 8. Lebensjahr anstehende Frage kann sich deshalb nicht für den Behinderten, sondern auch für seine Familie vor- oder nachteilig auswirken. Dabei läßt sich die Entscheidung: Heim oder Familienbetreuung in ungestörten, harmonisch-ausgeglichenen Familien, die sich primär an den zur Förderung des oligophrenen Kindes notwendigen Erfordernissen orientieren, leichter treffen. Eheliche Konfliktsituationen, nicht entsprechende Verarbeitung latenter Schuldgefühle zwischen den Ehepartnern, werden manchmal durch die Heimeinweisung des oligophrenen Kindes aktiviert. Die Fragestellung erweist sich als außerordentlich individuell und bedarf deshalb eingehender Vorgespräche.

Es bestehen kaum Zweifel, daß oligophrene Kinder im Schulalter, in Ausnahmefällen schon im Vorschulalter, dann besser in einem Heim gefördert werden sollten, wenn ihre intellektuelle Schädigung oder eine ausgeprägte Mehrfachbehinderung so schwer sind, daß Tageseinrichtungen, die sich aus dem Elternhaus heraus besuchen lassen, durch sie überfordert werden. Darüberhinaus wird für die Gruppe oligophrener Kinder eine Heimaufnahme notwendig, bei der besondere familiäre Verhältnisse z.B. eine große Kleinkinderzahl der Mutter, die kaum den Erziehungsaufgaben ihrer gesunden Kinder gewachsen ist, vorliegen.

Auch die Frage Elternhaus oder Heim sollte sich am nützlich erkannten Gesichtspunkt orientieren, daß die in der Vergangenheit mehr beschützend und behütend ausgeübte Fürsorge heute einem aktiveren und prospektiv orientierten, mehr in die Zukunft gerichteten Denken über Entwicklungschancen des geistig Behinderten gewichen ist. Dies gilt vor allem für den Oligophrenen, der für ambulante Hilfen nicht erreichbar oder durch diese nicht mehr förderbar ist.

7. Therapie und Prävention

Ärztlich-therapeutische Fragestellungen bei der Oligophrenie tauchen bei der Prävention, bei psychohygienischen Problemen vor allem bei der medikamentösen Therapie, bei neurochirurgischen und orthopädischen Maßnahmen, sowie bei der Behandlung einzelner, meist zusätzlicher Sinnesdefekte, durch den Augen- und Ohrenfacharzt auf.

Prävention, die Aufklärung und Führung von Eltern („Psychagogik der ganzen Familie"), Organisationsfragen der Erfassung, ambulante und klinische Behandlung von Sonderformen, Art und Ausbildung des pflegerischen Personals und viele Detailfragen, z.B. die Führung der sexuellen Entwicklung des Oligophrenen, stellen vorwiegend oder nur durch den Arzt zu lösende Fragen dar.

Durch die *Amniozentese* eröffnete sich bei genetischen Krankheiten die Möglichkeit einer pränatalen Diagnostik. Zur pränatalen Chromosomenanalyse müssen Amnionzellen in vitro gezüchtet werden. Die Amnionpunktion erfolgt transabdominal (Lokalisation der Placenta durch Ultraschall). Der ideale Zeitpunkt für diese Diagnostik liegt zwischen der 14. und 16. Schwangerschaftswoche. Die Erwartung, daß bei der Frucht eine Chromosomen-

aberration vorliegen könne, stellt derzeit die häufigste Indikation dar. Außerdem kann eine Anzahl biochemischer Defekte so erfaßt werden. (z.B. metachromatische Leukodystrophie, Tay-Sachs und einige Formen der Mucopolysaccharidose). Erfahrene Oligophrenieforscher sind der Meinung, daß bei entsprechend vorhandenen organisatorischen Voraussetzungen bereits heute etwa die Hälfte aller Oligophrenieformen auf präventivem Wege verhütet werden könnten.

Die *medikamentöse Therapie* kennt bisher kein Mittel, das in irgendeiner Form der Substitution von Intelligenzfunktionen nahekommt. Wir besitzen stimulierende Psychopharmaka, die bei antriebsarmen, torpiden Schwachbegabten, vielleicht über eine metabolische Wirkung, u.a. zu erhöhter Aktivität oder Konzentrationsverbesserung führen können und damit einige Voraussetzungen erfüllen, die sich als Vorbedingungen der Intelligenz definieren lassen. Andererseits sind vor allem die erworbenen Oligophrenieformen von vielerlei Umweltreizen oder bioklimatischen Voraussetzungen abhängig, deren Dämpfung durch Psychopharmaka mit neuroleptischer oder tranquilizierender Wirkung im Einzelfall nützlich sein kann. Eine höhere Dosierung führt dabei oft nicht nur zu einer Hemmung oder Aufhebung störender Mechanismen, sondern auch zur Paralysierung erwünschter Einstellungen und Haltungen. Erethische Zustandsbilder machen es manchmal sogar unumgänglich, hochpotente Psychopharmaka zu verordnen. In dieser Form wirksame Depotpräparate fanden bisher beim Kind und Jugendlichen nur unter klinischer Kontrolle bei gleichzeitigem Einsatz von Anti-Parkinson-Mitteln Verwendung.

Es erübrigt sich anzufügen, daß die gesamte antiepileptische Therapie beim Vorliegen eines zusätzlichen Anfallsleidens, die Hormontherapie, z.B. bei Schilddrüsenunterfunktion, und alle diätetischen Maßnahmen zur Behebung von Stoffwechselkrankheiten, z.B. bei der Phenylketonurie, inzwischen unentbehrliche Behandlungsmaßnahmen geworden sind. Diese Therapieformen werden bei den einzelnen Krankheitsbildern ausführlicher besprochen.

Pharmakotherapie bei Oligophrenie macht eine kritische Indikation und die Prognosemitteilung erforderlich, um Angehörige vor oft aufwendiger, Kurpfuscherei nahestehender Mittelverordnung zu bewahren. Bei der Beeinflussung oligophrener Syndrome sind deshalb weder therapeutische Lethargie noch unverantwortliche Anpreisung und Verwendung von Mitteln, für die der Nachweis ihrer Wirksamkeit bisher aussteht, am Platz.

Noch immer stehen *heil- und sonderpädagogische Maßnahmen* als korrigierende Erziehungsarbeit im Vordergrund aller sich anbietenden Möglichkeiten. Die Entwicklung einer lebenspraktisch bildenden Pädagogik hat im letzten Jahrzehnt große Fortschritte gemacht. Es wurden sehr differenzierende Einrichtungen geschaffen, deren Besuch nicht nur dem Stadtkind, sondern durch Schulbustransport auch vielen Kindern aus ländlichen Regionen ermöglicht wird. Um die Gründung derartiger therapeutischer Einrichtungen hat sich bei uns vor allem die Elternvereinigung „Lebenshilfe für geistig Behinderte" verdient gemacht.

Sonderpädagogische Früh-, z.T. Frühesterziehung, in Zusammenarbeit mit dem Arzt wird derzeit in Modelleinrichtungen geübt. Der Sonderkindergarten gewährleistet etwa vom 3.—4. Lebensjahr ab die gerichtete Früherziehung und Vorbereitung auf die Sonderschulformen (Sonderschule für Lernbehinderte, Sonderschule für geistig Behinderte). Die Sonderschulen für geistig Behinderte sollten in Vorstufe, Unterstufe, Mittelstufe, Oberstufe und Abschlußstufe differenziert sein (Bach). Dabei unterscheidet sich die Sonderschule für Lernbehinderte von der Sonderschule für geistig Behinderte in ihrem Bildungsziel weniger durch ihren Umfang als mehr durch ihre Eigenart. Diese Schulen nützen vor allem als Tagesschulen, da auf diese Weise u.a. die intensive Beziehung zwischen Schule und Elternhaus erhalten bleibt. „Die Sonderschule für geistig Behinderte ist eine Stätte durchgängig, anschaulich-vollziehenden Lernens. Angesichts der Möglichkeiten ihrer Schüler und der hierauf fußenden Zielsetzung muß sie sich also ebenso von bloßer Pflege und Beschäftigung wie vom Unterricht traditioneller Prägung fernhalten (Bach).

Die beschützende Werkstatt vermittelt den nicht mehr schulpflichtigen, oligophrenen Jugendlichen eine nützliche, selbstwertstärkende Tätigkeit. Sie schützt zugleich den oligophrenen Jugendlichen vor den Risiken und Gefahren, die ihn bei einer Tätigkeit auf dem freien Arbeitsmarkt erwarten würden. Dabei ergänzen und überschneiden sich pädagogische und wirtschaftliche Gesichtspunkte.

Die vermehrte Errichtung von Wohnheimen für geistig Behinderte und beschützender Werkstätten wird angestrebt, um diesen nicht nur in ihrer Kindheit unter entsprechender Lenkung Schutz zu gewähren, sondern auch ihre Selbständigkeit und Freiheit, soweit sich diese ermöglichen läßt, zu vergrößern.

II. Chromosomal bedingte Oligophrenien

Fast alle Körperzellen des Menschen enthalten 46 Chromosomen. Nur wenige Zellen, z.B. bestimmte Leberzellformen, machen hiervon eine Ausnahme. Die Geschlechtschromosomen werden mit X und Y bezeichnet, die übrigen Chromosomen oder Autosomen werden mit abnehmender Größe von 1—22 numeriert. Wir unterscheiden bei den Chromosomenaberrationen Normabweichungen entweder im Bereich der 22 Autosomenpaare oder der Gonosomen (Geschlechtschromosomen).

Chromosomenaberrationen führen auch zu einer Störung der Hirnfunktion, d.h. in vielen Fällen zur Oligophrenie unterschiedlichen Ausmaßes. Zur normalen Hirnentwicklung dürfte eine normale Chromosomenverteilung notwendig sein. Die Gene als Bestandteile der Chromosomen stehen wahrscheinlich über Eiweißstrukturen in enger Beziehung zu Enzymen, die wiederum für die Entwicklung normaler Hirnfunktionen, z.B. beim Myelinaufbau, Voraussetzung sind. Die autosomalen Aberrationen unterscheiden sich psychopathologisch im Hinblick auf die Schwere der Oligophrenie nur quantitativ, aber nicht qualitativ. „Je weniger eine autosomale Störung mit dem Leben vereinbar ist, desto schwerere psychische Befunde liegen bei den Überlebenden vor" (Züblin).

Es wird angenommen, daß etwa 20—25% der „Spontanaborte" durch eine Chromosomenanomalie bedingt sind. 0,5% aller Neugeborenen weisen irgendeine Chromosomenanomalie auf. Die Chromosomenforschung begann 1956 Chromosomen unter dem Lichtmikroskop deutlich und differenziert darzustellen.

1. Störungen der Autosomen

a) Langdon Down-Syndrom, Mongoloidismus, Trisomie 21

Symptomatik. Das durchschnittliche Geburtsgewicht liegt gering unter der Alterserwartung. Im späteren Leben besteht leichter Minderwuchs. Etwa $^2/_3$ aller mongoloiden Kinder kommen um 11—20 Tage vor dem errechneten Geburtstermin zur Welt.

Der Schädel ist brachycephal, der Kopfumfang meist verkleinert, ein Symptom, das erst in den späteren Lebensjahren auffälliger wird. Durch verlangsamtes Wachstum der Wirbelsäule entsteht der Eindruck eines „dicken Nackens".

Schmale, schräg stehende Lidspalten, Epicanthus, Hypertelorismus und Brushfieldsche Irisflecken sind die typischen Augensymptome. Meist läßt sich im Rahmen größerer Anfälligkeit der

Schleimhäute eine chronische Lidrandentzündung erkennen. Die Nasenwurzel wirkt flach, die kleinen Ohren setzen oft relativ tief an und zeigen meist Modellierungsauffälligkeiten. Die Zunge wirkt größer als üblich, die Zahnentwicklung verläuft meist verzögert.

Hände und Füße sind relativ kurz und wirken plump, die Gelenke sind überstreckbar. Viele mon-

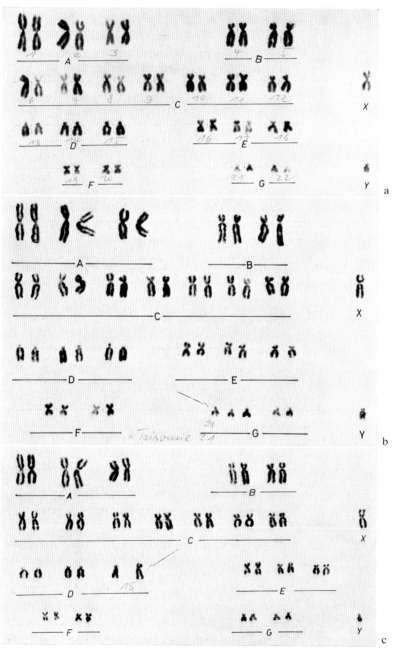

Abb. 1a—c. Die Chromosomen eines gesunden Mannes (a) und von 2 Patienten mit mongoloidem Schwachsinn (b, c). a) Ein normaler gesunder Mann hat in seinen Zellkernen jeweils 46 Chromosomen: 2 Geschlechtschromosomen, X und Y, und 44 Autosomen, die nach Größe und Form paarweise in die Gruppen A—G eingeordnet werden. b) Ein Patient mit mongoloidem Schwachsinn hat 47 Chromosomen. In der Gruppe G ist ein Chromosom überzählig (↓). Der Mongoloidismus ist durch diese sog. „freie G-Trisomie" gekennzeichnet. c) Bei einem Patienten mit insgesamt nur 46 Chromosomen ist das überzählige kleine G-Chromosom mit einem Chromosom der Gruppe D verbunden (↓). In diesem Fall handelt es sich um den sog. „Translokations-Mongoloidismus". (Aus dem Institut für Humangenetik und vergleichende Erbpathologie der Universität Frankfurt am Main)

goloide Kinder zeigen neben einem durch Verkürzung der Mittelphalanx zu kurzen und gebogenen 5. Finger (Klinodaktylie) in der Handinnenfläche eine Vierfingerfurche. Auch an den Fußsohlen lassen sich eine tiefe Furchenbildung sowie ein relativ großer Abstand zwischen der 1. und der 2. Zehe erkennen. Beim Knaben wird häufig ein noch nicht abgeschlossener Descencus testis diagnostiziert.

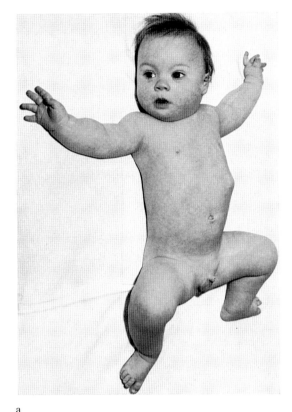 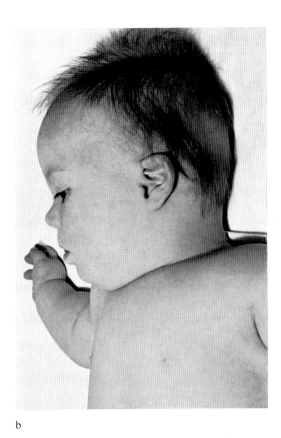

a   b

Abb. 2a u. b. 9 Monate altes Kind mit Mongoloidismus. (Aus dem Institut für Humangenetik und vergleichende Erbpathologie der Universität Frankfurt am Main)

Bei der Röntgenuntersuchung des Beckens finden sich ausladende Beckenschaufeln („Elefantenohren") mit einer Abflachung der Beckenwinkelrelation (50—70°, statt normal 80°).

Mißbildungen am Herzen und den großen Gefäßen werden in einer Häufigkeit von 20—70% beobachtet. Lücken in der Herzscheidewand bzw. Transposition der großen Gefäße sind vor allem für die hohe Sterblichkeit in der Neugeborenenzeit verantwortlich. Neben der Herzmißbildung ist die Duodenalstenose eine häufige Komplikationsursache.

Der neurologische Befund ist mit Ausnahme einer allgemeinen Muskelhypotonie, vor allem beim jüngeren Kind, regelrecht.

Die verlangsamte psychophysische Entwicklung bleibt von der individuellen Schwere und Intensität des Syndroms abhängig. Die frühkindlichen statischen Entwicklungsdaten liegen immer verspätet, so daß die Kinder zunächst ruhig und wenig pflegeaufwendig wirken. Freies Sitzen ist meist erst zu Ende des 1. Lebensjahres möglich, zu freiem Gehen sind mongoloide Kinder erst zu Ende des 2. Lebensjahres oder noch später fähig. Die Sprachentwicklung ist deutlich verspätet, nicht zu selten beginnt sie erst um die Einschulungszeit oder es kommt nach dem 6.—8. Lebensjahr zu einer oft auch dann noch fragmentarisch entwickelten Sprache. Differenziertere Redewendungen sind auch später kaum zu erwarten. Bei guter Merkfähigkeit wird die Möglichkeit zu anspruchsvollen Denkvorgängen vermißt. Die Mehrzahl der mongoloiden Kinder ist imbezill, bei einigen bewegt sich der Entwicklungsstand zum Bereich der Debilität hin.

Langdon Down-Patienten sind relativ leicht zu führen und bereiten vor der Pubertätszeit nur in seltenen Fällen Schwierigkeiten in der Erziehung und in ihrem Verhalten. Ihre gutmütige, manchmal primitiv-pfiffige Einstellung und Anhänglichkeit an den ihnen vertrauten Lebenskreis sowie ihre in Grenzen verfügbare Arbeitswilligkeit machen sie im Umgang liebenswert. Nachahmungsfähigkeit und Gestik stellen ebenfalls herausragende Fähigkeiten vieler mongoloider Kinder dar. Häufiger als für Musikalität läßt sich eine Vorliebe für Rhythmik erkennen.

Genese und soziale Bedeutung. Das Langdon Down-Syndrom wurde 1959 als G_1-Trisomie beschrieben. Bei der Trisomie 21, der weitaus häufigsten Fehlbildung, gelangen die beiden Chromosomen eines Paares regelwidrig in dieselbe Keimzelle (Non-Disjunktion). Bei der Trisomie 21 handelt es sich mit großer Wahrscheinlichkeit um die nicht erbliche Form der Anomalie, d.h. das Risiko ein zweites mongoloides Kind zur Welt zu bringen, dürfte nach klinischer Erfahrung nur geringfügig höher als die Zufallsrate sein. Eine Erklärung hierfür ist bis heute nicht gesichert. Es ist schon lange bekannt, daß sich mit höherem Gebäralter das Risiko dieser Störung um ein Mehrfaches erhöht. Bei steilem Anstieg der Häufigkeit um das 38. Lebensjahr werden etwa $^2/_3$ aller Kinder mit Trisomie 21 von Müttern zur Welt gebracht, die älter als 35 Jahre sind. Zwischen dem 40. und dem 44. Lebensjahr trifft auf 80 Geburten und nach dem 45. Lebensjahr auf 30 Geburten 1 Kind mit Langdon Down-Syndrom (Lenz). Von den meisten Autoren werden hierfür Störungen der Eieinnistung, wahrscheinlich bedingt durch beginnende ovarielle Involutionsvorgänge, d.h. durch ein präklimakterisches Geschehen, verantwortlich gemacht. Die Aufklärung über dieses Risiko gehört zu den Aufgaben einer Ehe- und Familienberatung. Eine Relation zwischen dem Alter des Vaters und dem Auftreten der Trisomie ist nicht erkennbar.

Mongoloide Kinder mit Mosaikbefunden besitzen möglicherweise in ihrer körperlichen sowie in ihrer psychisch-geistigen Entwicklung günstigere Voraussetzungen. Beim Mosaikmongoloidismus werden in verschiedenen Zellgarnituren verschiedene Chromosomenzellen gefunden. Je weniger Zellgruppen die Chromosomenanomalie aufweisen, um so mehr nähert sich das Zustandsbild dem Normalbefund.

Im klinischen Erscheinungsbild unterscheiden sich mongoloide Kinder mit freier Trisomie 21 nicht von den Translokationstrisomien. Bei der D/G-Translokation handelt es sich um den Typ der zentrischen Fusion zweier akrozentrischer Chromosomen (Robertsonsche Translokation). Bei den Translokationsformen besteht das Risiko der Geburt eines weiteren mongoloiden Kindes. Die partielle Trisomie mit Translokation findet sich relativ häufiger bei jungen Müttern. Diese Erkenntnis macht aus eugenischen Gründen bei jungen Müttern, die bereits ein Kind mit Langdon Down-Syndrom geboren haben, eine Chromosomenanalyse notwendig. Werden Eltern dieser Kinder cytogenetisch untersucht, so findet sich etwa bei der Hälfte ein Elternteil ebenfalls mit Translokationssituation als balanciertem Träger, der selbst gesund ist und ein ausgewogenes, aber fehlverteiltes genetisches Material besitzt. Bei 149 chromosomal untersuchten Kindern mit Langdon Down-Syndrom konnten 124 der G-Trisomie, 5 der D-G-Translokation, 5 der GG-Translokation und 15 den Mosaikformen zugeordnet werden (Koch).

Obwohl die ersten Beschreibungen des Syndroms um die Mitte des 19. Jahrhunderts nur aus England und Schottland kamen, wurde es inzwischen in allen Ländern der Erde beobachtet. Benda rechnet mit 3—4 mongoloiden Kindern auf 1000 Geburten. Zellweger gibt das Vorkommen eines Langdon Down-Syndroms auf 500—800 lebend geborene Kinder an. Koch rechnet mit einem Vorkommen von 1 : 560. Da der Anteil älterer Mütter an der Geburtenzahl deutlich zurückgegangen ist, führte diese Konsequenz der Familienplanung in den letzten Jahren auch zu einem Rückgang des Mongoloidismus. Trotzdem wird die große soziale Bedeutung des Syndroms durch die Tatsache unterstrichen, daß Patienten mit Langdon Down-Syndrom etwa 10% aller Oligophrenen ausmachen.

Diagnose. Die klinische Diagnose wird erleichtert durch die Geschlossenheit des Zustandsbildes und nicht so sehr durch das Erkennen des Einzelsymptoms. Die cytogenetische Untersuchung sichert die Diagnose. Das typische Erscheinungsbild mit den Augensymptomen, der Brachycephalie, der Muskelhypotonie, den Anomalien der Beckenformation und der Imbezillität lassen aber auch unter klinischem Aspekt kaum Zweifel am Vorliegen des Syndroms. Nicht obligate Symptome stellen andere Mißbildungen wie Herzfehler, Ohrmuscheldysplasien, Katarakte und weißliche Irisflecken dar.

Therapie und Prognose. Bisher ist eine kausale Therapie des Langdon Down-Syndroms nicht bekannt. Neben nützlicher Heilpädagogik lassen sich aber im Umkreis der Chromosomenaberration auch Hilfen aus medizinischer Sicht vertreten.

Dabei zentriert sich das naturwissenschaftlich-forscherische Interesse derzeit auf die erwünschte Prävention, für die bisher nur das hohe Lebensalter der Mütter einige Hinweise ergibt.

Im Vordergrund der Therapie stehen neben Führung und Betreuung der Eltern heilpädagogische Maßnahmen, d. h. die früh einsetzende, intensivierte familiäre und sonderschulische Zuwendung, durch die vor allem Sprache, Wahrnehmungsfähigkeit, Körpertüchtigkeit, Konzentrationsfähigkeit und Selbständigkeit gebessert werden können. Heilpädagogische Gesichtspunkte in der *Früherziehung* des mongoloiden Kindes dürfen nicht erst mit dem Erreichen des Schulalters zum Tragen kommen und sollten ebenso bis in das 2. Lebensjahrzehnt hinein fortgeführt werden. Diese pädagogische Vermittlung ist aber nur in einer Atmosphäre sinnvoll, in der auch die Angehörigen eine entsprechend positive Einstellung zum Kind wie auch zu ihrem eigenen, durch die Existenz des bleibend behinderten Kindes veränderten Leben gefunden haben. Sonderkindergarten und Sonderschulen für lebenspraktisch bildbare Kinder nehmen heute die Mehrzahl der Patienten mit Langdon Down-Syndrom in ihre erzieherische und fördernde Obhut. Mongoloide Kinder bedürfen einer gewissen Schutzzone, da durch Hänseleien, vor allem in und nach der Pubertätszeit, häufig aggressive und gereizte Verhaltensweisen provoziert werden können.

Prophylaxe und Behandlung der häufigen chronischen Infekte der oberen Luftwege machen die Verordnung entsprechender roborierender Maßnahmen, u. a. auch von Vitaminkuren, vor allem zu gefährdenden Jahreszeiten sinnvoll. Die Entfernung chronischer Infektherde erweist sich gelegentlich als nützlich. Haubold führte die Verordnung einer Kombination von Vitaminen, Mineralsalzen und Spurenelementen als „Basistherapie" bei Trisomie 21-Patienten ein. Haubold u. a. glaubten, damit nicht nur den Entwicklungsgang, sondern auch das äußere Erscheinungsbild dieser Kinder positiv zu ändern. Beim Vorliegen einer leichten Unterfunktion der Schilddrüse ist eine niedrige Thyreoidinsubstitution sinnvoll (0,01 g tgl.). Für die Nützlichkeit der gelegentlich propagierten Behandlung mit Frisch- oder Trockenzellen stehen bisher alle kritischen Beweise aus.

Wichtig erscheint die Durchführung einer frühzeitig einsetzenden heilgymnastischen Betreuung zur Verbesserung der psychomotorischen und statischen Entwicklung. Selbstverständlich ist Sprachheiltherapie bei entsprechenden Ausfällen sinnvoll.

Intensiviert durchgeführte Behandlungen vermindern die Gefährdung z. B. durch interkurrente Infekte und verbessern mit den erheblich günstigeren Möglichkeiten der Frühgeborenen- und Säuglingsaufzucht die Lebenserwartung bei mongoloiden Kindern. 25—30jährige Kranke, allerdings mit einem beschleunigten Ablauf des Alterungsprozesses, sind heute keine Seltenheit mehr.

Obwohl hodenbioptische Untersuchungen bei männlichen Patienten mit Langdon Down-Syndrom das Vorkommen reifer Spermatozoen wahrscheinlich machen, ist bisher nicht bekannt geworden, daß Langdon Down-Patienten Kinder zeugten. Diese Feststellung ist für eine Elternberatung bei Jugendlichen bedeutsam. Mongoloide Mädchen brachten gesunde und mongoloide Nachkommen etwa im Verhältnis 1:1 zur Welt (Zellweger).

b) E-Trisomie, Trisomie 18, Edwards Syndrom

Die Oligophrenie dieser Chromosomenanomalie ist meist schwer, das weibliche Geschlecht ist bevorzugt betroffen. Das Alter der Mütter ist höher, Translokations- und Mosaikformen sind bekannt. Die Häufigkeit beträgt etwa 1:4000. Das Geburtsgewicht liegt zwischen 2000 und 2400 g, dieser Befund dürfte neben der Kombination mit Mißbildungen (u. a. Meckelsches Divertikel) dafür verantwortlich sein, daß die Mehrzahl der Patienten bereits im ersten Lebensjahr verstirbt. Das Gesicht ist besonders durch eine Mikrognathie und durch die seitlich behaarte Stirn typisch verändert. Gelegentlich finden sich Lippen-Kiefer-Gaumen-Spalten sowie eine antimongoloide Augenstellung. Mißbildungen der Füße und auffällige Flexionshaltung der Finger sind häufig. Abnorme Handfurchenbildung, trichterförmiger Anus und angeborene Herzmißbildung wurden ebenfalls beschrieben.

c) Partielle Monosomie 18
(Teilverlust des langen bzw. kurzen Armes)

Diese Patienten weisen eine schwere Oligophrenie auf, sie sind klein und meist mikrocephal. Das Hörvermögen ist oft beeinträchtigt (u. a. durch Gehörgangsatresie). Das Mittelgesicht wirkt klein, es findet sich überdurchschnittlich häufig eine Lippen-Kiefer-Gaumenspalte. Neben anderen möglichen Auffälligkeiten (Herzmißbildung, Kryptorchismus) wird manchmal eine tiefe Stimme beobachtet.

d) D-Trisomie, Pätau-Syndrom, Trisomie 13—15

Bei dieser schweren Oligophrenieform trifft auf etwa 8 000 lebend geborene Kinder ein Kranker. Allerdings sollen nur etwa 20% dieser Patienten das 1. Lebensjahr überleben. Das Zustandsbild ist gekennzeichnet durch häufige Apnoezustände, Lippen - Kiefer - Gaumenspalte, Mikrophthalmie, Mikrocephalie, Deformation der Ohren, Hämangiome an der Stirn, begrenzte Alopezie, Mißbildungen an den Extremitätenenden, Retentio testis sowie gelegentlich hirnorganische Anfälle. Auch hier wurden bei hohem Gebäralter Translokations- und Mosaikformen beschrieben.

e) Katzenschreisyndrom, Cri-du-chat-Syndrom
(Fehlen eines Chromosomenstückes des kurzen Armes am Chromosom Nr. 5)

Die hochgradig oligophrenen Kinder, meist Mädchen, fallen durch ein jammerndes Weinen auf, das an das Schreien junger Katzen erinnert (Häufigkeit: 0,3⁰/₀₀). Mikrocephalie, Mikrognathie, antimongoloide Lidstellung, Hypertelorismus, Epicanthus, tiefer Ohransatz, Vierfingerfurche vervollständigen die klinische Symptomatik. Diese findet sich in ähnlicher Form, jedoch ohne das typische Katzenjammern, beim Wolfssyndrom, das sich zusätzlich durch Kolobom, Exophthalmus, manchmal Hüftluxation und hirnorganische Anfälle auszeichnet. Hirschhorn-Wolf beschrieben das Fehlen eines Chromosomenstücks des kurzen Arms am Chromosom 4.

2. Störungen der Gonosome

Die das Geschlechtschromosom X und Y treffenden Anomalien repräsentieren die zahlenmäßig größere Gruppe der Chromosomenanomalien. Zu ihnen zählen wir vor allem das Klinefelter-Syndrom und Turner-Syndrom. Die cytogenetische Forschung der letzten Jahre hat hier eine große Zahl von verschiedenen Anomalien entdeckt, die sich z. B. durch X-Ring-Chromosom, X-Stückverlust und vor allem durch überzählige X-Chromosomen auszeichnen. Die Oligophrenie ist bei diesen Zustandsbildern weder ein konstantes Symptom noch in den meisten Fällen so ausgeprägt wie bei den autosomalen Aberrationen. Ungenügende Keimdrüsendifferenzierung und endokrine Symptome stehen bei den gonosomalen Aberrationen im Vordergrund. Die psychopathologischen Symptome bei den gonosomalen Aberrationen dürften in ihrer Intensität ebenfalls von der Zahl der überschüssigen oder fehlenden Gene abhängig sein. Ist der Genüberschuß erheblich, dann sind die gleichen Störungen wie bei den

autosomalen Aberrationen zu erwarten. Anomalien des X-Chromosoms lassen sich auch durch die Barr-Körperchen des Schleimhautepithels feststellen. Eine bestimmte Zahl von Barr-Körperchen steht in Relation zur Zahl der X-Chromosomen. Verschiedene Mosaikkombinationen bei Zahlenanomalien der Gonosomen sind beschrieben, sie scheinen häufiger als bei den autosomalen Trisomien vorzukommen.

a) Ullrich-Turner-Syndrom
(XO-Syndrom, ovarielle Gonadenagenesie)

Auf 4000—5000 weibliche lebend Geborene wird einmal ein Turner-Syndrom beobachtet. Minderwuchs (Körpergröße etwa 140 cm) und eine Reihe kongenitaler Fehlbildungen wie seitlich verbreiteter Hals bis zur Flügelfellform, vorgebuckeltes Sternum, Cubitus valgus, Aortenisthmusstenose, Augendefekte, manchmal Taubheit, kennzeichnen das Syndrom. Menarche und physiologische Mammaentwicklung fehlen. Die meist vorhandene Schambehaarung ist spärlich entwickelt. Die Ovarien sind langgestreckt und walzenförmig verändert, Keim-

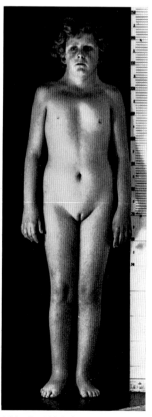

Abb. 3. 13jährige Jugendliche mit Turner-Syndrom

epithel oder Follikel fehlen. Der Sexchromatinbefund ist negativ, es wurden aber auch sexchromatinpositive Individuen mit Turner-Syndrom beschrieben.

Die Intelligenz der Patientinnen mit Turner-Syndrom kann altersentsprechend sein, in vielen Fällen sind jedoch Begabungsmängel deutlich, die bei der dysontogenetischen Grundstörung nicht überraschen. Die Strukturanalyse der Intelligenz läßt eine geringe Fähigkeit zum Überblicken größerer Zusammenhänge, begrenzte geistige Wendigkeit und Umstellfähigkeit sowie bemerkenswerte Dürftigkeit der Vorstellungs- und Phantasieproduktion bei oft betontem Ordnungssinn erkennen (Stutte). Den Patienten fehlt oft Initiative, sie wirken träge, passiv, schwunglos, bei relativ unbekümmerter und vertrauensseliger Grundstimmung. Hormonsubstitution vermag Menstruation und Mammaentwicklung herbeizuführen, was die psychische Führung bei erheblichen Selbstwertkonflikten oft erleichtert.

Unter den X-Polysomien sind die XXX-Frauen ohne auffallende körperliche Symptome oft und die XXXX-Frauen immer oligophren.

b) Klinefelter-Syndrom (XXY-Syndrom)

Die Diagnose des Klinefelter-Syndroms wird klinisch meist erst nach Pubertätseintritt gestellt. Die Häufigkeit des Syndroms wird mit 1:400—500 männlichen Individuen angegeben. Die Patienten tragen mehr oder weniger eunuchoide Züge und sind steril. Die Ausprägung der sekundären Geschlechtsmerkmale ist meist verzögert, die Sekundärbehaarung wirkt spärlich. Die Hoden bleiben wesentlich kleiner als normal und weisen hyalinisierte und sklerotisierte Samenkanälchen bei relativem Überwiegen der Leydigschen Zwischenzellen auf, die meist nestförmig als hypertrophische Zellen mit bläschenförmigen Kernen angeordnet sind. Der Penis ist nur in etwa 10% der Fälle kleiner als normal. Die Libido kann in der Norm liegen, in der Mehrzahl ist sie jedoch vermindert. Gynäkomastie, oft erst Jahre nach der Pubertät auftretend, ist vorhanden. Manchmal findet sich ein leichter Diabetes mellitus; chronische Infekte der oberen Luftwege sind häufig, ebenso eine ausgeprägte Varicosis.

Im Gegensatz zum Turner-Syndrom weisen die Klinefelter-Patienten fast alle eine Debilität, zumindest ein unterdurchschnittliches Intelligenzverhalten auf. Auffällig ist bei herabgesetztem Ehrgeiz eine große Gesprächigkeit. Die Patienten wirken infantil bis feminin und werden deshalb öfter Objekte homosexueller Attacken. Sie setzen sich

schwer durch und bleiben überdurchschnittlich lange an ihre Mütter gebunden. Dysphorische Verstimmungen, Angst- und Drangzustände, periodisch wechselnd mit gesteigerter Aktivität, werden beobachtet.

Unter den weiteren X-Polysomien sind die beschriebenen XXXY- und XXYY-Männer immer oligophren. Das XXXXY-Syndrom bedingt hochgradige Oligophrenie, es finden sich dabei zusätzlich Skeletabnormitäten wie eine radioulnare Synostose, Klinodaktylie des 5. Fingers und manchmal Hypertelorismus. Klinefelter-Syndrome sind bisher in mindestens 14 verschiedenen chromosomalen Konstellationen beobachtet worden.

Unter den Syndromen mit überzähligem Y-Chromosom ist das XYY-Syndrom erwähnenswert. Die männlichen Individuen mit Karyotyp 47, XYY sind meist minderbegabt und häufig verhaltensgestört. Hierdurch werden sie wahrscheinlich vermehrt in kriminelle Handlungen verwickelt. Es dürfte nach bisherigem Wissen jedoch nicht zutreffen, daß diese Chromosomenaberration zwangsläufig zu kriminellen, aggressiven und gewalttätigen Handlungen führen muß, obwohl immer wieder auffällt, daß hochwüchsige, minderbegabte Kriminelle einen hohen Anteil dieser Chromosomenaberration aufweisen (u. a. auch beim Klinefelter-Syndrom).

III. Metabolisch bedingte Oligophrenien

Vorbemerkungen

Die Erkennung vieler metabolisch-genetisch bedingter Störungen (inborn errors of metabolism) in den letzten 20 Jahren eröffnete erstmalig die Chance einer Prophylaxe und kausalen Behandlung bestimmter Oligophrenieformen. Ursachen sind meist Enzymdefekte, die auf eine Genmutation zurückgeführt werden können. Dabei sammeln sich entweder vor dem Enzymblock oder hinter ihm abnorm vermehrt oder vermindert Metaboliten an, die zur Hirnschädigung führen. Bei Früherkennung der Stoffwechselentgleisung durch Untersuchung bestimmter Stoffwechselprodukte im Urin oder Serum gelingt es vor dem Eintreten irreversibler Hirnveränderungen, die Diagnose zu stellen. Darüber hinaus ermöglicht diätetische oder in den Stoffwechsel eingreifende Therapie, bei einzelnen Formen kausal zu wirken. In verschiedenen Ländern ist deshalb Früherkennung z. B. der Phenylketonurie durch Routineuntersuchung aller Neugeborenen üblich geworden.

Unser Wissen über den Anteil metabolisch-genetisch bedingter Schwachsinnsformen an der Oligophrenie ist noch wenig gesichert. Wir kennen heute annähernd 100 metabolisch-genetisch bedingte Schwachsinnsformen. Sie sind somit, soweit sich dies bis heute erkennen läßt, relativ selten. Ihre Bedeutung zentriert sich bisher deshalb mehr auf wissenschaftlich-forscherische Aspekte als auf eine Rolle, die sie für die Sprechstunde und den Alltag des Arztes spielen. Möglicherweise wird die Häufigkeit denkbaren Vorkommens noch unbekannter Formen heute auch überschätzt.Ihre Symptomatik soll trotzdem ausführlicher besprochen werden, weil sich hier Krankheitsformen finden, die nicht nur diagnostisch weitgehend aufgeklärt, sondern vor allem therapeutisch grundsätzlich und nicht nur symptomatisch angehbar sind.

Die metabolisch-genetisch bedingten Schwachsinnszustände zwingen durch ihre Verlaufsdynamik zu veränderten psychopathologischen Kriterien. Grüter schlug deshalb vor, sie „erbbedingte Schwachsinnsformen mit dynamischen Ablauf" zu nennen. Sie sind durch die Tatsache charakterisiert, daß sich bei ihnen der psychische Abbauprozeß bei zunächst scheinbar gesunden Kindern erst zu einem späteren Zeitpunkt klinisch auswirkt, um dann entweder progredient zu verlaufen oder sich bei einzelnen Bildern durch rechtzeitige kausale Therapie zurückzubilden.

Fällt die katalysierende Funktion normaler Enzyme bei Homozygotie aus, dann tritt die Stoffwechselstörung klinisch in Erscheinung. Bei Heterozygotie gelingt es durch sog. Heterozygotentests, die auf dem Versuch einer Belastung des bei Heterozygotie nicht ausreichenden Stoffwechselvorganges beruhen, die im klinischen Bild gesunden und fortpflanzungsfähigen, das mutierte Gen nur in einfacher Dosis besitzenden Träger zu erkennen. Mit empfindlichen Meßmethoden lassen sich dann Werte ermitteln, die zwischen denen völliger gesunder Persönlichkeiten und homozygot Kranker liegen. Diese Tatsache besitzt große eugenische Bedeutung z.B. in Familien mit kranken Angehörigen, u.a. vor geplanter Eheschließung. Die Verbreitung heterozygoter Merkmalsträger läßt sich aus der Zahl klinisch manifester Störungen errechnen. Bei den meisten metabolisch bedingten Oligophrenieformen liegt ein autosomal-rezessiver Erbgang vor. Dies bedeutet, daß bei heterozygoten, phänotypisch gesunden Partnern 25% der Nachkommen krank, 25% der Nachkommen völlig gesund und die Hälfte wiederum im Erscheinungsbild gesunde Anlageträger sind.

Es ist heute für jede ätiologisch unklare Oligophrenie, vor allem schweren Grades, notwendig, die metabolisch-genetisch bedingte Cerebralschädigung als Folge einer Stoffwechselstörung auszuschließen. Neben den sich vielleicht ergebenden therapeutischen Möglichkeiten einer verbesserten eugenischen Beratung kommt dieser Frage auch deshalb große Bedeutung zu, weil durch moderne Erkenntnisse dem unter vielen Ärzten bei der Oligophrenie noch weit verbreiteten therapeutischen Fatalismus ein Ende gesetzt werden kann.

Zu einer exakten Diagnostik ist die chromatographische Untersuchung des Urins zur Erkennung von Hyperaminoacidurien oder abnormen Metaboliten im Aminosäuren- und Zuckerstoffwechsel notwendig. Die Dünnschichtchromatographie und histologische Untersuchungen ergänzen einen diagnostischen Weg, dessen optimale Durchführung bisher nur in Speziallaboratorien möglich und auch sinnvoll ist. Es ist ratsam, die Bedingungen der Untersuchungen mit dem jeweiligen Labor abzusprechen. Im allgemeinen genügt die Zusendung einer Urinprobe (8—10 ccm) konserviert mit je 1 ccm Chloroform und Toluol. Letzteres ist sinnvoll, da vor allem die Aminosäuren biologisch leicht veränderliche Substanzen darstellen. Wahrscheinlich werden zukünftig „screening"-Methoden zur Routineuntersuchung die Suche erleichtern, so daß dann nur bei diesem Untersuchungsvorgang auffällige Patienten einem Speziallaboratorium zugeleitet werden müssen.

Die folgende Darstellung macht es für notwendige Detailfragen nicht entbehrlich, in pädiatrischen, biochemischen und humangenetischen Lehrbüchern nachzulesen.

1. Störungen vorwiegend im Aminosäurenstoffwechsel

a) Phenylketonurie

Symptomatik. Die 1934 von Fölling beschriebene Stoffwechselanomalie führt unbehandelt zu schwerer Oligophrenie, zu hirnorganischen Krampfanfällen und meist auch zu neuropathologischen Symptomen (Hypertonus, gesteigerte Sehnenreflexe, extrapyramidale Phänomene). Das Ausmaß des Schwachsinns kann in erheblichen Grenzen differieren, es gibt sogar Einzelfälle, die trotz gesicherter biochemischer Läsion — wenn auch nicht mit Extremwerten einer Hyperphenylalaninämie — Intelligenzleistungen des Normbereiches aufweisen. Falls keine Behandlung einsetzt, liegt der Beginn der geistigen Entwicklungsstörung etwa zwischen dem 4. Lebensmonat und dem Anfang des 2. Lebensjahres. Das Intelligenzniveau sinkt bei Nichtbehandlung bis zur Pubertätszeit laufend ab.

Ein Viertel bis zur Hälfte der Patienten erkranken meist im 2. Lebensjahr an Krampfanfällen, die oft nach Ende der Kindheit spontan sistieren. Pathologische EEG-Befunde lassen sich in den meisten Fällen erkennen. Die bei der Geburt gesund wirkenden Kinder zeigen später vor allem Pigmentarmut, blondes Haar, blaue Augen — auch pigmentintensive Patienten wurden beschrieben-, einen muffigen, pferdestall- oder mäusekotähnlichen Geruch sowie die Neigung zu Dermatitis und Ekzemen.

Genese, soziale Bedeutung. Das Enzym Phenylalaninhydroxylase ist verantwortlich für die Umwandlung des Phenylalanins in Tyrosin, es liegt bei der Phenylketonurie vermindert vor. Dadurch kommt es zu einer Anhäufung von Phenylalanin und seinen Abbauformen, vor allem der Phenylbrenztraubensäure, die sich im Blut bis zu 50facher Vermehrung finden kann (Normwerte: 0,8—1,6 mg-%).

Die cerebralen Symptome, vor allem Oligophrenie und Krampfanfälle, werden wahrscheinlich durch die autosomal-recessiv fixierte Blockierung wichtiger Fermente und durch den Mangel an essentiellen Aminosäuren bedingt. Auf welchem Weg neuropathophysiologisch die Hirnschädigung zustande kommt, ist noch nicht völlig geklärt, möglicherweise wirken mehrere Komponenten gemeinsam.

In der deutschen Bevölkerung wird mit dem Auftreten der Phenylketonurie in einer Relation von 1:8000 gerechnet. Heterozygote, klinisch gesund wirkende Anlageträger lassen sich durch Belastungsproben mit Phenylalanin erkennen; auf etwa 50 gesunde Menschen trifft ein Träger der Heterozygotie für Phenylketonurie.

Die soziale Bedeutung der Früherkennung vor der Entwicklung cerebraler Symptome ist heute unbestritten. Die diätetische Therapie beugt der Hirnschädigung entscheidend vor. Die Phenylketonurie wurde wegen erkannter Pathogenese und möglicher Therapie zum Prototyp einer Störungsgruppe, über die in absehbarer Zeit neuer Wissenszuwachs erwartet wird. Die systematische Untersuchung der Angehörigen von Phenylketonurikern ist sinnvoll, da bei recessivem Erbgang damit gerechnet werden muß, daß ein Viertel der Geschwister erkranken. Eine neue Fragestellung ergibt sich derzeit durch die Tatsache, daß behandelte Mädchen mit Phenyl-

ketonurie Kinder zur Welt bringen, die häufig microcephal sind.

Diagnose. Die Diagnose der autosomal-recessiv vererbten Krankheit kann nur durch Routineerfassung aller Neugeborenen sinnvoll erfolgen. Dies geschieht entweder durch die Eisenchloridprobe nach etwa 6 Lebenswochen, besser durch den Guthrie-Test nach 3—5 Lebenstagen. Beim Nachweis der Phenylbrenztraubensäure im Urin werden 8—10 Tropfen einer 10%igen Ferrichloridlösung auf 1—2 ml frischen, angesäuerten Urin gegeben. Beim positiven Befund kommt es etwa 1 min später zu einer dunkel-olivgrünen Verfärbung, die wieder verschwinden kann. Diese Untersuchung ist allerdings nicht streng spezifisch. Der Guthrie-Test, ein mikrobiologischer Agardiffusionstest, bei dem Blut untersucht wird, nützt die Aufhebung der wachstumshemmenden Funktion von Thienylalanin auf B. subtilis durch Phenylalanin. Der Guthrie-Test ist spezifisch und des Untersuchungsganges wegen für große Reihenuntersuchungen zu verwenden.

Wir kennen auch transitorische Hyperphenylalaninämien und bleibende Hyperphenylalaninämien mit Werten unterhalb von 18—20 mg-%. Das Zustandekommen dieser nicht immer zu den bekannten schweren klinischen Folgen führenden Bilder ist noch nicht völlig geklärt, so daß es sich als nützlich erweist, nur die Störungen diätetisch zu behandeln, deren Phenylalaninblutspiegel bei laufenden Kontrollen über 8 mg-% liegt.

Therapie und Prognose. Als diätetische Therapie empfiehlt sich eine phenylalaninarme Kost, meist nach zunächst verabreichter phenylalaninfreier Nahrung. Entsprechende Eiweißhydrolysate sind im Handel, dabei bedingt der schlechte Geschmack gelegentlich Schwierigkeiten bei der Einnahme.

Diese Frage spielt jedoch nur dann eine größere Rolle, wenn der Diätbeginn erst im späteren Lebensalter liegt. Die tolerierte Phenylalaninmenge kann in hochwertigen Eiweißnahrungsmitteln wie Milch und Kartoffeln unter Zulage von Obst und Gemüse verabreicht werden. Es gibt Austauschrezepte, um den Tagesspeisenplan abwechslungsreich zu gestalten. Der Phenylalaninspiegel muß im Behandlungsablauf überwacht werden, um einen Mangelzustand, der sich durch Gewichtsabnahme, Erbrechen, Knochenmarkstörungen und osteodystrophe Veränderungen zeigen kann, zu vermeiden.

In jedem Fall sollte eine Frühesttherapie angestrebt werden, Behandlungsversuche bis zum 6. Lebensjahr sind gerechtfertigt. Die Behandlung muß etwa bis zum 10. Lebensjahr fortgeführt werden. Danach ist es sinnvoll, auf eine eiweißarme Normalkost überzugehen.

Behandelt sollten alle Kinder mit Phenylalaninblutspiegeln über 8 mg-% werden. Bei Kindern mit leicht erhöhtem Blutspiegel (zwischen 4 und 8 mg-%) sind laufende Kontrollen notwendig.

b) Ahornsirupkrankheit (Leucinose)

Die Ahornsirupkrankheit bedingt fast ausschließlich eine Hirnschädigung, wahrscheinlich während des Myelinisierungsvorganges. Den kranken Kindern ist der Geruch einer amerikanischen Ahornart eigen (maple syrup urine disease), dieser kann am ehesten mit einem süßlichen Maggisuppenextrakt verglichen werden. Nach wenigen Lebenstagen imponiert ein stürmischer Krankheitsbeginn. Er setzt meist mit tonisch-klonischen Krampfanfällen, Atemstörungen und Ataxie ein. Überlebende Kinder werden dement. Soweit Liquoruntersuchungen bekannt sind, fanden sich normale Befunde. Auch hier ist der zur Hirnschädigung führende genaue Stoffwechselvorgang nicht bekannt. Der Enzymdefekt (Fehlen von Decarboxylasen) betrifft den gestörten oder nicht möglichen Abbau vor allem von Valin, Leucin und Isoleucin; sie werden vermehrt im Urin und auch im Stuhl ausgeschieden.

Gewisse Chancen bietet bisher bei Frühesterkennung die Frühestbehandlung durch ein Nahrungsgemisch, das Valin und die Leucine nur in ganz geringer Menge enthält, Fertigdiät ist im Handel. Der frühzeitige papierchromatographisch vermehrte Nachweis dieser Stoffe sichert neben der cerebralen Symptomatik und dem süßlichen Uringeruch die Diagnose. Für die Frühestdiagnose wurde ein spezifischer Wachstumshemmtest (Leucinhemmtest), ähnlich dem Guthrie-Test bei der Phenylketonurie, entwickelt.

Über die Häufigkeit der sicher seltenen Erkrankung ist bisher wenig bekannt. Es wurde auch eine intermittierende Form beschrieben. Ausschließen läßt sich nicht, daß durch den bei Nichterkennung oft sehr rasch eintretenden Tod im frühen Lebensalter die Ahornsirupkrankheit noch nicht ihrer wirklichen Häufigkeit entsprechend diagnostiziert wird.

c) Hypervalinämie

Die Vermehrung der Isovaleriansäure als Folge eines Enzymdefekts im Valinabbau wird ebenfalls für das Entstehen eines geistigen Entwicklungsrückstandes verantwortlich gemacht. Im Urin werden große Valinmengen ausgeschieden, im Serum ist der Valinspiegel erhöht.

d) Hartnupsche Krankheit

Das nach dem Familiennamen des erstbeschriebenen Patienten (1956) benannte Stoffwechselsyndrom zeichnet sich durch lichtempfindliche, pellagraähnliche Hautsymptome, cerebelläre Ataxie, Störungen des Verhaltens bis zu exogen psychotisch wirkenden Formen und durch eine allerdings nicht obligate und nicht immer schwere Oligophrenie aus.

Im Urin finden sich eine ausgeprägte Hyperaminoacidurie neutraler Aminosäuren und Indican als Ausdruck eines gestörten Indicanabbaus vermehrt. Die Aminosäurenstoffwechselstörung zeigt in der Darmwand eine hereditär bedingte Resorptionsanomalie für Aminosäuren. Einige der Krankheitszeichen besitzen Intervallverlauf mit Verschlechterung und temporärer Symptomfreiheit.

Die bisherige Therapie ist symptomatisch und richtet sich vor allem gegen die Hauterscheinungen. Lichtschutz ist deshalb wichtig. Prognostisch darf die Hartnupsche Krankheit zu den günstiger verlaufenden Formen der Aminosäurenstoffwechselanomalien gerechnet werden.

e) Histidinämie

Erblicher Mangel des Ferments Histidase führt zur Hyperhistidinämie und meist auch zu einem geistigen Entwicklungsrückstand. Gelegentlich werden auch Sprachstörungen und Minderwuchs beobachtet, möglicherweise wird das Sprachzentrum selektiv betroffen. Es ist bei dieser erstmalig 1961 in Kanada beschriebenen Störung mit einer Häufigkeit von 1:12000 zu rechnen (Thalhammer). Die Diagnose wird durch eine Modifikation des Guthrietestes gestellt. Nach histidinarmer Diät wurden Besserungen gesehen.

f) Argininbernsteinsäure-Schwachsinn

Bei Mangel an Argininosuccinase wurde 1958 die Argininbernsteinsäure-Krankheit beobachtet, die zur Oligophrenie, Anfallsleiden, auffallend brüchigen Haaren und Nägeln sowie zu einer Lebervergrößerung führt.

g) Citrullinurie

Bei der Citrullinurie werden als Folge des Mangels an einem Enzym, das zum Abbau der Argininbernsteinsäure führt, erhebliche Mengen an Citrullin im Urin ausgeschieden. In den wenigen bisher beobachteten Fällen bestand immer eine schwere Oligophrenie.

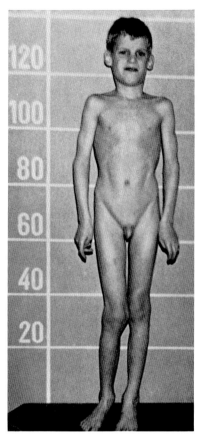

Abb. 4. 7jähriger Junge mit Homocystinurie

Therapeutische Versuche, medikamentös eine Senkung des Ammoniakspiegels zu erreichen, waren bisher nicht befriedigend.

i) Glykokollkrankheit (Hyperglycinämie)

Bei der Hyperglycinämie als Glycinabbaustörung kommt es in sehr frühem Alter zu vermehrter Glycinausscheidung und zu einer Erhöhung des Glycinspiegels im Serum. Die schwere Erkrankung der Neugeborenenperiode führt in ihren ketotischen Krisen zu Krämpfen und toxischen, die Gehirnreifung störenden Vorgängen. Neben dieser ketotischen Form wird eine nicht-ketotische Form der Hyperglycinämie unterschieden, die offentsichlich weniger stürmisch verläuft und neben neurologischen Symptomen (Krämpfe) zur Demenz führt. Möglicherweise kommt dem Vitamin B 12 therapeutisch Bedeutung zu.

j) Homocystinurie

Nicht zu selten dürfte die 1962 erstmalig beschriebene Homocystinurie zu beobachten sein, die einen Defekt im Methioninstoffwechsel als Ursache hat. Die Störung ähnelt in ihrer klinischen Symptomatik dem Marfan-Syndrom. Die Patienten sind hochwüchsig, oft bestehen Skeletdeformitäten (Spinnenfingrigkeit, Hohlfuß, Genu valgum, Kyphoskoliose, Zahnstellungsanomalien, Osteoporose, gehäufte Frakturen). Meist läßt sich neben anderen Augenkomplikationen wie Glaukom, Katarakt oder Netzhautveränderungen eine Linsenektopie diagnostizieren. Die Oligophrenie kommt nicht obligat vor, in den meisten Fällen ist sie aber mittelgradig ausgeprägt erkennbar. Bei fast immer pathologischen Hirnstrombildern werden manchmal manifeste Krampfanfälle beobachtet. Als krankheitstypisch dürfen die dünnen, blonden Haare sowie eine auffallende Wangenröte gelten. Thromboembolien und kardiovaskuläre Komplikationen werden gehäuft gesehen.

Im Urin wird Homocystin ausgeschieden, das papierchromatographisch und durch die allerdings nicht streng spezifische Nitroprussidprobe nachgewiesen werden kann. Der Enzymblock im Methioninstoffwechsel ist wahrscheinlich autosomal-recessiv festgelegt. Zur Cerebralschädigung führt die Ansammlung von Methionin und seinen Metaboliten, deshalb wird methioninarme, cystinreiche Diät empfohlen.

k) Iminosäurenstörungen

Auch im Stoffwechselvorgang der Iminosäuren — es handelt sich um nicht-essentielle Aminosäuren — sind seit 1962 Enzymdefekte beschrieben worden,

h) Hyperammonämie

Bei den Hyperammonämien, die ebenfalls nicht nur, wie schon lange bekannt, als Folge von Lebererkrankungen, sondern auch als erbliche Enzymstörungen im Harnstoffcyclus einen schweren Schwachsinn bedingen, beschrieb 1966 Rett ein psychopathologisches Syndrom, das nach seinen Untersuchungsbefunden nur beim Mädchen auftreten soll. Das von ihm als cerebral atrophisches Syndrom bei Hyperammonämie bezeichnete Bild setzt sich aus folgenden Symptomen zusammen: Hypo- bzw. Amimie, Alalie, stereotype Bewegungsschablone der Hände, Hyperreflexie, spastische Tonuserhöhung, Gangapraxie, Neigung zu Krampfanfällen und hochgradige Oligophrenie.

Die Symptomatik zeigt eine langsame Progredienz und ist am Ende des 1. Lebensjahres diagnostizierbar. Pathologisch-anatomisch findet sich ein unspezifischer hirnatrophischer Prozeß, dessen klinisches Erscheinungsbild durch die fast pausenlos ablaufende, stereotype Bewegungsschablone der Arme und Hände unschwer zu erkennen sei.

die zur Oligophrenie, meist mit Anfallsleiden kombiniert, führen.

Die *Hyperprolinämie Typ I* als wahrscheinliche Folge eines Mangels des Enzyms Prolinoxydase zeigt neben den genannten Symptomen eine Nephropathie, z.T. mit Mißbildungen an den Nieren und Harnorganen.

Die *Hyperprolinämie Typ II* besitzt einen Pyrrolincarbonsäure-Dehydrogenase-Mangel.

Bei der *Oxyprolinämie* wird Hydroxyprolin vermehrt im Urin ausgeschieden.

Eine diätetisch-therapeutische Beeinflussungsmöglichkeit dieser offenbar sehr seltenen, vielleicht auch noch selten erkannten Anomalien ist bisher nicht bekannt.

l) Tryptophan-Abbaustörung mit Autismus

Einige Untersucher (Sutton u.a., Pare u.a.) fanden bei einer verminderten Umwandlungsfähigkeit von Tryptophan zu Indolmilch- und Indolessigsäure Zustandsbilder, die durch Autismus in Kombination mit Krampfanfällen gekennzeichnet waren. Möglicherweise spielen hier Anomalien des Serotoninstoffwechsels eine Rolle mit. Methodische Schwierigkeiten stehen der intensiveren Erforschung des immerhin denkbaren Zusammenhangs zwischen autistisch gefärbter Oligophrenie und Tryptophanabbaustörung bisher im Wege.

2. Störungen im Kohlehydratstoffwechsel

a) Galaktosämie

Symptomatik. Bei der Galaktosämie werden 2 Verlaufsformen unterschieden: Die akute, in den ersten Lebenstagen auftretende schwere Form und die mehr chronische, sich nicht durch das Vorhandensein aller Symptome auszeichnende, manchmal sogar nur monosymptomatisch auftretende Störung.

Die Symptomatik, vor allem der akuten Form, ist gekennzeichnet durch eine schwere Ernährungsstörung mit Durchfällen und Erbrechen, Leber-Milz-Vergrößerung, zunehmendem Ikterus, der meist zu Lebercirrhose führt, sowie durch eine Galaktosurie, Hyperaminoacidurie und Proteinurie. Nach den ersten Lebenswochen stellt sich ein Katarakt ein, so daß bei den mehr protrahiert verlaufenden, überlebenden Formen die Symptomentrias: Lebercirrhose, Katarakt und Oligophrenie im Vordergrund steht. Die Oligophrenie kommt wahrscheinlich durch eine intracelluläre Ansammlung von Galaktose-I-Phosphat zustande, die zu einer Zellatmungsreduktion führt.

Genese und soziale Bedeutung. Der schon seit 1908 klinisch beschriebenen Krankheit liegt als Enzymstörung ein Galaktose-I-Phosphat-Uridyl-Transferasemangel zugrunde. Die vorwiegend das männliche Geschlecht treffende Erkrankung ist autosomal-recessiv erblich. Die klinisch gesunden Anlageträger können durch Heterozygotentest nach Belastung erfaßt werden. Frauen mit bekannter Heterozytogie sollten in der Schwangerschaft galaktosefrei ernährt werden. Die soziale Bedeutung liegt in der relativen Verbreitung wahrscheinlich auch atypischer Verlaufsformen und in der Möglichkeit der Frühdiagnose, die eine Frühbehandlung erlaubt. Die Häufigkeit der Galaktosämie wird auf 1:40000 geschätzt.

Diagnose und Differentialdiagnose. Milchunverträglichkeit beim jungen Säugling, schwere Ernährungsstörung, zunehmende Gelbsucht, später Oligophrenie, Katarakt und Leberinsuffizienz sollten stets die Verdachtsdiagnose Galaktosämie stellen. Neben der vermehrten Galaktoseausscheidung im Urin wird die Diagnose durch das Fehlen der Aktivität der Galaktose-I-Phosphat-Uridyl-Transferase in den roten Blutkörperchen gesichert. Differentialdiagnostisch müssen bei der Neugeborenenerkrankung alle anderen Gelbsuchtsformen dieser Lebenszeit ausgeschlossen werden.

Guthrie beschrieb einen mikrobiologischen Hemmtest, der wenige Tage nach der Geburt positiv wird. Dabei lassen sich gleichzeitig in einem Untersuchungsgang durch einen Blutstropfen auch die Phenylketonurie, die Ahornsirupkrankheit und die Histidinämie ausschließen.

Therapie und Prognose. Nach wünschenswerter Früherkennung müssen Milch und Milchprodukte entzogen und durch eine galaktosefreie Diät ersetzt werden. Nützliche Präparate sind im Handel. Bei nicht zu akutem frühen Beginn und rechtzeitiger Diagnose mit sofort folgender gewissenhafter Therapie ist die Prognose nicht ungünstig. Die sich entwickelnde Intelligenzhöhe steht in gewisser Relation zum Lebensalter, in dem die diätetische Therapie begann. Möglicherweise stehen therapieresistente Fälle mit einer schon intrauterin beginnenden Hirnschädigung in Zusammenhang.

Beim Galaktokinasemangel als einer anderen hereditären Galaktoseintoleranz wurde bisher keine Oligophrenie beobachtet.

b) Hereditäre Fruktoseintoleranz

Bei der Fruktoseintoleranz findet sich ähnlich der Galaktosämie ein autosomal-recessiv vererbter Enzymdefekt der Phosphorfruktaldolase. Die Fruktoseverwertungsstörung äußert sich in frühestem Lebensalter nach fruktosehaltigen Speisen durch Hypoglykämien mit Erbrechen, Schwindel, Blässe und Somnolenz. Es gibt diskrete Störungen, die bei chronischem Bestehen auch zu einem geistigen Entwicklungsrückstand führen, falls nicht fruktosehaltige Nahrung nach einem Lernvorgang instinktiv abgelehnt wird. Bei entsprechender Therapie, die alle fruktosehaltigen Nahrungsmittel aus der Nahrung verbannt, ist die Prognose gut.

Mit dem Symptomenbild darf nicht die benigne, harmlose *Fruktosurie* verwechselt werden, die keine Krankheitserscheinungen macht und deshalb keiner Therapie bedarf.

Gleiches gilt für die *essentielle Pentosurie*, vor allem bei Angehörigen der jüdischen Rasse.

c) Idiopathische infantile Hypoglykämie

Neben symptomatischen und endokrin bedingten Hypoglykämien wird etwa bis zum 5. Lebensjahr eine idiopathische, oft familiäre Form der Blutzuckererniedrigung gefunden, bei der es durch anhaltende und sich wiederholende hypoglykämische Zustände sowie durch ausgelöste Krampfanfälle, meist vom Grandmal-Typ, zu einem therapeutisch kaum zu beeinflussenden dementiven Abbau kommt. Die auffallende Insulinempfindlichkeit, die Leucinempfindlichkeit nach Leucinbelastung, die Wirksamkeit von Adrenalin bei Anfällen sichern die Diagnose der Störung, die im Intervall mit normalem Blutzuckerspiegel einhergehen kann.

Therapeutisch empfehlen sich ACTH- oder Glucocorticosteroidbehandlung sowie Zuckergaben etwa 1 Std nach den Mahlzeiten. Die Prognose der Hirnschädigung hängt vom Zeitpunkt des Erkennens der Störung ab. Im Hinblick auf die Hirnschädigung spielt die 1956 beschriebene leucinsensible Hypoglykämie eine besondere Rolle. Hypoglykämische Zustände mit Krampfanfällen werden hier weniger durch kohlehydratreiche, sondern durch eiweißreiche Nahrungsaufnahme provoziert. Offenbar übt L-Leucin eine intensiv insulinausschüttende Wirkung auf das Pankreas aus.

3. Störungen der Tubulusfunktion

a) Renaler Diabetes insipidus

Beim renalen Diabetes insipidus ist die Störungsursache nicht wie beim zentralen Diabetes insipidus im Hypophysen-Zwischenhirnsystem (ungenügende Bildung des antidiuretischen Hormons) lokalisiert, sondern nephrogen bedingt. Wahrscheinlich liegt eine hereditäre Herabsetzung der Endorgansensibilität des Nierentubulus auf Adiuretin vor.

Die Erkrankung führt im frühen Lebensalter zu Gedeihstörungen und Erbrechen, unklarem Fieber und Dehydration. Oft ist in der ersten Lebenszeit das Durstgefühl noch nicht überdurchschnittlich auffällig. Zunehmende Polyurie, Polydipsie, im Serum Hyperelektrolytämie, vor allem Hypernatriämie, führen zu Elektrolytkrisen und Wasserverlustsyndrom, deren Folgen in den meisten Fällen auch einen geistigen Entwicklungsrückstand nach sich ziehen. Verläufe, die erst nach dem 2. Lebensjahr diagnostiziert werden, weisen stets eine Oligophrenie auf. Die Hirnschädigung kommt wahrscheinlich durch die extrazelluläre Hyperosmolarität und intrazelluläre Dehydration zustande.

Therapeutisch sind hyposmolare Flüssigkeitsgaben über längere Zeit notwendig. Jenseits des Säuglingsalters normalisieren sich die subjektiven Symptome weitgehend, vor allem das Durstgefühl.

b) Lowe-Syndrom (Okulo-cerebro-renales Syndrom)

Das typische klinische Erscheinungsbild ist geprägt von Kleinwüchsigkeit, Imbezillität, doppelseitigem Katarakt mit Glaukom, Mikrophthalmus, renaler Rachitis, auffallender motorischer Unruhe mit Handbewegungen, Manirismen und manchmal aggressiv-launischem Verhalten. Gelegentlich findet sich Taubheit; oft fehlt der Descencus testis.

Biochemisch fällt eine generalisierte Aminoacidurie, Proteinurie und tubuläre Acidose auf. Obwohl an einer klinischen und pathogenetischen Einheit festgehalten wird, ist die große Variabilität der Symptome bemerkenswert. Das Syndrom wurde bisher nur bei Knaben beschrieben. Die zugrunde liegende Stoffwechselstörung ist noch nicht bekannt, so daß bisher nur symptomatische Maßnahmen sich als sinnvoll erwiesen haben. Das Erscheinungsbild steht der Galaktosämie nahe, obwohl sich bisher keine Anomalie im Galaktosestoffwechsel sichern ließ. Wahrscheinlich liegt ein geschlechtsgebundener recessiver Erbgang vor.

4. Störungen der Plasmaproteine

*Wilsonsche Krankheit
(hepatolentikuläre Degeneration)*

Symptomatik. Der Beginn der choreo-athetotischen Hyperkinesen, des Wackeltremors liegt meist zu Ende des 1. und im 2. Lebensjahrzehnt, oft in Kombination mit Hypertonus, dysarthrischer Sprache und starrer werdender Mimik. Auch parkinsonähnliche, hypokinetische Bilder kommen vor.

Die Symptome sind langsam progredient. Ein dementiver Abbau wird selten vermißt; hinzu gesellen sich meist Affektinadäquatheit, Enthemmungs-, Erregungs- und Drangzustände sowie psychotische Bilder, manchmal wahnhafte Beziehungserlebnisse. Die von der Leberaffektion ausgehenden Symptome stehen bei dieser Verlaufsform nicht im Vordergrund. Da der Beginn oft uncharakteristisch ist, wird die Erkrankung manchmal lange Zeit nicht erkannt. Oft fällt zunächst nur eine leichte Sprachalteration und eine undeutlicher werdende Schrift auf; die differenzierteren Bewegungen fallen dem Erkrankten schwerer als früher. Psychopathologische Phänomene wie Reizbarkeit, Angst, Verschlechterung der Schulleistungen gehen der neurologischen oder auch hepatischen Symptomatik voraus.

Genese und soziale Bedeutung. Ein autosomal-recessiver Erbgang führt bei der Kupferstoffwechselstörung zur lentikulären Degeneration sowie zur Leberschädigung. Die Kupferwerte im Serum sind erniedrigt, die Kupferausscheidung im Urin ist erhöht. Coeruloplasmin ist als kupferhaltiges Globulin im Serum vermindert. Die Kranken sind nicht imstande, normale Mengen von funktionstüchtigem Coeruloplasmin zu bilden. Das Coeruloplasmin hält Kupfer in fester Bindung, dies führt bei vermindertem Coeruloplasmin zu einer vermehrten Kupferablagerung, vor allem im Gehirn und der Leber. Der zur Schädigung führende Mechanismus durch die Kupferablagerung ist bis heute nicht bekannt. Bereits in der asymptomatischen Phase, damit in sehr frühem Lebensalter, kann sich ein Coeruloplasminmangel zeigen. Die große soziale Bedeutung liegt in der heute möglichen Frühdiagnose und Frühtherapie bei asymptomatisch erkrankten Angehörigen von Wilson-Patienten.

Diagnose und Differentialdiagnose. Die Diagnose wird durch die typische neurologische Symptomatik, den dementiven Abbau und durch die Bestimmung des Coeruloplasmins gesichert. In den meisten Fällen lassen sich Kupfereinlagerungen in der Hornhautperipherie (Kayser-Fleischerscher Cornealring) zuverlässig durch die Spaltlampenuntersuchung sichern. In Einzelfällen ließ sich eine normale Coeruloplasminkonzentration diagnostizieren, dabei wurde durch radioaktive Markierung nachgewiesen, daß es sich um ein funktionell defektes Coeruloplasmin handeln dürfte. Das Coeruloplasminbindungsvermögen für Kupfer ist im heterozygoten Belastungstest von Bedeutung.

Therapie und Prognose. Kupferkomplexbildner (D-Penicillaminhydrochlorid, ein Metabolit des Penicillins) mobilisieren Kupfer im Gewebe, schwemmen es aus und führen dadurch zu einer Besserung der zentralnervösen Symptome wie auch der vorhandenen Lebererkrankung. Kupferarme Diät ist sinnvoll. Unter dieser Therapie kommt es in den meisten Fällen zu einer weitgehenden Besserung und zur Reversibilität des als Demenz imponierenden Verhaltens, der psychotischen Phänomene und der neurologischen Symptomatik. Bei Auftreten allergischer Zeichen sollte Sulfactin oder BAL versucht werden. Die Prognose ist heute nicht mehr überwiegend ungünstig.

5. Störungen im endokrinen Stoffwechsel

Pseudohypoparathyreoidismus (Albright)

Zu den Kardinalsymptomen der Krankheit gehören Vollmondgesicht, flache, breite Nasenwurzel, kegelförmige Gestalt mit kurzem Hals, mäßige Adipositas, Minderwuchs, Brachyphalangie (Verkürzung einer oder mehrerer Metakarpalien) sowie eine Oligophrenie unterschiedlicher Ausprägung. Im Gegensatz zum Hypoparathyreoidismus mit Mangel an Parathormon sprechen bei dieser Störung die proximalen Tubuluszellen als Erfolgsorgan nicht auf das Parathormon an. Krämpfe, Stammganglienverkalkung, Katarakte werden ebenfalls beobachtet.

Biochemisch besteht eine Hyperphosphatämie, Hypocalcämie und Hypocalciurie. Nach Parathormongabe kommt es nicht zu einer Vermehrung der Phosphaturie, das Ergebnis dieses Differenzierungsversuchs vom Hypoparathyreoidismus (Ellsworth-Howard-Test) fällt allerdings nicht einheitlich aus.

Es handelt sich um eine hereditäre Erkrankung, die aber auch sporadisch beobachtet wird. Der Pseudohypoparathyreoidismus wird durch hohe Dosen Vitamin D behandelt. Der Calciumspiegel sollte auf mindestens 8 mg-% ansteigen; auch Dihydrotachysterin kann verabreicht werden. Durch die Therapie wird der bestehende Schwachsinn nicht beeinflußt. Mit zunehmendem Lebensalter wird in Einzelfällen eine Besserung der Mineralbilanz gesehen.

6. Störungen des Bilirubinstoffwechsels

Crigler-Najjar-Syndrom (congenitaler, familiärer, nicht hämolytischer Ikterus mit Kernikterus)

Bei diesem autosomal-recessiv vererbten Enzymdefekt fehlt das Enzym Glucuronsäuretransferase. Es kommt zur Hyperbilirubinämie mit einer Bilirubinencephalopathie und Kernikterus, der die Kinder, falls nicht therapeutisch eingegriffen wird, erliegen, bzw. bei Späteinsetzen der Therapie eine schwere Hirnschädigung davontragen.

In den ersten Lebenswochen sollten mehrfach Austauschtransfusionen durchgeführt werden. Einige überlebende Kinder behalten den Ikterus bei relativ geringer Beeinträchtigung bei. Die sehr seltene Krankheit wird im allgemeinen erst nach Ausschluß anderer Ikterusursachen dieser Lebenszeit diagnostiziert. Die Hyperbilirubinämie ist meist erheblich; die mangelhafte Glucuronidbildung muß nachgewiesen werden.

7. Störungen des Vitaminstoffwechsels
Pyridoxinmangelsyndrom
Neugeborene mit einem sehr hohen, bisher ungeklärten Vitamin B 6-Bedarf erkranken in den ersten Lebenstagen mit großer motorischer Unruhe, Hyperakusis, Hyperirritabilität und tonisch-klonischen Krämpfen, die auf die üblichen antikonvulsiven Medikamente nicht, sondern nur auf Pyridoxingaben (10—100 mg) ansprechen. Die Erkrankung führt ohne Diagnosestellung meist zum Tode, bei verspäteter Diagnostik zu einem dementiven Abbau. Wahrscheinlich wird hier Pyridoxalphosphat für eine Überführung von Glutaminsäure in Gamma-Aminobuttersäure benötigt; die Ganglienzelle erhält sonst nicht das notwendige Sauerstoffangebot. Die Erkrankung wurde auch familiär beobachtet, möglicherweise findet bereits intrauterin eine Schädigung statt.

Jede therapieresistente, unklare schwere Krampfkrankheit im frühen Lebensalter sollte an eine vermehrte Pyridoxinabhängigkeit denken lassen und zur Medikation von Pyridoxin als Dauerbehandlung (4—10 mg tgl.) führen.

8. Störungen im Lipid- und Mucopolysaccharidstoffwechsel
Die folgenden metabolisch-genetisch verursachten Störungsbilder mit Oligophrenie zeichnen sich durch eine Speicherung von Lipiden bzw. von Mucopolysacchariden in den Zellen des ZNS aus. Meist werden dabei auch andere Organe wie Lymphknoten, Leber, Milz und Knochenmark befallen. Die primär genetisch bedingten Stoffwechselkrankheiten haben ihre Ursachen überwiegend in einer Abbaustörung.

a) Lipidspeicherkrankheiten
Morbus Gaucher
Die sich früh manifestierende *infantile Form des Morbus Gaucher* weist neben einer Anhäufung von Glucocerebrosiden in Milz, Leber, Knochenmark und anderen Organen vor allem eine Gehirnbeteiligung auf. Sie führt schon früh neben Hepatosplenomegalie, Lungeninfiltrationen, Lymphknotenschwellungen zu progressiver neurologischer Symptomatik mit Reflexdifferenzen, Strabismus, Hypertonie der Muskulatur und schwerem intellektuellen Abbau. Die Kinder werden meist nicht älter als 2 Jahre und sterben an den Symptomen einer Dezerebrierung.

Bei der mehr *chronischen Verlaufsform des älteren Kindes und Jugendlichen* stehen neben dem Milztumor Symptome der hämorrhagischen Diathese und Knochenschmerzen im Vordergrund. Es finden sich oft bräunliche Pigmentierungen an lichtempfindlichen Hautpartien. Cerebrale Symptome, u.a. ein dementiver Abbau oder exogen-psychotische Bilder, kennzeichnen erst das Finalstadium. Die Krankheit zeichnet sich nicht selten durch einen phasenhaften, sehr chronischen und von Remissionen unterbrochenen Verlauf aus.

Die Diagnose wird durch den Nachweis der „Gaucherzellen", die auf eine Cerebrosidansammlung hinweisen, geführt. Die „Gaucherzellen" stellen mehrkernige, gebläht wirkende, große Zellen dar, die vermehrt vor allem im retikuloendothelialen System gefunden werden. Die Aktivität der sauren Phosphatase ist erhöht. Die Krankheit wird auch familiär beobachtet.

Ein therapeutisch sinnvoller Eingriff in das abnorme Stoffwechselgeschehen ist bisher nicht bekannt; in einigen Fällen soll die Splenektomie zu einer mechanischen Erleichterung und zur Besserung der hämorrhagischen Diathese geführt haben.

Morbus Niemann-Pick
Hier wird als Folge eines Enzymmangels das Lipoid Sphingomyelin in allen Organzellen, vor allem im reticulo-endothelialen System, aber auch im Gehirn in abnormer Weise gespeichert. Es handelt sich immer um eine im Ablauf des 1. Lebensjahres manifest werdende Störung mit deutlicher Hepatosplenomegalie, später Ascites, Maculadegeneration, manchmal mit „kirschrotem Fleck" ein- oder beidseitig, ähnlich dem der amaurotischen Idiotie, und Erblinden. Die Sphingomyelinspeicherung läßt sich durch die Biopsie der Leber oder eines Lymphknotens nachweisen.

Neurologisch finden sich meist erst in einem späteren Stadium Hypotonie mit Erlöschen der Sehnenreflexe, unkoordinierte Bewegungen und Krämpfe. Taubheit ist häufig. Die Haut fällt oft durch braunrote Pigmentierungen, vor allem an den belichteten Stellen, und durch Xanthome auf. Eine Lipoidzelleninfiltration der Lungen ist nicht zu selten und wirkt sich klinisch durch chronische Bronchitiden und Bronchopneumonien als Atmungsbehinderung aus; sie sind röntgenologisch durch eine kleinfleckige Zeichnung erkennbar.

Der intellektuelle Abbau ist schwer und progressiv. Die autosomal-recessiv erbliche Stoffwechselstörung findet sich bevorzugt bei Angehörigen der jüdischen Rasse. Das Endstadium ähnelt klinisch dem Morbus Tay-Sachs. Therapeutisch wurden ohne Erfolg die Röntgenbestrahlung der Milz bzw. die Splenektomie versucht.

Familiäre amaurotische Idiotien

Zu den amaurotischen Idiotien werden mehrere Krankheitsformen gerechnet, die sich vor allem durch den unterschiedlichen zeitlichen Krankheitsbeginn unterscheiden. Es handelt sich dabei entweder um den Morbus-Tay-Sachs im engeren Sinne (gelegentlich wird der Begriff amaurotische Idiotie mit Tay-Sachs identifiziert) (bzw. M. Sandhoff) mit Krankheitsbeginn meist im 2. Lebensjahr. Auch eine kongenitale Form wurde beschrieben. Die spätinfantile Krankheitsform (Bielschowsky) und die juvenile Krankheitsform (Vogt-Spielmeyer) beginnen um das 6. bis 10. Lebensjahr. Für das Erwachsenenalter beschrieb Kufs eine Spätform. Die Erkrankungen sind, wie ihr Name sagt, durch einen schweren Demenzprozeß gekennzeichnet, der meist mit langsam zunehmenden neurologischen Ausfällen (Hypertonie, extrapyramidale Symptomatik) und typischen Augenhintergrundveränderungen kombiniert ist. Ein roter Maculafleck imponiert als „kirschroter Fleck". Im Endstadium erblinden die Patienten; Krämpfe sind nicht selten.

Neuere Untersuchungen machen wahrscheinlich, daß es sinnvoll ist, nicht mehr vom Erkrankungsalter auszugehen, sondern lediglich amaurotische Idiotien *mit* Gangliosidspeicherung von solchen *ohne* Gangliosidspeicherung zu differenzieren. Eine ätiologisch sinnvolle Therapie gibt es bisher bei keiner Form.

Morbus Tay-Sachs

Symptomatik. Die Kinder entwickeln sich etwa bis zum 6. Lebensmonat scheinbar normal. Meist soll es sich um hübsche Kinder mit zarter, rosig schimmernder Haut, feinem Haar und langen Wimpern handeln. Nach diesen symptomfreien ersten Lebensmonaten fällt zu Ende des 1. Lebensjahres mit individuellen Schwankungen der Verlust bereits

erworbener intellektueller und statischer Funktionen auf. Erste Geh- oder Sitzversuche werden wieder eingestellt; eine meist regressive Entwicklung bahnt sich an. Die Patienten lassen sich vor allem durch Geräusche leicht irritieren, sie verlieren zunehmend jeden Kontakt zur Umwelt. Schließlich treten hirnorganische Krampfanfälle auf, die oft bereits durch Berührung oder durch Geräusche ausgelöst werden können. Die Extremitätenmuskulatur wird hypoton, manchmal paretisch. Der Kopf kann meist nicht mehr frei gehalten werden. Der Demenzprozeß ist in diesem Krankheitsabschnitt offensichtlich; irgendwelche Reaktionen auf Umweltvorgänge sind nicht mehr erkennbar, gelegentlich stellt sich schrilles Schreien ein. Final ist eine Dezerebrationsstarre deutlich.

Genese und soziale Bedeutung. Es kommt zu einer Speicherung von Tay-Sachs-Gangliosid, dessen Abbau durch einen Mangel an Betahexosaminidase gestört ist. Die Speicherung findet bevorzugt im Gehirn und den Ganglienzellen der Retina statt, Leber und Milz sind vom Gangliosidbefall weitgehend ausgespart. Die Erkrankung führt zum Tode und bevorzugt Angehörige der jüdischen Rasse, vor allem Populationen aus dem östlichen Europa bei der Form M. Sandhoff nichtjüdische Patienten. Ein autosomal-recessiver Erbgang ist wahrscheinlich. In der jüdischen Bevölkerung wird eine Häufigkeit unter den Neugeborenen von $1:5000$ angegeben. In einigen Fällen wurde eine kongenitale Form beschrieben (Norman-Wood).

Diagnose und Differentialdiagnose. Frühe, relativ rasch voranschreitende Demenz, Verlust erreichter statischer Funktionen, neuropathologische Symptome, vor allem Krämpfe, Erblindung, „kirschroter Fleck" und bei Rectumbiopsie erkennbare Gangliosidspeicherung sichern die Diagnose.

Differentialdiagnostisch müssen zumindest im Frühstadium alle anderen kindlichen Demenzprozesse ausgeschlossen werden, so die diffusen Sklerosen und die übrigen ebenfalls mit „kirschrotem Fleck" einhergehenden Krankheitsbilder wie die Niemann-Picksche Krankheit.

Therapie. Eine Therapie ist bisher nicht bekannt, die Prognose ist infaust, die Kinder überleben nur selten das 3. oder 4. Lebensjahr.

Spätinfantile Form der amaurotischen Idiotie (Typ Bielschowsky)

Das Manifestationsalter der spätinfantilen Form, die angeblich nicht die Bevorzugung der jüdischen Rasse aufweist, liegt mit den ersten Symptomen im

Vorschulalter. Die Symptomatik zeigt sich ähnlich der Form von Tay-Sachs. Der Verlauf ist aber protrahierter, offensichtlich handelt es sich bei der biochemischen Noxe um keine grundsätzlich andere Form einer Gangliosidspeicherung.

Juvenile Form der amaurotischen Idiotie
(Typ Vogt-Spielmeyer)

Der Beginn dieser Krankheit liegt zwischen dem 6. und 10. Lebensjahr und zeichnet sich entsprechend der schon weitgehend differenzierten Persönlichkeit durch Sprach- und Gangalteration sowie eine veränderte Gesamtmotorik aus. Die angeblich öfter adipösen Kinder klagen bald über eine Sehverschlechterung. Nach der Verbreitung der Beschreibungen dieser Form scheint sie in den nordischen Ländern bevorzugt aufzutreten, während die jüdische Rasse sicher nicht vermehrt befallen wird. So nimmt Sjögren für Schweden eine Heterozygotenfrequenz von etwa 1% an. Verlauf und anatomische Veränderungen unterscheiden sich nicht grundsätzlich von den bei jüngeren Altersklassen beschriebenen Krankheiten. Ein recessiver Erbgang ist gesichert.

Metachromatische Leukodystrophie
(Sulfatidlipoidose,
diffuse Sklerose, Typ Scholz)

Symptomatik. Der Beginn der Erkrankung liegt in den beiden ersten Lebensjahren. Bereits im frühen Stadium kommt es zum Stillstand der bisherigen geistigen Entwicklung, vor allem zu einer Alteration der Sprache. Neurologisch sind jetzt bereits Zeichen einer schlaffen oder auch spastischen Paraplegie mit Ataxie erkennbar. Im nachfolgenden Stadium ist es den Kranken nicht mehr möglich, selbständig stehen oder sitzen zu können. Der Demenzprozeß schreitet soweit voran, daß sie bald auch nicht mehr imstande sind zu sprechen. Wurzelschmerzen, bulbäre Symptome mit Ernährungs- und Atmungsstörungen komplizieren die Versorgung in der Familie. Tetraplegische Symptome mit wechselndem Muskeltonus herrschen vor. Im Finalstudium geht jeder Kontakt zur Umwelt verloren, die Kinder sind meist blind, sie sprechen nichts mehr, das Decerebrationsstadium ist erreicht. Diese Krankheitsphase dauert allerdings nicht selten noch überraschend lange Zeit an.

Genese und soziale Bedeutung. Unter nosologischen Gesichtspunkten kann die Krankheit als Übergangsform zwischen den cerebralen Lipoidosen und den Leukodystrophien betrachtet werden. Der metabolische Defekt ist bedingt durch das Fehlen der lysosomalen Arylsulfatase A. Im zentralen und peripheren Nervensystem kommt es zu einer Demyelinisierung und zu metachromatischen Ablagerungen. Die Ablagerungen werden in der weißen Substanz des Gehirns, in den Spinalwurzeln und peripheren Nerven nachgewiesen.

Die soziale Bedeutung liegt neben der Schwere der Erkrankung in der Tatsache, daß Geschwistererkrankungen bei klinisch gesunden Eltern vorkommen. Eine Geschlechterbevorzugung läßt sich nicht erkennen.

Diagnose und Differentialdiagnose. Urinchromatographie und die bei Biopsie gefundenen Nervenveränderungen sind für die Sulfatidlipoidose pathognomonisch. Darüberhinaus läßt sich die Diagnose durch die Biopsie der Zahnpulpa, des Rektums und der Niere bestätigen. Der mikroskopische Nachweis von metachromatischem Material im Urinsediment bzw. die direkte chemische Sulfatidanalyse ergeben nicht die zuverlässigen Befunde der oben angeführten Methoden. Im Frühstadium kommt es bereits zu Liquorveränderungen mit Eiweiß- und Zellzahlerhöhung. Die Nervenleitungsgeschwindigkeit ist verlangsamt, während die sonstigen Neurolipoidosen eine normale Nervenleitungsgeschwindigkeit zeigen.

Differentialdiagnostisch müssen alle frühkindlichen Demenzprozesse mit neurologischer Symptomatik ausgeschlossen werden.

Therapie und Prognose. Die Therapie ist bisher machtlos und beschränkt sich auf symptomatische, lindernde Maßnahmen. Die Prognose ist infaust, die Kinder sterben spätestens nach einigen Jahren, oft unter fieberhaften interkurrenten Infekten.

Akute infantile Form
der Leukodystrophie (Krabbe)

Die autosomal-recessive, seltene Erkrankung beginnt nach normaler Entwicklung in den ersten Lebensmonaten und führt dann rasch zum Tode. Paresen, meist spastische Symptome, Krämpfe, Berührungsempfindlichkeit, stuporöses Verhalten und oft subfebrile Temperaturen sind die typischen klinischen Symptome. Im Liquor besteht meist eine Eiweißvermehrung, die Beta-Globuline sind oft erniedrigt.

Pathobiologisch stehen diffuse Entmarkungsvorgänge im Vordergrund. Es ist umstritten, ob hier eine Speicherkrankheit vorliegt oder entzündliche Vorgänge verantwortlich zu machen sind. Die Prognose ist infaust, die Therapiemöglichkeiten sind lediglich symptomatisch.

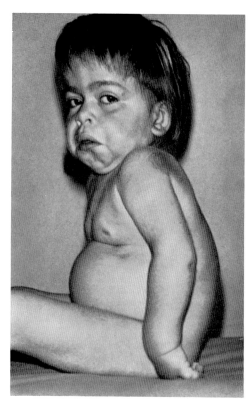

Abb. 5. 5-jähriges Mädchen mit Pfaundler-Syndrom

b) *Mucopolysaccharidspeicherkrankheiten* (Mucopolysaccharidosen)

Pfaundler-Hurler-Syndrom (Gargoylismus, Dysostosis multiplex, Mucopolysaccharidose I)

Unproportionierter Zwergwuchs mit sog. Wasserspeiergesicht, Hornhauttrübung, Hepatosplenomegalie, Schwerhörigkeit und schwere, progressive Demenz, die jedoch nicht obligat ist, kennzeichnen den klinischen Aspekt. Während die Kindesentwicklung des ersten Lebensjahres noch keine auffallenden Besonderheiten aufweisen muß, werden die Gestaltveränderungen danach sehr bald typisch.

Das Gesicht ist durch den eingesenkten Nasenrücken, die breiten Nasenflügel, den meist großen Kopf mit kurzem Hals relativ entstellt. Die Zunge ist kurz, die Lippen sind aufgewulstet, die Extremitäten plump, tatzenartig, der Bauch ist durch die Hepatosplenomegalie vorgewölbt. Die Zähne bleiben klein und weisen große Abstände auf. Meist findet sich eine Corneatrübung. An den kurzen Extremitäten fallen die aufgetriebenen Epiphysen und oft Gelenkkontrakturen an den Händen auf. Genu valgum, Knick-Senkfüße und Kontrakturen

an anderen Gelenken sind nicht selten. Am Skeletsystem finden sich meist Besonderheiten an der Wirbelsäule, u.a. Keilwirbel. Da sich Mucopolysaccharide auch im Herzen ablagern, kann es zu kardialen Symptomen kommen, die dann zum Tode führen.

Die unterschiedlich schwer ausgeprägte Demenz tritt manchmal nur in Kombination mit dem typischen Gesichtsausdruck auf. Neurologische Ausfälle treten in der Häufigkeit zurück, Anfälle sind sogar selten.

Während das Gehirn eine Gangliosidlipoidose aufweist, findet sich als Speichersubstanz der übrigen Organe, vor allem der Leber, ein Mucopolysaccharid, das Chondroitinsulfat *B*. Im Urin werden vermehrt Mucopolysaccharide ausgeschieden, die das Zehn- bis Hundertfache der Norm betragen.

Die Therapie ist symptomatisch und richtet sich vor allem auf die nicht seltenen Gelenkkontrakturen, Bronchialaffektionen und Hernien.

Mucopolysaccharidose II vom Typ Hunter

Das seltene Hunter-Syndrom (1917 erstmalig beschrieben) unterscheidet sich vom Bild des Pfaundler-Hurler-Syndroms durch einen X-chromosomal-recessiven Erbgang. Die Demenz ist meist geringer als beim Pfaundler-Hurler-Syndrom, die Symptomatik erscheint zeitlich später, so daß bei abgeschwächten Organbefunden die Prognose etwas günstiger zu stellen ist. Skeletveränderungen werden selten gesehen. Auch beim Hunter-Syndrom werden Chondroitin-Sulfat B und Heparitinsulfat vermehrt ausgeschieden. Es erkranken Knaben.

Mucopolysaccharidose III vom Typ Sanfilippo (Polydystrophe Oligophrenie)

Das klinische körperliche Erscheinungsbild ähnelt dem des Pfaundler-Hurler-Syndroms, zeigt sich meist aber nicht so schwer. Heparinsulfat wird im Urin in sehr großer Menge ausgeschieden, während Chondroitin-Sulfat A gering, Chondroitin-Sulfat B in kleineren Mengen nachgewiesen werden können. Das Ausmaß des intellektuellen Abbaus ist im Gegensatz zu den relativ blanden körperlichen Zeichen meist erheblich.

c) *Mucolipidosen*

Generalisierte Gangliosidose (Pseudo-Hurler; familiäre, viscerale Lipoidose)

Als Kombination der Störungen, wie sie bei den amaurotischen Idiotien und der Pfaundler-Hurlerschen Krankheit spezifisch sind, werden hier

Ganglioside nicht nur in den Nervenzellen, sondern in anderen Organen wie Leber, Milz, Nieren und Pankreas („Tay-Sachs mit visceraler Beteiligung") nachgewiesen. Der schwere geistige Entwicklungsrückstand, kombiniert mit der Regression der Motorik, ist nach normal geschilderter früher Lebenszeit meist innerhalb weniger Monate deutlich. Ob es sich bei der generalisierten Gangliosidose um eine nosologische Einheit handelt, ist noch nicht endgültig abgeklärt.

Farbers-Krankheit (Lipogranulomatose)

Die Leitsymptome dieser seltenen und sehr schweren Stoffwechselstörung, die im allgemeinen bald zum Tode führt, sind Oligophrenie schweren Grades in Kombination mit statischem Entwicklungsrückstand, eigentümlichen Gelenkschwellungen und Infiltrationen bzw. Kontrakturen sowie neuropathologischen Ausfällen. Oft steht eine erhebliche Anorexie im Vordergrund.

Es kommt zur Ablagerung von Sphingolipiden und Mucopolysacchriden in vielen Organen u.a. auch im Gehirn. Im Urin werden saure Mucopolysaccharide nicht vermehrt ausgeschieden.

I-Cell Disease

Diese seltene Schwachsinnsform mit dem körperlichen Erscheinungsbild eines „abgeschwächten „Pfaundler-Hurlers ist nur durch elektronenmikroskopische Untersuchungen der Gewebezellen diagnostizierbar. (I = Inclusionen in den Zellen).

d) sonstige Störungen

Orthochromatische Leukodystrophie (Pelizäus-Merzbacher)

In den ersten Lebensjahren erkranken vorwiegend Knaben, selten familiär, mit Wackelbewegungen des Kopfes und Nystagmus. Gleichzeitig regrediert der schon erreichte statische und geistige Entwicklungsstand. Cerebelläre Symptome gesellen sich hinzu, manchmal in Kombination mit Krampfanfällen. Relativ spät stellen sich auffällige Demenzzeichen ein. Die Erkrankung kann sich über Jahrzehnte hinziehen. Der Typ Seitelberger beginnt connatal. Neurohistologisch steht ein chronisch-degenerativer Myelinabbau, meist unter Aussparung der Achsenzylinder, im Vordergrund. Eine Therapie ist nicht bekannt, die Prognose ist trotz oft chronischen Verlaufs ungünstig.

Encephalitis periaxialis Schilder

Diese wahrscheinlich nicht erbliche Form einer diffusen Hirnsklerose hat ihren Beginn meist im Schulalter. Die Kranken fallen deshalb oft zunächst durch Schulschwierigkeiten auf. Danach setzen relativ rasch Ataxie, Krampfanfälle oder auch Hemiparesen ein. Manchmal bestehen leichte Hirndruckerscheinungen, durch Optikusatrophie können Sehschwäche und Erblindung folgen. Bulbär-paralytische Symptome kennzeichnen das Finalstadium. Der Verlauf dauert etwa 1—2 Jahre an. Neurohistologisch läßt sich ein ausgeprägter Demyelinisierungsvorgang, dessen Veränderungen oft herdartig in der weißen Substanz, meist occipital, zu finden sind, feststellen. Die Diagnose eines Morbus Schilder, dessen Einordnung ursächlich und klassifikatorisch noch nicht befriedigt, wird nicht selten erst post mortem gestellt. Eine Therapie ist nicht bekannt.

9. Störungen des Purinstoffwechsels

Lesch-Nyhan-Syndrom (Hyperurikämie)

Bei der durch enzymatischen Defekt bedingten Purinstoffwechselstörung mit den klinischen Zeichen einer Gicht kommt es zu einer stark vermehrten Harnsäureausscheidung mit Maximalwerten, die um das Fünffache der Norm gesunder Kinder liegen (bis zu 40—50 mg/kg/die). Das klinische Bild ist gekennzeichnet durch Oligophrenie, spastische Diplegie und choreoathetotische Bewegungsstörungen. Es werden zwanghafte Selbstverstümmelungstendenzen mit Abkauen der Lippen und Fingerkuppen beobachtet. Das Syndrom ist an das männliche Geschlecht gebunden, der Stoffwechseldefekt ist bei der Geburt vorhanden. Folsäure und Harnsäurebildung hemmende Medikamente werden empfohlen.

10. Phakomatosen

Es handelt sich bei den Phakomatosen, über deren metabolische Genese nichts bekannt ist, um angeborene, protrahiert verlaufende Leiden, die durch das Auftreten multipler Geschwulstbildungen an mehreren Organen (Zentralnervensystem, Auge, Herz, Nieren, Haut) ausgezeichnet sind (Seitelberger).

a) Tuberöse Sklerose (Morbus Bourneville)

Symptomatik. Das Krankheitsbild, 1863 durch von Recklinghausen zuerst beschrieben, wird von typischen Symptomen geprägt. In etwa 80% der Fälle ist eine Oligophrenie, die sich meist im Bereich der Imbezillität bewegt, zu erkennen. Krampfanfälle bilden oftmals das Frühsymptom,

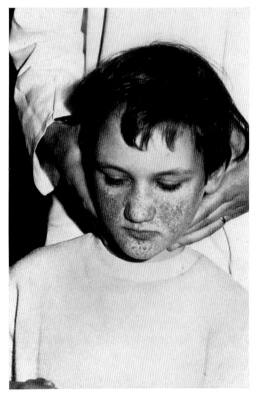

Abb. 6. Tuberöse Sklerose

dabei lassen sich alle Anfallsformen beobachten. Um die Nase verteilt, meist schmetterlingsförmig, finden sich gelblich bis rötlich gefärbte, etwa stricknadelkopfgroße Talgdrüsenfibrome (Adenoma sebaceum, Morbus Pringle). Oftmals werden dysontogenetische Geschwulstbildungen mit geringer Wachstumstendenz, vor allem im ZNS, an der Retina, am Herzen (Rhabdomyome), in der Niere und an den Knochen beobachtet.

Das Manifestationsalter der hirnorganischen Krampfanfälle liegt meist in den ersten Lebensjahren. Häufigkeit etwa 1:30000. Das Symptom erfährt die Zuordnung oft erst durch den später erscheinenden typischen Hautbefund und die Diagnose der Oligophrenie. Im Luftencephalogramm lassen sich nicht selten geschwulstbedingte, charakteristische Ventrikelimprimierungen nachweisen; diese Tumoren neigen zur Verkalkung.

Die intellektuellen Veränderungen sind nicht morbiditätsspezifisch, die Skala der möglichen Wesensänderung ist weit gespannt. Die Patienten weisen Stimmungsschwankungen und Verhaltensstörungen, z.T. erhebliche Aggressionen auf. Der geistige Abbau verläuft im allgemeinen langsam progredient. Eine Geschlechterdisposition besteht

nicht; auslösende Faktoren wurden bisher nicht bekannt.

Gelegentlich kommt die Erkrankung auch in abortiver Form vor, so daß aus der Ascendenz ohne eigentliche Diagnosestellung isolierte Symptome berichtet werden wie z.B. das Vorkommen des Adenoma sebaceum oder der Retinaveränderung.

Nach einer Krankheitsdauer von etwa 10—20 Jahren führen meist ein Status epilepticus, Hirndruck oder interkurrente Erkrankungen zum Tode.

Genese und soziale Bedeutung. Die Erkrankung wird als konnatale Ektodermose den Phakomatosen zugerechnet, damit heredo-degenerativen Störungen, die durch Tumorbildungen im Nervensystem und Muttermale an der Haut gekennzeichnet sind. In etwa einem Viertel der Fälle läßt sich eine homologe familiäre Belastung erkennen, die auch nur zu formes frustes führen kann.

Diagnose und Differentialdiagnose. Das ausgeprägte Bild der tuberösen Sklerose zeigt die klassische Trias: Oligophrenie, hirnorganische Anfälle und Adenoma sebaceum. Abortivformen kommen vor, der Verlauf ist abhängig vom Erkrankungsbeginn, der meist in den ersten Lebensjahren liegt, von der Symptomenausprägung und ihrer Kombination. Jedes ätiologisch ungeklärte schwer einstellbare hirnorganische Anfallsleiden muß an das Vorliegen einer tuberösen Sklerose denken lassen.

Therapie. Eine spezifische Therapie der Erkrankung ist bisher nicht bekannt. Die möglichst optimale antikonvulsive Einstellung ist anzustreben, da der Verlauf dieses Symptoms auch den Gesamtbefund beeinflußt. Die Erkrankung führt zu einem progredienten Persönlichkeitsabbau und bedingt so öfter die Institutionalisierung der Patienten im späteren Leben. Die Prognose ist, von Abortivformen abgesehen, ungünstig.

b) Generalisierte Neurofibromatose (von Recklinghausen)

Diese dysontogenetische Störung mit blastomatösem Einschlag bedingt als erblicher, angeborener Symptomenkomplex (dominant, mit geringer Penetranz) gelegentlich auch das Bild eines intelektuellgeistigen Abbaus. Knaben sind häufiger betroffen.

Pigmentanomalien, meist im Sinne der ,,Cafe-au-lait"-Flecken, punkt- oder fleckförmig, Haut- und Nerventumoren, Organveränderungen, z.B. an den Knochen oder am Auge, bilden das vollständige Syndrom, das nicht immer eine ungünstige Prognose besitzt. Subcortical und in der Hirnrinde lassen sich Nester von großkernigen Zellen mit blastomatösem Einschlag erkennen, die für das Entstehen des geistigen Abbaus verantwortlich zu machen sind. Sich bildende Neurinome können zu Verdrängungserscheinungen führen und in seltenen Fällen auch im Kindesalter Hirndruckzeichen hervorrufen.

Bei der Diagnose ist auf das Vorkommen der Erkrankung im Erbumkreis zu achten; dies bedingt den präventiven Aspekt der Erkrankung, da lediglich symptomatische Therapie, u.a. die operative Entfernung der Nervengeschwülste, möglich ist.

c) Encephalo-faciale Angiomatose (Sturge-Weber)

Die multiple Angiomatose führt in ihrem Vollsyndrom abhängig von der Lokalisation dieser Fehlmesenchymation zu einem sehr variablen klinischen Syndrom. In klassischer Form wird das Bild beherrscht von asymmetrisch angelegten, planen Naevi flammei, vor allem im Stirn- und Gesichtsbereich.

Röntgenologisch fallen die durch Doppelkonturierung bedingten Verkalkungen besonders im Occipitalbereich auf. Neben Krampfanfällen, manchmal Mikrocephalie und Mikroventriculie, ist eine Oligophrenie erkennbar, die in ihrer Ausprägung bis zu schweren Graden reichen kann. Bei angiomatösen Veränderungen der Aderhaut bildet sich meist ein Glaukom aus. Gefäßabnormitäten können auch außerhalb des Schädelbereichs gefunden werden. Häufigkeit etwa 1:5000.

Differentialdiagnostisch sind andere Störungen mit Gefäßbildungen, meist ohne Oligophrenie, wie die Hippel-Lindausche Krankheit auszuschließen.

Der Verlauf wird durch das Ausmaß der durch die Angiomatose bedingten Hirnschädigung bestimmt. Therapeutisch ist die antiepileptische Einstellung, ggf. die Lappenresektion durch den Neurochirurgen bei entsprechender Verteilung nützlich. Selbstverständlich sollte, soweit als möglich, auch der kosmetisch-negative Effekt der Hautveränderungen im Gesicht bedacht und behandelt werden.

IV. Erbliche und ätiologisch unklare Oligophrenien

Neben den chromosomal und metabolisch bedingten Störungen der Intelligenzentwicklung lassen sich noch erbliche Sondertypen, die z.T. von Auffälligkeiten an den Sinnesorganen und an der Haut begleitet werden, unterscheiden. Für ihre Ursachen sind möglicherweise polyphän wirksam werdende Gene verantwortlich zu machen. Unser Wissen

über diese erblichen Sondertypen stützt sich auf populationsgenetische Untersuchungen und Einzelbeobachtungen. Der heute bekannte Anteil dieser erblichen Sondertypen am Syndrom Oligophrenie dürfte 5% nicht überschreiten. Ätiologisch unklare Formen werden häufig als „befundlos" oder als „soziokulturell bedingt" bezeichnet. Oftmals sind diese jedoch bei exakter Untersuchung nicht befundlos, sondern es finden sich geringfügige degenerative Zeichen auf die vor allem französische Autoren in früheren Beschreibungen großen Wert legten. Sie dienen heute meist klassifikatorischen Zwecken und bilden Leitlinien für Syndrome.

Hier soll auch das phasentypische, wahrscheinlich polygenetisch verursachte, klinische Syndrom der Dementia infantilis (Heller) abgehandelt werden.

a) Sjögren-Syndrom

Sjögren beschrieb 1932 in Nordschweden eine wahrscheinlich geschlechtsgebundene (überwiegend Knaben) Oligophrenieform, die mit motorischen Störungen vor allem des Gangs und der Körperhaltung kombiniert ist. Der Gang wird als schwerfällig bezeichnet, die Haltung als steif bei fehlenden Mitbewegungen beschrieben. Krämpfe fehlen meist; soweit Hirnbiopsien durchgeführt wurden, sollen diese normal gewesen sein. Die Untersuchung der Stammbäume zeigte in fast der Hälfte aller Patienten Blutsverwandtschaft.

b) Sjögren-Larsson-Syndrom

Schwere Oligophrenie findet sich in einer Trias mit Ichthyosis congenita, meist an den Extremitäten und in den Beugebereichen, und spastischen Lähmungen, die sich im Schulalter gelegentlich bessern können. Manchmal fallen Hypertelorismus und eine chorei-retinitische Pigmentanomalie auf. Es wird ein autosomal-recessiver Erbmodus angenommen.

c) Star-Oligophrenie (Sjögren-Syndrom)

Congenitaler doppelseitiger Star und Oligophrenie, manchmal auch andere Augensymtome (Mikrophthalmie, Optikusatrophie, Retinochorioiditis) sind kombiniert mit Minderwuchs und Skeletanomalien (Syndaktylien, Hüftgelenksluxation). Die Erkrankung ist nicht so selten. Autosomal recessive Vererbung ist wahrscheinlich.

d) Marinesco-Sjögren-Syndrom

Cerebelläre Ataxie, beidseitig angeborener Katarakt, Kleinwuchs und eine erhebliche, meist nicht progressive, geistige Entwicklungsstörung kennzeichnen diese einfach recessiv vererbbare Oligophrenie, deren Merkmalsträger öfter Blutsverwandte sind. Relativ häufig lassen sich bei diesen Kranken dürftiger Haarwuchs oder sogar Alopezie sowie Mikrocephalie, Kyphose und Kurzfingrigkeit erkennen.

e) Rud-Syndrom

Im Vordergrund stehen Oligophrenie, oft hirnorganische Anfälle, Ichthyosis und eunuchoider Hochwuchs bei Hypogonadismus. Als fakultative Symptome gelten Diabetes mellitus, Bronchiektasien und perniciöse Anämie.

f) Spastisches Syndrom

Erbliche spastische Syndrome, bei denen Imbezillität mit einer symmetrischen Spastik an den unteren Extremitäten gelegentlich mit Mikrocephalie kombiniert war, wurden von mehreren Autoren (u.a. Hanhart, Penrose, Book) beschrieben. Genetische Untersuchungen lassen zwar einen einfach recessiven Erbgang vermuten, trotzdem werden sich exogene, z.B. durch wiederkehrenden komplizierten Geburtsablauf bedingte, Formen nicht ausschließen lassen.

g) Franceschetti-Klein-Syndrom (Treacher-Collins-Syndrom, Dysostosis mandibulo-facialis)

Dieses Syndrom weist ein recht charakteristisches Gesichtsbild auf. Es ist gekennzeichnet durch die antimongoloide Schrägstellung der Lidachsen, Colobom an der äußeren Hälfte des Unterlides, Mikrognathie, gebogene Nase und enge Nasenöffnung sowie Mißbildungen der Ohrmuscheln. Die Kombination mit Oligophrenie ist nicht regelmäßig. Die autosomale Dominanz der Störung besitzt wahrscheinlich eine unterschiedliche Penetranz des Erbganges.

h) Bloch-Sulzberger-Syndrom (Inkontinentia pigmenti)

Überwiegend Mädchen erkranken an einer schmutzig-grau wirkenden Pigmentanomalie, vor allem an den Extremitäten und seitlichen Stammpartien. Ein Teil dieser Patienten ist oligophren. Gelegentlich finden sich zusätzlich Alopezie, Nagelveränderungen, Zahnstellungsanomalien und Opticusatrophie.

i) Cutis verticis gyrata-Syndrom

In Begleitung des Schwachsinns fällt eine meist über Scheitel und Hinterhaupt stark gefurchte Kopfhaut auf. Darüberhinaus lassen sich öfter Mikrocephalie, Anfälle, neurologische Ausfälle und Augenveränderungen diagnostizieren. Möglicherweise kommt die auffällig gewellte Kopfhaut auch sekundär bei einigen Funktionsstörungen der Schilddrüse, bei Akromegalie, tuberöser Sklerose und Lues vor.

j) Mikrophthalmus

Mikrophthalmus- und Anophthalmusformen werden gelegentlich in Kombination mit Schwachsinn beobachtet. Wahrscheinlich besteht ein nur Knaben treffender recessiver Erbmodus. Das Syndrom wurde auch bei eineiigen Zwillingen beschrieben.

k) „Happy-Puppet"-Syndrom

Oligophrenie erheblichen Grades ist bei diesem, offensichtlich keinem Erbgang unterliegenden, seltenen Syndrom kombiniert mit flacher Kopfform, vordrängender Zunge, Prognathie, ausfahrenden Bewegungen und Lachparoxysmen zu erkennen. Letzteres hat dem Syndrom den Namen gegeben. Störungen der Augenentwicklung wurden beschrieben. Das EEG zeigt eine langsame Spikes-and-waves-Aktivität. Opticusatrophie und Ventrikelerweiterung wurden beobachtet.

l) Laurence-Moon-Bardet-Biedl-Syndrom

Bei recessivem Erbgang entsteht dieses recht typische Syndrom, das neben multiplen Fehlbildungen immer Schwachsinnigkeit, wenn auch von sehr unterschiedlicher Intensität, aufweist. Das Verhalten der Kinder ist stets gutmütig bis passiv. Fettsucht, Retinitis pigmentosa, Polydaktylie und Hypogenitalismus (nicht Hypogonadismus) lassen die Diagnose zuverlässig sichern; Polydaktylie und Retinitis pigmentosa ermöglichen sie oft schon im Säuglingsalter. Neben der Retinitis pigmentosa finden sich öfter andere Fehlbildungen des Auges wie Linsenektopie, Mikrocornea oder Katarakt. Die Therapie ist symptomatisch und beschränkt sich neben der möglichen handchirurgischen Behandlung auf Förderung in Sonderschule und Sehbehinderten-Schule.

Retinitis pigmentosa stellt neben kongenitaler Taubheit, cerebellärer Ataxie und Oligophrenie bei einem 1959 von Hallgren in Schweden mitgeteilten Symptomenbild das Leitsymptom dar. Eine ähnliche Symptomatik wurde auch von Cockayne beschrieben und nach ihm benannt.

m) Cornelia de Lange-Syndrom

In einer Häufigkeit von 1:30000 bis 1:60000 wird das 1933 von de Lange beschriebene Syndrom beobachtet, bei dem eine unterschiedlich ausgeprägte

Oligophrenie besteht. Etwa die Hälfte aller Fälle zeigt einen schweren intellektuellen Rückstand. Das körperliche Bild ist gekennzeichnet durch einen seit je bestehenden Minderwuchs, durch eine tiefe Stirnhaargrenze, Hypertelorismus, über der Nase zusammengewachsene Augenbrauen sowie durch Nasenlöcher, die auffällig nach vorne oben gerichtet sind, bei kleiner, kurzer Nase. Der Unterkiefer ist hypoplastisch, die Ohrmuscheln sitzen tief. Meist bestehen Poly- und Syndaktylien.

n) Rubinstein-Taybi-Syndrom

Leitsymptom dieses Syndroms sind breite Daumen und breite Großzehen. Die Patienten sind minderwüchsig und weisen eine cranio-mandibulo-faciale Dysmorphie auf. Gelegentlich besteht Mikrocephalie mit lange offen bleibender großer Fontanelle. Die Nase imponiert als vorspringende „Schnabelnase" mit vorverlagertem Nasensteg. Die Oligophrenie ist hochgradig, die Psyche dieser Kinder wurde als „ernsthaft-drollig" beschrieben. Rubinstein publizierte 1967 die Symptomatik von 75 Fällen, Taybi beschäftigte sich mit den Röntgenbefunden von 43 Kindern dieses ätiologisch noch unklaren Syndroms, das auch bei monozygoten Zwillingspaaren beschrieben wurde.

o) Dementia infantilis-Syndrom (Heller)

Symptomatik. Das Heller-Syndrom ist eine klinisch abgrenzbare, phasentypische Demenzform, wahrscheinlich polygenetischer Natur. Heller (1908) und ergänzend Zappert (1921) stellten die folgenden Symptome in den Vordergrund: Die körperliche und geistige Entwicklung in den ersten Lebensjahren ist normal, es fehlen klinisch erkennbare, zur Demenz führende Noxen. Die Erkrankung beginnt in der Regel zwischen dem 3. und 4. Lebensjahr, kann aber auch schon etwas früher oder erst später einsetzen. Um diesen Zeitpunkt läßt sich eine langsam fortschreitende Wesensveränderung erkennen, es treten Unruhe, Neigung zu unmotivierten Erregungs- und Angstzuständen, manchmal Zwangsaffekte und Halluzinationen, vor allem aber eine fortschreitende Demenz auf. Diese wird eingeleitet und beherrscht von einer Sprachalteration. Die bereits entwickelte Sprache baut sich bis zum Sprachverlust ab, dabei können Einzelworte, kurze Sätze oder auch Wortfetzen erhalten bleiben. Häufig lassen sich Neologismen und Echolalie erkennen. Der Gesichtsausdruck der Patienten imponiert auch nach Einsetzen der Krankheit auffallend intelligent („Prinzengesicht"). Die motorischen Funktionen bleiben unter Hinzukommen bestimmter Stereo-typien erhalten. Die von den Erstbeschreibern zum Kardinalsymptom erhobene Forderung, daß neurologische Symptome nicht erkennbar sein dürften, läßt sich bei heute verbesserter und differenzierter gewordener Diagnostik nicht mehr aufrecht erhalten. Nosologisch werden deshalb heute sog. neuropathologische Mikrosymptome wie leichte Ventrikelverplumpung oder abnorme EEG-Befunde in Kauf genommen, ohne dabei die Diagnose Heller-Syndrom revidieren zu müssen; 1—2 Jahre nach Erkrankungsbeginn ist das dann meist stationär bleibende Demenzbild erreicht.

Genese und soziale Bedeutung. An der klinischen Entität des ätiologisch wahrscheinlich divergierenden schweren Verblödungsprozesses wurde von den meisten Beschreibern festgehalten und die Dementia infantilis als Sonderform des kindlichen Schwachsinns abgehandelt. Neuere neuroanatomische und bioptische Befunde ergaben neben Normalbefunden unterschiedliche Ergebnisse wie Ganglienzelldegeneration, Vacuolisierung der Zellleiber, Kalk- und Lipoideinlagerungen, leichte Rindenatrophie u.a. Die Schwere des intellektuellen Abbaus zwingt in vielen Fällen zur Heimunterbringung der Patienten. Der Sprachabbau stellt für das heilpädagogische Bemühen ein erhebliches Hindernis dar.

Diagnose und Differentialdiagnose. Die Diagnose eines Heller-Syndroms setzt zunächst die Aufforderung an den Untersucher voraus, metabolische und exogene Ursachen für den Persönlichkeitsabbau durch entsprechende Diagnostik auszuschließen. Gelingt der Versuch einer ursächlichen Zuordnung nicht, dann sprechen der Beginn eines Verblödungsprozesses um das 3. Lebensjahr — nach normaler Entwicklung in den ersten Lebensjahren —, das „Prinzengesicht" und der Sprachrückgang für ein Heller-Syndrom, das nach 1—2 Jahren seine volle Ausprägung erreicht hat. Das Heller-Syndrom dürfte einen phasentypischen Demenzprozeß repräsentieren. So wurde das altersspezifische Bild des Heller-Syndroms u.a. nach Masernencephalitis (Bosch) beschrieben. Aber auch unter dem Aspekt der Phasenspezifität stellt es als Demenzform dieser Altersstufe nicht die einzig mögliche Reaktionsform dar, wie andere klinische Bilder dieser Lebenszeit (z.B. bei tuberöser Sklerose, tuberkulöser Meningitis, Leukencephalitis) zeigen. Im anglo-amerikanischen Sprachbereich wird das Syndrom oft den kindlichen Schizophrenien oder nicht erkannten encephalitischen Folgezuständen zugerechnet. Das Heller-Syndrom wird ferner mit frühkindlichen Demenzprozessen, wie sie Sante de Sanctis als

Dementia praecocissima beschrieben hat, in Verbindung gebracht. Diese Krankheitsbeschreibung besitzt jedoch wahrscheinlich eine noch umfassendere Polygenese, als dies heute dem Heller-Syndrom unterstellt wird.

Therapie und Prognose. Die mögliche Therapie ist symptomatisch und vorwiegend heilpädagogisch orientiert. Psychopharmaka bewähren sich zur Besserung begleitender Unruhezustände. Sprechansätze bedürfen zu ihrem weiteren Ausbau eines sprachheilpädagogisch orientierten Vorgehens. Nur die Minderzahl der Patienten mit Heller-Syndrom läßt sich nach Erreichen der ersten Schuljahre noch im Familienrahmen behalten und dort fördern. Katamnestische Untersuchungen zeigten, daß zwar eine gewisse Anpassung und Sozialisierung der Patienten möglich wird, jedoch keine entscheidende Wandlung im erheblich alterierten Persönlichkeitsbild.

Wahrscheinlich dürfte es biochemischen und anderen modernen Untersuchungsmethoden in den kommenden Jahren gelingen, die Zuständigkeit dieser Syndromdiagnose weiter zu verkleinern. Trotz dieses Schrumpfungsprozesses haben uns bisher die Erkenntnisse der neuropathologischen und biochemischen Forschung noch nicht soviel Wissenszuwachs gebracht, um im klinischen Alltag auf die Diagnose eines Heller-Syndroms verzichten zu können.

p) Kramer-Pollnow-Syndrom

Bei der Diagnose dieses nosologisch wahrscheinlich ebenfalls polygenetisch verursachten Demenzsyndroms im Kleinkindesalter stehen hyperkinetisch-erethische Verhaltensweisen im Vordergrund. Der Demenzgrad ist dagegen meist weniger schwer ausgeprägt. Für die Diagnose gelten grundsätzlich die gleichen Voraussetzungen wie beim Heller-Syndrom. Die Prognose wird etwas günstiger als beim Heller-Syndrom eingeschätzt.

q) Syndrom nach Prader-Labhart-Willi

Das Syndrom nach Prader-Labhart-Willi ist gekennzeichnet durch Imbezillität, Adipositas, Kleinwuchs, Muskelhypotonie, Hypogenitalismus, Hypogonadismus und latenten Diabetes mellitus. Vor dem Erkennen des psychomotorischen Entwicklungsrückstandes fallen meist eine Trinkschwäche, Bewegungsarmut und Muskelhypotonie auf. Die Hände sind oft auffallend klein und schlank. Der Penis ist klein, beidseitig besteht ein Kryptorchismus. Die sonstige pubertäre Entwicklung ist verspätet und nur schwach ausgeprägt. Bei den weiblichen Patienten tritt die Menarche allerdings

termingerecht auf. Der intellektuelle Rückstand bewegt sich im Bereich der Imbezillität, die Grundstimmung der Patienten ist gutmütig. Die Kranken wirken oft läppisch. Es sind bisher weder Ursachen, noch ein Vererbungsmodus bekannt geworden.

V. Exogen verursachte Oligophrenien

1. Pränatal erworbene Oligophrenien

Die pränatale Entwicklungsperiode läßt sich in 3 Abschnitte einteilen (Thalhammer):

1. Die Blastemzeit bis zum Ende der 3. Schwangerschaftswoche.

2. Die Embryonalzeit von der 4. Schwangerschaftswoche bis zum Ende des 4. Schwangerschaftsmonats.

3. Die Fetalzeit vom 5. Schwangerschaftsmonat bis zur Geburt. Die Fetalzeit reicht damit in die sog. perinatale Periode hinein.

Die Blastemperiode ist besonders risikoreich, weil die Frauen um diese Zeit im allgemeinen noch nichts vom Vorliegen einer Schwangerschaft wissen. Allerdings ist die Empfindlichkeit der Frucht in der Blastemzeit nicht die gleiche wie in der folgenden Embryonalzeit. Noxen, die in der Embryonalzeit zum Fruchttod führen, können in der Blastemzeit noch wirkungslos sein. Die Dysraphien des ZNS werden vorwiegend in der Blastemzeit verursacht, einige mit dem Leben vereinbare Formen auch später.

In der Embryonalzeit bilden sich die großen Organe aus, sie reifen funktionell in der Fetalzeit und bereiten die postnatale Periode vor. Zur Verhinderung pränatal verursachter Hirnschädigungen hat Degenhardt empfohlen:

1. Geburtenregelung mit dem Ziel, Kinder zwischen dem 20. und 35. Lebensjahr der Mutter zu planen.

2. Systematische Schwangerschafts-Vorsorgeuntersuchungen und -Beratungen.

3. Keine Impfungen der Mutter im ersten Drittel der Schwangerschaft.

4. Vermeiden erheblicher psychischer Belastung während der Schwangerschaft.

5. Vermeiden aller nicht streng ärztlich indizierten Medikamente.

6. Verzicht auf Zigarettenrauchen der Mutter in der Schwangerschaft.

7. Verschärfter Strahlenschutz für die werdende Mutter.

a) Rubeolenembryopathie

Symptomatik. Die Rubeolenembryopathie oder das „Gregg-Syndrom" (1940) ist als Virusembryopathie am bekanntesten geworden; es führt in einem Teil der Fälle zu unterschiedlich stark ausgeprägtem Schwachsinn, der manchmal mit Mikrocephalie oder mit leichter Hirnatrophie kombiniert sein kann. Die einzelnen Mißbildungsmuster hängen von der zeitlichen Zuordnung der Infektion zu den sensiblen Entwicklungsphasen des Embryos ab. Gefährdet sind bei Rötelnerkrankung der schwangeren Mutter die ersten 3 Monate der Gravidität. Bei Erkrankungen in der 5. Schwangerschaftswoche sind Augensymptome (Katarakt, Mikrophthalmie, Glaukom) häufig; bei mütterlichen Erkrankungen in der 5.—7. Schwangerschaftswoche werden bevorzugt Herzmißbildungen, später Defekte des Innenohres und der Milchzähne beobachtet.

Genese und soziale Bedeutung. Die Erkrankung der Mutter ist Voraussetzung für die Embryopathie; allerdings besteht kein 100%iger teratogener Effekt, dieser trifft aus uns noch nicht bekannten Gründen nur etwa 25% der Kinder aller in der fraglichen Zeit an Röteln erkrankten Frauen. Mädchen sollten deshalb möglichst vor Erreichen des gebärfähigen Alters eine Rötelninfektion durchgemacht haben.

Diagnose und Differentialdiagnose. Die Kombination: Augenmißbildungen (meist Linsentrübung), Innenohrschädigung, Herzfehler, geistiger Entwicklungsrückstand und Hirnstörungen wie leichter Mikrocephalus oder geringgradiger Hydrocephalus internus sichern bei abgelaufener Rötelnerkrankung in den ersten 3 Schwangerschaftsmonaten die Diagnose.

Der Embryo vermag allerdings auch auf andere Virusinfektionen im ersten Trimenon der Gravidität mit einem ähnlichen Symptomenbild zu reagieren.

Therapie und Prognose. Die Behandlung der Embryopathiefolgen ist symptomatisch. Die seelische Führung einer in der Frühschwangerschaft an Röteln erkrankten Mutter zeigt sich bedeutsam; sie kann sich auf die Tatsache stützen, daß trotz durchgemachter Erkrankung in kritischer Zeit nur jede 4. Mutter (nach anderen Angaben nur jede 6. Mutter) ein durch Rötelnvirus geschädigtes Kind zur Welt bringt. Schwangere Mütter sollten möglichst nicht mit der Betreuung kranker oder krankheitsexponierter Kinder beschäftigt werden. Läßt sich die Exposition nicht vermeiden, dann ist vorsorgliche Prophylaxe mit Human-Gammaglobulin-Gaben sinnvoll. Bei ausgebrochener Erkrankung der Mutter, deren Beginn nicht länger als 24 Std zurückliegt, soll Human-Gammaglobulin eine Embryopathie zuverlässig verhindern. Ein Rötelnimpfstoff steht zur Verfügung.

b) Andere Virusembryopathien

Bei jeder Virämie der schwangeren Mutter im ersten Trimenon dürfte es zu einer Embryopathie, die allerdings meist subklinisch bleibt, kommen. Vor allem die echte *Virusgrippe* sowie die *Hepatitis epidemica* spielen hier eine Rolle. Sie können zum typischen Embryopathiesyndrom mit Oligophrenie unterschiedlichen Grades, Katarakt, Taubheit, meist Innenohrtaubheit, konnatalem Vitium, nicht zu selten in Kombination mit Mikrocephalie führen. Neugeborene, die eine Virusembryopathie durchgemacht haben, werden oftmals als „Mangelgeburten" entbunden. Thalhammer unterstreicht die häufig vorkommenden Fütterungsschwierigkeiten dieser embryonal erkrankten, untergewichtig oder mit Normalgewicht zur Welt gekommenen Kinder, obwohl sich die begleitende Hirnschädigung oft noch nicht erkennen läßt. Auch ein abnormes Hautleistenmuster ist bei Virusembryopathien nicht selten. Dieses als genetisch gesteuert zu betrachtende Merkmal wird auch bei anderen pränatalen Erkrankungen diagnostiziert.

Einige Viruserkrankungen der Mutter in der Fetalzeit des Kindes führen viel seltener zu einem geistigen Entwicklungsrückstand (Varizellen, Parotitis epidemica, Coxsackie-B Virus).

c) Luetische Erkrankungen:
Lues connata

Symptomatik. Die Symptome sind bei der *fetalen* Lues bereits bei der Geburt, häufiger erst zwischen der 4. und 10. Lebenswoche erkennbar. Leber-Milz-Vergrößerung, chronischer, oft blutiger Schnupfen (Coryza) sowie periostitische und osteochondritische Knochenveränderungen gehören zu den Frühsymptomen der Säuglingssyphilis, die etwa dem Stadium II/III der erworbenen Syphilis des Erwachsenen ähnelt. Hauterscheinungen (maculopapulöses, pemphigoides Syphilid) vervollständigen, allerdings nicht in allen Fällen, die Symptomatik. Bei etwa der Hälfte der Erkrankten läßt sich eine *luetische Meningitis* mit gering erhöhter Zellzahl und mäßiger Eiweißvermehrung (Globulinreaktionen) erkennen. Der „Pfeffer- und Salzfundus" als Folge einer abgelaufenen Chorioretinitis ist jedoch nicht für die Lues spezifisch. Hydrocephale Entwicklungen werden selten beobachtet, manchmal finden sich Paresen, in den meisten Fällen ein mäßiger intellektueller Rückstand. Wird die Erkrankung in der ersten Lebenszeit, weil eine symptomenarme Infektion vorlag, nicht erkannt, dann kann es zwischen dem 6. und 14. Lebensjahr zur *Lues connata tarda* kommen, bei der die Hutchinsonsche Trias: Keratitis parenchymatosa, Innenohr-taubheit und tonnenförmige Schneidezähne mit halbmondförmiger Ausbuchtung am unteren Rand beobachtet werden kann. Manchmal läßt sich noch eine durch gummöse Zerstörung veränderte Sattel-nase erkennen. Als Restzustände der frühkindlichen, oft auch noch in Gang befindlichen luetischen Hirn- und Gefäßschädigung lassen sich Intelligenz-defekt, meist Anfälle, Paresen (oft Hemiplegien), Koordinationsstörungen, Reflexdifferenzen sowie bei 80—90 % der Patienten eine reflektorische Pupillenstarre diagnostizieren (s. auch: juvenile Paralyse).

Genese und soziale Bedeutung. Die angeborene Lues ist immer die Folge einer Infektion durch die luetische Mutter. Das Treponema pallidum (Spiro-chaeta pallida) vermag die Placenta nicht vor dem 4. Schwangerschaftsmonat zu durchdringen. In sehr seltenen Fällen erfolgt die Infektion während des Geburtsaktes. Luetische Erkrankungen beim Kind werden, falls nur eine diskrete Symptomatik vor-liegt, oft nicht diagnostiziert. Später werden die Erkrankten nicht selten durch ein Anfallsleiden auf-fällig, das auf die übliche antikonvulsive Therapie nicht anspricht.

Diagnose und Differentialdiagnose. Die Säug-lingssyphilis ist gekennzeichnet durch Leber-Milz-Vergrößerung, meist maculopapulöse Hauterschei-nungen, chronischen Schnupfen und oft periosti-tische Knochenveränderungen. Die Liquorunter-suchung kann eine luetische Meningitis aufdecken, als deren Spätfolgen, bedingt durch entzündliche Gefäßveränderungen, auch Intelligenzdefekte und neuropathologische Symptome manifest werden.

Die Diagnose wird gesichert durch die Komple-mentbindungsreaktionen nach dem Prinzip der Wassermannreaktion, durch Flockungs- und Klä-rungsreaktionen sowie zuverlässig durch den Nelson-Test (TPI-Test). Etwa 6—10 Wochen nach der Infektion wird dieser spezifische Immunantikörper-test zuverlässig positiv.

Therapie und Prognose. Bei der Frühbehandlung der Lues connata werden 2 Wochen lang 200 000 bis 400 000 OE Depotpenicillin täglich empfohlen. Bei spätem Behandlungsbeginn sind weitere Behand-lungskuren erforderlich. Die Lues connata tarda macht eine Penicillinmedikation von 600 000 OE täglich bis zu einer Gesamtmenge von 8—10 Mega Penicillin notwendig. Bei der Lues connata tarda sind immer mehrere Kuren sinnvoll. Seronegativi-tät kann nicht in allen Fällen erreicht werden. Es ist auf das Auftreten einer Jarisch-Herxheimer-Reaktion bei Behandlungsbeginn zu achten.

Die Prognose ist bei intensiver Behandlung gut, Spätrezidive sind selten geworden.

Progressive juvenile Paralyse

Symptomatik. In seltenen Fällen kommt es bereits im Kindesalter zu einer metaluetischen Erkrankung. Meist stehen Nachlassen der Schulleistungen, Stim-mungsschwankungen, vermehrte Reizbarkeit, eine sich schleichend entwickelnde Demenz, gelegentlich mit leicht euphorischer Grundstimmung, jedoch nicht von expansivem Charakter, im Vordergrund, der psychopathologischen Symptome. Erst später stellen sich Kritiklosigkeit, Perseveration und Störungen der Gedächtnisfunktion ein. Der Beginn eines Anfallsleidens kann erstes, aber oft nicht als spezifisch erkanntes Frühsymptom sein. Die lue-tischen Pupillenreaktionen sind nicht obligat.

Genese und soziale Bedeutung. Es handelt sich stets um eine Treponema-pallidum-Infektion, die in fast allen Fällen connatal erworben wurde. Die Symptome treten meist erst im Schulalter auf. Die nicht rechtzeitig gestellte Diagnose und ausbleibende Therapie führen zur paralytischen Demenz; sie ist in diesem fortgeschrittenen Stadium keiner Behand-lung mehr zugänglich.

Diagnose und Differentialdiagnose. Nachlassen in der Schule, der zunächst nicht sehr auffällige einfach dementive Persönlichkeitsabbau, diskrete Koordinationsstörungen, meist zunächst im Schrift-bild, stellen Frühdiagnosezeichen dar. Anfälle, Dysarthrie, Anisokorie, reflektorische Pupillen-starre, Demenzsymptome mit Kritiklosigkeit und Merkfähigkeitsstörungen sichern gemeinsam mit den positiven Seroreaktionen (Komplementbin-dungsreaktion, Nelson-Test) und den Paralyse-befunden im Liquor die Diagnose.

Differentialdiagnostisch werden die hirnorga-nischen Anfälle meist verkannt und oft längere Zeit antikonvulsiv ohne entsprechenden Einstellungs-erfolg behandelt.

Therapie und Prognose. Die Medikation einer Gesamtmenge von 10—12 Mega Penicillin i.m., gegebenenfalls kombiniert mit einer Arsen-Wismut-Kur, mehrfach wiederholt, können zum Stillstand der bisher progressiven Symptomatik führen. Ne-gative Seroreaktionen in Blut oder Liquor lassen sich durch die Behandlung jedoch nicht erzwingen.

d) Cytomegalie

Pränatal kann es diaplacentar in der Fetalzeit zu einer meist paraventrikulär lokalisierten Encephali-tisform kommen, die durch das Cytomegalievirus verursacht ist und immer zur Oligophrenie führt.

Das menschliche Speicheldrüsenvirus aus der Herpes-Gruppe bedingt auffällige und charakteristische Veränderungen an der Zelle („Einschlußkörperchenkrankheit"), die der Erkrankung ihren Namen gaben. Entzündung und Narbenbildung führen zur röntgenologisch nachweisbaren intracerebralen Verkalkung. Bei serologischen Untersuchungen wurden Antikörper bei 15—20% klinisch gesunder Kleinkinder gefunden.

Bei dem erst postnatal auftretenden Krankheitsbild kommt es im Gegensatz zur pränatalen Erkrankung seltener zu cerebraler Symptomatik. Nur Neugeborene können noch in ähnlicher Form erkranken. Im späteren Alter stehen Hepatosplenomegalie, Ikterus und hämolytische Anämiezeichen im Vordergrund. Therapeutisch werden bei den postnatal erkrankten Kindern bei rechtzeitiger Diagnosestellung mit Erfolg Corticosteroide eingesetzt.

Die Prognose der angeborenen Cytomegalieerkrankung ist nicht günstig.

e) Toxoplasmose

Symptomatik. Die *connatale* Form der Toxoplasmose führt nach abgeklungener intrauteriner Erkrankung nur selten zur vollständigen Trias: Hydrocephalus, intracerebrale Verkalkungen und Chorioretinitis. Meist werden Einzelsymptome mit einem erheblichen statomotorischen und intellektuellen Rückstand diagnostiziert. Die bei der Geburt noch floride Infektion zeigt ein septisches Zustandsbild mit Ikterus, Hämorrhagien, Leber-Milz-Vergrößerung oder auch Erbrechen, Krämpfen und Paresen als Folge der toxoplasmotischen Encephalitis. Grundsätzlich können alle Organe (u. a. Herz, Nieren, Darm) an einer toxoplasmotischen Infektion miterkranken. Die Generalisationsphase, d. h. der Infektionsbeginn der connatalen Toxoplasmose, kann kurze Zeit vor der Geburt liegen, in anderen Fällen sind die floriden Organmanifestationen um den Geburtstermin bereits abgeheilt, so daß sich das typische Bild der geschilderten Trias manchmal nur in Einzelsymptomen, oft auch in Kombination mit Augenfehlbildungen wie Katarakt, Iritis oder Blindheit diagnostizieren läßt.

Die mit Wahrscheinlichkeit erst *postnatal* erworbene Toxoplasmose dürfte bei Kindern wesentlich seltener als die connatale Form sein. Sie verläuft häufig unter dem Bilde einer Encephalitis mit Fieber, geringer Zell- und Eiweißvermehrung im Liquor, Kopfschmerzen, Gliederschmerzen, Enteritis sowie einem symptomatisch nicht einheitlichen organischen Psychosyndrom mit Verwirrtheit, Reizbarkeit,

Schulunlust und Affektlabilität. Auch Krampfanfälle wurden beobachtet.

Genese und soziale Bedeutung. Die Toxoplasmose wird als parasitäre Erkrankung durch das Toxoplasma Gondii hervorgerufen, ein sichelförmiges Protozoon, das bereits 1908 entdeckt und beschrieben wurde. Der Erreger vermehrt sich intracellulär und kann in der Latenzphase reaktionslos in Cystenform nachgewiesen werden. Noch nicht gesichert ist, wie der Übergang der Parasiten aus dem Tierreich auf den Menschen erfolgt; wahrscheinlich geschieht dies durch Schmutz- und Schmierinfektion sowie durch Genuß von infiziertem Frischfleisch. Geschwistererkrankungen sind bisher nicht zuverlässig gesichert. Nicht ausschließen läßt sich die Möglichkeit, daß wiederholte Fehl- oder Frühgeburten auf einer Toxoplasmoseinfektion beruhen. Es wird allerdings vorwiegend die Meinung vertreten, die Mutter könne die Infektion nur auf ein einziges Kind übertragen.

Die connatale Form der Toxoplasmose wird in der 2. Hälfte der Schwangerschaft von infizierten Müttern, bei denen sie oligo- bis asymptomatisch verlaufen kann, übertragen. Es ist wahrscheinlich, daß die Reaktionslage des Erkrankten, vielleicht auch die unterschiedliche Virulenz des Erregers, dafür verantwortlich sind, ob überhaupt und welche Symptome auftreten. Die mit dem Lebensalter zunehmende Durchseuchung, orientiert an seropositiven Titern, erreicht bei Erwachsenen Werte bis zu 60%.

Die soziale Bedeutung der Toxoplasmose liegt vor allem in der Bedrohung der geistigen Gesundheit des werdenden Kindes und im Auftreten eines Occlusionshydrocephalus, so daß die Erfassung der zu Schwangerschaftsbeginn seronegativen Formen und ihre Kontrolle eine wesentliche präventive Aufgabe ausmacht. Schwangere Frauen mit ansteigenden hohen Antikörpertitern in der 2. Schwangerschaftshälfte sollten prophylaktisch behandelt werden. Symptomarme connatale Erkrankungen bedingen einen nicht kleinen Anteil unter den hirngeschädigten Kindern (5% nach Geisler und Osswald), für den eine Toxoplasmoseerkrankung verantwortlich ist.

Diagnose und Differentialdiagnose. Der direkte Parasitennachweis ist nur in wenigen Fällen möglich und notwendig. Für den serologischen Nachweis, der sich auf reaktive Antikörperbildung stützt, werden die Komplementbindungsreaktion und der Sabin-Feldmann-Farbtest verwendet. Die Durchführung der serologischen Untersuchungen wird durch den klinischen Verdacht begründet. Dieser wiederum stützt sich entweder auf akute, fieberhafte, meist encephalitische Befunde mit Allgemeinsymptomen wie Lymphadenitis, Gliederschmerzen, Enteritis, Leber-Milzvergrößerung und allgemeinem Krankheitsgefühl. Nach Abheilen der akuten Erkrankung kann die klassische Symptomentrias: Intracerebrale Verkalkungen, Chorioretinitis, Hydrocephalus fast immer in Kombination mit einem seelisch-geistigen Entwicklungsrückstand unterschiedlichen Ausmaßes diagnostiziert werden. Es wird deshalb auch von einer „Symptomentetrade" gesprochen. Bei jeder ätiologisch unbefriedigend abgeklärten Oligophrenie sollte die Toxoplasmose als Ursache ausgeschlossen werden.

Beim Säugling kann der, sich oft erst nach Monaten einstellende, sehr hohe Antikörpertiter als beweisend für eine connatale Toxoplasmose angesehen werden. Mit dem Sabin-Feldmann-Farbtest nachweisbare Antikörper, die lediglich von einer seropositiven Mutter übertragen wurden, sind meist nach dem 5.—6. Lebensmonat abgebaut. Die stets in Übereinstimmung mit den klinischen Befunden zu stellende Diagnose stützt sich neben der Titerhöhe vor allem auf den Titerverlauf. Ansteigende und hohe Titerwerte von 1:16000—1:64000 sprechen meist für eine akute Infektion und nicht für eine vielleicht zufällig gefundene positive Seroreaktion bei hohem Durchseuchungsgrad. Ebenso bedeutet nur ein positiver Serotiter selten, auch bei hirngeschädigten Kindern, einen zuverlässigen Beweis für das Vorliegen einer ursächlichen Toxoplasmoseerkrankung.

Differentialdiagnostisch muß eine generalisierte Cytomegalie ausgeschlossen werden; gelegentlich können die Leitsymptome beim Neugeborenen auch eine Abgrenzung zum Morbus haemolyticus neonatorum schwierig machen.

Therapie und Prognose. Die Folgen einer angeborenen Toxoplasmose werden durch die medikamentöse Therapie kaum beeinflußt. Trotzdem ist es angebracht, neben der selbstverständlichen Behandlungsindikation bei noch floriden Prozessen auch schwelende Erkrankungen zu behandeln. Umstritten bleibt dagegen, ob die Therapie bei einer sog. latenten Infektion nützlich und sinnvoll ist.

In Zweifelsfällen wird ihre Durchführung jedoch immer angeraten sein. Die Kombinationsbehandlung Daraprim/Sulfonamide (meist Supronal) stellt das Mittel der Wahl dar. In Abhängigkeit vom Lebensalter und vom Körpergewicht wird Daraprim 3 Wochen lang (tgl. 1—2 mg/kg mit einer Maximaldosis von 25 mg/tgl.) verabreicht. Die Sulfonamid-Dosierung beträgt 0,1—0,2 g/kg/tgl.

Knochenmarksschädigungen, wie Leukopenie, Thrombocytopenie, oder allergische Exantheme zwingen gelegentlich zum Absetzen der Medikamente. Eingeführt hat sich eine über Wochen andauernde nachfolgende Sicherheitskur mit Dosierungen, die nur $^1/_4$ oder die Hälfte der Erstbehandlung betragen. Die absinkende Titerbewegung folgt der Behandlung oft nur sehr zögernd; der intellektuelle Defekt macht in Abhängigkeit von seiner Ausprägung meist Sonderschulbesuch, oft auf der Stufe für praktisch bildbare Kinder, notwendig.

Die Prognose hängt von der unterschiedlichen Ausprägung der verschiedenen Symptome (Intelligenzminderung, organisches Psychosyndrom, Occlusionshydrocephalus, Augensymptome) ab. Sie zeigt sich nicht wesentlich anders als die Prognose anderer hirnorganischer Schäden im frühen Kindesalter.

f) Listeriose

Symptomatik. Ikterus, Krampfanfälle und meningoencephalitische Symptome zeichnen die Klinik der Listeriose beim Neugeborenen aus. Die Infektion erfolgt nach dem 4. Schwangerschaftsmonat. Bei der Mutter wird meist nur ein „grippaler Infekt" diagnostiziert, der monosymptomatisch verlaufen kann. Etwa 80% der an Listeriose Erkrankten kommen als Frühgeborene zur Welt, bzw. sie sind der Infektion bei der Geburt bereits erlegen. Bei den Lebendgeborenen finden sich nicht selten papulöse, blaßrote Exantheme, manchmal von hämorrhagischem Charakter. Im Liquor ist eine deutliche Zellvermehrung erkennbar. Die Listeriose führt bei den Überlebenden wegen der durchgemachten Meningoencephalitis zur Oligophrenie.

Genese. Die Listeriose wird durch ein kleines grampositives Stäbchen, die Listeria monocytogenes, hervorgerufen. Während die diaplacentare Übertragung sich sichern ließ, ist noch ungeklärt, ob auch Schmierinfektionen oder andere Übertragungsarten eine Rolle spielen können.

Diagnose und Differentialdiagnose. Die schwere Erkrankung des Neugeborenen mit septischem Zustandsbild, Ikterus, Krämpfen und encephalitischen Symptomen muß den klinischen Verdacht auf eine Listeriose erwecken, diagnostisch ist der bakteriologische Befund beweisend. Dieser kann aus dem Blut, dem Rachenabstrich, dem Mekonium oder Fruchtwasser gewonnen werden. Als serologische Methoden ergänzen Komplementbindungs- und Agglutinationsreaktionen die Diagnose. Es gibt Erkrankungen, die unter dem Bilde einer Angina mit begleitenden Lymphdrüsenschwellungen verlaufen können.

Differentialdiagnostisch müssen alle septischen und toxischen Erkrankungen der Säuglingszeit ausgeschlossen werden.

Therapie und Prognose. Bei rechtzeitiger Diagnosestellung ist antibiotische Therapie mit einem Breitspektrumpenicillin oder Tetracyclin nützlich. Die Prognose hängt entscheidend von der Frühdiagnose ab, auf die schon ein unklarer Fieberzustand bei positivem serologischen Befund aufmerksam machen sollte.

g) Embryopathien durch Röntgen-Radiumbestrahlung, Medikamente, Abtreibungsversuche

Die Röntgen- oder Radiumbestrahlung während der Schwangerschaft kann ebenso wie die Bestrahlung der Keimzellen vor der Konzeption zur Embryopathie bzw. zu einer Genmutation führen. Bei diesen Voraussetzungen sind Hirnschädigungen mit Oligophrenie zu erwarten. Unsachgemäße, manchmal wiederholte Röntgendurchleuchtungen in der Frühschwangerschaft bei vermeintlicher Magen-Darm-Störung ohne Erkennung der Diagnose Hypermesis können verantwortlich sein.

Bei der Strahlenembryopathie werden vor allem Anomalien am ZNS beobachtet, meist Spaltbildungen, Hydrocephalus und Oligophrenie. Diese Kinder bleiben manchmal kleinwüchsig und zeigen Augenmißbildungen, vor allem einen Mikrophthalmus.

Diabetische Mütter bringen vermehrt Kinder mit Bildungsfehlern zur Welt, vereinzelt werden dabei auch cerebrale Symptome, u.a. Oligophrenie, gesehen. Ursachen hierfür sind diabetische Komplikationen wie die Hypoglykämie oder das diabetische Koma. Die besonders gewissenhafte Einstellung der schwangeren Mutter mit Antidiabetica ist unter diesem Aspekt von besonderer Bedeutung. Die übergewichtig geborenen Kinder mit diabetogener Fetalkrankheit zeigen unmittelbar nach der Geburt auch kardiorespiratorische Symptome, die zu einer Hirnschädigung führen können. In seltenen Fällen disponieren auch die übergewichtigen und zu großen Kinder von Diabetikerinnen zu mechanischen Geburtskomplikationen mit folgender Cerebralschädigung.

Die Thalidomidembryopathie lenkte die Aufmerksamkeit erneut auf die Rolle von *Medikamenten*, die in einer bestimmten „sensiblen Phase" der Schwangerschaft, meist in den ersten Monaten, verabreicht wurden. Wenn auch intellektuelle Entwicklungsstörungen nicht in jedem Fall und bei jedem Medikament gesehen werden, läßt sich eine

cerebrale Dysfunktion nach Medikamenten in der Frühschwangerschaft, z. B. nach Chiningaben, zumindest nicht ausschließen. Unser Wissen hierüber ist noch unvollständig. Einige Beobachtungen schließen nicht aus, daß hochdosierte antikonvulsive Medikamente in der Schwangerschaft zu Mißbildungen beim Kind, vor allem zu Lippen-Kiefer-Gaumen-Spalten, führen können.

Sehr wenig bekannt ist verständlicherweise die Rolle mißglückter *Abtreibungsversuche* in ihren Auswirkungen für die geistige Entwicklung des Kindes. Es läßt sich nach klinischer Erfahrung aber vermuten, daß eine wahrscheinlich nicht kleine Zahl ätiologisch unklar bleibender Oligophrenien auf mißglückte mechanische oder medikamentenbedingte Versuche, die Frucht zu beseitigen, zurückgeführt werden können. Dies gilt vor allem für die Frühschwangerschaft.

Die *Kohlenmonoxydvergiftung* in der Frühschwangerschaft, besonders bei Suicidversuchen, führt nicht nur zu autoptisch nachweisbaren Veränderungen an den Baselganglien, vermehrt zu Totgeburten, sondern auch zu intellektuell unterschiedlich geschädigten, aber lebend geborenen Kindern.

h) Mangelernährung der Mutter

Mangelernährung der Mutter dürfte unter den derzeitigen Bedingungen unseres Kulturkreises als Ursache einer Oligophrenie keine besondere Rolle spielen. Thalhammer unterstreicht jedoch, daß mütterliche Mangelernährung die zahlenmäßig bedeutsamste pränatale Störungsursache darstelle. Zu diesen Aussagen fehlen noch kritische Erhebungen aus Gebieten, in denen chronischer Hunger herrscht. Möglicherweise vermehren ungünstige Nahrungsvoraussetzungen, wie Untersuchungen aus Kriegsgebieten zeigten, die Frühgeburtenhäufigkeit, damit indirekt auch die Zahl cerebralgeschädigter Kinder.

j) Sauerstoffmangelembryopathie (Übertragung, pränatale Dystrophie, Placentainsuffizienz, Uterusfehlbildung, Nabelschnuranomalie, Blutungen)

Eine die normale Schwangerschaftsdauer überschreitende Tragzeit oder andere, durch Anomalien bzw. durch Minderleistung der Placenta bedingte Störungen können neben anderen Symptomen auch zu einem geistigen Entwicklungsrückstand führen. Dies ist vor allem dann der Fall, wenn durch diese Gegebenheiten ein fetaler Sauerstoffmangel stattgefunden hat.

263

Die unterschiedlich bedingte pränatale Dystrophie kann entweder zu übertragenen oder zu dysmaturen Kindern führen. Das Fruchtwasser ist meist meconiumhaltig, die Haut des Neugeborenen zeigt Schuppung, der Hautturgor ist vermindert, es finden sich Symptome der Exsiccose. Manchmal lassen sich Einrisse an den Hand- und Fußgelenken beobachten. Das Geburtsgewicht ist meist geringer als normal.

Die intrauterine Dystrophie aus verschiedenen, heute noch nicht endgültig übersehbaren Gründen, kann zu zusätzlichen postnatalen Komplikationen, wie Atemstörungen oder Dysregulationen des Kohlehydratstoffwechsels führen, so daß diese Kinder nach der Geburt besonders kritischer, meist klinischer Überwachung bedürfen. Derartige Fruchtschädigungen werden u.a. bei *angeborenen Vitien* der Mutter mit Cyanose, unter verminderter O_2-Versorgung bei *schweren Blutungsübeln*, bei *Form- und Lageanomalien der Placenta*, bei *großen Myomen* sowie bei *epileptischen Anfällen* in der Schwangerschaft beobachtet. Die besonders gewissenhafte antikonvulsive Einstellung einer schwangeren anfallskranken Frau ist deshalb von großer Bedeutung.

Die nicht seltenen *Blutungen in der Frühschwangerschaft* stellen ein sehr unterschiedlich verursachtes Symptom dar; meist dürfte es sich um eine leichte Placentaablösung handeln. Die Angaben über die Häufigkeit dieses Ereignisses differieren zwischen 0,5 und 15%. Ebensowenig endgültig geklärt ist bis heute ein statistisch zu sichernder Zusammenhang zwischen Blutung in der Frühschwangerschaft und meist blander Hirnschädigung. Fehlhaber u.a. fanden bei der katamnestischen Nachuntersuchung von 62 Kindern, bei denen in den beiden ersten Schwangerschaftsmonaten Blutungen aufgetreten waren, keine schwerwiegenden Spätschäden. Gehäuft wurden feinkonstitutionelle Abweichungen, Schädeldysplasien und Herdveränderungen im EEG registriert. Wahrscheinlich bedarf es bei der Schwangerschaftsblutung als schädigendem Ereignis, ähnlich wie bei der Frühgeburtlichkeit, einer Summierung mehrerer schädigender Ursachen. Es führt sicher nur ein sehr kleiner Teil der Blutungen, soweit sie ein isoliertes Symptom bleiben, in der Frühschwangerschaft zu einer pränatalen Fruchtschädigung, damit möglicherweise auch zu einer Oligophrenie.

Blutungen in der 2. Hälfte der Schwangerschaft spielen für das hier interessierende Problem nur eine untergeordnete Rolle. Die Verminderung der fetalen Blutmenge kann aber ebenfalls durch Sauer-

stoffmangel zu einer Gehirnstörung führen. Placentare Dysfunktion, Zirkulationsstörungen und andere Abnormitäten können ursächlich sein; über ihre spezifische und anteilmäßige Rolle an Cerebralschädigungen gibt es noch keine Übereinstimmung.

Zumindest eine vorübergehende Verlangsamung des fetalen Kreislaufs, allerdings in sehr verschiedener Intensität, dürfte die *Nabelschnurumschlingung* bedingen, bei der sich experimentell eine verminderte O_2-Sättigung in der Nabelarterie feststellen ließ. Derartige Anomalien, u.a. Nabelschnurknoten, Nabelschnurvorfall, wurden bisher wahrscheinlich häufiger für cerebrale Entwicklungsstörungen verantwortlich gemacht, als dies tatsächlich der Fall sein dürfte.

k) Hypothyreose

Symptomatik. Als Symptome einer Schilddrüsenunterfunktion und mehr unspezifische Krankheitszeichen entwickeln sich in den ersten Lebenswochen, manchmal in Verbindung mit einem Ikterus prolongatus neonatorum, Trinkschwäche, Apathie, vor allem ein großes Schlafbedürfnis. Kopf und Bauch der Patienten sind relativ groß, oft klaffen bei

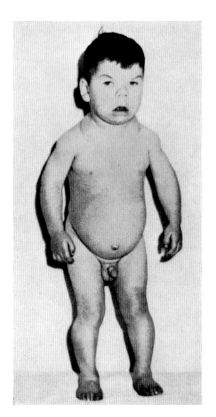

Abb. 7. Hypothyreose

großer Fontanelle die Schädelnähte. Der Gesichtsausdruck wirkt stumpf, die Zunge plump, die Nasenwurzel ist meist breiter und etwas eingesunken. Sehr häufig wird eine Nabelhernie diagnostiziert. Der Haarwuchs ist spärlich, die Haarbeschaffenheit trocken, manchmal struppig und meist von dunkler bis schwarzer Farbe. Am Rücken und an den Extremitäten läßt sich gelegentlich eine vermehrte lanugoähnliche Behaarung erkennen. Die Zahnung verläuft meist verspätet. Obstipation wird nur sehr selten vermißt. Wachstum und Skeletentwicklung sind erheblich verzögert. Die Knochenkernentwicklung tritt verspätet auf, die Knochenkerne sind manchmal aufgesplittert. Die Epiphysenfugen bleiben lange Zeit offen. Da die Extremitäten im Wachstum stärker in ihrer Entwicklung zurückbleiben als der Stamm, erscheinen die Kranken als Kleinkinder plump, gedrungen bzw. wenig proportioniert. Die Stimme klingt oft rauh und heiser.

In Übereinstimmung mit dem statischen Rückstand ist bei meist normalem neurologischen Befund (manchmal fehlende Sehnenreflexe) die geistig-seelische Entwicklung verzögert bzw. bleibend verlangsamt. Vor allem leichtere Fälle einer Schilddrüsenunterfunktion werden lange verkannt, trotzdem reichen die Intelligenzausfälle gelegentlich bis zum Ausmaß der Idiotie. Leichtere Formen zeigen lediglich erhöhte Ermüdbarkeit bei Leistungsanforderungen, gering verlangsamte Denkabläufe und herabgesetzten Antrieb. Der Gesichtsausdruck wirkt leer und wird von einer affektiven und emotionalen Gleichgültigkeit bis Abgestumpftheit geprägt. Den Kindern fehlen Übermut und Neugierde, gelegentlich fällt lediglich eine relativ gute Merkfähigkeit auf. Die Sprache entwickelt sich in Korrespondenz zu den allgemein verspätet auftretenden Entwicklungsdaten immer verzögert. Die Motorik imponiert durch fehlendes harmonisches Zusammenspiel, eckige Bewegungen und Unsicherheit.

Genese und soziale Bedeutung. Das fehlende oder nicht entsprechende thyreotrope Hormon ist für die Wachstums- und Funktionsstörung der Schilddrüse verantwortlich.

Es läßt sich eine Athyreose (meist Aplasie) von der Hypothyreose unterscheiden. Beide Formen kommen konnatal und im Kindesalter selten auch sporadisch erworben vor. Athyreotische Kinder wurden meist schon pränatal geschädigt, was für den erhofften Therapieerfolg von Bedeutung ist. Beim endemischen Kretinismus mit oft insuffizientem oder sogar vermehrtem Schilddrüsengewebe erkranken auch Angehörige. Die soziale Rolle, vor allem die sonderschulpädagogischen Folgerungen

bei endemischem Kretinismus, ist in einzelnen Regionen Europas (z. B. in manchen Gebirgstälern) bedeutsam. Durch eine allgemeine Jodprophylaxe wurde dort diese schwere intellektuell-psychische Entwicklungsstörung, die zudem noch mit Innenohrschwerhörigkeit kombiniert sein kann, allerdings selten.

Diagnose. Die Diagnose ist in ausgeprägten Fällen durch den typischen stumpfen Gesichtsausdruck bei breiten Jochbögen und niedriger Stirn, struppigem Haarwuchs, teigig-ödematös wirkender Haut, Obstipation, Wachstumsverzögerung und geistigem Entwicklungsrückstand unterschiedlicher Intensität kaum zu verkennen. Die ausgeprägte Trinkschwäche stellt immer ein wichtiges klinisches Frühsymptom dar, ebenso der Ikterus prolongatus. Das Hirnstrombild mit fehlenden Schlafspindeln kann als zusätzliches Kriterium herangezogen werden. In den leichteren Fällen, in denen manchmal intellektuelles Versagen oder allgemeine motorische Verlangsamung auf die Störung aufmerksam machen, wird die Diagnose durch die immer verzögerte Knochenkernentwicklung, durch die Bestimmung des erhöhten Serum-Cholesterins, des verminderten eiweißgebundenen Serum-Jods sowie durch die Messung der Aufnahme von Radiojodid (^{131}J) — wegen der Strahlenbelastung der Schilddrüse ist große Vorsicht notwendig — gesichert. Der Serumcholesterinspiegel kann nach den ersten Lebensjahren bei Werten um 500—600 mg-% liegen. Die Grundumsatzwerte sind erniedrigt.

Gelegentlich bereitet in der 1. Säuglingszeit die Differentialdiagnose zum Langdon Down-Syndrom gewisse Schwierigkeiten. Dies ist vor allem dann der Fall, wenn sich das Langdon Down-Syndrom durch eine hypothyreotische Komponente auszeichnet. Spezialuntersuchungen lassen aber beide Krankheitsformen klar trennen. Es wird mit einer angeborenen Hypothyreose unter 5000 — 8000 Geburten gerechnet.

Therapie und Prognose. Zur Behandlung ist das schnellwirkende Trijodthyronin geeignet, dessen Dosierung langsam erhöht wird. Wegen der Depotwirkung ist für die Dauerbehandlung Thyreoidea siccata nützlich, auch Kombinationspräparate aus Trijodthyronin und Thyroxin bewährten sich. Die Dosierung sollte sich an der Körperoberfläche orientieren, das bedeutet, daß mit 6 Monaten etwa $^1/_5$, mit 12 Monaten $^1/_4$ der Erwachsenendosis notwendig werden. Die durchschnittliche Substitutionsdosis beträgt beim Erwachsenen um 200 mg Thyreoidea siccata tgl. Die Therapie sollte unmittelbar nach

Diagnosestellung einsetzen, da nur dann eine gewisse Chance besteht, den zu erwartenden geistigen Entwicklungsrückstand im Gegensatz zum besser ausgleichbaren körperlichen Befund einigermaßen zu kompensieren. Dies gelingt bei pränataler Schädigung allerdings nur begrenzt, da der Hormonmangel in den ersten Schwangerschaftswochen zu einer Hirnentwicklung führte, die sich durch die spätere Substitution wenig oder kaum beeinflussen läßt.

Bei der Dosierung muß beim einzelnen Kind oft recht individualisiert werden; sie sollte an der oberen Toleranzgrenze bleiben, d. h. toxische Symptome wie Schlaflosigkeit, Unruhe, Tachykardie, Durchfälle zwingen zur Reduktion bzw. zunächst zu einer mehrere Tage andauernden Behandlungspause. Vor allem im Behandlungsbeginn sollte auf Pulsbeschleunigung, Temperaturerhöhung oder Gewichtsabnahme sehr geachtet werden. Ein Risiko der Behandlung stellt der vorzeitige Schluß der Epiphysenfugen dar. Es ist ratsam, Angehörige bereits zu Behandlungsbeginn auf die mögliche vorübergehende Beunruhigung des Kindes hinzuweisen, damit diese die Behandlung nicht unsachgemäß abbrechen.

Die Überzahl der Kinder mit Schilddrüsenunterfunktion benötigen Sonderschulbetreuung. Die Zuverlässigkeit der Substitutionstherapie und ihr frühzeitiger Beginn sind für den meist begrenzten Therapieerfolg entscheidend. Nach 1—2jähriger Behandlungsdauer läßt sich der endgültige Behandlungserfolg im Hinblick auf die intellektuelle Entwicklung mit einiger Sicherheit voraussagen. Nach mehr als 5 Jahren kommt es zu keinem weiteren Ansteigen des Intelligenzquotienten mehr, was sich bei schwereren Schwachsinnsgraden oft schon früher feststellen läßt.

l) Mikrocephaliesyndrom

Symptomatik. Das Syndrom Mikrocephalie ist zunächst gekennzeichnet durch eine Volumenverminderung des Hirnschädels in allen Dimensionen.

Der meist relativ normal entwickelte Gesichtsschädel fällt durch ein Mißverhältnis zum kleinen knöchernen Gehirnschädel auf; dieser ist absolut zu klein. Den typischen Aspekt vermitteln die stark fliehende Stirn, meist deutliche Augenwülste, ein nur relativ zurückweichendes Kinn sowie oft die Kurzschädeligkeit. Im Luftencephalogramm lassen sich in vielen Fällen ein zusätzlicher Hydrocephalus internus sowie manchmal der Befund einer Porencephalie oder sonstiger, seltener Mißbildungen z. B.

ein Balkenmangel erkennen. Hirnnervenstörungen, Augenmißbildungen, cerebrale Lähmungserscheinungen, meist spastischer Natur, choreo-athatotische Bewegungsbilder sowie Ataxie, können das Bild der schweren cerebralen Störung vervollständigen.

Mikrocephale Kinder liegen in Größe und Körpergewicht meist hinter ihrer Alterserwartung. Ihr Intelligenzdefekt ist erheblich, die Überzahl der mikrocephalen Patienten gehört der Idiotie, ein großer Teil der Imbezillität, ein wesentlich kleinerer Teil der Debilität oder Grenzbereichen zum Normalen an. Alle Formen hirnorganischer Krampfkrankheiten kommen gehäuft bei Mikrocephalie vor. Die Hirnrindenstruktur wird bei Fehlen von Sekundärwindungen oft durch Mikrogyrie gekennzeichnet.

Genese und soziale Bedeutung. Die Genese der Mikrocephalie als Syndrom ist außerordentlich vielfältig. Es finden sich neben exogen bedingten Formen auch erbliche Mikrocephalien. Abhängig vom Zeitpunkt der oft pränatal zu suchenden Schädigung können alle zur Oligophrenie führenden Ursachen wie z. B. mechanische, chemische und endokrine Faktoren, Eieinnistungsstörungen, Sauerstoffmangel, Blutungen, vor allem die CO-Vergiftung zur abnormen Kleinheit des Kopfes führen. Wahrscheinlich spielen für die Entstehung der Mikrocephalie, wie das Beispiel der Rubeolenembryopathie zeigt, Viruserkrankungen der Mutter in der Embryonalzeit eine besondere Rolle. Dies gilt auch für die Toxoplasmose und vor allem für die Cytomegalie. Postnatal können, wenn auch selten, parainfektiöse Encephalitiden für die Entwicklung eines Mikrocephalus verantwortlich gemacht werden.

Populationsgenetische Untersuchungen wiesen nach, daß es neben den exogenen auch erbliche, allerdings genetisch und klinisch ebenfalls nicht einheitliche, Mikrocephalieformen bzw. Familienerkrankungen gibt. In einem nicht geringen Anteil spielt dabei die Blutsverwandtschaft eine Rolle. Möglicherweise kommen aber auch dominante erbliche Neumutationen vor. Konkordantes und diskordantes Auftreten von Mikrocephalien wurde beschrieben. Eine chromosomale Aberration als seltene Ursache des Symptoms Kleinköpfigkeit liegen beim „Katzenschrei-Syndrom" oder bei der Trisomie D vor. Mikrocephale Patienten zeigen häufig keine Fertilität.

Diagnose und Differentialdiagnose. Die Diagnose wird zunächst durch die Kleinheit des Hirnschädels und das so entstehende Vogelgesicht gestellt. Zum

Syndrom gehören ferner eine meist schwere Oligophrenie, oft mit Anfällen gepaart, sowie nicht selten ein Hydrocephalus internus oder andere Hirnmißbildungen. Die Häufigkeit der Mikrocephalie — sie wird bei allen Rassen beobachtet — liegt bei den Neugeborenen zwischen 1:2000 und 1:10000 (Koch). Etwa 1—2% aller Oligophrenen sollen mikrocephal sein. Bei der Diagnosenstellung muß versucht werden, exogene, meist pränatal verursachte Formen von den seltenen erblichen Mikrocephalien zu trennen.

Der primordiale Zwergwuchs zeigt eine ebenfalls kleine, zu den Körpermaßen aber proportioniert wirkende Schädelform, meist ohne Intelligenzdefekt; ebenso weist der *Vogelkopfzwerg* (Seckel) proportionierte Kleinheit und eine nicht so erhebliche Minderbegabung auf.

Therapie und Prognose. Die Therapie der Mikrocephalie, z.B. die medikamentöse Einstellung der begleitenden Krampfkrankheit, ist symptomatisch, das Grundleiden läßt sich nicht behandeln. Bei vorhandenem Hirndrucksyndrom ist neurochirurgische symptomatische Therapie angezeigt. Sonderpädagogische Förderung und Hilfen werden in den meisten Fällen bei eingeschränkter Erwartung in den Schulen für lebenspraktisch bildbare Kinder möglich. Die eigentliche Therapie ist identisch mit der Prävention, d.h. der pathogenetischen Abklärung und Erfassung heterozygoter Merkmalsträger. Die Lebenserwartung Mikrocephaler ist deutlich herabgesetzt, vor allem dann, wenn zusätzliche neurologische Symptome oder begleitende Mißbildungen zu Komplikationen führen (Koch).

m) Frühgeburtlichkeit

Von Frühgeburtlichkeit sprechen wir bei einem lebend geborenen Kind, dessen Geburtsgewicht 2500 g nicht übersteigt. Dabei kann es sich um tatsächlich zu früh geborene Kinder handeln, aber auch um Neugeborene, die eine normale Schwangerschaftsdauer hinter sich haben, bei der Geburt aber leichter als 2500 g waren, z.B. Kinder aus Zwillingsschwangerschaften. Frühgeburtlichkeit stellt keine Krankheitseinheit dar, sondern ist Folge sehr verschiedener pränataler Störungen z.B. allgemeiner Erkrankungen der Mutter, Anomalien und Krankheiten des Uterus und der Placenta, körperlicher Mehrarbeit und „habitueller" Ursachen. Vielleicht kommt es bei manchen Frauen zu einer Faktorensummation.

Die frühkindliche statische und auch geistige Entwicklung der meisten frühgeborenen Kinder verläuft verlangsamt. Die zeitliche Verspätung der Entwicklungskriterien wird jedoch im Laufe von 1 bis 3 Jahren im allgemeinen aufgeholt und hängt verständlicherweise mit vom Grad der Unreife des zu früh geborenen Kindes ab. Echt gefährdet sind frühgeborene Kinder mit einem Geburtsgewicht, das weniger als 1500 g beträgt. Hier führen Komplikationen wie apnoische Anfälle, Aspiration, intrakranielle Blutungen durch vermehrte Blutungsneigung oder Hypoglykämien öfter zu cerebralen Defekten, die auch die intellektuelle Entwicklung in unterschiedlichem Ausmaß beeinträchtigen. Aber auch Kinder, deren Geburtsgewicht „nur" weniger als 2500 g beträgt, sind gefährdet. Eine Nachuntersuchung bei 222 so definierten Fällen ergab 6 bis 9 Jahre später in 22% spezifische Leistungsschwächen, Hinweise auf eine frühkindliche Hirnschädigung wurden in 58% gefunden. In 12,8% bestanden eindeutige Schädigungen, die eine soziale Eingliederung beeinträchtigten (Jung, Lempp, Schmidt).

Katamnestische Angaben machen es wahrscheinlich, daß etwa $1/3$ der Frühgeborenen mit einem Geburtsgewicht unter 1500 g später eine Oligophrenie aufweisen, die den Normalschulbesuch nicht ermöglicht. Nur etwa $1/3$ der Frühgeborenen mit zu niedrigem Geburtsgewicht ist zum Besuch einer Normalschule imstande. Pasamanick ging bei seinen Nachuntersuchungen so weit, zu meinen, daß zwischen Geburtsgewicht des Kindes und dem durchschnittlichen Intelligenzquotienten eine Entsprechung bestünde. Ein großer Anteil der Frühgeburten, die Mangelgeburten darstellen, wurde wahrscheinlich bereits intrauterin (z.B. Blutungen, Nephropathie) vorgeschädigt, so daß oftmals eine Summation der Noxen die spätere Entwicklung entscheidend beeinflußt. Diese erheblichen gesundheitlichen und sozialen Konsequenzen machen die wichtige Rolle aller Maßnahmen deutlich, die Häufigkeit der Frühgeburtlichkeit herabzusetzen bzw. bei einem frühgeborenen Kind sofort die fachgerechte Hilfe einer Spezialeinrichtung in Anspruch zu nehmen.

2. Perinatal bedingte Oligophrenien

Symptomatik. Die klinischen Erscheinungen einer perinatalen Hirnschädigung können sofort oder auch erst Tage nach dem Geburtsvorgang erkennbar sein. Meist handelt es sich um Atmungs-, Saug- und Schluckstörungen, Krampfanfälle, Erbrechen, Opisthotonus, Fontanellenspannung und Veränderungen des Bewußtseins. Grenzbereiche zum Normalen lassen sich jetzt nur durch eine differenzierte

Verhaltensbeobachtung und durch eine neurologische Untersuchung des Neugeborenen, die sich von der des älteren Kindes erheblich unterscheidet, erkennen. Im letzten Jahrzehnt hat die neurologische Untersuchungsmethodik des Neugeborenen und Säuglings großen Wissenszuwachs erfahren (Prechtl, H. F. R., u. D. J. Beintema: Die neurologische Untersuchung des reifen Neugeborenen. Stuttgart: Thieme 1968. Matthiass, H.-H.: Untersuchungstechnik und Diagnose der infantilen Cerebralparese im Säuglings- und Kindesalter. Stuttgart: Thieme 1966. Joppich, G., u. F. J. Schulte: Neurologie des Neugeborenen. Berlin-Heidelberg-New York: Springer 1968).

Im späteren Leben können geburtsmechanisch geschädigte Kinder u.a. auch testpsychologisch durch eine Störung der Figur-Hintergrund-Differenzierung diagnostiziert werden. Das Leistungsprofil wirkt meist uneinheitlich, die gestörte visuo-motorische Erfassung führt zu Leistungsausfällen, die, gerade weil sie neben intakten Bereichen stehen, die Anpassung des Kindes an die Leistung und die Erwartung des Lehrers erschweren bzw. enttäuschen.

Genese und soziale Bedeutung. Die zu einer intellektuellen Minderbegabung führenden Schäden im Geburtsablauf sind vorwiegend durch Hirnblutungen, mechanische Beeinträchtigung oder O_2-Mangel, bzw. durch mehrere Faktoren gemeinsam verursacht. Elert sieht die perinatale Hypoxie als bedeutsam an und unterscheidet Ursachen, die im mütterlichen Organismus, im Uterus, in der Placenta, in der Nabelschnurkomplikation wie auch in der Frucht selbst bedingt sein können.

Mechanische Beeinträchtigung kann zu intrakraniellen Blutungen führen, die durch Deformierung oder Verschiebung der Schädelknochen, plötzlichen Druckwechsel oder vermehrte Blutungsbereitschaft bei Asphyxie bedingt sind. Neben Blutungen in die Gehirnsubstanz werden subdurale, weniger häufig epidurale Hämatome beobachtet. Von einiger Bedeutung ist vielleicht auch die atmosphärische Ansaugung, die nach dem Blasensprung durch den hohen intrauterinen Druck während der Wehentätigkeit aktiviert wird. Tentoriumeinrisse und diffuse Meningealblutungen über beiden Hemisphären werden neben den mechanisch bedingten subduralen Hämatomen vorwiegend bei Frühgeborenen gesehen; sie führen ebenfalls zu einer Hypoxie.

Diese Blutungen sind aber ebenso Folge anoxischer Zustände als auch mechanisch bedingter Vorgänge. Falls ein Ventrikeleinbruch nicht zum Tode führt, kann es zu Höhlenbildungen im Gehirn oder zu Ganglienzellveränderungen mit ihren Folgen für die geistige Entwicklung kommen. So treffen bei vielen O_2-Versorgungsstörungen, vor allem unreifer Feten und Neugeborener, oft mehrere Faktoren zusammen, denen dann auch die vorhandene große O_2-Leistungsreserve nicht mehr gewachsen ist.

Wir unterscheiden eine *intrauterine* und *postnatale*, vom Ausmaß her eine *blaue* (1. Grades) und *blasse* (2. Grades) *Asphyxie*.

Diagnose und Differentialdiagnose. Bei den perinatalen Schädigungen handelt es sich ursächlich weniger häufig um mechanische Traumen, sondern um perinatal wirksam werdende hypoxische oder anoxische Vorgänge. Der „Apgar-Score" versucht 60 sec nach der vollendeten Entbindung die Herzschlagfrequenz, die Atemtätigkeit, den Muskeltonus, die Reflexerregbarkeit und die Farbe der Körperoberfläche des Neugeborenen zu bestimmen. Ein Punktschema ergibt dann die Klassifizierung des Allgemeinzustandes, aus dem sich vorsichtige Prognosen stellen lassen.

In späterer Zeit beruht die Diagnose bei leichteren Fällen auf der exakt erhobenen Vorgeschichte, neuropathologischen „Mikrobefunden" und einem uneinheitlichen Leistungsprofil. Meist ist auch das Hirnstrombild allgemein verändert oder dysrhythmisch. Hirnorganische symptomatische Krampfanfälle kommen vor.

Therapie und Prognose. Kinderklinische Spezialbehandlung ist immer erforderlich. Nach Überstehen der ersten Lebenstage muß die Prognose der geistigen Entwicklungsmöglichkeit stets mit Vorsicht gestellt werden. Jedes Sauerstoffmangelsyndrom führt in dieser Entwicklungsphase schnell zu einer Hirnschädigung, die durch Anfälle, Paresen, Reflexanomalien und eine Beeinträchtigung der intellektuellen Entwicklung gekennzeichnet ist. Frühgeburtlichkeit bedingt ein besonderes Risiko; bis zu 70% der perinatal geschädigten Kinder sollen Frühgeborene sein. Viel häufiger als eine schwere Oligophrenie sehen wir unabhängig von Intensität und Dauer der Geburtsschädigung blande Hirnschädigungsfolgen (exogenes Psychosyndrom) auftreten. In katamnestischen Untersuchungen (u. a. Hüter) wurden nach perinatalen Komplikationen in etwa 40% der Fälle irreversible cerebrale Schädigungen gesehen. Fast die Hälfte dieser Kinder wies einen geistigen Entwicklungsrückstand auf, ein weiteres Drittel zeigte zusätzlich Symptome der infantilen Cerebralparese.

3. Postnatal erworbene Oligophrenien

Es erscheint in diesem Zusammenhang wenig sinnvoll, alle Störungsmöglichkeiten, die unmittelbar nach der Geburt und in den folgenden Jahren das sich entwickelnde kindliche Gehirn treffen und zu einem dementiven Abbau führen können, als Einzelbeschreibungen aufzuführen.

Dies kann bei allen *Entzündungen der Hirnhäute* der Fall sein, gleichgültig, ob diese durch Meningokokken, Pneumokokken, Streptokokken, Staphylokokken, Influenza-Erregern, Coli proteus oder andere Formen hervorgerufen wurden. Auch die *eitrige Encephalitis*, meist fortgeleitet von Nachbarorganen, u.a. als Hirnabszeß, kann in Einzelfällen zu einem bleibenden intellektuellen Defekt führen. Das gleiche gilt für alle *viral oder allergisch* ausgelösten *Infektionen des ZNS*, und für seltene Formen einiger Schutzimpfungen [z.B. der Pockenschutzimpfung (s. S. 277, 320)].

Auch *frühkindliche Hirntraumen* können für ein dementives Bild verantwortlich sein, wenn auch nicht in der Häufigkeit, in der Säuglinge und Kleinkinder vom Wickeltisch oder aus dem Kinderwagen fallen.

Die zuletzt genannten Noxen sind nicht zu selten auch Ursachen eines „minimal brain damage", dessen Psychopathologie beim frühkindlich exogenen Psychosyndrom (s. S. 310) beschrieben wird. Zur Vollständigkeit der postnatalen Störungsbilder muß auf die Lehrbücher der Kinderheilkunde und der Neurologie verwiesen werden.

Trotzdem sollen im folgenden einige cerebrale Alterationen der ersten Lebenszeit besprochen werden, die der Kinderpsychiater häufiger diagnostiziert und behandelt. Sie können zu einem unterschiedlich schweren postnatal erworbenen Intelligenzdefekt führen.

a) Neugeborenenerythroblastose

Bei Blutgruppeninkompatibilität werden bei der Mutter Antikörper produziert, die aus einer Unverträglichkeit zur Blutgruppensubstanz des Vaters stammen und bei den Erythrocyten des Kindes einen hämolytischen Prozeß bewirken. Obwohl bei etwa 10—15% der Neugeborenen ein Rh-positives Kind eine rh-negative Mutter besitzt, tritt aus noch nicht geklärten Ursachen nur bei einem Kind unter 200 Neugeborenen ein Morbus hämolyticus neonatorum auf.

Es kommt dann zu einer rasch einsetzenden Neugeborenenanämie (Ikterus gravis) und in den schwersten Fällen zum Hydrops universalis. Nicht jeder Ikterus gravis ist durch eine Blutgruppenunverträglichkeit bedingt, so daß neben schnellem und hohem Bilirubinanstieg erst die Ergebnisse der serologischen Untersuchungen, u.a. mit dem direkten und indirekten Coombs-Test, diagnostisch entscheiden. Die durch den Kernikterus bedingten Cerebralschädigungen — u.a. kommt er durch eine hohe Affinität zu den Lipoiden des ZNS zustande — sind primär hypoxämischer Natur. Der cerebrale Folgezustand ist vor allem durch choreoathetoide Hyperkinesen, Veränderungen des Muskeltonus, Hör-, Sprach-, Koordinations- und Augenmuskelstörungen gekennzeichnet. In vielen Fällen entwickelt sich auch eine intellektuelle Schwachbegabung vom Grade der Debilität oder Imbezillität. Sie ist jedoch nicht obligat und meist nur in Kombination mit neurologischen Restsymptomen vorhanden, wenn auch ohne Beziehung zu deren Intensität oder Charakter.

Im Verhalten sind die durch eine Encephalopathia posticterica veränderten Kinder oft gutmütig und heiter. Sie zeigen häufig einen Mangel an Eigenantrieb und scheinen deshalb sozial besonders gut angepaßt.

Bei allen unklaren choreiformen und athetoiden Syndromen im Kindesalter muß differentialdiagnostisch die abgelaufene Blutgruppenunverträglichkeit mit folgender Hirnschädigung ausgeschlossen werden.

Nachuntersuchungen ergaben, daß durch eine (auch durch intrauterine Therapiemöglichkeiten) rechtzeitig durchgeführte Austauschtransfusion nicht nur die Letalität, sondern auch Ausmaß und Häufigkeit cerebraler Spätschäden nach Kernikterus erheblich vermindert werden können. Therapeutisch stehen eine intensive krankengymnastische Übungsbehandlung und heilpädagogische Maßnahmen im Vordergrund.

b) Chronische schwere Ernährungsstörungen

Die Säuglingsintoxikation kann hyperpyretisch oder als Coma dyspepticum mit Entgleisungen im Elektrolyt-, Wasser-, Säure-Basenhaushalt zu einer, wahrscheinlich über ein begleitendes Hirnödem zustande kommenden, bleibenden Cerebralschädigung führen. Es sind dann Strukturwandlungen durch Kreislaufkomplikationen und Ödem zu erwarten, die den perinatalen Schädigungen ähneln.

Die Dystrophie als schwere chronische Gedeihstörung des Säuglings führt in Einzelfällen zu einer Verlangsamung der psychischen Reifung, die auch den intellektuellen Bereich betrifft (Malabsorptions-Syndrom). Lange-Cosack hat Spätschicksale atrophisch gewesener Säuglinge untersucht und dabei bei 18 Kindern mit ehemals bedrohlichen Krankheitserscheinungen und begleitenden Cerebralsymptomen in 2 Fällen Schwachsinn und in 5 Fällen eine Minderbegabung festgestellt. Die in den letzten Jahrzehnten verbesserten Therapiemöglichkeiten bei akuten und chronischen Ernährungsstörungen dürften diese Folgen zukünftig seltener bedingen.

c) Keuchhustenencephalopathie

Diese Komplikation der Pertussis führt vor allem im sehr jungen Lebensalter über toxisch bedingte Kreislaufstörungen an den Hirngefäßen zu einem encephalopathischen Bild, das mit oder ohne Krampfanfälle die intellektuelle Entwicklung beeinträchtigt. Durch die Cerebralschädigung kann es auch zu perivasculären, punktförmigen Blutungen kommen, die ebenfalls cerebrale Dauerschäden und einen geistigen Entwicklungsrückstand bedingen.

d) Masernencephalitis

Die Masernencephalitis tritt entweder im Prodromalstadium der Masern oder nach Abklingen des Exanthems auf und geht meist mit Hyperpyrexie, Somnolenz, Koma, Krampfanfällen, Lähmungen u. a. neuropathologischen Symptomen einher. Meist sind auch unterschiedlich schwere Intelligenzdefekte Folge dieser diffusen perivenösen Herdencephalitis. Gelegentlich stehen Sprachstörungen oder Verhaltensschwierigkeiten im Vordergrund; ihre diskreten Formen werden oft erst im Kindergartenalter oder bei der Einschulung entdeckt.

Ähnliche Folgen gelten für die Encephalitis nach *Mumps* oder *Varicellen*, sie besitzen allerdings eine viel bessere Prognose als die Masernencephalitis.

e) Postvaccinale Encephalitis und vaccinale Encephalopathie

Etwa zwischen dem 4. und 18. Tag nach Pockenschutzerstimpfung (Schwerpunkt um den 8.—12. Tag) kann das Bild der postvaccinalen Encephalitis mit Krampfanfällen, Fieber, Benommenheit oder auffälliger Schläfrigkeit beobachtet werden. Nicht selten treten dabei pyramidale und extrapyramidale neurologische Störungen und Hirnnervenparesen mit auf. Auch vorwiegend meningitische oder mehr myelitische Formen wurden beschrieben. Der Liquor cerebrospinalis zeigt meist eine deutliche Zellvermehrung, das Hirnstrombild ist fast stets verlangsamt mit Herdbefunden und generalisierten Deltawellen. Es wird mit einer Erkrankungshäufigkeit von 1:15000 gerechnet.

Von der *postvaccinalen Encephalitis* wird die *postvaccinale Encephalopathie* unterschieden (Seitelberger). Der Erkrankungsbeginn der postvaccinalen Encephalopathie liegt meist zwischen dem 4. und 10. Tag post vacc. Um die Zeit des Höhepunktes der Impfreaktion kommt es zu Krampfanfällen, die oft längere Zeit andauern und von postparoxysmalen Paresen gefolgt sein können. Der Liquor ist meist nur gering verändert.

Die Differentialdiagnose zwischen „Fieberkrampf", vaccinaler Encephalopathie und postvaccinaler Encephalitis bereitet oft Schwierigkeiten. Gewisse Anhaltspunkte können der zeitliche Ablauf und die Schwere der Symptomatik vermitteln.

Soweit die erkrankten Kinder überleben, ist in einem Viertel bis zur Hälfte der Fälle mit geistigen Defekten zu rechnen, die fast immer als Intelligenzminderung, als Verhaltensstörung und als neurologische Ausfälle (vor allem Krampfanfälle) imponieren. Oft werden diese Symptome erst einige Jahre später manifest oder erst dann erkannt. Die Spätprognose steht nur in einer lockeren Korrelation zum akuten Krankheitsbild. Die Begutachtung von Impfkomplikationen nach Pockenschutzerstimpfung muß versuchen, einen Kausalzusammenhang zwischen Impfkomplikation und erkennbaren Spätschäden zu sichern. Dies gelingt leider in vielen Fällen ungenügend, weil über den Krankheitsverlauf wie auch über das Verhalten des Kindes vor der Impfung zu wenig objektive Angaben vorliegen. Jeder Verdacht auf eine Impfkomplikation sollte wegen der möglichen Rechtsfolgen stationär beobachtet werden.

f) Physikalische Faktoren

Durch Unterkühlung oder Sauerstoffmangelzustände z. B. bei schwerer Croup-Erkrankung oder Pneumonie in früher Lebenszeit sind in seltenen Fällen Intelligenzdefekte möglich.

g) Tuberkulose des ZNS

Symptomatik. Die Tuberkulose des ZNS manifestiert sich als tuberkulöse Meningitis und Encephalitis sowie selten als Tuberkulom; das Tuberkulom ist für die Entwicklung einer Intelligenzminderung ohne Bedeutung.

Das oft uncharakteristische, zur Frühdiagnose aber sehr wichtige Frühstadium der *tuberkulösen Meningitis* ist in den meisten Fällen gekennzeichnet durch Spielunlust, Kopfschmerzen, Fieber, leichte Wesensänderung und Erbrechen. Hinzu kommen bald meningitische Zeichen, Berührungsempfindlichkeit, Hirnnerven- und Extremitätenparesen sowie Krampfanfälle. Unbehandelt führt die Erkrankung unter dem Bilde einer Enthirnungsstarre zum Tode. Während des exogen psychotischen Zustandes werden Angstparoxysmen, delirante Syndrome, Unruhezustände sowie korsakowähnliche Bilder beobachtet. Nach dem Erwachen aus der graduell unterschiedlichen Bewußtseinsstörung lassen sich oft polymorphe Bewegungsunruhe, Zerstörungsdrang, Charakter- und Wesensänderung, mit und ohne Defekt der Intelligenz, diagnostizieren. Allerdings kann ein erheblicher Anteil des dementiven Bildes nach Abklingen der akuten Symptomatik nach Monaten und Jahren noch reversibel sein.

Genese und soziale Bedeutung. Es handelt sich meist um eine vom tuberkulösen Primärkomplex ausgehende hämatogene Frühgeneralisation. Vor allem sind Kleinkinder des 2. und 3. Lebensjahres betroffen. Mit zunehmendem Alter nimmt die Erkrankungshäufigkeit ab.

Diagnose und Differentialdiagnose. Für die Diagnose sind neben den beschriebenen Symptomen die Schwere des Krankheitsbildes, die Liquoruntersuchung sowie die positive Tuberkulinreaktion entscheidend. Im Liquor cerebrospinalis findet sich bei meist erhöhtem Druck eine deutliche Eiweißvermehrung bei starker Verminderung des Liquorzuckers und der Chloride. Manchmal lassen sich bakteriologisch Tuberkelbazillen nachweisen; im Kultur- und Tierversuch ist der Bakteriennachweis möglich, er kommt jedoch für die erwünschte Frühdiagnose zu spät.

Therapie und Prognose. Die Behandlung der akuten Erkrankung erfolgt durch INH und Streptomycin. Darüberhinaus wird Paraaminosalicylsäure verordnet. Die Besserung eines die Entwicklung oft sehr irritierenden encephalopathischen Zustandes gelingt manchmal durch Psychopharmaka. Sonderbeschulung ist bei den cerebralen Defektzuständen immer notwendig. Die Prognose orientiert sich am Zeitpunkt des Behandlungsbeginns, damit an der frühzeitigen Diagnosenstellung.

h) Pubertas praecox

Obwohl die Pubertas praecox als Syndrom mit unterschiedlicher Ursache zu einer biologischen Reifungsverfrühung führt und offensichtlich bei vielen Kindern partiell auch psychische Bereiche (Vorausentwicklung der Interessenrichtungen, Affektivität) früher reifen, wird trotzdem in dieser Krankheitsgruppe die Oligophrenie häufiger als in der Durchschnittsbevölkerung beobachtet. Soweit entwicklungspsychologisch verwertbare Angaben in einer Übersicht von 650 Fällen mit Pubertas praecox erkennbar waren, fand Stutte in $31^0/_0$ Retardierungs- bzw. Schwachsinnssymptome, die sich bei $4^0/_0$ der Patienten so massiv darstellten, daß ein Urteil über ihre geistige Entwicklungsstufe nicht möglich gewesen sei. Der Anteil der schwachbegabten Pubertas-praecox-Kranken entstammt dabei vorwiegend der cerebralen oder hypothalamischen Form der Pubertas praecox-Gruppe, also den Fällen, in denen die körperliche Frühreife durch Encephalitis, Hydrocephalus, Hirntumor und ähnliche Ursachen bedingt war (s. S. 8).

i) Postkombustionelle Encephalopathie

Die schwere Verbrennungskrankheit kann zu einem erheblichen Intelligenzabbau führen, der nach einem meist wenige Tage nach der Verbrennung, wahrscheinlich in der Ödemphase des Gehirns, einsetzenden Comazustand beginnt. Oft werden dabei Krampfanfälle beobachtet, in der Restitutionsphase steht der Sprachverlust, zumindest der deutliche Sprachrückgang, ganz im Vordergrund. Das dementive Bild ist manchmal mit Verhaltensalterationen wie erheblicher Getriebenheit und erschwerter sozialer Anpassung gepaart. Neurologisch finden sich meist extrapyramidale Hyperkinesen als Folge der bevorzugten Stammhirnalteration. Die Encephalopathie wird wahrscheinlich in der akuten Verbrennungsphase durch Gefäßwandschäden verursacht, die auch für die sich noch später ereignenden vasalen Gewebsschäden verantwortlich zu machen sind. Exakte Stoffwechselüberwachung und -lenkung im Frühstadium der Verbrennungskrankheit führt wahrscheinlich zu einem günstigeren Verlauf.

Von diesen encephalopathisch verursachten Intelligenzrückständen nach schwerer Verbrennungskrankheit müssen die Verhaltensweisen getrennt werden, die vor allem bei Kleinkindern (langer Klinikaufenthalt, oft schmerzhafte oder fixierte Lagerung) durch die Verbrennungskrankheit im Sinne eines seelischen Deprivationssyndroms erwartet werden dürfen.

Literatur

Bach, H.: Geistigbehindertenpädagogik. Berlin: Marhold 1969.

Bach, H. (Hrsg).: Früherziehungsprogramme für geistig behinderte und entwicklungsverzögerte Säuglinge und Kleinkinder. Berlin: Marhold 1974.

Bickel, H., Cleve, H.: Metabolische Schwachsinnsformen. In: P. E. Becker: Humangenetik Bd. V/2. Stuttgart: Thieme 1967.

Burton, B. K., Gerbie, A. B., Nadler, H. L.: Present Status of intrauterine diagnosis of genetic defects. Am. J. Obst. Gynec. 118, 718, 1974.

Degenhardt, K. H.: Humangenetik. Köln: Deutsch. Ärzte Verlag 1973.

Dupont, A.: Mental retardation. In: Psychiatrie der Gegenwart. Bd. II/2. Berlin-Heidelberg-New York: Springer 1972.

Dupont, A.: Genopathien, Chromosomal Aberrations. In: Psychiatrie der Gegenwart, Bd. II/2. Berlin-Heidelberg-New York 1972.

Eggers, Ch., Bickel, H.: Prä-, peri- und postnatal bedingte Schwachsinnsformen. Erg. inn. Med. u. Kinderheilk.: 34, 155 (1974).

Eggert, D.: Zur Diagnose der Minderbegabung. Weinheim: Beltz 1972.

Frostig, M., Maslow, P. H.: Movement Education: Theory and Practice. Chicago: Follet Educ. Corp. 1970.

Frostig, M., Horne, D.: Pictures and Patterns. Revised Advanced Level. Teacher's Guide and Workbook. Chicago: Follet Publ. Corp., 1972.

Harbauer, H.: Geistig Behinderte, Stuttgart: Thieme 1971.

Koch, H.: Erbliche Sondertypen des Schwachsinns. Jahrb. Jugendpsychiatr. Bd. V. Bern-Stuttgart: Huber 1967.

Kugel, B., Wolfensberger, W.: Geistig Behinderte — Eingliederung oder Bewahrung? Stuttgart: Thieme 1974.

Lenz, W.: Medizinische Genetik. Stuttgart: Thieme 1970.

McKusick, V. A.: Mendelian inheritance in man. Baltimore and London: Johns Hopkins Press 1971.

Minauf, M.: Die sogenannten amaurotischen Idioten. Stuttgart: Fischer 1975.

Moser, A.: Die langfristige Entwicklung Oligophrener. Berlin-Heidelberg-New York: Springer 1971.

Pechstein, J.: Sonderpädagogik 6. Gutachten und Studien der Bildungskommission. Stuttgart: Klett 1975.

Schepank, H.: Erb- und Umweltfaktoren bei Neurosen. Berlin-Heidelberg-New York: Springer 1974.

Seitelberger, F.: Heredodegeneration mit blastomatösem Einschlag. Die Phakomatosen. In: Handb. d. Kinderheilk. hrsg. v. Opitz, H. u. F. Schmid, Bd. VIII/I. Berlin-Heidelberg-New York: Springer 1969.

Specht, F.: Soziotherapie der Oligophrenien. In: Psychiatrie der Gegenwart, Bd. II/2. Berlin-Heidelberg-New York: Springer 1972.

Stutte, H.: Psychotische Störungen bei kindlichen Oligophrenien. Jugendpsychiatr. Bd. VI. Bern u. Stuttgart: Huber 1967.

Thalhammer, O.: Pränatale Erkrankungen des Menschen. Stuttgart: Thieme 1967.

Zerbin-Rüdin, E.: Neuere Trends und Ergebnisse der Oligophrenieforschung mit besonderer Berücksichtigung genetischer Aspekte. Z. Kinder- und Jugendpsychiatr. 1, 171 u. 270 (1973).

Organische Psychosyndrome

Von R. Lempp

Unter organischen Psychosyndromen versteht man eine Kombination verschiedener psychischer Symptomgruppen, die in Abhängigkeit von einer organischen Hirnschädigung direkter oder indirekter Art aufzutreten pflegen. Diese Definition enthält zwei wichtige Voraussetzungen. Zum einen ihre Abhängigkeit von organischen d. h. körperlichen Ursachen, von solchen, deren Wirkung physikalisch, chemisch, elektrophysikalisch oder auch morphologisch nachweisbar ist, zum andern die stillschweigende Voraussetzung, daß die psychischen Symptome und Symptomgruppen in kausaler Abhängigkeit von dieser Organschädigung stehen. Es handelt sich um eine psycho-physische Verbindung, die auch hier, wie meist, nur durch die zeitliche Koinzidenz und durch die sich in der klinischen Erfahrung widerspiegelnden statistischen Korrelation beweisbar ist. Warum eine irgendwie geartete exogene, d.h. von außerhalb des Körpers, oder zumindest von außerhalb des Gehirns auf das Gehirn einwirkende Noxe gerade immer wieder die typische Symptomatik zur Folge hat, ist nicht bekannt. Der kausale Zusammenhang erscheint aber jedem klinischen Betrachter so evident, daß er nicht mehr in Zweifel gestellt werden kann und auch von jedem psychiatrischen Kliniker als Allgemeingut akzeptiert wird.

Eine weitere Voraussetzung für die Anerkennung des Begriffs des organischen Psychosyndroms ist die Feststellung, daß die Psyche an die Gehirnfunktion gebunden ist. Das heißt nicht, daß jede körperliche Veränderung, die ein solches organisches Psychosyndrom hervorrufen kann, im Gehirn vor sich gehen muß, sondern nur, daß sie sich auch im Gehirn auswirkt. Es sind eine ganze Reihe von endokrinen Störungen bekannt, bei welchen wir die eigentlichen pathologischen Veränderungen nicht im Gehirn lokalisieren können. Wohl muß man aber annehmen, daß der gestörte Hormonhaushalt, der erhöhte oder erniedrigte Hormonspiegel sich im Gehirnstoffwechsel auswirkt und damit eine psychische Symptomatik hervorruft.

Die Symptomatik wird zuerst nach dem zeitlichen Auftreten unterteilt, in *akute psychische Veränderungen*, d.h. solche, die unmittelbar auf eine innerhalb einer kurzen Zeitspanne einwirkende Noxe entstehen, und die *chronischen Psychosyndrome*, die entweder als psychische Begleitsymptomatik eines seit jeher oder seit langem gestörten Organismus einhergehen, oder als Folgezustand nach einer solchen körperlichen Schädigung im Laufe der Jahre auftreten und mit Rückbildungstendenz oder Tendenz zur Verstärkung bestehen bleiben.

A. Akut auftretende organische Psychosyndrome

I. Allgemeine Vorbemerkung

Für die Erwachsenenpsychiatrie hat K. Bonhoeffer den *akuten exogenen Reaktionstypus* herausgearbeitet und zwar schon im Jahre 1912. Diese Beobachtung Bonhoeffers hat noch heute ihre unveränderte Gültigkeit. Wie M. Bleuler festgestellt hat, kann man seit Bonhoeffer einfach formulieren: „Die akuten psychischen Begleiterscheinungen körperlicher Krankheiten lassen sich alle in einen großen, erscheinungsbildlichen Rahmen einfügen, in den akuten exogenen Reaktionstypus. Dieser unterscheidet sich grundsätzlich von Geistesstörungen, die unabhängig von Körperkrankheiten auftreten. Innerhalb des akuten exogenen Reaktionstypus aber lassen sich keine spezifischen Zusammenhänge zwischen der Art der Körperkrankheit und dem Erscheinungsbild der psychischen Begleiterscheinungen feststellen." Bleuler hat dann auch, über Bonhoeffer noch hinausgehend, festgestellt, daß *jede* schwere körperliche Störung, wenn sie überhaupt die Psyche betrifft, zu akuten Störungen im Rahmen dieses Reaktionstypus führt. So führen, nach Bleuler, akute exogene Vergiftungen und akute Zustände bei Epilepsie zu denselben psychopathologischen Erscheinungsbildern wie Infektionen,

Allgemeinerkrankungen und innerliche Erkrankungen. Danach kann man die Symptome des akuten Reaktionstypus in die folgenden 3 Reihen ordnen:

1. Zustände verminderten Bewußtseins von gedämpfter Bewußtseinshelligkeit bis hin zur völligen Bewußtlosigkeit,

2. Zustände veränderten Bewußtseins, wobei die Unordnung des Denkens und der Wahrnehmung, also z.B. delirante Zustände, Verwirrungszustände und Halluzinationen im Vordergrund stehen, und schließlich

3. Zustände einer Ordnung psychischen Lebens auf einfacherer Stufe, das Korsakow-Syndrom. Dabei sind der Erinnerungs- und Vorstellungsschatz und das Gestaltungsvermögen beeinträchtigt.

Diese klinische Feststellung Bonhoeffers und Bleulers gilt auch grundsätzlich für die Kinder- und Jugendpsychiatrie, wenn auch mit unterschiedlicher Betonung und Wertigkeit.

In unveränderter Form bleibt diese klinische Feststellung bei den Zuständen verminderten Bewußtseins bestehen. Auch Kinder und Jugendliche geraten unter denselben Bedingungen wie die Erwachsenen in einen Zustand verminderter Bewußtseinshelligkeit, in eine Benommenheit oder Bewußtlosigkeit, etwa nach einem Trauma, einer Intoxikation usw.

Dabei kann man nicht einmal sagen, daß die Kinder schneller oder bei vergleichsweise schwächeren Noxen in einen solchen Zustand geraten. Natürlich benötigen Kleinkinder absolut gesehen geringere Dosen von Narkotica als Erwachsene, um in Narkose — einen Zustand künstlich herbeigeführter Bewußtseinsstörung — zu geraten. Berechnet man jedoch die notwendige Dosis auf das Körpergewicht oder, was dem allgemeinen Stoffwechsel noch eher entspricht, auf die Körperoberfläche, so ergibt sich, daß die Kinder sogar relativ höhere Dosen solcher Noxen tolerieren können, ohne in einen Zustand verminderten Bewußtseins zu geraten.

Die Zustände veränderten Bewußtseins, Delirien, Verwirrungszustände sehen wir dagegen vor allem bei kleineren Kindern vergleichsweise häufiger. Sie zeigen zwar nicht das typische Bild etwa eines Alkoholdelirs mit den typischen plastischen Halluzinationen in Gestalt kleinerer Tiere usw., aber u.U. schon bei einem relativ raschen und hohen Fieberanstieg im Zusammenhang mit einer banalen Infektion einfache Verwirrungszustände, Verkennungen und gelegentlich auch Halluzinationen. Bei den letzteren handelt es sich aber vielfach infolge der Störung der Gestalterfassung — auf sie hat vor

allem Conrad hingewiesen — um Illusionen und illusionäre Verkennungen, um Pareidolien. So kann etwa ein Kind aus einem abstrakten Muster der Bettdecke oder der Tapete schon im bewußtseinsklaren Zustand leicht einmal bestimmte Gestalten mit Ausdrucksgehalt heraussehen. Diese Gestalten können aber in ihrem Ausdrucksgehalt gerade im Zustand veränderten Bewußtseins, also etwa im Fieber, sehr plastische und aufdringliche Formen annehmen, denen das Kind einfach weniger eigene Kritikfähigkeit entgegenstellen kann. Dabei muß auch offen bleiben, ob das Kind wirklich häufiger und leichter in einen solchen Verwirrungszustand gerät, oder ob nicht umgekehrt beim Kinde häufiger als beim Erwachsenen cerebrale Begleiterscheinungen bei scheinbar banalen Infektionen auftreten können. Das bedeutet, daß eine fieberhafte Erkrankung im Erwachsenenalter offenbar mit geringeren Hirnstoffwechseländerungen einhergeht als etwa im Kindesalter, wo wir eine stärkere cerebrale Alteration beobachten können. Im Säuglings- und Kleinkindesalter pflegen z.B. noch die Hirnhäute bei jeder Allgemeinerkrankung entzündlich mitzureagieren. Ähnlich ist es mit der sog. Krampfneigung der Kinder, die angeblich im Säuglings- und Kleinkindesalter natürlicherweise erhöht sein soll. Inzwischen ist bekannt, daß die erhöhte Krampfneigung weniger auf eine im kindlichen Stoffwechsel begründete erhöhte Krampfneigung zurückzuführen ist, als wahrscheinlich vielmehr auf eine höhere Quote der Miterkrankung des cerebralen Nervensystems schon bei relativ banalen Infektionskrankheiten im Kindesalter.

Zustände einer Ordnung psychischen Lebens auf einfacherer Stufe im Sinne eines Korsakow-Syndroms sind im Kindes- und Jugendalter nicht bekannt. Das Korsakow-Syndrom, das in der Erwachsenenpsychiatrie zum Teil dem amnestischen Psychosyndrom gleichgesetzt wird, ist im strengen Sinne gekennzeichnet von Störungen der Merkfähigkeit, die häufig mit Desorientierung und einer typischen Tendenz zum Konfabulieren einhergeht. Das Fehlen konfabulatorischer Tendenzen im Kindesalter rührt wohl daher, daß Kinder weniger als Erwachsene den Zwang in sich spüren, Erinnerungslücken und Lücken im Vorstellungsschatz unbedingt zur Aufrechterhaltung einer psychischen Ordnung ausfüllen zu müssen. Sie können wohl eine solche gestörte Ordnung eher erdulden, da vor allem im Kleinkindesalter die magisch-mystische Vorstellungswelt eine solche Ordnung, wie sie bei den Erwachsenen recht zwanghaft besteht, nicht notwendig macht.

Die akut auftretenden organischen Psychosyndrome können auch als *exogene Psychosen* bezeichnet werden. Sie erfahren daher im Rahmen der Differentialdiagnose bei endogenen Psychosen ebenfalls eine eingehende Schilderung.

H. H. Wieck bezeichnet die akuten organischen Psychosyndrome als reversible Syndrome, als Funktionspsychosen, wobei er die reversible Symptomatik als Durchgangssyndrome bezeichnet, die er wiederum nach ihrem Schweregrad bis hin zur Bewußtlosigkeit und zum Koma in verschiedene Syndrome unterteilt. Die chronischen organischen Psychosyndrome nennt er Defekt-Syndrome.

Die *Pathogenese* des akuten exogenen Reaktionstypus (Bonhoeffer) ist im einzelnen wenig bekannt. Willi vertritt die Ansicht, daß unter klinischen Verhältnissen die Hypoxämie allein kaum je eine Bewußtseinsstörung verursache, sondern diese erst dann zustande käme, wenn sie von weiteren, das Bewußtsein beeinträchtigenden Stoffwechselveränderungen begleitet sei, wozu er ungenügenden Abtransport der Nährstoffe und Stoffwechselprodukte, eine Acidose und eine Störung der Sauerstoffverwertung, Veränderungen des Blutzuckerspiegels und medikamentöse Vergiftungen rechnet.

Tatsächlich entsprechen ja die Bilder der akut auftretenden organischen Psychosyndrome weitgehend den Bildern der akuten Vergiftung, sodaß man eine ähnliche Pathogenese wohl annehmen wird. Dies gilt gleichermaßen für die Einwirkung der Traumen wie auch für akute Krankheitsbilder, wie z. B. die Encephalitiden.

Die *Diagnose* der akuten organischen Psychosyndrome stützt sich auf die psychischen Symptome, die u. U. so charakteristisch sind, daß sie allein eine hinreichende Sicherheit der Diagnostik gewährleisten. Die Bewußtseinsstörung als Leitsymptom genügt zur Feststellung eines akuten exogenen Reaktionstypus. Ähnliches gilt für delirante Zustände. Keineswegs geht aber jedes akute exogene psychische Bild sicher mit den Zeichen der Bewußtseinsstörung oder des Delirs einher. So kann gerade im Jugendalter eine akute Encephalitis mit scheinbar typischen schizophrenen Symptomen einhergehen, etwa mit einer Katalepsie, Wahnsymptomen und dergleichen, sodaß u. U. das scheinbar typische Bild einer Katatonie im Vordergrund stehen kann. Es gilt bis zu einem gewissen Grade der Satz:

Im Kindesalter sehen exogene Psychosen häufig endogen aus und endogene exogen (Lutz).

Bei den *akuten organischen Psychosyndromen* wird sich auch die *Therapie* ganz auf die Behandlung der Ursachen konzentrieren. Das organische Psychosyndrom in der Form des akuten exogenen Reaktionstypus ist eine unmittelbare Folge der einwirkenden Noxe, die es zu bekämpfen gilt.

Die folgenden Ereignisse können den bisher beschriebenen *akuten exogenen Reaktionstyp* zur Folge haben:

1. Jede hochfieberhafte Erkrankung, überhaupt jede schwerere Allgemeinerkrankung,

2. alle akuten Erkrankungen des Gehirns, insbesondere die Encephalitiden, aber auch rasch wachsende Tumoren oder Blutungen,

3. Schädeltraumen und

4. Vergiftungen.

II. Fieberhafte Erkrankung

Symptomatik. Wie beim Erwachsenen, so kann auch beim Jugendlichen, insbesondere aber beim Kleinkinde eine hochfieberhafte Erkrankung mit einer Störung des Bewußtseins einhergehen. Meist verläuft diese in Gestalt einer Benommenheit mit einer Einschränkung der Wahrnehmungs-, Aufnahme- und Reaktionsfähigkeit, mit fließenden Übergängen über die Somnolenz, aus der das Kind noch ansprechbar ist, bis zu schwereren Graden, die in die Bewußtlosigkeit übergehen. Es werden verschiedene Grade der Bewußtseinsstörung unterschieden, die Somnolenz, eine jederzeit unterbrechbare Schläfrigkeit, in die das Kind sofort, wenn seine Aufmerksamkeit nicht weiter gefordert wird, zurücksinkt; der Sopor, der nur durch starke Reize unterbrochen werden kann und schließlich die Reizunempfindlichkeit, das Koma, das einer Bewußtlosigkeit entspricht, bei der es meist auch zu einer Minderung der Reflextätigkeit kommt. Handelt es sich um eine völlige Bewußtlosigkeit, d. h. um eine Störung des Bewußtseins, die durch stärkere äußere Reize nicht mehr zu durchbrechen ist, so ist mit einer ernsten Miterkrankung des Gehirns im Sinne einer Begleitencephalitis oder auch einer primären Encephalitis als Ursache des Fiebers zu rechnen. Jede, auch eine banale, fieberhafte Erkrankung kann beim Kleinkinde eine psychische Veränderung verursachen. Es kommt beim Kinde häufiger zu sog. Fieberdelirien mit wirrem Reden, zur Desorientierung und illusionären Verkennung. Von illusionärer Verkennung sprechen wir dann, wenn in krankhaft gesteigerter Weise wirkliche Wahrnehmungen umgedeutet und verkannt werden, wenn z. B. aus einem abstrakten Tapetenmuster Gesichter, Fratzen und dergleichen erkannt werden.

Genese und soziale Bedeutung. Fieberdelirien treten im allgemeinen beim raschen Fieberanstieg auf, weniger in den Phasen beständig hohen Fiebers. Es muß offen bleiben, ob dies stets ein Zeichen cerebraler Beteiligung ist und wir beim Kinde, insbesondere beim Kleinkinde, eben häufiger mit cerebralen Mitreaktionen auf Allgemeininfektionen und fieberhaften Erkrankungen rechnen müssen oder ob das Kind leichter als der Erwachsene mit solchen deliranten Zuständen reagiert.

Über die Pathogenese eines akuten organischen exogenen Reaktionstyps im Verlaufe einer hochfieberhaften Erkrankung ist wenig bekannt, es müssen auf die Gehirnfunktionen einwirkende Stoffwechselveränderungen passagerer Natur angenommen werden.

Diagnose, Differentialdiagnose und Fehldiagnose. Die Diagnose ergibt sich aus der fieberhaften Grundkrankheit, wobei es sich im Kindesalter ja vorwiegend um akute Infektionskrankheiten handelt. Eine *differentialdiagnostische* Schwierigkeit kann insofern auftreten, als im Initialstadium oft eine Unterscheidung zwischen psychischen Veränderungen im Gefolge eines Fieberanstiegs bei einer allgemeinen Infektionskrankheit und solchen bei einer Encephalitis, also einer selbständigen Erkrankung des Gehirns, die auch mit Fieber einhergeht und gleiche und ähnliche psychische Bilder verursachen kann, kaum möglich ist. Der weitere Verlauf wird hier entscheiden. Bei der einfachen fieberhaften Erkrankung klingen die psychischen Symptome sehr rasch wieder ab, und die allgemeinen Krankheitssymptome der jeweiligen Infektionskrankheit treten ganz in den Vordergrund. Bei der Encephalitis dagegen halten die cerebralorganischen Symptome, sowohl die psychopathologischen wie aber auch die neurologischen mit Krämpfen, Paresen usw. an oder können sich noch verstärken.

Therapie und Prognose. Der exogene Reaktionstyp bedarf, wenn er im Rahmen einer hochfieberhaften Erkrankung auftritt, keiner eigenen Behandlung. Man wird die zugrundeliegende Krankheit nach den Regeln der Kinderheilkunde behandeln, eventuell bei hohem Fieber dieses durch Pyramidon-Derivate, in leichteren Fällen durch allgemeine Maßnahmen wie Wadenwickel und dergleichen zu senken versuchen. Die Prognose ist günstig.

III. Encephalitis

Symptomatik. Die Encephalitis, die Gehirnentzündung, geht häufig, aber keineswegs immer und obligat mit einem akuten organischen Psychosyndrom einher.

Nach meist kurzem, uncharakteristischem Vorstadium mit allgemeinem Krankheitsgefühl kommt es unter raschem Fieberanstieg, häufig mit Schüttelfrost, zu einem meist schweren Krankheitsbild mit oft meningitischen Symptomen. Neben heftigen Kopfschmerzen tritt Übelkeit und Erbrechen auf und bald kommt es zur Bewußtseinstrübung, die sich bis zur Bewußtlosigkeit steigern können. Unruhe, manchmal grelle Schreie, generalisierte Krämpfe und extrapyramidale Hypokinesen sowie Delirien weisen auf die allgemeine cerebrale Beteiligung hin. Neben den Krämpfen können auch andere neurologische Symptome auftreten wie Hirnnervenlähmungen, sensorische Ausfälle, Monoparesen, Hemiparesen, Tetraparesen sowie cerebellare Ataxien. Der Schlaf-Wach-Rhythmus ist häufig gestört, charakteristischerweise oft umgekehrt.

Die erste Encephalitisform, die gerade im Bereich der Kinder- und Jugendpsychiatrie genau studiert wurde und ihr vor allem durch ihre Folgezustände großen wissenschaftlichen Auftrieb gegeben hat, war die *Encephalitis lethargica* (Economo) in den Jahren nach dem ersten Weltkrieg. Sie zeigte als führendes Symptom eine Störung des Bewußtseins bis zu lang anhaltender Bewußtlosigkeit. Dieser Typ der Encephalitis ist praktisch ausgestorben; ähnliche Formen sind selten. Am ehesten wird man noch bei der Heine-Medin'schen Krankheit, der Polioencephalitis, dieses typische Bild zu Beginn der Erkrankung sehen. Es handelt sich dabei um eine Form der sog. spinalen Kinderlähmung (Poliomyelitis), die nicht vorwiegend die Vorderhörner des Rückenmarks, sondern das Gehirn befällt.

In den letzten Jahren haben mannigfache Typen von Viren recht unterschiedliche und atypische Encephalitisbilder hervorgerufen, die gerade die typischen Initialsymptome, die durch einen akuten exogenen Reaktionstyp gekennzeichnet sind, vermissen lassen. Häufig sind jetzt vorübergehende oder dauernde neurologische Ausfälle, Hirnnervenlähmungen, Initialkrämpfe und dergleichen die Leitsymptome. Man kann also sagen, daß das Auftreten eines akuten exogenen Reaktionstypus bei dem Bild einer akuten Infektionskrankheit zwar zur Diagnose einer Encephalitis mit ziemlicher Sicherheit berechtigt, daß aber das Fehlen eines akuten exogenen Reaktionstypus eine solche keineswegs mehr ausschließen oder unwahrscheinlich machen kann, wenn andere zentralnervöse Symptome vorliegen, die oft sehr sublim und unauffällig sein können und sich z. B. nur in vorübergehenden oder länger dauernden leichten Triebstörungen,

Schlafrhythmusstörungen oder Geschmacksänderungen ausdrücken können.

Unter den Encephalitiden müssen wir von den *primären Encephalitiden*, die durch den unmittelbaren Befall des Gehirns durch ein neurotropes Virus bedingt sind, die *sekundären Encephalitiden* abtrennen, die sog. Begleitencephalitiden und die para- oder postvakzinalen Encephalitiden. So können mit jeder infektiösen Allgemeinerkrankung des Kindes auch encephalitische Begleiterkrankungen auftreten, etwa nach einer Impfung (*postvakzinale Encephalitis*). Diese zeigen neben Fieber und Krämpfen noch relativ häufig Störungen des Bewußtseins in Form von Benommenheit bis zur Bewußtlosigkeit. Andere sekundäre Encephalitiden sind die Varizellen-Encephalitis (mit oder ohne Hautsymptomen), die Masern-Encephalitis, die neben den hyperkinetischen und ataktischen Formen insbesondere somnolent-konvulsive und somnolent-paraparetische Formen kennt. Die Begleitencephalitis bei Masern ist unter den sekundären Encephalitiden nach der Mumps-Encephalitis die relativ häufigste. Ihre Häufigkeit wird auf etwa 0,1 % geschätzt. Die Letalität liegt mit 10—60 % recht hoch. Ihre Spätfolgen werden sehr unterschiedlich angegeben. So wird von 14 % extrapyramidalen Bewegungsstörungen und 51 % Anfällen berichtet.

Mehr atypische Bilder, selten akute psychische Symptome, zeigen die Grippeencephalitiden, die bevorzugt mit neurologischen Ausfällen in Form von Mononeuritiden einhergehen können. Hier verhindert bis jetzt noch die große Zahl der jährlich in wechselnder Kombination und Intensität auftretenden Grippe-Virus-Typen eine symptomatische Ordnung. — Es gibt auch postinfektiöse Encephalitiden mit Verwirrtheitszuständen. Andere, ohne das typische Bild der Bewußtseinsstörung einhergehende psychische Veränderungen nach einer solchen Grippe leiten schon über in die später zu besprechenden chronischen Folgezustände.

Seltene aber wichtige Encephalitisformen sind die sog. Hirnstammpsychosen, (s. S. 405) die oft über Wochen und Monate unter dem Bild einer endogenen Psychose mit Halluzinationen, katatonem Stupor, Katalepsie und anderem verlaufen können und deren exogene Natur oft nur durch eine Liquoruntersuchung oder durch das pathologische EEG gesichert werden kann.

Bei der *Leukencephalopathie* ist das psychische Bild im Stadium der voll entwickelten Krankheit zwar typisch exogen organisch mit deutlicher Verlangsamung und Abbau der psychischen Aktivität und Fähigkeit. Ein langes Prodromalstadium ist in seiner Symptomatik jedoch ganz uncharakteristisch. Es kommt zu einem allmählichen Nachlassen der geistigen und körperlichen Leistungsfähigkeit, initial zu einem Schulversagen. Oft ist das Erstsymptom die Feststellung, daß ein Kind irgendeine einfache sportliche Leistung nicht mehr bewältigt.

Als eine Encephalitisform im weitesten Sinne verdient hier die *Chorea minor* (Sydenham) erwähnt zu werden, da man sie auch als Folgezustand einer rezidivierenden oder chronischen Streptokokken-Infektion ansehen kann, also eines encephalitischen Folgezustandes nach chronischer eitriger Angina oder einer anderen Herdinfektion. Sie wird jedoch sinnvoller bei den Störungen der motorischen Systeme besprochen (s. S. 346).

Genese und soziale Bedeutung. Auch über die Pathogenese des organischen Psychosyndroms im Rahmen einer Gehirnentzündung ist wenig bekannt. Im Rahmen der entzündlichen Vorgänge im Gehirnbereich sind Stoffwechselstörungen, die die unmittelbare Ganglienzellfunktion beeinflussen, wahrscheinlich.

Bei den Leukencephalopathien handelt es sich um eine progressive degenerative Erkrankung mit Entartung von Markscheiden und Achsenzylinder.

Diagnose, Differentialdiagnose und Fehldiagnose. Länger anhaltende psychische Veränderungen im Sinne des akuten Reaktionstyps mit Bewußtseinstrübung, Bewußtseinsstörung bis zur Bewußtlosigkeit, aber auch Erregungszustände, Delirien und Halluzinationen lassen eine Abgrenzung von banalen kurzdauernden und harmlosen Bewußtseinsstörungen im Rahmen einer einfachen fieberhaften Erkrankung ohne weiteres zu. Wenn dann noch neurologische Symptome, insbesondere Krämpfe oder gar Paresen, auftreten, ist die Diagnose einer Encephalitis leicht zu sichern. Cerebral-organische Symptome im Zusammenhang mit einem raumbeengenden Prozeß, einem Hirntumor, treten im allgemeinen nicht so akut auf. Die typischen Hirngeschwülste des Kindes- und Jugendalters gehen meist nicht mit einer Wesensänderung im Sinne des akuten exogenen Reaktionstyps einher. Das Auftreten von Fieber erleichtert die Differentialdiagnose, ebenso die fehlende oder auch völlig gestreute neurologische Symptomatik.

Es ist dabei aber zu berücksichtigen, daß in jüngerer Zeit Encephalitiden, vor allem leichterer Art, wie sie in Begleitung von banalen Grippeerkrankungen auftreten, oft das initiale Fieber vermissen lassen oder erst einige Zeit danach klinisch in Erscheinung treten. Meist ist die klinische Encephalitissymptomatik in diesen Fällen weit weniger dramatisch als bei der typischen Encephalitis. Eine vorübergehende Schläfrigkeit, ein auffallender Heißhunger oder unstillbarer Durst, eine plötzliche Monoparese oder Mononeuritis können die einzigen Symptome sein. Auch kann hier die akute neurologische Begleitsymptomatik wie auch das organische Psychosyndrom ganz gering und flüchtig sein, sie können sogar völlig fehlen, so daß die Diagnose oft erst an diskreten Spätsymptomen gestellt werden kann.

Bei jeder Wesensänderung anhaltender Art im Kindes- und Jugendalter sollte eine EEG- und eine Liquoruntersuchung, notwendigenfalls auch ein Pneumencephalogramm vorgenommen werden, um die exogene und endogene Natur der Wesensänderung sicher trennen zu können. Auch eine testpsychologische Untersuchung sowohl mit Leistungstests wie auch mit projektiven Tests können Hinweise geben, da hier die endogene oder organische Reaktionsweise oft deutlicher zum Ausdruck kommt als im allgemeinen psychopathologischen Bild.

Bei nicht so akut einsetzenden Encephalitisformen wie etwa der Leukencephalopathie sind Fehldiagnosen anhand der unspezifischen körperlichen und psychischen Leistungsabnahme und Versagenszustände naheliegend. Gerade schulisches Versagen wird ganz regelmäßig erst in zweiter Linie als organisch begründet angesehen.

Therapie und Prognose. Auch bei der Encephalitis muß das organische Psychosyndrom in der Regel nicht behandelt werden, sondern nur die zugrundeliegende Encephalitis, für die eine kausale Behandlung noch kaum möglich ist. Durch eine symptomatische Cortison-Therapie wird in vielen Fällen eine günstige Beeinflussung zu erreichen sein. Da keine unmittelbaren Beziehungen zwischen der Schwere der Encephalitis und den akuten und chronisch psychopathologischen Folgen bestehen, ist auch keine unmittelbare Beziehung zwischen der Therapie und den psychischen Symptomen herzustellen.

Im Falle stärkerer Erregungszustände sind Beruhigungsmittel nötig, wobei Präparate mit geringerer Kreislaufwirkung als die Phenotiazine, etwa Diazepam-Derivate oder Distraneurin, vorzuziehen sind.

Die Prognose der Encephalitiden ist sehr unterschiedlich und variiert auch je nach dem verursachenden Erreger oder der Virusart. Bei der Mumps-Encephalitis bleiben mitunter Hörstörungen, ja eine Ertaubung zurück. Bei den Encephali-

tiden durch Coxsackie-Virus besteht eine hohe Letalität. Die meist hochfiebernden Kinder sterben oft innerhalb weniger Tage. Bei einer Encephalitis durch Echo-Viren ist dagegen die Prognose im allgemeinen günstig. Eine Herpes-Virus-Encephalitis endet im Säuglings- und Neugeborenenalter meist tödlich, auch bei älteren Kindern und noch beim Erwachsenen sind tödliche Verlaufsformen keine Seltenheit.

IV. Hirntraumen

Symptomatik. Jedes schwere Trauma, nicht nur das Schädeltrauma, führt zu einer schweren vegetativen Reaktion, einem Schockzustand, der regelmäßig mit einer Bewußtseinstrübung, u.U. auch mit einer Bewußtlosigkeit einhergehen kann. Insofern kann das allgemeine Symptom der Bewußtseinsstörung mit jeder Art von Trauma, ist es nur entsprechend schwer, in Verbindung gebracht werden.

Das *Schädelhirntrauma* bildet gewissermaßen den Modellfall einer exogenen Ursache psychische Störungen. Die exogene Ursache ist hier völlig evident und zunächst eindeutig mechanischer Art. Mit dem zunehmenden Straßenverkehr bildet es darüber hinaus auch noch die häufigste Form schädigender Einwirkung auf das kindliche Gehirn und damit auf die kindliche Psyche. Ist doch der Unfall in den meisten Zivilisationsländern zur relativ häufigsten Todesursache bei Kindern geworden, und zwar gerade der Unfall in Form des Schädelhirntraumas. Durch den Fortschritt der chirurgischen, speziell der hirnchirurgischen Technik, sowie der posttraumatischen Nachsorge, der Reanimation usw. nimmt mit der Zahl der Unfallopfer auch die Zahl der geschädigten Überlebenden zu.

Das Schädelhirntrauma hat, bei genügender Stärke, eine Bewußtlosigkeit zur Folge, deren Dauer im allgemeinen ganz von dem Schweregrad abhängt. Sie kann von wenigen Sekunden bis zu Wochen und Monaten dauern. Schon wenige Sekunden bestätigen die Diagnose einer Gehirnerschütterung (*Commotio cerebri*). Dauert sie länger als etwa 6—8 Std, ist darüber hinaus eine unmittelbare mechanische Schädigung der Gehirnsubstanz anzunehmen, eine Hirnquetschung und Hirnprellung oder *Contusio cerebri*. Hier sind die Verhältnisse beim Kinde nicht grundsätzlich von denen der Erwachsenen unterschieden.

Bei der Gehirnerschütterung (Commotio cerebri) werden nur passagere kolloid-chemische Veränderungen oder ein kurzdauerndes Ödem des Gehirns angenommen, die ohne Folgen abklingen.

Kinder können allerding... Zeit Beschwerden vestibulä... also Schwindelgefühle, N... und eine gewisse Kreislau... überstehen gerade kleine... Gehirnerschütterungen oft... erfahren die Eltern erst Tage... daß ihre Kinder etwa beim... Schädeltrauma durchgemacht... Zeit bewußtlos waren.

Die Bewußtlosigkeit hell... rasch, nach längerer Zeit lan... im Zwischenstadium zur Desc... zu motorischer Unruhe und... heit kommen kann. Dieses Sta... allgemeinen relativ rasch dur... solches Zwischenstadium leic... bei sehr langdauernden Zus... losigkeit können sich diese Au... ihrerseits über Tage und Woc...

Charakteristisch ist, daß d... Kind, sich nach der Wiedererl... seins an die Zeit unmittelba... nicht erinnern kann *(retrogra...* diese Erinnerungslücke Sekund... umfassen kann.

Bei längerdauernder Bewußt... Auftreten von neurologischen... mungen, herdförmigen EEG-V... von psychotischen Zuständen... *cerebri,* d.h. eine Gehirnsubsta... nommen werden. Hier ist es also... der Hirnsubstanz gekommen,... u.U. allerdings sehr kleine —... heilen kann. Der Bewußtsein... Gehirnsubstanzschädigung unte... nächst nicht von dem bei der G... auch beweist keineswegs eine... Bewußtlosigkeit, daß etwa ke... schädigung vorgelegen haben ka...

Kommt es nach Abklingen d... losigkeit zu einem sog. delirante... sprechen wir von einer *Contusi...* Patient ist dabei meist motorisch... lich verstimmt und erregt, ja auch... kennt die Situation und seine Umgebung. Dabei fluktuiert die Bewußtseinshelligkeit deutlich, so daß kurze Phasen der Erkennung der Umgebung mit solchen der völligen Verwirrung abwechseln können. Hält ein solcher Zustand nicht nur wenige Stunden, sondern tage-, u.U. wochenlang an, dann handelt es sich um eine Contusions-Psychose. Beim

...en schließt sich an das unruhig-delirante ...iufig das sog. *Korsakow-Syndrom* an, ein ...it aufgehellter Bewußtseinslage, aber mit ...lichen Störung der Merkfähigkeit, ge- ... Desorientierung und Konfabulation. ...and geht dann in das Bild der posttrau- ...Wesensänderung über, des organischen ...roms.

...neren Kindern und bei Kindern des ...ulalters bedeutet längere Unterbrechung ...seinszustandes auch nach Aufhellung ...eine erhöhte affektive Belastung und ...igkeit, sich in der realen Welt zurecht- ...er Erwachsene kann, sofern seine post- ... Wesensänderung und Demenz nicht ...t, aufgrund seiner eigenen Erfahrung, ...früher Gehörtem und dem allgemeinen ...n eigenen psychischen Zustand mit- ...nnerungslücke ohne Schwierigkeiten in ...annte Ordnung der Umwelt einbauen.

...ind, das vielleicht noch dem magisch- ...ebensbereich verhaftet ist, das gerade ...welle steht zwischen phantasiedurch- ...enwelt, in der nicht kausale, sondern ...ungen Gültigkeit haben, und der ...es Erwachsenen.

...urch das Erlebnis der Unterbrechung ...gskontinuität in der Anpassung an ...ieder stark zurückgeworfen werden. ...daß die Kinder meist in einer völlig ...elt wieder zu sich kommen, die keine ...an die bekannte häusliche Umwelt ...em das vom Unfallkrankenhaus oft ...nhalten der nächsten Angehörigen ...ierigkeit, die Erinnerungskontinuität ...ellen, verstärken. So zeigte ein etwa ...dchen nach schwerer Gehirnver- ...n den Ferien verunglückte und in ... Krankenhaus nach Wochen das ...der erlangte, aber keine Möglichkeit ...ltern in Verbindung zu treten, noch ...e erhebliche innere Unsicherheit. ...ich nach der Rückkehr nach Hause ...r Frage an die Mutter aus: ,,Bleibt ...o wie es ist, oder verschwindet es wieder?"

Wie so oft, sind auch hier die unmittelbaren psychischen Folgen des Traumas im Sinne eines organischen Psychosyndroms von den Folgen der psychischen Reaktion auf das Trauma, auf die veränderte Situation und die Veränderung der eigenen Psyche schwer zu trennen.

Knaben

Datum	Jahre	cm	±2σ	kg	±2σ
	19	175	±12	66,5	±14,1
	18	175	±13	65,0	±14,5
	17	174 / 173 / 172	±13	63,0 / 61,0 / 59,0	±14,8
	16	171 / 170 / 169 / 168	±15	57,8 / 56,7 / 55,6 / 54,5	±15,7
	15	167 / 166 / 165 / 164 / 163 / 162 / 161	±18	53,5 / 52,5 / 51,6 / 50,7 / 49,8 / 48,9 / 48,0	±16,0
	14	160 / 159 / 158 / 157 / 156 / 155 / 154	±18	47,1 / 46,2 / 45,3 / 44,4 / 43,6 / 42,8 / 42,0	±15,0
	13	153 / 152 / 151 / 150 / 149	±15	41,2 / 40,4 / 39,6 / 38,8 / 38,0	±11,8
	12	148 / 147 / 146 / 145 / 144	±14	37,4 / 36,8 / 36,2 / 35,6 / 35,0	±9,8
	11	143 / 142 / 141 / 140	±13	34,3 / 33,6 / 32,9 / 32,3	±9,1
	10	139 / 138 / 137 / 136	±12	31,7 / 31,1 / 30,5 / 30,0	±8,3
	9	135 / 134 / 133 / 132 / 131	±11	29,4 / 28,8 / 28,2 / 27,8 / 27,3	±7,4
	8	130 / 129 / 128 / 127 / 126	±10	26,8 / 26,2 / 25,8 / 25,4 / 25,0	±6,6
	7	125 / 124 / 123 / 122 / 121	±9	24,5 / 24,0 / 23,5 / 23,1 / 22,7	±6,1
	6	120 / 119 / 118 / 117 / 116	±8	22,2 / 21,8 / 21,3 / 21,0 / 20,5	±5,2
	5	115 / 114 / 113 / 112 / 111 / 110	±8	20,2 / 19,8 / 19,4 / 19,0 / 18,7 / 18,4	±4,0
	4	109 / 108 / 107 / 106 / 105 / 104	±8	18,1 / 17,8 / 17,5 / 17,2 / 16,9 / 16,6	±3,5
	3	103 / 102 / 101 / 100 / 99 / 98 / 97 / 96	±8	16,3 / 16,0 / 15,7 / 15,4 / 15,1 / 14,9 / 14,7 / 14,5	±3,0
	2½	95 / 94 / 93 / 92	±7	14,3 / 14,1 / 13,9 / 13,7	±2,9
	2	91 / 90 / 89 / 88 / 87	±7	13,5 / 13,3 / 13,1 / 12,9 / 12,7	±2,1
	1½	86 / 85 / 84 / 83 / 82 / 81	±7	12,5 / 12,3 / 12,1 / 11,9 / 11,7 / 11,5	±2,5
	1	80 / 79 / 78 / 77 / 76 / 75	±6	11,3 / 11,1 / 10,9 / 10,7 / 10,5 / 10,2	±2,3
	11 / 10 / 9 / 8 / 7	74 / 73 / 72 / 71 / 70 / 68	±5	9,9 / 9,6 / 9,2 / 8,8 / 8,3 / 7,8	±1,8
		66 / 64 / 61 / 58 / 54 / 51	±4	7,3 / 6,6 / 5,8 / 5,1 / 4,1 / 3,4	±1,6 / ±1,6 / ±1,3 / ±1,0 / ±0,9 / ±0,9
Datum	Jahre	cm	±2σ	kg	±2σ

Knaben

Todorow beschrieb aufgrund von Beobachtungen an Kindern, die nach schweren Schädeltraumen auf Intensivpflegestation aufgenommen wurden, Zustände, die dem nachfolgend beschriebenen Apallischen Syndrom sehr gleichen, die er aber als *Pseudocoma vigile* als psychoreaktive Schockzustände ansieht und davon abgrenzt.

Ein schweres Schädeltrauma kann zu einer sog. Decerebration führen, dem *apallischen Syndrom* (Kretschmer), bei dem die Gehirnrinde vom Hirnstamm funktionell getrennt ist. Es besteht nach Abklingen der üblichen posttraumatischen Bewußtlosigkeit ein Zustand, der von dieser oft schwer abzugrenzen ist. Das Kind erscheint wach, ohne sich jedoch auf Außenreize, Ansprache, Reizung taktiler, optischer oder akustischer Art irgendwie zuzuwenden. Es kommt lediglich bei stärkeren taktilen Reizen zu ungerichteten Abwehrbewegungen. Im übrigen besteht ein rein vegetativer Zustand, in welchem das Kind zwar ißt, schläft, verdaut, auch Reflexbewegungen ausführt, aber keinerlei Möglichkeit zur Kontaktaufnahme hat. Es besteht sozusagen eine totale Werkzeugstörung als eine Summe von Aphasie, Agnosie, Apraxie usw. Diese Zustände sind mit fortschreitender Reanimationstechnik häufiger geworden und betreffen alle solchen Fälle, bei welchen die Atmung und die Herzaktion erst nach einer Pause von etwa 5 min in genügender Weise in Gang gebracht werden konnte, wodurch es zu einer schweren cerebralen Dauerschädigung gekommen ist.

Störungen des Bewußtseins oder Bewußtlosigkeit, die erst nach einem mehr oder weniger langen Intervall nach dem Schädelhirntrauma auftreten, müssen immer den Verdacht auf ein subdurales Hämatom oder auf eine Hirndrucksteigerung mit Liquorzirkulationsstörung erwecken und verlangen neurochirurgisches Eingreifen.

Genese und soziale Bedeutung. Für die Entstehung des akuten Reaktionstyps ist viel weniger die direkte traumatische Einwirkung mit einer Verletzung der Hirnsubstanz verantwortlich zu machen, als vielmehr eine indirekte Traumawirkung, das Gehirnödem und möglicherweise damit verbundene kolloid-chemische Reaktionen, was sich schon daraus ergibt, daß manche sichere Hirnsubstanzschädigung ohne akutes psychoorganisches Syndrom einhergehen und leichte Gehirnerschütterungen ohne morphologische Veränderungen am Gehirn ein deutliches psychoorganisches Syndrom zeigen. Das psychoorganische Syndrom mit der u. U. nur kurzdauernden Bewußtlosigkeit ist geradezu das Kriterium für die Gehirnerschütterung, die für sich allein ohne morphologische Dauerveränderungen am Gehirn einhergehen. Wahrscheinlich kommt es im Gefolge des Gehirnödems zu passageren Stoffwechselstörungen.

Besonders im Säuglings- und Kleinkindesalter können oft schwerere Schädelhirntraumen übersehen werden. So werden manche Schädelbrüche etwa nach Sturz vom Wickeltisch bei Säuglingen nicht oder nur zufällig entdeckt. Dies hängt wohl damit zusammen, daß vorübergehende psychische Veränderungen des Säuglings, sofern es sich nicht um eine längere Bewußtlosigkeit handelt, oft nicht registriert werden und somit der Beobachtung entgehen. Es ist aber wohl auch ein höherer Schutz des Gehirns gegenüber Traumen infolge des elastischeren Schädels anzunehmen. Dennoch können auf diese Weise Hirnsubstanzschädigungen übersehen werden, vor allem dann, wenn die herdförmige Schädigung in eine neurologisch stumme Zone fällt, oder auch wenn eine posttraumatische Wesensänderung nur deswegen nicht erkannt wird, weil beim sich entwickelnden Kleinkinde eine Wesensänderung, d. h. eine Änderung der Persönlichkeitsstruktur mangels Vergleich mit dem früheren Zustand nicht möglich ist bzw. mit der „normalen" Entwicklung und der dadurch bedingten Persönlichkeitsveränderung verwechselt wird.

Der funktionelle Ausfall des ganzen Großhirnmantels beim *apallischen Syndrom* als Extremfall einer solchen akut auftretenden Störung macht es offenbar, daß die phylogenetisch späten Gehirnabschnitte, der Neocortex, gegenüber solchen toxischen Störungen und auch gegenüber der Hypoxämie am empfindlichsten ist. Man darf aber wohl die Gehirnfunktion nicht nur unter dem Bilde übereinandergeschichteter Systeme und ihrer Ausfälle betrachten, sondern muß jeweils die Rückwirkung ausgefallener Zentren auf die noch funktionsfähigen mit berücksichtigen. Außerdem sind z. B. bei den diencephalen Störungen isolierte Ausfälle im Zwischenhirnbereich unter gleichzeitig erhaltener Funktion des Endhirns zu beobachten.

Diagnose, Differentialdiagnose und Fehldiagnosen. Ist das vorausgegangene Trauma bekannt, so ist die Diagnose nicht schwierig. Gerade bei Kindern können traumatische Ereignisse als Ursache oft übersehen werden, wenn sie leichterer Natur waren und die Kinder sie etwa aus Angst vor Strafe verschweigen. In vielen Fällen handelt es sich bei den psychopathologischen Veränderungen eigentlich schon nicht mehr um akute Folgen eines Traumas, sondern um psychopathologische Begleiterscheinungen von Spätfolgen, etwa von subduralen Hämatomen und dergleichen, die allerdings im klinischen Bild akuten Psychosyndromen sehr nahe kommen können bzw. mit ihnen identisch sein können.

Therapie und Prognose. Beim *Schädeltrauma* steht die Vermeidung bzw. Bekämpfung des Hirnödems im Vordergrund, und zwar nicht im Hinblick auf das akute Psychosyndrom der Bewußtlosigkeit, das für sich selbst keine Gefährdung bedeutet, sondern zur Vermeidung der Spätfolgen, die ganz von der Ausdehnung des Gehirnödems abhängig sind. Nach der Überwindung dieser ersten, vom Gehirnödem geprägten Phase, sind gehirndurchblutungsfördernde Medikamente als unterstützende Therapie zu empfehlen.

Die Rückbildung schwererer hirntraumatischer Unfallfolgen kann Monate in Anspruch nehmen, wobei gerade bei Kindern im Vorschulalter und Schulalter oft eine ganz erstaunliche Restitutionsfähigkeit zu beobachten ist. Meist hat der Unfall mit der längeren Bewußtlosigkeit eine Regression auf das Stadium des Säuglings mit völliger Hilflosigkeit und Unfähigkeit verbaler Kontaktaufnahme zur Folge. Eventuelle zentrale Lähmungen in Form spastischer Paresen können zunächst auch die motorische Ausdrucksfähigkeit stark beeinträchtigen. Alle Funktionen, die das Kind bis zum Unfall bereits erlernt hatte, müssen oft aufs Neue erworben werden, wie Sprache, Sauberkeitsgewöhnung, die Selbständigkeit der Nahrungsaufnahme und die bewußte Orientierung sowie die statischen und motorischen Funktionen wie Sitzen, Stehen, Gehen, schließlich die Fähigkeit des optischen Differenzierens, das Buchstabenerkennen, Lesen, Schreiben und Rechnen. Die Wiederherstellung aller vor dem Unfall bereits erworbenen Funktionen verläuft schneller als bei der ursprünglichen Erwerbung dieser Funktionen als Säugling und Kleinkind, können aber doch Monate in Anspruch nehmen. Da die Fortschritte zunächst sehr rasch aufeinanderfolgen können und innerhalb von wenigen Monaten das Kind aus seinem ursprünglich völlig hilflosen, kontaktunfähigen Zustand wieder herauskommt und die einzelnen Fähigkeiten sich in rascher Folge wieder einstellen, entsteht im allgemeinen bei den Angehörigen, die auf die ersten schweren Unfallfolgen hin zunächst verzweifelt waren, ein hoffnungsvoller, aber manchmal kritikloser Optimismus, der sie die noch bestehenden und oft auch bleibenden Persönlichkeitsveränderungen, den psychischen Defekt, nicht sehen läßt. Dementsprechend kommt es

nach etwa $^1/_2$—$^3/_4$ Jahr zu einer zweiten Phase der Enttäuschung und Ernüchterung bei den Eltern und Angehörigen des Kindes.

V. Vergiftungen

Symptomatik. Akute psychische Folgen von Vergiftungen sind im Kindesalter wohl nicht sehr häufig, aber oft auch schwer zu erkennen, vor allem deswegen, weil an eine solche Möglichkeit nicht gedacht wird. Zum andern zeigen die Vergiftungen mit verschiedenen toxischen Substanzen kein typisches Psychosyndrom. So läßt oft eine Intoxikation mit Alkohol, etwa durch Genuß größerer Mengen höher konzentrierter Alkoholika, nicht das typische Bild erkennen, das wir vom Erwachsenen vom Rausch her gewohnt sind, sondern die Kinder zeigen mehr die körperlichen Symptome einer Intoxikation.

Die klinische Symptomatik der Vergiftungen ist im ganzen uncharakteristisch; sie richtet sich in ihrer Symptomatik nach dem verursachenden Gift. Häufig steht Erbrechen oder Durchfälle, Leibschmerzen wie auch vegetative Symptome, Kollapsneigung und Schweißausbruch im Vordergrund. Es können aber auch bei Vergiftungen mit Medikamenten die beim Erwachsenen üblichen somatischen Folgen ganz in den Hintergrund treten. So wurde ein 12jähriges Mädchen mit Symptomen einer beginnenden Psychose mit Desorientierung, Personenverkennen und ängstlicher Erregung aufgenommen, wobei sich herausstellte, daß das Mädchen in suicidaler Absicht mehrere Tabletten des Antiparkinsonmittels Akineton eingenommen hatte. Bei der absichtlichen oder spielerischen Einnahme von Schlafmitteln kommt es dagegen zu den Symptomen des Schlafes bzw., je nach der Menge, zur Bewußtlosigkeit.

Genese und soziale Bedeutung. Bei den Vergiftungen wirkt entweder der Giftstoff selbst toxisch auf das Hirngewebe, insbesondere die Nervenzellen ein oder es kommt durch die toxische Wirkung zu einer Hirnschwellung, die ihrerseits für die Entstehung des psychopathologischen Bildes verantwortlich gemacht werden muß.

Diagnose, Differentialdiagnose und Fehldiagnose. Diese kann ohne Kenntnis der Vergiftung außerordentlich [schwierig] sein. Zwar [ist auch das psychopathologische Bild infolge von Vergiftungen recht einheitlich und typisch im Sinne des akuten psychoorganischen Syndroms. Seine therapeutisch wesentliche Erkennung als Folge einer Vergiftung kann dagegen außerordentlich schwer fallen, gerade weil die einzelnen Giftstoffe in höherer Dosis kein sehr differenziertes psychopathologisches Bild verursachen. Meist wird die Entscheidung erst durch andere, körperliche Symptome, die auf eine Vergiftung hinweisen, möglich sein, wie vor allem Übelkeit, Erbrechen, Störungen des Kreislaufes und dergleichen.

Gifte zeigen alle, mehr oder weniger deutlich, den akuten exogenen Reaktionstypus, der aber gerade im Kindes- und Jugendalter fast stets differentialdiagnostische Schwierigkeiten gegenüber beginnenden endogenen Psychosen macht, die speziell im Kindesalter „exogen" imponieren, wogegen sichere exogene Psychosen oft „endogen" erscheinen können.

Therapie und Prognose. Bei der *Vergiftung* steht die symptomatische Therapie im Vordergrund mit Überwindung des Schockzustandes, Infusionstherapie und Aufrechterhaltung von Herz- und Kreislauffunktionen, gegebenenfalls Weckmittel und ganz wesentlich die Infusionstherapie zur Vermeidung und Bekämpfung des Hirnödems. Daneben wird man mit Magenspülung, mit absorbierender Medikation und Laxantien nach Möglichkeit die weitere Resorption zu verhindern suchen. (Näheres s. bei Möschlin, Kienle u. a.) Notfalls ergibt sich eine rasche Orientierung bei telefonischem Anruf bei den Vergiftungszentralen.

B. Teilleistungsschwäche, psychoneurologische Lernschwäche, Werkzeugstörung

I. Allgemeine Vorbemerkung

Während bei der Oligophrenie in aller Regel die gesamte intellektuelle Leistungsfähigkeit mehr oder weniger gleichmäßig betroffen ist und es dadurch zu meist schweren Behinderungen in der Fähigkeit sich sozial anzupassen und soziale Leistungen zu vollbringen kommt, sind Lernstörungen und intellektuelle Leistungsstörungen in umschriebenen Teilbereichen keineswegs an die Oligophrenie gebunden. Solche Teilleistungsschwächen können bei allen Intelligenzgraden beobachtet werden. Sie haben sich in den letzten Jahren in zunehmendem Maße nicht nur als Ursache von Lernstörungen und Leistungsstörungen im Schulbereich, sondern auch als Ursache von sekundär sich daraus entwickelnden Verhaltungsstörungen und sozialen Anpassungsschwierigkeiten erwiesen. Solchen Teilleistungsschwächen liegen hirnorganische Funktionsstörungen unterschiedlicher Genese zugrunde, die sich in aller Regel der üblichen neurologischen Diagnostik entziehen und vorwiegend durch neuropsychologische und feinmotorische Untersuchungsmethoden zu objektivieren sind. Diese Form der minimal brain dysfunction fand in den letzten Jahren auch im amerikanischen Schrifttum große Bedeutung, wobei diese Form der umschriebenen Lernschwäche von Johnson und Myklebust als „psychoneurologische Lernschwäche" bezeichnet wurde. Wir bevorzugen den Begriff der Teilleistungsschwäche, wie er auch von Graichen definiert und neuropsychologisch begründet wurde. Teilleistungsschwächen sind in diesem Sinne „Leistungsminderungen einzelner Faktoren oder Glieder innerhalb eines größeren funktionellen Systems, das zur Bewältigung einer bestimmten Komplexe Anpassungsaufgabe erforderlich ist."

Der Vorgang des Lernens und der damit verbundenen intellektuellen Leistungsfähigkeit ist ein außerordentlich komplexer Vorgang, der sich aus zahllosen Einzelfunktionen und sich gegenseitig regelnden Funktionskreisen zusammensetzt. Hierzu gehört zunächst die Aufnahmefähigkeit von Reizen unterschiedlicher Modalität, also in Gestalt optischer, akustischer und taktiler Reizqualitäten. Neben diesen wesentlichen sensorischen Funktionen muß die Lageempfindung als eine Spezialform der taktilen Reize besonders beachtet werden. Es ist möglich, daß die Bedeutung des Geruchssinnes gerade für das soziale Lernen noch unterschätzt und zu wenig bekannt ist. Die Bedeutung des Geschmackssinns für das Lernen ist dagegen offenbar nur geringfügig.

Nach der peripheren Aufnahmefähigkeit solcher von außen auf den Menschen einwirkenden Reize folgt als weitere notwendige Fähigkeit diejenige zur Selektion dieser Reize in qualitativer und quantitativer Hinsicht. Die selektierten Reize wiederum müssen hinsichtlich ihrer wesentlichen allgemeinen oder symbolischen Bedeutung decodiert werden und als solche gespeichert werden, wobei jeweils Verbindungen herzustellen sind mit ähnlichen bereits gespeicherten Reizen (Erfahrungen). Diese gespeicherten Informationen müssen jeweils nach ihren spezifischen Qualitäten abgerufen werden können

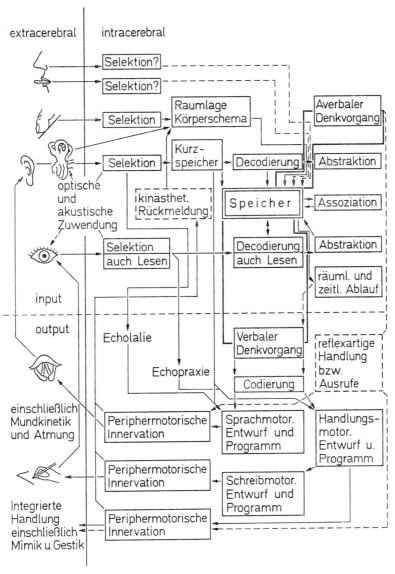

extracerebral | intracerebral

Selektion?

Selektion?

Selektion → Raumlage Körperschema

Averbaler Denkvorgang

Selektion → Kurz-speicher → Decodierung → Abstraktion

optische und akustische Zuwendung

kinästhet. Rückmeldung

Speicher ← Assoziation

Selektion auch Lesen → Decodierung auch Lesen → Abstraktion

räuml. und zeitl. Ablauf

input

output

Echolalie

Verbaler Denkvorgang

reflexartige Handlung bzw. Ausrufe

Echopraxie

Codierung

einschließlich Mundkinetik und Atmung

Periphermotorische Innervation | Sprachmotor. Entwurf und Programm | Handlungs-motor. Entwurf u. Programm

Periphermotorische Innervation | Schreibmotor. Entwurf und Programm

Integrierte Handlung einschließlich Mimik u. Gestik

Periphermotorische Innervation

Abb. 1

und bedürfen vor ihrer motorischen Wiedergabe in Form der Graphomotorik, der Gestik oder der Sprache der vorherigen erneuten Codierung.

Der hier nur sehr schematisch und grob vereinfacht dargestellte Vorgang setzt sich aus zahllosen im einzelnen oft nur teilweise bekannten Schalt- und Regelsystemen zusammen, die sich untereinander wieder kontrollieren und steuern (s. Abb. 1).

In der oberen Hälfte werden die Außenreize aufgenommen über Auge, Ohr, Tastsinn und Bogengang. Sie gelangen nach Selektion direkt oder über Decodierung zum zentralen Speicher, der in einen

verbalen und averbalen Denkvorgang eingeschaltet ist. Aus dem verbalen Denkvorgang leitet sich nach Codierung der sprachmotorische oder handlungsmotorische Entwurf und das Sprach- und Handlungsprogramm ab, das über die periphere Motorik zur Sprache, zur Schrift oder zur integrierten Handlung führt. Kinästhetische Rückmeldungen aller motorischen Abläufe führen über die Raumlageempfindung und das Körperschema zu einer Kontrolle der aufnehmenden Reize. Als Beispiel einiger kurzschlüssiger primitiver Handlungs- und Reaktionsweisen ist die Echolalie und Echopraxie angegeben, die unmittelbar von der cerebralen Aufnahme zum motorischen Programm führen, wie auch averbale Denkvorgänge unter Umgehung von Assoziation und verbalen Denkvorgängen zu reflexartigen Handlungen, auch primitiver sprachlicher Art direkt führen können. Die ebenfalls wichtigen und wirksamen zeitlichen Ablaufprogramme, die gerade in Schrift und Sprache hier große Bedeutung haben, lassen sich in einem solchen Schema nicht sinnfällig darstellen.

Dieser ganze äußerst komplexe Vorgang kann an jeder einzelnen Stelle behindert oder gestört sein, was jeweils zu unterschiedlichen Ausfällen und Teilleistungsschwächen führen muß. Dabei kann die Ursache der Behinderung oder der Störung recht unterschiedlich sein. Neben umschriebenen organischen Störungen im Sinne von unterbrochenen Nervenbahnen und Zellausfälle, traumatisch, durch Stoffwechselvorgänge oder auch durch eine Anlageminderwertigkeit bedingt, muß auch daran gedacht werden, daß solche Störungen von Einzelfunktionen in ihren Abläufen auch durch ein sehr frühzeitiges Fehllernen bedingt sein kann, ähnlich wie wir bei spastisch paretischen Kindern beobachten können, wie durch falsche Reflexe und ihre Bahnungen motorische Behinderungen resultieren, die durch eine frühzeitige Korrektur unter Vermeidung der pathologischen Reflexe vermieden werden können.

Hier ist die Nahtstelle, an der sich organisch bedingte Teilleistungsstörungen mit nachweisbar neuropsychologischen Ausfällen und neurotische oder reaktive Verhaltensstörungen berühren. Frühzeitige Fehl- oder Mangelinformationen können dieselben oder zumindest ähnlichen Resultate hervorbringen, wie frühzeitig erworbene Störungen in der Reizaufnahme und -verarbeitung. Anders ausgedrückt: Es ist bei einer gestörten und verzerrten Wiedergabe aus dem Lautsprecher eines Rundfunkempfängers nicht ohne weiteres zu sagen, ob der Rundfunksender (die Umwelt) gestört ist und falsche Informationen aussendet, oder ob der Radioempfänger (lernendes Kind) die korrekt ausgestrahlte Sendung nicht korrekt aufzunehmen vermag oder aber, ob das Kind zwar noch die korrekte Information der Umwelt korrekt aufnehmen kann, aber in der Wiedergabe behindert ist. Es ist unter diesen Umständen einleuchtend, daß der stärkste Grad der Störung dann entstehen muß, wenn sowohl die Informationen, die der Sender ausstrahlt, gestört sind (gestörte Umwelt) wie auch das Kind in seiner Aufnahme- und Verarbeitungsfähigkeit behindert ist (cerebral geschädigtes Kind).

Auch kann die Motivation, die affektive Gestimmtheit und die emotionelle Erfahrung jeder Zeit in den Ablauf von Aufnahme und Wiedergabe störend, hemmend oder hindernd eingreifen, was sich in besonderem Maße in der äußerst komplizierten Funktion der Sprache und ihrer Symbolik auswirken muß, der phylogenetisch letzten und höchsten, aber auch deswegen vulnerabelsten cerebralen Funktion des Menschen.

Der Unterschied zwischen Teilleistungsschwäche, Teilleistungsstörung und Werkzeugstörung ist kein grundsätzlicher, er ist nur graduell. Der Begriff der Werkzeugstörung ist der ältere. Man verstand darunter den Ausfall oder die Funktionsminderung einer umschriebenen, abgrenzbaren integrativen Hirnleistung, neben welcher die übrigen Hirnfunktionen im wesentlichen ungestört und funktionstüchtig sind. Diese Definition gilt unverändert auch für die Teilleistungsschwäche, so daß wir den klassischen Werkzeugstörungen mit ihren vorwiegend im sprachlichen Bereich liegenden Ausfällen jeweils in unterschiedlichen Verdünnungsgraden entsprechende Teilleistungsstörungen zuordnen können.

Die menschliche *Sprache* als die phylogenetisch jüngste und differenzierteste Leistung des menschlichen Gehirns ist eine solche umschriebene abgrenzbare integrative Hirnfunktion, deren Störung gewissermaßen der *Prototyp der Werkzeugstörungen* ist. Zur normalen Sprachentwicklung gehören jedoch keineswegs nur intakte Sprachwerkzeuge, eine ungestörte Innervationsfähigkeit der Zunge, der Schluck- und Kehlkopfmuskulatur, sondern ebenso ein gesundes akustisches Aufnahmeorgan, also eine erhaltene Hörfähigkeit, die Fähigkeit, bestimmte Lautkombinationen in ihrem Sinngehalt zu erfassen, mit Assoziation zu verbinden und reproduktionsfähig zu speichern. Eine weitere Differenzierung der Sprache bedeutet die Fähigkeit, anstelle von akustischen Kombinationen optisch zu erfassende Symbole mit einem bestimmten Sinngehalt zu assoziieren und auch die Verbindung zwischen diesen und der Sprache herzustellen, also die Fähigkeit zu Lesen, wie auch ihre Reproduktion, die Fähigkeit zu Schreiben. Dasselbe gilt für die Fähigkeit, Symbole mit quantitativem Inhalt, also Zahlen, reproduzierbar zu speichern und in eine systematisierte Beziehung zueinander zu bringen, d. h. zu Rechnen. Eine weitere spezielle Funktion ist die Fähigkeit, bestimmte Tonabfolgen ohne sprachsymbolischen Charakter, also Musik, ebenfalls reproduzierbar zu speichern.

Alle diese hochdifferenzierten Teilfunktionen können einzeln, in bestimmter Kombination oder insgesamt gestört sein oder auch ganz ausfallen.

Der völlige Ausfall der Teilfunktion besteht beim apallischen Syndrom (s. S. 280).

Die *Ursachen* von Sprachentwicklungsstörungen sind mannigfach. Die Störungen der Sprache sowie überhaupt aller Werkzeugstörungen sind lediglich Symptome, die nicht einer bestimmten Ursache zugeordnet werden können.

Bei einer Sprachentwicklungsstörung müssen drei verschiedene Ursachengruppen, die gegebenenfalls auch einmal zusammenwirken können, Berücksichtigung finden:

a) Es kann sich um eine allgemeine Entwicklungsstörung handeln, an der auch die Entwicklung der Sprache als die differenzierteste menschliche Leistung naturgemäß ihren besonderen Anteil hat.

b) Es kann sich um isolierte Ausfälle auf dem Gebiet der Sprachmotorik und ihrer Koordination handeln. Hierbei ist zu berücksichtigen, daß die Entstehung solcher isolierter Funktionsausfälle von dem Modus der physiologischen Entwicklung und ihrem zeitlichen Ablauf abhängig ist, d.h., daß eine isolierte Sprachentwicklungsstörung z.B. nur bei Schädigung beider Hemisphären entstehen kann.

c) Ist zu prüfen, wieweit das Kind die für eine normale Sprachentwicklung notwendige Außenanregung erfuhr. Diese Anregung von außen kann einmal durch eine Herabsetzung oder Aufhebung der Hörfähigkeit beeinträchtigt sein, also bei der Taubstummheit, zum anderen kann sie aber auch beeinträchtigt sein, wenn das Kind in einer Umgebung aufwächst, in der gar nichts, nur sehr wenig oder in schlechter Artikulation gesprochen wird. Der letztere Fall ist bei normal hörfähigen Kindern taubstummer Eltern gegeben, aber auch bei extremen Milieubedingungen. So hat z.B. ein kleines Kind, das in völlig verwahrlostem Zustande bei seinem hochbetagten Großvater aufwuchs, ebenfalls nicht Sprechen gelernt, da dieser selbst praktisch nicht sprach. Auch eine Sprachentwicklungsstörung in Form des Stammelns infolge eines schlechten Sprachvorbildes gehört hierher.

Nach Leischner liegen die Schwierigkeiten der Erkennung und der Beurteilung hirnpathologischer Syndrome, insbesondere der Sprachstörungen im Kindesalter darin, daß während der ganzen Kindheit die sprachliche Entwicklung sich von Jahr zu Jahr ändert, daß beim Kinde noch keine Hemisphärendominanz festgelegt ist und daß beim Kinde die Sprachstörungen auch anlagebedingt sein können, also ohne nachweisbare Hirnschädigung auftreten können. Er setzt die kindlichen Sprachstörungen in Beziehung zu der normalen Sprachentwicklung und teilt sie dementsprechend ein:

Bei erworbenen Sprachstörungen, bei welchen der Schaden vor Erlernung der Sprache eintritt, spricht er von Sprachentwicklungsverhinderungen oder -behinderungen; nach dem Erlernen der Sprache von Aphasie und Erlernungsbehinderung. Bei anlagemäßigen Mängeln spricht er von Sprachentwicklungsverzögerungen, worunter er auch die Hörstummheit und Seelentaubheit rechnet, die angeborene Schreib-Leseschwäche und die angeborene Apraxie. Als senkudäre Sprachentwicklungsverhinderungen bezeichnet er die durch Taubheit und hochgradigem Schwachsinn verursachten Sprachstörungen.

Werkzeugstörungen sind im wesentlichen nach der einen Seite gegenüber allgemeinen Entwicklungsstörungen, dem Schwachsinn abzugrenzen, nach der anderen Seite gegenüber psychogenen reaktiven Zuständen. Der Abgrenzung gegenüber der Unterbegabung und dem Schwachsinn dient der sprachfreie Intelligenztest, vor allem aber die Beobachtung des Kindes in seinem Verhalten in gewohnter Umgebung, in seinem Spielverhalten, in seiner Zuwendung und Kontaktfähigkeit.

Sprachliche Werkzeugstörungen sind gegen psychischen Störungen abzugrenzen.

Das mutistische Kind hört gut und versteht auch alle Aufforderungen, wobei es allerdings oft so tun kann, als verstehe es nichts, es zeigt aber als neurotisches Kind offen oder heimlich ein ganz besonderes Interesse an seiner Umgebung, sucht die Beachtung und Zuwendung, was wiederum gerade beim autistischen Kind völlig fehlt, das offensichtlich „nicht hören will". Das autistische Kind lehnt jede fremde Kontaktaufnahme als unliebsame Störung ab, das hörgestörte oder aus cerebral-organischer Verursachung sprachgestörte Kind geht auf eine Zuwendung, kommt sie von einer Vertrauensperson, gerne und bereitwillig ein.

II. Teilleistungsschwächen

Symptomatik. Die Symptomatik der Teilleistungsschwäche richtet sich ganz nach den Anforderungen, die an das betreffende Kind gestellt sind. Da es sich lediglich um eine umschriebene Teilschwäche handelt und definitionsgemäß die Gesamt- und Durchschnittsintelligenz nicht wesentlich von der Norm abweicht, wird die Teilleistungsschwäche erst dann erkennbar, wenn die entsprechende Leistung abgerufen wird. So wie eine fehlende Musikalität in unmusikalischer Umgebung nicht auffällt und es eine Legasthenie dort nicht gibt, wo nicht geschrieben wird, so können funktionelle Schwächen oder Ausfälle lange

Zeit, ja unter Umständen dauernd unerkannt und irrelevant bleiben. Daher kommt es auch, daß Teilleistungen erst in recht unterschiedlichem Alter manifest und erkennbar werden, wogegen sie zweifellos in fast allen Fällen von Anfang an bestanden haben. Daraus erklärt sich aber auch, warum diese Teilleistungsschwächen — als ihr Prototyp etwa die Legasthenie — in den letzten Jahren immer häufiger registriert wurden und in den Verdacht gerieten eine Modekrankheit oder Modediagnose zu sein. Mit der Aktivierung von Bildungsreserven aus breiten Bevölkerungsschichten und der damit verbundenen höheren Anforderungen an die Hirnleistung einer viel größeren Zahl von Kindern wurden erst diese Teilleistungsschwächen und -störungen offenbar.

Man kann die Teilleistungsstörungen recht grob nach ihrer Abhängigkeit von der Modalität der sensorischen Aufnahme unterscheiden in vorwiegend optische Aufnahme- und Differenzierungsschwäche und vorwiegend auditive Aufnahme- und Differenzierungsschwäche. Die vorwiegend taktilen Aufnahme- und Differenzierungsschwächen treten demgegenüber deutlich zurück, sie sind allenfalls als allgemeine Raumlagelabilität und Rechts-Links-Unsicherheit zu erfassen.

Die vorwiegend *optische Erfassungs- und Differenzierungsfähigkeit* bedingt offenbar frühzeitiger ein auffälliges Verhalten und eine gestörte Entwicklung eines Kindes. Diese Kinder fallen in aller Regel schon im Kindergarten auf. Durch ihre verminderte Fähigkeit optisch vermittelte Signale, also auch Gesten, Mimik, vor allem aber auch die gesamte sie umgebende Situation in ihrem Sinn- und Symbolgehalt zu erfassen, sind sie in der Fähigkeit ein situationsadäquates Verhalten zu erlernen behindert, sie benehmen sich im Vergleich zu ihren Altersgenossen ungeschickt, unpassend und wirken häufig unintelligenter als sie tatsächlich sind. Eine motorische Desintegration und verzögerte Entwicklung ist zwar bei vielen Formen der Teilleistungsschwäche zu beobachten, offenbar doch besonders häufig als visuomotorische Störung mit der optischen Erfassungs- und Differenzierungsschwäche verbunden. Deswegen wirken diese Kinder auch oft motorisch retardiert, tolpatschig, ungeschickt, was den Eindruck des Dümmlichen noch verstärkt. So ist es gar nicht selten, daß solche Kinder bereits von der Kindergärtnerin als auffällig erkannt und irrtümlich auch mit einer schlechten Sozial- und Schulprognose versehen werden. Manches dieser Kinder, an deren Normalschulfähigkeit man im Kindergartenalter aufgrund der täglichen

Erfahrung zu zweifeln geneigt war, hat später unter adäquater Förderung und Vermeidung von Fehlreaktionen der Umgebung eine praktisch ungestörte Schullaufbahn bis zum Abitur und zum Studium gehabt. In der frühen Kindheit fallen diese Kinder daher zunächst durch eine verzögerte psychomotorische Entwicklung auf, durch etwas verspätetes Laufenlernen, durch eine Ungeschicklichkeit bei differenzierten motorischen Funktionen wie etwa dem Erlernen des Dreiradfahrens und des Schnürsenkelbindens, durch ein kurzschlüssiges Verhalten, wie es zum Beispiel auch für das frühkindlich exogene Psychosyndrom (Lempp) (s. S. 310) charakteristisch ist. Nach der Einschulung haben diese Kinder Schwierigkeiten mit der Handschrift und mit dem sozial angepaßten Verhalten in der Kindergruppe, nicht so sehr dagegen in den spezifischen Schulleistungen der Kulturtechniken und des Lesens und Schreibens und Rechnens. Ausgeprägte optische Erfassungs- und Differenzierungsschwächen wirken sich dann erfahrungsgemäß erst später im Gymnasium so aus, daß eine Neigung zu Leistungsschwankungen sich störend auswirkt und daß Höchstleistungen in der Regel ausbleiben, da auch im vorwiegend sprachlichen Bereich der Schule die optische Lernfähigkeit ein wichtiges zusätzliches Hilfsmittel für das Lernen überhaupt wird.

Die vorwiegend *auditive Erfassungs- und Differenzierungsschwäche* macht sich dagegen häufig bis zur Einschulung kaum bemerkbar. In stärkeren Fällen wirkt sie sich natürlich auf die Sprachentwicklung insofern aus, als diese Kinder oft geringfügig oder deutlich verzögert mit dem Sprechen beginnen. Zwar werden die ersten Grundworte wie Mama, Papa, Oma, Auto auch relativ rasch gesprochen und sinnvoll angewandt, die weitere Sprachentwicklung zeigt dann oft eine Verzögerung über den 18. Lebensmonat hinaus und ganze Sätze gelingen oft erst mit dem 3. Lebensjahr. Auch leichtere oder schwerere Sprachstörungen, Dyslalie, Dysarthrie, Stammeln oder Stottern können dabei beobachtet werden. In leichteren Fällen kann dies auch fehlen. Differenzierte Eltern berichten manchmal charakteristisch, daß sie zeitweilig die Vermutung hatten ihr Kind höre nicht gut. Vielleicht haben sie auch deswegen schon den Hals-, Nasen-, Ohrenarzt ohne pathologisches Ergebnis aufgesucht. In aller Regel fallen die Kinder durch ein im Hinblick auf ihr bisheriges Verhalten auffälliges Leistungsversagen erst mit der Einschulung auf. Die in der Schule fast ausschließlich wirkungsvolle Informationsebene ist die Sprache und die dort geforderten Leistungen sind zunächst fast ausschließlich direkt oder indirekt mit der Sprache verbunden. So sind in der Regel die Eltern überrascht, daß ihr bisher altersentsprechend entwickeltes Kind, das sich im Kindergarten und auf dem Spielplatz durchaus seinen Altersgenossen ebenbürtig erwies, in der Schule so scheinbar einfache Leistungen wie das Lesen und Schreiben oder auch das Rechnen nicht bewältigte.

In späterem Alter findet man in aller Regel Teilleistungsschwächen unterschiedlicher Art bei etwa einem Drittel, ja bis zur Hälfte aller nach dem Durchschnitts-I.Q. normal begabten Schulversagern. Dies wird durch ein Schulsystem, das unterschiedliche Leistungsfähigkeit auf verschiedenen Teilgebieten nicht berücksichtigt, verstärkt.

Da das Leistungsversagen gerade bei durchschnittlich normaler Intelligenz, aber auch Kommunikationsstörungen durch beeinträchtigte Informationsverarbeitung in hohem Grade sozial wirksam sind, können sich sekundär auf dem Boden von Teilleistungsstörungen unterschiedliche soziale Auffälligkeiten bis zur Kriminalität und Neurosen entwickeln. In allen solchen Fällen lohnt es sich daher auch die Frage der Teilleistungsstörung zu prüfen.

Eine besondere Form der Teilleistungsschwäche, die sich nicht spezifisch im optischen oder auditiven Bereich auswirkt, sondern in jeder dieser Formen auftreten kann, zeigt sich in der verminderten Fähigkeit das Programm eines Handlungs- oder Sprachablaufes festzuhalten und durchzuführen. Im sprachlichen Bereich kann dies zum Stottern führen, im übrigen zu einer erhöhten Ablenkbarkeit und scheinbaren Konzentrationsschwäche.

Andere Lern- und Verhaltensstörungen haben ihre Ursache in einer nicht rechtzeitigen Löschung sich wiederholender gleichförmiger Reize, was dazu führt, daß diese Kinder sich von einem solchen für das weitere Lernen und die Aufmerksamkeit unwesentlichen Dauerreiz nicht abwenden können. Dies imponiert klinisch als Perseverieren oder Haften. Es wäre zu überdenken wie weit die Objektfixierung des Autisten hier eine pathogenetische Wurzel hat.

Genese und soziale Bedeutung. Teilleistungsschwächen können auf unterschiedliche Ursachen zurückgehen. Eine wesentliche Ursache, wahrscheinlich die wichtigste, ist die leichtgradige frühkindliche Hirnschädigung, also eine Störung der Gehirnentwicklung und -reifung infolge einer auf die Gehirnanlage und das Gehirn einwirkenden Noxe in der Phase früher Entwicklung, also während der Schwangerschaft, Geburt und Säuglingszeit. Näheres wird hierzu bei der Besprechung der Genese des frühkindlich exogenen Psychosyndroms (s. S. 312) ausgeführt werden. Dabei ist zu berücksichtigen, daß solche frühkindlichen Hirnschädigungen leichten und leichtesten Grades in der Regel keine umschriebenen Zellausfälle zur Folge haben wie etwa spätere Hirntraumen. Wahrscheinlich stehen hier Ausreifungsstörungen, Migrationsstörungen im Vordergrund. Die für die Teilleistungsschwächen anzunehmenden zuständigen Funktionsbereiche sind im wesentlichen in der Gehirnrinde zu lokalisieren, andererseits sind gerade durch leichtgradige frühkindliche Noxen, unter denen der Sauerstoffmangel und die Ernährungsstörung an erster Stelle stehen, gerade Rindenschädigungen weniger zu erwarten als der cerebralen Blutversorgung entsprechend Ausfälle im Umgebungsbereich des 3. Ventrikels, also im Zwischen- und Stammhirn. Gerade von hieraus könnten aber möglicherweise Migrationsstörungen ausgehen. Auch wird man Störungen annehmen müssen, die der Rindenfunktion gewissermaßen untergelegt sind wie Beeinträchtigungen der Vigilanz und andere Steuerungsfunktionen. Es ist wahrscheinlich, daß die gestörte Rindenfunktion gewissermaßen nur die sichtbare Endstrecke einer tiefer gelegenen und vorgeschalteten Störung ist. Rückschlüsse aus Beobachtungen an den Störungen höherer kortikaler Funktionen nach örtlichen Hirnschädigungen (Luria) können bei frühkindlichen Hirnschäden anlagebedingten Störungen nur bedingt verwertet werden.

Neben einer frühkindlich erworbenen Hirnschädigung müssen auch anlagebedingte und ererbte Störungen angenommen werden. Bei subtiler Erhebung der Anamnese kann man gar nicht so selten erfahren, daß dieselben oder analoge Teilleistungsschwächen auch beim Vater oder bei der Mutter oder in weiterer Aszendenz vorgelegen haben.

Schließlich ist auch an ein frühzeitiges Fehllernen oder an eine mangelhafte Funktionsentwicklung durch Depravation, durch totalen Informationsmangel zu denken. Es ist bekannt, daß bestimmte Nervenbahnen in ihrer Entwicklung zurück bleiben, wenn sie funktionell nicht in Anspruch genommen werden. Auch dies muß zur Genese von Teilleistungsstörungen als Möglichkeit angesehen werden. Damit könnten in einzelnen Fällen Teilleistungsschwächen Depravationssymptome sein, etwa in extremen Fällen des Hospitalismus.

Die soziale Bedeutung der Teilleistungsstörung, vor allem der nicht erkannten Teilleistungsstörung ist kaum zu überschätzen. Schon der Umstand, daß ein Kind sich in seiner Aufnahmefähigkeit und in der Fähigkeit die aufgenommenen Umweltreize zu verarbeiten von seinen Mitmenschen unterscheidet, muß zu einer geringen Verschiebung der Erlebnisweise und damit auch zu einer geringen Beeinträchtigung der Verständigungsmöglichkeit mit der Umwelt führen. Auch wenn diese Unterschiede recht gering sind, so sind sie doch Anlaß zu einer im Leben sich ständig wiederholenden Schwierigkeit in Verständigung und Kontakt mit der Umwelt, was zu einer Erhöhung des Pegels der Mißverständnisse führen kann. Man kann sich den Vorgang an der Vorstellung verdeutlichen wie die Verständnismöglichkeit mit einem Blinden oder Tauben verändert wäre, bei welchen die Umwelt nicht zur Kenntnis nähme, daß sie blind oder taub sind. Das könnte so weit führen, daß die Umwelt die betreffenden Menschen für geisteskrank oder geistesschwach hält und die betreffenden Blinden und Tauben vor den für sie unverständlichen Begriffen, die sich um das Sehen oder Hören bilden, resignieren. In erheblichem Verdünnungsgrad ist die Situation aber bei den Teilleistungsgestörten, insbesondere den Kindern, die ausgeprägte Teilerfassungsschwächen im optischen und auditiven Bereich haben, ähnlich. Dabei ist besonders die nachhaltige und sich regelmäßig wiederholende Mißverständnissituation als wesentlicher Lernfaktor zu berücksichtigen.

Von einer weiteren erheblich sozialen Bedeutung sind jedoch die Teilleistungsschwächen auch in solchen Fällen, in welchen es zu keinen wesentlichen „Mißverständnissen" zwischen dem Kind und der Umwelt kommt, die aber in ihrer Leistungs- und Anpassungsfähigkeit auf umschriebenen Teilgebieten behindert sind, was in aller Regel von der Umwelt, den Eltern, Kindergärtnerinnen und Lehrern ursächlich nicht erkannt und in der sozialen Bewertung falsch eingeschätzt wird. So wird ein visuomotorisch beeinträchtigtes Kind im Kindergarten sehr leicht als tolpatschig, und damit als dumm abgestempelt, was bei entsprechend sensibler psychischer Struktur — und solche Kinder haben häufig eine besonders empfindliche und reagible Wesensstruktur — zu einer Fehlentwicklung mit Selbstunwertgefühlen führen kann. Noch deutlicher wird dies bei vorwiegend auditiv behinderten Kindern, die zu ihrer eigenen und ihrer Eltern Überraschung mit Beginn der Einschulung plötzlich versagen, ihrer eigenen Leistungsfähigkeit im Vergleich zu ihren Altersgenossen unsicher werden und von Eltern und Lehrern als dumm oder faul pauschalierend abgewertet werden. Dieses Fehlurteil wird da-

durch bestärkt, daß solche Kinder oft mit der Aufbietung aller ihrer Fähigkeiten und Konzentration einmal ganz gute Leistungen vollbringen können, was dann bei der Umwelt den Eindruck des „Nichtwollens" nur bestärkt. Da bei uns Lesen und Schreiben, insbesondere auch die Orthographie als unmittelbarer Ausdruck der Intelligenz verstanden wird, kommen pauschale Unterbewertungen vor, denen sich das Kind nicht entziehen kann.

Ein Schulsystem, das auf Teilschwächen keine Rücksicht nehmen kann und das einen Schüler, der in *einem* Fach versagt, zwingt, deswegen in allen Fächern die Klasse zu wiederholen und das nicht zuläßt, Teilschwächen durch gute Begabungen in anderen Bereichen voll kompensieren zu lassen, verstärkt die soziale Außenseiterstellung dieser Kinder und Jugendlichen. Es ist daher nicht verwunderlich, daß man gerade unter sozial unangepaßten, unter Fürsorgezöglingen und Kriminellen besonders häufig Teilleistungsstörungen nachweisen kann. Dasselbe gilt auch für neurotische Kinder, wobei offen bleiben muß, wie weit die primäre unterschiedliche Erlebnisfähigkeit und das „Mißverständnis" im Kontakt mit der Umwelt schon zur neurotischen Reaktion prädestiniert oder ob anhaltende Erlebnisse des Versagens unter Abwertung durch die Umwelt sekundär zur Neurotisierung führen. Analoge Beziehungen werden wir beim frühkindlich exogenen Psychosyndrom (s. S. 310) mit der primären und sekundären Neurotisierung zu besprechen haben.

Es liegt übrigens nach Untersuchungen von Lempp nahe anzunehmen, daß Teilleistungsstörungen im Aufbau der Umweltbeziehung überhaupt, speziell aber im Aufbau des Realitätsbezugs eine wesentliche Bedeutung haben können und daß Kinder mit Teilleistungsstörungen im Aufbau eines zwar stabilen, aber auch gegenüber Phantasievorstellungen und Nebenrealitäten frei verfügbaren Realitätsbezugs behindert sind und auf diese Weise für eine Schizophrenie besonders anfällig werden. Der Autismus infantum kann unter diesem Aspekt ebenfalls als eine Extremform einer Teilleistungsschwäche bzw. einer isolierten Teilleistungsspitze interpretiert werden (Lempp, Weber).

Diagnose, Differentialdiagnose und Fehldiagnose. Die Diagnose der Teilleistungsschwäche ist eine psychologische, speziell eine neuropsychologische. Neuropsychologisch vor allem deswegen, weil neben der intellektuellen Leistungsfähigkeit auf den unterschiedlichsten Teilgebieten auch neurologische Funktionen wie Rhythmusstörungen, die motorische Prüfung zeitlicher Regelprogramme und ihre

Ablaufstörungen Berücksichtigung finden müssen. Standardisierte Tests zur Feststellung von Teilleistungsschwächen liegen noch nicht vor. Mit den gängigen Intelligenztests, insbesondere dem Hamburg-Wechsler-Intelligenztest für Kinder (Hawik), aber auch mit den standardisierten Binet-Tests kann man durch genaue Beobachtung des Kindes beim Verhalten bei den Untertests und durch genaue Analyse der in den einzelnen Untertests geforderten Teilleistung eine Teilleistungsschwäche hinreichend sicher erfassen. Die gängige Differenzierung des Hamburg-Wechsler-Tests nach Verbal-I.Q. und Handlungs-I.Q. ist eine sehr grobe und nicht ganz ausreichende Methode. Pauschal kann man natürlich sagen, daß bei den vorwiegend auditiv Teilgestörten der Verbal-I.Q. schlechter ist als der Handlungs-I.Q., bei den visuomotirisch Gestörten umgekehrt. Oft lassen sich aber allein Kurzspeicherstörungen im Zahlennachsprechen und Zahlensymboltest verifizieren, wie auch feinere Störungen der optischen Erfassungsfähigkeit bei sonst guter Intelligenz sich zahlenmäßig im Test gar nicht ausdrücken, wohl aber bei der Beobachtung im Würfel-Mosaik-Test deutlich werden, wenn der Proband die Klötze rein empirisch legt und das vorgelegte Bild nicht zu analysieren versucht, oder wenn bereits richtig gelegte Formen als solche nicht erkannt und wieder verändert werden.

Typische Fehlleistungen im Würfel-Mosaik-Test oder im Figurenlegen (s. Abb. 2–10) (s. S. 289 bis 291) wie auch im Benton-Test und Bender-Gestalt-Test können eine Teilleistungsschwäche im optischen Bereich hinreichend sichern.

Typische Ausfälle im auditiven Bereich finden sich bei Kleinkindern beim exakten Wiederholen längerer Sätze oder auch beim Zahlennachsprechen. Unsicherheiten im Festhalten eines Ablaufprogramms zeigen sich durch isolierten Ausfall bei der Ausführung dreier verschiedener Aufträge, auch kann sich hinter der Unfähigkeit eingekleidete Rechenaufgaben zu bewältigen eine solche auditive Erfassungsschwäche verbergen. Charakteristischer Weise können solche Kinder in der Regel den Inhalt einer erzählten Geschichte in ihren wesentlichen Details korrekt wiedergeben, wogegen sie unfähig sind, einen kürzeren Satz völlig fehlerfrei zu wiederholen.

Charakteristische Hinweise bietet die Sprechstundensituation bei genauer Beobachtung oft durch typische Fehlleistungen der Kinder. So gibt es Kinder, die sich angewöhnt haben wegen ihrer auditiven Erfassungsschwäche auf jedem Fall bei an sie gerichteten Fragen noch einmal mit „wie

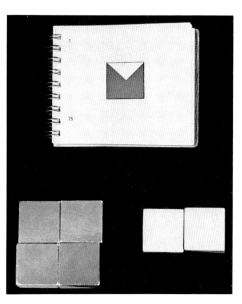

Abb. 2. Mädchen 8;1 Jahre alt, I.Q. 96, VT 101, HT 92. Frühkindliche Hirnschädigung. Reihung von 2 primitivierten Teilfiguren

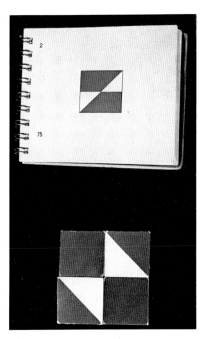

Abb. 3. Junge 8;2 Jahre alt, I.Q. 104, VT 108, HT 99. Zustand nach Schädelunfall. Symmetrisierung

bitte?" nachzufragen. Auch typische Mißverständnisse können den Verdacht nahe legen, so z.B., wenn ein Kind, nach dem Alter befragt, mit seinem Namen antwortet.

Eine Labilität der Raumlage und des Körperschemas geben sich vielfach zu erkennen, wenn man

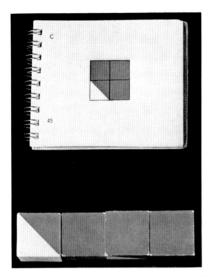

Abb. 4. Junge 9;10 Jahre alt, I.Q. 80, VT 95, HT 69. Frühkindliche Hirnschädigung. Primitiver Reihentypus, fehlende Zentrierung, Unbestimmtheit des „Zueinanders der einzelnen Teile"

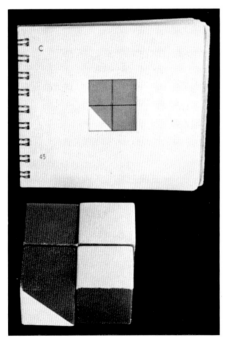

Abb. 5. Junge 9;2 Jahre alt, I.Q. 80, VT 90, HT 75. Frühkindliche Hirnschädigung. Raumlagelabilität (Seitenkante enthält Figur)

Abb. 6. Mädchen 7;7 Jahre alt, I.Q. 71, VT 79, HT 71. Zustand nach schwerer Meningo-Encephalitis im 1. Lebensjahr. Haufenbildung

Abb. 7. Mädchen 10;7 Jahre alt, I.Q. 76, VT 83, HT 71. Zustand nach Contusio cerebri. „Beinahe-Lösung". Die letzte Prägnanz wird nicht erreicht, Steckenbleiben vor der Lösung

Abb. 8. Junge 9;2 Jahre alt, I.Q. 80, VT 90, HT 75. Frühkindliche Hirnschädigung. Übergang von Reihung zur Gestaltbildung.

das Kind aufordert eine bestimmte Körperhaltung einzunehmen, die man ihm vormacht, z.B. beim Romberg'schen Versuch die Armvorhalte und dergleichen.

Das wesentliche Kriterium ist der isolierte Ausfall oder die isolierte Schwäche einer Teilleistung,

Abb. 9. Junge 10;4 Jahre alt, I.Q. 102, VT 114, HT 87. Frühkindliche Hirnschädigung. Haufenbildung

Abb. 10. Junge 8; 2 Jahre alt, I.Q. 104, VT 108, HT 99. Zustand nach Schädelunfall. „Beinahe-Lösung", das Zueinander der Teilfiguren wird nicht erfaßt

Differentialdiagnostisch muß bei der Diagnose der Teilleistungsschwäche an eine Minderfunktion des peripheren sensorischen Organs gedacht werden. So sollte in jedem Zweifelsfall eine pädaudiologische Untersuchung durchgeführt werden. Hinter vielen Fällen scheinbarer auditiver Teilerfassungsstörung steht eine partielle Schwerhörigkeit, die oft nur bestimmte Frequenzen umfaßt und im täglichen Umgang mit dem Kinde nicht als solche imponiert. Auch im optischen Bereich muß die Funktionstüchtigkeit der Augen überprüft werden. Oft besteht eine unerkannte Amblyopie oder auch eine Hyperopie, die erfahrungsgemäß vor der Schule gar nicht auffallen muß. Diese Kinder sind aber nicht in der Lage ihre Schrift zu kontrollieren und auch nur korrekt auf eine Linie zu schreiben, weil sie diese gar nicht sehen.

Schließlich müssen auch psychoreaktive Verhaltensstörungen oder auch nur ein Normalverhalten in der Trotzphase ausgeschlossen werden, die unter Umständen auch ein „Nichthörenkönnen" vorzutäuschen in der Lage sind oder Teilleistungsschwächen vortäuschen. Neben der physiologischen Lern- und Aufnahmefähigkeit muß auch stets die interfamiliäre Situation und die daraus sich entwickelnde Motivation des Kindes zur Leistung im Auge behalten werden. Dasselbe gilt für Deprivationssituationen, die dadurch zu manchmal auch umschriebenen Teilleistungsschwächen führen können, daß die Kinder in diesen Teilgebieten keinerlei Anregung und Förderung erfahren haben.

Stets ist die Zusammenwirkung von Umweltanregung, Motivation und Aufnahme- und Verarbeitungsfähigkeit für das Endresultat der Leistung im Auge zu behalten.

Therapie und Prognose. Ebenso wie die Diagnose der Teilleistungsschwäche eine psychologische Diagnose ist, ebenso ist die Therapie eine pädagogische bzw. heilpädagogische. Dies den Eltern klar zu machen und ihnen bei der Entwicklung pädagogischer Möglichkeiten behilflich zu sein, ist eine wesentliche Aufgabe der kinderpsychiatrischen Sprechstunde. Gerade weil vielfach eine organische Ursache und eine cerebrale Funktionsstörung angenommen werden muß, richtet sich die Hoffnung vieler Eltern auf eine medizinische, speziell medikamentöse Therapie. Eine solche gibt es grundsätzlich nicht. Wie weit einzelne Medikamentengruppen therapeutisch unterstützend Anwendung finden können, wird noch Erwähnung finden.

Da es sich in aller Regel um eine Schwäche eines umschriebenen Teilgebietes der intellektuellen Leistungsfähigkeit handelt und nicht um einen voll-

die damit deutlich unter dem Niveau der übrigen Leistungsfähigkeit liegt. Je niedriger der Durchschnitts-I.Q. ist, desto weniger sicher kann man von Teilleistungsstörung sprechen und die Diagnose geht fließend über in die Diagnose eines allgemeinen Schwachsinns.

Schon die Anamnese, die man von den Eltern erhebt, kann solche Hinweise bieten. So berichten Eltern auditiv teilleistungsgestörter Kinder häufig, daß sie schon den Eindruck gehabt haben, ihr Kind höre nicht gut und sie haben deswegen ohne Ergebnis den Hals-, Nasen-, Ohrenarzt aufgesucht. Sie klagen darüber, daß sie ihrem Kind alles mehrmals sagen müssen. Ihr Kind könne oder wolle „nicht hören". Für die visuell Teilleistungsgestörten wird häufig von ihrem situations-unangepaßtem Verhalten berichtet. Die exakte Erhebung der Vorgeschichte zur Entwicklung der Motorik und der Sprache kann die Verdachtsdiagnose stützen.

ständigen Ausfall, ist durch Training und gezielte Übung eine weitgehende Besserung, in manchen Fällen ein völliger Leistungsausgleich zu erwarten. Je früher die Diagnose einer Teilleistungsschwäche gestellt wird und je früher eine gezielte heilpädagogische Behandlung einsetzt, desto größer ist der Erfolg. Dabei ist es wichtig diese übende Behandlung der Leistungsfähigkeit und der Durchhaltefähigkeit der Kinder anzupassen. Häufigere kurze Übungsabschnitte sind oft wirkungsvoller als längere und das Kind ermüdende Nachhilfestunden. Vor allem aber muß für die Kinder der diskreditierende Charakter dieser Nachhilfe beseitigt werden. Die ganze Übung sollte den Charakter sportlichen Trainings erhalten. Überhaupt ist bei der Bewertung der Leistungsfähigkeit der Kinder in Kindergarten, Schule und Lehrausbildung nicht mit moralischen oder gar abwertenden Kriterien und nicht mit Vorwürfen zu beurteilen. Teilleistungsgestörte Kinder sind in der Regel, vor allem wenn die Teilleistung erst spät oder noch nicht erkannt ist, durch nachhaltige ihnen und ihrer Umwelt selbst nicht erklärliche Mißerfolgserlebnisse so hochgradig verunsichert, daß sie gegenüber Vorwürfen und Abwertungen überempfindlich sind. Solche können jegliche therapeutische Maßnahme von vornherein blockieren.

Im einzelnen können visuelle Störungen durch zeichnerische Übungen, bei Kleinkindern durch Formbretter, bei größeren durch Puzzle-Spiele geübt werden, auditive Störungen durch Auswendiglernen.

Von besonderer Bedeutung ist in diesem Zusammenhang auch eine krankengymnastische Behandlung der in der Regel stets mitbetroffenen motorischen Integration, wobei vor allem auch unterschiedlich schwere motorische Programme in variablen Ablauf geübt werden können, z.B. Ballspiele mit wechselnd regelhaften Zwischenbewegungen wie Händeklatschen, unter dem Bein durchwerfen und dergleichen. Auch einfaches Tischtennis oder Federballspiel fördert die visuelle und motorische Koordination.

In fortgeschrittenem Alter, vor allem bei Teilleistungsschwächen in den höheren Schulklassen wird man neben diesen Maßnahmen um einen Nachhilfeunterricht in den betroffenen Fächern nicht herum kommen. Dieser sollte aber — und darauf ist besonders zu achten — nicht von Familienangehörigen gegeben werden, sondern von Personen außerhalb der Familie. Die Mutter, die durch ständige Hausaufgabenüberwachung und Nachhilfeunterricht überlastet ist, wird in ihrer Be-

ziehung zu ihrem Kind empfindlich gestört, wenn ständig die Schule und die Schulleistung zwischen ihr und ihrem Kind steht.

Bei frühzeitiger Erkennung und gezielter übender Behandlung der Teilleistungsstörung ist die Prognose in aller Regel günstig, da es sich um ein Fehllernen oder eine Lernverzögerung und Lernerschwernis handelt und nicht um eine völlige Unfähigkeit. Wenn es gelingt sekundäre Neurotisierungen zu verhindern, ist je nach Schwere der Ausprägung ein weitgehender Ausgleich möglich. In schwereren Fällen ist allerdings bei der Wahl der Schulart und der Berufsrichtung darauf Rücksicht zu nehmen, unter Umständen unter Verzicht auf eine breite Ausbildung zu Gunsten einer frühen Spezialisierung in Lehre und Fachschule.

Auch in solchen Fällen, in welchen sich sekundär soziale Anpassungsstörungen, Neurosen zur dissozialen Haltung und Kriminalität entwickelt haben, ist eine heilpädagogische Behandlung der Teilleistungsschwäche als ursprüngliche Ursache der Fehlentwicklung noch angezeigt und eine wichtige Hilfe. Daneben müssen allerdings resozialisierende Maßnahmen und Psychotherapie Anwendung finden.

Eine medikamentöse Therapie ist grundsätzlich nicht möglich. Bei antriebsarmen, eher verlangsamten Kindern kann eine unterstützende Behandlung mit Encephabol über $1/4$ Jahr eine gewisse Unterstützung bringen. Es ist darauf zu achten, daß eine Steigerung des Antriebs nicht in allgemeine motorische Unruhe ausartet und die heilpädagogische Therapie eher behindert. Eine entscheidende Wirkung ist von solcher zusätzlicher medikamentöser Therapie nicht zu erwarten.

In den letzten Jahren wurden vor allen in den USA bei erethischen Kindern eine paradoxe beruhigende Wirkung von dem Amphetamin Ritalin berichtet. Tatsächlich kann bei gesteigertem Antrieb und motorischer Unruhe in manchen Fällen von einer Therapie mit $1/2$—$1^1/2$ Tabletten Ritalin täglich eine bemerkenswerte Beruhigung und bessere Konzentrationsfähigkeit und damit auch eine bessere Leistungsfähigkeit beobachtet werden. Am besten sprechen auf eine solche Therapie offenbar cerebralorganisch leichtgradig geschädigte, aber normal begabte Kinder an. Dabei ist darauf zu achten, daß die positiv beruhigende Wirkung erst nach etwa 8 Tagen deutlich wird. Länger als 3—4 Monate sollte das Medikament nicht gegeben werden. Nach einer ebenso langen Pause kann es gegebenenfalls noch einmal über den selben Zeitabschnitt hin verabreicht werden. Dabei sind die Erfahrungen mit

Kindern unter 6 Jahren noch zu unsicher, so daß man hierbei Zurückhaltung üben wird. Obwohl bisher über die Entstehung einer Drogenabhängigkeit nicht berichtet ist, wird man im Vorpubertäts- und Pubertätsalter von einer solchen Medikation Abstand nehmen.

III. Legasthenie

Die Legasthenie ist eigentlich nur eine Spezialform einer Teilleistungsschwäche, dazuhin eine ursächlich keineswegs einheitliche, sondern ein Sammelbegriff für verschiedene Teilleistungsschwächen, die in dieselbe Endstrecke einer Rechtschreib-Leseschwäche einmünden. Ihre gesonderte Besprechung rechtfertigt sich durch ihre Häufigkeit, ihre große soziale Bedeutung und ihre inzwischen erlangte Volkstümlichkeit.

Symptomatik. Isolierte Ausfälle weiterer höherer Funktionen, z.B. des Lesens, des Schreibens, des Rechnens, also Alexie, Agraphie und Akalkulie können ebenso wie die übrigen Werkzeugstörungen erst nach Erwerb der Fähigkeit eintreten, also erst im Schulalter.

Dieses in den letzten Jahrzehnten zunehmend in den Vordergrund und in das Allgemeininteresse tretende Syndrom ist gekennzeichnet durch eine Schwäche im Lesen und im Rechtschreiben. Dabei kann man diese Diagnose nur bei normalbegabten Kindern stellen, ja, es ist zu fordern, daß es sich bei dieser Lese-Rechtschreib-Schwäche um Ausfälle handelt, die aus der übrigen Leistungsebene nach unten herausfallen. Merkbar wird diese Störung natürlich erst im Schulalter, wobei charakteristischerweise bestimmte Buchstabenkonstellationen nur erschwert erfaßt werden können, insbesondere Umlaute, Doppellaute u.ä. Außerdem werden häufig Endsilben vergessen oder verdoppelt und Vokale vergessen. Dabei bestehen die Voraussetzungen der Funktionsstörung schon lange vor ihrer Manifeststion. Dies ist wichtig zu betonen, da von manchen Laien immer wieder eine besondere Unterrichtsmethode als Ursache der Legasthenie angeschuldigt wird.

In leichter Form ist die Legasthenie recht häufig zu beobachten. Manches sonst gut intelligente und leistungsfähige Kind zeigt speziell auf dem Gebiet des Rechtschreibens eine bemerkenswerte, anhaltende und sich erst langsam durch viele Übung bessernde Schwäche. In schweren Fällen kann es jedoch dazu kommen, daß die Schulbildung in Frage gestellt ist, da gerade in den ersten Schulklassen Lesen und Schreiben die wichtigsten Fächer sind und Ausfälle auf diesen Gebieten schwer ausgeglichen werden können.

Die in den letzten Jahren in den Grundschulen geübte Ganzheitsmethode beim Erlernen des Lesens und Schreibens hat auch viele leichtere Formen von Legasthenie dadurch erkennbar gemacht, daß die dabei angesprochenen visuellen und kombinatorischen Fähigkeiten gerade bei den Legasthenikern offenbar beeinträchtigt sind.

Pathogenese und soziale Bedeutung. Die Ursache der *Legasthenie* ist unterschiedlich. Von Weinschenk wird sie als erbliche Lese-Rechtschreibe-Schwäche dargestellt. Zweifellos können erbliche Komponenten in vielen Fällen nachgewiesen werden. Es kann aber in vielen Fällen auch eine leichtgradige frühkindliche Hirnschädigung als Ursache einer Rechtschreib-Lese-Schwäche festgestellt werden. Im übrigen fügt sich die Rechtschreib-Lese-Schwäche als eine besondere Form der Störung der Figurhintergrunddifferenzierung wie auch einer akustischen Erfassungsstörung gut in das frühkindlich exogene Psychosyndrom ein. Auch die Legasthenie ist ein Symptom, was auf verschiedene Ursachen und ihre Kombinationen zurückgehen kann.

Auf die soziale Bedeutung der Legasthenie hat Weinschenk nachdrücklich hingewiesen. So konnte er einen gewissen Zusammenhang zwischen Legasthenie einerseits und mangelhafter sozialer Anpassung u.U. bis zur Kriminalität andererseits aufzeigen. Dieser Zusammenhang ist so zu verstehen, daß eine Leistungsschwäche in den Grundfunktionen allgemeiner psychischer und sozialer Anpassung, nämlich im Lesen und Schreiben, dessen Krankheitswert fast in keinem Fall von der Umwelt erkannt wird, von eben dieser Umwelt regelmäßig abwertend registriert wird und die Legastheniker damit von vornherein in eine gewisse Außenseiterstellung geschoben werden. Jemand, der nicht einmal lesen und schreiben kann, ist entweder dumm, oder, wenn er das nicht ist, wie es sich ja in seinem übrigen Verhalten zeigt, dann eben faul und widerspenstig. Diese einfache, moralisch abwertende Formel, die den Kindern mit einer Rechtschreib-Lese-Schwäche vielfältig entgegentritt, muß ihnen das Gefühl vermitteln, falsch verstanden und beurteilt, ja ausgeschlossen zu werden. Bei vielen kann eine solche falsch motivierte Abwertung dann zu einer Oppositionsstellung gegen die Gemeinschaft, ja gegebenenfalls sogar zu einer Kriminalität führen. Dabei muß offen bleiben, ob die soziale Anpassungsstörung und die Legsthenie nicht beides parallele Symptome einer übergeordneten cerebralen Störung sind, oder ob die soziale Anpassungsstörung die Folge der durch die Legasthenie hervorgerufenen sozialen Außenseiterstellung ist.

Im Grunde ist damit die Legasthenie und ihre Folgen ein Modellfall für das, was im Rahmen des frühkindlich exogenen Psychosyndroms als sekundäre Neurotisierung, als Reaktion auf die Reaktion der Umwelt, dargestellt wurde.

Diagnose, Differentialdiagnose und Fehldiagnose der Legasthenie. Eine Legasthenie wird man in jedem Falle einer Schulleistungsschwäche auszuschließen haben. Darüber hinaus wird man aber auch bei Fällen allgemeiner sozialer Anpassungsstörung im Schulalter durch eine gezielte Frage nach den Schulleistungen im Lesen und Rechtschreiben eine solche isolierte Leistungsschwäche in Erwägung ziehen.

Die genaue Diagnostik erfolgt durch ein einfaches Diktat mit altersentsprechenden Anforderungen und steigendem Schwierigkeitsgrad, wobei vorwiegend Worte mit Umlauten oder auch zusammengesetzte längere Worte angeboten werden, vor allem aber auch Aneinanderreihungen ähnlicher Worte, die die typische Fehlertendenz des Legasthenikers offenbaren. Man wird also etwa folgende Worte schreiben lassen: Schieben, Scheiben, schreiben, schneiden, schneidern usw.

Eine gleichzeitig vorgenommene Prüfung der Händigkeit und der Äugigkeit kann bei deren Dissoziation den Verdacht verstärken.

Bei den fließenden Übergängen von einer „normalen" Schwäche bei diesen Leistungen bis zur ausgeprägten Legasthenie ist die Diagnose in den Grenzgebieten oft nicht einfach.

Die differentialdiagnostische Abgrenzung der Legasthenie richtet sich eigentlich nur gegen die Schwäche im Lesen und Rechtschreiben infolge Unterbegabung oder Schwachsinn.

Therapie und Prognose. Bei der Legasthenie ist eine intensive Übung im Diktat, Abschreiben und Lesen wichtig, da die durchschnittliche Schule auf die Schwäche keine Rücksicht nimmt und die Patienten Gefahr laufen, gegenüber ihren Altersgenossen in einen Rückstand zu geraten, den sie später, bei der allgemeinen schulischen Einspurigkeit, kaum aufholen können. Dazu kommt, daß dieses Zurückbleiben auch sehr negative soziale Folgen hat.

Zunächst sind die Eltern über Ursache und Art der Störung zu unterrichten, damit zunächst einmal deren moralisch abwertende Haltung beseitigt wird. Danach muß auch mit der Schule, den Lehrern oder Lehrerinnen, Fühlung aufgenommen werden, damit eine korrekte Bewertung der Leistungsschwäche des Kindes von dieser Seite her gewährleistet ist.

Nach Schenk-Danzinger wird der Abbau der Symptome der Legasthenie nicht nur vom Schweregrad der Disposition bestimmt, sondern auch von akzidentiellen Faktoren. Eine verzögernde Wirkung auf den Symptomabbau haben die Intelligenzschwäche, das Zusammentreffen mehrerer kovariierender Faktoren, insbesondere die Linkshändigkeit und eine Dysphasie sowie eventuell andere neurologische Erkrankungen, etwa das Anfallsleiden. Ebenso kann eine ungünstige Lesemethode, ein verfrühter Schuleintritt, eine Vernachlässigung oder das Fehlen geistiger Anregung sowie vor allem eine chronische Milieubelastung retardierend wirken. Hier wirkt sich vor allem eine zunehmende Entmutigung infolge des Lernversagens besonders nachteilig aus. Wenn ein Kind stark durch eine Milieubelastung fixiert ist, kann es seine Fehlersymptomatik schwerer überwinden.

Günstig auf eine rasche Normalisierung hin wirken sich eine sonst überdurchschnittliche Intelligenz aus sowie ein Hinausschieben der auslösenden Situation des Lesenlernens, eine gute Lesemethode und familiäres und schulisches Verständnis.

IV. Linkshändigkeit

Symptomatik. Die Linkshändigkeit ist für sich allein noch kein pathologisches Symptom, wenngleich sie bei hirnorganischen Schädigungen leichteren oder schwereren Grades häufiger zu beobachten ist. Sie wird aber durch ihre oft schwerwiegenden sozialen Auswirkungen jedoch vielfach auch dort zum pathogenen Symptom, wo es sich lediglich um eine Normalvariante einer Minderheit handelt.

Über die Häufigkeit der Linkshändigkeit gehen die Angaben auseinander, je nach Untersuchungsmethode und untersuchtem Personenkreis zwischen 1 und beinahe 20% (Kramer). Als Linkshändigkeit wird „die bessere Disposition der linken Hand für komplizierte Bewegungen, welche vererbt werden kann und umweltstabil ist, die aber dennoch weitgehend in Folge Eigenerziehung und Fremderziehung verdeckt sein kann" definiert. Sie entspricht bei eindeutiger Ausprägung einer Dominanz der rechten Hirnhemisphäre gegenüber der linken. Der Linkshändigkeit kann eine Linksfüßigkeit und eine Linksäugigkeit entsprechen, jedoch können die einzelnen Seitendominanzen auch unterschiedlich sein. Wesentliche soziale Bedeutung hat dabei nur die Händigkeit. Suchenwirth kam aufgrund seiner Untersuchung zu dem Ergebnis, daß die meisten Menschen primär Ambidexter seien, aber durch ständige Lernvorgänge im Laufe des Lebens zu Rechtshändern werden. Nur bei echten stets primären Linkshändern erhalte sich die Händigkeit trotz des Druckes der soziokulturellen Faktoren. Primäre Rechtshändigkeit wird in unserem Kulturbereich begünstigt. Er vermutet, daß weniger als 5% der Bevölkerung primär und biologisch als Rechts- oder Linkshänder determiniert sind. Hinzutretende Hemisphärenprozesse zwingen zu anderen diagnostischen, therapeutischen und prognostischen Schlüssen als bei primären Links- oder Rechtshändern.

Genese und soziale Bedeutung. Zur Genese ist bereits gesagt worden, daß soziokulturelle Faktoren eine erhebliche Bedeutung zukommen. Es wird angenommen, daß schon die Zuwendung der rechtshändigen Mutter zum Säugling diesen veranlassen könnte mehr die rechte Hand zu gebrauchen als die linke, was eine gewisse Erblichkeit vortäuschen könnte. So ist tatsächlich der Anteil der linkshändigen Kinder bei linkshändiger Mutter aber rechtshändigem Vater größer als bei rechtshändiger Mutter und linkshändigem Vater. Dennoch wird man an einer auch erblichen Hemisphärendiminanz kaum zweifeln können.

Durch Hemisphärenprozesse kann die Händigkeit beeinflußt und stark fixiert werden. Auch minimale frühkindliche Hirnschädigungen, so weit sie bevorzugt eine Hemisphäre betreffen, sonst aber vielleicht klinisch latent bleiben, vermögen eine ausgeprägte Rechts- oder Linkshändigkeit zu bewirken, wobei im allgemeinen nur die ausgeprägte Linkshändigkeit auffällig ist. In jedem Falle einer ausgeprägten Einseitigkeit der Händigkeit mit hervortretender Ungeschicklichkeit der anderen Hand liegt nahe, daß eine erworbene Hemisphärendominanz vorliegt.

Es kann jedoch kein Zweifel sein, daß manche scheinbare Rechtshändigkeit nur durch den Druck der soziokulturellen Zwänge, die über den früher üblichen rechtshändigen Schreibzwang in der Schule weit hinaus geht, verursacht ist.

Damit ist auch bereits die große soziale Bedeutung der Linkshändigkeit berührt. Seit Jahrhunderten ist die rechte Seite als die gute Seite und die Bezeichnungen rechts, das Recht und richtig positiv bewertet, links, linkisch dagegen als negativ und falsch bezeichnet. Das ist auch gar nicht auf unser Zeitalter oder unseren Kulturkreis beschränkt. Diese kulturelle Fixierung bewirkt aber, daß die

Minderheit der anlagebedingten oder früh erworbenen Linkshänder automatisch zu Außenseiter werden mit allen negativen psychosozialen Folgen, wie dies Rett, Kohlmann und Strauch eindrücklich für die unterschiedlichsten Krankheitsbilder im Kindesalter wie auch für die unterschiedlichsten Funktionen eindrücklich dargestellt haben.

Es ist daher gar nicht so sehr verwunderlich, daß unter sozialen Außenseitergruppen, unter Neurotikern, sozial Auffälligen und Kriminellen der Anteil der Linkshänder größer ist als unter der Durchschnittsbevölkerung. Dabei bleiben Ursachen und Wirkung offen. Die Außenseiterstellung, in die der Linkshänder gerät, mag eine Teilursache für seine Beziehungsstörung zu seiner Umwelt sein, die Linkshändigkeit könnte jedoch auch Ausdruck einer klinisch latenten cerebralorganischen Schädigung sein, die wiederum bewiesenermaßen den Boden für die Entwicklung einer Neurose bereitet.

Eine fast größere Rolle als die ausgeprägten Linkshänder in der Kinderpsychiatrie spielen jedoch die sekundären oder umgewandelten Rechtshänder, auf deren Linkshändigkeit bei der Einschulung nicht Rücksicht genommen wurde und die gezwungen wurden trotz ihrer Linkshändigkeit rechts zu schreiben. Ja, oft setzt schon bei unvernünftigen Eltern der Zwang zum ausschließlichen oder bevorzugten Gebrauch der rechten Hand beim Essen und Malen ein. Diese Umschulung zum Rechtshänder zeigt je nach der Intensität des Zwanges unterschiedliche Folgen, die von vegetativen Symptomen über leichte und schwerere Verhaltensstörungen (nach Rett) bis zur Auslösung epileptischer Anfälle und schwerster Depressionen führen können.

Diagnose, Differentialdiagnose und Fehldiagnose. Die Diagnose der Händigkeit ist keineswegs einfach. Völlig unzuverlässig ist die Befragung des Patienten selbst ob er Rechtshänder oder Linkshänder sei. Eine exakte Untersuchung ist nur aufgrund zahlreicher Einzeltests möglich, wobei Suchenwirth 19 Übungen vorschlägt, die im einzelnen zu bewerten sind. Dazu gehören 1. Ball werfen, 2. Kreis ausschneiden, 3. Kreise schlagen, 4. Hämmern, 5. Ohrfeige austeilen, 6. Perlen auffädeln, 7. Papier zusammenknüllen, 8. Ball vom Boden aufheben, 9. Puppe kämmen, 10. zwei Plätzchen gleichzeitig essen, 11. Bonbon auswickeln, 12. zeigen, 13. Abwehrreaktion, 14. malen und kritzeln, 15. mit Stock und Rohr aufeinander trommeln und reiben, 16. Ball rollen, 17. Kästchen öffnen, 18. Hohlwürfel ineinander stecken und 19. Schwungradauto anschieben.

Eine weniger zuverlässige, aber hinreichend verwertbare Diagnose kann man durch längeres Prüfen der Diadochokinese erhalten, wobei die Kinder in der Regel sagen können, mit welcher Hand sie die diadochokinetische Bewegung besser ausführen können. Auch das Einschlagen eines Nagels in die Wand mit einem Hammer (braucht nur angedeutet zu werden) zeigt die Hammerhand als die feinmotorisch Führende. Die Füßigkeit zeigt sich in der Regel daran, daß bei der Aufforderung einbeinig zu hüpfen das dominante Bein bevorzugt wird. Dabei müssen allerdings vorausgegangene Beinunfälle oder Operationen und dergleichen vorher ausgeschlossen sein. In ähnlicher Weise kann die Äugigkeit festgestellt werden, indem man das Kind auffordert durch eine bereitliegende Pappröhre zu schauen. Das Kind hält das Rohr vor das führende Auge. Auch hier müssen allerdings Brechungsunterschiede vorher ausgeschlossen sein.

Therapie und Prognose. Einer besonderen Therapie bedarf die Linkshändigkeit nicht, da sie im Grunde kein pathologisches Symptom ist. Ist das Kind ein Ambidexter, wird man es natürlich veranlassen mit der rechten Hand zu schreiben und die rechte Hand für die üblichen Verrichtungen zu verwenden, da die meisten Geräte (Scheren, Kartoffelschäler, Kuchengabeln) für Rechtshänder eingerichtet sind. Auch bei einer minimalen bis mäßigen Linkshändigkeit kann das Schreiben mit der rechten Hand solange gefordert werden als es ohne Zwang und Behinderung möglich ist. Im übrigen sollte man aber, wie dies auch Rett fordert, dem Kinde im wahrsten Sinne des Wortes „freie Hand" lassen. Allerdings ist oft eine Rückschulung eines umdressierten Pseudorechtshänders nicht mehr möglich und führt zu einer totalen Unsicherheit in der Händigkeit, die sich auch sonst in einer zunehmenden Rechts-Links-Labilität bemerkbar macht. Erfreulicherweise hat es sich in den letzten Jahren durchgesetzt, daß die Kinder in der Wahl ihrer Händigkeit frei sind und links schreibende Kinder werden immer häufiger zu beobachten sein. So weit hier kein Zwang ausgeübt wird, sind auch prognostisch keine negativen Folgen zu erwarten.

V. Die Hörstummheit (Audimutitas)

Von Hörstummheit sprechen wir dann, wenn die Hörfähigkeit sicher erhalten ist, eine Sprachentwicklung jedoch nicht einsetzt. Dabei ist in den meisten Fällen offensichtlich gar nicht nur die Fähigkeit des Sprechens gestört, sondern auch die Fähigkeit, Worte aufzunehmen.

Eine echte Hörstummheit ist sehr selten, und oft liegt doch eine bei der ersten Prüfung nicht erkannte Minderung der Hörfähigkeit vor. Im ganzen wird man die Diagnose Hörstummheit zunächst nur als eine vorläufige Diagnose hinnehmen müssen, die dann gestellt werden kann, wenn trotz sicher vorhandener und ausreichender Hörfähigkeit eine Sprachentwicklung ausbleibt. Die Diagnose Hörstummheit ist eigentlich keine Diagnose, sondern die Beschreibung eines funktionellen Sachverhaltes. Sie wird im einzelnen unter dem Kapitel der Sprachentwicklungsstörungen besprochen und kann hier nur zur Abgrenzung und Ergänzung von anderen Werkzeugstörungen Erwähnung finden, von der Taubstummheit.

Unter der Diagnose Hörstummheit finden sich Kinder mit einer Sprachentwicklungsverzögerung infolge einer leichtgradigen zentralen Hörstörung, also einer leichten Form einer sensorischen Aphasie, die, wie Untersuchungen von J. Graichen ergaben, gerade bei leichtgradigen frühkindlichen Hirnschädigungen nicht selten sind und sich oft nur in einer etwas verzögerten Sprachentwicklung und später durch im Vergleich zum intellektuellen Gesamtniveau leicht erniedrigte sprachliche Leistungen erkennen lassen.

VI. Gehörlosigkeit (Taubstummheit)

Symptomatik. Besteht keine Hörfähigkeit oder kein ausreichendes Hörvermögen, dann ist die Entwicklung einer spontanen Sprache nicht möglich. Die Gehörlosigkeit bedeutet jedoch nicht nur ein audiologisches Problem, sondern hat wegen der Rückwirkung auf die psychische Entwicklung eine wesentliche psychopathologische Bedeutung. Dabei muß allerdings streng unterschieden werden zwischen den angeboren gehörlosen Kindern und den spät ertaubten Kindern, die nach einer bereits eingesetzten normalen Entwicklung der Sprache diese durch eine eingetretene Ertaubung später wieder verloren haben.

Durch gezielten Taubstummenunterricht ist es möglich, auch den gehörlosen Kindern eine Sprachfähigkeit in gewissem Umfange, vor allem aber auch eine Aufnahmefähigkeit durch Ablesen vom Munde zu vermitteln. Da aber nur ein Teil der Sprache unmittelbar abgelesen werden kann und der Rest durch die Erfassung des Sinnes ergänzt werden muß, kann ein Taubstummer von durchschnittlicher Intelligenz eigentlich nur konkrete Aussagesätze verstehen und damit auch selbst sprechen. Die ganze Feinheit der Sinngebung durch Sprachmelodie ist für ihn verschlossen und nur zum ganz geringen Teil durch Erfassen von Mimik und Gestik auszugleichen, und das abstrakte Denken kann nur von hochintelligenten Taubstummen und auch von diesen nur zum Teil erschlossen werden. Nach v. Stockert ist es so einem taubstummen Kinde nicht einmal möglich, etwa mit dem Scenotestkasten eine wirklich situationsgemäße Szene aus den zur Verfügung gestellten Figuren darzustellen.

Diese Einschränkung der Denk- und Empfindungsfähigkeit der Taubstummen bringt es zusammen mit dem Umstand, daß sie ja meist in Internaten unter ihresgleichen aufwachsen, mit sich, daß Taubstumme auch nach Abschluß ihrer Ausbildung gerne unter sich bleiben und häufig untereinander heiraten.

Da auch die angeborene Gehörlosigkeit häufig keineswegs erbbedingt ist, sondern die angeborene Taubheit Folgen einer frühkindlichen Hirnschädigung oder einer Mißbildung sind, haben taubstumme Eltern in der Regel normal hör- und sprechfähige Kinder. Gerade wegen der Einschränkung der Erlebnis- und Ausdrucksfähigkeit der taubstummen Eltern ist es jedoch dringend geboten, diesen gesunden Kindern neben dem Umgang mit den Eltern einen ausreichenden Kontakt mit hör- und sprachgesunden Erwachsenen zu geben, nicht nur um sie zu einer normalen Sprache zu bringen, sondern auch um sie eine normale Denk- und Erlebnisfähigkeit erwerben zu lassen.

Eine besondere Situation ist bei den seltenen taubstummen blinden Kindern gegeben, die deswegen zum Erlernen einer Sprache durch Ablesen nicht in der Lage sind, denen nur die Form einer sprachlichen Vermittlung durch eine Sprache von Hand zu Hand beigebracht wird. v. Stockert weist darauf hin, daß auf diese Weise affektive Akzente aber anschaulicher vermittelt werden können, als durch den Ableseunterricht.

Pathogenese und soziale Bedeutung. Die Ursache einer Taubheit und damit einer *Taubstummheit* können ebenfalls frühkindliche Hirnschädigungen und Gehirnerkrankungen im 1. Lebensjahr sein, daneben sind aber vor allem toxische Schädigungen zu berücksichtigen, wie sie z.B. früher durch intensive Streptomycinbehandlung bei einer Tuberkulosebehandlung eingetreten sind. Daneben kann die Taubheit jedoch auch eine Mißbildungskrankheit sein, etwa im Rahmen einer Embryopathie, einer Rötelerkrankung oder als eine noch früher zu datierende Mißbildung im Sinne einer Kernstörung,

die sowohl erblich wie auch als Hemmungsmißbildung im Rahmen einer Frühschwangerschaftsschädigung auftreten kann.

Die soziale Bedeutung einer Taubstummheit ist offenbar. Jede Sprachstörung bedeutet eine erhebliche geistige, aber auch soziale Entwicklungsbehinderung. Tritt dann noch eine weitere sensorische Störung, die Taubheit dazu, dann kann die Förderung und Eingliederung der betroffenen Menschen zum sozialen Problem werden, das besondere Einrichtungen und Maßnahmen erforderlich macht. Daß aber eine soziale Eingliederung nur beschränkt möglich ist, zeigt das oft inselhafte Dasein von Taubstummen, die sich unter sich zu Gruppen zusammenschließen, aber ausgesprochen schwer tun, sich als einzelne in die übrige Gemeinschaft einzugliedern.

Diagnose. Die Diagnose einer Gehörlosigkeit ist im Grunde keine psychiatrisch-neurologische Diagnose, sondern eine ohrenfachärztliche. Bei einem Kleinkind mit Sicherheit eine Hörfähigkeit festzustellen oder auszuschließen, ist oft sehr schwierig und ist manchmal ohne längere Beobachtungszeit nicht möglich. Auf die Angaben der Angehörigen kann man sich erfahrungsgemäß recht wenig verlassen, da sie aus begreiflichen subjektiven Gründen oft keine kritischen Beobachter sein können, sondern von einem Wunschdenken geleitet werden, das die Reaktion auf Erschütterungen, auf Randfrequenzen (Düsenflugzeug) oder auf unbemerkte Mimik und Gestik als Reaktion auf Gehörtes mißdeutet. Andererseits kann manches autistische Kind als taubstumm gelten, weil es sich wie ein solches keinen Geräuschen zuwenden „will". Da dem Symptom des kindlichen Autismus oft eine ausgeprägte Teilleistungsstörung zugrunde liegt, besteht in diesen Fällen eine Unfähigkeit gehörte Lautfolgen in ihrem Sinn- und Aufforderungsgehalt vollständig zu erfassen. Diese Formen des Autismus infantum gehören zwar nicht zu der Taubstummheit, aber doch zu den „seelentauben" Kindern. Die Pathogenese des Nichtsprechens ist in beiden Fällen sehr ähnlich, ein Nichthören, im einen Fall peripher, im anderen zentral.

Therapie und Prognose der Gehörlosigkeit. Eine kausale Therapie der Gehörlosigkeit ist meist nicht möglich, bei Hörstörungen kann u.U. durch ein Hörgerät soweit ein Ausgleich geschaffen werden, daß eine normale Sprachentwicklung im familiären Rahmen möglich ist. Bei schwereren Hörstörungen wird man allerdings nicht vorzeitig zum elektrischen Hörgerät greifen, bevor man sicher ist, daß das Kind auf diese Weise spontan sprechen lernt, um nicht einerseits die Spezialausbildung des Taubstummen zu vernachlässigen und andererseits vergeblich auf eine Spontansprache zu warten.

Die Spezialbehandlung des Taubstummen, der Taubstummenunterricht, sollte frühzeitig einsetzen, weswegen diese Kinder bereits im Kindergartenalter zu Taubstummenkindergärten zusammengefaßt werden sollten. Dies ist einer der wenigen Fälle, wo die frühzeitige Trennung von zu Hause im Hinblick auf die nur so mögliche erfolgreiche Sprachpädagogik in Kauf genommen werden muß. Im Rahmen unserer frühzeitigen Taubstummenschulung ist aber ein guter sprachlicher Kontakt mit der Umwelt erreichbar.

VII. Aphasie

Symptomatik. Die klassische Form der Werkzeugstörung ist die Aphasie. Von einer Aphasie kann man erst dann sprechen, wenn ein normales Sprechvermögen bereits erworben wurde, also erst nach Ablauf des 2. Lebensjahres.

Die Aphasieforschung ist in allerjüngster Zeit, vor allem auch durch Poeck, wieder in Fluß geraten, so daß die über viele Jahrzehnte gültige und auch anschauliche Einteilung in motorische Aphasie, sensorische Aphasie, Jargonaphasie, amnestische Aphasie, ebenso aber auch die Einteilung der übrigen Werkzeugstörungen, wie Agnosie, Apraxie usw. in ihrer Abgrenzbarkeit in Zweifel gezogen werden. So wird jetzt die Meinung vertreten, daß es im wesentlichen nur die Aphasie und die Apraxie gebe und daß praktisch alle Werkzeugstörungen als spezielle Formen der Aphasie und aphasische Mischformen aufzufassen seien.

Bei diesen hier zu erörternden Werkzeugstörungen handelt es sich um komplexe Störungen, deren hirnlokale Bedeutung in vielen Fällen zwar nicht bestritten, aber auch nicht übertrieben werden darf. Es ist zu bedenken, daß dieselbe Störung durch Schädigung bestimmter Hirnzentren, d.h. bestimmter Hirnbereiche, die im Rahmen der betroffenen Funktion offenbar eine besondere Bedeutung haben, wie aber auch der zu- und ableitenden Bahnen bedingt sein kann.

Diese lokalisatorische Betrachtungsweise ist jedoch auch in anderer Hinsicht irreführend und bruchstückhaft. Sie führt zu einer Betrachtungsweise, bei welcher Denken und Sprechen völlig getrennte Funktionen des Gehirns sind und berücksichtigt nicht die enge Verflechtung und gegenseitige Bedingung dieser Funktionen, auf die Bay erneut hingewiesen hat. Die Aphasie im Kindes-

alter hat darum ihren besonderen Stellenwert, weil sie mit der noch in der Entwicklung begriffenen Denkfähigkeit in einer eng verflochtenen Wechselwirkung steht. Im Kindesalter kennen wir die sehr differenzierten Aphasieformen des Erwachsenenalters noch nicht. Wir kennen im wesentlichen nur die beiden Hauptformen, die *motorische* und die *sensorische Aphasie*. Die weiteren Differenzierungen der aphasischen Störungen im Erwachsenenalter können offenbar erst dann entstehen, wenn die Sprache neben der Denkfähigkeit jahrelang fixiert und auch verselbständigt wurde.

Wenn nun ein Kind nach Erwerb eines gewissen Sprach- und Denkvermögens, etwa durch ein Gehirntrauma oder durch eine Encephalitis seine Sprachfähigkeit wieder einbüßt, so muß dies zwangsläufig ganz erhebliche Rückwirkungen auf die geistige Entwicklung haben, da eine weiterentwickelte Denkfähigkeit ohne Sprechfähigkeit kaum denkbar ist. Das mutistische Kind, das Kind, das als Ausdruck einer Neurose eine Sprachverweigerung zeigt, ist jedoch nicht ohne Sprache, es spricht gleichsam nur innerlich, ähnlich wie seltene autistische Kinder, die in den ersten Jahren scheinbar überhaupt nicht sprechen lernen, dann aber etwa im 2., 3. oder 4. Lebensjahr die Umwelt mit einer fast altersentsprechenden Sprache überraschen.

Zur Entwicklung einer normalen Sprachfunktion ist *eine* funktionsfähige Hirnhälfte notwendig und ausreichend. Es ist dies im allgemeinen die dominante Hemisphäre, wobei sich die Dominanz, wohl im allgemeinen erblich angelegt, erst im Laufe der ersten Lebensjahre herausbildet, in der überwiegenden Zahl der Fälle in der linken Hemisphäre, die bei allen Rechtshändern die dominante Hemisphäre ist. Die Potenzen zur Händigkeit und auch zur Sprachentwicklung sind jedoch beidseitig angelegt, so daß bei einer halbseitigen Hirnschädigung, etwa einem Trauma oder einem Gefäßverschluß im Kindesalter, mehr oder weniger rasch, die andere Hälfte funktionell einspringt und eine normale Sprachentwicklung gewährleistet. Die Dauer der Aphasie bis zum Wiedererlernen der Sprache richtet sich im wesentlichen danach, wie lange Zeit schon eine Fixierung der Sprachfunktion in der dominanten Gehirnhälfte stattgefunden hat. Beim 2- oder 3jährigen Kinde wird die bisher nicht dominante gesunde Hirnhälfte innerhalb weniger Tage oder Wochen und ziemlich vollständig einspringen können, bei dem 6—8jährigen Kinde dagegen erst nach einem längeren, mehrwöchigen oder gar monatelangen Intervall und auch nicht mehr so vollständig, daß eine vollkommene Sprechfähigkeit wieder erreicht werden könnte. Im allgemeinen nimmt man mit 8 Jahren die Grenze an, zu der eine ursprünglich nichtdominante Gehirnhälfte noch funktionell aktiv werden kann.

Wird dagegen das Gehirn diffus geschädigt, etwa bei schweren Hirntraumen oder Gehirnentzündungen, wird es auch in jüngeren Jahren zu einem vollständigen oder zumindest schweren Sprachausfall kommen, der nicht mehr wesentlich reversibel ist. In diesen Fällen ist allerdings die Störung im allgemeinen nicht so lokalisiert und abgegrenzt, daß wir mit Begründung von einer Werkzeugstörung sprechen könnten. Wir müssen in diesen Fällen vielmehr von einer allgemeinen Entwicklungsstörung als Folge des schweren Traumas oder der Encephalitis sprechen, innerhalb derer die Aphasie nur ein Teilsymptom darstellt.

Die Sprache ist, wie auch alle willkürlichen Bewegungsfähigkeiten, offenbar jedoch nicht nur in bestimmten Bereichen der Hirnrinde fixiert oder ausschließlich an deren Funktion gebunden, sondern es müssen, wenn die Sprachfähigkeit wenigstens über einen gewissen Zeitraum bereits erworben war und geübt wurde, auch tiefere Hirnzentren funktionell eingeschaltet sein. Wir kennen bei Hirnrindenschädigungen oder etwa bei operativer Entfernung der Hirnrinde im Rahmen einer Hemisphärektomie auch bei Kindern das Phänomen, daß die willkürliche Sprachfähigkeit zunächst erheblich eingeschränkt oder gar aufgehoben ist, daß aber ein impulsives Sprechen, etwa ein Schimpfen und Fluchen, überraschend gut gelingt, ebenso wie der halbseitig Gelähmte mit willkürlicher Innervation nicht in der Lage ist, eine bestimmte Bewegung, etwa das Heben des Armes auszuführen. In der Absicht, das Zimmer zu verlassen, ist er jedoch unwillkürlich ohne Schwierigkeiten in der Lage, den Arm zu heben, um die Türklinke niederzudrücken.

Nach diesen allgemeinen Erörterungen über die Aphasie im Kindesalter und unter Hinweis auf die erwähnten Einschränkungen, können die einzelnen Formen nach der klassischen Aphasielehre dargestellt werden:

Die *motorische Aphasie* entsteht bei Schädigung im Bereich des unteren Abschnittes der 3. Stirnwindung, dem sog. Broca-Zentrum.

Die *sensorische Aphasie* entsteht bei einer Läsion im rückwärtigen Abschnitt der 1. Schläfenwindung, dem Wernicke-Zentrum.

a) Bei der *motorischen Aphasie* besteht bei erhaltenem Wortverständnis eine Unfähigkeit, Worte zu formulieren. Die spontane Sprache fehlt im all-gemeinen, auf Aufforderung gelingt im allgemeinen ein einfacher Telegrammstil mit gelegentlichen Konsonantenverwechslungen, Wortentstellungen, sog. Paraphasien. Auch können einzelne geläufige Wendungen wie Begrüßungsformeln, ständig wiederholt werden.

Bei der sog. Brocaschen motorischen Aphasie können die Patienten nicht einmal die Wörter aus Buchstaben zusammensetzen, spontan oder nach Diktat schreiben, sondern nur noch abschreiben. Sie ist stets mit einer artikulatorischen Sprachstörung verbunden.

b) Bei der *sensorischen Aphasie* nach Wernicke ist nicht die Sprachbildung, sondern das Sprachverständnis gestört. Die Patienten verstehen das zu ihnen gesprochene Wort nicht oder nur ungefähr, sie verhalten sich etwa so, wie sie sich gegenüber Menschen, die eine andere Sprache sprechen, verhalten würden. Die eigene Sprechfähigkeit ist dadurch indirekt ebenfalls beeinträchtigt, so daß es zu Paraphasien und Wortverwechslungen kommt, wobei die verwechselten Worte eine gewisse akustische Verwandtschaft zeigen können. Durch die Paraphasien ist auch das Nachsprechen und Lesen, das spontane und Diktatschreiben beeinträchtigt.

Neben dieser totalen sensorischen Aphasie steht eine seltenere reine Worttaubheit oder reine sensorische Aphasie; hier ist die Sprachfähigkeit völlig intakt, nur das Wortverständnis beeinträchtigt.

Die reinen Formen motorischer oder sensorischer Aphasie sind die Ausnahmen und die totalen Formen, bei denen mit wechselndem Schwerpunkt sowohl Sprechfähigkeit wie Sprechverständnis beeinträchtigt sind, die Regel.

Dagegen sind leichtgradige, subklinische Formen einer sensorischen Aphasie, eine erschwerte akustische Aufnahmefähigkeit bei intaktem peripheren Hörvermögen bei leichtgradig frühkindlich Hirngeschädigten relativ häufig und die typische Form einer Teilleistungsstörung.

Pathogenese und soziale Bedeutung. Ursächlich müssen bei den Aphasien nur Spätschädigungen berücksichtigt werden, also im allgemeinen Hirntraumen, traumatische Gefäßverschlüsse oder auch Hirntumoren, also Schädigungen, die erst nach Ablauf einer gewissen Entwicklung ganz umschrieben eingewirkt haben. Im späteren Kindesalter und Jugendalter kann es auch einmal durch eine Encephalitis zu Ausfällen kommen, bei welchen die Sprechfähigkeit ganz im Vordergrund steht. Reine Formen von Aphasien oder anderen Werkzeugstörungen wird man nach solchen entzündlichen Erkrankungen jedoch kaum erwarten können.

Die soziale Bedeutung einer Aphasie ist groß. Der betreffende Patient ist erheblich in seiner Berufsfähigkeit eingeschränkt. Handelt es sich wirklich um eine umschriebene und eng begrenzte Aphasie, wären zwar noch eine ganze Reihe von beruflichen Entwicklungsmöglichkeiten vorhanden, die durch die sonst intakte Intelligenz ausgenützt werden könnten. Tatsächlich sind aber in der Regel alle aphasischen Störungen, ganz besonders wenn sie schon im Kindesalter auftreten, von teilapraktischen und teilagnostischen Komponenten begleitet, die letztlich die geistige und berufliche Leistungsfähigkeit nicht unerheblich beeinträchtigen, von der sozialen Kontaktstörung ganz abgesehen, die jede Sprachstörung mit sich bringt.

Da die Aphasie fließende Übergänge bis zu ihren Minimalformen zeigt, die wiederum als Teilleistungsschwäche bezeichnet werden können, kann auch in der Frage der sozialen Bedeutung darauf verwiesen werden.

Diagnose, Differentialdiagnose und Fehldiagnose. Die Diagnose der Aphasie, die nicht bei Kleinkindern gestellt wird, muß sich auf eine eingehende neuro-psychologische Untersuchung stützen. Nach Poek empfiehlt sich folgendes Vorgehen:

1. Die Beobachtung der spontanen Sprechweise und des Sprachverständnisses im Gespräch.

2. Aufsagen von automatisierten Reihen, wie Zahlen, Wochentage, Monatsnamen.

3. Nachsprechen von sinnvollen Worten mit zunehmender Silbenzahl.

4. Benennen von optisch dargebotenen Objekten.

5. Vollenden von angefangenen Sätzen.

6. Finden von Oberbegriffen.

7. Finden von Unterbegriffen.

8. Verständnis für Wort- und Satzbedeutungen, etwa durch Zeigen von Gegenständen oder Befolgen von Aufforderungen.

9. Wiedergabe einer kurzen vorgelesenen Geschichte.

10. Leise und laut lesen und Wiedergabe des Inhalts.

Darüber hinaus kann man noch versuchen lassen, zu singen, eine Melodie zu erkennen, den Takt zu klopfen, nach Diktat zu schreiben und abzuschreiben, kopf- und schriftlich rechnen, das Erkennen einer Bildergeschichte und die Rechts-Links-Unterscheidung, sowie das freie Zeichnen.

Eine ganze Reihe dieser Leistungen wird man in einem normalen Intelligenztest, sei es nach Binet oder nach Hamburg-Wechsler, vorfinden und sich daran bereits orientieren können. Die übrige Untersuchung richtet sich natürlich sehr nach der Intelligenz und der intellektuellen Entwicklung des Kindes. So wird man nur bei älteren Kindern auf diesem Wege zu einer sicheren Diagnose einer — ohnehin seltenen — abgegrenzten Werkzeugstörung, einer Aphasie oder Apraxie kommen.

Die Differentialdiagnose der einzelnen Aphasieformen wurde in früheren neurologischen Lehrbüchern sehr ausgebreitet angeboten. Im Grunde ist ein solches Unterfangen meist vergeblich und auch mehr theoretischer Natur. Solche Untersuchungen können leicht zu einer Pseudoexaktheit führen.

Grundsätzlich wird man gegenüber jeder Annahme einer Aphasie bei einem kleineren Kind recht skeptisch sein, in den allermeisten Fällen handelt es sich um eine allgemeine Entwicklungsstörung, bei welcher vielleicht die Sprachentwicklung in besonderem Maße betroffen ist.

Bei jedem Kind, das nicht spricht, muß eine psychogene Sprachverweigerung, ein Mutismus, ausgeschlossen werden. Im allgemeinen haben mutistische Kinder zu Beginn ihrer Sprachentwicklung einmal normal gesprochen und haben dann in allmählich zunehmendem Umfang auf sprachliche Äußerungen verzichtet. In der Regel ist es aber keine allgemeine Einschränkung des Wortschatzes oder des Sprachverständnisses, sondern eine allmählich zunehmende Einschränkung des Personenkreises, mit dem das Kind spricht. Die seltene Form eines von Anfang an bestehenden Mutismus finden wir bei autistischen Kindern. Die Entscheidung, ob sie nicht sprechen können oder nicht sprechen „wollen", ist in solchen Fällen schwer und kann nur dann getroffen werden, wenn das Kind, wie dies selten vorkommt, plötzlich zu sprechen beginnt mit einem relativ großen und korrekten Wortschatz.

Die Diagnostik leichtgradiger zentraler, akustischer Erfassungsstörungen ist oft nur im psychologischen Test möglich. Die Kinder zeigen eine isolierte Schwäche im Nachsprechen von längeren Sätzen, deren Sinn sie wohl richtig erfassen, die sie aber nicht im exakten Wortlaut wiederholen können.

Therapie und Prognose. Bei Aphasien jeder Genese ist eine intensive logopädische Behandlung am Platze. Gerade im Kindes- und Jugendalter, wo noch gewisse Ausgleichsfähigkeiten gegeben sind, wo bis etwa zum 8. Lebensjahr auch noch die ursprünglich nicht dominante Hirnhälfte funktionell einspringen kann, wird man mit einer intensiven Übungsbehandlung noch einiges erreichen. Je früher der Sprachausfall eingesetzt hat, desto eher wird man mit einer gewissen Wiederherstellung rechnen dürfen.

Auch leichtgradige Sprachentwicklungsverzögerungen etwa als Folge minimaler sensorischer Hypophasien bedürfen trotz ihrer grundsätzlich günstigen Prognose einer unterstützenden Therapie in Form von schulischer Nachhilfe, um die negativen sozialen Auswirkungen schlechter Schulleistungen rechtzeitig auszugleichen.

VIII. Apraxie

Symptomatik. Die Apraxie ist eine Werkzeugstörung, bei welcher die Ausführung von erlernten Bewegungsabläufen gestört ist, wobei jedoch eine Störung des Bewegungsablaufes durch eine Lähmung oder Koordinationsstörung ausgeschlossen ist und auch das Verlernen durch mangelnde Übung oder Demenz nicht zur Erklärung herangezogen werden kann. Dabei werden regelmäßig einfache Bewegungen auf Aufforderung nicht oder nicht richtig ausgeführt, dieselben Bewegungen aber im Rahmen größerer Gesamtbewegungsabläufe und in unwillkürlichen Handlungen ohne Schwierigkeiten vollzogen. So kann der Patient auf Aufforderung nicht die Zunge herausstrecken, ein Streichholz anzünden, mit der Hand winken und dergleichen, wogegen dieselben Bewegungen ohne besondere Aufforderungen oft unbewußt richtig vollzogen werden.

Beim Erwachsenen und Jugendlichen kann man unterscheiden zwischen einer *ideomotorischen* und einer *ideatorischen* Apraxie. Bei der ideomotorischen Apraxie kommt es zu den oben geschilderten Ausfällen, von ideatorischer Apraxie spricht man dann, wenn der an sich richtige Bewegungsablauf eine falsche Beziehung zum Objekt zeigt. Bei der *konstruktiven* Apraxie können selbst einfache Zeichnungen nicht mehr richtig ausgeführt werden. So ausgeprägte apraktische Störungen sind im Kindes- und Jugendalter zwar selten. So, wie bei der Aphasie ein Spracherwerb bereits stattgefunden haben muß, bevor die Sprache in Form einer Aphasie wieder aufgehoben oder gestört sein kann, so müssen die Bewegungsgruppen hinreichend fest erlernt und erworben sein, bevor sie durch eine hirnorganische Schädigung gestört sein können. Auch hier gilt das, was wir bereits bei der Aphasie besprochen haben: halbseitige Schädigungen führen bis zur festen Fixierung aller Funktionen an die dominante Hemisphäre, also etwa bis zum 8. Lebensjahr, nur zu einer vorübergehenden und oft nur in ständiger Beobachtung zu erfassendem Aus-

fall, wobei nach mehr oder weniger kurzer Zeit die unbeteiligte Hemisphäre die Funktion übernimmt. Da wir andererseits leichte Formen konstruktiver Apraxie in Form der Störung des visuell-räumlichen Denkens und der Figurhintergrunddifferenzierung als einen sehr häufigen und geradezu typischen Befund für eine leichtgradige frühkindliche Hirnschädigung ansehen können, muß es sich bei diesen leichtgradigen Schädigungen stets um Schädigungen beider Hemisphären handeln, was ja auch im allgemeinen dem Charakter der frühkindlichen Hirnschädigung entspricht. Dies zeigt aber auch, daß die Leistung einer guten Figurhintergrunddifferenzierung eine besonders störbare Funktion bedeutet, die, in der Regel, als erstes auch bei einer nur leichtgradigen diffusen Schädigung eintritt.

Typische Apraxien werden wir daher nur im späteren Kindes- und Jugendalter, etwa nach umschriebenen Hirntraumen, beobachten können.

Pathogenese und soziale Bedeutung. Für die *Apraxien* in ihren ausgeprägten Formen gilt dasselbe was über die Aphasien (s. dort) gesagt wurde. In der verdünnten Form, wie sie im Rahmen des frühkindlich exogenen Psychosyndroms bekannt sind, kommen alle die dabei erörterten Ursachen in Betracht.

Diagnose. Bei der Apraxie geht es darum, durch Prüfung des Verhaltens auf Aufforderung einfacher Bewegungen, wie Zunge herausstrecken, pfeifen, lachen, deuten, zu expressiven Gesten und zu Handlungen mit bekannten Objekten, wie Streichholz anzünden, schreiben, Nagel einschlagen, Schuhe anziehen und dergleichen, die Bewegungsfähigkeit und den Bewegungsablauf zu prüfen. Leichtere Formen imponieren dagegen oft nur als eine motorische Ungeschicklichkeit und täppisches Verhalten.

Eine konstruktive Apraxie, die in verdünnter Form gar nicht selten ist und ein gewisses Kennzeichen für eine leichte hirnorganische Schädigung sein kann, wird in Testuntersuchungen erfaßbar, die die Figurhintergrunddifferenzierung zur Aufgabe haben, also etwa beim Mosaiktest oder beim Benton-Test. Es bestehen somit enge Zusammenhänge zwischen der konstruktiven Apraxie und einer Störung der Figurhintergrunddifferenzierung. Wir sprechen dabei von visuo-motorischen Störungen.

Dieselben Störungen können im Zusammenhang mit aphasischen Störungen beobachtet werden, da sich im allgemeinen die Schädigungen nicht abgrenzen lassen und auch die einzelnen Funktionssysteme untereinander gar nicht scharf abgegrenzt sind.

Therapie und Prognose. Auch bei den Apraxien ist eine Übungsbehandlung sinnvoll und erfolgreich. Allerdings muß man dabei auch berücksichtigen, daß gerade die leichten Werkzeugstörungen sich einfach aus spontaner Übung am praktischen Leben allmählich ganz von alleine ausgleichen, so daß wir ihre typischen Ausfälle schon in der späten Schulzeit kaum mehr feststellen können, beim Erwachsenen nur noch mit speziellen Testuntersuchungen nachzuweisen in der Lage sind.

IX. Agnosie

Symptomatik. Unter Agnosie versteht man die Unfähigkeit, Gegenstände, Personen oder Situationen richtig zu erkennen, ohne daß eine eigentliche Wahrnehmungsstörung besteht. In Analogie zu Aphasie und Apraxie kann eine Agnosie nur entstehen, wenn Objekte, Personen, Situationen bereits bekannt sind, d. h. ihre optische Erfassung bereits erlernt wurde. Nun spielt hier auch das Erlernen eine besondere Rolle. Jeder Lernprozeß im Kindesalter ist von verschiedener Seite her störbar. Ein schwerer schwachsinniges Kind wird in seiner Lernfähigkeit von vornherein gestört sein, man wird also kaum einmal bei einem schwachsinnigen Kind die Diagnose einer Werkzeugstörung überhaupt stellen können. Inwieweit das Erkennen von Objekten, Personen und Situationen schon erlernt wurde, hängt andererseits wieder von der Fähigkeit der Formerfassung und der Fähigkeit zum Festhalten und Speichern solcher Formen ab. Da wir bei der leichtgradigen hirnorganischen Schädigung, die noch keine allgemeine Intelligenzminderung zur Folge hat, solche Figurhintergrunddifferenzierungsstörungen häufig beobachten, werden wir auch häufig solche leichten agnostischen Störungen beobachten können, ja sie können geradezu pathognomonisch für eine solche hirnorganische Schädigung leichten Grades sein. Ob man in einem solchen Fall bereits von Agnosie oder von Werkzeugstörung sprechen will, ist eine Definitionsfrage. Grundsätzlich besteht jedoch kein Unterschied.

Viele typischen Verhaltensauffälligkeiten, die wir beim frühkindlich exogenen Psychosyndrom beobachten können, sind im Grunde durch eine verminderte Fähigkeit, Situationen vollständig zu erkennen, bedingt. Eine adäquate Reaktion kann nur erfolgen, wenn ein vollständiges Erkennen vorausgegangen ist.

Im Erwachsenen- und Jugendalter unterscheiden wir bei der optischen Agnosie die Störung der optisch räumlichen Orientierung, die Agnosie für Objekte und Personen und die Farbagnosie. Das Benennen von Farben wird aber normalerweise erst so um das 6. Lebensjahr herum erlernt. Wir können also vorher gar nicht mit einer Farbagnosie rechnen.

Pathogenese, Diagnose und Therapie der Agnosie. Grundsätzlich gilt für die Agnosien das, was bei den Aphasien und Apraxien gesagt wurde (s. dort).

Schwerere Fälle spielen im Kindes- und Jugendalter kaum eine Rolle. Die leichteren werden in den typischen Testuntersuchungen als Formerfassungsstörungen und Differenzierungsstörungen erfaßt.

Eine spezielle Therapie erübrigt sich im allgemeinen, da durch die natürliche Übung im Umgang mit den täglichen Dingen die lediglich als Erfassungsschwäche imponierende Störung sich allmählich ausgleicht.

X. Autismus infantum im Rahmen des organischen Psychosyndroms

Symptomatik. Unter dem Kapitel des Autismus infantum wird als eigener Abschnitt der somatogene Autismus später abgehandelt (s. S. 390). Darauf ist im wesentlichen hinzuverweisen. Unter diesem Gesichtspunkt ist der Autismus infantum als Syndrom mit den wesentlichen Symptomen der Kontaktstörung, der Objektfixierung und der in der Regel nachzuweisenden Sprachentwicklungsstörung bis zur Sprachunfähigkeit als ein besonders ausgeprägter Spezialfall der Teilleistungsstörungen anzusehen. Dementsprechend kommen Übergangsformen nach beiden Seiten hin vor, einerseits zu dem im Kapitel der Teilleistungsschwächen geschilderten Bild, nach der anderen Seite hin zum ausgeprägten Bild des Schwachsinns.

Bei den Formen des Autismus infantum im Rahmen des organischen Psychosyndroms handelt es sich im Grunde nur um Extremformen von Teilleistungsschwächen und zwar in aller Regel um eine schwere Störung oder gar völlige Aufhebung der Fähigkeit zu zentraler Verarbeitung der akustischen Reize. Diese Störung muß keineswegs bereits in der frühen Funktion im aszendierenden Ast gelegen sein, es könnte sich auch um den Ausfall oder die Schwäche der Teilleistung handeln, die das Kind befähigt wiederholt auftretende Reize als bekannt zu registrieren und die Zuwendung abzubrechen, was im Falle ihres Fehlens zu einer perseverierenden Zuwendung führt, zu einer Stereotypie des Interesses und damit zur Unfähigkeit sich veränderten Reizen zuzuwenden und diese aufzunehmen. Entscheidend scheint bei dieser Form der ausgeprägten Teilleistungsschwäche zu sein, daß die Umwelt von dieser „Seelentaubheit" keine Kenntnis nimmt, ständig verbal den Zugang zum Kinde sucht und damit bereits die Kontaktmöglichkeit abbricht. Im Gegensatz zu tauben Kindern fehlen ja keineswegs die akustischen Reize, sie werden nur in einer für die gemeinsame Welt nicht verwendungsfähigen Weise verarbeitet. Da diese Störung von kleinauf besteht, baut das Kind in diesem auditiven und sprachlichen Bereich seine eigene Welt auf, die mit der Umwelt nicht kommunizieren kann. Vom schwachsinnigen Kinde, das die Außenreize peripher richtig aufnimmt und auch als Signale in gleicher Weise wie die Umwelt verarbeitet, jedoch in dieser Verarbeitung schon behindert ist und zu einer weitergehenden Assoziation und Speicherungsfähigkeit kaum in der Lage ist, besteht eine kontinuierliche Reihe über das autistische Kind, das auch die Reize von außen korrekt aufnimmt, sie aber bereits in einer ungenügenden oder gestörten Weise decortiert und speichert, damit aber keine kommunikationsfähige Information aufnimmt, wohl aber eine zur intrapsychischen Verarbeitung sehr wohl geeignete, bis hin zum normalsinnigen Kind mit einer leichten auditiven Teilleistungsschwäche. Auch bei diesen Kindern können wir manchmal autistisch anmutende Züge beobachten.

Die Genese dieser ausgeprägten Teilleistungsschwäche ist im wesentlichen dieselbe, die schon bei der Teilleistungsschwäche erörtert wurde, also entweder eine anlagebedingte Komponente oder eine frühkindliche Hirnschädigung. Möglicherweise ist gerade das Zusammenwirken dieser beiden Faktoren eine typische Ursache.

XI. Blinde Kinder

Symptomatik. Die Blindheit ist in strengem Sinne nicht unter die Werkzeugstörungen zu rechnen. Aus sachlichen Gründen soll sie aber hier kurz erörtert werden. Die angeborene oder früh erworbene Blindheit bedeutet eine schwere Beeinträchtigung der normalen Entwicklungsmöglichkeiten, im ganzen aber doch eher eine geringere als etwa die Taubheit. Die Kontakt- und Kommunikationsfähigkeit ist auf akustischem und traktilem Gebiet offenbar besser und tragfähiger herzustellen als nur auf dem visuellen und taktilen Gebiet. Dazu kommt, daß

die Entwicklung des Denkvermögens durch die Blindheit vergleichsweise viel weniger beeinträchtigt ist als durch die Taubheit mit der dadurch bedingten Unfähigkeit zum spontanen Erlernen der Sprache. Es zeigt sich dabei, daß die Sprache für die Denkfähigkeit und damit für die spezifisch menschliche Entwicklung von entscheidenderer Bedeutung ist als der Gesichtssinn. Die Sprache ist bei den blinden Kindern nicht beeinträchtigt, ja die durch fehlende optische Ablenkung bedingte erhöhte Konzentration kann gerade bei Blinden eine besonders hohe geistige Aktivität und Leistungsfähigkeit erreichen. Dazu kommt, daß die Blindenschulung bei uns gut entwickelt und organisatorisch ausgebaut ist.

So sind im allgemeinen blind geborene und früh erblindete Kinder auch psychisch ausgeglichener und besser angepaßt als etwa taubstumme Kinder.

Blinde Kleinkinder neigen jedoch häufig zu motorischen Stereotypien, wie Rhythmisieren, Schaukeln und vor allem aber zu ständigem Augenbohren mit den Fingern, was für den Außenstehenden häufig den Eindruck einer geistigen Minderentwicklung oder gar eines schweren Schwachsinns vermittelt, was aber keineswegs stichhaltig ist. Die Ursache dieses Rhythmisierens und Augenbohrens ist im einzelnen nicht klar. Man nimmt an, daß die ja im ganzen sehr reizarm aufwachsenden Kinder sich auf diese Weise zusätzliche Reize zuführen wollen, um sozusagen einen gewissen normalen Gesamtreizpegel zu erreichen. Mit zunehmendem Alter verschwinden diese stereotypen Verhaltensweisen (Mackensen). Gelegentliche erhöhte Neigung zu Onanie im Kindesalter entspricht ebenfalls einem erhöhten Reizbedürfnis.

XII. Psychische Wesensänderung bei Hirntumoren

Symptomatik. Die Hirntumoren nehmen als hirnlokale Prozesse insofern eine andere Stellung ein als die Hirntraumafolgen, als sie im Gegensatz zu diesen im allgemeinen fortschreiten. Während beim Hirntrauma zunächst die Allgemeinschädigung im Vordergrund steht, die sich dann schließlich bis auf ein lokales Restsymptom zurückbildet, steht hier der lokale Prozeß im Vordergrund, der sich schließlich im Laufe des Wachstums, etwa durch Hirndruck, zu einem Allgemeinsymptom ausweiten kann. Die bei den Traumafolgen wichtige Phasenspezifität spielt allerdings bei den Tumoren insofern eine geringere Rolle, als Hirntumoren im Kleinkindesalter vorwiegend rasch wachsende Geschwülste sind, die dann sehr bald die Symptomatik, auch die psychische, so bestimmen, daß cerebrale Entwicklungsunterschiede demgegenüber keine wesentliche Bedeutung mehr haben. Langsamer wachsende Geschwülste bei älteren Kindern und Jugendlichen unterschieden sich bei weitgehender ausdifferenzierter Gehirnentwicklung nicht mehr wesentlich in ihrer Symptomatik von den Hirntumoren des Erwachsenenalters. Immerhin ist die spezielle Situation des Jugendlichen, seine Stellung in Schule und Beruf, dabei zu berücksichtigen.

Hirntumoren sind im Kindes- und Jugendalter entgegen einer weit verbreiteten Ansicht nicht weniger häufig als im Erwachsenenalter, ja möglicherweise noch etwas häufiger. Die Art und Lokalisation der Tumoren differiert dagegen deutlich von denen der Erwachsenen. Die infratentoriellen Geschwülste sind bis etwa zum 3. Lebensjahr etwa gleich häufig wie die supratentoriellen; bis zum 11. Lebensjahr überwiegen jedoch eindeutig die Tumoren der hinteren Schädelgrube. Unter diesen stehen an erster Stelle die Medulloblastome des Kleinhirns, die mit 18% beinahe 5mal so häufig sind wie bei den Erwachsenen.

Unter den ebenfalls häufigen Spongioblastomen sind die Kleinhirnastrocytome mit 16% aller Geschwülste ebenfalls häufiger als im Erwachsenenalter. Unter den Großhirngeschwülsten sind es die Kraniopharyngeome, die bei Kindern und Jugendlichen eine Häufigkeit von 9% haben und bei den Erwachsenen nur von 2,5%.

Umgekehrt sind Meningeome im Kindesalter weit seltener, sie erreichen kaum $1/6$ der Häufigkeit der Erwachsenen. Ebenso sind die Hypophysenadenome im Kindesalter vergleichsweise selten.

Andere seltenere Geschwulstarten wie die Sarkome und die Ependynome zeigen ebenfalls ein Überwiegen im Kindesalter, jedoch ist der Häufigkeitsunterschied wegen der relativen Seltenheit dieser Tumorarten weniger augenfällig.

Allgemeinsymptome. Die charakteristischen allgemeinen Symptome einer Tumorkrankheit werden durch die infolge des Tumorwachstums entstehenden Steigerung des Hirninnendruckes hervorgerufen. Ist das Kind noch sehr klein und die Fontanellen noch nicht geschlossen, kommt es zu einem Vorwölben der Fontanelle. Schon bei etwas älteren Kindern bietet dagegen der knöcherne Schädel schon genug Widerstand, um eine erhebliche Innendrucksteigerung hervorzurufen. Diese wird in den meisten Fällen nicht durch unmittelbaren Tumordruck bewirkt, sondern dadurch, daß durch den

Tumor eine Liquorabflußbehinderung entsteht und es zum Hydrocephalus occlusus kommt. Dies ist charakteristisch für die Tumoren der hinteren Schädelgrube, die den Aquädukt verschließen, aber auch für Tumoren der Großhirnmittellinie, die unter Umständen das Foramen interventriculare verschließen und zu einem Hydrops der Seitenventrikel führen können. Andere Tumoren, wie z. B. die Ponstumoren, bewirken keine Abflußstauung und verursachen in der Regel auch keinen Hirndruck.

Die klinischen Zeichen des Hirndrucks sind im allgemeinen zunächst *Kopfschmerzen* und *Erbrechen*. Es folgt die Stauungspapille am Augenhintergrund. Bei schwereren Fällen kann es zu einer einseitigen oder zweiseitigen Abducensparese kommen, in bedrohlichen Stadien kommen dann der Druckpuls mit einer Pulsverlangsamung unter 50 pro sec und schließlich ante finem eine Atemstörung hinzu.

Zu den *Kopfschmerzen* ist ganz im allgemeinen zu sagen, daß kleinere Kinder ihren Beschwerden weniger gut einen sprachlichen Ausdruck verleihen können. Können sie sagen, daß sie Kopfschmerzen haben, werden sie diese ganz überwiegend in die Stirngegend lokalisieren, ohne daß man daraus lokale Schlüsse ziehen könnte. Die Kopfschmerzen sind gleichmäßig und allgemein zunehmend und unterliegen wenig Tagesschwankungen. Jede intrakranielle Druckerhöhung durch Niesen, Husten oder Pressen verstärkt den Kopfschmerz.

Das *Erbrechen* folgt besonders in den Morgenstunden und ist charakteristischerweise nicht mit einem Übelkeitsgefühl verbunden.

Vielfach kommt es bei fortschreitendem Hirndruck auch bei älteren Kindern zu einer unerwarteten, allerdings vorübergehenden Besserung dieser führenden Symptome des Kopfschmerzes und des Erbrechens dadurch, daß es zu einer Sprengung der Schädelnähte gekommen ist. Diese läßt sich röntgenologisch nachweisen, unter Umständen aber auch durch Beklopfen des Kopfes. Man kann dabei ein leicht schepperndes Geräusch wahrnehmen (Ton des zersprungenen Topfes).

Die psychischen Symptome des allgemeinen Hirndruckes sind ebenfalls charakteristisch. Zunächst ist die Persönlichkeitsveränderung wenig auffallend. Es entsteht etwa das Bild einer gewissen „Neurasthenie", einer psychischen Überempfindlichkeit, affektiven Labilität und verminderten Leistungsfähigkeit, vor allem der Schulleistung. Da in diesem Stadium die Symptomatik noch sehr wechselnd sein kann, kann zu dieser Zeit die Verdachtsdiagnose noch kaum gestellt werden.

Ein typisches organisches Psychosyndrom im Sinne des exogenen Psychosyndroms vom Typ Bonhoeffer ist bei kindlichen Tumoren und dadurch bedingten Hirndruck nicht die Regel, da es sich hierbei meist um relativ rasch wachsende Tumoren und um relativ rasch entstehenden Hirndruck handelt, wobei gewissermaßen für eine organische Umwandlung der Persönlichkeit zu einem psychoorganischen Syndrom gar keine Zeit besteht, sondern die unmittelbaren, klinisch erfaßbaren Symptome des Hirndrucks in den Vordergrund treten. Da die Kinder dann sehr bald einen echt kranken und beeinträchtigten Eindruck machen, wird auch von der Umwelt eine eventuelle organische Wesensänderung viel weniger als eine solche empfunden, sondern einfach in einfühlender Weise festgestellt: Das Kind ist krank. Eine Bewußtseinstrübung mit den Zeichen der Benommenheit, Schwerbesinnlichkeit und Verlangsamung tritt meist erst in den späteren Phasen auf, insbesondere bei den raumbeengenden Prozessen in der hinteren Schädelgrube. Es kommt also insgesamt viel weniger zu einer Umstrukturierung der kindlichen Persönlichkeit als insgesamt zu einer Beeinträchtigung seiner psychischen Leistungsfähigkeit und Aktivität, seiner Aufmerksamkeit und seiner Konzentrationsfähigkeit. Auch affektiv kommt es zu einer gewissen Einengung und gewissermaßen zu einem „Schongang" der ganzen geistigen und psychischen Tätigkeit. Damit verbunden ist häufig eine Regressionstendenz, ein gewisser Rückschritt in der geistigen und psychischen Entwicklung mit einem Wiederauftreten kleinkindhafter oder nicht mehr altersentsprechender Verhaltensweisen.

Die Tumoren der hinteren Schädelgrube. Die infratentoriellen Geschwülste zeigen als führendes Symptom im allgemeinen Kopfschmerzen, bedingt durch den Hirndruck, der seinerseits durch den Aquäduktverschluß als Spannungshydrocephalus entsteht. Vielfach schließt sich das Erbrechen an. Wenn, wie häufig, der Prozeß in der Mittellinie gelagert ist, können neurologische Ausfälle von seiten des Kleinhirns weitgehend fehlen, gelegentlich besteht eine leichte ungerichtete Rumpfataxie. Bei Kleinhirnhemisphärenprozessen findet man eher einmal eine seitengerichtete Fallneigung.

Charakteristisch ist die Ruhigstellung des Kopfes, eine Schonhaltung, die eine recht unkindlich wirkende Gemessenheit mit sich bringt. Zusammen mit dem allgemeinen „psychischen Schongang", mit einer Sparsamkeit der Psychomotorik und einer affektiven Einengung, wirken diese Kinder in charakteristischer Weise ernst, brav, vernünftig; sie klagen wenig und machen doch einen beeinträchtigten und kranken Eindruck. Häufig wird der Kopf leicht schief gehalten, um die durch den Hirndruck austretenden Kleinhirntonsillen aus dem Foramen occipitale magnum herauszuhalten. Die relativ starre Fixierung dieser Kopfhaltung verstärkt den Eindruck des Unkindlichen, Früherwachsenen.

Dieses psychische Syndrom der hinteren Schädelgrube ist sehr charakteristisch und ist allein durch den Hirndruck bedingt. Wenn vor einer Kleinhirnoperation bereits eine Entlastungsoperation durch Einlegen eines Pudenz-Heyer-Ventils durchgeführt wird, bildet sich auch dieses psychische Bild sehr rasch wieder zurück und macht noch bei bestehendem Tumor wieder der kindlichen Psychomotorik und Verhaltensweise Platz.

Zu einer Bewußtseinstrübung stärkeren Grades kommt es bei Prozessen der hinteren Schädelgrube im allgemeinen erst ziemlich spät. Die Kinder bleiben bis in ein relativ fortgeschrittenes Stadium bewußtseinsklar, wenn auch vielleicht etwas verlangsamt im Denkablauf.

Die Ponstumoren verursachen in der Regel keine Hirndruckzeichen. Die führenden Symptome sind Hirnnervenausfälle, bei hochgelegenen Tumoren im Bereich der Vier-Hügel-Gegend ein Vertikalnystagmus. Specht konnte zeigen, daß bei diesen Kindern das Bewußtsein bis kurz vor Eintritt des tödlichen zentralen Atemversagens erhalten bleibt und die Kinder wach, fixierbar und aufmerksam sind, auch dann, wenn die Formatio reticularis pontis vom Zerstörungsprozeß des Tumors erfaßt ist. Gutartige, langsam wachsende oder gar stationäre tumoröse Prozesse im Bereich der Pons gehen in der Regel ohne psychische Auffälligkeiten einher, auch die rasch wachsende und in der Regel bald zum Tode führenden inoperablen Ponstumoren sind durch eine fehlende oder recht geringe organische Wesensänderung gekennzeichnet. Diese Kinder machen auch erst gegen Ende des Prozeßverlaufes einen kranken Eindruck, sie bleiben vorher reagibel, lebhaft, und nur die deutlichen Hirnnervensymptome weisen auf den ernsten Krankheitsprozeß hin.

Die Prozesse der Großhirnmittellinie. Tumoren im Bereich des Chiasma opticus werden oft spät erkannt. Die führenden Symptome sind die Einschränkung des Gesichtsfeldes, die subjektiv oft lange nicht erkannt wird, vor allem von Kindern, die sich darüber kaum Rechenschaft abgeben können; Kopfschmerzen und Erbrechen setzen in der Regel erst sehr spät ein. Häufig sind die diencephalen oder hypophysären endokrinen und vegetativen Funktionen im Vordergrund stehend, so daß die Feststellung des Tumors auf dem Umwege über eine kinderärztliche Untersuchung wegen konstitutioneller Störungen erfolgt.

Bei dieser Gruppe von Tumoren besteht ebenfalls keine sehr auffällige Veränderung der Persönlichkeit. Am ehesten findet man eine gewisse psychische Abstumpfung mit Verminderung der Reaktionsbereitschaft, eine gewisse Antriebsschwäche und affektive Gleichgültigkeit, wenn man so will, ein „präpuberal" wirkendes Verhalten. Hierbei wird man an eine diencephale Antriebsstörung denken.

Bei den endokrin wirksamen Kraniopharyngeomen kommt es ja vielfach zu einer Retardierung der körperlichen Entwicklung. Die regelmäßig damit einhergehende psychische Retardierung fällt daher oft nicht auf. Zu einem organischen Psychosyndrom kommt es erst in den Spätstadien durch einen eventuell hinzutretenden Hirndruck.

Die Epiphysentumoren, die Pinealome, die insgesamt selten, aber im Kindes- und Jugendalter doch relativ häufig sind, zeigen neurologisch durch ihre Beeinträchtigung des oberen Hirnstamms in der Regel typische Blicklähmungen nach oben und oft doppelseitige Ptose. Die mit den Pinealomen häufig in Verbindung gebrachten konstitutionellen hormonalen Veränderungen in Form einer Pubertas praecox sind nicht sicher durch den Tumor selbst bedingt, sondern werden auch als Folge des Hydrocephalus angesehen. Eine besondere psychische Symptomatik ist ihnen nicht eigen, im übrigen ist auf die besondere psychische Problematik der Pubertas praecox hinzuweisen (s. S. 8).

Die Prozesse der Großhirnhemisphären. Die Tumoren der Großhirnhemisphäre zeichnen sich dadurch aus, daß sie zuerst Lokalsymptome verursachen, sofern sie nicht in einer „stummen" Zone lokalisiert sind. Der Raum des Großhirns ist groß genug, um einen allgemeinen Hirndruck erst spät entstehen zu lassen, es sei denn, es handelt sich um einen rasch fortschreitenden Tumor. Die Kopfschmerzen werden daher auch häufiger lokalisiert angegeben, auch das Erbrechen tritt relativ spät ein. Führend sind dagegen Lokalsymptome, häufiger cerebrale Krampfanfälle mit typischen Herdzeichen, also Jackson-Anfälle oder auch temporale Anfälle.

Die psychischen Symptome hängen dabei ebenfalls von der Lokalisation ab. Da der Hirndruck erst in den späten Stadien entsteht, werden auch die allgemeinen psychischen Symptome wie Bewußtseinsstörung oder eine organische Wesensänderung erst relativ spät, also meist erst lang nach den Herdsymptomen registriert. Bei besonderer Lokalisation können Werkzeugstörungen in Form von Aphasien und Apraxien führend sein.

Das von Paal bei Erwachsenen herausgearbeitete psychische Frühsymptom einer mangelnden adäquaten Ernstwertung allgemeiner Symptome durch die Patienten kann man bei Kindern nicht ohne weiteres annehmen, da sie zu ihren eigenen Beschwerden im allgemeinen eine geringere Distanz haben als Erwachsene. In den späteren Stadien ist aber bemerkenswert, daß das Kind mit den Großhirntumoren eher unruhig ist, auch klagsamer als das Kind mit den Tumoren der hinteren Schädelgrube und auch stärker regrediert, d.h. kleinkindlichere Verhaltensweisen annimmt.

Besondere Formen intracerebraler raumbeengender Prozesse sind die subduralen Hämatome, die besonders im Säuglingsalter beobachtet werden können. Hierbei stehen die allgemeinen Hirndruckzeichen verbunden mit den von der Lokalisation abhängigen Lokalsymptomen in der Symptomatik im Vordergrund, das psychische Bild ist in der Regel bei den ja im allgemeinen rasch progredienten Formen durch den bald entstehenden Hirndruck geprägt.

Pathogenese und soziale Bedeutung. Über die Genese der Hirngeschwülste ist wenig bekannt. Man nimmt an, daß es sich um eine selbständige Fehlentwicklung mehr oder weniger undifferenzierter Keimlager handelt, die während der Embryonalentwicklung dem allgemeinen Entwicklungsprozeß nicht gefolgt, sondern isoliert liegengeblieben sind.

Die Ursache der psychischen Symptomatik der Hirntumoren ist im wesentlichen durch den Hirndruck bedingt. Dieser führt zusammen mit der oft bestehenden Hirnschwellung zu einer wohl zunächst reversiblen Hirnschädigung, d.h. zu zahlreichen Zellausfällen und damit verminderten Hirnfunktionsleistung. Die genauen Zusammenhänge der einzelnen Hirnbereiche, insbesondere die Bedeutung einzelner Funktionssysteme wie der Formatio reticularis für die Bewußtseinslage ist z.T. naheliegend, aber im einzelnen nicht sicher bekannt.

Ihre soziale Bedeutung haben diese Symptome vor der Diagnostik der Hirntumoren durch die im Abschnitt der Fehldiagnosen zu besprechenden Fehlreaktionen der Umwelt. Nach Feststellung und Behandlung der Ursache, nämlich der Hirntumoren, ist der Folgezustand von entscheidender Bedeutung. Dieser hängt wieder oft weniger von der Lokalisation des Tumors ab, als von dem Ausmaß des abgelaufenen Hirndrucks und Umfang der untergegangenen Nervenzellen. Von einer Restitutio ad integrum bis zu schweren organischen Demenzzuständen finden sich alle Übergänge. Psychische Defektzustände können sich mit motorischen und sensorischen Ausfällen sowie mit Werkzeugstörungen oder einem cerebralen Anfallsleiden kombinieren. Alles, was über die soziale Bedeutung dieser Defektzustände bereits besprochen wurde, muß auch hier Berücksichtigung finden.

Die Diagnose, Differentialdiagnose und Fehldiagnose. Das psychische Verhalten eines Kindes, bei dem der Verdacht eines Hirntumors zu äußern ist, kann zu deren Diagnose kein beweisendes Kriterium sein. Die Diagnostik der Hirntumoren ist eine rein neurologische Aufgabe und muß mit den klinischen und kontrastdiagnostischen Verfahren der Neurologie durchgeführt werden. Immerhin können aber charakteristische psychische Verhaltensweisen, wie wir sie insbesondere für die Tumoren der hinteren Schädelgrube geschildert haben, differentialdiagnostische Hinweise bilden, auf die der erfahrene Kliniker nicht mehr verzichten möchte.

Umgekehrt wird man eine Wesensänderung bei einem Kind oder Jugendlichen, die vor oder mit dem Auftreten neurologischer oder klinischer Tumorzeichen in Erscheinung treten, naheliegenderweise eine tumorbedingte psychische Wesensänderung annehmen. Ja, man wird sogar fordern müssen, daß im Grunde bei jeder organisch imponierenden Wesensänderung, ja sogar bei jeder progredienten Verhaltensauffälligkeit eines Kindes auch an den hirnlokalen Prozeß, an den Hirntumor gedacht wird und entsprechende diagnostische Maßnahmen einleiten, ohne daß man deswegen in jedem dieser Fälle die Kontrastmitteldiagnose bis zur Perfektion durchführt, wo sich klare reaktive Ursachen oder andere, nicht raumbeengende cerebrale Prozesse oder Restzustände als Ursache anbieten.

Immerhin wird man sich darüber im klaren sein müssen, daß z.B. der Nachweis neurotogener Umweltsituationen sich so weit verbreitet führen läßt, daß er nie genügen kann, einen organischen Prozeß und damit auch einen Hirntumor allein auszuschließen, seien die Umweltverhältnisse noch so eindeutig und pathogen.

Ein 14jähriges Mädchen veranlaßten Kopfschmerzen einen Augenarzt aufzusuchen, der eine Stauungspapille und eine Sehfeldeinschränkung feststellen konnte. Die zunächst üblichen neurologischen und klinisch-diagnostischen Verfahren einschließlich Elektroencephalogramm brachten keinen pathologischen Befund, eine gleichzeitig durchgeführte psychologische Untersuchung dagegen massive neurotische Tendenzen und auch eine eindeutige pathogene Lebenssituation, die ohne weiteres ausgereicht hätte, psychogene Kopfschmerzen hinreichend zu erklären. Allein die Augenhintergrundsveränderungen und die visuellen Ausfälle veranlaßten eine weitere diagnostische Abklärung, die zur Feststellung eines Chiasmaprozesses führte.

Die uncharakteristischen psychischen Allgemeinsymptome langsam zunehmenden Hirndrucks, die oft lange vor neurologischen Lokalsymptomen oder auch vor den Kopfschmerzen auftreten können, bieten eine Fülle von Möglichkeiten zur Fehldiagnose. Diese Fehldiagnosen bedeuten ihrerseits eine mögliche Differentialdiagnose für alle solche Fälle, bei welchen sich ein raumbeengender Prozeß nicht feststellen oder gar ausschließen läßt.

Hemmer hat am Material der Neurochirurgischen Klinik Freiburg Fehldiagnosen der Kleinhirngeschwülste zusammengestellt. Im Vordergrund steht dabei das Symptom des Erbrechens, das häufig als psychisch bedingt angesehen wird, als habituell oder auch als Ausdruck einer Anorexia mentalis. Auch körperlich bedingtes Erbrechen werden fälschlich als Folge einer Hepatitis oder als Folge von gastroenteralen Erkrankungen angenommen.

Das psychische Verhalten kann sowohl als neurotische Entwicklung wie auch als Depression verkannt werden. Die allgemeine unbestimmte Leistungsschwäche und nervöse Reizbarkeit wird vielfach mit und ohne Hirnnervensymptome als Folge zufällig abgelaufener Infektionskrankheiten angesehen, die unter Umständen dekompensatorischen oder manifestierenden Charakter haben können. Bewegungsstörungen, insbesondere aber die anhaltende Kopfschiefhaltung werden zur Annahme einer cerebellaren hereditären Ataxie oder einer anderen extrapyramidalen Bewegungsstörung führen. Ein selbst beobachteter Fall wurde Monate vor der Hirntumordiagnostik wegen eines Schiefhalses operiert. Bei langsam progredienten cerebralen Prozessen kann die unter der Fehldiagnose ablaufende Fehlbehandlung über Jahre gehen.

Was für die Kleinhirngeschwülste gilt, gilt ebenso für die Großhirngeschwülste. Hier ist vor allem die Annahme einer genuinen oder einer symptomatischen Epilepsie aufgrund einer vielleicht vorliegenden frühkindlichen Hirnschädigung eine häufige Fehldiagnose. Es sei an dieser Stelle daher noch einmal die Notwendigkeit betont, jedes Krampfleiden im Kindesalter einer neurologischen, klinischen Diagnostik einschließlich Kontrastmittelverfahren zuzuführen, um einen raumbeengenden

Prozeß auszuschließen. Gerade die Verbindung zur frühkindlichen Hirnschädigung darf nicht zu dem Fehlschluß führen: Entweder frühkindliche Hirnschädigung oder Tumor. Durch eine frühkindliche Hirnschädigung kann ohne weiteres auch einmal eine Cyste entstehen und als Hirntumor wirksam werden. In diesem Zusammenhang sind auch die gelegentlichen Rankenaneurysmen zu erwähnen, die vor ihrer Verkalkung nur durch Kontrastmittelverfahren erkannt werden können.

Das Gleiche gilt für endokrine Störungen, insbesondere für Wachstumsstörungen, bei welchen ein Kraniopharyngeom oder ein Hypophysentumor ausgeschlossen werden muß.

Therapie und Prognose. Die adäquate Therapie der psychischen Veränderungen bei Hirntumoren ist die Beseitigung der Tumoren selbst. Die Therapie ist also die Domäne des Neurochirurgen. Wo eine Operation aus lokalen Gründen nicht möglich ist, ist die Möglichkeit einer Bestrahlung zu prüfen, die auch als Nachbestrahlung nach einer Operation angewandt werden kann und sich im wesentlichen nach der Strahlenempfindlichkeit des Tumors richtet. Wo Operation und Bestrahlung keine Möglichkeit wirksamer Therapie darstellen, sollte durch einen atrio-ventrikulären Shunt, durch ein Pudenz-Hayer-Ventil eine Entlastung des Hirndrucks bzw. eine Verhinderung desselben angewandt werden, wenn der Hirndruck durch eine Verlegung der Liquorausflußbahn abwärts vom Aquädukteingang bis zum Foramen magendi verursacht ist. Das gleiche gilt für einen Hydrocephalus aresorptivus, der entsteht, wenn Tumoren einen Übertritt des Liquors zur Großhirnkonvexität verhindern, wo die Resorption stattfindet.

Diese entlastende Operation ist auch für die psychischen Störungen von Bedeutung, da sie geeignet ist, schon vor der eigentlichen operativen Tumorentfernung in einer wenig eingreifenden Voroperation möglichst frühzeitig den gefährlichen Hirndruck zu beseitigen bzw. zu verhindern. Auf diese Weise bilden sich die den Tumor begleitenden psychischen Symptome, die ganz in der Regel Hirndrucksymptome sind, sehr rasch zurück und es können Demenzzustände und definitive organische Wesensänderungen vermieden werden. Es ist eindrucksvoll, wie die offensichtlich schwerkranken, gehemmten, ernsten und oft auch schon bewußtseinsgetrübten und in ihrem Denkablauf verlangsamten Kinder mit einem Tumor der hinteren Schädelgrube, die unter hartnäckigen Kopfschmerzen und unstillbarem Erbrechen leiden, unmittelbar

nach dieser Entlastungsoperation aufleben und innerhalb weniger Stunden ihre ursprüngliche natürliche kindliche Wesensart und Beweglichkeit wieder erwerben. Dies kann so weit gehen, daß wenig einsichtige Eltern nur noch mit Mühe dazu zu bewegen sind, zu der notwendigen eigentlichen Tumoroperation ihr Einverständnis zu geben. Die früher infolge anhaltenden Hirndrucks immer wieder zu beobachtenden Erblindungen können auf diesem Wege vermieden werden. Auch scheint die unmittelbare Operationsbelastung und das Operationsrisiko deutlich geringer zu sein, wenn einige Tage vorher durch den atrio-ventrikulären Shunt ein Druckausgleich erzielt wurde.

Die Prognose der psychischen Veränderungen hängt also ganz entscheidend von der Dauer und Stärke des Hirndrucks ab. Bestand er über lange Zeit, ist mit einem chronischen psycho-organischen Syndrom, unter Umständen mit einer Demenz auch dann zu rechnen, wenn die Ursache des Hirndrucks, der Tumor, völlig entfernt werden konnte. Wird der Hirndruck dagegen frühzeitig erkannt und durch entlastende Maßnahmen frühzeitig, möglichst vor einer Sprengung der Schädelnähte, wieder beseitigt, ist psychisch mit einer völligen Restitutio ad integrum zu rechnen. Die Prognose des Tumorleidens, das letztlich ausschließlich von Lokalisation und Artdiagnose, damit von der Operabilität und Strahlenempfindlichkeit, von seinem gutartigen oder bösartigen Wachstum abhängt, ist davon natürlich nicht beeinflußt.

Die Prognose der häufigsten Geschwülste im Kindesalter, der Medulloblastome, ist nach wie vor ungünstig. Sie rezidivieren außerordentlich stark. Operation und regelmäßige, u.U. wiederholte Nachbestrahlung sowohl des Operationsgebietes wie auch des Duralsacks wegen sog. Tropfmetastasen kann aber noch einige wenige Jahre relativ beschwerdefreien Lebens bringen, wobei die Kinder wenig behindert sind und auch noch lange die Schule besuchen und sich wie ihre Altersgenossen verhalten können. Allerdings ist in diesen Fällen eine allgemeine psychomotorische wie psychische Dämpfung, ein gewisser „Schongang" wohl immer zu beobachten. Dieser wird jedoch subjektiv nicht so sehr empfunden. Die Beratung der Eltern ist hier besonders bedeutungsvoll. Sie haben die schwere Aufgabe in Erkenntnis der befristeten Lebenserwartung ihrem Kinde eine möglichst „normale" häusliche Umgebung zu gewähren, ohne es durch unnatürlich verwöhnende oder auch überfordernde Haltung sekundär zu schädigen. Bei anderen Tumoren der hinteren Schädelgrube, etwa den Kleinhirnspongioblastomen oder auch des Ependimomen ist die Prognose wesentlich besser, und es kann auch zur Dauerheilung kommen.

Die Prognose der Tumoren des Großhirns ist sehr unterschiedlich. Das Kraniopharyngeom ist trotz seiner biologischen Gutartigkeit, durch seine Lokalisation und dadurch, daß es operativ oft schwer angehbar ist und strahlenresistent ist, in seiner Prognose getrübt.

Im ganzen kann man sagen, daß Tumoren des Kindesalters prognostisch weniger günstig sind als die Tumoren des Erwachsenenalters.

C. Chronische organische Psychosyndrome

I. Allgemeine Vorbemerkung

Die chronischen psychischen Veränderungen, die als psychisches Korrelat einer angeborenen, ererbten Funktionsstörung oder als Folgen einer exogenen Hirnschädigung auftreten, sind in ihrer Symptomatik nicht mehr so einheitlich, wie das bei den akuten psychischen Begleiterscheinungen in Gestalt des akuten exogenen Reaktionstyps zu sehen war. Das Bild der chronischen Psychosyndrome hängt im wesentlichen von 3 Umständen ab:

1. Dem Zeitpunkt der Einwirkung der exogenen Schädigung, d.h. es besteht eine Abhängigkeit zwischen der psychischen Symptomatik und der körperlichen und psychischen Entwicklungsphase, in der sich das Kind zur Zeit der schädigenden Einwirkung befunden hat.

2. In begrenztem Maße hat die Lokalisierung der Schädigung eine Bedeutung für das spätere Symptomenbild der chronischen psychischen Veränderungen. Dies gilt besonders für traumatische Verletzungen.

3. In ebenfalls geringerem Ausmaße kann auch die Art der exogenen Noxe das in der Folge sich herauskristallisierende psychische Bild beeinflussen. Größer ist demgegenüber die Bedeutung von Stärke und Ausdehnung der Noxe.

Im ganzen muß man aber feststellen, daß gerade im Kindes- und Jugendalter die Phasenspezifität der Noxe vor der Artspezifität und der Lokalisationsspezifität den Vorrang hat.

Die hervorragende Bedeutung der *Phasenspezifität* gilt vor allem für Schädigungen, die in der frühen Kindheit, also im Perinatalstadium und im Säuglingsalter auf das Kind eingewirkt haben. Etwa bis zum Ende des 1. Lebensjahres befindet sich nämlich das kindliche Gehirn in einer recht stürmischen Entwicklung und Ausdifferenzierung. Nach dem 1. Lebensjahr verläuft sie allmählich langsamer und ist etwa mit Beginn des Schulalters ziemlich abgeschlossen.

Während der Embryonalzeit, d.h. in den ersten 3 Schwangerschaftsmonaten, bilden sich die Organe in ihrer Grobstruktur, wobei aber die Gehirnbildung zu diesem Zeitpunkt noch keineswegs abgeschlossen ist, sondern sich auch in der Folgezeit noch weiterhin differenziert. Etwa vom 6. Schwangerschaftsmonat an, also in der Mitte der Fetalzeit und mit dem Beginn einer überhaupt möglichen extrauterinen Lebensfähigkeit, setzt eine spezielle Differenzierung der besonders funktionstragenden Bereiche des Neocortex, der Gehirnrinde ein, die Markscheidenentwicklung, deren Ende nicht sicher bestimmbar ist und sicher weit in das Kindesalter hineinreicht, die aber etwa am Ende des ersten Lebensjahres, wenn das Kind allein zu laufen und zu sprechen beginnt, einen gewissen Abschluß gefunden hat.

Noxen, die während der Organogenese, also zu Beginn der Schwangerschaft, auf das Kind direkt oder indirekt einwirken, haben vorwiegend Organmißbildungen und schwere Differenzierungsstörungen zur Folge, sofern die Schädigung überhaupt überlebt wird. Schädigungen, die während der Phase der Markscheidenentwicklung, also etwa zwischen dem 6. Schwangerschaftsmonat und dem Ende des 1. Lebensjahres das Kind treffen, haben im wesentlichen mehr oder weniger ausgeprägte Funktionsstörungen des Gehirns zur Folge. Die Funktionsstörungen können in einer Beeinträchtigung der psychischen Funktion, also vor allem im Schwachsinn, zum Ausdruck kommen, oder in einer Störung der motorischen Funktionen, d.h. in spastischen cerebralen Lähmungen, wobei je nach Schweregrad der Schädigung beide Arten der cerebralen Funktionsstörung sich bis zur Unkenntlichkeit verdünnen können.

Eine Schädigung, die das kindliche Gehirn nach dem wesentlichen Abschluß der Gehirndifferenzierung trifft, kann ebenfalls psychische und motorische Funktionsstörungen hervorrufen, bietet aber ein anderes, mehr defektuöses Bild, da offenbar das in seiner Entdifferenzierung abgeschlossene Gehirn nur noch geringere bzw. andere Kompensationsmöglichkeiten hat.

Die Bedeutung der Lokalisation einer Schädigung tritt demgegenüber in den Hintergrund, gerade weil das kindliche Gehirn noch eine weitgehende Ausgleichsfähigkeit hat. Dies sehen wir besonders bei den sog. Werkzeugstörungen, insbesondere bei der Aphasie. Die Sprachfunktion ist beim gesunden Kind paarig angelegt, d. h. beide Gehirnhälften stehen zur Fixierung der Sprachfunktion zur Verfügung. Welche Gehirnhälfte schließlich die Dominanz übernimmt, entscheidet offenbar eine erbliche Anlage, vielleicht auch eine früherworbene halbseitige Schwäche.

Es muß auch daran gedacht werden, daß die Fixierung des Kleinkindes auf eine bestimmte dominante Seite auch durch unbewußte Prägung durch die das Kind umgebenden Erwachsenen erfolgt. So wird eine rechtshändige Mutter unbewußt mehr nach dem rechten Händchen des Säuglings greifen.

Noch bis etwa zum 8. Lebensjahr besteht jedoch die Fähigkeit der nicht-dominanten Hemisphäre, beim Ausfall der dominanten, etwa durch ein Trauma, vikariierend einzuspringen. Dabei ist die Fähigkeit in den ersten Lebensjahren noch sehr gut entwickelt, so daß die Zeit vom Ausfall der betroffenen Zentren in der dominanten Hemisphäre bis zur vollen Funktionsfähigkeit durch die ursprünglich nicht dominante sehr kurz sein kann und die Funktion auch wieder vollständig übernommen wird, wogegen in den späteren Jahren der Zeitraum bis zum Wiederauftreten der Funktion sich verlängert und auch die Funktion nicht mehr vollständig erworben wird. Gegen Endes des 1. Lebensjahrzehnts ist im allgemeinen keine Funktionsübernahme durch die Gegenseite mehr möglich. Dieses Modell der Aphasien gilt für alle lokalisierten Funktionen des Gehirns, insbesondere der Gehirnrinde, die ja jeweils paarig angelegt sind.

Eine besondere Bedeutung hat die Lokalisation allerdings für alle epileptischen Funktionsstörungen, wie dort im Zusammenhang besprochen werden soll.

Eine *Noxenspezifität* tritt, nach unseren bisherigen Kenntnissen, weniger deutlich hervor. Am ehesten wird man eine Noxenspezifität bei endokrinen Störungen annehmen können, aber auch die so hervorgerufenen psychischen Veränderungen sind nicht grundsätzlich von den Bildern zu unterscheiden, die wir nach allgemeinen entzündlichen oder nicht lokalisierten traumatischen Störungen sehen können.

Eine wesentliche Differenzierung der Folgezustände nach entzündlichen Erkrankungen ist schon deswegen nicht zu erwarten, weil die Reaktion des Gehirns auf sehr verschiedene Erreger ziemlich einförmig ist. Diese Einförmigkeit gilt insbesondere für die ersten Kindheitsjahre. Mit zunehmendem Alter gleicht sich das Kind in seiner Reaktionsweise immer mehr dem Erwachsenen an, so daß die bei den Erwachsenen bekannten psychopathologischen Folgezustände nach unterschiedlichen Noxen auch bei den älteren Kindern beobachtet werden können.

Bei allen chronischen psychischen Veränderungen ist jedoch ein von der Art der Schädigung ziemlich unabhängiger psychischer Einfluß zu berücksichtigen, der häufig übersehen wird, nämlich die psychische Reaktion des Kindes oder Jugendlichen auf ein durch die vorausgehende Erkrankung und ihrer Folgezustände verändertes Umwelterleben und auch die veränderte Reaktion der Umwelt auf die veränderte Psyche des Kindes, also die psychische Reaktion der Umwelt auf die organische Wesensänderung. Dies gilt besonders für die leicht- und mittelgradigen Folgezuständen, die noch genügend psychische Reaktionsfähigkeit beim Patienten bestehen lassen und somit dem Kind erlauben, die veränderte oder inadäquate Reaktion der Umwelt auf sein eigenes abnormes Wesen noch empfindlich zu registrieren. In schweren Fällen kann das Kind im allgemeinen das Verhalten der Umwelt nur noch sehr grob und undifferenziert registrieren und ist auch oft wenig empfindlich ihr gegenüber. Man darf aber diesen Schluß auf Unempfindlichkeit, etwa im Hinblick auf einen Schwachsinnszustand, nicht vorschnell ziehen, da wir auch hier noch oft mit deutlichen psychischen Reaktionen zu rechnen haben. Im Rahmen der hier besprochenen organischen Psychosyndrome, die in der Regel nicht mit Schwachsinn einhergehen, ist jedoch immer mit solchen, von der ursprünglichen Krankheit und Störung eher unabhängigen, reaktiven Störungen zu rechnen, die sich oft mit dem zugrundeliegenden organischen Psychosyndromen bis zur Unkenntlichkeit mischen und auch wieder von ihm beeinflußt werden. Es erfordert oft eine große Erfahrung, zu unterscheiden, was ursprüngliche, organisch bedingte Wesensänderung und psychische Funktionsstörung, und was reaktives Fehlverhalten ist.

II. Frühkindlich exogene Psychosyndrome

Symptomatik. Das frühkindlich exogene Psychosyndrom ist Folge einer frühkindlichen Hirnschädigung. Unter einer frühkindlichen Hirnschädigung fassen wir die Folgen aller Noxen zusammen, die in der Zeit zwischen dem 6. Schwangerschaftsmonat und dem Ende des 1. Lebensjahres auf das kindliche Gehirn eingewirkt haben. Die Abgrenzung dieser Phase ist bereits begründet worden. Die Folgen von Schädigungen, die vor dieser Zeit auf das klinische Gehirn eingewirkt haben, brauchen im Rahmen dieses Kapitels nicht erörtert zu werden, da sie in der Regel mit Schwachsinn einhergehen und dort abgehandelt wurden. Später einwirkende Schädigungen lassen sich in ihren Folgen von der frühkindlichen Hirnschädigung gut abgrenzen. Sie werden im wesentlichen unter den postencephalitischen und traumatischen Wesensänderungen besprochen werden.

Die frühkindliche Hirnschädigung kann je nach Schweregrad und Ausdehnung 3 verschiedene Folgezustände bewirken, die sich teilweise überlagern und fließende Übergänge zeigen:

1. Folgezustände, bei welchen *schwere motorische Schädigungen* im Vordergrund stehen. Ein möglicher Intelligenzdefekt tritt gegenüber den motorischen Funktionsstörungen in den Hintergrund. Das typische Bild ist die *cerebrale Kinderlähmung* oder infantile *Cerebrallähmung*, die „spastischen" Kinder (s. S. 339).

2. Folgezustände, bei welchen die *intellektuelle Schädigung* im Vordergrund steht, wobei leichtere motorische Beeinträchtigung häufig nachzuweisen ist. Diese wurden in dem Kapitel über den *Schwachsinn* abgehandelt (s. S. 258).

3. Folgezustände *leichtgradiger Schädigung*, wobei auffallende körperliche oder intellektuelle Beeinträchtigungen nicht bestehen, wohl aber ein typisches psychopathologisches Bild, das wir unter dem Begriff des *frühkindlichen exogenen Psychosyndroms* zusammenfassen.

Wegen der fließenden Übergänge zu den schweren Schädigungsfolgen, vor allem aber wegen der zunehmenden „Verdünnung" zum Gesunden hin, können nur schwer genauere Zahlen über die Häufigkeit einer solchen leichtgradigen frühkindlichen Hirnschädigung gegeben werden. Während man bei der infantilen Cerebrallähmung mit einer Häufigkeit von 1 auf 1000 in der Gesamtbevölkerung rechnet, schwanken die Zahlen je nach Auswahlkriterien zwischen 3 und weit über 10% aller Kinder. Ja eingehende Untersuchungen von unausgelesenen Erstkläßlern ergaben sogar 17% mit begründeten Hinweisen auf eine solche leichtgradige frühkindliche Hirnschädigung.

Die Grundlage des frühkindlichen exogenen Syndroms bildet eine Art Werkzeugstörung, eine Teilleistungsschwäche, die u.a. in einer Erschwerung der Figur-Hintergrunddifferenzierung, der Gestalterfassung, einer auditiven Erfassungs- oder Differenzierungsstörung oder in einer unterschiedlichen Kombination solcher Teilleistungsschwächen ausdrücken kann. Diese Differenzierungsschwächen und Störungen der Erfassung sensorischer Eindrücke läßt sich durch differenzierte psychologische Testuntersuchungen recht gut objektivieren. Infolge dieser Differenzierungsstörungen haben diese Kinder mehr Schwierigkeiten als gesunde, Reize im weitesten Sinn zu erkennen, ihre Bedeutung zu erlernen und sie damit zum Auslöser für reflexhaft angepaßtes Reagieren und Verhalten zu machen. Die Reize haben bei diesen Kindern ihre Auslöserqualität mehr oder weniger eingebüßt oder noch nicht erworben. Die Kinder lernen verzögert und verspätet, sich in ihrer Umwelt angepaßt zu verhalten. Vor allem ist das Gegeneinanderabwägen bestimmter Eindrücke mit einander entgegenstehenden Antriebsrichtungen von dieser Störung betroffen.

Diese Grundstörung, eine Werkzeugstörung, die sich häufig mit einer mangelhaften motorischen Integration im Sinne einer ganz leichten infantilen Cerebralparese kombiniert und schließlich auch mit einer allgemeinen Reizüberempfindlichkeit und Irritierbarkeit einhergeht, führt nun zu ganz typischen psychopathologischen Bildern:

Das frühkindliche exogene Psychosyndrom ist gekennzeichnet durch eine *Distanzstörung* oder *Distanzunsicherheit*. Wenden sich kleine Kinder fremden Personen ohne Initialstupor zu, wirken sie dadurch u.U. aufdringlich. Zu geringe Zuwendung imponiert als Unnahbarkeit.

Aus dieser Distanzunsicherheit erwächst eine Störung der Kommunikation, wobei der oberflächliche Kontakt meist rasch hergestellt wird, eine tragfähige Bindung von Dauer jedoch kaum zustande kommt. Das Einfühlungsvermögen in die Belange der Umwelt ist auf diese Weise verringert, den eigenen Handlungsweisen steht oft eine mangelhafte Kritik gegenüber, so daß es zu einer *Störung des Sozialgefühls* kommt.

Oft kann es infolge dieser verminderten Umwelterfassung zu einer verminderten *Angstbildung* kommen, wobei die Kinder oft tollkühn oder besonders mutig erscheinen. So zeigt z.B. typischerweise der leichtgradig organisch geschädigte jugendliche Wegläufer — und das Weglaufen ist ein häufiges Symptom im Rahmen des frühkindlichen exogenen

Psychosyndroms — etwa bei Nacht in fremder Umgebung oft keinerlei Angstgefühl, so lange das mehr triebhaft empfundene Verlangen des Weglaufens dominiert.

Die mangelnde Steuerung durch Außenreize führt zu einer *Neigung zu Kurzschlußhandlungen*, wobei das Denken stets erst nach dem Handeln kommt.

In der Schulsituation fallen die Kinder oft durch eine erhöhte motorische Unruhe im Sinne einer leichtgradigen extrapyramidalen, vorwiegend choreiformen Unruhe auf. Die häufig damit verbundene *Konzentrationsschwäche* ist jedoch nur eine Folge des gestörten sensorischen Erfassungsvermögens: Die Aufmerksamkeit kann gegenüber undifferenzierten anderen Reizen nicht genügend abgeschirmt werden.

Im übrigen ist bei allgemein erhöhter Reizempfindlichkeit die Affektivität vorwiegend labil, der Antrieb meist gesteigert bei verringerter Durchhaltefähigkeit.

Das Bild des frühkindlich exogenen Psychosyndroms kann man zusammenfassend am besten folgendermaßen darstellen:

Das Kind ist nach dem Ergebnis des Intelligenztests meist durchschnittlich begabt; aber auch überdurchschnittliche Begabungen oder Unterbegabungen kommen vor. Die einzelnen Intelligenzfunktionen streuen jedoch sehr stark.

In bestimmten Situationen ist das Kind oft normal und gut leistungsfähig, zeigt aber in der Gruppe, besonders in größeren Schulklassen, eine Leistungsfähigkeit, die deutlich unter seiner im Testversuch nachzuweisenden intellektuellen Potenz liegt. Hier wirkt sich eine hochgradige Ablenkbarkeit und eine hyperkinetische Psychomotorik aus. Das Kind weint leicht, ist aber auch schnell wieder zu beruhigen. Es faßt gut auf, ist aber in seiner Merkfähigkeit doch eher gehindert. Die Gesamtmotorik ist unruhig, oft choreiform ausfahrend und wirkt dadurch nicht altersentsprechend integriert. Daher haben auch diese Kinder häufig eine schlechte Handschrift. In die Gruppe fügt sich das Kind rasch ein, zeigt in fremder Umgebung häufig keine Heimwehreaktion, nimmt auch raschen Kontakt mit anderen Kindern auf, denen es mit lebhaften Einfällen und ungehemmter Initiative imponiert. Der Kontakt des Kindes ist jedoch nicht dauerhaft, es hat keine Freunde, sondern bestenfalls Kameraden, es bleibt im Grund isoliert, leidet aber häufig gar nicht darunter, weil es diese Isolation zunächst nicht bemerkt. Manchmal ist es in fröhlicher Unbekümmertheit zu groben, manchmal sogar unangepaßten und gefährlichen Späßen aufgelegt, zeigt dabei aber nie eine aggressive „Bösartigkeit", wie man sie etwa beim neurotischen Kinde erleben kann.

Ein anderer Typ dieser Kinder, bei welchem die motorische Ungeschicklichkeit und affektive Labilität im Vordergrund steht, zieht den Spott der anderen Kinder auf sich. Diese Kinder weinen leicht und werden dadurch zum Prügelknaben.

Die fröhlich Unbekümmerten sind oft bestürzt, wenn man ihnen das Unangepaßte ihres Verhaltens aufzeigt, sie sehen alles ein und versprechen ehrlich Besserung, verhalten sich aber bei nächster Gelegenheit nach vorübergehend sehr guter Anpassung wieder völlig unangepaßt.

Charakteristisch ist die bei diesen Kindern sehr wechselnde Symptomatik, der Wechsel von guter Anpassung und guter intellektueller Leistung mit plötzlichem und unmotiviertem Versagen und fehlender Anpassungsfähigkeit.

Die Symptome des frühkindlich exogenen Psychosyndroms, die häufiger und auch stärker als alle anderen organischen Psychosyndrome reaktiv überformt und überlagert werden, verlieren im Laufe der psychischen Entwicklung bis hin zur Pubertät allmählich an Intensität. Da es sich bei der Differenzierungsschwäche um eine Werkzeugstörung handelt, die im allgemeinen keine Unfähigkeit, sondern nur eine Schwäche bedingt, erlernen diese Kinder zwar verzögert, aber dann doch die Fähigkeit zum adäquaten Verhalten und zur Anpassung, sofern die reaktive Überformung, die sekundäre Neurotisierung, nicht in den Vordergrund tritt. Die Kinder zeigen also vorwiegend das Bild des psychischen und intellektuellen Spätentwicklers. Mit zunehmendem Alter ist jedoch die Diagnose immer schwerer zu stellen, wobei hinzukommt, daß dann auch hinweisende anamnestische Daten immer schwieriger in Erfahrung zu bringen sind. Beim Erwachsenen kann die Diagnose des frühkindlichen exogenen Psychosyndroms nur noch in stärker ausgeprägten Fällen und oft nur noch verdachtsweise gestellt werden.

Genese und soziale Bedeutung. Die frühkindliche Hirnschädigung, zeitlich begrenzt auf einen bestimmten Entwicklungsabschnitt der Gehirnreifung, die Markscheidenreifung, verursacht Ausfälle, die sich funktionell anders auswirken als Schädigungen an weiter ausdifferenzierten und ausgereiften Gehirnen. Ein Teil der Ausfälle wird wohl als Folge einer Migrationsstörung der Nervenzellen aufgefaßt werden müssen, wobei ein Teil der Nervenzellen in ihren ursprünglichen Lagern im Umkreis der Ventrikel liegen bleiben. Diese mangelhafte Ausdifferenzierung kann wohl mit einem Teil der charakteristischen psychischen Symptome, wie etwa die Reizüberempfindlichkeit, in Beziehung gesetzt werden. Außerdem ist daran zu denken, daß Ausfälle während dieser Phase offenbar weitergehend ausgleichsfähig sind. Dadurch ist das frühkindlich exogene Psychosyndrom weniger einschneidend, weniger lokal fixiert, als die posttraumatische oder postencephalitische Wesensveränderung.

Die Bedeutung der leichtgradigen frühkindlichen Hirnschädigung (Müller-Küppers), des minimal brain dysfunction für die psychische Entwicklung und für spätere zu beobachtende Verhaltensstörungen und Anpassungsschwierigkeiten ergibt sich auch durch inzwischen erfolgte Tierversuche, über die Prechtl zusammenfassend berichtet. Dabei sind weniger die Ergebnisse nach operativen umschriebenen Läsionen am Gehirn junger Versuchstiere bemerkenswert, als vielmehr die Beobachtungen nach experimentellen Asphyxien während der Geburt bei Affen. Schwere neurologische Störungen in den ersten Lebenswochen und Monaten bilden sich oft später zurück und hinterlassen, wenn überhaupt, nur leichte motorische Defekte wie Ungeschicklichkeiten in der Feinmotorik. Die geschädigten Tiere zeigen später ein geringeres emotionelles Verhalten, ihre Objektunterscheidung ist ungestört, jedoch andere Leistungen sind ähnlich solchen gestört, die bei Frontalhirn-Läsionen und Nucleus-caudatus-Defekten beschrieben wurden. Wesentlich erscheint, daß der Grad der Dysfunktion und das Ausmaß der strukturellen Schädigung in einer völlig anderen Relation stehen als es vom erwachsenen Nervensystem her bekannt ist. Leichte neurologische Abweichungen von der Norm können einziges Zeichen einer schweren frühen Hirnschädigung sein und es besteht nach Prechtl aller Grund anzunehmen, daß dies auch bei Kindern der Fall sein könne. Prechtl ist der Ansicht, daß man in solchen Fällen eigentlich nicht von leichtgradiger frühkindlicher Hirnschädigung sprechen sollte, sondern von schwerer Hirnschädigung mit leichten Folgen. Defekte Lernleistungen, die sich dann auch nur in bestimmten Situationen manifestieren, können die einzigen Konsequenzen einer Läsion sein bei klinisch sonst unauffälligen Tieren. Bemerkenswert ist jedoch, daß auch im Tierversuch die Kompensationsmöglichkeit sehr von den sozialen Bedingungen abhängig ist, unter denen die Tiere aufwachsen.

Diese im Tierversuch nachzuweisenden Auffälligkeiten weisen erstaunlich viele Parallelen zum frühkindlich exogenen Psychosyndrom auf, wodurch es berechtigt erscheint, außer der statistischen Korrelation zwischen dem frühkindlich exogenen Psychosyndrom und der anamnestisch zu verifizierenden frühkindlichen Hirnschädigung auch eine ursächliche anzunehmen.

Die dem frühkindlich exogenen Psychosyndrom als wesentliche zugrundeliegende sensorische Erfassungs- und Differenzierungsstörung, die sich testpsychologisch oft gut erfassen läßt, ist offenbar eine typische Folge diffus einwirkender Hirnschädigung, die bevorzugt bei Einwirkung während der früheren Gehirndifferenzierung zum Ausdruck kommt, aber auch bei späteren, etwa traumatischen Hirnschädigungen beobachtet werden kann. Einzelne familiäre Häufungen lassen auch die Möglichkeit diskutieren, daß das frühkindlich exogene Psychosyndrom in einzelnen Fällen einem erblichen Reaktionstyp, einer erblichen Teilleistungsschwäche entspricht. Diese oder in der Regel die Hirnschädigung wiederum kann unschwer als eigentliche Ursache der typischen Verhaltensstörungen im Rahmen des frühkindlich exogenen Psychosyndroms herangezogen werden. Durch Beeinträchtigung der optischen oder akustischen Erfassung der Situation kommt es zu den typischen Verhaltensstörungen, der Vigilanzstörung, der Störung des Sozialgefühls und zu der Konzentrationsschwäche. Letztere entsteht dadurch, daß das eigentliche Aufmerksamkeitsziel nicht in dem Maße festgehalten werden kann, wie es zur Erhaltung der Konzentration notwenig wäre, weil die Differenzierung der sphärisch einwirkenden Reize in wesentliche und unwesentliche nicht so rasch erfolgt wie notwendig.

Das Erfahrungsmaterial, das ein Kind während seiner psychischen Entwicklung sammelt, ist jedoch bei diesen Kindern weniger gut differenziert und wird auch mit Verzögerung erworben, sodaß die Reaktion auf Außenreize eine für das jeweilige Alter relativ mangelhafte Steuerung erfährt, d. h., es kommt zu einer Neigung zu Kurzschlußreaktionen und altersunangepaßtem Verhalten.

Im Rahmen einer frühkindlichen Hirnschädigung entstehen nicht nur optische Auffassungsstörungen im Sinne einer verminderten Gestalterfassungsfähigkeit, sondern auch Ausfälle auf anderen sensorischen Gebieten. So gibt es auch auditive Erfassungsstörungen, zentrale Hörstörungen im weitesten Sinne, die zu ähnlichen Ausfällen Anlaß geben. Die ungenügende Fixierung des akustischen Klangbildes, des Wortbildes und seine Assoziation zu bestimmten Begriffen können ähnliche Störungen hervorrufen. Es sind dies Kinder, die häufig schulisch verwahrlost wirken und für unaufmerksam und besonders vergeßlich gehalten werden.

Die soziale Bedeutung einer organischen Wesensänderung, im besonderen des frühkindlich exogenen Psychosyndroms, ist deswegen so groß, weil die organischen Psychosyndrome sich bei dem betreffenden Patienten nicht beziehungslos entwickeln, sondern der ständigen Reaktion und Gegenreaktion in der Beziehung des Individuums mit der Umwelt ausgesetzt sind. Gerade diese Wechselwirkungen mit der Umwelt spielen aber bei einem sich in der psychischen Entwicklung befindenden Kinde eine weit größere Rolle als bei einem bereits geprägten Erwachsenen.

Relativ gering ist die Bedeutung dort, wo die Psychosyndrome akut auftreten und von der Umwelt ohne weiteres als pathologisch erkannt und auch ursächlich erklärt werden können, etwa bei den psychischen Folgen eines Unfalles. Die Umwelt nimmt bei solchen akuten Ereignissen Rücksicht, bewertet das Fehlverhalten des Patienten als krankhaft und vermindert auf diese Weise von sich aus die Wechselwirkung auf ein Minimum.

Anders ist dies bei allen chronischen Psychosyndromen. Auch wo diese von der Umwelt ohne weiteres als krankhaft erlebt werden, vermag auch die nähere Umgebung nicht beständig und über viele Jahre hinaus die eigene spontane Stellungnahme zum Fehlverhalten des Patienten zu unterdrücken. Wenn nun die Registrierung dieser Reaktion der Umwelt nicht wesentlich beeinträchtigt ist, müssen sie wiederum zu einer Reaktion des Patienten Anlaß geben, und es kommt auf diesem Wege dazu, daß die pathologische Wesensänderung, das psychoorganische Syndrom selbst die Verhaltensweisen der Umwelt verändert, und zwar im allgemeinen im ungünstigen Sinne. *Der organisch Wesensveränderte schafft sich seine pathogene Umwelt selbst.*

Dieses Prinzip gilt im Grunde für alle organischen Psychosyndrome, sofern ein gewisses Maß an Reagibilität noch vorhanden ist. In besonderem Maße sind solche negativen Wechselwirkungen dann zu erwarten, wenn, wie gerade beim *frühkindlich exogenen Psychosyndrom*, die Umwelt nicht von vornherein das Krankhafte im Verhalten der Patienten erkennt, sondern das Psychosyndrom als Erziehungsfehler, Charaktervariante, d. h. als moralisch abzuwertende Verhaltensweise auffaßt. Andererseits sind gerade die Kinder mit dem frühkindlich exogenen Psychosyndrom so wenig beeinträchtigt, daß sie noch empfindlich sind für die Reaktion der Umwelt. Daher ist diese Gruppe in

besonderem Maße zu sekundären Fehlreaktionen, d. h. zur sekundären Neurotisierung prädestiniert. Diese sekundäre Neurotisierung ist daher in besonderem Maße mit dem frühkindlich exogenen Psychosyndrom verbunden. Bei dem wesentlich mehr reaktionsbeeinträchtigten postencephalitischen Bild sind solche Reaktionen die Ausnahme.

Tatsächlich kann man bei kindlichen Neurosen und reaktiven Verhaltensstörungen, bei Bettnässern, Stotterern, neurotischen Erziehungsschwierigkeiten einen Anteil von frühkindlich hirngeschädigten Kindern bis zu $1/3$ und mehr beobachten. In diesen Fällen überlagert sich das frühkindlich exogene Psychosyndrom unter Umständen bis zur Unerkennbarkeit mit typisch neurotischen Verhaltens- und Reaktionsweisen.

Die Erfahrung lehrt die große soziale Bedeutung des frühkindlich exogenen Psychosyndroms, das vor allem dann, wenn es als solches nicht erkannt wird, zu Fehlentwicklungen Anlaß geben kann.

In manchen Fällen bleibt die Frage offen, ob das Fehlverhalten als reaktiv im Sinne einer sekundären Neurotisierung zu erklären ist oder ob es primär Folge einer ererbten oder erworbenen organischen Teilleistungs- und Differenzierungsschwäche anzusehen ist und die neurotische Komponente nur sekundär fixierend wirksam war.

Diagnose, Differentialdiagnose und Fehldiagnose. Die Diagnose der chronischen organischen Psychosyndrome ist schwierig, will man sich allein auf den psychischen Befund verlassen. Auch dieser kann aber im Einzelfall so ausgeprägt sein, daß eine weitere körperliche Diagnostik (s. u.) nicht erforderlich ist.

Das frühkindlich exogene Psychosyndrom ist eine Summationsdiagnose, d. h. sie kann sich nicht auf ein spezielles psychisches Symptom allein stützen, sondern sie ergibt sich aus Anamnese, körperlichem Befund und typischen psychopathologischen Symptomen, wie dies noch im folgenden beschrieben wird. Manchmal ist aber schon die Schilderung der Kinder durch die Eltern so charakteristisch, daß man auch beim Fehlen anamnestischer Hinweise und körperlicher Symptome mit hinreichender Sicherheit die Diagnose eines frühkindlich exogenen Psychosyndroms stellen kann. Hierher gehört im besonderen die Reizüberempfindlichkeit, die motorische Unruhe in Verbindung mit einem scheinbar unerklärlich wechselnden Verhalten in der Gruppe, das zwischen zeitweilig guter und unauffälliger Anpassung und unmotiviertem, völligem Versagen andererseits schwankt.

Das gleiche gilt für einige typische psychologische Befunde, wie isolierter Ausfall der Figur-Hintergrund-Differenzierung, der Störung zur Erfassung der guten Gestalt mit isolierten Ausfällen im Benton-Test, Bender-Gestalt-Test und im Würfel-Mosaik-Test (s. S. 289–290).

Die alleinige Diskrepanz zwischen Verbal- und Handlungsteil im Hamburg-Wechsler-Intelligenztest für Kinder zuungunsten des Handlungsteils reicht für die Diagnose eines frühkindlich exogenen Psychosyndroms nicht aus, da wir dies auch bei anderen organischen Zuständen finden.

Gerade bei den in ihrer akustischen Erfassungsfähigkeit gestörten Kindern finden wir die umgekehrte Dissoziation zwischen Verbal- und Handlungsteil. Die nichtverbalen Funktionen sind bedeutend besser als die verbalen, ja gerade die Formerfassung kann unter Umständen als Spitzenleistung herausragen.

Die Diagnose des frühkindlich exogenen Psychosyndroms ist aber auch dadurch erschwert, daß es fast in der Regel durch reaktive Störungen überlagert und überformt ist.

Besonders typische psychische Symptome, wie etwa die Distanz- und Kontaktstörung, können wir auch bei Kindern mit einem psychischen Hospitalismus beobachten, die oft ein recht ähnliches psychopathologisches Bild entwickeln können. Dort ist allerdings die Distanzstörung hartnäckiger und aufdringlicher, sie trägt eher den Charakter einer neurotisch pervertierten Kontaktsuche, wogegen die Kontaktstörung des frühkindlich hirngeschädigten Kindes affektärmer ist.

Die Ähnlichkeit der psychischen Symptome beim frühkindlich exogenen Psychosyndrom und beim psychischen Hospitalismus läßt sich dadurch erklären, daß in einem Falle die frühkindliche Reizaufnahme und -verarbeitung gestört, im anderen Falle die dem Kleinkinde angebotene Reize qualitativ und quantitativ mangelhaft sind.

Es ist dabei aber auch zu beachten, daß offenbar gerade frühkindlich hirngeschädigte Kinder für einen psychischen Hospitalismus besonders anfällig sind und man daher unter diesen besonders häufig das frühkindlich exogene Psychosyndrom beobachten kann.

Wo die Diagnose eines chronischen organischen Psychosyndroms nicht allein aufgrund der charakteristischen psychischen Veränderungen möglich ist, muß versucht werden, die Diagnose durch Feststellung der *organischen Ursache* aus Anamnese und Befund zu erhärten.

Beim frühkindlich exogenen Psychosyndrom ist die subtile Erhebung einer Anamnese von wesentlicher Bedeutung, wobei definitionsgemäß auf schädigende Ereignisse im letzten Trimenon der Schwangerschaft, während der Geburt und während der Säuglingsentwicklung zu achten ist. Dabei können auch frühere Belastungen der Schwangerschaft sich indirekt auf die spätere Fetalzeit und die Geburt auswirken, etwa in der Weise, daß schwere Blutungen der Schwangerschaft etwa Anlaß zu einer Frühgeburt oder zu einer allgemeinen Minderentwicklung geben können. Dabei ist ein einzelnes isoliertes Ereignis zwar durchaus geeignet, eine leichtgradige frühkindliche Hirnschädigung zu verursachen, häufiger allerdings wird eine Summierung mehrerer schädigender Ereignisse *(Pleogenese)* zu typischer Ursache für eine solche leichtgradige frühkindliche Hirnschädigung und damit für ein frühkindlich exogenes Psychosyndrom. Da alle die in Frage kommenden schädigenden Ereignisse jedoch von vielen Kindern ohne faßbare klinische Folgen überstanden werden, kann im Einzelfall aus der Anamnese allein, sofern diese nicht besonders gravierend ist, kaum eine Diagnose gestellt werden, sie muß vielmehr zusammen mit dem konstitutionellen, dem neurologischen Befund, dem Röntgen- und EEG-Befund und dem psychologischen Befund gesehen werden.

Unter den Konstitutionszeichen ist das Bajonettfinger-Symptom (Überstreckung des Mittelgelenks, Unterstreckung des Endgelenks) ein spezifisches Symptom für die frühkindliche Hirnschädigung. Es genügt allein, um mit hinreichender Sicherheit die Diagnose einer frühkindlichen Hirnschädigung zu stellen. (Eine Ausnahme machen nur schwere Athetosen, auch wenn sie erst im späten Alter — etwa im Zuge eines Degenerationsprozesses — auftreten.) Alle anderen Konstitutionszeichen haben nicht diesen Spezifitätsgrad. Die übrigen Fingeranomalien, etwa die Fingerlängenumkehr (2. Finger länger als der 4. Finger bei Achsenstellung der Hand), die Klinodaktylie oder die Kamptodaktylie (Unfähigkeit, die Finger im Mittel- oder Endglied vollkommen zu strecken) sind nur dann hinweisend, wenn sie einseitig auftreten. Das gleiche gilt für den subluxierbaren Daumen. Die Überstreckbarkeit der Gliedmaßengelenke ist dagegen recht unspezifisch. Man findet es zwar häufiger bei neuropathischen Kindern und Postencephalitikern.

Ein weiteres Konstitutionszeichen kann die Gesichtsasymmetrie sein, vor allem dann, wenn sie röntgenologisch bestätigt wird, etwa durch einseitigen Felsenbeinhochstand oder Keilbeinasymmetrien, oft in Verbindung mit einseitiger Erweiterung der Stirnhöhle, bei Asymmetrien der vorderen, mittleren oder hinteren Schädelgrube, Differenz der Kalottendicke und bei temporalen Vorwölbungen. Vielfach ist diese Gesichts- und Schädelasymmetrie ein Hinweis auf halbseitige Hirnschädigungen.

Der neurologische Befund ist natürlich ebenfalls unspezifisch, kann aber bei diskreten Seitendifferenzen der Reflexe ein gewisser Hinweis sein, ebenso wie einseitige Pyramidenzeichen. Auch ein Strabismus kann einmal ein Symptom einer frühkindlichen Hirnschädigung sein, wie etwa eine zentrale Facialisschwäche.

Die Beobachtung der Motorik gibt relativ gute Hinweise:

Asymmetrische Bewegungsabläufe, seitendifferentes Mitschwingen der Arme beim Gehen, Seitendifferenz in der Fähigkeit des einbeinigen Hüpfens. Charakteristisch ist eine Retardierung der motorischen Integration, d.h. eine nicht mehr altersentsprechende Unbeholfenheit des Bewegungsablaufs, die Neigung zu Kopplung synergistischer Bewegungen. Häufig ist zu beobachten, daß z.B. Schulkinder beim Rombergschen Versuch, dessen Stellung man ihnen vormacht, ihre Arme nicht waagrecht nach vorne halten, sondern versuchen, zur selben Höhe wie die Arme des erwachsenen Untersuchers emporzustrecken oder beim Befehl, dabei die Augen zu schließen, sofort die Arme wieder sinken lassen und dergleichen mehr. Die Diagnose einer Desintegration der Motorik ist noch weitgehend eine auf Erfahrung beruhende Eindrucksdiagnose. In den motorischen Tests wurde versucht, die motorische Entwicklung zu objektivieren. Asymmetrische Tonisierung wird bei bestimmten Gleichgewichtsübungen insbesondere beim Trampolinspringen, deutlich.

Schon beim Säugling können Hinweise auf eine frühkindliche Hirnschädigung bei genauer Prüfung der Motorik, der Stellreflexe und bei Prüfung der Primitivreflexe gefunden werden. Als pathologische Reflexe gelten vor allem jenseits einer bestimmten Altersgrenze (s. S. 344) der tonische Labyrinthreflex und der asymmetrische tonische Halsstellreflex. Beim tonischen Labyrinthreflex streckt sich der Säugling in Rücken- oder Seitenlage maximal nach hinten, in Bauchlage nach vorne. Beim asymmetrischen tonischen Halsstellreflex führt die passive und aktive Drehung des Kopfes auf die Seite zur Streckung des Armes und des Beines, denen das Gesicht zugewandt wird. Auch der „Landau"-Reflex und die sog. Sprungbereitschaft des Säuglings sind

charakteristische Hinweise. Beim ersteren wird das Kind mit beiden Händen unterstützt, in Bauchlage frei in der Luft schwebend gehalten. Ein gesunder Säugling von 6—8 Monaten hebt aus dieser Lage den Kopf und streckt das Rückgrat und die Beine. Das hirngeschädigte Kind hebt weder Kopf noch Beine. Bei der sog. Sprungbereitschaft wird das Kind aus der soeben beschriebenen Lage (Bauch nach unten) rasch auf die Unterlage niedergeführt, wobei der gesunde Säugling von 4—6 Monaten Hände und Arme nach der Unterlage ausstreckt, um sich abzustützen. Das hirngeschädigte Kind wird auch in dieser Lage seine Arme gebeugt halten und nicht strecken.

Eine genaue Anweisung zur neurologischen Untersuchung des reifen Neugeborenen geben Prechtl und Beintema.

Das Elektroencephalogramm kann ebenfalls zur Diagnose der frühkindlichen Hirnschädigung herangezogen werden, jedoch ist sehr häufig kein pathologischer Befund zu erheben, da die funktionelle Störung, soweit sie hirnelektrisch registrierbar ist, gerade nach der frühkindlichen Hirnschädigung leichteren Grades weitgehend ausgleichbar erscheint. Wir finden aber neben Allgemeinveränderungen in schweren Fällen Herdbefunde, vorwiegend temporale, die gerade im Kindesalter charakteristischerweise sowohl an Intensität wie auch lokalisatorisch wechseln können.

Die Luftencephalographie ist eine letzte, allerdings eingreifende diagnostische Möglichkeit zur Verifizierung einer frühkindlichen Hirnschädigung. Auch diese Untersuchung ist in negativem Fall nicht in der Lage, eine frühkindliche Hirnschädigung auszuschließen, da ja nur die grob morphologische Struktur erfaßt wird. Charakteristische Befunde sind symmetrische oder asymmetrische Ventrikelerweiterungen, Abflachung der Stammganglientaille und Verplumpung der Umschlagsfalte. Die Rindenstruktur, erkennbar an der Außenluftfüllung, ist in der Regel davon nicht betroffen. Im Liquor cerebrospinalis finden wir oft noch jahrelang eine geringfügige Zellerhöhung, nach bisherigen Erfahrungen offenbar besonders nach Erkrankungen im Säuglingsalter.

Therapie und Prognose. Die Therapie bei den *chronischen Psychosyndromen* kann viel weniger auf die Ursache ausgerichtet sein, als bei den akuten Psychosyndromen.

Das *frühkindlich exogene Psychosyndrom* ist Folge einer längst abgelaufenen vernarbten frühkindlichen Hirnschädigung. Die Therapie muß daher ganz an den Folgezuständen, eben an den Symptomen des frühkindlich exogenen Psychosyndroms ansetzen. Da es sich hierbei im wesentlichen um eine Werkzeugstörung handelt, d. h. um eine Erschwerung der vollständigen und richtigen Erfassung der gesamten Umwelt sowie der Herstellung fester Assoziationen, ist die gegebene Therapie eine Übungsbehandlung, d. h. eine *heilpädagogische Therapie*.

In leichteren Formen sind besondere Maßnahmen überhaupt nicht notwendig, und es reicht aus, die Eltern über die Natur der psychischen Besonderheit ihres Kindes aufzuklären, um falsche Reaktionen der Eltern auf diese Verhaltensbesonderheiten und damit eine sekundäre Neurotisierung zu vermeiden. Die Aufklärung muß oft über die Eltern hinaus auf die Kindergärtnerinnen und Lehrer ausgedehnt werden, um Fehlverhalten und negative Reaktionen beim Kinde zu vermeiden.

In schweren Fällen ist eine gewisse Übungsbehandlung am Platze, die bereits an der mangelhaft integrierten Psychomotorik in Form einer regelmäßigen Krankengymnastik ansetzen sollte. Dabei können intelligentere Mütter die entsprechenden krankengymnastischen Übungen erlernen und selbst eine regelmäßige motorische Betreuung ihrer Kinder unter gelegentlicher krankengymnastischer Kontrolle durchführen. Eine Festigung und bessere Koordination der Motorik wirkt sich als eine Stabilisierung der inneren Sicherheit aus und trägt damit zum Aufbau einer gesunden Persönlichkeit solcher Kinder durchaus bei.

Die Heilpädagogik, wie die Erziehung überhaupt, muß sich bei diesen Kindern auf eine geduldige Korrektur ihres Verhaltens unter strikter Vermeidung jedes abwertenden Akzentes konzentrieren. In schwereren Fällen mit ausgesprochenen Teilausfällen, etwa bei Legasthenien, ist eine gezielte Nachhilfe und Übung der geschwächten Funktion angezeigt und vertretbar, wobei ein systematischer Aufbau der gestörten Funktionskreise angestrebt werden sollte.

Die *Pharmakotherapie* des frühkindlichen exogenen Psychosyndroms kann mit 2 Zielen eingesetzt werden:

1. kann die Dämpfung motorisch unruhiger und dadurch unter Umständen unkonzentrierter und lernbehinderter Kinder angestrebt werden;

2. kann die Aktivierung antriebsarmer, torpider Kinder notwendig werden.

Der 1. Fall ist der weitaus häufigere, da die erhöhte Reizempfindlichkeit ihrerseits zu einer motorischen Unruhe führen kann, andererseits die Hyperkinese auch als selbständiges Symptom innerhalb des frühkindlich exogenen Psychosyndroms auftreten kann. Im allgemeinen wird hierbei medikamentös eher zuviel getan als zuwenig. Das motorisch unruhige Kind ist ein Störfaktor. Der kurzschlüssige Gedanke des um Hilfe bemühten Arztes ist naheliegend, durch sedierende Medikamente die motorische Unruhe und die Reizüberempfindlichkeit so weit zu dämpfen, daß eine optimale Konzentrationsfähigkeit und damit Lernfähigkeit zur Anpassung erreicht wird. Dies ist theoretisch leichter als praktisch zu erreichen. Praktisch alle sedierenden Medikamente machen auch müde und vermindern auch schon bei relativ geringen Dosen die Vigilanz und geistige Aktivität und damit ebenfalls die Lernfähigkeit. Im ganzen kann man sagen, daß dieselbe Dosis, die genügend ist, um eine gewisse motorische Unruhe und Reizüberempfindlichkeit erkennbar zu dämpfen, auch meist bereits so stark ist, daß die Lernfähigkeit auf die Dauer behindert ist. Als Dauertherapie ist daher die Psychopharmakotherapie der motorisch unruhigen und reizüberempfindlichen Kinder nicht allgemein anwendbar. Das bedeutet nicht, daß in akuten Belastungssituationen oder auch in gelegentlichen konkreten Einzelsituationen — etwa auf Reisen, bei Besuch und dergleichen — eine gewisse Ruhigstellung mit einem solchen Medikament nicht angezeigt und berechtigt wäre, und sei es auch nur, um den Angehörigen vorübergehend die notwendige Entspannung zu bringen.

Bei der Dauertherapie kann es durchaus zu einer Beruhigung kommen, häufiger ist allerdings, daß diese Kinder auf psychopharmakologisch wirksame Medikamente, insbesondere auf die Phenotiazine, negativ reagieren im Sinne einer chronischen Verstimmung, einer erhöhten Reizbarkeit und einer allgemeinen Unzufriedenheit. Man gewinnt den Eindruck, daß diese Psychopharmakagruppe nicht die Reizaufnahme wesentlich zu hemmen vermag, sondern vorwiegend die Fähigkeit zur adäquaten und prompten Reizbeantwortung beeinträchtigt, so daß die Kinder, die sich nicht weniger angeregt und gereizt fühlen, jedoch weniger in der Lage sind, die Reize zu beantworten bzw. die dadurch angestoßenen Spannungszustände abzureagieren. Stärkere Dosen, die diesen Zustand ebenfalls überwinden könnten, führen dann zum Schlaf. Insbesondere können die sozial störendsten Verhaltensweisen, wie etwa die triebhaften Aggressionen, im allgemeinen nicht durch Psychopharmaka in der wünschenswerten Weise gesteuert werden. Am ehesten wirken noch

Diazepinderivate günstig. Sie scheinen zu einer unmittelbaren Dämpfung der reizverarbeitenden Zentren führen, sind allerdings in niedrigen Dosen nur in leichteren Fällen wirksam, in höheren Dosen aber ebenfalls schlafmachend. In diesen Fällen ist auch ein Versuch mit dem Amphetamin Ritalin berechtigt (s. S. 292).

Die Aktivierung antriebsarmer Kinder ist immer wieder versucht und auch bis zu einem gewissen Grade erreicht worden. Früher hat hier mit umstrittenem Erfolg die Glutaminsäure ihren Platz gehabt. Zur Antriebssteigerung wurden in den letzten Jahren Vitamin B_{12}, Pyridoxinabkömmlinge oder ähnliche Medikamente gegeben, wobei vielfach über begrenzte positive Wirkungen berichtet wurde. Die Gefahr, durch antriebssteigernde Medikamente lediglich eine ungezielte und heilpädagogisch ungünstige Erethie zu bewirken, ist relativ groß. Die an und für sich seltene Antriebsminderung bei den psychoorganischen Syndromen ist ja, wie beim Schwachsinn, das Ergebnis einer zentralen Fehlsteuerung im Sinne einer Assoziationsstörung und mangelhaften Koordination einzelner Funktionskreise, die durch eine unspezifische und ungerichtete Aktivität selten ausgeglichen werden kann. Immerhin ist der hypodyname Typ innerhalb der organischen Psychosyndrome wie auch beim Schwachsinn therapeutisch leichter zu beeinflussen als die hyperdynamen Typen.

III. Postencephalitische Wesensänderung

Symptomatik. Im folgenden Abschnitt werden sowohl phasisch-spezifische wie auch noxen-spezifische Gesichtspunkte berücksichtigt, insofern, als wir hier nur Folgen von Schädigungen abhandeln, die nach dem 1. Lebensjahr auf das kindliche Gehirn eingewirkt haben und auch nur solche, die auf eine primäre oder sekundäre, para- oder postinfektiöse Encephalitis zurückgehen. Definitionsgemäß sind Folgezustände entzündlicher Erkrankungen, die vor und am Ende des 1. Lebensjahres ablaufen, symptomatologisch unter dem Begriff der frühkindlichen Hirnschädigung erfaßt. Tatsächlich lassen sie sich in ihren Folgen auch nicht von den übrigen frühkindlichen Hirnschädigungen differenzieren. Das hängt damit zusammen, daß das Gehirn des Neugeborenen und im Säuglingsalter infolge seiner noch ungenügenden Differenzierung gar nicht mit typischen entzündlichen Symptomen reagiert, sondern ziemlich unabhängig von der Art der Noxe oder Infektion, mit einem Gehirnödem, das auch in

seinen Folgezuständen recht einheitlich ist. Es kann sich allerdings eine Bevorzugung einer Hemisphäre, wohl unter Hinzutreten einer Kreislauf- oder Gefäßkomponente, herausbilden. Nach einer im wesentlichen abgeschlossenen Gehirndifferenzierung sind aber in zunehmendem Maße echte entzündliche Reaktionen zu beobachten, die als Encephalitis von der Encephalopathie des frühkindlich Hirngeschädigten abgegrenzt werden.

Der Übergang von der einen in die andere Form vollzieht sich nicht brüsk und innerhalb kurzer Zeit, sondern allmählich und fließend. So ist die Grenze mit dem Ende des 1. Lebensjahres auch recht ungenau und schwankend. Es können sehr wohl auch noch nach Erkrankungen der 1. Hälfte des 2. Lebensjahres typische Folgezustände des frühkindlich exogenen Psychosyndroms beobachtet werden.

Als Folge einer durchgemachten Encephalitis können ebenso wie nach der frühkindlichen Hirnschädigung mehr oder weniger ausgeprägte motorische Störungen in Form von spastischen Paresen und Hirnnervenstörungen auftreten, wie auch mehr oder weniger ausgeprägte Schwachsinnszustände. Diese beiden Folgezustände werden in den entsprechenden Kapiteln abgehandelt. Hier sollen vor allem die rein psychopathologischen Folgen mit oder ohne Schwachsinn und mit oder ohne cerebrale Parese besprochen werden.

Außer manchmal vorhandenen motorischen Folgezuständen zeigen die Kinder mit postencephalitischer Wesensänderung häufig noch andere körperliche Symptome, insbesondere solche vegetativer und dyskriner Art. Diese sind vorwiegend durch Schädigungen im Bereich des Hypothalamus bedingt. Die *Hypersalivation*, der vermehrte Speichelfluß, der sich von der feuchten Aussprache bis zu ständigem Speicheln, das das Tragen eines Latzes notwendig macht, entwickeln kann, ist dabei weniger ein vegetatives Symptom, als vielmehr eine verminderte motorische Geschicklichkeit, die das reflektorische Hinunterschlucken des Speichels erschwert. Das Gegenteil, eine Verminderung der Speichelsekretion, ist sehr selten. Eine Vermehrung der Sekretion der Talgdrüsen führt zu einer fettigen Gesichtshaut, die sich gerade im Kindesalter häufig superinfizieren oder auch das Bild der juvenilen Akne frühzeitig und verstärkt hervorbringen kann. In schwereren Fällen können Behaarungsanomalien auftreten, beginnend mit einer unscharfen Stirnhaargrenze und dem Hereinwachsen des Haares in die Stirn zum Pelzmützenhaar bis hin zu einer tierfellartigen Behaarung der Extremitäten, des ganzen

Rückens, ja des ganzen Körpers. Dies ist jedoch kein typisch postencephalitisches Symptom, sondern kann bei jeder Art von cerebraler Schädigung im Kindesalter beobachtet werden. Ausgesprochene Schlafstörungen, wie sie gerade nach der berühmten Encephalitisepidemie in den Jahren 1918—1920 berichtet wurden, sind keine typischen oder häufigen Symptome mehr. Sie können jedoch in Einzelfällen immer wieder beobachtet werden, sei es in Form einer Schlafumkehr, sei es in einer vermehrten oder verminderten Schlafneigung.

Endokrine Symptome können ebenfalls als Folge einer leichteren oder schwereren encephalitischen Schädigung auftreten. Auch diese sind keine ganz typischen postencephalitischen Symptome, da sie auch nach frühkindlicher Hirnschädigung auftreten können, man sieht sie jedoch bei Postencephalitikern häufiger. Dabei stehen leichtere Konstitutionsanomalien im Vordergrund, die in Richtung auf eine verzögerte Genitalentwicklung, eine Störung des Fettansatzes im Sinne einer Adipositas und als typisches Zentralsymptom auch zu Gelenkanomalien im Sinne einer perisistierenden X-Bein-Stellung führen können. Die allgemein überstreckbaren Gelenke sind auch vielfach ein auf eine cerebrale Schädigung hinweisendes Symptom.

Der viel zitierte „encephalitische Blick" ist, wie jeder Blick, nicht primär Ausdruck einer veränderten seelischen Ausdruckshaltung durch ein verändertes Schauen, sondern ist durch eine Änderung der Mimik bedingt. So ist der encephalitische Blick, der schwer zu beschreiben, aber sehr charakteristisch und für den, der ihn schon einmal gesehen hat, sofort zu erkennen ist, bedingt durch eine mimische Starre, die vor allem das Mittelgesicht, die Partien zwischen Auge und Mund betrifft. Die Mimik zeigt eine charakteristische Bewegungsarmut, wodurch der Blick etwas Starres enthält. Verstärkt wird der Eindruck manchmal durch eine vermehrte Tränensekretion, die den Blick wäßrig werden läßt sowie das erwähnte Salbengesicht.

Das psychische Bild ist, wenn wir vom Schwachsinn absehen, durch den Eindruck, den die mimische Starre vermittelt, gut gekennzeichnet. Auch psychisch sind diese Kinder starr, und zwar sowohl hinsichtlich ihrer Anpassungsfähigkeit und psychischen Wendigkeit als vor allem auch hinsichtlich ihrer Affektivität.

So wirken diese Kinder in ihrem Wesen von vornherein verarmt, wenn nicht sogar abgebaut, deutlich defektuös. Da sie im Gegensatz zum frühkindlich exogenen Psychosyndrom in ihrem Wesen kaum eine Änderung und in ihrer Leistung keine

„guten Momente" zeigen, ist der Eindruck des Defektes recht deutlich.

In ihrer Stimmung sind sie wenig beeinflußbar und behalten eine individuelle Grundstimmung bei, die einmal leicht euphorisch, oft auch ständig verstimmt, moros sein kann. Unter starker affektiver Belastung kann es dann plötzlich in überschießender Reaktion zu raptusartigen Wutausbrüchen und Aggressionen kommen, Umschläge zur heiteren Seite sind seltener.

Was beim frühkindlich exogenen Psychosyndrom als beeinträchtigtes Sozialgefühl imponierte, als eine immer wieder zutage tretende Unsicherheit, die Belange und Bedürfnisse der Mitmenschen und die Wirkung eigenen Handelns auf diese mitzuempfinden und sein eigenes Verhalten dem anzupassen, tritt bei den postencephalitischen Kindern als völlige Unfähigkeit in Erscheinung. Das Verhalten läuft gleichsam unbeeinflußbar durch diese ab, wodurch diese Kinder und Jugendlichen gefühlskalt, ja gefühllos wirken, was ihnen u. U. den Charakter der scheinbaren „Bösartigkeit" verleiht, in Wirklichkeit aber eine Unfähigkeit ist, die Belange der Mitmenschen zu empfinden und sich darauf einzustellen.

Zusammen mit den bei den Postencephalitikern häufig verstärkt auftretenden Triebtendenzen, kann sich die Anpassungsstörung bis zur sozialen Untragbarkeit steigern. Vor allem, wenn aggressive Impulse ungesteuert zum Ausbruch kommen, wenn auf jeden noch so geringen unangenehmen Reiz inadäquat und völlig ungesteuert die aggressive Reaktion folgt, können u. U. kleinere Kinder schon ausgesprochen gemeingefährlich sein.

Andere Triebstörungen machen sich in oraler Enthemmung geltend, wobei nicht nur die Nahrungsaufnahme nach der Menge maßlos sein kann, sondern auch in der Qualität wahllos. So kann es schließlich dazu kommen, daß die Patienten unappetitliche Dinge verzehren oder in den Mund nehmen, Mülltonnen ausräumen und dergleichen (Pica). Auf der gleichen Linie liegt eine oft zu beobachtende Polydipsie.

Motorische Unruhe und ungesteuerte Dranghaftigkeit kann in zielloser und ohne adäquaten Anlaß auftretender Weglauftendenz zum Ausdruck kommen.

Bei älteren Jugendlichen können kaptativ triebhafte Handlungen zu Diebstählen, meist sinnloser Art, führen. Ein wesentliches Problem ist aber bei den pubertierenden Jugendlichen, die u. U. ungehemmt auftretende sexuelle Triebhaftigkeit, beginnend bei exzessiver Onanie schon im Kindesalter, die bemerkenswerterweise ohne Schamgefühle und mit geringem Empfinden für das Unschickliche des Tuns u. U. auch öffentlich abläuft, bis zu triebhaften Notzuchtverbrechen. Diese sind jedoch als Folge postencephatitischer Wesensänderung selten. Die meisten Sexualdelikte sind nicht organisch bedingt.

Alle diese triebhaften Verhaltensweisen kommen natürlich nicht nur bei postencephalitischen Kindern und Jugendlichen vor, sie können symptomatisch in ähnlicher Form auch bei neurotischen Kindern beobachtet werden und erst eine genaue Untersuchung läßt bei den letzteren die eindeutig reaktive Verursachung und die Abhängigkeit von der jeweiligen Situation deutlich werden. Auch müssen die Symptome keineswegs in jedem Fall bis zur schweren sozialen Störung ausgeprägt sein, sie können u. U. sehr blande auftreten und schließlich nur als eine gewisse Charaktervariante eines sonst unauffälligen Jugendlichen in Erscheinung treten. Immer aber ist die mangelnde Beeinflußbarkeit durch affektive Beeinflussung, durch gutes Zureden, durch Appell an die Gefühlswerte, das Charakteristische und Typische.

Der Antrieb zeigt gewöhnlich die beiden Extreme. Auf der einen Seite sind die antriebsarm stumpfen, teilnahmslosen Kinder, die ohne Anregung von außen, sich selbst überlassen, völlig verwahrlosen und abstumpfen, auf der anderen Seite die im Kindesalter häufigeren erethischen Kinder mit gesteigertem Antrieb und — im Gegensatz zum frühkindlich exogenen Psychosyndrom — hoher Durchhaltefähigkeit. Diese Kinder zeigen die gesteigerte Hypermotorik den ganzen Tag über ohne Zeichen der Ermüdung. Häufig ist auch, vor allem bei jüngeren Kindern, die Neigung zu stereotypen Verhaltensweisen, zum Rhythmisieren, Schaukeln usw. zu beobachten.

In ihrer Kontaktfähigkeit sind diese Kinder meist stark beeinträchtigt, ohne aber darunter zu leiden, da das Bedürfnis zum psychisch tragfähigen Kontakt offenbar nicht oder nur vermindert besteht. Die Kontaktaufnahme hat dabei auch einen mehr triebhaft-animalischen Charakter mit der Tendenz zu stark dranghafter Zärtlichkeitshandlung, die dann charakteristischerweise oft ohne Übergang in ein aggressives Kneifen oder Beißen übergeht. Hierbei handelt es sich offenbar um Triebirradiationen.

Gelegentlich kann man nach klinisch unauffällig verlaufenden Grippeinfektionen *vorübergehende* postencephalitische Symptome beobachten. Dabei stehen die psychopathologischen Auffälligkeiten weniger im Vordergrund, als gewisse vegetative Störungen, wie Appetenzwandel, Schlafum-

kehr und dergleichen mehr. In Einzelfällen kann es aber auch zu einer auch nur vorübergehend anhaltenden Wesensänderung mit verstärkter psychischer Labilität, mit phobischen Zuständen oder auch persönlichkeitsfremden Verhaltensweisen, wie sinnlose Diebstähle o. ä. kommen, die dann zunächst neurotisch wirken und erst eine genaue Anamnese vermag die wirkliche Ursache, eine leichtere postencephalitische Reaktion aufzuklären. Diese Störungen klingen im allgemeinen ohne faßbaren Defekt ab.

Das postencephalitische Zustandsbild, das wir im Erwachsenenalter immer wieder beobachten können, der Parkinsonismus mit Antriebsverarmung, Hypomotorik und Hypomimik ist im Kindesalter sehr selten. Es ist fraglich, ob es ihn im Jugendalter überhaupt gibt. Wie auch bei den sonstigen postencephalitischen Zustandsbildern muß die Schwere der postencephalitischen Wesensänderung keineswegs der Schwere des akuten Krankheitsbildes entsprechen. Es sind vielmehr charakteristische postencephalitische Psychosyndrome nach anamnestisch kaum zu fixierender vorangegangener Erkrankung, wie andererseits nur geringe oder fehlende Symptome nach schweren klinischen Encephalitisbildern bekannt. Das postencephalitische psychische Bild ist jedoch oft so typisch, daß allein aus diesem Psychosyndrom heraus zwingend die vorangegangene Gehirnentzündung gefolgert werden kann.

Die postvaccinale Encephalopathie und Encephalitis. Diese sind an und für sich seltene Komplikationen nach Pockenschutzimpfung und unterscheiden sich je nach dem Zeitpunkt der Erstimpfung nicht unwesentlich. Erst von einem gewissen Reifungsgrad des Gehirns kann es nach einer Impfung zu einer typischen *postvaccinalen Encephalitis* kommen, deren Folgezustände sich nicht grundsätzlich von den Folgen jeder Encephalitis unterscheiden. Sie können mit einer mehr oder weniger ausgeprägten Demenz einhergehen, können aber auch ohne wesentlichen Intelligenzabbau lediglich eine typische postencephalitische Wesensänderung zeigen. Die motorischen Folgezustände stehen allgemein eher etwas im Hintergrund. Bei einer Impfkomplikation vor hinreichender Hirnausreifung (vor dem 2. Lebensjahr), einer sog. *postvaccinalen Encephalopathie*, die sich pathologisch-anatomisch durch eine mehr oder weniger ausgedehnte Ödemsklerose nach einem Hirnödem manifestiert, kann es zu ausgedehnten Einschmelzungen kommen und damit stehen auch manchmal die motorischen Ausfälle, spastische Lähmungen, nicht selten halbseitig, mehr im Vordergrund, meist auch verbunden mit schweren psychischen Ausfällen, Demenz und epileptischen Anfällen.

Bemerkenswert ist, daß die akute klinische Symptomatik bei der postvaccinalen Encephalopathie im Gegensatz zur postvaccinalen Encephalitis wenig dramatisch und auffällig abläuft, weswegen vielfach die Beziehung späterer Ausfallszustände zu der Impfnoxe nur unsicher herzustellen ist. Häufig wird man bei sorgfältiger Erhebung der Vorgeschichte auf eine schon vor der Impfung bestehende, aber damals offenbar noch latente cerebrale Vorschädigung stoßen, wobei die Impfencephalopathie offenbar nicht selten die Bedeutung einer zweiten, zur klinischen Dekompensation führenden Noxe spielt. So kann z. B. eine scheinbar und auch klinisch objektiv folgenlos überstandene Geburtskomplikation die Vorschädigung bilden, die nach einer Impfkomplikation zusammen mit dieser zum Bild einer schweren Cerebralschädigung führen kann.

Die Bedeutung der Erkennung einer solchen Vorschädigung mit dem Ziel, solche Kinder von der Impfung auszuschließen, wird dadurch offensichtlich.

Genese und soziale Bedeutung. Während beim frühkindlich exogenen Psychosyndrom eher eine Werkzeugstörung und Reifungsverzögerung vorliegt, findet sich bei der postencephalitischen Wesensänderung eher eine nicht mehr ausgleichsfähige „Schaltstörung", wobei die Steuerung der Triebe mehr oder weniger beeinträchtigt ist oder ausfällt.

Eine gleichmäßige Schädigung von Rindengebieten und tiefer gelegenen Hirnstrukturen während einer Entwicklungsphase, in der sich auch die Hirnrindenfunktion und ihr harmonisches Zusammenwirken mit primitiveren Stammhirnfunktionen bereits bis zu einem gewissen Grade eingespielt haben, führt offenbar zu einer weitergehenden Dissoziation dieser Funktionen, zu einer mehr oder weniger deutlichen psychischen Desintegration. Man findet in disharmonischer Weise erhaltene Intelligenzfunktionen neben dominierenden triebhaften Durchbrüchen, wobei die auch bei Kindern schon üblicherweise zu beobachtende gegenseitige Beeinflussung von Intelligenz und triebhaften Impulsen völlig fehlen kann. Das Kind oder der Jugendliche weiß um das Störende, das Verbotene, das Unangepaßte seiner Handlung, weiß von den negativen Auswirkungen und Folgen, ohne in adäquater Weise gemütsmäßig dazu Stellung zu nehmen und ohne aus seinem Wissen irgendwelche Konsequenz zu ziehen.

Dadurch kommt es zwangsläufig auch zu einer verminderten Beeinflußbarkeit, zu einer gestörten Lernfähigkeit und damit zu einer gestörten Erziehungsfähigkeit. Die Erziehung, die normalerweise über den emotionalen Kontakt und über den Verstand einwirkt und zu einem Lernprozeß führt, hat durch das mangelhafte Zusammenspiel dieser Funktionen nur noch geringe oder gar keine Ansatzmöglichkeiten.

Diese Patienten sind daher aufgrund ihrer psychischen Defekte sozial vermindert einordnungs- und anpassungsfähig. Hier ist es der organische Defekt selbst, der die soziale Anpassungsschwierigkeit verursacht. Beim frühkindlich exogenen Psychosyndrom ist es mehr die wechselseitige Reaktion zwischen Kind und Umwelt, die zu einer Anpassungsstörung führt.

Die postencephalitische Wesensänderung mit ihrer stärkeren Triebbetonung kann eine gewisse forensische Bedeutung erlangen, da sie u. U. bei einzelnen Triebverbrechen, seien es Eigentumsdelikte, Sexualdelikte oder aggressive Handlungen, ursächlich von Bedeutung sein können. Bei einer allgemeinen Depravation der Persönlichkeit, wie sie als Folge postencephalitischer Wesensänderung vorkommt, ist die Erkennung einer solchen organischen Ursache nicht schwer. Große Schwierigkeiten können jedoch bei der Erkennung und richtigen forensischen Bewertung umschriebener Triebstörungen entstehen. Vielleicht handelt es sich um kleinere, diencephale Störungen nach oft unerkannt ablaufenden Gehirnentzündungen, etwa in Begleitung einer Grippe oder einer anderen Infektionskrankheit die zu sonst keiner erkennbaren Änderung der Persönlichkeit führen, sondern nur zu einer ganz umschriebenen diskreten Störung eines Partialtriebes. Der Verdacht auf eine so begründete strafbare Handlung muß vor allem dann auftauchen, wenn die Tat persönlichkeitsfremd wirkt und aus dem Rahmen der übrigen Verhaltensweisen des Betreffenden ganz herausfällt.

Diagnose, Differentialdiagnose und Fehldiagnose. Auch die Diagnose der *postencephalitischen Wesensänderung* ist eine Eindrucksdiagnose, die in ausgeprägten Fällen nicht schwer ist, in leichteren Fällen oft über einen Verdacht hinaus nicht gesichert werden kann. Dabei ist es vor allem die affektive Unansprechbarkeit, der „gemüthafte Defekt", der am meisten beeindruckt.

Neben der Summe der klinischen psychopathologischen Befunde, wie sie in der Darstellung der Symptomatik der postencephalitischen Wesensänderung geschildert wurden, bietet auch die testpsychologische Untersuchung eine gewisse diagnostische Stütze. So sind es auch dort die Zeichen der psychischen Starre und herabgesetzten Umstellungsfähigkeit, die im Vordergrund stehen. Gerade im Rorschachschen Formdeutetest sind die starren Perseverationen charakteristisch, die in dieser Form nur bei den schwersten Formen frühkindlicher Hirnschädigung beobachtet werden können, die ihrerseits durch die charakteristische Anamnese und die Befunde davon abgegrenzt werden können. Weniger geschädigte Postencephalitiker, besonders solche mit erhaltener Intelligenz, empfinden vielfach diese Umstellungsfähigkeit, die Perseveration an sich selbst peinlich, ohne sie überwinden zu können.

Die körperlichen Befunde bei dem postencephalitischen Psychosyndromen sind weniger vielfältig als beim frühkindlich exogenen Psychosyndrom. In der Anamnese wird man im allgemeinen den Hinweis auf eine hochfieberhafte Erkrankung, u. U. in Verbindung mit cerebralorganischen Symptomen wie Krämpfen, Benommenheit oder gar Bewußtlosigkeit erfassen können. Gelegentlich läßt aber auch die Anamnese völlig im Stich, da auch eine klinisch als banale Grippe imponierende Erkrankung zu einem schweren postencephalitischen Bild führen können. In der Regel sind aber die cerebral folgenschweren Erkrankungen des Säuglingsalters, also im Rahmen der frühkindlichen Hirnschädigung, klinisch weniger eindrucksvoll, als die der späteren Jahre, die zu typischen postencephalitischen Bildern führen. Hier ist meistens auch der Krankheitsverlauf für den Laien eindrucksvoll und wird in der Anamnese mehr oder weniger spontan berichtet.

Der konstitutionelle Befund ist oft wenig ausgeprägt, vor allem, wenn die Encephalitis erst im späteren Kindesalter aufgetreten ist. In schweren Fällen können wir eine Hypertrichosis mit charakteristischem Pelzmützenhaar (unscharfe Stirnhaargrenze mit Hereinwachsen des Haares über die Stirnecken) sowie eine Vergröberung der Gesichtszüge registrieren. Die Überstreckbarkeit der Gelenke als mögliches Zeichen einer abgelaufenen Encephalitis wurde bereits erwähnt. Im Ablauf der Psychomotorik ist der Tonusverlust im Mittelgesicht, der zu einer umschriebenen Amimie zwischen Augen und Mund führt, recht charakteristisch und dem geübten Beobachter ein eindringliches Zeichen. Es ist ein Hinweis auf eine abgelaufene hirnorganische Schädigung, es kann demnach ebenso bei posttraumatischen Zuständen beobachtet werden. Vegetative Symptome, wie vermehrter Speichelfluß und vermehrte Talgsekretion, sind noch zu erwähnen.

Der neurologische Befund ist bei leichteren Formen postencephalitischer Zustände wenig ergiebig, bei den schwereren finden wir unter Umständen alle Formen neurologischer Ausfälle in Form spastischer Lähmungen.

Was über den EEG-Befund und pneumencephalographischen und Liquorbefund im Rahmen der frühkindlichen Hirnschädigung gesagt wurde, gilt auch für die postencephalitischen Zustandsbilder, sie sind in keinem Falle spezifisch.

Therapie und Prognose. Die medikamentöse Behandlung der postencephalitischen Zustände erweist sich häufig als sehr schwierig. Gerade die triebhaften Tendenzen, die ja besonders die soziale Anpassung erschweren können, sind medikamentös wenig beeinflußbar. Die üblichen Psychopharmaka führen im wesentlichen zu einer Verringerung der Möglichkeit der Reizbeantwortung und damit zu einer Stauung der zur Abfuhr drängenden Impulse und so häufig zu einer Verschlechterung der Anpassung, zu einer morosen Verstimmtheit, ja u. U. zu einer Verstärkung der triebhaften Tendenzen, insbesondere der Aggressivität. Stärkere Sedierung führt zu einer deutlichen Ermüdung, die ihrerseits jede heilpädagogische Beeinflussung erschwert, die aber letztlich triebhafte Momente kaum zu beeinflussen vermag. Am ehesten ist auch hier etwas von Diazepam-Derivaten[1] zu erwarten, u. U. in Kombination mit niederen Dosen von Phenotiazinen.

Antriebssteigernde Medikationen haben dagegen bei den selteneren Formen von Antriebsminderung durchaus ihre gute Wirkung.

Ein besonderes Problem bedeuten sexuelle Enthemmungen und Aktivitätssteigerung bei postencephalitischen Kindern und Jugendlichen in der Vorpubertät und Pubertät, die Ursache krimineller sexueller Handlungen sein können. Auch hier ist eine medikamentöse Dämpfung mit Diazepam-Derivaten beschränkt möglich. Erfahrungen über Kastrationen bei solchen Jugendlichen liegen noch kaum vor. Ein solcher Eingriff wäre besonders kritisch zu prüfen, da die Jugendlichen ja noch in der Entwicklung stehen und solche verstümmelnden Operationen sich mit Wahrscheinlichkeit nicht nur auf die sexuelle Triebhaftigkeit auswirken würden, sondern auf die gesamte körperliche und möglicherweise auch psychische Entwicklung. Ein solcher Eingriff wird also nur in besonders gelagerten Fällen zu diskutieren sein. Im übrigen wird man sich mit den eingeschränkten Möglichkeiten medikamentöser Sedierung behelfen müssen. Verschiedentlich wird

1 Zum Beispiel Valium.

bei hirnorganisch Geschädigten, also auch bei postencephalitischen erethischen Kindern von Erfolgen mit Amphetaminen berichtet im Sinne einer paradoxen Reaktion. Die Wirkung tritt erst nach etwa einwöchiger Gabe ein. Diese Erfolge werden nur zum Teil, offenbar besonders bei normalbegabten cerebralgeschädigten Kindern beobachtet. Ein Versuch ist immer gerechtfertigt, dabei wird man bei Kindern unter 6 Jahre noch sehr zurückhaltend sein und bei Kindern in der Vorpubertät und Pubertät wegen der bestehenden Suchtgefahr ebenfalls Vorsicht walten lassen. Länger als 3 Monate sollte die Therapie nicht ununterbrochen fortgeführt werden (s. S. 292).

Neue Ansatzmöglichkeiten auf diesem Gebiet versprechen die sog. Antiandrogene. Diese Hormonpräparate haben in einzelnen Fällen positive und ermutigende Resultate gezeigt, wenn auch bei organisch bedingter, also auch postencephalitischer sexueller Triebhaftigkeit, die zu sozialer Anpassungsschwierigkeit geführt haben, offenbar in geringerem Grade.

Im übrigen ist die Therapie der postencephalitischen Wesensänderung ganz vorwiegend eine heilpädagogische. Hierbei ist besonders die verringerte Ansprechbarkeit und die Beeinträchtigung einer tragfähigen gemütsmäßigen Bindung zu berücksichtigen, die ja für jede Erziehung das tragende Fundament bilden muß.

Während sich die leichteren Fälle in therapeutischer Hinsicht dem frühkindlich exogenen Psychosyndrom nähern können, gilt für die mittleren und schweren Fälle, daß sie pädagogisch oft nur durch eine gewisse Dressur, d.h. durch das Setzen einfacher, primitiver und oft durch an körperliche Reize fixierte Dressate zu beeinflussen sind. In schweren Fällen kann auch dies mißlingen.

Diese Kinder bedürfen daher in besonderem Maße der straffen Führung und einer ganz regelmäßigen, geordneten Lebensweise, will man sie außerhalb geschlossener Heime führen, fördern und tragbar erhalten.

Die sozial besonders störenden Symptome einer postencephalitischen Wesensänderung, insbesondere die gesteigerte Triebhaftigkeit und verminderte Innen- und Außensteuerung, bessert sich im allgemeinen nach Ablauf der in diesen Fällen oft verlängerten und verzögerten Pubertät wieder bis zu einem gewissen Grade. Wahrscheinlich handelt es sich nicht um eine echte Besserung, sondern lediglich um eine Rückkehr auf das präpuberale Niveau. Die Pubertät hat ähnlich wie im normalen Fall,

wenn auch in übersteigerter Weise, eine Steigerung des Antriebes und der allgemeinen Triebhaftigkeit gebracht.

IV. Posttraumatische Wesensänderung

Symptomatik. Der zunehmende Straßenverkehr und die damit gehäuften Unfälle, an denen auch Kinder beteiligt sind, gibt in zunehmendem Maße Gelegenheit, posttraumatische Wesensänderungen bei Kindern zu beobachten, die ein schweres Schädelhirntrauma durchgemacht haben. Nach anfangs rascher Restitution der psychischen Fähigkeiten und Leistungsfähigkeit bildet sich allmählich ein bleibendes posttraumatisches Defektsyndrom heraus. Etwa $1^1/_2$—2 Jahre nach dem Trauma ist der definitive Zustand im allgemeinen erreicht, danach ist eine wesentliche Änderung und Besserung des psychischen Zustandsbildes nicht mehr zu erwarten. Im Vordergrund der posttraumatischen Wesensänderung steht eine Merkfähigkeitsstörung, eine Antriebsverminderung und eine Änderung der Stimmungslage. Die bei den Erwachsenen häufig zu beobachtende Reizbarkeit und Neigung zur Explosivität ist bei den Kindern seltener. Typisch ist eine etwas erstarrt wirkende, leicht zur euphorischen Seite hin verschobene Stimmungslage. Die Affektlabilität ist noch lange nach dem Unfall, u.U. für dauernd zu beobachten. Dadurch machen diese Kinder einen retardierten, kleinkindlich wirkenden Eindruck, der noch durch eine monotone, im allgemeinen erhöhte Stimmlage verstärkt wird. Die Sprache ist, unabhängig davon, ob eine Aphasie bestanden hat oder nicht, mühsam, deutlich verlangsamt und wenig moduliert.

Im Gegensatz zu den Erwachsenen werden posttraumatische Kopfschmerzen von Kindern seltener geklagt.

Im übrigen kann man, worauf die Untersuchungen von Lange-Cosack und von Laux hinweisen, keine direkte Beziehung zwischen der Schwere der Initialsymptome unmittelbar nach dem Unfall und den darauffolgenden Symptomen finden. Es können schwere Unfälle mit lang anhaltender Bewußtlosigkeit praktisch ad integrum abheilen, es können aber auch Unfälle mit relativ leichten Initialsymptomen schwere posttraumatische Wesensänderungen zur Folge haben.

Laux wies vor allem darauf hin, daß auch und gerade beim posttraumatisch wesensveränderten Kinde der reaktive Aspekt nicht vernachlässigt werden darf, der hier eine vergleichsweise viel größere Bedeutung hat, wie etwa bei den postencephalitischen Kindern. Dabei spielt die Einstellung der Eltern, die oft von Schuldgefühlen geprägt ist, eine nicht unerhebliche Rolle. Laux fand bei einem Fünftel der Kinder abnorme Erlebnisreaktionen von längerer Dauer. Auch kann es, je nach den Versicherungsverhältnissen, auch im Kindesalter zu einer durch die Eltern induzierten Rentenneurose kommen.

Genese und soziale Bedeutung. Sofern die traumatische Hirnschädigung nicht ganz umschriebene Hirnbezirke betroffen hat, und auf diese Weise umschriebene neurologische Ausfälle oder auch isolierte Werkzeugstörungen, wie Aphasien bei älteren Kindern und Jugendlichen, im Vordergrund stehen, sind es vor allem die Folgen des traumatischen Hirnödems und der mangelhaften Sauerstoffversorgung des Gehirns während der Zeit des Unfallschocks, die für die Entstehung des posttraumatischen Psychosyndroms von Bedeutung sind. Die psychopathologischen Unterschiede gegenüber postencephalitischen Schädigungen müssen durch die unterschiedliche Wirkungsweise dieses meist beidseitig, gelegentlich aber auch einmal halbseitig auftretenden Gehirnödems gegenüber speziellen toxisch infektiösen Noxen begründet werden.

Die *soziale Bedeutung* der posttraumatischen Wesensänderung hängt im besonderen von der Schwere des posttraumatischen Psychosyndroms ab. Leichtere Formen brauchen sozial kaum auffällig werden. Es findet sich lediglich ein gewisser Leistungsknick, eine geringfügige Antriebsverminderung und eine affektive Labilität, die in der sozialen Anpassung insgesamt wenig zu stören braucht. Bei schweren Fällen steht dann die Antriebsstörung im Vordergrund, oder in einzelnen Fällen auch die sozial bedeutsame Distanzstörung, die diese Menschen als taktlos und aufdringlich erleben läßt. Hier kann es zu schweren Einfügungsschwierigkeiten in Beruf und Schule kommen, so daß u.U. trotz erhaltener Intelligenz eine Einordnung in den allgemeinen Arbeitsmarkt unmöglich wird.

Bei Kindern ist jedoch bei der Feststellung von Dauerfolgen nach Schädeltraumen Zurückhaltung geboten. Vor Abschluß der Pubertät wird man eine endgültige Feststellung vermeiden. Zum einen kann auch noch nach Jahren eine gewisse weitere Anpassung folgen, zum andern kann die Pubertät eine Phase passagerer Verschlechterung sein, die meist auch wieder abklingt. Solange ein Kind sich noch in der körperlichen und psychischen Entwicklung befindet, ist eine gewisse Änderung nach der positiven wie nach der negativen Seite hin möglich.

Auch wird man bei Kindern in der Begutachtung von Unfallfolgen vor Ende der Schulpflicht nicht mit Prozentwerten operieren, die sich an der Erwachsenenbegutachtung orientieren, da sie, auf die Verhältnisse der Kinder übertragen, nicht sinnvoll sein können. Hier gilt es vor allem die notwendigen speziellen heilpädagogischen, krankengymnastischen und gegebenfalls orthopädischen Maßnahmen einzuleiten sowie eine regelmäßige therapeutische Kontrolle sicherzustellen (EEG-Kontrolle).

Die häufig nach Schädelunfällen zu beobachtende Überprotektion der Kinder durch ihre Eltern kann sehr zu einer Fixierung der Symptome, insbesondere der von den Kindern spontan eigentlich selten geklagten Kopfschmerzen, führen. Die überprotektive Haltung der Eltern entspricht meist einem mehr oder weniger unbewußten Schuldgefühl. Durch die ängstliche Haltung der Eltern wird die Rehabilitierung des Kindes oft erheblich verzögert, wenn nicht verhindert.

Diagnose, Differentialdiagnose und Fehldiagnose. Bei den posttraumatisch geschädigten Kindern hat oft der körperliche Befund, im allgemeinen ein umschriebener neurologischer Ausfall durch lokalisierte Hirnschädigung, eine größere Bedeutung als bei den mehr auf das Gesamthirn sich auswirkenden frühkindlichen Hirnschädigungen und Encephalitiden. Schwere Hirntraumen treffen aber mit dem besonders Spätschädigungen hervorrufenden Gehirnödem auch stets das ganze Gehirn, so daß das über die Encephalitis Gesagte doch im wesentlichen auch hier gilt. In diesen schweren Fällen gibt es keinen typischen neurologischen Befund.

Auch testpsychologisch gibt es keine sichere Abgrenzung gegenüber dem psychischen Bild nach einer Encephalitis. In beiden Fällen sind es neben den typischen organischen Leistungsausfällen mit besonderer Bevorzugung der visuomotorischen Fähigkeiten eine meist starre Perseverationsneigung und eine Verarmung der Denkinhalte bei herabgesetzter Umstellungsfähigkeit.

Therapie und Prognose. Auch die Therapie posttraumatischer Wesensänderung ist zunächst und vorwiegend eine heilpädagogische. Da bei traumatisch geschädigten Kindern häufiger einzelne Teilfunktionen erhalten sind, wird die Heilpädagogik dort ansetzen und durch deren Förderung und Entfaltung eine günstige Wirkung auf die gesamte psychische Entwicklung entfalten können, deren Grad naturgemäß von der Schwere der Schädigung abhängt. Die bei traumatischen Hirnschädigungen oft bestehenden motorischen Störungen verdienen besondere Berücksichtigung und müssen im

Therapieplan bedacht werden. Näheres wird hierzu bei der Besprechung der motorischen Störungen (s. S. 345) erörtert.

Da die Antriebsfunktion hier meist gesenkt ist, ergeben sich medikamentös durch vorsichtige stimulierende Medikation bessere Ansätze als bei den meist erethisch postencephalitischen Kindern. Darüber hinaus wird man hier mit durchblutungsfördernden Medikamenten zumindest in der ersten Zeit nach dem Unfall eine gewisse Unterstützung erwarten dürfen.

Die Behandlung der Werkzeugstörungen und Teilleistungsstörungen im Rahmen posttraumatischer Wesensänderung wird dort (s. S. 291) erfolgen.

Sind seit der traumatischen Einwirkung 2 oder auch 3 Jahre vergangen, so ist mit einer wesentlichen Änderung und damit mit einer Besserung nicht mehr zu rechnen. Da es auch bei schweren, unmittelbaren Unfallfolgen zunächst zu einer von den Angehörigen überraschenden Besserung und Rückbildung der psychischen Symptomatik kommt, sehen die Angehörigen selbst die Prognose nach Überwindung des ersten Schocks bald recht positiv und sind dann später enttäuscht, wenn die Rückbildung der krankhaften Wesensänderung und Leistungsschwäche immer langsamer vonstatten geht und schließlich ein Fortschritt nicht mehr zu beobachten ist. Da beim Kinde die normalerweise weitergehende psychische Entwicklung und weitere Differenzierung bei der Beurteilung der Prognose mit zu berücksichtigen ist, tritt das wirkliche Ausmaß der posttraumatischen Schädigung und Wesensänderung oft erst nach mehreren Jahren immer deutlicher zutage, nämlich dann, wenn zwar ein gewisser Fortschritt und auch eine gewisse Besserung auch in der Folgezeit beobachtet werden kann, diese aber mit der Reifung und Entwicklung der Altersgenossen nicht mehr Schritt hält.

V. Endokrines Psychosyndrom

Allgemeine Vorbemerkung

Der Begriff des endokrinen Psychosyndroms stammt von M. Bleuler. Er faßt unter diesem Begriff alle psychopathologischen Begleiterscheinungen bei endokrinen Erkrankungen zusammen. Es ist gekennzeichnet durch Veränderungen einzelner Triebe, der gesamten Antriebshaftigkeit und der Stimmungen. Dabei können diese Veränderungen chronisch sein oder auch nur vorübergehend auftreten. Das Krankhafte dieser psychischen Veränderungen ist im allgemeinen nicht sehr auffällig und imponiert

viel eher als eine Persönlichkeitsveränderung oder Psychopathie. Dabei ist bemerkenswert, daß alle Dysfunktionen mit Über- oder Unterfunktion der verschiedensten endokrinen Drüsen sich im wesentlichen auf diese 3 psychopathologischen Faktoren einengen lassen: die Triebe, den Antrieb und die Stimmung. Bleuler betont, daß einzelne endokrine Erkrankungen zu einer besonderen Symptomatologie neigen, so vor allem die Erkrankung der Schilddrüse, des Inselsystems, der Geschlechtsdrüsen und des Hypophysenhinterlappens sowie die Insuffizienz des Vorderlappens.

Die voll ausgeprägten Bilder der gestörten Funktion einzelner Drüsensysteme sind nicht nur konstitutionell, sondern auch psychopathologisch recht plastisch und eindeutig, sie sind jedoch selten. Interessanter und von praktisch größerer Bedeutung sind die Abortivformen endokriner Dysfunktion. Jeder jugendpsychiatrisch tätige Arzt wird immer wieder auf Fälle stoßen, die ihm wegen psychopathologischer Besonderheiten und Verhaltensstörungen oder sozialer Anpassungsschwierigkeiten überwiesen wurden, und deren Dyskrinie ihm offenkundig erscheint. In der Regel wird ihm diese Diagnose jedoch vom Endokrinologen, sei er Pädiater oder Internist, nicht bestätigt. Die Stoffwechseluntersuchungen ergeben im allgemeinen keinen eindeutig pathologischen Befund. Dazu kommt, daß die Normwerte von Hormonspiegeluntersuchungen im Blut gerade im Kindes- und Jugendalter so stark streuen, daß ein sicher pathologischer Befund oft nicht objektiviert werden kann. Vielfach mag die große Streubreite der Hormonspiegelergebnisse auch noch auf einer gewissen Unkenntnis dessen beruhen, was nun bei Kindern und Jugendlichen noch normal und was schon pathologisch ist.

Das endokrine Psychosyndrom als eigenständiges psychisches Syndrom ist keineswegs unbestritten. In seiner leichteren Ausprägung entspricht es vielfach dem ja auch in seiner leichteren Form oft recht uncharakteristischen organischen Psychosyndrom, in den schwereren Formen jedoch läßt es sich gerade vom organischen Psychosyndrom nicht mehr abgrenzen. Die Besonderheit liegt in dem durch die endokrine Störung veränderten äußeren Aspekt, der vielfach geeignet ist, den konstitutionellen Gesamteindruck einschließlich Psychomotorik, Mimik und Gestik typisch zu verändern, so daß sich aus dem Gesamteindruck von psychopathologischem Bild, Konstitution und Psychomotorik scheinbar ein eigenes endokrines Psychosyndrom ableiten läßt.

Übersicht. *Differentialdiagnose zwischen dem frühkindlich exogenen Psychosyndrom und anderen chronischen organischen Psychosyndromen*

Die chronisch organischen Psychosyndrome (nach Bash)	Frühkindliches exogenes Psychosyndrom
1. Störung der Merkfähigkeit und des Frischgedächtnisses.	Nicht oder kaum gestörte Merkfähigkeit, in geringem Maße als Folge einer Konzentrationsschwäche.
2. Verarmung des Bewußten an gleichzeitig vorhandenen Inhalten.	Keine ständige Verarmung.
3. Konkretes Verhalten in erster Linie unter den Zeichen genetischen Abbaus, mit Zerfall der psychischen Struktur, besonders Auffassungs- und Aufmerksamkeitsstörungen.	Hervorstechendes konkretes Verhalten, aber kein Abbau. In Längsschnittbetrachtung vielmehr allmählicher, wenn auch unter Umständen verzögerter Aufbau.
4. Infolge 2 und 3 Neigung, wenig einschlägigen und oft belanglosen Einzelheiten maßgebliches Gewicht beizulegen, von ihnen aus unzulängliche Gestalten und Beziehungssysteme aufzubauen und Begriffe unzulässig erweitern.	Fehlbeurteilung der Wertigkeit von Eindrücken und Situationen, zumindest ist die richtige Auffassung verzögert, besonders unter affektiver Belastung. Im Rahmen der psychischen Entwicklung ist der Aufbau von Gestalten und Bezugssystemen verlangsamt.
5. Ebenfalls infolge 2 und 3 Orientierungsstörung vornehmlich in Zeit und Raum.	Orientierungsstörung kaum nachweisbar. Manchmal gegenüber der Altersnorm verändertes Zeiterleben.
6. Häufiger besteht eine Verlangsamung aller psychomotorischen Abläufe und Vollzüge mit Betonung der mehr abstrakt intellektuellen und mit Ausnahme der affektiven.	Psychomotorische Abläufe sind eher beschleunigt.
7. Perseveration.	Perseverationsneigung nur in schweren Fällen, sonst fehlen sie charakteristischerweise.
8. Leicht auf äußere Reize anspringende, kurzdauernde, rasch wieder abklingende affektive Reaktionen: Affektive Reaktionen: Affektive Sprödigkeit.	Ebenfalls leicht anspringende Affekte ohne nachhaltiger Dauer: Affektive Labilität.
9. Schlechte Steuerung, Enthemmung, Entdifferenzierung und Primitivisierung der Affekte bis zur Verrohung.	Ebenfalls mangelhafte affektive Steuerung, jedoch keine Entdifferenzierung und Primitivisierung, sondern deutliche Tendenz zur Differenzierung. Keine Verrohung.
10. Antriebsschwäche (fehlt nicht selten).	Antrieb meist gesteigert, allerdings ohne Durchhaltefähigkeit.

Hypophysenfunktionsstörungen

Symptomatik. Beim *hypophysären Zwergwuchs*, einer sehr seltenen Erkrankung, gehen Minderwuchs und frühkindliche Proportionen sowie ausgeprägter Hypogenitalismus mit Ausbleiben der Pubertät einher.

Typische psychopathologische Auffälligkeiten sind hier nicht bekannt, jedoch muß hier sehr auf reaktive Störungen der psychischen Entwicklung geachtet werden, da diese Kinder mit zunehmendem Alter immer weniger ihrer Altersnorm entsprechen, infolgedessen durch ihre Umwelt falsch eingeschätzt und selbstwertbeeinträchtigend behandelt werden. Dies gilt besonders für die Zeit der Pubertät, wo das Ausbleiben der sekundären Geschlechtsmerkmale zu neurotischer Verarbeitung Anlaß geben kann.

Weiter Störungen der Hypophysenfunktion, der Diabetes insipidus neurohormonalis, eine Funktionsstörung im Hypophysenhinterlappen und Ausfall des Adiuretins (ADH) spielt psychopathologisch keine besondere Rolle. Psychische Komplikationen können aber dadurch im Anfang der Erkrankung eintreten, daß die zwanghafte Polydipsie von den Eltern und Erziehern nicht erkannt, als Unart verwehrt und bestraft wird.

Genese und soziale Bedeutung. Während zur Genese endokriner Störungen manches bekannt ist, kann dies von den damit zusammenhängenden psychopathologischen Auffälligkeiten nicht gesagt werden. Im allgemeinen besteht eine Gleichsinnigkeit von Blutdrüsenaktivität und Antrieb. Beim hypophysären Zwergwuchs liegt wie bei allen Wachstumsstörungen die soziale Bedeutung im reaktiven Moment, das dadurch entsteht, daß das Erscheinungsbild des Kindes bei seiner Umwelt entsprechende Reaktionen auslöst und allein dadurch seine Umwelt verändert.

Diagnose, Differentialdiagnose und Fehldiagnose. Der hypophysäre Zwergwuchs ist an seinen kleinkindlichen Proportionen zu erkennen und zeigt sich im späteren Alter am Hypogenitalismus. Der Gesamtausfall der Hypophyse bietet das Bild der Kachexie. Zu den genauen endokrinologischen Untersuchungsmethoden muß auf die einschlägige Fachliteratur verwiesen werden.

Therapie und Prognose. Eine entsprechende substituierende Hormontherapie gehört in die Hand des Pädiaters bzw. Endokrinologen. Die Prognose richtet sich nach dem Schweregrad der endokrinen Störung.

Schilddrüsenfunktionsstörungen

Die Psychopathologie der *Schilddrüsenunterfunktion* wird im Kapitel über die Oligophrenien und Demenzzustände (s. S. 264) besprochen.

Symptomatik. Die *Schilddrüsenüberfunktion*, die Thyreotoxikose, ist im Kindesalter selten. Sie betrifft ganz überwiegend Mädchen im Alter von 10—14 Jahren. Psychopathologisch steht eine motorische Unruhe, die auch choreiformen Charakter zeigen kann, neben einer allgemeinen Konzentrationsschwäche und Fahrigkeit im Vordergrund. Die Hyperthyreose steht in ihrem Bild dem sog. Pubertätsbasedowoid nahe, ein in der Entwicklungsperiode bei Mädchen auftretendes Bild mit weicher Struma, Glanzaugen und leichter Protrusio bulbi, jedoch ohne Grundumsatzsteigerung.

Eine wesentliche Wachstumssteigerung ist bei der Hyperthyreose nicht zu registrieren.

Genese und soziale Bedeutung. Das psychopathologische Bild ist Ausdruck der hormonell bedingten Steigerung der Stoffwechselfunktion. Die soziale Bedeutung dieser Überfunktion ist bei geringer Ausprägung eine durchaus positive, wo sich die Aktivität übersteigert, entsteht das Bild des krankhaft Nervösen, das in der Regel zunächst als allgemeine Fehlhaltung angesehen wird und entsprechend erzieherische Maßnahmen auslöst.

Diagnose, Differentialdiagnose und Fehldiagnose. Eine sichere Diagnose ist durch Radiojodtest und Bestimmung des eiweißgebundenen Jods (PBJ) möglich. Die übrigen Symptome, wie Protrusio bulbi, neurovegetative Labilität, Pulsbeschleunigung usw. sind unzuverlässige Befunde, die nicht unbedingt auf eine Schilddrüsenüberfunktion zurückgehen müssen.

Therapie und Prognose. Die psychopathologische Störung der Hyperthyreose bedarf entsprechender hormoneller Behandlung und ist auf diesem Wege gut beeinflußbar.

Nebennierenfunktionsstörungen

Symptomatik. Das Bild des im Kindesalter seltenen *Morbus Cushing* kann auch exogen durch eine Behandlung mit Cortison-Präparaten, etwa bei der Behandlung der Blitz-Nick-Salaam-Krämpfe, bei der Behandlung von Polyneuritiden oder der Chorea minor beobachtet werden. Ein *Cushing-ähnliches Syndrom* ist in der Pubertät gelegentlich bei Jungen zu beobachten mit den Symptomen der Fettsucht mit Striae, deutlichem Bluthochdruck, wobei die Körpergröße meistens über der Norm liegt. Endokrinologisch läßt sich in solchen Fällen meistens eine sichere endokrine Störung nicht verifizieren, jedoch ist das klinische Bild recht typisch und nicht zu übersehen. Es handelt sich hierbei wohl um eine passagere puberale endokrine Dysfunktion oder Labilität, die die Schwelle pathologischer Hormonwerte offensichtlich noch nicht überschreitet, im ganzen aber dennoch diesem Formenkreis zugerechnet werden muß.

Über die *Psychopathologie* des Cushing-Syndroms bei Kindern ist nichts bekannt. Es ist oft schwer zu unterscheiden, was primäre, durch die endokrine Störung bedingte Wesensbesonderheit ist, und was sekundär entstanden ist, etwa durch die eingeschränkte Bewegungsmöglichkeit bei extremer Fettsucht und die dadurch bedingte unkindliche Verhaltensweise, was aufgrund des abnormen Äußeren von der Umgebung in das betreffende Kind hineinprojiziert wird und was schließlich dadurch entstanden ist, daß sich das Kind aufgrund seiner abnormen Körperformen aus der Gemeinschaft der anderen Kinder ausgeschlossen fühlt. Bei dem Erwachsenen mit einem Cushing-Syndrom sind langdauernde Veränderungen der Stimmung und des Antriebes zu beobachten, unterbrochen von plötzlichen, kurzdauernden triebhaften Impulsen und starken Stimmungsschwankungen. Dabei ergeben sich oft Schwankungen, die an cycloide Störungen erinnern. Die Triebhaftigkeit wird im allgemeinen als vermindert, wenn nicht gar erloschen geschildert. Eine intellektuelle Beeinträchtigung findet jedoch nicht statt.

In abgeschwächter Form wird man dieses Bild auch bei Kindern annehmen dürfen, insbesondere jedoch bei den geschilderten an ein Cushing-Syndrom erinnernde Bilder im Pubertätsalter. Man begegnet ihnen gar nicht so selten in der Erziehungsberatung oder in Zusammenhang mit einer jugendgerichtlichen Begutachtung. Das Kennzeichnende dabei ist die im ganzen gutmütige, antriebsarm wirkende Art, die bei oft ordentlichen Umweltverhältnissen hartnäckig und scheinbar unmotiviert zu Fehlhandlungen, etwa zu Diebstählen, neigt, oder auch zu ausgestanzt auftretenden impulsiven Handlungen, wie Weglaufen usw. Im Kontrast zu der bemerkenswerten Körpergröße, die durch die Fettsucht den ersten Eindruck des Erwachsenen vermittelt, steht die noch kindliche Abhängigkeitshaltung, die Tendenz zur Lustlosigkeit, ja zur „Faulheit", die, vor allem bei wiederholten Straftaten, die Prognose schlecht erscheinen läßt. Auch hier handelt es sich jedoch um eine passagere, der hormonalen puberalen Dysfunktion parallel laufende psychische Störung.

Die kindliche Fettsucht ist ganz in der Regel keine endokrine Störung, sondern eine psychosomatische (s. S. 153).

Eine weitere Störung der Nebennierenrindenfunktion mit genitaler Entwicklungsstörung stellt das *kongenitale adrenogenitale Syndrom* dar. Es handelt sich dabei um eine Dyskrinie mit anormaler Hormonproduktion und nicht nur einer quantitativen Abweichung der Hormonbildung. Es kommt bevorzugt bei weiblichen Individuen vor und führt zur Ausbildung eines Pseudohermaphroditismus feminus mit Klitorishypertrophie bis zur völligen Vermännlichung des äußeren Genitale. Die inneren Genitalverhältnisse sind weiblich. Dazu tritt häufig ein relativer Minderwuchs.

Bei Knaben finden wir das Bild der Pseudopubertas praecox. Das letztere soll in Zusammenhang mit der Pubertas praecox besprochen werden.

Das *adrenogenitale Syndrom* bei kongenitaler Nebennierenrindenhypoplasie führt in den Bereich der Intersexualität, die ja im übrigen auch bei der Besprechung der Chromosomopathien, der häufigsten Ursache von intersexen Konstitutionsvarianten, Erwähnung findet. Eine normale Entwicklung der Sexualität ist bei diesen Kindern möglich. Die psychische Entwicklung hängt aber sehr stark vom Verhalten der Umgebung ab, das bestimmend ist, ob das Kind als Mädchen oder als Junge aufgezogen wird und wieweit diese Erziehung mit dem Geschlecht einerseits, das chromosomal bestimmt werden kann, und dem äußeren Genitalbefund und der Entwicklung der sekundären Geschlechtsmerkmale andererseits übereinstimmt. Neurotische Störungen sind um so häufiger, je mehr die äußeren Geschlechtsmerkmale von der Norm abweichen.

Die erwachsenen Menschen mit einem adrenogenitalen Syndrom werden als scheu, zurückgezogen, gehemmt, infantil und asexuell beschrieben, es gibt aber auch Berichte über vorlautes und aggressives Verhalten. Die Sexualität bleibt im ganzen

unterentwickelt und auf kindlicher Stufe, wenig differenziert. Eine manifeste Tendenz zur Homosexualität ist nicht zu beobachten. Die intellektuelle Entwicklung zeigt keine Besonderheiten. Da die Kinder mit adrenogenitalem Syndrom im allgemeinen als Mädchen aufgezogen werden, was sie ja auch sind, bleiben ihre Interessen mädchenhaft.

Dieser Verlauf der psychischen Entwicklung gilt mit Variationen auch für die übrigen Formen der Intersexualität.

Die Chromosomopathie wird im besonderen Kapitel beschrieben.

Eine besondere Stellung nimmt die *testiculäre Feminisierung* ein. Dieses hereditäre intersexe Bild entspricht äußerlich einem weiblichen Individuum. Die inneren Geschlechtsorgane sind jedoch nicht weiblich, sondern es besteht ein Leistenhoden. Chromosomal handelt es sich um männliche Individuen. Hier setzt sich nun bei den eindeutig hormonal männlich determinierten Kindern die prägende Kraft der Erziehung oft nicht durch. Die Kinder werden regelmäßig als Mädchen aufgezogen, zeigen aber dann später, vor allem gegen die Pubertät hin, zunehmend männliche Interessen und manchmal eine völlig männliche Identifikation, so daß unter Umständen eine Personenstandsänderung angezeigt erscheint.

Ein so als Mädchen aufgezogener Junge hatte zunächst den Berufswunsch „Köchin" zu werden, zeichnete sich erfolgreich im Radrennsport unter Mädchen aus, wurde später Taxifahrer und Lastwagenfahrer und war nach erfolgter Personenstandsänderung als Mann sehr glücklich und entwickelte deutlich heterosexuelle Tendenzen zum weiblichen Geschlecht. Bemerkenswert an diesem Falle war die um mehrere Jahre jüngere Schwester, die ebenfalls an einer testikulären Feminisierung litt, die nun schon als kleineres Kind ausgeprägt jungenhaftes Verhalten zeigte. In diesem Falle war nun der Umwelteinfluß für diese relativ frühe Entscheidung zu männlichen Interessen nicht mehr auszuschließen, da sie die sexuelle Problematik der älteren „Schwester" ziemlich bewußt miterlebte und sich mit ihr bzw. ihrem Bruder auch voll identifizierte.

Nach Wilkins und Money (zitiert nach Wallis) soll die psychische Geschlechtsdetermination bis zum 2. Lebensjahr festgelegt sein. Das gilt sicher nicht für alle Fälle von Intersexualität, wie der oben geschilderte Fall zeigt. Die standesamtliche Geschlechtszuordnung wird aber zunächst immer nach der anatomischen Beschaffenheit des äußeren Genitale erfolgen. In der Regel gelingt nach Wallis eine positive psychische Identifikation mit dem phänotypischen Geschlecht.

Die vorzeitige Entwicklung der sekundären Geschlechtsmerkmale bezeichnen wir als *Pubertas praecox*. Sie wird im Kapitel über die körperliche

Entwicklung und ihrer Störungen abgehandelt (s. S. 8).

Eine weitere Störung sowohl des Körperwachstums wie der sexuellen Reifung, wenn auch harmloser Art, ist der *eunuchoide Hochwuchs*, eine meist passagere Konstitutionsvariante mit Übergröße, langen Extremitäten (doppelte Symphysenhöhe mehr als 10 cm über der Körperlänge) und Genitalretardierung, gelegentlich mit leichten intersexen Stigmen, z. B. ein überschießender Hüftumfang bei Jungen. Diesem Konstitutionstyp haftet eine typische psychische Haltung an. Er zeigt eine gewisse Antriebsarmut, eine Gleichgültigkeit und innere Distanzierung von der Umwelt. Die überlangen Extremitäten verstärken den Eindruck schlacksiger Pubertätsmotorik, die in einem gewissen Widerspruch zu einem sonst kindlichen Verhalten stehen. Die Desintegration zwischen Psychomotorik und psychischer Reifung vermittelt den Eindruck des „Dümmlichen", und so können diese Jugendlichen zum Prototyp der antriebsarmen, interesselosen und asexuellen Gammler werden, die ihre Extremform in der Puberaldystrophie einerseits und im heboiden, ja hebephrenen Wesen andererseits finden.

Genese und soziale Bedeutung. Auch über die Pathogenese der bei Reifungsstörungen entstehenden psychischen Auffälligkeiten ist nichts bekannt. Neben einer wahrscheinlichen unmittelbaren Wechselwirkung zwischen Hormonstörung und psychopathologischem Befund muß stets eine indirekte Wirkung über die Reaktion der Umwelt auf die abnormen Körperproportionen berücksichtigt werden. Dies gilt besonders für alle Störungen, die mit vermehrtem Fettansatz einhergehen, die charakteristischerweise bei der Umwelt den Eindruck des nicht ganz Ernstzunehmenden, Lächerlichen und Gutmütigen hervorruft, der dazu auffordert, verspottet und ausgenutzt zu werden.

Auch bei den Dissoziationen der Entwicklung des äußeren Genitales und dem eigentlichen, im Zellbild nachzuweisenden Geschlecht wird der äußere Faktor recht offenkundig, wo völlige Übereinstimmung der psychischen Struktur mit dem äußeren Erscheinungsbild ebenso vorkommt, wie eindeutige psychische Tendenz entsprechend dem anlagebedingten Geschlecht.

Eine besondere soziale Bedeutung haben die Cushing-ähnlichen Syndrome in der Pubertät, da diese Jugendlichen — es handelt sich meistens um Jungen — zu Erziehungsschwierigkeiten, ja zur Kriminalität neigen und ihrer besonderen pädagogischen Führung bedürfen.

Diagnose, Differentialdiagnose und Fehldiagnose. Auch Diagnosen endokriner Reifungsstörungen können auf die Objektivierung durch endokrinologische Stoffwechseluntersuchungen nicht verzichten, wenngleich diese oft den klinisch eindeutigen Eindruck nicht bestätigen können. Ist das klinische Bild jedoch typisch, so dürfen trotz negativen Stoffwechselbefunden leichtgradige, meist passagere Drüsenstörungen angenommen werden.

Die Erkennung der Genitalentwicklungsstörung kann sehr schwierig sein. Lokale Mißbildungen, Hypospadie, Klitorishypertrophie und später eine fehlende oder ungenügende Entwicklung sekundärer Geschlechtsmerkmale können hinweisend sein. Klarheit wird erst die unumgängliche notwendige gynäkologische, urologische Untersuchung und die Bestimmung des Zellgeschlechtes bringen.

Therapie und Prognose. In schweren Fällen endokriner Reifungsstörungen muß eine entsprechende Hormontherapie eingeleitet werden, die dem Pädiater und Endokrinologen überlassen bleiben muß. Leichtere Formen, wie das Cushing-ähnliche Syndrom in der Pubertät, bedürfen keiner besonderen Therapie, ihre psychischen Folgezustände dagegen oft nachgehender pädagogischer Betreuung und eingehender Beratung der Eltern.

Bei den intersexen Formen sollen sich nach Wallis die therapeutischen Maßnahmen in erster Linie an der anatomischen Beschaffenheit des äußeren Genitale orientieren. Bei testikulärer Feminisierung lehnt sie korrigierende Maßnahmen ab. Das gilt nicht in jedem Fall. In jedem Fall aber müssen die Eltern über die Besonderheit der Entwicklung ihrer Kinder, die psychischen Voraussetzungen und Bedingungen eingehend unterrichtet werden. Eltern wie Kinder bedürfen der regelmäßigen und nachgehenden Betreuung, bis das Kind die soziale Reife und Eingliederung erreicht hat.

Funktionsstörungen des Inselorgans

Sie können ebenfalls zu psychopathologischen Zuständen führen.

So können in seltenen Fällen Spontan-Hypoglykämien durch Hyperinsulinismus neben dem Symptom der Ermüdung und Erschöpfung das Bild „reizbarer Schwäche" ergeben, ja sogar bis zu unmotiviert auftretenden Verstimmungszuständen führen. Diese sind oft schwer zu erkennen, da man im allgemeinen an eine solche Genese nicht denkt. Im Grunde sind sie jedoch nur Extremformen der allgemein bekannten Verstimmung und Reizbarkeit infolge Hungers.

Die Psychopathologie des Diabetes mellitus wird im Rahmen der chronischen Krankheiten besprochen (s. S. 57).

VI. Wesensveränderungen bei Vergiftungen und Mangelzuständen

Symptomatik. Unter den psychopathologisch bedeutsamen Vergiftungszuständen muß zunächst der *Alkohol* genannt werden, wobei sowohl akute wie chronische Vergiftungssymptome zu beobachten sind.

Die akute Alkoholvergiftung. Sie unterscheidet sich vom Alkoholrausch des Erwachsenen dadurch, daß das Kind und auch der Jugendliche im allgemeinen weniger alkoholtolerant ist und die bekannten Phasen der angeheiterten Stimmung und der Enthemmung viel rascher durchlaufen werden und so manchmal der Beobachtung entgehen. Dazu kommt, daß es vor allem bei Kindern und Schuljungen dadurch zu einem abnorm raschen Alkoholkonsum kommt, daß die Kinder oft heimlich und dann unter dem Druck des schlechten Gewissens und in zeitlicher Eile große Mengen des zufällig gefundenen oder bei günstiger Gelegenheit beiseite genommenen Alkohols zu sich nehmen. Dies gilt vor allem dann, wenn es sich um hochkonzentrierte Alkohole, süße Liköre, Branntweine, Wermutweine usw. handelt. Bis die Kinder dann entdeckt werden, kann sich schon das Bild der Alkoholintoxikation voll ausgebildet haben mit dem führenden Bilde der Bewußtlosigkeit. In schweren Fällen können sogar Krämpfe auftreten, es kann zu Hirnblutungen kommen, die schließlich sogar tödlich enden können. Diese schweren Formen sind selten.

Bei geringeren Alkoholmengen und bei älteren Jugendlichen gleichen dann die Symptome dem bekannten Bilde des Alkoholrausches.

Zur *chronischen Alkoholvergiftung* (s. S. 221).

Akute psychische Veränderungen durch LSD. Die akute LSD-Vergiftung hat in letzter Zeit an Bedeutung gewonnen. Wie Stoll nachgewiesen hat, fügt sich das Bild der akuten LSD-Vergiftung in den akuten, exogenen Reaktionstypus Bonhoeffers ein. Auf motorischem Gebiet ergeben sich in wechselnder Ausprägung Zeichen von Ataxie und Reflexsteigerung, deutliche vegetative Symptome, wie Übelkeit, Herzklopfen, Schwitzen, Frieren, Hyperventilation und gesteigerte Diurese. Die körperlichen Symptome werden als harmlos bezeichnet. Die Bewußtseinsstörung überschreitet im allgemeinen das Gefühl der Benommenheit und Traumhaftigkeit

nicht. Als eindrückliches Symptom werden Störungen der Wahrnehmung hervorgehoben, wie überscharfes Sehen von Formen und Farben, Verkennungen, optische Illusionen und Halluzinationen, vorwiegend elementarer Art, die im allgemeinen lustbetont erlebt werden. Auch das Hörvermögen bekommt einen überscharfen Charakter, häufig mit negativer Gefühlsqualität. Auch Geschmackshalluzinationen werden berichtet, weniger solche des Geruchs. Das Denken wird als beschleunigt bezeichnet, sprunghaft und inkohärent. Die Selbstbeobachtung ist erhalten bei deutlich verminderter rationaler Steuerung. Besonders kennzeichnend sind Entfremdungsgefühle und wahnhaft gefärbte Einstellung zur Umwelt. Die Stimmung ist vorwiegend euphorisch, schlägt aber auch ins Depressive um. Es ist eher ein Rauschzustand von deliröser Färbung, wobei die Vergiftung hier auch als akute Diencephalose bezeichnet wird.

Die akute LSD-Vergiftung hat durch die Möglichkeit, künstlich Halluzinationen und auch wahnhafte Zustände, Entfremdungserlebnisse usw. hervorrufen zu können, im Rahmen der Forschung der Psychiatrie eine gewisse Rolle gespielt, als Mittel zur Erzeugung einer Modellpsychose. Darüber hinaus wurde es auch therapeutisch verwandt (Psycholyse), wobei die Wirkung des LSD, gelegentlich weit, z.T. in der frühesten Kindheit zurückliegende, vergessene Erlebnisse mit hohem Affektgehalt wieder wachzurufen, ausgenutzt wurde. Es wurde angenommen, daß hierdurch unverarbeitete und bewältigte Erlebnisse reaktiviert und einer psychotherapeutischen Bearbeitung zugänglich gemacht werden können.

Über die Wirkung chronischer LSD-Sucht (s. S. 209).

Die Akrodynie oder Feersche Krankheit. Unter die Gruppe der chronischen Vergiftungszustände gehört auch das Krankheitsbild der Feerschen Krankheit, dessen Ursache lange nicht bekannt war und das hauptsächlich durch vegetative Symptome geprägt ist. Charakteristisch sind die reizbaren, depressiv wirkenden Kinder, die schlecht schlafen und zu Schweißausbruch neigen. Die Gliedmaßenenden schwellen leicht an, werden rötlich blau, die Muskulatur ist hypoton. Es kommt zum Ausfall von Haaren und Nägeln. Auch wenn die Ursache nicht völlig geklärt ist, spielt doch offenbar eine chronische Quecksilber-Vergiftung eine wesentliche Rolle. Da das Quecksilber als Therapeutikum immer mehr an Bedeutung verliert, wurde auch die Feersche Akrodynie ein immer selteneres Krankheitsbild.

Weitere Vergiftungen akuter Art enstehen gewöhnlich durch ungenügenden Verschluß von Arzneimitteln und chemischen Substanzen im Haushalt. Die Folgen solcher Vergiftungen unterscheiden sich im Kindesalter nicht grundsätzlich von denen im Erwachsenenalter, sondern im allgemeinen vorwiegend in quantitativer Hinsicht. Psychopathologische Veränderungen treten vor allem bei übermäßiger Einnahme von Medikamenten, die auch bei regelrechter Anwendung psychopathologische Folgezustände haben, auf, also insbesondere bei Barbituraten und anderen Schlafmitteln, die in relativ geringeren Dosen bereits zu Narkosen und Koma führen können. Es besteht im allgemeinen jedoch keine unmittelbare Beziehung zwischen Dosis und Körpergewicht.

Da Kinder, insbesondere Kleinkinder, des öfteren unverwahrte Medikamente einnehmen, die in größeren Dosen vom Erwachsenen praktisch nie eingenommen werden und daher in ihrer Wirkung in hohen Dosen wenig bekannt sind, können oft unklare klinische und psychopathologische Bilder entstehen.

Ohne Kenntnis einer vorangegangenen Einnahme von Medikamenten können solche atypischen Bilder oft sehr schwer ursächlich erkannt werden. Im ganzen herrscht das Bild einer exogenen Psychose vor, wobei wiederum auf den Leitsatz zu verweisen ist, daß exogene Psychosen im Kindes- und Jugendalter den endogenen Psychosen des Erwachsenenalters oft ähnlicher sind und daß umgekehrt endogene Psychosen im Kindes- und Jugendalter häufig ein exogenes Bild bieten.

Psychopathologische Folgen von Vitaminmangelzuständen kennen wir bei der Rachitis, die möglicherweise ein Vitamin D-Mangel ist, der vor allem im Kleinkindesalter auftritt und früher eine erheblich größere Rolle spielte als heute. Die rachitischen Kinder sind oft gereizt, mürrisch abweisend und verstimmt. Auch werden Schlafstörungen beobachtet. Ob es sich dabei um eine spezifische Störung handelt, die auf Vitaminmangel unmittelbar zurückgeführt werden muß, oder ob es sich nicht einfach um die Verstimmung eines kranken Kindes handelt, muß dahingestellt bleiben. Immerhin wird gerade bei Rachitis diese allgemeine Verstimmung berichtet, wogegen bei den übrigen Vitaminmangelzuständen solche psychischen Veränderungen kaum bekannt sind.

Genese und soziale Bedeutung. Gerade in der Jugendkriminalität spielt der Alkohol eine ganz entscheidende Rolle, und zwar weniger in dem Sinne, daß viele Taten in verminderter Zurechnungsfähigkeit infolge Alkoholgenuß verübt würden, sondern insofern, als gerade geringe Alkoholmengen, die noch lange keine erhebliche Beschränkung der Zurechnungsfähigkeit begründen können, geeignet sind, ohnehin schwache Hemmungsvorstellungen und eine mangelhafte Eigenkritik auszuschalten.

Diagnose, Differentialdiagnose und Fehldiagnose. Die Diagnostik der *Vergiftungszustände* ist im Kindesalter nicht anders wie bei den Erwachsenen, nur wird eine Vergiftung, vor allem eine akute Vergiftung, etwa mit Schlafmitteln, oft nicht so häufig in Erwägung gezogen wie im Erwachsenenalter. Neben der vergleichsweisen seltenen suicidalen Absicht als Ursache einer solchen Intoxikation tritt im Kindesalter relativ häufig der Fall ein, daß das Kind unbemerkt an Arzneien gelangt ist. Da die Kinder es dabei nicht auf das Schlafmittel abgesehen haben, sondern bevorzugt auf irgendwelche Dragees wegen ihres Zuckerüberzuges, müssen auch sonst für eine Einnahme in Überdosis kaum in Betracht gezogene Medikamente in der Erwägung berücksichtigt werden. Die meisten, auch in geringer Dosis völlig harmlosen, Medikamente, die sich in der Hausapotheke befinden, können in Überdosis toxische und auch cerebral-toxische Symptome verursachen.

Bei akuten Intoxikationen wird die Symptomatik der Leitfaden zur akuten Therapie sein, notfalls mit Intubation und künstlicher Beatmung.

Bei den *chronischen Vergiftungen* — wir haben hier eigentlich nur die chronische Quecksilbervergiftung bei der Feerschen Krankheit erwähnt — wird man im Verdachtsfalle die chemische Analyse in den Ausscheidungen heranziehen.

Therapie und Prognose. Die Therapie der akuten Vergiftungszustände muß sich an den allgemeinen Kriterien der Therapie toxischer Zustände orientieren (Kienle).

Literatur

Bash, K. W.: Lehrbuch der allgemeinen Psychopathologie. Stuttgart: Thieme 1955.

Bay, F.: Sprache und Denken. Dtsch. Med. Wschr. **87**, 1845—1852 (1962).

Berendes, J., Jussen, H., Klauer, K. J.: Das sinngestörte Kind. In: Hilfe für das behinderte Kind. Stuttgart: Paracelsus 1966.

Bleuler, M.: Endokrinologische Psychiatrie. Stuttgart: Thieme 1954.

Bleuler, M., Willi, J., Bühler, H. R.: Akute psychische Begleiterscheinungen körperlicher Krankheiten. Stuttgart: Thieme 1966.

Corboz, R.: Die Psychiatrie der Hirntumoren bei Kindern und Jugendlichen. Acta Neurochirurgica/Supplementum V. Wien: Springer 1958.

Driesen, W.: Atrio-ventrikulärer Shunt bei Hirntumoren, welche die Liquorpassage aus den Ventrikeln oder zu den Resorptionsstätten verlegen. Med. Welt, 18, (NF) 2814—2815 (1967).

Gerlach, J., Jensen, H. P., Kloos, W., Kraus, H.: Pädiatrische Neurochirurgie. Stuttgart: Thieme 1967.

Graichen, J.: Teilleistungsschwächen, dargestellt an Beispielen aus dem Bereich der Sprachbenutzung. Zschr. f. Kinder- und Jugendpsychiatrie 1, 113—143 (1973).

Graichen, J.: Zentrale Hör- und Sprachstörungen im Rahmen des organischen Psychosyndroms. In: Rett, A.: Das organische Psychosyndrom im Kindesalter. Pädiatrie und Pädiologie, Suppl. 1, 82—93. Wien-New York: Springer 1972.

Hemmer, R.: Früherkennung-Frühbehandlung: Die Kleinhirngeschwülste im Kindesalter (S. 677—681). Hippokrates: Stuttgart 1967.

Huber, E. G.: Formen der frühkindlichen Fettsucht und ihre Häufigkeit. Helv. pädiat. Acta. 17, 114—134 (1962).

Johnson, D. J., Myklebust, H. R.: Lernschwächen, ihre Formen und ihre Behandlung. Stuttgart: Hippokrates 1971.

Kienle, G.: Notfalltherapie neurologischer und psychiatrischer Erkrankungen. Stuttgart: Thieme 1964.

Lange-Cosack, H.: Die Prognose der Schädelhirntraumen im Kindes- und Jugendalter, Jahrbuch für Jugendpsychiatrie und ihre Grenzgebiete, Bd. V, S. 148—160. Bern-Stuttgart: Huber 1967.

Laux, W.: Katamnesen von Kindern mit Hirntraumen, Jahrbuch für Kinderpsychiatrie und ihre Grenzgebiete, Bd. V, S. 161—170. Bern und Stuttgart: 1967.

Leischner, A.: Hirnpathologische Syndrome im Kindesalter, Jahrb. f. Jugendpsychiatrie und ihre Grenzgebiete, Bd. V. S. 140—147. Bern: Huber 1967.

Luchsinger, R.: Poltern. Berlin-Charlottenburg: C. Marhold 1963.

Lempp, R.: Frühkindliche Hirnschädigung und Neurose. Bern und Stuttgart: Huber 2. Aufl. 1970

Lempp, R.: Der kindliche Autismus — ein organisches Psychosyndrom. In: A. Rett: Das organische Psychosyndrom im Kindesalter. Pädiatrie und Pädiologie. Suppl. 1, 64—71. Wien-New York: Springer 1972.

Lempp, R.: Psychosen im Kindes- und Jugendalter — eine Realitätsbezugsstörung. Bern-Stuttgart-Wien: Huber 1973.

Luria, A. R.: Die höheren kortikalen Funktionen des Menschen und ihre Störungen bei örtlichen Hirnschädigungen. Berlin: VEB Deutscher Verlag der Wissenschaften 1970.

Lutz, J.: Über akute Begleitpsychosen körperlicher Erkrankungen und Schizophrenie im Kindesalter. Schweiz. med. Wschr. 80, 774—776 (1950).

Kramer, J.: Linkshändigkeit. In: Montalta, E.: Arbeiten zur Psychologie, Pädagogik und Heilpädagogik. Solothurn: Antonius-Verlag 1970.

Mackensen, G.: Die Psychomotorik blinder Kinder — Bücherei des Augenarztes. Beihefte der klinischen Monatsblätter für Augenheilkunde, 26. Heft. Stuttgart: Enke 1956.

Moeschlin, S.: Klinik und Therapie der Vergiftungen. Stuttgart: Thieme 1959.

Müller-Küppers, M.: Das leicht hirngeschädigte Kind. Stuttgart: Hippokrates 1969.

Paal, G.: Zur Bedeutung psychischer Befunde für die Frühdiagnose von Hirntumoren. Schweiz. Arch. Neurol. Neurochir. Psychiat. 97, 133—143 (1966).

Poeck, K.: Einführung in die klinische Neurologie. Berlin-Heidelberg-New York: Springer 1966.

Prechtl, H. F. R.: Das leicht hirngeschädigte Kind. In: Rümke, C., P. E. Boeke und W. K. van Dijk. Van Kinderanalyse tot y-chromosoom, 282—305. Deventer: vls boek, van loghum slaterus, 1973.

Prechtl, H.F.R., Beintema, D.J.: Die neurologischen Untersuchungen des reifen Neugeborenen. Stuttgart: Thieme 1968.

Rett, A., Kohlmann, Th., Strauch, G.: Linkshänder, Analyse einer Minderheit. Wien-München: Jugend und Volk 1973.

Schenk-Danzinger, L.: Handbuch der Legasthenie. Weinheim: Beltz 1968.

Schönfelder, Th.: Katamnestische Erhebungen bei hörstummen Kindern. Jahrb. f. Jugendpsychiatrie und ihre Grenzgebiete, Bd. V, S. 92—97. Bern und Stuttgart: Huber 1967.

Schönfelder, Th.: Über frühkindliche Antriebsstörungen. Acta pädopsychiatr. 31, 112—129 (1964).

Specht, F.: Pons-Tumoren und Bewußtseinszustand. Arch. f. Psychiat. Nervenkr. 206, 323—344 (1964).

Stockert, F. D., v.: Einführung in die Psychopathologie des Kindesalters. 4. Auflage. München-Berlin-Wien: Urban u. Schwarzenberg 1967.

Stoll, W. A.: Lysergsäure-Diäthylamid, ein Phantastikum aus der Mutterkorngruppe. Schweiz. Arch. Neurol. Psychiat. IX, 1—45 (1957).

Stutte, H.: Pubertas praecox. In: Handbuch der medizinischen Sexualforschung. Herausg. von Giese. Stuttgart: Enke 1954.

Todorow, S.: Über das Vorkommen von psychoreaktiven Zustandsbildern in der Wiederherstellungsperiode nach schwerem Schädelhirntrauma bei Kindern. Fortschr. Neurol. 41, 606—621 (1973).

Wallis, H.: Katamnestische Erhebungen bei Hermaphroditen. Jahrbuch f. Jugendpsychiatrie und ihre Grenzgebiete, Bd. V, S. 104—111. Bern u. Stuttgart: Huber 1967.

Weber, D.: Der frühkindliche Autismus. Bern, Stuttgart, Wien: Huber 1970.

Weinschenk, C.: Die erbliche Lese-Rechtschreib-Schwäche und ihre sozialpsychiatrischen Auswirkungen. Bern-Stuttgart: Huber 1965.

Wender, P. H.: Minimal brain dysfunction in children. New York, London, Sidney, Toronto: Wiley 1971.

Wieck, H. H.: Lehrbuch für Psychiatrie. Stuttgart: Schattauer 1967.

Sprachentwicklung und ihre Störungen

Von H. Harbauer

I. Vorbemerkungen

Das Erlernen des Sprechens stellt für das Kind die höchste integrierte, intellektuelle und motorische Leistung dar. Voraussetzung einer normalen Sprachentwicklung ist neben der intellektuellen Reife vor allem die Intaktheit des Hörorgans. Die Sprachentwicklung kann sich in individuell sehr unterschiedlicher Form auch bei gesunden Kindern über einen relativ langen Zeitraum erstrecken. Es handelt sich bei ihr um einen recht komplizierten Erwerb, der nicht nur in seinem Tempo großen individuellen Schwankungen unterliegt, sondern auch durch vielerlei Noxen störbar ist.

Die Lautäußerungen des sehr jungen Kindes dienen nach dem reflektorischen Schrei beim Geburtsvorgang dazu, vor allem unlustbetonte Empfindungen kundzutun. In der 4.—7. Lebenswoche setzt dann das zunächst noch affektunabhängige Lallen ein, das sich bald zu Lallmonologen erweitert, bestimmten Zwecken (Nahrungsverweigerung, Kontaktsuche) dient und variiert werden kann. Im 8.—10. Lebensmonat tritt Lallen bei Vorsprechen einfacher Lautverbindungen auf; auf die Selbstnachahmung folgt die Fremdnachahmung. Das Erkennen der Umgebung findet am Ende des 2. Halbjahres sprachlichen Ausdruck, dabei schreitet das Sprachverständnis schneller als die Sprechgeschicklichkeit voran, eine Tatsache, die für die Genese des Entwicklungsstotterns wichtig ist. Mit auftretendem Sprachverständnis erreicht das Kleinkind die Stufe, mit der es Leistungen von Tieren mit dem höchst entwickelten Nervensystem übertrifft.

Zu Beginn des 2. Lebensjahres tritt die Sprache bei vielen Kindern in den Dienst der Verständigung, hierzu dient der sog. Einwortsatz, die Zuordnung bestimmter Äußerungen zu Gegenständen oder Sachverhalten wird inniger, die Sprache intellektualisiert sich. Damit wird nach Abschluß des 2. Lebensjahres im allgemeinen die Satzbildung erreicht. Gestische Bewegungen oder sonstige Äußerungen des Affekts treten zurück und machen der sprachlichen Kommunikation Platz. Der Einwortsatz wird unterschiedlich durch das individuelle Entwicklungstempo zum Zwei- oder Mehrwortsatz, so daß spätestens im 3. Lebensjahr die Mehrzahl aller Kinder zu einfachen Satzformungen imstande ist. Ein kompliziertes Satzgefüge wird dem Kind im allgemeinen erst zu Ende des 3. oder im 4. Lebensjahr ermöglicht.

Die Sprechfähigkeit ist beim Kind in beiden Hemisphären repräsentiert. Etwa bis zum 8. Lebensjahr bedingt deshalb die Schädigung oder auch der Ausfall einer Hirnhälfte bei allmählich abnehmender Ausgleichsfähigkeit keine bleibende Alteration, da die Sprechfunktion offensichtlich von der intakten Hirnhälfte übernommen werden kann (chronologisch fortschreitende Abnahme der Ambilateralität). Die bevorzugte Heranziehung der linken Hemisphäre erfolgt im frühen Schulalter.

Die Wechselbeziehungen zwischen Intelligenzentwicklung und Sprachfortschritten sind unverkennbar. Diese innige Integration beleuchtet die Notwendigkeit der *Früherfassung* und *Frühbehandlung* sprachbehinderter Kinder, vor allem auch die Rolle der Sprachförderung bei organisch vorgeschädigten oder oligophrenen Kindern. Eine ungenügende Sprachförderung führt zu nicht ausgeschöpfter Sprachfähigkeit, weitgehend unabhängig vom Intelligenzniveau. Dabei spielen auch Erziehungsstile und das Ausmaß sowie die Art der Mitteilungen, z. B. innerhalb der Familie, eine wesentliche Rolle. Die Sprache der autistischen Kinder mit dem überwiegenden Fehlen kommunikativer Versuche kann hier als Naturexperiment für die Sprachausformung gelten (Bosch).

II. Verzögerte Sprachentwicklung

Symptomatik. Der Spracherwerb benötigt ein Sprachvorbild und einen Sprechantrieb. Es gibt intellektuell normal entwickelte, ja sogar überdurchschnittlich ausgestattete Kinder ohne Vorschädigung, deren Sprachentwicklungstempo z. T. erheblich hinter der Durchschnittserwartung nachhinkt. Eine Sprachentwicklungsstörung ist kein abgeschlossenes Symptom, sondern eine Störung einer noch wachsenden und werdenden Funktion. Die Beseitigung eines Hindernisses oder die Nachreifung vermögen den Weg zur normalen Entwicklung frei zu machen.

Das Lallen, speziell die erste Lallphase, die noch vorbildunabhängig ist, kann nicht übersprungen werden, desgleichen nicht der Einwortsatz. Trotzdem wird gelegentlich gesehen, daß bestimmte Teil- oder Durchgangsphasen kaum in Erscheinung treten, so daß dann innerhalb weniger Wochen aus dem Nichtsprechen eine wohlvorbereitete, wortschatzreiche und grammatikalisch einwandfreie Sprache sich entwickeln kann. Wechselnde Aufmerksamkeit, große Schüchternheit, geringer sprachlicher Antrieb oder Nachahmungstrieb, nicht ausreichender Kontakt sind bei dieser, einer Teilretardierung zuzurechnenden Entwicklungsverzögerung — sie betrifft im allgemeinen nur das Tempo — oftmals mit im Spiele. Von den Angehörigen, insbesondere den männlichen wird angegeben, daß auch sie sich sprachlich spät entwickelt hätten (20%).

Genese und soziale Bedeutung. Der verzögerten Sprachentwicklung können vielfältige Ursachen zugrunde liegen, weil die Sprache eine besonders differenzierte geistige und soziale Leistung dieser Altersstufe darstellt. Bei relativ leichtgradigen, diffusen Hirnschädigungen kann es zu einem vermeintlich isolierten Ausfall kommen, während ebenso intellektuell gut begabte, introvertiert sich entwickelnde Kinder oft spät und schlecht sprechen lernen.

Diagnose und Differentialdiagnose. Jede Sprachentwicklungsstörung bedarf der subtilen kinderpsychiatrischen und leistungspsychologischen Untersuchung. Hier werden nicht selten weitere Ausfälle aufgedeckt, die zum Bild eines geringgradig ausgeprägten frühkindlichen exogenen Psychosyndroms gehören. Leischner spricht von Sprachentwicklungsverzögerung bei anlagebedingten sowie zeitlichen Verzögerungen sonst sich normal entwickelnder Kinder im Gegensatz zur erworbenen Sprachstörung, der Aphasie. Bei jeder Sprachentwicklungsverzögerung ist zunächst immer das Hörvermögen abzuklären. Danach muß durch Anamnese, Verhaltensbeobachtung und testpsychologische Diagnostik (möglichst sprachfreier Intelligenztest) geprüft werden, ob die Sprachentwicklungsverzögerung ein relativ isoliertes, spätreifendes Symptom bildet, oder ob sie als Teilsymptom eines die gesamte Persönlichkeit umfassenden seelisch-geistigen Entwicklungsrückstandes anzusehen ist.

Differentialdiagnostisch ist es gelegentlich notwendig, die Gruppe der extrem kontaktgestörten Kinder mit autistischen Verhaltensweisen oder mit dem Bild des Kanner-Syndroms abzuklären. So gestörte Kinder lernen oft relativ spät sprechen. Ihre Sprache ist ferner gekennzeichnet durch das spät einsetzende Ich-sagen und durch das Fehlen namentlicher Anrede. Damit deuten viele Verhaltensweisen entsprechend der Grundstörung auf eine Kommunikationserschwerung hin. Etwa die Hälfte der Kinder mit voll entwickeltem Kanner-Syndrom erlernt niemals eine sozial brauchbare Sprache.

Therapie und Prognose. Die verzögerte Sprachentwicklung muß frühzeitig, auf keinen Fall später als bei Eintritt in das Kindergartenalter diagnostiziert werden, da sich bei Frühbehandlung unter entsprechender Einbeziehung und Anleitung des Elternhauses ein befriedigender Erfolg einstellen kann. Sprachheilkindergärten bzw. Gruppen für vorschulpflichtige Kinder mit Sprachentwicklungsverzögerungen im Normalkindergarten bieten sich zumindest in städtischen Bereichen an. Ihre Aufgaben werden später durch Sprachheilklassen und -schulen übernommen, in denen stets ein Team von entsprechenden Fachdisziplinen konsiliarisch tätig sein sollte (HNO-Arzt oder Phoniater, Kinderpsychiater, Kinderarzt). Die Prognose hängt sehr entscheidend davon ab, in welchem Ausmaß es gelingt, die Ursache des Sprachentwicklungsrückstandes zu beheben bzw. die Intensität der Therapie zu entwickeln.

III. Hörstummheit (Audimutitas) (s. S. 296)

Symptomatik. Die Hörstummheit stellt die Extremvariante einer verzögerten Sprachentwicklung dar. Bosch sieht in der motorischen Hörstummheit eine Zustandsbeschreibung, die einen bestimmten Zeitpunkt im Verlauf einer behinderten Sprachentwicklung erfaßt. Hörstummheit kann dann diagnostiziert werden, wenn bei normalem Hörvermögen und etwa altersentsprechender Intelligenzentwicklung nach dem 3.—4. Lebensjahr noch keine oder nur völlig rudimentäre sprachliche Äußerungen erkennbar sind.

Genese und soziale Bedeutung. Über die Ursachen der Hörstummheit besteht bisher noch keine Klarheit. In den meisten Fällen handelt es sich lediglich um die syndromale Beschreibung einer gestörten Funktion, deren Ursachen erst differentialdiagnostisch abzuklären sind. Die oftmals schwierige Entscheidung im Kleinkindesalter, ob die fehlende Sprachentwicklung durch eine erhebliche Schwerhörigkeit oder Taubheit bedingt ist, bedarf immer phoniatrischer Untersuchung einschließlich audiometrischer Methoden.

Diagnose und Differentialdiagnose. Die Diagnose der Hörfähigkeit eines Kindes in den ersten Lebensjahren, soweit sie in der Sprechstunde durchgeführt werden soll, stößt oft auf Schwierigkeiten. Entsprechende Reaktion auf starke Schallreize (Wecker, Gong, Pfeifen) vermag zwar unter kritischem Ausschluß optischer und taktiler Wahrnehmung eine Taubheit, manchmal aber nicht eine hochgradige Schwerhörigkeit auszuschließen. Schwächere Schallreize (Flüsterstimme, Glöckchen o. ä., weil Kleinkinder sich noch wenig für eine Stimmgabel interessieren) lassen nach meist recht zeitaufwendigen Mühen ein gewisses Bild über das Ausmaß der Schwerhörigkeit zu. Im übrigen schließt die leichte Schwerhörigkeit eine normale Sprachentwicklung nicht aus. Nachuntersuchungen haben ergeben, daß in den Fällen, in denen zunächst eine sensorische Hörstummheit, also eine mangelhafte Sinnerfassung gehörter Eindrücke diagnostiziert wurde, sich später periphere Hördefekte entpuppten (Schönfelder). Bei geistig behinderten Kindern muß als Ursache des „Nichthörens" immer auch an eine Aufmerksamkeitsstörung gedacht werden. Der Ausschluß einer gröberen Intelligenzstörung stützt sich, soweit sich nicht sprachfreie Testuntersuchungen (u. a. Snjiders-Oomen, sprachfreie Prüfungen des Entwicklungstestes nach Bühler-Hetzer) durchführen lassen, meist auf die Verhaltensbeobachtung und die Angaben der Anamnese. Schönfelder sah bei etwa $^2/_3$ der nachuntersuchten, früher als hörstumm diagnostizierten Kinder die Voraussetzung einer Intelligenz im Normbereich nicht erfüllt. Neurologische Mikrobefunde lassen sich häufig eruieren, diskrete Halbseitensymptome, ebenso motorische Ungeschicklichkeiten sowie ein fahriges, unruhiges Verhalten. Eine Dyspraxie in der Mund-Zungen-Region wurde von v. Stockert beschrieben.

Auch die Prüfung des Sprachverständnisses beim Kleinkind in der Sprechstundensituation stößt oft auf Widerstände. Situative Hemmung des oft schon an verschiedenen Orten vorgestellten Kindes oder das Befolgen von Aufforderungen, die durch begleitende Gesten aufgefaßt werden, ergeben häufig kein zuverlässiges Bild, Hirnorganische Veränderungen, meist perinatal entstanden, sind oft mit Symptomen kombiniert, die unabhängig von der Hörstummheit die Diagnose der abgelaufenen Hirnschädigung wahrscheinlich machen. Die Annahme einer spezifischen Alteration z. B. des motorischen Sprachzentrums bzw. einer mehr oder minder isoliert auftretenden extremen Spätreifung ist bisher nicht entsprechend bewiesen.

In Parallele zur Aphasielehre wird eine motorische Hörstummheit von der mehr sensorischen Form unterschieden. Diese Differenzierung gelingt jedoch nicht immer, bzw. läßt sich selten in gewünschter Form durchführen. Bei der mehr motorischen Hörstummheit ist das Sprachverständnis offensichtlich intakt, die Kinder äußern sich durch Gesten oder die Produktion sprachlicher Äußerungen. Bei der mehr sensorisch imponierenden Hörstummheit (angeborene Wort- oder Seelentaubheit, auditive Agnosie) besteht eine erhebliche Alteration des Sprachverständnisses, deren Prüfung bei der vorhandenen rudimentären Äußerungsmöglichkeit, vor allem beim jüngeren Kind, auf große Schwierigkeiten stoßen kann. Kinder mit sprachakustischer Agnosie werden besonders oft als schwachsinnige verkannt, da sie meist umtriebig und motorisch unruhig imponieren. Die entsprechend gesicherte Diagnose läßt sich deshalb meist erst nach klinischer Beobachtung stellen. Bei der sog. sensorischen Aphasie liegt nach neueren Untersuchungen offensichtlich mehr ein Problem des ausreichenden Hörvermögens vor, damit mehr eine Entscheidung der audiologischen Untersuchung und weniger eine hirnpathologische Frage (v. Stockert).

Therapie und Prognose. Die Therapie hörstummer Kinder sollte frühzeitig einsetzen. Ihr Vorgehen orientiert sich manchmal an einem spielerisch durchgeführten Unterricht, in dem die Frühformen der Sprachentwicklung gelenkt, nachgeholt bzw. durchlebt werden. Dabei wirken Rhythmus- und Stimmsummübungen, später Singübungen stimulierend. Die Behandlung der reinen Hörstummheit — falls ihre Diagnose im meist lang dauernden Behandlungsablauf aufrecht erhalten werden kann — erfordert große Geduld. Ihr Abbau vollzieht sich meist schrittweise über agrammatische und stammelnde Zwischenphasen. Gelegentlich stellt sich auch nach Hörstummheit noch in den ersten Schuljahren überraschend schnell ein gutes Sprechvermögen ein. Über Spiel- und Sporttherapie zu vermittelnde selbstwerterhöhende Erfolgserlebnisse besitzen dabei eine große Bedeutung. Hörstumme Kinder gehören in eine Landessprachheilschule und nicht in eine Institution für gehörlose Kinder.

IV. Stammeln (Dyslalie)

Symptomatik. Unter *Stammeln* wird eine Störung der Artikulation verstanden, bei der einzelne Laute oder Lautverbindungen völlig fehlen oder durch andere ersetzt bzw. abartig gebildet werden. Die falsche Bildung des S-Lautes beim Lispeln (Sigmatismus) im Sinne einer Dyslalie kann von der Paralalie, d.h. des Ersetzens eines Konsonanten durch einen anderen, z.B. des G durch D unterschieden werden. Die letztere Störung kennzeichnet besonders die typische Kleinkindersprache und wird nicht selten als Durchgangsphase der normalen Sprachentwicklung angesehen (physiologisches Stammeln im 2.—4. Lebensjahr).

Genese. Die schwere, bei Schuleintritt noch fortbestehende Stammelstörung kann als Folgezustand einer frühkindlichen Hirnschädigung angesehen werden. Aber auch genotypische Ursachen, meist von der väterlichen Seite her, wurden bekannt; bei eineiigen Zwillingen ist der gleiche Stammeltyp beobachtet worden (kongenitaler Sprachschwächetypus). Leichtere Stammelstörungen werden als physiologisches Stammeln auch bei gesunden Kindern als physiologische Durchgangsphase beobachtet.

Diagnose. Die Diagnose des *multiplen Stammelns* wird im Gegensatz zum isolierten Stammeln bei den Kindern gestellt, die viele Konsonanten falsch aussprechen. Bei genauer Untersuchung gibt es keine Kinder, die alle oder fast alle Laute stammeln. Der Begriff „universelles" Stammeln ist deshalb heute nicht mehr gebräuchlich. Beim multiplen Stammeln handelt es sich nicht mehr um eine Durchgangsphase der Sprachentwicklung, sondern um das Symptom eines allgemeinen geistigen Entwicklungsrückstandes. Stammelnde Kinder haben meist spät und erschwert Sprechen gelernt.

Unter *Lispeln* (Sigmatismus) wird die falsche Aussprache der Zischlaute S, Sch und Z verstanden. Durch falsche Zungenlage entstehen die verschiedenen Formen des Sigmatismus, der S. addentalis, S. interdentalis und S. lateralis. Falls die Luft durch die Nase statt durch den Mund entweicht, so wird vom S. nasalis gesprochen. Bei Zahnstellungsanomalien ist Lispeln zu beobachten (Progenie des Unterkiefers, Kreuzbiß). Aktive phoniatrische Übungsverfahren führen zur Ausbildung eines neuen S-Lautes.

Therapie und Prognose. Jede ernstere Stammelstörung bedarf einer Sprachheilbehandlung. Frühbehandlung ist immer sinnvoll, logopädische Übungsbehandlung in Kombination mit der Frostig-Therapie sollte zur Einschulung abgeschlossen sein.

Die Prognose des Stammelns kann nach Sprachheilbehandlung bei intellektuell gesunden Kindern als gut betrachtet werden. Auf das spontane Aufhören einer Stammelstörung sollte nicht gewartet werden. Die Übungsbehandlung unterscheidet sich beim sensorischen und motorischen Stammeln. Eine persistierende Stammelstörung weist immer auf eine hirnorganische Komponente hin. Die Behandlung erstreckt sich neben der Normalisierung anatomischer Voraussetzungen (ggf. kieferorthopädische Behandlung) auf die Einübung der richtigen Zungenlage.

Vor allem unerfahrene und junge Eltern sollten darauf aufmerksam gemacht werden, daß es nicht angebracht ist, die von ihnen oft als besonders reizvoll registrierte stammelnde Kleinkindersprache durch Übernahme in das eigene Frage- und Antwortspiel mit dem Kinde zu pflegen.

V. Stottern (Balbuties, Dysphemie)

Das Stottern stellt in der Überzahl der Fälle eine auf neurotischer Basis entstandene Störung der Sprechkoordination dar und wird deshalb auf Seite 139 ausführlich besprochen. Trotzdem muß die Stotterstörung auch unter den Sprachentwicklungsstörungen erwähnt werden, da sie nicht selten Ausdruck einer leichten frühkindlichen Hirnschädigung im Sinne einer cerebralorganischen Funktionsstörung sein kann. Untersuchungen an ein- und zweieiigen stotternden Zwillingen sowie klinische Erfahrungen ergaben einen relativ hohen Prozentsatz von Übereinstimmungen und damit auch die Wahrscheinlichkeit, daß organische Grundlagen für die Entstehung des Stotterns vorliegen können. Diese organische Alteration irritiert im Einzelfall die sehr fein abgestimmte Integration des Sprechvorganges, so daß in diesem Falle das Stottern auch als Sprachentwicklungsstörung betrachtet werden darf. Es benötigt keines Hinweises, daß ein derart persönlichkeitsirritierender und die gesamte seelische Entwicklung beeinflussender Redefehler einen in diesem Falle als sekundär zu betrachtenden neurotischen Überbau provoziert. Jeder Stotterer bedarf deshalb einer subtilen, auch somatisch orientierten Anamneseerhebung, sowie einer differenzierten neurologischen Untersuchung, die, soweit es sich durchführen läßt, durch das Hirnstrombild ergänzt werden sollte. Bei der Behandlung eines wahrscheinlich organischen Hintergrunds der Stotterstörung steht die Atmung, die Stimmhebung und die Artikulation mehr im Vordergrund als die Psychotherapie. Aber auch beim organisch vorgestörten Kind ist das Erlebnis des Wieder-normal-sprechen-Könnens wesentlich und stärkt entscheidend sein Selbstvertrauen.

Das Stottern hat mit dem Stammeln gemeinsam, daß wir auch hier im Kleinkindesalter als Durchgangsphase nicht selten ein sog. physiologisches Stottern beobachten, das im allgemeinen aus dem Mißverhältnis zwischen den aufkommenden zahlreichen gedanklichen Assoziationen und der noch nicht entsprechend möglichen störungsfreien verbalen Umsetzbarkeit erklärt wird. Durch falsches Angehen dieses Symptoms durch die Umgebung (Ermahnen, Wiederholenlassen) kann der Hintergrund für eine sich fixierende Stotterstörung und für neurotische Mechanismen gelegt werden.

VI. Poltern (Tachyphemie)

Beim Poltern handelt es sich um eine regellos den ganzen Redevorgang durchziehende Sprachstörung, die durch einen überstürzten, hastigen und fahrigen Redefluß, oft als typischer Persönlichkeitsausdruck, gekennzeichnet ist. Manchmal ist dabei auch die Artikulation verwaschen bzw. es werden ganze Satzteile oder Wortenden verschluckt bzw. verstümmelt. Die Sprechmelodie ist auffällig monoton. Gelegentlich finden sich zusätzliche Störungen der Wortfindung. Dieses Symptom bessert sich im Gegensatz zur Stotterstörung bei vermehrter Zuwendung und Aufmerksamkeit des Sprechenden, obwohl auch das Poltern dem Betroffenen häufig kaum bewußt ist.

Die angedeutete Symptomatologie weist bereits darauf hin, daß das Poltern häufiger als das Stottern eine organisch mitgeprägte Genese besitzt; es wird vor allem im Schulalter beobachtet. Das polternde Schulkind leidet im Gegensatz zum Stotterer seltener unter seiner Sprechstörung. Manchmal tritt Poltern auch in Kombination mit Stottern auf und erschwert dann die Sprachheilbehandlung, die oftmals durch rhythmische Gymnastik ergänzt werden sollte. Die Prognose ist bei nicht zu ausgeprägter Störung günstig und bessert sich nach entsprechender Spracherziehung.

VII. Agrammatismus, Dysgrammatismus

Die normale Sprachentwicklung durchläuft manchmal eine Zeitspanne, die durch die Störung der grammatikalischen Satzbildung, das erschwerte Finden der rechten Wortfügung, Wortfolge, Satzfügung und Satzbildung gekennzeichnet ist. Der Agrammatismus tritt meist in dem Entwicklungsabschnitt auf, der zwischen Einwortsatz und gegliedertem Mehrwortsatz liegt. Weniger starke Ausprägungsformen werden Dysgrammatismus genannt. Werden grammatische Fehlleistungen gehäuft noch nach dem 5. oder 6. Lebensjahr beobachtet, möglicherweise in Kombination mit anderen Sprachentwicklungsstörungen, dann ist stets der Verdacht auf eine ursächliche, oft blande frühkindliche Hirnschädigung berechtigt. Das nicht altersentsprechend entwickelte grammatikalische Sprachgefühl kann sprachheilpädagogisch gut gefördert werden. Neben dem A- bzw. Dysgrammatismus im Sprachentwicklungsablauf wird die Störung auch bei Gehirnverletzungen und Erkrankungen sowie bei kindlichen Demenzprozessen im Ablauf des einsetzenden Sprachzerfalls relativ häufig gesehen. Als seltene Störung wird Dysgrammatismus von neurotischen Kindern als regressives Symptom gewählt.

VIII. Gehörlosigkeit (Taubstummheit) (s. S. 296)

Gehörlose oder in frühester Kindheit ertaubte Kinder erlernen keine Sprache, weil ihnen das akustische Vorbild fehlt. Für das Erlernen und die Entwicklung der Sprache stellt deshalb das Hörvermögen die wichtigste Sinnesfunktion dar. Ohne Hörfähigkeit ist die Entwicklung einer spontanen Sprache nicht möglich. Obwohl das gehörlose Kind nur am Rande in das Blickfeld und den Aufgabenbereich des Kinderpsychiaters kommt, soll diese ernste Störung wegen ihrer sekundären Auswirkungen auf die psychische Entwicklung erwähnt werden.

Wir unterscheiden eine Taubheit bei Kindern, die aufgrund einer seit Geburt bestehenden Schädigung (z.B. Kernaplasie, Mißbildung des Innenohrs, Geburtsverletzung, Röteln in der Schwangerschaft) keine Sprache entwickeln. Die häufigste Ätiologie für die Ertaubung im frühesten Kindesalter ist die epidemische Meningitis. Das Symptom Gehörlosigkeit findet sich auch bei später erkrankten Kindern, bei denen durch eine Spätertaubung die bereits in Gang befindliche Sprachentwicklung wieder zum Stillstand kam. Hier sind vor allem die Ohrenaffektionen nach Masern und Scharlach zu nennen, die durch eine Schädigung des Innenohrs als auch durch eine Mittelohreiterung bzw. durch die Kombination beider Noxen zu recht erheblichen Hörstörungen führen können.

Die Rolle einer derartigen Hörstörung für den Spracherwerb hängt neben ihrer Intensität auch davon ab, welche Tongebiete des Gehörs betroffen wurden. Die veränderte Erlebnis- und Ausdrucksfähigkeit dieser Kinder kann im Reifungsablauf zu einer seelischen Fehlentwicklung führen. Häufig bleibt die Feinheit und Sinngebung, wie sie in der Sprachmelodie liegt, diesen Kindern verschlossen und wird nur zum Teil durch Erfassen mit Mimik und Gestik ausgeglichen. V. Stockert unterstrich deshalb, daß es einem gehörlosen Kind kaum möglich sei, mit einem Spieltest, z. B. dem Sceno-Test, eine wirklich situationsgemäße Szene aufzubauen. Tauben Kindern ist der Kontakt zu gesunden Kindern durch ihr meist institutionalisiertes Aufwachsen erschwert.

Die Störung bedingt so einen relativ engen Zusammenschluß und oftmals auch eine erneute Verbindung unter Gehörlosen in der Ehe. Da es sich auch bei der sog. angeborenen Taubheit oft um ein exogenes und nicht erbliches Symptom handelt, was immer abgeklärt werden sollte, sind in diesem Falle gesunde Kinder zu erwarten, für die dann wegen der tauben Eltern ein ausreichender Kontakt zur hörenden und sprechenden Umgebung bereits in den ersten Lebensjahren dringlich und wichtig ist.

Die Therapie dieser Hörstörung orientiert sich am Ausmaß der Grundschädigung. Taube Kinder und solche mit ganz geringen Hörresten bedürfen vom 1. Lebensjahr an der gehörlosenpädagogischen Förderung (Haus-Spracherziehung unter Einbezug der Mutter), danach (4.—6. Lebensjahr) der Sprachschulung im Gehörlosen-Kindergarten und schließlich der Einschulung in eine Gehörlosen-Schule. Hier ist die Früh- und Früesterziehung von ganz entscheidender Bedeutung. Schwerhörige Kinder dagegen sollten so früh als möglich erfaßt werden um zu klären, ob ein Hörgerät zur Verbesserung führt. Ihre Einschulung in die Sonderschule für Schwerhörige ist heute selbstverständlich. Bei der seltenen Kombination von Blindheit und Taubheit ist nur eine Vermittlung durch Hand-zu-Hand-Sprache möglich.

Literatur

Berendes, J.: Störungen der Sprachentwicklung. Erg. inn. Med. Kinderheilk. (N.F.) 7, 26 (1956).

Böhme, G.: Stimm-, Sprech- und Sprachstörungen. Stuttgart: Fischer 1974.

Bosch, G.: Störungen der Sprachentwicklung aus kinderpsychiatrischer Sicht. Z. Kinder- und Jugendpsychiatr. 2, 42 (1974).

Löwe, A.: Haus-Spracherziehung für hörgeschädigte Kleinkinder. 3. Aufl. Berlin: Marhold 1973.

Luchsinger, R., Arnold, G. E.: Handbuch der Stimm- und Sprachheilkunde. 2. Band, 3. Aufl., Wien-New York: Springer 1970.

Luchsinger, R.: Poltern. Berlin: Marhold 1963.

Schilling, A.: Sprech- u. Sprachstörungen. In: Berendes, I., Link, R., Zöllner, F. Hdb. der HNO-Heilkunde. Stuttgart: Thieme 1963.

Seidel, Ch.: Klinische Psychologie der Hör- und Sprachstörungen. In: Phoniatrie und Pädoaudiologie. Stuttgart: Thieme 1973.

Störungen der Motorik

Von R. Lempp

I. Allgemeine Vorbemerkung

Störungen des motorischen Systems im Rahmen eines Lehrbuches für Kinder- und Jugendpsychiatrie aufzuführen, hat aus zwei Gründen seine Berechtigung:

Zum einen sind Bewegungsstörungen, soweit sie durch eine Schädigung oder funktionelle Störung des zentralen Nervensystems verursacht sind, auch stets begleitet von einer mehr oder weniger ausgeprägten organischen Wesensänderung, da es praktisch keine Form einer Gehirnfunktionsstörung gibt, die sich nicht, und wenn auch verdünnt, psychopathologisch auswirken würde. Bei allen diesen zentralnervös bedingten Bewegungsstörungen ist diese ja nur ein Symptom eben der cerebralorganischen Störung, also gewissermaßen ein Schwestersymptom einer regelmäßig daneben bestehenden psychopathologischen Auffälligkeit, einer organischen Wesensänderung.

Zum zweiten ist die Bewegungsfähigkeit des Menschen eng mit der psychischen Entwicklung und dem psychischen Verhalten verknüpft. Das spezifisch Menschliche ist die Sprache, aber nicht nur die Sprache, sondern vor allem auch die Gestik, Mimik und die ganze Bewegungsweise, die geeignet ist, psychische Vorgänge auszudrücken oder auf sie zu antworten. Dieser wesentliche und spezifische menschliche Teil der Motorik wird daher auch als *Psychomotorik* bezeichnet. Ein Ausfall oder eine Störung dieser Fähigkeit muß daher auch eine Beeinträchtigung der psychischen Entfaltung eines Menschen sein. Tritt eine solche motorische Beeinträchtigung schon im frühen oder späteren Kindesalter ein, so sind von vornherein in der psychischen Entwicklung gewisse Sektoren ausgeklammert und eine volle psychische Entwicklung nicht mehr möglich. Sie mag durch andere Bereiche ausgeglichen werden; eine volle Harmonisierung ist jedoch kaum zu erreichen. Dabei ist nicht nur an die beschränkte Möglichkeit im Ausdrucksverhalten und im bewegenden Begreifen des Raumes gedacht, sondern auch an die reaktive Verarbeitung eines solchen beschränkten Zustandes und die Widerreaktion auf

die Reaktion der Umwelt auf diese Bewegungsstörung, die sich in Form des angepaßten oder unangepaßten Mitleides oder in Form des stillschweigenden Ausschlusses aus der Gemeinschaft äußern kann.

Wir müssen im wesentlichen 2 Formen von Störungen des motorischen Systems unterteilen:

I. die Bewegungsstörung durch cerebral-organische Funktionsstörungen, die Störungen zentraler Motorik und

II. die Bewegungsstörung durch Funktionsstörungen des peripheren Neurons und der Muskeln, die Störungen der peripheren Motorik.

II. Störungen der zentralen Motorik

1. Infantile Cerebrallähmung

Symptomatik. Die infantile Cerebrallähmung — auch cerebrale Kinderlähmung oder infantile Cerebralparese genannt — kommt durch eine Schädigung des pyramidalen oder extrapyramidalen motorischen Systems des zentralen Nervensystems zustande.

Das Kennzeichen praktisch aller Formen der infantilen Cerebrallähmung ist die Spastik, die steife Lähmung, die Erhöhung des Muskeltonus. Jede normale Bewegung, die gezielt ist, bedarf (nach K. Bobath) sowohl der agonistischen wie antagonistischen Muskelgruppen. Werden beide so stark angespannt, daß keine Bewegung resultiert, etwa beim Festhalten, beim Standbein usw. besteht eine sog. *Co-Contraktion*. Jenseits dieser noch normalen Innervation liegt die Spastik. Am anderen Ende der normalen Innervationsform *(reziproke Innervation)* stehen die spinalen Reflexantworten, die mit einer Tonisierung des Agonisten und der Erschlaffung des Antagonisten einhergeht, *die sog. reziproke Inhibition.* Sie führt zu einer typischen Stellung, Haltung und Bewegungsweise der Gliedmaßen dadurch, daß jeweils die im Antagonismus überwiegende Muskelgruppe die Haltung bestimmt. So führt eine Spastik im Armbereich zu einer überwiegenden Beugehaltung mit Beugung im Ellen-

bogengelenk und Handgelenk sowie in den Finger-
gelenken, da jeweils im Bereich der Arme die Beuge-
muskulatur gegenüber der Streckmuskulatur deutlich überwiegt, da ja die Kraftleistung des Armes
ganz überwiegend im Heben, Tragen und Ziehen
besteht, weniger im Abstützen und Wegstoßen. Umgekehrt ist es im Bereich der Beine, wo die Streckmuskulatur eindeutig überwiegt entsprechend der
vorwiegenden Aufgabe der Muskulatur beim Stehen
und Gehen, da ja im Sinne der Beugung in aufrechter Haltung stets die Schwerkraft mitwirkt.
Die typische spastische Haltung ist daher auch eine
Streckung des Beines im Hüft-, Knie- und Fuß-
gelenk, wobei im Hüftgelenk noch eine gewisse
Innenrotation durch Überwiegen der Adduktoren-
muskulator des Oberschenkels hinzutritt. Das
typische Bild ist durch Spitzfußstellung und circum-
duzierenden Gang gekennzeichnet. Bei einer ausgedehnten Schädigung ist daher, besonders deutlich
bei der Halbseitenlähmung erkennbar, die Beuge-
stellung des Armes und die Streckstellung der Beine
typisch, wie dies bei der *Wernicke-Mann*-Haltung
in Erscheinung tritt.

*Vorwiegend pyramidale Lähmung. Die spastische
Diplegie:* Die klassische Littlesche Erkrankung ist
die häufigste Form vorwiegend pyramidaler cerebraler Kinderlähmung. In diesem Fall sind neben
den Armen ganz vorwiegend beide Beine betroffen,
wobei es charakteristischerweise durch das Überwiegen der Adduktoren zu einem Überkreuzen der
Beine kommen kann. Diese Kinder sind also vorwiegend in ihrer Gehfähigkeit behindert. Sofern die
Arme nicht wesentlich mitbetroffen sind und die
geistig intellektuelle Entwicklung nicht sehr beeinträchtigt ist, so wird es jedoch mit orthopädischen
Maßnahmen in den meisten Fällen möglich sein,
eine gewisse, wenn auch sehr beschränkte Gehfähigkeit zu erreichen. Epileptische Anfälle treten
seltener auf (etwa 20%). Auch ist die intellektuelle
Entwicklung keineswegs regelmäßig beeinträchtigt.
Etwa 25% der Fälle erreichen eine normale Intelligenz. Bei den übrigen kennen wir allerdings alle
Übergänge bis zum völlig pflegebedürftigen und
bildungsunfähigen Schwachsinn. Häufig sind dann
meist weitere Zeichen einer körperlichen Entwicklungsstörung festzustellen, wie Mikrocephalie und
andere Schädeldysplasien. Auch Hirnnervenstörungen, insbesondere aber eine Störung der Augen-
koordination (Strabismus) finden sich bei diesen
Kindern häufig.

Die spastische Hemiplegie: Bei der spastischen
Hemiplegie ist der Arm und das Bein der gleichen
Seite betroffen. Die Lähmung entspricht einer ausgedehnten cerebralen Schädigung der kontralateralen Hirnhälfte. Im allgemeinen überwiegt die
Lähmung des Armes infolge eines bevorzugten Aus-
falles der von der Arteria cerebri media versorgten
Gehirnanteile (Armtyp). Die halbseitige Schädigung
führt zu charakteristischen Dysplasien der Schädel-
entwicklung, wie einseitigem Felsenbein- und Keil-
beinflügelhochstand, Hypoplasie der Schädelgruben
und vicariierender Vergrößerung der Stirnhöhle dieser Seite sowie der anderen lufthaltigen Knochen-
höhlen.

Die Gehfähigkeit ist in der Regel relativ gut
erhalten, wenn auch charakteristisch durch circum-
duzierenden Gang beeinträchtigt. Diese Form der
Lähmung ist besonders häufig (60%) mit cerebral-
organischen Anfällen verbunden, die dann auch oft
therapeutisch schwer zu beeinflussen sind.

Die Tetraplegie kann als doppelseitige Hemiplegie aufgefaßt werden oder als eine Kombination
der Diplegie oder Paraplegie mit einer Lähmung
beider Arme. Hierbei handelt es sich naturgemäß
um schwere, ausgedehnte Hirnschädigungen, die
beide Hirnhälften betroffen haben. Dementsprechend ist die psychische Entwicklung meist ebenfalls
erheblich gestört. Da auch die Arme betroffen sind,
sind die Möglichkeiten, eine Gehfähigkeit zu erreichen, wesentlich geringer als etwa bei der spastischen Diplegie, da der Gebrauch von Stock oder
Krücken u. U. unmöglich ist.

Zwischen diesen *3 Grundformen* sind alle Übergänge möglich von den sehr schwer ausgeprägten
Formen bis zu ganz leichten, funktionell kaum auffälligen, umschriebenen Schwächen einer oder
zweier Gliedmaßen, die oft nur eine subtile neurologische Untersuchung oder die Beobachtung des
freien Ganges aufdecken kann. Oft ist eine ausgeprägte Einhändigkeit bzw. die bemerkenswerte
Ungeschicklichkeit der Gegenseite oder das mangelnde Mitschwingen eines Armes beim Gehen das
einzige greifbare Symptom. Es gibt aber nicht nur
alle Übergänge im Schweregrad der Lähmungen,
sondern auch alle Übergänge in der Kombination
der einzelnen Typen. So können etwa bei der
spastischen Diplegie die Arme völlig frei sein. In
solchen Fällen sprechen wir dann von Paraplegie.
Häufig übersieht man bei überwiegender Lähmung
einer oder zweier Extremitäten die gleichzeitig bestehende, wenn auch geringere Beeinträchtigung der
Funktion der übrigen Gliedmaßen.

Die Bewegungsformen sind charakterisiert durch
Massenbewegungen, unwillkürliche Mitbewegungen
und Bewegungssynergien. Versucht etwa das Kind
mit dem gelähmten Arm nach etwas zu greifen, so

bewegt sich das gleichseitige Bein in Streckbewegung mit, oder will das Kind auch nur die Finger öffnen, so ist es dazu nur in der Lage, wenn es auch den ganzen Arm streckt.

Die atonische Form. Eine besondere, seltene Form vorwiegend pyramidaler Lähmung, ist die sog. pseudo-schlaffe Lähmung — oder besser — die *atonische Form* einer cerebralen Lähmung (Typ Förster). Bei einer isolierten Rindenschädigung ohne Beteiligung jeder extrapyramidalen Komponente, was nur selten vorkommt, kann es zu einer Lähmung mit deutlich herabgesetztem Tonus kommen, wobei charakteristischerweise die Eigenreflexe der Muskulatur dennoch lebhaft, ja gesteigert sind und die typischen Pyramidenzeichen (Babinski-Reflex, Troemner, Knips-Reflex usw.) positiv sind. Oft betrifft diese atonische Lähmungsform nur einen distalen Abschnitt eines Gliedes. Die Verwechslung mit peripheren schlaffen Lähmungen ist häufig.

Vorwiegend extrapyramidale Lähmungen. Die *athetotische Bewegungsstörung,* die im Kindesalter unter den vorwiegend extrapyramiden Lähmungen die weitaus häufigste ist, ist im Gegensatz zum Erwachsenenalter im Kindesalter weniger durch eine drehend-schraubende Bewegungsweise ausgezeichnet. Die motorischen Aktionen laufen vielmehr hypermetrisch und deutlich verlangsamt ab. Jede Willkürbewegung wird durch langsame Bewegungsimpulse überlagert. Diese können einseitig oder doppelseitig auftreten. Das Wesentliche der athetotischen Bewegungsstörung ist ihre gestörte tonische Koordination. Beim Gesunden läuft jede intendierte Bewegung in einem fein abgestimmten Verhältnis der Innervation von agonistischen und antagonistischen Muskelgruppen ab, einer sog. *reziproken Innervation.* Diese ist bei dem Athetotiker gestört, wodurch keine gleichmäßige tonisierte Bewegung und keine Haltungsfixierung möglich ist. Häufig ist die Sprache mitbetroffen und regelmäßig die Mimik, so daß gerade diese Störung eine starke Beeinträchtigung der Ausdrucksfähigkeit zur Folge hat.

Choreiforme Bewegungsstörungen spielen im Rahmen der cerebralen Kinderlähmung nur eine untergeordnete Rolle, insbesondere in reiner Form. Als Bewegungseinsprengsel findet man bei athetotischen Bewegungsstörungen häufig auch eine choreiforme, die durch eine eher hypotone, schleudernde Bewegungsweise der ganzen Extremität gekennzeichnet ist. Spielt sich die athetotische Bewegungsweise vorwiegend distal, an den Extremitätenenden ab, so ist die choreiforme Bewegungsstörung vor allem durch proximale einschießende Bewegungs-

impulse geprägt. Bei der häufigen Kombination sprechen wir von *Choreoathetose.*

Die Ballismen. Eine seltene Spezialform dieser choreiformen Bewegungsstörung sind die *Ballismen,* die beidseitig oder halbseitig (Hemiballismus) auftreten können, wobei es zu heftig schleudernder Bewegung einer ganzen Extremität kommen kann. Diese Form ist jedoch im Rahmen der infantilen Cerebrallähmung kaum zu beobachten, sie ist vielmehr eher Folge einer Hirngeschwulst oder einer degenerativen Erkrankung im Stammganglienbereich.

Diese extrapyramiden Bewegungsformen werden als Hyperkinesen den Hypo- und Akinesen gegenübergestellt, die allerdings im Kindesalter selten sind und als unmittelbare Folge infantiler Cerebrallähmung kaum zu beobachten sind.

So wie es zwischen den einzelnen Formen pyramidaler Ausfälle alle Übergänge und Kombinationen gibt, so gibt es auch alle Kombinationen zwischen pyramidalen und extrapyramidalen Bewegungsstörungen beim Krankheitsbild der infantilen Cerebrallähmung. Wir finden also typische spastische Diplegien, die Littleschen Erkrankungen, die durch eine mehr oder weniger deutliche athetotische oder choreoathetotische Bewegungsstörung überformt sind. Ist die extrapyramidale Störung ausgeprägt, ist im allgemeinen auch die Sprachmotorik stärker beeinflußt, sowie die Mimik und Gestik. Die hier vorgenommene Unterscheidung ist mehr aus systematischen Gesichtspunkten heraus erfolgt, also aus praktisch klinischen, wo die Kombination gegenüber reinen Ausfällen überwiegt. Insbesondere sind die extrapyramidalen Formen regelmäßig auch mit einer pyramidalen Schädigung verbunden, die pyramidalen dagegen können eher auch einmal ohne extrapyramidale Bewegungsstörung auftreten.

Die cerebellare Störung. Neben der pyramidalen und extrapyramidalen Störung ist noch als seltenere Sonderform die *cerebellare Störung* als Folge einer infantilen Cerebrallähmung zu erwähnen. Hier ist es zu einer ganz vorwiegenden oder ausschließlichen Schädigung des Kleingehirns gekommen. Das klinische Bild ist durch eine ausgeprägte cerebellare Ataxie gekennzeichnet, die mit einer Hypotonie der Muskulatur einhergeht, gleichzeitig aber gesteigerte Reflexe und — bei Kombination mit einer pyramidalen Schädigung — auch pathologische Reflexe zeigen kann.

Das *psychische Bild der infantilen Cerebrallähmung* ist recht unterschiedlich. Im Bereich der Intelligenz finden wir alle Übergänge zwischen normaler und übernormaler Begabung bis hin zum pflegebedürftigen und nicht förderungsfähigen Schwachsinn. Gerade bei den spastischen Diplegien liegt in etwa einem Viertel der Fälle keine wesentliche psychische Entwicklungsminderung vor. Bei den Hemiplegien überwiegen auch die Patienten im normalen Intelligenzbereich, allerdings vielleicht etwas zur Unternormalität hin verschoben.

Bei den vorwiegend extrapyramidal geschädigten Kindern wird die Feststellung der Intelligenz durch ihre Ausdrucksstörung erschwert, ja sie kann schließlich ganz aufgehoben sein, so daß, gemessen mit den üblichen Intelligenztests, ein hochgradiger Schwachsinn resultiert.

Da die mimische und sprachliche Ausdrucksfähigkeit bei der Umwelt ganz unwillkürlich unmittelbare Rückschlüsse auf die geistigen Fähigkeiten des Partners auslöst, kommt es gerade bei athetotischer Bewegungsstörung häufig zu einer Verkennung und Unterschätzung der oft nur wenig beeinträchtigten Intelligenz dieser Kinder. Da sie sich in ihrer Gestik und Mimik bizarr und „wie Idioten" bewegen, werden sie auch häufig fälschlich für schwachsinnig gehalten. Asperger spricht charakteristischerweise von Ausdruckskrüppeln. Dies führt bei den normal begabten, aber extrapyramidal geschädigten Kindern oft zu sekundären Reaktionen bei den Kindern und schließlich zu einem neurotischen Überbau. Sie stellen darum heilpädagogisch die größten Anforderungen.

Durch die Bewegungsstörung ist allerdings nicht nur die Mimik, Gestik und Sprache pathologisch verändert, sondern die Ausdrucksfähigkeit überhaupt so beeinträchtigt, daß eine potentielle geistige Fähigkeit sich kaum auszudrücken vermag. Diese Kinder können intelligent sein, sie können dies aber weder durch Sprache noch durch Schrift noch auf andere Weise ohne große Schwierigkeiten zum Ausdruck bringen. Eine eingehende Beobachtung der Kinder und eine Beschäftigung mit ihnen zeigt aber, daß sie sehr wohl differenziert aufnehmen können, ein gutes Verständnis zeigen und wohl auch eine theoretische Bildungsfähigkeit aufweisen, die allerdings praktisch sehr schwer zu realisieren ist. Die intellektuelle Potenz ist also oft gar nicht so sehr betroffen, ihre Realisierbarkeit jedoch fast aufgehoben.

Bei den schwerer geschädigten Kindern mit infantiler Cerebrallähmung herrschen dann auch die Symptome des erworbenen Schwachsinns vor, bei den leichteren Formen das frühkindlich exogene Psychosyndrom. Die dort geschilderte Gefahr der sekundären Neurotisierung ist jedoch bei den Kindern mit cerebraler Kinderlähmung viel geringer, wenn nicht gar aufgehoben, da diese aufgrund ihrer körperlichen Lähmung in ihrem Verhalten von der Umwelt sofort als Behinderte erkannt und mit anderem, toleranten Maßstab bewertet werden.

Wir finden daher bei Kindern mit nur pyramidaler infantiler Cerebrallähmung nur in auffallend seltenen Fällen — auch unter den Gutbegabten — eine Neurotisierung, oder nur eine geringfügige. Typische Selbstwertneurosen im Sinne von Adler, die hier besonders zu erwarten wären, fehlen fast völlig. Nur in solchen Fällen, wo zu der schweren körperlichen Behinderung auch noch eine schwere psychische Belastung vom Milieu her dazutritt, wie etwa Ablehnung durch einen Elternteil und ambivalente Einstellung diesem gegenüber, kann es dann zu typischen Neurosen und milieureaktiven Verhaltensstörungen kommen. Die Gefahr der Verwöhnung und verweichlichenden Einschränkung und Abschirmung des Kindes von der Umwelt ist hier größer. Dies gilt für die vorwiegend pyramidal Geschädigten, die im allgemeinen nicht ausdrucksbehindert und oft normal begabt sind, die also einer normalen psychischen Auseinandersetzung mit der Umwelt gewachsen wären und diese auch benötigten, aber von überängstlichen Eltern, vielleicht unter dem Einfluß unklarer Schuldgefühle, gleichsam unter einer Glasglocke abgeschirmt werden. Hierdurch kann sekundär eine mangelhafte psychische Entwicklung, Reifung und Entfaltung verursacht werden.

Die Psyche der vorwiegend extrapyramidal geschädigten Kinder zeichnet sich meistens durch eine etwas erstarrte, gleichmäßige, kindliche Fröhlichkeit aus. Sie sind zufrieden, heiter und in ihren affektiven Äußerungen — die ihnen meist als einzige Äußerungsmöglichkeit bleiben — überschießend im Sinne einer Affektlabilität, ja sogar Affektinkontinenz. Sie pendeln zwischen den Extremen einer überschießenden freudigen Erregung, wobei das ganze Kind psychisch, mimisch und motorisch den Ausdruck der Freude widerspiegelt, und einem tiefen, ebenfalls wieder überschießend zum Ausdruck kommenden Traurigsein und hemmungslosen Weinen andererseits. Beide affektiven Ausdrucksformen können unmittelbar und hart ineinander übergehen. Ohne äußere Reize herrscht aber die leicht gehobene, etwas abgeflachte und wenig schwingungsfähige Euphorie vor.

Bei den halbseitengelähmten Kindern besteht eine deutliche Neigung zu dysphorischer Verstimmtheit und gereizter Aggressivität. Sie neigen zu gelegentlichen zornmütigen Affektausbrüchen.

Genese und soziale Bedeutung. *Vorwiegend pyramidale Lähmungen.* Zur Genese der *infantilen Cerebrallähmung* kann auf all das verwiesen werden, was über die frühkindliche Hirnschädigung und ihre Genese gesagt wurde. Stark verallgemeinernd kann gesagt werden, daß die typische Littlesche Form, die spastische Diplegie, häufiger durch pränatale Schädigungen und bei Frühgeburten entsteht, Hemiplegien mehr durch Geburtstraumen. Bei der spastischen Diplegie sind, wahrscheinlich gefäß- und durchblutungsbedingt, die Hirnrindenbereiche beiderseits der Mantelkante durch symmetrische Ausfälle betroffen, Halbseitenlähmungen mehr durch Porencephalien mit einseitiger Einschmelzung von Gehirnarealen, bevorzugt im Versorgungsbereich der Arteria cerebri media. Die eigentliche Ursache ist ganz überwiegend der Sauerstoffmangel als Folge einer Durchblutungsstörung mit nachfolgendem ausgedehnten Hirnödem, zu dem das kindliche, insbesondere das unreife Gehirn eine besondere Neigung zeigt und die sich daran anschließende Ödemsklerose. Diese kann je nach der Schwere schließlich zu einer Gesamtschädigung des Gehirns führen, wobei dann alle Formen spastischer, pyramidaler und extrapyramidaler Lähmung resultieren. Bei der cerebralen Kinderlähmung steht jedenfalls die Rindenschädigung einerseits und die Stammganglienschädigung andererseits, etwa beim Kernikterus nach Rh-Schaden, gegenüber der Markschädigung ganz im Vordergrund, wie sie nach perivenöser Encephalitis, etwa nach Impfschäden, auftreten.

Im Einzelfall wird man aber immer wieder auf die bemerkenswerte Tatsache stoßen, daß nicht *ein* schädigendes Ereignis allein als wahrscheinliche Ursache der cerebralen Kinderlähmung herangezogen werden muß, sondern ein Zusammentreffen verschiedener Noxen, etwa einer Blutung in der Schwangerschaft mit einer nachfolgenden Frühgeburt und Ernährungsstörung im Kindesalter oder einer schweren Geburtsasphyxie mit nachfolgender Aspirationspneumonie des Neugeborenen und einer eventuell später auftretenden Keuchhustenerkrankung im Säuglingsalter. Die *Pleogenese* der infantilen Cerebrallähmung läßt sich bei subtiler Anamneseerhebung oft evident nachweisen.

Die soziale Bedeutung der infantilen Cerebrallähmung ergibt sich darum vorwiegend in prophylaktischer Hinsicht. Durch eine intensive Schwangerenberatung und -betreuung, schonende Geburtsleitung und eine möglichst risikolose Säuglingspflege könnte gerade in solchen Fällen, wo eine Komplikation der Schwangerschaft und Geburt bereits vorgelegen hat, die Zahl der cerebralen Kinderlähmungen, wie überhaupt der frühkindlichen Hirnschädigungen, vermindert werden.

Beim heranwachsenden Kind mit einer cerebralen Kinderlähmung hängt die soziale Bedeutung der Störung ganz vorwiegend vom Ausmaß der Intelligenzbeeinträchtigung ab, wobei hier nur die realisierbare Intelligenz von Interesse ist, d. h. nicht die Aufnahmefähigkeit, sondern die Ausdrucksfähigkeit. Die Betreuung bewegungsgestörter und körperlich behinderter Kinder ist gegenüber der entsprechenden Betreuung geistig und intellektuell behinderter Kinder wesentlich weiter fortgeschritten. Außerdem ist die Gesellschaft viel eher bereit, Körperbehinderungen zu akzeptieren als intellektuelle Ausfälle, geistige Behinderungen und Abnormitäten. Die Möglichkeit der sozialen Eingliederung hängt also ganz entscheidend, ja fast ausschließlich von der realisierbaren Intelligenz ab, diese aber wiederum kann durch Früherfassung und Frühbehandlung, sowie durch gezielte heilpädagogische Förderung oft wesentlich zum Guten hin beeinflußt werden.

Die extrapyramidale Bewegungsstörung. Unter den extrapyramidalen Bewegungsstörungen sind die athetotischen Formen und Ballismen in ihrer Genese der pyramidalen Form der cerebralen Kinderlähmung, mit der sie ja sehr häufig gemeinsam auftritt, sehr verwandt. Es handelt sich jeweils um eine vorwiegend oder zusätzlich eingetretene Schädigung im Stammganglienbereich.

Die Spastik als Kardinalsymptom der infantilen Cerebrallähmung überhaupt ist eigentlich ein extrapyramidales Symptom insofern, als bei einer Rindenschädigung so gut wie immer auch die extrapyramidalen, d. h. die über die Stammganglien verlaufenden Bahnen mitbetroffen sind. Es kommt dadurch fast stets zu einem Überwiegen der fördernden Impulse auf die die Muskelspannung regulierenden Zellen des Rückenmarks (Gammazellen). Die athetotische Hyperkinese geht auf eine Funktionsstörung im Corpus striatum und im Pallidum zurück im Sinne eines Enthemmungssyndroms.

Die soziale Bedeutung der athetotischen Bewegungsstörung liegt vor allem in der hier in besonderem Maße beeinträchtigten Ausdrucksstörung und der dadurch bedingten Kommunikationsbeeinträchtigung. Die soziale Eingliederung ist aber nicht nur wegen dieser psychischen Beeinträchtigung, erschwert, sondern auch durch die Art der Bewegungsstörungen, die gerade eine motorische Eingliederung an einem handwerklichen Arbeitsplatz fast unmöglich macht. Für jede geistige Tätigkeit, sofern die Intelligenz hierzu ausreicht, ist die Fähigkeit zu hinreichend lesbarem Schreiben notwendig, meist ist auch die Sprache beeinträchtigt und verlangsamt, so daß schließlich nur grobmotorische Arbeiten übrig bleiben. Dabei wird allerdings häufig übersehen, daß z. B. das Steuern eines Kraftwagens oder gar eines Lastkraftwagens eine durchaus grob-

Krankheit als etwas Vorübergehendes, eben als Krankheit gewertet und nicht als ein Leiden, und der Zukunftsentwurf ist noch ganz auf die wiederherzustellende Gesundheit gerichtet.

Diagnose, Differentialdiagnose und Fehldiagnose. *Vorwiegend pyramidale Lähmungen.* Die Diagnostik des ausgeprägten Vollbildes beim älteren Kinde stößt auf keine Schwierigkeiten. Die charakteristische spastische Lähmung mit Tonuserhöhung und

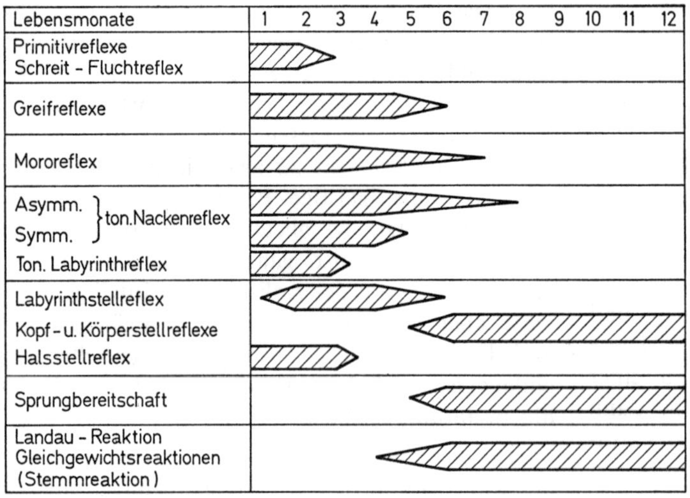

Lebensmonate	1	2	3	4	5	6	7	8	9	10	11	12

Primitivreflexe
Schreit - Fluchtreflex

Greifreflexe

Mororeflex

Asymm. } ton.Nackenreflex
Symm.

Ton. Labyrinthreflex

Labyrinthstellreflex

Kopf - u. Körperstellreflexe

Halsstellreflex

Sprungbereitschaft

Landau - Reaktion
Gleichgewichtsreaktionen
(Stemmreaktion)

Abb. 1

motorische Leistung ist, die auch von solchen Personen, die nur über die notwendige Intelligenz und Verantwortungsfähigkeit verfügen, mit längerer Anlaufzeit im allgemeinen gut geleistet werden kann.

Die Ballismen wie die Torsionsdystonien gehen auf Schädigungen der Stammganglien zurück, wobei die genauen Zusammenhänge z. T. noch nicht bekannt sind. So nimmt man beim ballistischen Syndrom eine Störung der Verbindung zwischen dem Pallidum und dem Corpus Luys, bei den Torsionsdystonien vor allem Schädigungen im Putamen und im Zentralkern des Thalamus an.

Hinsichtlich ihrer sozialen Bedeutung entsprechen sie ganz den athetotischen Bewegungsstörungen mit dem Unterschied, daß es sich hierbei meist um fortschreitende degenerative Krankheitsbilder handelt, wogegen die Athetose, zumindest soweit sie im Rahmen einer infantilen Cerebrallähmung auftritt, im allgemeinen stets stationär bleibt. Eine psychische Auseinandersetzung mit einer Bewegungsstörung unterscheidet sich sehr danach, ob die Krankheit rasch fortschreitet, oder ob sie sich nicht verschlimmert. Beim raschen Fortschreiten wird auch von normal entwickelten Kindern die

elastischem Widerstand der Muskulatur ist in Verbindung mit den Reflexsteigerungen und den sog. „Pyramidenzeichen" Bestandteil der klassischen Neurologie. Im Gegensatz zum Rigor, bei welchem der Bewegungswiderstand in allen Stellungen gleich ist, zeigt die Spastik bei passiver Bewegung den typischen Anfangswiderstand, der bei zunehmender Bewegung eher nachläßt.

Schwierig, aber therapeutisch besonders wichtig ist jedoch die Frühdiagnose der infantilen Cerebrallähmung, auf die bereits bei der Diagnose der frühkindlichen Hirnschädigung eingegangen wurde. Hierbei kommt es vor allem darauf an, Seitendifferenzen in der Haltung und der Reflexe frühzeitig zu diagnostizieren, das Persistieren von Primitivreflexen während des 1. Lebensjahres zu erfassen und eine mangelnde oder verzögerte statische Entwicklung rechtzeitig abzugrenzen (Abb. 1). Man darf sich dabei gerade im Säuglingsalter nicht auf das Symptom der Spastik oder der extrapyramidalen Bewegungsstörung verlassen, da sie ja im Säuglingsalter bis zu einem gewissen Zeitpunkt noch physiologisch und normal ist.

Eine genaue Erhebung der Anamnese, die gerade im Säuglingsalter und Kleinkindesalter noch überschaubar und über die Eltern relativ leicht zu gewinnen ist, erleichtert die Diagnosestellung, wenngleich sie nie diagnostisches Beweismittel sein kann. Entscheidend ist der klinische Befund. Der häufigste Fehler ist das Nichterkennen oder Bagatellisieren einer verzögerten motorischen Entwicklung.

Ein besonderes diagnostisches Augenmerk ist im Rahmen der cerebralen Kinderlähmung auf die Klärung der psychischen, insbesondere der intellektuellen Situation zu legen. Dies kann dadurch sehr erschwert sein, daß diese Kinder, oft lange von der Außenwelt abgeschirmt, zunächst in der Testsituation weniger mitzuarbeiten in der Lage sind als gesunde Kinder, daß die gängigen Intelligenztests wesentliche motorische Fähigkeiten erwarten und oft eine gleichzeitig bestehende sprachliche Ausdrucksstörung übersehen. Oft ist ohne eine längere Beobachtung ein zuverlässiger psychischer Befund nicht zu erheben.

Die extrapyramidalen Bewegungsstörungen. Auch diese sind im Vollbild kaum zu mißdeuten und zu übersehen. In leichterer Ausprägung können sie dagegen öfters als gespreiztes und maniriertes Bewegungsverhalten mißdeutet werden, oder auch einfach als dumme Angewohnheit.

Auf die Gefahr der Fehleinschätzung der intellektuellen Fähigkeiten und psychischen Differenzierung durch ein dem ersten Eindruck folgendes Vorurteil wurde schon mehrfach hingewiesen. Spezielle, wortfreie Intelligenztests, gegebenenfalls unter Ausschaltung der zeitlichen Einschränkung können notwendig werden, ein klares Bild über die intellektuelle Fähigkeit zu gewinnen. Die affektive Differenzierung des Kindes wird man erst in längerer Beobachtung in vertrauter Atmosphäre zuverlässig erschließen können.

Therapie. Die Therapie der Störungen des motorischen Systems ist im ganzen eine symptomatische Therapie. Sie richtet sich nach der Art der motorischen Störungen und kann im Rahmen eines Lehrbuches für Kinderpsychiatrie nicht erschöpfend behandelt werden. Einzelne therapeutische Hinweise sollen jedoch gegeben werden.

Schon bei der Besprechung der frühkindlichen Hirnschädigung und ihrer verschiedenen Folgen wurde auf die Notwendigkeit einer Frühdiagnose, insbesondere aber auch auf die Notwendigkeit der frühzeitigen Therapie bei spastisch gelähmten Kindern hingewiesen. Da die Störung der motorischen Entwicklung bei infantiler Cerebrallähmung im wesentlichen auf der Entstehung und Fixierung pathologischer Reflexe beruht, die eine normale statische und motorische Entwicklung über das Kriechen, das Stehen und den aufrechten Gang verhindern, muß durch möglichst frühzeitige gezielte Übungsbehandlung das Fixieren dieser pathologischen Reflexabläufe zu verhindern versucht werden. Die krankengymnastische Behandlung nach B. und K. Bobath hat sich in den letzten Jahren in besonderem Maße bewährt. Die jeweils bei einem Kinde bestehenden pathologischen Reflexmechanismen werden hierbei durch Anwendung sog. „reflexhemmender Stellungen" soweit als möglich unterdrückt. Die normalen Reflexe und die höherintegrierten Stellungsreflexe dagegen werden beständig geübt und auf diese Weise gebahnt.

Das Wesentliche an dieser wie auch an anderen krankengymnastischen Behandlungsformen ist jedoch das möglichst frühzeitige Einsetzen der Behandlung, möglichst bevor sich die pathologischen Reflexe eingeschliffen und fixiert haben und bevor es zu irgendwelchen Bewegungseinschränkungen kommt.

Bei ausgeprägter Spastik kann gelegentlich ein unterstützender Versuch mit einem muskelrelaxierenden Medikament gemacht werden. Hierbei hat sich insbesondere das Valium bewährt. Alle diese Medikamente, wie auch Valium, haben aber nicht unerhebliche sedative Eigenschaften, die eine höhere Dosierung verbieten, weil das Kind sonst geistig nicht mehr aufnahmefähig ist. Im allgemeinen wird eine wirklich muskelentspannende Wirkung erst mit einer Dosis erreicht, die psychisch nicht mehr toleriert wird und die einer geistigen Aktivität entgegensteht.

Neben der krankengymnastischen Behandlung sind, je nach Schwere des Falles, orthopädische Maßnahmen, etwa zum Ausgleich von Kontrakturen, Schienen- und Stützapparatbehandlung notwendig, um gegebenenfalls ein gewisses Maß an Eigenbeweglichkeit zu erreichen.

Die *heilpädagogische Behandlung* cerebral gelähmter Kinder richtet sich nach dem Grad der organischen Wesensänderung und organischen Hirnleistungsschwäche. Sie unterliegt im wesentlichen den gleichen Gesetzen, wie die heilpädagogische Behandlung frühkindlich hirngeschädigter Kinder oder sonstiger cerebral geschädigter, mehr oder weniger schwachsinniger Kinder, wobei allerdings in besonderem Maße auf die beschränkte motorische Entfaltungsmöglichkeit Rücksicht genommen werden muß, d.h., es muß gerade diesen Kindern in stärkerem Maße die Anregung entgegengebracht werden, da sie ja nicht in der Lage sind, sich ihre Eindrücke durch Fortbewegung selbst zu holen. Dieser Zwang, sich im Rahmen einer heilpädagogischen Führung dieser Kinder ihnen fordernd und anregend zuzuwenden, birgt die Gefahr in sich, daß die Kinder entweder psychisch überfüttert und überlastet werden, was dann zur Ablehnung der angebotenen Reize und damit zur Frustration der Pädagogen führt oder auch die Gefahr des „Overprotecting", der Schädigung durch Schonung. Den Mittelweg zu finden zwischen Überforderung einerseits und einschränkender Abschirmung andererseits ist eine wesentliche heilpädagogische Aufgabe. Nur eine intensive Zuwendung, die auch affektiv getragen sein muß, wird einen möglichen Fortschritt erreichen, sei es im rein motorischen, sei es in besonderem Maße im psychisch-intellektuellen Bereich. Rhythmische Tätigkeit wird auf dem Wege über die vom Rhythmus eher anregbaren tieferen cerebralen Zentren am ehesten zur Förderung beitragen, wobei neben der eigentlichen rhythmischen Bewegungstherapie, etwa mit Tamburin oder, vom Kinde selbst auszuführen, dem Orffschen Schulwerk, auch der Rhythmus des gesamten Tagesablaufes mit seiner haltbietenden Regelmäßigkeit wirksam ist.

Da häufig die Lähmung der Beine und damit die Störung der Fortbewegung im Vordergrund steht, muß ein gewisses Schwergewicht gerade im heilpädagogischen Bereich auf der Beschäftigung mit den Händen liegen. Neben der eigentlichen Beschäftigungstherapie mit sich steigernden Funktionsübungen an geeignetem Spielmaterial, Steckerspiele, Aufsteckwürfel u.ä., hat hier vor allem auch die formbildende und formfordernde Tätigkeit mit bildbarem Material, Knet, Wachs und dergleichen seinen Platz.

Da häufig Sprachstörungen bestehen, ist in der Mehrzahl der Fälle eine logopädische Behandlung unumgänglich. Auch hier gilt es, eine gezielte, fachlich fundierte Übungsbehandlung so zu gestalten, daß sie für das Kind nicht ermüdende Strapaze, sondern lustbetontes Spiel bedeutet.

Die Therapie der extrapyramidalen Bewegungsstörung entspricht, soweit es sich um extrapyramidale Formen infantiler Cerebrallähmung handelt, der Therapie der infantilen Cerebrallähmung überhaupt. Medikamentös besteht bei den extrapyramidalen Hyperkinesen die Möglichkeit, die besondere Empfindlichkeit cerebral geschädigter Kinder gegenüber Phenotiazinen auszunützen. In geringsten Dosen kann es dabei zu einer pharmakologischen Hypokinese (Parkinsonsyndrom) kommen, das die

Athetose oder die choreatische Bewegungsstörung mindert. Man muß dabei mit kleinen Dosen beginnen.

Der heilpädagogische, krankengymnastische und sprachtherapeutische Ansatz ist jedoch grundsätzlich derselbe, wie bei den vorwiegend pyramidal geschädigten, cerebral gelähmten Kindern.

2. Extrapyramidale Bewegungsstörung (außerhalb der infantilen Cerebrallähmung)

Chorea minor (Sydenham)

Symptomatik. Die Chorea minor, auch kindlicher Veitstanz genannt, ist eine relativ häufige, akute cerebrale Erkrankung im Kindesalter, die auch mit psychischen Symptomen einhergehen kann. Sie ist die typische Erkrankung des Schulalters, ihr Prädilektionsalter entspricht gerade etwa dem Zeitalter der Schulpflicht.

Die ersten Symptome werden auch regelmäßig in der Schule beobachtet. Im Gegensatz zu seinem bisherigen Wesen ist das Kind erhöht ablenkbar, nicht konzentrationsfähig und fällt durch eine allgemeine Bewegungsunruhe auf, die Motorik ist schlacksig, der Muskeltonus herabgesetzt. Es kommt zu immer wieder impulsiv auftretenden, schleudernden, ausfahrenden Bewegungen, die auch dem Kind selbst zunächst unerklärlich sind und ihm nicht sofort als krankhaft auffallen. Es versucht daher unbewußt, diese Bewegungen zu kaschieren, indem der unwillkürlich schleudernde, ausfahrende Bewegungsansatz in eine Verlegenheitsbewegung oder scheinbar motivierte Bewegung umgeformt wird: Das Kind streicht sich über die Haare, zupft am Kleid, wischt sich über das Gesicht und dergleichen. Als nächstes fällt dann eine ausfahrende, unsaubere Handschrift auf. Beides, die Konzentrationsschwäche mit den vermehrten Verlegenheitsbewegungen und die schlechte Schrift sind daher eigentlich regelmäßig Anlaß zu falscher Bewertung, zum Tadel des Kindes, zur Zurechtweisung, gelegentlich sogar zur Bestrafung. Dieser Eindruck einer kindlichen „Unart" wird auch dadurch verstärkt, daß das Kind mit großer Willensanstrengung für kurze Zeit diese Bewegungsimpulse unterdrücken kann, wenn auch nicht nachhaltig. Allerdings entwickelt sich die Bewegungsunruhe im allgemeinen im Laufe weniger Tage zu einem solchen Grade, daß sie auch von Eltern, Mitschülern und Lehrern als krankhaft erkannt und das Kind dem Arzt zugeführt wird.

Die Krankheit kann von wenigen Wochen bis zu etwa $1/2$ Jahr andauern, verläuft aber regelmäßig gutartig und klingt wieder völlig ab. Allerdings besteht eine relativ hohe Rezidivneigung. Dasselbe Krankheitsbild kann nach wenigen Monaten wieder aufflackern und im selben Umfang oder auch etwas kürzer ablaufen. Gelegentlich kommt es auch nur zu kurzen, wenige Tage oder auch Stunden anhaltenden Exacerbationen mit einer deutlichen choreiformen Bewegungsunruhe und ticartigen Bewegungen.

Alle extrapyramidalen Bewegungsstörungen sind sehr stark vom Psychischen beeinflußt. Bei affektiver Erregung kommt es regelmäßig zu einer Verstärkung der Symptomatik, in der Ruhe zu einem deutlichen Rückgang. Diese Abhängigkeit von psychischen Einflüssen, insbesondere von der affektiven Ausgangslage, läßt besonders in Laienkreisen immer wieder die Meinung entstehen, es handele sich um eine psychogene Erkrankung, um eine vom Kind steuerbare Unart, die nur nachhaltiger Erziehung bedürfe.

Die Kinder sind oft von Haus aus „nervöse" Kinder, Kinder, die besonders reagibel und reizempfindlich sind. Auch nach der Erkrankung bleiben sie einige Zeit affektlabil und empfindlich. Eine eigentliche organische Wesensveränderung ist aber nicht zu beobachten. Es ist vielmehr erstaunlich wie ruhig und geduldig solche Kinder im allgemeinen die aus therapeutischen Gründen veranlaßte Isolierung und Ruhigstellung in Einzelzimmern ertragen, die man früher, vor allem bei stärkeren Fällen, regelmäßig verdunkelt hat. In seltenen Fällen, besonders bei älteren Kindern in der Pubertät, werden gelegentlich *Choreapsychosen* beobachtet mit optischen und akustischen Halluzinationen und vorwiegend paranoidem Charakter.

In den Lehrbüchern wird darauf hingewiesen, daß es vereinzelt bei zunehmender Verschlimmerung des Allgemeinzustandes auch zu akinetischen Zuständen kommen könne mit völliger Antriebslosigkeit und Mutismus. Diese Zustände sind jedoch äußerst selten.

Die Chorea minor ist diagnostisch abzugrenzen von der Chorea Huntington. Die letztere ist eine ausgesprochene Erbkrankheit mit unmittelbar dominantem Erbgang und manifestiert sich in der Regel erst um das 40. Lebensjahr. Bei Huntington-Familien kann sich allerdings der Krankheitsbeginn anteponieren, d.h. er kann von Generation zu Generation früher auftreten, so daß schließlich auch einmal der Krankheitsbeginn differentialdiagnostische Schwierigkeiten mit der Chorea minor machen kann.

Von der Chorea minor abzugrenzen ist die relativ häufig zu beobachtende *choreiforme Nervosität* oder das choreatiforme Symptom bei Kindern im Sinne von Prechtl und Stemmer. Hierbei handelt es sich um eine erworbene oder konstitutionelle striäre Schwäche. Die Kinder zeigen chronisch und ohne Progredienz eine mehr oder weniger ausgeprägte choreiforme Bewegungsunruhe. Das Kind ist ein typischer Zappelphilipp, der nur über kurze Zeit und mit Mühe stillsitzen kann. Seine Bewegungsweise ist ausfahrend, mangelhaft koordiniert und hypoton. Durch ihre ständige Bewegungsunruhe sind diese Kinder gerade in Kindergarten und Schule eine gewisse Belastung, werden zum Störer und geraten leicht in eine Außenseiterstellung. Die Umwelt erkennt auch hier häufig nicht den konstitutionellen oder krankhaften Faktor und sieht in der allgemeinen Unruhe ein verwerfliches Fehlverhalten.

Diese choreiforme Nervosität ist schon im Vorschulalter deutlich zu beobachten und zeigt keine Progredienz, wohl aber einen von äußeren Faktoren abhängigen unterschiedlichen Grad der Intensität und Ausprägung. In äußerer Ruhe und im affektiven Gleichgewicht tritt sie deutlich zurück, in psychischen Spannungszuständen, in aufregenden Situationen oder in lebhaftem Milieu tritt sie stärker hervor. Auch hier besteht eine deutliche Abhängigkeit von der affektiven Gestimmtheit des Kindes.

Pathogenese und soziale Bedeutung. Die *Chorea minor* geht auf eine Erkrankung der extrapyramidalen Kerne im Stammganglienbereich zurück, insbesondere auf eine Erkrankung des Corpus striatum. Diese ist aber nicht durch ein Trauma, Asphyxie oder Durchblutungsstörung hervorgerufen, sondern auf eine noch unbekannte Weise. Man nimmt am ehesten eine toxische, evtl. auf immun-biologische Vorgänge zurückgehende passagere Beeinträchtigung dieses Organs an. Da die Krankheit häufig nach multiplen eitrigen Erkrankungen wie Anginen auftritt, wird sie vorwiegend als rheumatisches Krankheitsbild und sekundäre Erscheinung einer Fokalintoxikation betrachtet.

Bei der *choreiformen Nervosität* dagegen ist eine solche akute Erkrankung nicht anzunehmen. Hier liegt eine wahrscheinlich verschieden begründete „striäre Schwäche" vor, die sowohl erblich sein könnte, wie auch Ausdruck einer frühkindlichen Hirnschädigung. Chronische Entzündungen der Hirnhäute und ihrer umgebenden Gebiete, etwa als Restzustände nach im Säuglingsalter durchgemachten Infektionskrankheiten, können vermutet werden, da wie bei frühkindlich Hirngeschädigten überdurchschnittlich häufig leichtere Zellerhöhungen im Liquor gefunden werden.

Die soziale Bedeutung der Chorea minor ist gering, da es sich um ein reversibles und zur vollständigen Ausheilung neigendes Krankheitsbild handelt. Bemerkenswert sind nur die Fehlbeurteilungen zu Beginn der Krankheit, die zu einer Störung des Verhältnisses zwischen dem betroffenen Kind und seiner Umgebung führen können, die diese Bewegungsstörung abwertend als Fehlverhalten vorzuwerfen bereit ist. So ist die choreiforme Nervosität als chronischer Zustand im Sinne des Zappelphilipp-Syndroms viel eher geeignet, zu einer sekundären Neurotisierung zu führen, da diese Kinder ihrer Umwelt viel eher auf die Nerven fallen und zu inadäquaten Reaktionen Anlaß geben. Insbesondere in der größeren Gemeinschaft, die sich wie jede affektive Erregung symptomverstärkend auswirkt, können solche Kinder zum Unruheherd oder auch zum Sündenbock werden, was ihre soziale Anpassungsfähigkeit nachhaltig und negativ beeinflussen kann.

Diagnose, Differentialdiagnose und Fehldiagnose.
Bei der *Chorea minor* kann eine Erhöhung der Blutsenkungsgeschwindigkeit vorliegen, die die Diagnostik einer organischen und nichtfunktionellen Störung bestätigen kann, sie ist jedoch nicht regelmäßig vorhanden.

Bei allen nicht ständig vorhandenen, sondern plötzlich einschießenden Bewegungsimpulsen, also besonders bei den hypotonen, hyperkinetischen Formen, wie den Ballismen und der Chorea ist zunächst die Fehldeutung als Tick und „dumme Angewohnheit" naheliegend, manchmal fast unvermeidbar. Das rasche Fortschreiten der choreatischen Bewegungsstörung korrigiert jedoch im allgemeinen alsbald die anfängliche Fehldiagnose. Die bemerkenswert hypotone Muskulatur ist ein hilfreicher Hinweis zur zeitigen Diagnose.

Differentialdiagnostische Schwierigkeiten können gelegentlich gegenüber peripheren schlaffen Lähmungen auftreten, die oft im gesamten Bewegungsbild zunächst schwer von choreiformen oder gar athetotischen Bewegungsformen abgegrenzt werden können. Auch die peripher gelähmten Patienten verleihen ihren intendierten Bewegungen oft etwas Schleuderndes, um die Muskelkraft zu unterstützen, was zur Fehldiagnose Anlaß geben kann. Ähnliches gilt bei der Differentialdiagnose gegenüber den cerebellaren Ausfällen im Rahmen der infantilen Cerebrallähmung. Hier steht das ataktische Bild im Vordergrund, das aber etwa bei der Prüfung des Finger-Nasen-Versuches einer

Störung der Bewegung durch eine muskuläre Schwäche im Armbereich täuschend ähnlich sein kann. Bei der cerebellaren Form sind dagegen trotz ausgeprägter Hypotonie häufig die Reflexe lebhaft, die bei peripher-neurologischen Störungen ja meist völlig erloschen oder wenigstens stark abgeschwächt sind.

Die Diagnose der *choreiformen Nervosität* ist für den Erfahrenen leicht. Die Beobachtung des Kindes bei seiner Bewegung im Raum zeigt die ständige motorische Unruhe. Man läßt das Kind unter dem Befehl, sich absolut ruhig zu verhalten, auf das Untersuchungsbett legen, was diese Kinder kaum länger als 15—30 sec lang zu tun in der Lage sind. Bei der Chorea minor sind die dabei entgegen dem Vorsatz auftretenden Bewegungen in ihrem Ausmaß ungleich größer, bei der choreiformen Nervosität handelt es sich mehr um ein lokales Zupfen und eine sich in nur minimalen Bewegungsansätzen auswirkende Unruhe.

Therapie und Prognose. Die Therapie der *Chorea minor* kann unter der Annahme einer rheumatischen Erkrankung eine Cortisonbehandlung sein. Tatsächlich kann durch eine solche konsequent über mehrere Wochen durchgeführte Behandlung, wobei auch ein Cushing-Syndrom in Kauf genommen werden muß, die Krankheit merklich abgekürzt und gemindert werden. Im allgemeinen beginnt man mit einer höheren Initialdosis von etwa 50—60 mg Dexamethason pro Tag, die im Laufe der folgenden Wochen allmählich auf eine Erhaltungsdosis von etwa 10—20 mg reduziert werden kann. Diese sollte auch nach Verschwinden der choreatischen Bewegungsstörungen noch über einige Wochen beibehalten werden. Gegebenenfalls muß mit Antibiotica abgeschirmt werden. Zu Beginn der Behandlung ist neben der Cortisontherapie auch noch eine Sedierung erforderlich, wobei Perphenazine (z. B. Decentan) in kleineren Dosen oder auch Atosil — unter gleichzeitiger Ausnützung seiner antiallergischen Komponente — in einer Dosierung von 50 bis 100 mg pro Tag geeignet sind.

Die Kinder sollten zur Reizabschirmung nach Möglichkeit in ein ruhiges Zimmer gelegt werden, das gegebenenfalls auch vor allzu intensiver Lichteinstrahlung abgeschirmt werden sollte. Bettruhe über 6—8 Wochen wird empfohlen.

Die *choreiforme Nervosität* bedarf im allgemeinen keiner Therapie. Es genügt meist die Unterrichtung der Eltern über die Harmlosigkeit dieser konstitutionellen oder erworbenen Eigenart. Gegebenenfalls können auch leichte sedierende Medikamente aus der Periphenazinreihe angewandt werden. In diesen Fällen ist auch oft eine regelmäßige krankengymnastische Behandlung von guter unterstützender Wirkung.

3. Weitere extrapyramidale Bewegungsstörungen

Symptomatik, Genese und Diagnose. Ein weiteres Symptom einer hypotonen extrapyramidalen Bewegungsstörung sind die *Ballismen*, die nicht als eigenes Krankheitsbild, sondern als Symptom cerebraler Erkrankungen bei Encephalitiden oder Hirntumoren auftreten können, sofern diese den Stammganglienbereich tangieren. Sie können als Hemiballismen nur eine Seite befallen oder aber auch beidseitig auftreten.

In eine gewisse Nähe zu den hypotonen extrapyramidalen Bewegungsstörungen treten die *Ticzustände*, die jedoch im allgemeinen psychosomatische Störungen sind, psychogene Bewegungsstörungen kurzer umschriebener Art. Sie werden unter dem Kapitel *psychosomatischer Störungen* näher behandelt (s. S. 130).

Besteht eine Ausdehnung der Ticzustände im Sinne des generalisierten Tics, so handelt es sich dagegen meist um eine postencephalitische Störung. Bei der seltenen maladie de tic, der Gilles de la Touretteschen Krankheit (s. S. 132), die bei Kindern von 7 oder 8 Jahren auftritt, breiten sich die Tics rasch aus und verbinden sich oft auch mit krampfhaft ausgestoßenen, meist unanständigen Ausdrücken (Coprolalie). Die Prognose ist ungünstig.

Den *extrapyramidalen Bewegungsstörungen* mit herabgesetztem Tonus stehen solche mit *erhöhtem Tonus* gegenüber, die mehr athetotischen Charakter tragen. Hierzu gehört der Torticollis oder die Torsionsdystonie.

Beim *Torticollis spasticus* dreht sich der Kopf anfangs nur selten, später immer häufiger und schließlich ständig langsam nach einer Seite und kehrt dann vorübergehend wieder in die Ausgangsstellung zurück. Die Zwangsbewegung ist willkürlich nicht unterdrückbar, kann aber durch ganz leichtes Gegenhalten, etwa durch Unterstützen des Kinnes mit der Hand oder einem Finger, verhindert werden. Auch hier handelt es sich um eine Folge einer Stammganglienerkrankung; dasselbe Symptom kann aber auch im wesentlichen psychogen auftreten. Im Kindesalter ist es nicht bekannt, wohl aber kann es im Jugendalter einmal beobachtet werden.

Die *Torsionsdystonie* ist dadurch gekennzeichnet, daß der ganze Rumpf und auch die Extremitäten an athetotischen Bewegungsimpulsen teilnehmen,

der ganze Körper befindet sich ständig in einem zwanghaften, langsamen, wurmförmigen Drehen. Auch die Mimik ist daran beteiligt.

Die Torsionsdystonie ist meist ein Symptom einer degenerativen Erkrankung mit Beteiligung des Stammhirns. Genaueres ist über die Ursache nicht bekannt. Im weiteren Verlauf kann es zur Demenz und zu extrapyramidalen Sprachstörungen kommen.

Ausgeprägte Athetosen außerhalb der infantilen Cerebrallähmung können ebenfalls ein Symptom degenerativer Erkrankungen geben. Hierher gehört die *Athetose double*. Hierbei sind beide Körperhälften und alle Extremitäten gleichmäßig an der schweren zunehmenden athetotischen Bewegungsstörung beteiligt.

Hier, wie bei allen extrapyramidalen Bewegungsstörungen, ist es schwierig, die starke Störung der Psychomotorik, Mimik und Gestik nicht als Ausdruck auch einer geistigen, insbesondere intellektuellen Störung fehlzudeuten.

Parkinson-Syndrom

Extrapyramidale Hypokinesen sind im Kindes- und Jugendalter sehr selten. Das im Erwachsenenalter als Folge einer Encephalitis bekannte Syndrom des Parkinsonismus mit Hypomimie, Rigor, Tremor und allgemeiner Bewegungsarmut, Kleinschrittigkeit, mit vegetativen Symptomen, wie Salbengesicht und Speichelfluß, sind im Kindes- und Jugendalter als Folge einer Encephalitis kaum bekannt. Das Parkinson-Syndrom in diesem Alter legt eine akute und progrediente Stammganglienschädigung, etwa durch Tumor oder degenerative Erkrankung wie z.B. die Wilsonsche Krankheit (s. S. 247) viel näher, als die Vermutung eines postencephalitischen Zustandes.

Ein symptomatisches, hypokinetisches, extrapyramidales Bild als Folge einer Behandlung mit Psychopharmaka, insbesondere nach längerer Einnahme von Phenotiazinen, kann dagegen auch bei Kindern und Jugendlichen häufig beobachtet werden. Dabei kann man wohl davon ausgehen, daß organisch vorgeschädigte Kinder, also etwa Kinder, die eine frühkindliche Hirnschädigung, auch leichten Grades, durchgemacht haben, eher zu extrapyramidalen Bewegungsstörungen auf die Einnahme von Phenotiazinen reagieren als organisch gesunde Kinder. Insbesondere auf Perphenazine kann es leicht zu einem solchen medikamentösen Parkinson-Syndrom kommen. In diesen Fällen ist allerdings die Symptomatik vorwiegend durch orale Bewegungsstörungen, wie Schluckkrämpfe, zwanghafte Zungenbewegungen u.ä. gekennzeichnet und weniger durch das typische Bild des Parkinsonismus.

Psychopathologisch sind diese extrapyramidalen Hypokinesen dadurch bedeutungsvoll, daß die Patienten in ihrer Intelligenz und auch ihrer affektiven Differenziertheit keineswegs betroffen sind und daher die Störung selbst, insbesondere aber auch die Reaktion der Umwelt spüren, sehr genau registrieren und u. U. schwer darunter leiden. Gerade diese Zwangsbewegungen, Schlundkrämpfe und dergleichen, die sich ja meist sehr rasch entwickeln, bringen einer erhebliche Beunruhigung der Patienten mit sich.

Therapie und Prognose *der weiteren extrapyramidalen Bewegungsstörungen.* Die Therapie der Tics ist oft mühevoll und schwierig. Soweit es sich um eine psychosomatische Erkrankung handelt, liegt das Schwergewicht der Behandlung auf der Psychotherapie bzw. Milieutherapie (s. S. 132). Eine unterstützende medikamentöse Behandlung mit Perphenazinen ist angezeigt. Auch beim Torticollis spasticus hat die Psychotherapie Erfolge gezeigt. In schweren Fällen der Torsionsdystonie wird man jedoch auch stereotaktische Operationen in Erwägung ziehen müssen.

Die extrapyramidalen Hypokinesen, die im Kindes- und Jugendalter fast stets symptomatisch sind, bedürfen kausaler Behandlung, sei es die Behandlung des Tumors oder der Wilsonschen Stoffwechselerkrankung. Handelt es sich um ein psychopharmakologisch ausgelöstes Parkinson-Syndrom, so ist eine Absetzung der Medikamente angezeigt. Durch Beigabe von Akineton, beim Auftreten von Schlundkrämpfen als i.v.-Injektionen, beseitigt die Symptome meist rasch, oft schlagartig.

III. Störungen der peripheren Motorik

1. Störungen des motorischen Systems durch peripher-neurologische Ausfälle

Symptomatik. Peripher-neurologische Ausfälle sind dadurch charakterisiert, daß sie nicht durch eine Erkrankung des Gehirns verursacht sind. Dies bedeutet, daß alle psychopathologischen Veränderungen, die wir als Folge einer Gehirnerkrankung kennen, bei den Bewegungsstörungen aus peripher-neurologischen Gründen nicht zu erwarten sind.

Daß sie dennoch im Rahmen eines Lehrbuches für Kinder- und Jugendpsychiatrie erwähnt werden, findet seine Berechtigung darin, daß die Erhaltung der normalen Bewegungsfähigkeit *eine* wesentliche Voraussetzung zur gesunden Entwicklung eines Kindes ist, wie dies bereits bei der Besprechung der cerebralen Lähmungen erwähnt wurde.

Dasselbe gilt auch für die peripher-neurologischen, schlaffen Lähmungen, wenn diese so schwer sind, daß sie eine wesentliche Beeinträchtigung der Bewegungsfähigkeit und des Aktionsradius des Kindes bedeuten und wenn sie bereits in der frühen Kindheitsentwicklung entstanden sind, allerdings mit der Einschränkung, daß in diesen Fällen die psychische Entwicklungsbeeinträchtigung nicht durch eine organische Wesensänderung kompliziert und verstärkt ist. Auch die Auseinandersetzung mit der „Krüppelhaftigkeit" und der möglichen Entstellung durch die Muskelatrophien als Ursache einer reaktiven Fehlentwicklung muß hier Berücksichtigung finden.

Die Mononeuritis, die Polyneuritis und Polyneuropathie. Die Symptomatik ist hier gekennzeichnet durch den Ausfall eines oder mehrerer Nerven mit entsprechender Funktionsbeeinträchtigung in oft gestreuter Form. Diese Krankheitsgruppe spielt gerade im psychischen Bereich auch als Anlaß zu einer reaktiven Störung eine recht geringe Rolle, weil die dadurch hervorgerufenen Lähmungen sich im allgemeinen vollständig zurückbilden, so daß eine gewisse psychische Problematik nur während des akuten und oft lange anhaltenden Krankheitsbildes zu erwarten ist.

Die Poliomyelitis oder spinale Kinderlähmung. Diese akute, gerade im Kindesalter auftretende Erkrankung, die in den letzten Jahren durch die allenthalben durchgeführten Schutzimpfungen deutlich zurückgeht, hat eine größere psychopathologische Bedeutung, weil es hierbei häufig zu dauernden Lähmungen und u. U. zu schweren Atrophien kommen kann, die bei Erkrankung im frühen Kindesalter mit Beinverkürzungen infolge mangelhaften Wachstums einhergehen.

Verläuft die Poliomyelitis als Polioencephalitis mit einer Gehirnbeteiligung, was gelegentlich der Fall sein kann, dann sind auch cerebrale Dauerschäden, wie wir sie bei den postencephalitischen Zuständen besprochen haben, möglich. Nach Harbauer, Kenter und Kunert kommt es in manchen Fällen zu einer Schädigung der sozialen Entwicklung und insbesondere der sozialen Anpassung durch die Folgen der Poliomyelitis. Die Kinder werden vielfach als besonders empfindsam und scheu geschildert und in ihrer Kontaktnahme zur Umwelt beeinträchtigt. Die Kontaktstörung wird vielfach dadurch ausgelöst oder verstärkt, daß die gesunden Kinder der Umgebung die geschädigten nicht ohne weiteres akzeptieren und sie durch eine naturgemäße Rücksichtslosigkeit in eine Isolierung drängen. Die Kinder werden dadurch oft ihrer körperlichen Gebrechen erst recht bewußt. Selbstwertzweifel, mangelnder Lebensmut und Resignation können beobachtet werden. Andererseits kann als Kompensation dazu ein betontes Leistungsstreben gerade bei solchen Kindern beobachtet werden. Fast alle Kinder sind besonders ängstlich, wobei ihre Angst vorwiegend irrational ist. Häufig ist eine latente, oft nicht unerhebliche Aggressivität zu beobachten oder zumindest testpsychologisch aufzuzeigen, die offensichtlich aufgrund der körperlichen Beeinträchtigung nicht genügend abreagiert werden kann.

Pathogenese und soziale Bedeutung. Die *Polyneuritis* und *Polyneuropathie* können auf sehr verschiedene Ursachen zurückgehen, so z.B. auf Intoxikation und Vergiftungen jeder Art, etwa mit Chemikalien oder chronisch eingenommene Medikamente, wie auch auf Stoffwechselstörungen, z. B. einen Diabetes. Als Folge von Störungen der Ernährung, also etwa als Folge eines Alkoholismus, wird man sie bei Kindern seltener sehen, dagegen sehr häufig als parainfektiöse Erkrankungen in Begleitung oder im Gefolge von Mumps, Masern, Röteln, Windpocken und anderen Infektionskrankheiten. Als toxische Erkrankung in Begleitung der Diphtherie ist sie allgemein bekannt. Darüber hinaus können sie Folgen von allergischen Reaktionen, Gefäßkrankheiten oder akuter Vergiftungen sein. Im Kindesalter spielt jedoch die infektiöse Genese die entscheidende Rolle.

Die *Poliomyelitis* ist eine Infektionskrankheit, der Erreger ist ein Virus, der eine besondere Affinität zum Zentralnervensystem und dort zu den Vorderhornzellen des Rückenmarks hat, was dann zum Ausfall des peripheren Neurons führt. Diese Krankheit hat durch die in ihrem Gefolge auftretenden chronischen und oft irreparablen schlaffen Paresen eine erhebliche soziale Bedeutung. Hier hat die Körperbehinderten-Fürsorge ein wesentliches Aufgabengebiet. Neben dieser mechanischen Versorgung darf allerdings die Bedeutung der psychischen Isolierung und Beeinträchtigung durch die Verkleinerung des Erlebnisraums nicht übersehen werden. Die soziale Eingliederung bereitet allerdings wesentlich weniger Schwierigkeiten als etwa bei den spastisch oder extrapyramidal bewegungsgestörten Kindern, da, von den schweren total gelähmten Fällen abgesehen, meist nur Teilausfälle bestehen, die eine ausreichende Handfertigkeit oder geistige und mechanische Arbeitsfähigkeit zumindest teilweise erlaubt.

Diagnose und Differentialdiagnose. Die Diagnose der peripher-neurologischen Bewegungsstörungen, der *Polyneuritis*, sowie der *spinalen Kinderlähmung* ist eine rein klinische Diagnose. Hierbei ist vor allem der Liquorbefund ausschlaggebend, der bei der Polyneuritis im allgemeinen eine mäßige Zellerhöhung bei starker Eiweißvermehrung zeigt. Bei der polyradikulären Form ist der hohe Eiweißwert im Liquor charakteristisch (Guillain-Barré).

Therapie. Die Behandlung der *Polyneuritis* kann mit hohen Cortisondosen durchgeführt werden, am besten mit Dexamethason in einer Initialdosis von etwa 50 mg pro Tag, allmählich absteigend zu einer länger durchzuhaltenden Dosierung von 10—20 mg pro Tag. Auch hier wird man gelegentlich ein Cushing-Syndrom in Kauf nehmen müssen. Jenseits des akuten Stadiums wird man die Restitution der peripheren Lähmungen durch krankengymnastische Behandlung und Elektrotherapie unterstützen.

Die Therapie der *Poliomyelitis* anterior im akuten Stadium braucht hier nicht besprochen zu werden. Die Behandlung der Restzustände erfolgt in Zusammenarbeit mit dem Orthopäden mittels intensiver Krankengymnastik und Elektrotherapie, in fortgeschrittenerem Stadium, bei dem eine Restitution nicht mehr erwartet werden kann, durch Stützapparate, die gelegentlich als Nachtschienen zur Vermeidung von Kontrakturen schon in der Restitutionsphase angezeigt sein können.

Auf heilpädagogischem Gebiet gilt bei schweren Lähmungsformen dasselbe, was bei der Besprechung der cerebralen Kinderlähmung gesagt wurde mit dem Unterschied, daß wir es hier nicht mit einer organischen Wesensänderung oder einer Hirnleistungsschwäche zu tun haben, sondern mit einer primär ungestörten Psyche, die sich aber jetzt mit dem Schicksal einer dauernden Gelähmtheit und Einschränkung der Mobilität abfinden muß. Hierbei bedarf es geschickter psychischer Führung, wobei durch Aktivierung erhaltener Restfunktionen und Entfaltung neuer Fähigkeiten, eventuell durch Schul- und Berufsberatung, ein objektiver und vor allem subjektiver Ausgleich für die eingetretene Einschränkung gegeben wird.

2. Bewegungsstörungen durch Myopathien

Symptomatik. Im Kindes- und Jugendalter sind unter den Myopathien vor allem die *progressiven Muskeldystrophien* von Bedeutung, wobei die recessiv erbliche, x-chromosomale, aufsteigende, bösartige Beckengürtelform nur bei Knaben auftritt und die recessiv autosomale Gliedmaßengürtelform bei beiden Geschlechtern beobachtet wird. Beide können schon im Kleinkindesalter auftreten und weisen eine stark verkürzte Lebenserwartung auf. Die dominant autosomale absteigende Schultergürtelform beginnt erst im Schulalter, und die häufigste aufsteigende gutartige Beckengürtelform, die ebenfalls nur bei Knaben auftritt, als recessive x-chromosomale Form wird erst im späten Schulalter beobachtet.

Bei dieser fortschreitenden, nicht therapierbaren Erkrankung, die in vielen Fällen zu einer stark eingeschränkten, wenn nicht aufgehobenen Mobilität führt, steht ähnlich wie bei den schweren Formen der Poliomyelitis die Auseinandersetzung mit dieser Bewegungsstörung ganz im Vordergrund. Besonders bei den Formen, die erst im späteren Schulalter auftreten, die Kinder also vorher eine volle und uneingeschränkte Bewegungsfreiheit erlebt haben, kann die Bewältigung der Erkrankung ein großes Problem sein. Dabei ist eigentlich bemerkenswert, daß die Kinder die Auseinandersetzung mit der Krankheit selten nach außen austragen, dies höchstens in einer vermehrten Reizbarkeit und psychischen Labilität zur Geltung bringen. Im allgemeinen ziehen sie sich in zunehmendem Maße auf sich selbst zurück, werden in ihrer Kontaktfähigkeit eingeschränkt und ihr Erlebenshorizont verkleinert sich. Diese durch die Krankheit und ihre Folgen bedingten Verhaltensformen werden dann jeweils durch die besondere familiäre Situation geprägt, verstärkt oder abgeschwächt.

Ähnliches gilt für die andere, z.T. auch schon im Kindesalter auftretende Muskelerkrankung, die *Myasthenia gravis pseudoparalytica.*

Diese Krankheit, die durch Medikamente bis zu einem gewissen Grade ausgleichbar ist, geht mit einer zunehmenden Muskelschwäche einher. In der psychischen Auseinandersetzung mit der Krankheit und der ständigen Medikamentabhängigkeit ist insofern eine andere Situation gegeben, als hier nicht, wie etwa bei der Muskeldystrophie, sich eine allmählich zunehmende Muskelschwäche bis zur Lähmung entwickelt, sondern daß der Patient zwischenzeitlich durch die Medikation immer wieder eine relativ gute muskuläre Leistungsfähigkeit an sich erleben kann, die dann aber zu keiner Dauerleistung ausreicht. Der Patient erlebt, wie seine Kräfte immer sehr rasch schwinden. Die Leistungsfähigkeit ist nun durch die ständige Fixierung auf dieselbe oft von der psychischen Situation sehr abhängig. Daß die Kinder sehr häufig geschont werden müssen, viel getragen werden und man ihnen keine konsequente Leistung zumuten kann, ihnen aber doch immer wieder gewisse Leistungen abgefordert werden, sie auch solche selbst im eigenen Interesse durchaus vollbringen können, führt zu einer erzieherischen Unsicherheit.

Pathogenese und soziale Bedeutung. Die Ursachen der Myopathien sind im allgemeinen erbliche Stoffwechselstörungen, und zwar ein Enzym-Defekt, dessen genaue Art und biochemische Funktion nicht im einzelnen bekannt ist. Das gleiche gilt für die Myasthenia gravis. Hier ist die neuromuskuläre Überleitung an der motorischen Endplatte nicht mehr gewährleistet, wohl dadurch, daß zu wenig Acetylcholin vorhanden ist oder gebildet werden kann. Die Verwandtschaft der Myasthenie mit einer Curarevergiftung läßt daran denken, daß eine ähnliche Substanz das vorhandene Acetylcholin blockiert. Es ist auch diskutiert worden, daß die Mastheniekranken Cholinesterase in zu großer Menge produzieren, die das Acetylcholin abbaut. Schließlich wird auch eine Autoimmunkrankheit diskutiert.

Die soziale Bedeutung richtet sich im wesentlichen nach dem Ausmaß der Schädigung und nach der bei den schweren Formen der Muskeldystrophie deutlich verkürzten Lebenserwartung. In jedem Falle wird man soweit als möglich die soziale Eingliederung versuchen und durch spezielle Schulung bzw. Umschulung eine befriedigende Tätigkeit ermöglichen, vor allem um der sozialen Isolierung entgegenzutreten.

Diagnose. *Progressive Muskeldystrophie.* Sie ist im allgemeinen nicht schwierig zu diagnostizieren. Zwar können die betroffenen Muskelabschnitte durch eine Pseudohypertrophie, d.h. durch Fetteinlagerung, ihre Atrophie überdecken. Im allgemeinen ist aber diese Pseudohypertrophie in ihrer Form vom gesunden Muskel gut zu unterscheiden. Charakteristisch ist der Watschelgang, dadurch hervorgerufen, daß sich das nicht belastete Hüftgelenk jeweils mit dem Becken seitlich absenkt (Trendelenburgsches Phänomen). Noch typischer ist das „An-sich-Hochklettern", das man beobachten kann, wenn man diese Kinder auffordert, auf den Boden zu sitzen und dann aufzustehen. Sie stemmen zunächst ihre Beine bis zur Streckhaltung in Knie und Hüfte hoch, wobei sie mit den Händen noch am Boden bleiben, mit denen sie sich anschließend Hand über Hand an den eigenen Beinen hochstemmen.

Eine sichere Diagnostik wird man aber schließlich erst durch die histologische Untersuchung eines Muskelstückchens gewinnen können. Auch das Elektromyogramm bringt charakteristische Befunde. Es ergibt sich ein deutliches Interferenzmuster, das in der Amplitude und der Dauer deutlich verringert ist.

Biochemisch kann die Diagnose durch eine Bestimmung der Kreatinphosphorkinase (CPK) und der Aldolase gesichert werden. Die Kreatinphosphorkinase ist im Muskel vermindert, im Serum dagegen vermehrt, ebenso die Aldolase und die Transaminasen.

Myasthenia gravis pseudoparalytica. Sie ist im voll ausgeprägten Bild ebenfalls leicht zu erkennen mit der allgemeinen Muskelschwäche und einer nicht von Geburt an bestehenden Ptosis, Augenmuskellähmungen und der Facies myopathica. Die Patienten klagen über Schwäche beim Kauen und Schlucken und über rasche Ermüdung bei jeglicher körperlichen Betätigung. Nach entsprechender Ruhe ist vorübergehend immer wieder eine gewisse Leistungsfähigkeit vorhanden. Im Beginn der Krankheit kann die Diagnose erschwert sein. Das führende Symptom ist jedoch meistens eine Neigung zu Ptosis und Augenmuskelstörungen. Die Diagnose kann elektromyographisch und durch die myasthenische Reaktion bei einer elektrischen Untersuchung gesichert werden. Bei faradischer Dauerreizung eines Nerven läßt die vom Nerven versorgte Muskulatur rasch in ihrer Kraft nach. Auch durch pharmakologische Tests kann die Diagnose gesichert werden.

Therapie. Die Therapiemöglichkeit der *Myopathien* ist sehr beschränkt. Insbesondere die progressive Muskeldystrophie ist bislang noch keiner kausalen und kaum einer symptomatischen Therapie zugänglich. Wie häufig bei unaufhaltsam fortschreitenden Erkrankungen, so wurden auch bei der Myopathie verschiedentlich z.T. heroische Behandlungsversuche unternommen. So wurden hochdosierte Insulinkuren unter gleichzeitiger Gabe von Traubenzuckerlösung propagiert, wie auch Behandlung mit anabolen Steroiden, Behandlungen, die sich nur teilweise und vorübergehend als wirkungsvoll, auf die Dauer jedoch eher schädlich erweisen. Eine kurmäßige Behandlung mit Infusionen mit Levadosin scheint dagegen sicher keine Schädigung zu verursachen. Gelegentliche vorübergehende Besserungen können vielleicht auf die Aktivierung vorhandener Restfunktionen zurückgeführt werden. Das Wesentliche ist eine vorsichtige krankengymnastische Übung. Bei stärkerem Fortschreiten ist gegebenenfalls orthopädische Hilfe mit Stützapparaten erforderlich.

Die *Myasthenia gravis* dagegen ist, wenn auch keiner kausalen, so doch einer sinnvollen und erfolgreichen substituierenden Therapie zugänglich. Durch Prostigmin und andere Cholinesterasehemmer, wie Pyridostigmin (Mestinon und Mestinon retard)

wird eine Kompensation der biochemischen Störung dadurch erreicht, daß das Acetylcholin langsamer abgebaut wird und seine Wirksamkeit länger anhält. Das Medikament muß beständig und in individueller Einzeldosis eingenommen werden, wobei auch die Gefahr einer Überdosierung berücksichtigt werden muß. Auftreten von Übelkeit, Schwindelgefühl, Darmkrisen und Muskelzittern zeigen eine cholinergische Krise an. Diese Symptome müssen bekannt sein, da der Patient gerne dazu neigt, durch weitere Steigerung des Medikamentes seine Leistungsfähigkeit zu erhöhen. Über ein gewisses Optimum ist eine solche Leistungssteigerung allerdings nicht möglich. Bei weiterer Zugabe kommt es zunächst zu einem Nachlassen der Leistungsfähigkeit, was oft wieder zur weiteren Steigerung der Dosis Anlaß gibt und schließlich zur cholinergischen Krise führt, die erst durch strikte Reduzierung der Medikamente überwunden werden kann.

Auch bei Myopathien muß je nach dem Grad der geistigen Differenziertheit eine heilpädagogische, gegebenenfalls auch psychotherapeutische Führung einsetzen, verbunden mit Beschäftigungstherapie und Berufsberatung, um die kleinen Patienten zwischen der Gefahr der Verwöhnung im Schonmilieu einerseits und der anderen Gefahr der Überforderung und Verwahrlosung andererseits hindurchzusteuern.

Bei Myasthenia gravis kommt noch eine gewisse suchtähnliche psychische Fixierung an das die Kraft erhaltende Medikament, dessen Einnahme neben der unbezweifelbaren stoffwechselchemischen Wirkung auch eine unverkennbar psychische Wirkung kommt. Während es den Patienten schon beruhigt und die Muskelkraft erhält, wenn er genügend Medikamente bei sich hat, kann es allein dadurch zu Versagenszuständen kommen, daß die Mitnahme von „Reservemedikamenten" vergessen wurde.

3. Störung der Bewegungsfähigkeit durch Dysmelie

Symptomatik. Die Anpassung in ihrer Gliedmaßenentwicklung mißgebildeter Kinder an die soziale Umgebung bedeutet für die Kinder und ihre Eltern, sowie auch für die weitere Umgebung, die Schule usw., eine große Aufgabe.

Die Situation ist dadurch von den bisher geschilderten Störungen der Bewegungsfähigkeit grundsätzlich unterschieden, als hier zunächst einmal für die Umgebung die entstellende Mißbildung ganz im Vordergrund steht, die auch für die Eltern eine Kränkung bedeutet, die wiederum ihr Verhältnis zu dem Kinde erheblich beeinflußt. Die Reaktion der Umwelt schwankt zwischen Mitleid, offener

Ablehnung und Schuldgefühl. Die Geburt eines mißgebildeten Kindes löst bei den Eltern einen oft monatelang anhaltenden Initialschock mit psychosomatischen Störungen aus. Im Zuge einer allmählichen Anpassung kommt es in der Regel zu einer übermäßigen Bindung gerade an dieses Kind. Diese Kinder wachsen dadurch häufig in einer affektiv überhitzten, anhaltend symbiotischen und meistens auch angstbetonten Umgebung auf. Anstelle der durch die körperliche Behinderung allein gegebenen Isolierung der Kinder gegenüber der Umwelt tritt hier häufig die Abschirmung und die Isolierung durch die Eltern in den Vordergrund. Jeder neue soziale Schritt, der Eintritt in den Kindergarten oder die Schule, bedeutet eine viel schwierigere Schwellensituation als im Normalfalle.

Die intellektuelle Entwicklung der Kinder scheint in der Regel wenig beeinträchtigt. Ja, man gewinnt sogar den Eindruck, als ob gerade diese Kinder überdurchschnittlich begabt seien, ein Eindruck, der sich bei genauer Untersuchung im Durchschnitt nicht bestätigen läßt. Schönberger konnte im Rahmen einer groß angelegten Reihenuntersuchung an dysmelen Kindern mit entsprechenden Kontrollgruppen nachweisen, daß bei den dysmelen Kindern im Durchschnitt ein Entwicklungsrückstand besteht, der bemerkenswerter Weise auch die sprachliche Leistung einschließt. Nur besonders gute sprachliche Begabung und Förderung schien sich durchzusetzen. Bei den perzeptorisch-kognitiven Tests zeigte sich, daß ein „sensomotorischer Defekt" viele dysmele Kinder daran hindert überdurchschnittliche oder zumindest durchschnittliche Leistungen zu erbringen. Bei diesen Kindern wie auch bei anderen motorisch behinderten Kindern hängt die geistige Entwicklung in besonderem Maße von der äußeren Förderung ab, die diese Kinder erfahren, wobei schon die Förderung der ersten Lebensjahre entscheidend sein kann.

Die Kinder setzen sich mit ihrer Körperbehinderung im allgemeinen erst zwischen dem 3. und 5. Lebensjahr auseinander, gelegentlich unter dem Bild eines affektiven Ausbruches, dem allerdings im allgemeinen sehr rasch wieder die äußerlich heitere Anpassungsbereitschaft und Zufriedenheit folgt.

Eine entscheidende Bedeutung für die psychische Entwicklung dieser Kinder hat das Familienmilieu, je nach dem, ob es stimulierend oder bremsend wirkt.

Pathogenese und soziale Bedeutung. Die Genese der Dysmelie ist durch den Modellfall der Tali-domidvergiftung hinreichend geklärt. Es handelt sich offenbar um eine Keimschädigung während einer ganz umschriebenen Entwicklungsphase, während welcher die Extremitätenanlagen differenzieren. Dieser Zeitpunkt liegt zwischen dem 30. und 40. Tag der Schwangerschaft. Sie ist also offenbar eine Hemmungsmißbildung, die in diesem Falle medikamentös und toxisch entsteht. Das wesentliche ist dabei der eng begrenzte Zeitraum, während welchem die Schädigung erfolgen kann. Sie ist vermutlich keineswegs medikamentspezifisch, sondern phasenspezifisch.

Hier ist die soziale Aufgabe nicht nur durch die Störung der Beweglichkeit gegeben, die bei entsprechenden Mißbildungen u. U. eine völlige Bewegungsfreiheit zu Fuß ermöglicht, aber eine extreme Abhängigkeit in allen Handreichungen und Notwendigkeiten der Körperpflege bis hin zur Intimsphäre, was gerade im Zusammenhang mit dem zunächst schockierenden Eindruck jeder Mißbildung auf die Umgebung einer sozialen Eingliederung besonders entgegensteht. Ausfall der Beinfunktion bei einigermaßen erhaltener Funktion der oberen Extremitäten ist leichter zu kompensieren. Besonders schwierig wird es, wenn von den Extremitätenmißbildungen, wie häufig Arme und Beine, u. U. alle 4 Extremitäten betroffen sind.

Nach Strasser u. a. liegen die Schwierigkeiten der Einordnung von Dysmeliekindern fast ausschließlich in der erwachsenen Umgebung, kaum bei den Altersgenossen.

Diagnose. Die Diagnose der *Dysmelien* bedeutet bei den charakteristischen Mißbildungsformen kein Problem.

Therapie. Die Dysmelien selbst können nicht oder nur in beschränktem Umfange orthopädisch, eventuell durch plastische Operationen gebessert werden. Immerhin kann auf diesem Wege u. U. eine gewisse Gehfähigkeit oder eine noch so beschränkte Greiffunktion überhaupt erst ermöglicht werden.

Was bereits über heilpädagogische Behandlung, Beschäftigungstherapie und Übungsbehandlung motorisch gestörter Kinder gesagt wurde, gilt bei den Dysmeliekindern in ganz besonderem Maße. Hier ist nicht nur eine Beschränkung auf die Aktivierung erhaltener Teilfunktion möglich, sondern das völlige funktionelle Umdenken in von Fall zu Fall neuen Situationen und Änderungen der motorischen Situation. In enger Zusammenarbeit mit dem Orthopäden, dem Prothesenbauer, der Krankengymnastin und der Beschäftigungstherapeutin müssen hier alle Möglichkeiten zur Aktivierung und zu noch so beschränkter selbständiger Tätigkeit und

Funktion ausgenützt werden, was am besten in Behandlungs- und Betreuungszentren geschieht.

Das Hauptgewicht der heilpädagogischen Führung richtet sich aber hier besonders auf die Eltern, die gerade bei den mißgebildeten Kindern, mehr wie bei jeder anderen Störung, im Verhältnis zu ihrem Kinde gefährdet sind. Die anfängliche Ablehnung ist vor allem durch das „gestörte Menschenbild" bedingt, das eigene Kind wird zunächst als „Monstrum" erlebt, das zu akzeptieren außerordentlich schwer fällt. Hier bedürfen die Eltern, vor allem die Mütter, der einfühlenden, geduldigen und nicht fordernden Führung. Nach Überwindung dieser Phase kommt es dann häufig zu einer teilweise durch Schuldgefühle getragene Übersorge und überstarken Fixierung, die ihrerseits die Entfaltungsaktivität des Kindes einschränken kann. Besonders wichtig ist hier die Führung der Eltern darin, daß sie dieses Kind nicht vor der Außenwelt abschirmen und verbergen, sondern es Anteil nehmen lassen an der Gemeinschaft in der Gruppe, wobei sich schließlich die pädagogische Führung auch auf die Umwelt, auf die Spielkameraden, Kindergärtnerinnen und Erzieher erstrecken muß.

Inwieweit ein solches Kind, das allgemein geistig und intellektuell keineswegs geschädigt oder beeinträchtigt ist, später sozial integriert, ist ausschließlich eine Frage an die das Kind umgebende Gesellschaft.

Literatur

Harbauer, H., Kenter, M., Kunert, F.: Über die Anpassung von Kindern mit poliomyelitischen Dauerlähmungen. In: Jahrbuch für Jugendpsychiatrie und ihre Grenzgebiete, Bd. II. Bern und Stuttgart: Huber 1960.

Lempp, R.: Frühkindliche Hirnschädigung und Neurose. Stuttgart: Huber 2. Aufl. 1970

Lindemann, K.: Die infantilen Cerebralparesen. Stuttgart: Thieme 1963.

Matthiass, H. H.: Untersuchungstechnik und Diagnose der infantilen Cerebralparese im Säuglings- und Kindesalter. Stuttgart: Thieme 1966.

Poeck, K.: Einführung in die klinische Neurologie. Berlin, Heidelberg, NewYork: Springer 1966.

Prechtl, H. F. R., Beintema, D. J.: Die neurologische Untersuchung des reifen Neugeborenen. Stuttgart: Thieme 1968.

Schönberger, F.: Die sogenannten Contergankinder. München: Kösel 1951.

Strasser, H., Sievert, G., Munk, K.: Das körperbehinderte Kind. Berlin: Marhold 1968.

Anfallskrankheiten

Von R. Lempp

I. Allgemeine Vorbemerkungen zu den Epilepsien

Die Epilepsie ist eigentlich eine Krankheit des Kindesalters, und zwar nicht nur deswegen, weil $^2/_3$ der Krampfleiden in diesem Lebensabschnitt beginnen, sondern weil die Ursache, oder besser die entscheidenden Ursachenfaktoren, in der weit überwiegenden Anzahl der Fälle im Kleinkindesalter gesetzt werden, ja zum Teil schon während der Schwangerschaft und der Geburt.

Der cerebral-organische Krampfanfall und auch die vielen atypischen Formen epileptischen Geschehens sind jeweils nur Symptome und können für sich allein die Diagnose einer Epilepsie noch nicht begründen. Sehr verschiedene Ursachen und Ursachenkombinationen können zu der Manifestation eines oder mehrerer Krampfanfälle oder ihrer Äquivalente führen. Es ist daher wenig sinnvoll, die Epilepsie nach ätiologischen Gesichtspunkten zu klassifizieren oder sich zu bemühen, epileptische Anfälle von cerebralorganischen Krämpfen außerhalb des epileptischen Formenkreises abzugrenzen. Da der Name „Epilepsie" durch überholte Anschauungen und unangebrachte Maßnahmen mit einem starken negativen sozialen Akzent versehen ist, war man vielerort bestrebt, die Diagnose „Epilepsie" möglichst wenig zu stellen und den Begriff der cerebral-organischen Krampfanfälle auszuweiten. Dies hat andererseits vielfach dazu geführt, daß das Auftreten von Anfällen im Kindes- oder Erwachsenenalter nicht ernst genug genommen wurde und die notwendigen therapeutischen Maßnahmen unterblieben.

Der Begriff „Epilepsie" besagt lediglich, daß es sich um Anfallszustände oder anfallsähnliche Zustände handelt, die Hinweis auf ein pathophysiologisches Geschehen im Gehirn sind. Besteht eine gewisse Neigung zu solchen hirnelektrisch pathologischen Abläufen im Gehirn, dann wird das Krankheitsbild als Epilepsie anzusprechen sein, wobei aber über die Ursache und auch über die Therapiemöglichkeit noch nichts ausgesagt ist. Die Anfallsformen sind offenbar mehr alters-abhängig als ursachenspezifisch. Dies entspricht auch den hirnelektrischen Befunden, die ebenfalls unabhängig von den in Frage kommenden Ursachen, eine typische Altersabhängigkeit zeigen.

Symptomatik. Die Symptomatik der Anfallskrankheiten im Kindes- und Jugendalter ist außerordentlich vielgestaltig und nur in ihren typischen Formen der Epilepsie als generalisierter Anfall oder als Absence hinreichend charakteristisch. Jede paroxysmal auftretende Verhaltensauffälligkeit, Wesensänderung oder Zustandsänderung ist auf eine nicht epileptische Anfallskrankheit im allgemeinen, z.B. eine Spasmophilie, und auf eine Epilepsie im speziellen verdächtig. Die einzelnen Erscheinungsformen werden in den folgenden Kapiteln beschrieben.

Genese und soziale Bedeutung. Eine einheitliche Pathogenese aller Anfallszustände kann nicht angegeben werden, da das Anfallsartige als verbindendes Glied dieser Krankheiten nur ein äußerliches Erscheinungsbild gleichsam als letzte pathogenetische Endstrecke darstellt, dem sehr verschiedene Ursachen und Entstehungsweisen zugrunde liegen können. Für die cerebral-organischen Anfälle ist dagegen die Pathogenese recht einheitlich: Aufgrund von im einzelnen unbekannten Faktoren kommt es in verschiedenen Abschnitten des Gehirns oder im ganzen Gehirn zu einer synchronen bioelektrischen Entladung, die sich je nach Sitz, Ausdehnung und Intensität in einem anfallsartig auftretenden körperlichen oder auch seelischen Geschehen auswirkt. Die Neigung zu solchen synchronen Entladungen muß auf ein ganzes Ursachenbündel zurückgeführt werden, dessen einzelne Komponenten in jedem Einzelfall eine unterschiedliche Bedeutung haben können.

Bei den cerebral-organischen Anfällen im Kindesalter spielt der frühkindlich erworbene Hirnschaden die größte Rolle, der allerdings oft als „Schaden" in Anamnese und Befund sonst wenig auffällig sein kann. Im einzelnen sind es pränatale Schädigungen, z.B. durch Erkrankungen der Mutter während der Schwangerschaft, Intoxikationen und dergleichen, die u. U. zu einer mangelhaften Gehirnrindendifferenzierung (Migrationsstörungen) führen können. Unter den perinatalen Schädigungen spielt das cerebrale Geburtstrauma, insbesondere die Geburtsasphyxie, die führende Rolle, überhaupt jede Störung des Geburtsablaufes, die zu einem kindlichen Gehirnödem geführt hat oder auch toxische Schädigungen des Gehirns, etwa durch Blutgruppenunverträglichkeit zwischen Mutter und Kind (Rh-Schädigung). Bei den postnatalen Schädigungen, die als Ursache eines cerebralen Anfallsleidens in Frage kommen, müssen schwere Ernährungsstörungen, Intoxikationen, Keuchhustenerkrankung im Säuglingsalter, Encephalitis und dergleichen Berücksichtigung finden.

Auch später erworbene hirnorganische Schädigungen können ätiologisch bedeutsam sein: z.B. schwere Schädeltraumen (mit sicherer Hirnsubstanzschädigung, also im allgemeinen mit längerer Bewußtlosigkeit einhergehend), Encephalitiden oder Begleitencephalitiden.

Die Bedeutung der Erblichkeit als Ursache der Anfallskrankheiten im Kindesalter ist bei den einzelnen Anfallsformen unterschiedlich. Der Erbfaktor „erhöhte Krampfbereitschaft" steht offenbar in einer gewissen Verhältnismäßigkeit zur Schwere eines exogenen Hirnschadens, d.h. bei geringer erblicher Krampfbereitschaft bedarf es eines schweren Hirnschadens, um das Anfallsleiden manifest werden zu lassen; bei einer stärker ausgeprägten erblichen Krampfneigung genügt bereits eine leichtere und banalere Hirnschädigung, u. U. sogar das Trauma einer scheinbar physiologischen Geburt zur Manifestation des Krampfleidens.

Cerebral-organische Anfallszustände können auch Symptom einer prozeßhaften Erkrankung des Zentralnervensystems sein, so z.B. bei Stoffwechselerkrankungen (Phenylketonurie), bei Tumoren und degenerativen Hirnkrankheiten sowie auch bei schwerer Encephalitis. Die pathogenetische Endstrecke ist auch hier wiederum die paroxysmale synchrone bioelektrische Entladung, die ihre Ursache jedoch im Grundleiden hat.

Bei einer ganzen Reihe von Kindern und Jugendlichen mit cerebral-organischem Krampfleiden wird die Abklärung der Ätiologie unmöglich sein, einfach deswegen, weil die wesentlichen Ursachenkomponenten, die hirnorganische Schädigung und die Erblichkeit anamnestisch oft nicht zu fassen sind. Im Ganzen wird man sagen können: Je früher ein Anfallsleiden auftritt, desto eher werden exogene Noxen dafür verantwortlich gemacht werden müssen. Bei einem Anfallsbeginn jenseits des 10. Lebensjahres nimmt der Erbfaktor eine höhere Wertigkeit an, sofern nicht eine andere, nicht erbliche prozeßhafte Erkrankung des Zentralnervensystems, z.B. ein Hirntumor, vorliegt.

Die Auslösung epileptischer Anfallszustände

Die Abhängigkeit von äußeren Einflüssen und Reizen ist bei kindlichen Anfallsleiden häufiger zu beobachten als bei Erwachsenen. Epileptische Anfälle können durch Fieberzustände jeder Art ausgelöst werden, andererseits aber kann in seltenen Fällen sich auch während einer fieberhaften Erkrankung eine bestehende Epilepsie vorübergehend bessern.

Die Pockenschutzimpfung, und zwar die Erstimpfung, vermag in nicht seltenen Fällen einen Krampfanfall auszulösen, der allerdings noch keineswegs in eine Epilepsie überzugehen braucht, wenngleich die Pockenschutzimpfung durchaus auslösende Mitursache eines Krampfleidens sein kann. Dabei muß offen bleiben, ob die normale fieberhafte Reaktion, etwa am 8. Tag nach der Impfung, als Fieberreaktion krampfauslösend wirkt, oder ob eine spezifische krampfprovozierende Wirkung der Pockenvaccine angenommen werden muß. Schon bei klinisch unkomplizierter Impfung werden passagere EEG-Veränderungen als Ausdruck cerebraler Mitreaktion beobachtet. In etwa 1,5% aller Pockenschutzimpfungen kommt es noch zwischen dem 3.—18. Tage, bevorzugt am 8. Tag, zu Krampfanfällen, die meist länger dauern als einfache Fieberkrämpfe. Eine gewisse familiäre Anfallsbereitschaft spielt offenbar bei der Anfallsauslösung nach Pockenschutzimpfung mit. In 17% dieser Fälle kommt es zu Defekten, in etwa 15% später noch zu einzelnen Krampfanfällen (Doose u. a.). Wenn durch eine Vorschädigung des Gehirns eine erhöhte Krampfbereitschaft besteht, ist die Gefahr der Auslösung eines Krampfleidens groß. Vorausgegangene Anfälle sind daher eine absolute Kontraindikation gegen eine Pockenerstimpfung. Diese strenge Vorsichtsmaßnahme gilt bei den üblichen Impfungen nur bei der Pockenschutzimpfung und der Keuchhustenimpfung. Die übrigen Impfungen, die in der Regel auch nicht mit Fieber einhergehen, zeigen diese Krampfauslösbarkeit nicht.

Eine bevorzugte Krampfprovokation bedeuten Schlafentzug und Alkoholgenuß. Der Schlafentzug spielt vor allem bei heranwachsenden Jugendlichen eine Rolle, bei welchen der physiologische Schlafbedarf oft sowieso nicht gedeckt wird. Eine Kombination von Schlafentzug und Alkoholgenuß findet man bei Jugendlichen mit einer gewissen Regelmäßigkeit an Silvester und Neujahr, was zu typischen „Neujahrsanfällen" führen kann.

Bei heranwachsenden Mädchen kann, wie bei Frauen, eine Häufung der Anfälle um die Zeit der Menstruation beobachtet werden. Manchmal kündet sich vor der Menarche diese in einem 4wöchigen Anfallsrhythmus an. Eine Abhängigkeit von der hormonellen Ausgangslage findet sich besonders bei der psychomotorischen Epilepsie.

Eine besonders krampfprovozierende Wirkung kommt der Hyperventilation zu. Sie gilt ganz besonders für petit-mal, wo sie auch für diagnostische Zwecke — im Rahmen eines Provokations-EEG — Anwendung findet. Hyperventilation im Rahmen körperlicher Anstrengung als anfallsauslösender Faktor ist zu berücksichtigen.

Die Auslösung von Anfällen durch technische Einflüsse finden wir bei der Stimulation von Anfallszuständen durch intermittierende Lichtreize. Die so provozierten Anfallskranken bilden eine eigene Gruppe, die sich durch die *Photosensibilität* auszeichnet. Diese kann bei der EEG-Ableitung durch das Stroboskop festgestellt werden. Die Photosensibilität ist offenbar eine vorwiegend erbliche Eigenschaft. Praktische Bedeutung hat die Photosensibilität bei nicht einwandfrei arbeitenden Fernsehgeräten, wobei eine erniedrigte Flimmerfrequenz in anfallsauslösende Bereiche absinken und zu dem Bild der „Fernsehepilepsie" führen kann. Die dadurch ausgelösten Anfälle sind im allgemeinen große Anfälle, im Einzelfall können es auch petit-mal oder absenceähnliche Zustände sein. In seltenen Fällen scheint die Auslösung solcher petit-mal mit einem subjektiven Lustgefühl einherzugehen, was dann zu einer suchtartigen Selbstprovokation durch rasches Bewegen der gespreizten Finger vor den Augen führen kann.

Eine ähnliche Selbstprovokation von Anfällen kann man vereinzelt bei Kindern beobachten, die durch eine optische Mustersensitivität bei sich selbst epileptische Anfälle vom petit-mal-Typ provozieren können. Dreyer berichtet von einem Fall von amaurotischer Idiotie mit Epilepsie. Eigene Beobachtungen stützen sich auf einen 5-jährigen Jungen mit schwerer therapieresistenter gemischter Epilepsie, der aktiv und suchtartig Wandflächen, Vorhänge, Anzugsstoffe sucht, die ein Muster enthalten oder die nur von der Webart her grob strukturiert sind. Ein intensives Anschauen dieser Flächen führt zu offenbar lustvoll erlebten petit-mal-Zuständen.

Auf die psychische Belastung als anfallsauslösendes Moment wird vor allem durch die Angehörigen hingewiesen. Sie kommt selten und dann meist nur bei der psychomotorischen Epilepsie in Frage. Bei Mädchen vor der Pubertät findet man gelegentlich das Nebeneinanderauftreten von psychogenen Anfällen und typischen cerebral-organischen Anfällen, wobei die psychogenen dann eine typische reaktive Auslösung zeigen. Es kann aber bei solchen Mädchen auch ein typisch cerebral-organisch ablaufender Anfall psychisch ausgelöst werden, wobei durchaus denkbar ist, daß stärkere Emotionen auf blutchemischem Wege die Anfallsschwelle senken können.

Die soziale Bedeutung. Die soziale Bedeutung der Epilepsie im Kindesalter hängt vor allem von den Eltern des betreffenden Kindes ab. Wenn diese es verstehen, ihr Kind trotz seiner Krankheit durch Kindergarten, Schule und Berufsausbildung zu steuern, es so weit abzuschirmen wie notwendig und ihm so viel Freiheit zu lassen wie möglich, muß die Epilepsie kein die Entwicklung wesentlich störendes Faktum sein. Gewisse notwendige Einschränkungen, wie eine Zurückhaltung bei der Teilnahme im Straßenverkehr und im Sport, werden im allgemeinen ohne Anlaß zu Fehlreaktionen und Fehlentwicklungen getragen werden können. Dann sind es nur noch die schweren, therapieresistenten und mit einer Wesensveränderung, eventuell mit einer Demenz einhergehenden Anfallsformen, die gegebenenfalls eine Sonderbeschulung oder eine Heimunterbringung notwendig machen und damit eine soziale Sonderstellung und Minderstellung bedingen.

Häufig hängt aber die soziale Eingliederung eines epileptischen Kindes oder Jugendlichen gar nicht allein von dem Verhalten der Eltern ab, sondern von der Einstellung, die diese in Kindergarten und Schule antreffen. Hier stößt man noch auf hartnäckige Vorurteile bei Angehörigen pädagogischer Berufe, vor allem aber auch bei den Eltern anderer Kinder. Sofern keine Wesensänderung wesentlichen Grades besteht, ist keinerlei Anlaß gegeben, einem Kind nicht die seinen intellektuellen Fähigkeiten entsprechende Ausbildung im Rahmen der Gemeinschaft zukommen zu lassen. Hier muß u. U. gerade von ärztlicher Seite energisch eingeschritten und die Interessen des Patienten vertreten werden.

Wenn aufgrund der Krankheit die intellektuellen Voraussetzungen für einen Normalschulbesuch nicht mehr ausreichen, gelten die gleichen Prinzipien wie bei der Betreuung und Förderung unterbegabter Kinder.

Die Epilepsie bedarf lediglich bei der Führerscheinfrage einer speziellen Beurteilung. Diese Frage wird vor allem von Heranwachsenden vorgetragen, für die das Steuern eines Kraftfahrzeuges oder wenigstens die Erlaubnis hierzu einen gewissen Prestigefaktor bedeutet. Die Richtlinien der Deutschen Sektion der Internationalen Liga gegen Epilepsie lassen im allgemeinen die Erteilung eines Führerscheines nach 3jähriger Anfallsfreiheit unter Kontrolle zu. Gerade im Jugendalter wird man hier jedoch etwas strengere Maßstäbe anlegen müssen, da, solange sich der Jugendliche noch in der Entwicklung befindet, auch Änderungen des klinischen Zustandsbildes viel eher und auch rascher möglich sind, als beim Erwachsenen. Zudem ist in diesem Alter im allgemeinen eine dringende soziale Notwendigkeit zur Erteilung eines Führerscheines nicht gegeben, im Gegensatz zu Erwachsenen, welchen häufig eine Fahrerlaubnis abgesprochen werden muß, auf die u. U. bereits eine Existenz aufgebaut wurde. Man wird also nach Möglichkeit die Befürwortung einer Fahrerlaubnis bei anfallskranken Heranwachsenden noch hinausschieben.

In Fällen, in welchen die Anfallshäufigkeit sich medikamentös nicht genügend steuern läßt oder es zu einer Wesensveränderung kommt, sind gerade bei den cerebral-organischen Anfallskrankheiten negative soziale Auswirkungen kaum zu vermeiden. Die Kinder müssen Sonderschulen besuchen und sind in ihrer Lernfähigkeit und beruflichen Entfaltung oft in erheblichem Maße eingeengt, in einzelnen schweren Fällen ist eine Heimunterbringung schließlich nicht zu umgehen. Die auf diese Weise zwangsläufige soziale Ausgliederung setzt aber gerade bei den Anfallskrankheiten oft früher ein als es die Schwere des Krankheitsbildes notwendig machen würde, weil ein noch weit verbreitetes Vorurteil die Gesellschaft gegenüber anfallskranken Kindern besonders intolerant macht. Unermüdliche ärztliche Aufklärung hat diesem Vorurteil entgegenzuwirken.

Diagnose. Sie ist zunächst die Domäne des Elektroencephalogrammes. Die für die einzelnen Anfallstypen im Kindesalter charakteristischen EEG-Formen werden bei Besprechung der Anfallstypen erwähnt.

Da die kindliche Epilepsie häufig Folge einer frühkindlichen Hirnschädigung ist, gilt für ihre Diagnostik alles das, was dort ausgeführt wurde. Umschriebene neurologische Befunde werden naturgemäß am ehesten bei den Herdepilepsien

(Jackson-Epilepsie) gefunden, wobei Seitendifferenzen, eine latente Spastik und ähnliches erwartet werden können, aber keineswegs obligat sind. Das gleiche gilt für die Temporallappenepilepsie, bei der aber der neurologische Befund häufig im Stich läßt. Auch der Röntgenbefund der Schädelleeraufnahme wie auch das Luftencephalogramm müssen weder bei der Jackson-Epilepsie noch bei der Temporallappenepilepsie positive Hinweise geben.

Überhaupt ist die Diagnose der Epilepsie oft eine Diagnose aufgrund negativer Befunde. Das gilt sogar für das sonst bei der Epilepsie so typische und richtungsweisende EEG. Gerade bei kleineren Kindern wird das EEG bei ein-, zwei- oder dreimaligen Untersuchungen oft im Stich lassen, auch wenn die Diagnose eines cerebral-organischen Anfalles in der Anamnese ganz sichergestellt werden kann. Das Intervall-EEG, das ja im allgemeinen allein zur Verfügung steht, ist bei Kindern nicht selten negativ oder nicht eindeutig. Erst eine kontinuierliche Reihe von 4, 5 und 6 EEG-Kontrollen, eventuell unter Schlafprovokation, kann schließlich den klinisch erwarteten pathologischen Befund bringen.

Aber auch dann, wenn dieser Befund zunächst ausbleibt kann eine typische Anfallsschilderung ausreichen, um die Diagnose einer Epilepsie zu stellen, ohne Rücksicht auf den EEG-Befund. Bei Anfällen, die sich nur in den tiefen Strukturen des Gehirns abspielen, kann das EEG, das ja nur die Rindenstromtätigkeit registriert, stets negativ bleiben.

Damit rückt die Erhebung der Anfallsanamnese und die Anfallsbeobachtung ganz in den Mittelpunkt. Bei seltenen Anfällen stößt man hier sehr häufig an eine Grenze und muß die Entscheidung der Diagnose weiterer Beobachtung und regelmäßiger Kontrolle überlassen. Liegt jedoch eine klare Anfallsbeobachtung oder eine gute, zuverlässige Anfallsschilderung vor, hat dieser klinische Befund den Vorrang vor jedem Laborbefund.

Die differentialdiagnostischen Möglichkeiten und die typischen Fehldiagnosen werden bei den einzelnen Anfallsformen beschrieben werden.

Therapie. Bei der Behandlung epileptischer Kinder darf die Beseitigung der Anfälle durch Medikamente, die zweifellos das Hauptanliegen der Therapie sein muß, die allgemeine psychische Führung, die Berücksichtigung der Lebensweise und auch der sozialen Faktoren nicht verdrängen. Diese muß unbedingt neben der medikamentösen Therapie einhergehen, um psychische Fehlentwicklungen und soziale Anpassungsschwierigkeiten zu vermeiden.

Bei der psychischen Führung steht die Führung der Eltern der erkrankten Kinder ganz im Vordergrund. Hier kommt es besonders darauf an, die Eltern dazu zu bringen, die Wertigkeit der Krankheit richtig einzuschätzen, sie nicht so überzubewerten, daß das Kind von vornherein als unheilbar aufgegeben, innerlich als Schandfleck abgelehnt und psychisch vernachlässigt wird. Die Eltern müssen eine klare Vorstellung über die Art, Wirkung und Grenzen der Therapie bekommen, soweit dies möglich ist. Sie dürfen nicht in resignierte Untätigkeit verfallen und sich in das scheinbar unvermeidliche Schicksal dieser unheimlichen Krankheit passiv fügen. Die Eltern sind aufzuklären über die Prognose, über die in den meisten Fällen durchaus erhaltene Schulfähigkeit und Ausbildungsfähigkeit.

Eine andere Form der Überbewertung der Krankheit veranlaßt manche Eltern dazu, gleichsam über das Kind eine schützende Glocke zu stülpen und es so jeder äußeren Einwirkung, jeder Belastung und jedem Risiko zu entziehen. Sie beeinträchtigen auf diese Weise unnötig die Erlebnisfähigkeit des Kindes und den bildenden und fördernden Kontakt mit der Umwelt. Ein etwas erhöhtes Lebensrisiko muß man bei diesen Kindern eingehen, will man nicht die Entfaltung ihrer Persönlichkeit von vornherein über Gebühr beschneiden.

Eine dritte Form der falschen Bewertung der Krankheit ist ihre Bagatellisierung, die dazu veranlaßt, auf die Anfälle keinerlei Rücksicht zu nehmen, sie geflissentlich zu übersehen und dadurch einer sorgfältigen Behandlung entgegenzuarbeiten.

Die häufig zu beobachtende Ablehnung eines Kindes führt bei den Eltern zu Schuldgefühlen, die einer ausgewogenen Erziehung sehr abträglich sind, die gerade diese Kinder in besonderem Maße benötigen. Die Gefahr eines gestörten Eltern-Kind-Verhältnisses ist bei epileptischen Kindern immer gegeben. Eine behutsame psychische Führung der Eltern über längere Zeit ist daher unbedingt erforderlich.

Darüber hinaus müssen die Eltern eingehend über den Zweck und die Notwendigkeit einer konsequenten und langdauernden medikamentösen Therapie unterrichtet werden. Man muß sie zur pünktlichen Beobachtung des Krankheitsverlaufes und der Anfallszustände anhalten. Dazu gehört auch, daß die Eltern über die Ergebnisse der regelmäßig zu unternehmenden Kontrolluntersuchungen informiert werden. Es gibt wenige Krankheiten im Kindes- und Jugendalter, zu deren erfolgreichen Behandlung ein vertrauensvolles Verhältnis zwischen Arzt und Eltern so unbedingte Voraussetzung ist, wie bei der Epilepsie.

Je nach Art und Intensität des Anfallsleidens sind zunächst kurzfristige Kontrolluntersuchungen, im allgemeinen mit EEG, notwendig, anfangs in 4—8wöchigem Abstand, bei erfolgreicher Therapie dann in regelmäßigem halbjährlichen, nach 2 bis 3 Jahren in jährlichem Abstand. Spricht das Kind auf die medikamentöse Behandlung nicht befriedigend an, müssen die kurzfristigen Kontrollen alle 2—4 Monate über längere Zeit durchgehalten werden.

Die psychische Führung der Patienten selbst setzt dann in der Vorpubertät und Pubertät ein, in der sich die Jugendlichen gern den einengend erlebten Anordnungen der Eltern widersetzen wollen und vom verständnisvollen Arzt eher Richtlinien entgegenzunehmen bereit sind.

Allgemeine Lebensführung

Das Leben des anfallskranken Kindes soll regelmäßig sein, wobei die Betonung sowohl auf „regel" wie auf „mäßig" gelegt werden kann. Ein gleichmäßiger Tagesablauf, der insbesondere einen ausreichenden Schlaf ermöglicht, ist eine gute Basis für eine erfolgreiche Behandlung. Belastende Exzesse, schwere körperliche Belastungen, auf die die Jugendlichen nicht vorbereitet sind, und ein unruhiger Tagesablauf sollten vermieden werden. Streng ist auf ein striktes Alkoholverbot zu achten, wobei ein kompromißloses Verbot vom Jugendlichen im allgemeinen leichter toleriert wird als die Auflage einer Mäßigung im sich selbst nicht mäßigenden Kameradenkreise.

Eine besondere Diät ist nicht erforderlich. Gewisse günstige Wirkungen durch speziell ausgearbeitete Diätformen stehen im allgemeinen in keinem adäquaten Verhältnis zu der Belastung und dem Aufwand, dem die ganze Familie damit unterworfen wird. Insgesamt ist eine salz- und flüssigkeitsarme Diät zu empfehlen, ohne daß salzlose Kost notwendig und Durst gut wäre.

Ein wesentliches Problem ist die Beteiligung der Kinder im allgemeinen Straßenverkehr und am Sport. Die Einschränkung im Straßenverkehr —und es ist wichtig, die Eltern darauf hinzuweisen — geschieht viel weniger zum Schutze des Patienten vor irgend welchen Verletzungen, sondern vor allem zum Schutze vor unter Umständen unübersehbaren Haftpflichtfolgen. Von schweren Anfallszuständen abgesehen bestehen daher keine Bedenken, auch ein anfallskrankes Kind unter Aufsicht in verkehrsarmen Gegenden, Feldwegen, Waldstraßen und dergleichen Fahrrad fahren zu lassen, wohl aber im lebhaften Straßen- und Stadtverkehr. Am Turnen und Sport soll das Kind so weit wie möglich teilnehmen, wobei nur Übungen zu vermeiden sind, die ein Herabstürzen aus größeren Höhen befürchten lassen, wie etwa das Klettern. Schwimmen ist nur möglich, wenn eine ständige, zum sofortigen Eingreifen bereite Aufsicht besteht. Vor ausgesprochenem Leistungssport ist wegen der Provokationsgefahr durch Hyperventilation zu warnen.

Im allgemeinen entspricht es der Erfahrung, daß Anfälle meist nicht während angestrengter und konzentrierter Tätigkeit auftreten, sondern häufig erst in der anschließenden Phase der Entspannung und Erholung. So kommt es meist nicht während des Schwimmens zu einem Anfall, sondern erst unmittelbar danach, am Land, wobei u. U. durch ein Wiederhineingleiten in das Wasser ein tödlicher Unfall entstehen kann.

Ein generelles Fernsehverbot für epileptische Kinder ist nicht gerechtfertigt. Sofern keine spezielle Photosensibilität besteht und sofern das Fernsehgerät intakt ist, d.h. keine niederfrequenten Flimmererscheinungen auftreten, ist im allgemeinen keine Einschränkung erforderlich. Im Falle solcher niederfrequenten Flimmererscheinungen am defekten Fernsehgerät können dagegen Anfälle provoziert werden. Gelegentlich wird auch der durch langanhaltendes Fernsehen hervorgerufene Schlafentzug als Anfallsursache übersehen und der aufgetretene Anfall dem Fernsehen als solchem angelastet.

Die soziale Betreuung beginnt beim Kinde schon beim Besuch des Kindergartens. Das Risiko des Weges zum Kindergarten und zur Schule muß von den Eltern getragen werden, d.h. es muß das Kind gegebenenfalls zur Schule gebracht und wieder abgeholt werden, sofern nicht eine betreuende Begleitung durch ältere Schüler oder andere organisiert werden kann. Schwierig ist oft die Überwindung einer negativen Einstellung von Kindergärtnerin und Lehrer, insbesondere aber der Eltern der Spiel- und Schulkameraden, die in der Epilepsie entweder eine „ansteckende Krankheit" sehen oder meinen, ihren gesunden Kindern das Miterleben eines epileptischen Anfalles nicht zumuten zu können oder die auch nur eine gewisse Belastung und gelegentliche Störung des Unterrichtes befürchten. Hier ist oft ein ärztliches Eingreifen und eine Aufklärung erforderlich und nützlich. Grundsätzlich sollte jedes epileptische Kind die seiner Begabung entsprechende Schulform besuchen. An-

gestrengte geistige Tätigkeit ist, entgegen anders lautenden unkritischen Vorstellungen, keine schädigende Belastung für Epileptiker.

Die Berufswahl ist unter Berücksichtigung von Anfallsart und -häufigkeit sorgfältig zu treffen, wobei zunächst auch Wunsch und Neigung des Patienten zu berücksichtigen sind. Die tatsächliche Gefahr am Arbeitsplatz wird erfahrungsgemäß überschätzt, und es ist keineswegs notwendig, wie früher alle Epileptiker dem Gärtnerberuf oder der landwirtschaftlichen Hilfsarbeit zuzuweisen. Berufe, die auf Leitern und Gerüste führen, oder die das Führen von Kraftfahrzeugen notwendig machen, scheiden im allgemeinen aus, dagegen sind bei der manchmal zu beobachtenden Neigung zur pedantischen Genauigkeit feinmechanische Arbeiten unter Umständen durchaus geeignet. Hier ist für eine individuelle unschematische Betreuung und für einfühlende Phantasie ein weites Feld.

Medikamentöse Therapie

Die große Zahl der zur Verfügung stehenden antiepileptischen Medikamente kommt einerseits einer erfolgreichen Behandlung der oft sehr unterschiedlich und von Fall zu Fall differierenden Anfallsformen entgegen, sie erschwert aber andererseits die unbedingt notwendige Erfahrungsbildung beim behandelnden Arzt. Es empfiehlt sich daher, sich auf eine Reihe von Medikamenten zu beschränken und zunächst eine fundierte Erfahrung über deren Einzel- und Kombinationswirkung zu gewinnen.

Alle Medikamente können in ihrer Wirkung nur bei regelmäßiger Verabreichung beurteilt werden. Ihre Wirkung muß zunächst abgewartet werden, so daß sie im Falle der Unwirksamkeit nicht schon nach wenigen Tagen wieder abgesetzt und gegen ein neues ausgewechselt werden dürfen. Dies kann einmal bei schweren und häufigen Anfällen notwendig werden, im allgemeinen sollte aber in Ruhe die Wirkung des einzelnen Medikamentes beobachtet werden, bevor man zu dem nächsten oder zu einer Kombination greift. Die Medikamente sollten nie sofort und schlagartig abgesetzt werden. Ist ein Absetzen wegen bedrohlicher Nebenwirkungen notwendig, muß sofort ein anderes Medikament zum Schutz gegeben werden. Jedes rasche Absetzen kann einen Anfall, u. U. einen Status provozieren. Auch im Falle interkurrenter Erkrankungen müssen die antiepileptischen Medikamente weitergegeben werden, was man den Eltern im allgemeinen ausdrücklich sagen muß. Können u. U. wegen einer solchen interkurrenten Erkrankung die Medikamente nicht mehr oral eingenommen werden, muß mit Suppositorien oder Spritzen überbrückt werden.

Die vielfach angebotenen Kombinationspräparate sind in der Praxis wegen ihrer größeren Wirkungsbreite oft geschätzt. Sie haben den Nachteil, daß die Kombinationen im Präparat starr sind und nicht dem individuellen Fall angepaßt werden können. Da viele Eltern allerdings überfordert sind, wenn sie mehrere Medikamente in zum Teil unterschiedlicher Dosierung über den Tag verteilt dem Kinde geben müssen, empfehlen sich bei unvermeidlichen komplizierten Kombinationen Mischpulver. Ihre zusätzliche günstige suggestive Weise ist nicht zu unterschätzen.

Im allgemeinen gilt, daß Eltern erfahrungsgemäß nicht mehr als 3mal am Tage ihrem Kinde Medikamente regelmäßig zu geben bereit oder in der Lage sind. Einzelne sorgfältige und intelligente Eltern können auch zu häufigeren Gaben in kürzeren Abständen veranlaßt werden. Außerdem werden mehr als 8 oder 10 Tabletten am Tage von den Eltern nicht mehr zuverlässig gegeben. Überhaupt muß der Arzt hinsichtlich der Angabe der Eltern, die Medikamente seien immer regelmäßig und pünktlich gegeben worden, besonders kritisch sein.

Neuere pharmakologische Untersuchungen an Hydantoinen lassen es als möglich erscheinen, die ganze Dosis einmal am Tage zu geben. Eine regelmäßige blutchemische Wirkspiegelbestimmung für die wichtigsten Antiepileptica ist z. Z. noch nicht praktikabel.

Die Art der Medikamente richtet sich sowohl nach dem klinischen Anfallsbild als auch nach dem EEG-Befund. Beide müssen sich bei der Bestimmung der Medikamente ergänzen. Wenn sie, wie häufig, nicht übereinstimmen, wird man zunächst dem klinischen Anfallsbild den Vorrang zur Auswahl des Medikamentes geben, wird aber, da die Anfallsform doch häufig ungenau beschrieben wird und der Arzt selbst den Anfall selten beobachten kann, kritisch die Wirksamkeit der Medikamente überwachen.

Die bei den verschiedenen Anfallsformen angegebenen Hinweise zu ihrer Behandlung können nur eine sehr schematische und die allgemeine Richtung betonende Anweisung sein, da die Indikation zur Anwendung der einzelnen Medikamente sich jeweils an den oft sehr unterschiedlichen Gegebenheiten des Einzelfalles orientieren muß. Dies gilt besonders deshalb, weil im Kindes- und Jugendalter kombinierte Anfallsformen recht häufig sind, die durch eine sinnvolle Kombination der Behandlungsweise

bekämpft werden müssen, wobei natürlich nicht eine einfache Addition in Frage kommt, schon wegen der Dosis.

Sedierung erethischer epileptischer Kinder

Da manche epileptischen Kinder als Hirnorganiker eine typische erethische Umtriebigkeit zeigen und dadurch in ihrer sozialen Anpassung beeinträchtigt sind, kann therapeutisch ihre Dämpfung eine vordringliche Aufgabe sein. Da die üblichen Phenothiazine eine gewisse anfallprovozierende Wirkung haben sollen, wird man ungern zu solchen Präparaten greifen. Zwar gibt es einzelne Präparate, wie z.B. Truxal, denen diese anfallsprovozierende Wirkung nur in sehr geringem Maße anhaftet. Es entspricht im übrigen der bereits bei der Behandlung der organischen Psychosyndrome berichteten Erfahrung, daß die Phenothiazine als langdauerndes Sedativum nur bedingt geeignet sind. Sie führen leicht zu einer morosen Verstimmtheit, die sich gerade bei den ohnehin häufig verstimmten epileptischen Kindern negativ bemerkbar macht. Für einen Teil der unruhigen Kinder kann die sedierende Wirkung von Mylepsinum ausreichend sein. Tegretal zeigt hier im Besonderen seine psychisch aufhellende Wirkung.

In jedem Falle können die Benzodiazepine (z.B. Valium und Mogadan) unbedenklich angewandt werden, die gut verträglich sind und auch noch eine gewisse antiepileptische Wirkung haben, auch eignet sich Distraneurin für kurze Zeit sehr gut zur Sedierung unruhiger epileptischer Kinder.

Durchführung der medikamentösen Therapie

Das Ziel jeder medikamentösen Therapie ist die Anfallsfreiheit. Diese darf jedoch nicht um jeden Preis erkauft werden. Es müssen sowohl die Nebenwirkungen der Medikamente wie auch ihre möglichen Überdosierungserscheinungen berücksichtigt werden. Auch gibt es ganz vereinzelt Fälle, bei welchen eine völlige Anfallsunterdrückung mit hohen Dosen zu einer zunehmenden psychischen Veränderung führt mit dysphorischer Verstimmtheit, Reizbarkeit und Aggressivität. Der gelegentliche Anfall wirkt hier als Entlastung. Bei Erwachsenen spricht man dabei von sog. Prozeßepilepsien (Schorsch).

Insgesamt gilt die Regel: So hoch wie nötig, so niedrig wie möglich. So hoch, wie nötig, um gerade noch eine Anfallsfreiheit zu erzielen; so niedrig wie möglich, ohne die Krampfschwelle zu unterschreiten.

Tabelle 1. *Therapeutisches Schema bei der Epilepsie im Kindesalter*

Anfallsform	EEG	Medikation	
		Basis	Kombination
Grand-mal Herdepilepsie „Aufwachepilepsie"	general. KS KS-Herd	Hydantoine, Mylepsinum Barbiturat, Maliasin (abends)	Mylepsinum, Hydantoine Tegretal
Psychomotorischer Anfall (Dämmerattacke)	(KS)-Herd temp.	Hydantoine, Mylepsinum	(Barbiturat) +Ospolot +Tegretal oder +Succinimid
Gemischte Anfälle	general. KS KS +3/sec Spikes and Waves KS +Petit-mal-Variant	Hydantoine +Mylepsinum (oder Mischpräparat)	(Succinimid oder Oxazolidin)
Petit-mal +Petit-mal-Status	3/sec Spikes and Waves Petit-mal-variant polyspikes +KS oder Herd	Succinimid Oxazolidin Ergenyl	Hydantoin (Schutzdosis) Mylepsinum (Barbiturat) +Weckamine, Coffein, Valium, Diamox, Ergenyl Mogadan
Reine Absence	3/sec Spikes and Waves	Succinimid, Oxazolidin Ergenyl	+Weckamine, Coffein, Diamox
BNS-Krämpfe	Hypsarrhythmie	Mogadan, Hydrocortison, ACTH, Dexamethason, Vitamin B_6	
Grand-mal-Status	dauernde general. KS	Hydantoine parenteral, Valium i.v., Barbiturate, Diamox	

Bei Kindern, die ja unter Umständen über Jahre ihres Wachstums antiepileptische Medikamente einnehmen müssen, stellt sich immer wieder das Problem der Dosiserhöhung, die durch eine Zunahme des Körpergewichtes notwendig wird. So kann einmal nach längerer anfallsfreier Zeit das Wiederauftreten eines Anfalles eine allgemeine Verschlechterung vortäuschen. In Wirklichkeit war nur die verabfolgte Dosis in der Zwischenzeit relativ zu niedrig geworden. Im ganzen haben aber Untersuchungen ergeben, daß der Bedarf an antiepileptischen Medikamenten im Verhältnis zum Körpergewicht im Laufe der Jahre abnimmt. Dies gilt insbesondere für die Succinimide[1], in geringerem Maße für die Hydantoine[1]. Für die Gruppe der psychomotorischen Anfälle gilt allerdings, daß sie etwa um die Zeit der Pubertät und Nachpubertät plötzlich wieder einen höheren Bedarf an Medikation aufweisen.

Bei der Änderung des Anfallstyps ist eine Änderung der Medikation notwendig. Da sich solche Änderungen der Anfallsart und Erhöhung

[1] s. Tabelle 2, S. 370.

der Anfallsbereitschaft vor der Manifestierung von klinischen Anfällen im EEG bemerkbar zu machen pflegen, empfiehlt es sich in jedem Falle antiepileptischer Behandlung in regelmäßigen Abständen und zwar in halbjährlichem Intervall ein EEG abzuleiten. Bei besonders gut eingestellten leichteren Fällen kann auch einmal eine jährliche Kontrolle genügen. Im übrigen ist aber gerade im Kindesalter die halbjährliche Kontrolle doch grundsätzlich zu empfehlen.

Nach einer mehrjährigen medikamentös erzielten Anfallsfreiheit stellt sich die Frage, wann und auf welche Weise kann die medikamentöse Behandlung eingeschränkt oder gar eingestellt werden. Im allgemeinen sollte vor einer 2—3jährigen Anfallsfreiheit keine Verminderung der Dosis vorgenommen werden, es sei denn, die Dosis ist sehr hoch und stellt eine gewisse Belastung des Patienten dar, sei es durch Nebenwirkungen, sei es durch unerwünschte psychische Beeinträchtigung. Jede Reduzierung der Medikamente sollte nicht ohne EEG-Kontrolle vorgenommen werden. Entscheidend bleibt aber immer der klinische Befund.

Besteht weiterhin Anfallsfreiheit, so kann eine vorsichtige weitere Reduzierung auch dann versucht werden, wenn das EEG keine wesentliche Besserung zeigt. Dies gilt allerdings nicht unbedingt bei reinen Absencen, die einfach der klinischen Beobachtung entgehen können. Auch kann man sicher davon ausgehen, daß typische 3/sec Krampfwellen im EEG mit einer Bewußtseinstrübung einhergehen. Im ganzen wird man keine EEG-Kosmetik treiben und sich in der Führung der medikamentösen Behandlung nicht von irgendwelchen pathologischen Restbefunden im EEG leiten lassen. Immerhin muß das pathologische EEG ein ständiger Warner sein, daß noch eine gewisse Krampfbereitschaft besteht. Eine regelmäßige EEG-Kontrolle auch nach Anfallsfreiheit ohne Medikation sollte unbedingt fortgeführt werden.

Chirurgische Therapie

Eine chirurgische Behandlung cerebral-organischer Anfälle ist vor allem dann angezeigt, wenn diese lediglich Symptom einer operablen Hirngeschwulst sind. Dabei ist der intrakranielle Tumor die häufigste Ursache von Krampfanfällen im Erwachsenenalter. Im Kindesalter dagegen ist eine Hirngeschwulst nur in etwa 1—5% der Fälle Ursache cerebral-organischer Krampfanfälle.

Bei der Herdepilepsie und psychomotorischen Epilepsie ist im Einzelfall zu prüfen, wie weit das Ausschneiden des krampferregenden Zentrums aus der Hirnrinde als therapeutische Maßnahme in Frage kommt. Häufig wird man nur eine krampferregend wirkenden Herd durch einen neuen ersetzen. In einzelnen Fällen ist jedoch dieses Vorgehen durchaus gerechtfertigt und kann auch eine gewisse Besserung bringen.

Eine bereits bewährte Indikation chirurgischen Vorgehens finden wir bei schweren ausgedehnten narbigen Veränderungen einer ganzen Hemisphäre, wie dies nach halbseitiger frühkindlicher Hirnschädigung, klinisch manifestiert als cerebrale Halbseitenparese, zu finden ist. Hier wirkt die narbig veränderte Hemisphäre als schwerer Störfaktor, der mit der Zeit auch die gesunde Hemisphäre krampferregend induziert und gegebenenfalls zu einer sekundären krampfbedingten Schädigung der gesunden Hemisphäre beiträgt. Diese Form der Epilepsie ist progredient und oft außerordentlich therapieresistent. Da durch die frühkindliche Schädigung die hemilateral verankerten Hirnfunktionen wie Sprachzentrum usw. stets in der gesunden bzw. weniger geschädigten Hirnhälfte lokalisiert sind, kann im allgemeinen ohne Risiko die kranke Hemisphäre entfernt werden, wobei erfahrungsgemäß die Spastik der kranken Seite nicht zunimmt. Die Anfälle, die bei spastischer Halbseitenlähmung in etwa 60% der Fälle auftreten, können durch einen solchen Eingriff entweder ganz beseitigt werden oder aber durch eine ganz niedrige Erhaltungsdosis zum Verschwinden gebracht werden. Dazu kommt, daß im allgemeinen die bei diesen Kindern häufig zu beobachtende gereizte Verstimmtheit einer mehr ausgeglichenen Euphorie Platz macht.

Aufgrund theoretischer neurophysiologischer Überlegungen war man ursprünglich der Meinung, daß eine solche Hemisphärektomie nach halbseitiger Hirnatrophie möglichst früh, spätestens aber bis zum 8. Lebensjahr, durchgeführt werden sollte. Die Praxis hat aber gezeigt, daß Operationen zwischen dem 10. und 15. Lebensjahr eher bessere Ergebnisse zeigten.

Prognose

Im ganzen kann festgestellt werden, daß die Epilepsie prognostisch desto ungünstiger ist, je früher sie beginnt. Andererseits ist die Prognose auch desto günstiger, je früher eine Behandlung eingeleitet wird. Je kürzer das Intervall zwischen dem ersten Anfall und einer adäquaten medikamentösen Behandlung ist, desto besser ist die Prognose. Mit einer Spontanheilung kann in etwa 8—20% aller Fälle je nach Anfallsform gerechnet werden. Irgendwelche Kriterien, die für eine solche zu erwartende Spontanheilung sprechen, gibt es jedoch nicht. Aber auch da, wo eine völlige Ausheilung, d.h. eine Anfallsfreiheit ohne Medikamente, nicht gelingt, kann mit Medikamenten in etwa 60% eine Anfallsfreiheit und damit eine genügende soziale Einordnung erreicht werden; in etwa weiteren 20% ist keine völlige Anfallsfreiheit zu erreichen, wohl aber eine Eindämmung der Anfälle mit Erhaltung des sozialen Status und in den letzten 20% kann nur mit einer mangelhaften Beeinflußbarkeit gerechnet werden, was dann zu sozialen Anpassungsschwierigkeiten, in wenigen Fällen zur Heimunterbringung führen muß.

Einteilung der Epilepsien

In zahlreichen Bemühungen um eine klinische Ordnung der Epilepsie versuchten sich verschiedene Autoren entweder am klinischen Bild des Anfalles oder am EEG-Befund zu orientieren, oder es wurde ein Kompromiß aus beiden Einteilungsprinzipien gesucht. Weder die klinisch zu beobachtende Anfallsform noch der EEG-Befund haben jedoch unmittelbare therapeutische Konsequenzen, d.h. die Therapie kann sich weder ausschließlich nach dem einen oder nach dem anderen Faktor richten, sondern muß beide berücksichtigen.

Die hier getroffene Einteilung in große Anfälle, fokale Anfälle und psychomotorische Anfälle und ihre Abgrenzung von den petit-mal mit ihren Untergruppen, den BNS-Krämpfen, den prostrativen oder akinetischen Anfällen, dem petit-mal im engeren Sinne und den reinen Absencen sowie den myoklonischen Anfällen versucht einen solchen Kompromiß, der jeweils ziemlich direkte Beziehungen zur Therapie hat (s. S. 371).

Diese Einteilung lehnt sich an die Ordnung von Bamberger und Matthes an, die ebenfalls der Gruppe der grand-mal die verwandten Formen der fokalen Anfälle und der psychomotorischen Anfälle anschließt. Dieser Gruppe werden dann die sog. petit-mal-Trias gegenübergestellt mit der Einteilung in propulsiv-petit-mal, retropulsiv-petit-mal und impulsiv-petit-mal.

Von Doose wurde die petit-mal-Trias zu einem petit-mal-Quartett unter Einbeziehung der akinetischen Anfälle erweitert.

Eine andere Einteilung, die von amerikanischer Seite (Penfield und Jasper) vertreten wird, teilt die Anfälle danach ein, ob sie eine Störung des Bewußtseins mit sich bringen oder nicht. Diese erste Gruppe wird als zentrencephale Epilepsie bezeichnet. Es wird angenommen, daß sie von den unpaaren grauen Zentren des Gehirns ausgehen.

Von Janz wie auch von Matthes werden jetzt neben den generalisierten tonisch-klonischen Krampfanfällen die kleinen Anfälle in altersgebundene und altersunabhängige kleine Anfälle unterteilt, wobei zu den nicht altersgebundenen kleinen Anfälle die psychomotorischen und die übrigen herdförmigen Anfälle gehören.

Die vielfältige Kombination verschiedener Anfallsformen, wie sie gerade im Kindesalter zu beobachten sind, und auch der Übergang von einer Anfallsform in die andere erschweren die Aufstellung einer wirklich überzeugenden und zwingenden Ordnung der Anfallsformen.

II. Großer Anfall (grand-mal)

Symptomatik. Diese klassische Form des epileptischen Anfalles hat nur eine geringe Altersabhängigkeit insofern, als sie in jedem Alter auftreten kann. Zwar zeigt der große Anfall im Säuglings- und Kleinkindesalter kaum den typischen Ablauf wie bei älteren Kindern, Jugendlichen und Erwach-

senen mit Aura, tonischer und klonischer Phase mit anschließendem Terminalschlaf, sondern geht nur mit einem relativ kurzen krampfartigen Zucken am ganzen Körper einher, auch ist er in reiner Form im Kindesalter nur in 28% zu beobachten, in Gesellschaft mit kleineren Anfällen in 36% (nach Bamberger und Matthes), doch kann er grundsätzlich in jedem Alter entstehen und beobachtet werden.

Die bei Erwachsenen häufige Bindung der großen Anfälle an den Schlaf, sei es als Schlafepilepsie oder Aufwachepilepsie, ist im Kindesalter wesentlich seltener zu beobachten, vielleicht in höchstens 20%. Die im Erwachsenenalter öfters festzustellende ausschließliche zeitliche Bindung der Anfälle ist sogar recht selten.

Der typische große Anfall beginnt mit einer Aura, einem Vorgefühl. Darauf folgt eine wenige Sekunden anhaltende tonische Phase mit maximaler Innervation aller Muskeln, die in eine mehrere Sekunden bis etwa 1 min dauernde klonische Phase übergeht, die dadurch hervorgerufen wird, daß jeweils synergistische Muskelgruppen rhythmisch innerviert werden. An diese schließt sich ein oft mehrere Stunden dauernder Terminalschlaf an.

In der tonischen Phase kommt es zum Atemstillstand, das Gesicht läuft blau an. Manche Patienten beißen sich in die Zunge, in manchen Fällen kann es zum Einnässen und Einkoten kommen. Im klonischen Stadium setzt dann die Atmung zunächst stoßweise wieder ein und es bildet sich der häufig geschilderte Schaum vor dem Mund. Bei der schlagenden Bewegung kann es, wie schon vorher beim plötzlichen Hinstürzen, zu äußeren Verletzungen kommen. Manche Patienten erbrechen sich.

Die Aura, die bei den Erwachsenen etwa in der Hälfte der Fälle zu beobachten ist, wird bei Kindern selten registriert. Vorübergehende Änderungen der Stimmungslage, kurzes Weinen oder eine veränderte Ausdruckshaltung, die nicht selten bei einem großen Anfall auch bei Kindern beobachtet werden können, legen die Vermutung nahe, daß diese durch ein solches Vorgefühl beeinträchtigt oder darauf fixiert sind. Manche Kinder geben einfach an, es sei ihnen „so komisch".

Genese und soziale Bedeutung. Zur Pathogenese wird auf das einleitende Kapitel über die Anfallskrankheiten verwiesen.

Die *soziale Bedeutung* gerade der großen Anfälle ist durch ihre auffällige und störende Krankheitsform besonders groß. Das Erlebnis eines großen Anfalles bei einem Kinde oder Erwachsenen verursacht bei der Familie und auch bei der weiteren Umwelt in der Regel einen ziemlichen Schock, der das Verhältnis zum Patienten, insbesondere die Unbefangenheit ihm gegenüber, empfindlich beeinträchtigen kann. Darüber hinaus ist es gerade diese Anfallsform, die wegen der Gefährdung des Patienten auf der Straße, auf dem Schulweg, bei Sport und Spiel am ehesten zu Beschränkungen zwingt. So können häufigere große Anfälle, die nicht nur bei Nacht auftreten, es nötig machen, daß der Patient nur noch in Begleitung Dritter auf die Straße geht. Auch können häufige große Anfälle den Schulbetrieb so empfindlich stören, daß ein weiterer Schulbesuch unmöglich wird, oder wenigstens bis zur Besserung der Anfallshäufigkeit ausgesetzt werden muß.

Auch in der Berufswahl muß bei auftretenden großen Anfällen insofern Rücksicht genommen werden, als die Arbeit an Maschinen oder im Publikumsverkehr unmöglich werden kann. Allerdings sollen hierbei keine übertrieben strengen Maßstäbe angesetzt werden.

Diagnose, Differentialdiagnose und Fehldiagnose. Die Diagnose der großen Anfälle bereitet keine Schwierigkeiten, wenn sie in typischer Weise mit tonischer und klonischer Phase ablaufen. Dieser Ablauf kann allerdings auch recht verkürzt sein. Man wird bei einem Anfall, der mit Bewußtlosigkeit, die über mehrere Sekunden hinausgeht, mit Verlust der Stehfähigkeit einhergeht und in hinreichendem Maße einen Krampfzustand der Motorik erkennen läßt, einen großen Krampfanfall annehmen können. Dabei kann nicht jedes dieser genannten Kriterien unbedingt gefordert werden.

Das EEG im Anfallsintervall ist weniger charakteristisch als beim petit-mal. Neben einer Allgemeinveränderung finden sich vielfach bilateral symmetrische oder synchronisierte steile Ausbrüche oder Spitzen.

Differentialdiagnostische Erwägungen müssen beim typischen großen Anfall insoweit getroffen werden, als beim erstmaligen Auftreten eines solchen eine Verursachung außerhalb des epileptischen Formenkreises genau abgeklärt werden muß (hypoglykämisches Koma, Hirntumor). Ein Tetanus oder eine rachitogene Tetanie ist anhand der fehlenden Bewußtlosigkeit und der fehlenden Kloni meist leicht auszuschließen.

Die tetanischen Anfälle bei der *Spasmophilie* des Säuglings sind durch langanhaltende tonische Krämpfe charakterisiert, wobei vor allem Hände und Füße betroffen sind und die Hände eine charakteristische Streckstellung (Geburtshelferstellung) zeigen. Diese Carpopedalspasmen können stundenlang anhalten. Ein gleichzeitiger Stimmritzenkrampf kann zu auffallenden inspiratorischen Geräuschen führen. Meist ist auch die Gesichtsmuskulatur von den Krämpfen betroffen.

Schwierig ist oft die Abgrenzung zum *hysterischen großem Anfall*, der nicht immer als arc de cercle ablaufen muß. Eine emotionelle Auslösung und eine demonstrative Situation sind kein letzter Beweis gegen einen epileptischen großen Anfall. Das EEG bringt meist Klärung, wenn auch nicht in jedem Fall, da gar nicht so selten beide Anfallsformen, cerebral-organische und hysterische, nebeneinander bestehen können.

Therapie und Prognose. Zum akuten Anfall wird man meistens erst gerufen, wenn er vorbei ist, so daß akute Maßnahmen meist nicht erforderlich sind. Ist die Diagnose sicher, so kann, vor allem zur Beruhigung der Angehörigen, eine einmalige Injektion von 0,05 oder 0,1 Luminal[1] angezeigt sein, um eine kurzfristige Wiederholung eines großen Anfalles zu verhindern. Danach kann dann, sofern dies noch nicht geschehen ist, die Dauertherapie eingeleitet werden. Bei ihr wird man mit einem Hydantoin-Präparat beginnen und dieses gegebenenfalls bis zur Maximaldosis steigern. Bei unbefriedigender Wirkung empfiehlt sich eine Kombination mit Mylepsinum. Besteht eine Bindung an die Schlafzeit, etwa im Sinne einer Aufwachepilepsie, ist eine abendliche Barbituratgabe zu empfehlen.

Bei dem grand-mal ist am ehesten mit einer Anfallsfreiheit zu rechnen, wenn das Erkrankungsalter zwischen dem 5. und 9. Lebensjahr liegt. Die Schlafepilepsie, d.h. die Epilepsie, die nur während der Nacht auftritt, besonders im ersten Tiefschlafstadium, ist medikamentös besser therapierbar als die übrigen grand-mal-Formen.

Von der Häufigkeit großer Anfälle ist auch die psychische Entwicklung des Kindes abhängig. Gehäufte Anfälle führen zu iktogenen Hirnschäden und vielfach zum Intelligenzabbau (Demenz). Darum ist noch mehr wie bei den übrigen Epilepsieformen die medikamentöse Verhinderung weiterer Anfälle für die Prognose entscheidend. Dabei wird bis über die Pubertät hinaus eine regelmäßige Überwachung und immer wieder auch eine medikamentöse Korrektur notwendig sein. Danach tritt in der Regel eine gewisse Beruhigung und

---

1 Bei Kleinkindern können auch Chloralhydrat-Rectiolen angewandt werden.

Stabilisierung ein, die Anfälle sind medikamentös leichter zu beherrschen und mit einer überraschenden Verschlechterung muß nicht mehr gerechnet werden.

III. Neugeborenenkrämpfe und Pyridoxinmangelkrämpfe

Symptomatik, Genese, Differentialdiagnose und Therapie. Die Neugeborenenkrämpfe sind nur eine Sonderform des grand-mal im Neugeborenenalter. Sie treten als generalisierte Anfälle unmittelbar, wenige Stunden oder auch Tage nach der Geburt auf. Zunächst besteht der Verdacht auf eine geburtstraumatische Hirnblutung oder Hirnödem. Falls sich klinisch für diese kein Anhalt findet, muß man an die stoffwechselbedingte Anfallsform der *Pyridoxinmangelkrämpfe* denken. Bei diesen liegt eine genetisch begründete Verwertungsstörung des Vitamins B6 vor, die zu generalisierten Anfällen führt und die auf eine konsequente Dauerbehandlung mit Pyridoxin prompt anspricht und zur Anfallsfreiheit führt. Unterläßt man diese Therapie, kommt es rasch zum Tode.

Differentialdiagnostisch ist die Neugeborenentetanie, die im Gegensatz zur Säuglingstetanie keine Carpopedalspasmen zeigt, sondern durch eine allgemeine neuromuskuläre Übererregbarkeit, Muskelzuckungen im Gesicht und allgemeine Schreckhaftigkeit ausgezeichnet ist, abzugrenzen wie auch hypoglykämische Anfallszustände.

IV. Status epilepticus

Symptomatik, Genese und Diagnose. Der Status epilepticus oder grand-mal-Status ist eine rasch aufeinanderfolgende Reihe von grand-mal. Diese können ohne sichtbare Pause ineinander übergehen, so daß ein Krampfanfall von u. U. mehrstündiger Dauer zu beobachten ist. Es kann auch sein, daß die Anfallsabfolge nur jeweils durch kurze, wenige Minuten anhaltende Ruhepausen unterbrochen ist. Dies ist ein lebensbedrohlicher Zustand, der auch dann, wenn er überlebt wird, eine schwere zusätzliche Hirnschädigung und damit eine Verschlechterung des Krankheitsbildes bedeutet, insbesondere auch eine Demenz bewirken kann. Ist der Patient zwischen den Anfällen bei Bewußtsein, spricht man von *Anfallshäufung*.

Ein einziger grand-mal-Status vermag bei einem bis dahin gesunden Kinde eine schwere Hirnschädigung mit rascher Demenz zu verursachen.

Therapie und Prognose. Die Behandlung des Status epilepticus muß in der Lage sein, diesen lebensbedrohlichen Zustand rasch zu unterbrechen. Das früher viel verwandte Chloralhydrat ist inzwischen weitgehend verlassen worden, aber bei Kleinkindern in Form der Rectiolen durchaus brauchbar. Als wirksamstes und auch in seinen Nebenwirkungen ungefährlichstes Medikament hat sich Valium i.v. in einer Dosis von 10—15 mg sehr bewährt. Nach Abklingen der akuten Zustände muß allerdings eine länger wirksames Medikament, etwa Epanutin i.m. oder auch Luminal i.m. nachgegeben werden.

Auch alle i.m. indizierbaren Hydantoine (Epanutin, Phenhydan) kommen bei der Statusbehandlung in Frage. Sie müssen sehr langsam i.v. gegeben werden. Auch hier empfiehlt sich eine Gabe von 0,1 i.v. und dieselbe Dosis gleichzeitig i.m. als eine Art Depot.

Die früher bewährte intravenöse Gabe von Somnifen in einer Dosierung von 1—3 cm³ in 40%iger Traubenzuckerlösung verdünnt und langsam injiziert, kann immer noch in der Anwendung vertreten werden. Die Barbiturate haben jedoch gerade im Kindesalter die Gefahr der Überdosierung und Atemdepression. So kann es bei reiner Barbiturattherapie des grand-mal-Status zu einer Barbituratnarkose kommen, aus der die Kinder dann spontan u. U. nicht mehr aufwachen, so daß Reanimation notwendig wird.

Da jeder längere grand-mal-Status mit einem Gehirnödem einhergeht, das die Gefahr einer Ödemsklerose mit sich bringt und da gleichzeitig Kreislauf und Stoffwechsel im grand-mal-Status sehr gefährdet sind, ist eine Infusionsbehandlung im Anschluß an die Unterbrechung des Status dringend zu empfehlen. Dabei empfiehlt sich Rheomacrodex mit Sorbit. Im Falle einer zentralen Hyperthermie muß u. U. fiebersenkend eingegriffen werden mit Eisauflagen oder dem lytischen Cocktail (12 mg Dolantin, 3 mg Atosil und 0,07 Hydergin pro dosi in kürzeren Abständen i.v. und i.m.).

V. Fokale Anfälle

Symptomatik. Die fokalen Anfälle sind wie die grand-mal ohne Altersbindung. Wir können sie in jedem Alter beobachten.

Das klinische Bild richtet sich nach der Lokalisation des Herdes. Befindet er sich in der motorischen Hirnrinde, spricht man von Jackson-Anfällen. Dabei beginnt der Krampf in der entsprechenden kontralateralen Körperhälfte an umschriebener Stelle. Bei Krampfherden im Frontalbereich kann

R. Lempp:

er sich als sog. Adversivkrampf in einem Drehen des Kopfes zur herdentgegengesetzten Seite äußern. Bei einer halbseitigen Atrophie ist oft auch die ganze kontralaterale Körperhälfte betroffen, was man entweder als einen Herdanfall einer ganzen Hemisphäre, oder aber als einen halbseitigen generalisierten Anfall bezeichnen kann. Befindet sich der Herd in der sensiblen Hirnrinde, so geht der Anfall auch mit sensiblen Erscheinungen, mit Gefühlsstörungen oder Schmerzempfindungen einher. Bei kleineren Kindern, die ihrem eigenen leiblichen Geschehen nicht so distanziert und kritisch gegenüberstehen und keine klaren Angaben machen können, kann ein solcher Anfall oft schwer zu diagnostizieren sein, sofern nicht das EEG mit einem umschriebenen Herdbefund zu Hilfe kommt.

Genese und soziale Bedeutung. Der fokale Anfall ist eine Spezialform des generalisierten Anfalles, in den er auch in vielen Fällen übergehen kann. Ist bei dem großen Anfall die gesamte Hirnrinde in eine synchrone Aktivität versetzt, so beschränkt sich beim fokalen Anfall die Erregung zumindest zunächst auf ein umschriebenes Teilgebiet der motorischen oder auch sensorischen Rindengebiete. In einer charakteristischen Ausbreitungsform kann sich die Erregung von diesem Herd auf die gesamte Gehirnrinde ausbreiten. Der typische Verlauf wird auch als „Marsch der Erscheinungen" bezeichnet. Es kann aber auch zu einer Generalisation ohne diesen „Marsch der Erscheinungen" kommen. Es ist dann anzunehmen, daß die Erregung sich über tiefere Hirnzentren ausbreitet. Manchmal geht der Herdanfall nur so kurzzeitig dem großen Anfall voraus, d.h., die Generalisation läuft so rasch ab, daß sich das herdförmige Anfallsgeschehen einer fremden Beobachtung praktisch immer entzieht.

Diagnose, Differentialdiagnose und Fehldiagnose. Umschriebene Herdanfälle wie auch Adversivkrämpfe können an ticartige Bewegungsstörungen erinnern und differentialdiagnostische Schwierigkeiten machen, die das EEG klären kann.

Therapie und Prognose. *Fokale Anfälle* wird man im wesentlichen in der gleichen Weise behandeln, wie die generalisierten Anfälle. Der Einsatz einer Kombination mit Mylepsinum wird aber häufiger notwendig werden. Zur Frage der Prognose wird auf das Allgemeinkapitel verwiesen. Sie hängt im wesentlichen davon ab, ob der Herdanfall Generalisationstendenz hat und es auf diesem Wege zur iktogenen Hirnschädigung kommt.

Eine Sonderform der fokalen Epilepsie ist die *Epilepsia partialis continua* (Konjewnikoff). Diese Form epileptischer Krampfentladung beschränkt sich auf einzelne wenige Muskelgebiete. Diese umschriebenen Muskelkrämpfe können allerdings sehr lange, über Wochen und Monate anhalten. Sie sind im Kindesalter sehr selten, treten gelegentlich nach Encephalitis oder nach schweren Infektionskrankheiten auf.

VI. Psychomotorische Anfälle (Dämmerattacken)

Symptomatik. Die psychomotorischen Anfälle können auch als eine Spezialform fokaler Anfälle angesehen werden. Sie zeichnen sich dadurch aus, daß im allgemeinen ein im EEG nachweisbarer Krampfherd im Temporalbereich festzustellen ist. Sie werden daher auch als *Temporallappenanfälle* bezeichnet. Sie haben ein bevorzugtes Manifestationsalter, das im frühen Schulalter liegt. Allerdings sind auch schon in der Zeit vor dem 6. Lebensjahr psychomotorische Anfälle zu beobachten, insbesondere aber sind die psychomotorischen Anfälle keine typischen Kinderanfälle mehr. Sie können relativ häufig im Erwachsenenalter auftreten. Nach Matthes sind sie in 21% bei jugendlichen Anfallspatienten festzustellen. Ihr Anteil nimmt zur Pubertät hin zu.

Das klinische Bild der psychomotorischen Anfälle ist recht vielgestaltig.

Kürzere oder längere, z.T. recht kompliziert und sinnvoll wirkende Bewegungsabläufe treten unvermittelt und ohne Zusammenhang zur jeweiligen Situation auf, als Handlungsbruchstücke, als motorische Schablonen. Häufig sind sie mit oralen Bewegungen wie Schmatzen, Schlecken, Schlucken verbunden (Oral petit-mal). Aber auch raumgreifende Bewegungen, wie um den Tisch laufen, plötzlich sinnlos widersetzliches Verhalten oder dergleichen können Ausdruck eines temporalen Anfalles sein. Für den Anfall besteht jeweils Erinnerungslosigkeit. Häufig wird er durch eine sog. epigastrische Aura eingeleitet. Die Kinder oder Jugendlichen klagen über ein unbestimmtes und unangenehmes Gefühl im Oberbauch.

Genese und soziale Bedeutung. Dadurch, daß der auslösende Krampfherd im Temporalbereich liegt, also häufig in Zusammenhang steht mit dem limbischen System, einem phylogenetisch alten, mit dem Trieb- und Instinktverhalten in Beziehung stehenden Gehirnsystem, zeichnen sich die psychomotorischen Anfälle im allgemeinen durch charakteristische Bewegungsradikale aus.

In der Regel sind Anfälle mit herdförmigen Veränderungen im Schläfenhirnbereich Folgen frühkindlicher Hirnschädigung. Da sie therapeutisch oft schwerer zu beeinflussen sind und eher als andere Anfallsformen zur Wesensänderung, in einzelnen Fällen zur Demenz neigen, stellt die soziale Eingliederung von Patienten mit psychomotorischen Anfällen besondere Anforderungen.

Diagnose, Differentialdiagnose, Fehldiagnose. Die psychomotorischen Anfälle werden oft als Unart oder Wichtigtuerei angesehen, da man gerade bei Kindern solche unmotivierten Bewegungen auch als normalpsychologische Verhaltensweisen kennt. Bei einem Erwachsenen wird eine solche Handlung viel rascher als pathologisch erkannt und bewertet.

Die psychomotorischen Anfälle können aber auch so kurz ablaufen und praktisch ohne Bewegungsgehalt nur durch eine kurze Bewußtseinstrübung gekennzeichnet sein, daß sie sich kaum von den reinen Absencen trennen lassen (Pseudoabsencen). Kurzdauernde retropulsive Bewegungen sprechen für Absencen, Schluck- und Kaubewegungen für psychomotorische Anfälle. Die Unterscheidung ist aus therapeutischen Gründen wichtig und ist u. U. nur durch das EEG möglich.

Auch vom petit-mal im engeren Sinne sind die psychomotorischen Anfälle oft schwer abzugrenzen. Haben die Bewegungsabläufe nur den Charakter von Verlegenheitsbewegungen oder in Gedankenlosigkeit ausgeführten Handlungsbruchstücken, werden sie eher zu psychomotorischen Anfällen zu rechnen sein. Für diese Art der psychomotorischen Anfälle wird auch die Bezeichnung „Dämmerattacke" verwandt. Der Begriff darf nicht mit dem Dämmerzustand verwechselt werden.

Therapie und Prognose. Die psychomotorischen Anfälle stellen therapeutisch immer eine besondere Aufgabe dar, wobei man nur in den leichteren Fällen mit einem einzigen Medikament, etwa einem Iminostilben- oder Sulfonamid-Derivat[1] auskommen wird. Im allgemeinen wird man von einer Kombination eines dieser Medikamente mit Mylepsinum ausgehen müssen. Auch eine zusätzliche Gabe von Hydantoin zu Mylepsinum bewährt sich oft.

Als neurochirurgische Therapie ist bei der psychomotorischen Epilepsie gelegentlich die Entfernung des Temporallappens möglich. Dieser Eingriff wird im allgemeinen jedoch erst im Erwachsenenalter vorgenommen, wo dann tatsächlich auch häufig temporale Tumoren als Ursache der psychomotorischen Epilepsie festgestellt werden. Es ist anzunehmen, daß ein Teil dieser Tumoren sich im

---

[1] s. Tabelle S. 370

Kindes- und Jugendalter einfach noch dem Nachweis entzieht.

In einzelnen Fällen hat sich bei hartnäckiger temporaler Epilepsie auch eine stereotaktische Operation, die Fornicoamygdalotomie, bewährt. Genügende Erfahrungen darüber liegen jedoch noch nicht vor.

Die psychomotorischen Anfälle haben insgesamt eine zweifelhafte Prognose. Mit ca. 8 % ist die Rate der Spontanheilungen unter den Epilepsien am geringsten (Janz). Im allgemeinen muß mit dem Hinzutreten von grand-mal gerechnet werden. Offenbar zeigen die psychomotorischen Anfälle mit den temporalen Herden am ehesten eine Neigung zu sekundären iktogenen Schädigungen. Bei einem höheren Prozentsatz als bei den anderen Anfallsformen — sichere Zahlen sind hierüber kaum zu gewinnen — kommt es auch zu einer Wesensänderung, z. T. mit intellektuellem Abbau. Ein gewisser Teil der psychomotorischen Anfälle erweist sich therapeutisch kaum beeinflußbar und verläuft nahezu eigenständig prozeßartig. Die absenceähnlichen Formen (Pseudoabsencen) haben dagegen eine etwas günstigere Prognose.

VII. Kleiner Anfall oder die petit-mal-Epilepsie

Der kleine Anfall ist die für das Kindesalter typische Anfallsform, die in seinen verschiedenen Formen auch eine charakteristische Altersabhängigkeit aufweist.

1. Blitz-Nick-Salaam-Krämpfe oder BNS-Krämpfe, West-Syndrom

Symptomatik. Diese Krampfform ist typisch für das 1. und 2. Lebensjahr mit einem Gipfel in der 2. Hälfte des 1. Lebensjahres; sie kann auch noch im 3. Lebensjahr beobachtet werden. Elektroencephalographisch ist sie durch diffuse Krampfpotentiale, die sog. Hypsarrhythmie charakterisiert. Sie ist offenbar Ausdruck einer gewissen Reifungshemmung des Gehirns. Dieser Anfallstyp kann daher, wenn die Reifungshemmung länger bestehen bleibt, auch noch bis ins 4. oder 5. Lebensjahr beobachtet werden.

Wie der Name Blitz-Nick-Salaam-Krampf zeigt, handelt es sich um 3 Typen von kurzen Anfallszuständen, denen ein kurzdauernder Bewegungsimpuls nach vorne gemeinsam ist. Bei den *Blitzkrämpfen* zuckt der ganze Körper oder auch einzelne Körperabschnitte für Sekundendauer nach vorne zusammen. Bei den *Nickkrämpfen* vollführt der

Tabelle 2. *Dosierungsschema bei Epilepsie im Kindesalter*

Medikamentengruppe	Spezialität	Wirkungsbereich	Normdosis pro die			Nebenwirkungen
			Säuglinge	Kleinkinder	Schulkinder	
Barbiturate	Luminal Phenaemal Phenobarbital	Symptomatische Wirkung bei fast allen Anfallsformen, Lähmung der Gehirnrinde als Erfolgsorgan fortgeleiteter Erregungsabläufe. *Indikation:* Anfallsbehandlung im Säuglingsalter abendliche Dosis bei der Aufwachepilepsie. Zusatzmedikation	0,015—0,05	0,05—0,1	0,05—0,2	Neigung zur Kumulation und Ermüdung, Herabsetzung der Lernfähigkeit. In hohen Dosen Atemdepression
	Prominal Mephobarbital Mebaral		0,03—0,1	0,03—0,2	0,1—0,6	Geringe Ermüdung
	Maliasin		—	0,05—0,2	0,2—1,0	Durch zusätzliche zentral erregende Medikation geringe oder fehlende ermüdende Wirkung
Hydantoine	Zentropil Epanutin Lepituin Dilantoin	Vorwiegend gegen grand-mal *Basis-Therapie:* Bei allen grand-mal- und fokalen Epilepsien. Schutztherapie bei petit-mal. Statusbehandlung.	(bis 0,05)	0,05—0,15 (bis 0,2)	0,1—0,3	Bei langjähriger Gabe Zahnfleischhyperplasie, selten Kropfbildung, selten Knochenmarksschädigung. Bei Überdosierung ausgeprägte Rumpf- und Gliedataxie. Mesantoin zeigt erhöhte Toxizität
	Mesantoin			—	0,3—0,6	
	Citrullamon			—	0,075—0,6	
	Neo-Citrullamon			—	0,05—0,3	
Pyrimidinderivate	Mylepsinum Mysoline Primidon Liskantin	Bei grand-mal-Epilepsie, fokalen Anfällen und psychomotorischen Anfällen. Alleinige Medikation oder Zusatzmedikation zu Hydantoinen oder zur petit-mal-Therapie bei gemischten Anfällen	—	0,125—0,375	0,25—1,0	Wird bis zu 70 % in Phenylbarbitursäure umgewandelt, daher vielfach ermüdende Wirkung
Succinimide	Suxinutin Petnidan Petinutin	Absencen und petit-mal in engerem Sinne	—	0,5—1,5	0,75—1,5	Allergische Exantheme, selten Knochenmarksschädigung.
Oxazolidine	Tridione Paradione Petidiol	Absencen und petit-mal im engeren Sinne	—	0,45—1,8	0,9—1,8	Bei jeder petit-mal-Behandlung ohne Schutzdosis Gefahr des Creszendoeffektes
Diazepinderivate	Valium	Zusatzmedikation vor allem bei photosensibler Epilepsie. Petit-mal-Status und Status epilepticus. BNS-Krämpfe, petit-mal	0,006—0,01	0,005—0,015	0,005—0,02	Gelegentlich ermüdende Wirkung
	Mogadan		0,005—0,01 (1,5 mg je kg/Tag)	0,005—0,015	0,005—0,02	Wirkung hält nur einige Wochen an
Dipropylbuttersäure	Ergenyl	Absencen und petit-mal	—	0,3—1,2	0,9—1,8 (auch höher)	Selten anfänglich geringe Übelkeit, selten Haarausfall

Gruppe	Präparat				Indikation	Nebenwirkung
Iminostilbene	Tegretal	—	0,2—0,6	0,6—1,2	Psychomotorische Anfälle einzeln oder als Zusatzmedikation. Psychisch aufhellende Wirkung bei Verstimmungszuständen	
Sulfonamid-derivate	Ospolot Diamox Lasix	— —	0,2—0,6 —	0,6—1,2 morgens 0,25 mit Wochenendpausen morgens 0,04 mit Wochenendpausen	Psychomotorische Epilepsie. Entwässernde Zusatztherapie besonders bei psychomotorischer Epilepsie	
Hormone	Depot-ACTH Dexamethason	kurmäßig 40—160 E. kurmäßig (0,5—1,5 mg/kg/Tag)	2—3 Wochen 40—200 E. 2—3 Wochen	täglich	BNS-Krämpfe	Cushing-Syndrom
Therapeutische Subsidien	Coffein	0,05	bis 0,2	—	Zusatzmedikation bei akinetischen Anfällen und petit-mal-Epilepsie in engerem Sinne.	

Kopf eine kurze Nickbewegung, wobei gleichzeitig die Arme nach vorne geführt und die Beine angezogen werden. Diese Krampfart dauert wenige Sekunden. Der *Salaamkrampf* schließlich zeigt eine langsamere und längerdauernde Vorwärtsbewegung des Oberkörpers, die mehrere Sekunden anhalten kann. Inwieweit eine Bewußtseinsstörung dabei auftritt, ist nicht sicher zu beobachten. Wegen der gemeinsamen Vorwärtsbewegung wurde diese Form des petit-mal von Matthes und Janz als „propulsiv petit-mal" bezeichnet. Knaben sind von dieser Krampfform in einem Verhältnis von etwa 5:3 häufiger betroffen als Mädchen.

Genese und soziale Bedeutung. Ursache der BNS-Krämpfe ist häufig in pränatalen Schädigungen zu suchen; da diese schwer zu eruieren sind, bleiben sie oft ätiologisch ungeklärt. Ihre besondere Bedeutung liegt darin, daß sie unbehandelt zu einem fortschreitenden Anfallsleiden und zur Demenz führen.

Diagnose, Differentialdiagnose und Fehldiagnose. Die genaue Kenntnis dieser Anfallsform ist nicht nur wegen der Gefahr der Verschlimmerung von Bedeutung, sondern vor allem deswegen, weil die kurzen Zuckungen so leicht der Beobachtung entgehen, oder als harmlose Bewegungsangewohnheit verkannt werden. Häufig ist erst das salvenweise Auftreten dieser kurzdauernden Vorwärtsbewegungen Anlaß, den Arzt aufzusuchen. Es ist daher notwendig, daß man bei dem geringsten Verdacht die Eltern genau befragt und sie zu eingehender Beobachtung veranlaßt. Da die Kinder zunächst sonst recht gesund erscheinen und eine typische traumatische Geburtsanamnese oder eine schwere Erkrankung im Säuglingsalter in vielen Fällen nicht eruiert werden kann, ist die so notwendige Frühdiagnose sehr erschwert. Des öfteren läßt sich eine positive Familienanamnese erheben, dabei allerdings keine Fälle mit typischen BNS-Krämpfen.

Es wäre wünschenswert, daß jeder Kinderarzt oder Hausarzt, der Säuglinge zu betreuen hat, diese routinemäßig auch auf diese Anfallsform hin prüft und untersucht.

Therapie und Prognose. Die BNS-Krämpfe werden kurmäßig mit ACTH oder auch mit Cortison behandelt, und zwar entweder in einer Intervallbehandlung von 2—3 Wochen mit relativ hohen Dosen ACTH oder Cortison, oder aber nach anderer Empfehlung in einer Dosierung von 10—20 E ACTH pro Tag über eine Dauer von 6 Monaten oder noch länger. Neuerdings hat sich das Benzodiazepin-Derivat Mogadan ebenfalls zur

R. Lempp:

Behandlung der BNS-Krämpfe im Säuglingsalter bewährt.

Sobald eine Tendenz zu zusätzlichen grand-mal zu erkennen ist, wird man mit kleineren Hydantoingaben in die Therapie einsteigen, im Säuglingsalter eventuell auch mit kleineren Barbituratgaben.

Die Prognose der Blitz-Nick-Salaam-Krämpfe ist vor kurzem noch als praktisch infaust eingeschätzt worden, vor allem war sie durch eine offenbar unvermeidliche Demenz belastet. Nach den neueren Untersuchungen scheint hier durch entsprechende Therapie die Prognose nicht mehr ganz so schlecht zu sein.

2. Myoklonisch-astatische Anfälle

Symptomatik. Sie schließen sich in der Altersabhängigkeit an die BNS-Krämpfe überlappend an. Ihr typisches Manifestationsalter ist das 3.—5. Lebensjahr. Diese Anfälle äußern sich durch ein plötzliches Hinstürzen und Zusammensacken in den Knien, was zunächst auch als Tonusverlust imponieren kann. Es handelt sich aber meist um eine aktive Bewegung.

Das EEG zeigt eine reifere Hypsarrhythmie, bereits mit Betonung der Spitzenpotentiale oder Krampfwellen vom 3/sec-Typ. Das Kind, das wie von einer unsichtbaren Faust niedergestreckt wird, bleibt nur kurze Zeit bewegungslos liegen und ist nach wenigen Sekunden bereits wieder mobil.

Genese und soziale Bedeutung. Beim größeren Teil auch dieser Patienten kann eine frühkindliche Hirnschädigung als Ursache ihrer Anfälle festgestellt werden. Wegen ihrer schweren therapeutischen Beeinflußbarkeit und der heftigen Symptomatik mit plötzlichem Hinstürzen, der man oft keine sofort wirksamen Maßnahmen entgegensetzen kann, wirken gerade diese Anfälle auf die Familie recht deprimierend. Die Besorgnis der Familie ist auch nicht unbegründet, da ein nicht geringer Teil dieser Kinder eine oft deutliche intellektuelle Schädigung davonträgt.

Diagnose, Differentialdiagnose und Fehldiagnose. Diese Anfallsform muß eigentlich nur von den Myoklonien abgegrenzt werden (Unvericht-Lundborg). Diese Patienten sind jedoch im allgemeinen älter, auch gehen sonstige Myoklonien nie mit einem Hinstürzen einher.

Die Abgrenzung des myoklonisch-astatischen Anfalles vom abortiven großen Anfall ist durch die u. U. nur kurzdauernde Verkrampfung der Muskulatur möglich, die beim großen Anfall nicht fehlen darf.

Die Einordnung der kleinen Anfälle in die eine oder andere Gruppe ist oft nicht ohne Schwierigkeiten möglich, da die Anfallsform offenbar wesentlich vom Reifegrad des Gehirns abhängig ist und dieser sich natürlich nicht sprunghaft ändert, sondern allmähliche Übergänge zeigt.

Therapie und Prognose. Die *myoklonisch-astatischen petit-mal* stellen als Zwischenglied zwischen den BNS-Krämpfen und den typischen Absencen auch in der Therapie ein Zwischenglied dar. Daher rechtfertigt sich auch in diesen Fällen noch ein Versuch mit einer ACTH-Behandlung oder eine Behandlung mit dem Benzodiazepin Mogadan. Gleichzeitig kann aber schon eine Gabe von Succinimiden[1] oder gelegentlich auch Oxazolidinen[1] bereits wirksam sein. Bei der in diesem Alter häufig zu beobachtenden gleichzeitigen grand-mal-Tendenz werden sich auch kleine Hydantoingaben nicht vermeiden lassen. Dazu kommt das hier oft wirksame Coffein, so daß gerade diese Anfälle mit einer größeren Kombination von Medikamenten bekämpft werden müssen, wobei sich in der Praxis die Mischpulver[2] bewähren. Gelingt ihre günstige therapeutische Beeinflussung nicht bald, kommt es bei den Kindern in einem Teil der Fälle zur Demenz, so daß sie später, wenn sie das schulpflichtige Alter erreichen, nur noch in eine Sonderschule gehen können. Die Prognose für den Anfallstyp selbst ist insofern nicht ungünstig, als mit dem Älterwerden sich diese Anfallsform in der Regel verliert oder anderen therapeutisch besser zugänglichen Anfallsformen Platz macht. Spontanheilung bis zu 30% wird berichtet (Janz).

3. Absencen

Symptomatik. Die reine Absence, die bei gehäuftem Auftreten auch als *Pyknolepsie* bezeichnet wird, ist eine besonders typische, weil die häufigste Form kindlicher Epilepsie. Ihr typisches Manifestationsalter beginnt etwa mit dem 4. oder 5. Lebensjahr, sie wird im Schulalter häufig beobachtet, bei Jugendlichen und Erwachsenen jedoch immer seltener, wenngleich es auch durchaus noch eine Form der Erwachsenenepilepsie sein kann.

Im allgemeinen zeigt die reine Absence so gut wie keine motorische Bewegung. Gelegentlich sind

---

[1] s. Tabelle 2, S. 370
[2] Zum Beispiel: Diphenylhydantoin 0,05,
    Mylepsinum 0,125,
    Mogadan 0,005,
    Coffein 0,05,
    M. f. pulv. tal. dos. Nr.
    S: 2mal tägl. 1 Pulver.

rhythmische Bewegungen der Bulbi nach oben und leichte Bewegungstendenzen des Kopfes nach hinten zu beobachten, und zwar nur für 3—5 sec Dauer. Entsprechend dieser Bewegungstendenz nach hinten wurden diese Anfälle von Janz als „retropulsiv petit-mal" bezeichnet.

Das EEG während einer Absence zeigt typische 3/sec Spikes and Waves (Krampfwellen). Sie treten gruppenweise auf und entsprechen dem Zeitabschnitt der Bewußtseinstrübung.

Beim gehäuften Auftreten der Absencen, also etwa 20—40mal am Tag und noch häufiger, spricht man von Pyknolepsie. Da hiervon vielfach intellektuell gut begabte und aufgeweckte Kinder betroffen sind, hat man früher gerade aus dieser Form eine prognostisch günstige Sonderform des Anfallsleidens, eben die Pyknolepsie, abgeleitet. Man hat sie gar nicht dem epileptischen Formenkreis zugerechnet, was aber jetzt durch die EEG-Befunde eindeutig zu widerlegen ist.

Die Verbindung von grand-mal mit petit-mal, speziell mit Absencen, ist eine relativ häufige Form der Epilepsie im Kindesalter (36%).

Die petit-mal im engeren Sinne (oder die erweiterte Absence) zeigen mit einer Bewußtseinstrübung von 5 sec und mehr eine längere Dauer des Anfalles als die reine Absence. Auch sie geht häufig mit kleinen motorischen Reaktionen einher, mit kurzdauernden, meist nach oben und rückwärts gerichteten Bewegungsimpulsen. Der Übergang zu der reinen Absence ist fließend, die Abgrenzung keine grundsätzliche, sie bietet sich aber vor allem aus therapeutischen Gründen an.

Hierher gehören auch die Anfälle, wie sie beim Mustersehen von dafür empfindlichen Kindern auftreten.

Genese und soziale Bedeutung. Bei dieser Anfallsform steht offenbar ein Anlagefaktor mehr im Vordergrund als bei den anderen Anfallsformen. Wegen der geringen Auffälligkeit des Symptoms und auch wegen der oft günstigeren Prognose sind diese Anfallsformen von geringerer sozialer Bedeutung als die übrigen Epilepsieformen.

Diagnose, Differentialdiagnose und Fehldiagnose. Im EEG der petit-mal sind auch die 2—3/sec-Krampfwellen typisch, sie zeigen jedoch häufig eine etwas deformierte und atypische Form, verbunden mit Krampfstromeinzelabläufen, steilen Abläufen oder Herdbefunden. Diese „Verunreinigung" der reinen Krampfwellen zeigt eine latente grand-mal-Tendenz auf, die therapeutisch berücksichtigt werden muß.

Alle petit-mal-Formen lassen sich durch Hyperventilation provozieren, was zur diagnostischen Hilfe ausgenutzt werden kann. Dies ist aber auch bei der Lebensweise der Patienten zu berücksichtigen, denen Tätigkeiten, die zur Hyperventilation führen, möglichst nicht zugemutet werden sollen (Leistungssport, Spielen von Blasinstrumenten). Leichtere Formen von Absencen werden vor allem in der Schule oft als Unaufmerksamkeit verkannt. Manchmal läßt sich durch die Fehler im Diktat die Diagnose einer Absence stellen.

Therapie und Prognose. Die *petit-mal im engeren Sinne*, insbesondere aber die reinen *Absencen* werden mit Succinimiden und gelegentlich Oxazolidinen in höherer Initialdosis behandelt, die dann erfahrungsgemäß bald etwas reduziert werden kann. Auch hier wird fast in jedem Falle eine geringere Schutzdosis mit Hydantoin angezeigt sein sowie eine regelmäßige EEG-Überwachung. Eine Schutzdosis ist notwendig, sobald sich im EEG neben typischen 2—3/sec Spikes and Waves grand-mal-Potentiale oder auch die Wellenformen des petit-mal-Variant zeigen.

Hier hat sich auch Ergenyl bewährt. Da dieses Medikament auch eine gewisse grand-mal-Wirksamkeit entfaltet, ist hierbei in der Regel keine Schutzdosis notwendig.

Gelegentlich hat auch hier das Coffein in einer Einzeldosis von 0,05—0,1 oder auch eine entwässernde Therapie mit Lasix oder Diamox (morgens 1 Tablette mit Wochenendpausen) eine günstige Wirkung. In Einzelfällen führt die hohe Initialdosis mit Succinimiden oder Oxazolidinen zu Nebenwirkungen in Form schlechter Magenverträglichkeit oder Schwindel. Die *Prognose* der Absencen wurde schon immer für relativ günstig gehalten, vor allem, wenn sie nicht mit anderen Anfallsformen kombiniert waren. So günstig wie bei der Abgrenzung des Krankheitsbildes der Pyknolepsie von der Epilepsie ursprünglich angenommen wurde, ist allerdings die Prognose auch wiederum nicht. Etwa $1/3$ der Fälle wird anfallsfrei, ein weiteres Drittel bekommt zu den Absencen noch größere Anfälle und ein letztes Drittel behält seine Absencen unverändert bei. Die Prognose der Knaben scheint schlechter zu sein als die der Mädchen. Spontanheilungen bis zum 14. Lebensjahr hat Janz in 16% beobachtet.

4. Myoklonische Anfälle

Symptomatik. Eine weitere Form der petit-mal sind kurzdauernde Krampfanfälle, die meist jenseits des 10. Lebensjahres auftreten, wobei die Jugendlichen plötzlich stoßartige Bewegungen zeigen. Sie stoßen mit den Armen, werfen Gegenstände, die sie in der

Hand halten, mit Wucht weg. Das Bewußtsein ist kaum getrübt. Das EEG zeigt gehäufte Spitzenpotentiale im Sinne der Polyspikes and -waves.

Als dritte petit-mal-Form werden diese Anfälle auch als „Impulsiv petit-mal" abgegrenzt.

Genese und soziale Bedeutung. Ätiologisch steht auch bei dieser Form des petit-mal ein Anlagefaktor im Vordergrund.

Diagnose, Differentialdiagnose und Fehldiagnose. Die myoklonischen Anfälle sind zu unterscheiden von der Myoklonusepilepsie (Unverricht-Lundborg), die unter einem ähnlichen Bild abläuft, aber eine degenerative erbliche Erkrankung ist, die im allgemeinen mit geistigem Abbau einhergeht. Die myoklonischen Anfälle sind demgegenüber nur eine Spezialform der petit-mal-Epilepsie mit dem bevorzugten Manifestationsalter der letzten Schuljahre, gelegentlich auch früher.

Die kurzdauernden Bewegungsimpulse ohne gleichzeitige Bewußtseinsstörung werden häufig als Faxen und „dumme Angewohnheiten" verkannt.

Therapie und Prognose. *Die myoklonischen Anfälle* werden mit Hydantoin[1] und Mylepsinum behandelt, wobei auch eine zusätzliche Succinimidgabe günstig wirken kann.

5. Petit-mal-Status

Symptomatik, Genese und Diagnose. Der petit-mal-Status ist entsprechend dem grand-mal-Status eine Aneinanderreihung von absenceartigen Zuständen. Im Gegensatz zum grand-mal-Status ist der petit-mal-Status keine lebensbedrohliche Erscheinung. Er entgeht sogar längere Zeit der Beobachtung. Das Kind wirkt häufig etwas verlangsamt, weniger ansprechbar und verzögert reagibel. Diese Erscheinungen können jedoch so zurücktreten und bei undifferenzierter Umgebung so wenig auffallen, daß ein solcher petit-mal-Status über längere Zeit bestehen kann, ohne daß überhaupt ein pathologischer Zustand registriert wird. Selbst in einer kurzen Sprechstundensituation kann dem Untersucher diese Störung entgehen, und erst eine anschließend durchgeführte EEG-Untersuchung gibt Hinweis auf einen petit-mal-Status mit ununterbrochenem 2—3/sec-Spikes und Waves-Muster. Diese Zustände können über Tage, ja sogar über Wochen und Monate andauern. Das typische Alter des petit-mal-Status liegt im Vorschulalter.

Therapie und Prognose. Der petit-mal-Status, der kein bedrohliches Ereignis darstellt, kann ebenfalls akut mit Valium i.v. behandelt werden. Im

[1] s. Tabelle 2, S. 370

allgemeinen genügt aber eine konsequente orale Succinimid-[1] oder auch Oxazolidintherapie in höheren Dosen über einige Zeit.

VIII. Kombinierte Anfallsformen

Die Verbindung verschiedener Anfallsformen, insbesondere der grand-mal mit petit-mal oder psychomotorischen Anfällen, ist gerade im Kindesalter häufig. Die grand-mal kommen im Kindesalter häufiger in Verbindung mit anderen Anfallsformen vor als in reiner Form. Da die großen Anfälle viel auffälliger sind und als dramatische Ereignisse ganz im Vordergrund stehen, werden danebenherlaufende kleine Anfälle, Absencen oder auch psychomotorische Anfälle häufig übersehen.

Auch in Fällen, in welchen zunächst nur petitmal zu beobachten sind, kann es spontan oder vor allem unter einer spezifisch gegen petit-mal gerichteten Therapie zum zusätzlichen Auftreten großer Anfälle kommen. Wir sprechen hierbei von einem *Crescendo-Effekt*. Diese grand-mal-Tendenz läßt sich häufig schon aus dem EEG-Befund ableiten und durch zusätzliche gegen grand-mal gerichtete Therapie verhindern.

Symptomatik, Diagnose und Therapie muß bei den übrigen Anfallsformen bzw. in den allgemeinen Kapiteln der Epilepsie nachgesehen werden.

IX. Gelegenheitskrämpfe

Symptomatik. Da der cerebral-organische Krampfanfall nur ein Symptom ist, kann er natürlich auch ohne ständige Wiederholungstendenz symptomatisch auftreten. Da im Kindesalter Infektionskrankheiten gewöhnlich mit einer intensiveren cerebralen Beteiligung einhergehen, kann es auch bei scheinbar banalen fieberhaften Erkrankungen und anderen Störungen, wie Intoxikationen und dergleichen, zu typischen cerebralen Krampfanfällen kommen. Wir sprechen hierbei von Gelegenheitskrämpfen. Die davon betroffenen Patienten sind nicht als epileptische Kinder anzusprechen.

Hierzu gehören die *Fieber- oder Infektkrämpfe*. Sie kommen besonders am Ende des Säuglingsalters bis zum 4. Lebensjahr vor, bei Knaben häufiger als bei Mädchen. Im allgemeinen kommt es zum cerebralen Krampfanfall während eines steilen Temperaturanstieges oder auf der Höhe der Fieberzacke.

Genese und soziale Bedeutung. Ein cerebraler Krampfanfall ist immer eine Notfalls- und Alarmreaktion des kindlichen zentralen Nervensystems und man kann daher dem einzelnen Anfall nicht ansehen, ob er ein harmloser, vorübergehender Gelegenheitskrampf ist oder das erste Symptom eines beginnenden Anfallsleidens. Im allgemeinen tritt der cerebrale Krampfanfall in Zusammenhang mit einem Fieberanstieg oder Infekt als Folge eines Hirnödems oder einer Hyperämie auf.

Das erste Auftreten eines Fieberkrampfes führt in der Regel zu einer nicht unerheblichen Beunruhigung der Eltern, die den Anfall als Beginn eines Krampfleidens werten. Hier gilt es durch sachliche Beratung eine unnötige Sorge einerseits und eine Gleichgültigkeit im Wiederholungsfalle zu vermeiden.

Diagnose, Differentialdiagnose und Fehldiagnose. Die Neigung, unter Fieber oder bei Infekten mit Anfällen zu reagieren, ist stets ein Hinweis auf eine erhöhte cerebrale Erregbarkeit. Häufiger findet man bei diesen Kindern in der Anamnese Hinweise auf leichtgradige frühkindlich erworbene Hirnschädigungen. Auch ist im familiären Umkreis von Kindern mit Infektkrämpfen ein höherer Anteil an epileptisch Kranken festzustellen, so daß eine wohl ererbte erhöhte Krampfbereitschaft ebenso wie eine erworbene Disposition bei der Manifestation von Fieberkrämpfen eine Rolle spielen.

Therapie und Prognose. Eine fiebersenkende Therapie der zugrundeliegenden Krankheit ist zu empfehlen. Die Prognose wird unterschiedlich angegeben, 25% gehen später in eine Epilepsie über. Sie ist dann zweifelhaft, wenn sich im fieberfreien Intervall im Elektroencephalogramm noch Krampfpotentiale oder andere pathologische EEG-Formen registrieren lassen (Doose).

X. Sonstige Anfallsformen

1. Vegetative Epilepsie, synkopale Anfälle

Auch Kollapszustände können epileptische Äquivalente sein. Diese Anfallsformen (vegetative Epilepsie nach Pette oder diencephal-autonome Epilepsie von Penfield u. Jasper) sind zwar sehr selten, besonders im Kindesalter. Man muß aber bei ungeklärten, sich wiederholenden Kollapszuständen an eine epileptische Genese denken. Ihre differentialdiagnostische Abgrenzung von rein synkopalen Anfällen (Schulte) und von „temporaler Ohnmacht" (Landolt) ist oft schwierig. Die differentialdiagnostische Entscheidung liegt im EEG-Befund.

2. Epileptische Äquivalente

Auch unklare Schmerzattacken, Kopfschmerzen, Nabelkoliken, nächtliche Unruhezustände, Pavor nocturnus und andere paroxysmal auftretende vegetative Reaktionen können in Einzelfällen *epileptische Äquivalente* sein. Wenn sie epileptischer Natur sind, dann müssen sie dem Typ der psychomotorischen Epilepsie zugerechnet werden. Da es zweifellos auch auf Epilepsie hinweisende Veränderungen im Hirnstrombild ohne klinische Anfallszustände gibt, kann nicht ohne weiteres beim Zusammentreffen von pathologischen EEG-Befund und unklaren paroxysmalen vegetativen Erscheinungen auf die epileptische Genese derselben geschlossen werden. Immerhin wird ein therapeutischer Versuch mit einer antiepileptischen Medikation gerechtfertigt sein. Im positiven Fall ist allerdings eine Diagnose allein ex juvantibus kaum möglich, da der suggestive Erfolg gerade bei vegetativen Erscheinungen nicht ausgeschlossen werden kann.

Ein Zusammenhang zwischen Bettnässen und Epilepsie ist schon in der Neurologie des vorigen Jahrhunderts vermutet worden. Ein unmittelbarer Zusammenhang wird aber nur in den seltensten Fällen anzunehmen sein. Gelegentlich kann jedoch hartnäckiges Einnässen, vor allem eine Enuresis diurna, auch einmal Ausdruck eines epileptischen Geschehens sein. Darüber hinaus bestehen aber insofern gewisse Zusammenhänge zwischen der Epilepsie und dem Einnässen, als beide mit dem Schlafablauf und der Schlaftiefe in Zusammenhang stehen können. In einzelnen Formen des Bettnässens besteht eine enge zeitliche Bindung an bestimmte Schlafphasen, etwa in ähnlicher Weise wie das Auftreten von Anfällen bei der Schlaf- oder Aufwachepilepsie. So gesehen ist das Einnässen wie der cerebral-organische Krampfanfall eine von der vegetativen Ausgangslage der jeweiligen Schlafphase abhängige vegetative Reaktion.

3. Latente Epilepsie

Von latenter Epilepsie sprechen wir dann, wenn bei einem Kinde das Hirnstrombild typische, auf Epilepsie hinweisende Veränderungen zeigt, es klinisch aber keinerlei Hinweise auf Anfallszustände oder sonstige paroxysmale Störungen bietet. Man kann ein solches Kind nicht als epileptisch bezeichnen, und ob zur „EEG-Kosmetik" eine antiepileptische Therapie angezeigt ist, muß im Einzelfall entschieden werden. Eine regelmäßige Kontrolle ist jedoch geboten. Man wird im allgemeinen keine antiepileptische Behandlung einleiten. Gibt aber bei den betreffenden Kindern die Anamnese Hinweise auf eine tatsächlich durchgemachte Hirnschädigung (z.B. Kopftrauma) als Ursache dieser im EEG registrierten erhöhten Krampfbereitschaft, kann man den Eltern den Schrecken eines plötzlich auftretenden großen

Anfalles dadurch ersparen, daß man eine nieder dosierte antiepileptische Dauerbehandlung einleitet, die keine Belastung bedeutet, aber doch einen Schutz darstellt. Erfahrungsgemäß kann nach der Pubertät eine solche Schutzbehandlung wieder vorsichtig eingestellt werden. Vor einer plötzlichen unkontrollierten Aussetzung einer so eingeleiteten Dauerbehandlung muß aber unbedingt gewarnt werden, da gerade danach erstmals Anfälle manifestiert werden können.

4. Psychogene Anfälle (s. S. 143)

Symptomatik. *Respiratorische Affektkrämpfe* treten in Zusammenhang mit einem starken Affekt auf, meist dann, wenn das Kind seinen Willen nicht bekommt. Sie sind daher typische Zustände während der Trotzphase im 2. und 3. Lebensjahr. Treten sie darüber hinaus im 4. oder 5. Lebensjahr auf, handelt es sich im allgemeinen um Kinder, die in ihrem Zentralnervensystem labilisiert sind und auch psychisch auffällig sind. Das Kind schreit in seinem Zorn so lange, bis es in krampfhaftem Exspirium blau wird, umfällt, u. U. die Augen verdreht und steif wird. Nach wenigen Sekunden bricht dieser Krampf mit einem tiefen Inspirium ab. Man spricht deswegen auch von „Wegschreien".

Psychogene Anfälle können auch das Erscheinungsbild der großen oder der psychomotorischen Anfälle annehmen. Kennzeichnend ist bei hysterischen Anfällen jedoch, daß sie besonders auftreten, wenn Zeugen vorhanden sind, oft, aber nicht immer, in emotionell geladener Situation. Verletzungen kommen selten vor, oft ist aber der Anfallsverlauf auch atypisch, oft grotesk, wie „man sich Anfälle vorstellt". Vorwiegend handelt es sich um Mädchen in der Vorpubertät oder Pubertät. Ein auf Epilepsie hinweisendes EEG ist kein Beweis gegen psychogene Anfälle, die gar nicht selten bei Jugendlichen auftreten, die eine Krampfbereitschaft oder daneben echte cerebral-organische Anfälle haben.

Genese und soziale Bedeutung. Meist liegt eine seelische Frustration oder eine Pubertätsproblematik zugrunde. Die Verkennung und Abstempelung als „Epileptiker" bringt oft eine einschneidende und gar nicht erwünschte Änderung der Umweltbeziehung mit sich.

Diagnose, Differentialdiagnose und Fehldiagnose. Die Abgrenzung von psychomotorischer Epilepsie und psychogenen Anfällen ist bei ihrer gelegentlichen Verflechtung schwierig. EEG, Anamnese und psychologische Tests wie auch sorgfältige Anfallsbeobachtung müssen herangezogen werden.

Therapie und Prognose. Psychotherapie im weitesten Sinne, bei Jugendlichen vorwiegend Milieutherapie, ist angezeigt. Bei pathologischem EEG-Befund soll eine antiepileptische Therapie nebenhergehen. Die Prognose des psychogenen Anteiles ist im allgemeinen günstig, die der Affektkrämpfe immer gut.

XI. Psychopathologie der Epilepsie

Es ist bei der Erörterung der Psychopathologie der Epilepsie zu unterscheiden zwischen dauernden und vorübergehenden Wesensänderungen.

1. Dauernde Wesensveränderungen

Symptomatik. Das in der allgemeinen Psychopathologie als mehr oder weniger fest zur Epilepsie gehörende Psychosyndrom, die typische epileptische Wesensänderung mit Verlangsamung, haftender, zähflüssiger und perseverierender Wesensart, mit Neigung zur Hypersozialität einerseits und explosiv-aggressivem Verhalten andererseits, ist im Kindesalter eine Seltenheit.

Zu den regelmäßig bei epileptischen Kindern zu findenden Charakterbesonderheiten gehört dagegen das bereits geschilderte frühkindliche exogene Psychosyndrom. Es handelt sich ja bei vielen epileptischen Kindern um frühkindlich Hirngeschädigte, und zwar häufig um leichtgradig Hirngeschädigte, so daß das zu dieser leichtgradigen frühkindlichen Hirnschädigung gehörende psychische Bild auch hier zu erwarten ist, wobei das Auftreten oder Nichtauftreten von Anfällen für das frühkindliche exogene Psychosyndrom ohne wesentliche Bedeutung ist.

Von Bamberger und Matthes und von Freudenberg wurde das damit an vielen Stellen übereinstimmende erethisch-hyperkinetische Syndrom, in geringerer Häufigkeit das enechestische Syndrom, als zur kindlichen Epilepsie gehörig herausgestellt. Freudenberg, von der die erste und ausführlichste psychologische Untersuchung an epileptischen Kindern stammt, konnte keine Zuordnung der Art der Wesensänderung zu einem bestimmten Anfallstyp herausfinden.

In einzelnen Fällen, und zwar am ehesten bei den psychomotorischen Epilepsien, kann aber doch das uns von den erwachsenen Epileptikern geläufigere psychische Bild der epileptischen Wesensänderung beobachtet werden. Diese epileptische Wesensänderung ist ja auch bei den Erwachsenen keineswegs so regelmäßig und häufig, wie früher angenommen wurde. Es zeichnet sich, wie bereits geschildert, durch eine psychische Verlangsamung, ein Haften und eine verminderte Umstellungsfähigkeit aus, gelegentlich ist auch eine Affektstauung und verminderte Möglichkeit zur Affektabfuhr zu beobachten, insbesondere aber das auch in testpsychologischen Untersuchungen deutliche Perseverieren. Dabei ist die Perseveration kein spezifisch epileptisches Symptom, sondern ein Zeichen cerebraler, insbesondere einer Hirnrindenschädigung. Mit fortschreitender Krankheit kann es dann zur Einengung der Gefühlsfähigkeit, der Erlebnisfähigkeit und damit auch zur Störung des Kontaktes kommen, das Interesse an der Umwelt vermindert sich, und es kommt zu einem Rückzug auf die eigene Persönlichkeit. Es ist jedoch keineswegs so, daß dieses bei Kindern seltene Bild nur bei entsprechend schweren Verläufen zu beobachten ist. Zwar werden Kinder mit therapeutisch schwer zu beeinflussenden Temporallappenepilepsien noch am ehesten eine solche Wesensänderung zeigen, in Einzelfällen kann es jedoch auch bei einer klinisch ganz leicht verlaufenden Epilepsieform, etwa bei seltenen Absencen, in bemerkenswert ausgeprägter Form in Erscheinung treten.

Gerade bei Kindern muß die Reaktion auf das Verhalten der Umwelt als ein das psychische Bild prägender Faktor besonders beachtet werden. Die Kinder erleben, daß sie aufgrund ihrer Krankheit von manchen Gemeinsamkeiten ausgeschlossen sind, daß sie in ihrer Fähigkeit und Leistungsfähigkeit beeinträchtigt sind, und bekommen so das Gefühl mangelhafter sozialer Eingliederung. Am deutlichsten wird es bei heranwachsenden Jugendlichen, denen die Erwerbung des Führerscheines verwehrt ist. Einzelne empfinden auch die Störung des Umweltverhältnisses unmittelbar. Es besteht eben ein im Grund rational nicht erklärbarer Unterschied zwischen der Reaktion der Umwelt auf ein epileptisches Leiden und auf ein anderes chronisches Leiden, etwa einen Diabetes mellitus.

Genese und soziale Bedeutung. Über die eigentliche Ursache der Wesensänderung besteht noch weiterhin Unklarheit.

Es spricht viel dafür, daß es sich um eine dem Anfallsleiden in einzelnen Fällen parallel gehende Wesensauffälligkeit handelt. Sehr viele Kinder, auch mit relativ häufigen Anfällen, sind psychisch, von einer allgemein organischen Wesensstruktur abgesehen, unauffällig, zumindest zeigen sie nicht das typische psychische Bild. Am häufigsten ist die Wesensänderung bei einer Gruppe von Patienten

mit temporalen Anfällen zu beobachten, die therapeutisch kaum beeinflußbar sind, aber einen relativ geringen, manchmal fast normalen EEG-Befund zeigen.

Eine Abhängigkeit von den eingenommenen Medikamenten kann für die meisten Fälle abgelehnt werden. Starke barbiturathaltige Medikamente — wozu auch Mylepsinum gehört, das im Körper sekundär zu Barbiturat umgewandelt wird — können jedoch beim Kinde eher als beim Erwachsenen zu einer Wesensänderung mit Verlangsamung, träger Reaktion und schließlich auch zur Demenz führen.

Eine Wesensänderung als Folge häufiger großer Anfälle kann grundsätzlich ebenfalls nicht abgestritten werden, wenngleich es sich dann hierbei mehr um eine Demenz handelt als um das Auftreten psychopathologischer Besonderheiten ohne Demenz.

Die Demenz ist eine charakteristische Anfallsfolge. Man findet sie besonders bei Epilepsieformen, die einen neurologisch greifbaren Befund bieten, also etwa nach schweren Hirntraumen, wie auch bei degenerativen Erkrankungen, die von Anfällen begleitet sind.

Es besteht zweifellos ein Zusammenhang zwischen Demenz und Wesensänderung insofern, als die Verlangsamung ja häufig einen Teil jener Wesensänderung bildet, die sich bei der Intelligenzprüfung als mindere intellektuelle Leistungsfähigkeit auswirken muß. Prüft man dieselbe Person ohne Zeitbeschränkung, dann lassen sich auch keine Zeichen eines Intelligenzrückstandes feststellen.

Untersuchungen zur Frage des Intelligenzabbaues bei epileptischen Kindern ergaben, daß große Anfälle in Abhängigkeit von ihrer Häufigkeit die Gesamtintelligenz doch vermindern, und daß psychomotorische Anfälle zu einer für Hirnorganiker typischen Umstrukturierung der Intelligenz führen. Andererseits verursacht die antiepileptische Medikation keine Minderung der intellektuellen Leistungsfähigkeit, unabhängig von der Anfallsart. Es fand sich kein Anhaltspunkt für die Annahme, daß bei epileptischen Kindern überhaupt, wie sonst bei „Hirnorganikern", typische Diskrepanzen der intellektuellen Leistungsfähigkeit nachzuweisen wären.

Nach Freudenberg sind bei etwa 40% der epileptischen Kinder Intelligenzrückstände verschiedener Ausprägung nachzuweisen.

Untersuchungen über den Schulerfolg epileptischer Kinder ergaben, daß 50% der Kinder gute Normalschulleistungen erbringen oder Gymnasien besuchen können, 17,2% dagegen einen Intelligenzquotienten unter 80 haben oder auch eine Sonderschule für Lernbehinderte nicht mit ausreichendem Erfolg besuchen können. Dabei standen negative soziale Faktoren wie eine gestörte Familiensituation in einer deutlichen Korrelation zum schlechten Ausbildungserfolg epileptischer Kinder. Es sind also gar nicht unbedingt die mit der Epilepsie auftretenden Wesensänderungen und Intelligenzminderungen, die allein am mangelnden Schulerfolg Ursache haben, als oft vielmehr ungünstige soziale Faktoren.

Diagnose, Differentialdiagnose und Fehldiagnose. Die Diagnose richtet sich nach der zugrundeliegenden Epilepsiekrankheit. Man sollte nie die Diagnose einer epileptischen Wesensänderung stellen, ohne gleichzeitig die Epilepsie sichern zu können. Ihre Abgrenzung von den sonstigen organischen Psychosyndromen ist meist nur theoretischer Natur.

Therapie und Prognose. Die Therapie muß sich nach dem zugrundeliegenden Anfallsleiden richten. Gelegentlich empfiehlt es sich, die Medikamente zu wechseln, insbesondere auch darauf zu achten, daß eine Reihe von Kombinationspräparaten Barbiturate enthalten und das Mylepsinum zum großen Teil in Barbiturat umgewandelt wird, wodurch es dann zu einer barbituratbedingten Wesensänderung kommen kann. Ist die Wesensänderung nicht medikamentbedingt, ist eine Rückbildung nicht zu erwarten.

2. Vorübergehende Wesensveränderungen

Symptomatik. Der *postparoxysmale Dämmerzustand* schließt sich gelegentlich an einen längeren großen Anfall an, er geht mit einer Bewußtseinsminderung und verminderter Ansprechbarkeit einher. Gelegentlich kann es auch in einem solchen Dämmerzustand zu primitiven Reaktionen kommen. Der postparoxysmale Dämmerzustand dauert im allgemeinen nur einige Minuten.

Der *petit-mal-Status* (s. S. 374) ist klinisch zunächst auch nur an einer Wesensänderung zu erkennen. Er imponiert als Zustand verminderter Aufmerksamkeit und Vigilanz. Die Veränderung im Vergleich zur Norm kann so geringfügig sein, daß demjenigen, der das Kind von früher nicht kennt, die pathologische Veränderung gar nicht auffällt. Die Angehörigen, die ständig um das Kind herum sind, vermögen oft ebenfalls die Veränderung nur anzugeben, wenn man sie danach fragt.

Echte *epileptische Dämmerzustände* sind im Kindesalter nicht häufig. Bei erhaltener oder eingeschränkter Orientierung und Besonnenheit tritt ein plötzlich verändertes, zu Primitivreaktionen neigendes Verhalten zu Tage, das mit der ursprünglichen Persönlichkeit nicht ohne weiteres in Einklang zu bringen ist. Ein solcher Dämmerzustand kann über mehrere Stunden oder über Tage anhalten und ist klinisch zunächst oft schwer zu erkennen. Er kann in Einzelfällen auch durch eine medikamentöse Überdosierung entstehen. Kommt es nach Reduktion wieder zu einem Anfall, kann dieser den Dämmerzustand abschließend unterbrechen.

Der postparoxysmale und der epileptische Dämmerzustand haben gemeinsam, daß für die Zeit ihres Ablaufes eine Amnesie besteht.

Die forcierte Normalisierung (Landolt) geht mit einem plötzlich normalisierten EEG einher und bietet das Bild einer produktiven Psychose, meist mit Wahnzuständen oder Halluzinationen. Die Differentialdiagnose zur schizophrenen Psychose kann nur aufgrund der Kenntnis einer vorangegangenen Epilepsie gestellt werden. Im Zuge der Behandlung einer Epilepsie treten die psychotischen Symptome gleichzeitig mit einem völlig normalen EEG auf. Es ist deshalb auch schon die Vermutung geäußert worden, die psychotischen Symptome seien Ausdruck einer noch bestehenden epileptischen Funktionsstörung im tiefgelegenen Stammhirnbereich, die im EEG durch die medikamentös normalisierte Rindenfunktion nicht registriert wird. Bei Kleinkindern und Schulkindern ist eine solche forcierte Normalisierung bisher noch nicht bekannt, wohl aber bei Jugendlichen. Wieweit auch unabhängig davon schon eine psychopathische Struktur, etwa im Sinne einer schizoiden Charakterstruktur vorliegen muß, bleibt dahingestellt.

Alle 4 Formen vorübergehender Wesensänderung sind im Kindesalter im Vergleich zum Erwachsenenalter zweifellos selten zu beobachten.

Genese, Diagnose und Therapie. Es gilt das im vorangegangenen Kapitel über die dauernden Wesensänderungen Gesagte. Bei der forcierten Normalisierung sind die Medikamente soweit zu reduzieren, daß es klinisch wieder zu einem Anfall oder pathologischem EEG-Befund kommt. Danach ist langsamer und vorsichtiger als vorher die Dosierung so zu erhöhen, daß nach Möglichkeit eine Anfallsfreiheit ohne forcierte Normalisierung erreicht werden kann.

Literatur

Bamberger, Ph., Matthes, A.: Anfälle im Kindesalter, Basel und New York: Karger 1959.

Doose, H., Eckel, U., Völzle, E.: Krampfanfälle nach der Pockenschutzimpfung. Z. Kinderheilk. **103**, 214—236 (1968).

Dreyer, R.: Mustersehen als Provokationsmittel zur Auslösung epileptischer Phänomene. Arch. Psychiatr. Nervenkr. **216**, 58—69 (1972).

Dumermuth, G.: Elektroencephalographie im Kindesalter. Stuttgart: Thieme 1965.

Freudenberg, D.: Leistungs- und Verhaltensstörungen bei kindlichen Epilepsien, Basel und New York: Karger 1968.

Janz, D.: Die Epilepsien. Stuttgart: Thieme 1969.

Landolt, H.: Petit-mal; Temporallappen-Epilepsie; epileptische Dämmerzustände und Verstimmungen. In: W. Schulte: Epilepsie und ihre Randgebiete in Klinik und Praxis. München: Lehmann 1964.

Lempp, R.: Die Schulleistungsfähigkeit epileptischer Kinder und ihre körperlichen und soziologischen Bedingungen. Dtsch. Med. Wochschr. **59**, 629—633 (1970).

Matthes, A.: Epilepsie-Fibel. Stuttgart: Thieme 1969.

Penfield, W., Jasper, H.: Epilepsy and the functional Anatomy of the human brain. Boston: Little, Brown Co. 1954.

Schorsch, G.: Epilepsie. Klinik und Forschung. In: Psychiatrie der Gegenwart; Forschung und Praxis, Bd. II, S. 646—777. Berlin-Göttingen-Heidelberg: Springer 1960

Schulte, W.: Die synkopalen Anfälle. Stuttgart: Thieme 1949

Autistische Syndrome

Von G. Nissen

I. Einführung

Der Begriff *Autismus* wurde von E. Bleuler als zentrales Symptom für die schweren Veränderungen des Kontaktes mit der Wirklichkeit bei erwachsenen Schizophrenen eingeführt, die sich in ihrer wahnbezogenen Doppeltorientiertheit in gradueller Abstufung von der Realität abkapseln: „Die leichten Fälle bewegen sich mehr in der Realität, die schweren lassen sich gar nicht mehr aus der Traumwelt herausreißen." Homburger erwähnte das autistische Symptom bei Kindern als „Abwendung vom äußeren Leben bei starker Zuwendung zu den Vorgängen im eigenen Innern" zwar nur indirekt bei der Besprechung der kindlichen Schizophrenien, er führte jedoch bei der Darstellung der schizoidpsychopathischen Kinder unter Hinweis auf Kraepelin zahlreiche Wesensmerkmale: „stille, scheue, zurückgezogene, nur für sich selbst lebende Kinder" auf, die heute als Haupt- und Nebensymptome des kindlichen Autismus ständig genannt werden.

Das *autistische* Kind zeigt im Vergleich zu Kindern mit Kontaktstörungen anderer Art eine ganze Reihe charakteristischer Verhaltensunterschiede.

Das *psychisch gesunde* Kind erfaßt in Abhängigkeit von Alter, Intelligenz und Bewußtseinsgrad weitgehend seine psychische Situation und soziale Stellung. Es verfügt frei über seine affektiven und kognitiven Potenzen und ist imstande, notwendige An- und Einpassungen genauso wie Aggressionen und Aktionen durchzuführen.

Das *mutistische* Kind hat dagegen einseitig die sprachlichen Beziehungen zu einigen oder allen Personen seiner Umgebung eingestellt. Diese psychogene Schweigen ist jedoch nicht als Abkehr von der Außenwelt aufzufassen. In vielen Fällen soll es geradezu eine Verbesserung der Umweltbeziehungen provozieren, in anderen ist es Folge einer erhöhten seelischen Impressibilität bei einer depressiven Grundstimmung.

Dem *narzißtischen* Kind, das nach Entmischung der amorphen Ich-Es-Phase des primären Narzißmus der frühen Säuglingszeit seine Libido erneut von der Objektwelt abgezogen und sich selbst und seinem Körper zugewandt hat, ist nur scheinbar autonom-selbstbezogen: tatsächlich ist ihm außerordentlich viel an den Reaktionen der Umgebung gelegen. Es betrachtet sie unablässig daraufhin, ob sie ihm ausreichende Bewunderung zollt.

Das *autistische* Kind allein nimmt weder sich noch seine Antipoden im eigentlichen Sinne wahr. Es hat keine oder doch nur schwer beeinträchtigte und deformierte Beziehungen zu den Menschen seiner nächsten Umgebung und zu seiner Körpersphäre. Es hat kein Bedürfnis nach Zärtlichkeiten, nach Leistung und nach Anerkennung. Die Umwelt dieser Kinder besteht im Extremfall nicht aus beseelten Organismen, sondern aus Körperteilen, wie Händen oder Füßen, die störend oder nützlich sind, deren Zusammengehörigkeit jedoch nicht erkannt wird. Die Spieldinge haben keinen zugeordneten Aufforderungscharakter, sie werden den eigenen Einfällen der Kinder entsprechend verwendet.

Der kindliche Autismus ist durch eine schwere zwischenmenschliche *Kontaktstörung*, durch spezielle Deformierungen und Defekte im thymischen Bereich gekennzeichnet, die fast immer mit einer retardierten Persönlichkeitsentwicklung, einer Entwicklung im Zeitlupentempo einhergeht. Diese kontaktgestörten und begegnungsscheuen Kinder ignorieren Menschen und Dinge ihrer Umgebung und leben extrem abgekapselt in einer emotionalen und intellektuellen Eigenwelt. Dabei sind die expressiven und rezeptiven Kommunikationsmittel wie Sprache, Mimik, Motorik und die Suche nach Körperkontakt und Zärtlichkeit meistens verkümmert oder nicht ausgebildet, es besteht eine „emotionale Frigidität". Aber auch die Beziehungen zur Dingwelt sind fast regelmäßig pathologisch verändert, häufig angstbesetzt oder zwanghaft entartet. Der spezielle Aufforderungscharakter und Zweckinhalt bestimmter Gegenstände der Umgebung wird meist nicht erkannt oder verkannt. Das Kind verfährt damit autonom und egozentrisch. Das Erhaltenbleiben der räumlichen Ordnung („Veränderungsangst", Kanner) und der gegenwärtigen Situation („Heimwehreaktion", Asperger) wird dabei ängstlich überwacht.

Die Aufdeckung der *Intelligenzstruktur* autistischer Kinder ist wegen des „affektiven Blocks" und der dadurch gestörten intellektuellen Einstellungsfähigkeit meist schwierig, oft unmöglich. Daraus erklären sich mindestens teilweise die zahlreichen Divergenzen darüber, ob überhaupt ein Intelligenzdefekt vorliegt oder nicht. Während Stutte darauf hinweist, daß „meist eine groteske Legierung gut beziehungsweise sehr gut entwickelter geistiger Fähigkeiten mit umschriebenen Ausfällen in anderen Bereichen" vorliegt, spricht van Krevelen

lichen Autismus" sei. Diese Ansicht wird von zahlreichen europäischen Kinderpsychiatern geteilt, andere vertreten die Überzeugung, daß cerebralorganische Schädigungen bzw. eine Stammhirnfunktionsstörung (Rimland) die Ursache oder doch eine wesentliche Mitursache des kindlichen Autismus bilden.

Aus *psychoneurologischer Sicht* bietet das autistische Kind eine oder mehrere *zentrale Wahrnehmungsfunktionsstörungen* (bei intakten peripheren Sinnesorganen und Sprachwerkzeugen), die in-

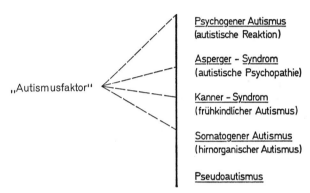

Abb. 1. Den autistischen Syndromen liegt wahrscheinlich ein hereditärer Autismusfaktor verschieden starker Ausprägung zugrunde. Dieser kann 1. unter starker Milieubelastung aus der Latenz heraustreten und zum *Psychogenen Autismus* führen, mit zunehmender Penetranz 2. in einem *Asperger-Syndrom* bzw. 3. in einem *Kanner-Syndrom* sich manifestieren oder 4. durch hirnorganische Schädigungen als *Somatogener Autismus* in Erscheinung treten. Der „*Pseudoautismus*" ist eine direkte Störungs- und Schädigungsfolge schwerer Schwachsinns- und Demenzzustände oder defekte Sinnesorgane (Taubheit, Blindheit) und unabhängig von genetischen Voraussetzungen

vom Autismus infantum als einer „Oligophrenie mit affektivem Defekt" und Bosch von einem „angeborenen oder früherworbenen, dem Schwachsinn analogen ästhetisch-physiognomischen und pragmatischen Schwächezustand."

Seitdem Asperger und Kanner in den Jahren 1943/44 unabhängig voneinander ihre Beobachtungen über sich ähnelnde, scheinbar in sich geschlossene Syndrome mitteilten und als „*autistische Psychopathie*" (Asperger) und „*early infantile autism*" (Kanner) bezeichneten, ist eine fast unübersehbare Literatur und Kasuistik über autistische Kinder entstanden und in ihrem Gefolge eine babylonische Sprachverwirrung.

Während in den USA durch die Entdeckung Kanners die Untersuchungen Aspergers lange unbeobachtet blieben und der „autistischen Psychopathie" zukommende Fälle dem „frühkindlichen Autismus" subsumiert wurden, legte van Krevelen anhand eigener Kasuistik dar, daß die psychopathisch-autistische Anlage eine unentbehrliche Voraussetzung für die Entstehung des „frühkind-

folge einer auditiven oder visuellen Dechiffrierungsstörung zu einem Informationsblock bzw. -defizit führen mit den sich daraus ergebenden Konsequenzen für die sprachliche, intellektuelle und emotionale Entwicklung des Kindes. So wies D. Weber darauf hin, daß eine sensorische Hörstummheit ebenso wie Sinnesdefekte (Blindheit, Taubheit) zu einer Kontaktstörung führen kann. Einige Autoren, etwa Rutter, Bartak und Newman, auch Wing, vertreten die These, daß die zentralen Störungen der Wahrnehmungs- und Sprachfunktion die Ursache der autistischen Fehlentwicklung bilden. Lempp wies darauf hin, daß es sich in aller Regel um eine zentrale Verarbeitungsstörung akustischer Reize handele, eine „Seelentaubheit", die die Kontaktfindung mit der Umwelt blockiere.

Diese psychoneurologischen Störungen bzw. Teilleistungsschwächen haben für die Therapie eine große praktische Bedeutung; pathogenetisch bleibt jedoch ungeklärt, weshalb blinde, taube oder taubblinde Kinder nicht regelmäßig autistische Verhaltensweisen zeigen, wie z.B. die psychische und

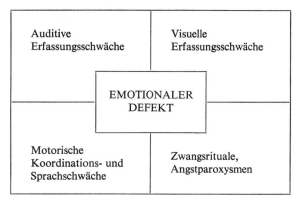

Auditive Erfassungsschwäche	Visuelle Erfassungsschwäche
EMOTIONALER DEFEKT	
Motorische Koordinations- und Sprachschwäche	Zwangsrituale, Angstparoxysmen

Abb. 2. Schwächen der zentralen *auditiven* und/oder der *visuellen Dechiffrierung* (Erfassungs- bzw. Teilleistungsschwächen) führen zu Informationsdefiziten und Fehlinformationen, die wiederum zu Störungen der Intelligenzentwicklung, der Sprachentwicklung und zur Ausbildung angsteindämmender Zwänge und paroxysmaler Ängste als Ausdruck der Kommunikationsstörung und damit zu einer (in Abhängigkeit von der Penetranz des konstitutionellen Autismusfaktors und der speziellen Teilleistungsschwäche) Verstärkung des „emotionalen Defektes" führen.

emotionale Entwicklung der sensoriell mehrfachbehinderten Helen Keller beweist. Die Teilleistungsschwächen-Theorie gewinnt erst im Zusammenhang mit einer *autistischen Disposition* und einem autistischen Milieu an Bedeutung. Kritisch ist im Hinblick auf das dominierende Vorkommen autistischer Kinder in Intellektuellenfamilien anzumerken, daß bei Kindern aus sozialen Unterschichten der Autismusfaktor in der Latenz bleiben kann, weil diese „Begabung" ebenso wie Musikalität in einer unmusikalischen Umwelt nicht geweckt wird.

Bei der Mehrzahl aller Autoren besteht heute weitgehende Einigkeit darüber, daß eine *nosologische Einheit* „kindlicher Autismus" nicht besteht. Es handelt sich bei diesen Wesens- und Verhaltensanomalien vielmehr um polyätiologische, wahrscheinlich jedoch regelmäßig genetisch mitbedingte Syndrome, die sich auch phänomenologisch nicht immer scharf voneinander trennen lassen und denen im Einzelfall vorwiegend psychodynamische, hereditäre oder hirnorganische Ursachen zugrunde liegen, die sich zusätzlich noch gegenseitig überlagern und verstärken können. Es ist deswegen nicht berechtigt, den Begriff des kindlichen Autismus allein für die von Asperger oder Kanner beschriebenen Formen zu reservieren oder eine definitorische Abtrennung psychopathologisch gleichartiger Syndrome deshalb vorzunehmen, weil sie voneinander abweichende Ursachen haben.

Wir haben die wichtigsten der bisher bekannten autistischen Syndrome nach der von den verschiedenen Autoren vertretenen Pathogenese geordnet und aufgeteilt. Der Einteilungsversuch folgt sowohl bewährten Prinzipien psychiatrischer Aufgliederungen (Selbach) als auch der psychogenkonstitutionellen Ergänzungsreihe (Freud). Da die „autistische Psychopathie" und der „frühkindliche Autismus" sich nicht als homogene Krankheitsbilder identifizieren ließen, wurden sie als fiktive Krankheitseinheiten mit dem Namen ihrer Erstbeschreiber als Asperger- und als Kanner-Syndrom bezeichnet.

Die *autistische Schizophrenie* des Kindesalters, zu der amerikanische Autoren (L. Bender, Kanner) den early infantile autism als die früheste Manifestationsform einer schizophrenen Psychose zählen, wird unter den kindlichen Psychosen dargestellt. Die autistische Schizophrenie ist bei allen autistischen Syndromen des Kindesalters differentialdiagnostisch zu berücksichtigen.

Die Bezeichnung „*Pseudoautismus*" bleibt jenen psychopathologischen Zustandsbildern vorbehalten, die durch schwere Defekte einzelner Sinnesorgane (hochgradige Schwerhörigkeit, Taubheit) oder des Zentralnervensystems (Idiotie, schwere Demenz) autistische Zustandsbilder vortäuschen.

II. Psychogener Autismus

Symptomatik. Störungen der Kommunikationsfähigkeit mit Symptomen emotionaler Indifferenz, fehlende Initiative, mangelnde Intuition und andere autistische Wesensmerkmale werden als Begleit- und Folgeerscheinungen langanhaltender emotionaler Frustrationen beobachtet. Sie sind im Kleinkindalter nicht so selten anzutreffen, wie gelegentlich angenommen wird. Die autistische Symptomatik wird allerdings häufig ohne weitere Differenzierung dem Syndrom des psychischen Hospitalismus untergeordnet.

Diese reaktiv-autistischen Kinder verhalten sich unbeteiligt und passiv, ihre statomotorische und sprachliche Entwicklung ist meistens ebenso retardiert wie die emotionale Beziehungsfähigkeit. Bei intensiver und dauerhafter Zuwendung wird die emotionale Verkümmerung oft überraschend schnell ausgeglichen. Die Kinder zeigen starke Zärtlichkeitsbedürfnisse, sie machen sprunghafte Entwicklungsfortschritte und gliedern sich sozial oft überraschend gut ein.

Ein 4jähriger Knabe, der bei sonderlingshaften Großeltern in einer einsamen Moorgegend aufwuchs, zeigte eine charakteristische autistische Symptomatik mit hochgradiger

Kontaktschwäche, einer Sprachentwicklungshemmung mit Neologismen und unmotiviert auftretenden Angstanfällen. Bei dem als Dementia praecoxissima eingewiesenen Kind wurde während des 8monatigen Klinikaufenthaltes eine normale Intelligenz festgestellt. Das Kind entwickelte im Laufe der Behandlung gute zwischenmenschliche Beziehungen zu den Erziehern und zu den Kindern. Es beteiligte sich an den Spielen in der Gruppe und holte einen großen Teil des Sprachentwicklungsrückstandes auf. Es wurde nach der Entlassung in eine Pflegefamilie gegeben und ein weiteres Jahr später in eine Normalschule aufgenommen, die es heute noch besucht.

Leuner beschrieb ein 2 Jahre altes Mädchen mit einem kindlichen Autismus, dessen Kontaktsphäre durch einen häufigen Wechsel der Erzieher gestört war, das dann aber durch die zurückkehrende Mutter zu einem „gemütvollen und kontaktbereiten Kind" erzogen wurde. — Bosch hat verschiedentlich hospitalisierte Kinder gesehen, bei denen man vom Phänomen her von einem psychogenen Autismus sprechen konnte. — Menolascino schilderte in einer differentialdiagnostischen Studie autistische Reaktionen (acute situational stress) bei Kindern.

Genese und soziale Bedeutung. Während der ersten Monate nach der Geburt befindet sich auch der gesunde Säugling noch im Zustand eines primären Narzißmus, in dem eine Trennung von Ich und Es noch nicht erfolgt ist. Die Mutter hat nur insoweit eine Funktion, als sie die Bedürfnisse des Kindes befriedigt. Von dieser Säuglingszeit hat M. S. Mahler als einer normalen „*autistischen Entwicklungsphase*" gesprochen, die mit dem Beginn der Kontaktaufnahme mit der Mutter (Dreimonatslächeln) beendet und von der nun einsetzenden „symbiontischen Phase" abgelöst wird.

Wird das Kind gleich nach der Geburt oder im Verlaufe des ersten Lebensjahres für längere Zeit ohne Stellung einer Ersatzmutter von der Mutter getrennt, kann das entweder zu einer Persistenz primär-autistischer Verhaltensweisen führen oder aber, wenn zur Zeit der Trennung bereits eine emotionale Beziehung zur Mutter bestand, zu einer autistischen Reaktion.

Schachter und Stern wiesen bei der Besprechung ihrer Fälle von kindlichem Autismus ausdrücklich darauf hin, daß in der Vorgeschichte aller von ihnen beobachteten autistischen Kinder eine affektive Frustration in den ersten Lebensmonaten und -jahren, die bei ihnen „kein Gefühl von Sicherheit und Geborgenheit" aufkommen ließ, vorgelegen habe. Einige Autoren haben auch die Etablierung einer autistischen Neurose zur Diskussion gestellt, die neurosenpsychologisch allerdings verdrängungsfähige Ich-Funktionen voraussetzen würde, wie sie erst im dritten und vierten Lebensjahr erworben werden. M. Vogl wies auf „autistische Durchgangsstadien" im Verlauf neurotischer Erkrankungen bei Kindern hin; über autistisches Verhalten in Reifungskrisen von Jugendlichen berichtete Tarnow.

Diagnose, Differentialdiagnose und Fehldiagnosen. Die psychopathologische Symptomatik allein erlaubt keine sichere differentialtypologische Abgrenzung des psychogenen Autismus von anderen autistischen Syndromen des Kindesalters. Die Diagnose wird gestützt durch eine weitgehende Reversibilität der autistischen Verhaltensradikale und des allgemeinen Entwicklungsrückstandes, durch das Fehlen dominierender autistischer Wesensmerkmale bei den Eltern und durch schwere emotionale Frustrationen dieser Kinder in der frühen Kindheit.

Unter den *hospitalisierten* Kindern finden sich nicht selten solche mit autistischen Symptomen; sie lassen sich in leichten Fällen nur schwer von depressiven Reaktionen abgrenzen. Dührssen stellte bei ihren Untersuchungen an Heim-, Pflege- und Familienkindern eine besondere Häufung von Kontaktstörungen bei Pflegekindern fest, von fünfunddreißig Heimkindern wurden neun als „kontaktlos und indifferent" bezeichnet. Meyerhofer schilderte bei ihren Heimkindern einen „gleichgültig-passiven" Verhaltenstyp, ohne auf das Problem des kindlichen Autismus ausdrücklich einzugehen. Bei der Abgrenzung von anderen Autismusformen ist besonders eine *frühkindliche Hirnschädigung* auszuschließen, die bei hospitalisierten Kindern nicht selten die entscheidende Ursache für den weiteren Verbleib in der Heimpflege darstellt.

Therapie und Prognose. Wie bei allen psychogenen Störungen steht in der Behandlung die Psychohygiene vor der Therapie. Bei autistischen Heimkindern ist die *Beendigung der Frustrationssituation* und die Herstellung einer möglichst lange währenden Intimbeziehung zu gleichbleibenden Pflegepersonen vordringlich. Anzustreben ist eine Rückführung in die Familie oder Überführung in eine Pflege- oder Adoptivstelle. Die heilpädagogische oder psychagogische Therapie deckt sich mit den Ausführungen zur Therapie des Asperger-Syndroms.

Die *Prognose* ist abhängig von dem Ausmaß einer genetischen Präformierung, vom Lebensalter bei Beginn der Frustrationsperiode und von deren Dauer. Sie ist relativ günstig, wenn die Hospitalisierung nicht allzu lange dauerte oder nach dem zweiten Lebensjahr des Kindes begann. Sie ist ungünstig bei Hospitalisierung gleich nach der Geburt und einer über 3 Jahre dauernden Internierung in einem pflegerisch unzureichend ausgestatteten Heim.

III. Asperger-Syndrom (autistische Psychopathie)

Symptomatik. Das von Asperger 1943 beschriebene Syndrom fand sich in charakteristischer Ausprägung nur bei Knaben und wurde als *„Extremvariante des männlichen Charakters"* (übersteigerter Intellektualismus, verschrobene Originalität, deformierte thymische Funktionen) bezeichnet. Da es nicht nur bei den Vätern, sondern manchmal auch bei den Müttern dieser Kinder beobachtet wird, ist anzunehmen, daß es bei letzteren erst nach der Pubertät in Erscheinung tritt.

Die *emotionale Hemmung*, die Tendenz zur Abkapselung und Selbstisolierung, ist auch hier das zentrale Symptom. Es fehlt die naiv-sentimentalische Unbekümmertheit und Augenblicksbezogenheit des gesunden Kindes. Diese Kinder wirken ernst, vergrübelt, egoistisch, extrem introvertiert und vorzeitig gereift.

Physiognomisch soll nicht selten eine charaktervolle Disproportioniertheit des Gesichtes vorhanden sein durch starke oder akzentuierte Nasenbildung, Kiefer- und Zahndeformitäten. Der *Gesichtsausdruck* wirkt durch scharfe, wie mit einem Stift gezeichnete Züge zugleich prinzenhaft und frühreif, andererseits aber auch gespannt und problemgeladen. Der *Blick* ist leer und unbestimmt in die Ferne gerichtet, er läßt sich weder durch optische noch akustische Reize fixieren und geht bei Konfrontation an dem Partner vorbei oder „hindurch". Dennoch nehmen diese Kinder durchaus Geschehnisse in ihrer Umgebung mit dem peripheren Gesichtsfeld wahr, wie aus ihren gelegentlich präzis gezielten Reaktionen ersehen werden kann. Das Mienen- und Gebärdenspiel ist ärmlich und spärlich entwickelt, das gleichförmig-statische Element herrscht vor, gelegentlich von motorischen Stereotypien und maneriert-bizarren, teilweise rhythmisch-stereotypen Bewegungsabläufen unterbrochen.

Die *Sprache*, neben Blick, Mimik und Motorik bedeutsamster Träger menschlichen Kontaktes, kann in sehr verschiedener Weise gestört sein. Die Sprechmelodie ist oft eintönig-leiernd, ohne Hebungen und Senkungen zu Beginn oder am Ende einer Aussage, sie kann aber auch überspitzt prononciert oder theatralisch sein. Die Lautstärke schwankt ebenfalls zwischen Extremen: hauchend leise und kaum verständlich bis schreiend und unnatürlich laut. Beginn und Ende der Monologe fallen ohne Rücksicht darauf, ob jemand das Zimmer verläßt oder bereits in einem Gespräch begriffen ist, ob

ihm jemand zuhört oder nicht. In formaler Beziehung ist weiterhin typisch eine auffallende sprachschöpferische Fähigkeit („naszierende Sprache", Feldner), die im engen Zusammenhang mit der autistisch-innengelenkten Wesenseigenart steht und den Charakter einer „autonomen Sprache" annehmen kann. Differentialtypologisch wichtig ist, daß die Sprachentwicklung oft auffallend früh, wesentlich früher als das Gehen einsetzt und rasch einen hohen Vollkommenheitsgrad erreicht und damit den Eindruck des vorzeitig Gereift- und Erwachsenseins dieser Kinder verstärkt. Van Krevelen wies vereinfachend darauf hin, daß der autistische Psychopath eher reden als laufen könne und anders als der frühkindliche Autist meist erst im dritten Lebensjahr durch die Verzögerung der statomotorischen Entwicklung auffällig werde.

Motorisch und manuell sind die Kinder mit einem Asperger-Syndrom auffallend ungeschickt. Die Körperbewegungen wirken disharmonisch, eckig und abrupt. Das Zusammenspiel der An- und Synergisten scheint einer zentralen Steuerung zu ermangeln, das Körperschema ist nur unvollkommen entwickelt. Die Kinder erlernen die altersadäquaten Kulturtechniken erst relativ spät. Sie können sich beispielsweise im Schulalter noch nicht allein an- und auskleiden, säubern und waschen, Schleifen binden und Knöpfe öffnen und schließen. Sie sind auch entsprechenden Dressaten nicht oder doch nur schwer zugänglich, da sie eine eindeutig negative Einstellung zur Körpersphäre haben. Sie zeigen oft ausgesprochen aggressive Züge gegenüber ihren Mitmenschen. Schwächen der Familienmitglieder werden mit gezielt-enthüllenden Bemerkungen, von Asperger als „autistische Bosheitsakte" bezeichnet, bedacht und sind als ein Nebenprodukt autistischer Sublimierung anzusehen. Bei der sonstigen Beziehungslosigkeit und Abgekapseltheit des fensterlos-monadenhaften Daseins dieser autistischen Kinder erscheint dieses Agieren aus der Peripherie besonders überraschend und charakteristisch.

Die *Intelligenz* ist meist durchschnittlich, gelegentlich überdurchschnittlich, selten unterdurchschnittlichen Grades. Sie ist immer originell, das heißt an Sonderinteressen und nicht ableitbaren Vorlieben für bestimmte Kenntnis- und Wissensbereiche orientiert, die im Vergleich zum Allgemeinwissen übermäßig aufgebläht werden. Dabei dominiert oft die reine Wissensspeicherung, die sammlerische Tendenz, das registrierende Auswendiglernen vor der logischen Verknüpfung und Verwendung. So finden sich bereits im Schulalter „Erfinder,

Naturforscher, Literatur- und Kunstkenner, Rechenkünstler". Dabei imponiert in einigen Fällen das scheinbar Originelle bereits als Defekt und leitet über zu den Denkrastern hirnorganisch Schwachsinniger mit automatisierten Gedächtnisleistungen, die etwa die Namen sämtlicher Bananendampfer aufsagen oder als „Kalenderjungen" zu jedem beliebigen Datum der Vergangenheit und Zukunft den Wochentag nennen können. Das schulmäßige Lernen bereitet den meisten Kindern mit einem Asperger-Syndrom erhebliche Schwierigkeiten, weil sie neben ihren zwanghaft-eigenständigen Lernmethoden nicht willkürlich über ihre Aufmerksamkeit verfügen können und erst im späteren Schul- und Lebensalter eine Anerkennung ihrer Leistungen erzielen.

In der Auswahl der Spieldinge und *Beschäftigungen* gehen sie unbeeinflußt von der Umwelt ihren eigenen Impulsen und Intentionen nach. Altersgerechte, aufbauende und komplexe Spiele treten gegenüber stereotypisierten Gewohnheitshandlungen wie Kramen, Sammeln, Ordnen, Aus- und Einräumen ganz zurück. Sie sehen bei der Betrachtung von Einzelobjekten Probleme, wo das gesunde Kind mit dem Handlungsablauf und der Synthese beschäftigt ist. Asperger beschrieb einen Knaben, der beim Löffeln seiner Suppe in Konflikte geriet, weil er nicht aufhören konnte, die Fettaugen darin zu betrachten, hin- und herzuschieben oder zu -blasen: die wechselnden Formen wurden ihm bedeutsam und problemreich. Auch sonst können bedeutungslose, allenfalls vorübergehend benutzte Gegenstände wie Garnrollen, Pakethalter, leere Dosen und Schachteln eine überwertige, fetischartige Bedeutung erhalten, deren Besitz in Analogie zur „Veränderungsangst" sorgfältig überwacht wird.

Genese und soziale Bedeutung. Die autistische Psychopathie ist nach Untersuchungen von Asperger an mehreren hundert Kindern und ihren Eltern eindeutig *erbbedingt*. Er weist ausdrücklich darauf hin, daß er in jedem Fall autistisch-psychopathische, meistens männliche Erbträger feststellen konnte. Das Syndrom wird als Ausdruck einer vorwiegend vom Vater auf den Sohn vererbten Extremvariante eines bestimmten Typs der schizoiden Persönlichkeit gedeutet. Andere Autoren stimmen darin überein, daß die hereditäre Dominanz eines Autismusfaktors die conditio sine qua non für die Entstehung eines kindlichen Autismus, wie er im Asperger-Syndrom vorliegt, darstellt.

Bei den Eltern differentialtypologisch nicht untergliederter autistischer Kinder und einer Ver-

gleichsgruppe von Eltern normaler Kinder wurde testpsychologisch ermittelt (Lobascher and Huns), daß sich bei den Müttern beider Gruppen keine bemerkenswerten Persönlichkeitsdifferenzen fanden; die Väter autistischer Kinder waren dagegen signifikant häufiger „introvertiert" als die der Kontrollgruppe.

Die *soziale Bedeutung* liegt in der Hypertrophie intellektueller Sonderbegabungen bei weitreichender Insuffizienz gegenüber emotionalen Anforderungen, die zur sozialen Abdrängung in die Rolle von Sonderlingen und zur sekundären Neurotisierung führen kann.

Diagnose, Differentialdiagnose und Fehldiagnosen. Autistische Kinder, meistens Knaben normaler oder überdurchschnittlicher Intelligenz aus vorwiegend intellektuellen Familien mit abnorm-autistischen Vätern, deren sprachliche Entwicklung normal oder verfrüht im Gegensatz zu einer retardierten motorischen Entwicklung einsetzte, gehören nach Asperger zum Formenkreis der autistischen Psychopathie.

Differentialdiagnostische Überlegungen sind in erster Linie an einer typologischen Abgrenzung anderer autistischer Syndrome orientiert. Man kann dabei davon ausgehen, daß es *autistische Kernfälle* gibt, die nach ihrem Querschnittsbild sowohl dem Syndrom von Asperger wie auch von Kanner zugerechnet werden können. Stutte konnte bei zahlreichen Kindern keinen fundamentalen Unterschied zwischen den Formen von Asperger und Kanner nachweisen. Für die längsschnittmäßige Betrachtung unter Einbeziehung der Familienvorgeschichte und Anamnese spielen insbesondere Reihenfolgestörungen der statomotorischen und sprachlichen Entwicklung und die Art der Kontaktschwäche eine Rolle, die bei der syndromalen Zuordnung berücksichtigt werden sollte.

Die *kindliche Schizophrenie* ist regelmäßig von einer zentralen Kontakt- und Beziehungsstörung begleitet, Sprachstörungen fehlen selten. Die im Laufe der Zeit eintretende affektive Verödung und Verflachung als Ausdruck des progredienten Prozesses erleichtert neben den im Kindesalter relativ seltenen akzessorischen Symptomen (Wahnideen, Sinnestäuschungen) die Differentialdiagnose. Auf die psychopathologische Ähnlichkeit *postencephalitischer Residualzustände* mit dem von ihm beschriebenen Syndrom wies Asperger hin.

Therapie und Prognose. Eine *kausale Therapie* des Asperger-Syndroms ist nicht gegeben, es handelt sich offenbar um eine erblich bedingte Wesens- und Charakteranomalie, die therapeutisch prinzipiell nur wenig Besserungschancen aufweist.

Tabelle 1. *Einige differentialtypologische Kriterien des Asperger- und des Kanner-Syndroms*

Merkmal	Asperger-Syndrom	Kanner-Syndrom
Art der Kontaktstörung	Mitmenschen werden als störend empfunden	Mitmenschen werden nicht in ihrer Existenz erfaßt
Geschlechtsverteilung	fast ausschließlich Knaben	Knaben und Mädchen
Sprachliche und motorische Entwicklung	Kind spricht, bevor es läuft; häufig motorische Retardierung	Kind läuft, bevor es spricht; häufig Sprachentwicklungshemmung
Intelligenz	durchschnittlich und überdurchschnittlich	oft unterdurchschnittlich
Aszendenz	Väter autistisch und intellektuell	Väter und Mütter autistisch, „Intellektuellenfamilien"

Überspitzte Verhaltensweisen lassen sich *heilpädagogisch* mit beschränkter Zielsetzung am ehesten beeinflussen, wenn der Erzieher an der autistischen Welt des Kindes partizipiert und wohlwollend, aber mit „abgestelltem Affekt" (Asperger) das Kind behandelt. Daneben spielt das systematische Training motorischer Unbeholfenheiten und arbeitstechnischer Schwierigkeiten dieser gefühlsschwachen intellektuellen Kinder eine wichtige Rolle. Eine besondere *medikamentöse* Behandlung (siehe Therapie beim somatogenen Autismus) ist meistens nicht erforderlich.

Die *Prognose* ist einmal von der Schwere der ererbten Symptomausprägung, zum anderen von dem Intelligenzgrad des Kindes abhängig. Bei über 400 von Asperger beobachteten autistisch-psychopathischen Kindern entwickelte sich nur in 2 Fällen eine schizophrene Psychose.

IV. Kanner-Syndrom (frühkindlicher Autismus)

Symptomatik. An 11 Kindern beobachtete der amerikanische Kinderpsychiater Kanner eine autistische Störung des affektiven Kontaktes, die er 1943 erstmalig beschrieb und später als *early infantile autism* bezeichnete. Dieser frühkindliche Autismus ist ein prognostisch häufig ungünstiges, relativ seltenes Krankheitsbild, das in den USA von Kanner und Mitarbeitern in 10 Jahren unter den zahlreichen ihnen vorgestellten verdächtigen Kindern nur 150mal diagnostiziert wurde.

Psychopathologisch sind nach Kanners eigenen Untersuchungen (Fischer) 2 Kardinalsymptome (*basic criteria*) von entscheidender pathognomonischer Bedeutung:

1. eine extrem autistische Abkapselung aus der menschlichen Umwelt.

2. ein ängstlich-zwanghaftes Bedürfnis nach Gleicherhaltung der dinglichen Umwelt (Veränderungsangst).

Diese beiden Grundsymptome müssen vorhanden sein, wenn ein frühkindlicher Autismus diagnostiziert werden soll. Sie reichen aber nicht immer für eine präzise diagnostische Einordnung aus. An sekundärer, in engem Zusammenhang mit der Grundstörung stehender Symptomatik lassen sich meist nachweisen

3. eine Störung der Intelligenzentwicklung und

4. Störungen der Sprachentwicklung.

Die *Veränderungsangst*, ein Phänomen, das in Ansätzen auch bei gesunden Kleinkindern beobachtet wird, tritt bei Kindern mit einem Kanner-Syndrom besonders ausgeprägt in Erscheinung. Diese Kinder reagieren mit Angstparoxysmen, mit Schreien und Erregungszuständen, wenn die gewohnte Ordnung in der Wohnung, die Stellung der Möbel und der Spielsachen verändert wird oder ständig wiederkehrende Verrichtungen (Nahrungsaufnahme, Spaziergänge, Körperpflege) eine Abwandlung erfahren oder zeitliche Gewohnheiten nicht eingehalten werden.

Bei einem 5jährigen Knaben trat nach der Klinikaufnahme eine völlige Nahrungsverweigerung auf, bis die Mutter den gewohnten Teller, das täglich benutzte Eßbesteck und einen Bauklotz mitbrachte, den das Kind ständig bei sich führte. Seine Hauptbeschäftigung bestand im Zerreißen von Kartons in winzige Stückchen, die dann in einer Ecke aufgehäufelt wurden.

Der Sohn eines Lehrers und einer Juristin zeigte schon als Säugling keine emotionale Resonanz: kein Lächeln, kein Strampeln, keine Blickfixation. „Er guckte geradeaus, als ob wir Fenster wären." Mit 2 Jahren stieß er unmotiviert schrille und laute Schreie aus, wobei er sich selbst die Ohren zuhielt. Er konnte mit 3 Jahren fast alles verstehen, begann aber erst mit 5 Jahren einzelne Wörter zu sprechen. Spontan sprach er nur, wenn er vor Alternativen gestellt wurde. Bei Verkehrsumleitungen auf gewohnten Strecken traten schwere

Erregungszustände auf, die erst aufhörten, wenn die Umgebung wieder vertraut wurde. Mit 7 Jahren kam es zu einem heftigen Angstzustand, als sich Wolken vor die Sonne schoben. Der Junge schrie in großer Angst: „Der Himmel ist kaputt" und behielt diesen Ausruf für andere angstgetönte Situationen bei.

Aus der zwanghaft beachteten Sicherung der täglichen Ordnung heraus kommt es nicht selten zu einer tyrannisierenden Behandlung der Umwelt durch das Kind. Es erwartet ständig, daß entstehende Unordnungen reguliert werden. Insofern wird eine Mutter-Kind-Beziehung der „Ordnung-wegen" geduldet.

So konnte die Mutter dieses 5jährigen Knaben nur dann das Haus verlassen, wenn jemand anders die Aufgabe übernahm, weggeworfene Bauklötze zurückzubringen. Das gleiche Kind bestand beim Verlassen des Hauses laut schreiend auf ein zeremonielles Beklopfen von 2 Briefkästen und ein kurzes Anhalten und Hinsetzen auf 2 Parkbänke.

Die Frage, ob und welche Art einer Störung der *Intelligenzentwicklung* vorliegt, ist Gegenstand seit langer Zeit laufender Diskussionen und Klärungsversuche. Kanner selbst vertritt die Ansicht, daß die Intelligenz durch die schwere autistische Grundstörung in eigenartiger Weise maskiert und verschüttet sei und kann auch Beispiele solcher paradoxer Intelligenzentwicklungen angeben. Er selbst führte mit Eisenberg katamnestische Untersuchungen durch und stellte bei immerhin zwei Dritteln aller frühkindlich autistischen Kinder erhebliche psychische Entwicklungsrückstände fest, während bei einem Drittel die Intelligenzentwicklung normal war und sogar eine Schul- und Berufsausbildung erlaubte. Sie schließen daraus, daß die Störungen der kognitiven Funktionen nur eine Folge des autistischen Primärsymptoms sind, das eine altersentsprechende Ausformung und Reifung der Intelligenz nicht zuläßt, analog etwa einer Behinderung der Intelligenzentwicklung infolge Taubheit oder sensorischer Hörstummheit.

Eine *Sprachentwicklungsstörung* ist regelmäßig vorhanden. Bei der Hälfte der Kinder ist die altersgemäße Sprechfähigkeit erheblich verzögert, teilweise um Jahre. Immerhin erlernen zwei Drittel der Kinder das Sprechen, ein Drittel bleibt zeitlebens stumm. Das Sprachverständnis ist bei einem Teil der Kinder bereits in der „stummen Phase" entwickelt, bei anderen nicht. Da eine Kommunikation über das gesprochene Wort bei den stummen Kindern nicht möglich ist und infolge der autistischen Störung auch mimische und motorische Symbole nicht an deren Stelle treten können, wird bei diesen Kindern häufig eine Schwerhörigkeit oder Taubheit angenommen, die häufig überhaupt erst

Veranlassung zur Vorstellung gibt. Die andere Hälfte der Kinder lernt nach den Feststellungen Kanners annähernd altersgerecht sprechen. Sie zeichnen sich oft durch erstaunliche Gedächtnisleistungen aus, die jedoch auffallend häufig abseitige und unwichtige Interessensgebiete betreffen. In formaler Beziehung weist die Sprache mit bemerkenswerter Häufigkeit Absonderlichkeiten und Abartigkeiten wie Neologismen, verbale Iterationen, agrammatische Satzbildungen und Echolalien auf. Neben der von Kanner beschriebenen „*verzögerten Echolalie*" (delayed echolalia) finden sich auch Kinder mit „Phonographismus" (Tramer), der in einem buchstaben-, ausdrucks- und lautgetreuen Wiederholen von Vorgesprochenem oft zur unrechten Zeit charakterisiert ist. Diese und die von Kanner beschriebene „*prominale Umkehr*" (Verwendung der ersten Person Einzahl für den Gesprächspartner, der zweiten Person für das Kind selbst) sollen charakteristisch für den frühkindlichen Autismus sein, sie finden sich indes auch bei anderen autistischen Syndromen und bei kindlichen Psychosen.

Auf spezielle *motorische Auffälligkeiten* (Augenbohren, Hand-Finger-Mechanismen, mimische Auffälligkeiten), die sich sowohl bei autistischen als auch bei sehschwachen bzw. blinden Kindern relativ häufig nachweisen ließen, wies D. Weber hin. Das *digitooculäre* Phänomen ließ sich bei fast der Hälfte der Kleinkinder mit einem Kanner-Syndrom nachweisen. Stereotype *Finger-Hand*-Mechanismen, ruckartige *Augenbewegungen* und „*Zehenspitzengang*" (Gehen auf dem Vorderfuß) ließen sich bei etwa der Hälfte aller Kinder mit einem Kanner-Syndrom registrieren.

Genese und soziale Bedeutung. Kanner, der die größte Anzahl von Vorgeschichten und Familienuntersuchungen von Kindern mit dem nach ihm benannten Syndrom überblickt, hat sich seit der Erstbeschreibung des frühkindlichen Autismus mehrfach, und, wie es zunächst scheint, widersprüchlich zur Nosologie, Ätiologie und Pathogenese geäußert. Er vertrat aber unverändert den Standpunkt, daß es sich bei diesem Krankheitsbild um die früheste Manifestation einer schizophrenen Psychose handele, die er allerdings wie E. Bleuler für eine Krankheit ungeklärter Ätiologie ansieht. Der frühkindliche Autismus sei eine „psychobiologische Krankheit" im Sinne von A. Meyer, d.h. sowohl erbgenetische wie peristatische Faktoren seien an ihrer Entstehung und Entwicklung beteiligt.

Abb. 3. Zeichnung eines 4;11jährigen, körperlich harmonisch entwickelten Jungen mit einem Kanner-Syndrom einschließlich totaler Sprachentwicklungshemmung; in den Familien beider Eltern finden sich autistische Sonderlinge. Die stereotyp-mechanische Vorzugsbeschäftigung des Jungen (er wird auf der Station „Professor" genannt) besteht im Kritzeln von Zahlen- und Buchstabenkombinationen, die er mit enormer Geschwindigkeit anfertigt. Außerdem zeichnet er Selbstporträts mit auffallend großen Augen und genauer Behandlung von Kleidungsdetails oder malt sich mit bunten Farben maskenhaft an. Es besteht ein überwertiges Interesse an Schreib- und Rechenmaschinen; er nimmt nur kalte Nahrung zu sich

Den *Erbfaktoren* kommt dabei nach den Untersuchungsergebnissen von Kanner eine besondere Bedeutung zu. Bei der Auswertung der Familiengeschichten von 100 Kindern mit einem early infantile autism ergab sich, daß ausnahmslos alle Kinder aus „Intellektuellenfamilien" stammten: Von 100 Vätern hatten 96 und von 100 Müttern 92 eine abgeschlossene höhere Schulbildung, 97 Väter und 70 Mütter hatten außerdem ein College besucht. Kanner (zitiert nach Fischer): „Bis heute sind wir nicht einem autistischen Kind begegnet, das von ungebildeten (unsophisticated) Eltern stammt." Darüber hinaus stellte er fest, daß 85% der Eltern ebenfalls autistisch-schizoide, „emotional frigide" Wesenseigentümlichkeiten aufwiesen, und zwar (anders als beim Asperger-Syndrom): beide Eltern, Mutter wie Vater. — Es ist verständlich, daß sich in dieser total autistischen Familienatmosphäre die schwerpunktmäßige Bedeutung genetischer und peristatischer Einflüsse kaum gegeneinander abgrenzen läßt, hier gehen Erb- und Umweltfaktoren ineinander über bzw. verstärken die ungünstige Einwirkung auf das Kind. Für eine Dominanz erbbiologischer Faktoren sprechen zwei eigene Beobachtungen, in denen je ein Kind mit einem Kanner-Syndrom und autistisch-schizoiden Eltern

eine psychisch unauffällige Schwester bzw. eine Schwester und einen Bruder hatten. Die Manifestation der autistischen Symptomatik bereits im Säuglingsalter gab Kanner Veranlassung, von einem frühkindlichen Autismus zu sprechen, den er durch die kritischen Schilderungen der Eltern überzeugend belegt: keine Strampel- oder Lächelreaktionen in der Anticipationshaltung, die Kinder verhielten sich „self-sufficient", lebten „like in a shell" und waren „happiest when left alone".

Die Mutter eines autistischen Knaben eigener Beobachtung („Mein Mann und ich sind sehr menschenscheu und wünschen keine Kontakte — es müßte schon etwas Essentielles sein.") berichtete, daß im 6. Lebensmonat unmotivierte „Schreianfälle" auftraten, das Kind habe nie gelächelt, nie gestrampelt, sie nie fixiert: „Es war entsetzlich, furchtbar, als ob es nicht leben wollte. Es war da und war doch nicht da." Mit 4 Jahren begann das Kind zu sprechen, „nein" sei das erste Wort gewesen. Mit 7 Jahren war das Kind nicht schulfähig, zeigte aber eine starke musikalische Begabung: wählte unter Hunderten von Platten auf Wunsch die richtige aus, konnte die Melodien schwieriger Kompositionen auswendig singen, etwa den „Herbst" von Vivaldi. Es gestaltete sich in jedem Raum eine „Intimecke", die nicht verändert werden durfte. Es geriet in panikartige Erregung, wenn ein Teppich aufgenommen oder ein Stuhl hochgehoben wurde. Es wartete ängstlich-gespannt auf das Erlöschen des roten Lichtes am Elektroherd und das Schließen des Wasserhahnes und zeigte eine abnorme Furcht vor Türschwellen und Türen.

Diagnose, Differentialdiagnose und Fehldiagnosen.
Kinder mit partiellen oder universellen Störungen
der Intelligenz und einer verzögerten oder dauernd
gehemmten Sprachentwicklung, die bereits in der
frühen Kindheit (manchmal schon ab viertem
Lebensmonat) eine charakteristische autistische
Symptomatik aufwiesen und später eine ungestörte
statomotorische Entwicklung absolvierten, rechnet
Kanner zum frühkindlichen Autismus. Die Kinder
entstammen fast ausnahmslos Intellektuellenfamilien, und in den meisten Fällen zeigen *beide Eltern*
ebenfalls autistische Wesensabnormitäten.

Der *psychogene* Autismus wird vorwiegend bei
hospitalisierten Kindern oder solchen Kindern beobachtet, die unter kulturarmen häuslichen Bedingungen aufwachsen. Er ist graduell meist nicht
so stark wie das Kanner-Syndrom ausgebildet,
bessert sich oft eindrucksvoll unter psychotherapeutischer Behandlung und hat somit eine relativ
günstige Prognose.

Ein *somatogener* Autismus muß durch entsprechende neurologische beziehungsweise Stoffwechseluntersuchungen in jedem Einzelfall besonders ausgeschlossen werden.

Kinder mit einem *Asperger*-Syndrom sind
meistens durchschnittlich oder überdurchschnittlich,
nur gelegentlich unterdurchschnittlich begabt. Sie
lernen in typischen Fällen sprechen, bevor sie laufen
können. Von diesen autistischen Syndromen werden
meistens Knaben betroffen. Erbträger sind offenbar
die Väter, die fast regelmäßig ebenfalls autistische
Wesensmerkmale aufweisen. Bei der syndromalen
Zuordnung kann man davon ausgehen, daß es
autistische Kernfälle gibt, die nach ihrem Querschnittsbild sowohl dem Kanner- als dem Asperger-
Syndrom zugerechnet werden können.

Nicht alle Kinder mit schwerer Kontakt- und
Bindungsschwäche sind kindliche Autisten. Kinder
mit umschriebenen *Sinnesdefekten* oder cerebralen
Ausfällen wie Taubheit, Schwerhörigkeit und Hörstummheit oder universellen *cerebralen Schädigungen*, etwa schwere Schwachsinns- oder Demenz-
formen, können infolge ihrer akustischen oder
defektbedingten Isoliertheit eine echte autistische
Wesensanomalie vortäuschen. Kinder mit einem
derartigen „*Pseudoautismus*" privatisieren, weil
sie von der Kommunikation mit der Außenwelt
defektbedingt getrennt sind, weil in ihrem „Gehirn
wenig los ist" (Kraepelin) und die psychologischen
Voraussetzungen für eine zwischenmenschliche
Beziehung nicht gegeben sind.

Hörstörungen bei Kindern entgehen besonders
leicht der Aufmerksamkeit der Umgebung. Manch-

mal führen erst die sekundären psychischen Störungen zur Aufdeckung des Grundleidens. Bei einem
sechs Jahre alten Knaben war kinderärztlicherseits
nach Konsultation eines Ohrenarztes die Fehldiagnose eines frühkindlichen Autismus gestellt
worden. Dafür sprach rückblickend nur die kühl-
egoistische Charakterstruktur der Mutter, die nach
erfolgter Ehescheidung den Jungen ihrer Mutter
überließ und schließlich die Heimeinweisung forderte, weil auch diese die Erziehung des Kindes nicht
weiter übernehmen wollte. Die stationäre Beobachtung und die audiometrische Untersuchung ergaben
das Vorliegen einer hochgradigen Schalleitungs-
schwerhörigkeit. Durch Verordnung eines Hör-
gerätes wurde eine deutliche Kontaktbesserung erzielt.

Therapie und Prognose. Die bisher bekannt gewordenen Behandlungsergebnisse sind insgesamt
nicht ermutigend. Auch intensive und über lange
Zeit geführte psychotherapeutische Behandlungen
konnten nur Teilerfolge erzielen. Über eine wirklich
gelungene Restitution wurde bisher noch nicht berichtet. Dennoch sind untätiger Pessimismus genauso wie allzu große Erwartungen fehl am Platze. Allzu pessimistische ärztliche Prognosen bei psychisch
behinderten Kindern werden in Einzelfällen immer
wieder durch den optimistischen Impetus psychotherapeutischer und heilpädagogischer Behandlungserfolge korrigiert.

Die Therapie verfolgt ein begrenztes Ziel. Es
besteht darin, aus einem gemeinschaftsunfähigen
autistischen Kind ein sozial befriedigend adaptier-
tes Kind zu formen. Wieweit dies gelingt, ist im
Einzelfall weitgehend von der Bereitwilligkeit und
Fähigkeit der Eltern zur Mitarbeit und natürlich vom
Grad der autistischen Störung des Kindes abhängig.

Durch die enge Verflechtung von genetischen
und psychodynamischen Faktoren in der Familie
der autistischen Kinder sind die therapeutischen
Ansatzpunkte meist unübersichtlich, da die autistischen Eltern gemeinsam mit dem autistischen
Kind das beziehungskühle häusliche Milieu gestalten. Der wichtigste Gesprächspartner des Therapeuten ist die Mutter. Eine besondere Schwierigkeit
liegt darin, diese meistens ebenfalls kontaktgestörten Mütter und die Väter zur Mobilisierung ihrer
affektiven Reserven und damit zu einer Vertiefung
ihrer Kontakte zu dem autistischen Kind zu bringen. In den Fällen, in denen bereits primäre oder
iatrogene Schuldgefühle wegen ihrer eigenen affektiven Frigidität als Ursache der autistischen
Störung des Kindes vorliegen, ist eine gründliche
Feldbereinigung notwendig, um die erforderliche

therapeutische Bereitschaft herzustellen. In vielen Fällen ist daneben eine Einzelbehandlung des Kindes durchaus angebracht. Wie bei anderen kommunikativ gestörten Kindern gelingt auch hier die Kontaktaufnahme häufig durch eine Musik- oder Bewegungstherapie rascher und zuverlässiger als durch eine Spiel- und Beschäftigungstherapie. Die Aufnahme und Umsetzung von Rhythmus und Klang stellt gleichzeitig ein Training der Aufmerksamkeit und der Konzentrationsfähigkeit dar. Eine Einschulung wird, wenn überhaupt möglich, meist erst mit stärkerer Verspätung erfolgen können. Dort, wo der Schulbesuch möglich wird, hängt der Erfolg von der Bereitschaft der Lehrer zur Mitarbeit ab, die mit der besonderen Problematik des Kindes gründlich vertraut gemacht werden müssen.

Der Versuch einer medikamentösen Therapie erscheint besonders bei den antriebsschwachen und in der Sprachentwicklung gehemmten Kindern durchaus angebracht. Siehe dazu Therapievorschläge bei dem somatogenen Autismus.

Die *Prognose* ist in erster Linie vom Grad der autistischen Wesensanomalie abhängig. Sie ist ungünstig, wenn die Sprachentwicklung bis zum fünften Lebensjahr noch nicht eingesetzt hat (Kanner und Eisenberg). Diese Autoren, die die größte Anzahl solcher Kinder überblicken, stellten in einem Drittel der Fälle eine relativ günstige Entwicklung fest, während das autistische Syndrom bei den anderen Kindern stagnierte und die Entwicklung einen ungünstigen Verlauf nahm.

Von den 11 Kindern, über die Kanner 1943 erstmals berichtete und (1971) als „pure culture examples of inborn autistic disturbances of affective contact" bezeichnete, konnte er über 25 Jahre später 9 nachuntersuchen. Bei 2 (1 davon war verstorben) waren epileptische Anfälle aufgetreten. 6 lebten in Heimen oder Anstalten, ihr IQ lag im Bereich schwerer Debilität oder der Imbezillität. Nur 3 frühere Patienten hatten sich günstig entwickelt; diesen war bereits in der Kindheit eine gute Prognose gestellt worden.

V. Somatogener Autismus

Symptomatik. Eine syndromspezifische Symptomatik des somatogenen Autismus ist nicht bekannt. Seine differentialtypologische Zuordnung ist weitgehend von dem Nachweis neuropathologischer Befunde abhängig.

Psychopathologisch steht bei dem somatogenen Autismus nicht wie beim Asperger- oder Kanner-Syndrom die aktive Abkapselung unter Wegdrän-

gung und Ausklammerung der Umgebung im Zentrum des autistischen Verhaltens, sondern ein passives Verharren in der Kontaktschwäche, die durch die Isolierung von der Umwelt weiter verstärkt wird.

Genese und soziale Bedeutung. Eine größere Anzahl europäischer Autoren ist der Meinung, daß die meisten oder sogar alle Formen des kindlichen Autismus ausschließlich durch hirnorganische Schädigungen verursacht werden.

Der holländische Kinderpsychiater van Krevelen vertritt die Ansicht, daß nicht ein „emotional block" (Kanner) und nicht eine kindliche Schizophrenie die Ursache oder die gemeinsame Grundlage des autistischen Syndroms bilden, sondern ein „*affektiver Defekt bei Oligophrenie*". Es handele sich somit nicht um eine psychische Regression bei partiell intakten Persönlichkeitsanteilen, sondern um eine Retardierung der gesamten kindlichen Persönlichkeit mit einer zentralen affektiven Störung.

Bereits Asperger hatte bei der differentialdiagnostischen Abgrenzung seiner Fälle auf die große psychopathologische Ähnlichkeit bestimmter postencephalitischer Zustandsbilder hingewiesen. Er vermutete, daß ein Teil der Kanner-Fälle in diese Gruppe gehöre. Diese Auffassung wurde später von v. Krevelen dahingehend erweitert, daß die Entstehung eines kindlichen Autismus in jedem Fall eine hereditäre Veranlagung voraussetze, wie sie sich in reiner Form im Asperger-Syndrom manifestiere. Trete zu diesem autistischen Erbfaktor eine somatische Schädigung hinzu, entstehe ein *Autismus infantum*. Mit diesem Begriff des Autismus infantum können alle Formen kindlichen Autismus umfaßt werden, die außerhalb der hypostasierten primären Einheit des Asperger-Syndroms liegen und dann das Zustandsbild einer vergröberten autistischen Psychopathie bilden. Auch das Kanner-Syndrom wäre im Lichte dieser Auffassung als Autismus sui generis im Autismus infantum enthalten, wie van Krevelen anhand von Familien nachwies, in denen jeweils ein Kind ein Asperger- und ein Kanner-Syndrom aufwies und bei deren Eltern er autistische Wesensanomalien nachweisen konnte. Spiel fand ebenfalls bei einem Teil der von ihm untersuchten autistischen Kinder cerebralorganische Schädigungen und Sinnesdefekte. Schönfelder beschrieb zwei autistische Geschwister, die Ventrikelerweiterungen aufwiesen. Bosch wies auf die Bedeutung der Masernencephalitis als eine mögliche Entstehungsursache des frühkindlichen Autismus hin.

Wir sahen einen 4jährigen autistischen Knaben mit einer eindeutigen cerebralorganischen Schädigung, bei dem sich jedoch miteinander konkurrierende pathogenetische Gesichtspunkte besonders eindringlich aufzeigen lassen. Die Mutter und der Vater der Mutter wiesen eine schwere autistische Wesensabartigkeit auf, die bei der Mutter zunächst an einen schizophrenen Defektzustand denken ließ. Bei dem autistischen Kind, bei der Mutter und bei ihrem Vater lag eine extreme Klinodaktylie vor. Bei dem Kind wurde außerdem eine starke kugelförmige Erweiterung des 3. Ventrikels festgestellt. Das Kind bot psychopathologisch das Bild eines Asperger-Syndroms: normalintelligent und sprechgewandt, mit ausgeprägten Sonderinteressen bei starker autistischer Abkapselung.

An diesem Fall ist die ganze pathogenetische Problematik des kindlichen Autismus diskutierbar: emotionale Frustrierungen in der frühen Kindheit durch die autistische Mutter ebenso wie ein ererbter Autismusfaktor oder eine cerebrale Schädigung als alleinige oder vergröbernde Ursache einer primären autistischen Anlage bzw. als Frühform einer „coenästhetischen Schizophrenie" (Huber), die besonders häufig mit einer Erweiterung des dritten Ventrikels vergesellschaftet ist.

Über die Häufigkeit neurologischer und anderer Abnormitäten bei dem kindlichen Autismus gibt es verschiedene Untersuchungen mit unterschiedlichen Ergebnissen. Während D. Weber bei 40 von 92 autistischen Kindern eindeutige neuropathologische Befunde erhob, konnte V. Lotter mehr Abweichungen in einer gesunden Vergleichsgruppe als bei seinen 32 autistischen Kindern feststellen.

Diagnose, Differentialdiagnose und Fehldiagnosen.
Die Diagnose eines somatogenen Autismus ist entscheidend vom Nachweis einer eindeutigen frühkindlichen Hirnschädigung oder einer hirnorganischen Erkrankung abhängig. Eine syndromspezifische psychopathologische Symptomatik ist nicht bekannt. Der somatogene Autismus kann das Erscheinungsbild aller anderen autistischen Syndrome imitieren, er ist häufig durch zusätzliche Intelligenzdefekte vergröbert.

Die phänomenologische Abgrenzung des *psychogenen*, des *psychopathischen* und des *frühkindlichen* Autismus ergibt sich aus der Symptomatologie und Genese dieser Syndrome. Auch bei der Entstehung des *somatogenen* Autismus sind psychodynamische und erbbiologische Anteile im Spiel und bei der Zuordnung der Symptomatik zu berücksichtigen; aus dem Vorhandensein eindeutiger neuropathologischer Symptome kann noch nicht auf eine ausschließlich organische Genese geschlossen werden. Anstelle weiterer Erörterungen sei auf die polygenetisch aufgefächerte Falldarstellung im vorstehenden Abschnitt über die Genese und soziale

Bedeutung hingewiesen. Es läßt sich nicht in allen Fällen eine eindeutige Abgrenzung erzielen; die mehrdimensionale Beurteilung erweist sich auch hier als ein Gebot klinischer Einsicht.

Die Abgrenzung gegenüber dem *Pseudoautismus* gelingt im allgemeinen ohne besondere Schwierigkeiten bei den partiellen oder totalen Sinnesdefekten, insbesondere bei der Schwerhörigkeit und bei der Taubheit. Voraussetzung ist, daß in allen Fällen die entsprechenden audiologischen Spezialuntersuchungen nicht vernachlässigt werden. Jedes Kleinkind mit einem autistischen Syndrom muß einem Audiologen vorgestellt werden. Die Abgrenzung von praktisch nur bedingt bildungsfähigen oligophrenen Kindern ist oft erst nach mehrmaligen ambulanten Vorstellungen oder nach längerer klinischer Beobachtung möglich.

Therapie und Prognose. Für die symptomatische Behandlung des somatogenen Autismus gilt, was an speziellen heilpädagogischen Ansätzen für die Kinder mit einem Kanner- und mit einem Asperger-Syndrom einerseits und an heilpädagogischen Methoden der Betreuung bildungsfähiger schwachsinniger Kinder andererseits erarbeitet und beschrieben wurde.

Im allgemeinen wird sich diese Spezialbehandlung nur in kinderpsychiatrischen Abteilungen und Kliniken durchführen lassen. Wo ambulante Behandlungen zweckmäßig und möglich sind (Ausbildungsstätten für Psychagogen, Logopäden, Beschäftigungstherapeuten und an Kliniken) kann im Bedarfsfall die Unterstützung der öffentlichen Hand (Bundessozialhilfegesetz) nach Stellung eines ärztlichen Antrages beim Jugendamt in Anspruch genommen werden. Die Krankenkassen übernehmen die Behandlungskosten regelmäßig, wenn die Maßnahmen gut begründet und die Erfolgsaussichten als befriedigend bezeichnet werden; für die psychagogische Behandlung muß die Antragstellung durch einen delegationsberechtigten Arzt erfolgen.

Die *Beratung der Eltern* muß darauf ausgerichtet sein, emotionale und intellektuelle Überforderungen zu verhindern, gleichermaßen aber auch Unterforderungen und sekundär-hospitalisierende Tendenzen zu vermeiden. Es ist wichtig, vorhandene Entwicklungsansätze rechtzeitig zu erkennen und auszunutzen, bevor sie verkümmern und schließlich endgültig verschüttet werden. Wenn eine Schulfähigkeit erreicht wird, wird Einzelunterricht oder Unterricht in kleinen Klassen meist günstigere Ergebnisse bringen. Die Solitärsituation ermöglicht ein angepaßteres Eingehen auf die autistische Störung und das Durchhalten eines langsamen Lerntempos bei schwachbegabten Kindern. Die bei vielen autistischen Kindern beobachtete Tendenz zu Repititionen und zur Stereotypisierung läßt sich dabei für das Gelingen des Lernprozesses nutzbar machen.

Die *medikamentöse* Therapie beschränkt sich auf Versuche, mit antriebssteigernden oder antriebshemmenden Medikamenten die Stimmungslage zu harmonisieren und zu stabilisieren. Die täglichen Erfahrungen beweisen, daß bei kritischer Indikationsstellung durchaus achtbare Erfolge erzielt werden können. Voraussetzung ist, daß die Eltern darüber belehrt werden, daß es weder ein spezifisches Mittel gegen die Kontaktschwäche noch für eine Intelligenzförderung gibt und damit übertriebene Erwartungen gedämpft werden.

Stimulierende Medikamente *(Psychoenergizer)* sind das *Centrophenoxin* (Helfergin) und das *Pyrithioxin* (Encephabol). Beide Mittel haben gelegentliche Nebenwirkungen, die beachtet werden müssen: Verstärkung einer vorhandenen muskulären Spastizität, Zunahme der Krampfpotentiale im Hirnstrombild. — Antriebshemmende Medikamente *(Neuroleptica)* haben bei Kindern leider auch in kleinen Dosen oft unerwünschte extrapyramidale Komplikationen, sie sind deshalb mit Vorsicht zu verabreichen. In Betracht kommen z. B. das *Reserpin* (Serpasil), *Chlorprothixen* (Truxal), *Thioridazin* (Melleril) und *Levomepromazin* (Neurocil).

Eine *Prognose* läßt sich nur im Einzelfall mit seiner speziellen somatogenen Begleitsymptomatik und mehrdimensionalen Genese stellen.

Literatur

Asperger, H.: Heilpädagogik. 4. Aufl. Wien-New York: Springer 1965.

Bleuler, E.: Lehrbuch der Psychiatrie. Berlin-Göttingen-Heidelberg: Springer 1960.

Bosch, G.: Der frühkindliche Autismus. Berlin-Göttingen-Heidelberg: Springer 1962.

Eisenberg, L., Kanner, L.: Early infantile autism. 1943—1955. Amer. J. Orthopsychiat. **26**, 556—566 (1956).

Fischer, E.: Der frühkindliche Autismus. Jahrb. f. Jugendpsychiat. IV. Bern: Huber 1965.

Hartmann, K.: Zur Problematik des kindlichen Autismus und der psychiatrischen Nosologie. Prax. Kinderpsychol. 13, 91—133 (1964).

Homburger, A.: Psychopathologie des Kindesalters. Berlin: Springer 1926.

Kanner, L.: Child Psychiatry. Springfield: Thomas 1962.

— Early Infantile Autism. J. Pediat. 25, 211—217 (1944).

Kanner, L.: Folllw up-study of eleven autistic children originally reported in 1943. J. Autism childhood schizophrenia **1**, 119—143 (1971).

Krevelen, D. A. van: On the relationship between early infantile autism and autistic psychopathie. Acta paedopsychiat. 30, 303—323 (1963).

Lempp, R.: Psychosen im Kindes- und Jugendalter — eine Realitätsbezugsstörung. Bern-Stuttgart-Wien: Huber 1973.

Lobascher, M. E., Huns, B. A.: Childhood autism: An investigation of aetiological factors in twenty-five-cases. Brit. J. Psychiat. **117**, 525—529 (1970).

Lotter, V.: Epidemiology of autistic conditions in young children. Sozialpsychiatrie **1**, 163—173 (1967).

Mahler, M. S.: Über Psychose und Schizophrenie im Kindesalter, Autistische und Symbiotische frühkindliche Psychosen. Psyche **21**, 895 (1952).

Makita, K.: Early infantile autism, Autism Infantum and Pseudo-Autism. Fol. Psychiat. et Neurolog. **18**, 97—110 (1964).

Menolascino, F. J.: Autistic reactions in early childhood. J. Child Psychiat. VI, 203—218 (1965).

Nissen, G.: Zum frühkindlichen Autismus. Arch. Psychiat. u. Z. ges. Neurolog. 204, 531—536 (1963).

Nissen, G.: Zur Klassifikation autistischer Syndrome im Kindesalter. Nervenarzt 42, 35—39 (1971).

Rimland, B.: Infantile autism: The syndrome and its implications for a neural theory of behaviour. New York: Meredith Publishing Compagny 1964.

Rutter, M., Bartak, L., Newman, S.: Autism: a central disorder of cognition and language? In: Rutter, M. (Hrsg.): Infantile Autism: Concepts, Characteristics and Treatment. Livingstone: Churchill 1971.

Schönfelder, Th.: Über frühkindliche Antriebsstörungen. Acta paedopsychiat. 31, 112—129 (1964).

Tarnow, G.: Autismus in der Reifezeit als differentialdiagnostisches Problem. Fortschr. Med. 17, 674—676 (1966).

Weber, D.: Der frühkindliche Autismus unter dem Aspekt der Entwicklung. Bern, Stuttgart, Wien: Huber 1970.

Wing, J. K. (Hrsg.): Early Childhood Autism. London: Pergamon-Press 1968.

Formenkreis der endogenen Psychosen

Von P. Strunk

I. Einleitung

Schizophrenien und manisch-depressive Erkrankungen werden als endogene Psychosen bezeichnet. Dieser Begriff ist historisch bedingt. Er bestimmt aber auch heute noch weitgehend die psychiatrische Nosologie, d.h. die systematische Ordnung psychischer Erkrankungen. Diese geht auf Emil Kraepelin (1856—1926) zurück. Danach werden unterschieden:

1. Die Gruppe der endogenen Psychosen,

2. die Gruppe der organischen, körperlich begründbaren Psychosen und Psychosyndrome,

3. die Gruppe der psychoreaktiven oder psychogenen Störungen und

4. psychische Störungen bei angeborenen oder frühzeitig erworbenen Persönlichkeitsvarianten und Persönlichkeitsdefekten (Psychopathien und Oligophrenien).

Vieles an dieser Systematik ist fragwürdig geworden, so daß es heute schwerfällt, sie konsequent einzuhalten und als Lehre zu vertreten. Dies läßt sich darauf zurückführen, daß ein noch immer wichtiges Einteilungsprinzip in der Zuordnung nach den klinischen Symptomen, nach den Krankheitsphänomenen liegt, ein anderes sich nach der Ursache und den Entstehungsbedingungen der Krankheit, d.h. nach ihrer Pathogenese, richtet.

Diese Prinzipien mischen sich, und zwar aus zwei wichtigen Gründen. Die Lehre von den seelischen Erkrankungen ist nicht in der Lage, für alle Krankheitsbilder spezielle Ursachen aufzuzeigen zu können — die Pathogenese ist häufig unbekannt —, und andererseits sind die Symptome, die psychopathologischen Phänomene, vieldeutig, d.h. sie können als durchgängiges Einteilungsprinzip nicht verwertet werden. So ist die derzeitige psychiatrische Nosologie mit einer Reihe von Ungewißheiten belastet, die es lediglich zulassen, von sehr groben Grundsätzen auszugehen. Diese lauten für die endogenen Psychosen:

1. Psychosen sind krankhafte Störungen der seelischen Beziehung des Menschen zu seiner Umwelt, die mehr oder weniger akut eintreten können und bei denen der für alle Menschen einer soziologischen Gruppe selbstverständliche Bedeutungsgehalt der Umwelt grob verändert wird, so daß die Veränderungen im Erleben und Verhalten des Kranken für andere nicht mehr einfühlbar erscheinen und als Abbruch der inneren Kontinuität eines Lebensablaufes wirken.

2. Der Begriff endogen besagt nicht mehr, als daß die Genese dieser Psychosen unbekannt ist. Er wäre entbehrlich, wenn er nicht eine einfache Kennzeichnung dafür darstellen würde, daß diese Psychosen nicht im Zusammenhang mit bekannten allgemeinen körperlichen oder Gehirnkrankheiten auftreten und daß sie nicht auf seelische Konflikte oder Dauerbelastungen zurückgeführt werden können.

3. Endogene Psychosen zeigen eine Eigengesetzlichkeit in ihrem Verlauf, die sich nicht aus der Lebensgeschichte des Patienten ableiten läßt, sie erscheinen als ein Prozeß — nicht als eine krankhafte Entwicklung, bei der ein Zusammenhang mit dem Lebensschicksal des Patienten erkennbar ist.

Gerade die letzte Feststellung, die aus didaktischen Gründen zur Abgrenzung von abnormen Persönlichkeitsentwicklungen immer wieder herangezogen werden muß, hat sich aber als sehr fragwürdig erwiesen. Sie gilt zwar für eine Kerngruppe der endogenen Psychosen, nicht selten gelingt es aber auch, Beziehungen zum Lebensschicksal des Patienten, zu spezifischen Problemen des Einzelnen, ihn gefährdenden Situationen herzustellen. Dadurch erscheint das Postulat der Umweltunabhängigkeit der Entstehung und des Verlaufes in vielen Fällen fragwürdig, und es wird auch die Grenze gegenüber erlebnisreaktiven psychischen Störungen aufgelockert. Ähnliche Grenzverwischungen bestehen zu den körperlich begründbaren Psychosen, z.B. darin, daß bei einer Reihe von Schizophrenien durch die Luftencephalographie Anzeichen für eine Verminderung der Hirnsubstanz nachzuweisen sind. Darüber hinaus gibt es Krankheitsformen, die sowohl Symptome des schizophrenen Formenkreises als auch solche von manisch-depressiven Erkrankungen zeigen. Derartige, gar nicht seltenen „Mischbilder" veranlassen einen Teil der Psychiater, die Trennung zwischen schizophrenen und manisch-depressiven Psychosen ganz aufzugeben und eine „Einheitspsychose" dieser oder jener Prägung anzunehmen. Nicht zuletzt aus didaktischen Gründen wird dieser Schritt hier nicht nachvollzogen, jedoch ergeben sich zwangsläufig immer wieder Probleme bei der nosologischen Zuordnung endogener Psychosen.

II. Schizophrenie

1. Vorbemerkung

Schizophrenien im Erwachsenenalter gehören zu den häufigsten und sozial folgenschwersten Erkrankungen. Man schätzt, daß 1 % der Bevölkerung daran leidet. Ihre Ätiologie ist trotz umfangreicher Untersuchungen nicht bekannt (vgl. Benedetti).

Zu den Grundsymptomen (Bleuler) werden gerechnet

1. eine *spezifische Denkstörung*, die als Zerfahrenheit gekennzeichnet wird. Sie wirkt in leichten Fällen wie eine Unaufmerksamkeit, „nervöse Unkonzentriertheit", Gedankengänge können nicht folgerichtig zu Ende geführt werden. Der Patient stockt, macht einen erneuten Ansatz, es fehlt „die Spannweite des intentionalen Bogens", in schweren Fällen zerfällt die vertraute Ordnung der Gedankenwelt, das Denken wird assoziativ, es kommt zu Begriffsverschiebungen. Begriffe, die nichts Erkennbares gemeinsam haben, werden miteinander verbunden, verdichtet, und Symboldenken tritt auf. Analogien zum Traumerleben liegen nahe, das Denken wirkt „primärprozeßhaft" im Sinne der psychoanalytischen Theorie. Die sprachlichen Äußerungen sind dementsprechend entstellt, können agrammatisch werden, es kommt zu Wortneubildungen. Zu den Grundsymptomen gehören

2. *Störungen der Affektivität.* Das Gefühlsleben hat einen erkennbaren Zusammenhang mit den situativen Gegebenheiten, auch mit den wahrnehmbaren Gedankeninhalten verloren. Es ist unangemessen, häufiger im Sinne einer oberflächlichen Heiterkeit verändert, die kühl, wenig modulationsfähig, „gläsern" erscheint. Andere Patienten wirken unter einer indifferenten Decke hochgradig gespannt, und es kann ohne erkennbares Motiv zu schweren Affektausbrüchen kommen.

3. *Autismus.* Damit wird ein Rückzug aus den Beziehungen zur Umwelt gekennzeichnet. Die Patienten isolieren sich, nehmen nicht mehr an der Umwelt teil und folgen mehr oder weniger ausschließlich inneren Impulsen in ihren Handlungen, die für den Außenstehenden unverständlich, unberechenbar und bizarr wirken.

4. *Depersonalisationserscheinungen.* In vielfältigen Formen zerfließen für den Kranken die Grenzen dessen, was er selbst ist, denkt, fühlt und handelt, er empfindet sich als ein anderer, er fühlt sich beeinflußt, seine Gedanken werden gemacht, er wird bestrahlt, oder es gehen Kräfte von ihm aus, die andere beeinflussen.

Das klinische Bild wird oft durch akzessorische Symptome entscheidend geprägt, und zwar durch Sinnestäuschungen, Wahnideen, Illusionen, Halluzinationen oder katatone Symptome.

Neben den krankhaften Phänomenen können immer wieder Anzeichen für gesunde psychische Abläufe bei den Patienten beobachtet werden. Eine Trübung des Bewußtseins findet sich bei Schizophrenien nicht. Auch bleiben die Funktionen des Auffassens und Erinnerns in der Regel intakt.

Der Krankheitsbeginn kann akut oder über Monate und Jahre schleichend erfolgen. Der Verlauf ist sehr wechselhaft. Die Symptome können in ein oder zwei akuten Schüben auftreten, die dann sistieren. Schübe können sich in unregelmäßigen Intervallen ständig wiederholen und jeweils einen Defekt, eine affektive Verflachung, eine Nivellierung der Persönlichkeit hinterlassen und schließlich zu einem charakteristischen schizophrenen Endzustand führen. Es werden aber auch Verläufe beobachtet, bei denen Schübe nicht erkennbar sind und die kontinuierlich in einen derartigen Endzustand münden.

Es gibt eine Reihe von Vorschlägen, Unterformen nach Symptomatik und Verlauf zu bilden (vgl. M. Bleuler, Leonhard). Eine grobe Einteilung ist die in 1. Schizophrenia simplex, symptomarme Verläufe, die nach und nach zum Endzustand führen, in die 2. hebephrene Form mit Beginn im Jugendalter und allmählicher affektiver Verflachung, bei der nur gelegentlich akute psychotische Symptome auftreten, 3. in die katatone Verlaufsform mit vorwiegend psychomotorischen Phänomenen, Erregungszuständen oder Stupor und 4. in die paranoid-halluzinatorische Form mit dem Akzent auf halluzinatorischen Erlebnissen und vor allem Anzeichen eines Wahns. Es gibt jedoch alle möglichen Übergänge.

Die Diagnose einer Schizophrenie ist auch im Erwachsenenalter gelegentlich schwer zu stellen.

Sie stützt sich auf die psychopathologischen Phänomene, den Ausschluß einer faßbaren Gehirnerkrankung und auf den Verlauf. Infolge der Verschiedenartigkeit der Zustandsbilder und der mangelnden Mitteilungsbereitschaft oder Unfähigkeit des Patienten, sich über seine Erlebnisse zu äußern, ergeben sich nicht selten erhebliche Schwierigkeiten. Als wichtige Hinweise auf das Vorliegen einer Schizophrenie gelten die sog. *Symptome ersten Ranges* von Kurt Schneider: Gedankenlautwerden, Hören von Stimmen in Form von Rede und Gegenrede, Hören von Stimmen, die das Handeln der Patienten mit Bemerkungen begleiten, leibliche Beeinflussungserlebnisse, Gedankenentzug und andere Gedankenbeeinflussungen, Gedankenausbreitungen. Ferner Wahnwahrnehmungen sowie alles von anderen Gemachte und Beeinflußte auf dem Gebiet des Fühlens, Strebens (Triebe) und des Willens. Doch ist zu berücksichtigen, daß fast alle Symptome auch einmal im Zusammenhang mit exogenen Psychosen, d.h. somatisch diagnostizierbaren Gehirnerkrankungen, Intoxikationen und allgemeinen Krankheiten auftreten können, wenn auch meist in einem anderen syndromatischen Zusammenhang.

Es gibt ferner einen breiten Grenzbereich von sog. *atypischen Psychosen*, deren nosologische Einordnung Schwierigkeiten bereitet und in denen z.B. Übergangsformen zu manisch-depressiven Erkrankungen erkannt werden können. Darüber hinaus sind Grenzfälle nicht selten, d.h. Patienten mit abnormen Persönlichkeitszügen, bei denen es sektorenhaft, in einzelnen Erlebnisbereichen, oder episodisch zu psychotischen Phänomenen kommen kann, die dem schizophrenen Formenkreis zugehören, die es aber nicht gerechtfertigt erscheinen lassen, die Patienten als schizophren anzusprechen.

Die Verläufe stellen somit ein wichtiges Kriterium in der Diagnostik dar. Sehr oft, manchmal in 30—40% der Fälle, muß auch bei Erwachsenen die ursprüngliche Diagnose revidiert werden. Heute fordert man nicht mehr die Entwicklung einer spezifischen schizophrenen Demenz als diagnostisches Kriterium, sondern ist davon überzeugt, daß der Krankheitsablauf in jedem Stadium seiner Entwicklung zum Stillstand kommen kann.

Es ist deshalb nicht verwunderlich, daß die Diagnose einer Schizophrenie in einzelnen Kliniken mit unterschiedlicher Häufigkeit gestellt wird. Diese Diskrepanzen, die nur z.T. auf Hypothesen über die Genese der Krankheit, überwiegend aber auf der unterschiedlichen Grenzziehung gegenüber atypischen Psychosen und Grenzfällen beruhen, sind

vergleichsweise unbedeutend gegenüber den Unterschieden, die sich in der Schizophreniediagnostik zwischen der deutschen und amerikanischen Psychiatrie entwickelt haben. In der amerikanischen Psychiatrie werden psychodynamische Gesichtspunkte auch in der Genese psychotischer Phänomene viel stärker beachtet. So dient der Begriff Schizophrenie als eine umfassende Bezeichnung für eine Reihe von klinischen Bedingungen, die mit einem Defizit der Realitätsprüfung, der Persönlichkeitsintegration, der Selbstwahrnehmung und der psychosozialen Verantwortlichkeit einhergehen. Die psychopathologischen Kriterien werden weniger streng gehandhabt.

Hierin zeichnen sich diagnostische Probleme ab, die auf die grundsätzliche Frage nach der Ätiologie hinweisen. Es ist zunehmend fraglich geworden, ob eine Krankheitseinheit angenommen werden kann. Die Deklaration zur Erbpsychose hat sich als falsch erwiesen. Zwar finden sich unter den nächsten Verwandten von Schizophrenen gehäuft Psychosen und abnorme Persönlichkeiten, ein exakt nachzuweisender Erbgang besteht jedoch nicht. Die Wirksamkeit von Psychopharmaka, psychotische Phänomene, die durch Pharmaka hervorgerufen werden können, weisen neben anderen somatischen Befunden bei den Kranken auf die Möglichkeit einer Stoffwechselstörung des Gehirns hin. Andererseits sind die Auffassungen darüber, daß die Schizophrenie immer als eine Somatose betrachtet werden muß, d.h. als ein Krankheitsprozeß mit hoher Eigengesetzlichkeit, der schicksalhaft (wie ein Infekt) in eine unversehrte Persönlichkeitsentwicklung einbricht, fragwürdig geworden, nachdem Familienuntersuchungen schwere Konflikte, höchst pathologische Beziehungen in den Familien und soziologische Bedingungen aufzeigen konnten, unter denen die Krankheit vermehrt auftritt. In diesen Untersuchungen stellen sich die beobachteten Schizophrenien als eine gestörte Persönlichkeits*entwicklung* dar, die darauf zurückzuführen ist, daß die Familien nicht in der Lage waren, dem Kind bis zur Pubertät ein tragfähiges Realitätskonzept zu vermitteln. Die Familien zeigen charakteristische Verzerrungen der zwischenmenschlichen Beziehungen, die hier nur skizziert werden können.

a) Pseudo-Gemeinschaft (Wynne)

In eine echte Familiengemeinschaft bringt jedes Mitglied das positiv getönte Gefühl seiner eigenen sinnvollen Identität ein, und aus dem Erleben in der Gemeinschaft erwächst die gegenseitige Anerkennung der Identität des anderen, einschließlich der

Anerkennung seiner inneren Möglichkeiten und Fähigkeiten. Durch die Entwicklung des Einzelnen und der Gesamt-Situation in der Familie kommt es zwangsläufig dazu, daß bestimmte gewohnte Rollen-erwartungen nicht mehr von einzelnen Mitgliedern erfüllt werden, auf die sich eine (echte) Gemeinschaft flexibel einzustellen vermag. Die wirkliche Gemeinschaft toleriert dies nicht nur, sondern lebt geradezu von der Anerkennung solcher natürlicher Divergenzen, aus deren Wahrnehmung und Verarbeitung sie sich vertiefen kann.

Eine Pseudogemeinschaft vermag dies nicht zu tolerieren, vielmehr wird in ihr ein erheblicher seelischer Aufwand betrieben, um das Gefühl der gegenseitigen Erfüllung von relativ starren Erwartungshaltungen aufrecht zu erhalten. Die bestehende Beziehung kann weder aufgegeben werden, noch kann sie sich weiter entfalten. In Familien von später schizophren Erkrankten haben die Beziehungen der Angehörigen, die offen toleriert werden, den Charakter von Pseudo-Gemeinschaften. Sie zeigen 1. eine ständige Unveränderbarkeit der Rollenstruktur, trotz physischer und situationsbedingter Veränderungen in den Lebensumständen der Familienmitglieder und trotz Veränderungen dessen, was in der Familie erlebt wird. 2. Ein Festhalten an der Erwünschtheit und Zweckmäßigkeit dieser Rollenstruktur. 3. Anzeichen einer starken Beunruhigung infolge einer möglichen Abweichung von dieser Rollenstruktur und 4. ein Fehlen von Spontaneität, Originalität, Humor und Würze in der gegenseitigen Zuwendung.

Diese Struktur verhindert in den Familien von potentiell Schizophrenen die Artikulation und Selektion von Erlebnisinhalten, die ein Mitglied dazu befähigen könnten, die ihm zugemessene Rolle zu erweitern und eine Identität außerhalb dieses Bezugsrahmens zu finden. Ansätze dazu werden nicht wahrgenommen oder verfälscht und zwar nicht in einer offenen Auseinandersetzung — die Divergenz kann nicht zugelassen werden — sondern auf einer primitiven Ebene. Beispiel (Wynne): Ein junger Schizophrener wird beim Besuch von seiner Mutter gefragt, ob diese ihm ein Weihnachtsgeschenk für seine Frau besorgen solle. Er äußert mehrmals mit emanzipatorischem Nachdruck, daß er dies nicht wolle, wenn er es nicht selbst tun könne, und wehrt sich damit gegen die im Verhaltensstil der Mutter zu bemerkende Einengungstendenz. Die Mutter akzeptiert dies verbal vordergründig beschwichtigend, verfällt dann in mitleidige Äußerungen und beginnt schließlich zu lamentieren, der Junge müsse sich doch äußern, was er eigentlich

wolle, keiner könne wissen, was er wolle, wenn er dies nicht sage usw. Damit deutet sie den ausdrücklichen Ablösungswunsch des jungen Mannes und verfälscht die Aussage so lange, bis sie in das gewohnte Rollenschema paßt.

Die Hypothese lautet, daß die permanenten Fragmentierungen der Erfahrung und andere Symptome des Schizophrenen in bedeutendem Maße der Verinnerlichung dieser Eigenschaften der familiären Beziehungsorganisation entstammen.

b) „double bind" (Bateson)

Aus der Kommunikationstheorie stammt dieser Ansatz zum Verständnis schizophrener Psychosen. Als das „doppelte Gebundensein" wird die Lage eines Opfers in einer „Beziehungsfalle" bezeichnet, die ebenfalls, wie in der Pseudo-Kommunikation zu einer ausweglosen und letztlich vom Patienten verinnerlichten Realitätsverfälschung führt, wenn sich derartige Erfahrungen im Umgang des Kindes mit seinen nächsten Angehörigen wiederholen. Die Lage ist dadurch gekennzeichnet, daß ein Gebot oder Verbot verbalisiert wird, gleichzeitig aber auf einem anderen Kommunikationsweg, durch Mimik, Gestik, Tonfall ein ebenso zwingendes Gebot geäußert wird, das dem ersten entgegengesetzt ist. Ferner damit, daß das Opfer keine Möglichkeit hat, dieser Situation auszuweichen, weil es von dem Partner abhängig ist. Der Schizophrene befindet sich — allerdings unter existenzieller Bedrohung — in der Lage des Zen-Schülers, dem der Meister grimmig einen Stock über den Kopf hält und sagt: „Wenn Du sagst, dieser Stock sei wirklich, werde ich Dich damit schlagen. Wenn Du sagst, er sei nicht wirklich, werde ich Dich schlagen, wenn Du nichts sagst, werde ich Dich schlagen". Nach der Hypothese von Bateson und Mitarbeitern weist die Familiensituation des Schizophrenen folgende allgemeine Merkmale auf: (Bateson, S. 24)

1. Ein Kind, dessen Mutter Angst bekommt und sich zurückzieht, sobald es auf sie reagiert wie auf eine liebende Mutter. Das heißt, die bloße Existenz des Kindes hat für die Mutter eine spezielle Bedeutung, die in ihr Angst und Feindseligkeit erregt, sobald die Gefahr besteht, daß sie mit dem Kind in innigen Kontakt gerät.

2. Eine Mutter, die ihr Gefühl der Angst und Feindseligkeit gegenüber dem Kind nicht akzeptieren kann und es deshalb verleugnet, indem sie ein liebevolles Verhalten an den Tag legt, um das Kind zu veranlassen, in ihr die liebevolle Mutter zu sehen und sich zurückzuziehen, wenn das Kind das nicht tut. „Liebevolles Verhalten" impliziert nicht unbe-

dingt „Zuneigung"; es kann z.B. Teil eines Bemühens sein, das Richtige zu tun, „Güte" einzuflößen usw.

3. Das Fehlen von jemandem in der Familie, z.B. eines starken und einsichtigen Vaters, der sich in die Beziehung zwischen Mutter und Kind einmischen und das Kind angesichts der aufgetretenen Widersprüche unterstützen kann. (also eines Identifikationsobjektes). „In dieser Situation äußert die Mutter gleichzeitig 2 Botschaften: Feindseliges Verhalten, Rückzug, wenn sich das Kind ihr nähert und Annäherung, bzw. simulierte Liebe, wenn immer das Kind auf ihren Rückzug reagiert, womit sie diesen verleugnet. Das Kind wird dadurch in eine Lage gebracht, in der es, wenn es auf die simulierte Zuneigung seiner Mutter reagiert, ihr Angst auslöst, so daß sie es bestraft, um sich davor zu schützen, daß es ihr nahe kommt. Damit wird das Kind an intimen und sicherheitsbietenden Kontakten mit der Mutter gehindert. Macht das Kind jedoch keinen Versuch, ihre Zuneigung zu gewinnen, so hat sie das Gefühl, sie sei keine liebevolle Mutter und ihre Angst meldet sich. Sie wird das Kind daher entweder für seinen Rückzug strafen oder Annäherungsversuche unternehmen, um darauf zu dringen, daß es seine Liebe zu ihr zeigt. Wenn es darauf reagiert und ihr Zuneigung zeigt, so wird sie sich nicht nur erneut in Gefahr fühlen, sondern vielleicht auch übel nehmen, daß sie es zu dieser Reaktion zwingen mußte. In einer Beziehung, die höchst bedeutend für sein Leben und Modell für alle anderen Beziehungen ist, wird das Kind auf jeden Fall bestraft, ob es nun Liebe und Zuneigung zeigt oder nicht, und die Wege zur Flucht aus der Situation, wie etwa die Erlangung von Unterstützung durch andere, sind ihm abgeschnitten. Darin besteht der Grundcharakter der Double bind-Beziehung zwischen Mutter und Kind." Beispiel (Bateson): Ein junger Mann, der sich von einem akuten schizophrenen Schub ziemlich gut erholt hatte, erhielt im Hospital Besuch von seiner Mutter. Er freute sich sie zu sehen und legte ihr impulsiv seinen Arm um die Schulter, worauf sie erstarrte. Er zog den Arm zurück und sie fragte: „Liebst Du mich nicht mehr?" Er wurde rot, und sie sagte: „Lieber, Du mußt nicht so leicht verlegen werden und Angst vor Deinen Gefühlen haben." Der Patient war danach nicht in der Lage, länger als ein paar Minuten mit ihr zu verbringen und wurde aggressiv: Er war nicht in der Lage, das in sich widersprüchliche Verhalten der Mutter wahrzunehmen und zu verbalisieren, d.h. aber eine Metakommunikation, ein reflektierendes Gespräch über

die Beziehung beider zueinander, aufzunehmen. Dem schizophrenen Patienten steht nach Bateson diese Möglichkeit nicht offen. Seine starke Abhängigkeit und Dressur hindern ihn daran, sich über das Kommunikationsverhalten seiner Mutter kritisch zu äußern, obwohl sie sich doch über das seine äußert und ihn zwingt, den komplizierten Ablauf zu akzeptieren und zu versuchen, sich damit zu befassen.

c) Spaltung und Strukturverschiebung in der Ehe (Lidz)

Auch mit diesen Begriffen werden pathogene Familienbeziehungen beschrieben. Bei der Spaltung sind beide Ehepartner in ihre Persönlichkeitsprobleme so verstrickt, daß keiner dem anderen eine emotionale Hilfe geben kann. Jeder versucht den anderen zu zwingen, auf ihn einzugehen, sich seinen Forderungen zu beugen, der andere widersetzt sich, so daß Spannungen und Trennungsdrohung permanent vorhanden sind. Keine gemeinsamen Bedürfnisbefriedigungen sind möglich, das Leben erscheint beiden unerfüllt und artet in feindseliges Sich-bekämpfen aus. Die Ehen werden als männlich oder weiblich dominierte Kampfehen oder als Ehen zweier unreif-abhängiger Partner klassifiziert.

Als Strukturverschiebung in der Ehe wird eine Konstellation bezeichnet, in der ein psychopathologisch auffälliger Partner in der Ehe dominiert, der schwächere Partner aus hochgradigen Abhängigkeits- oder masochistischen Bedürfnissen die psychopathologische Verzerrung des Realitätsbezugs des dominierenden Partners noch verstärkt: „Ehen mit Selbsterniedrigung der Frau oder des Mannes". Die Kinder dieser Ehen wachsen in einer völlig irrationalen Welt auf, die es ihnen nicht erlaubt, sichere Identifikationen zu entwickeln. Als besonders bedeutungsvoll wird dabei auch angesehen, daß die Ehepartner kompensatorisch sich intensiv den Kindern zuwenden, so daß die Grenze zwischen den Generationen verschwindet und im besonderen Maße Inzest- und Kastrationsängste durch die Familienkonstellation aktiviert werden.

Insgesamt zeigen alle diese Untersuchungen erhebliche Konflikte und Ängste in den Familien schizophren Erkrankter auf. Wie weit damit spezifische familiäre Bedingungen für die Genese schizophrener Erkrankungen erfaßt werden, läßt sich schwer abschätzen. Jedenfalls wird in diesen Untersuchungen die Notwendigkeit aufgezeigt, die zwischenmenschlichen Beziehungen innerhalb der Familie eines schizophren Erkrankten in die Diagnostik einzubeziehen.

Aus diesen kursorischen Ausführungen über die Symptomatik, genetische und diagnostische Fragen bei Schizophrenien der Erwachsenen ist zu entnehmen, daß auch in diesem Alter die Diagnose nicht leicht zu stellen und mit grundsätzlichen Problemen belastet ist. Dies gilt in wesentlich höherem Maße für die Diagnose einer Schizophrenie im Kindesalter, gelegentlich auch bei Jugendlichen, und zwar aus mehreren und für die einzelnen Altersabschnitte verschiedenen Gründen:

Bei einer Erkrankung im Erwachsenenalter lassen sich die psychopathologischen Phänomene besser von der prämorbiden Persönlichkeitsstruktur abheben. Ein Knick in der Entwicklung ist eindeutiger durch objektivierbare Daten (Bedeutung der objektiven Anamnese!) zu erfassen. Eindrucksvolle Richtungsänderungen in der Entwicklung von Kindern treten altersspezifisch, aber auch durch Veränderungen der Lebensbedingungen als durchaus physiologische Varianten auf.

Bei der Diagnose von Schizophrenien im Erwachsenenalter haben die Schilderungen der Patienten über die Veränderung ihres subjektiven Erlebens oft ausschlaggebende Bedeutung. Kinder verfügen über geringere Introspektionsmöglichkeiten, zumindest aber ist ihre Fähigkeit zur Verbalisierung pathologischer Erlebnisse geringer; es sei nur an die Schwierigkeiten erinnert, die Kinder bei der Lokalisierung von Schmerzen haben.

Die Krankheit betrifft eine noch unreife Persönlichkeitsstruktur mit dem sich erst allmählich entwickelnden Ich-Bewußtsein und noch instabilen Grenzen der Ich-Umweltbeziehung.

Sie verhindert infolge der mit ihr verbundenen Desintegration der psychischen Abläufe die weitere Reifung, bedingt einen Entwicklungsstillstand und ermöglicht keine Abgrenzung von einer organischen Demenz.

Es hat deshalb nicht an Stimmen gefehlt, die es für abwegig hielten, eine Schizophrenie im Kindesalter zu diagnostizieren. Dies ist in seiner Ausschließlichkeit nicht richtig, wie katamnestische Untersuchungen gezeigt haben, doch gilt die Zurückhaltung gegenüber der Diagnose „Schizophrenie" aus dem psychopathologischen Querschnitt, die auch im Erwachsenenalter angezeigt ist, im besonderen Maße für das Kindes- und Jugendalter. Die Differentialdiagnose ist ganz in den Vordergrund zu stellen. Sie variiert mit dem Entwicklungsalter. Deshalb ist es sinnvoll, schizophrenieverdächtige Symptome und ihre Differentialdiagnose der ersten 10—12 Lebensjahre getrennt von denen der Pubertät darzustellen.

2. Schizophrenie bei Kindern

Symptomatik. Typische Wesenszüge, an denen sich eine Schizophreniegefährdung erkennen lassen könnte, gibt es nicht. Vor der Krankheit können sich die Kinder relativ unauffällig entwickeln. Überwiegend werden sie aber als still, in sich gekehrt geschildert, manchmal erscheinen sie unkindlich ernst, vorzeitig geweckt mit altklugen Zügen und sensibel. Gelegentlich fallen besondere Schreckhaftigkeit, erhöhte Angstbereitschaft in bestimmten Situationen und Zwangsphänomene auf.

Der Krankheitsbeginn ist im Vorschulalter in der Regel schleichend, er läßt sich retrospektiv oft schwer feststellen. Je älter das Kind wird, desto eher läßt sich ein Knick in der Entwicklung abgrenzen. Im Schulalter tritt die Symptomatik öfter akut mit Symptomen auf, die bald zu dem Verdacht auf das Vorliegen einer Psychose führen.

Im *Vorschulalter* erfährt man in der Regel nichts oder sehr wenig über die Veränderungen im Erleben des Kindes, so daß die Verdachtsdiagnose nur auf Grund der Verhaltensstörungen gestellt werden kann.

Das *führende Symptom* der frühen Erkrankungen ist der Abbau der Beziehungen zur Umwelt, es entwickelt sich ein *autistisches Syndrom*. Dieses ist in verschiedenen Bereichen erkennbar. Im sachlichen Bezug zeigt es sich durch die Einengung auf bestimmte Interessen oder besondere Gegenstände, einzelne Spielzeuge, Fahrradschlösser, Uhren oder gar auf Unebenheiten oder Flecken in den Wänden. Eine zunehmende Gleichgültigkeit gegenüber den Vorgängen in der Umwelt, die sonst die Aufmerksamkeit von Kindern erregen, macht sich breit. Dabei erscheinen die Patienten keineswegs dumm, sondern wirken oft lebhaft, beweglich und differenziert im Gesichtsausdruck. Beim traumhaft verlorenen Herumsitzen, bei dem sie vor sich hinsprechen können, erwecken sie den Eindruck, als seien sie mit inneren Wahrnehmungen beschäftigt, doch erfährt man darüber nichts.

Der emotionale Kontakt verkümmert. Auch hier zeigt sich Gleichgültigkeit, ja Leere; die emotionale Zuwendung anderer scheint die Kinder gar nicht zu berühren. Es kann aber abrupt zu zärtlichen oder stürmischen Annäherungen mit Umklammern und Schmusen kommen, bei der ebenso abrupt die Bezugsperson gekratzt oder gebissen wird oder sich das Kind plötzlich unter den Zeichen der Erregung, des Entsetzens, der Angst oder in kalter Wut abwendet. Trotz der allgemeinen emotionalen Beziehungslosigkeit können die Kinder durchaus, z.B. in der Klinik, elektiv den Umgang mit einer Person bevorzugen. Das Spiel mit Puppen wird vernachlässigt, Bausteine als Menschen oder Tiere benannt, auch wenn Puppen z.B. im Scenotest zur Verfügung stehen.

Die Sprache kann ihre Modulation verlieren, schwebend monoton oder rhythmisiert, maniriert, erscheinen. Sie verliert nicht selten ihren kommunikativen Charakter. Das Kind redet nur noch mit sich selbst unverständlich, die Äußerungen werden agrammatisch, ein Satzbau läßt sich nicht erkennen, Wortneubildungen treten auf (Was ist das? „Ein Fl"). Als Phonographismus, ein typisches Symptom, bezeichnet man die Eigenart, Sätze oder Satzteile geraume Zeit, nachdem sie vom Kind gehört wurden, stereotyp in gleicher Klangfärbung zu wiederholen. Viele Kinder reagieren mutistisch, d.h. sie sprechen nicht mit anderen.

Neben den Symptomen des Autismus treten bei den Früherkrankungen die *Störungen der Affektivität* in den Vordergrund. Die Eigenarten des emotionalen Kontaktes wurden bereits geschildert. Darüber hinaus wirken die Affekte oft unangemessen, sie passen nicht zur gegenwärtigen Situation oder zu dem Inhalt der sprachlichen Äußerungen des Kindes. Auch kann heiter wirkende Ausgelassenheit plötzlich in Wut und Erregungszustände umschlagen. Zentrale Bedeutung haben *Ängste*. Diese können amorph, gegenstandslos, sein und über Tage andauernd das Verhalten tönen. Sie sind oft mit einem Negativismus verbunden. Ängste können sich aber auch elektiv auf bestimmte, sonst keineswegs angsterregende Gegenstände richten oder durch bestimmte Geräusche provoziert werden. Am wichtigsten sind *Angstparoxysmen* oder Angststürme ohne erkennbaren Anlaß, bei denen die Kinder erregt und schreiend davonrennen, andere nicht an sich heran lassen oder entsetzt in eine Richtung blicken. Beispiel: Ein 4jähriges Mädchen klimpert auf der Guitarre, starrt plötzlich in die Öffnung des Resonanzkörpers, schreit auf und gerät in einen schweren Erregungssturm.

Bei derartigen Phänomenen entsteht der Eindruck, daß die Kinder von halluzinatorischen Erlebnissen oder von Wahnstimmungen gequält werden, über die sie sich nicht äußern können.

In den geschilderten Symptomen lassen sich Störungen des Antriebes und Veränderungen der Motorik erkennen, die zu dranghaft impulsiven oder expansiven Zuständen, Ritualisierungen oder Stereotypisierungen, bizarren oder manirierten Abläufen führen.

Enuresis und Enkopresis, das Spielen mit Kot, die Neigung sich zu entblößen und exzessive Masturbation können vorkommen.

Beim *Schulkind und in der Vorpubertät* ist die Symptomatik wesentlich vielgestaltiger und gleicht sich immer mehr der des Erwachsenenalters an.

Auch hier kann sich das Krankheitsbild schleichend entwickeln. Die Schulleistungen lassen nach, das Kind wirkt in der Gemeinschaft wenig durchsetzungsfähig, isoliert sich von anderen, behält Spielgewohnheiten früherer Entwicklungsstufen bei, Unbeholfenheit in alltäglichen Hantierungen, Abnahme der sprachlichen Äußerungen und Ratlosigkeit treten in zunehmendem Maße hervor. Schließlich kommt es zu Auffälligkeiten, die zunächst als dumme Streiche imponieren: ein Aquarium wird mit Erde angefüllt, absonderliche Hantierungen an Werkzeugen und Einordnungsschwierigkeiten wecken den Verdacht auf oppositionelle Tendenzen, die sonst gar nicht zur verhaltenen Art des Kindes passen. Gutwillig und verlegen lächelnd versuchen die Patienten, auf die Explorationsversuche einzugehen, doch läßt sich inhaltlich nichts erfassen. Im Scenotest z.B. treten Reihungen auf, werden Mauern gebaut oder bizarre Türmchen, aber keine Menschen verwendet — ein Bild, das als Schizophrenia simplex zu kennzeichnen ist und zu einem Abbau, zur Demenz, führt und nach wenigen Jahren auch den Besuch der Sonderschule nicht mehr erlaubt, da sich das Kind nicht mehr einordnen kann, in der Klasse umherläuft oder exzessiv zu masturbieren beginnt.

Doch ist ein derartig schleichender Verlauf seltener, die Veränderungen der Persönlichkeit zeigen sich oft rascher und dramatisch.

Elementare Ängste treten auf, die Kinder werden besonders abends und nachts unruhig, irren getrieben umher. Die Ängste bleiben diffus, lassen eine Wahnstimmung vermuten und können nicht verbalisiert werden oder sie zentrieren sich um Dunkelheit, Krankheit, Tod und führen zu stereotypen, immer gleichlautenden Fragen. Mit paranoider Färbung können sie sich auf bestimmte Personen richten, von denen Gewalttätigkeit befürchtet oder behauptet wird, dehnen sich auf andere aus und bekommen einen wahnhaften Charakter. Sehr selten verdichten sie sich zu einem systematisierten Wahn, in dem jeder geheimen Banden und Gegenbanden zugeordnet wird und die mit Gut und Böse, Gott und Teufel in Verbindung gebracht werden. Hierin läßt sich eine *charakteristische Neigung zur Entwicklung krasser Alter-*

nativen beobachten. Die Kinder fixieren sich an eine Person, suchen diese ständig auf, sind trotzdem für Zuspruch nicht erreichbar, perseverieren ohne Rücksicht auf situative Gegebenheiten auf den gleichen Inhalten. Sie werden deshalb von der Gemeinschaft ausgeschlossen, verlacht, geraten darüber in Verzweiflung, fühlen sich in ihrer Angst bestätigt und ziehen sich zurück.

Zwangsphänomene, ritualisierte Handlungen, Absonderlichkeiten des Bewegungsablaufes finden sich in diesem Zusammenhang mit fließendem Übergang zu *katatonen Phänomenen*, die ganz im Vordergrund stehen können:

Ein Patient wird in einer ungewohnten Ecke des Bauernhauses seiner Eltern vorgefunden, gibt einsilbige Antworten, lächelt merkwürdig und steht herum. Auf der Station läßt er mechanisch alles mit sich geschehen, er muß angezogen und gefüttert werden. Kataleptisch starr bleibt er in Haltungen, in die er passiv gebracht wird. Eine negativistische Komponente kann die katatone Symptomatik zum Stupor verstärken, der Patient kneift die Lippen zusammen, läßt sich nicht füttern, blickt mit starrem Lächeln, aber sprechendem Augenausdruck vorbei und läßt unter sich.

In der katatonen Erregung rennen Kinder auf und ab, beklopfen, nesteln, beriechen, belecken alle möglichen Gegenstände, grimassieren oder singen stereotyp einförmige Melodienbruchstücke.

Halluzinationen sind erst im Schulalter und auch dort seltener als bei Erwachsenen zu erkennen. Angaben über Stimmen mit bedrohlichen Äußerungen sind spärlich, manchmal hat man den Eindruck, daß sie dissimuliert werden. Optisch elementare Halluzinationen treten bei nächtlicher Unruhe auf. Veränderungen in der Körpersphäre können angegeben werden: „Ich atme durch meinen Nabel" oder bei einem Patienten von Stutte: „Der Nabel platzt, die Pulsader zerreißt, das Geschlecht geht entzwei". Derartige Phänomene sind unbeständig, zeichnen sich durch ihre kurze Dauer und geringe Nachhaltigkeit aus. Depersonalisationserscheinungen werden in Form von Identifizierungen mit Tieren angegeben (Sucharewa).

Anzeichen für eine *Denkstörung* lassen sich in einer Reihe von Symptomen erkennen, in der Ratlosigkeit, in abrupten Handlungen, in den Sprachstörungen sowie in der inhaltlichen Einengung der Äußerungen älterer Kinder. Dagegen findet man Symptome des Gedankenmachens, Gedankenentzugs, des Gedankenandrängens oder Lautwerdens von Gedanken bei Kindern kaum.

Genese und soziale Bedeutung. Aus den Erfahrungen im Umgang mit psychotischen Kindern wurden 2 genetische Konzepte entwickelt, die die zahlreichen Untersuchungen über mögliche Ursachen von Schizophrenien (vgl. Vorbemerkungen S. 394) bereichern. Auch wenn diesen Theorien bisher keine allgemeine Anerkennung zuteil wurde und in ihnen gegensätzliche Gesichtspunkte hervortreten, so vermitteln sie zumindest Einsichten in das Ausmaß der Desintegration der Persönlichkeit bei psychotischen Störungen, die wichtig sind und dem Lernenden erleichtern, den fundamentalen Unterschied zwischen einer Neurose und einer Psychose zu verstehen.

Beide Konzepte befassen sich bemerkenswerterweise auch mit dem frühkindlichen Autismus, heben Gemeinsamkeiten mit psychotischen Störungen und wichtige Unterschiede hervor.

Die Psychoanalytikerin Mahler vermeidet den Begriff Schizophrenie und die damit verbundenen Vorstellungen der klassischen deutschsprachigen Psychiatrie über eine endogene gesonderte Krankheitsgruppe und spricht allgemein vom „infantilen psychotischen Syndrom", das sich in vielfältigen Variationen zeigen kann. Diese lassen sich aber 2 umfassenden Kategorien zuordnen, wobei die Symptomatik im Einzelfalle mehr dem einen oder anderen Pol angenähert ist. An dem einen Ende des Spektrums der psychotischen Phänomene stehen die Kinder, die in der Säuglingszeit ein autistisches Bild im Sinne Kanners (s. S. 386) bieten. Am anderen Ende jene, bei denen das „symbiotisch-psychotische Syndrom" (s. S. 407) überwiegt.

Der Kern der Störung wird darin gesehen, daß dem Kind die Fähigkeit fehlt, die Mutter oder eine andere primäre Bezugsperson als Objekt von sich selbst getrennt wahrzunehmen, allmählich aus dem objektlosen Zustand der frühen Säuglingszeit herauszuwachsen und zu einer stabilen Strukturierung der Grenzen zwischen dem Selbst und der belebten Umwelt, den Objekten im psychoanalytischen Sprachgebrauch, zu finden. Dieser Vorstellung liegen die psychoanalytischen Arbeiten über die frühe Ich-Entwicklung mit ihren vielschichtigen Aspekten zu Grunde, die hier nur angedeutet werden können. Psychosen werden als frühe Störungen der Ich-Entwicklung betrachtet.

Ausgangspunkt für diese Betrachtungsweise ist die Tatsache, daß das Neugeborene vollständig von der Hilfe der Mutter um zu Überleben abhängig ist. Es verfügt über angemessene soziale Signale, die es ihm ermöglichen, mit Hilfe der Mutter Triebspannungen, z. B. Hunger, abzuführen sobald diese ein gewisses Niveau erreichen. Die Mutter dient sozusagen als Puffer gegen innere und äußere Reize. Dabei gewährleistet das normale Einfühlungsvermögen der Mutter, komplementär zu den Signalen des Kindes, die Sicherung des Überlebens. Wesentlich für die psychoanalytische Theorienbildung ist die Annahme, daß das Neugeborene noch nicht fähig sei, die Hilfeleistungen der Mutter bei der Befriedigung seiner elementaren Bedürfnisse als von außen kommend wahrzunehmen. Es vermag nicht zu differenzieren, ob Empfindungen, seien sie durch die körperliche Befindlichkeit oder durch pflegerische Maßnahmen ausgelöst, von innen oder außen kommen. (Objektloser Zustand, 1. Phase des primären Narzißmus: Physiologischer Autismus nach Mahler). Über die führende Kontaktzone, den Mund, kommt es in den ersten Lebensmonaten erst allmählich zu einer noch verschwommenen Perzeption von Teilobjekten, insbesondere der mütterlichen Brust, die zwar anfangs als völlig mit dem noch nicht konturierten eigenen Organismus verschmilzt, aber eine Verdichtungszone in der nebelhaften All-Befindlichkeit bildet, an der sich seelische Repräsentanzen der Befindlichkeit mit libidinösen und aggressiven Trieben niederschlagen: Besetzungen dieser Vorgänge entstehen, Empfindungen des Behagens oder Mißbehagens binden sich an die einfachsten Vorformen einer sehr vagen Wahrnehmung des Vorhanden- oder Abwesendseins eines (Prä-) Objektes. Im 2. und 3. Trimenon entwickeln sich die kognitiven Fähigkeiten und führen zu einer Strukturierung des Wahrnehmungsfeldes, in dem immer mehr „gute" und „böse" Teilobjekte — noch keine Personen — Relevanz bekommen, insoweit als sie mit Zuständen des Behagens oder Mißbehagens zusammen auftreten und damit Triebenergien binden (neutralisieren). In dieser symbiotischen Phase, in der Mutter und Kind immer noch eine unlösbare Einheit bilden, entstehen in der diffusen Matrix der Kinderseele eine Reihe Konturen, Grenzen zu den Teilobjekten, die mit der Perzeption von Bedürfnisbefriedigung unlösbar verbunden sind, als seelische Erinnerungsspuren gespeichert werden und damit Vorstufen des Ich (Ich-Inseln) bilden. Das Kind wird dadurch zunehmend befähigt, auf diese sich abzeichnenden Strukturen in Zuständen der Bedürfnisspannung zu vertrauen und eine Bedürfnisbefriedigung abzuwarten.

Die Entwicklung zur Individuation folgt allmählich im 3. und 4. Trimenon, die Teilobjekte fügen sich zu einem inneren Bild (Objektrepräsentanz) von der Mutter zusammen und gleichzeitig damit wird eine Grenzziehung ermöglicht, die die Ob-

jekte vom Subjektiven (den Selbstrepräsentanzen) trennt.

Diese schematisch vereinfachende Darstellung bekommt ihr Gewicht durch die enorme Bedeutung, die bei diesem Vorgang dem Verhalten der Mutter beigemessen wird. Die Entstehung der Umwelt für das Kind und damit parallel verknüpft die Entstehung eines Konzeptes von sich selbst, hängt vollständig von der Mutter, d. h. ihrer Art ab, Äußerungen des Kindes aufzunehmen, wiederzugeben und zu verbalisieren, also eine verläßliche und differenzierte Rückmeldung für das Kind zu erstatten oder dies zu vernachlässigen. Das Kind ist seelisch zunächst für sich selbst das, was die Mutter als individuelle Matrix ihm zurückmeldet. Nur die libidinöse Energie, die auf dem Weg über die Objektbeziehung auf das Kind zurückkehrt, ist dem Ich des Kindes verfügbar, um sich selbst verstehen, akzeptieren und steuern zu lernen und Urvertrauen auch zu sich selbst entwickeln zu können. Erst später, zur Zeit der selbstständigen Fortbewegung, verlagert sich ein großer Teil der libidinösen Besetzungen aus dem symbiotischen Umkreis in die weitere Umwelt, von der aus rückwirkend eine weitere Konturierung des Selbst durch Wahrnehmen und Lernen erfolgt.

Mahler nimmt an, daß beim Autismus die Wahrnehmung der Mutter auch als Teilobjekt in dem beschriebenen Sinne nicht möglich ist. Die Mutter scheint als „lebendiger Richtpunkt" der Orientierung in der realen Welt nicht zu existieren. Frau Mahler führt dies darauf zurück, daß ein „organisches Unbehagen" so hohen Ausmaßes beim Kind vorläge, der Organismus in einem so frühen Stadium geschädigt werde, daß die Mutter als eine im Interesse des Kindes tätige Vermittlerin nicht wahrgenommen werden könne. Die Kinder behalten die massive Reizschranke der ersten Lebenswochen gegen die Einmischung der Umwelt bei, behandeln den Erwachsenen wie ein ausführendes Organ ihrer Selbst oder als lebloses Instrument. Im Gegensatz dazu verfügt das „symbiotisch-psychotische" Kind über ein gewisses Bewußtsein vom „mütterlichen Prinzip", ohne allerdings in der Lage zu sein, zwischen Objekt und Selbst durchgehend zu differenzieren, die Grenzen bleiben dabei verschwommen. Die Loslösung von der Mutter in der Individuationsphase ist mißlungen, so daß die tatsächliche Trennung von der Mutter Panikreaktionen heraufbeschwört, die Restitutionsbemühungen zur Folge haben, mit dem Ziel, die ursprüngliche Symbiose wieder herzustellen. Ebenso aber vermag symbiotisches Erleben derartige Panikreaktionen hervorzurufen, da die rudimentären Ich-Strukturen dadurch gefährdet sind. Die Kinder nehmen die Objekte ihrer Umwelt nur teilweise als von ihnen getrennt wahr, teilweise sind sie mit den lebenden Objekten ihrer Umwelt verschmolzen und können nicht den eigenen Organismus und ihre Partner (Objekte) als getrennte Quellen von Lust oder Unlust erkennen.

Im Gegensatz zu anderen Autoren meint Mahler, daß es sich dabei nicht um eine sensorisch-perzeptorische Insuffizienz handelt, sondern um eine spezifisch menschliche Defizienz des Sich-seiner selbst-Bewußtwerdens, die sowohl im Kind als konstitutioneller Ich-Defekt als auch im *Verhalten* der Mutter dem Kind gegenüber ihren Schwerpunkt haben kann. Beides ergänzt sich häufig komplimentär.

„Organisches Unbehagen" und „konstitutioneller Ich-Defekt" sind in diesen Vorstellungen die Vokabeln, die für das Wort „endogen" stehen. Dies muß kritisch zu den Hypothesen vermerkt werden, die immerhin unser Verständnis für pathogenetischen Mechanismen in der Psychose bereichern und die durchaus zu akzeptierende Möglichkeit in den Vordergrund stellen, daß Störungen der Beziehung zur Mutter, bzw. der primären Bezugsperson, zu Psychosen führen können.

Während einige Patienten in ungestörten häuslichen Verhältnissen aufwachsen, findet man bei anderen extreme Auffälligkeiten unter den Angehörigen, die für eine erbliche Belastung sprechen können, aber auch das irrationale Klima bestimmen, in dem die Patienten aufwachsen (vgl. auch S. 395 ff).

So verlangt der Ehemann der Mutter und legale Vater eines schizophrenen Kindes als Angehöriger einer strengen Sekte erhebliche Entsagungen von seiner Frau. Er ist zudem homosexuell. Die Mutter hat das Kind von einem Bekannten bewußt, nur um ein Kind zu bekommen, empfangen. Es verbindet sie jedoch mehr mit diesem, den sie heimlich besucht. Unter der Decke einer betont religiösen guten Ehe werden Spannungen deutlich, die sich die Eltern kaum selbst eingestehen — oder: Der Patient wird als Nachkömmling nach dem Tode eines älteren Bruders geboren. Die Eltern, ein sehr alter schizoider, ästhetisierender Vater und eine später durch Suicid verstorbene Mutter geben dem Patienten den Namen des verstorbenen Bruders und nehmen ihn wiederholt mit an das Grab. Sie erziehen den Jungen unkindlich, verhindern Kontakte zu Gleichaltrigen und tragen früh Vorstellungen über Seelenwanderung und kosmische Zusammenhänge an ihn heran.

Andererseits finden sich psychotische Phänomene bei Kindern, die die frühe schizophrene Erkrankung eines Elternteils, von dem sie stets getrennt gelebt haben, in bemerkenswerter Übereinstimmung wiederholen.

In der Schizophrenietheorie von Lempp wird davon ausgegangen, daß die autistische Form einer frühen Störung des Realitätsbezuges sowohl erblich-konstitutionell, als früheste Manifestation der schizophrenen Psychose betrachtet werden kann, das gleiche Zustandsbild aber auch bei frühkindlichen Hirnschädigungen beobachtet wird und somit als ein organisches Psychosyndrom mit einer typischen Teilleistungsschwäche anzusehen ist. Frühkindliche Hirnschäden einerseits und erbliche Teilleistungsschwächen andererseits können zum gleichen klinischen Bild: Einengung, Störung und Behinderung des normalen Realitätsbezuges führen. Bei autistischen Kindern wird nun eine besonders starre Fixierung an bestimmte Objekte, Personen und Situationen beobachtet, die von Lempp so interpretiert wird, daß die hochgradig erschwerte Beziehungssetzung in Folge der Teilleistungsschwäche reaktiv dazu führt, daß die Kinder den relativ geringen und mühsam errungenen Umweltkontakt, „die gemeinsame Realität" mit ihrer Umwelt, besonders krampfhaft festhalten und gezwungen sind, ihren Denk- und Erlebnisspielraum erheblich einzuengen, um nicht in eine völlige Desorientierung zu verfallen. Das gesunde Kind bildet dagegen in seiner lebhaften Phantasietätigkeit, z.B. im Spiel, „Nebenrealitäten", wobei ihm ständig die Möglichkeit erhalten bleibt, zwischen den Nebenrealitäten und der gemeinsamen Realität, die es mit seiner Umwelt verbindet, zu differenzieren und aus der einen in die andere Welt überzuwechseln. Dieser gleichzeitigen Verfügbarkeit mehrerer Realitäten kommt erfahrungsgemäß eine große Bedeutung in so weit zu, als psychisch belastende Situationen, Ereignisse und Spannungen, die in der gemeinsamen Realität entstehen, in den Nebenrealitäten (z.B. im Spiel) abreagiert werden können und zu einer Entlastung führen.

Das autistische Kind kann diese Nebenrealitäten auf Grund seiner reaktiven Fixierung an die gemeinsame Realität nicht bilden. Lempp nimmt an, daß bei später Schizophrenen ähnlich, aber nicht so ausgeprägt wie beim autistischen Kind, eine besondere Fixierung an die gemeinsame Realität durch eine erworbene oder ererbte Reizaufnahme-, Verarbeitungs- und Erfassungsschwäche prämorbid vorliegt, die ihrerseits ebenfalls ein Ausweichen auf Nebenrealitäten erschwert, so daß ein „Umsteigen" auf verschiedene Realitäten nicht genügend geübt und erfahren werden konnte. Unter schweren seelischen Belastungen kommt es deshalb leichter zu einem Zusammenbruch des allein verfügbaren Bezuges zur gemeinsamen Realität, der schizophrenen Psychose, einer Nebenrealität, aus der der Patient nicht oder nur sehr schwer wieder heraus findet.

„Die Schizophrenie stellt sich" nach Lempp in diesem Zusammenhang „als eine relative Krankheitseinheit dar, die in der einen Dimension in der selben Reihe mit dem angeborenen Schwachsinn und dem Autismus steht." Während das schwachsinnige Kind zu einem Realitätsaufbau nicht in der Lage ist, vermag das autistische Kind einen solchen nur auf schmaler Basis und nur in begrenzter Weise aufzubauen; das später schizophrene Kind ist zwar zu einem Aufbau in der Lage, dieser Aufbau verläuft jedoch erschwert, die Beziehung bleibt labil und störbar; es gelingt ihm dagegen nicht, neben der mit der Umwelt „gemeinsamen Realität" auch noch Nebenrealitäten im Zuge einer freien Phantasietätigkeit in genügendem Maße aufzubauen und souverän darüber zu verfügen.

In der anderen Dimension steht die Schizophrenie mit den reaktiven Störungen, den Neurosen, insofern in Beziehung, als bei den Neurosen die Nebenrealitäten eine übernormale Wesentlichkeit erhalten, z. T. gegenüber der Hauptrealität überwiegen. Im Gegensatz zur Schizophrenie ist aber bei den Neurosen die freie Verfügbarkeit, d. h. der „Überstieg" noch erhalten. Erst der Verlust des Überstieges führt zur klinischen Schizophrenie".

In dieser Theorie wird das Wort „endogen", das wir als Synonym für „Krankheitsbild unbekannter Genese" benutzen, ersetzt durch den Begriff „Teilleistungsschwäche", worunter eine erworbene oder ererbte Reizaufnahme-, Verarbeitungs- und Erfassungsschwäche verstanden wird, die u. U. zusammen mit Fehlinformationen die skizzierten patho-genetischen Mechanismen in Gang setzt. In diesem Punkt besteht eine Beziehung zu den Vorstellungen von Mahler, jedoch können beide Theorien nicht definieren, worin der konstitutionelle Ich-Defekt, bzw. die Teilleistungsschwäche im einzelnen begründet sind, obwohl sie die Richtung auf weiter notwendige Untersuchungen aufzeigen.

Die soziale Bedeutung läßt sich unschwer aus der schweren Störung der Umweltbeziehung ablesen. Die sozialen Probleme früherkrankter Kinder gleichen im wesentlichen denen geistig behinderter oder autistischer Patienten.

Gelegentlich werden die psychotischen Phänomene längere Zeit als Unart verkannt und führen zu zusätzlichen Belastungen für den Patienten, z. B. zu Fehleinweisungen in Erziehungsheime, in denen die nicht gemeinschaftsfähigen Kinder von den Gleichaltrigen ausgeschlossen oder gequält werden.

Die notwendige Klinikaufnahme unterbricht oft auf Monate den Ausbildungsgang und führt nach der Entlassung zu einer Rückstufung, auf die Eltern und Kind hinreichend vorbereitet werden müssen. Die Verlegung in ein heilpädagogisches Kinderheim zur Überbrückung kann dann diskutiert werden. Während der Erkrankung des Kindes müssen mit den Eltern fortlaufend entlastende Gespräche geführt werden, da eine psychotische Erkrankung des Kindes in hohem Maße auf die Angehörigen beunruhigend wirkt und auch nicht selten Schuldgefühle wachruft.

Diagnose, Differentialdiagnose und Fehldiagnosen. Im Vorschulalter ist die Diagnose einer Schizophrenie nur durch längere Verlaufsbeobachtung und durch Ausschluß anderer Krankheiten zu stellen. Dies gilt auch für die Mehrzahl der Fälle, die im Schulalter beginnen. Der Differentialdiagnose kommt somit eine entscheidende Bedeutung zu. Vor deren Erörterung sind einige *grundsätzliche Aspekte* zu nennen.

1. Kindliche Schizophrenien sind selten. Einzelne Kinderpsychiater in Europa mit jahrzehntelanger Erfahrung überblicken 3—20 Fälle, die in den ersten 10 Lebensjahren mit hinreichender Sicherheit diagnostiziert werden konnten. L. Bender in den USA weist dagegen ein Erfahrungsgut von über 600 Patienten auf, doch beginnt man auch in Amerika von einem Mißbrauch der Schizophreniediagnose zu sprechen. Nachuntersuchungen von H. Mosse ergaben, daß von 60 Kindern keines eine Schizophrenie hatte!

2. Die Diagnose einer Kinderschizophrenie soll nicht bei positiven hirnorganischen Befunden gestellt werden. Eine organische Untersuchung mit Ableitung eines Elektroencephalogramms, Liquoruntersuchung und gegebenenfalls mit Kontrastdarstellung sind notwendig.

3. Je jünger das Kind ist, desto problematischer wird die Diagnose einer Schizophrenie.

4. Je mehr die Symptomatik der einer Schizophrenie des Erwachsenenalters ähnelt, desto wahrscheinlicher ist das Vorliegen einer körperlich begründbaren, exogenen Psychose. Diese Feststellung von Lutz ist einprägsam und unterstreicht die notwendige Vorsicht in der Diagnostik. Sie ist als Richtlinie zu verstehen.

5. Die familiäre Belastung ist kein Beweis für eine endogene Psychose des Kindes, wenngleich sie den Verdacht erhöht.

Es ist bemerkenswert, daß die Diagnose einer Kinderschizophrenie vor dem 3. oder 4. Lebensjahr nicht gestellt wird. Zur Diagnose einer Richtungsänderung in der Entwicklung braucht man eine Vergleichsstrecke. Ob es eine angeborene oder in den ersten beiden Lebensjahren erworbene Schizophrenie gibt, kann nur als Frage formuliert werden, die sich nicht beantworten läßt. Möglicherweise finden sich unter den frühkindlichen Autisten schizophrene Kinder. Manche Oligophrene, bei denen es nicht zu einer Sprachentwicklung gekommen ist und die später untersucht werden, lassen den Verdacht aufkommen, daß bei ihnen bereits eine schizophrene Demenz vorliegt. Jedoch begibt man sich hier in den Bereich von — allerdings gelegentlich naheliegenden — Vermutungen, die es nicht rechtfertigen, eine derartige Diagnose retrospektiv zu stellen. Die Kenntnisse über die Ätiologie von Oligophrenien sind dazu noch viel zu lückenhaft.

Bei schleichendem Beginn im Vorschulalter steht die *Differentialdiagnose* gegenüber Oligophrenien, dem Syndrom des frühkindlichen Autismus und Demenzprozessen im Vordergrund.

Oligophrenie. Die Erhebung der Vorgeschichte ist von zentraler Bedeutung für die Annahme einer schleichenden Richtungsänderung oder eines Knickes in der Entwicklung. Beim Schulkind bereitet dies weniger Schwierigkeiten, es hat bereits außerfamiliäre Kontakte. Angaben des Lehrers können herangezogen werden. Im Vorschulalter ist der Arzt meist auf die Aussagen der Eltern allein angewiesen. Fehler entstehen dadurch, daß die Eltern erst sehr spät auf Besonderheiten in der Entwicklung des Kindes aufmerksam werden, etwa dann, wenn die Diskrepanz zwischen altersspezifischem Entwicklungssoll und dem tatsächlichen Verhalten so groß geworden ist, daß sie den Eltern als Entwicklungsstillstand imponiert.

So wird von einem angeblich schizophrenen Kind berichtet: „Die Eltern kümmerten sich bis zum Alter von 3—4 Jahren wenig um das Kind". Einige Zeilen weiter in der kasuistischen Darstellung heißt es: „Ab 4 Jahren fiel den Eltern ein Entwicklungsstillstand auf". Epikrise: „Schizophrenie mit Entwicklungsknick bei 4 Jahren".

Eine weitere Fehlerquelle durch Angaben der Eltern liegt in der Skotomisierung früherer Anomalien der Entwicklung. Sie glauben Leistungen des Kindes zu erkennen, die dieses in Anwesenheit Fremder nicht mehr zeigt, etwa bei Eintritt in den Kindergarten mit 3—4 Jahren. Erst dann bemerken

die Eltern das Defizit des Kindes, und sie müssen sich mit ihrer affektiven Realitätsverkennung auseinandersetzen. Derartige Mechanismen findet man bei emotional gestörten aber auch bei sehr differenzierten Eltern. Der Arzt läuft Gefahr, das Ausmaß der Realitätsverkennung der Eltern zu unterschätzen, deren Aussagen zu rasch zu akzeptieren, zumal wenn die Kinder selbst sehr sensibel wirken, differenziert aussehen, die Oligophrenie erzieherisch überformt ist und die organische Diagnostik keine pathologischen Befunde erkennen läßt. Eine Intelligenzprüfung führt differentialdiagnostisch nicht weiter. Erst ein längerer Kontakt mit dem Arzt versetzt die Eltern gelegentlich in die Lage, Tatsachen der allgemeinen Entwicklungsverzögerung zu erinnern. Besondere Aufmerksamkeit gilt dabei den Angaben über die Sprachentwicklung. Das Kind sollte zumindest Mehrwortsätze gesprochen haben, ehe man sich zu der Annahme eines Entwicklungsknickes mit einem entsprechenden Sprachverfall entschließt.

Eine stationäre Beobachtung ist indiziert. Die geschilderten sprachlichen Besonderheiten, Neologismen, Phonographismus und die geschilderten affektiven Symptome, vor allem die unbegründeten Angstanfälle sind differentialdiagnostisch wichtig.

Frühkindlicher Autismus. Die Anzeichen dieses Syndroms, das auf S. 380 ausführlich dargestellt ist, lassen sich in die ersten Lebensmonate zurückverfolgen. Dies ist das wichtigste differentialdiagnostische Kriterium, da sich die Zustandsbilder sonst weitgehend gleichen. Ergeben sich Unsicherheiten hinsichtlich der Frühanamnese des Kindes und zeichnet sich ein Abbau der Beziehungen zur Umwelt nicht hinreichend sicher ab, so sollte auf keinen Fall die Diagnose einer Schizophrenie gestellt werden, sondern das Zustandsbild dem weiteren diagnostischen Rahmen der autistischen Syndrome zugeordnet werden, die unter sehr verschiedenartigen pathogenetischen Bedingungen auftreten können.

Dementia infantilis. Eine zunehmende Verarmung der Beziehungen zur Umwelt steht auch im Vordergrund der Phänomenologie von kindlichen *Demenzprozessen.* Eine differentialdiagnostische Abgrenzung kann zumindest zu Beginn nicht möglich sein, aber auch im Verlauf, wenn keine neurologischen Symptome auftreten, ungewiß bleiben. Dies gilt insbesondere für die *Dementia infantilis* (Heller) (s. S. 257), unter der man heute eine phasenspezifische Demenzform des 3—5jährigen Kindes versteht, die sich unter den verschiedensten pathogenetischen

Bedingungen entwickeln kann. Zu diesen wird von manchen Autoren die Schizophrenie gerechnet.

Sichere differentialdiagnostische Kriterien stellen pathologische hirnorganische Befunde und Krampfanfälle dar, diese sind aber keineswegs obligatorische Symptome der Hellerschen Demenz. Fehlen sie, so können nur sehr vage differentialdiagnostische Kriterien angegeben werden.

Im Vordergrund der Hellerschen Demenz steht der Abbau der geistigen Leistungsfähigkeit, weniger — als bei der Kinderschizophrenie — die affektive Störung. Die motorischen Auffälligkeiten haben eine stärkere „organische Prägung", der Sprachzerfall zeigt weniger produktive Symptome im Sinne einer autonomen Sprache als Zeichen einer Verkümmerung. Schließlich spricht das Vorliegen einer schizophrenen Erkrankung bei Verwandten eher für die Diagnose einer Kinderschizophrenie.

Die aufgezeigten Kriterien machen deutlich, wie sehr die differentialdiagnostische Unterscheidung beider Zustandsbilder zu einer Ermessensfrage werden kann.

Heredodegenerative bzw. metabolische Erkrankungen des Gehirns. Leukodystrophien, die Wilsonsche Pseudosklerose, die Chorea Huntington, ferner die infantile progressive Paralyse können episodisch zu psychotischen Zustandsbildern führen. Ihre Differentialdiagnose gegenüber einer kindlichen Schizophrenie ergibt sich aus der erblichen Belastung und den für die Krankheiten typischen neurologischen Befunden, sowie durch den Verlauf. Die psychopathologischen Phänomene können den neurologischen Symptomen vorauseilen, der Leistungsabfall in der Schule, Verkümmerung der Affekte, unmotivierte Drangzustände mit Angst oder Aggression treten auf. Daneben zeigen sich länger anhaltende Syndrome vorwiegend in Form einer blanden Agitiertheit oder euphorisch-flacher Heiterkeit sowie als paranoide Haltungen. In der Regel lassen sich aber Anzeichen des exogenen Reaktionstyps Bonhoeffer (s. S. 273) nachweisen.

Encephalitiden. Sie sind in der Regel mit Hilfe der organischen Diagnostik, durch neurologische Ausfälle, Anfälle, Veränderungen des Elektroencephalogramms und durch Liquoruntersuchungen gut abgrenzbar. Darüber hinaus haben die psychopathologischen Phänomene eine deutliche exogene Färbung (s. S. 274), bei denen Bewußtseinstrübung, alternierende Bewußtseinslage, Desorientiertheit, Verworrenheit, optische und haptische Halluzinationen im Zusammenhang mit deliranten Symptomen die wichtigsten sind.

Die akute Symptomatik kann aber sehr rasch abklingen, bevor das Kind zum Arzt gebracht wird, die neurologischen Zeichen können fehlen, der Liquor unauffällig geworden und nur noch leichte und flüchtige EEG-Veränderungen erkennbar sein, die schwer zu bewerten sind. Hier kann die Differentialdiagnose sehr schwierig werden, sie muß sogar manchmal offen bleiben, auch und gerade wenn die psychotischen Symptome eher einer endogenen Psychose entsprechen. Nur die Verlaufsbeobachtung führt weiter.

Besonders erschwert wird die Differentialdiagnose noch dadurch, daß kindliche Schizophrenien nach Auffassung einiger Psychiater oft in engem zeitlichen Zusammenhang mit Infektionskrankheiten auftreten. Es erhebt sich sofort die Frage, ob die Krankheit in diesen Fällen nicht doch als eine exogene Psychose aufgefaßt werden muß, die encephalitischen Begleiterscheinungen flüchtig waren oder bei der körperlichen Untersuchung zum Zeitpunkt der akuten Erkrankung zuwenig die hirnpathologischen Symptome beachtet wurden. Doch gibt es zweifellos Fälle, in denen eine „Auslösung" der „endogenen" Krankheit durch eine Infektion (z.B. auch Tonsillektomie) die einzige Möglichkeit ist, die Beziehung zwischen der vorausgehenden körperlichen Erkrankung und dem psychopathologischen Zustandsbild zu beschreiben.

In diesem Zusammenhang sind die sog. *Hirnstammpsychosen* zu erwähnen, die bei Encephalitiden oder nach Infekten ohne erkennbare Gehirnbeteiligung auftreten können. Die Ausprägung der somatischen neurologischen Symptome und Laborbefunde sowie die exogenen psychopathologischen Phänomene zu Beginn bereiten in der Regel differentialdiagnostisch keine Schwierigkeit. Es entwickeln sich jedoch Krankheitsbilder, die über Monate andauern können und eine deutliche schizophrene Prägung aufweisen. Neben katatoner Erregung oder Stupor zeigen die Patienten eine gedankliche Inkohärenz, Sprachabbau mit Neologismen, einen emotionalen Beziehungsverlust, Affektdissoziation, paranoide und halluzinatorische Symptome sowie regressive Phänomene, Anflüge von kleinkindhaftem Zärtlichkeitsbedürfnis, Lutschen, Unsauberkeit, Onanie.

Die Kombination dieser Phänomene mit den initialen Bewußtseinsveränderungen, mit krankhafter Steigerung der Vitaltriebe, Drangzuständen, vegetativen Störungen und solchen des Schlaf-Wachrhythmus weisen auf die Stammhirnaffektion hin. Derartige Krankheitsbilder wurden bei Kindern im Alter von 3 Jahren bis zur Adoleszenz beobachtet.

Die Prognose ist günstig, die Ausheilung erfolgt ohne Defekt (Staehelin, Weber u. Klopp, Szilard u. Stutte).

Leukencephalitiden erfordern besondere Beachtung, da die psychopathologischen Phänomene bis zu 2 Jahren den hirnorganischen Symptomen vorausgehen können. Das Absinken der Schulleistungen, fehlerhafte Schrift, mangelnde Aufmerksamkeit, Sprachstörungen mit Agrammatismus und Paraphasien, allgemeine Interessenlosigkeit, Antriebsschwäche und eine Wesensänderung mit erhöhter Angst- und Schreckhaftigkeit, die im Initialstadium der subakut sklerosierenden Leukencephalitis beobachtet werden, lassen sich kaum von den Symptomen einer Schizophrenia simplex abgrenzen. Differentialdiagnostisch wichtig sind die für die subakute sklerosierende Leukencephalitis pathognomonischen EEG-Veränderungen, die Rademecker-Komplexe, die jedoch erst nach mehreren Kontrolluntersuchungen auftreten können. Entsprechend der subakuten Entzündung zeigt der Liquor Erhöhungen der Zellzahl und Eiweißwerte.

Kramer-Pollnow-Syndrom. Im Anschluß an fieberhafte Erkrankungen, aber auch ohne erkennbare Ursache können nach unauffälliger Entwicklung und ohne Hinweis auf erbliche Belastung im 6. oder 7. Lebensjahr chronische erethische Zustandsbilder entstehen, bei denen eine starke dranghafte Bewegungsunruhe (Hyperkinese), Umtriebigkeit, neben Stimmungslabilität, Negativismus, verschiedenen Sprachstörungen, und wenn auch selten, Halluzinationen und Wahnideen zu beobachten sind. Krampfanfälle, neurologische Befunde, unspezifische Veränderungen in Elektroencephalogramm, Liquor und Pneumencephalogramm weisen auf eine cerebral-organische Ursache, insbesondere auf eine Encephalitis hin, jedoch kann die Ursache ungeklärt bleiben. Es ist anzunehmen, daß es sich ähnlich der Hellerschen Demenz um ein phasenspezifisches Reaktionsmuster auf verschiedene Noxen handelt. Das Zustandsbild bildet sich innerhalb von Monaten bis Jahren allmählich zurück. Die geistige Leistungsfähigkeit der Kinder verbessert sich, die sprachlichen Fähigkeiten nehmen zu. Über die Prognose gibt es nur vage Äußerungen. Aufgrund der eindeutig exogenen psychopathologischen Phänomene und der neurologischen Symptomatik bereitet die Differentialdiagnose gegenüber der Kinderschizophrenie keine Probleme.

Psychogene Störungen. In dem Alter, in dem Erstmanifestationen kindlicher Schizophrenien beobachtet werden können, zeichnen sich viele Kinder durch eine den Eltern deutliche Veränderung in ihrem Verhalten aus: *Anzeichnen des Trotzalters.* Die breitbasige naive, ungebrochene Beziehung mit der Umwelt verändert sich. Die Kinder werden ernster, neigen zu stärkeren Stimmungsschwankungen, der Kontakt wird gelegentlich eingeschränkt und problematischer. Das Kind versucht sich selbst zu behaupten, sich zu verweigern und läßt Anzeichen eines beginnenden Ich-Bewußtseins erkennen, die mit einer Steigerung der als Antrieb bezeichneten Komponente des Verhaltens, seiner affektiven Tönung und Konflikthaftigkeit einhergehen. Die Ausprägung dieser phasenspezifischen Merkmale wechselt von Kind zu Kind. Sie kann sehr massiv sein, so werden zahllose Wutausbrüche täglich im Rahmen einer als noch normal bezeichneten Entwicklung geschildert. Unter ungünstigen Milieubedingungen (Wechsel der Bezugspersonen) können diese Erscheinungen einen Symptomwert bekommen und bis ins Schulalter bestehen bleiben.

Auch wenn hier ein „Knick" in der Entwicklung offenkundig ist, wird es kaum zu differentialdiagnostischen Problemen gegenüber einer schizophrenen Erkrankung kommen. Wesentliches Unterscheidungsmerkmal ist der affektive Druck, der, mit diesen Verhaltensauffälligkeiten verbunden, stets auffällig ist und auch in einem extrem negativistischen Verhalten noch eine Umweltbezogenheit erkennen läßt. Dies gilt auch für den *psychogenen Mutismus*, der selten als völliges Verstummen sondern meist als elektiver Mutismus in bestimmten Situationen oder gegenüber Fremden auftritt (s. S. 137).

Schwieriger kann die Differentialdiagnose bei gesteigerter Angst werden, die in dieser Zeit der „ersten Affektkrise" auftritt. Eine derartige *Übersteigerung von Angstsymptomen*, bei Dunkelheit, bei Trennung von der Mutter, in ungewohnten Situationen nimmt gelegentlich „psychotische" Ausmaße an, wobei mit dem Ausdruck „psychotisch", wie er in der psychiatrischen Alltagssprache gerne in diesem Zusammenhang verwendet wird, nichts anderes hervorgehoben werden soll, als daß die Ausprägung der Verhaltensstörung weit über einen einfühlbaren Zusammenhang mit den gegebenen Anlässen hinaus geht. Eine sorgfältige Überprüfung der Ursachen ist notwendig. Als extreme Variante phasenspezifischen Verhaltens sind derartige Symptome zu werten, wenn das Kind mit seinem Angstgebaren fast erpresserisch seine eigenen Intentionen durchsetzen will und die Mutter inadäquat nachsichtig, unsicher und besorgt reagiert. Der Psychodynamik der Eltern-Kind-Beziehung,

den eigenen Problemen der Mütter muß explora-
torisch sorgfältig nachgegangen werden. Auch soll
die neurologische Untersuchung nicht unterlassen
werden.

Nur selten darf man sich mit der Diagnose einer
konstitutionell bedingten erhöhten Angstbereitschaft abfinden. Die Verlaufsbeobachtung ist in
jedem Fall indiziert, da uneinfühlbare umschriebene
oder episodische Angstzustände als prämorbide
Verhaltenszüge schizophrenieverdächtig sind. Jedoch kann eine Kinderschizophrenie nicht allein
aus der Angstsymptomatik diagnostiziert werden.

Zwangsphänomene. Derartigen Symptomen
kommt im Rahmen der Differentialdiagnose bei
Schulkindern eine ziemliche Bedeutung zu, da sie
das auffälligste Anzeichen einer schleichend beginnenden Psychose sein können. Die Ritualisierung
von Alltagsverrichtungen, beim Essen, Waschen,
Anziehen, ferner phobische Symptome: Vergif-
tungsangst, Angst vor Verschmutzung, bleiben
lange Zeit, oft über Jahre hinweg, neben Kontaktschwierigkeiten die einzigen Symptome, deren
pathogenetische Zuordnung nicht möglich ist
(s. S. 109). Das Hinzutreten motorischer Auffälligkeiten, steifer, „marionettenhafter" Gang, zunehmend negativistisches Verhalten, Monotonie der
Sprache verstärken den Verdacht auf eine schizophrene Erkrankung, die erst nach Jahren episodisch
exacerbieren kann.

Gemeinsam mit generalisierenden Tics und
Zwangsphänomenen finden sich halluzinatorische
Elemente insbesondere bei der Touretteschen Krank-
heit (s. S. 132).

Angrenzende Syndrome. Im Rahmen der Differentialdiagnose kindlicher Schizophrenien sollen
hier einige randständige Krankheitsbilder erwähnt
werden, die sich nosologisch schlecht einordnen
lassen, deren Abgrenzung von Kinderschizophrenien
aber gelegentlich wichtig werden kann.

Die symbiotische Psychose (Mahler). Dabei
handelt es sich um Zustandsbilder, die in vieler Hinsicht die Vermutung nahe legen, Ausdruck einer
frühkindlichen Schizophrenie zu sein. Die meisten
der in diesem Buch genannten Symptome einer
Kinderschizophrenie können dabei beobachtet werden. Mahler hebt hervor, daß im Gegensatz zum
frühkindlichen Autismus (Kanner, S. 386) Kinder
mit dem „symbiotisch-psychotischen Syndrom"
eine relativ unauffällige Säuglingszeit durchlaufen.
Im 2. oder 3. Lebensjahr tritt ein merklicher Verfall
von bereits vorhandenen Fähigkeiten z. B. der

Sprache, meist im Zusammenhang mit objektiv be-
langlosen kurzfristigen Trennungen von der führenden Bezugsperson (Mutter) ein. Im 3. oder 4. Lebensjahr entwickeln sich die psychotischen Symptome. Diese lassen sich als weitgehender Verlust
der Grenzen des Selbst verstehen. Die Kinder nehmen im Gegensatz zum Autisten ihre Partner zwar
teilweise wahr, behandeln sie aber vorwiegend so,
als seien sie ein Teil ihrer selbst. Zum Beispiel
werden ohne Rücksicht auf die Möglichkeiten des
Partners dessen Hände rasch so ergriffen, daß sie
das Kind davor bewahren, sich selbst zu schlagen,
d. h. also sie werden so benutzt, als wären sie ein
2. Händepaar des eigenen Körpers. Es kann auch
zu abrupten Identifizierungen mit dem Körper des
anderen kommen, z. B. wenn dieser Schmerzäuße-
rungen von sich gibt, wird dieser so intensiv wie ein
dem eigenen Körper zugefügter Schmerz erlebt.
Andererseits kann der eigene Körper nicht durchgängig als zum Selbst gehörig erlebt werden. Das
Kind fügt sich z. B. schmerzhafte Verletzungen
(Automutilatio s. S. 35) zu, ohne Schmerzäuße-
rungen zu zeigen. Sprachlich kommt es zu einer
pronominalen Umkehr: Von anderen redet das
Kind wie bei der Echolalie von „Ich", von sich
selbst als „Du" oder mit dem eigenen Namen. Im
Gegensatz zum autistischen Kind wird aber plötzlich Zuflucht bei anderen gesucht, an den sich das
Kind anschmiegen kann, als wollte es mit ihm ver-
schmelzen. Ebenso abrupt kann aber eine Annäherung in anderen Situationen Panikreaktionen auslösen. Dieses „Wegstoßen und Anklammern",
magische Gesten, Ängste vor bestimmten Gegenständen, aber auch heftigste Angst ohne erkennbare
Ursachen, extreme Reaktionen auf kleinste Unzulänglichkeiten kennzeichnen das Zustandsbild, bei
dem auch Echolalie, Echopraxie beobachtet werden.
Die oft besonders guten Gedächtnisleistungen — als
sei das Kind nicht in der Lage zu verdrängen — der
Durchbruch von Partialtriebäußerungen (Lutschen,
Beißen, Kotschmieren, Onanie) zeigen die Störung
der Ichentwicklung im psychoanalytischen Sinne an.
Der intensiven Beschäftigung mit einem unbelebten
Objekt, „psychotischer Fetisch" genannt, wird eine
kompensatorische Funktion für den Verlust einer
stabilen Objektbeziehung zugemessen.

Genetisch gelten hier die allgemeinen Gesichtspunkte, die Mahler für die Entwicklung von kindlichen Psychosen genannt hat (s. S. 400). Eine
sichere Abgrenzung von einer Kinderschizophrenie
ist nicht möglich, wahrscheinlich handelt es sich
lediglich um eine andere Namensgebung unter dem
Einfluß des pathogenetischen Konzeptes.

Phantasiegefährten. Damit werden umschriebene Pseudohalluzinationen gekennzeichnet, die vom Kleinkindalter bis zur Vorpubertät auftreten und über Wochen oder Jahre bestehen bleiben können. Ohne äußeren Anlaß, auch vom Kind nicht — wie bei Tagträumereien — selbst herbeigeführt, erleben die Patienten die Anwesenheit von Gestalten, die von einzelnen Kindern genau als Menschen bestimmter Färbung („die Rote"; Geisler) und Kleidung oder diffuser von Kleinkindern als Tier, „das glotzt", geschildert werden können. Diese Gestalten treten immer wieder in weitgehend unveränderter Form auf und nehmen eine szenische Beziehung zum Kind, oft durch ihren Blick, auf, sie wirken unheimlich und bedrohlich. Dieses Erleben tritt bevorzugt abends ein und wird vom Kind ängstlich erwartet — ein Hinweis darauf, wie realitätsnahe die Gestalten für den Patienten sind.

Ihre Entstehung ist an vielfältige Bedingungen geknüpft, die zu einer Vereinsamung des Kindes oder zu Angst und Unsicherheit führen. Neben entsprechenden Milieubedingungen werden Wesenseigentümlichkeiten, die z. T. auf eine cerebralorganische Ursache zurückgeführt werden können, für wichtig gehalten. Die Erscheinungen sind aber nicht an geistige Behinderung oder an einen magisch-irrationalen Realitätsbezug des Kleinkindesalter gebunden. Differentialdiagnostisch muß an Dämmerattacken gedacht werden.

Die Gestalten lassen sich als eine Verdichtung von Ängsten verstehen. Bei den Kindern, deren Entfaltung im lebendigen Kontakt mit der Umwelt — aus geistiger Behinderung, aus milieubedingter Isolierung — behindert ist, fehlen reale Abfuhrmöglichkeiten für Ängste und bleiben gleichzeitig Partnerschaftsbedürfnisse unbefriedigt, so daß die Phantasiegefährten als Ausdruck eines verfehlten Selbstheilungsversuchs interpretiert werden können.

Die Differentialdiagnose gegenüber einer Kinderschizophrenie stützt sich auf die isolierte Symptomatik und die Exploration der Umweltbeziehungen sowie die Abklärung des neurologischen Befundes (Epilepsie). Schließlich ist der Verlauf unter der stets notwendigen Besserung der Lebensbedingungen und die Psychotherapie bei ausreichender Intelligenz ausschlaggebend.

Psychogene Psychosen. Psychogene Ausnahmezustände von Kindern, vor allem Mädchen im Schulalter, ohne Anzeichen für eine hirnorganische Erkrankung können eine psychoseähnliche Symptomatik zeigen. Diese erinnert meist eher an einen Dämmerzustand; Übergänge zu psychogenen An-

fällen (s. S. 191), bei denen motorische Stereotypien, ein Sichfallenlassen (psychogene Ohnmachten), ein Nichtgehenkönnen (Abulie) auftreten, sind fließend. Oft ist die Verworrenheit das führende Symptom mit stereotypen Fragen, sinnlosem Hin- und Herlaufen, Vermeidung von Blickkontakt und Abwehr von Zuwendungsversuchen (Negativismus), die relativ leicht den demonstrativen Charakter erkennen lassen. Massive Erregungszustände mit Schreien, Umsichschlagen und angstvollen Äußerungen lassen manchmal an eine katatone Erregung denken. Stutte schildert ein 9jähriges Mädchen mit einem mehrere Tage anhaltenden Ausnahmezustand, in dem die genannten Symptome auftraten. Außerdem kam es zu Angstäußerungen („bleibt bei mir, laßt mich nicht allein. Ich sterbe, mir ist so heiß, mach das Licht aus.") und Angst vor Autos, lauten Geräuschen, vor den Menschen um sie herum, vor ihren Kleidern, insbesondere vor Handschuhen.

Ursächlich kommen akute Belastungen des Kindes durch Zuspitzung ungünstiger Lebensbedingungen in Betracht. Oft ist die Toleranzschwelle herabgesetzt oder verborgene Ehrgeizhaltungen, sexuelle Probleme kommen in der Aussprache zutage. Diese expressiven, „hysterischen" Zustandsbilder, z. T. als *psychogene Psychosen* bezeichnet, sind, wie bei Erwachsenen, auch bei Kindern heute relativ selten geworden. Man nimmt an, daß dies eine epochaltypische Erscheinung ist; dem derzeitigen eher versachlichten und nüchternen Lebensstil entsprechen derartige dramatische Zuspitzungen nicht mehr. Differentialdiagnostisch bereiten sie eher in ihrer Abgrenzung gegenüber exogen-psychotischen Phänomenen Schwierigkeiten als gegenüber der Kinderschizophrenie. Wichtig ist die Differentialdiagnose gegenüber Dämmerattacken. Die stärkere Reagibilität bei Kontaktaufnahme und Zuspruch gibt erste Hinweise. Der Verlauf zeigt in wenigen Tagen neben dem Fehlen anderer psychotischer Symptome den reaktiven Charakter.

Kinder schizophrener Eltern. Untersuchungen über die seelische Entwicklung von Kindern, die gemeinsam mit einem Elternteil aufwachsen, der an Schizophrenie erkrankt ist, haben gezeigt, daß besonders schizophrene Erregungen, der Wahn und der Autismus der Kranken beunruhigend im Familienmilieu wirken. Wesentlich für das Ausmaß der Beeinträchtigung des Familienklimas war aber die Fähigkeit des gesunden Elternteils, eine echte Fürsorge für den Kranken zu entwickeln. Die Scheidung bzw. Trennung vom chronisch Kranken wirkt sich bei einer intakten Elternpersönlichkeit günstig auf die seelische Entwicklung des Kindes aus. Infolge der Instabilität der emotionalen Beziehungen innerhalb der Familie mit abrupten Änderungen der affektiv verflachten Gefühlsbeziehungen des Kranken verhinderten besonders dann die Entwicklung eines tragfähigen Leitbildes, wenn der nichtschizophrene Elternteil als Erzieher versagte oder fehlte. Neben psychoneurotischen Symptomen, Ängsten, Fortlaufen, psychomotorischer Unruhe, Aggression und Verwahrlosung finden sich psychosomatische Symptome, selten ein induzierter Wahn sowie schizophrene Ängste.

Deshalb ist eine besonders intensive psychohygienische Betreuung der Familie erforderlich.

Therapie und Prognose. Die Therapie der schleichend verlaufenden frühinfantilen Schizophrenien zeigt wenig Erfolge. Diese Formen werden allgemein als prognostisch ungünstig betrachtet. Eine Insulin- und Elektroschockbehandlung hat sich als wenig hilfreich erwiesen. Es kommt leicht zu Krampfanfällen in der Insulintherapie und bei beiden Verfahren zur Entwicklung von organischen Psychosyndromen. Naturgemäß liegen bei der Seltenheit der Erkrankung keine hinreichenden Ergebnisse über die Wirksamkeit der einzelnen neuroleptischen Medikamente vor, so daß nur Empfehlungen aufgrund von Einzelerfahrungen gegeben werden können. Die Butyrophenone (Haloperidol, Triperidol mit Akineton) in einschleichender Dosierung bewirken, daß die Kinder ruhiger werden, die Angstanfälle sistieren und eine bessere Kontaktbereitschaft erkennbar wird. Phenothiazinderivate mit stärkerer neuroleptischer Komponente (Neurocil) zeigen gleiche Effekte. Es werden relativ hohe Dosen, die den mittleren Dosierungen bei Erwachsenen entsprechen, gut vertragen.

Wesentlicher Bestandteil der Therapie ist die heilpädagogische Führung des Kindes mit individueller Zuwendung durch einen Erwachsenen, der vom Kind bevorzugt wird. Immer neue Versuche, das Kind zu beschäftigen und eine Beziehung zur Realität zu fördern, sind notwendig.

Derartige Maßnahmen sowie die Überwachung der Reaktionen anderer Kinder sind auch bei der Therapie von älteren Kindern wichtig. Hier sollte, wenn möglich, der Versuch eines intensiven psycho-therapeutischen Kontaktes gemacht werden. Auch im Schulalter ist Zurückhaltung gegenüber der Elektroschocktherapie angezeigt. Die medikamentöse Behandlung des Schulkindes mit Neuroleptica umfaßt neben den bereits genannten Präparaten auch die Rauwolfiaalkaloide,

die an einigen Kliniken nach Mißlingen einer Therapie mit Butyrophenonen und Phenothiazin-Abkömmlingen kurmäßig durchgeführt wird, bevor man sich zu einer Insulintherapie entschließt.

Die Verläufe werden zu rund 50% als ungünstig angegeben. Früher und bzw. oder schleichender Krankheitsbeginn trüben die Prognose.

3. Schizophrenie im Jugendalter

Eine am Lebensalter orientierte Abgrenzung zwischen Vorpubertät und Pubertät ist nicht möglich, auch verlaufen somatische Reifung und die seelische Pubertätsentwicklung keineswegs streng synchron. Reifungsdissoziationen geringeren und keineswegs pathogenetisch bedeutsamen Ausmaßes sind häufig zu verzeichnen. Diese treten unter den verschiedensten pädagogischen und soziologischen Bedingungen auf. Sie können mit der Intelligenz des Kindes, seiner Wachheit gegenüber Umwelterfahrungen in Beziehung stehen, mit dem Erziehungsstil der Eltern, der Intensität der Entwicklungsanreize für das Kind, ferner durch den Kontakt mit älteren Kameraden oder durch frühe sexuelle Erfahrungen bedingt sein.

Es ist deshalb nicht möglich, schizophrene Erkrankungen des Schulkindalters von denen der Pubertätszeit streng zu trennen. Auch bei körperlich nicht pubertierenden, etwa 11—12jährigen Kindern, ja sogar gelegentlich 9—10jährigen finden sich schizophrene Erkrankungen, die eine pubertäre inhaltliche Färbung und eine Symptomatik aufweisen, die sich nicht von der späterer Lebensabschnitte unterscheidet. Eine Trennung rechtfertigt sich aber aus Gründen der Didaktik, bei der weniger die Symptomatik als die differentialdiagnostischen Probleme im Vordergrund stehen. Dabei ergeben sich wesentliche Unterschiede gegenüber schizophrenen Erkrankungen des Kindesalters, die auf die veränderte biologische, entwicklungspsychologische und soziologische Lage zurückzuführen sind. Ganz in den Vordergrund treten Probleme des Verhältnisses des Patienten zu sich selbst und zu seiner Umwelt, Probleme des Bewußtwerdens, der Erweiterung des Erfahrungshorizontes, des Erlebens sexueller Regungen, die dazu beitragen, daß eine enge Verflechtung zwischen psychotischen Phänomenen und phasenspezifischen Entwicklungsaufgaben, der Ablösung vom Elternhaus, der Identitätsfindung, der Integration der Sexualität besteht, die ihren Niederschlag nicht nur in der Symptomatik, in der inhaltlichen Färbung der Psychose finden, sondern auch in der Genese eine bedeutsame Rolle spielen können.

Symptomatik. Bei akuten Erkrankungen werden anamnestisch von den Angehörigen in der Regel Symptome angegeben, die erst wenige Tage oder Wochen bestehen, zunächst als pubertäre Absonderlichkeiten betrachtet, dann aber sehr rasch als nicht mehr einfühlbar und alarmierend empfunden werden. Dies soll mit einigen Beispielen veranschaulicht werden:

1. Ein Mädchen weigert sich in den Lehrbetrieb zu gehen, in dem sie seit wenigen Wochen tätig ist. Die Patientin äußert den Eltern gegenüber, die Männer guckten sie dort so an. Sie bringt dies mit dem Wechselgeld in Zusammenhang, das nicht gestimmt habe, als sie in der Kantine für andere etwas besorgen sollte. Seitdem sei es so, alle hielten sie für schlecht. Die assoziative Lockerung des Gedankenganges erlaubt es nicht, Klarheit über die Vorgänge zu gewinnen; der Betrieb wird von den Angehörigen aufgesucht, dort ist nichts bekannt, es fiel jedoch auf, daß das Mädchen in den letzten Tagen mit dem Abheften der Post nicht mehr fertig wurde und ratlos umherstand.

2. Bei einem Hilfspflegedienst im Krankenhaus während der Schulferien erscheint das Verhalten der 14jährigen Tochter den Eltern als „unnatürlich sexuell". Das Mädchen bewegt sich herausfordernd im Elternhaus, gibt dem Vater schnippische Antworten, wählt lange zwischen Kleidern, schminkt sich erstmals und völlig unangemessen, sie lächelt geheimnisvoll, äußert, ein Mann im Krankenhaus.... Die besorgten Eltern können aber nichts Konkretes erfahren, erkennen, daß die Äußerungen inkohärent sind, eine abnorme Schreckhaftigkeit, in der es zu bizarren Körperbewegungen kommt, führt sie zum Nervenarzt.

3. Nachts taucht ein Oberschüler, dessen Schulleistungen in den letzten Monaten stark nachließen, am Bett der Eltern auf. Er wirkt ängstlich, sehr unruhig, äußert die Lichterscheinungen an der Decke seines Zimmers — vielleicht seien sie von Taschenlampen der Kameraden, die ihm einen Streich spielen wollten, weil er so schlecht in der Schule sei, plötzlich entfährt es ihm ganz vage — vielleicht sei es der Teufel — auf Vorhalt der Eltern nimmt er dies sofort zurück.

4. Ein Mädchen bricht in der Kirche zusammen, die Madonna habe so gelächelt, wohl auch gewunken, der Weihrauchgeruch drohe sie zu ersticken. Dies hänge mit dem Nachbarn zusammen, der so — verliebt? — nach ihr gucke.

5. „Auf dem Nachhauseweg von der Fabrik ging das Fahrrad nicht mehr voran. Die Luft war durchsichtig, ganz klar, die Glocken läuteten dauernd und ganz laut".

6. In einem Brief aus einem Ferienheim kann die Mutter nicht mehr den roten Faden erkennen, die Äußerungen stehen sinnlos abrupt nebeneinander. Mit dem Essen stimme etwas nicht, eine Pflegerin sei so merkwürdig, er endet: „Bitte komm".

In derartigen Beschreibungen zeigen sich Symptome, die sich darauf zurückführen lassen, daß die selbstverständliche Ordnung des Umweltbezuges fragwürdig oder verzerrt wird oder gar zusammenbricht. Eine Wahnstimmung wird erkennbar, die Welt erscheint unheimlich, bedrohlich. Meist ist sehr deutlich eine erhebliche Angst im Hintergrund dieser Erlebnisse erkennbar. Illusionäre Verkennungen — das sind ins Krankhafte gefälschte Wahrnehmungen —, Halluzinationen — als solche bezeichnet man Wahrnehmungen ohne Reize von außen —, pathologische Bedeutungserlebnisse und eine Denkstörung sind damit verbunden. In der Exploration sind keine überschaubaren Zusammenhänge zu gewinnen. Die Inkohärenz des Denkens, seine Zerfahrenheit und die pathologischen Beziehungen zwischen einzelnen Erlebnisbruchstücken werden deutlich, oft mit paranoider Färbung. Veränderungen der Leibgefühle werden zusätzlich angegeben: „Der Arm wird so steif, mein Leib ist so starr und kalt". Hinzu kommen katatone Symptome, steife, eckige Bewegungen, Grimassieren, ein hoheitsvolles oder mißtrauisches Lächeln ohne Äußerung, ein halber Rückzug der Hand bei der Begrüßung oder ein ganz starres negativistisches Verhalten.

Schwieriger zu erkennen sind die schleichenden Verläufe im Sinne einer Schizophrenia simplex, bei denen wenig mehr als ein autistischer Rückzug von der Umwelt objektivierbar ist. Die Patienten beteiligen sich nicht mehr am Unterricht, geben keine Antwort, wenn sie aufgerufen werden, verlieren sich über den Hausaufgaben, können Hilfen der Eltern nicht verstehen, sondern wirken „begriffsstutzig", ratlos. Sie weigern sich, in den Lehrbetrieb zu gehen und können Tage, ja wochenlang im Bett liegen, ohne Begründung oder mit Angaben mehr oder weniger einfühlbarer hypochondrischer Beschwerden oder eines diffusen Schwächegefühls. Obwohl sie in der Exploration angespannt, beunruhigt wirken, weite Pupillen haben, reagieren sie auf Fragen mit hilflosem Achselzucken, langem Zögern, als müßten sie nachdenken, doch kommt es zu keinerlei Auskunft über pathologische seelische Vorgänge.

Bei hebephrenen Verläufen werden manchmal psychotische Primärerlebnisse dissimuliert, verleugnet, nur zunehmende Grübeleien oder immer neue Ansätze, in Gesprächen Klarheit über sich selbst zu gewinnen, fallen auf. Dabei kann eine für den Patienten ungewohnte Distanzlosigkeit den ersten Verdacht wecken, mit der z. B. über sexuelle Probleme gesprochen wird. Manierismen im Satzbau, die Wahl von Begriffen, die noch gerade als zutreffend, aber doch schon ein wenig absonderlich, gekünstelt, gewollt erscheinen, leiten über zu immer gleichbleibenden Formulierungen über ein und denselben Problemkreis, bis eine zunehmende Einengung, Stereotypisierung und affektive Entleerung darin erkennbar werden.

Ein 16jähriger Oberschüler schreibt an seinen Freund: „Lieber Friedrich! Ich bin in F. in der Kinderklinik, genauer gesagt in der Psychiatrischen und Nervenklinik. Wir, d.h. die, die auf unserer Station sind, haben alle irgendwelche Schwierigkeiten, die aus dem gewöhnlichen Rahmen der Schwierigkeiten herausfallen. Ich, als erstes Beispiel, habe die „Schwierigkeit"; daß ich in den vergangenen 4 Jahren fast täglich onaniert habe und dabei sowieso von Natur aus ängstlich bin: das Ergebnis wirst Du Dir leicht vorstellen können, ich habe mich mit der Onanietätigkeit verschlossen, habe einfach nicht die Entschlossenheit gehabt mich jemandem wirklich anzuvertrauen und mit diesem Kraft zu haben, zu „siegen". Ich werde immer entmutigt, wenn ich feststelle, daß meine Eltern in meiner ganzen Jugend und Kindheit zu „sanft" mit mir umgegangen waren bzw. sind. Sie meinten es (vielleicht) sicher nicht schlecht, aber doch konnte es nicht gut gehen. Meine Eltern waren immer, außer in den letzten Jahren, trotz meiner (wahrscheinlich aus purem Blödsinn begangenen) Streiche, wie „Mostfässer auslaufen lassen", „lebendiges Huhn im Sandhaufen ersticken lassen", „Eier mengenweise stehlen", anderen Mädchen Honigbrote auf die Haartracht kleben, offenbar fest davon überzeugt, daß aus mir, dem „anständigen, braven" Jungen ein „ganzer" Kerl werden würde. Aber unglücklicherweise ging die Rechnung meiner Eltern nicht auf; ich muß sehen, wie sie resignieren, wie sie enttäuscht sind"! Lieber Friedrich, wenn ich „als" zu Dir gekommen bin, da hatte ich immer ein unentschlossenes, scheinbar „tatkräftiges" Gefühl, und ich war, ob Du es glaubst oder nicht, tatsächlich froh, als ich wieder fortfuhr, heimfuhr, wobei gesagt werden muß, daß ich auch nicht allzugern dem Heim entgegenfuhr, kurz gesagt, es lag mir eine unwahrscheinliche Unentschlossenheit (diese war überhaupt in mir vorhanden). Und in der Schule hast Du es ja immer gesehen... Lieber F., viele Grüße, schreibe bitte auch!"

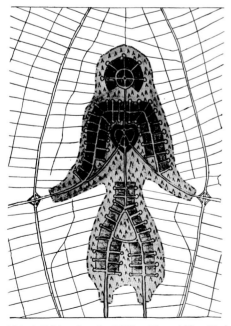

Abb. 1 Schizophrenie, 16jähr. Oberschüler. Freie Zeichnung: Stadtplan. Verdichtung von Stadtplan und menschl. Körper. Beschäftigung mit Verkehrsplanung und Onanieproblemen

Sehr deutlich ist in diesem Brief *die Anstrengung zu erkennen, mit der der Patient versucht sich zu formulieren, einer beginnenden Ich-Diffusion Herr zu werden*, ein sehr wichtiges diagnostisches Kriterium. Zunehmend traten im Verlauf die Jungenstreiche, die er stichwortartig im Brief thematisiert, und die Onanieproblematik in den Vordergrund seines Denkens. Im Lebenslauf schreibt er über sich selbst: „... Nun ja, es ging halt, so recht und schlecht, der Junge war äußerst anfällig für Stolz und Mißgunst. Die Jahre vergingen in diesem Zustand von gekünsteltem Dasein. Mit 12 Jahren begann die Selbstbefriedigung. Er fühlte sich und das Betreiben und die Umwelt nur noch mit halben Sinnen, bis 15 Jahre ging das so: Gleichgültigkeit und größere Unsicherheit stellten sich ein. Bald schien es, der Junge „zerfalle" mehr, als daß er wachse. Seine Eltern hielten anfangs den Jungen im allgemeinen für einen tüchtigen, braven Schüler, aber der Junge selbst mußte es ja am besten spüren, wobei es fraglich ist, ob der Junge überhaupt richtig spürte."

An diesem Beispiel ist zu erkennen, wie sich der „Schatten der Psychose" (Burns) zunehmend auf die seelische Entwicklung des Jugendlichen legt.

Wenn auch eine Einteilung in typische Verlaufsformen kaum möglich ist, läßt sich eine ungefähre Zuordnung nach der Häufigkeit vorherrschender Symptome durchführen. Bei 33 schizophrenen Erkrankungen im Alter von 13—17 Jahren der Marburger Kinderpsychiatrischen Klinik fanden sich 13mal vorwiegend hebephrene, 15mal vorwiegend katatone und 5mal vorwiegend paranoide Zustandsbilder (D. Weber), wozu bemerkt werden muß, daß häufig nicht zwischen einer Schizophrenia simplex und hebephrenen Zustandsbildern unterschieden wird.

Genese und soziale Bedeutung. Auf die Vorbemerkung (s. S. 394) wird verwiesen. Neben Krankheitsbildern, die wie eine somatische Krankheit eintreten und ohne einen erkennbaren Zusammenhang mit der bisherigen Biographie oder der gegenwärtigen Lebenssituation des Patienten eigengesetzlich ablaufen, finden sich, wie bereits unter der Symptomatik dargestellt, in vielen jugendlichen Schizophrenien enge Beziehungen zu lebensgeschichtlichen und phasenspezifischen Problemen, denen auch eine Bedeutung für das Zustandekommen der Psychose zugemessen werden kann. Die sog. Anlässe: die erste Trennung vom Elternhaus eines in einer engen Bindung an die verwitwete Mutter lebenden Mädchens oder erste sexuelle Erfahrungen einer sehr intelligenten, künstlerisch begabten und sensiblen Oberschülerin, aber auch allgemein die Erweiterung des Erfahrungshorizontes, die Fragen nach dem Selbst — wer bin ich, was sind eigene Gedanken, was ist von anderen übernommen, welche Haltung ist meine eigene —, Fragen nach der Ich-Abgrenzung, der Erfahrung neuer Freiheitsgrade, der Verantwortung, der Schuld, werden heute nicht mehr lediglich als „Auslöser" oder „inhaltliche Färbung" betrachtet, sondern als wesentliche Bestandteile des individuellen Bedingungsgefüges gesehen, die der psychotischen Desintegration zugrunde liegen können.

Die soziale Bedeutung der Erkrankung hängt erheblich von der Verlaufsform ab. Bei schleichendem Beginn wird der psychotische Charakter des Versagens in der Schule und im Beruf und der Rückzug aus den Umweltbeziehungen nicht selten über Monate verkannt und führt zu pädagogischen Maßnahmen, die ihrerseits die Außenseiterrolle des Patienten nur noch verschärfen. Die gleiche Problematik ergibt sich, wenn jugendliche Patienten bereits aus der stationären Behandlung entlassen werden können, aber einen mehr oder weniger ausgeprägten Defekt (affektive Veränderung, Distanzstörung, Verminderung der Leistungsfähigkeit) aufweisen, wodurch der bisherige Ausbildungsgang nicht weiter beschritten werden kann und vorübergehend eine Beschäftigung in einer relativ beschützten Atmosphäre gesucht werden muß. Geeignete Heime, die den Ausbildungsbedürfnissen der Jugendlichen Rechnung tragen und gleichzeitig eine weitere psychiatrische Betreuung gewährleisten, gibt es bisher kaum.

Bei akutem Einsetzen der Psychose ist es für den späteren Verlauf sehr wichtig zu berücksichtigen, wie die Umwelt, insbesondere auch Gleichaltrige, auf die Erkrankung reagiert haben, damit nach Besserung und Rückkehr in das Ausgangsmilieu die Chancen für die Wiedereingliederung richtig abgeschätzt werden können. Sehr häufig müssen die Schule und der angestrebte Beruf gewechselt und Ziele zurückgesteckt werden. Damit sind für den Jugendlichen emotionale Schwierigkeiten verbunden, die geeignet sind, leichte psychische Defekte, die die Krankheit hinterlassen hat, verschärft zutage treten zu lassen. Bei weiblichen Jugendlichen kann die durch die Psychose bedingte Störung der eigenen Steuerungsfähigkeit zu einer sexuellen Enthemmung führen, welche die Mädchen gefährdet. In der Regel kommt es nach Abklingen des psychotischen Schubes zu einer vollständigen Wiederherstellung der prämorbid vorhandenen sittlichen Ausrichtung, vor allem der Schamschranke. Die Mädchen können

sich an ihr Verhalten in der Psychose erinnern und brauchen deshalb eine verständnisvolle Aussprache. Nicht selten aber gehen sie völlig darüber hinweg.

Beim Abwägen der Sozialisierungsprobleme schizophren erkrankter Jugendlicher ist immer davon auszugehen, daß die Psychose gerade in einem Alter, das für die Ich-Entwicklung sehr wichtig ist, zu einer Störung der Ich-Funktionen führt und damit auch die Ich-Entwicklung beeinträchtigt. Alle äußeren Gegebenheiten, die zu einer Integration des Jugendlichen beitragen können, müssen deshalb sorgfältig berücksichtigt werden.

Diagnose, Differentialdiagnose und Fehldiagnosen. Die Diagnose kann oft nicht aus dem psychopathologischen Querschnitt, d.h. aus den geschilderten Symptomen allein gestellt werden. Wichtig sind 1. das Vorliegen einer schizophrenen Denkstörung, 2. psychomotorische Auffälligkeiten im Sinne einer Katatonie und 3. Symptome ersten Ranges im Sinne von K. Schneider (s. S. 395). Diese Krankheitszeichen rechtfertigen es in jedem Falle die Verdachtsdiagnose zu stellen. Auch ein Mangel an emotionaler Schwingungsfähigkeit, an affektiver Resonanz im Gespräch und eine Einengung der sprachlichen Äußerungen des Patienten auf wenige, immer wieder vorgebrachte Themenkreise sollten beachtet werden. Oft kann aber die Diagnose erst nach längerem Verlauf gestellt werden.

Eine derartige Zurückhaltung ist notwendig, weil es eine ganze Anzahl psychosenaher oder psychoseverdächtiger Zustandsbilder in diesem Lebensalter gibt, die sich in ihrer Symptomatik nicht von Schizophrenien unterscheiden und bei denen sich erst über die Herstellung eines therapeutischen Kontaktes differentialdiagnostische Kriterien gewinnen lassen.

Es ist also wesentlich, ein möglichst umfassendes Bild von den biographischen und situativen Gegebenheiten bei Ausbruch der Psychose zu gewinnen und damit eine Arbeitshypothese zu bilden, in der auch die mutmaßlichen psychodynamischen Vorgänge, die zum Zustandekommen der Psychose geführt haben könnten, ihren Platz finden. Unter dieser Hypothese sollte der Versuch einer psychotherapeutischen Beziehung zum Patienten stehen. Dabei zeigt sich am ehesten, wieweit die Symptomatik oder die vom Patienten verbalisierte Problematik dem therapeutischen Gespräch zugänglich gemacht werden kann oder ob sie Bestandteil eines der verbalen und emotionalen Interaktion weitgehend entzogenen Krankheitsprozesses sind.

Dies gilt im Hinblick auf die sog. *reaktiven Psychosen* im Jugendalter. Bei diesen findet sich in der Kindheit oft eine betonte Bindung an den heterosexuellen Elternteil, die Kinder sind brav, leistungswillig, ja ehrgeizig, leben ziemlich isoliert von Gleichaltrigen und zeichnen sich durch reiche Phantasie aus. Der Ausbruch der Psychose ist an situative Gegebenheiten gebunden, wobei die Trennung vom Elternhaus durch einen Aufenthalt in einem Ferienheim, in einer Klinik, z.B. wegen Appendektomie oder Tonsillektomie, im Vordergrund steht. Die akute psychotische Phase ist durch Angst gekennzeichnet, unbewußtes Material dringt in das Bewußtsein und führt zu halluzinatorischen und wahnhaften Erlebnissen, das Denken wird inkohärent, depressive Züge können hervortreten, aber auch eine schizophren wirkende Veränderung der Affektivität. Ruhe- und Schlaflosigkeit begleiten das akute Bild. Die Desintegration der Persönlichkeit geht aber nicht soweit, daß die Patienten nicht einer Psychotherapie zugänglich wären. Sehr bald nach Abklingen der akuten Symptome zeigt sich, daß auch während der Psychose ein gewisser affektiver Kontakt nicht verloren ging. Nachträgliche Schilderungen über die Erlebnisse lassen eine Distanzierung erkennen, die Patienten schildern ihre pathologischen Erlebnisse nicht mehr als real, wie sie in der akuten Phase erlebt wurden, sondern: „Mir war, als ob …“.

Bei manchen derartigen Zustandsbildern läßt sich die Alternativfrage endogen oder psychogen nicht beantworten und man muß sich zunächst mit einer phänomenologischen Beschreibung begnügen.

Dies gilt auch für die Schwierigkeiten bei der differentialdiagnostischen Abgrenzung eines *monosymptomatischen Zustandsbildes*, wie es z.B. in Form einer Halluzinose bei einem 14jährigen beobachtet wurde. Der Patient hörte Stimmen, die seine Handlungen begleiteten, kommentierten oder diskutierten, was der Patient tun sollte. Eine Beeinträchtigung der Schulleistungen bestand nicht. Der Patient wirkte beunruhigt, gespannt, im affektiven Rapport aber nicht verändert. Über irgendwelche pubertären Probleme vermochte er sich zunächst nicht zu äußern. Im Laufe einer mehrjährigen Betreuung erhellte sich der Zwangscharakter der Stimmen, die allmählich verschwanden, als der Patient Anschluß an eine aktive religiöse Sekte gefunden hatte. Sehr deutlich zeigte sich in den Gesprächen, daß die Stimmen der Abwehr einer pubertären Beunruhigung, der Einengung einer offensichtlich als gefährdend erlebten Erweiterung des Erfahrungshorizontes und der verstärkten Reflexion über sich und seine Stellung zur Umwelt (praktisch analphabe-

tische Flüchtlinge als Eltern, Patient Oberschüler) dienten. Nach der religiösen Ausrichtung erwiesen sich die Stimmen als überflüssig. Diese wurden schließlich aufgegeben mit der Bemerkung, daß der Patient sich nicht ständig in seine privaten Angelegenheiten hineinreden lassen wollte.

Bei der Abgrenzung eines derartigen nosologisch schwer einzuordnenden Krankheitsbildes von der sozial schwerwiegenden Diagnose Schizophrenie erweist sich der therapeutische Kontakt als sehr wichtig, unter dem es schließlich gelingt, in der Symptomatik pathologische Verdichtungen, Zuspitzungen phasenspezifischer Probleme zu erkennen.

Bei anderen psychopathologischen Auffälligkeiten stehen *überwertige Ideen* im Zentrum der differentialdiagnostischen Überlegungen. Auch hierzu 2 Beispiele:

1. Ein 15jähriger hatte sich seit über einem Jahr vom Kontakt der Außenwelt zurückgezogen. Er besuchte nicht mehr die Schule, fand vorübergehend Anschluß an eine Gruppe, in der Meditationen gepflegt wurden. Er lebte nun völlig in der Welt des Buddhismus, brachte die Tage in Lotushaltung auf dem Bett sitzend zu, nahm wenig Nahrung zu sich, meditierte und hörte nachts indische Musik im Radio. Allen Versuchen der mit ihm einsam lebenden Mutter, ihn zu mobilisieren, widersetzte er sich, heftig aggressiv werdend. In den Explorationen zeigte sich, daß der Jugendliche trotz der durchgängig beibehaltenen Haltung keinerlei Vorstellungen über Inhalt und Sinn dieser Religion entwickelt hatte, auch Ansätze Sanskrit zu lernen in den allerersten Anfängen steckenblieben. Die pointierte Haltung stellte nur den Mantel für einen autistischen Rückzug in eine völlige Passivität dar und bot Anzeichen eines Verhältnisblödsinns.

2. Ein Suicidversuch führte einen Oberschüler in die Klinik. Er war durch keinerlei Argumente davon abzubringen, einen erneuten Suicidversuch nach der Entlassung vorzunehmen. Ein Gespräch über seelische Probleme kam trotz intensiver Bemühungen nicht zustande. Der Patient tat geheimnisvoll, er könne nicht darüber sprechen, behauptete dann wieder es liege gar nichts vor, er lächelte verkrampft und angespannt, fand wenig Kontakt zu Gleichaltrigen, beteiligte sich aber ohne irgendwelche Anzeichen für eine Depression am Stationsalltag. Deutlich infantile Züge wurden erkennbar, Äußerungen über Musik und Literatur erfolgten, die er kurz zuvor von anderen gehört hatte, dann als eigene Meinung wiedergab und ständig wechselte. Der Jugendliche fühlte sich schließlich an eine ihm abgerungene Abmachung, keinen Suicidversuch mehr zu begehen, gebunden, kehrte vom Internatsbesuch in das Elternhaus zurück, fügte sich den Vorschlägen für die weitere Ausbildung, ohne eine erkennbare Stellungnahme.

Bei derartigen Zustandsbildern ist die differentialdiagnostische Abgrenzung von einer Schizophrenia simplex oder von hebephrenen Verlaufsformen *gegenüber abnormen Persönlichkeitsentwicklungen*, wie sie in den beiden geschilderten

Fällen vorliegen, aus dem psychopathologischen Querschnitt nicht möglich. Hinweise ergeben sich aus der Vorgeschichte, die Anzeichen autistischer oder sonderlingshafter Züge in der Kindheit aufweist oder hochgradig abnorme Familienkonstellationen erkennen lassen. Bei manchen derartigen Persönlichkeitsveränderungen treten aber erst nach Jahren eindeutig psychotische Symptome auf, die dann die Diagnose einer Schizophrenie erlauben.

Es erscheint nicht sinnvoll, den Ausdruck „präschizophren" zu benutzen. Dieser Begriff deutet zwar die Psychosenähe an, verdeckt aber die diagnostische Ungewißheit durch eine einseitige Anlehnung an die belastende Diagnose „Schizophrenie". Dies gilt insbesondere für milde Formen der Derealisation, bei denen der Patient empfindet, keinen rechten Kontakt zur Wirklichkeit zu haben, durch eine „gläserne Wand" davon getrennt, Zuschauer des Lebens um ihn her zu sein, statt daran teilzunehmen. Es gilt ferner für leichte Depersonalisationserscheinungen, in denen der Patient seinen Körper oder einzelne Körperteile als fremd, unwirklich, unecht empfindet oder sich selbst gegenüber entfremdet fühlt.

Bei ausgeprägter Symptomatik kann die Abgrenzung gegenüber einer beginnenden coenaesthetischen Schizophrenie schwierig sein, bei der abnorme Leibgefühle das Zustandsbild kennzeichnen, während die soziale Kontaktfähigkeit nur wenig oder nur für kurze Phasen stärker beeinträchtigt ist, darüber hinaus Denkstörungen nicht sicher diagnostiziert werden können.

Beispiel: Ein gut begabter 16-jähriger Oberschüler suchte selbstständig die Klinik auf, nachdem er wochenlang der Schule aus dem Empfinden heraus, daß alles so unbedeutend sei, fern blieb. Er schilderte depressiv getönt, daß er zwar Gleichaltrige genau wahrnehmen könne — er nahm auch sexuelle Beziehungen zu einem Mädchen in dieser Zeit auf — klagte aber differenziert darüber, daß ihn Gemütsbewegungen der anderen nicht erreichten, es sei alles wie blöd, so leer. Stundenweise beteiligte er sich ganz unauffällig, lustig und intensiv an den Gruppenveranstaltungen auf der Station, schlief aber stets mit den Kleidern und vernachlässigte sich. Überwiegend beschäftigte er sich mit dem eigenen Körper, schilderte beunruhigt und farbig etwa wie eine Körperhälfte anders als die andere sei, seine Brust als tiefes schwarzes Loch empfinde, verschiedene Pharmaka ihn weiter von sich entfernten oder ihn unruhig machten, während

er mit anderen ganz gut zu leben vermochte. Obwohl in der Therapie kaum über mehr als diese Leibempfindungen gesprochen werden konnte, verließ er nach einigen Wochen gebessert die Klinik, machte den Führerschein, suchte eine Internatsschule auf und berichtete zu Hause voller Hochachtung über den Erfolg der Therapie. Die Funktion des Therapeuten sahen wir nur darin, daß durch das vorbehaltlose Akzeptieren der Symptomatik und beruhigende Klären der eigenen Situation auf dem Niveau der subjektiven Empfindungen eine Ich-Stärkung erfolgte, die zu einer Stabilisierung der Beziehung zu sich selbst und anderen führte. Die Diagnose mußte beschreibend bleiben.

Differentialdiagnostisch sind auch *induzierte Störungen des Realitätsbezuges* zu beachten, die psychoseverdächtig sind:

Ein Jugendlicher wurde als Einzelkind bei einer hochgradig abnormen Mutter groß, die eine Schizophrenie hatte und den von ihr getrennt lebenden Ehemann als homosexuell bezeichnete, sich von ihm im Sinne eines Beziehungswahnes beobachtet, verleumdet und durch angeblich ständige Telefonanrufe gequält fühlte. Der Jugendliche vermochte sich nicht davon zu distanzieren, lebte ganz in der Vorstellungswelt seiner Mutter, glaubte wie diese, daß die Wohnung gelegentlich durchsucht wurde. Er versagte trotz guter Intelligenz in der Schule. Versuche, eine Lehre aufzunehmen, scheiterten durch häufiges Fehlen, die mit neuen Ereignissen in der Wohnung und hypochondrischen Beschwerden begründet wurden. Er ließ sich nicht von der Mutter trennen, weil er meinte, diese beschützen zu müssen.

Wenn auch die Abgrenzung der psychopathologischen Phänomene von Schizophrenien im Jugendalter gegenüber abnormen Persönlichkeitsentwicklungen oder einer psychoseverdächtigen Zuspitzung phasenspezifischer Probleme im Vordergrund steht, so darf keinesfalls der Ausschluß einer organischen Krankheit versäumt werden. Hier gelten die gleichen Kriterien, wie sie bereits bei der Differentialdiagnose kindlicher Schizophrenien (s. S. 403) genannt wurden.

III. Psychosen bei Schwachsinn (Pfropfpsychosen)

Psychotische Symptome, die bei einem geistig Behinderten auftreten, werden als Pfropfpsychosen bezeichnet. Die historischen Meinungsverschiedenheiten über eine gemeinsame genetische Grundlage oder über eine manifestationsbegünstigende Wirkung des primären Schwachsinns auf eine latente Anlage zur Schizophrenie werden heute als gegenstandslos bezeichnet, nachdem sich ergab, daß die Kombination beider psychopathologischer Bilder im Zufallsbereich liegt (Stutte).

Diese Psychosen nehmen jedoch in ihrer Symptomatik eine gewisse Sonderstellung ein, und zwar 1. dadurch, daß die psychotischen Symptome inhaltsarm und diffus erscheinen können. Dies ist sicher auf die geringe Durchstrukturierung der Erlebniswelt des geistig Behinderten zurückzuführen. 2. Erlauben die psychotischen Phänomene keine sichere Zuordnung. Mischpsychosen herrschen vor. So zeigte z.B. ein Jugendlicher ein läppisch-euphorisches Verhalten, indem er sich manchmal versteckte und „Kuckuck" rief. Gleichzeitig gab er an, schreckliche Szenen zu erleben, imperative bzw. begleitende Stimmen zu hören, auch kam es zu paranoiden Befürchtungen gegenüber der Umwelt mit illusionären Verkennungen, während die affektive Resonanz insgesamt ganz unbeeinträchtigt erschien und der Patient auch keinerlei Hinweise auf einen schizophrenen Autismus bot. 3. Wirken die Anzeichen für eine Entfremdung gegenüber dem Erleben besonders gering. Einfühlbare Erlebnisse gehen ohne Bruch in psychotische Erlebnisse über und diese werden infolge der geistigen Behinderung kritikloser als real empfunden. Schließlich erwecken 4. die psychotischen Erlebnisse nicht selten den Eindruck, daß sie Folge der insuffizienten Erlebnisverarbeitung sind. Sie treten nach Frustrationen auf, die sich aus der Unfähigkeit einer befriedigenden sozialen Eingliederung ergeben, auch aus Angst vor ungewohnten Situationen u.a.m. entstehen, so daß sich reaktive Elemente relativ leicht darin erkennen lassen.

Bei einem 8jährigen Mädchen mit einem Intelligenzquotienten von 52 im Binet-Kramer-Test herrschte ein Zustand ängstlicher Erregung mit optischen und haptischen Halluzinationen vor, in denen das Kind Spinnen und Schnecken sah und vom Körper pflückte. Stereotyp wurde geäußert: „Petra lieb" oder „tut nicht weh". Das Kind entwickelte Angst vor elektrischen Hausgeräten, dem Staubsauger und dem Bohnergerät auf der Station. Es hielt die Tischlampe für ein Tier, geriet ohne erkennbaren Anlaß in schwere aggressive Ausbrüche, in denen es z.B. sich und andere biß. In derartigen Fällen ist differentialdiagnostisch durch wiederholte Untersuchungen der hirnelektrische Befund zu überprüfen, um eine psychomotorische Epilepsie auszuschließen. Auch muß eine Liquorpunktion vorgenommen werden, damit nicht eine Encephalitis übersehen wird.

Therapeutisch ist die Förderung stabiler Umweltbedingungen, die Herstellung einer für den geistig Behinderten durchsichtigen Ordnung des Alltags unter einer syndrombezogenen Therapie mit Psychopharmaka besonders wichtig.

IV. Manisch-depressive Erkrankungen

1. Vorbemerkung

Bei dieser Gruppe von Erkrankungen stehen Veränderungen der Stimmungslage und des Antriebes im Vordergrund, die über Wochen und Monate bestehen, als Phasen bezeichnet werden, und die nach Abklingen keine Veränderung der Persönlichkeit hinterlassen. Da die führende Symptomatik in der Verstimmung liegt, nennt man diese Krankheiten auch Affektpsychosen. Die Häufigkeit wird auf 0,5% der Bevölkerung geschätzt. Ihre Ätiologie ist unbekannt.

In der depressiven Phase des Erwachsenen bekommt das Erleben einen herabgestimmten Charakter. Es kann schmerzlich-traurig, farblos, wenig bewegend, matt getönt sein. Der Patient ist nicht in der Lage sich zu freuen, er vermag es aber auch nicht recht traurig zu sein, so daß manchmal das „Gefühl der Gefühllosigkeit" angegeben wird. Im vitalen, körpernahen Bereich äußert sich die Depression als Müdigkeit, Enge, Bedrücktheit, als Schwere der Glieder oder in einem typischen Druck auf der Brust, der mit Ängsten und hypochondrischen Beschwerden verbunden ist (Präkordialangst). Derart hypochondrische Beschwerden können das Bild der depressiven Phase beherrschen. Andere Patienten leiden an Schuld-, Versündigungs- oder Verarmungsideen, die sich zu depressiven Wahnideen verdichten, in denen die Patienten, jedem Zuspruch unzugänglich, in der Gewißheit ihrer Verlorenheit verharren. Der Gedankengang ist zähflüssig, die Psychomotorik verlangsamt. Entschlußlosigkeit und die Herabgestimmtheit der Antriebe können bis zum depressiven Stupor führen. Bei anderen Patienten besteht eine Agitiertheit im Sinne ängstlicher, gequälter Getriebenheit.

Der Schlaf ist regelmäßig erheblich beeinträchtigt, Appetitlosigkeit, Gewichtsabnahme und das Sistieren der Menses sind wichtige Symptome. Im Tagesablauf kann die Schwere des Zustandsbildes regelmäßigen Schwankungen unterliegen, typisch ist die abendliche Erleichterung der Patienten (Tagesschwankungen).

Dieses Zustandsbild kann, wenn auch selten, mehr oder weniger rasch in eine manische Phase übergehen. Hier steht die gehobene Stimmungslage im Vordergrund, die Patienten sind hoch gestimmt, negative Erfahrungen berühren sie wenig. Das Selbstwertgefühl ist gesteigert, führt zu Kritiklosigkeit, Leichtsinn, sinnlosen Einkäufen, großartigen Plänen, ja zum Größenwahn. Manchmal schlägt die Euphorie leicht in eine Gereiztheit um, in der die

Patienten grob ausfällig werden. Besonders eindrucksvoll ist die Steigerung des Antriebes, dauernd werden Beschäftigungen gesucht, Ideen wollen sofort in die Wirklichkeit umgesetzt werden, die Patienten bewegen sich leicht und rasch, zeigen eine erhöhte Reagibilität, die im Gespräch zu distanzlosen Äußerungen führt oder zu impulsiven Handlungen Anlaß gibt. Der Gedankengang springt von einem Inhalt zum anderen, eine derartige Ideenflucht kann das Ausmaß einer Verworrenheit erreichen, die die Patienten selbst belästigt. Auch in der manischen Phase ist der Schlaf gestört, können die Patienten abmagern und die Menses ausbleiben.

In beiden Phasen bleibt das Bewußtsein ungestört. Die Auffassung ist nur im Rahmen des jeweiligen vitalen Syndroms beeinträchtigt. Ein guter therapeutischer Kontakt kann bei Wiederholung der Phasen dazu führen, daß es den Patienten gelingt, sich ein wenig von der pathologischen Veränderung ihres Befindens zu distanzieren. Mnestische Störungen sind uncharakteristisch, auch nach Abklingen der Phase erinnern sich die Patienten meist an alle wesentlichen Begebenheiten.

Die Phasen können nur als Depressionen (monopolarer Verlauf) auftreten oder depressive und manische Phasen wechseln ab (bipolare Verläufe). Sie beginnen schleichend, manchmal ist aber innerhalb eines Tages ein Umschlag der Gestimmtheit zu erkennen. Die Intervalle, in denen die Patienten unauffällig sind, wechseln, können aber beim Einzelnen eine große Regelmäßigkeit aufweisen, z.B. an Jahreszeiten gebunden auftreten.

In vielen Fällen manifestiert sich die Krankheit im Alter von 15—30 Jahren. Neben den Kerngruppen mit den geschilderten typischen phasenhaften Verläufen gibt es Patienten, die nur einmal erkranken, dabei lassen sich zeitliche, wahrscheinlich aber auch kausale Beziehungen zu Veränderungen im Lebenslauf herstellen, zu Klimakterium, zu dem Involutionsalter, dem Wochenbett, aber auch zur Pensionierung oder zu einem entscheidenden Milieuwechsel (Umzugsdepression).

Übergänge in der Verlaufsform und in der Symptomatik zu Schizophrenien sind nicht selten zu erkennen, man spricht dann von Mischpsychosen.

Die Diagnose einer manisch-depressiven Erkrankung läßt sich oft nur durch Ausschluß anderer Krankheiten sichern. Die Symptomatik erlaubt nicht immer eine differentialdiagnostische Abgrenzung gegenüber reaktiven Verstimmungen zumindest bei der ersten Krankheitsphase. Die Diskrepanz zwischen der objektiven Bedeutung eines Ereignisses, das in einen ursächlichen Zusammenhang mit der Krankheit gebracht werden könnte, und der Schwere des Zustandsbildes ergibt einen nicht ganz verläßlichen Hinweis. Die Störung der Vitalsphäre mit vegetativen Symptomen spricht eher für das Vorliegen einer endogenen Psychose.

Wesentlich ist die Familienvorgeschichte, in der gehäuft ähnliche Erkrankungen zu finden sind. Die Erkrankungswahrscheinlichkeit von Kindern eines homolog erkrankten Vaters oder einer Mutter liegt bei 15—25%. Ein exakt nachzuweisender Erbgang liegt nicht vor, es besteht jedoch eine familiäre Disposition zur Entwicklung der Krankheit.

Wie bereits erwähnt, treten die Erkrankungsphasen ohne jeden erkennbaren Anlaß auf, doch finden sich in etwa 10% der Fälle, besonders bei Depressionen, lebensgeschichtliche Zusammenhänge, die das Ingangkommen der Psychose begünstigen.

2. Manisch-depressive Erkrankungen bei Kindern und Jugendlichen

Der derzeitige Wissensstand über das Vorkommen manisch-depressiver Phasen im 1. Lebensjahrzehnt ist so gering, daß nur wenig Verläßliches darüber ausgesagt werden kann.

Retrospektiv lassen sich bei manisch-depressiven Erkrankungen im Jugendalter Anzeichen dafür finden, daß bereits im Kindesalter phasische Veränderungen des Befindens in Form von Krankheitsanfälligkeit, Verstimmbarkeit, Erziehungsschwierigkeiten, Zurückgezogenheit oder expansiver Art bestanden haben. Diese Feststellung ist mit erheblichen Unsicherheiten verbunden, von denen die Fragwürdigkeit anamnestischer Angaben über eine lange Zeitspanne hinweg im allgemeinen und die Gefahr, retrograd unter der Suggestion des gegenwärtigen Zustandsbildes analoge Symptome in der Vergangenheit zu finden, im besonderen hervorgehoben werden müssen.

Trotzdem lassen sich in einzelnen Fällen phasische Verhaltensstörungen retrospektiv sichern. Diese werden von den Eltern leicht mit Ausdrücken der erzieherischen Praxis charakterisiert: etwa in dem Sinne, daß es Monate gab, in denen das Kind besonders frech und aufsässig erschien, sich dauernd stritt und ständig auf der Straße und im Hause in Bewegung sein mußte. Zu anderen Zeiten zog sich das Kind zurück, war bockig, hatte zu keiner Beschäftigung die rechte Lust, gehorchte nicht und redete kaum mit jemandem.

Bei Kindern — und nicht rückblickend — wird die Diagnose äußerst selten gestellt. Es gibt überhaupt nur wenige Fälle, die in der Literatur beschrieben worden sind, dabei handelt es sich um Kinder im Schulalter.

Natürlich muß die Frage gestellt werden, warum diese Erkrankungen nicht bei jüngeren Kindern beobachtet werden. Dies kann nur mit Vermutungen beantwortet werden. Es ist nicht unwahrscheinlich, daß Verstimmungen von Kindern zu leicht auf Lebensbedingungen zurückgeführt, d. h. als reaktiv betrachtet oder als phasenspezifische Reaktionsformen — z.B. des Trotzalters — interpretiert werden. Die Plastizität kindlichen Verhaltens durch Umwelteinflüsse und die erst allmähliche Ausformung und Differenzierung der Persönlichkeit lassen darüber hinaus vermuten, daß phasische Veränderungen der Gestimmtheit sich in früheren Altersstufen noch nicht zu einem Krankheitsbild verdichten können, etwa deshalb, weil auf die Verstimmung des Kindes verstehend eingegangen wird und dieses gegenüber der Intensivierung der Zuwendung noch offener ist. Andererseits könnte angenommen werden, daß die Eigenständigkeit der individuellen psychischen Abläufe noch nicht so ausgeprägt ist, daß eine derartig tiefgreifende und nachhaltige emotionale Aussteuerung überhaupt geleistet werden kann.

Wie bei der Schizophrenie im Kindesalter könnte auch hier die Frage gestellt werden, ob manische oder depressive Phasen bei Kindern mit anderen Symptomen als beim Erwachsenen auftreten. W. Spiel meint dazu: „Wenn wir rein spekulativ versuchen wollen, das kindlich depressive Syndrom auf die jeweilige Phase zu projizieren, so ergibt sich etwa folgendes: Die depressive Phase in der Zeit der Ursymbiose zwischen Kind und Mutter kann sich lediglich in psychosomatischen Äußerungen manifestieren, in Symptomen der Verdauung, des Schlafes, des Kontaktabbruches und des Entwicklungsstops. Wir befinden uns noch in der Phase, in der die „Vitalisierung" deutlich zu erkennen ist. Wir kennen die lebensbedrohlichen Zustandsbilder des Hospitalismus und der „anaclitic depression" (Spitz, 1967), die wir hier einordnen müßten. Natürlich kann in dieser Phase die Depression nicht eine „Überzeugtheit" der Bedrohung des Seins sein, sondern sie „ist" die Bedrohung des Seins".

„Gehen wir weiter in der Entwicklung, so können wir vermuten, daß in der Periode des ersten Gestaltwandels die dieser Phase eigenen und typischen Angstproduktionen, die Affektinstabilität und die motorischen Äußerungen in Erscheinung treten werden." „So würden also vermutungsweise die Einkleidungen depressiven Geschehens auf die Entwicklungsphase projiziert aussehen."

Symptomatik. Die seltenen endogenen depressiven Zustandsbilder der Präpubertät können der vitalen Verstimmung des Erwachsenen weitgehend ähneln. Das Nachlassen der Schulleistungen, das Gefühl, den Anforderungen nicht mehr gewachsen zu sein, zwangshaftes Brüten über den Hausaufgaben, Angst vor der Schule, vor dem nächsten Tag, aber auch Ablenkbarkeit und Unkonzentriertheit sind die ersten Symptome. Im Gegensatz zu Erwachsenen weinen die Kinder leicht. Hinzu kommen Zurückgezogenheit mit Grübeln, rasches Beleidigtsein, leichte Verletzlichkeit und — sehr wichtig — hypochondrische Beschwerden, die quälend empfunden werden und Anlaß zu immer neuen Befürchtungen geben. Phobisch-anankastische Züge treten auf, die altersspezifische Inhalte haben und um den Schulbesuch oder auch religiöse Inhalte kreisen. Die Gedanken schwermütigen Inhaltes und phobischen Ängste können eine wahnhafte Ausweitung erkennen lassen: das Glockenläuten erinnert an den Tod und wird extrem angstvoll erlebt, es besteht ständig die Angst, eine Nadel verschluckt zu haben.

Bei anderen Patienten wird tiefe traurige Verstimmtheit ohne wesentliche Inhalte verbunden mit Schlafstörungen, Appetitlosigkeit oder Obstipation gefunden.

Charakteristisch ist der cyclische Verlauf dieser Symptomatik, dabei wird ein leichterer Umschlag in submanische bis manische Zustandsbilder mit erhöhtem Antrieb, Heiterkeit, Umtriebigkeit, Frechheit, Lügenhaftigkeit, verbalen und tätlichen Aggressionen als beim Erwachsenen beobachtet. Überhaupt dauern derartige Verstimmungen bei Schulkindern wesentlich kürzer als im höheren Lebensalter, manchmal nur Tage. Die Tagesschwankungen können extrem sein und den Eindruck eines Phasenwechsels innerhalb von Stunden erwecken.

Deutlich lassen sich die Schwankungen in den Zeichnungen der Kinder ablesen, unter der Depression werden die bildlichen Darstellungen kümmerlich, trist, inhaltsarm, zeigen unsichere Strichführung mit geringem Druck; in manischem Zustand zeichnen sie sich durch ihre Vielfalt, Expansivität aber auch durch idyllische Darstellungen heiterer Prägung aus.

Im Kontakt mit anderen führen beide Formen zu erheblichen Schwierigkeiten, die in der Depression durch die Verletzbarkeit, das Schwernehmen belangloser Äußerungen bedingt sein können. Die manische Expansivität führt in ihrer Aufdringlichkeit zu heftigen Unmutsreaktionen bei anderen, aber auch leicht zu aggressiven Ausbrüchen beim Patienten selbst.

In der Pubertät gleicht sich die Symptomatik weitgehend an die des Erwachsenenalters an. In der depressiven Phase äußern die Patienten oft Probleme, die sich auf familiäre Konflikte, eine unglückliche Stellung in der Geschwisterreihe, auf Versagen in der Schule, auf Kontakt- und sexuelle Schwierigkeiten beziehen oder eine Selbstwertproblematik zum Inhalt haben. Schließlich umfassen sie auch religiöse und philosophische Grundfragen des Daseins. Durch derartige phasenspezifische Inhalte ist die Gefahr einer Verkennung des endogenen Charakters der Störung relativ groß. Auch die manischen Zustandsbilder zeigen eine altersspezifische Färbung, etwa in Form hochfliegender Berufspläne, in der unrealistischen Haltung gegenüber dem Wunsch, Schlagerstar oder bewunderter Sportler zu werden, in überdimensionierten Zeichnungen und Konstruktionsplänen und nicht zuletzt in sexueller Enthemmung.

Genese und soziale Bedeutung. Die Genese manisch-depressiver Erkrankungen ist unbekannt. Es finden sich keine histopathologischen Veränderungen des Gehirns, und über die Bedeutung zwischen nachgewiesener Veränderungen des Hirnstoffwechsels als Krankheits*ursache* herrscht noch Unklarheit. Eine erbliche Disposition ist seit langem bekannt und weist auf die Bedeutung genetischer Faktoren hin, jedoch ist ein wissenschaftlich definierbarer Erbgang nicht nachweisbar. Zusammenhänge mit situativen Belastungen, körperlichen Erkrankungen, biologischen Umstellungsphasen, wie der Pubertät, lassen sich in einer Reihe von Fällen erkennen.

Die soziale Bedeutung der manischen und depressiven endogenen Erkrankungen im Kindes- und Jugendalter liegt darin, daß die psychotische Verhaltensstörung des Patienten verkannt wird und zu unangemessenen erzieherischen Maßnahmen führt, die dem Kind nicht helfen, sondern es eher noch belasten. Die sozialen Probleme manisch-depressiv erkrankter Jugendlicher gleichen weitgehend denen Erwachsener. Sie werden durch die Unterbrechung des Ausbildungsganges verschärft und können zu dissozialen Handlungen führen, die ihrerseits die Möglichkeiten zu einer sozialen Wiedereingliederung erschweren.

Diagnose, Differentialdiagnose und Fehldiagnosen. Anthony und Scott nennen 10 Gesichtspunkte, die bei der Diagnostik zu berücksichtigen sind:

1. Das Auftreten eines klinischen Krankheitsbildes, das der klassischen Schilderung des manisch-depressiven Irreseins von Bleuler u.a. (S. 415) annähernd entspricht.

2. Das Auftreten der gleichen Erkrankung in der Familie, also eine homologe familiäre Belastung.

3. Die bereits früh beim Patienten zu erkennende Tendenz zur Entwicklung manisch-depressiver „Reaktionen", die sich in allmählich stärker werdenden und länger anhaltenden Oszillationen der Stimmungslage oder in manisch oder depressiv getönten deliranten Zustandsbildern, z.B. bei fieberhaften Erkrankungen, bemerkbar macht.

4. Anzeichen für das wiederholte oder periodische Auftreten der Symptomatik. Es wird also das mindestens einmalige Rezidivieren einer Phase gefordert.

5. Es muß sich um eine zweiphasige (manisch-depressive) Erkrankung handeln, d.h. in der heutigen Terminologie um eine bipolare Verlaufsform.

6. Die Erkrankung muß endogen sein, d.h. die Krankheitsphasen dürfen nur eine ganz geringe Beziehung zu erkennbaren Umwelteinflüssen aufweisen.

7. Es muß sich um eine schwere Erkrankung handeln, die eine stationäre Behandlung mit der Anwendung von Psychopharmaka oder gegebenenfalls einer Elektroschocktherapie erforderlich macht.

8. Anzeichen für eine abnorme prämorbide Persönlichkeit im Sinne der Extraversion sollten durch objektive Testverfahren gewonnen werden.

9. Krankheitszeichen, die auf eine Schizophrenie oder eine organische Verursachung der Psychose verdächtig sind, dürfen nicht vorliegen.

10. Die psychopathologischen Phänomene sollen zum Zeitpunkt der Untersuchung erkennbar sein und nicht retrospektiv gewonnen, d.h. lediglich durch eine Anamneseerhebung festgestellt werden.

Bei der Durchsicht der kasuistischen Veröffentlichungen fanden die genannten Autoren, daß nur 3 Fälle mehr als 5 dieser Bedingungen erfüllten, in keinem Fall waren aber mehr als 7 der diagnostischen Kriterien positiv zu beantworten.

Wenn auch mit Hilfe der Skala so hohe Anforderungen an die Diagnostik gestellt werden, daß kaum ein Fall alle Bedingungen erfüllt, so sind die angeführten Kriterien als diagnostische Richtlinien zu verstehen, mit der die Wahrscheinlichkeit des Vorliegens einer endogen-phasischen Erkrankung recht gut überprüft werden kann. Darüber hinaus zeigt sich, wie wichtig eine Zurückhaltung gegenüber der Diagnose ist.

Nicht selten erlaubt erst das Auftreten der zweiten Phase eine hinreichende diagnostische Sicherheit. Die differentialdiagnostischen Fragen stehen im Vordergrund.

Depressive Zustandsbilder des Kleinkindesalters mit vitaler Beeinträchtigung finden sich bei seelischen Mangelzuständen, insbesondere beim *seelischen Hospitalismus* (s. S. 73).

Auf eine erhebliche *seelische Depravation*, z.B. durch Trennung vom Elternhaus, reagieren Kinder manchmal mit einer deutlichen vital-depressiven Gestimmtheit. Diagnostisch wichtig ist es aber, daß sich eine seelische Dauerbelastung dieser Art auch in sehr expansiver Weise durch Erziehungsschwierigkeiten, Fortlaufen, Wutanfälle, Protesthaltungen äußern kann und erst im Gespräch oder in den projektiven Testverfahren erkennbar wird, wie sehr das Kind deprimiert und traurig gestimmt ist.

Der reaktive Charakter derartiger depressiver Verstimmungen ergibt sich aus der Lebenssituation. Die differentialdiagnostischen Probleme einer endogenen Phase treten aber dann auf, wenn ein situativer Zusammenhang schwer oder gar nicht zu erkennen ist.

Grundsätzlich muß dann eine *organische Erkrankung* ausgeschlossen werden. Zustände einer vitalen Schwächung können bei chronischen Allgemeinerkrankungen (z.B. Anämie) bestehen.

Encephalitiden des Schulalters gehen manchmal mit Symptomen des manisch-depressiven Formenkreises einher. Hierzu ein Beispiel: Das unvermittelte Auftreten einer Euphorie mit der Idee Starphotographin zu werden, der Einkauf von mehreren Kameras, nur durch die Vorsicht des Verkäufers verhindert, bei gleichzeitig vegetativen Störungen und dem ganz ungewohnten Mißlingen einer englischen Klassenarbeit standen im Beginn eines extrem expansiven Zustandsbildes einer 12jährigen Schülerin, das sich als Encephalitis klärte.

Weitere differentialdiagnostisch wichtige Kriterien lassen sich am folgenden Beispiel darstellen, und zwar hat Beringer (1940) den rhythmischen Wechsel von Enthemmtheit und Gehemmtheit bei einem 12jährigen Jungen beschrieben.

Es traten zunächst Kopfschmerzen auf, dann fiel der Junge durch seine Streitsucht und durch einen unverschämten Brief an die Lehrerin auf. Wiederholt kam es zu Fieberschüben. Bei wiederholter Punktion fand sich nur einmal eine Pleocytose mit 82/3-Zellen bei normalen Eiweißverhältnissen, und zwar 14 Tage nach der Erstpunktion. Eine Encephalitis wurde angenommen. Maniforme Phasen mit Zudringlichkeit, altkluger Schlagfertigkeit, Ablenkbarkeit und sich steigernder Erregung und Aggressivität wechselten über eine rasch anwachsende psychomotorische Gehemmtheit zum Bilde eines mehrere Tage anhaltenden Stupors, der sich dann wieder löste.

In den depressiven Zuständen war der Junge appetitlos, schmeckte die Speisen nicht recht, das Gehör schien ihm abgestumpft, das Kraftgefühl herabgesetzt, das Zeiterleben gedehnt. Er machte sich Vorwürfe über sein schlechtes Benehmen in der vorhergehenden Zeit und befürchtete wahnsinnig zu werden. Depressive und manische Zustände wurden in einem etwa 4wöchigen Cyclus durchlaufen. Der Patient erholte sich. 27 Jahre später wurde der damals 13jährige Sohn dieses Patienten in die Psychiatrische und Nervenklinik der Universität Freiburg aufgenommen, nachdem der Junge im Anschluß an eine nicht fieberhafte Angina, bei der er lediglich über Halsschmerzen klagte, ein depressives Zustandsbild entwickelte, das sich nach 2 Wochen zurückbildete, dann aber in einem 4wöchigen Cyclus 4mal rezidivierte. Die organischen Befunde waren völlig o.B. Nachforschungen über die Familienanamnese ergaben, daß ähnliche psychotische Bilder bei einer Reihe von Angehörigen in diesem Alter aufgetreten waren und auch bei dem Patienten von Beringer im späteren Lebensalter unter einer vorwiegend schizophrenen Symptomatik zu einem dauernden Krankenhausaufenthalt führten.

An der skizzierten Krankengeschichte lassen sich 3 differentialdiagnostische Gesichtspunkte aufzeigen:

1. Es kann in derartigen Fällen schwer abgeschätzt werden, welch eine Bedeutung einem geringeren, in diesem Fall allerdings auch fragwürdigen neurologischen Befund für das Ingangkommen des Psychose zugemessen werden muß. *Die Entwicklung einer phasischen Eigengesetzlichkeit ist immer verdächtig auf eine zusätzliche „endogene" Komponente.*

2. Läßt sich die Notwendigkeit einer sorgfältigen Familienanamnese aufzeigen, der offensichtlich unter dem politischen Druck des Jahres 1940 nicht nachgegangen wurde. Es handelt sich um eine *Psychoseform, die eine für diese Familie überraschend charakteristische Färbung hat.* Und

3. findet sich die Beobachtung bestätigt, daß *phasische Verstimmungen in der Vorpubertät erste Anzeichen einer Schizophrenie sein können.*

Bei *keinem* Kind, das wegen eines manischen oder depressiven Zustandsbildes bis zum Alter von 10 Jahren in die Klinik aufgenommen war, konnte Spiel katamnestisch die Entwicklung einer endogenen Depression in den folgenden 10—15 Jahren finden. Von seinen 10 Patienten entwickelten 2 eine Epilepsie, 5 boten Anzeichen erhöhter Stimmungslabilität im Sinne einer Cyclothymie, der Rest blieb unauffällig. Von 17 Beobachtungen im Alter zwischen 10 und 14 Jahren entwickelte sich 2mal nach einem manischen Zustandsbild eine Schizophrenie, einmal ein hirnorganisch degenerativer Prozeß, bei 2 zuerst manischen und bei 2 zunächst depressiven Patienten traten cycloid-psychopathische Episoden wiederholt auf und bei 10 Patienten, die zunächst depressiv waren, wiederholten sich langanhaltende, endogene depressive Verstimmungen.

Reaktive Depressionen im Gefolge lebensgeschichtlicher Probleme treten in Form hartnäckiger Verstimmungen auf, die sich im psychopathologischen Querschnitt nicht von einer endogenen Phase unterscheiden lassen. Nur im therapeutischen Kontakt läßt sich die Bedeutung des biographischen Hintergrundes nach und nach erkennen, und die Bearbeitung der damit verbundenen Phantasien und Emotionen führt zur Besserung.

Ein 15jähriger Adoptivsohn, einziges Kind eines Landwirtes, entwickelte im Zusammenhang mit den Problemen der Berufswahl ein hypochondrisch-depressives Zustandsbild, das zunächst zu einer internen klinischen Untersuchung führte und sich über 1 Jahr hinzog. Der Adoptivvater hatte seine Landwirtschaft nach und nach vergrößert in der Hoffnung, daß der Sohn diese übernehmen werde; der Patient wollte jedoch eine Mechanikerlehre in einer Fabrik aufnehmen. Obwohl der Adoptivvater nach Beratungsgesprächen einlenkte, kam es erst zu einer Besserung, als mit dem Patienten das Problem der unbekannten leiblichen Elternschaft, soweit möglich anhand der Jugendamtsakten, geklärt und ausgiebig thematisiert worden war. Hier hatte ein Aktualkonflikt zur Aktivierung einer grundlegenden Lebensproblematik geführt, die in dem Patienten Verlassenheitsgefühle gegenüber seiner leiblichen Mutter, Fragen der Identität, der Verpflichtung und Dankbarkeit gegenüber den Adoptiveltern geweckt hatten und zu einem hypochondrisch-depressiven Rückzug veranlaßten, der den Patienten über Monate ans Bett fesselte.

Das Auftreten von *endogenen Depressionen bei Eltern* rechtfertigt keineswegs immer den Schluß, daß das depressive Zustandsbild eines Kindes auch als endogene Erkrankung gewertet werden muß, vielmehr gibt es auch *induzierte Depressionen*. So mußte die Tochter einer wegen einer endogenen Depression stationär aufgenommenen Patientin mehrere Wochen nach der Erkrankung ihrer Mutter ebenfalls mit einem depressiven Zustandsbild endogener Prägung in die Klinik aufgenommen werden. Es ergab sich, daß das 15jährige Einzelkind mit ihrem sehr geliebten Stiefvater während der Abwesenheit der Mutter in einem Zimmer schlief. Der Verdacht sexueller Beziehungen erwies sich als nicht berechtigt. Im therapeutischen Gespräch und in den Träumen der Patientin wurden aber lebhafte Inzestphantasien erkennbar, deren therapeutische Bearbeitung zur Aufhellung des depressiven Bildes und zur baldigen Entlassung führten. Es blieb die Frage offen, wieweit die damit verbundenen Schuldgefühle zur Ausprägung des depressiven Zustandsbildes geführt hatten oder ob die Depression des Kindes lediglich als eine Kopie der mütterlichen Symptomatik zu verstehen war, mit der eine Trennung von dem Stiefvater intendiert wurde.

Die *Selbstisolierung* Jugendlicher mit Kontaktverlust und Nachlassen der Schulleistungen, allgemeiner Lustlosigkeit, hypochondrischen Klagen, Schuldgedanken und Schlaflosigkeit sowie Gewichtsabnahme, die für das Vorliegen eines depressiven Zustandsbildes sprechen, können auch mit Angaben über eine Denkstörung einhergehen. Die Patienten meinen, keinen klaren Gedanken fassen zu können, sie sind nicht in der Lage, irgendwelche Probleme zu thematisieren, die auf einen möglichen reaktiven Charakter der Störung hinweisen könnten. Sie sitzen schlapp und müde mit leerem, etwas ängstlichem Gesichtsausdruck da, wiederholen die Befürchtungen schwer krank zu sein und bald sterben zu müssen.

Die differentialdiagnostische Frage nach dem Vorliegen einer Schizophrenie (s. S. 393) muß zunächst offen bleiben, auch wenn die Patienten auf die zunächst indizierte Behandlung mit Thymoleptika gut reagieren. Nur der weitere Verlauf kann eine Klärung herbeiführen.

Eine erste depressive Phase in der Pubertät kann unter dem Bilde einer *Pubertätsmagersucht* verlaufen. Differentialdiagnostisch gibt es keine sicheren Kriterien, da auch bei dieser psychogenen Erkrankung die vitale Herabgestimmtheit stark im Vordergrund der Symptomatik stehen kann. Thymoleptika neben der problemspezifischen Form der Psychotherapie sollten dann versuchsweise angewendet werden. Im allgemeinen zeichnen sich magersüchtige Patienten aber durch ihre Aktivität aus, die Patienten gehen spät zu Bett und stehen früh auf, doch sind Schlafstörungen, wie sie bei einer endogenen Depression meist vorliegen, für die Magersucht nicht charakteristisch. Projektive Tests geben manchmal verwertbare differentialdiagnostische Hinweise.

V. Therapie der endogenen Psychosen
(insbesondere Pharmakotherapie)

Die Therapie endogener Psychosen im Jugendalter entspricht weitgehend der des Erwachsenen. Wichtigste Therapieform stellt heute die *Anwendung von Psychopharmaka* dar. Diese erfordert praktische Erfahrungen und detailliertere Kenntnisse als sie hier vermittelt werden können, so daß auf entsprechende Lehrbücher verwiesen werden muß.

Grundsätzlich richtet sich die Wahl des Medikamentes nicht nach der Art der Psychose, sondern nach Symptomen, die man deshalb auch Zielsymptome nennt. Derartige Zielsymptome sind z.B. Halluzinationen, illusionäre Verkennungen, Wahnideen bei einem Patienten, der sich geordnet verhält und keine katatonen Symptome zeigt. Andere Zielsymptome wären katatone Erregungszustände oder katatone Antriebssperrungen, wie Stupor, Negativismus, weitere die gehemmte Depression im Gegensatz zu agitiert depressiven Zustandsbildern. Die Zuordnung der Psychopharmaka zu den Zielsymptomen ist nicht scharf begrenzt, sondern als Schwerpunkt zu verstehen. Auch muß berücksichtigt werden, daß sich die Wirkungsweise des Pharmakons mit der Höhe der Dosierung ändern kann. Eine Kombinationsbehandlung ist durchaus möglich, wenn z.B. der stimmungshemmende Effekt eines Medikamentes ausgenutzt, gleichzeitig mit anderen die Erregung des Patienten abgefangen werden soll oder Schlafstörungen bestehen. Eine Reihe von Medikamenten entwickelt eine volle Wirkung erst nach geraumer Zeit, so daß ein Wechsel der Medikation innerhalb weniger Tage nur selten, etwa bei lebensbedrohlichen katatonen Erregungszuständen, indiziert ist.

Unabhängig von ihrer Verwendbarkeit bei Psychosen lassen sich die Psychopharmaka in 3 Gruppen einteilen, und zwar:

1. In Pharmaka mit vorwiegend dämpfender Wirkung (Psycholeptica). Zu diesen gehören Neuroleptica und Tranquilizer.

2. Pharmaka mit vorwiegend anregender Wirkung (Psychoanaleptica), zu diesen gehören: Thymoleptika und Psychostimulantia.

3. Pharmaka, die abnorme seelische Zustandsbilder psychotischen Charakters hervorrufen können (Psychodysleptica). Diese Gruppe, zu denen die Halluzinogene gehören, haben therapeutisch kaum Bedeutung.

Aus den beiden erstgenannten Gruppen haben nur die Neuroleptica und Thymoleptica eine Wirkung auf psychotische Zustandsbilder. Tranquilizer und Psychostimulantien sollen bei Psychosen nicht angewendet werden.

Wenn man ein *nicht* psychotisches Zustandsbild mit Erregung oder angstvoller Spannung psychopharmakologisch behandeln will, werden in erster Linie Tranquilizer verwendet. Man folgt dabei dem Prinzip, möglichst mit dem schwächsten Psychopharmakon zu behandeln, von dem die gewünschte Wirkung erwartet werden kann. Dazu genügt im allgemeinen die dämpfende Wirkung der Tranquilizer bei nichtpsychotischen Erkrankungen. Es hat sich jedoch besonders bei Indikation in der Kinderpsychiatrie gezeigt, daß Tranquilizer den erwarteten Effekt nicht erbrachten, z.B. bei hirnorganisch bedingter Hyperaktivität oder bei psychoreaktiven Störungen mit gesteigerter Empfindsamkeit oder Aggressivität. In diesen Fällen ist es statthaft, das zuvor genannte Prinzip zu durchbrechen und niedrig dosierte Neuroleptica anzuwenden. Dabei wird die dämpfende Wirkung der Neuroleptica in geringer Dosierung therapeutisch genutzt, man spricht von einer tranquilisierenden Wirkung, die diese Medikamente in einer geringen Dosierung haben.

Bei höherer Dosierung bekommen Tranquilizer keinen antipsychotischen Effekt. Dies ist ein wichtiger Unterschied zwischen Tranquilizern und Neuroleptica. Bei der Behandlung von Psychosen werden also nur Neuroleptica und Thymoleptica herangezogen. Diese bilden die Psychopharmaka im engeren Sinne. Eine strenge Trennung *innerhalb* dieser Gruppe ist nicht durchgängig möglich, u.a. deshalb, weil eine Reihe von Pharmaka eine deutliche Mittelstellung einnehmen und der pharmako-dynamische Effekt der meisten Medikamente auch von der Dosierung abhängig ist. Es ist jedoch möglich, die Medikamente nach ihrer Wirkungsweise ungefähr in einer Reihe anzuordnen. Diese wird eröffnet durch die *reinen Neuroleptica*. Als solche gelten das Rauwolfia-Alkaloid Reserpine (Serpasil, Sedaraupin, auch enthalten in Phasein forte). Die Bedeutung dieser Medikamente ist in der letzten Zeit in den Hintergrund getreten, da sich die nächstgenannten Medikamentengruppen wirksamer erwiesen haben. Meist wird Reserpin heute angewendet, wenn sich andere Neuroleptica als nicht genügend wirksam erweisen.

Zu den reinen Neuroleptica gehören auch die *Butyrophenon-Abkömmlinge* (Haloperidol, Triperidol), die dämpfend wirken, aber vor allem einen distanzierenden Effekt gegenüber psychotischen Erlebnissen haben.

In der Reihe folgt dann die Gruppe der *tricyclischen Psychopharmaka*, zu denen das Chlorpromazine als erste antipsychotisch wirksame Substanz, die entdeckt wurde, gehört. Diese Gruppe nennt man auch die der *Phenothiazin-Derivate*. Durch Veränderung der Molekularstruktur ändert sich das Wirkungsspektrum dieser Medikamente.

Als stark wirksame Neuroleptica gelten aus dieser Reihe Taxilan (Perazine), Randolectil (Butyrylperazine), Lyogen = Omca (Fluphenazine) und Ciatyl (Chlorperpenthixene).

Ziemlich stark neuroleptisch wirksam sind z. B. die Medikamente Neurocil (Lévomépromazine), Dominal (Prothipendyl), Megaphen (ChlorprZiemlich stark neuroleptisch wirksam sind z. B. die Medikamente Neurocil (Lévomépromazine), Dominal (Prothipendyl), Megaphen (Chlorpromazine), Aolept (Propericiazine) und Inofal.

Eine ausgeprägte Mittelstellung nehmen Melleril (Thioridazine) und Truxal (Chlorprothixene) ein.

Nur leicht dämpfend, vorwiegend aber stimmungshebend, thymoleptisch, wirken die chemisch gleichen Medikamente Laroxyl, Saroten, Tryptizol (Amitriptyline).

Als *reines Thymolepticum* aus der Reihe der Phenothiazin-Abkömmlinge gilt das Tofranil (Imipramine), das die depressive Verstimmung und Antriebshemmung günstig beeinflußt, in manchen Fällen die mit der Krankheit verbundene Angst dämpft, jedoch nicht selten zu einer Verstärkung der Getriebenheit und Unruhe führt, also kaum noch einen neuroleptischen Effekt erkennen läßt.

Das Pertofran (Desmethylimipramine) hat von den Phenothiazinderivaten die intensivste antriebssteigernde Wirkung.

Die Reihe der Psychopharmaka wird beschlossen durch die *Monoaminoxydasehemmer*, die reine Thymoleptica darstellen (Marplan, Niamid, Nardil), aber kaum noch angewendet werden.

Von der Schwere der psychotischen Erregung, Unruhe, affektiven Gespanntheit und ängstlichen Getriebenheit hängt es ab, ob starke, ziemlich starke oder Phenothiazinderivate der Mittelstellung angewendet werden.

Stark wirksame Neuroleptica und nicht antriebssteigernde Medikamente (!) werden auch bei Antriebs- und Affektstörungen einer blande verlaufenden Schizophrenie sowie bei der Therapie katatoner Erregung und bei katatonen Symptomen: Stupor, Negativismus und Mutismus angewendet. Um dies zu verstehen, kann man sich vergegenwärtigen, daß die letztgenannten hypokinetischen Zustandsbilder nicht auf ein Defizit an Antrieben zurückzuführen sind, sondern auf widersprüchliche Handlungsimpulse, die sich gegenseitig aufheben und den Patienten handlungsunfähig erscheinen lassen.

Bei der Anwendung der Thymoleptica ist der stimmungshebende von dem antriebssteigernden Effekt zu trennen. Bei gehemmten Depressionen, bei denen die vitale Herabgestimmtheit ganz im Vordergrund steht, wendet man Tofranil an. Beim Auftreten von stärkerer Getriebenheit und Unruhe, ebenfalls bei Schlafstörungen kann zusätzlich ein Neurolepticum gegeben werden, bei Schlafstörung genügt auch die zusätzliche Gabe eines Schlafmittels. Bei agitiert depressiven Syndromen sind in erster Linie Saroten, Laroxyl und Tryptizol indiziert, die gleichzeitig stimmungshebend aber auch dämpfend wirken.

Das Indikationsgebiet der Phenothiazinabkömmlinge der Mittelstellung Melleril und Truxal ergibt sich daraus, daß sie gut verträgliche, schwach bis ziemlich stark wirksame Neuroleptica darstellen, die aber auch bei nicht gehemmten Depressionen angewendet werden können. Sie eignen sich zu einer Langzeitbehandlung. Vor allem werden diese Medikamente auch in geringer, „tranquilisierender" Dosierung bei nicht psychotisch bedingten Unruhe- und Erregungszuständen angewendet, vor allem das Melleril und Truxal.

Neben der Art und Schwere des psychopathologischen Zustandsbildes wird die Wahl des Medikamentes bestimmt durch die Wahrscheinlichkeit, mit der unerwünschte Nebenwirkungen zu erwarten sind. Besonders bei den stark wirksamen Neuroleptica treten *Auswirkungen auf das extrapyramidale motorische System* auf, und zwar als

1. *hypokinetisches Syndrom*, auch pharmakogenes Parkinson-Syndrom bezeichnet, mit Hypomimie, Salbengesicht, Hypersalivation, Erhöhung des Muskeltonus im Sinne eines Rigor und kleinschrittigem Gang sowie dem für den Parkinson typischen Tremor. Dieses Syndrom entwickelt sich allmählich nach mehrtägiger Behandlung, es ist eindeutig abhängig von der Stärke der neuroleptischen Wirksamkeit des Medikamentes und von der Dosierung.

2. *Paroxysmale hyperkinetisch-dystone Syndrome*, bei denen es plötzlich zu Blickkrämpfen, krampfartigen Schnauzbewegungen, Herausstrecken der Zunge, Verkrampfungen der Schlundmuskulatur und zu choreiformen oder athetoiden Bewegungsabläufen vor allem in der oberen Körperhälfte kommt. Diese Nebenwirkungen treten meist zu Anfang der Behandlung bei rascher Dosierungssteigerung, wiederum häufiger bei stark wirksamen Neuroleptica, auf.

Die Disposition des Patienten zur Entwicklung derartiger Nebensymptome kann nicht vorhergesehen werden. Manchmal entwickeln sie sich schon bei überraschend geringer Dosierung. Deshalb kombiniert man die Anwendung aller mittelstark bis stark wirksamen Neuroleptica mit Akineton ($3 \times \frac{1}{2}$—1 Tabletten täglich), das die Entwicklung derartig extrapyramidaler Symptome verhindert.

Bei paroxysmalen hyperkinetisch-dystonen Syndromen wird es langsam i.v. injiziert. Bei der Gabe von mehreren Ampullen in geringem zeitlichen Abstand sind selten toxisch-psychotische Zustandsbilder beobachtet worden.

Die Entwicklung der genannten extrapyramidal motorischen Wirkungen muß bei schweren Psychosen gelegentlich in Kauf genommen werden. In der Regel wird man aber auf ein weniger stark wirksames Neurolepticum umsetzen, zumindest die Dosis reduzieren. Es sind hyperkinetische Dauersyndrome beschrieben worden, die nach lange hochdosierter Therapie mit stark wirksamen Neuroleptica auftreten und nach deren Absetzen bestehen bleiben, also einen Dauerschaden bewirkt haben. Dies unterstreicht nachdrücklich, wie verantwortungsvoll der Umgang mit Psychopharmaka ist.

Weitere wichtige Nebenwirkungen zeigen sich in Form vegetativer Symptome, die meist zu Beginn der Behandlung auftreten. Vor allem die Senkung des Blutdruckes, die eine zusätzliche Medikation von kreislaufwirksamen Medikamenten erfordern kann, aber auch vielfältige andere vegetative Phänomene können beobachtet werden. Ferner sind zu beachten allergische Hauterscheinungen, Blutbildveränderungen und cerebrale Krampfanfälle, letztere vor allem bei den Butyrophenonen. Die meisten Phenothiazine erniedrigen die Krampfschwelle, so daß deren Anwendung bei Patienten mit einem manifesten Krampfleiden nur bei optimaler antikonvulsiver Einstellung möglich ist.

Auch im Jugendalter muß nachdrücklich Zurückhaltung gegenüber der Anwendung einer *Heilkrampfbehandlung* empfohlen werden.

Trotz vielseitiger Untersuchungen über die Indikation der Elektroschocktherapie gibt es keine zuverlässigen Richtlinien. Nur bei lebensbedrohlich verlaufenden akuten Katatonien, bei denen eine Prämedikation mit starken Neuroleptica keinen Erfolg zeigte oder bei denen ein Wirkungseintritt der Pharmakotherapie nicht abgewartet werden kann, sind Elektroschocks indiziert. Diese werden 2mal wöchentlich unter Kurznarkose mit Muskelrelaxantien nur von einem Arzt durchgeführt, der die Beatmungs- und Intubationstechnik beherrscht. Mangelnder Erfolg der ersten Behandlungen sollte nicht zum Abbruch der Therapie vor etwa 6 Anwendungen führen. Bei stark wirksamen Neuroleptica, die zu einer Blutdrucksenkung geführt haben, können Elektroschocks nur nach einer Behandlungspause ohne erhöhtes Risiko angewendet werden.

Über die Indikation einer Behandlung mit *Insulinkomata* herrschen ebenfalls sehr verschiedene Ansichten. Sie setzt voraus, daß Personal zur Verfügung steht, welches mit der Methode und deren Gefahren vertraut ist. Unter täglicher Steigerung um 10—20 E Altinsulin wird allmählich ein Stadium erreicht, in dem die Patienten komatös werden. Die Schwelle ist individuell sehr verschieden. Etwa 30 bis 40 Komata sollen herbeigeführt werden. Dann wird, je nach Höhe der erforderlichen Insulinmenge, die Dosierung um 30—40 E täglich reduziert.

Krampfanfälle und spontan auftretende hypoglykämische Zustände während des Tagesablaufes, sog. Nachschocks, zwingen u. E. zum Abbruch der Behandlung. Eine Insulin-Therapie wird von uns nur dann angewendet, wenn die Behandlung mit Psychopharmaka verschiedener Gruppen keine Erfolge brachte. Sie zeigt allerdings dann auch wenig befriedigende Resultate.

Über die Behandlung mit Lithium carbonat bei 10—18jährigen berichtet Annell. Die 12 Patienten litten an „periodischen" psychischen Störungen, die von Annell nicht zuletzt wegen des Therapieerfolges den manisch-depressiven Erkrankungen zugeordnet wurden.

Auf die Bedeutung eines *intensiven persönlichen Kontaktes* für die Diagnostik wurde wiederholt hingewiesen. Auch die therapeutische Wirksamkeit kann kaum unterschätzt werden. Der Patient braucht einen Vermittler für seinen gestörten Realitätsbezug. Tägliche verstehende und einfühlende Gespräche sollten ihn immer bei seiner psychotischen Beunruhigung begleiten. Man versucht durch Regelung des Tagungsablaufes die psychotische Isolierung zu mildern. Arbeitstherapie, Spiel- und Bastelgruppen sind sehr wichtig, auch muß immer wieder auf die Reaktionen des pädagogischen bzw. Pflegepersonals geachtet werden. Regelmäßige Personalbesprechungen, in denen der Versuch gemacht wird, die eigenen Reaktionen des Personals auf die Patienten zu thematisieren, sind ein wichtiger Bestandteil der Therapie. Von dem erkennbaren Maß der Beteiligung lebensgeschichtlicher Konflikte am Zustandekommen der Psychose, von der Reagibilität des Patienten auf die wiederholten Versuche einer Kontaktaufnahme und vom Ausbildungsstand des Arztes hängt es ab, wieweit eine *Therapie unter psychoanalytischen Gesichtspunkten* eingeleitet werden kann. Der Arzt übernimmt damit die Verpflichtung, sich über Monate, gegebenenfalls Jahre sehr intensiv mit dem Patienten zu beschäftigen. Dieser Gesichtspunkt bedarf stets einer sehr gewissenhaften Prüfung. Die Prinzipien einer Psychotherapie von Psychosen weichen stark von denen der Neurosebehandlung ab und erfordern spezielle Kenntnisse der Technik sowie eine ständige Kontrolle durch einen Erfahrenen.

Literatur

Allgemeines

Arlow, J. A., Brenner, Ch.: Zur Psychopathologie der Psychosen. Psyche 23, 402—418 (1969).

Benedetti, G., Kind, H., u.a.: Forschungen zur Schizophrenielehre. Fortschr. Neurol. Psychiat. 25, 101—179 (1957); 30, 341—439 (1962); 35, 1—34 und 41—121 (1967).

Bleuler, M.: Ursache und Wesen der schizophrenen Geistesstörungen. Dtsch. med. Wschr. 89, 1865—1870 u. 1947 bis 1952 (1964).

Bleuler, M.: Lehrbuch der Psychiatrie. 11. Aufl. Heidelberg-New York: Springer 1969.

Häfner, H.: Prozeß und Entwicklung als Grundbegriffe der Psychopathologie. Fortschr. Neurol. Psychiat. 31, 393 bis 438 (1963).

Kisker, K. P.: Kernschizophrenie und Egopathie. Nervenarzt 35, 286—294 (1964).

Leonhard, H.: Aufteilung der endogenen Psychosen. 4. Aufl. Berlin: Akademie-Verlag 1968.

Schneider, K.: Klinische Psychopathologie. 6. Aufl. Stuttgart: Thieme 1962.

Schizophrenie

Bateson, G., Jackson, D. D., Laing, R. D., Lidz, T., Wynne, L. C., u.a.: Schizophrenie und Familie. Frankfurt, M.: Suhrkamp 1972.

Bender, L.: Childhood Schizophrenia. Psychiat. Quart. 27, 663—681 (1953).

Biermann, G.: Die seelische Entwicklung des Kindes im Familienmilieu Schizophrener. Schweiz. Arch. Neurol. Neurochir. Psychiat. 97, 87—132 u. 330—360 (1966).

Boatman, M. J., Paynter, I., Parsons, C.: Nursing in hospital psychiatric therapy for psychotic children. Amer. J. Orthopsychiat. 32, 808—817 (1962).

Bosch, G.: Psychosen im Kindesalter. In: Kisker-Meyer-Müller-Strömgren (Hrsg.): Psychiatrie d. Gegenwart Bd. II, Teil 1, S. 873—920. Berlin-Heidelberg-New York: Springer 2. A. 1972.

Eggers, C.: Verlaufsweisen kindlicher und praepuberaler Schizophrenien. Berlin-Heidelberg-New York: Springer 1973.

— Stutte, H.: Zur nosologischen Umgrenzung der kindlichen und präpuberalen Schizophrenie aus katamnestischer Sicht. Fortschr. Neurol. Psychiat. 37, 305—318 (1969).

Geisler, E.: Phantasiegefährten. Praxis Kinderpsychol. 12, 1—9 (1963).

Geleerd, E. R.: Borderline States in Childhood and Adolescence. Psychoanal. Stu. Child 13, 279—295 (1958).

Grage, H.: Zur Differentialdiagnose der endogenen Psychosen im Kindesalter. Psychiat., Neurol. med. Psychol. (Lpz.) 5, 29—34 (1953).

Kothe, B.: Über kindliche Schizophrenie. Halle: Marhold 1957.

Kramer, F., Pollnow, H.: Über eine hyperkinetische Erkrankung im Kindesalter. Mschr. Psychiat. Neurol. 82, 1 (1932).

Lempp, R.: Psychosen im Kindes- und Jugendalter — eine Realitätsbezugsstörung. Bern-Stuttgart-Wien: H. Huber 1973.

Lutz, J.: Über akute Begleitpsychosen körperlicher Erkrankungen und Schizophrenie im Kindesalter. Schweiz. med. Wschr. 80, 774—776 (1950).

Mahler, M.: On child psychosis and schizophrenia. Psychoanal. Stud. Child 7, 286—307 (1952).

Mahler, M. S.: Symbiose und Individuation. Stuttgart: Klett 1972.

Mosse, H. L.: Der Mißbrauch der Schizophreniediagnose im Kindesalter. Jahrb. Jugendpsychiat., Grenzgeb. 2, 68 bis 76 (1960).

Reisby, N.: Psychoses in children of schizophrenic mothers. Acta psychiat. scand. 43, 8—20 (1967).

Spiel, W.: Die endogenen Psychosen des Kindes- und Jugendalters. Basel und New York: Karger 1961.

Sucharewa, G.: Über den Verlauf der Schizophrenien im Kindesalter. Z. ges. Neurol. Psychiat. 142, 309—321 (1932).

Stockert, F. G. v.: Psychosen des Kindesalters. Jahrb. Jugendpsychiat. 1, 223—232 (1956).

Stutte, H.: Prognose der Schizophrenie des Kindes- und Jugendalters. Kongreß-Bericht, II. internat. Kongr. f. Psychiatr. Zürich, Sept. 1957, Bd. I. Zürich: Orell-Füssli.

— Hysterischer Ausnahmezustand. Acta paedopsychiat. 28, 254—258 (1961).

— Psychotische Störungen bei kindlichen Oligophrenien. Jahrb. Jugendpsychiatrie Grenzgeb. 6, 181—194 (1967).

— Psychosen des Kindesalters. In: Hb. d. Kinderheilk. (Hrsg.: H. Opitz u. F. Schmid), Bd. 8/1. Berlin-Heidelberg-New York: Springer 1969.

Szilard, J., Stutte, H.: Encephalitis mit Stammhirnsymptomatik bei Kindern und Jugendlichen. Schweiz. Arch. Neurol. Neurochir. Psychiat. 101, 402—416 (1968).

Weber, D., Klopp, H. W.: Über eine exogene Psychose schizophrener Prägung im Schulalter. Arch. Psychiat. Nervenkr. 190, 104—126 (1953).

Wiek, Ch.: Schizophrenie im Kindesalter. Leipzig: Hirzel 1965.

Schizophrenie im Jugendalter

Alderton, H.: Reactive Psychosis in adolescence. Canad. psychiat. Ass. J. 8, 255—266 (1963).

Burns, Ch.: Preschizophrenic symptoms in preadolescents withdrawal and sensitivity. Nerv. Child 10, 120—128 (1952).

Feldmann, H.: Zur Differentialdiagnose jugendlicher Schizophrenien gegenüber Reifungskrisen. Schweiz. Arch. Neurol. Neurochir. Psychiat. 100, 159—166 (1967).

Kahlbaum,: Über Heboidophrenie. Allg. Z. Psychiat. 46, 461—474 (1890).

Kulenkampff, C.: Psychotische Adoleszenzkrisen. Nervenarzt 35, 530—536 (1964).

Langen, D., Jaeger, A.: Die Pubertätskrisen und ihre Weiterentwicklungen. Arch. Psychiat. Nervenkr. 205, 19—36 (1964).

Meyer, I. E.: Depersonalisation und Derealisation. Fortschr. Neurol. Psychiat. 31, 438—450 (1963).

Strunk, P.: Zur Differentialdiagnose zwischen endogenen und psychogenen Psychosen in der Pubertät. In: E. Förster u. K. H. Wewetzer: Systematik der psychogenen Störungen. Bern u. Stuttgart: Huber 1968.

Warren, W., Cameron, K.: Reactive Psychosis in Adolescence. J. ment. Sci. **96**, 447—457 (1950).

Weber, D.: Pubertätseinflüsse in der Symptomatologie jugendlicher Schizophrenien. Mschr. Kinderheilk. **103**, 95—96 (1955).

Manisch-depressive Erkrankungen

Anthony, J., Scott, P.: Manic-depressive Psychosis in childhood. J. Child Psychol. **1**, 53—72 (1960).

Beringer, K.: Rhythmischer Wechsel von Enthemmtheit und Gehemmtheit als diencephale Antriebsstörung. Nervenarzt **15**, 225—239 (1942).

Hall, M. B.: Our present knowledge about manic-depressive States in Childhood. Nerv. Child **9**, 319—325 (1951).

Harms, E.: Differential pattern of manic-depressive disease in childhood. Nerv. Child **9**, 326—356 (1951).

Kuhn, R.: Über kindliche Depressionen und ihre Behandlung. Schweiz. med. Wschr. **93**, 86—90 (1963).

Lempp, R.: Die Depression im Kindes- und Jugendalter. Landarzt **41**, 94—96 (1965).

Nissen, G.: Depressive Syndrome im Kinder- u. Jugendalter. Berlin-Heidelberg-New York: Springer 1971.

Spiel, W.: Depressive Zustandsbilder im Kindes- und Jugendalter. In: Melancholie in Forschung, Klinik und Behandlung (Hrsg.: W. Schulte u. W. Mende). Stuttgart: Thieme 1969.

Stutte, H.: Endogen-phasische Psychosen des Kindesalters. Acta paedopsychiat. **30**, 34—42 (1963).

Psychopharmakotherapie

Annell, A. L.: Lithium in the treatment of children and adolescents. Acta. psychiat. scand. Suppl. **207**, 19—30 (1969).

Degkwitz, R.: Leitfaden der Psychopharmakologie. Stuttgart: Wiss. Verlagsgesellschaft 1967.

Grundriß der psychiatr. Pharmakotherapie. Hrsg.: Fa. Bayer, nach Vorlesungen von H. Hippius.

Haase, H. I.: Therapie mit Psychopharmaka und anderen psychotropen Medikamenten. Stuttgart-New York: Schattauer, 3. A. 1972.

Pöldinger, W., Schmidlin, P.: Index psychopharmacorum. Bern-Stuttgart-Wien: H. Huber, 4. A. 1972.

Wandrey, D., Leuner, V.: Neuro-Psychopharmaka in Klinik und Praxis. Stuttgart: Schattauer 1965.

Mißhandlungssyndrom

Von H. Harbauer

Symptomatik. Die Symptomatik des Mißhandlungssyndroms ist außerordentlich vielgestaltig. In sehr vielen Fällen, vor allem bei jüngeren Kindern und bei vorwiegend körperlicher Mißhandlung, stehen *Hautsymptome*, meist als Blutungen oder Verletzungen mit Spuren, die dem Mißhandlungsinstrument entsprechen oder mehr flächenhafter Art sind, im Vordergrund. Oft finden sie sich am behaarten Kopf, dem Augenbereich und den Extremitäten lokalisiert. So stellen doppelkonturierte Prügelmarken und Striemen immer erhebliche Verdachtsmomente dar, ebenso Brandwunden oder durch Ziehen entstandene Haardefekte.

Ferner finden sich *Skeletschäden* oder nicht erkannte *intrakranielle Blutungen*, letztere vor allem dann, wenn der Kopf bevorzugtes Mißhandlungsobjekt war und die Schädigung durch ein Schleudern oder Hinwerfen verursacht wurde. Auf Skeletschäden weisen Bewegungseinschränkungen, Schwellungen, Frakturen, vor allem aber typische Röntgenveränderungen hin (s. Diagnose, S. 427). Manchmal werden Organe des Bauchraumes durch Mißhandlungen irritiert. Auch Krampfanfälle können symptomatische Folge einer Mißhandlung sein.

Meist wirken die mißhandelten Kinder insgesamt ungepflegt, oft sind sie auffällig wund, schmutzig und in ihrer Körperverfassung dystrophisch oder anämisch. Das Vorkommen von Mißhandlung ist jedoch nicht an äußere Verwahrlosung gekoppelt.

Während körperliche Mißhandlung sich vorwiegend im Kleinkindesalter, hier bevorzugt im 1. und 2. Lebensjahr, ereignet und stets auch eine seelische Mißhandlung einschließt, werden Symptome der vorwiegend oder ausschließlichen *seelischen Mißhandlung* auch noch im Schulalter angetroffen. Der Erfindungsreichtum „erzieherisch" so vorgehender Eltern ist groß. Der Tatbestand seelischer Mißhandlung kann u. a. durch Einsperren in ein dunkles Zimmer, Entziehen von Nahrung, dauerndem Liebesentzug, Zwang zum Beibehalten bestimmter unangenehmer Körperhaltungen und anderer, oft sadistisch anmutender

Prozeduren erfüllt sein. Jede bewußte, intensive und gezielte seelische Vernachlässigung, sogar die Entwicklung einer das Kind störenden abnormen Dressureinstellung, stellt eine Mißhandlung dar.

Genese und soziale Bedeutung. Kindesmißhandlung ereignet sich vorwiegend im Elternhaus, Täter sind nicht, wie oft angegeben, Stief- oder Ersatzmütter, sondern vor allem die Väter. Diese gehören bevorzugt einem noch jugendlichen Alter und einer unteren sozialen Schicht an. Alkoholeinfluß kann bei der Mißhandlung mitauslösend wirken. Vorstrafen, Arbeitslosigkeit und zerbrechende Familien kennzeichnen oft die Ehepartner. Manchmal gibt es Hausangestellte, denen es über längere Zeit gelingt, bei Abwesenheit der Eltern Kleinkinder zu mißhandeln, solange diese noch nicht imstande sind, sich mitzuteilen. Dies trifft gelegentlich auch für abnorme Persönlichkeiten in der Heimpflege zu. Es sind bevorzugt jene Kinder Mißhandlungen ausgesetzt, die seit je abgelehnt, vielleicht vorübergehend familienfern, z. B. in Heimen, aufwuchsen und deren späterer Integrierungsprozeß in die Familie mißlingt. Es gibt Verhaltensstörungen, Kontakt- und Lernschwierigkeiten, bei deren Abklärung sich erfahren läßt, daß ursächlich hierfür eine bisher vor der Umwelt gut getarnte chronische Mißhandlungssituation vorlag.

Wenn unter statistischem Aspekt derartige Voraussetzungen bevorzugt zur Mißhandlung disponieren, darf nicht übersehen werden, daß auch vermeintlich fürsorgliche oder sozial zur Oberschicht zählende Angehörige zur Mißhandlung fähig sind. Verhaltensgestörte oder intelligenzgeminderte Kinder können bis zu einem gewissen Grad Mißhandlungen „provozieren", weil entsprechend erziehungsunfähige, primitivstrukturierte Eltern mit den Erziehungsproblemen nicht fertig werden.

Die Dunkelziffer dieser Straftaten wird ungewöhnlich hoch eingeschätzt, es darf angenommen werden, daß nur etwa 5—10% aller tatsächlichen Mißhandlungen entdeckt bzw. überführt werden. Das sehr junge Alter der Kinder, die Angst vor neuer Mißhandlung bei älteren Kindern und die Abgeschlossenheit des Tatortes, meist der Wohnung, disponieren hierzu. Mitwisser, z.B. aus der nahen Nachbarschaft, neigen in vielen Fällen dazu, eher zu schweigen, um sich möglicherweise einsetzenden Vernehmungen und Mißhelligkeiten zu entziehen. Nicht zu selten werden mißhandelte Kinder nach Abklingen des auslösenden Effektes oder auch aus Reue und Schuldgefühl dem Arzt unter falschen Angaben über die Entstehung des Konsultationsgrundes vorgestellt. Aber auch Ärzte, Jugendbehörden, sogar Gerichte schweigen gelegentlich aus Unkenntnis oder dann, wenn der Tatbestand nicht zweifelsfrei gesichert ist; sie tragen dann zu vermeidbarer kindlicher Not entscheidend bei.

Dieses Zögern wird oft mitbedingt durch die Entscheidung, ob es sich im Individualfall tatsächlich um eine Mißhandlung oder aber um eine vielleicht noch verstehbare Vernachlässigung bzw. um einen entschuldbaren Zufall handelt.

Die große Bedeutung zentriert sich auf die recht häufige spätere Fehlentwicklung des mißhandelten Kindes. Neben chronifizierter Angsthaltung, Mißtrauen und Kontaktstörung reichen diese Fehlhaltungen von masochistischen Dauereinstellungen bis zu Gewalttaten und ähnlichen Delikten, in die der einmal mißhandelte, jetzt erwachsen gewordene Mensch verstrickt werden kann. Es zeigte sich, daß mißhandelnde Eltern in hohem Maße in ihrer Kindheit selbst mißhandelt wurden.

Diagnose und Differentialdiagnose. Die Diagnose bedarf immer einer sorgfältigen körperlichen Untersuchung und Inspektion des gesamten Körpers. Von diesen Maßnahmen dürfen den Untersucher bei entfernt aufgetretenem Verdacht auch ein vorgetäuschter guter Kontakt oder ein vermeintlich gutes Pflegeverhältnis nicht abhalten. Haut-, Schädel- und Extremitätenverletzungen können manchmal bereits von der Art ihres Traumas her als wahrscheinliche Mißhandlungsfolgen identifiziert werden. So weisen Hämatome durch ihre zeitlich aufeinanderfolgende Entstehung manchmal verschieden intensive Färbungen auf. Multiple Knochenschädigungen wurden in den USA als „battered-child-Syndrome" beschrieben (Silvermann). Im entsprechenden Verdachtsfall kann deshalb die röntgenologische Untersuchung des Skeletsystems die Diagnose sichern, gegebenenfalls schon lange zurückliegende Mißhandlungsfolgen am Skeletsystem entdecken. Es sind dann vorwiegend Frakturen mit oder ohne Dislokation, terminale Unregelmäßigkeiten an den Metaphysen und äußere Verdickungen der Corticalis (Caffey). Soweit ältere

Kinder mißhandelt werden, handelt es sich bei ihnen öfters um debile, hirngeschädigte oder körperbehinderte Kinder. Nach einigen, vor allem in den USA gemachten Erhebungen wird beim Mißhandlungssyndrom eine Letalität von 10% angenommen.

Diagnostische Verdachtsmomente können auch das „Abschieben" eines Kleinkindes in Heime oder der häufige Wechsel des konsultierten Arztes sein, um Verdachtsmomente möglichst zu verwischen.

Differentialdiagnostisch müssen Blutungsübel, erhöhte Knochenbrüchigkeit, und sich tatsächlich durch Zufall und nicht im Rahmen eines Mißhandlungssyndroms ereignende Vorkommnisse ausgeschlossen werden. Es muß zugegeben werden, daß es durch die Möglichkeiten der ärztlichen Sprechstunde manchmal nicht gelingt, das Syndrom der Mißhandlung von vernachlässigenden oder fahrlässigen Verhaltensweisen zu trennen. In diesen Fällen sollte dann die Sozialbehörde mit eingeschaltet werden, denn auch Vernachlässigung oder Fahrlässigkeit von seiten der Eltern können Alarmsymptome zum Nachteil der kindlichen Entwicklung sein. Manchmal mißhandeln Eltern ihre Kinder in der festen Überzeugung, mit ihren Maßnahmen pädagogisch nützliche Ziele zu erreichen.

Therapie und Prognose. Beim begründeten Verdacht einer Mißhandlung erweist es sich oft als zweckmäßig, das mißhandelte Kind in eine Klinik oder in ein entsprechend eingerichtetes Heim einzuweisen. In dieser Entlastungszeit können dann Verdachtsmomente abgeklärt, die Symptomatik behandelt und unmittelbare Wiederholungsmöglichkeiten abgewendet werden. Die sich wiederholende Mißhandlung stellt nämlich einen charakteristischen Vorgang dar und nur selten führt die einmalige Affekttat zu einem echten Mißhandlungssyndrom. Mißhandelnde Erwachsene sind meist Gewohnheitstäter. Die oft geforderte Melde- oder Anzeigepflicht des Arztes würde wahrscheinlich die geringe Möglichkeit, daß Mißhandelnde sich doch noch, wenn auch unter Vorwänden, zu einer Hilfesuche entschließen, weiter schmälern. Sobald die Gesundheit des sicher mißhandelten Kindes bedroht ist oder bei Tötung die Geschwister gefährdet sind, ist der Arzt vor seinem Gewissen, nicht vor dem Gesetz, verpflichtet, Anzeige zu erstatten. Diese Gewissensentscheidung hat im Individualfall bei der Güterabwägung Vorrang vor der ärztlichen Schweigepflicht. Jeder Arzt kann jede Kindesmißhandlung anzeigen, soweit er der Meinung ist, daß das höhere Interesse, hier die Gesundheit des Kindes, überwiegt. Läßt sich der Verdacht der Mißhandlung nicht entsprechend zuverlässig erhärten, dann sollte als sozialpräventive Maßnahme zumindest die Jugendfürsorgebehörde vom Vorgang unterrichtet werden; dabei sind mögliche Bedenken der Schädigung ärztlicher Praxis nicht berechtigt.

Erfahrungen in großen Städten, u. a. Berlin, lassen daran denken, ob nicht frühzeitige Meldung und Steigerung der Verfolgungsintensität aller an Kindern begangener Straftaten nützlich und sinnvoll sein könnten (Nau). In Großräumen dürfte die zentrale Erfassung, sowie die enge Zusammenarbeit mit Jugendbehörden und Gerichten ratsam sein. Bei der Kindesmißhandlung handelt es sich nicht um einen speziellen Aufgabenbereich, für

den, wie viele glauben, nur die Rechtsmedizin zuständig sei. Es sind vielmehr alle für das Kind tätigen Ärzte aufgerufen, bei der Aufdeckung und Behandlung körperlicher und seelischer an Kindern begangener Grausamkeiten mitzuwirken.

Literatur

Köttgen, U.: Kindesmißhandlung. Mschr. Kinderheilk. **115**, 186 (1967).

Nau, E.: Schwererziehbarkeit als Ursache oder Folge von Kindesmißhandlungen. In: Das schwererziehbare Kind. Rheinische Schriften, Landschaftsverband Rheinland 1966.

Nau, E.: Kindesmißhandlung. Mschr. Kinderheilk. **115**, 192 (1967).

Forensische Jugendpsychiatrie

Von R. Lempp

I. Rechtliche Voraussetzungen

Ein vom Erwachsenenstrafrecht getrenntes Jugendstrafrecht hat sich im Laufe dieses Jahrhunderts in
allen Kulturstaaten herausentwickelt. Der Grund-
gedanke war dabei, bei Jugendlichen, die mit der
Gesellschaft und ihren Gesetzen in Konflikt kamen,
vorwiegend erzieherische Einflüsse wirksam werden
zu lassen. Dazu waren zum einen gesonderte
Rechtsnormen notwendig, zum anderen Maßnahmen, die im Zuge eines Strafverfahrens verhängt werden konnten, sowie gesonderte Vollzugs-
anstalten.

Nach K. Peters ist das Jugendstrafrecht ein Teil
des Jugendrechts, es ist Persönlichkeitsstrafrecht,
Erziehungsrecht und Fürsorgerecht. Jeder Minderjährige hat gemäß Jugendwohlfahrtsgesetz (J.W.G.)
§ 1, Abs. 1 vom Jahre 1922 ein Recht auf Erziehung
zur leiblichen, seelischen und gesellschaftlichen
Tüchtigkeit. Aus diesem Erziehungsanspruch erwächst auch ein Anspruch auf Erziehung im Rahmen einer Eingliederungsstörung in den Sozialbereich der Erwachsenen, wie er gerade die Phase
der Kinder-, Jugend- und Heranwachsendenkrimi-
nalität kennzeichnet. Auch das Jugendstrafrecht
hat, wie das gesamte Jugendrecht, zum Ziel, dem
jungen Menschen den Weg in den vollen Sozialbereich zu eröffnen.

Dies bedeutet aber auch, daß die Entgleisungen
im Sozialbereich im Kindes- und Jugendalter unter
dem Gesichtspunkt der psychischen Entwicklung
verstanden werden müssen und nur unter Berücksichtigung jugendpsychiatrischer und -psychologi-
scher Kriterien verstanden werden können. Die
Jugendgerichtspraxis leidet nicht unerheblich darunter, daß Jugendrechtspflege im strafrechtlichen
Sektor von der Jugendwohlfahrtspflege getrennt
wird und von Richtern als ein spezieller Zweig der
Erwachsenenstrafrechtspflege — gleichsam als Strafrecht im kleinen — ausgeübt wird. Das Jugendstrafrecht kann, wenn es richtig verstanden wird,
nur als ein spezieller Teil des gesamten Jugendrechts gewertet werden, der das Jugendwohlfahrtsgesetz für solche Fälle erweitert, die im Rahmen

der im Jugendwohlfahrtsgesetz niedergelegten Möglichkeiten, wie Erziehungsbeistandschaft, Erziehungshilfe, Schutzaufsicht und Fürsorgeerziehung,
nicht mehr erfaßt werden können, sei es aus Gründen, die in der Person des Jugendlichen liegen, sei
es aus Gründen, die in der Art der Gesetzesver-
letzung gelegen sind. Ein Jugendhilferecht, in das
in einem späteren Zeitpunkt auch die Bestimmungen des Jugendgerichtsgesetzes aufgehen sollen, ist
zur Zeit in Vorbereitung.

Das Jugendstrafrecht ist Persönlichkeitsstrafrecht, wobei die Tat nicht vorwiegend vom äußeren
Geschehen her beurteilt werden soll, sondern von
der in der Tat zum Ausdruck kommenden psychischen Situation und Struktur des jugendlichen
Täters. Das Jugendstrafrecht ist aber auch Erziehungsrecht, das die Straftat zum Anlaß nehmen
soll, alle notwendigen Maßnahmen zu ergreifen,
die geeignet sind, dem Jugendlichen zur sozialen
Einordnung zu verhelfen, die ihn fähig machen
sollen, so weit auszureifen, daß er zu einem Zu-
sammenleben mit seinen Mitmenschen innerhalb
der vom Gesetz gebotenen Schranken fähig gemacht wird. Soweit im Jugendgerichtsgesetz eine
Strafe ausgesprochen wird, geschieht auch dies
unter dem Erziehungsgedanken. Vor der Jugendstrafe sind daher auch eine Reihe von nicht als
Strafe zu wertende Maßnahmen eingerichtet worden. Bei der gegebenen Parallelität von fürsorgerischen und strafrechtlichen Maßnahmen gilt als
Grundsatz, daß dort, wo der weniger belastende
Eingriff ausreicht, dieser zur Anwendung zu
bringen ist.

Teils aus mangelhafter Erkenntnisse jugend-
psychologischer Gegebenheiten und Verwässerung
der Grundtendenz des Jugendstrafrechts, teils aber
unter dem Druck der öffentlichen Meinung, die
keineswegs bereit ist, die hinter dem Sühnegedanken
sich verbergende Vergeltungstendenz hinter der
erzieherischen Zweckmäßigkeit zurückzustellen, ist
die Verwirklichung des vom Gesetzgeber beabsichtigten Grundgedankens des Jugendgerichtsgesetzes oft noch sehr mangelhaft und bruchstückhaft.

Die Aufgabe des jugendpsychiatrisch tätigen Gutachters liegt daher nicht nur in der Unterstützung des Gerichts in der Aufklärung jugendpsychiatrisch-psychologischer Zusammenhänge im Einzelfall, sondern vor allem auch in der Beratung des Gerichts, in der Beurteilung der sozialen Prognose des Jugendlichen und in der Auswahl der zu seiner Resozialisierung oder Sozialisierung geeigneten erzieherischen und fürsorgerischen Maßnahmen. Die Zusammenarbeit des jugendpsychiatrischen Sachverständigen mit dem Jugendrichter muß daher von vornherein eine wesentlich intensivere sein und muß häufig über die einfache Erstattung des Gutachtens im Rahmen einer Hauptverhandlung hinausgehen. Er ist in besonderem Maße der in der Jugendpsychologie und Psychopathologie erfahrene Berater des Jugendrichters und gehört so gewissermaßen zum Beratungsteam des Gerichts, denn der Jugendrichter ist oft überfordert, da er nicht alle die Fakten selbst gewinnen und beurteilen kann, die der Sachverständige aus seiner speziellen Erfahrung, seinen Kenntnissen und u. U. mit Hilfe von testpsychologischen Methoden gewonnen und kritisch gesichtet hat. Diese Stellung ist keine Anmaßung oder Kompetenzüberschreitung. Es genügt somit grundsätzlich nicht, nur die reinen zur Frage der situativen Zurechnungsfähigkeit beitragenden Fakten zusammenzutragen und vorzulegen, sondern der Sachverständige muß auch die psychologische Seite der Tat, die Tatumstände und das ganze Milieu mit in die Beurteilung einbeziehen, da dies alles nicht aus dem Bild des Reifezustandes, der in den entscheidenden Paragraphen gefragt ist, herausgelöst werden kann. Dies wird von juristischer Seite in dem Kommentar von Dallinger-Lackner ausdrücklich bestätigt.

Da auch die psychischen und erzieherischen Auswirkungen einer richterlichen Maßnahme gegebenenfalls nur vom Jugendpsychiater einigermaßen beurteilt werden können, ergibt sich zwangsläufig die Notwendigkeit der Einschaltung eines solchen Sachverständigen in allen irgendwie problematischen Jugendgerichtsfällen. Ja, es wäre im Grunde wünschenswert, wenn der Jugendrichter eine hinreichende jugendpsychologische oder -psychiatrische Ausbildung oder Erfahrung hätte, um den Einzelfall unter diesen Gesichtspunkten beurteilen zu können. Es kann auch dem einfachsten Bagatellfall nicht ohne weiteres und ohne jugendpsychiatrische Erfahrung angesehen werden, ob es sich um eine gewissermaßen „normal-psychologische" Entgleisung eines sonst sozial gut angepaßten und eingeordneten Jugendlichen gehandelt

hat, oder ob das kleine Delikt Symptom einer beginnenden sozialen und psychischen Fehlentwicklung ist und damit Signalwert hat. Das Übersehen solcher Signale, das tagtäglich landauf, landab geschieht, hat für die weitere soziale Entwicklung eines Jugendlichen meist katastrophale und irreparable Folgen. Es sind dies zweifellos die besten Jugendgerichte, wo Jugendrichter, Jugendstaatsanwalt, Jugendgerichtshilfe und Sachverständiger in Abwesenheit des Jugendlichen sich zusammensetzen mit der Frage: Was macht man am besten mit diesem Jungen? Mag das auch prozessual auf Bedenken stoßen und juristisch zweifelhaft sein, präventiv und erzieherisch hat es sicher den optimalen Erfolg, alle sind „Helfer" für die Jugendlichen, und damit ist auch kriminalpolitisch das Beste erreicht.

Das geltende materielle Jugendstrafrecht kennt 3 Altersgruppen:

1. Kinder

Kinder sind Minderjährige bis zur Vollendung des 14. Lebensjahres. Sie sind absolut strafunmündig. Sie können auf keinen Fall dem Jugendgerichtsgesetz unterworfen werden. Besteht Erziehungsbedürftigkeit, die nicht durch die Erziehungsberechtigten erfüllt wird, ist für sie der Vormundschaftsrichter zuständig.

2. Jugendliche

Jugendliche sind Minderjährige zwischen 14 und 18 Jahren. Sie unterliegen ausnahmslos dem Jugendgerichtsgesetz und sind damit relativ strafmündig. Nach § 3 JGG muß in jedem Einzelfall die Schuldfähigkeit des Jugendlichen festgestellt werden, und zwar nach seiner geistigen und sittlichen Entwicklung.

3. Heranwachsende

Heranwachsende sind Minderjährige von 18 bis 21 Jahren. Sie sind absolut strafmündig und der § 3 JGG findet auf sie keine Anwendung. Bei ihnen muß dagegen nach § 105 JGG geprüft werden, ob sie in ihrer geistig-seelischen Entwicklung einem Jugendlichen gleichzustellen sind, d.h., ob das Jugendgerichtsgesetz noch auf sie Anwendung finden kann. Ist dies nicht der Fall, findet das allgemeine Strafrecht der Erwachsenen auf sie Anwendung.

Für den jugendpsychiatrischen Sachverständigen sind aus dem Erwachsenenstrafrecht die Bestimmungen der §§ 20 und 21 STGB über die Schuldunfähigkeit und die verminderte Schuldfähigkeit wegen seelischer Störungen, sowie die §§ 63 und 64 StGB über die Maßregeln der Sicherung und Besserung als Fragen von Bedeutung, die es zu beantworten gilt.

Das Jugendgerichtsgesetz unterscheidet folgende Maßnahmen:

Erziehungsmaßregeln, Zuchtmittel, Jugendstrafe und Maßregeln zur Sicherung und Besserung sowie Nebenstrafen und Nebenfolgen. Die letzteren sind aus dem Erwachsenenrecht übernommen und können auch auf Jugendliche angewandt werden, und zwar die Unterbringung in einem psychiatrischen Krankenhaus und die Entziehung der Fahrerlaubnis.

Die jugendgerichtlichen Maßnahmen dienen nach Peters ausschließlich der Gestaltung zur Entfaltung der sittlichen Persönlichkeit und der Hinführung zur Lebenstüchtigkeit. Die Straftat wird zum Anlaß genommen, erzieherisch tätig zu werden. Es kommt vor allem darauf an, die entsprechenden Maßnahmen dem Jugendlichen verständlich und begreiflich zu machen, was die Notwendigkeit der Verhältnismäßigkeit der Maßnahmen zur Tat in sich schließt.

Der Jugendrichter kann auch gemäß § 10 II JGG Weisungen erteilen sich einer heilerzieherischen Behandlung durch einen Sachverständigen zu unterziehen. Von der Deutschen Vereinigung für Jugendgerichte und Jugendgerichtshilfen e.V. und der Deutschen Vereinigung für Kinder- und Jugendpsychiatrie wurden hierzu Empfehlungen ausgearbeitet. Danach sei vor Verhängung einer Jugendstrafe wegen schädlicher Neigungen zu prüfen, ob statt dessen eine Weisung nach § 10 II JGG ausreiche. Auch ein Schuldspruch nach § 27 JGG legt eine Kombination mit einer solchen Weisung nach § 10 II JGG nahe. Der Begriff „heilerzieherische Behandlung" darf sich dabei nicht auf Heilpädagogik im engeren Sinne beschränken, sondern schließt auch stützend-führende Behandlungsformen, symptomorientierte Behandlungsformen und aufdeckende Behandlungsformen ein. Auch Minderbegabte sind nicht grundsätzlich von solchen Weisungen auszuschließen.

Das Zuchtmittel, das zwischen der Maßnahme und der Jugendstrafe steht, hat vergeltenden Charakter, soll jedoch gegenüber der Strafe einerseits zeitlich beschränkt, zum anderen weniger sozialethisch vorwurfsvoll sein. Die Jugendstrafe dagegen enthält neben ihrer vergeltenden Tendenz auch einen ausgesprochen sozialethischen Vorwurf durch rechtliche und gesellschaftliche Minderstellung.

Im einzelnen stehen einer Erziehungsmaßregel Weisungen zur Verfügung, die dem Jugendlichen durch eine tätige, vorwiegend soziale Arbeit die Möglichkeit der Wiedergutmachung im weitesten Sinne gibt. Der konkrete Inhalt einer solchen Weisung ist besonders geeignet, der bei den meisten Jugendlichen unmittelbar nach der Tat bestehenden Wiedergutmachungsbereitschaft zu entsprechen und somit zu einer Lösung des inneren Konfliktes beizutragen. Weitere Erziehungsmaßregeln sind die Erziehungsbeistandschaft (früher Schutzaufsicht) und die Fürsorgeerziehung, also vormundschaftliche Maßnahmen. Die Erziehungsbeistandschaft, eine im Grunde ideale Maßnahme zur Unterstützung der Erziehungsberechtigten, leidet im allgemeinen an dem Mangel an dafür geeigneten Personen bzw. an deren Überlastung. Bei drohender oder bestehender Verwahrlosung ist die Fürsorgeerziehung das Mittel der Wahl, jedoch seit Herabsetzung des Volljährigkeitsalters auf 18 Jahre nur noch bis zu diesem Alter.

Unter den Zuchtmitteln kennt das Gesetz die Verwarnung, die Auferlegung besonderer Pflichten, wie etwa die unmittelbare Schadenswiedergutmachung, der Entschuldigung und die Zahlung von Geldbußen und den Jugendarrest, der als Freizeitarrest an ein oder mehreren Wochenenden oder als Dauerarrest von wenigen Tagen bis zu 4 Wochen verhängt werden kann. Der Jugendarrest wird getrennt von der Jugendstrafe in eigenen Jugendarrestanstalten durchgeführt, wobei allerdings bei der Bemessung der Zeit im allgemeinen von den Richtern übersehen wird, daß die Jugendlichen ein ganz anderes Zeiterleben haben als die Erwachsenen (1 Woche im Erlebnis eines 15jährigen entsprechen 4 Wochen im Erleben eines 60jährigen). Außerdem wird übersehen, daß die oft wenig differenzierten jugendlichen Straffälligen im Einzelarrest praktisch nichts mit sich selbst anzufangen wissen, gar nicht die geistigen Voraussetzungen haben, um „zur Besinnung zu gelangen" oder „in sich zu gehen", sondern sich lediglich langweilen, Gedanken zur Selbstentschuldigung spinnen oder onanieren.

Die Jugendstrafe, der Freiheitsentzug in einer Jugendstrafanstalt, die im Hinblick auf die Erziehung nicht niedriger als 6 Monate angesetzt werden darf, hat ihre Parallelität in der Freiheitsstrafe des Erwachsenen und wird lediglich in getrennten, den jugendlichen Erziehungsbedürfnissen im besonderen angepaßten Jugendstrafanstalten vollzogen. Die Voraussetzung der Anordnung einer Jugendstrafe sind einmal die schädlichen Neigungen, die im allgemeinen als Ausdruck einer Verwahrlosung angesehen werden und zum anderen die Schwere der Schuld. Diese letztere Feststellung bedeutet eine Abkehr von dem Prinzip des Persönlichkeitsstrafrechts mit einem Rückfall zum Tatstrafrecht mit Betonung des Sühne- bzw. Vergeltungsgedankens. Die Jugendstrafe kann dabei in ihrer Dauer fest bestimmt sein, in der Regel zwischen 6 Monaten und 5 Jahren, sie kann aber auch auf unbestimmte Dauer ausgesprochen werden mit einer Rahmenstrafe zwischen 6 Monaten und 4 Jahren. Dabei soll der Rahmen mindestens 2 Jahre betragen.

Die Jugendgerichtsverfassung sieht vor, daß ein Jugendsachverständiger, der zur kriminologischen Untersuchung von Jugendlichen befähigt ist, im Falle der Notwendigkeit einer Persönlichkeitsklärung, namentlich zur Feststellung des Entwicklungsstandes oder für das Verfahren wesentlicher Eigenschaften gemäß § 43, Abs. 3 JGG herangezogen werden kann.

Der Grundsatz der Persönlichkeitserforschung ist für das Jugendverfahren kennzeichnend. Die im Jugendgerichtsgesetz vorgesehenen Maßnahmen können nur richtig angewandt werden, wenn das Gericht ein eingehendes Täterbild gewonnen hat. Dabei sind die Lebens- und Familienverhältnisse zu berücksichtigen, ebenso wie der Werdegang und das bisherige Verhalten, sowie seine seelische, geistige und charakterliche Eigenart. Die Eltern sowohl wie die Schule und der Lehrherr sollen gehört werden. Die Voraussetzung zur Untersuchung des Jugendlichen und für die Erstattung eines Sachverständigen-Gutachtens sind die §§ 43 und 73 JGG.

II. Beurteilung der Strafreife gemäß § 3 JGG

§ 3 JGG lautet:

„Ein Jugendlicher ist strafrechtlich verantwortlich, wenn er zur Zeit der Tat nach seiner sittlichen und geistigen Entwicklung reif genug ist, das Unrecht der Tat einzusehen und nach dieser Einsicht zu handeln. Zur Erziehung eines Jugendlichen, der mangels Reife strafrechtlich nicht verantwortlich ist, kann der Richter dieselben Maßnahmen anordnen wie der Vormundschaftsrichter".

Für den jugendpsychiatrischen Sachverständigen, der zur Beurteilung der Verantwortungsreife herangezogen wird, ist folgendes wichtig:

Der § 3 JGG hat in seiner Formulierung eine nahe Verwandtschaft zu § 20 StGB. Im Gegensatz zu diesem ist er positiv gefaßt, d. h., seine Bejahung bedeutet die strafrechtliche Verantwortlichkeit. Es wird auch nicht schlechthin nach der Fähigkeit

zur Einsicht und zur Handlungsfähigkeit gefragt, sondern nur nach der Reife hierzu. Schließlich muß der strafrechtlich verantwortliche Jugendliche nur das *Unrecht* der Tat einsehen und nicht ihre Strafbarkeit erkennen.

Die besondere Schwierigkeit liegt in der Beurteilung der Reife, für die objektive Kriterien nicht vorhanden sind, zu deren Beurteilung der Gutachter auf seine eigene jugendpsychiatrische und allgemein psychologische Erfahrung verwiesen ist. Dabei ist diese Reife jeweils für die einzelne zur Rede stehende Straftat zu berücksichtigen und nicht generell für die Persönlichkeit des Jugendlichen im allgemeinen zu behandeln. Es geht also nicht an, allein die Feststellung zu treffen, ob ein jugendlicher Straffälliger etwa in seiner geistigen und sittlichen Entwicklung einem 14jährigen oder einem noch nicht 14jährigen entspricht, sondern es ist ausschließlich zu prüfen, ob er nach seiner sittlichen und geistigen Entwicklung reif genug war, einzusehen, daß das, was er konkret getan hat, Unrecht war und ob er reif genug war, nach dieser Einsicht zu handeln.

Bei der Beurteilung der Reife sind sowohl biologische wie psychische Kriterien heranzuziehen. Die körperliche Reife gibt für sich allein noch keinen direkten Beweis für die psychische Einsicht und Steuerungsreife, aber doch einen Hinweis, insbesondere wenn es sich um eine körperliche Unreife handelt. Es bestehen gewisse Korrelationen zwischen körperlicher Retardierung einerseits und den leichtgradigen Formen frühkindlicher Hirnschädigung andererseits. Diese spielen, wie wir noch sehen werden, in der Frühkriminalität eine besondere Rolle. Gerade leichtgradig frühkindlich hirngeschädigte Jugendliche neigen in besonderem Maße in der Frühpubertät zu strafbarem Verhalten, ohne aber aufs Ganze gesehen deswegen eine ungünstige Prognose aufzuweisen. Zumindest muß die Feststellung einer körperlichen Reifungsstörung oder -anomalität Veranlassung sein, die Frage der Strafreife und ihre psychologischen Kriterien besonders eingehend zu prüfen.

Die psychologischen Kriterien stützen sich nicht nur auf die Intelligenz. Eine wesentliche Unterbegabung oder gar ein Schwachsinn sind kein Reifungsproblem, sondern ein davon unabhängiges Leiden, das unter den § 20 oder 21 StGB fällt, wo er ausdrücklich erwähnt ist.

Von juristischer Seite, insbesondere von Peters, wird eine sozialpolitische Verantwortungsfähigkeit und Einsicht erwartet, eine soziale Reife mit der Fähigkeit, das Unrecht aus der Sozialbindung zu begreifen und um dieser Sozialbindung willen sein Handeln rechtmäßig zu gestalten. Dies würde bedeuten, daß z. B. alle Taten, die ein Jugendlicher unter Anleitung oder Anstiftung eines Älteren, der in seinen Augen die Verantwortung hat, durchgeführt, seine Strafreife ausschlösse, ja, daß eigentlich dem typisch Pubertierenden im allgemeinen eine Strafmündigkeit abzusprechen wäre, denn gerade diesem fehlt die Fähigkeit, die sozialen Bezüge anzuerkennen. Die Sozialbindung, um derentwillen er sein Handeln rechtgemäß gestalten soll, lehnt er gerade ab. Dies gilt ganz besonders für die psychische Pubertät, die ja häufig die körperliche um viele Jahre überdauert. Da aber das Strafmündigkeitsalter auf das 14. Lebensjahr festgesetzt wurde, muß wohl davon ausgegangen werden, daß es in der Absicht des Gesetzgebers lag, auch die typischen Pubertätsdelikte unter die Strafmündigkeit zu stellen. Man wird also die so geforderte sozialpolitische Verantwortungsfähigkeit und Einsicht auch bei einem normalen Jugendlichen zumindest für dieses Alter nicht erwarten. Andererseits kann natürlich auch einmal die psychische Reife bei einem Unterbegabten aus Gründen einer Reifungsstörung fehlen, insbesondere wenn infantile Züge nachzuweisen sind. Eine ausgesprochen infantile Haltung und Autoritätsabhängigkeit ohne eigene kritische Stellungnahme legt den Verdacht fehlender psychischer Reife nahe.

Im einzelnen wird man nicht nur die Umstände der Tat, die Art des Deliktes und die Beziehungen des Jugendlichen zu eventuellen Mittätern berücksichtigen müssen, sondern auch das weitere Milieu des Täters, den sozialen Status seines Elternhauses und das sittliche Milieu, in dem er aufgewachsen ist und von dem er seine Maßstäbe empfangen hat. Die Mittäterschaft älterer Kameraden oder gar Erwachsener wird die jüngeren in deren Augen von jeder Verantwortung entlasten, abgesehen davon ist es im Durchschnitt den Jugendlichen kaum zuzumuten, sich innerhalb einer Gemeinschaft, in die sie sich begeben haben, aktiv einer gemeinsamen strafbaren Handlung zu widersetzen, da die von der Gruppe gesetzten Handlungsnormen meist insoweit prävalieren, daß andere, in der früheren Kindheit gesetzte Maßstäbe sich im allgemeinen in dieser Situation nicht mehr durchsetzen können. Ein Märtyrertum kann von Jugendlichen dieses Alters nicht erwartet werden. Bei der Prüfung der Handlungsreife ist insbesondere das triebhafte Moment zu berücksichtigen, das etwa bei Sittlichkeitsdelikten, jedoch auch bei unvorbereiteten situativ bedingten Diebstählen gegeben ist.

Gerade einfache, überschaubare Unrechtshandlungen nicht triebhafter Natur, wie viele Diebstähle, bedürfen jedoch kaum der Erörterung der Strafreife, da man schon von sehr viel jüngeren Kindern ohne weiteres erwartet, daß sie fremdes Eigentum respektieren.

Die jugendlichen Neurosen, die häufig den Hintergrund scheinbar banaler Schwererziehbarkeit und auch Kriminalität bilden, sind im allgemeinen typische Reifungsstörungen. Bei ihnen ist daher die Prüfung der Strafreife besonders wichtig und aktuell.

Die Abgrenzung der Strafreife gemäß § 3 JGG gegenüber der Schuldunfähigkeit wegen einer krankhaften seelischen Störung, wegen einer tiefgreifenden Bewußtseinsstörung oder wegen Schwachsinns oder einer schweren anderen seelischen Abartigkeit gemäß § 20 STGB kann sehr schwierig sein. Beide Paragraphen können in Konkurrenz stehen, wobei von juristischer Seite ein unterschiedliches Vorgehen empfohlen wird. So werden zwar im allgemeinen zunächst die Voraussetzungen der §§ 20−21 StGB geprüft, bei deren Bejahung, insbesondere bei Schuldunfähigkeit, die Voraussetzungen des § 3 JGG nicht mehr zur Erörterung gestellt werden. Dies scheint ein praktikables Vorgehen zu sein, da es zunächst unsinnig erscheint, bei Bestehen einer Schuldunfähigkeit, etwa infolge Schwachsinns, eine Strafreife zu bejahen. Andererseits gibt es auch die Möglichkeit, daß bei einem sonst psychisch Gesunden und Normalintelligenten eine Schuldunfähigkeit aus krankhaften Ursachen bestehen kann, etwa bei einem Trunkenheitsdelikt. Wegen der im Falle der Bejahung der Voraussetzung der §§ 20−21 möglichen weiteren Maßnahmen, wie z. B. die Einweisung gemäß § 63, oder die Entscheidung nach § 330a StGB kann die Reihenfolge der Beurteilung sehr entscheidend sein. Grundsätzlich ist daher zunächst die Strafreife gemäß § 3 JGG zu prüfen. Das spezialisierte Jugendgerichtsgesetz hat vor dem allgemeineren Erwachsenen-Strafrecht den Vorrang.

Grundsätzlich ist die Unterscheidung zwischen Schuldunfähigkeit und Strafreife danach zu beurteilen, ob eine eventuelle fehlende Fähigkeit zur Einsicht und Steuerung aus Gründen gegeben ist, die ihre Ursache in den psychischen Veränderungen einer insgesamt aber noch normalen Entwicklung haben, oder ob sie durch eine krankhafte Abweichung von einer normalen Entwicklung bedingt ist. Es ist also vornehmlich zu prüfen, ob die psychische Entwicklung verlangsamt, beschleunigt, unausgeglichen oder labilisiert, oder ob sie grundsätzlich und voraussichtlich definitiv von der

Norm abweichend ist. Im ersten Fall wird man die Frage unter den Gesichtspunkten des § 3 JGG zu beantworten versuchen, im zweiten Fall durch die Kriterien der §§ 20–21 StGB.

Dennoch kann es im Einzelfall schwer zu klärende Überschneidungen geben. Die frühkindliche Hirnschädigung leichten Grades kann zwar Ursache einer krankhaften Störung der Geistestätigkeit sein, ist aber erfahrungsgemäß meist nur der Boden, auf dem sich eine echte, aber meist passagere Reifungsstörung entwickelt. Eine Längsschnittbeobachtung dieser Kinder ergibt im allgemeinen keine definitive Abweichung von der Norm, so daß auch diese Fälle vorzugsweise unter den § 3 JGG erfaßt werden können.

Gerade in solchen Zweifelsfällen ist es erlaubt, einen weiteren, vorwiegend finalen Gesichtspunkt bei der Entscheidung mitwirken zu lassen:

Es sollte die Frage geprüft werden: Wie wirkt sich die eine oder andere Entscheidung pädagogisch und prognostisch auf den Jugendlichen aus? Die amtliche Bestätigung einer mangelhaften Strafreife und fehlender Verantwortlichkeit kann bei manchem Jugendlichen der Anlaß sein, sich weiterhin gehen zu lassen. Sie empfinden die Feststellung ihrer fehlenden Strafreife als eine zwar bequeme, aber nichtsdestoweniger kränkende Abwertung, wogegen die Bejahung der Verantwortlichkeit u. U. auch ihren inneren Selbstwert zu stabilisieren vermag. Andererseits kann die Bejahung der Voraussetzungen der §§ 20–21 StGB u. U. einen lebenslangen Makel in sich bergen. Diese Gesichtspunkte sind daher im Einzelfall sorgfältig zu prüfen.

Zusammenfassend können folgende Kriterien zur Beantwortung der Frage, die der § 3 JGG dem jugendpsychiatrischen Sachverständigen stellt, geprüft werden:

1. Biologische Kriterien

a) Liegt eine Konstitutionsanomalie vor?

b) Liegt eine Hirnschädigung vor?

c) Ist die körperliche Entwicklung altersentsprechend?

d) Liegt eine körperliche dysharmonische, asynchrone Entwicklung vor?

e) Besteht eine endokrine Störung? Liegt ein Schwachsinn oder eine andere geistige Störung vor, die im Rahmen des StGB gewertet werden müßte?

2. Soziologisch-psychologische Kriterien

a) In welchem Milieu wuchs der Jugendliche auf, und in welchem Milieu lebt er jetzt?

b) Ist die geistig-seelische Entwicklung altersgemäß?

c) Entspricht die geistig-seelische Reife der körperlichen Entwicklung?

d) Was hat das Delikt für die geistig-seelische Reife zu sagen? Was haben die zeitlichen und personellen Umstände des Delikts für die geistig-seelische Reife zu sagen?

e) Welche Bedeutung hat die Pubertät für die Tat?

f) Liegt eine Neigung zu neurotischer Erlebnisverarbeitung vor?

g) Durch welche Maßnahmen ist der Jugendliche wahrscheinlich am besten günstig zu beeinflussen?

h) Welche Folgen hätte es, wenn die Strafreife verneint würde?

III. Jugendpsychiatrische Beurteilung des Heranwachsenden gemäß § 105 JGG

Der § 105 JGG lautet:

„Begeht ein Heranwachsender eine Verfehlung, die nach den allgemeinen Vorschriften mit Strafe bedroht ist, so wendet der Richter die für einen Jugendlichen geltenden Vorschriften gemäß §§ 4 bis 32 an, wenn

1. die Gesamtwürdigung der Persönlichkeit des Täters bei Berücksichtigung auch der Umweltbedingungen ergibt, daß er zur Zeit der Tat nach seiner sittlichen und geistigen Entwicklung noch einem Jugendlichen gleichstand, oder

2. es sich nach der Art, den Umständen oder den Beweggründen der Tat um eine Jugendverfehlung handelt".

Während der 2. Absatz des § 105 JGG von Gerichts wegen zu beantworten ist und höchstens gelegentlich auch von einem jugendpsychiatrischen Sachverständigen mitbeantwortet werden kann, ist die Beantwortung des ersten Abschnittes spezielle Aufgabe eines Jugendpsychiaters und Sachverständigen.

Auch hier fehlen zur Beurteilung der geistigen und sittlichen Reife eines Heranwachsenden objektive Kriterien. Der Gesetzgeber geht offenbar davon aus, daß mit 18 Jahren die geistig-seelische Entwicklung abgeschlossen ist, was aber sicher nicht den Tatsachen entspricht.

Diese Entwicklung kann individuell sehr verschieden ablaufen, auch bildet das 18. Lebensjahr keinerlei Zäsur, an der sich der Gutachter orientieren könnte. Man kann zwar Hinweise auf eine noch deutliche Elternabhängigkeit, insbesondere infantile Züge, das Fehlen einer kritischen Distanzierung gegenüber den Eltern oder gar eine noch kindliche Anspruchshaltung gegenüber der Mutter ohne weiteres als Hinweise dafür werten, daß der betreffende Heranwachsende noch einem Jugendlichen gleichgestellt werden kann. Alle diese Züge können aber auch in krankhafter Form im Rahmen einer schweren Neurose auftreten, wobei es sich dann nicht mehr um eine typische Jugendtümlichkeit handeln würde, sondern eventuell sogar um eine krankhafte seelische Störung. Man wird im allgemeinen das Schwergewicht bei der Prüfung der Voraussetzung des § 105 JGG auf die Frage legen, ob der Heranwachsende noch erzieherischen Einflüssen zugänglich ist, oder ob es sich bereits um eine nicht mehr korrigierbare Fehlentwicklung handelt. Man könnte auch einfacher allein die Frage der Erziehbarkeit prüfen.

Anläßlich der Neuschaffung des § 105 JGG wurden die Marburger Richtlinien vorgelegt, nach denen eine Beurteilung der Reife eines Heranwachsenden erfolgen kann. Das Fehlen folgender Züge lege es danach nahe, einen Heranwachsenden einem Jugendlichen gleichzustellen: Eine gewisse Lebensplanung, Fähigkeit zum selbständigen Urteilen und Entscheiden, Fähigkeiten zum zeitlich überschauenden Denken, Fähigkeit, Gefühlsurteile rational zu unterbauen, ernsthafte Einstellung zur Arbeit und eine gewisse Eigenständigkeit zu anderen Menschen.

Charakteristische jugendtümliche Züge könnten z. B. sein: Ungenügende Ausformung der Persönlichkeit, Hilflosigkeit, die sich allerdings nicht selten hinter Trotz und Arroganz versteckt, naiv vertrauensseliges Verhalten, Leben im Augenblick, starke Anlehnungsbedürftigkeit, spielerische Einstellung zur Arbeit, Neigung zu Tagträumen, Hang zu abenteuerlichem Handeln, sich Hineinleben in selbsterhöhende Rollen und mangelhafter Anschluß an Altersgenossen.

Villinger fügte diesen Richtlinien aus seinen persönlichen Erfahrungen noch folgende Wesenszüge der Unreife bei:

Eine der Altersstufe nicht mehr entsprechende Suggestibilität, der Mangel an echter und begründeter Bindung an andere, z.B. Kameraden und Lehrer, eine starke Labilität in den mitmenschlichen Beziehungen, eine nicht zustandekommende Integration von Eros und Sexus, Mangel an altersgemäßem Pflicht- und Verantwortungsgefühl, besondere Neigung zu neurotischen Fehlreaktionen und Fehlhaltungen, typisch jugendtümliche Phasen, spezifische Unausgeglichenheit und Widersprüchlichkeit, Neigung zu kindlich jugendlichem Stimmungswechsel aus inadäquatem Anlaß.

Darüber hinaus wird man in testpsychologischen Untersuchungen eine noch deutlich puberal begründete Einstellung zum Elternhaus als Zeichen einer Jugendlichkeit werten. Wenn also ein Jugendlicher sich noch in keiner Weise von den Eltern hat lösen können, wenn er seine Handlungen, wie so häufig, vom Trotz gegen die Eltern hat bestimmen lassen, dann ist die Erwachsenenreife zu verneinen.

Letztlich wird aber die Frage entscheidend sein, ob es sich um eine definitive Fehlentwicklung handelt, oder um eine reifungsbedingte und damit passagere Entwicklungshemmung. Diese Frage wird man bei jüngeren Heranwachsenden selten entscheiden können, jenseits des 20. Lebensjahres aber doch hin und wieder, so daß die überwiegende Zahl der Fälle zu einer Bejahung des § 105 JGG führen.

IV. Beurteilung der Schuldfähigkeit gemäß §§ 20 und 21 StGB

Der § 20 StGB lautet:

„Ohne Schuld handelt, wer bei Begehung der Tat wegen einer krankhaften seelischen Störung, wegen einer tiefgreifenden Bewußtseinsstörung oder wegen Schwachsinns oder einer schweren anderen seelischen Abartigkeit unfähig ist, das Unrecht der Tat einzusehen oder nach dieser Einsicht zu handeln."

Der § 21 StGB lautet:

„Ist die Fähigkeit des Täters, das Unrecht der Tat einzusehen oder nach dieser Einsicht zu handeln, aus einem der in § 20 bezeichneten Gründe bei Begehung der Tat erheblich vermindert, so kann die Strafe nach § 49 Abs. 1 gemildert werden".

Über die Abgrenzung der §§ 20 und 21 StGB vom § 3 JGG wurde bereits gesprochen.

Die §§ 20 oder 21 sind überall da zur Anwendung vorzuschlagen, wo, wie ihrem Wortlaut zu entnehmen ist, krankhafte seelische Störungen, tiefgreifende Bewußtseinsstörungen, Schwachsinn oder eine schwere andere seelische Abartigkeit z.Z. der Tat vorlagen.

Die krankhafte seelische Störung ist ein weiter Begriff. In der forensischen Praxis wird er im allgemeinen auf den Bereich der endogenen und exogenen Psychosen beschränkt und ausdrücklich nicht auf die sog. Psychopathien ausgedehnt. Dies gilt grundsätzlich auch für die forensische Beurteilung jugendlicher Straffälliger. Wenn bei jugendlichen Kriminellen die Diagnose einer Hebephrenie oder eines hebephrenen Schubes gestellt werden muß, ist die Bejahung der Voraussetzung der §§ 20 oder 21 ohne Schwierigkeit, wobei in leichteren Fällen und bei Randpsychosen die Voraussetzungen des § 21 StGB angemessen sind.

Da die Diagnose einer Psychopathie im Jugendalter tunlichst vermieden wird, da sie meist Ausdruck ungenügenden diagnostischen Erfassung ist, die sich nicht genügend um die körperlichen Befunde und die Umweltbedingungen bemüht hat, ist ihre Erörterung hier nicht von Wichtigkeit.

Eine schwere Kernneurose, die ja gerade in der Pubertät nicht selten Anlaß und Ursache zu kriminellen Handlungen sein kann, kann aber durchaus mit Begründung in den Rahmen der §§ 20–21 StGB eingeordnet werden. Auch hier aber haben therapeutische und pädagogische Erwägungen durchaus ihren Platz. So erscheint die Bejahung einer Schuldfähigkeit durch den straffällig gewordenen Jugendlichen selbst eine gewisse Voraussetzung für die Therapierbarkeit zu sein. Man kann also praktisch etwa so argumentieren:

Besteht eine begründete Aussicht die Neurose, die für die strafbare Handlung wesentliche Mitverursachung war, psychotherapeutisch erfolgreich zu behandeln, ist auch eher die Schuldfähigkeit zu bejahen und damit die Voraussetzung der §§ 20–21 StGB zu verneinen. Ist aber der Persönlichkeitskern des Jugendlichen so weit neurotisch verändert, daß praktisch eine erfolgreiche Therapie nicht erwartet werden kann, so wären die Voraussetzungen der §§ 20–21 in Erwägung zu ziehen. Man wird allerdings mit solchen prognostischen Urteilen bei einem Jugendlichen recht zurückhaltend sein.

Bei der Beurteilung von Triebdelikten neurotischer Genese hat sich in der forensischen Psychiatrie in den letzten Jahren eine gewisse Änderung der Beurteilung ergeben, da der Bundesgerichtshof die Möglichkeit eröffnet hat unter einer „schweren seelischen Abartigkeit alle Arten von Störungen der Verstandestätigkeit, sowie des Willens-, Gefühls- oder Trieblebens zu verstehen, welche die bei einem normalen und geistig reifen Menschen vorhandenen, zur Willensbildung befähigenden Vorstellungen und Gefühle beeinträchtigen". Dies gilt nach dem Bundesgerichtsurteil besonders auch für geschlechtliche Triebhaftigkeit besonders starker Ausprägung, oder von Triebabweichungen, die in Folge ihrer Naturwidrigkeit den

Träger in seiner gesamten Persönlichkeitsstruktur verändert hat. Hierbei ist also das Kriterium für die Anwendung des §§ 20–21 StGB der Grad der Persönlichkeitsveränderung. Dieser aus der Erwachsenenpsychiatrie entnommene Begriff muß auf jugendliche neurotische Triebtäter insoweit abgewandelt werden, als an Stelle der Persönlichkeitsveränderung die Fehlentwicklung tritt.

Der Schwachsinn dürfte die häufigste Begründung zur Anwendung der §§ 20–21 StGB im Rahmen des Jugendstrafverfahrens sein. Tatsächlich spielen die Unterbegabung, weniger dagegen der Schwachsinn bei der Jugendkriminalität eine nicht unerhebliche Rolle. Gerade die relative Unterbegabung im Vergleich zur sozialen Umwelt, in der der Jugendliche lebt, ist ein hochgradiger kriminogener Faktor. Auch hier wird man allerdings mit der Feststellung einer fehlenden oder verminderten Schuldfähigkeit nicht allzu großzügig verfahren, sondern sich ebenfalls auch an pädagogischen und prognostischen Kriterien orientieren müssen. In der Regel wird man, insbesondere bei leicht überschaubaren und in ihrem Unrechtsgehalt klaren Delikten, wie Diebstählen und dergleichen, eine einfache Unterbegabung leichteren Grades noch nicht zum Anlaß nehmen, eine verminderte Schuldfähigkeit zu konstatieren. Eine schwere Unterbegabung, also an der unteren Grenze des Niveaus einer Sonderschule für Lernbehinderte und darunter, wird man dagegen doch in den Kreis der verminderten Schuldfähigkeit hereinnehmen. Dies gilt ganz besonders, wenn ein gewisses triebhaftes Moment bei der Tat vorlag oder eine erhöhte Versuchssituation. Man geht dabei von der Annahme aus, daß einem erhöhten triebhaften Begehren eine verminderte rationale Steuerungsfähigkeit entgegensteht.

Erst der eigentliche Schwachsinn im unteren Bereich der Fähigkeit, eine Sonderschule für Bildungsschwäche oder für praktisch Bildbare zu besuchen und was darunter liegt, wird man als voll unzurechnungsfähig im Sinne des § 20 ansehen dürfen. Für Triebdelikte, insbesondere solche, die sich ständig wiederholen, wird man weniger strenge Maßstäbe anlegen und auch bei etwas geringerem Schwachsinnsgrad eine volle Schuldunfähigkeit unterstellen dürfen.

Die Bewußtseinstrübung als dritte Voraussetzung einer Beeinträchtigung der Schuldfähigkeit kommt ziemlich selten vor und unterliegt grundsätzlich keinen anderen Kriterien als bei der strafrechtlichen Beurteilung und forensischen Begutachtung Erwachsener, wobei allerdings die veränderte Toleranz gegenüber bewußtseinstrübenden Drogen (z. B. Alkohol) berücksichtigt werden muß.

Die in letzter Zeit sich gerade bei den Jugendgerichten häufenden Fälle von Rauschmittelkriminalität erfordern eine gewisse Neuorientierung und Ergänzung jugendgerichtspsychiatrischer Praxis. Man wird bei der Annahme einer Bewußtseinsstörung in Folge von Rauschmittelgenuß recht zurückhaltend sein, da dieser recht häufig, ja manchmal routinemäßig als Entschuldigungsgrund geltend gemacht wird. Man kann sich dabei am besten an der Erinnerungsfähigkeit orientieren und an der Art des Handelns im Zusammenhang mit der Straftat, wie weit dieses zielgerichtet, planvoll überlegt oder sinnlos, zufällig und ungeschickt war. Ein Jugendlicher ist nicht deswegen schon vermindert schuldfähig, weil er gelegentlich oder auch in einem gewissen zeitlichen Zusammenhang mit der Tat leichtere Halluzinogene (Haschisch, Marihuana, LSD) genommen hat. Bei härteren Drogen wird man dagegen bei zeitlichem Zusammenhang eine Einschränkung des Bewußtseins und insbesondere eine Beeinträchtigung der Steuerungsfähigkeit eher annehmen müssen. Handelt es sich dagegen um eine echte Beschaffungskriminalität bei einem körperlich abhängigen Jugendlichen, dem Entzugserscheinungen drohen, wird man eine volle Schuldfähigkeit bejahen, stets aber auch Einweisung zu einer Entziehungskur gemäß § 64 StGB im Auge behalten, sofern dazu nicht die Entscheidung des Sorgeberechtigten ausreicht.

V. Ursachen der Jugendkriminalität

Wie das menschliche Verhalten überhaupt, so ist auch das kriminelle Verhalten eines Menschen nicht durch einen einzelnen umschriebenen Faktor, sondern durch eine ganze Reihe Ursachenfaktoren bestimmt. Dabei ist es bisher auch durch statistische Methoden nicht gelungen, die Wertigkeit der einzelnen Faktoren für das Zustandekommen eines kriminellen Verhaltens so abzugrenzen, daß für den Einzelfall eine sichere Erklärung oder gar eine sichere Prognose möglich wäre. Es sind dabei psychische Faktoren zu berücksichtigen, Faktoren also, die in der Persönlichkeit des Jugendlichen verankert sind, soziologische Faktoren, die sich aus der Umwelt des Jugendlichen ergeben und schließlich auch körperliche Faktoren, die einen Einfluß sowohl auf die psychische Situation wie auch auf die soziologische Situation haben können.

Im einzelnen sind folgende Ursachenfaktoren zu berücksichtigen:

1. Psychische Faktoren

a) *Störungen der Intelligenz.* Eine Unterbegabung oder ein Schwachsinn vermindert die Fähigkeit, sich entgegen der eigenen Tendenz zur triebhaften Wunschbefriedigung um einer sozialen Ordnung willen angepaßt zu verhalten. Sowohl die Steuerungsfähigkeit triebhafter Impulse, wie auch die Einsicht in die Notwendigkeit einer sozialen Ordnung können beeinträchtigt sein, so daß ein Zusammenhang zwischen Beeinträchtigung der intellektuellen Fähigkeit und der Kriminalität anzunehmen sind.

b) *Erbliche Charaktervarianten* oder die *Psychopathie* werden als Faktoren der Kriminalität immer wieder diskutiert. Der Verbrecher aus Anlage wurde schon von Lombroso postuliert, und man wird eine bestimmte, ererbte oder allgemein anlagebedingte Charakterstruktur mit einer verminderten Fähigkeit dieser Anpassung nicht von vornherein ablehnen können. Im ganzen wird man aber gerade bei Jugendlichen, wo die frühkindliche körperliche und seelische Entwicklung und das Milieu meist sehr gut zu erfassen sind, selten auf die Diagnose einer anlagebedingten Charaktervariante zurückgreifen müssen. Vor allem in ihrer pubertätstypischen Form als Hebephrenie muß die Psychose als Ursache einer Asozialität und Kriminalität berücksichtigt werden. Hierbei würde es sich dann um eine Kriminalität aus echter Krankheit handeln.

c) *Neurosen* und *milieureaktive Verhaltensstörungen* stellen einen wesentlichen Anteil psychischer Ursachenfaktoren in der Kriminalität dar. Die Neurosen und milieureaktiven Verhaltensstörungen werden hier nur quantitativ unterschieden, wobei man die Neurosen im Kindes- und Jugendalter vielleicht für die reaktiven Störungen vorbehalten will, unter denen die betreffenden Jugendlichen selbst leiden und sich gestört fühlen. Die antisoziale Haltung des neurotischen Kindes, das seine negativen Lebenserfahrungen reaktiv beantwortet, ist eine typische Ursache vieler krimineller Verhaltensweisen.

d) Als eine *normalpsychologische Grenzsituation* wird man die psychische Phase der Pubertät bezeichnen können, während welcher die Jugendlichen sich von den von den Eltern und der gesamten Gesellschaft überkommenen Maßstäben freimachen wollen, um zu sich selbst zu finden. Diese Lösung erfolgt in vielen, durchaus normalen

Fällen nicht harmonisch, sondern u. U. in schweren Krisen mit vorübergehenden schweren Anpassungsstörungen, welche die ja oft willkürlich gezogene Grenze zwischen antisozialem Verhalten und Kriminalität überschreiten können.

2. Soziologische Faktoren

a) Eine *gestörte Familiensituation* wird vielfach unter den Ursachen der Jugendkriminalität in den Vordergrund gestellt, wahrscheinlich aber auch überschätzt. Für die unehelichen Kinder ist z.B. festgestellt, daß sie keine höhere Kriminalität zeigen, als die Kinder aus vollständigen Familien. Dennoch wird man wegen der damit in Zusammenhang stehenden sozialen Belastung den antisozialen Einfluß einer gestörten Familiensituation, das Aufwachsen in Heimen, das Fehlen des Vaters oder der Mutter, den häufigen Wechsel affektiver Beziehungspersonen berücksichtigen müssen. Dabei sagt allerdings die äußere soziale Situation in der Familie sicher weniger aus als die innere Situation, die auch in einer äußerlich geordneten Familie schwer gestört sein kann.

b) Die *soziale Situation* innerhalb soziologisch *ungestörter* und *vollständiger Familien*, etwa die Stellung in der Geschwisterreihe, der Abstand zu den Geschwistern und die soziale Stellung der Familie können ebenfalls als Faktor von Bedeutung sein.

3. Körperliche Faktoren

a) *Reifungsstörungen in der Pubertät* sind anhand von statistischen Untersuchungen schon vielfältig als ein ursächlicher Faktor der Kriminalität herausgearbeitet worden, insbesondere die Retardierung. Es muß dabei offen bleiben, wie weit eine Beziehung besteht zwischen dieser körperlichen Entwicklungsstörung und einer psychischen Fehlentwicklung und wie weit soziale Faktoren dadurch eine Rolle spielen, daß infolge der von der Norm abweichenden körperlichen Entwicklung die Reaktion der Umwelt auf dieses äußerliche körperliche Bild zu einer Störung der Umweltbeziehung des Jugendlichen beiträgt.

b) *Hirnorganische Schädigungen*, auch wo sie ohne Störung der Intelligenz einhergehen, insbesondere die leichtgradige Form einer frühkindlichen Hirnschädigung unter dem Bild des frühkindlich exogenen Psychosyndroms, ist, erfahrungsgemäß und statistisch nachgewiesen, ein wesentlicher Faktor einer mangelhaften Anpassungsfähigkeit und damit eine Mitverursachung der Frühkriminalität.

VI. Formen der Jugendkriminalität

Der Begriff der Jugendkriminalität ist an sich fragwürdig, da er das gesetzwidrige Verhalten der Erwachsenen auf die Jugendlichen überträgt und die besondere psychische Situation der Jugendlichen nicht berücksichtigt. Er wird vollends absurd, wenn man ihn auf die Kinder anwendet. Ein Vergleich zwischen dem Naschen eines Kindes und dem Einbruchdiebstahl eines Erwachsenen oder dem Brand, entstanden durch das Zündeln von Kindern und der Brandlegung aus Rache oder Versicherungsbetrug zeigt die Unvergleichbarkeit der im Effekt gleichen Verhaltensweisen.

1. Diebstahl

Die häufigste Form gesetzwidrigen Verhaltens im Kindes- und Jugendalter ist der Diebstahl, das Vergehen gegen das Eigentum.

Schon im Vorschulalter erwirbt das Kind den Wert- und Eigentumsbegriff und lernt, den eigenen kaptativen Tendenzen entgegenzutreten. Dieses Lernen geschieht im wesentlichen aus dem Vorbild heraus und aus der Gewissensbildung, die wiederum mit der Kontaktfähigkeit zusammenhängt. Diebstähle entstehen aus verschiedenen Gründen. Sie können Ausdruck einer Verwahrlosung mangels Vorbild sein, wo etwa die Eltern und die Umwelt stiehlt. Diebstähle aus mangelnder Intelligenz und damit aus mangelhaftem Lernvermögen oder aus einer besonderen Schwäche des Hemmungvermögens, etwa bei postencephalitischen Kindern, wären Beispiele für Diebstähle aus Krankheitsgründen. Es gibt aber auch Diebstähle aus seelischer Konfliktsituation, scheinbar sinnlose, oft auch symbolische Diebstähle, wobei sich die Jugendlichen, ähnlich wie das Kleinkind beim Naschen, einfach etwas Liebes tun wollen und auf diese Weise ihr erhöhtes oder sonst unbefriedigtes Liebesbedürfnis befriedigen möchten, ähnlich wie die Diebstähle, die zu Geschenken an die Altersgenossen verwandt werden und einem Wunsch nach Anerkennung durch diese entspringen. Die Kinder wollen sich gleichsam Liebe, Freundschaft und Zuwendung erkaufen. Der Diebstahl kann aber auch einfach ein neurotischer Hilferuf um Beachtung und Zuwendung sein, besonders in solchen Familien, in denen gerade der Besitz in besonderem und oft überwertigem Maße respektiert wird.

Diebstähle wird man selten bei jugendlichen Angeklagten nach § 3 JGG exkulpieren können, am ehesten käme dies noch bei typischen neurotischen

Diebstählen in Frage, bei welchen sich aber wiederum gerade eine Exkulpierung nach § 3 JGG erzieherisch oft negativ auswirkt.

In der Pubertätszeit gibt es eine Form der Eigentumsdelikte, die ursächlich und prognostisch aus der Gruppe der übrigen Eigentumsdelikte herausragen. Das sind die Eigentumsdelikte, die im Zusammenhang mit dem Weglaufen verübt werden. Die Diebstähle dienen hier nur der Beseitigung einer Notsituation — dem Lebensunterhalt — und müssen in diesem Zusammenhang anders bewertet werden als Eigentumsdelikte außerhalb einer solchen Notsituation.

2. Sexual-Delinquenz

Nach den Eigentumsdelikten nimmt die sexuelle Delinquenz im Jugendalter den größten Raum ein. Dies hängt damit zusammen, daß die beginnende genitale Reifung in der Pubertät mit dem Beginn der Strafreife zeitlich zusammenfällt. Die Bewältigung und die Integration der erwachenden Sexualität ist eine Aufgabe, denen Jugendliche oft nicht ohne Überschreitung der vom Gesetz gezogenen Grenze gewachsen sind. Dazu kommt, daß von der Gesellschaft der Erwachsenen diese Impulse abgewertet und tabuiert sind, so daß innere Auflehnung gegen die Wertmaßstäbe der Älteren ein weiterer Anlaß zur sexuellen Delinquenz sein kann. Schließlich ist aber die Sexualität auch so sehr der Beweis eines erreichten Erwachsenenstatus, daß eine sexuelle Betätigung auch aus Erhöhung des Selbstgefühls und zur Selbstbestätigung intendiert wird, ja, von manchen jugendlichen Gruppen geradezu gefordert wird. Hier werden von der Gruppe aus andere Maßstäbe gesetzt, die sich nicht an den allgemeinen gesetzlichen Normen orientieren. Es darf aber auch nicht übersehen werden, daß eine ganze Reihe von sexuellen Delikten Ausflüsse einer Kontaktstörung und mißglückten Kontaktsuche sind. Dies gilt insbesondere für sexuell verwahrloste Mädchen, aber auch für manche sexuelle Gewalttat eines Jugendlichen.

Die gewaltlosen Sittlichkeitsdelikte, wie die mutuelle Onanie, die Unzucht mit Kindern in Form von sexuellen Spielereien und der Exhibitionismus können Ausdruck einer naiven kindlichen Neugierde und damit eigentlich von einem kriminellen Tatbestand psychisch weit entfernt sein. In Form des Exhibitionismus sind sie regelmäßig Ausdruck einer schweren Kontaktstörung und psychischen Retardierung, der eine Integrierung sexueller Tendenzen auch nicht annähernd gelungen ist. Diese gewaltlosen Sittlichkeitsdelikte werden in ihrem

kriminellen Gehalt regelmäßig weit überschätzt und überwertet. Ihre Behandlung im Rahmen eines Jugend*straf*rechts ist ziemlich sinnlos.

Die Verbindung von Sexualdelikten und Gewaltdelikten, die Notzuchtverbrechen, erfolgen im Jugendalter regelmäßig impulsiv, nicht vorgeplant, sondern einem augenblicklichen Impuls entspringend, wobei häufig eine erhöhte, nicht integrierte sexuelle Triebhaftigkeit mit einer allgemeinen Störung zwischenmenschlichen Kontaktes verbunden ist. Bei manchen Notzuchtverbrechen Jugendlicher wurde deren aktive Sexualität frühzeitig von älteren Mädchen oder Frauen, die eine Art Mutterrolle spielten, geweckt, dann aber wurden sie mit diesem aktivierten Sexual- und Kontaktverlangen alleingelassen. Bemerkenswert ist auch, daß es sich regelmäßig um Jugendliche handelt, die phantasiearm sind und offenbar keine Möglichkeit haben, ihre sexuellen Impulse in der Phantasie auszuleben.

3. Gewaltdelikte, Aggressionshandlungen und Rohheitsdelikte

Sie entspringen regelmäßig einem gestörten Verhältnis zur Umwelt, das aus objektiven oder subjektiven Gründen diese Aggressionstendenzen weckt. Dabei zeigen Jugendliche, die Tötungsdelikte begehen, in der Regel keine größeren kriminellen Tendenzen als andere. Vielfach entspringt die Tötungshandlung einer momentanen Überforderung in der Bewältigung einer affektiv schwierigen Situation, also einem „zwischenmenschlichen Unfall".

Eine Beziehung zwischen den einzelnen Deliktformen und den Ursachenfaktoren, die zur Jugendkriminalität führen, ist anzunehmen. So zeigen Vermögensdelikte, die zusammen mit puberalem Weglaufen verübt werden, eine enge Beziehung zu einem frühkindlich exogenen Psychosyndrom, das seinerseits häufige Ursache für das impulsive Weglaufen von zu Hause ist. Bei den übrigen Vermögensdelikten ist keine solche Bevorzugung frühkindlicher Hirnschädigungsfolgen zu erkennen. Sie zeigen eher, ebenso wie die Gewaltdelikte, Beziehung zu neurotischer Fehlentwicklung und einer gestörten soziologischen Situation.

4. Sonstige Delikte

Einzelne Sonderformen jugendlicher Kriminalität, wie Betrug, Vergehen gegen abstrakte Gesetze, wie Urkundenfälschung, Paß- oder Devisenvergehen, unerlaubten Waffenbesitz oder privilegierte Delikte, wie etwa die Amtsunterschlagung des jugendlichen Postboten, sind insgesamt selten, verdienen aber deswegen Erwähnung, weil gerade sie

Anlaß zu einer Exkulpierung gemäß § 3 JGG sein können, da die Erfassung solcher oft sehr abstrakter Tatbestände und die Akzeptierung ihrer sozialen Notwendigkeit gerade vom Jugendlichen kaum erwartet werden können, wie sie auch das Privilegierte eines Deliktes kaum erfassen und kaum verstehen können.

VII. Prognose der Jugendkriminalität

Sichere prognostische Kriterien für kriminelles Verhalten sind bisher nicht gefunden worden. Dies gilt in besonderem Maße auch für die Jugendkriminalität. So wichtig es wäre, die Wertigkeit jugendlicher antisozialer Fehlhandlungen prognostisch erfassen zu können, so wenig ist dies für den Einzelfall möglich.

Aus statistischen Untersuchungen sind gewisse Hinweise bekannt. So hat etwa die in besonderem Maße zur Frühkriminalität prädisponierende leichtgradige frühkindliche Hirnschädigung eine relativ gute Prognose, wenn es gelingt, eine sekundäre Neurotisierung zu vermeiden. Offenbar kommt es nach Stabilisierung des endogenen Untergrundes nach Ablauf der in diesen Fällen oft verlängerten Pubertät wieder zu einer besseren sozialen Einordnung.

Bei vorwiegend neurotisch bedingtem Fehlverhalten ist die Prognose wesentlich ungünstiger, sofern nicht der neurotische Konflikt in enger Beziehung zu dem Problem der Reifeentwicklung steht, sondern auf eine früh sich entwickelnde neurotische Fehlentwicklung, auf eine Kernneurose, zurückgeht.

Relativ einfach ist die Prognose bei der Kriminalität aus Gründen des Schwachsinns oder eines körperlich begründeten Leidens zu stellen, etwa eines postencephalitischen Zustandes. Hier ist im allgemeinen die Prognose schlecht, wenngleich auch hier nicht übersehen werden darf, daß die erhöhte Labilisierung der Reifezeit vorübergehend das Verhalten des Jugendlichen über die Schwelle ungesetzmäßigen Verhaltens hinaushebt. Auch hierbei kann es oft nach Jahren wieder zu einer gewissen Beruhigung kommen.

Einen wesentlich prognostischen Einfluß der vom Gericht anzuordnenden Maßnahmen wird man bei dem derzeitigen Stand der Jugendrechtspflege und des Strafvollzugs kaum annehmen können, bei längerer Jugendstrafe eher einen negativen. Es bedarf schon einer stabilen Persönlichkeitsstruktur und eines im Grunde fest verankerten positiven Wertmaßstabes, sich im Rahmen eines längeren Jugendstrafvollzugs gegen die oft von dort gesetzten gesellschaftswidrigen Maßstäbe zu behaupten.

Im ganzen wird man aber mit negativen Prognosen gerade im Kindes- und Jugendalter vor Abschluß der psychischen Reifeentwicklung sehr zurückhaltend sein und zugunsten des Jugendlichen die Möglichkeit positiver Entwicklung und Stabilisierung annehmen.

VIII. Therapie der Jugendkriminalität

Die therapeutischen Möglichkeiten sind recht beschränkt. Die Therapie muß sich nach den als wesentlich herausgearbeiteten Ursachenfaktoren richten, wobei theoretisch die Psychotherapie bzw. heilerzieherische Behandlung einen wesentlichen Raum einnehmen müßte. Leider scheitern diese Möglichkeiten häufig an den praktischen Voraussetzungen.

So reichen in der Regel die zur Übernahme einer heilerzieherischen Behandlung zur Verfügung stehenden Kräfte zur Befriedigung der Bedürfnisse nicht aus. Nach den Empfehlungen der Expertenkommission „zur Weisung nach § 10 II JGG" sollten deswegen auch Personen gefunden und aktiviert werden, die als Co-Therapeuten oder Mentoren u. a. nebenberuflich eingesetzt werden können wie Lehrer, insbesondere Sonderpädagogen, Sozialarbeiter, Sozialpädagogen u. a.

Als Voraussetzung für die Anwendung des § 10 II JGG sollen nach dieser Empfehlung folgende Merkmale als Hinweise genannt werden:

A. Im familiären Bereich
   1. fehlende Familienbeziehung oder Unvollständigkeit der Familie,
   2. Erzieherische Diskontinuität
   3. Chronische Spannungen in der Familie
B. Im Bereich der Persönlichkeitsentwicklung und des Verhaltens
   1. Auffallende Ängstlichkeit in der Kindheit
   2. Störungen der sprachlichen und motorischen Entwicklung
   3. Auffälliges Einzelgängertum
   4. Isolierte Ausfälle im Lesen und Schreiben
   5. Gesteigertes aggressives Verhalten aus inadäquatem Anlaß
   6. Dissoziale Entwicklung bei äußerlich intaktem Milieu
   7. Auffallende Symptome wie z.B. Stottern, Einnässen, Einkoten und Tics
C. Im Bereich körperlicher Befunde
   1. Chronische Erkrankungen
   2. Sinnesdefekte
   3. Grobe körperliche Auffälligkeiten

Tabelle. *Differentialdiagnose bei kriminellem Verhalten*

	Bei leichtgradig frühkindlich Hirngeschädigten	Bei neurotischen Kindern und Jugendlichen
Persönlichkeit	Eher primitiv und noch undifferenziert	komplexhaft, undurchsichtig
Bevorzugte Delikte	Stehlen selten, häufig im Zuge puberalen Weglaufens. Gewaltlose Sittlichkeitsdelikte, Unzucht usw.	vorwiegend Naschen und Stehlen, auch Gewaltdelikte, weniger Sittlichkeitsdelikte, letztere häufiger bei sekundärer Neurotisierung. Eher einmal Verbindung mit Sittlichkeitsdelikten (Notzucht)
Art der Tat	Unüberlegt, impulsiv, kurzschlüssig, „aus Versehen", aus inadäquatem Anlaß. Mehr unbekümmert als bösartig, asozial, nicht raffiniert angelegt, aber oft mit dem Versuch, die Tat zu vertuschen. Weglaufen von daheim: „Um zu erleben", weit weg von zu Hause, ohne Angst, ohne Gedanken an daheim. Schließt sich dabei oft an andere an	Eher überlegt, geplant, oft nach längerem inneren Widerstreben. Durch häufige Wiederholung oft zur Gewohnheit werdend. Oft bösartigantisozial. Mit Raffinesse, verrät sich oft wider Willen („Geständniszwang"). Weglaufen von daheim: Meist nur in die Umgebung, „um gesucht zu werden", denkt dauernd an daheim, oft mit Angstgefühlen vor dem Alleinsein. Bleibt aber meist allein
Motivation	Mangelhaft, oft fehlend, meist inadäquat zur Tat	Das Motiv ist oft erst in tiefenpsychologischer Untersuchung zu klären. Subjektiv nicht inadäquat
Verhältnis der Tat zur Persönlichkeit	Oft „persönlichkeitsfremd", im Widerspruch zu sonstigem Verhalten	Der tiefenpsychologisch zu erhellenden Persönlichkeitsstruktur entsprechend
Verhalten nach der Tat	Gesteht meist ein. Steht der Tat oft verständnislos gegenüber, distanziert sich aber bald von ihr	Versucht oft zu leugnen. Spricht ungern oder nicht über die Tat. Inneres Einverständnis mit der Tat, ohne sie aber erklären zu können. Meist trotzig-ablehnende Haltung. Kann sich innerlich nicht von der Tat lösen
Bereitschaft zur Wiedergutmachung	Vorhanden, hält aber nicht lange an	Meist keine Sühnebereitschaft, sucht die Schuld bei der Umwelt
Prognose	Nicht ungünstig, Wiederholungsgefahr während der Pubertät von der Situation abhängig	Ohne Therapie ungünstig. Wiederholungsgefahr bis zur Gewohnheit (Kriminalität verselbständigt sich)
Therapie und Maßnahmen	Ausschaltung auslösender Situationen, Schutz vor sich selbst, über die Pubertät hinweghelfen	Psychotherapie, soweit möglich im übrigen Milieutherapie, oft nur durch Mentorenverhältnis therapierbar

Anmerkung: Die beiden Typen des leichtgradig frühkindlich hirngeschädigten jugendlichen Kriminellen und des neurotischen überlagern sich häufig infolge sekundärer Neurotisierung der frühkindlich Hirngeschädigten, so daß die hier herausgearbeiteten Differenzierungen sehr stark überlagern und verwischen können.

D. In der Art der Delikte
1. Diskrepanz zwischen Tat und bisheriger Persönlichkeitsentwicklung
2. Sexuelle Delinquenz
3. Scheinbar sinnlose Bereicherungsdelikte
4. Brandstiftung

Vor der Erteilung der Weisung nach § 10 II JGG sollte in aller Regel ein Gutachter gehört werden.

Bei den häufig anzutreffenden haltlosen Jugendlichen, die zwar ständig gute Vorsätze äußern, den Versuchungen aber ständig aufs Neue erliegen, ist einfach eine Führung unter persönlicher Bindung von Nöten, die herzustellen oft recht mühsam, aber auch dann eigentlich häufig recht erfolgreich ist. Unter ständiger Betreuung eines Erwachsenen, von dem sie das Gefühl haben, daß er sie versteht, ja liebt, sind sie gut zu steuern und ordnen sich bereitwillig ein. Ihre sonst schlechte kriminologische Prognose ist nur durch die mangelnde Bereitschaft der Umwelt bedingt, diesen Jungen für einige Jahre den äußeren Halt zu vermitteln. Sie benötigen das nachhaltige Erlebnis, daß einmal jemand für sie da ist, der sich für sie einzusetzen bereit ist, der sich nicht von gelegentlichem Rückschlag entmutigen läßt, sondern durch diesen hindurch zu ihnen hält.

In all den Fällen, in denen die Kriminalität nur einem passageren Entgleisen, einer erhöhten Labilisierung während der Phase der Pubertät entspricht — soweit dies diagnostisch sicher zu erfassen ist — ist die Bewahrung vor sich selbst eine wesentliche Maßnahme während dieser Phase. In diesen Fällen ist eine Heimunterbringung, u. U. in einem geschlossenen Heim, der sinnvolle Weg, wobei der Bewahrung vor sich selbst der diskriminierende Charakter einer Strafe nach Möglichkeit erspart bleiben sollte, um eine sekundäre Neurotisierung zu vermeiden.

IX. Beurteilung der Glaubwürdigkeit kindlicher und jugendlicher Zeugen

Zu der Frage der Glaubwürdigkeit bei Kindern und Jugendlichen ist zunächst eine grundsätzliche Vorbemerkung zu machen:

1. Kinder und Jugendliche sind grundsätzlich keine schlechteren Zeugen als Erwachsene. Eine Einschränkung machen dabei lediglich die Kinder im Vorschulalter, deren Beobachtung und Erleben noch wenig an der Realität orientiert ist.

2. Es gibt keine Möglichkeit mittels psychologischer oder psychiatrischer Untersuchung objektiv den Wahrheitsgehalt einer Aussage festzustellen. Es ist nur möglich, gutachtlich Stellung zu nehmen zur Beobachtungs- und Merkfähigkeit, vor allem aber zur Störbarkeit des Kindes und seiner allgemeinen Fähigkeit zur Realitätskontrolle. Außerdem kann die besondere psychische Situation, aus welcher heraus das Kind seine Aussage zu bestimmten Tatbeständen und gegenüber bestimmten Personen gemacht hat, herausgearbeitet werden. Grundsätzlich kann aber immer nur ein negatives Urteil abgegeben werden, das feststellt, daß die Untersuchung des Kindes oder Jugendlichen keine Hinweise dafür ergeben habe, daß die Aussagen nicht in allen wesentlichen Teilen den Tatsachen entsprächen oder daß sich solche Hinweise gefunden haben.

Es ist eine Besonderheit der Glaubwürdigkeitsbegutachtung, daß sie in ihrem Ergebnis so gut wie nie objektivierbar ist, daß also mit keinem Mittel nachgeprüft werden kann, ob das Urteil, glaubwürdig oder nicht, richtig war oder nicht. Daher ist es auch sinnlos, genaue Prozentzahlen über den Anteil glaubhafter oder nichtglaubhafter Jugendlicher, etwa in einer bestimmten Altersgruppe anzugeben. Wo solche Prozentzahlen angegeben werden, stützen sie sich jeweils auf die eigenen, im ganzen ziemlich unverbindlichen Kriterien. Die Ausarbeitung detaillierter und unter sich vergleichbarer Kriterien wäre wünschenswert, aber wohl nur für die Feststellung der allgemeinen Glaubwürdigkeit, die ihrerseits nur sehr bedingte Rückschlüsse auf die spezielle Glaubwürdigkeit zuläßt.

Vor der Erörterung der Kriterien allgemeiner Glaubwürdigkeit sollen einige grundsätzliche Bemerkungen zu der Aussagetüchtigkeit in den einzelnen Altersstufen gemacht werden:

Das *Kind im Vorschulalter* ist in seiner Aussagezuverlässigkeit dadurch eingeschränkt, daß es noch in einer wenig an der Realität kontrollierten magisch-mystischen Welt lebt, und daß es oft in hohem Maße suggestibel ist. Andererseits können gerade Kinder dieses Alters einfache Tatbestände aufgrund ihrer Naivität und Unvoreingenommenheit gegenüber sexuellen Dingen oft zuverlässig darstellen. Auch ist häufig zu beobachten, daß Kinder, die noch nicht zur Schule gehen und nicht gerade aus einer sehr autoritären Familie stammen, oft viel weniger autoritätsgläubig und damit suggestibel sind, als gehorsame Schulkinder, die gar nicht auf den Gedanken kommen, daß etwas, was ein Erwachsener sagt, auch einmal falsch sein könnte. Darüberhinaus ist zu berücksichtigen, daß die Kinder des Vorschulalters sich oft in der sog. urethralen oder phallischen Phase befinden, d.h. ein besonderes Interesse am Sehen und Zur-Schaustellen der Genitalien zeigen können. Diese Schau- und Zeigelust von Dingen, die im allgemeinen als unanständig tabuiert sind, kann einmal zu Mißdeutungen harmloser Begebenheiten führen, vor allem, wenn die Aussage von Erwachsenen, manchmal vom Gericht selbst, in einem sexuellen Sinn gedeutet wird, der von diesen Kindern noch gar nicht gemeint sein kann.

Schulkinder der Grundstufe gehören wohl insgesamt mit zu den zuverlässigsten Zeugen. Sie können ihre Aussagen schon in genügendem Maße an der Realität kontrollieren, verfügen über ein gewisses Maß an Selbstkritik und stehen andererseits sexuellen Inhalten, um die es ja meistens geht, noch recht neutral gegenüber. Es muß allerdings jeweils die Möglichkeit einer scheinbaren Sexualisierung, etwa durch ältere Freunde, ausgeschlossen werden. Allein um der Anerkennung durch solche älteren Freunde sind auch Kinder dieses Alters einmal bereit, bestimmten Tatbeständen einen Sinn zu unterlegen, den sie selbst noch gar nicht ganz erfassen.

Das Alter der *Vorpubertät* ist vielleicht das relativ unzuverlässigste Alter, da hier einerseits die Selbstkritik und Realitätskontrolle in einer präpuberalen Schwärmerei bei Mädchen, in einer kritiklosen Heldenverehrung bei Jungen getrübt sein kann und andererseits halbverstandene, aber als höchst interessant intendierte sexuelle Themen eine besondere Anziehungskraft haben. Vor allem die Fehlinterpretation ist hier nicht so selten.

In der *Pubertät* richtet sich die Aussagetüchtigkeit sehr stark nach dem Grad der Integration der Sexualität in die Persönlichkeit des Jugendlichen. Steht ein Jugendlicher sexuellen Problemen bereits mit einer gewissen Selbstsicherheit und innerlich distanziert gegenüber, kann die Aussagezuverlässigkeit recht groß sein. In diesem Alter können aber vielleicht am wenigsten allgemein verbindliche Aussagen gemacht werden. Wie stets, so muß besonders in der Pubertät der Einzelfall für sich geprüft werden.

Gelegentlich wird von den Gerichten auch ein Glaubwürdigkeitsgutachten von Jugendlichen *jenseits der Pubertät* angefordert. Dies ist an und für sich wenig sinnvoll, da ein Jugendlicher jenseits der Pubertät genauso wie ein Erwachsener, wenn er will, bewußt lügen kann und, bei entsprechender Intelligenz, eine solche Lüge auch relativ gut über mehrere Vernehmungen und Verhandlungen hinweg durchhalten kann. Bei den Erwachsenen glauben sich die Gerichte durch den Eid vor Fehlaussagen schützen zu können, was bei solchen Jugendlichen oft noch nicht möglich ist. Vom Gutachter kann in solchen Fällen lediglich zu der besonderen psychischen Situation und ihrer möglichen Einflußnahme auf die Aussage Stellung genommen werden.

Während die reine Beobachtungs- und Merkfähigkeit im allgemeinen mit dem Alter zunimmt und bereits im Schulalter einen Grad erreichen kann, der von vielen Erwachsenen nicht überschritten wird, sind Angaben zu Zeitspannen, Daten und Häufigkeiten bis zur Vorpubertät und Pubertät gerade bei Kindern sehr unzuverlässig, da das Zeiterlebnis der Kinder von dem der Erwachsenen deutlich unterschieden ist, was oft übersehen wird.

1. Allgemeine Glaubwürdigkeit

Die Untersuchung der allgemeinen Glaubwürdigkeit soll Hinweise geben über die Aussagetüchtigkeit, die Beeinflußbarkeit, Phantasietätigkeit des Kindes oder Jugendlichen, ganz unabhängig von der in dem jeweiligen Prozeß angeschnittenen Frage. Sie muß untersucht und geprüft werden, weil ihr Ergebnis bei der Prüfung der speziellen Glaubwürdigkeit, die nur die in dem jeweiligen Prozeß zur Rede stehende Aussage behandelt, berücksichtigt werden muß. Die allgemeine Glaubwürdigkeit ist aber bei der Beurteilung der speziellen Glaubwürdigkeit nur *ein* Faktor, und zwar oft keineswegs der entscheidende,

so daß oft eine positive allgemeine Glaubwürdigkeit mit einer negativen speziellen Glaubwürdigkeit einhergehen kann und umgekehrt. Das heißt, auch ein grundsätzlich ehrliches, zuverlässiges Kind kann in einer bestimmten Situation einmal lügen oder falsche Angaben machen, und ein unzuverlässiges, zur Lügenhaftigkeit neigendes Kind kann in einer bestimmten Situation einmal die Wahrheit sagen.

Bei der allgemeinen Glaubwürdigkeit ist zunächst die Intelligenz zu prüfen. Eine Unterbegabung oder sogar ein Schwachsinn hebt zwar keineswegs von vornherein die Glaubwürdigkeit auf, ja sie kann sogar in Einzelfällen durch eine gewisse Neigung zur Perseveration oder etwa bei einem torpiden Schwachsinn durch die verringerte Störbarkeit besonders zuverlässig sein. Im allgemeinen wird aber die Beobachtungsgenauigkeit bei unterbegabten oder bei schwachsinnigen Kindern leiden. Komplizierte Tatbestände, denen kein realer Erlebnisgehalt zugrundeliegt, können aber von unterbegabten oder schwachsinnigen Kindern kaum über mehrere Vernehmungen oder Verhandlungen auch nur annähernd widerspruchsfrei wiedergegeben werden. Die hohe aussagestabilisierende Wirkung des tatsächlichen Erlebnisses, im Gegensatz zum eingebildeten oder suggerierten Vorgang, ist ein wichtiges Kriterium, wobei auch der natürliche Erinnerungsschwund, d.h. die Einengung des Erlebten auf das Wesentliche mit dem Verlust der Erinnerung an bestimmte Randdetails charakteristisch ist.

Neben der Intelligenz ist die spezielle altersabhängige Aussagetüchtigkeit, über die bereits gesprochen wurde, zu berücksichtigen.

Ein weiterer Faktor ist die Phantasietätigkeit, die Fähigkeit, Geschichten zu erfinden und auszugestalten.

Die allgemeine Beobachtungsfähigkeit und Merkfähigkeit, sowohl für optische wie für akustische Eindrücke, d.h. also für Gesehenes und für Gehörtes, muß im Zusammenhang mit der Störbarkeit und Fremdsuggestibilität geprüft werden.

Schließlich ist auch das Milieu zu berücksichtigen, in dem ein Kind aufwächst, wie weit die Aussagetreue innerhalb der Familie oder der weiteren Umgebung des Kindes ein fester Wertmaßstab ist und wieweit nicht.

Die Mittel der Untersuchung dieser allgemeinen Glaubwürdigkeit sind verschiedene psychologische Untersuchungsverfahren. Die Prüfung der Intelligenz geschieht mittels der üblichen Intelligenztests. Die Prüfung der Merkfähigkeit und Suggestibilität erfolgt geeigneterweise durch die Vorlage eines

Bildes, von dem nach gemessener Zeit auswendig möglichst viele Details berichtet werden müssen und zu dem man dann in vermischter Folge Real- und Suggestivfragen stellt. Die Suggestivfragen unterstellen im allgemeinen in einem Nebensatz einen nicht vorhandenen Tatbestand, indem sie eine davon unabhängige Hauptfrage stellen. (Zum Beispiel wird über ein Bild, das eine verkehrsreiche Straßenkreuzung darstellt, die Frage gestellt: Welche Farbe hat das Auto, das hinter der Straßenbahn herfährt? Dabei ist hinter der Straßenbahn gar kein Auto gezeichnet.) In gleicher Weise kann man mit einer vorgelesenen Geschichte verfahren, die zunächst wiedergegeben werden muß und zu der dann auch vermischte Real- und Suggestivfragen gestellt werden.

Das Maß dieser Suggestibilität ist jedoch sehr unterschiedlich und geht eigentlich durch alle Altersstufen mit relativ großen Differenzen hindurch. Viele Kinder, und zwar gerade brave und sonst zuverlässige Kinder, erliegen solchen Suggestivfragen einfach deswegen, weil sie in argloser Weise überhaupt nicht auf den Gedanken kommen, daß ein Erwachsener solche falschen Fragen stellen kann.

Im übrigen wird die Bedeutung dieser Suggestibilitätsprüfung häufig überwertet, da vor allem bei älteren Kindern im allgemeinen auch bei gegebener erhöhter Fremdsuggestibilität eine solche kaum einmal ausreicht, einen Tatbestand ohne eigenen Erlebnisgehalt so zu suggerieren, daß er als selbsterlebt wiedergegeben wird.

Die Prüfung der Beobachtungsfähigkeit und Störbarkeit, sowie der Konfabulationsneigung kann zweckmäßigerweise auch durch den Rorschach-Test erfolgen, der gerade zur Erlebnisweise und ihrer Wiedergabefähigkeit wertvolle Aufschlüsse geben kann. Er verfügt über spezielle Kriterien der Konfabulation und der Realitätskontrolle sowie ihrer Abhängigkeit von affektiven Störfaktoren.

Zur Prüfung der Phantasietätigkeit eignen sich schließlich der Thematical-Apperceptions-Test (TAT) oder der Children-Apperceptions-Test (CAT).

Diese können u. U. auch Aufschluß geben über besondere affektive Bindungen, Komplexbildungen und dergleichen, ja sie geben auch u. U. Hinweise auf Schuldgefühle oder ein schlechtes Gewissen des jugendlichen Zeugen, wobei allerdings dieses schlechte Gewissen häufig nicht auf eine etwa falsche Aussage bezogen werden kann oder muß, sondern allein auf die Tatsache, daß es an solchen erst im Zuge des Verfahrens als unsittlich erkannten Vorgängen beteiligt war.

2. Spezielle Glaubwürdigkeit

Die spezielle Glaubwürdigkeit, die für das Gericht wesentlich und allein entscheidend sein muß, nimmt nun zu der konkreten Aussage des Kindes oder Jugendlichen im Rahmen des Verfahrens Stellung.

Hier werden tunlichst die Möglichkeiten einer Falschaussage einzeln geprüft.

1. Es könnte sich um eine bewußte Falschaussage, d.h. eine Lüge handeln, die spontan oder auf Anstiftung ausgesagt wird. Hier sind in erster Linie mögliche Motive zu prüfen, was zwar zunächst Sache des Gerichtes ist, jedoch auch in einem Glaubwürdigkeitsgutachten Berücksichtigung finden muß. Gerade der Jugendpsychiater und -psychologe ist oft erst in der Lage, affektive Bindungen oder auch Abneigungen, die als Motiv zu einer Falschaussage in Frage kommen, herauszuarbeiten.

Bei der Prüfung dieser Möglichkeit ist auch zu berücksichtigen, wieweit ein Kind nach seinem Alter und seiner Intelligenz überhaupt in der Lage ist, eine frei erfundene Behauptung ohne Erlebnishintergrund längere Zeit widerspruchsfrei durchzuhalten. Es ist also die Kompliziertheit einer Aussage und ihre Details zu berücksichtigen sowie die natürliche Erinnerungsschrumpfung gegenüber einem starr festgehaltenen, auswendig gelernten Tatbestand abzugrenzen. Es muß auch bedacht werden, daß eine bewußte, belastende Lüge, vor allem bei älteren Kindern, ein nicht unerhebliches Maß an Raffiniertheit oder auch an Haß bedarf, um in Erkenntnis der möglichen Folgen aufrechterhalten zu werden.

2. Die Möglichkeit einer Fremdsuggestion, die durch Anstoß von dritter Seite einem Kinde einen Tatbestand als selbsterlebt suggeriert, kommt eigentlich nur bei jüngeren Zeugen in Frage. Größere Kinder werden also eine Fremdanregung höchstens im Sinne einer Anstiftung zur Falschaussage übernehmen. Sie setzt ein hohes Maß an Suggestibilität und auch an Bindung an den möglichen suggerierenden Teil voraus. Auch hier ist zu berücksichtigen, daß der reale, die Erinnerung stützende Erlebnisgehalt fehlt.

3. Bei der Möglichkeit einer Autosuggestion, bei welchem das Kind sich selbst einen entsprechenden Tatbestand ohne Mitwirkung dritter so suggeriert, daß es selbst davon überzeugt ist, ihn erlebt zu haben, setzt im allgemeinen eine lebhafte, in diesen speziellen Fällen an sexuellen Vorgängen interessierte Phantasie voraus, sowie ein gewisses Maß an Intelligenz. Hierzu gehört auch die Aufbauschung und die Mißdeutung an und für sich

harmloser Vorgänge, die besonders in der Vorpubertät eine Rolle spielen, wo manche sexuell aufgeheizten Jugendlichen um sich herum nur noch sexuelle Handlungen sehen.

Bei allen diesen 3 Möglichkeiten ist zu bemerken, daß frei erfundene Vorgänge, seien sie suggestiv übernommen oder nicht, im Laufe eines Verfahrens mit Vernehmung durch die weibliche Kriminalpolizei, Begutachtung und Hauptverhandlung in den meisten Fällen bald deutlich werden.

4. Die Aussage zur eigenen Einstellung zur Tat durch den jugendlichen Zeugen ist vielleicht am häufigsten entstellt und verfälscht. Kinder und Jugendliche erfahren häufig erst im Verlaufe des Verfahrens, daß sie sich an Dingen beteiligt oder auf sie eingelassen haben, die von den Erwachsenen als sehr negativ, aufregend und besorgniserregend gewertet werden. Es kommt also regelmäßig zu einem schlechten Gewissen, das dafür sorgt, daß die ursprünglich vielleicht harmlose oder, wie häufig, sogar positive Einstellung zu dem Verhalten des Täters verfälscht wird.

Dies gilt vor allem zur Stellungnahme zu einem eventuellen eigenen Widerstand und dessen Ausmaß. Gerade bei Mädchen, die längere Zeit in einer affektiven Bindung zu den Sexualdelinquenten stehen, etwa in einem Inzestverhältnis, aus dem sie sich nun im Zuge ihrer fortschreitenden Reife mühsam gelöst haben, können vor sich selbst ihre positive Einstellung oft nicht eingestehen. Dabei handelt es sich jedoch meist nicht um eine bewußte Falschaussage, sondern um eine Erinnerungsfälschung. Wo hierzu selbstkritisch Stellung genommen wird, gewinnt die gesamte Aussage erfahrungsgemäß erheblich an Glaubwürdigkeit. Auf diese eigene und oft aktive Teilnahme bezieht sich auch das oft festzustellende schlechte Gewissen, das diese Jugendlichen zeigen, ja es kann sogar in Einzelfällen in projektiven Testuntersuchungen ein schlechtes Gewissen gerade wegen einer angeblichen Falschaussage eruiert werden, wobei u.U. nur die Falschaussage über die eigene Haltung gemeint ist. Dies muß aber im Einzelfall sorgfältig geprüft werden.

Zu den Aussagen in Blutschandeprozessen über eine oft über Jahre bestehende Inzestsituation ist zu sagen, daß diese im allgemeinen nur aus 2 Gründen bekannt werden: Einmal kann es zu familiären Zerwürfnissen kommen, Ehescheidung der Eltern usw. oder aber, und das ist nicht selten, kann sich das Mädchen gegen Mitte oder Ende der Reifeentwicklung oft mit nicht unerheblicher Anstrengung und mit schweren Skrupeln aus diesem Verhältnis lösen, und es kann dann, oft für alle Beteiligten

völlig überraschend, zu solchen Anzeigen und Geständnissen kommen.

Einen zentralen Punkt in der Beurteilung der speziellen Glaubwürdigkeit nimmt die Rekonstruktion der Situation des ersten Geständnisses ein. Die Frage, wem das Kind unter welchen Bedingungen, Voraussetzungen und Motiven als erstem von den kriminellen Tatbeständen berichtet hat, ist häufig der entscheidende Schlüssel zur Lösung der Frage der Glaubwürdigkeit, da in diesem Moment oft die Weichen in der einen oder anderen Richtung gestellt wurden. In dieser Rekonstruktion kann dem Kind oft seine eigene Falschaussage evident gemacht werden. Dabei entspricht es der Erfahrung, daß Kinder jeden Alters in der Regel diese ersten Geständnisse eher gegenüber Personen machen, die ihnen zwar nicht ganz fremd, die aber auch nicht zur allernächsten Verwandtschaft, insbesondere zur Familie gehören. Ein unmittelbarer Bericht an die Mutter erfolgt eigentlich nur dann, wenn das Kind sich der besonderen Tragweite seines Berichtes noch gar nicht bewußt ist.

Eine besondere Bedeutung für die spezielle Glaubwürdigkeit hat auch die Überprüfung der Gruppensituationen, wenn mehrere Kinder an Angaben über angeblich unzüchtige Handlungen dritter beteiligt sind. Im wesentlichen übereinstimmende Angaben können nur dann Hinweis für eine besondere Zuverlässigkeit der Angaben sein, wenn die bewußte oder unbewußte gegenseitige Beeinflussung, das Geltungsbedürfnis, das „Auch-dabei-sein-wollen" hinreichend ausgeschlossen werden können.

Eine ausführliche Exploration des Kindes oder Jugendlichen zum eigentlichen Tatbestand, u.U. bis in peinliche Kleindetails, bringt im allgemeinen viel weniger als angenommen wird. Die Gefahr, daß man in die Kinder etwas hineinfragt, sie ängstlich macht, verwirrt oder eine trotzige Sperrung hervorruft, ist viel zu groß.

Im allgemeinen ist die oben erwähnte Exploration über die Situation des ersten Berichtes wichtiger und ergiebiger. Gegebenenfalls können gezielte, überlegte Stichproben zu den ja meist in reicher Fülle vorliegenden Protokollen gemacht werden. Schließlich ist dabei auch die seelische Belastung für das Kind zu berücksichtigen, die erfahrungsgemäß durch die immer wiederholten Vernehmungen und Verhandlungen oft viel größer ist, als durch die manchmal sehr harmlosen und banalen sexuellen Erlebnisse. Es kann nicht Aufgabe eines Gutachters zur Frage der Glaubwürdigkeit sein, mit allen Mitteln und ohne Rücksicht auf das Kind ein positives Glaubwürdigkeitsgutachten zur Belastung des Angeklagten herauszubringen, sondern er muß u.U. letzte Zweifel an der Glaubwürdigkeit, die nur durch weitere belastende Untersuchungen vermindert werden könnten, in dubio pro reo bestehen lassen.

Auch hier, wie in allen gutachtlichen Äußerungen, muß der Sachverständige auch einmal eingestehen können, daß eine an ihn gestellte Frage von ihm nicht beantwortet oder nicht geklärt werden kann.

X. Beurteilung der Verantwortlichkeit gemäß § 828, Absatz 2 BGB

Der Absatz 2 des § 828 BGB schließt die vom 7. Lebensjahr ab gegebene zivilrechtliche Verantwortlichkeit aus, wenn das Kind oder der Jugendliche zwischen 7 und 18 Jahren „bei der Begehung der schädigenden Handlung nicht die zur Erkenntnis der Verantwortlichkeit erforderliche Einsicht hat". Diese fehlende Erkenntnis zur Verantwortlichkeit wird übrigens von einem taubstummen Kind von Gesetzes wegen von vornherein verneint.

Der Kinder- und Jugendpsychiater wird zu dieser Frage in aller Regel im Zusammenhang mit Schadensersatzprozessen nach Brandstiftung durch zündelnde Kinder oder nach fahrlässiger Körperverletzung durch Steinwurf, Pfeilschuß und dergleichen konfrontiert. Wichtig ist, daß auch hier nicht die Frage gestellt ist, ob das Kind in seiner geistigen und intellektuellen Entwicklung einem durchschnittlichen und normalen 7jährigen Kinde entspricht oder nicht entspricht, sondern daß ausdrücklich nach der zur Erkenntnis der Verantwortlichkeit erforderlichen Einsicht gefragt wird.

Fußend auf einem Urteil des BGH lauten in der Regel die von den Gerichten an den Gutachter gestellten Fragen folgendermaßen:

1. War das beklagte Kind zur Tatzeit so weit geistig entwickelt, daß es ihm möglich war, das Unrecht seiner Handlung und damit die Verpflichtung zu erkennen in irgend einer Weise für die Folgen seines Tuns einstehen zu müssen?

2. War bei ihm aufgrund seines geistigen Entwicklungsstandes ein allgemeines Verständnis dafür vorhanden, daß das Handeln seine Verantwortung begründen konnte, wobei nicht erforderlich ist, daß bestimmte Vorstellungen von der Art der Verantwortlichkeit bestehen, sondern die Fähigkeit zur Erkenntnis einer Vergeltungspflicht dem Verletzten oder der Allgemeinheit gegenüber, gleichgültig, ob in zivilrechtlicher oder strafrechtlicher Hinsicht?

Der Gesetzgeber geht davon aus, daß ein 7jähriges Kind diese Einsicht in seine Verantwortlichkeit habe. Dies scheint insoweit auch zunächst mit den entwicklungspsychologischen Erfahrungen überein zu stimmen, als in Stufentests wie z.B. dem Kramertest in der 6-Jahresreihe als Leistung gefordert wird, daß das Kind die Ersatz- oder Entschädigungspflicht einsieht, wenn es etwa das Spielzeug eines anderen Kindes zerstört oder beschädigt hat. Unter diesen Voraussetzungen könnte die einfache Feststellung der Intelligenz eines zu dieser Frage zu begutachtenden Kindes die Antwort geben, ob es die zur Erkenntnis der Verantwortlichkeit erforderliche Einsicht gehabt habe.

In der Regel handelt es sich jedoch um Vorgänge, die sich nicht unter so einfachen, auch für das Kind überschaubaren Verhältnissen abspielen. So wissen zwar in der Regel auch Kinder im Grundschulalter auf dem Lande, daß es Unrecht ist, wenn sie in einer Scheune mit offenem Feuer spielen. Das heißt aber noch nicht, daß ihnen die Fähigkeit zueigen war zu erkennen, daß sie in irgend einer Weise für die Folgen dieses Zündelns einstehen müssen. Vor allem fehlt es häufig, entsprechend der zweiten Formulierung, am allgemeinen Verständnis, daß das Handeln seine Verantwortung begründen kann. Auch ein 8-, 9- oder 10jähriges Kind weiß, daß es das ersetzen muß, was es kaputt gemacht hat. Es kann aber auch von einem normal begabten Kind dieses Alters nicht verstanden werden, daß es eine Vergeltungspflicht eingeht, wenn ein Bauernhof im Wert von mehreren Millionen Mark abbrennt. Solche Folgen, die zu der Tat in gar keinem vom Kind überschaubaren Verhältnis stehen, entziehen sich häufig auch der Vorstellungsfähigkeit der Kinder und damit auch unter Umständen an der Erkenntnis eine Vergeltungspflicht dem Verletzten oder der Allgemeinheit gegenüber.

Die Beantwortung der vom Gericht gestellten Fragen ist dadurch erschwert, daß im Urteil des BGH nicht definiert ist, was unter dem Begriff der „Verantwortlichkeit" und unter der „Erkenntnis einer Vergeltungspflicht" zu verstehen ist. Diese Begriffe sind auch von juristischer Seite interpretationsbedürftig. Faßt man die Verantwortlichkeit und die Vergeltungspflicht so eng, daß schon das Bewußtsein des Kindes für seine Taten von den Eltern durch Schimpfen oder Schläge bestraft zu werden darunter fällt, dann wird in aller Regel auch die vom Gesetzgeber vorgesehene 7-Jahresgrenze einzuhalten sein. Versteht man unter Verantwortlichkeit und Vergeltungspflicht jedoch eine Vorstellung von Wiedergutmachung und Ersatzleistung, wird man auch bei normal begabten Kindern, die über 7 Jahre alt sind, bei den Dimensionen des angerichteten Schadens Zweifel äußern müssen, ob das Kind die Voraussetzungen für die zivilrechtliche Verantwortlichkeit erfüllen kann. Man muß sich dabei vor Augen halten, daß gerade bei Brandstiftung durch Kinder diese die Folgen ihrer Handlung nicht mehr als unmittelbare Kausalität zwischen der geringfügigen Ursache eines kleinen brennenden Streichholzes und der Folge eines unüberschaubaren Schadens fassen können und das Ganze vielmehr als eine Art Naturkatastrophe erleben.

Auch bei der fahrlässigen Körperverletzung, wenn z.B. durch einen Steinwurf oder Pfeilschuß ein anderes Kind ein Auge verliert, muß im einzelnen geprüft werden wie weit das Kind in seiner zur Tatzeit gegebenen psychischen Verfassung in der Lage war das Unrecht seiner Handlung zu erkennen. Dies setzt im allgemeinen die Fähigkeit voraus, mögliche Wirkungen seiner Handlung auch antizipieren zu können. Dabei ist auch die spezielle Situation des Kindes im einzelnen zu prüfen, etwa seine Abhängigkeit von Altersgenossen oder seine Suggestibilität gegenüber älteren Kindern, die gegebenenfalls geeignet sind die Erkenntnis der eigenen Verantwortlichkeit einzuschränken oder aufzuheben.

Da solche Verfahren sich oft über Jahre hinziehen, bezieht sich die Fragestellung im Gutachten oft auf einen lange zurückliegenden Zeitpunkt. Dies kann die Beantwortung der vom Gericht gestellten Frage außerordentlich erschweren, wenn nicht unmöglich machen, da ja gerade in diesem Alter die Kinder rasche psychische Entwicklungsfortschritte machen können und andererseits objektive und verwertbare Zeugenaussagen und Unterlagen über die zur Tatzeit bestehende geistige Entwicklung schwer zu gewinnen sind.

Literatur

Dallinger, W., Lackner, K.: Rechtssprechung zum Jugendgerichtsgesetz. München: Beck. 2. Aufl. 1965.

Leferenz, H.: Die Kriminalität der Kinder. Tübingen: Mohr (Paul Siebeck) 1957.

Lempp, R.: Forensische Psychiatrie: Jugendpsychiatrisch-psychologische Beurteilung der Strafmündigkeit gem. § 3 JGG. In: W. Schulte, Almanach für Neurologie und Psychiatrie 1967. München: Lehmann 1967.

Müller-Luckmann, E.: Über Methoden der psychologischen Begutachtung von straffälligen Jugendlichen und Heranwachsenden. Der öffentliche Gesundheitsdienst 25, 494 bis 501 (1963).

Peters, K.: Jugendstrafrecht. Handwörterbuch der Kriminologie, 2. Aufl., Bd. I. Berlin: de Gruyter 1965.

Peters, K.: Die Grundlage in der Behandlung jugendlicher Rechtsbrecher. Mschr. Krim. 49, 49—62 (1966).

— Die prozeßrechtliche Stellung des psychologischen Sachverständigen. In: Handbuch der Psychologie, Bd. II „Forensische Psychologie", S. 768—800. Göttingen: Hogrefe 1967.

— Die Beurteilung der Verantwortungsreife. In: Handbuch der Psychologie, Bd. II, „Forensische Psychologie", S. 260—295. Göttingen: Hogrefe 1967.

Schönfelder, Th.: Die kindliche Lüge. Mschr. Kinderheilk., 115, 72—77 (1967).

— Die Rolle des Mädchens bei Sexualdelikten. Stuttgart: Enke 1968.

Empfehlungen zur Weisung nach § 10 II JGG. Zschr. Kinder- und Jugendpsychiatrie, Bd. I, H. 1, S. 88—92 (1973).

Urteil des Bundesgerichtshofes 4 St R 394/59, BGHST 14, 30.

Gesetz für Jugendwohlfahrt (JWG),
Bundessozialhilfegesetz (BSHG) und Sorgerechtsfragen

Von H. Harbauer

Der Entwurf eines *Jugendhilfegesetzes* (JHG) befindet sich derzeit in der parlamentarischen Diskussion in der Bundesrepublik Deutschland. Es soll nach Vorbereitungen, die mehr als ein Jahrzehnt laufen, einer großen zusammenfassenden Kodifikation des Rechtsgebietes der Jugendhilfe (u.a. des Jugendwohlfahrtsgesetzes und des Jugendgerichtsgesetzes) dienen.

Dem Jugendlichen wird im kommenden JHG ein Recht auf Erziehung, ähnlich der einklagbaren Situation auf Leistungen nach dem Bundessozialhilfegesetz gegeben werden. In diese allgemeinen Hilfen auf Erziehung, die vom zuständigen Jugendamt und nicht mehr vom Landesjugendamt ausgeübt werden sollen, geht die bisherige Fürsorgeerziehung (FE) und freiwillige Erziehungshilfe (FEH) als allgemeine Hilfe auf Erziehung außerhalb des Elternhauses auf. Kindesrecht und Elternrecht werden in eine Verbindung kommen, die besagt, daß die Familie nicht immer und alle Erziehungsansprüche erfüllen kann, trotzdem aber in der Erziehung mehr zu leisten vermag, als jeder andere Erziehungsträger.

Durch die Herabsetzung der Volljährigkeitsgrenze vom 21. Lebensjahr auf das 18. Lebensjahr endet die FEH und FE früher. Die späteste Gewährung oder Anordnung von FEH bzw. FE ist mit Vollendung des 17. Lebensjahres möglich.

Wesentliche Bestandteile des Gesetzes für Jugendwohlfahrt (JWG) werden sich auch im kommenden übergreifenden Jugendhilfegesetz (JHG) wiederfinden, so daß hier auf die Vermittlung einiger Grundlinien des JWG nicht verzichtet werden soll. Ein gutes Funktionieren des kommenden JHG wird entscheidend davon abhängen, ob und wann die nach Zahl und Qualität vermehrt notwendig werdenden Fachkräfte einer Jugendhilfe vorhanden sind.

I. Gesetz für Jugendwohlfahrt

Mit dem *Gesetz für Jugendwohlfahrt* (JWG), das am 11.8.1961 in Kraft trat, wurde das ehemalige Reichsjugendwohlfahrtsgesetz von 1922 nicht nur novelliert, sondern durch neue Formen der Hilfe für die Jugend ergänzt. Bei der Durchführung des Gesetzes ergeben sich viele Sachverständigenaufgaben. Sie befassen sich vor allem mit dem gesamten außerschulischen Bereich der Erziehung und Bildung sowie mit der zweckmäßigen Form der öffentlichen Erziehungshilfe, der Art ihrer Durchführung und ihrer Erfolgsaussicht.

Im JWG wird die sog. „öffentliche Jugendhilfe" geregelt, um die in der Familie des Kindes begonnene Erziehung zu unterstützen und zu ergänzen (§ 3 JWG), zumindest soweit der Anspruch des Kindes auf Erziehung von der Familie nicht erfüllt wird (§ 1 JWG). Jugendamt und Gesundheitsamt repräsentieren die Schaltstellen, um alle behördlichen Maßnahmen durchzuführen, die notwendig sind, um das Recht des Kindes auf Erziehung zu verwirklichen. So muß z.B. ein Arzt des Gesundheitsamtes dem Jugendwohlfahrtsausschuß als beratendes Mitglied angehören. Jugendamt und Gesundheitsamt sind nach dem JWG verpflichtet, Beratungsstellen, u.a. auch für ärztliche Aufgaben, einzurichten.

Zu den besonders genannten, auch kinderpsychiatrisch bedeutsamen, Pflichtaufgaben gehören die Erziehungsberatung, die Pflege und Erziehung von Säuglingen, Kleinkindern und Schulkindern außerhalb der Schule sowie die erzieherische Betreuung von Säuglingen, Kleinkindern und Jugendlichen im Rahmen der Gesundheitshilfe (§ 5 JWG).

Durch die im Gesetz geforderten rechtzeitigen und ausreichenden Hilfen zur Erziehung wird im JWG auch die Einrichtung von Erziehungsberatungsstellen geregelt.

Die oft schwierigen pädagogischen Entscheidungen im Rahmen der Jugendhilfe sind ohne Mitwirkung entsprechend geschulter Sachverständiger, die meist aus dem Mitarbeiterkreis einer Erziehungsberatungsstelle stammen, schwer zu lösen. Die Aufgaben des Sachverständigen wurden durch die „Deutsche Vereinigung für Jugendpsychiatrie" und die „Deutsche Vereinigung für Jugendgerichte und

Jugendgerichtshilfen" 1963 im Göttinger Symposion als Empfehlungen ausgearbeitet (Mschr. Krim. u. Strafrechtsreform, **46**, 237 (1963)).

Nach diesen Empfehlungen soll im Einzelfall eine möglichst enge und möglichst frühe Zusammenarbeit zwischen Jugendamt und Sachverständigen angestrebt werden, die im Interesse der Beschleunigung auch einmal zu einer vorläufigen Sachverständigenstellungnahme führen kann. Es wird bei der Erfüllung dieser Aufgaben die Rolle der Erziehungsberatungsstellen unterstrichen. Neben der engen Verbindung zu Facheinrichtungen, wie Erziehungsberatungsstellen und Kliniken oder auch Beobachtungsheimen, ist es ferner wünschenswert, daß die Gremien der Jugendwohlfahrtsausschüsse und des Landesjugendwohlfahrtsausschusses sich häufiger als dies bisher üblich war, der Hilfe Sachverständiger bei ihren Entscheidungen bedienen.

Die eigentlichen Sachverständigenaufgaben zentrieren sich um die Anordnung

1. der Erziehungsbeistandschaft (§ 55 bis § 61 JWG),

2. der freiwilligen Erziehungshilfe (FEH) (§ 62 JWG) und

3. der Fürsorgeerziehung (FE) (§ 64 JWG).

Vor allem die Durchführung der freiwilligen Erziehungshilfe und der Fürsorgeerziehung ist in den letzten Jahren vermehrt in eine methodische Kritik geraten. Versuche anderer und neuer Formen einer Ersatzerziehung haben sich allerdings bis heute noch nicht entsprechend bewährt. Es bleibt deshalb abzuwarten, ob und wie sich einzelne, an einigen Orten unternommene Experimente veränderter Erziehungsformen durchsetzen werden.

1. Erziehungsbeistandschaft

Die Erziehungsbeistandschaft kann für einen Minderjährigen, dessen leibliche, geistige oder seelische Entwicklung gefährdet oder geschädigt ist, dann gestellt werden, wenn diese Maßnahme zur Abwendung der Gefahr oder zur Beseitigung des Schadens geboten und ausreichend erscheint (§ 55 bis § 61 JWG).

Die Erziehungsbeistandschaft hat die sog. Schutzaufsicht des ehemaligen RJWG abgelöst. Damit wird unterstrichen, daß ihre Aufgaben nicht so sehr der Aufsicht, sondern echter Beistandsleistung dienen sollen. Die Sachverständigenaufgaben zentrieren sich dabei auf die Klärung der Ursachen des Erziehungsnotstandes und auf die Beurteilung der Persönlichkeit. Bei der Beurteilung der Mitwir-

kungsbereitschaft und der Tragfähigkeit des Zuhauses bedarf die Sachverständigenfunktion allerdings einiger Zurückhaltung, um die für eine Zusammenarbeit mit dem Erziehungsbeistand bereitwilligen, aber meist störbaren Angehörigen nicht zu irritieren. Leider scheitern in der Praxis die bei einer Erziehungsbeistandschaft denkbaren präventiven Möglichkeiten bis heute oftmals am Mangel an fachlich entsprechend geschulten Persönlichkeiten, die imstande sind, den Eltern tatsächliche Erziehungshilfen zu vermitteln. Der Status eines „hauptamtlichen Erziehungsbeistandes" in Analogie zum Bewährungshelfer wurde bisher noch nicht geschaffen; die „Einzelfallhilfe" ist deshalb noch nicht entsprechend gewährleistet. Erziehungsbeistandschaft endet stets bei Erreichen der Volljährigkeit und kann früher aufgehoben werden, sobald der Erziehungszweck erreicht bzw. durch eine andere Erziehungsform (z.B. FEH, FE) sichergestellt wurde.

2. Freiwillige Erziehungshilfe (FEH)

„Einem Minderjährigen, der das 20. Lebensjahr noch nicht vollendet hat und dessen leibliche, geistige oder seelische Entwicklung gefährdet oder geschädigt ist, ist freiwillige Erziehungshilfe zu gewähren, wenn diese Maßnahme zur Abwendung der Gefahr oder zur Beseitigung des Schadens geboten ist und die Personensorgeberechtigten bereit sind, die Durchführung der freiwilligen Erziehungshilfe zu fördern" (§ 62 JWG).

Über die Hinzuziehung eines Sachverständigen bei der Gewährung und Ausführung der FEH zur Untersuchung und Beurteilung der Persönlichkeit sagt das Gesetz nichts. Es ist jedoch anzunehmen, daß es dem Leitgedanken des Gesetzes entspricht, zur Beurteilung der „Gebotenseins" von Maßnahmen zur Abwendung der Gefahr oder zur Beseitigung des Schadens ebenfalls Sachverständigenhilfe im Sinne des § 66 JWG hinzuzuziehen. Allerdings kann diese Beobachtung nicht durch das Vormundschaftsgericht angeordnet, sondern nur im Einvernehmen mit den die FEH beantragenden Eltern durchgeführt werden. Die Kosten hierfür werden im Rahmen der Durchführung der FEH vom Landesjugendamt getragen.

3. Fürsorgeerziehung (FE)

Während als Voraussetzung der Gewährung der FEH von einer Gefährdung oder Schädigung der leiblichen, geistigen oder seelischen Entwicklung die Rede ist, führt der § 64 JWG bei der FE aus, daß das Vormundschaftsgericht diese für einen Minderjährigen, der das 20. Lebensjahr noch nicht vollendet hat, anordnet, „wenn sie erforderlich ist, weil der Minderjährige zu verwahrlosen droht oder verwahrlost ist. Fürsorgeerziehung darf nur angeordnet werden, wenn keine ausreichende andere Erziehungsmaßnahme gewährt werden kann."

Es sind also die sich bis heute in der Durchführung mehr oder minder nicht unterscheidenden außerfamiliären Erziehungshilfen an verschiedene Voraussetzungen geknüpft. Damit besteht die Gefahr einer gewissen quantitativen Abschätzung. Offen bleibt auch, ob es gut war, den vieldeutigen Begriff der Verwahrlosung erneut im Gesetz zu verwenden.

Die *Untersuchung der Persönlichkeit* im Verfahren nach § 64 JWG ist im § 66 JWG geregelt. Danach kann durch das Vormundschaftsgericht die Unterbringung des Minderjährigen bis zu 6 Wochen in einer für die pädagogische, medizinische oder psychologische Beobachtung und Beurteilung geeigneten Einrichtung angeordnet werden. Ist diese Zeit nicht ausreichend, dann kann durch Beschluß die Unterbringung bis zu einer Dauer von 3 Monaten verlängert werden.

Die im RJWG noch kodifizierte ausschließliche Zuständigkeit des ärztlichen Sachverständigen wurde aufgehoben, im JWG ist nur noch vom Sachverständigen die Rede. Dieser Sachverständige muß in der Lage sein, den Minderjährigen zutreffend zu beurteilen und dessen Formbarkeit zuverlässig einzuschätzen. In schwierigen Fällen wird die Einzelerfahrung hierfür nicht ausreichen, so daß die Beurteilung idealerweise von einem *Team* (Arzt, Psychologe, Pädagoge) abgegeben wird. Diese Arbeitsweise ist heute in den meisten Erziehungsberatungsstellen und kinderpsychiatrischen Kliniken üblich geworden. Allerdings kann die Verantwortung für die Persönlichkeitsbegutachtung nur *ein* Sachverständiger tragen. Er muß in der Lage sein, den Stellenwert aller Beobachtungen und Befunde für das Gesamturteil richtig einzuschätzen und einzuordnen (Jans).

Bei Gefahr im Verzug kann die *vorläufige FE* angeordnet werden (§ 67 JWG). Das Vormundschaftsgericht kann das Verfahren auf Anordnung der FE durch Beschluß bis zu einem Jahr aussetzen und diese Aussetzung aus besonderen Gründen auf 2 Jahre verlängern. Für die Dauer der Aussetzung ist ein Erziehungsbeistand zu bestellen (§ 68 JWG). FEH und FE werden unter Aufsicht des Landes-jugendamtes in der Regel in einer geeigneten Familie oder häufiger in einem Heim durchgeführt. Eine nicht nur vorläufig angeordnete FE kann widerruflich in der eigenen Familie des Minderjährigen unter Aufsicht des Landesjugendamtes fortgesetzt werden, wenn dadurch ihr Zweck nicht gefährdet wird (§ 69 JWG).

Das JWG kennt für die sog. *Erziehbarkeit* weder eine Prüfung der Erfolgschancen zu Beginn noch eine Möglichkeit der Beendigung der FE aus anderen als medizinischen Gründen. Der nicht glückliche Begriff der „medizinischen Unerziehbarkeit" entstand vor allem aus der Sorge, Minderjährige mit seelischen Störungen von Krankheitswert könnten statt in eine ärztliche Behandlung in die öffentliche Ersatzerziehung gelangen. Diese Einschränkung wiederum führt nicht selten zum Versuch, verwahrloste, abnorme, neurotische oder leistungsgehemmte Jugendliche aus der FE durch jugendpsychiatrisch festzustellende sog. medizinische Unerziehbarkeit entlassen zu können. Meist ist dann geplant, diese Jugendlichen einem psychiatrischen Krankenhaus oder einer Schwachsinnigeninstitution zuzuweisen. Im Wissen um diese Tendenz sollte der Begriff der medizinischen Unerziehbarkeit in sehr engen Grenzen gehalten werden, da die Erfahrung zeigt, daß z.B. auch bei organisch Teilgeschädigten noch immer gewisse Korrekturen und Besserungen durch entsprechende Erziehung möglich sind.

II. Bundessozialhilfegesetz (BSHG)

Die wichtigste Rechtsgrundlage für behinderte Kinder mit nahezu allen Behinderungsarten stellt das Bundessozialhilfegesetz (BSHG) vom 30. 6. 1961 dar. Das Gesetz erfuhr seit seiner Verabschiedung zwei grundlegende Novellierungen, eine dritte weitreichende Novelle ist am 1.4.1974 in Kraft getreten. Durch das Gesetz wird erstmalig behinderten Kindern ein einklagbarer Rechtsanspruch auf vielfältige Eingliederungshilfen zugesichert.

Der Gesetzgeber hat im Wissen um die bedeutende Funktion des Arztes als erste und in der Regel auch ständig wiederkehrende Kontaktstelle für das behinderte Kind und seine Eltern diesem entsprechende Aufgaben zugewiesen, die über einen rein medizinischen Bereich hinausreichen.

In der „Sicherung der Eingliederung und Beratung Behinderter" umschreibt der § 125 BSHG folgende Aufgaben für Ärzte:

1. *Beratung* von Personensorgeberechtigten über die nach Art und Schwere der Behinderung geeigneten ärztlichen und *sonstigen Eingliederungsmaßnahmen*. Als sonstige Maßnahmen kommen vor allem vorschulische, schulische, berufliche und allgemeine soziale Maßnahmen in Betracht.

2. Der Behinderte soll ferner hingewiesen werden auf die Möglichkeit der Beratung durch das *Gesundheitsamt* und soweit berufliche Eingliederungsmaßnahmen in Betracht kommen, auch auf die Beratung durch das *Arbeitsamt*. Der Arzt kann in der Sprechstunde diese Beratungen durchaus auch selbst vornehmen.

3. Der Arzt ist verpflichtet zur Aushändigung eines amtlichen *Merkblattes*, das über die Möglichkeiten gesetzlicher Hilfen einschließlich der Berufsberatung und über die Durchführung von Eingliederungsmaßnahmen, insbesondere ärztlicher, schulischer oder beruflicher Art unterrichtet. Die Verpflichtung hierzu besteht unabhängig davon, ob der Arzt die Beratung selbst vornimmt oder ob er auf eine Beratung im Gesundheitsamt bzw. Arbeitsamt hinweist.

4. Nach dem Gesetz ist der Arzt verpflichtet, bekanntwerdende Behinderungen und dazu zählen:

4.1. eine nicht nur vorübergehende erhebliche Beeinträchtigung der Bewegungsfähigkeit, die auf dem Fehlen oder auf Funktionsstörungen von Gliedmaßen oder auf anderen Ursachen beruht,

4.2. Mißbildungen und Rückgratverkrümmungen wenn die Behinderungen erheblich sind,

4.3. eine nicht nur vorübergehende erhebliche Beeinträchtigung der Seh-, Hör- und Sprachfähigkeit,

4.4. eine erhebliche Beeinträchtigung der *geistigen oder seelischen Kräfte* oder *drohende Behinderungen dieser Art*, sowie wesentliche Angaben zur Person des Behinderten namenlos dem Gesundheitsamt mitzuteilen.

Durch diese Vorschrift sollen Unterlagen entsprechend auswertbar werden, damit sie der Planung erforderlicher Einrichtungen dienen können.

5. Für den Arzt besteht eine Benachrichtigungspflicht oder ein Benachrichtigungsrecht gegenüber dem Gesundheitsamt, wenn Personensorgeberechtigte trotz wiederholter Aufforderung durch den Arzt von ihm für erforderlich gehaltene Eingliederungsmaßnahmen nicht durchführen lassen oder vernachlässigen.

Vom Gesundheitsamt wird ein umfassendes „Service-Angebot" erwartet, das der Beratung und nicht der Behandlung des Behinderten dienen soll. Damit soll ein nahtloses Ineinandergreifen im ärztlichen und sozialfürsorgerischen Dienst gesichert werden. Diese wünschenswerte Zusammenarbeit kommt noch nicht entsprechend zum Tragen, weil bisher nicht alle Gesundheitsämter personell und sachlich so ausgestattet sind, daß sie ihren im Gesetz verankerten Aufgaben entsprechend nachkommen können. Beratungsdienste für Behinderte in Form von Koordinierungs- und Schaltstellen bei den Gesundheitsämtern ließen sich bisher nur partiell realisieren.

Nach § 39 BSHG haben alle Personen, die nicht nur vorübergehend wesentlich körperlich, geistig oder seelisch behindert sind, oder von einer solchen Behinderung bedroht sind, Anspruch auf Eingliederungshilfe. Diese umfaßt

1. körperlich Behinderte einschließlich der Blinden, Hör- und Sprachbehinderten, durch innere Leiden Behinderte und der Seelentauben und Hörstummen

2. Geistig Behinderte und

3. Seelisch Behinderte.

Nur leicht oder nur vorübergehend Behinderten kann Eingliederungshilfe gewährt werden. Mit dieser Pauschalformulierung hat der Gesetzgeber alle denkbaren Behinderungsformen erfaßt und mit einem Rechtsanspruch auf Hilfe ausgestattet.

Als *Ziel der Eingliederungshilfe* gilt es, „eine drohende Behinderung zu verhüten oder eine vorhandene Behinderung oder deren Folgen zu beseitigen und zu mildern und damit dem Behinderten die *Teilnahme am Leben in der Gemeinschaft* zu ermöglichen". Dies ist eine der Zielvokabeln des gesamten BSHG, das ja nicht ein Behindertengesetz darstellt, sondern soziale Notstände im weitesten Sinne abzudecken versucht.

Der Leistungskatalog der Hilfe für Behinderte (§ 39 BSHG) umfaßt folgende Maßnahmen:

1. Ambulante oder stationäre Behandlung oder sonstige ärztliche oder ärztlich verordnete Maßnahmen zur Verhütung, Beseitigung oder Milderung der Behinderung,

2. Versorgung mit Körperersatzstücken sowie mit orthopädischen oder anderen Hilfsmitteln,

3. *Hilfe zu einer angemessenen Schulbildung*,

4. Hilfe zur Ausbildung für einen angemessenen Beruf oder eine sonstige angemessene Tätigkeit,

5. Hilfe zur Fortbildung in früherem oder einem diesem verwandten Beruf oder zur Umschulung,

6. Hilfe zur Erlangung eines geeigneten Platzes im Arbeitsleben und

7. nachgehende Hilfe zur Sicherung der Wirksamkeit der ärztlichen oder ärztlich verordneten Maßnahmen und zur Sicherung der Eingliederung des Behinderten in das Arbeitsgebiet.

Die jetzt beschlossene Erweiterung betrifft heilpädagogische Maßnahmen für behinderte Kinder, die noch nicht im schulpflichtigen Alter sind (z.B. Frühbehandlung von cerebralparetischen Kindern, Frühbehandlung der Trisomien).

Um die erwähnten Maßnahmen der Eingliederungshilfe rechtzeitig wirksam werden zu lassen und mögliche Zuständigkeitskonflikte bezüglich der Kostenübernahme nicht auf dem Rücken des Behinderten auszutragen, hat der Träger der Sozialhilfe als hauptzuständiger Kostenträger der Hilfen für behinderte Kinder spätestens 4 Wochen nach Bekanntwerden des Bedarfs die notwendigen Maßnahmen unverzüglich durchzuführen wenn zu befürchten ist, daß sie sonst nicht oder nicht rechtzeitig eingeleitet werden (§ 44 BSHG). Dieser Gesetzesabschnitt ist vor allem in den Fällen von Bedeutung, in denen es zu Unstimmigkeiten zwischen den möglichen Kostenträgern kommt, bzw. abgewartet werden muß, wer nach einem Rechtsstreit die Kosten zn übernehmen habe.

Als ein Kernstück der Eingliederungshilfe für Behinderte nach dem BSHG gilt die Aufstellung eines *Gesamtplans* (§ 46 BSHG). Danach hat der Träger der Sozialhilfe so frühzeitig wie möglich einen Gesamtplan zur Durchführung der einzelnen Maßnahmen aufzustellen. Bei Aufstellung und Durchführung soll der Träger der Sozialhilfe mit dem Behinderten, dem Personensorgeberechtigten, dem behandelnden Arzt, dem Gesundheitsamt, den beratenden Landesärzten und den Dienststellen der Arbeitsverwaltung zusammenwirken. Die Zusammensetzung dieses Kreises variiert mit der Art der Behinderung, so daß insbesondere bei mehrfach behinderten Kindern dieser Kreis relativ groß sein kann. Ein planvolles Zusammenwirken erfordert deshalb ein Höchstmaß an gegenseitiger Information, an Kooperation, da es andernfalls nicht zur Koordinierung der nötigen Hilfen und nicht zur Aufstellung des Gesamtplanes zur Sicherung des Rehabilitationsweges kommen kann.

Neben der Eingliederungshilfe für Behinderte ist die „*Hilfe zur Pflege*" (§§ 68, 69 BSHG) von besonderer Bedeutung für das behinderte Kind. Sie kann in verschiedener Form gewährt werden, z.B. als

Gestellung von Hilfsmitteln oder der Vermittlung kultureller Anregungen wie auch finanzieller Leistungen. Hier ist das Pflegegeld von besonderem Interesse. Anspruchsberechtigt ist ein Pflegebedürftiger, der das 1. Lebensjahr vollendet hat und so hilflos ist, daß er für die gewöhnlichen und regelmäßig wiederkehrenden Verrichtungen im Ablauf des täglichen Lebens in erheblichem Umfang der Wartung und Pflege dauernd bedarf und die Pflege durch nahestehende Personen oder im Wege der Nachbarschaft übernommen wird. Die Novelle hat das Alter für den Erstanspruch auf Pflegegeld von 3 Jahren auf 1 Jahr herabgesetzt, bedingt durch modernes Wissen um die Frühbehandlung. Früherkennung und Frühbehandlung behinderter Kinder und der damit verbundene Aufwand haben deutlich gemacht, daß auch im pflegerischen Bereich gegenüber nicht behinderten Kindern bis zum 3. Lebensjahr ein erheblicher Unterschied besteht. Das Pflegegeld soll zukünftig erhöht und gleichzeitig dynamisiert werden.

Die hier genannten Hilfen stehen generell nicht kostenlos zur Verfügung. Das BSHG unterliegt dem Prinzip der *Subsidiarität* in dem Sinne, daß Leistung auf Sozialhilfe nur der erhält, der sich nicht selbst helfen kann und auch von Angehörigen bzw. Unterhaltsverpflichteten oder von Trägern anderer Sozialleistungen (z.B. Krankenkassen) keine Hilfe erhält. Dieses Subsidiaritätsprinzip ist jedoch aufgrund massiver Interventionen der Betroffenen bzw. der Eltern behinderter Kinder und durch die Rechtsprechung der Verwaltungsgerichte weitgehend durchbrochen. Immerhin werden Eltern behinderter Kinder heute nach Überprüfung der Einkommensverhältnisse noch zu finanziellen Leistungen herangezogen, insbesondere (§ 81 BSHG) bei der Heimunterbringung, bei der ambulanten Behandlung der Versorgung mit Körperersatzstücken und auch bei der häuslichen Pflege. Die Tendenz geht aber weiter dahin, die finanzielle Belastung der Eltern so niedrig wie möglich zu halten.

Das „Harmonisierungsgesetz" ist am 1.10.1974 in Kraft getreten. Wesentlich dabei ist, daß auch die mitversicherten Familienangehörigen Anspruch auf Rehabilitationsleistungen durch die Krankenversicherungen haben. Die Sozialhilfe wird deshalb kaum noch Leistungen der medizinischen Rehabilitation zu erbringen haben.

Für die behinderten Jugendlichen, die an beruflichen Ausbildungsmaßnahmen teilnehmen können, hält das *Arbeitsförderungsgesetz* neben dem BSHG in Verbindung mit der dazu ergangenen Anordnung der Bundesanstalt für Arbeit über die Arbeits- und Berufsförderung Behinderter einen umfangreichen Förderungskatalog bereit, der individuelle wie institutionelle Leistungen umfaßt. Nähere Informationen hierüber erteilen die Arbeitsämter.

Nach dem „*Schwerbehinderten-Gesetz*" werden als Schwerbehinderte zukünftig alle körperlich, *geistig oder seelisch Behinderten* gelten, die infolge ihrer Behinderung in ihrer Erwerbsfähigkeit um wenigstens 50% gemindert sind. Damit werden jetzt schon bestehende und teilweise erweiterte Schutzbestimmungen für einen großen Kreis Behinderter Gültigkeit gewinnen.

III. Sorgerechtsfragen

Der Sachverständige in Sorgerechtsfragen trägt zu Entscheidungen bei, die wegen des frühen Lebensalters für das Gelingen oder Nichtgelingen der weiteren Persönlichkeitsentwicklung richtunggebend sind. Ihre Konsequenzen zeigen sich deshalb oft einschneidender, als dies bei vielen Sachverständigenaufgaben im Strafrecht der Fall ist.

Für alle Stellungnahmen in Sorgerechtsfragen steht das „*Wohl des Kindes*" im Vordergrund. Dem Richter ist es im Rahmen des BGB anheim gestellt, einen Sachverständigen hinzuzuziehen; in schwierigen Fällen wird er sich stets der Mitarbeit des Kinderpsychiaters versichern müssen.

1. Gefährdung des Wohls des Kindes

Nach § 1666 Abs. 1 BGB hat der Vormundschaftsrichter die „zur Abwendung der Gefahr erforderlichen Maßregeln zu treffen, wenn das geistige oder leibliche Wohl des Kindes dadurch gefährdet wird, daß der Vater oder die Mutter das Recht für die Person mißbraucht, das Kind vernachlässigt oder sich eines ehrlosen oder unsittlichen Verhaltens schuldig macht."

Ein gefährdender Mißbrauch elterlicher Personensorge kann z.B. durch verstärkte und unangepaßte körperliche Züchtigung gegeben sein. Gleiche Voraussetzungen erfüllen elterliche Verhaltensweisen, die das kindliche Ehrgefühl erheblich und über längere Zeit verletzen. Der Mißbrauch elterlicher Personensorge ist also auch bei sog. „geistigem Sadismus" gegeben. Darüberhinaus gibt es zahlreiche andere Möglichkeiten, das Kindeswohl zu gefährden.

Die schuldhafte Pflichtverletzung eines Elternteils durch „ehrloses oder unsittliches Verhalten"

mit Gefährdung des Kindeswohls, z.B. bei Alkoholismus eines Elternpartners, beurteilt der Richter meist aus eigener Erfahrung. Aber auch für so gelagerte Fragen ist die Beratung durch den Sachverständigen z.B. über die Rolle der altersspezifischen Prägsamkeit nützlich, manchmal notwendig. Kein Zweifel besteht, daß die Auswirkungen elterlichen Fehlverhaltens, vor allem beim Kind der ersten Lebensjahre, gewissenhafter fachärztlicher Beurteilung bedürfen.

Die kommende Gesetzgebung sieht vor, zum Schutze des gefährdeten Kindeswohls erforderlichenfalls auch dann gegen den Elternwillen eingreifen zu können, wenn die Eltern nicht gewillt oder nicht in der Lage sind, bei Gefährdung des persönlichen Wohl des Kindes die Gefahr abzuwenden. Durch diese Neuregulierung des Rechts der elterlichen Sorge wird es bei sehr uneinsichtigen Eltern wahrscheinlich häufiger zu Maßnahmen kommen, die der Vormundschaftsrichter anordnet.

2. Scheidung der Eltern

Die Scheidung der elterlichen Ehe bedeutet für das Erleben des Kindes in den allermeisten Fällen ein sehr einschneidendes Ereignis. Die Prägung durch diesen Vorgang ist u.a. abhängig vom Entwicklungsalter des Kindes in der zu scheidenden Ehe. Nach § 1671 BGB hat der Vormundschaftsrichter nach Scheidung der Ehe darüber zu entscheiden, „welchem Elternteil die elterliche Gewalt über ein gemeinschaftliches Kind zustehen soll".

Nicht bei jeder Ehescheidung einigen sich die Elternpartner auf einen gemeinsamen Vorschlag, welchem Elternteil die elterliche Gewalt zu übertragen sei. Der Vormundschaftsrichter ist, falls die Eltern 2 Monate nach Rechtskraft des Scheidungsurteiles keinen Vorschlag gemacht haben, verpflichtet, eine Regelung zu treffen, die unter Berücksichtigung der gesamten Verhältnisse dem Wohle des Kindes am besten entspricht. Dies trifft auch dann zu, wenn das Vormundschaftsgericht den Vorschlag der sich trennenden Elternpartner nicht billigt. Der Versuch, das Kindeswohl möglichst optimal zu erfassen und abzugrenzen, bedingt oftmals das Urteil des kinderpsychiatrischen Sachverständigen, der für diese differenzierte und manchmal recht schwierige Frage ausgedehnte Untersuchungen anstellen muß. Selbstverständlich sollten für seine Überlegungen zuvor beide Elternpartner gehört werden. Das Kind selbst bedarf einer eingehenden Untersuchung, möglichst unter Einschluß testpsychologischer Diagnostik. Nach dem Gesetz soll der Vormundschaftsrichter dem schuldlosen Teil die elterliche Gewalt übertragen, wenn ein Elternteil allein für schuldig erklärt wurde und keine schwerwiegenden Gründe gegen diese Regelung sprechen. Für den kinderpsychiatrischen Sachverständigen kann die juristische Diskussion über Schuld oder Unschuld des Partners im Ehescheidungsverfahren jedoch nur von zweitrangigem Interesse sein. Über Erziehungshaltung, Zuwendung oder relative Interessenlosigkeit am weiteren Ergehen des Kindes bei der Übertragung elterlicher Gewalt lassen sich auch aus der Ehescheidungsverhandlung meist wichtige Daten entnehmen.

Im allgemeinen soll die elterliche Gewalt einem Elternteil allein übertragen werden. Erfordert es das Wohl des Kindes, so kann einem Elternteil die Sorge für die Person, dem anderen die Sorge für das Vermögen des Kindes übertragen werden. Kinderpsychiatrische Erfahrung hat gezeigt, daß es ratsam ist, in den ersten Lebensjahren des Kindes — unabhängig von der Schuldzuteilung — der Mutter das Personensorgerecht zuzusprechen. Im Schulalter sollte neben dem Ergebnis der psychodiagnostischen Untersuchung auch dem bewußt vorgetragenen Wunsch des Kindes Rechnung getragen werden. Nicht selten erlebt das ältere Schulkind die Scheidung der Eltern und die Zuteilung zu einem Elternteil bereits als eine erwünschte Lösung aus vielfältigen, bisher belastenden Konflikten. Dabei hatte es oftmals häufig Gelegenheit, einen eigenen Standort zu beziehen.

Leider setzen manchmal erst nach Trennung der Ehepartner, d.h. nach Bewältigung der unmittelbaren eigenen Probleme, ein Lenkungsversuch oder eine bewußte Beeinflussung des Kindes durch einen Ehepartner ein. Neurotische elterliche Fehlhaltung, das „Nichtgönnen" des Kindes durch den Partner, der sich sowieso benachteiligt fühlt, bereiten dem Sachverständigen bei seiner Entscheidung oft erhebliche Schwierigkeiten. Diese Entscheidung darf, das sei noch einmal unterstrichen, sich jedoch nur um das Kindeswohl orientieren. Die geplante Reform des Scheidungsrechtes modifiziert möglicherweise einige Problemfragen. Auch die Entscheidung über die elterliche Gewalt soll zukünftig vom neu zu schaffenden Familiengericht („Scheidungsgericht") getroffen werden.

3. Recht des Nicht-Sorgeberechtigten zum persönlichen Verkehr

Nach § 1634 I BGB behält ein Elternteil, „dem die Sorge für die Person des Kindes nicht zusteht, die Befugnis, mit ihm persönlich zu verkehren".

Durch die Regelung des Verkehrsrechtes soll der Verkehrsberechtigte die Möglichkeit erhalten, sich von der Entwicklung des Kindes durch Gespräche und Kontakte persönlich zu überzeugen. Er darf dabei allerdings nicht versuchen, die vom Personensorgeberechtigten geübte Erziehungshaltung zu beeinflussen oder zu verändern. Durch die Regelung des Verkehrsrechtes soll lediglich gewährleistet sein, daß keine Entfremdung der persönlichen Beziehungen zwischen Kind und nichtpersonensorgeberechtigtem Elternteil eintritt. Üblicherweise wird dem Verkehrsberechtigten das Recht eingeräumt, alle 2—4 Wochen, meist zum Wochenende, das Kind ohne Anwesenheit Dritter zu sehen oder mit ihm zusammen gemeinsame Ferienzeit zu verbringen. Die letztere Lösung wird meist dann angestrebt, wenn aus räumlichen Gründen ein häufigeres Zusammenkommen nicht möglich ist oder das kurzfristige oder kurzzeitige Zusammenkommen zu einer regelmäßigen seelischen Irritierung des Kindes führt.

Der Gesetzgeber nimmt bei dieser Lösung in Kauf, daß es sich bei der Besuchssituation um etwas Ungewöhnliches handelt, die zu gewissen Schwierigkeiten, z.B. bei der Übergabe des Kindes, führen kann.

Erhebliche oder andauernde seelische Störungen nach dem Besuch, nachhaltige Beeinflussung oder gezieltes Ausfragen des Kindes über den anderen Partner sowie würdeloses Verhalten, können Gründe sein, bei denen der Vormundschaftsrichter nach § 1634 II BGB das Recht hat, die Verkehrsregelung für eine bestimmte Zeit oder dauernd auszuschließen, wenn dies zum Wohle des Kindes erforderlich ist. Die vorübergehende Aussetzung und spätere Wiederaufnahme des Verkehrsrechtes erweist sich manchmal für die Kindesentwicklung günstiger als das oft von einem Partner versuchte Durchsetzen eines zwangsweise zustande kommenden Treffens.

Literatur

Gerber, U. (Hrsg.): Kindeswohl contra Elternwillen? Berlin: Marhold 1975.

Hartmann, K.: Zur Ideologie der Jugendverwahrlosung. In: Nissen, G. u. a.: Strafmündigkeit. Neuwied-Berlin-Luchterhand 1973.

Lempp, R., Röcker, D.: Die kinder- und jugendpsychiatrische Problematik bei Kindern aus geschiedener Ehe. Z. Kinder-Jugendpsychiat. 1, 25—36 (1973).

Lücken, K.: Sachverständigenaufgaben im Familien- und Jugendwohlfahrtsrecht. Jahrb. Jugendpsychiatr. u. Grenzgeb. Bd. III. Bern-Stuttgart: Huber 1962.

Adoption

Von H. Harbauer

Die Geschichte des Adoptionsvorganges besitzt eine wechselvolle Tradition. Nicht immer war es selbstverständlich, Familien- und Verwandtschaftslosen durch die Adoption einen Erben zu geben. Die Adoption stellt für die Betreuung eines Kindes bei Fehlen der Eltern oder naher Verwandter unter allen Möglichkeiten die beste Ersatzsituation dar. Auch der Adoptionsvorgang sollte sich vorwiegend am Kindeswohl orientieren. In der Bundesrepublik ist die Annahme an Kindes Statt (Adoption) in den §§ 1741 bis 1772 BGB geregelt. Adoptionsrecht und Adoptionsvermittlungsrecht erfahren derzeit gesetzgeberisch eine Modernisierung.

I. Beurteilung der Adoptionseignung

Die Beurteilung der Adoptionseignung z.B. durch einen erfahrenen Kinderarzt eines Kinderheimes ist heute noch nicht selbstverständlich. Es ist dem freien Ermessen des Vormundschaftsrichters überlassen, die Beurteilung der Adoptionseignung anzuordnen. Im allgemeinen wird dies immer dann geschehen, wenn Zweifel an der Adoptionseignung des Kindes oder am erzieherischen Vermögen der sich bewerbenden Adoptionseltern auftauchen.

Durch das Familienänderungsgesetz erfuhren einige Bestimmungen modernere und lebensnahere Inhalte. So wurde z.B. die Altersgrenze der Annehmenden von bisher 50 Jahren auf das 25. Lebensjahr zurückgesetzt. Das Altersverhältnis zwischen Adoptiveltern und Adoptivkind nähert sich so der Relation in der Normalfamilie. Das Leben in der Adoptivfamilie wird um so harmonischer sein, je mehr das Alter der Adoptiveltern demjenigen der natürlichen Eltern entspricht. Darüber hinaus ist es heute möglich, daß von der noch verankerten Voraussetzung der Kinderlosigkeit Ausnahmen genehmigt werden. Damit können z.B. auch Einzelkinder durch Adoption in ein Geschwisterverhältnis kommen. Durch eine Gesetzesnovelle (1973) wurden einige Voraussetzungen, unter denen ein Kind ohne die Einwilligung des leiblichen Elternteils adoptiert werden kann, neu

festgesetzt. Wer seine Pflicht gegenüber seinem Kinde anhaltend gröblich verletzt, muß künftig damit rechnen, daß das Kind auch ohne seine Einwilligung zur Adoption freigegeben wird. Dabei kommt es nicht mehr auf eine böswillige Verweigerung der Adoption an, sondern es genügt vielmehr, daß das Unterbleiben der Adoption dem Kind unverhältnismäßige Nachteile zufügen würde. Eine nur einmalige Pflichtverletzung kann hierzu ausreichen, wenn sie besonders schwer ist und das Kind voraussichtlich nicht mehr der Obhut des Elternteils anvertraut werden kann.

Großstädtische Jugendämter besitzen im allgemeinen sehr spezifisch erfahrene Mitarbeiter, oft sog. Adoptionszentralen. Im kommenden Adoptionsvermittlungsgesetz wird die Besetzung der Vermittlungsstellen mit qualifizierten Fachkräften gefordert.

Diese Beurteilung der Adoptionseignung orientiert sich als ein von sehr vielen Individualfaktoren bestimmter Vorgang nicht nur an der körperlichen Gesundheit, sondern schließt den erkennbaren psychischen Entwicklungsstand des Kindes ein. Der Gesundheitszustand des Kindes ist sowohl in körperlicher, als auch in geistig-seelischer Hinsicht durch einen auf diesen Gebieten erfahrenen Arzt, möglichst einen Kinderarzt oder Kinderpsychiater, zu ermitteln (Darstellung der Arbeitsgemeinschaft der Landesjugendämter 1962, G. Happe). Manchmal wird von den Jugendämtern hierfür auch das Team einer Erziehungsberatungsstelle konsultiert, das durch seine Zusammenarbeit von Arzt und Psychologen hierfür ideale Voraussetzungen bietet. Die geistig-seelische Entwicklung wird nach Verhaltensbeobachtung und Untersuchung, einschließlich testpsychologischer Diagnostik, beurteilt. Auf die Grenzen dieser Methoden beim Adoptionsvorgang wies in kritischer Form vor allem Spiel hin. Kommt es nicht zur wünschenswerten Frühadoption, dann bereitet die Feststellung und Abschätzung von Hospitalismusfolgen, die bei zu adoptierenden Kindern durch den vorausgegangenen Heimaufenthalt nicht selten sind, einige

Schwierigkeiten. In derartigen Zweifelsfällen ist es immer ratsam, gutachterliche Funktionen durch eine „Probezeit", die durch vorübergehende Schaffung eines Pflegekindverhältnisses nach § 27 JWG möglich ist, zu vertiefen und zu ergänzen.

Das optimale *Adoptionsalter* stand lange Zeit im Mittelpunkt differierender Überlegungen. Die *Frühestadoption*, also die Annahme an Kindes Statt während der ersten 3 Lebensmonate, birgt — nicht zuletzt gestützt auf systematische Umfragen bei Jugendämtern (Maneke) — einige Gefahren; diese sollten nicht unbedingt riskiert werden (u. a. erschwerte Diagnostik, mögliche Rücknahme des Antrages durch die Kindesmutter). Auch die sog. *Frühadoption*, mit ihr wird im allgemeinen der Adoptionsvorgang zwischen dem 3. und 6. bis 9. Lebensmonat bezeichnet, weist noch gewisse Risiken auf. Auch jetzt lassen sich z. B. diskrete Intelligenzdefekte oder später störende Persönlichkeitszüge nicht immer zuverlässig erkennen. Dieses Risiko muß ein adoptionswilliges Elternpaar tragen, nachdem eine heute mögliche eingehende und gewissenhafte Diagnostik beim Kinde der ersten Lebensmonate erfolgt ist. Ein derartiges Risiko trifft bekanntlich auch leibliche Eltern.

Der Adoptionsvertrag sollte aber bis zum Ende des 1. Lebensjahres rechtskräftig abgeschlossen sein, so daß sich auch dadurch noch einmal eine der Beobachtung dienende Probezeit ergibt. Die Frühadoption stellt unter dem Aspekt einer optimalen Kindesentwicklung die beste Lösung dar. Bei Adoption *in späteren Jahren* hat das Kind die entscheidend prägende Lebensspanne nicht bei seinen Adoptiveltern verbracht und ist mit großer Wahrscheinlichkeit, zumindest bei Heimkindern, durch Hospitalismusfolgen zusätzlich in seiner Persönlichkeitsentwicklung irritiert. Trotz dieser Bedenken gegen eine Adoption in späteren Jahren gibt es auch für diesen Vorgang viele Beispiele einer folgenden guten harmonischen Kindesentwicklung, so daß diese Entscheidung stets individuell und nicht doktrinär getroffen werden soll. Es wäre bedauerlich, wenn sich durch den Blick auf die Nützlichkeit der Frühadoption für ein inzwischen älter gewordenes Kind die Möglichkeit „gleichwertige soziale Eltern" zu erhalten, nicht mehr durchführen ließe.

Die fachgerechte Durchführung der Adoption muß auch die *Einstellung der Adoptiveltern*, d.h. ihre Erwartungshaltung, erzieherischen Fähigkeiten und Toleranzen, soweit als möglich zu erfassen versuchen. Dies bleibt zugegeben schwierig, manchmal unmöglich. Es gibt Adoptiveltern, die auch nach Erkennen einer Schwäche bei dem von ihnen in Aussicht genommenen Adoptivkind nicht vor dem Adoptionsvorgang zurückschrecken, sondern jetzt erst recht ihre elterlichen Möglichkeiten und Fähigkeiten diesem Kinde schenken möchten. Die Einmaligkeit und Individualität der Adoption wird einerseits durch den sicher seltenen Wunsch beleuchtet, daß erziehungsgeschickte und opferbereite Eltern z. B. ein geistig behindertes und als solches erkanntes Kind als Adoptivkind in ihre Familie aufnehmen möchten. Beim Wunsch der Eltern, ein behindertes Kind zu adoptieren, müssen allerdings Motive und elterliche Toleranz besonders kritisch geprüft werden. Andererseits können Eltern mit erhöhtem Anspruchsniveau im Laufe der weiteren Entwicklung aus nicht vorhersehbaren und unbedeutenden Gründen zu einer Ablehnung ihres Adoptivkindes kommen. Erziehungsunerfahrene und recht intellektualisiert erziehende Adoptiveltern scheitern manchmal auch an der von ihnen erwarteten, aber ausbleibenden Dankbarkeit ihres Adoptivkindes.

II. Aufklärung des Kindes über die Adoption

Es ist illusorisch anzunehmen, durch die „Inkognitoadoption" das wichtige Aufklärungsproblem des Kindes über seine Herkunft auszuschalten. Hierüber sollte vor dem Adoptionsabschluß mit den Adoptiveltern in Einzel- oder auch Gruppensituation gesprochen werden.

Die *Frühinformation*, d.h. die Wissensvermittlung in den ersten Lebensjahren, stellt unter den verschiedenen Möglichkeiten die beste Lösung dar. Die heute noch von der Mehrzahl der Eltern meist ängstlich gehütete Geheimhaltung der Kindesannahme läßt sich nach allgemeiner Erfahrung nur in der Vorschulzeit bzw. in den ersten Schuljahren aufrecht erhalten. Diese Eltern verunsichern dadurch ihre eigene Erziehungshaltung. Sie glauben, ein Geheimnis hüten zu müssen, das ihr Adoptivkind einfach nicht verstehen könne bzw. sie befürchten, durch das Bekanntwerden ihre vermeintlich geglückte Verbindung ernstlich zu bedrohen. In der Schulzeit gehen diese Eltern dann ebenso gezielten kindlichen Fragen aus dem Wege, deren Beantwortung sie sich jetzt erst recht nicht mehr gewachsen fühlen. Die Aufklärung soll als Frühinformation, d.h. als ein bruchstückhaftes und beiläufig vorgetragenes Mitteilen, in einer Altersstufe geschehen, in der erlebte Zuwendung und Geborgenheit vom Kind noch höher eingeschätzt werden als aufklärende Worte.

Der Informationsvorgang bleibt natürlich ein individuelles Problem, für den es auch einmal Ausnahmen von der zu postulierenden Frühinformation geben kann. Diese hängen manchmal mit dem sozialen und intellektuellen Niveau der Adoptionseltern zusammen. Meist stellt die nicht frühzeitig erfolgende Information keine geplante oder bewußte Haltung im Sinne des Verheimlichenwollens dar. Die Adoptiveltern geraten vielmehr durch ihre Insuffizienzgefühle zu Eltern mit leiblichen Kindern, durch Unwissenheit, durch fehlende Formulierungsmöglichkeiten in Unsicherheit und Sorge, eine bereits angebahnte Zuneigung ihres Kindes wieder zu verlieren. Es wäre deshalb ratsam, noch eine Zeitlang Kontakt mit der adoptionsvermittelnden Stelle zu behalten, zumindest so lange, bis diese ängsteerzeugende Fragestellung bereinigt ist.

Die den Jugendämtern nach dem JWG auferlegte Pflicht, sich um Pflegekinder und Mündel bis zum 21. Lebensjahr zu kümmern, würde — auf diese Fragestellung eingeschränkt — günstigerweise auch auf die Adoptionssituation ausgedehnt. Erfahrungsgemäß bedürfen dieser Hilfe differenzierte Familien mit rationaler Erziehungshaltung häufiger als Familien, in denen dieses Problem selbstverständlich und „animalischer" gelöst wird. Dabei sollte es nicht stören, daß diese „amtlichen" Hilfen zwar keinen idealen, aber doch einen nützlichen Schutz darstellen. Die Neuordnung des Adoptionsrechtes wird die Zustimmung der leiblichen Eltern erleichtern.

III. Adoptionsaufhebung

Die Adoptionsaufhebung kann erfolgen, wenn „wichtige Gründe in der Person des Annehmenden oder des Kindes die Aufrechterhaltung des Annahmeverhältnisses sittlich nicht mehr gerechtfertigt erscheinen lassen". Im Mittelpunkt der Überlegungen für diese Entscheidung sieht auch der Gesetzgeber zunehmend die Sorge um das „Wohl des Kindes". Die Bestimmungen über diesen relativ seltenen Vorgang variieren in den einzelnen Ländern.

Literatur

Danzig, H.: Kindschaftsrecht. In: Jugend im Blickpunkt. Neuwied: Luchterhand 1974.

Haag, G.: Fremdes Kind wird eigenes Kind. Heilpäd. Schriftenreihe. Heft 18. München-Basel: Reinhardt 1971.

Pflege und Adoption für behinderte und entwicklungsgestörte Kinder. In: Blätter der Wohlfahrtspflege. Heft 8, S. 217 (1973).

Spiel, W.: Psychohygienische Probleme der Adoption. Kinderpsychiatrie u. Prävention. Hrsg.: D. A. van Krevelen, Bern-Stuttgart: Huber 1964.

Weber, D.: Beurteilung der Adoptionseignung. Jahrb. Jugendpsychiatr. u. Grenzgeb. Bd. III. Bern-Stuttgart: Huber 1962.

Sachregister

Die halbfett gesetzten Seitenzahlen verweisen auf die Stellen, wo die betreffenden Sachverhalte schwerpunktmäßig behandelt werden

Springer-Verlag
Berlin
Heidelberg
New York

Lexikon der Psychiatrie

Gesammelte Abhandlungen
der gebräuchlichsten psy-
chopathologischen Begriffe.
Herausgeber: C. Müller
8 Abb. XII, 592 Seiten. 1973
Geb. DM 98,—; US $40.20
ISBN 3-540-06277-7

E. Bleuler

Lehrbuch der Psychiatrie

13. Aufl. neubearb. von
M. Bleuler. Unter Mitwirkung
von J. Angst, K. Ernst, R. Hess,
W. Mende, H. Reisner,
S. Scheidegger
150 Abb. XIX, 717 Seiten. 1975
Geb. DM 88,—; US $36.10
ISBN 3-540-07217-9

F. W. Bronisch

Psychiatrie und Neurologie

Klinische, forensische und
soziale Daten, Fakten und
Methoden
Unter Mitarbeit von
H. Elterich, H. W. Greiling,
G. Haferkamp, A. Seyberth
30 Abb., 2 Tab. XI, 157 Seiten.
1971 (Heidelberger Taschen-
bücher, Band 88)
DM 19,80; US $8.20
ISBN 3-540-05420-0

W. Schulte, R. Tölle

Psychiatrie

3. neubearb. und erw. Aufl.
X, 385 Seiten. 1975
DM 38,—; US $15.60
ISBN 3-540-07317-5

H. J. Weitbrecht

Psychiatrie im Grundriß

3. neubearb. Aufl.
21 Abb. XVI, 504 Seiten. 1973
Geb. DM 56,—; US $23.00
ISBN 3-540-06124-X

K. Jaspers

Allgemeine Psychopathologie

9. unveränd. Aufl.
3 Abb. XVI, 748 Seiten. 1973
Geb. DM 58,—; US $23.80
ISBN 3-540-03340-8

W. Janzarik

**Themen und Tendenzen der
deutschsprachigen
Psychiatrie**

III, 75 Seiten. 1974
DM 12,—; US $5.00
ISBN 3-540-06387-0

F. J. Stumpfl

**Kriminalität, Pathorhythmie,
Wahn**

Psychosomatisch-dynamische
Strukturgesetzlichkeiten
menschlicher Handlungen in
Konfliktsituationen
XIV, 270 Seiten. 1975
Geb. DM 124,—; US $50.90
ISBN 3-540-07267-5

Preisänderungen vorbehalten

Springer-Verlag
Berlin
Heidelberg
New York

H. Kind

**Leitfaden für die psychia-
trische Untersuchung**

Eine Anleitung für
Studierende und Ärzte in
Praxis und Klinik
10 farb. Testtafeln. XI,
154 Seiten. 1973
(Heidelberger Taschenbücher,
Band 130).
DM 19,80; US$8.20
ISBN 3-540-06315-3

**Charakteropathien nach früh-
kindlichen Hirnschäden**

Herausgeber: H. Stutte,
H. Koch

15 Abb. VIII, 99 Seiten. 1970
Geb. DM 38,—; US $15.60
ISBN 3-540-05061-2

H. Tellenbach

Melancholie

Problemgeschichte — Endo-
genität — Typologie —
Pathogenese — Klinik
Mit einem Geleitwort von
V. E. v. Gebsattel
2. erw. Aufl.
3 Abb. XII, 210 Seiten. 1974
Geb. DM 46,—; US $18.90
ISBN 3-540-06631-4

O. Benkert, H. Hippius

**Psychiatrische Pharmako-
therapie**

Ein Grundriß für Ärzte und
Studenten
15 Abb., 3 Tab. XIII, 252 Sei-
ten. 1974
(Ein Kliniktaschenbuch).
DM 19,80; US $8.20
ISBN 3-540-07031-1

**Diagnosenschlüssel und
Glossar psychiatrischer
Krankheiten**

Deutsche Ausgabe der internationalen Klassifikation der
WHO: ICD (ICD = International
Classification of Diseases),
8. Revision, und des internationalen Glossars
Im Auftrage der Deutschen
Gesellschaft für Psychiatrie
und Nervenheilkunde (DGPN)
herausgegeben von R. Degkwitz, H. Helmchen, G. Kockott,
W. Mombour. Stand: Herbst
1974
4. korr. und erw. Aufl.
XV, 115 Seiten. 1975
DM 12,80; US $5.30
ISBN 3-540-07219-5

B. Woggon

Haschisch

Konsum und Wirkung
Mit einem Geleitwort von
J. Angst
1 Abb., 59 Tab. VIII, 152 Sei-
ten. 1974
DM 19,80; US $8.20
ISBN 3-540-06917-8

F. L. Ruch, P. G. Zimbardo

Lehrbuch der Psychologie

Eine Einführung für Studenten
der Psychologie, Medizin und
Pädagogik
Übersetzt und bearbeitet von
W. F. Angermeier, J. C. Bren-
gelmann, T. J. Thiekötter,
W. Gerl, S. Ortlieb, G. Ramin,
R. Schips, C. Schulmerich
2. korr. Aufl.
257 z. T. farb. Abb., 20 Tab.
XIV, 565 Seiten. 1975
DM 38,—; US $15.60
ISBN 3-540-07260-8

C. Bühler, H. Hetzer

Kleinkindertests

Entwicklungstests vom 1. bis
6. Lebensjahr
Nachdruck 172 der 3. Aufl.
2 Abb., 2 Ausklapptafeln,
zahlr. Abb.
IV, 88 Seiten. 1953
DM 21,—; US $5.00
ISBN 3-540-79657-6